图书在版编目（CIP）数据

中国石油天然气集团公司年鉴 . 2015 ／中国石油天然气集团公司编 . 北京：石油工业出版社，2016.1

ISBN 978-7-5183-1124-8

Ⅰ . 中…

Ⅱ . 中…

Ⅲ . 中国石油天然气集团公司 – 2015 – 年鉴

Ⅳ . F426.22-54

中国版本图书馆 CIP 数据核字（2016）第 015552 号

中国石油天然气集团公司年鉴 2015

ZHONGGUO SHIYOU TIANRANQI JITUAN GONGSI NIANJIAN 2015

出版发行：石油工业出版社

（北京安定门外安华里 2 区 1 号　100011）

网　　址：www.petropub.com

发 行 部：(010) 64523590

编 辑 部：(010) 64523594　64523591　64523586

电子邮箱：nianjian@cnpc.com.cn

QQ　群：中石油年鉴 347362920

经　　销：全国新华书店

印　　刷：北京中石油彩色印刷有限责任公司

2016 年 1 月第 1 版　2016 年 1 月第 1 次印刷

787 × 1092 毫米　开本：1/16　印张：45　插页：59

字数：1490 千字

定价：258.00 元

（如出现印装质量问题，请与编辑部联系）

《中国石油天然气集团公司年鉴》编委会

主　　任：王宜林

成　　员：（按姓氏笔画排列）

于洪金　王立华　王志刚　毛泽锋　田景惠
白玉光　曲广学　吕功训　刘　戬　刘自强
刘志华　刘希俭　孙龙德　苏　俊　李正光
李庆平　李庆毅　李建青　李越强　吴　奇
吴恩来　张　镇　张卫国　张凤山　张亚成
张华林　张晗亮　陆　凌　侯启军　施哲彦
姜力孚　秦永和　贾忆民　柴守平　徐福贵
郭进平　黄维和　隋　军

《中国石油天然气集团公司年鉴》主编、副主编

主　　编：王志刚

副 主 编：张卫国

编 辑 说 明

一、《中国石油天然气集团公司年鉴》（以下简称《年鉴》）是中国石油天然气集团公司组织编纂的专业年鉴，是全面、系统、准确记录上年度中国石油天然气集团公司主要发展情况的权威性大型资料性工具书。本卷《年鉴》记述中国石油天然气集团公司2014年生产经营、改革创新及企业管理等各方面的基本情况和重大事项，向广大读者展示中国石油天然气集团公司努力实现有质量、有效益、可持续发展，为建设世界一流综合性国际能源公司所做出的努力和取得的成就。

二、《年鉴》采用“板块式”结构，分类编纂，点面结合，综合记述和条目记述相结合，力求全面反映所记事项。全书分为篇目、栏目、条目三个层次，以文字叙述为主，辅以图表。本卷共设16个篇目：总述，油气勘探开发生产，炼油与化工，销售，天然气与管道，工程技术、工程建设与装备制造，国际业务，科技与信息，安全环保与质量节能，企业管理与监督，党建、思想政治工作与企业文化建设，机构与人物，企事业单位概览，中国石油天然气集团公司大事纪要，统计数据，附录。为便于读者查阅和检索，文前附英文目录，文后附索引。

三、本卷《年鉴》所引用的各种数字和资料，截至2014年底，个别内容略有延伸。除特别指明者外，一般指中国石油天然气集团公司统计数字。

四、本卷《年鉴》稿件、资料主要由中国石油天然气集团公司机关和中国石油天然气股份有限公司机关各部门及各专业分公司，各企事业单位办公室或史志办公室及年鉴办公室提供，各单位的主管领导对稿件进行了审阅。

五、为行文简洁，《年鉴》中的机构名称一般在首次出现时用全称，随后出现时用简称。“中国石油天然气集团公司”简称为“集团公司”，“中国石油天然气股份有限公司”简称为“股份公司”，两者统称“中国石油”。

六、遵照年鉴编纂的规范要求，编辑部对撰稿人提供的稿件进行必要的编辑加工。主要是依据编写大纲与撰稿要求，统一全书的体例，规范专业名词术语，删除明显重复，补充部分资料，理顺语言文字，力求做到资料翔实、叙述简洁、数据准确、文字顺畅。尽管如此，由于编辑水平有限，疏漏和欠妥之处在所难免，恳请读者批评指正。

七、在本卷《年鉴》编辑和出版过程中，得到集团公司机关和股份公司机关各部门、各专业分公司及各企事业单位领导、专家以及撰稿人的大力支持与帮助，在此谨向为《年鉴》提供稿件和资料、审查稿件以及提供各种帮助的人士，致以诚挚的谢意。

《中国石油天然气集团公司年鉴》编辑部

2015 年 12 月

序

2014年是中国石油历史上极不平凡、极具挑战的一年。面对国际环境错综复杂、国内经济下行压力加大、油气市场需求增速减缓，特别是国际油价大幅走低等严峻形势，集团公司上下坚决贯彻党中央、国务院的决策部署，积极应对挑战，奋力攻坚克难，实现了稳中有进、稳中有为。生产运行平稳受控，经营业绩好于预期，油气储量实现持续增长，油气产量创历史新高，炼化销售经营水平稳步提升，国际油气合作实现突破，一批重点工程和战略项目建成投运，服务业务转型升级步伐加快，改革创新取得积极成果。我们坚定同以习近平同志为总书记的党中央保持高度一致，旗帜鲜明地反对腐败，正风肃纪成效明显，公司大局保持稳定。集团公司在财富500强排名保持第四位，在世界50家大石油公司排名升至第三位，在国务院国资委央企经营业绩考核中获得A级、列位第二名。

2015年是全面深化改革、全面推进依法治企的关键之年，也是全面完成“十二五”规划的收官之年。我们要以党的十八大和十八届三中、四中全会精神为指导，以习近平总书记系列重要讲话精神为根本遵循，进一步增强大局意识、忧患意识和责任意识，从严管党治党，从严依法治企，从严管理队伍，大力弘扬石油工业优良传统作风，努力塑造忠诚担当、风清气正、守法合规、稳健和谐的良好形象，让中央放心、公众认同、员工满意。我们要按照建设世界一流综合性国际能源公司的奋斗目标，坚持资源、市场、国际化三大战略，持续提升发展的质量效益，努力全面完成各项任务目标，为“十三五”期间实现稳健发展奠定坚实基础。

编纂年鉴是一项重要的基础工作，重视、研究和做好年鉴工作，可以使我们更好地了解昨天、把握今天、开创明天。期待集团公司年鉴工作取得更好的成果。

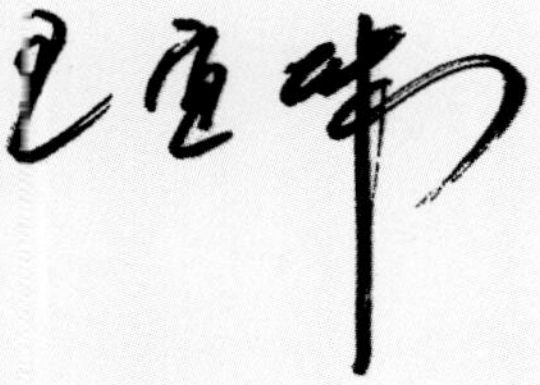

2015 年 7 月

2014 年，中国石油天然气集团公司面对复杂严峻形势，牢牢把握稳中求进工作总基调，坚持有质量有效益可持续发展方针，突出集中发展油气主业，生产经营平稳受控，经营业绩良好。全年实现营业收入 2.73 万亿元、同比基本持平，利润总额 1734 亿元、同比下降 7.9%、可比口径增长 7.8%，上缴税费 4276 亿元、同比增长 2.9%。图为四川盆地磨溪区块龙王庙组特大气藏生产作业现场

2014 年，中国石油天然气集团公司持续推进储量高峰期工程，全年国内新增探明石油地质储量 6.9 亿吨、天然气地质储量 4840 亿立方米，新增探明油气储量当量连续第八年超过 10 亿吨。全年国内生产原油 11367 万吨、天然气 954.6 亿立方米。图为长庆油田集油气小站秋色

2014 年，大庆油田自 1959 年发现以来已投入开发 55 年，1976—2002 年原油产量连续 27 年保持年产 5000 万吨高产稳产，2003—2014 年连续 12 年保持 4000 万吨以上年产规模。已经累计生产原油 22 亿吨。图为大庆油田丛式井场

2014 年，长庆油田油气当量产量在 2013 年突破 5000 万吨后继续攀升到 5545 万吨。图为长庆油田生产场景

2014 年，玉门油田自 1939 年开发已 75 周年，1957 年建成我国第一个现代石油工业基地，20 世纪 60 年代起，担负“三大四出”（大学校、大试验田、大研究所，出产品、出经验、出人才、出技术）历史重任，向全国各油田和炼化企业输送骨干力量 10 万多人、各类设备 4000 多台（套），被誉为“中国石油工业的摇篮”。图为玉门油田矿区一瞥

2014 年，塔里木盆地开展新型石油会战 25 周年，已经发现和探明轮南、塔中、哈得、克拉 2、迪那 2、英买力等 30 个大型油气田，建成 2500 万吨级重要油气生产基地，累计探明油气地质储量当量 23.7 亿吨，生产原油 1.09 亿吨、天然气 1746 亿立方米。图为塔里木盆地西气东输气源地克拉 2 气田作业区

2014年，中国石油天然气集团公司炼化业务紧贴市场需求变化，持续优化原泊资源配置和产品结构，合理控制炼化装置加工负荷，实现安全平稳运行。全年国内加工原油15016万吨、生产成品油10184万吨，同比分别增长2.8%、4.0%；乙烯产量达到498万吨，同比增长25%。图为兰州石化千万吨级炼油生产基地

2014年，中国石油天然气集团公司持续推进炼油技术升级，为市场供应更为清洁和高效的油品，炼油高效产品占总产品比例42.3%，同比提升7.4个百分点；航空煤油产量711万吨，同比增长18.3%。图为吉林石化柴油质量升级项目

2014 年，中国石油天然气集团公司成品油销售业务积极应对市场需求增速放缓、特别是柴油需求下降的不利局面，坚持扩销降库增效，密切产销衔接，加强直炼资源调出和销售。全年国内销售成品油 11702 万吨，97 号汽油销量同比增长 22%，航空煤油销量增长 4%。图为西固油库利用管道实现与兰州石化、西部成品油管道末站、兰成渝管道和兰郑长管道首站的互联互通

2014 年，中国石油天然气集团公司天然气销售业务积极应对市场供求变化和冬夏峰谷差加大的形势，统筹优化自产气、进口管道气和LNG 资源配置，保障用气高峰期的安全稳定供应。全年国内销售天然气 1195 亿立方米、同比增长 8%。图为湖北黄冈我国首座国产化百万吨级 LNG 工厂

2014 年，中国石油天然气集团公司国内运营油气管道总里程达到 79054 千米，其中原油管道 18132 千米、约占全国的 70%，天然气管道 50836 千米、约占全国的 78%，成品油管道 10086 千米、约占全国的 47%。图为中卫—贵阳天然气管道跨越中卫黄河

2014 年，中国石油天然气集团公司在境外运营的油气管道总里程达到 15218 千米，其中原油管道 7653 千米、天然气管道 7565 千米。全年输送原油 4693 万吨、天然气 366 亿立方米。中亚天然气管道、中哈原油管道、中俄原油管道等长输管道保持安全平稳运营。图为 CPP601 铺管船成功铺设坦桑尼亚海底管道

2014年，中国石油天然气集团公司国际油气业务克服因国际地缘形势及投资环境变化带来的风险和挑战，优化海外油气项目生产节奏，深入高效推进注水、水平井和提高采收率等措施。全年实现作业当量产量1.27亿吨、权益当量产量6520万吨。图为中国石油土库曼斯坦巴格德雷合同区第二天然气处理厂全景

2014年，中国石油天然气集团公司国际贸易依托海外油气运营中心和营销网络，业务规模和运营质量进一步提升。全年实现贸易量3.86亿吨、贸易额2653亿美元，贸易范围遍及80多个国家和地区，覆盖全球主要油气资源地和市场地。图为江苏LNG船靠泊作业

2014，中国石油天然气集团公司继续加快工程技术、工程建设和装备制造业务的转型升级，不断优化业务结构，开拓高端市场，技术水平和服务保障能力不断提升。图为西部钻探大型压裂施工现场

2014 年，中国石油天然气集团公司持续完善科技创新体系，加快实施项目攻关和现场试验力度，在油气资源勘探开发、炼油化工、工程技术、油气储运、安全环保以及前沿技术领域取得多项进展，为主营业务发展提供了有力支撑。图为辽河油田原油超稠油二次开发生产现场

2014年，中国石油天然气集团公司持续深化安全发展、清洁发展和节约发展理念，以风险管控为核心，持续推进HSE体系建设，加大隐患治理，强力推进污染减排，安全环保形势实现整体稳定。图为生态和谐的广西石化厂区

2014年，中国石油天然气集团公司海外业务在“环保优先、安全第一、质量至上、以人为本”理念指导下，坚持社会安全和HSE管理并重，有效化解各种风险，未发生重大安全环保和社会安全事故，保持了优秀的社会安全记录和HSE业绩。图为严格按照规范环保要求建设的中亚天然气管道阀室

2014 年 5 月 21 日，在中国国家主席习近平和俄罗斯总统普京见证下，中俄两国政府签署《中俄东线管道天然气合作项目备忘录》，中国石油天然气集团公司董事长周吉平和俄罗斯天然气工业股份公司总裁米勒签署《中俄东线管道供气购销合同》。9 月 1 日，中俄东线天然气管道俄境内段开工。图为俄罗斯萨哈共和国管道铺设现场

2014 年，中国石油天然气集团公司在中亚地区开展合作 17 年，已经形成上下游一体化的完整产业链，丝绸之路经济带上的重要能源纽带——中国—中亚天然气管道已经累计向中国输气超过 1000 亿立方米。图为横跨四国的中亚天然气进入中国的第一站——西气东输二线霍尔果斯压气首站施工现场

2014 年 3 月 14 日，中国石油天然气集团公司成立全面深化改革领导小组，加强企业深化改革工作的组织领导、方案设计和推进落实，统筹协调解决深化改革过程中的矛盾和问题，提升可持续发展能力，增强企业活力。图为辽河油田落实工效挂钩激发创效活力

2014 年 6 月 20 日，国务院国资委在集团公司总部召开中国石油天然气集团公司建设规范董事会工作会议，集团公司董事会正式成立，宣布聘任集团公司外部董事，标志着集团公司向健全现代企业制度、完善法人治理结构迈出实质性步伐。这是中国石油全面深化改革、完善现代企业制度、推进公司治理体系和管控能力现代化国际化的重要举措。图为“宝石花”已深深植根中国石油员工心中

2014 年 4—5 月，“石油魂 · 中国梦”系列报告会走进总部、深入基层，来自一线的石油人讲述用青春和生命坚守岗位、奉献石油的故事。图为企业报告会现场

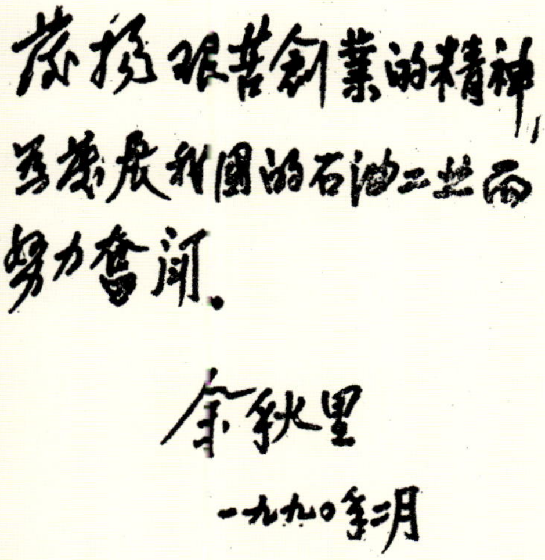

2014 年 11 月 14 日，纪念余秋里同志诞辰 100 周年座谈会在北京举行。余秋里同志是新中国石油工业的创建者，1958 年 2 月任石油工业部部长，1960 年 3 月兼任大庆石油会战指挥部工委书记。左图为 1963 年 12 月余秋里同志在中央机关干部大会上介绍大庆石油会战的基本情况和基本经验，右图为《大庆石油会战》一书题词

2014 年，中国石油天然气集团公司开展的南疆天然气利民工程，帮助南疆五地州百万户民众从“烟熏火燎的柴煤时代”跨入“天然气时代”。截至 2014 年底，集团公司已累计向南疆五地州输送天然气 137.6 亿立方米，惠及 400 多万各族民众。图为造福南疆的和田河气田作业区场景

2014 年，云南省昭通市鲁甸县发生 6.5 级地震，中国石油云南销售公司第一时间启动应急预案，派出油罐车前往灾区，在鲁甸沿线开辟 23 座绿色加油通道。图为小额配送车为抗震救灾的武警保障车加注 –10 号柴油

中 气田
图

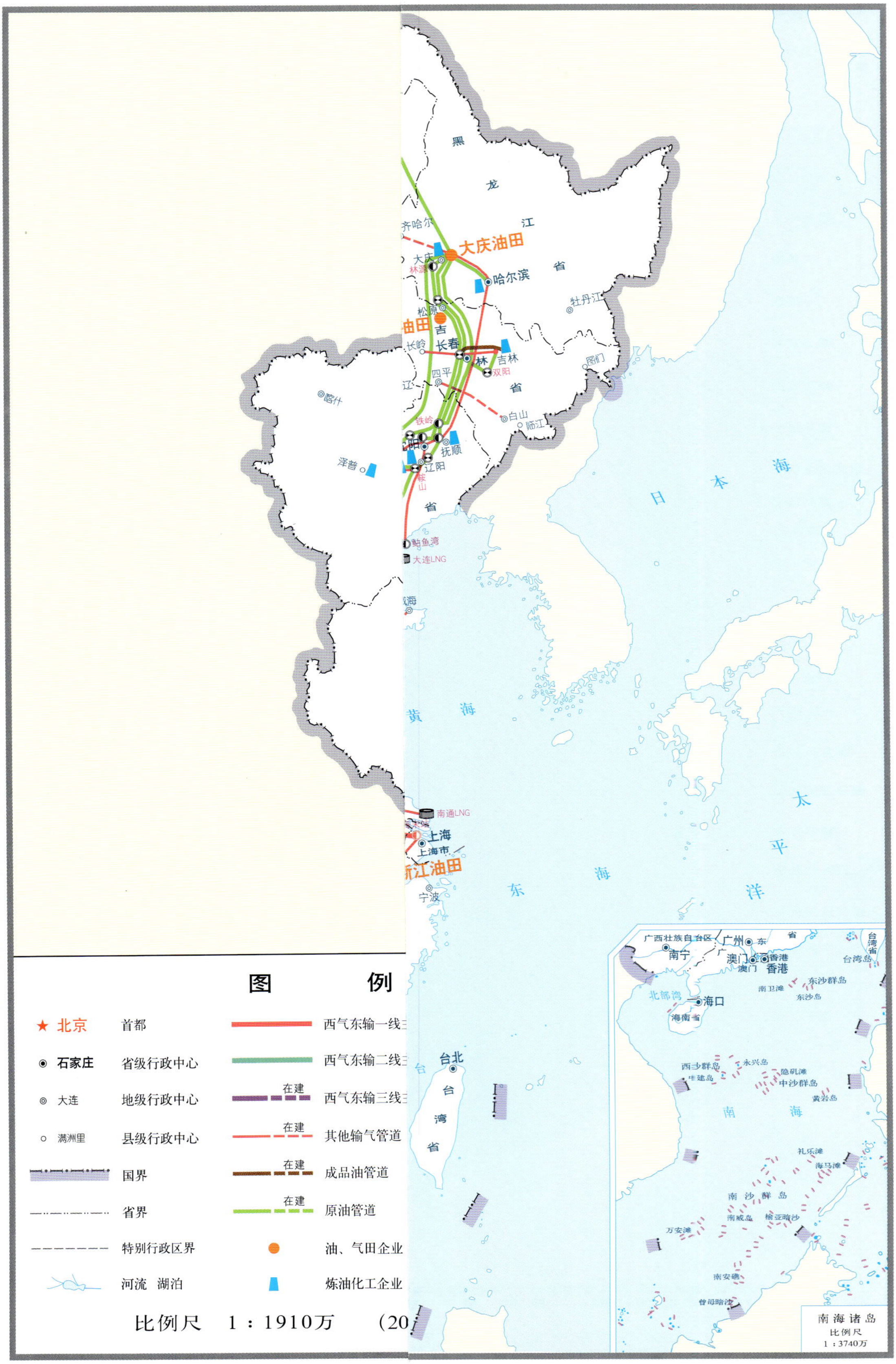

GS（2016）8号

MAIN CONTENTS

目　　录

第一篇　总　　述

综　述

特　载

专　稿

股份公司法人治理

第二篇　油气勘探开发生产

综　述

油气勘探

勘探工程技术

油田开发

天然气开发

矿权管理

油藏评价

采油工程

地面工程

海洋工程

新能源

储气库

技术项目

市场管理

第三篇　炼油与化工

综　述

装置及产品

重点工程

化工产品销售

专业管理

第四篇　销　　售

综　述

成品油业务

投资管理与网络建设

非油品业务

润滑油和炼油小产品销售

专业管理

第五篇　天然气与管道

综　述

油气储运

天然气销售与利用

储运设施建设

储运设施管理

专业管理

第六篇　工程技术、工程建设与装备制造

工程技术

工程建设

装备制造

第七篇　国际业务

综　述

海外油气业务

国内油气勘探开发国际合作

国际贸易

外事外联与国际业务管理

第八篇　科技与信息

科技发展

信息化工作

第九篇　安全环保与质量节能

安全生产

环境保护

节能节水

内部审计

企业改革与管理

矿区服务

维稳信访与综治保卫

离退休职工管理

档案管理

第十一篇　党建、思想政治工作与企业文化建设

党建工作

思想政治工作

企业文化建设

基层建设

群团工作

社会公益

光荣榜

第十二篇　机构与人物

第十三篇　企事业单位概览

油气田企业

炼油化工企业

销售企业

天然气与管道储运企业

海外业务企业

工程技术服务企业

工程建设企业

装备制造企业

科研及事业单位

其他单位

第十四篇　中国石油天然气集团公司大事纪要

第十五篇　统计数据

第十六篇　附　　录

附表

附图

CONTENTS

Chapter 1 Overview

Chapter 2 Oil and Gas Exploration, Development and Production

Chapter 3 Oil Refining and Chemicals

Chapter 4 Marketing

Chapter 5 Natural Gas and Pipelines

Chapter 6 Engineering Technology, Engineering Construction and Manufacture of Equipment

Chapter 7 International Business

Chapter 8 Technology and Information

Chapter 9 Safety, Environmental Protection, Quality and Energy Saving

Chapter 10 Corporate Management and Supervision

Chapter 11 Development of the Communist Party, Political Work and Corporate Culture

Chapter 12 Organizations and People

Chapter 13 Overview of Enterprises and Institutions

Chapter 14 Main Events of CNPC

Chapter 15 Statistical Data

Chapter 16 Appendixes

Appended Tables

Appended Figures

第一篇

总　述

综　述

2014年中国石油天然气集团公司工作情况概述

2014年是中国石油天然气集团公司（以下简称集团公司）发展历程中极不寻常、极具挑战一年。面对国际油价半年时间接近腰斩、国内成品油价格“跌跌不休”、化工市场持续低迷、天然气需求增速明显回落、海外经营风险加剧以及集团公司仍处于特殊敏感时期，受到资本市场和社会各界广泛关注等复杂严峻形势，集团公司上下深入贯彻党中央、国务院的决策部署，牢牢把握“稳中求进”工作总基调，坚持“有质量有效益可持续”发展方针，突出集中发展油气主业，调整优化工作部署，不断深化改革创新，大力实施开源节流降本增效，生产经营平稳受控，经营业绩好于预期。全年实现营业收入2.73万亿元、同比基本持平，利润总额1734亿元、可比口径增长7.8%，上缴税费4276亿元、同比增长2.9%；有息债务余额比年初下降7.1%，资产负债率、资本负债率同比分别下降2.6和3个百分点。国内外生产油气当量31721万吨、同比增长3.5%，加工原油19698万吨、同比增长2.5%，销售成品油17819.9万吨、天然气1237.1亿立方米，同比分别增长4.4%和8.1%。集团公司在世界大石油公司排名跃居第三位，在世500强排名上升到第四位。

（1）国内油气产量创历史新高。集团公司持续推进储量增长高峰期工程，新增探明石油地质储量6.9亿吨、天然气地质储量4840亿立方米，分别实现“九连增”“八连旺”。天然气勘探成效突出，四川盆地双探1井和南充1井获新突破、展示出川西北海相多目的层和川中地区茅口组良好勘探前景，塔里木盆地库车坳陷克深6井发现丰度高、埋藏较浅的优质大气藏，塔东地区古城9井奥陶系鹰山组获高产工业气流；鄂尔多斯盆地苏里格、四川盆地高石梯—磨溪、塔里木盆地克拉苏深层形成3个万亿立方米规模储量区。石油勘探取得新进展，鄂尔多斯盆地陇东、陕北、姬塬地区新增储量规模5.6亿吨，准噶尔盆地玛湖凹陷百口泉组展现出3亿—5亿吨勘探场面，柴达木盆地探明单个油藏规模大、丰度高、物性好、开发效益佳的英东油田，松辽盆地新站、渤海湾盆地雷家等地区落实一批千万吨级规模储量区块。致密油勘探在鄂尔多斯盆地、松辽盆地、吐哈盆地取得重要突破，其中长庆新安边油田长7层系探明储量1亿吨。南海勘探迈出坚实步伐，中建南项目钻探作业顺利完成并获得油气发现。

油气田开发以增加效益产量为目标，整体优化开发方案，加快推进重点产能建设，狠抓常态化精细注水，稳步实施二次开发和重大开发试验，老油田稳产基础不断夯实，自然递减率和含水上升率分别控制在10%和0.24%，为近年来最好水平。国内生产原油11367万吨、天然气954.6亿立方米，均创历史新高，实现计划“双超”。大庆油田连续12年保持原油4000万吨以上稳产，长庆油田油气当量在突破5000万吨后继续攀升到5545万吨，辽河油田继续保持千万吨以上稳产增产，吐哈油田原油产量突破200万吨。煤层气开发完成商品气量13.7亿立方米、增长57.7%。页岩气开发积极推进，威远、长宁、昭通产能建设进展顺利，产气量超额完成年度计划。长庆长北等国内对外合作项目保持平稳高效运行，全年生产油气当量920.2万吨、同比增长11.2%。

（2）炼化生产与油气销售市场应对能力和经营水平稳步提升。炼化生产紧贴市场需求变化，坚持“两控一降一调整”，优化原油资源配置和生产运行安排，合理控制加工负荷，实现安全平稳运行。国内加工原油15016万吨、生产成品油10184.1万吨。着力减亏增效，不断优化产品结构，科学调整柴汽比，增产适销高效高附加值产品，对化肥、橡胶等装置采取停产或间歇停产措施，20项经济技术指标好于上年同期，克拉玛依石化、庆阳石化等8家企业实现盈利。加强化工销售整体联动和统筹优化，加快新产品开发推广，厚利产品、高效区域销量稳定增长。

成品油销售积极应对市场需求增速放缓、特别是柴油需求下降的不利局面，坚持扩销降库增效，密切产销衔接，加强直炼资源调出和销售，严格控制外采，确保直属炼油厂生产后路畅通，为集团公司“产、炼、销”平稳运行和整体效益最大化做出积极贡献。国内销售成品油 11702 万吨、超计划 502 万吨。优化销售结构，突出零售创效，突出高效厚利产品销售，97 号汽油销量同比增长 22%，航空煤油销量同比增长 4%。围绕提升单站销售能力，着力打造黄金终端，深入开展“双低站”治理，治理站单站日销量同比增长 5% 以上。持续推进精细化管理，开展运输损耗专项整治，优化物流运行，关停退租无效库站，运行成本得到有效控制，吨油运费连续 5 年下降，营销质量稳步提升。

天然气销售积极应对市场供求变化和冬夏峰谷差加大的形势，以淡季促销、旺季保供、推价提效为重点，统筹优化自产气、进口管道气和 LNG 资源配置，加强产运销储各环节衔接，扎实做好需求侧管理，实现产销总体平衡，保障用气高峰期的安全稳定供应。国内销售天然气 1194.8 亿立方米、同比增长 8.1%。加大与地方政府和用户沟通协调力度，全力做好天然气推价和 LNG 顺价销售，加强环渤海、长三角、珠三角等重点高效市场挖潜，积极推进高端用户开发，整体效益不断提升。

（3）国际油气合作实现重大突破。中俄、中亚油气合作硕果累累。在国家主席习近平等国家领导人的亲自推动和见证下，与俄罗斯先后签署东线 380 亿米^3/ 年天然气购销协议、东线管道建设和运营技术协议、西线 300 亿米^3/ 年天然气供应框架协议，以及万科油田项目合作框架协议，对增加中国陆上进口油气规模、实现资源来源多元化、保障国家能源安全意义重大。与哈萨克斯坦、乌兹别克斯坦、塔吉克斯坦、吉尔吉斯斯坦、土库曼斯坦等中亚国家新签署一批一体化合作协议，中亚油气合作示范区建设稳步推进。与蒙古、缅甸、秘鲁、古巴、巴基斯坦、委内瑞拉等国也签署多项合作协议。

油气勘探坚持整体研究、科学论证、合理部署，乍得、阿姆河、PK 等项目风险勘探和滚动勘探都取得新发现和新突破，新增油气可采储量当量 1.44 亿吨，连续 6 年新增储量规模超亿吨。强化风险管控，加强生产运行统筹协调，积极实施开发“三大工程”，优化调整重点产能建设安排，中亚、苏丹、南苏丹等地区主力油气田努力稳产，伊拉克、拉美、土库曼斯坦等地区新油气田积极上产超产，海外油气生产保持快速发展，完成油气作业产量当量 1.27 亿吨、权益产量当量 6520 万吨，同比分别增长 3.5% 和 10.1%。国际贸易规模和运营质量进一步提升，完成贸易量 3.86 亿吨、同比增长 9.1%，贸易额 2653 亿美元，利润同比增长 13.2%。

（4）工程技术服务等业务转型升级步伐加快。在投资规模压减、内部工作量大幅下降的情况下，工程技术服务业务优化生产组织方式，加快实施工厂化作业模式，不断推进提速提效提素和区块总承包示范区建设，全年综合提速 2% 以上，总承包示范区提速 5%，有力促进油气勘探开发顺利实施；加大外部市场和高端市场开发力度，海外市场新签合同额 65.4 亿美元。工程建设业务统筹协调建设资源，强化设计、采购、施工和监理等关键环节控制，狠抓承包商管理，保障重点工程建设稳步推进；加强市场区域化统一协调管理，注重优化市场布局，海外市场和系统外市场新签合同额比例提高到 67%。装备制造业务积极推进结构调整，着力打造装备利器，内强管理降本增效，外闯市场抢抓订单，实现合同签约额 619 亿元，出口签约额突破 40 亿美元。矿区服务业务有序推进“三供一业”分离移交，整合压缩内部管理机构，稳步开展医疗业务社会化试点，市场化社会化进程加快。金融支持业务在境内外资金集中管理、对外融资、合资合作、保险管理等方面积极助力主业发展，以融促产的能力进一步提升。

（5）重点工程建设按计划有序推进。四川安岳气田磨溪龙王庙组、长庆姬塬及马岭等重点产能项目顺利实施，国内新建成原油生产能力 1383 万吨、天然气 172 亿立方米，保障油气田稳产上产。四川石化全面投产，广西石化含硫油配套工程建成投运，云南石化建设加快推进，对于完善集团公司炼化布局结构、保障西南地区成品油稳定供应具有重要意义。积极落实大气污染防治行动计划，柴油质量升级改造项目按期建成，车用柴油全部达到国Ⅳ标准。中亚天然气管道 C 线建成投产、D 线正式开工建设，中俄东线天然气管道境外段开工、国内段前期工作稳步推进，落实国家建设丝绸之路经济带战略、推动与周边国家能源基础设施互联互通迈出新步伐。西气东输三线西段、呼包鄂成品油管道、庆铁四线原油管道等顺利投产，国内油气骨干管网不断完善，管输能力不断提升，天然气和成品油管输量同比分别增长 9.8% 和 41%，原油管输量超计划 28.3 万吨。新疆呼图壁、西南相国寺等 6 座商业储气库全部建成投产，供气调峰保障能力进一步增强。

（6）生产运行组织协调力度加大成效明显。建立完善生产运行协调机制，贴近基层抓生产，区域协调接地气，机关部门和相关板块走出机关、走进现场，与企业之间协同配合，共同研究解决资源优化配置的瓶颈问题，共同谋划应对市场变化的具体措施，在打破“周期律”、避开“气候窗”、走出“死循环”方面探索积累一些有益经验和做法，有效保障生产经营平稳受控运行。在原油资源平衡方面，突出东北、华北、西部等重点地区，优化东北、兰成、任京等管道运行，合理安排商储库收储俄罗斯原油，协调解决部分炼化企业投产和检修期间资源的配置，确保国内油田生产后路畅通以及俄罗斯原油按计划进口。按效益原则优化原油流向，合理调减海上原油进口，大力促进自产原油全产全销。新疆稠油实现就近集中加工，冀东油田和西南油气田轻烃资源得到优化配置，炼油厂之间原料互供互调，最大限度地发挥整体效益。在破解成品油炼销存周期性矛盾方面，加强炼销贸统筹协调，采取增加地付、加强管输和铁路外运等多种措施，有效解决炼油厂高库存问题，缓解华北石化、大港石化等炼油厂生产压力；调整销售资源结构，有效调动销售企业接收直炼资源积极性，加大成品油出口力度，缓解产销矛盾。在天然气资源配置方面，统筹上游生产、进口、注采和销售各个环节，合理安排资源流向，保证天然气产运销总体平衡。推进商业储气库建设和注气，超额完成注气计划。根据市场需求变化，努力满足油田稠油热采、直属炼油厂制氢、新建炼油厂投产等用气需求，提高了整体效益。

（7）改革创新取得显著成果。在集团公司改革领导小组的统一部署下，围绕增产增销增效实施一系列改革举措。完善工效挂钩办法，实行工资增长与效益增长挂钩联动，健全阶梯挂钩激励机制，业绩考核的效益导向和激励作用充分发挥出来。在辽河油田、吉林油田开展扩大经营自主权试点，企业积极性主动性得到充分调动，主要经营指标明显好转，超额完成利润指标，辽河油田同比增产原油 21 万吨，吉林油田比计划超产 3 万吨。实施炼销一体化运行考核，实行成品油降库激励政策，促进产销平衡。与新疆、黑龙江、陕西等省区签署多项合资合作协议，一批合作项目稳步实施。天然气下游利用业务重组方案正组织推进，天然气营销体制改革方案正式实施。积极落实油气管网设施公平开放，提高资产利用效率。总部机关和专业分公司调整下放一批管理及审批事项，优化管理流程、简化工作程序，提高了服务基层的效率和水平。各企事业单位结合自身实际，在精简组织机构、压缩管理层级、控减用工总量、推行工效挂钩等方面大胆探索，促进提质增效，积累了有益经验。

集团公司把开源节流降本增效贯穿于全年工作始终，进一步明确任务目标，分解落实到各业务板块、各个企业，通过上下共同努力，重点监测指标及事项得到有效控制。开展资本性支出“一本账”管理，严控投资规模，优化投资结构，严格投资回报标准和过程控制，年度投资规模同比下降 21%，上游业务投资占比达到 75% 以上。加强资金流动性管理，统筹优化债务结构，融资成本不断降低，财务状况持续改善。多措并举强化关键成本费用指标控制，销售管理费同比下降 11%，“五项”费用同比下降 25%，人工成本增速回落 5.2 个百分点。推进资产轻量化，处置一批低效无效负效资产。加强汇率、利率、税率研究和税收筹划，争取一批重要支持政策。发挥内控、法律、审计、监察等监督管理作用，强化风险管控，促进依法经营合规管理，维护公司权益。

以国家及集团公司级重大科技专项攻关和重大现场试验为抓手，大力推进科技创新，油气勘探、高含水油田改善水驱及提高采收率、稠油超稠油开发、低渗透油气田开发等理论和技术持续完善，炼油化工系列催化剂等重大关键技术和新产品开发实现新突破，天然气液化技术形成具有自主知识产权的工艺包，连续管技术、船舶以气代油技术和清洁汽油、柴油生产技术等一批科技成果得到转化并推广应用。“我国油气战略通道建设与运行关键技术”获国家科技进步奖一等奖。以 ERP 系统为核心的信息应用集成项目总体方案设计完成，进入试点实施阶段；物联网试点工作顺利推进，现场实施取得成效；吉林和北京昌平数据中心全面投用，集中统一的云技术平台搭建完成，集团公司信息化工作水平继续走在央企前列。

（8）和谐发展局面进一步巩固。加强新《安全生产法》和《环境保护法》学习宣传贯彻，持续强化安全环保工作，严格落实“党政同责”“一岗双责”，加强过程指标和事故指标双重考核，严肃事故追责，建立分层分级风险防控机制，深化 HSE 体系审核和问题整改，采取“四不两直”方式加强对重点企业、重点领域的安全检查，安全环保形势总体平稳可控。按照国务院提出的三年完成管道安全隐患整治的要求，加大油气管道隐患整治力度，全年整改管道隐患 3918 处，其中重大隐患整改完成率 49%。开展油品储罐专业化机械化清洗，既确保安全又堵塞管理漏洞。加大节能减排实施力度，抓好国家核查发现问题的整改，13 项国家考核的重点减排工程按期投运，提前一年完成国家环境保护部下达的“十二五”二氧化硫和氨氮减排指标；重点节能工程稳步推进，提前一年完成国务院国资委下达的“十二五”节能考核目标。特别是APEC会议期间加强油气回收、燃料替代等减排措施落实，全力保障天然气、高标号汽油、柴油等清洁能源供应，为“APEC蓝”做出积极贡献。持续推进重点民生工程建设，投用一批社区医疗卫生站点和活动室，矿区基础设施不断完善；通过建设经济适用房、利用信托平台建设商品房等方式，积极改善员工住房条件。统筹兼顾各类群体合理合法利益诉求，做好改革过程中的稳定工作，维稳形势总体平稳，有效杜绝个人极端恶性事件和规模性群体访进京访。坚持企地联合、企警联防、四防齐下、群防群治的工作方针，加强重点地区、海外项目、重要敏感节点的安保防恐工作，有效防范涉油气暴力恐怖事件，保障生产正常运行和员工人身安全。协调配合公安机关狠抓重点油区治安整治“百日会战”，破获涉油刑事案件324起、查处治安案件445起，有力震慑了涉油违法犯罪行为。

（王柏苍）

特 载

坚定正确方向 推进改革创新
为全面建成世界水平综合性国际能源公司而奋斗

——周吉平在集团公司2014年工作会议上的报告（摘要）

（2014年1月16日）

这次工作会议的主要任务是，深入贯彻落实党的十八大、十八届三中全会及中央经济工作会议精神，总结集团公司去年工作成果，部署今年重点工作，明确今后一个时期改革发展目标任务，动员广大干部员工认清形势、增强信心、凝聚共识，坚定正确方向，推进改革创新，努力实现有质量、有效益、可持续发展，为全面建成世界水平综合性国际能源公司而奋斗。

一、认清面临形势，统一思想认识

刚刚过去的2013年，是中石油发展历史上极具挑战、极不寻常的一年。面对错综复杂的国际国内经济环境和重特大自然灾害的冲击，我们认真贯彻党中央、国务院的决策部署，团结带领广大干部员工迎难而上、顽强拼搏，确保了主要生产指标稳定增长、效益指标稳定向好、油气市场稳定供应，各方面工作都呈现不少新亮点。在油价下跌、国际同行利润普遍下滑的情况下，集团公司实现营业收入、利润总额、上缴税费不同程度增长。国内外油气作业产量当量突破3亿吨，大庆油田连续11年保持原油4000万吨以上稳产，长庆油田高质量高水平如期建成西部大庆。国内油气勘探连续7年新增探明储量超过10亿吨。认真开展党的群众路线教育实践活动，进一步坚定了党员干部的理想信念、转变了发展指导思想，正风肃纪见到成效，“四风”问题得到有效遏制。特别是面对去年8月以来公司个别领导人员涉嫌严重违纪接受组织调查这一前所未有的严峻考验，集团公司党组态度坚定，在思想上政治上行动上同党中央保持高度一致，旗帜鲜明地反对腐败，带领广大员工全力以赴保稳定、保发展、保安全，做到生产平稳、工作有序、队伍稳定、矿区和谐。

成绩来之不易！这是党中央、国务院亲切关怀、正确领导的结果，是国家有关部委、地方党委政府指导、关心、支持的结果，是百万石油员工团结奋斗的结果。这些成绩，也是在历届老领导、几代石油人艰苦创业打下的坚实基础上取得的。几十年来，从石油部、总公司到集团公司，我们始终贯彻执行国家战略部署，艰苦奋斗、为国分忧、为油奉献，各项事业持续发展，综合实力显著增强，国际影响力大幅提升，有效满足了国家经济社会发展的油气需求，贡献了巨额的财税收入，同时培育形成了大庆精神、铁人精神等宝贵精神财富。党中央、国务院对中石油的发展成就、重要地位和突出贡献是充分肯定的，对中石油各级领导班子和广大干部员工是充分信任的。我们要坚定信心、振奋精神、勇于担当，唱响主旋律，凝聚正能量，以高度的政治责任感和强烈的历史使命感，全力做好各项工作，努力实现新发展、做出新贡献、塑造新形象，向党和人民交上一份满意的答卷。

当前和今后一个时期，我们面临的形势依然错综复杂，机遇和挑战并存。这些年来，集团公司持续快速发展中也存在不少矛盾和问题，突出集中表现在安全环保、反腐倡廉和质量效益三个方面。必须高度重视，采取有效措施切实加以解决。面对新形势新挑战，我们一定要保持清醒头脑和战略定力。必须坚定正确的发展方向，同时结合国际国内形势变化和公司自身发展需要，进一步完善发展思路和目标。

今后一个时期，集团公司改革发展总的指导思想是：深入学习贯彻党的十八大、十八届三中全会精神和习近平总书记一系列重要讲话精神，坚定“一个目标”、做到“四个坚持”、实施“有质量有效益可持续”发展方针，进一步解放思想、开拓创新，全面深化改革增强动力活力，瞄准世界水平加快赶超步伐，推进基础性工程夯实发展根基，大力加强党的建设、队伍建设和企业文化建设，为保障国家能源安全和全面建成小康社会做出积极贡献。“四个坚持”的基本内涵是，坚持走中国特色社会主义国有企业发展道路，坚持实施资源、市场、国际化战略，坚持推进改革创新，坚持弘扬大庆精神铁人精神。

二、深入贯彻十八届三中全会精神，全面深化企业改革

当前集团公司正处于从注重规模发展向更加注重质量效益发展的转型时期，处于全面建成世界水平综合性国际能源公司的关键时期。我们要自觉把思想和行动统一到中央的决策以及国资委的部署要求上来，把改革贯穿于发展的各个领域各个环节，用改革的思路和办法破解发展难题，激发调动全体干部员工的积极性、主动性、创造性，以改革的实际成效充分体现中国特色社会主义制度的优越性，有力证明中国共产党领导下的国有企业一定能够建成世界水平。

我们要按照国有企业功能定位，以规范经营决策、资产保值增值、公平参与竞争、提高企业效率、增强企业活力、承担社会责任为重点，全面深化企业改革，推进公司治理体系和管控能力现代化国际化。到2020年，建立并完善与世界水平综合性国际能源公司相适应的公司治理体系，体制机制充满活力，管理制度成熟定型，业务结构科学合理，商务模式行业领先，市场竞争优势突出。今后一个时期，重点在优化完善公司管控模式、深化持续重组和结构调整、建立完善市场化机制、完善科技管理体制机制、深化人事劳动分配制度改革及健全权力制约监督机制六个方面取得实质性突破。

今年是贯彻党的十八届三中全会精神的第一年，是改革年。要以职工群众最关切的问题和公司发展中最突出的矛盾为重点推进改革，重点要在九个方面见到明显成效：完善公司治理结构、推进管控优化、推进业务整合和专业化重组、深化三项制度改革、推进内部市场化改革、改进科技创新管理办法、积极发展混合所有制经济、健全决策机制及加强反腐倡廉制度建设。

集团公司党组将成立全面深化改革领导小组，在全面深化改革中，要把握原则方向，要勇于开拓创新，要统筹协调推进，要加强组织领导，领导干部要成为改革的实践者、探索者、推动者，各单位也要建立相应的领导机制，一步一个脚印、稳扎稳打，确保改革取得实实在在的成效。

三、瞄准世界水平，全面增强竞争能力盈利能力

我们提出的“世界水平”，是指公司主要指标总体达到世界先进水平，掌握行业核心技术，拥有引领行业发展和参与全球资源配置能力，有较强的国际市场话语权、影响力，成为绿色发展、可持续发展的领先公司。

当前和今后一个时期，我们要紧紧围绕全面建成世界水平综合性国际能源公司目标，突出油气主业，突出质量效益，充分发挥综合一体化优势，充分发挥政治文化优势，以深化改革为动力，以结构调整为重点，以科技创新为支撑，以人才建设为保障，以规范管理为手段，不断增强竞争能力和盈利能力。到2020年，公司大部分指标达到世界先进水平，部分指标达到世界领先水平，综合实力进入世界大石油公司前列。实现规模总量保持领先，经营业绩世界先进，技术创新优势明显，管理水平国际接轨，公司品牌全球知名，员工队伍素质优良。

实现上述目标，需要我们突出重点、综合施策、统筹推进。一要调整优化结构，着力培育重点领域竞争优势。最大限度获取经济规模储量和效益产量，努力提升天然气业务整体价值，加强海外业务国际化经营能力建设，加快缩小炼化和销售业务与先进水平的差距，推进服务保障业务市场化发展。

二是推进科技创新，着力提升核心竞争力。加快形成一批具有国际竞争力的重大技术，持续强化科技创新与生产发展紧密结合，积极构建开放包容的科技创新格局，全面提升信息化建设和应用水平。

三是实施人才强企，着力提高队伍整体素质。加大高层次人才培养引进力度，促进人力资源高效开发利用，加强全员素质培训。

四是规范企业管理，着力改善运营质量和效率。优化投资管理，严格成本管理，加强资产优化，严控经营风险，不断提升中石油品牌的认知度、美誉度和影响力，打造国际知名品牌。

四、以前所未有的力度，推进实施三大基础性工程

安全环保、和谐稳定和反腐倡廉，事关人民群众根本利益，事关国家和干部队伍整体形象，事关企业生死存亡。集团公司党组决定，把这三方面工作作为基础性工程，放在更加突出的位置，加强组织领导，明确任务目标，层层落实责任，强化措施执行，全面夯实发展根基。

一要全力打好攻坚战和持久战，实现安全环保形势持续稳定好转。牢固树立安全发展理念，健全党政同责、一岗双责、齐抓共管的责任体系，狠抓重点领域、关键环节的安全环保措施落实，建立务实有效、执行有力的监督检查制度，全面提高风险防范和应急处置能力。

二要统筹协调各方利益关系，营造和谐稳定的改革发展环境。持续关注和改善民生，认真落实维稳工作责任，创新维稳工作机制，提高群众工作能力，加强和改进公共关系。

三要加强和创新反腐倡廉工作，着力打造阳光央企。构建决策科学、执行坚决、监督有力的权力运行体系，狠抓党风廉政建设责任制落实，加大执纪检查和惩治腐败力度，创新反腐倡廉体制机制，健全改进作风常态化制度。

实现改革发展的各项任务目标，经受住错综复杂的宏观环境和当前特殊敏感时期的严峻考验，关键在各级领导班子和领导干部。要增强政治定力和政治敏锐性，严明政治纪律和组织纪律；强化大局意识，形成工作合力；树立正确的业绩观，求真务实、真抓实干；强化自律意识，严格遵守廉洁从业各项纪律规定。党政主要领导要发挥好表率作用，依法从严治企，确保一方平安。

全面深化企业改革、全面建成世界水平的综合性国际能源公司，责任重大、任务艰巨、前景美好。我们一定要紧密团结在以习近平同志为总书记的党中央周围，众志成城、振奋精神，开拓创新、埋头苦干，为全面建成小康社会、实现中华民族伟大复兴的中国梦做出新的更大贡献。

迎难而上　奋发有为
全力推进有质量有效益可持续发展

——在集团公司 2014 年工作会议上的报告（摘要）

（2014 年 1 月 16 日）

根据党组讨论的意见，主要总结集团公司 2013 年工作成果，部署 2014 年重点任务。

一、2013 年主要工作成果

集团公司广大干部员工认真贯彻落实党中央、国务院重大决策部署，牢牢把握稳中求进的工作总基调，实施有质量有效益可持续发展方针，统筹国内外两种资源两个市场，集中发展油气主营业务，大力强化安全环保和管理提升，扎实开展党的群众路线教育实践活动，确保了生产经营稳定向好、油气市场稳定供应、企业大局稳定和谐。集团公司整体经营业绩好于预期，国内外油气产量当量达到 30655 万吨、同比增长 10.2%，加工原油 18855 万吨、同比下降 1.5%，销售成品油 17099 万吨、天然气 1144 亿立方米，同比分别增长 4.5% 和 13.1%；实现营业收入 2.79 万亿元、利润总额 1879.9 亿元，同比分别增长 4.1% 和 2.2%；实现税费 4024 亿元，同比增长 2.4%。

国内勘探与生产势头良好。持续推进储量增长高峰期工程，突出重点盆地和目标区带，强化预探和整

注：此文为廖永远在集团公司 2014 年工作会议上的报告。2015 年 3 月 16 日中央纪委监察部网站发布：中国石油天然气集团公司总经理廖永远涉嫌严重违纪违法，目前正接受组织调查。

体评价，加快非常规资源探索，取得一批重要成果。全年新增探明石油地质储量6.7亿吨、天然气地质储量4923亿立方米，油气新增探明储量连续7年超过10亿吨当量。生产原油11260万吨、天然气888亿立方米，原油增产连续4年超过200万吨，天然气保持两位数快速增长。国内对外合作油气产量当量828万吨，同比增长11%。炼化业务保持优化运行。坚持市场导向和效益原则，统筹资源配置和加工计划，国内加工原油14602万吨，生产成品油9790万吨，主要化工产品商品量2200万吨，16项技术经济指标创历史最好水平。汽油质量升级项目全面完成，车用汽油全部达到国Ⅳ标准。油气销售实现提质提量。成品油销售积极适应市场需求增速放缓等变化，科学配置自产和外采资源，国内销售成品油11833万吨、增长1.5%。天然气销售以保供增效为重点，统筹自产气、进口气和煤制气等多种资源，充分发挥LNG接收站、储气库和管存调节能力，销售天然气1106亿立方米、同比增长13.6%；中缅天然气管道等建成投产，中亚天然气C线管道等按计划推进，全年建成管道7400多千米。海外业务取得重要战略突破，海外战略发展成果丰硕。国际贸易保持快速发展。全年完成贸易量3.5亿吨。服务保障业务能力和水平持续提升。科技创新的驱动作用得到增强。经营管理方式进一步转变。重点组织开展战略与基础管理、国际化经营、信息化建设等专项提升工作，安全环保形势继续保持总体稳定，推进重点节能减排项目实施。党的群众路线教育实践活动扎实有效。加强“四好”班子建设、企业文化建设，员工队伍整体素质和执行力持续提升。

二、生产经营面临的形势和任务

当前，世界经济处于深度调整期，我国经济进入增速换挡期，集团公司正处在从注重规模发展向更加注重质量效益发展转变的关键期。

尽管我们面临严峻的挑战和考验，但也要看到，集团公司的发展仍处于重要战略机遇期，我们要进一步坚定信心、迎难而上，增强忧患意识、机遇意识、进取意识和担当意识，坚持底线思维，趋利避害、防微虑远，发挥优势、稳扎稳打，牢牢把握各项工作主动权。

今年工作总的要求是：认真贯彻落实十八大、十八届三中全会和中央经济工作会议精神，继续把握稳中求进工作总基调，深入实施资源、市场、国际化三大战略，坚持有质量有效益可持续的发展方针，突出发展油气主营业务，深化企业改革，强化创新驱动，全面加强管理，持续调结构、转方式、增活力、提效益，确保生产经营平稳向好、企业队伍和谐稳定，全面推进世界水平综合性国际能源公司建设，为促进经济社会持续健康发展做出新贡献。

三、2014年重点工作安排

今年是全面贯彻落实党的十八届三中全会精神的第一年，也是完成“十二五”规划目标任务的关键之年。我们要按照三中全会和中央经济工作会议要求，用改革的思路和办法破解发展难题、优化生产经营运行、提升管控能力和水平、促进提质增效升级，在全面深化改革的同时，重点做好以下工作。

狠抓责任落实和风险防控，实现安全环保形势持续稳定好转。强化安全生产责任制，深化HSE体系和风险防控机制建设，狠抓隐患治理，加强承包商管理，提高应急处置能力，大力开展教育培训和经验分享，全力抓好节能减排工作。

突出国内油气主营业务，确保效益稳定增长。坚持资源战略，落实优质储量、有效储量和可动用储量，优化开发方案，实现高效开发。

坚持规模适度、品种适量、建设适时、标准适当的原则，安全平稳灵活组织炼化生产，减亏增效。推进炼化重点工程建设，完成柴油质量升级项目，建成原油、成品油管道。

成品油销售要增强盈利能力，化工销售要实现增销增效。

推进天然气生产、销售利用等全产业链发展，提高储备调峰和应急保障能力。

加快推进国际化经营，努力做大规模做优质量。抓好重点项目勘探开发，加快新签项目实施，确保储量产量较快增长。

国际贸易要优化完善国际营销网络布局，增强资源掌控能力和区域性油气价格影响力。

持续提升服务保障业务能力，不断强化综合一体化优势。工程技术服务业务要按照“六精”要求，优化创新生产组织方式，加快推进工厂化作业模式，提高作业效率和一体化综合服务能力。工程建设业务要突出发展高端业务。装备制造业务要加快推进优势传统主导产品的技术升级和品质提升。

金融支持业务要强化金融创新，拓宽资金渠道，为油气主业提供特色化、低成本筹融资服务。

注重提高自主创新能力，更好发挥科技信息支撑引领作用。坚持科研与生产相结合，突出重点和方向，处理好当前与长远、急需与超前的关系，服务重点、服务大局、服务主业。完善公司科技创新体系，理顺各级科研机构的功能定位、职责分工、业务范围与协同关系。

信息化建设要继续做好以ERP系统为核心的应用集成项目建设，完成油气生产和工程技术物联网试点建设并启动全面推广实施。

以改革创新精神强化企业管理，进一步提高效率效益。持续完善市场化机制，理顺内部价格机制，改进绩效考核机制，健全薪酬分配机制。

严格投资管理，强化财务和资金管理，深化资产管理，全面扩大与社会、金融等各类资本的合作，推进汇率、利率、税率研究，加强战略规划研究，启动“十三五”规划编制工作。

扎实做好维稳安保工作，全力维护和谐稳定局面。全面加强维稳信访和安保防恐工作，统筹兼顾各类群体合理合法利益诉求，建立企业改革重大事项稳定风险评估机制，继续完善扶贫帮困长效机制。推进“四位一体”安保防恐工作模式，海外业务要推进“三大一统一”体系建设。

巩固深化教育实践活动成果，持续提升党建和队伍建设科学化水平。全面建立反“四风”、转作风的长效机制。加强领导班子建设和干部队伍教育管理，培养一支信念坚定、为民服务、勤政务实、敢于担当、清正廉洁的高素质干部队伍。继承弘扬大庆精神铁人精神，大力培养和宣传先进典型，用先进文化凝心聚力、打造铁人式员工队伍。

做好今年的工作任务艰巨、责任重大。我们要按照集团公司党组的统一部署，解放思想、改革创新，脚踏实地、稳中求进，励精图治、真抓实干，切实完成好改革发展稳定各项任务，全面推进世界水平综合性国际能源公司建设，为保障国家能源安全做出新贡献。

在集团公司领导干部会议上的讲话

——周吉平在集团公司2014年领导干部会议上的讲话（摘要）

（2014年7月30日）

今年以来，面对严峻考验，集团公司党组认真贯彻落实党中央、国务院的决策部署，坚持稳中求进，坚持谋大局抓大事，团结带领广大干部员工积极应对各种困难和挑战，推进改革创新，优化生产运行，强化基础建设，努力提质增效，取得了主要生产指标稳定增长、经营效益好于预期、内部改革初见成效、企业大局和谐稳定的良好业绩。

上半年工作主要突出了以下几个方面。

一是抓思想统一，保持了正确方向和战略定力。通过深入学习领会中央精神，结合集团公司实际，我们进一步丰富完善了坚定“一个目标”、做到“四个坚持”、实施有质量有效益可持续发展方针的总体思路，并坚定不移地推进落实，形成了上下同心、干群同力、共谋发展的良好局面。

二是抓统筹协调，加强了生产经营的优化运行。突出市场导向和效益原则，加强生产经营分析、及时调整经营策略，加大产炼销储贸协调力度，保持了上中下游、国内国际业务协调发展。

三是抓创新驱动，促进了质量效益提升。制定实施集团公司开源节流降本增效的若干意见，加强科技攻关，加强投资、成本费用管理和资金资产资本统筹优化，管理提升促进了降本增效，实现了节能节水目标。

四是抓深化改革，激发了企业发展活力。确立集团公司全面深化改革的总体思路、目标和六大主攻方向，成立全面深化改革领导小组，建立相关工作机构和制度规则，制定实施2014年领导小组工作要点，各项改革工作稳步有序推进。

五是抓责任落实，推进了三大基础性工程有效实施。把安全环保、和谐稳定、反腐倡廉作为重要基础性工程，以前所未有的力度推进落实，取得明显成效。

六是抓党的建设，强化了政治组织保障。巩固党的群众路线教育实践活动成果，认真抓好整改总体方案、专项方案和制度建设计划的落实，完善加强企业领导班子建设的相关制度规定。持续开展大庆精神铁人精神学习教育活动。

上半年在十分困难的情况下，我们能够取得这样的成绩，是在党中央、国务院的坚强领导下，在国家各部委、地方党委政府和社会各界的大力支持下，百万石油员工齐心协力、顽强拼搏的结果。在此，我代表集团公司党组和集团公司，向全体干部员工、离退休老同志、职工家属致以亲切的慰问，表示衷心的感谢!

关于公司下步工作，我重点讲五个方面的意见。

（一）迎难而上、奋发有为，坚决承担起肩负的责任使命。当前和今后一个时期，集团公司仍处于发展的重要战略机遇期，经过多年的发展，集团公司具备了坚实的发展基础。

我们要认真贯彻党中央、国务院的决策部署，深刻认识肩负的重大责任和使命，加大改革创新力度，加快发展转型步伐，不断提升综合实力和国际竞争力，在深化国有企业改革、巩固我国基本经济制度中发挥中坚作用，在建设创新型企业、实施创新驱动发展战略中发挥引领作用，在落实国有经济保增长、促进国民经济稳增长中发挥骨干作用，在推进能源生产和消费革命、保障国家能源安全中发挥主力军作用。要从国家发展和安全的战略高度出发，加强对国内外经济形势、能源行业发展趋势的研判，既要看到外部环境的复杂性和不确定性，高度重视和防范各种风险，在挑战中寻求机遇，在机遇中扩大优势，增强战略定力，坚定必胜信心；科学谋划未来发展，认真抓好公司长远战略规划、“十三五”规划和明年发展计划的编制工作，形成指导公司有质量有效益可持续发展、全面履行三大责任的纲领性文件。

（二）突出效益、精准发力，确保全年任务目标的实现。强化以经济效益为中心的理念，兼顾当前重点和长远发展，加强统筹协调优化，深入实施开源节流降本增效，着力解决影响生产运行和效益提升的关键问题，全面完成公司生产经营目标和国资委下达的保增长任务。

要抓住重点推进主营业务协调运行，实现增产增销增效。坚定不移地优先发展上游业务，进一步发挥盈利支柱作用；要进一步加快下游业务的布局结构调整和资源优化，提高创效水平；进一步深化国际油气合作，实现海外业务规模优质发展。工程技术、工程建设、装备制造等业务要着力在加快转型升级、开拓高效市场上下功夫，不断增强市场竞争能力。要多措并举全面提高质量效益。着力推进管理提效，优化产炼销储贸各环节运行，加强投资、成本控制，优化资金资本资产运作，确保整体效益最大化。着力推进科技创效，加强科研与生产、技术与市场的结合，以创新成果创造更多经济效益；着力推进节约增效，多渠道挖掘节约潜力，提高能源资源利用效率。

（三）统筹兼顾、重点突破，积极稳妥推进企业改革。从具体问题抓起，从机制性基础性改革入手，着力解决发展中存在的突出矛盾和问题，增强改革的针对性和实效性。重点是落实好2014年改革工作要点：一是谋划好集团公司全面深化改革总体方案，加强顶层设计；二是按照市场化国际化的要求，扎实推进集团公司规范董事会建设；三是有序推进专项改革方案的制定和实施；四是加强改革重大问题研究，提出改革思路和具体措施。下半年优先实施有利于稳增长、调结构、防风险的举措，推行总部机关简政放权、推进业务整合和专业化重组、完善市场化机制、积极探索混合所有制改革、健全激励约束机制、深化科技创新机制改革。

要解放思想，凝聚改革共识，大胆提出新思路新政策新举措；要统筹兼顾，有序推进改革方案的制定和实施，确保依法合规，坚决维护职工群众利益；要加强改革舆论宣传，赢得各方面的理解和支持。

（四）夯实基础、从严治企，内增凝聚力外树新形象。进一步加大工作力度，全面整改安全环保隐患，全力消除各方面不和谐因素，全方位加强反腐败工作，全过程强化依法合规经营，努力打造法治央企、阳光央企。要始终牢记人民群众生命高于一切，强化责任落实，强化HSE体系建设，强化隐患治理，强化监督检查，强化应急能力提升，坚决杜绝重特大安全环保事故的发生。要严格落实维护稳定责任制，注重运用法治思维和方式化解矛盾纠纷，做好重点地区、安保防恐工作。

要大力加强反腐倡廉建设，强力推进党风廉政建设党委主体责任和纪委监督责任的落实，持续加大腐败案件查处力度以零容忍的态度坚决反对腐败。

要健全公司基本制度架构，完善合规管理体系，切实做到用制度管事管人。近期要把反商业贿赂、反利益输送等作为重点。

要大力加强品牌建设，强化公共关系管理，强化舆论引导和正面宣传，讲好中石油故事，传播中石油声音，为公司改革发展注入正能量。

（五）发挥优势、转变作风，切实加强党建、班子和队伍建设。要大力加强和改进企业党的建设，牢牢把握党对企业改革发展的领导权和主动权。继续推进党的群众路线教育实践活动整改工作，强化基层党组织服务功能，加强党员教育管理；深入开展向“一先两优”学习活动。

要继续加强领导班子建设，严格落实民主集中制和“三重一大”决策制度，提高科学、民主、依法决策水平。推进党政分设、交叉任职，配齐配强各级班子；加强领导干部理想信念和道德品行教育培训，大力选拔培养优秀年轻干部，增强班子整体功能；强化业绩考核，特别是加强对领导干部的从严监督管理。

要加快推进经营管理、专业技术、操作技能及国际化人才队伍建设，优化人才队伍结构，创新人才管理体制机制，畅通人才成长通道。加强全员培训，用中石油特色文化育人铸魂，全面提升队伍凝聚力和战斗力。

各级领导干部要敢于担当、主动作为，在企业改革发展稳定各项工作中勇挑重担。要落实“三严三实”要求，严格执行廉洁从业各项规定，严防“四风”问题变异反弹。两级机关要带头转变作风。

突出质量效益　优化组织运行
坚决完成全年生产经营各项任务目标

——在集团公司2014年领导干部会议上的报告（摘要）

（2014年7月30日）

根据党组讨论的意见，主要通报上半年生产经营情况，安排部署下半年重点工作。

一、上半年生产经营主要成果

今年以来，面对错综复杂的国际环境和国内经济下行压力加大的严峻形势，集团公司认真贯彻落实党中央、国务院各项决策部署，牢牢把握稳中求进的工作总基调，围绕坚定“一个目标”、做到“四个坚持”、实施有质量有效益可持续发展方针的指导思想，着力推进主营业务发展，强化统筹协调运行，大力开源节流降本增效，持续推动改革创新，保持了生产经营平稳有序发展。主要生产指标和经营业绩符合预判、好于预期、优于可比公司。

国内勘探开发势头良好，油气产量实现双过半；炼化生产优化运行，经营状况明显改善；油品销售提质增效，市场应对能力持续增强；天然气销售效益提升，重点管道及储气库建设投运有序推进；海外业务健康发展，国际油气合作取得新突破；服务保障业务能力提升，转型升级步伐加快；深化改革强化管理，开源节流降本增效见到明显成效；科技创新和信息化建设取得重要阶段性成果，支撑作用有效发挥；安全环保基础持续加强，总体形势保持稳定。

同时，也存在业务推进不够平衡、质量效益问题仍然突出、安全生产事故时有发生且同类事故反复出现等问题，要制定有针对性的措施，认真加以解决。

二、下半年重点工作安排

今年下半年，集团公司面临的宏观环境依然复杂，实现生产经营稳定增长既具备不少有利条件，也面临一系列严峻考验。

我们要在党中央、国务院的正确领导下，深入学习贯彻三中全会精神和习近平总书记系列重要讲话精神，按照集团公司党组统一部署，坚持稳中求进、稳中有为，全力推动油气主业发展，统筹优化生产运行，深入实施开源节流降本增效，积极稳妥推进改革，不断强化创新驱动，坚决完成全年生产经营各项任务目标，为国有经济保增长和国民经济稳增长做出应有贡献。

（一）实现安全环保形势持续稳定好转。要进一步树立安全发展理念，深刻把握严格监管阶段的特征，强化红线意识和底线思维，狠抓安全生产责任制和各项措施落实，坚决杜绝重特大安全环保事故。一是继续加大油气管道隐患排查治理力度，对重大隐患挂牌督办、限期整改；二是持续完善HSE管理体系，抓好下半年体系审核和自我改进；三是加强承包商管理，落实建设单位安全监管主体责任；四是加强风险防控和应急管理，提高风险管控水平和应急处置与救援能力；五是按照建设法治央企、和谐矿区、安定油区、平安管道的要求，加强安保防恐和维稳信访工作；六是强化污染减排，确保达到国家新排放标准。

注：此文为廖永远在集团公司2014年领导干部会议上的报告。2015年3月16日中央纪委监察部网站发布：中国石油天然气集团公司总经理廖永远涉嫌严重违纪违法，目前正在接受组织调查。

（二）全力抓好国内油气生产和供应。要坚持以市场为导向、以效益为中心，优化方案部署和生产组织，加强产炼运销储贸统筹平衡、协调联动，实现国内油气业务稳定增长、效益发展和市场平稳有序供应。保持油气生产平稳均衡运行，围绕"两控一降一调整"优化炼化生产，努力打造成品油销售"黄金终端"，全面提升天然气销售效益和管道运营效率。

（三）推进海外业务规模优质发展。继续抓好海外现有项目的执行和新项目开发，努力增储上产，进一步优化业务结构、资产结构和区域布局，提升整体效益。进一步加强对资源国政策法律、利率汇率和税务筹划研究，有效控制各类风险，持续提升主力油气产区和重点项目的盈利水平。

国际贸易要围绕资源配置和调节保供，实现贸易量、效益稳定增长。

（四）加快服务保障业务转型升级。针对工作量下降、市场竞争加剧的形势，要挖掘发展潜力、打造技术实力、提升竞争能力，按照特色化、差异化、高端化、一体化要求，深入实施提速提质提效提素，加大闯市场力度，加快走出去步伐，发挥比较优势，细分海外市场，努力实现工作量和效益同步增长。

工程技术服务要强化生产组织，合理调配施工作业力量；工程建设要加强统筹协调，提高装备利用率和队伍动用率；装备制造要着力推进结构调整，打造装备利器；矿区服务要深入推进市场化社会化，稳妥推进"三供一业"分离移交；金融支持业务要有效防范系统金融风险，深入推进产融结合。

（五）综合施策推进开源节流降本增效。要树立长期过紧日子的思想，以更大力度把开源节流降本增效各项措施落实到位，完成国资委下达的增利目标。一是认真落实全面深化改革年度工作要点，深化业务持续重组，压缩管理层级，推进结构调整。二是继续完善工效挂钩办法，激发调动各个层级的积极性。三是健全完善市场化经营机制，确保公司整体效益最大化。四是大力实施成本管控，严控非生产性支出。五是积极推进资产轻量化，增加效益。六是坚持创新驱动发展，以创新成果创造更多效益。七是夯实管理基础，提升依法合规经营能力，持续推进信息化建设，促进业务流程优化和管理效率提升。八是充分利用国家和地方政府的优惠政策，实现政策提效。

（六）统筹搞好生产经营组织协调。全力做好优化这篇大文章，确保国内外资源优化平衡和效益最大化。

生产经营组织要注重研究生产的季节规律、市场的消费规律、产品的价格规律，加大组织协调力度，强化生产计划和预算的权威。做好先进典型、先进经验的总结宣传和交流共享，促进整体生产经营管理水平的提升。当前即将进入"十二五"收官阶段，要提前着手编制明年的投资计划、生产计划和预算安排，做好"十三五"规划的前期研究和编制准备工作。

做好下半年生产经营工作任务艰巨、关系重大。各级党组织要充分发挥政治核心作用，各级领导干部要充分发挥示范带头作用，广大员工要继承弘扬大庆精神铁人精神，通过公司上下共同努力，全面完成今年各项目标任务，持续推进世界水平综合性国际能源公司建设，为保障国家能源安全、促进国民经济平稳较快发展做出新贡献。

专　稿

中国石油天然气集团公司 2014年工作会议 在河北廊坊召开

中国石油天然气集团公司2014年工作会议于2014年1月16—18日在河北廊坊召开。会议的主要任务是，深入贯彻落实党的十八大、党的十八届三中全会及中央经济工作会议精神，总结集团公司2013年工作成果，部署2014年重点工作，明确今后一个时期改革发展目标任务，动员广大干部员工认清形势、增强信心、凝聚共识，坚定正确方向，推进改革创新，努力实现有质量有效益可持续发展，为全面建成世界水平综合性国际能源公司而奋斗。

集团公司董事长、党组书记周吉平做《坚定正确方向，推进改革创新，为全面建成世界水平综合性国际能源公司而奋斗》主题报告，会议做了《迎难而上，奋发有为，全力推进有质量有效益可持续发展》工作报告。会议通报安全环保情况和党风建设情况。

今后一个时期，集团公司改革发展总的指导思想是：深入学习贯彻党的十八大、十八届三中全会精神和习近平总书记一系列重要讲话精神，坚定“一个目标”、做到“四个坚持”、实施“有质量有效益可持续”发展方针，进一步解放思想、开拓创新，全面深化改革增强动力活力，瞄准世界水平加快赶超步伐，推进基础性工程夯实发展根基，大力加强党的建设、队伍建设和企业文化建设，为保障国家能源安全和全面建成小康社会做出积极贡献。其中“四个坚持”的基本内涵是，坚持走中国特色社会主义国有企业发展道路，坚持实施资源、市场、国际化战略，坚持推进改革创新，坚持弘扬大庆精神铁人精神。

周吉平指出，2013 年是中国石油发展历史上极具挑战、极不寻常的一年。面对错综复杂的国际国内经济环境和重特大自然灾害的冲击，中国石油认真贯彻党中央、国务院的决策部署，迎难而上、顽强拼搏，确保了主要生产指标稳定增长、效益指标稳定向好、油气市场稳定供应，各方面工作都呈现出新亮点。在油价下跌、国际同行利润普遍下滑的情况下，实现营业收入、利润总额、上缴税费不同程度地增长，国内外油气作业产量当量首次突破 3 亿吨，大庆油田连续 11 年保持原油 4000 万吨以上稳产，长庆油田高质量高水平如期建成西部大庆。认真开展党的群众路线教育实践活动，进一步坚定党员干部的理想信念、转变发展指导思想，正风肃纪见到成效，“四风”问题得到有效遏制。特别是面对 2013 年 8 月以来集团公司个别领导人员涉嫌严重违纪接受组织调查这一前所未有的严峻考验，党组态度坚定，在思想上政治上与党中央保持高度一致，旗帜鲜明地反对腐败，带领广大干部员工全力以赴保稳定、保发展、保安全，做到生产平稳、工作有序、队伍稳定、矿区和谐。

周吉平要求，2014 年是贯彻党的十八届三中全会精神的第一年，是改革年。要以职工群众最关切的问题和公司发展中最突出的矛盾为重点推进改革，重点在 9 个方面见到明显成效，即完善公司治理结构，推进管控优化，推进业务整合和专业化重组，深化三项制度改革，推进内部市场化改革，改进科技创新管理办法，积极发展混合所有制经济，健全决策机制，加强反腐倡廉制度建设。要把握原则方向，勇于开拓创新，统筹协调推进，加强组织领导，领导干部要成为改革的实践者、探索者和推动者。要建立领导机制，一步一个脚印、稳扎稳打，确保改革取得实实在在的成效。

周吉平强调，安全环保、和谐稳定和反腐倡廉，事关人民群众根本利益，事关国家和干部队伍整体形象，事关企业生死存亡。集团公司党组决定，把这三方面工作作为基础性工程，放在更加突出的位置，以前所未有的力度推进实施。一要全力打好攻坚战和持久战，实现安全环保形势持续稳定好转。牢固树立安全发展理念，健全党政同责、一岗双责、齐抓共管的责任体系，狠抓重点领域、关键环节的安全环保措施落实，建立务实有效、执行有力的监督检查制度，全面提高风险防范和应急处置能力。二要统筹协调各方利益关系，营造和谐稳定的改革发展环境。持续关注和改善民生，认真落实维稳工作责任，创新工作机制，提高群众工作能力，加强和改进公共关系。三要加强和创新反腐倡廉工作，着力打造阳光央企。构建决策科学、执行坚决、监督有力的权力运行体系，狠抓党风廉政建设责任制落实，加大执纪检查和惩治腐败力度，创新反腐倡廉体制机制，健全改进作风常态化制度。

会上，海外勘探开发分公司等 16 家单位做经验交流发言。

国务院国有重点大型企业监事会主席季晓南，集团公司党组成员，原石油工业部、总公司和集团公司老领导，集团公司总经理助理、股份公司管理层成员、集团公司副总师出席会议。集团公司各企事业单位党政主要负责人、总部机关各部门和专业分公司负责人，国有重点大型企业监事会 14 办事处同志等参加会议。

中国石油发现国内最大单体海相整装气藏

2014 年 2 月 9 日，四川盆地天然气勘探获重大突破。经国土资源部审定，安岳气田磨溪区块寒武系龙王庙组新增天然气探明地质储量 4403.85 亿立方米，技术可采储量 3082 亿立方米。这是我国发现的单体规模最大的特大型海相碳酸盐岩整装气藏，将为川气出川和全国气网提供更为充足稳定的资源，开启西南地区乃至全国天然气市场新格局。

该气藏具有“两大、两高、三好”的特点，即储量规模大、含气面积大，气井产量高、气藏压力高，天然气组分好、勘探效益好、试采效果好。平均单井测试日产达到110万立方米，投产气井平均日产达到60万立方米。该区块累计试采气超过6亿立方米。

国土资源部评审专家组认为，磨溪龙王庙组气藏勘探突破并丰富了古隆起形成和演化、油气运移和成藏等油气地质理论，积累了快速高效勘探开发新气藏的宝贵经验，开辟了四川盆地寻找大气田的战略新领域。

安岳气田横跨川渝两省市，地质构造上处于川中古隆起。中国石油对该地区的勘探工作始于20世纪50年代，近年来通过不断解放思想，深化地质认识，优选钻探目标，持续技术攻关，在风险探井中屡获佳音。2011年以来，中国石油先后部署的高石1井、磨溪8井，分别在震旦系和寒武系获得超过百万立方米高产天然气，古隆起勘探取得历史性突破。

磨溪龙王庙组气藏从发现到探明再到10亿立方米试采工程投产成功，仅用不到两年时间。一期40亿立方米产能建设已全面展开，二期60亿立方米产能建设已经启动，随着勘探开发的持续推进，该气藏的天然气储量、产量规模还将进一步扩大。

近年来，我国天然气需求迅猛增长，对外依存度不断攀升，急需国内优质整装大气藏的发现。磨溪龙王庙组气藏的发现，对推进我国天然气工业快速发展、保障国家能源安全具有重要意义。

中国—中亚天然气管道 C线进气投产

2014年5月31日，在乌兹别克斯坦境内中国—中亚天然气管道首站，来自土库曼斯坦的天然气进入中国—中亚天然气管道C线，标志着C线管道顺利投产。中亚—中国能源动脉再次扩能，为丝绸之路经济带建设助力。

中国—中亚天然气管道C线工程是中国石油在已建成投运的A\B线基础上，规划建设的又一条能源大动脉，是中国与中亚国家油气合作新的重要成果。C线与A\B线并行敷设，线路总长1830千米，设计年输气能力250亿立方米。管线起于土乌边境的格达依姆，经乌兹别克斯坦和哈萨克斯坦，于我国新疆霍尔果斯口岸入境，与国内的西气东输三线相连。C线于2012年9月全面启动建设，2013年底完成线路整体焊接工作，实现线路贯通。

中国—中亚天然气管道C线各项技术指标先进，建设过程受控高效。钢管基本采用世界上在用等级最高的X80钢级管道钢材，技术标准、焊接工艺在中亚地区均是首次使用。线路焊接采用国际先进的CRC全自动焊接设备和技术，提高了施工效率和焊接质量。河流穿越精选穿越点和路径，引入“浮力平衡”等先进工艺，快速完成锡尔河、伊犁河两河穿越的控制性工程。面对项目建设投资大、跨越多国、参与方多、风险大的困难，中亚天然气管道公司充分吸收A\B线建设经验，采用国际先进的管道建设管理模式，保证项目建设有序、平稳、高效。

2015年底C线相关配套设施全面建成后，将达到年250亿立方米的设计输气能力，中国—中亚天然气管道总输送能力将达到年550亿立方米，可满足国内1/5以上的天然气消费需求，相当于每年替代0.73亿吨煤炭，可分别减少二氧化碳和二氧化硫排放0.78亿吨、121万吨。

C线项目也是一个互利多赢的国际友谊工程。C线气源来自土库曼斯坦、乌兹别克斯坦、哈萨克斯坦三国，项目亦被乌兹别克斯坦、哈萨克斯坦两国政府视为重点工程。C线建设使乌兹别克斯坦、哈萨克斯坦两国由管道过境国转变为天然气供应国，改变了两国对外天然气供应格局，实现天然气出口多元化。同时，C线建设还为乌兹别克斯坦、哈萨克斯坦两国带去大规模投资，管道投运后也将为两国政府上缴过亿美元税收，创造近千个就业岗位。

中国石油天然气集团公司 2014年领导干部会议 在北京召开

2014年7月30日，中国石油天然气集团公司2014年领导干部会议（视频）在北京石油大厦召开。会议的主要任务是，深入学习贯彻党的十八大、十八届三中全会和习近平总书记系列重要讲话精神，贯彻落实国务院国资委有关部署，总结上半年工作，分析面临形势，对做好下半年工作提出要求，动员广大干部员工坚定信心、攻坚克难，保增长、调结构、抓改革，推动企业提质增效升级，为国民经济稳增长做出积极贡献。

集团公司董事长、党组书记周吉平讲话。会议通报了上半年生产经营情况。集团公司副总经理、股份公司总裁汪东进主持会议，并就贯彻落实会议精神提出要求。

周吉平指出，集团公司上半年取得了主要生产指标稳定增长、经营效益好于预期、内部改革初见成效、企业大局和谐稳定的良好业绩。工作主要突出六个方面：一是抓思想统一，保持了正确方向和战略定力；二是抓统筹协调，加强了生产经营的优化运行；三是抓创新驱动，促进了质量效益提升；四是抓深化改革，激发了企业发展活力；五是抓责任落实，推进了三大基础性工程有效实施；六是抓党的建设，强化了政治组织保障。

就集团公司下一步改革发展，周吉平强调要做好五个方面工作。

一是要迎难而上、奋发有为，坚决承担起肩负的责任使命。认真贯彻党中央、国务院的决策部署，加大改革创新力度，加快发展转型步伐，不断提升综合实力和国际竞争力，在深化国有企业改革、巩固我国基本经济制度中发挥中坚作用，在建设创新型企业、实施创新驱动发展战略中发挥引领作用，在落实国有经济保增长、促进国民经济稳增长中发挥骨干作用，在推进能源生产和消费革命、保障国家能源安全中发挥主力军作用。

二是要突出效益、精准发力，确保全年任务目标的实现。强化以经济效益为中心的理念，兼顾当前重点和长远发展，加强统筹协调优化，深入实施开源节流降本增效，着力解决影响生产运行和效益提升的关键问题，全面完成集团公司生产经营目标和国务院国资委下达的保增长任务。

三是要统筹兼顾、重点突破，积极稳妥推进企业改革。落实好2014年改革工作要点：一是谋划好全面深化改革总体方案，加强顶层设计；二是按照市场化国际化的要求，扎实推进集团公司规范董事会建设；三是有序推进专项改革方案的制定和实施；四是加强改革重大问题研究，提出改革思路和具体措施。

四是要夯实基础、从严治企，内增凝聚力外树新形象。进一步加大工作力度，全面整改安全环保隐患，全力消除各方面不和谐因素，全方位加强反腐工作，全过程强化依法合规经营，努力打造法治央企、阳光央企。

五是要发挥优势、转变作风，切实加强党建、领导班子和队伍建设。各级领导干部要敢于担当、主动作为，在企业改革发展稳定各项工作中勇挑重担。要落实“三严三实”要求，严格执行廉洁从业各项规定，严防“四风”问题变异反弹。两级机关要带头转变作风。

会上，长庆油田等6家单位汇报了本单位在优化运行、改革创新、强化管理等方面的主要做法和经验。西南油气田等8家单位书面交流了经验。

国有重点大型企业监事会主席季晓南，集团公司党组成员出席会议。集团公司总经理助理、股份公司管理层成员、集团公司副总师，国有企业监事会14办事处负责同志，总部各部门、专业公司主要负责人，所属企事业单位领导班子成员、机关各部门负责人及所属厂处级单位主要负责人在主分会场参会。

中俄东线天然气管道俄罗斯境内段开工

2014年9月1日，俄罗斯总统普京和中国国务院副总理张高丽在俄罗斯萨哈共和国首府雅库茨克共同出席中俄东线天然气管道俄境内段——西伯利亚力量管道开工仪式。随着普京发出开工令，现场第一道焊口开焊，中俄东线天然气管道俄境内段破土动工。

普京在开工仪式上指出，中俄东线天然气项目是当今世界上最大的供气项目，在两国高水平协作下得以顺利实施，感谢习近平主席亲自推动该项目并做出决策。该项目不仅造福中俄两国，而且将为管道沿线人民提供清洁能源，扩大就业机会，促进设备材料等加工业发展。西伯利亚力量管道开工，标志着中俄天然气合作进入更高水平和更快的发展阶段。张高丽副总理受习近平主席和李克强总理委托，代表中国政府和中国人民对管道开工表示热烈祝贺，强调，两国元首从两国全面战略协作伙伴关系高度出发，对推进两国重大战略项目合作做出重大政治决断，为两国合作注入了新动力。中俄东线天然气项目是中俄之间拥有的第二条大型能源走廊，是连接两国传统友谊和友好合作新的重要纽带。这是一个综合性、带动性强的合作项目，对俄罗斯推进远东开发和中国振兴东北老工业基地具有十分重要的意义。中方将于明年上半年开工建设中国境内段管道，中俄双方一道努力，确保项目在2018年竣工并投入使用。开工仪式上，俄罗斯天然气工业股份公司总裁米勒表示，俄气实施的项目都将按时优质投产，为用户提供长期稳定安全的供气。

中俄东线天然气管道俄境内段全长2680千米，从黑龙江黑河进入中国，根据协议将于2018年建成投产并向中国供气，目标市场优先考虑环境治理迫切的京津冀、市场承受能力较高的长三角和管道沿线的东北地区。中俄东线天然气项目前5年渐增期气量为年50亿立方米至300亿立方米，第六年起合同气量为年380亿立方米，累计合同期30年。

随同张高丽副总理出访的中国政府代表团成员参加了开工仪式。集团副总经理、股份公司总裁汪东进代表集团公司参加开工仪式。汪东进和米勒在雅库茨克就实施东线天然气项目和启动西线天然气项目谈判等相关事宜进行了会谈。双方确定了详细的时间进度安排。

中国—中亚天然气管道D线塔吉克斯坦段开工

2014年9月13日，中国—中亚天然气管道D线塔吉克斯坦段开工仪式在塔吉克斯坦首都杜尚别举行。中国国家主席习近平和塔吉克斯坦总统拉赫蒙共同出席开工仪式，致辞并为工程揭幕。中国石油天然气集团公司董事长周吉平率中国石油代表团出席相关活动。

中国—中亚天然气管道D线全长1000千米，其中境外段840千米，设计年输量300亿立方米，气源地为土库曼斯坦复兴气田，是继A/B/C线之后又一条引进中亚天然气的大动脉。

这条管道在线路上首次途经塔吉克斯坦和吉尔吉斯斯坦两个国家，与已建成的连接土库曼斯坦、乌兹别克斯坦、哈萨克斯坦的A/B/C线一道，将形成中国—中亚天然气管道网，南北天然气走廊把中亚五国与中国紧密相连，进一步加深中国与中亚国家的能源合作，促进经贸往来，增进传统友谊，互利共赢。

拉赫蒙在致辞中回顾了中国—中亚天然气管道D线塔国段的合作历程，并称赞D线是一项互利共赢的伟大工程，兼顾双方利益，得以胜利奠基。他表示，塔吉克斯坦是中国的友好邻居、忠实朋友和可靠伙伴，塔吉克斯坦愿与中国在一起，共同发展，维护两国根本利益。

拉赫蒙指出，任何一个国家的发展都离不开能源，能源问题与整个地区经济的稳步发展休戚相关，这几年塔方与中方在能源领域开展了许多富有意义的合作，中塔经贸合作也在快速发展，感谢中国这些年对塔吉克斯坦提供的无私支持和帮助。

习近平在致辞中首先对参与D线管道建设的全体建设者致以崇高的敬意，并指出，我们脚下的这片热土是古丝绸之路经过的地方，两千多年前，丝绸之路谱写出中国和中亚各国人民和平、友谊、合作的美丽篇章。新世纪以来，随着中国同中亚国家友好合作关系全面深化发展，古丝绸之路又焕发出新的生机，我们要继续发扬丝路精神，共同开创中塔关系更加美好的明天。

习近平指出，中国—中亚天然气管道是多方参与、共同受益的战略性合作项目，对推动地区经济发展意义重大。一年多来，中塔双方密切配合，团结一心，克服重重困难，圆满高效完成了管道规划设计和施工准备工作，为管道建设奠定了基础，积累了经验。管道穿越巍峨险峻的帕米尔高原，在所有管道沿线国家中距离最长、施工难度最大，是管道建设的重点和难点，建设者们使命光荣，责任重大。

面对困难，习近平强调，“兄弟同心，其利断金”，我们需要一往无前的勇气和战天斗地的决心，双方齐心协力，密切配合，相信这条象征着中塔友谊的能源大动脉一定能够如期建成，成为两国睦邻友好和互利合作的又一座丰碑。最后，他深情地说，祝愿伟大的建设者们身体健康，工作顺利，共铸辉煌！

17时，中国石油天然气股份有限公司副总裁吕功训和塔吉克斯坦输气公司总经理萨拉菲基洛夫向习近平主席和拉赫蒙总统报告：“中国—中亚天然气管道D线工程塔吉克斯坦段开工准备就绪，请两国元首为工程揭幕！”随后，在周吉平和塔吉克斯坦副总理阿兹木·伊布拉希姆的陪同下，习近平主席和拉赫蒙总统共同揭下奠基石上的红绸。设备鸣笛动工，1号隧道洞口，装满砂石的卡车缓缓驶出，标志着中国—中亚天然气管道D线塔国段开工建设，为“丝绸之路经济带”建设注入强大动力。

中国—中亚天然气管道D线建设难度世界罕见，高科技运用多。管线压力高、输量大，线路地形地貌复杂多样，大中型河流穿越47处，山岭隧道和河流隧道穿越45处，隧道总长76千米，其中塔吉克斯坦段约60%管道穿越高烈度地震山区。沿线气候条件恶劣、社会依托薄弱、交通设施限制等因素更加大了施工难度。

中国—中亚天然气管道D线是建设“丝绸之路

经济带”的具体体现和有效实践。管道投产后，中国从中亚进口天然气输气能力将从每年550亿立方米提升到850亿立方米，成为中亚地区规模最大输气系统，不仅能够进一步改善我国能源消费结构、促进节能减排和环境保护，而且可以开辟进口中亚资源新通道。此外，D线也是造福沿线的重大工程，投资总额几十亿美元，将大力促进沿线国家的经济社会发展，建设和运营期间累计可为其上缴税费和实现股东分红数十亿美元，并创造数万个就业机会。

13日上午，在两国元首见证下，周吉平分别与塔吉克斯坦能源和水资源部部长乌斯莫诺夫·乌斯莫纳利、塔吉克斯坦输气公司总经理萨拉菲基洛夫在塔吉克斯坦总统府签署关于保障D线塔国段项目建设运营的两个协议。

14日上午，习近平在接见驻塔吉克斯坦使馆人员和中资企业代表时说，我昨天在中国—中亚天然气管道D线塔国段开工现场就深有感触，我们承诺的事情都在兑现，D线的如期开工就是言而有信，言必行，行必果。塔吉克斯坦各方对这一项惠及民生的工程非常支持，开工现场沿途群众纷纷赶来庆祝，体现了对这项工程的殷切期待。

〔办公厅档案处（史志办公室）〕

股份公司法人治理

【概述】

1. 股份公司治理的完善情况

2014年，中国石油天然气股份有限公司能够按照境内外监管规定，规范运作。依据《中国石油天然气股份有限公司章程》(简称《股份公司章程》)、相关法律、法规和股份公司上市地证券监管规则等规定并结合实际情况，不断制定、完善和有效执行董事会及所属各专业委员会的各项工作制度和相关工作流程。《公司信息披露管理规定》和《公司内幕知情人登记办法》等明确规定披露年度报告重大差错责任追究制度，加大对年报信息披露责任人的问责力度，强化公司年报信息正式对外披露前等内幕信息的保密工作。报告期内，上述制度得到股份公司管理层的有效执行，未发现内幕信息知情人违规买卖股份公司股票的情况，也未发生年报重大差错的情况。2014年股份公司加强重大事项公告和信息发布内部审批程序管理，防范资本市场风险，出台《公司重大事项公告和信息发布内部审批管理程序》。2014年围绕董事会换届，股份公司严格遵守国家相关部门关于独立董事任职资格的有关规定，通过两次股东大会，认真论证独立董事构成的多元性、专业知识构成、任职经历、独立性等，甄选出4名符合监管要求的独立非执行董事，保证董事会规范运作。报告期内，股份公司治理的实际情况与中国证监会发布的有关上市公司治理的规范性文件要求不存在差异。股份公司通过股东大会、董事会以及相应的专门委员会、监事会和总裁负责的管理层协调运转，有效制衡，加之实施有效的内部控制管理体系，使股份公司内部管理运作进一步规范，管理水平不断提升。

2. 内部控制制度的完善情况

股份公司十分重视内部控制及风险管理，遵照不同上市地的监管要求，建立并有效运行内部控制体系。

2014年，重点围绕“推进内控体系的健全与完善，不断深化全面风险管理，优化和改进业务流程管理，有效发挥内部控制监督作用”等方面，进一步加大工作力度，各项工作都取得积极进展。

股份公司根据财务管理情况，梳理财务、资金和税价等流程，进一步规范相关流程和关键控制的设计，提高流程效率与执行效果；进一步加强实施信息披露管理制度，重大事项的判定标准和报告程序，披露事项的收集、汇总和披露程序；进一步强化内部控制测试，并积极与外部审计师沟通，加强内部控制监督骨干队伍的培养，落实整改责任，加大整改监督力度。

股份公司内控与风险管理部负责组织、协调内、外部内部控制测试，并督促改进，组织内部控制体系运行考核。

审计委员会全年四次听取内控与风险管理工作汇报，认为股份公司持续建立完善内控体系，不断拓展覆盖面和测试范围，并围绕测试发现问题，提出整顿措施，内控制度总体规范有效，取得明显效果。审计委员会建议股份公司内控工作要突出重点，明确责任，细化考核，不断提高对测试成果的分析运用效果，通过超前工作，有效防范和化解各领域的风险隐患。

董事会对建立和维护充分的财务报告相关内部控制制度负责。董事会按照监管要求对内部控制进行评价，并认为其在2014年12月31日之前有效。股份公司单独披露内控报告和内控审计报告。股份公司聘请的毕马威华振会计师事务所（特殊普通合伙人）已对股份公司财务报告相关内部控制的有效性进行审计，出具标准无保留审计意见的审计报告。

3. 独立董事履行职责的情况

2014年，股份公司独立董事严格按照境内外有关法律、法规及《股份公司章程》规定，认真、勤勉地履行职责。在报告期内，独立董事认真审阅股份公司提交的各项议案及相关文件，积极参加股东大会、董事会会议及专业委员会会议，独立及客观地发表意见，维护全体股东，尤其是广大中小股东的合法权益，在董事会进行决策时发挥制衡作用。独立董事能够认真审阅股份公司定期报告，在年审审计师进场审计前后、董事会召开前与审计师进行多次沟通，督促股份公司按照相关法律、法规和股份公司信息披露管理制度的有关规定进行信息披露。报告期内，股份公司独立董事未对股份公司本年度的董事会议案及其他事项提出异议。另外，股份公司独立董事能够不断加强自身学习，认真学习相关法律法规和各项监管规定，深入到股份公司基层单位进行现场考察调研，加强对股份公司业务的了解，进一步提高决策的针对性和有效性。

4. 股东与股东大会

根据《股份公司章程》的规定每年召开股东大会。

2014年5月22日，股份公司在北京汉华国际饭店召开2013年度股东大会。会上股东以投票方式表决，以同意票数超过二分之一通过并批准8项普通决议案，包括：《股份公司2013年度董事会报告》、《股份公司2013年度监事会报告》、《股份公司2013年度财务报告》、《2013年度利润分配方案》、《关于授权董事会决定股份公司2014年中期利润分配方案的议案》、《关于聘用股份公司2014年度境内外会计师事务所并授权董事会决定其酬金的议案》、《关于股份公司董事会换届选举的议案》、《关于股份公司监事会换届选举的议案》；以同意票数超过三分之二通过并批准1项特别决议案，为关于给予董事会发行股份公司股票一般授权事宜的议案。独立董事出席股东大会时并未提出建议。

2014年10月29日，股份公司在北京汉华国际饭店召开2014年第一次临时股东大会。会议采取现场投票和网络投票相结合的方式表决，以二分之一以上赞成批准3项普通决议，包括《关于申请更新股份公司与中国石油集团及共同持股股份公司持续性关联交易上限相关事项的议案》、选举张必贻先生为股份公司独立非执行董事、选举姜力孚先生为股份公司监事。

5. 董事会运作

股份公司董事会由股东大会选举产生，并向股东大会负责，其基本责任是对股份公司的战略性指导和对管理人员的有效监督，确保符合股份公司的利益并对股东负责。董事会和管理层的职权已在《股份公司章程》中进行明确规定，以确保为良好的股份公司管治和内部控制提供充分的平衡和制约机制。根据《股份公司章程》或股东大会授权，若干重大事项由董事会做出决定，包括：年度经营计划和投资方案；年度股份公司执行机构成员的业绩考核指标和年度薪酬计划方案；中期利润分配方案；机构调整等重大事宜。董事及董事会认真负责地开展股份公司的治理工作，全体董事能够以认真负责的态度出席董事会，认真、勤勉地履行董事职责，确定股份公司重大决策，任免和监督股份公司执行机构成员。股份公司管理层在股份公司总裁的领导下，负责执行董事会做出的各项决议，组织股份公司的日常经营管理。

股份公司已经收到四名独立非执行董事根据《联交所上市规则》第3.13条规定给予的独立性确认函，并认为四名独立非执行董事完全独立于股份公司、主要股东及关联人士，完全符合《联交所上市规则》对独立非执行董事的要求。股份公司独立非执行董事张必贻先生具备适当的会计及财务管理专长，符合《联交所上市规则》中第3.10条的要求。四名独立非执行董事并没有在股份公司担任任何其他职务，并按照《股份公司章程》及有关法律、法规的要求，认真履行职责。

董事会下设审计委员会、投资与发展委员会、考核与薪酬委员会和健康安全与环保委员会，上述委员会的主要职责是为董事会进行决策提供支持。参加专门委员会的董事按分工侧重研究某一方面的问题，为股份公司管理水平的改善和提高提出建议。

【股份公司股东大会、董事会决议】

1. 股份公司2014年召开的股东大会

2014年5月22日，股份公司在北京汉华国际饭店召开2013年度股东大会，形成9项决议。

普通决议8项：

（1）股份公司2013年度董事会报告；

（2）股份公司 2013 年度监事会报告；

（3）股份公司 2013 年度财务报告；

（4）2013 年度利润分配方案；

（5）关于授权董事会决定股份公司 2014 年中期利润分配方案的议案；

（6）关于聘用股份公司 2014 年度境内外会计师事务所并授权董事会决定其酬金的议案；

（7）关于股份公司董事会换届选举的议案；

（8）关于股份公司监事会换届选举的议案。

特别决议 1 项：

关于给予董事会发行股份公司股票一般授权事宜的议案。

2014 年 10 月 29 日，股份公司在北京汉华国际饭店召开 2014 年第一次临时股东大会，形成 3 项决议。

普通决议 3 项：

（1）关于申请更新股份公司与中国石油集团及共同持股股份公司持续性关联交易上限相关事项的议案；

（2）选举张必贻先生为股份公司独立非执行董事；

（3）选举姜力孚先生为股份公司监事。

2. 股份公司 2013 年董事会例会、董事会临时会议

（1）第五届董事会第十二次会议于 2014 年 3 月 19 日召开。会议审议通过 10 项决议：

①关于 2013 年度总裁工作报告的决议；

②关于 2013 年度财务报告的决议；

③关于 2013 年度利润分配预案的决议；

④关于 2013 年度报告及业绩公告的决议；

⑤关于总裁 2013 年度经营业绩考核及 2014 年度业绩合同制定情况的报告的决议；

⑥关于提请股东大会授权董事会决定股份公司 2014 年中期利润分配方案的决议；

⑦关于提请股东大会给予董事会发行股份公司股票一般授权事宜的决议；

⑧关于股份公司 2013 年度内部控制工作报告的决议；

⑨关于股份公司 2013 年度可持续发展报告的决议；

⑩关于召开股份公司 2013 年度股东大会的决议。

（2）第六届董事会第一次会议于 2014 年 5 月 22 日召开，会议审议通过 2 项决议：

①关于选举股份公司董事长、副董事长的决议；

②关于董事会专门委员会委员调整的决议。

（3）第六届董事会第二次会议于 2014 年 7 月 2 日召开，会议听取《股份公司 2013 年度储量评估特别报告》和《审计委员会意见书》。

（4）第六届董事会第三次会议于 2014 年 8 月 27、28 日召开，会议审议通过 7 项决议：

①关于股份公司 2014 年中期财务报告的决议；

②关于股份公司 2014 年中期利润分配方案的决议；

③关于股份公司 2014 年半年度报告及中期业绩报告的决议；

④关于就更新持续性关联交易上限成立独立董事委员会和聘用独立财务顾问的决议；

⑤关于申请更新股份公司与中国石油集团及共同持股股份公司持续性关联交易上限相关事项的决议；

⑥关于推选独立董事的决议；

⑦关于召开 2014 年临时股东大会的决议。

（5）第六届董事会第四次会议于 2014 年 11 月 25 日召开。会议审议通过 3 项决议：

①关于股份公司 2015 年度业务发展与投资计划的决议；

②关于股份公司 2015 年度预算报告的决议；

③关于股份公司新疆销售分公司改制为有限责任公司并引入外部投资者相关事宜的决议；

（6）2014 年第一次临时董事会会议于 2014 年 2 月 17 日以书面传签形式召开，会议审议通过关于聘任吴恩来、毛泽锋先生为联席公司秘书的决议。

（7）2014 年第二次临时董事会会议于 2014 年 4 月 24 日以书面传签形式召开，会议通过 2 项决议：

①关于股份公司 2014 年第一季度报告的决议；

②关于股份公司 2013 年度 20-F 年报的决议。

（8）2014 年第三次临时董事会会议于 2014 年 5 月 12 日以书面传签形式召开，会议通过关于设立中石油东部管道有限公司及产权转让相关事宜的决议。

（9）2014 年第四次临时董事会会议于 2014 年 6 月 23 日以书面传签形式召开，会议通过 2 项决议：

①关于聘任由总裁提名的副总裁的议案；

②关于变更股份公司授权代表的决议。

（10）2014 年第五次临时董事会会议于 2014 年 10 月 29 日以书面传签形式召开，会议通过 2 项决议：

①股份公司 2014 年第三季度报告；

②关于中国石油燃料油有限责任公司申请开展沥青期货及原油期货保税交割库业务的决议。

【监事会运作】

1. 监事会会议召开情况

2014 年股份公司先后召开 6 次监事会会议。

2014 年 3 月 18 日，股份公司第五届监事会第十三次会议在北京召开。会议审议通过 8 项议案：

（1）股份公司 2013 年度财务报告；

（2）股份公司 2013 年度利润分配预案；

（3）股份公司总裁2013年度经营业绩考核及2014年度业绩合同制定情况报告；

（4）关于聘用股份公司2014年度境内外会计师事务所的议案；

（5）股份公司2013年度监事会报告；

（6）监事会2013年度工作总结和2014年工作计划；

（7）股份公司2013年度可持续发展报告；

（8）股份公司2013年度报告及摘要。

2014年4月24日，股份公司以书面传签的方式召开第五届监事会第十四次会议，审议通过股份公司2014年第一季度报告。

2014年5月22日，股份公司第六届监事会第一次会议在北京召开。会议审议通过《关于选举股份公司第六届监事会主席的议案》。经选举，郭进平当选为股份公司新一届监事会主席。

2014年7月2日，股份公司监事会2014年下半年工作研讨会议在北京召开。会议对监事会下半年工作进行研究部署。

2014年8月26日，股份公司第六届监事会第二次会议在北京召开。会议审议通过3项议案：

（1）股份公司2014年度中期财务报告；

（2）股份公司2014年度中期利润分配方案；

（3）股份公司2014年半年度报告及摘要。

2014年10月29日，股份公司监事会以书面传签方式召开第六届第三次会议，审阅通过《股份公司2014年第三季度报告》。

2. 监事会参加其他会议及工作开展情况

2014年5月22日、10月29日，监事会分别参加股份公司2013年度股东年会和2014年临时股东大会，向大会提交《股份公司2013年度监事会报告》、《关于聘用股份公司2014年度境内外会计师事务所并授权董事会决定其酬金的议案》、《关于监事会换届选举的议案》和《关于选举股份公司监事的议案》，经大会表决通过。

列席董事会会议5次，听取董事会审议股份公司2013年度及2014年中期的报告及摘要、利润分配、预算、投资计划、关联交易、总裁工作报告等有关议案。监事会在会上发表关于审查股份公司财务报告、利润分配方案（预案）、总裁经营业绩考核等意见书5份。

召开听证会2次，先后听取财务总监、财务部、内控与风险管理部、审计部、普华永道、毕马威、人事部、监察部、监事会办公室等有关报告18个，对股份公司财务、利润分配、关联交易、总裁经营业绩考核等情况进行审查，并发表相关意见。

组织财务抽样调查2次，调查8个单位，出具调查报告和综合报告10个，提出建议49条。

【股份公司2013年年度业绩发布路演】 2014年3月20日，股份公司在香港召开2013年度业绩新闻发布会和分析师大会，并于21日在香港进行业绩路演。股份公司董事长周吉平、副总裁孙龙德、财务总监于毅波、董事会秘书吴恩来以及规划计划部、财务部、国际部、新闻办和董事会秘书局相关部门人员出席业绩发布和路演活动。股份公司业绩发布后，孙龙德、于毅波和吴恩来率三个路演组分别会见在港股份公司重要股东和机构投资者。

【股份公司2014年中期业绩发布路演】 2014年8月28日，股份公司在香港召开2014年中期业绩新闻发布会和分析师大会，并于29日在香港进行业绩路演。股份公司副董事长、总裁汪东进，副总裁孙龙德，财务总监于毅波，董事会秘书吴恩来以及相关部门人员出席业绩发布和路演活动。股份公司业绩发布后，孙龙德、于毅波和吴恩来率三个路演组分别会见在港股份公司重要股东和机构投资者。

【股份公司H股股价月度表现】 图1-1为2014年中国石油股份H股与恒生指数走势图。

1月，中国石油股份股价震荡下行。上旬，受国内2013年12月的PPI比2012年下滑影响，显示产能过剩及国内需求减弱，港股在23000点徘徊。月中，受国内"钱荒"、制造业数据欠佳及忧虑理财产品可能违约影响，港股始终未能稳守23000点。中国人民银行透过逆回购操作向市场注资约3750亿元。下旬，受美联储缩减买债规模及亚洲货币下跌引发雪崩效应的影响，港股持续下跌。中国石油股份股价开盘8.55港元，报收于7.51港元，月跌幅为12.16%。全月最高为1月2日的8.55港元，最低为1月30日的7.38港元。

2月，中国石油股份股价持续攀升。月初，受中美制造业数据及新兴市场“走资潮”影响，加上中国官方制造业采购经理指数创半年以内低位，恒生指数跌破22000点水平。月中，受美国维持宽松货币政策，及良好的中国外贸数据影响，带动港股持续回升。下旬，市场憧憬中国“两会”将订立若干经济增长目标，并出台政策支持相关新兴产业，带动恒生指数升至全月高位。中国石油股份股价开盘7.42港元，报收于8.18港元，月涨幅为10.24%。全月最高为2月28日的8.39港元，最低为2月4日的7.31港元。

3月，中国石油股份股价下跌后回升。月初，全

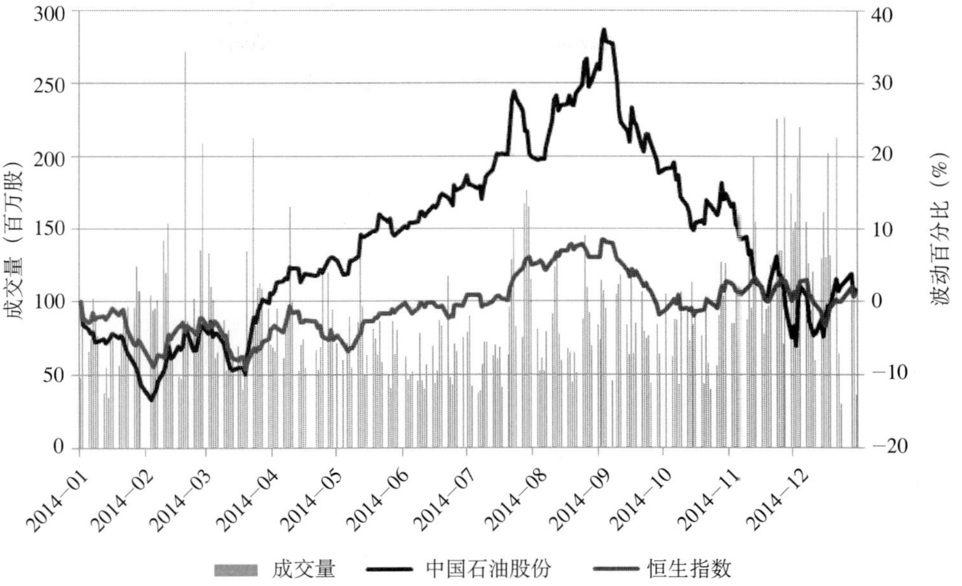

图 1–1　2014 年中国石油股份 H 股与恒生指数走势图

国人大会议开幕，国务院总理李克强表示 2014 年经济增长目标定在 7.5%，带动港股回升。月中，内地公布的多项数据均远逊预期，市场对中国经济增速放缓的忧虑加深，加上“两会”闭幕，政策支持气氛消散。下旬，中国证券监督管理委员会宣布推出优先股试点，加上有重磅蓝筹公布较为理想的业绩，带动恒生指数逐步回稳。中国石油股份股价开盘 8.1 港元，报收于 8.45 港元，月涨幅为 4.32%。全月最高为 3 月 31 日的 8.55 港元，最低为 3 月 20 日的 7.54 港元。

4 月，中国石油股份股价震荡攀升。月初，受耶伦略显鸽派的言论、制造业及就业数据好转影响，标普 500 指数再创新高，道琼工业指数接近历史收盘高点；月中，美联储于 3 月初曾举行的临时会议决议取消 6.5% 的失业率门槛，缓解市场对升息时点的担忧一度带动美股走扬；月末，美联储主席耶伦重申只要通膨及就业在目标水平之下，美联储将维持低利率政策以支持经济复苏。中国石油股份股价开盘 8.43 港元，报收于 8.98 港元，月涨幅为 6.52%。全月最高为 4 月 29 日的 8.99 港元，最低为 4 月 1 日的 8.43 港元。

5 月，中国石油股份股价延续震荡上行的走势。月初，国务院正式发布新“国九条”，力挺互联网金融健康发展，道琼斯指数再创历史收盘新高；月中，美联储决策者认为持续采取降低失业率的刺激措施没有诱发通胀飙升的风险，经济数据显示制造业走强，美股周线上涨；月末，受惠经济数据及并购消息带动，标普 500 指数再创新高，虽然第一季 GDP 萎缩 1.0%、三年来首次下降，但市场预期乐观，认为美国经济在经历寒冬影响的第一季后将逐步改善。中国石油股份股价开盘 8.82 港元，报收于 9.25 港元，月涨幅为 4.88%。全月最高为 5 月 23 日及 26 日的 9.5 港元，最低为 5 月 5 日及 7 日的 8.69 港元。

6 月，中国石油股份股价继续稳步攀升。月初，欧央行于 5 日宣布放水，港股并没有受到此消息刺激，恒生指数最终失守 23000 关口，全周跌 0.6%，终结三周升势。月中，中国公布的多项经济数据回稳向好，加上中国人民银行定向降准，恒生指数创逾 5 个月收市新高。下旬，美联储议息，继续退市但维持低息，刺激外围造好，但未有对港股起提振作用，恒生指数领跌。中国石油股份股价开盘 9.34 港元，报收于 9.79 港元，月涨幅为 4.82%。全月最高为 6 月 30 日的 9.88 港元，最低为 6 月 5 日的 9.22 港元。

7 月，中国石油股份股价上涨后小幅回落。月初，葡萄牙最大上市银行违约传闻重燃欧债危机的忧虑，导致欧洲股市一度急跌，恒生指数累计下跌 313 点。月中，香港金融管理局继续注资，支撑港股高位徘徊，但随后受美联储主席耶伦泡沫论，以及乌克兰马航客机坠毁事件、加沙冲突升温等地缘因素影响下跌，恒生指数全周升 221 点。下旬，中国人民银行向市场注资 680 亿元人民币；汇丰中国 7 月制造业 PMI 初值升至 52，创 18 个月新高，政策上亦好消息频传，再加上净资金不断流入，恒生指数全周升 761 点，创 5 月 16 日当周以来最大单周升幅。中国石油股份股价开盘 9.83 港元，报收于 10.18 港元，月涨幅为 3.56%。全月最高为 7 月 24 日的 10.98 港元，最低为 7 月 9 日的 9.56 港元。

8 月，中国石油股份股价回复稳步攀升的强劲势头。月初，港股受地缘政治升温，走势反复偏软，虽然内地出口数据远胜预期，但支持有限。月中，在业绩潮带动及沪港通临近开通的影响下港股成功反弹，曾突破 25000 点。月末，沪港通完成首次市场演习，恒生指数高见 25243 点，是 2008 年 5 月以来的高位，其后表现偏软，主要由于全国人大常委会就香港政改报告做出表决，市场担心政治因素会左右港股投资气氛，抵销沪港通带来的正面刺激。中国石油股份股价开盘 10.1 港元，报收于 11.0 港元，月涨幅为 8.91%。全月最高为 8 月 27 日的 11.38 港元，最低为 8 月 6 日的 10.0 港元。

9 月，中国石油股份股价升至年内高位后震荡下行。上旬，港股高见 25325 点，创六年半新高，随后持续下跌，主要由于炒业绩期资金出现退潮加上中秋假期，投资者入市气氛趋淡。月中，内地公布多项经济数据，逊于市场预期，加上市场担忧美国提早加息，港股维持跌势。随后中国人民银行向内地银行注资及苏格兰独立公投等消息带动大市反复波动。月末，“占领中环”非法集会影响投资气氛，伊斯兰政局不稳，西方国家继续空袭，加上港汇偏弱反映资金流出香港，利淡港股。中国石油股份股价开盘 10.92 港元，报收于 9.95 港元，月跌幅为 8.88%。全月最高为 9 月 4 日及 5 日的 11.7 港元，最低为 9 月 30 日的 9.94 港元。

10 月，中国石油股份股价下挫后震荡回升。月初，由于市场担忧“占领中环”情况恶化，且国际货币基金组织调低 2014 年、2015 年全球经济增长的预测，港股回落。月中，外围股市因投资者看淡全球经济前景而下跌，拖累港股跌穿 23000 点，随后市场憧憬沪港通开通，而且内地公布的第三季度国民生产总值胜于预期，一度推动恒生指数反弹。月末，因沪港通未如预期启动，港股一度急挫，但内地股市因市场憧憬国有企业改革而急升，以及美国经济数据利好，刺激港股持续回升。中国石油股份股价开盘 10 港元，报收于 9.71 港元，月跌幅为 2.90%。全月最高为 10 月 7 日的 10.14 港元，最低为 10 月 16 日的 9.12 港元。

11 月，中国石油股份股价受油价急跌影响大幅下挫。上旬，投资者等待沪港通的正式推出，以及美国中期选举后的政策变化，总体观望气氛浓厚，港股跌势持续。月中，利好消息频出，包括沪港通正式开通，撤销港人兑换人民币上限，且美股继续破顶，恒生指数连升五日。踏入下旬，由于沪港通开通后内地和香港两地的使用情况与市场预期落差较大，令投资者失望，拖累港股向下，但中国人民银行突然在月底宣布减息，刺激恒生指数急升。中国石油股份股价开盘 9.67 港元，报收于 8.41 港元，月跌幅为 13.03%。全月最高为 11 月 4 日的 9.69 港元，最低为 11 月 28 日的 8.41 港元。

12 月，中国石油股份股价跟随大市震荡回升。月初，由于内地 11 月 PMI 逊预期及“占领中环”形势不明朗，港股一度大跌 620 点，其后受内地股市连日大涨带动，反复上升。月中，国际油价跌势不止，引发投资者对环球经济增长的担忧，欧美新兴股市齐挫，且 A 股猛烈的涨势终结，亦拖累港股走跌。月末，美联储主席耶伦暗示 2015 年 4 月底前加息可能性较低，港股受美股飙升带动回升。中国石油股份股价开盘 8.21 港元，报收于 8.6 港元，月涨幅为 4.75%。全月最高为 12 月 29 日的 8.96 港元，最低为 12 月 3 日的 7.93 港元。

【股份公司 A 股股价月度表现】 图 1-2 为 2014 年中国石油 A 股与上证指数走势图。

1 月，中国石油股价小幅震荡下跌。月初，多项 PMI 数据表现不佳，央行没有进行公开市场操作；而多家公司拿到上市批文引发资金分流担忧，上证指数再次失守 2100 点，随后，石化、券商、有色金属等权重板块轮流护盘。下半月，央行公开市场净投放 3750 亿元缓解流动性紧张问题，加上炒新股活跃以及春节临近造成的“发红包”行情，上证指数出现久违的强势反弹。月末，节前市场观望情绪浓厚，上证指数连续缩量调整。中国石油股价跟随大市波动，本月开盘 7.71 元，报收于 7.54 元，月跌幅为 2.20%。全月最高为 1 月 6 日的 7.78 元，最低为 1 月 13 日的 7.50 元。

2 月，中国石油股价冲高回落。春节后资金面整体宽裕，较为利好的外贸数据带动大盘连续上涨。随后，央行时隔 8 个月重启公开市场操作，净回笼资金 1080 亿元，石化双雄大幅拉升，带动大盘持续上涨。进入下旬，汇丰中国 2 月制造业 PMI 初值不佳，再加上市场传出兴业银行停贷房地产业务以及杭州多家楼盘降价促销的消息，使得 A 股开始恐慌性杀跌，中国石油股价跟随大市回落。中国石油股价开盘 7.52 元，报收于 7.69 元，月涨幅为 1.99%。全月最高为 2 月 20 日的 8.33 元，最低为 2 月 7 日的 7.45 元。

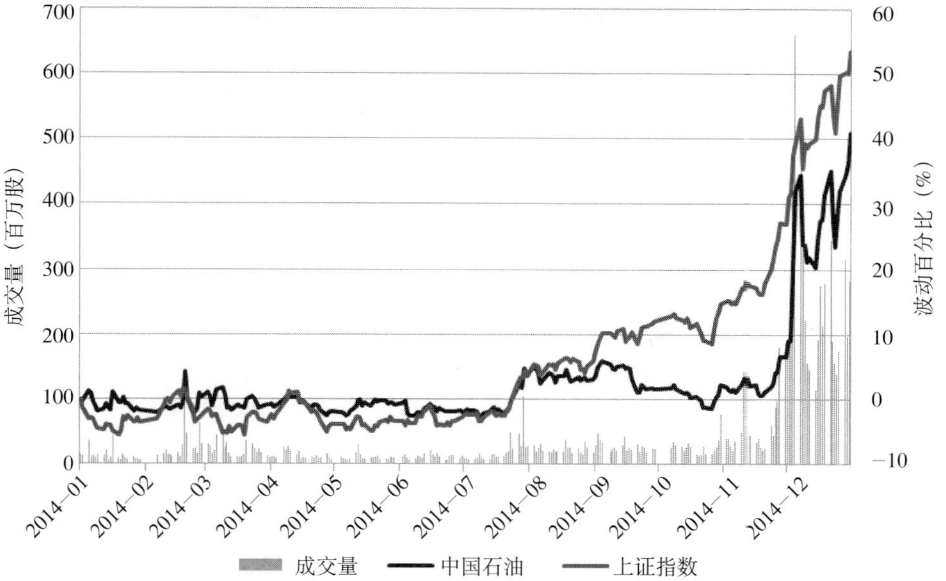

图 1-2 2014 年中国石油 A 股与上证指数走势图

3 月，中国石油股价维持横盘震荡局势。上旬，央行连续正回购净回笼资金、“两会”闭幕且无太多超预期政策出台、多项 2 月经济数据不及预期，股指表现疲弱。中旬，宏观经济不及预期、人民币汇率大跌、新股发行将再次启动等因素导致市场压力较大，总体维持弱势格局。下旬，证监会发布最新版 IPO 政策、再融资办法以及优先股发行试点办法等新政，以及 IPO 将开闸、外资流出和经济整体持续偏弱等多空消息导致股指低迷，中国石油股价跟随大市波动。中国石油股价开盘 7.67 元，报收于 7.60 元，月跌幅为 1.17%。全月最高为 3 月 7 日的 7.95 元，最低为 3 月 12 日的 7.49 元。

4 月，中国石油股价先扬后抑。月初，国务院总理李克强主持召开国务院常务会议，推出稳增长措施，以及受到证监会发布上市公司优先股信息披露准则以及沪港通等消息刺激，两市呈大幅上涨的态势，中国石油股价跟随上涨。到月中，经济弱势延续、连续公布的 IPO 预披露加大市场的悲观预期，再加上随着季报和年报披露步入尾声，市场对 A 股业绩出现担忧情绪，中国石油股价跟随大市震荡下跌。中国石油股价开盘 7.60 元，报收于 7.52 元，月跌幅为 1.05%。全月最高为 4 月 10 日的 7.76 元，最低为 4 月 28 日的 7.47 元。

5 月，中国石油股价小幅上涨后维持震荡走势。上旬，官方公布的 4 月 PMI 数据略逊于预期，同时 IPO 发行程序有望公布，场内人气低迷，成交量持续萎缩。中旬，“新国九条”的出台提振市场信心；同时，中国石油发布成立管道子公司并转让股权的利好公告，中国石油股价连续两日明显上涨。但由于 IPO 扩容压力仍然较大、经济数据疲弱，两市随后转入区间震荡阶段，中国石油股价跟随大市震荡。中国石油股价开盘 7.50 元，报收于 7.60 元，月涨幅为 1.06%。全月最高为 5 月 13 日的 7.76 元，最低为 5 月 5 日的 7.47 元。

6 月，中国石油股价维持横盘震荡走势。月初，市场仍面临 IPO 重启以及解禁的压力，市场资金面较紧；随后，在央行宣布定向降准并松绑合格境外机构投资者审批、深交所正式发布优先股试点业务实施细则等利好消息的提振下，两市股指呈震荡盘升态势。下半月开始，新股申购开闸、国债回购利率飙升和央行正回购导致资金面紧张，股指连续下跌。临近月末，汇丰 6 月 PMI 初值继续温和回升显示当前经济正在从萧条转向复苏，另外，多只新股上市有效吸引场外资金入市，带动大盘企稳回升。中国石油股价开盘 7.61 元，报收于 7.54 元，月涨幅为 1.33%。全月最高为 6 月 4 日的 7.67 元，最低为 6 月 9 日的 7.45 元。

7 月，中国石油股价横盘整理后大幅上扬。上旬及中旬，国内经济是否真正摆脱疲弱还不能确定，市场信心低迷，在此背景下，第二批新股的集中申购可能带来的巨大资金分流压力进一步压制投资者信心，中国石油股价表现低迷。进入下旬，中国石油作为国企改革以及沪港通概念的热点股票受到市场的明显青睐。中国石油股价也在特别收益金起征点上调、致密气补贴等利好传闻以及反腐事件初步落定的影响下，出现连续大幅上涨。中国石油股价开盘7.52元，报收于8.02元，月涨幅为6.37%。全月最高为7月30日的8.15元，最低为7月9日的7.47元。

8月，中国石油股价维持横盘震荡走势，与大市分化。大盘在诸多利好，如国务院推出《关于加快发展现代保险服务业的若干意见》、证监会主席肖钢解读政策引起壳资源价格大涨、国务院发布《关于多措并举着力缓解企业融资成本高问题的指导意见》等的刺激下持续上涨。而中国石油方面，在经历上月的连续上涨后，本月股价横盘震荡。对于2014年中期业绩，尽管绝大部分卖方机构认为符合预期，但也表现出一些担忧的方面，例如，认为折旧及摊销的上升情况值得关注。另外，虽然长期来看中国石油仍将受益于天然气价格进一步上调，但是短期内缺乏提升股价的催化剂。中国石油股价开盘8.00元，报收于7.89元，月跌幅为1.62%。全月最高为8月5日的8.08元，最低为8月8日的7.82元。

9月，中国石油股价震荡下跌。在打新资金解冻、经济数据疲软增强政策改革预期、沪港通测试顺利完成、资金纷纷加仓、五大行获央行5000亿元SLF传闻以及9月汇丰PMI数据向好等利好因素影响下，A股市场连续上涨。而中国石油方面，由于中期业绩不理想以及混改预期迟迟没有兑现，缺乏股价上涨的催化剂，股价表现低迷。中国石油股价开盘7.90元，报收于7.79元，月涨幅为0.87%。全月最高为9月16日的8.14元，最低为9月23日的7.72元。

10月，中国石油股价继续震荡下跌。在前期利好多数已兑现、全球股市大幅下跌、新股发行冻结资金等利空因素，以及自贸区扩大范围、铁路加速重组以及国务院重点推进六大领域消费等利好因素刺激下，A股市场先抑后扬。中国石油方面，在国际原油价格持续下跌的背景下，市场担忧这不但直接影响股份公司盈利，还会对盈利持续改善的天然气业务带来不利影响，因此，中国石油股价表现低迷。中国石油股价开盘7.80元，报收于7.84元，月涨幅为0.64%。全月最高为10月31日的7.87元，最低为10月27日的7.52元。

11月，中国石油股价企稳微升。在“一带一路”规划出台、沪港通开闸、稳增长政策刺激、央行时隔两年半后重启降息以及证监会表态年底不会集中发行新股等利好因素叠加效应下，A股市场放量大涨，实现罕见的月线七连阳。而中国石油股价依旧表现低迷，但自11月17日沪港通开通以来，中国石油股票也获得香港市场投资者的认可，在投资者不断提高的入市热情下，中国石油股价也开始小幅上涨。中国石油股价开盘7.84元，报收于8.17元，月涨幅为4.21%。全月最高为11月28日的8.19元，最低为11月20日的7.67元。

12月，中国石油股价跟随大市大幅震荡上扬。在蓝筹股大涨以及持续的利好因素带动下，上证指数一个月之内相继突破2800点、2900点、3000点、3100点、3200点整数关口。在A股市场牛市的趋势下，大盘蓝筹股体现良好的赚钱效应，中国石油股价本月涨幅创下上市以来单月最高涨幅。由于主力资金主要倾向于选择占指数权重大且实际流通盘小的个股，从而用最小的成本最大限度地撬动指数；而其次才考虑基本面因素，中国石油因此受到资金青睐而出现大幅上涨。中国石油股价开盘8.14元，报收于10.81元，月涨幅为32.31%。全月最高为12月22日的10.99元，最低为12月2日的8.09元。

（曲　鹏）

第二篇

油气勘探开发生产

综　述

【概述】 国内油气勘探与生产业务及新能源业务是由中国石油天然气股份有限公司勘探与生产分公司（简称勘探与生产分公司，也称勘探与生产板块）负责，勘探与生产分公司同时管理大庆、辽河、长庆、塔里木、新疆、西南、吉林、大港、青海、华北、吐哈、冀东、玉门、浙江、南方石油勘探开发、煤层气等16个油气田企业的石油、天然气勘探开发生产以及煤层气等新能源业务。2014年，按照集团公司“有质量有效益可持续”发展方针和全面深化改革要求，持续转变发展方式，不断推进技术创新，强化投资成本控制，各项工作进展顺利，全面完成年度生产经营任务。

（黄照富）

【生产经营指标】

1. 勘探开发工作量

油气勘探完成二维地震19170千米，三维地震11739平方千米，完成钻井1584口，进尺441.8万米；原油开发完成钻井14955口，进尺2712.9万米（不含对外合作）；天然气开发完成钻井1284口，进尺365.6万米（不含对外合作）；完钻水平井1610口。2014年勘探开发工作量与2013年对比见表2-1。

2. 油气储量

新增探明石油地质储量6.9亿吨、天然气地质储量4840亿立方米，探明油气地质储量当量超过10亿吨，油气储量当量接替率大于1。

表2-1　2014年勘探开发工作量与2013年对比表

项目		2014年	2013年	同比
勘探	二维地震（千米）	19170	27089	-7919
	三维地震（平方千米）	11739	12477	-738
	钻井（口）	1584	1746	-162
	进尺（万米）	441.8	485.8	-44
开发	钻井（口）	14955	14231	724
	进尺（万米）	2712.9*	2534.4	178.5
	天然气开发钻井（口）	1284	2375	-1091
	进尺（万米）	365.6*	624.2*	-258.6
	完钻水平井（口）	1610	1620	-10

注：*数据不含对外合作。

3. 油气产量

生产原油11367万吨，同比增加107万吨，增长0.95%，再创历史新高；生产天然气954.6亿立方米，同比增加66.2亿立方米，增长7.5%。

4. 经济效益指标

实现销售收入5611亿元，税前利润1498亿元，净现金流833亿元，投资资本回报率15.4%。

5. 安全环保

安全环保形势总体稳定，减排实现集团公司“四项指标全面下降”的要求，节能节水均完成计划指标。

【主要成果】

1. 油气勘探取得一批新的重要发现和进展

强化预探和风险勘探，新区新领域在四川盆地川西北风险探井双探1井、川中南充1井，塔里木盆地克深6井、古城9井，准噶尔盆地中拐凸起中佳2H井，柴达木盆地狮42井，松辽盆地徐家围子凹陷宋深12H井和风险探井徐探1井、德惠凹陷德深17井，渤海湾盆地秦皇岛东升4井，鄂尔多斯盆地中东部奥陶系盐下等取得11项新的重要发现和苗头。天然气勘探形成四川盆地高石梯—磨溪、鄂尔多斯盆地苏里格、塔里木盆地库车克拉苏等3个万亿立方米的大气区，石油勘探形成鄂尔多斯盆地陇东、陕北、姬塬及准噶尔盆地环玛湖、塔里木盆地哈拉哈塘等5个亿吨级和柴达木盆地英东，松辽盆地新站、古龙南，渤海湾盆地雷家、小集、文安斜坡，吐哈盆地鲁克沁等一批千万吨级规模储量区。致密油勘探取得重要突破，鄂尔多斯盆地新安边长7段探明加预测地质储量3.59亿吨，松辽盆地齐家、卫星、让子井地区新增控制加预测地质储量1.84亿吨，8个开发试验区建成产能近百万吨。

2. 原油产量再创历史新高

面对宏观经济形势带来的原油库存持续高位、外输压力增大的困难，科学组织生产运行，确保原油生产安全、平稳、受控运行。大庆油田依靠水驱挖潜和扩大化学驱规模，连续第12年实现4000万吨以上稳产。长庆油田立足低渗透生产原油2505万吨，同比增产73万吨，上市15年来产量连续快速攀升，油气当量达到5545万吨新高峰。产能建设突出大庆南五区、长庆姬塬、塔里木哈拉哈塘等15个重点项目，建成原油生产能力1337万吨。老油田狠抓以精细注水为核心的基础工作，自然递减率由2008年的13.8%下降到2014年的10.35%，含水上升率一直控制在0.5%以内。“二次开发”年产油规模达到1043万吨，化学驱、火驱和气驱等重大开发试验稳步推进。

3. 天然气业务继续保持快速发展

按照集团公司天然气产运销整体运行安排，克服下游销售不畅带来的气田关井限产等不利因素，科学组织气田生产，实现全年安全平稳供气。长庆气区产气381.5亿立方米，同比增加34.7亿立方米，增长10%，产量规模和增幅均居股份公司首位；塔里木气区产气235.5亿立方米，同比增加12.7亿立方米；西南气区产气137.3亿立方米，同比增加11.2亿立方米，扭转了自2010年以来产量连续下降的不利局面；青海气区产气68.9亿立方米，同比增加0.8亿立方米。煤层气立足沁水、鄂东，完成商品气量13.7亿立方米，同比增长57.7%。页岩气加快推进威远、长宁和昭通规模建产，已建成产能7亿立方米，生产商品气1.7亿立方米。第一批6座储气库于11月全部注气投产，全年实现注气45.8亿立方米；采气6.7亿立方米。

4. 工程技术创新持续推进

继续规模应用水平井，在低渗透、致密油、煤层气、页岩气勘探开发及储气库等领域共完成1610口；明确长水平段、套管固井、速钻桥塞、大排量施工、滑溜水、低返排率、体积改造、丛式布井、工厂化施工、准天然能量开发等10项致密油开发主体配套技术；实现页岩气同井场双钻机批量钻井作业使平均钻井周期从最初的150天缩短到70天左右。水平井储层改造完成1100口，同比增加32口，占2014年水平井数的65.9%，其中5段以上压裂945口，工具国产化率90%以上；针对非常规储层研发的滑溜水、超临界二氧化碳等新压裂液体系，大通径桥塞＋快溶球技术等新分压工具，以及裸眼完井球座钻磨相关工具，应用效果良好；页岩气“拉链式”压裂作业，效率大幅提高，威远H3-1压裂试气仅用时23天，压裂施工19段，总入井液量38269立方米、砂量1518吨。

5. 安全环保形势保持基本稳定

始终把安全环保作为不可逾越的红线，从方案设计、装置工艺、设备采购、工程施工、队伍选配、工程监理等各个环节，落实HSE主体责任，全面推行作业许可和风险分级防控，优化完善物防、技防和人防措施，提高本质安全环保质量水平。深化、完善HSE体系建设，开展两次HSE体系审核，启动不同专业干部针对性HSE培训和轮训。突出油气管道隐患排查治理，发现隐患2265处，并制订治理计划和方案。对华北油田硫化氢隐患井治理、长庆油田“两库两线”、西南油气田竹渠县安全隐患等10个重点项目挂牌督办。节能减排工作突出24个节能和29个污染减排类项目，完成5.1万台抽油机现场节能监测，覆盖率44%，组织开展4项工程节能评估；污染物排放实现“四项指标全面下降”总体要求，节能节水完成年度考核指标。

6. 经营管理努力提升效益和水平

贯彻落实集团公司开源节流降本增效一系列要求，强化前期研究和准备，严格项目立项和重点方案审查，严控非生产性支出，勘探开发配套投资和成本在集团公司下达框架基础上优化20亿元。加大处置无效资产力度，西南油气田、吐哈油田下决心关停甲醇厂，有效盘活资产，减少库存。在13家油田企业30个区块1837口井开展钻井总承包，在15家油气田企业推广井下作业联产承包模式。全年推广应用地面建设标准化集成装置889套，替代中小型场站466座，大、中、小型站场标准化设计覆盖率分别达到71.7%、91.7%、97.1%，工程质量合格率为100%。先后出台《油气藏型地下储气库固井技术规范》《致密油储量计算规范》等一批管理规范和规定，完成A1、A2、D2、D10等4个系统建设。按照集团公司统一安排，完成《辽河和吉林油田深化改革扩大经营自主权试点建议方案》，明确三年工作目标，下放7项经营自主权，配套5项政策，积极探索老油田实现有质量、有效益、可持续发展新路子，生产经营呈现良好发展势头。

（范文科　向书政）

油气勘探

【概述】 2014年，股份公司分层次设置油气预探项目53个（含天然气项目16个）和风险勘探项目，其中重点勘探项目11个。油气勘探共取得26项主要成果。

油气勘探立足大盆地和富油气区带，落实规模效益储量，加强预探和风险勘探，积极推进致密油勘探，努力寻找大发现和大突破；强化综合地质研究，强化技术攻关，强化勘探管理，完善勘探考核体系，转变发展方式，不断提升勘探管理水平和勘探效益。突出重点区带和11个重点预探项目，11个重点预探项目包括：鄂尔多斯盆地华庆、姬塬，松辽盆地大庆长垣扶余，塔里木盆地哈拉哈塘，准噶尔盆地玛北，柴达木盆地扎哈泉，吐哈盆地玉北，辽河西部凹陷等8个石油预探重点项目，以及四川盆地川中高石梯—磨溪、塔里木盆地克深构造带、鄂尔多斯盆地苏里格南等3个天然气勘探重点项目。

【勘探任务完成情况】 2014年，二维地震和三维地震分别完成年度计划的94.46%和87.03%。探井井数和进尺分别完成年度计划的101.3%和85.09%；获工业油气流井441口，综合探井成功率55.27%。新增探明石油地质储量6.9亿吨，新增探明天然气地质储量4840亿立方米。

新增油气储量总体特点：（1）新增储量区块整装，规模较大。新增探明石油地质储量大于1000万吨的区块占总储量的74%，天然气地质储量大于100亿立方米的区块占总储量的98%。（2）油气储量控制程度高、可动用性强。新增探明石油地质储量中，已开发储量4.377亿吨，占比63%。较2013年44%提高21个百分比。（3）石油地质储量以中浅—中深层为主，天然气地质储量以中深—超深层为主。石油探明地质储量中中浅和中深层占总储量的80%，天然气探明地质储量全部是中深和超深层储量。（4）新增油气储量以低渗透—特低渗透为主。石油、天然气探明地质储量中低渗透+特低渗透分别占总储量的71%和67%。（5）新增油气储量仍以岩性油藏为主。石油、天然气探明地质储量中岩性油气藏类储量分别占总储量的74%和66%。

【渤海湾盆地勘探成果】 2014年，辽河西部凹陷雷家地区石油勘探取得新进展。有利勘探面积190平方千米，主要含油气层位为杜家台油层和高升油层。开展致密油储层“七性关系”评价、“两宽一高”三维地震采集攻关与地震“甜点”预测，向南北两翼扩展部署直井3口、水平井1口，新完钻探井雷93井获日产10.36立方米工业油流，同时区内4口井进行试采，日产油2.3—4.5吨，展示出良好的勘探开发前景。

华北霸州凹陷文安斜坡石油勘探取得新进展。勘探面积1200平方千米，截至2013年底累计探明石油地质储量1820万吨、天然气地质储量147亿立方米。2014年进一步落实规模储量区带，针对中浅层构造—岩性圈闭，部署探井11口，获工业油流井5口，其中文安12井获日产31.97吨的高产油流，文安斜坡岩性勘探取得新进展。

大港沧东凹陷孔南斜坡石油勘探取得新成果。勘探面积1500平方千米，截至2013年底累计探明石油地质储量7228万吨。2014年按照探索内环带细粒沉积区致密油勘探思路，整体部署探井10口，新获工业油气流井11口，同时加强致密油勘探开发一体化，在孔南6区块部署开发井20口，实施6口，单井日产油9—18吨，新增探明石油地质储量1127万吨。

【松辽盆地勘探成果】 北部徐家围子致密气勘探取得新发现。勘探面积3731平方千米。早期钻探揭示沙河子组物性差、直井产量低，试气均未获工业气流，近两年探索水平井多段压裂技术，部署水平井宋深9H获成功。2014年为探索东部斜坡致密气含气性和提高单井产量，部署风险探井徐探1井和水平井宋深

12H井，完井试油在沙河子组分别获得日产15.1万立方米和9.1万立方米工业气流，展示了沙河子组致密气良好的勘探前景。

北部中浅层石油勘探取得新进展。勘探面积4000平方千米，截至2013年底累计探明石油地质储量22879万吨。2014年开展砂体精细刻画，继续深化葡萄花和黑帝庙油层的勘探评价，在古龙南、新站部署探井4口，新获工业油流井4口，试油平均日产量5.62吨，新增探明石油地质储量3211万吨。

南部扶余油层致密油勘探取得新进展。松辽盆地扶余油层埋深适中、储层物性差、直井产量低。近几年勘探开发一体化，持续推进扶余油层水平井技术攻关，提高单井产量。2014年在让41、让29、让54、乾246等区块部署直井4口、水平井2口，新获工业油流井7口，单井最高日产量77吨，平均日产约6吨，展示出扶余油层致密油藏良好的勘探开发前景。

【鄂尔多斯盆地勘探成果】 苏里格天然气勘探取得新进展。勘探面积6万平方千米。2014年加大体积压裂工艺技术试验，部署探井70口，完钻探井31口，新获工业气流井14口，苏416井盒8段试气获日产62.81万立方米高产气流，在东三区和南二区新增天然气储量超过6000亿立方米。

盆地东部神木、榆林地区天然气勘探取得新进展。勘探面积2万平方千米，具有多层系复合含气特征。2014年以寻找勘探新领域、提交规模储量及有效掌控资源为目的，加大勘探力度，部署探井39口，完钻探井44口，新获工业气流井31口，试气平均日产量4.15万立方米，在神木地区新增探明天然气地质储量2486亿立方米。

姬塬地区石油勘探取得新成果。有利勘探面积1.46万平方千米。2014年继续坚持勘探开发一体化，落实规模储量，部署探井、评价井230口，新获工业油流井94口，单井平均试油日产量10.17吨，新增探明石油地质储量5327万吨。

陇东地区石油勘探取得新进展。有利勘探面积1.46万平方千米，主要目的层长3段、长4+5段、长6段、长8段。2014年重点围绕长8段主力层系，加强地震砂体预测，深化沉积特征和油藏富集规律研究，部署探井、评价井155口，获工业油流井108口，平均日产油11.12吨，在镇北地区控制含油面积超过600平方千米，储量规模超过2亿吨。

新安边地区长7段致密油勘探取得重要成果。鄂尔多斯盆地致密油含油层系主要为长7段，具备大面积成藏的有利条件。2014年开展致密油规模效益开发试验，完试探井22口，新获工业油流井18口，其中8口井日产量大于20吨，安83试验区累计产原油53.2万吨，新增探明石油地质储量1亿吨。

【四川盆地勘探成果】 川西下二叠统海相碳酸盐岩风险勘探获重要发现。部署在川西北双鱼石构造的风险探井双探1井在下二叠统栖霞组、茅口组分别获日产87.6万立方米、127.8万立方米的高产气流，栖霞组裂缝—孔隙型白云岩储层勘探取得重要突破，有望打开川西北海相多目的层勘探的新局面。

川中南充构造南充1井茅口组天然气勘探取得新发现。南充1井是部署在川中古隆起低部位探索龙王庙组含油气性的一口探井，同时探索二叠系茅口组、三叠系雷口坡组等层系，该井在茅口组钻遇颗粒滩相孔隙型白云岩储层，试气获日产44.74万立方米的高产气流，川中地区茅口组有望成为重要的接替新领域。

高石梯—磨溪地区天然气勘探取得新进展。有利勘探面积7500平方千米，2011年风险探井高石1井获重大突破，2012年磨溪8井龙王庙组获百万立方米高产。2013年龙王庙组新增探明天然气储量4404亿立方米，探明我国最大单体整装海相碳酸盐岩气田。2014年围绕龙女寺龙王庙组和高石梯—磨溪陡坎灯影组富集带，甩开预探外围，完钻探井20口，新获工业气流井12口，在高石梯灯影组新增天然气储量超过6000亿立方米。高石梯—磨溪地区下古生界—震旦系万亿立方米大气区进一步得到落实。

【准噶尔盆地勘探成果】 沙湾凹陷中佳2H井二叠系佳木河组勘探获重要突破。有利勘探面积300平方千米，近10年钻遇佳木河组探井、评价井20口，仅2口获工业气流。为进一步开发低渗透资源，落实储量，通过水平井体积压裂提高单井产量，2014年部署中佳2H井，在二叠系佳木河组水平井+体积压裂获日产气8.98万立方米、油95.58立方米的高产油气流，打开了准噶尔盆地西北缘佳木河组勘探新局面。

环玛湖斜坡带百口泉组石油勘探取得新进展。勘探面积8650平方千米，1993年发现玛北油田，储层物性差，产量低，未能有效开发。2014年为进一步开发低渗透资源，落实储量，部署探井23口，新获工业油流井12口，单井日产量5.2—29.8吨，同时甩开预探在夏子街扇西翼、黄羊泉扇部署的多口探井均获工业油气流，环玛湖斜坡带百口泉组石油勘探整体取得新进展。

西北缘中拐凸起石炭系石油勘探取得新进展。勘探面积1500平方千米。2014年以石炭系储量升级为目标，部署评价井4口，新获工业油流井3口，其中金龙102、金龙103井压裂后获得日产46.3吨和45.9吨的高产油流，展现出中拐凸起石炭系良好的勘探开发前景。

【塔里木盆地勘探成果】 库车克深6井白垩系巴什基奇克组勘探取得新发现。克深6号构造位于克深2、克拉2气田之间，圈闭面积62.5平方千米。2013年为了解克深6号构造的含油气性，进一步扩大克拉苏构造带油气勘探成果，部署克深6井，该井试气在巴什基奇克组获日产91万立方米高产气流，新发现一个规模气田，进一步证实了克拉苏构造带克深段整体含气。

库车坳陷克拉苏构造带天然气勘探取得新进展。勘探面积3750平方千米，截至2013年底，发现克深2、克深5、克深8等14个气藏。2014年为加快库车克拉苏构造带克深区块预探与评价，落实天然气规模储量，部署探井9口，新获工业气流井12口，在克深、大北与博孜段均取得新进展，新增三级储量超过4000亿立方米，整体形成万亿立方米大气区。

塔东地区奥陶系鹰山组勘探获重要突破。勘探面积6100平方千米。2014年为扩大古城地区鹰山组勘探成果，部署探井2口，新获工业油气流井1口。其中古城9井在奥陶系鹰山组试气获日产107.8万立方米高产气流，进一步证实了古城地区白云岩储层天然气藏良好勘探前景。

塔北哈拉哈塘碳酸盐岩石油勘探取得新成果。有利勘探面积5000平方千米，截至2013年底，累计探明石油地质储量1.65亿吨。2014年主攻金跃、哈得逊，甩开跃满，准备玉科，部署探井18口、评价井10口，新获工业油气流井18口，其中跃满3井日产油57.8立方米、气17914立方米，在金跃—热普区块新增探明石油地质储量3338万吨，哈拉哈塘碳酸盐岩勘探取得新成果。

塔中地区碳酸盐岩石油勘探取得新进展。勘探面积9321平方千米。2014年继续探索奥陶系鹰三—四段新层系，持续预探寒武系白云岩，部署探井、开发井49口，新获工业油气流井36口，中古15井区投产21口，平均日产油31吨，中古434井区投产8口，平均日产23.6吨，新增探明石油地质储量2019万吨。

【吐哈盆地勘探成果】 鲁克沁稠油勘探取得新进展。勘探面积900平方千米，截至2013年底探明石油地质储量1.1亿吨。2014年主攻北一区，扩展北二区，落实发现区块建产资源，甩开预探扩大油藏规模，部署探井6口，新获工业油流井2口，其中玉北602井压裂后获日产54.33立方米高产油流，在玉北6等井区新增探明石油地质储量2824万吨。

【柴达木盆地勘探成果】 狮子沟深层下干柴沟组石油勘探获重要突破。勘探面积164平方千米。狮子沟深层发育上、中、下三套成藏组合，浅层已发现油田。深层单井产量高，开发效果好，但地表及地下地质条件复杂，勘探成果难以扩展。2014年为探索下组合、扩展高产富集区，部署探井3口，其中狮42井获日产203立方米的高产油流，狮40、狮41井见到良好显示，进一步证实狮子沟地区盐下构造蕴藏着丰富的油气资源。

英雄岭地区英东构造石油勘探取得重要成果。勘探面积500平方千米。2010年砂37井获高产，发现英东油田。2011年开展山地地震采集攻关，完成三维地震勘探350平方千米，构造格局进一步落实。近年来，勘探开发一体化，整体勘探、整体部署，累计完钻探井、开发井272口，获工业油气流井211口，单井日产油5—15吨，新增探明石油地质储量6685.28万吨、天然气61.45亿立方米，成为柴达木盆地单个油藏储量规模最大、丰度最高、物性最好、开发效益最佳的整装油气田。

柴西南乌南地区石油勘探取得新进展。勘探面积1000平方千米。2012年扎2井成功实现致密油突破，2014年按照致密油勘探思路，部署探井23口，新获工业油流井12口，其中扎11井日产油27.4立方米，发现乌南油藏产量最高的油层，扎探1井日产原油10.6立方米，实现深层勘探的突破，乌南地区石油立体勘探整体取得新进展。

（金武弟）

勘探工程技术

【概述】 地震攻关持续在高陡构造、碳酸盐岩储层、致密油气及富油气老区四大领域开展并获突破进展，在继续推广“两宽一高”地震采集、叠前深度偏移及叠前储层预测等技术的基础上，探索开展高密度单点采集、多波地震勘探、宽方位地震处理解释等一系列新技术，强化岩石地球物理、静校正等基础数据库建设，规范和推广地震采集、处理过程质量控制流程及分析系统，提高了地震资料品质，及时指导勘探生产。2014年共完成水平井1610口，完成欠平衡钻井285口，应用垂直钻井57口，进行506口井成像测井。2014年钻井技术应用情况与2013年对比见表2–2。

表2–2　2014年钻井技术应用情况与2013年对比表

项目	2014年	2013年	同比
水平井（口）	1610	1620	–10
欠平衡钻井（口）	285	606	–321
垂直钻井（口）	57	70	–13
成像测井（口）	506	589	–83

【物探技术攻关】 在高陡构造、碳酸盐岩储层、致密油气以及富油气老区部署8个攻关项目。基本落实塔里木东秋8构造、青海英西深层以及游园沟浅层构造；支撑了陕北2.56亿吨致密油预测石油地质储量和1亿吨探明石油地质储量的提交；川中、雷家、环玛湖及大港等地区资料品质大幅度提高，为储层精细研究奠定良好基础。在青海英西地区及时指导钻探目标的优选。针对地震资料信噪比较低，盐构造+花状构造形态难以准确落实，盐下控油断层不清，分辨率不能满足储层评价要求等难点，为进一步提高地震相研究和储层预测资料的可靠性，细化产层及油藏特征描述，2014年通过做精做细静校正、叠前去噪等基础工作，加强勘探开发一体化结合，深入研究深层碳酸盐岩裂缝性储层速度规律，利用网格层析建立高精度速度模型，狮子沟断裂下盘资料的信噪比和成像精度有大幅度提高，地震资料与钻井实际吻合较好，落实英西深层以及游园沟浅层构造，及时指导了钻探目标的优选。在四川盆地三分量资料处理和解释攻关等多项技术取得重要突破。在四川盆地磨溪—龙女寺1000平方千米的数字三分量采集资料基础上，针对龙王庙组和灯影组储层开展面向储层的三分量资料处理和解释攻关，多项技术取得重要突破。初步形成了一套针对川中地区下古生界及震旦系碳酸盐岩储层的多波地震叠前处理、储层预测、烃类检测、裂缝预测的技术思路和方法，在转换波静校正、多波层位匹配、物性参数定量预测、横波分裂校正及裂缝检测方面取得创新进展，预测龙王庙组储层及灯影组缝洞体的展布特征，划分含气有利区，最终地质成果构造解释与实钻深度误差小于0.2%，储层预测符合率达到90%，提出并部署2口钻探井位。在鄂尔多斯盆地加强保真保幅处理。在伊陕斜坡—天环凹陷，针对陕北黄土塬地区地表条件复杂，致密砂体受烃源岩强反射影响，地震响应弱等难点，通过应用近道约束三维层析静校正、全局寻优剩余静校正、多次波压制技术、Q补偿技术、相控致密储层岩石力学参数预测、S变化时频分析等技术，加强保真保幅处理，叠加剖面频宽达到8—70赫兹以上，反射波组特征符合地质规律，内幕成像清晰，利用非相控和相控脆性指数预测有利储层“甜点”区，并在攻关区提供完钻井位6口，含油砂体预测符合率达75%，为长7段致密油规模储量提交提供了依据。

【地震采集技术】 高密度单点接收采集技术。在渤海湾、新疆、塔里木、西南、松辽等探区继续推动“两宽一高”（宽频、宽方位、高密度）地震新方法的试验与应用，取得良好效果。辽河雷家和茨榆坨分别开展单点模拟和单点全数字高密度先导试验，面元10米×10米，覆盖次数分别为256次和240次，成像道密度分别为256万道/千米^{2}和240万道/千米^2，在野外采用对信号和噪声实行“宽进宽出”并充分采样的策略，有效提高静校正精度和资料的保真度、信噪比和分辨率。单炮记录频带分别展宽12赫兹和20赫兹，偏移剖面主频比老剖面提高10赫兹，新资料层间信息丰富，小层和小断层识别能力大幅度提高，证明高密度单点采集方法是东部探区提高分辨率和资料品质的有效手段。

低频可控震源技术。在塔里木、新疆、青海、吐哈、辽河、华北等探区地表条件适宜地区推广应用低频可控震源高效采集技术，大幅度提高施工效率，资料品质有较大提高。在滴南8井区，推广应用低频可控震源（1.5—84赫兹）、大道数作业（总道数35000道）、高覆盖（1152次）、成像道密度184万道/千米^2、数字化地震队管理、量化质量控制等技术，应用DSSS同步滑动扫描，采集日效达到12000炮以上。通过提高施工效率，促使采集成本大幅度下降，使高密度勘探技术的推广应用成为可能。新资料频宽展宽约20赫兹，主要目的层二叠系、三叠系地层接触关系较清楚，石炭系顶界面较老资料清楚，成像特征较好，断点更为可靠。

【地震处理技术】 持续推广应用叠前深度偏移技术。在塔里木大北、塔东古城、准噶尔玛湖、四川磨溪、柴达木英雄岭、玉门老君庙等地区设立17个重点叠前深度偏移处理项目，共计9838平方千米，其中逆时偏移处理5个，1165平方千米。塔里木大北地区以宽方位地震资料为基础，通过TTI各向异性网格层析速度建模，提高速度模型精度，改善地震成像质量。通过持续成像处理技术攻关，进一步落实大北101、大北201等构造特征，深化地质认识发现并识别大北105和大北7号构造，圈闭特征、构造间关系进一步落实，落实7个断块，总面积70平方千米。勘探开发研究院西北分院继续推进TI介质逆时偏移技术研发，创新提出“TTI介质正则化有限横波方程算法”“近似最佳匹配层边界条件”等技术，形成TI介质各向异性逆时偏移技术及软件系统，提高了碳酸盐岩缝洞成像精度。在哈7井区及哈6区块新垦、齐满、热瓦普区块开展了角度域网格层析方法、各向异性速度建模方法及成像研究，较好地消除了各向异性影响，碳酸盐岩缝洞成像更加准确，与井误差控制在30米。

【地震解释技术】 为提高储层定量预测和流体检测精度，强化岩石地球物理基础建设，在大庆、西南、长庆、新疆、塔里木等探区结合重点攻关和生产项目加强岩石地球物理分析研究，取得重要进展。在大庆油田设立“岩石物理分析应用系统研发与推广”科研课题。以大庆长垣为试点建立岩石物理数据库，规范管理岩石物理参数及分析成果，制定岩石物理分析数据交换格式规范，形成具有自主知识产权的成果数据统一存储格式，研发岩石物理分析应用系统及开放性平台（已申请国家计算机软件著作权登记），为岩石地球物理数据库的推广和应用奠定基础。在勘探开发研究院建立岩石地球物理重点实验室。通过系统地对高石梯—磨溪地区龙王庙组、灯影组近百个样品的岩石物理性质进行测量，揭示白云岩储层的基本岩石物理特征，明确压力、孔隙度、孔隙结构、沥青充填、流体类型、测量频率等因素对岩石物理性质的影响，研究成果为高石梯—磨溪地区龙王庙组储量探明和灯影组储层预测提供重要依据。

【地震采集数据质量实时分析与自动评价系统】 针对传统人工纸质的质量控制方法由于用时长、消耗大、不环保，不能适应当前高密度等大数据地震采集新技术应用的问题，勘探与生产分公司自2012年组织开展“地震资料采集实时质量监控与自动评价软件系统”的研发和推广工作。截至2014年底，90%以上的三维地震采集项目采用现场实时质控系统，可进行激发效果实时监控、接收效果实时监控、炮点位置检查、能量分析、异常道检查、掉排列检查等。地震数据采集质量监控软件系统的应用，使质量控制效率提高10倍以上，实现野外质量监控的实时、规范和量化评价，减少了质量评价人员、热敏纸张等材料及运输等成本。

【水平井钻井技术】 2014年共完成水平井1610口，总量上与2013年基本持平，水平井主要集中在长庆、大庆、新疆及页岩气等低渗透油气藏。水平井总体应用效果依然十分突出。长庆油田当年完成855口，连续四年成为当年完成水平井最多的油田，用占总井数3.5%的水平井贡献全油田10%的原油产量，苏里格气田用占总井数10%的水平井贡献气田产量的三分之一；辽河油田用占总井数6.6%的水平井贡献26.6%的原油产量，水平井吨油成本仅为直井的二分之一。水平井工厂化作业提效降本成效显著。页岩气开发通过大平台、工厂化作业、油基钻井液等技术集成应用，在平均井深、水平段长不断增加情况下，实现持续提速。2014年，川庆钻探率先突破，最快的长宁 H3-5 井钻井周期 33.7 天，长宁地区平均钻井周期由原先的 140 天缩短到 60 天内，威 204 井区钻井周期由 150 天缩短到 90 天内。浙江昭通地区完钻 21 口水平井水平段长平均为 1523 米，平均钻井周期 77.3 天，较前期大幅缩短。长庆油田在神木气田推进以 9 井组为主的大井组多井型立体开发模式，采用工厂化作业模式，3 年快速建成 20 亿立方米大气田，有效提高储量动用程度，降低开发成本。水平井钻井技术日趋成熟，保障能力进一步提升。水平段钻井指标稳步提高。2014 年平均水平段长达到 740 米，在水平井平均井深逐年增加、钻井难度不断加大基础上较 2013 年增加 4.6%，为体积改造和提高水平井效果奠定基础。川庆钻探施工的塔里木油田塔中 862H 井完钻井深 8008 米、水平段长 1551.87 米，创中国陆上最深水平井纪录。渤海钻探施工的塔里木油田金跃 5H 井，完钻垂深 7010 米，刷新国内水平井垂深最深纪录。水平井钻井工具得到进一步完善。seismicVISION 随钻地震地质导向钻井首次在国内塔北洞穴型碳酸盐储层 HA16-7 和 HA12-5 两口井得到应用，均顺利钻遇溶洞，失返深度与预测深度吻合，完成地质目标。川庆钻探、大庆钻探成功研发水力振荡器，均在现场得到应用，解决了定向段、长水平段钻进摩阻大、易托压问题。

【欠平衡钻井技术】 2014 年完成欠平衡钻井 285 口，较 2013 年有较大幅度减少，主要受勘探开发领域的变化、成本等因素影响。规模推广气体钻治漏提速，加快页岩气开发步伐。2014 年在长宁、威远区块分别应用气体钻井 27 井次、30 井次，应用气体批量钻表层技术，解决表层恶性井漏，有效避免环境污染和物资准备难题，同时克服韩家店—石牛栏层段常规钻井钻速慢的问题，气体钻井用时较常规钻井液钻井缩短 10.5 天，平均节约 PDC 钻头 3.5 只；最大井斜由 9.7 度降到 4 度以内，满足了井眼轨迹控制要求。精细控压技术实现窄密度窗口地层安全钻井。大港油田在滨深 24-5-27 等 6 口井应用精细控压钻井技术，平均降低钻井液密度 0.1 克 / 厘米^3，改善储层保护效果，提高机械钻速 50% 以上，并成功监测溢流 40 余次，保障井控安全。千 16-22 井在常规钻井钻至 4389 米时先漏后溢，漏失钻井液 2000 余立方米，6 次压井均未奏效，处理时间长达 15 天也无法恢复正常钻进。采用精细控压钻井技术后，有效控制溢流与漏失，仅用 4 天时间就顺利钻至完钻井深 4518 米。此外，西南油气田在高石 103 等井分别在栖霞组实施精细控压钻井技术，大幅度减少钻井液的漏失量及井下复杂情况的再次发生，保证了井控安全。气体钻井提速发现效果好。吉林油田在德深 15 井三开 2136—2720 米产层采用氮气钻井技术，发现 11 个气液异常井段，机械钻速达到常规钻井的 4 倍。吉林油区城深 6 平 2 井水平段使用氮气钻井技术，平均机械钻速比采用常规钻井技术的邻井提高 4—9 倍。

【垂直钻井技术】 2014 年在塔里木、大庆、西南、青海、浙江等油气田共应用垂直钻井 57 口井，进尺 13.14 万米，其中斯伦贝谢 Power-V 应用 41 口、贝克休斯 VTK 应用 8 口、渤海钻探 VDT5000 应用 5 口、西部钻探 2 口、大庆钻探 1 口。Power-V 垂直钻井仍然是应用主体技术，占到总工作量的 70.2%。

塔里木油田在大北、克深等库车山前深层天然气井，应用垂直钻井技术 52 口井，进尺 12.7 万米，平均单井应用进尺 2442.5 米，最大井斜基本控制在 1 度以内。垂直钻井技术已成为山前钻井提速的重要利器之一，应用领域由之前的克拉迪那地区推广到大北、克深地区，应用井深由以前的 4000 米左右发展到 6000 米以上，其中克深 901 井创造新的应用井深纪录，达到 7330 米。

西南油气田在龙会场构造（地层倾角 30 度—50 度）龙会 006-H2 井和龙会 006-H3 井 444.5 毫米井眼和优选 Power-V、VTK 两种垂直钻井系统进行现场试验，两井最大井斜 0.82 度和 1.51 度，平均机械钻速较常规钻具钻进提高 69.32% 和 146.3%，均取得良好的防斜打直效果。

国产的垂直钻井系统技术日趋成熟。其中西部钻探的 AVDS 首次在塔里木深井现场试验 2 口井，累计进尺 3626 米，其中在直径 445 毫米井段累计垂钻进尺 3483 米，总纯钻 277.57 小时，累计工作时间为 391 小时，两口井垂钻井段监测井斜全部保持在 0.2 度 ±0.1 度，取得良好的垂直钻进试验效果。渤海钻探的 BH-VDT 垂直钻井系统技术服务 5 井次（塔里木 4 口、青海 1 口），其中针对青海鄂探 1 井地层倾角 70 度左右，控斜难度大，在 17 英寸[❶]半井眼应用垂直钻井，成功穿越三个异常高压水层，钻井液密度高达 2.12 克 / 厘米^3。工具信号始终稳定、正常，单趟工具入井时间 395.5 小时，再次创造工具单趟钻入井时间新指标。此外大庆钻探研发的垂直钻井系统在楚 9 井试验取得初步成功。

❶ 1 英寸 =2.54 厘米。

【高精度成像测井技术】 2014年，共进行506口井成像测井，应用覆盖率33.2%。其中，电成像、阵列声波、核磁共振、MDT/CHDT和元素测井（ECS/LithScanner/FleX）作业井次分别为226、337、103、22和73，分别占成像测井技术测井项目总数的29.0%、43.3%、13.2%、2.8%和8.3%。成像测井主要应用于以下四个领域：四川高石梯—磨溪、塔里木哈拉哈塘与塔中以及鄂尔多斯马家沟组等碳酸盐岩领域，解决缝洞储层识别与精细评价；鄂尔多斯低孔低渗透、准噶尔玛湖和塔里木库车深层等复杂碎屑岩领域，开展储层孔隙结构评价和流体识别等；致密油和页岩气等非常规油气领域，开展“七性关系”评价，支持压裂改造方案设计；松辽火山岩和辽河变质岩等复杂岩性领域，开展岩性岩相识别与有效储层划分。

【电缆“一串测”快测平台】 2014年，为了满足快速建产、钻井提速提效以及应对复杂井况的需要，实现一次下井取全取准常规资料的目的，推广应用“一串测”快测平台。该平台的测井项目有自然伽马能谱、岩性密度、补偿中子、数字声波和阵列感应等，资料质量可满足要求。在长庆、华北和吐哈等油田共完成622井次测井，一次下井成功率98%左右，作业时效提高30%以上，单井占井时间节约近7小时、减少“口袋”长度10米左右。

【岩性扫描测井技术】 2014年，岩性扫描测井得到集中应用，测井26井次。应用领域主要为：松辽高台子油层、准噶尔芦草沟组、柴达木扎哈泉和渤海湾沙河街组等致密油以及蜀南页岩气，解决复杂岩性组分精细计算和有机碳含量计算的难题；四川高石梯—磨溪龙王庙组碳酸盐岩，解决沥青识别及其含量计算的难题；塔里木库车深层复杂砂岩，精细计算出钾长石、斜长石、石英和方解石等含量，并据计算出的黏土组分明确了目的层不含蒙皂石、水敏性差。

【致密油评价技术】 以中国石油致密油主要区块为目标，通过三年多的持续攻关，中国石油陆相致密油评价方法与技术已配套形成且基本成熟，相应处理软件模块已研发成功并初步推广应用。针对致密油的赋存特点以及压裂改造的技术需求，提出致密油的“七性关系”评价思路，形成系统配套的烃源岩特性、岩性、含油性、物性、电性、脆性和地应力各向异性评价方法与技术，并明确陆相致密油的“七性关系”特征。以此为基础，建立烃源岩品质、储层品质和工程品质等“三品质”的表征参数与评价方法，考虑源储配置特点，形成油气“甜点”优选方法。致密油评价方法已应用于鄂尔多斯、松辽、准噶尔、渤海湾和柴达木等地区致密油典型区块，有力支持了勘探评价和压裂改造工作。

【测井软件统一更新升级】 2014年，统一采购27套Forward.NET、22套Geolog 7.1以及27套Techlog 2013，相应装配给16家油气田企业研究院和中国石油勘探开发研究院。开展现场、基础和强化等逐步推进的软件培训，奠定软件应用的扎实基础，保证软件当年顺利投产，在成像测井深化应用、油气藏评价和非常规油气处理解释中见到良好的应用效果。

（王喜双　曾　忠　刘国强　叶新群）

油田开发

【概述】 截至2014年底，股份公司累计动用地质储量175.83亿吨、可采储量54.38亿吨，标定采收率30.93%；日产油水平30.87万吨，年产油11367万吨，累计产油41.07亿吨；地质储量采出程度23.35%，可采储量采出程度75.51%，地质储量采油速度0.64%，剩余可采储量采油速度7.83%；老井自然递减率9.99%，综合递减率4.83%；年产液量9.05亿吨，油田综合含水88.19%；日注水312.1万立方米，年注水11.03亿立方米，月注采比1.08，累计注采比1.02；采油井总井数222833口，开井168319口，平均单井日产油1.8吨；注水井总井数84512口，开井65343口，平均单井日注水47.76立方米。2014年采油、注水情况与2013年对比见表2–3。

【原油生产】 2014年，生产原油工业产量11367万吨，同比增产107万吨。其中自营区（含风险作业）生产原油10362万吨，同比增产48万吨；合作区生产原油1005万吨，同比增产59万吨。完成原油商品量11136万吨，同比增加102万吨。2014年中国石油生产原油工业产量、商品量与2013年对比见表2–4。

表 2-3 2014 年中国石油采油、注水情况与 2013 年对比表

项目	2014 年	2013 年	同比
采油井总井数（口）	222833	213012	9821
采油井开井数（口）	168319	163523	4796
平均单井日产量（吨）	1.8	1.9	-0.1
注水井总井数（口）	84512	79611	4901
注水井开井数（口）	65343	62913	2430
平均单井日注水（立方米）	47.76	48.58	-0.82

表 2-4 2014 年中国石油生产原油工业产量、商品量与 2013 年对比表

项目	2014 年	2013 年	同比
生产原油工业产量（万吨）	11367	11260	107
自营区（含风险作业）生产原油（万吨）	10362	10314	48
合作区生产原油（万吨）	1005	946	59
原油商品量（万吨）	11136	11034	102

2014 年，大庆油田在“双特高”的情况下依靠水驱挖潜和扩大化学驱规模，生产原油 4000 万吨，连续 12 年实现了 4000 万吨以上稳产，为股份公司完成产量任务和经营业绩做出巨大贡献。长庆油田不断发展完善低渗透、超低渗透和致密油开发技术，生产原油 2505 万吨，同比增产 73 万吨，连续 15 年原油产量持续攀升，为股份公司原油产量稳定增长做出重要贡献。新疆油田加强稠油控递减和抢投新井等工作，生产原油 1180 万吨，同比增产 20 万吨。辽河油田依靠老区规模化推广重大开发试验和二次开发工程成果，生产原油 1022 万吨，同比增产 21 万吨。吐哈油田加大鲁克沁稠油和三塘湖致密油的开发力度，生产原油 200 万吨，同比增产 29 万吨。青海油田克服高原自然条件差、油藏复杂等不利因素，通过英东勘探开发一体化建产等工作，生产原油 220 万吨，同比增产 5 万吨。塔里木油田努力控制砂岩老区产量递减，加快哈拉哈塘碳酸盐岩油藏产能建设节奏，实现 590 万吨稳产。华北、大港和冀东等油田深挖复杂断块油藏生产潜力，实现原油产量基本稳定。吉林油田精细挖掘老区潜力，生产原油 493 万吨。玉门油田加强鸭儿峡产能建设和青西、酒东等区块的注水工作，生产原油 49 万吨。南方勘探开发公司狠抓福山油田新区建产和老区注水工作，生产原油 29 万吨，同比增产 2 万吨。西南油气田生产原油 16.9 万吨。浙江油田加强已开发区块注水工作，已连续四年实现 5 万吨稳产。2014 年中国石油油气田企业原油产量与 2013 年对比见表 2-5。

表 2-5 2014 年中国石油油气田企业原油产量与 2013 年对比表 万吨

油气田企业	2014 年	2013 年	同比
大庆油田	4000	4000	0
长庆油田	2505	2432	73
新疆油田	1180	1160	20
辽河油田	1022	1001	21

续表

油气田企业	2014 年	2013 年	同比
塔里木油田	590	590	0
吉林油田	493	527	–34
大港油田	465	470	–5
华北油田	422	421	1
青海油田	220	215	5
吐哈油田	200	171	29
冀东油田	170	170	0
玉门油田	49	51	–2
南方勘探开发	29	27	2
西南油气田	16.9	20	–3.1
浙江油田	5	5	0
合计	11367	11260	106.9

【精细注水工程】 以建立完善精细注水长效制度体系为工作重点，各油田公司紧紧围绕注水组织机构、规章制度、技术创新、人才培养、队伍建设、装备配备和资金保障等方面开展工作。为了进一步加强技术指导和强化现场管理，勘探与生产分公司和勘探开发研究院组成专家组深入油田，用近一个月的时间对大庆油田、长庆油田等 12 个油田 16 个采油厂（作业区）的精细注水工作进行现场检查，检查内容包括基础资料和注水管理的各项规章制度、操作规程、技术标准等，将检查结果进行通报，促进精细注水工作水平的提高。2014 年 8 月初组织召开精细注水第三次推进会，全面总结 2013 年“油田开发基础年”活动“与注水专项治理”工作开展以来好的经验和做法，优选推广新的注水技术，确定今后精细注水的工作目标。在大庆油田举办两期注水技术与管理培训班，为各油田公司培养精细注水技术与管理人员共 90 人。

2014 年，共完成各类主干工作量 20754 井次。其中，投转注水井 4243 口，新增分注井 2291 口，注水井更新 330 口，大修井 1919 口，检管井 11971 口。调整改造采出水处理站 124 座，注水站 63 座。股份公司分注率达到 63.1%，水质合格率达到 85.6%，同比分别提高了 2.8 和 2.9 个百分点，注水合格率达到 81.4%，同比基本持平。

【原油产能建设】 2014 年，自营区完成钻井 13386 口，进尺 2493.4 万米，建成原油产能 1336.97 万吨。原油产能建设重点项目 14 个：大庆萨北开发区北二区东部东块二类油层弱碱三元复合驱，北一区一、二排东部二次上返，南一区东块二类油层上返，杏三、四区东部Ⅱ块三元复合驱，南五区二类油层聚合物驱，喇嘛甸油田南中西二区萨Ⅲ 1–7 油层聚合物驱；冀东南堡；长庆马岭油田、姬塬油田、华庆、西峰—合水、镇北油田；吐哈鲁克沁及塔里木哈拉哈塘。14 个重点项目年度设计新建产能 649.8 万吨，实际完成钻井 5650 口，进尺 1147.6 万米，投产油井 3782 口，建成产能 528.8 万吨，为设计指标的 81.4%。其中，大庆的 6 个主要区块的产能建设方案按设计运行，共完成钻井 2147 口，进尺 269.8 万米，建成产能 209.4 万吨，为方案设计指标的 100%。

【二次开发】 截至 2014 年底，二次开发工程累计实施区块覆盖石油地质储量 14.4 亿吨，建产能 1088 万吨，年产油规模达到 1043 万吨，其中 2014 年当年完钻新井 938 口，新建产能 72.8 万吨。二次开发实施区块综合含水由实施前的 86.4% 降到实施后的 74.6%，平均新井单井日产油比二次开发前提高 0.83 吨；实施区块的水驱控制程度由 76.3% 提高到 86.9%，原油采收率由 32.9% 提高到 40.1%。大庆长垣 11 个二次开发区块已累计增油 867 万吨，阶段提高采出程度 2.05 个百分点；新疆砾岩油藏六七区试点工程单井日产油量由2.3吨提高到3.4吨，采油速度由0.3%提高到0.78%；辽河油田二次开发实施54个区块，平均单井日产油由2.8吨上升到3.4吨，年产油规模达到313.4万吨；吉林扶余油田通过二次开发工程实施新增加可采储量1761万吨，采收率由26.4%提高到32.4%，年产油量重上百万吨，取得显著的经济效益。

二次开发深部调驱试验已有15个项目进入现场实施。其中13个项目已见到阶段增油效果，3个项目全面完成现场实施注入。2014年，产油28.6万吨、增油8.56万吨，已累计增油25.75万吨。新疆六中区克下组、七中区克下组两个试验区完成现场施工，累计增油6.1万吨，提高阶段采收率5.1%；辽河静67-59井区累计注剂55.2万立方米，完成设计注入量的81.69%，试验区日产油翻一番，累计增油1.78万吨；大港小集油田官979试验区实施调驱后断块日产油水平逐渐上升，由调驱前的48吨，最高上升至83吨，至2014年底仍有56.5吨。

【重大开发试验】 成熟技术工业化推广形成千万吨级原油生产能力。长庆超低渗透（0.3毫达西）油藏重大开发试验经过3年攻关，于2008年开始工业化推广，原油年产量从30万吨上升到2014年的850万吨。2005年启动的大庆3个三元复合驱重大开发试验，在水驱采收率46%的基础上预计提高采收率20个百分点，2014年开始工业化推广，共8个区块实施三元复合驱，原油年产量超过160万吨。辽河曙一区杜84块SAGD（蒸汽辅助重力泄油）已转驱48个井组，2014年产油80万吨，油汽比0.26，吨油操作成本767元，较蒸汽吞吐降低848元；通过加强精细动态调控，实施氮气辅助SAGD，开展低物性段改造和驱泄复合等措施，培养出6口百吨井，日产原油由350吨上升至678吨，油汽比由0.2上升至0.35；下步准备培育日产200吨的SAGD井组。新疆砾岩油藏聚合物驱试验中心井组提高采收率11.7个百分点，工业化推广区块于2014年10月正式投注聚合物，该区块原油年产量从推广前的4万吨增长到31万吨，采油速度提高7.8倍。辽河锦16二元复合驱试验已注入化学剂段塞0.5PV（孔隙体积倍数），较水驱提高采出程度9.7个百分点，并开始实施年产油40万吨规模的工业化推广。吉林二氧化碳驱和新疆、辽河注空气火驱技术的工业化推广有序推进。

持续推进战略接替技术攻关，力争形成重大接替技术。一方面针对“两高”（高含水、高采出程度）油藏，大力加强“二三结合”（二次开发和三次采油相结合）开发试验。在重构地下认识体系的基础上，积极探索层系井网重建和地面系统重组的新模式。这套重建的层系、井网和地面系统，既要担负起充分发挥注水开发潜力的作用，更要担负起三次采油大幅度提高采收率的重任。从新疆七东1区砾岩油藏和大港港西三区复杂断块油藏的“二三结合”来看，按照三次采油的技术标准，进一步细分层系、加密井网，提高水驱、聚合物驱控制程度和动用程度以及多向井受效比例。新疆七东1区实施前采出程度42.8%，综合含水81%，项目实施两年来，仅水驱的原油年产量就从4万吨增长到2014年的15.6万吨，水驱阶段累计产油23万吨，阶段采出程度3%，后续转入三次采油预计最终采收率可达60%。大港港西三区复杂断块油藏原为不规则井网、多套层系笼统注水开发，2014年实施“二三结合”试验，优化组合两个层位，重新建立一套小井距五点井网，分层系之前原井网日产油52吨，综合含水89.3%，采出程度41%，现井网日产油83.6吨，综合含水79.6%，新井平均单井日产油6.8吨，10吨以上井3口。后续转入三次采油，预计最终采收率可达60%。另一方面针对“两低”（低渗透、低丰度）油藏，大力加强以气体为注入介质的开发试验。首先是在大庆外围、海拉尔和长庆油田开展的二氧化碳驱试验，充分利用松辽盆地和鄂尔多斯盆地丰富的二氧化碳气源，建成二氧化碳的捕集、驱油、埋存一体化系统。截至2014年底，大庆正在建设年产油10万吨规模的二氧化碳驱工业性试验区，长庆也即将开展二氧化碳驱先导试验，目标是建成年产油100万吨规模的二氧化碳驱工业性区块。其次是在长庆、大庆和大港油田开展的减氧空气泡沫驱试验，此项技术可以显著提高低渗透油藏的注入能力，建立起有效的驱替压力梯度，试验见到好的苗头。股份公司还在塔里木东河塘超深、高温、高盐油藏开展天然气驱试验。

【精细油藏描述】 2014年，完成精细油藏描述区块78个，覆盖地质储量15.9亿吨。三维地震处理2770.4平方千米，解释4377.8平方千米，测井解释24889口，地层划分28845口井，地质建模覆盖地质储量12.8亿吨，数值模拟历史拟合11769口井。

2014年，股份公司组织专家分三次对东北、西北和新疆地区的12家油田公司近两年已开展的47个重点精细油藏描述项目进行检查。在听取工作汇报的同时，对油藏描述基础资料、图形图件、地质模型、应用平台等有形化成果进行现场抽查，促进各类数据资料及成果的规范化管理，研用结合，务求实效。

【水平井工程】 2014年，完钻原油水平井1249口。

原油水平井主要集中在长庆、大庆等低渗透、超低渗透油藏，占总井数的70%；大庆茂15-1区、长庆华庆长6段等5个规模应用水平井示范区，累计完钻660口、投产607口，初期平均单井日产油7.4吨，是直井的3.6倍，2014年原油产量达到66.8万吨。截至2014年底，股份公司共有原油水平井9660口。

水平井助力于致密油开发新业务，促进油气开发拓展新领域。按照"非常规理念、非常规技术、非常规管理"指导思想，确立"加强试验、配套技术、稳步推进、效益开发"工作原则，明确"长水平段、套管固井、速钻桥塞、大排量施工、滑溜水、低返排率、体积改造、丛式布井、工厂化施工、准天然能量开发"等10项主体技术。长庆长7段、吐哈三塘湖、大庆扶杨高台子等先导试验区2014年转入工业化开发，已具备近百万吨生产能力。长庆长7段致密油储层共完钻水平井343口，投产307口，建成70万吨生产能力；大庆垣平1井、龙26、齐平2三个试验区共完钻水平井30口，平均水平段长度1477米，投产24口，建产能14万吨；吐哈三塘湖试验区完钻水平井27口，平均水平段长度670米，投产24口，建成产能9万吨。新疆吉木萨尔2014年新投的6口井也陆续出现好的苗头。

【油藏动态监测】 2014年，完成各类测试井86024井（组）次。各分项完成情况如下：地层压力完成41439井次，其中采油井29634井次、注水井11805井次；生产测井完成42801井次，其中产出剖面4997井次、注入剖面25408井次、工程测井11660井次；饱和度测井完成828井次，其中碳氧比296井次、中子寿命293井次、过套管电阻率63井次；井间监测完成804个井组，其中干扰试井28个井组、井间示踪627个井组。

（胡海燕　曹　晨）

天然气开发

【概述】 天然气开发突出产量运行、产能建设和前期评价三大关键环节，加强工程与地质结合，积极推进重点气田水平井规模应用。

【天然气产量】 生产天然气954.57亿立方米，同比增加66.57亿立方米，增长7.5%。其中，气层气产量890.5亿立方米，溶解气产量64.1亿立方米。完成天然气商品量846.07亿立方米，同比增加64.87亿立方米，增长8.3%。2014年中国石油天然气产量及商品量与2013年对比见表2-6。

表2-6　2014年中国石油天然气产量及商品量与2013年对比表　　亿立方米

油气区	天然气工业产量			天然气商品量		
	2014年	2013年	同比	2014年	2013年	同比
总计	954.57	888	66.57	846.07	781.2	64.87
长庆气区	381.53	346.8	34.73	353.65	318.6	35.05
塔里木气区	235.55	222.8	12.75	221.53	208.5	13.03
西南气区	137.26	126.1	11.16	130.74	120	10.74
青海气区	68.9	68.1	0.8	61.65	60.3	1.35
大庆油区	35.12	34.4	0.72	22.43	22.4	0.03
新疆油区	32.44	30.5	1.94	5.09	5.6	-0.51
吉林油区	16.03	18.2	-2.17	12.38	14	-1.62
吐哈油区	10	10.5	-0.5	8.5	8.9	-0.4
其他油气区	37.74	30.93	6.81	30.1	22.9	7.2

【天然气产能建设】 完钻井 1219 口，进尺 474.9 万米，新建产能 172.2 亿立方米。其中，苏里格气田新建产能 46.5 亿立方米，磨溪区块龙王庙组气藏新建产能 35.2 亿立方米，克深区块新建产能 24.3 亿立方米，大北区块新建产能 8.4 亿立方米。2014 年中国石油天然气产能建设与 2013 年对比见表 2–7。

表 2–7　2014 年中国石油天然气产能建设与 2013 年对比表

油气区	完钻井（口）			进尺（万米）			新建产能（亿立方米）		
	2014 年	2013 年	同比	2014 年	2013 年	同比	2014 年	2013 年	同比
总计	1219	1682	–463	474.9	621.7	–146.8	172.2	212.9	–40.7
长庆气区	878	1306	–428	336.9	491.6	–154.7	56.8	108.3	–51.5
塔里木气区	73	63	10	54.7	39.1	15.6	44	36.9	7.1
吐哈油区	59	43	16	16.7	12.9	3.8	2.4	2.4	0
西南气区	51	83	–32	22.8	23.4	–0.6	49.1	31	18.1
青海气区	38	46	–8	8.5	9.8	–1.3	7.1	12	–4.9
吉林油区	38	51	–13	8.4	19.4	–11	2.6	8.4	–5.8
新疆油区	15	14	1	6	4.7	1.3	2	2.5	–0.5
大庆油区	8	4	4	5.1	1.1	4	0.7	4.6	–3.9
其他油气区	59	72	–13	15.8	19.7	–3.9	7.5	6.8	0.7

【天然气前期评价】 完钻评价井 17 口，完成二维地震采集处理 550 千米，三维地震采集处理 760 平方千米，试采气井 45 井次，完成方案编制 10 项。经评价和研究，优选评价天然气地质储量 6000 亿立方米，落实苏里格气田南区、高石梯—磨溪区块震旦系气藏、龙会场—铁东区块、克拉苏气田克深 5 区块等 4 个重点产能建设区块。

【长庆气区生产状况】 完成天然气工业产量 381.53 亿立方米（其中气层气 378.67 亿立方米、溶解气 2.86 亿立方米），同比增加 34.71 亿立方米，增长 10.0%；完成天然气商品量 353.65 亿立方米，同比增加 35.05 亿立方米，增长 11.0%。完钻井 878 口，进尺 336.9 万米，新建产能 56.8 亿立方米。

【塔里木气区生产状况】 完成天然气工业产量 235.55 亿立方米（其中气层气 230.34 亿立方米、溶解气 5.21 亿立方米），同比增加 12.74 亿立方米，增长 5.7%；完成天然气商品量 221.53 亿立方米，同比增加 13.06 亿立方米，增长 6.3%。完钻井 73 口，进尺 54.7 万米，新建产能 44.0 亿立方米。

【西南气区生产状况】 完成天然气工业产量 137.26 亿立方米（其中气层气 135.81 亿立方米、溶解气 1.45 亿立方米），同比增加 11.18 亿立方米，增长 8.9%；完成天然气商品量 130.74 亿立方米，同比增加 10.79 亿立方米，增长 9.0%。完钻井 51 口，进尺 22.8 万米，新建产能 49.1 亿立方米。

【青海气区生产状况】 完成天然气工业产量 68.90 亿立方米（其中气层气 67.80 亿立方米、溶解气 1.10 亿立方米），同比增加 0.83 亿立方米，增长 1.2%；完成天然气商品量 61.65 亿立方米，同比增加 1.31 亿立方米，增长 2.2%。完钻井 38 口，进尺 8.5 万米，新建产能 7.1 亿立方米。

【大庆油区生产状况】 完成天然气工业产量 35.12 亿立方米（其中气层气 13.65 亿立方米、溶解气 21.47 亿立方米），同比增加 0.70 亿立方米，增长 2.0%；完成天然气商品量 22.43 亿立方米，与 2013 年度持平。完钻井 8 口，进尺 5.1 万米，新建产能 0.7 亿立方米。

【新疆油区生产状况】 完成天然气产量 32.44 亿立方米（其中气层气 22.92 亿立方米、溶解气 9.52 亿立方米），同比增加 1.97 亿立方米，增长 6.5%；完成天然气商品量 5.09 亿立方米，同比减少 0.47 亿立方米，下降 8.4%。完钻井 15 口，进尺 6.0 万米，新建产能 2.0 亿立方米。

【吉林油区生产状况】 完成天然气工业产量 16.03 亿立方米（其中气层气 14.49 亿立方米、溶解气 1.54 亿立方米），同比减少 2.12 亿立方米，下降 11.7%；完成天然气商品量 12.38 亿立方米，同比降低 1.62 亿立方米，降幅 11.6%。完钻井 38 口，进尺 8.4 万米，新建产能 2.6 亿立方米。

【吐哈油区生产状况】 完成天然气工业产量 10.00 亿立方米（其中气层气 7.29 亿立方米、溶解气 2.71 亿立方米），同比减少 0.45 亿立方米，下降 4.3%；完成天然气商品量 8.50 亿立方米，同比减少 0.39 亿立方米，下降 4.4%。完钻井 59 口，进尺 16.7 万米，新建产能 2.4 亿立方米。

（宋文宁　任　东）

矿权管理

【概述】 矿权管理推进矿权登记、保护、年检、缴费、权益维护等各项工作，同时积极争取有利政策，审慎退减探矿权，最大限度保障有利矿权延续登记，实现"进择优、保有利、退有序"的矿权管理工作目标，继续保持中国石油在国内矿权资源的优势地位。

【全国矿权登记状况】 2014 年全国石油天然气（含煤层气）矿业权统计见表 2–8。

表 2–8　2014 年全国石油天然气（含煤层气）矿业权统计表

矿权人	探矿权		采矿权		合计	
	数量（个）	面积（平方千米）	数量（个）	面积（平方千米）	数量（个）	面积（平方千米）
中国石油	371	1429441.784	405	109932.274	776	1539374.058
中国石化	286	956786.938	198	24963.974	484	981750.912
中海石油	247	1418626.852	86	6978.7188	333	1425605.571
中联煤	29	18018.865	2	193.29	31	18212.155
延长油矿	40	80622.939	5	443.97	45	81066.909
其他	57	27181.792	9	627.247	66	27809.039
总计	1030	3930679.17	705	143139.474	1735	4073818.644

注：数据来自国土资源部地质勘查司，统计截止日期 2014 年 12 月 31 日。

【矿权登记管理】 国土资源部 2014 年开始加大矿权登记管理力度，自 1 月 1 日起申报材料实行政务大厅接件、网上审批制度。为确保矿权申报万无一失，围绕登记管理主要采取三项措施：（1）强化矿权到期预警管理，确保矿权到期延续、变更登记准确无误；（2）加强申报材料把关、报批工作，合理编制各类说明材料；（3）加强沟通协调，最大限度保护优质矿权。2014 年，共申请办理新立、延续、变更和注销探、采矿权及试采等 227 个区块，获得探、采矿权许可证及试采批准书 139 个，圆满完成矿权申请登记工作，保障各项矿权管理工作正常运行。

【年检督察和缴费】 2014 年，参检探矿权 347 个、面积 126 万平方千米，统计用于矿权区块勘探投入的资金共 388 亿元，与年度勘探投资财务决算比增加 78 亿元。其中，完成法定投入面积 72 万平方千米，未完成法定投入面积 54 万平方千米。

2014 年 6 月，国土资源部首次集中开展新疆地区油气专项督察，核查新疆地区近 3 年矿权年检结果的真实性、合理性、一致性，共涉及中国石油 53 个探矿权。核查结果表明，年检工作扎实可靠、数据可信度高，但存在部分经费分摊不合理，发现有少量重复申报现象。11 月，又组织开展四川盆地页岩气专项督察，认为中国石油页岩气区块总体投入大、投资结构合理、勘探开发成效显著，年检资料规范可信。

2014年，应缴纳探、采矿权使用费8.65亿元，实际缴纳7.2亿元，减免1.45亿元。

（王玉山 曾少华）

油藏评价

【概述】 2014年，油藏评价和新区原油产能建设继续深化勘探开发一体化工作，扎实推进储量增长高峰期工程，在长庆姬塬、长庆镇北、新疆金龙、青海英东、塔里木哈拉哈塘、吐哈鲁克沁等探明一批规模整装储量，新增探明石油地质储量6.99亿吨；新区产能建设在长庆姬塬、新疆风城、塔里木哈拉哈塘等规模建产，新建产能692万吨。

【评价工作量】 试油交井593口，新获工业油流井444口，评价井综合成功率69.27%。

【新增探明储量】 新增探明石油地质储量6.99亿吨，新增探明石油地质储量仍以低渗透和低丰度油藏为主。

【油藏评价成果】（1）立体评价长庆姬塬地区，完钻评价井110口，获工业油流井69口，新增探明石油地质储量7068万吨。整体评价镇北、合水地区，完钻评价井114口，获工业油流井83口，新增探明石油地质储量7230万吨。精细评价志靖—安塞地区，新增探明石油地质储量6560万吨，老区稳产资源基础不断夯实。水平井体积压裂攻关试验稳步推进，致密油试验区成效显著，年生产能力达到70万吨，首次在新安边油田探明致密油储量1亿吨。（2）青海英东油田评价开发一体化，实现规模探明效益开发。新增探明石油地质储量6685万吨，溶解气储量55.79亿立方米，探明天然气地质储量5.66亿立方米，投产油井243口，年产油31.85万吨。金龙油田金龙2井区二叠系新增探明石油地质储量5165万吨。（3）塔里木哈拉哈塘油田勘探开发一体化，完钻井20口，18口井获工业油气流，金跃、热普区块新增探明石油地质储量3340万吨。（4）吐哈北一、北二区二叠系油藏和中西区二叠、三叠系油藏扩展评价，玉北1、英15块新增探明稠油地质储量2798万吨。（5）大庆应用水平井—直井联合开发模式，提高低渗透低丰度油藏单井产量和开发经济效益，茂15-1试验区完钻水平井22口，投产初期单井日产油10.6吨，效果显著，古龙南地区葡萄花油层新增探明石油地质储量3029万吨。富油区带整体再评价，岔河集构造带增储上产成效显著，储量复算探明已开发石油地质储量7600万吨，与复算前相比，石油地质储量增加2518万吨。

【油藏评价管理】（1）转变审查方式，严格部署审查。油藏评价改会议集中审查，为进一步加强与油田的沟通和交流，通过视频、会议、到油田现场讨论等多种形式开展油藏评价部署方案的审查工作。（2）深入开展富油气区带整体再评价生产实践总结，推动老区精细评价不断向前发展。组织开展大港王官屯、大港枣园、华北岔河集、辽河大民屯等4个整体再评价项目工作方法及关键技术经验总结，利用已有生产实践经验指导大港舍女寺、大港碱河口、辽河荣北—大平房、吐哈鄯善弧形带、玉门老君庙构造带、华北蠡县斜坡、青海砂西等整体再评价项目顺利开展。（3）扩大开发先导试验，探索致密油有效开发主体技术。相继开辟长庆西233、安83、庄183，大庆垣平1、龙26、齐平2，新疆吉木萨尔，吐哈马朗条湖组等开发先导试验区，突破致密油开发的瓶颈技术，在致密油地质研究、油藏工程设计、压裂技术攻关、工厂化施工等方面取得一批有价值的试验成果与认识。截至2014年底，致密油开发试验区累计完钻水平井466口，投产384口，初期平均单井日产油10.91吨，累计生产原油90.8万吨。

【新区原油产能建设】 2014年，完钻开发井6880口，进尺1539.4万米，投产油井4944口，投转注水井1846口，平均单井日产油4.7吨，建成产能692.3万吨。完钻水平井747口，投产井660口，平均单井日产油8.6吨。

【重点项目实施效果】（1）长庆姬塬油田完钻开发井2389口，进尺582.02万米，投产油井1696口，平均单井日产油3.2吨，投转注水井657口，新建原油生产能力162万吨。（2）长庆西峰—合水地区超低渗透油藏水平井开发成效显著。完钻开发井274口，进尺63.03万米，投产油井168口，平均单井日产油6.2吨，投转注水井110口，新建产能31.11万吨。其中完钻水平井99口，投产初期平均单井日产油9.2吨。（3）持续推进勘探开发一体化，塔里木哈拉哈塘油田产能规模进一步扩大。哈6区块完钻开发井20口，进尺9.54万米，投产井14口，平均单井日产油42.1吨，新建产能17.7万吨。哈6区块外围完钻井62口，进尺39.74万米，投产油井53口，平均单井日产油32.9吨，新建产能52.32万吨。（4）新疆风城油田超稠油油藏完钻井236口（水平井63口），进尺16.38万米，投产油井212口，投转注水井29口，平均单井日产油5.4吨，新建产能30.11万吨。（5）吐哈鲁克沁油田二叠系稠油油藏完钻开发井53口（油井45口），进尺20.99万米，平均单井日产油9.4吨，新建产能12.72万吨。（6）持续深化油藏地质研究，华北二连阿尔油田建产稳步推进，实施结果与方案对比符合率较高。完钻井32口，进尺6.31万米，投产油井20口，投转注水井12口，平均单井日产油6.0吨，新建产能3.6万吨。（7）整体部署、分步实施，扩大滚动建产潜力，冀东南堡油田完钻开发井34口，进尺13.81万米，投产油井25口，平均单井日产油21.3吨，投转注水井9口，新建产能17.2万吨。

【新区原油产能建设管理】 （1）严格新区原油产能建设项目部署方案审查，完善油田开发方案管理。从源头上抓好新区原油产能建设部署的落实，科学制订实施方案，进一步加强开发方案的审查工作。油藏工程、钻采工程、地面工程做到技术与经济的最优化配置。（2）转变发展方式，积极推动低渗透油田水平井的规模应用。共完钻水平井747口，投产油井660口，平均单井日产油8.6吨。其中，长庆油田完钻水平井566口，投产油井566口，平均单井日产油7.7吨，为同区定向井增产倍数的4.7倍。大庆油田完钻水平井65口，在储层厚度变薄的情况下，平均油层钻遇率仍然达到80.3%，初期平均单井日产油15.8吨，是直井的5倍以上。新疆油田完钻水平井66口，投产油井41口，平均单井日产油13.9吨。（3）借鉴非常规理念，应用新技术，对低丰度储量实现效益开发。以大庆油田古龙南地区茂15-1区块为示范区，创新应用水平井+穿层压裂技术，较直井井网开发井数减少173口，穿层压裂较常规压裂储量动用程度提高22.5%，单井产量提高18.9%。投产油井83口，其中水平井36口，直井47口，水平井单井稳定日产油10.6吨，直井单井稳定日产油3.6吨，累计建成产能13.7万吨。（4）扩大新工艺、新技术应用规模，努力提高单井产量。长庆油田积极探索储层改造新技术，努力提高单井产量。①加强岩石力学和地应力测试、脆性测试、井下微地震测试等，为新工艺新技术的应用和完善提供技术依据。②借鉴“体积压裂”的理念，推广应用多缝压裂技术，通过井网裂缝优化、增加低黏压裂液比例和注入方式优化，规模试验115口井，初期单井日产量提高0.9吨。③推广应用水平井水力喷砂环空加砂压裂技术、水平井多级分段多簇压裂技术；持续攻关水力泵送桥塞分段多簇体积压裂技术。④推广水平井“工厂化”作业模式。

（邢厚松）

采油工程

【概述】 采油采气工程系统紧密围绕勘探开发核心业务，以稳定并提高单井产量为抓手，积极推进水平井分段改造和带压作业等技术规模应用。大力推广先进实用技术，强化“三基”工作，努力实现节能减排与安全生产目标，各项工作均取得重要进展，为股份公司上游业务发展及生产经营任务全面完成做出重要贡献。

【井下作业工作】 总工作量221456井次，其中维护作业143008井次，油水井措施58879井次，大修井4617口，其他14952井次。2014年井下作业主要指标与2013年对比见表2-9。

带压作业。共动用带压作业队伍166支，完成带压作业工作量4269口井，其中注水井2776口，采油井1377口，采气井116口，完成年计划的101.6%，减排污水230万立方米，提前恢复注水172万立方米，增产原油3万吨，增产天然气91万立方米，为节能减排做出突出贡献。

表 2-9 2014 年井下作业主要指标与 2013 年对比表

时间	总工作量（井次）	单井作业次数（次 / 口）	维护工作量（井次）	维护次数（次 / 口）	油水井措施（井次）	大修（口）	其他（井次）
2014 年	221456	0.77	143008	0.50	58879	4617	14952
2013 年	233521	0.85	145342	0.53	65532	4618	18029
同比	-12065	-0.08	-2334	-0.03	-6653	-1	-3077

套损井大修。油水井大修技术不断发展，以大庆油田为代表攻关研究，小通径打通道、顶驱修井等技术进一步成熟与发展，为油气水井修复利用探索了新的途径。2014 年，完成油水井大修 4617 口井，其中侧钻井 151 口；修复油井 2355 口，成功率 93.2%，修复油井恢复产能 64.3 万吨；恢复注水井 2033 口，修复成功率 97.3%，累计恢复注水量 1146 万立方米。

大庆油田在小通径（小于 50 毫米）及无通道井套损修复方面，继续完善应用逆向锻铣、局部扩孔及引领磨铣等新工艺，有效扩大找断口空间，提高下部找“鱼”的成功率和时效。2014 年，施工 34 口井，修复率同比提高 5.7 个百分点，平均单井施工周期缩短 1.8 天。

大庆油田采用顶驱修井配套无绷绳修井机对高危敏感区域套损井进行大修治理试验的规模进一步扩大，有效解决井场受限井的修井问题。2014 年，共完成 140 口，修井成功率 100%，最小井场面积 150 平方米、井口距最近建筑物仅 3 米，常规大修根本无法进行施工。通过顶驱配套无绷绳作业机的修井工艺技术，成功解决井场受限、环境敏感区的油水井施工难题，初步统计，每口井可节约成本 25 万元以上。

井下作业管理系统。在股份公司 16 个油气田公司开展井下作业管理系统推广工作，截至 2014 年底，共完成各类作业设计 18.99 万井次，其中油井作业设计 17.37 井次，水井作业设计 15566 井次，气井作业设计 646 井次。通过井下作业管理系统的推广应用，实现井下作业设计的规范化，提高设计质量和审批流转的工作效率，其中设计效率提高 36.2%—51.3%，平均单井可节约 7 小时以上，减少油气水井停产天数，措施有效率平均提高近 1.8 个百分点。

小修作业承包管理。大庆、吉林、冀东、大港、吐哈、青海、玉门等油田井下作业联产承包规模进一步扩大，有效遏制维护性作业上升。大港油田从 2006 年开始全面开展维护作业承包工作，在机采井数逐年上升的情况下，维护性作业井次逐年下降。以 2006 年为基数，2007 年至 2014 年的 8 年里少修井 8234 口，节约修井费用 3.7 亿元。2014 年，大庆油田通过在全油田推广井下作业联产承包，在油水井总井数同比增加 3127 口井的基础上，维护性作业减少 1312 井次。维护性作业队伍提高作业效率 5%，抽油机井检泵率下降 2 个百分点。吉林油田在乾安、红岗、新木、新立和新民等 5 个采油单位推广维护性作业联产承包，承包总井数 10495 口，占全油田总井数的 56%。2014 年，承包区块在总井数增加 303 口的基础上，作业井次和费用同比减少 249 井次和 922 万元，分别降低 3.8% 和 5.2%，免修期达到 580 天、占井周期 2.9 天，分别同比延长 5 天、缩短 0.2 天。

【机械采油】 平均系统效率达到 24.2%，同比提高 0.18 个百分点。抽油机、螺杆泵、潜油电泵井平均检泵周期分别为 774 天、747 天和 1070 天，同比分别增加 27 天、11 天和 68 天。抽油机井系统效率优化设计技术全面推广，系统效率测试及评价手段配备到最基层，系统效率管理考核体系不断建立和完善。2014 年，实施系统效率综合测试 139301 井次，评价优化设计 43780 井次，实施调整 29517 井次，调整井系统效率平均提高 1.52 个百分点，年节电 11842 万千瓦时。

抽油机井柔性驱动技术应用。大庆油田以电动机控制为手段，以“变转速、衡功率”为目标，实现抽油机井系统运行的优化，为抽油机井进一步提高泵效和系统效率创出新的途径。该技术试验应用 1003 口井，衡功率运行后，日产液由 36.8 吨上升到 38.4 吨，泵效由 46.8% 提高到 52.1%，日耗电由 217 千瓦时减少到 196 千瓦时，系统效率由 23.1% 提高到 26.7%。

无杆泵采油技术应用。电动潜油柱塞泵采油技术（≤ 20 立方米）：大庆油田 2004 年开始下井试验，历经 10 年艰苦攻关，整体技术取得长足进步。截至 2014 年底，在用 92 口井，其中直井 39 口、定向井 51 口、水平井 2 口；平均下泵深度 1184 米，最大下泵深度 1865 米；平均日产液 2.5 吨，最高日产液 21.3 吨；平均泵效 41.3%，动液面 913 米；平均免修期 431 天，最长免修期 1069 天；与同排量抽油机相比节电率51.4%；平均检泵周期533天，最长检泵周期940天。

电动潜油螺杆泵采油试验（20—80立方米）。大庆已试验应用20口井，平均转速214转/分，最高转速350转/分，平均日产液43吨，最高日产液88吨，泵效76.4%，动液面367米，先期试验的9口井平均免修期461天，最长890天。

【分层注水】 分注井数49126口，年分注率达到61.5%，同比增加2203口井。细分程度进一步提高，4段以上细分注水井数18093口井，增加944口井。

“桥式偏心+高效测调”技术进一步完善，配注精度和效率进一步提高。大庆油田桥式偏心分层注水应用规模达到9725口井；地面控制机电一体化直读高效测调工艺为每年实现三次测调提供技术支撑，已配套高效测调队伍460个，占总测调队伍的50.9%，测调层段数占61.8%，测调效率提高60.4%，相当于少组建测试班组164个；多级细分注水工艺卡距由6米缩小到0.7米、隔层厚度由1米缩小到0.5米、管柱7段及以上30吨负荷安全解封，已推广应用2536口井，其中实现小卡距、小隔层井773口，实现“卡的开、保密封、易测试、易解封”的总体目标，实现分层注水技术的更新换代。

定向井小水量桥式偏心分层注水工艺及电缆高效测调技术不断成熟与发展，逐步成为低渗透油田细分注水主体技术。以长庆油田为代表的低渗透注水具有单井配注量小、丛式井开发等特点，近几年研发形成的定向井小水量桥式偏心分层注水工艺及电缆高效测调技术已经成为低渗透油田细分注水主体技术。截至2014年底，长庆油田已规模应用3826口井，电缆高效测调技术应用6077井次，平均单井测调时间由1—2天降到8小时，测调效率大幅度提高。

桥式同心分层注水工艺技术不断成熟完善，实现全面推广应用，助推低渗透油田细分注水技术升级换代。桥式同心分层注水工艺技术具有免投捞作业、测调效率高、小水量测调精度高等优势，可解决大斜度、深井、多层小卡距井的分注与测调难题，使分层注水技术应用领域得到进一步拓展。2014年，长庆油田实施740口井，累计推广1472口井，最大井深2975米，最大井斜48.5度，最多分注层数6层，最小卡距1米，测调成功率由以往的68%提升到90%以上，平均单井测调时间由1天以上缩短到4—6小时；该工艺的成功应用有效提高了试验区精细水驱开发效果，水驱储量动用程度提高8.8%，自然递减减缓4.2%，压力保持水平提升6.2%，含水上升率下降1.8%。

攻关数字式智能分注技术，探索“数字化、智能化”油田分层注水新途径，为油田持续稳产储备新的利器。数字式智能分层注水工艺技术将流量温度和压力传感器、数据处理控制、流量调节、数据存储等集成到配水器内，实现流量自动测调，分层流量、压力及温度等参数实施连续监测，免除人工测调作业，分注合格率长期保持较高水平，为注采动态分析提供数据支持。

长庆油田共试验36口井，其中，存储式28口井，初步实现井下0.3—0.5米非接触式无线通信和自动测调；直读式8口井，通过预置电缆实现通信和供电，初步实现分层数据实时采集、地面远程实时监控。共录取监测有效流量、压力和温度数据30余万组，测调精度达到15%左右。

【储层改造】 水平井分段改造。2014年，水平井改造1117口井，压裂后稳定产量是直井压裂的3.5倍以上。攻关形成的6套技术（双封单长、水力喷射、套内封隔器滑套、速钻桥塞、裸眼封隔器滑套、固井滑套），2014年应用1005口井，占当年施工井的90%，截至2014年底，累计应用超过3000口井，有力地促进水平井在非常规储层的有效开发动用，大大降低工程和施工成本。5段以上多段改造井比例持续增长。2014年水平井5段以上分段压裂井945口，占总压裂井的84.6%；10段以上井348口，占总压裂井的31.2%。

直井分层压裂。直井5层以上分层压裂完成658口井，增产是同区块2—3层分压井的1.5倍以上。大庆油田完成井数最多达到547口井，占股份公司的83.1%。

重复压裂技术现场应用见到较好效果。长庆油田庆平11井：压裂前日产油2吨，重复压裂后日产油5吨以上，日增油3吨；吉林油田庙平5井：试油日产油62.4立方米，平均日产液13.6立方米，试采日产油6.8吨。

二氧化碳无水压裂技术现场应用获得成功。吉林油田在黑79-31-45井进行二氧化碳无水压裂，加入二氧化碳液体440立方米，支撑剂11.2立方米，平均砂比5.1%。

体积改造优化设计。从岩石脆度评价、裂缝起裂延伸机理、应力干扰及复杂裂缝网络产能特点出发，逐步明确页岩形成裂缝网络和砂岩形成复杂裂缝条件，进行支撑剂嵌入程度评价分析，初步形成体积改造设计方法，并用于指导现场施工。

井下、地面微地震监测能力进一步提升。2014年现场应用50口井，并编制石油行业和集团公司企业微地震井中监测技术规范。浅井微地震监测技术已投入现场应用。

压裂液体系形成并完善低浓度瓜尔胶压裂液体系、CCF纤维素压裂液体系。研发具有低黏携砂特征的全过程携砂滑溜水压裂液体系EM30S、EM50，最高砂比35%，泵注测试携砂液降阻率大于60%。

页岩气压裂。中国石油页岩气压裂参与单位多，施工相对集中，作业工作量大，为此勘探与生产分公司专门下文成立页岩气压裂协调小组，调动集团公司各方力量，统筹现场试验、技术协调、方案审查、作业进度跟踪和技术总结等，保障页岩气压裂工作健康发展。2014年下半年，完成页岩气水平井压裂7口（威远3口、长宁2口、昭通2口）。

【试油】 试油结束井1448口（评价井660口），获工业油气流井933口（评价井509口），综合探井成功率47.37%，综合评价井成功率72.29%。

【试油技术攻关成果】（1）研制耐高温高压射孔器材，研制成功200摄氏度、200兆帕高温高压射孔枪，起爆药饼通过180摄氏度/200小时耐温测试，配套起爆器和延时装置。现场应用7口井，发射率100%，其中，西南油气田双探1井深7300米井温180摄氏度/108小时，大北304井177.8毫米套管作业最高井底压力165兆帕。（2）优化测试管柱配置，优化后的五阀一封管柱解决原测试管柱“先替液则存在井控风险、先坐封后无法替液”及超深井钻井液长时间静置后固相颗粒造成循环阀打不开的问题。现场应用11井次，成功率100%，测试最高压力122兆帕，最高温度172摄氏度。（3）裂缝产能系数法应用于塔里木油田大北—克深地区新井产能预测，现场应用11口井，产能符合率90.9%。（4）探索无线地面直读系统的研制，现场试验5井次，其中磨溪23井在温度140摄氏度内条件下稳定工作9天，实现井深4500米、温度140摄氏度内井下温度、压力数据无线上传和地面实时直读，但还需要进一步提高取样密度和深度。（5）探索水平井分段测试技术，并初步形成水平井中长期产能预测技术。水平井分段测试工具及工艺技术在葡28井试验成功；开发出水平井多级压裂试井评价系统，形成典型曲线理论图版，通过跟踪投产井压力、产量资料，验证长期产能预测的准确性，预测6口井，符合率100%。日产量预测误差小于16%。（6）开展库车山前纤维球+粉末暂堵转向体积酸压、纤维暂堵体积压裂现场试验。完成纤维转向SRV体积改造施工30井次（体积酸化压裂24井次、体积压裂6井次），增产效果显著，6口井改造后产量超过100万米^3/日。（7）形成高石梯—磨溪灯影组、龙王庙组深层非均质碳酸盐岩储层改造技术。其中针对灯影组储层形成胶凝酸酸压（转向酸压）和深穿透酸压两套主体改造技术，应用13口井15井次（试油层13层获气率92.3%），施工一次成功率100%；龙王庙组通过准确识别储层类型，将磨溪构造龙王庙组主体精细酸化压裂改造技术应用到构造外围和龙女寺构造龙王庙组，在磨溪23、磨溪29、磨溪31等13口井13层中应用，获气率达到38.5%。

（赵捍军）

地 面 工 程

【概述】 截至2014年底，各油田累计建成各类采油井、计量站等数量与2013年对比见表2-10。2014年油气田地面建设完成情况与2013年对比见表2-11。

2014年，开展大庆南一区东块二类油层上返、长庆马岭油田、辽河曙光油田、冀东南堡油田、塔里木哈拉哈塘油田、吐哈鲁克沁油田、青海英东油田、新疆砾岩油藏聚合物驱工业化推广等21个原油产能地面建设项目，地面总投资946582万元，新建产能788万吨。建成西南磨溪区块天然气净化厂（40亿米^3/年）、安岳轻烃厂（10亿米^3/年）、长庆靖边第五净化厂（30亿米^3/年）、神木天然气处理厂（20亿米^3/年）、塔里木塔中第二天然气处理厂（18亿米^3/年）等。辽河双6储气库、华北京桥储气库、西南相国寺储气库采气系统顺利建成，实现投产一次成功。

表 2-10　2014 年各油田累计建成采油井、计量站等数量与 2013 年对比表

时间	油田				
	计量站（座）	接转站（座）	注水站（座）	污水处理站（座）	集中处理站（原油联合站）（座）
2014 年	8252	1622	1293	615	303
2013 年	8153	1587	1286	583	305
同比	99	35	7	32	-2

时间	油田	气田			
	各类管线（千米）	集（输）气站（座）	清管站（座）	增压站（座）	污水处理站（座）
2014 年	228492	1712	508	250	112
2013 年	219485	1703	493	191	116
同比	9007	9	15	59	-4

时间	气田	
	天然气净化厂（处理厂）（座）	各类管线（千米）
2014 年	53	228492
2013 年	58	279442
同比	-5	-50950

表 2-11　2014 年油气田地面建设完成情况与 2013 年对比表

时间	原油产能地面建设（万吨）	天然气产能地面建设（亿立方米）	地面建设投资（亿元）
2014 年	1545	178	412.2
2013 年	1750	225.8	412.2
同比	-205	-47.8	0

【地面建设管理】 在推行标准化设计工作常态化的同时，抓好重点项目建设，完善基础管理工作，工程质量稳步提高，建设投资得到有效控制。

油气田地面工程质量管理采取“四位一体”的工作做法，即：油气田公司组织自查，勘探与生产分公司组织重点工程中间检查与专项检查、安全要害重点工程投产前检查、年度工程质量总体检查，有针对性地对工程管理、实体质量、工程技术、工程资料、施工组织及投产前生产准备与安全应急预案等专业进行检查。2014 年，共发现工程管理、工艺技术、工程质量、工程安全等各类问题共 1673 项，提出工作建议 72 条，勘探与生产分公司下发建设工程检查整改通知单 16 份，油气田公司都按时整改并回复。

为进一步推进油气田地面工程质量管理工作，8—9 月，组织开展年度工程质量检查。16 个油气田公司对 375 项在建工程项目进行自检自查，共查出各类问题 1599 项。组织两个检查组，对大庆油田等 8 个油气田公司的 8 项在建工程项目进行重点抽查，涉及 8 个建设单位、7 家勘察设计单位、17 个施工单位、9 个监理单位和 16 个无损检测单位。检查发现各类问题共计 438 项，提出建议 46 条，现场实测工程实体质量点数 1246 个，合格点数 1212 个，合格率 97.3%。所有检查出的问题已全部整改完毕。

2014 年，油气田新、改、扩建工程建设通过严格落实建设项目监理制、工程质量监督制和第三方检测制，强化行为质量和实体质量的控制，现场实测点合格率达97.2%，工程建设质量逐步提高并稳定在较高水平，所有工程一次投产成功，生产运行正常。

【重点工程】 2014年，股份公司重点项目47项，总投资335.2亿元。重点地面项目有序推进，确保按期投产。

油田产能建设重点项目20项：大庆南一区东块二类油层上返产能建设工程，大庆北一区一二排东部二次上返产能建设工程，大庆南五区二类油层聚合物驱产能建设工程，大庆萨北开发区北二区东部东块二类油层弱碱三元复合驱产能建设工程，大庆杏三四区东部Ⅱ块三元复合驱产能建设工程，大庆喇嘛甸油田南中西二区萨Ⅲ 1–7油层聚合物驱产能建设工程，长庆马岭油田产能建设工程，长庆姬塬油田产能建设工程，长庆西峰—合水油田产能建设工程（超低渗透），长庆华庆油田产能建设工程（超低渗透），长庆镇北油田产能建设工程（超低渗透），塔里木哈拉哈塘哈6外围区块产能建设工程，塔里木哈得油田开发调整地面工程，辽河曙光油田产能建设工程，吐哈鲁克沁油田产能建设工程，吐哈三塘湖油田产能建设工程，青海英东油田产能建设工程，新疆风城重1产能建设工程，吉林大情字井油田原油产能建设工程，南方石油勘探花场油气田产能建设工程。

天然气产能建设项目7项：长庆苏里格气田产能建设工程，西南安岳气田龙王庙组气藏产能建设工程，长庆神木气田产能建设工程（含处理厂），塔里木克拉苏气田大北区块地面工程，塔里木克拉苏气田克深2区块地面建设工程，塔里木塔中Ⅰ号凝析气田中古8—中古43区块地面建设工程，克拉苏气田克深天然气处理厂一期工程和克深8区块地面工程。

老油气田调整改造2项：吉林新木油田老区整体改造工程，塔里木迪那2气田内部集输干线更换工程。

油气管道项目4项：长庆马惠原油管道安全升级改造工程，西南页岩气长宁地区试采干线工程，冀东永唐秦至高迁管线联络线工程，吐哈鲁克沁原油掺稀和外输管道建设工程。

其他油气管道、联合站、天然气处理厂等重点工程14项。

【项目前期管理】 2014年，共完成地面工程项目审查29项（其中可研7项、初步设计22项）。累计审查设计文件302册（其中文字38153页、图纸3828标准张），提出审查修改意见1597条，约4.2万字。29个项目上报总投资106.85亿元，经过方案优化，批准总投资91.01亿元，优化核减15.84亿元（比例为14.8%）。同时，减少占地263亩[1]，减少临时用地1309亩，生产运行总能耗指标降低13217吨标准煤/年。

2014年，共审查批复初步设计22项。项目上报概算总投资93.06亿元，批准概算总投资79.30亿元，核减13.75 亿元（核减比例14.8%）。

【标准化设计】 修订完善《油气田地面工程标准化设计管理规定》等5项管理与技术规定并升级为集团公司企业标准；组织制定《油气田地面工程一体化集成装置研发推广导则》及《油气田地面工程引进设备导则》2项规定。

定型图设计。对地区公司标准化设计定型图进一步提炼共性，组织开展适用于5类油田和6类气田的股份公司级标准化设计定型图的设计工作。包括大中型站场主体系统、公用及辅助配套工程。涵盖主要油气田和站场类型，满足标准化设计规范化、常态化开展的需要。

标准化设计效果。减少定员8292人，节约投资22.4亿元，节约土地9160亩。近6年来，通过开展标准化设计，共节约投资82.9亿元，节约土地8.9万亩，减少新增生产定员41552人，多生产原油299.1万吨、天然气63.6亿立方米。

【油气田数字化建设】 以物联网示范工程为样板实施油气田数字化建设又有新成果。截至2014年底，各油气田已累计对85984口油气水井及6034座各类站场实施数字化建设，其中2014年实施8551口油气水井及654座各类站场的数字化建设。2014年，节约新增用工6217人。数字化油气田建设实施以来，共减少现场新增用工30792人。西南安岳气田通过实施物联网示范工程节约现场一线用工118人，节约生产运行成本1770万元。

【工艺技术】（1）加强已建系统的管网与站场现状和技术状况分析，做好老油气田地面系统的改造，确保老油气田安全稳定生产。（2）按照2013年油田开发基础年提出的“注好水、注够水、精细注水和有效注水”要求，2014年是落实股份公司“建立长效和常态化注水工作机制”、执行《注水开发油田水处理和注水系统地面生产管理规定》的关键一年。2014年，通过推进科技进步，强化基础管理，共维修改造水系统站场282座，检查、维修、清洗各类罐体6952座，

[1] 1亩=666.67平方米。

清洗维修管道近16518千米，制完善管理制度147个。2014年，采出水处理站水质达标率为95.41%，同比提高1.3个百分点，井口水质达标率86.9%，同比提高1.8个百分点。（3）积极配合做好SAGD、二元驱、二氧化碳驱、火驱、空气泡沫驱等重大开发试验地面配套技术的研究工作，组织攻关地面技术瓶颈，做好技术储备，为重大开发试验的大规模推广奠定基础。新疆油田风城燃煤注汽锅炉在投产成功的基础上，持续考核、优化，提高运行效果；风城高含盐水处理回用中试试验工程、风城油田SAGD采出液高温密闭脱水工业化试验工程、辽河MVC处理SAGD采出水回用汽包锅炉中试工程相继投产开始进行现场试验，取得较好的试验效果；硫黄回收与尾气处理组织专题研究。

【工程建设承包商管理】 根据集团公司统一部署，2014年2—5月，组织16个油气田公司开展勘探与生产分公司所属共计640个一、二类承包商的年度考核评价工作，考核评价内容包括：基本条件、年度业绩、违规违纪、安全质量事故、诚信事项等。经16个油气田公司初审、勘探与生产分公司复审并报集团公司承包商领导小组办公室审定，其中，优良及合格526个，留用察看53个，不合格予以清退61个。

2014年11—12月，组织对16个油气田公司共计647个一、二类承包商的HSE管理体系的检查评审工作，以客观全面评价与掌握承包商年度业绩、违法分包、违规转包、安全质量事故、诚信事项等，为下一年度承包商考核评价奠定基础、提供条件。

截至2014年底，勘探与生产分公司一、二类承包商合计647个（一类承包商66个、二类581个）。16个油气田公司共563家三类及检维修类承包商准入备案。

（汤　林　苗新康）

海洋工程

【概述】 2014年，辽河、大港、冀东三个滩海油田共生产原油253.9万吨、天然气8.15亿立方米。自营油田生产原油138.9万吨、天然气7.65亿立方米（表2-12）。海上对外合作区块油田生产原油115万吨、天然气5000万立方米（表2-13）。

截至2014年底，中国石油环渤海滩浅海矿区内共建人工岛、固定钢平台、海底管道、海底电缆及海底光缆见表2-14。

表2-12　2014年3个滩海自营油田生产原油、天然气与2013年对比表

时间	辽河海上		大港海上		冀东海上		合计	
	原油（万吨）	天然气（亿立方米）	原油（万吨）	天然气（亿立方米）	原油（万吨）	天然气（亿立方米）	原油（万吨）	天然气（亿立方米）
2014年	10	0.15	26.4	1	102.5	6.5	138.9	7.65
2013年	11.1	0.11	25.5	0.64	100	5.3	136.6	6.05
同比	−1.1	0.04	0.9	0.36	2.5	2	2.3	1.6

表2-13　2014年海上对外合作区块油田生产原油、天然气与2013年对比表

时间	月东	赵东		合计	
	原油（万吨）	原油（万吨）	天然气（万立方米）	原油（万吨）	天然气（万立方米）
2014年	30	85	5000	115	5000
2013年	4	95	5300	99	5300
同比	26	−10	−300	16	−300

表 2-14 2014 年中国石油环渤海滩浅海建设项目与 2013 年对比表

时间	人工岛（座）	固定钢平台（座）	海底管线（千米）	海底电缆（千米）	海底光缆（千米）
2014 年	16	10	82.617	25.17	4.8
2013 年	22（包括井场）	2	45.38	25.17	4.8
同比	–	8	37.237	0	0

【深海勘探】 2014 年 5 月 2 日，在国家相关部门的支持下，启动位于西沙海域的中建南钻探项目。钻探作业于 7 月 15 日完成，历时二个半月，共完成中建 1、中建 2 井两口井的钻探作业，并获得重要油气发现。中国石油辽河油田公司为该钻探项目的组织方，中国海洋石油有限公司深圳分公司为总承包方，海洋石油 981 钻井平台承担本次钻探任务。

【海管海缆检测】 冀东油田公司年初开始着手海管海缆检测工作，精心组织检测仪器调试和船只，4 月下旬开始现场检测，历时 50 天完成。检测数据显示，海管海缆无悬空现象，局部还存在裸露现象，主要集中在 NP1-3D/NP1-1D 间吸沙区，临近 NP1-1D 端混输管线沟底裸露 300 米，NP1-2D/NP1-1D 近 NP1-2D 端膨胀弯处海管海缆存在局部裸露情况，但与往年相比整体呈回淤趋势，情况较往年稳定。

【海上设施防腐情况摸底】 海上防腐采取“涂层 + 牺牲阳极块”方式。3 个涉海油田对海上钢质导管架平台、海底管线、立管、码头钢管的防腐情况进行调查，大港、辽河海上油气生产设施的防腐蚀情况良好。冀东海上结构存在局部涂层脱落、锈蚀等现象，油田针对这一现象制订相应修理维护措施。

【路岛安全监测】 2014 年 4 月 9 日，在大港组织召开滩海路岛边坡防护技术研讨会，到现场调研，组织专家研究对策。路岛存在主要问题有护面块体塌陷或下滑、不均匀沉降等。专家提出的应对措施包括继续保持沉降和位移监测、进行安全分析和科学治理等。

【海管内检测】 2014 年初，下发《关于实施海底管道内检测的通知》（油勘〔2014〕18 号文）。冀东、大港、辽河对 7 条海底输油管道进行内检测工作，为海底管道完整性管理提供基础。冀东油田对 NP2-3LP 至南堡联合站 10 英寸×22.5 千米外输油管线收发球装置进行工艺改造，2014 年 3 月中旬完成施工图设计，10 月开始对 NP2-3LP 外输油管线进行通球清管。

【海洋工程标准体系建设】 完成制修订 3 项集团公司企业标准。完成制定《滩浅海海底管道陆由勘察技术规范》和《海上油气生产设施弃置方案编制规范》2 项集团公司企业标准。完成《滩海人工岛监测技术规范》修订。

【专题技术研究】 从生产实际出发，针对中国石油滩海油田实际生产中出现的技术难题和安全隐患，以“为生产服务、为油田服务、保障安全”为目标，组织完成“冀东南堡油田 1 号构造海底管道冲刷与防护措施研究”和“海底管道内检测技术研究”2 项专题技术研究，对指导实际和保障设施安全平稳运行具有指导作用。

【冬季冰情预报和监测】 通过传真、邮件和短信等方式从国家海洋预报中心获取渤海湾动态冰情信息，指导冬季油田海上安全生产。2013—2014 年冬季冰期，海上油气生产运行正常。

（苏春梅 沙 秋）

新 能 源

【概述】 煤层气业务工作重点从新区产能建设转到老区综合管理和在建项目，核心是已建区的稳产和在建产能区的排采达产，2014 年完成商品量 15.2 亿立方米。页岩气业务是采取非常规手段和措施，加强领导、精心组织、加大投入，推进规模建产。

【煤层气】 煤层气产能续建。沁水煤层气田樊庄 2 亿米^3/年产能扩建，部署井位 323 口，其中定向井 320 口，U 形井 3 口。截至 2014 年底，完钻井 321 口，其中直井 297 口，U 形井 2 口，排采井 299 口。浙江油田蜀南地区筠连区块 2 亿米³/ 年勘探开发一体化产能建设，方案部署新钻丛式井 / 直井 323 口，截至 2014 年底，累计完钻井 224 口，排采井 196 口，产气井 153 口。

煤层气商品气量。完成 15.2 亿立方米。2014 年沁水煤层气田等排采井数、井口日产气量、年产气量及年商品气量见表 2–15。

表 2–15　2014 年煤层气开采产量及商品量与 2013 年对比表

时间	沁水煤层气田			
	累计采排井数（口）	井口日产气量（万立方米）	年产气量（亿立方米）	年商品气量（亿立方米）
2014 年	2735	227	7.6	8.9
2013 年	2410	227	6.7	8.1
同比	325	0	0.9	0.8

时间	鄂东煤层气田				蜀南筠连区块	合计
	累计排采井数（口）	井口日产气量（万立方米）	年产气量（亿立方米）	年商品气量（亿立方米）	年商品气量（亿立方米）	年商品气量
2014 年	2238	235	6.4	6.2	0.1	15.2
2013 年	2150	112	2.7	2.1	–	10.2
同比	88	123	3.7	4.1	0.1	5.0

煤层气勘探开发成果。（1）沁水樊庄区块通过持续开展各种增产措施和精细管理，实现产量近 6 年的稳定；（2）鄂东保德区块，日产气量由年初的 56.6 万立方米增长到年底的 109.1 万立方米，实现低煤阶煤层气开发的快速上产，并保持良好的增长势头；（3）鄂东韩城区块、沁水郑庄区块通综合治理进行排采修正，实现产量逐渐回升。日产气量由年初 26 万立方米增长至年底 46 万立方米；（4）蜀南筠连地区 2 亿米³/ 年煤层气勘探开发一体化实验，取得好的开发效果。日产气由年初 4 万立方米增长至 9.2 万立方米；当年产气 2346 万立方米，商品气量 1100 万立方米。

【页岩气】 成立页岩气加快发展领导小组。为落实国家页岩气“十二五”规划产量目标，2014 年初，成立“中国石油页岩气加快发展领导小组”，组织调动油气田企业、钻探企业，加快推进威远、长宁和昭通页岩气开发。

页岩气开发进展。审查通过长宁 10 亿米³/ 年、威远 10 亿米³/ 年、昭通 5 亿米³/ 年页岩气开发设计方案。完成 40 个平台的井位部署（建产 30 个、备用 10 个），开钻平台 27 个，动用钻机 45 台，开钻井 96 口，完钻井 41 口；完成压裂井 10 口，获气井 10 口，投产井 9 口。威远、长宁累计试采 13 口井，采气 1 亿立方米。2014 年 4 月 19 日和 10 月 29 日相继投运长宁外输管线、威 204 井区外输管线。

页岩气商业化开采。新投入生产井 17 口井，累计投入生产井 27 口，实现销售商品气量 1.67 亿立方米。

页岩气勘探开发成果。（1）实施“工厂化”钻井，实现同井场双钻机批量钻井作业。通过优化井身结构、旋转导向、旋转下套管等工艺技术，有效提高钻井速度。（2）优化水平井靶体。将水平井靶体优化至优质页岩下部，使钻井水平段长度平均为 1500 米左右，优质页岩钻遇率达到 95% 以上。（3）“工厂化”压裂提高压裂效果。长宁 H2 平台 4 口井，采用同步“拉链式”压裂作业，每天压裂段数由 2 段提高到 6 段，作业效率提高 50% 以上。（4）长宁区块试采取得良好效果，测试和初期产量高于方案设计。投入的 8 口试采井，最高日产气 80 万立方米，平均日产气 57 万立方米。（5）形成页岩气地面集输的标准化设计和一体化橇装，实现不同阶段的橇装组合，缩短建设周期，节约地面投资，实现环保节能和井站无人值守。

（谭　健　崔光珍）

储　气　库

【概述】 储气库建设工作围绕现场施工、工程质量控制、投产运行等关键环节开展工作，第一批6座储气库全部注气试运行，储气库建设取得阶段性成果。

【工程建设】 截至2014年底，累计完钻注采井75口、正钻井6口、待实施井10口，完钻监测井及回注井8口、待实施井7口，完成老井处理119口、待实施井4口。6座储气库（群）注气系统全部建成投运，5座储气库采气系统建设完成，地面建设完成总体形象进度90%以上。

【储气库地面建设】（1）组织专家对西南相国寺储气库注气压缩机气阀损坏及井筒软堵情况进行现场调研，就其损坏和软堵的原因与应对措施进行充分的讨论和交流，提出解决措施与下步工作建议。（2）针对苏伊士环能公司的评价结论，及时组织制订整改方案，并组织研讨，及时解决出现问题，进一步提高储气库建设水平。针对苏伊士环能公司对第一批储气库地面工程部分提出的272条评估意见，逐项认真研究，共采纳、借鉴72条意见。

2014年9月27—28日，组织对西南油气田相国寺储气库采气准备工作进行检查，对储气库工程建设进度及采气投运准备工作、地面工程初步设计变更进行检查，并深入储气库2号、7号注采井场、集注站，对工程建设进度、质量控制、设备设施管理、生产运行及采气投运准备等方面的情况进行现场检查，并与储气库项目部及现场员工进行深入交流。

【生产运行】 注气期内累计开井41口，累计注气45.79亿立方米。其中新疆呼图壁等储气库注气量见表2-16。

采气期内累计开井23口，累计采气6.66亿立方米。其中，新疆呼图壁储气库采气5.31亿立方米，华北苏桥储气库采气0.38亿立方米，西南相国寺储气库采气0.97亿立方米。

（李　彬　苗新康）

表2-16　2014年中国石油储气库累计注气量与2013年对比表　　亿立方米

时间	新疆呼图壁	华北苏桥	西南相国寺	辽河双6	大港板南	长庆陕224	合计
2014年	18.23	3.29	16.60	5.70	1.93	0.04	45.79
2013年	12.5	0.6	1.6	—	—	—	14.7
同比	5.73	2.69	15.0	5.70	1.93	0.04	31.09

技术项目

【概述】 油气勘探科技以七大盆地风险领域研究为重点，积极准备有价值的战略接替领域，提交有利区带和钻探目标，为油气重大发现和储量增长提供有效技术支撑。油气开发科技围绕老区稳产、复杂油气藏建产，研究八大类油气田开发关键技术，为实现递减率和含水上升率得到控制、采收率提高和节约能耗提供有效技术支撑。信息建设围绕集团公司“十二五”信息系统建设总体目标，抓好集团公司信息规划中与上游有关各系统的建设和应用。

【油气勘探研究有形化成果】 编制一批工业化图件，

直接服务于生产。2014 年，各课题在大量综合研究基础上，强化石油地质基础图件编制，注重研究成果有形化，新编和修编各类工业化图件 1285 幅，大部分图件可直接应用于勘探部署和风险目标准备。

【油气勘探研究成果应用成效】　提出一批有利风险勘探区带和目标，为油气发现和储量目标完成提供有力支持。2014 年，突出大盆地、大领域、大区带，着眼富油气凹陷以及新区新领域，在四川、准噶尔、塔里木、鄂尔多斯、柴达木等重点盆地，提出一批有利风险领域、区带和目标。通过 2014 年的研究，地质研究类课题共提出有利风险领域 65 个、风险区带 92 个、有利风险目标 77 个，当年采纳和拟采纳的目标达 9 个，为 2015 年准备的区带和目标 28 个。为 2014 年油气发现和储量目标完成及 2015 年风险勘探部署准备提供有力支撑。

【油气盆地地质研究新认识】（1）四川盆地通过对川西北和川中二叠系栖霞组、茅口组岩相古地理、沉积相和有利储层分布预测的持续研究，提出川西北和川中栖霞组、茅口组发育裂缝—孔隙型和颗粒滩相孔隙型白云岩储层，成藏条件优越。该认识有效指导双探 1 井和南充 1 井部署并获高产，证实川西北地区下二叠统栖霞组、茅口组具有很大的勘探潜力，有望打开川西北海相多目的层勘探的新局面。（2）四川盆地震旦纪—早寒武世“台内裂陷”的精细刻画，有效指导威远—高石梯拉张侵蚀槽的发现；古隆起斜坡新区成藏条件优越、仍然是油气聚集有利区新认识的提出，开辟震旦系—下古生界勘探新领域，这些认识有力地支撑该领域风险勘探部署和油气发现。（3）塔里木盆地盐下寒武系认识取得重要进展。认为下寒武统玉尔吐斯组烃源岩在中央隆起北部、麦盖提斜坡均有大面积分布，新元古界发育裂谷体系，推测南华—震旦系可能发育潜在烃源岩。肖尔布拉克组发育以砂屑滩相为主的有利储层相带，表明盐下寒武系有优越的成藏条件，中深 5 井中寒武统再获油流，证实该领域具很大的勘探潜力。（4）提出塔里木盆地库车盐下深层受顶底滑脱层控制，存在由一系列断背斜构成的大型楔形冲断体（“顶篷构造”），楔形体内天然气强烈充注，可大范围成藏的新认识，这一认识有效指导克深 6 等千亿立方米含气构造的发现，推动克拉苏深层万亿立方米大气区的形成。（5）鄂尔多斯盆地东部奥陶系盐下一直是久攻不克的领域，通过近几年持续不懈的研究，提出东部盐下马五段 6—9 层发育鲕粒滩白云岩，烃源除上古生界煤系烃源岩可供烃外，环膏盐湖奥陶系马五、马三—马一段存在规模性暗色白云质泥岩和泥质白云岩的有效烃源岩成藏条件有利等认识，这些认识有效指导靳探 1 井和统 74 井的部署，并见到重要苗头和发现，该领域有望获得重大突破。（6）提出鄂尔多斯盆地中新元古界发育晋陕裂陷槽和甘陕裂陷槽。裂陷槽内发育长城系的暗色泥岩、泥板岩具有一定的生烃潜力；长城系砂岩和蓟县系白云岩为有利的储层，推测可形成一套下生上储的成藏组合，是一个重要的风险勘探接替领域。（7）提出准噶尔盆地玛湖凹陷下二叠统—石炭系深层发育大背斜带，并发育火山岩、白云质岩两类储层，地层超高压，烃源岩演化程度高，以天然气、轻质油为主，具备形成规模油气藏的有利条件，是准噶尔盆地天然气风险勘探的重大领域。（8）提出阿尔金山前带西段深层大型构造圈闭及断裂输导体系发育，油源条件充足，古近系发育多类储集体，具有多期油气充注成藏的有利条件，是石油风险勘探取得突破的现实领域。阿尔金山前带中段紧邻侏罗系生烃凹陷，发育基岩风化壳、J_{1+2}、E_{1+2} 三套有效储盖组合，具有多层系成藏的有利条件，是天然气风险勘探有望取得突破的重要领域。

【油气开发技术成果】　低渗透油田开发技术研究。较为系统地研究特低、超低渗透油田开发产量递减率、阶段采收率，为产能接替与工作量部署、开发阶段掌控与技术政策制订、可采储量标定与储采平衡预测提供科学依据。形成新的低品位油藏分类评价技术、方法和相关开发技术，推进有序动用。建立基于油藏特征参数及经济效益指标的低品位油藏统一的储量分类评价标准，针对不同类型未动用储量，提出相应的动用策略和动用技术。

精细分层注水技术。已经完成精细分层注水由 3 段到 7 段的技术升级配套，并形成统一的技术规范和标准。7 段及以上细分注水现场应用 1655 口井，吸水层数比例由 60.11% 提高到 68.47%；统计周围连通未措施油井 2543 口，含水下降 0.56 个百分点，累计增油 30 多万吨。

深斜井分注技术。形成 3 种分注技术，9 种配套工具。在长庆、冀东、大港油田应用 1000 多口井，实施分注最大井斜 62 度，分注能力 5 级，管柱寿命 2 年以上。施工成功率和验封合格率均达 100%，配注合格率 80%，测调成功率 90%。

油藏地质建模技术。形成不同沉积类型单砂体及构型模式、三维地质建模技术，剩余油表征精度达到三级构型级别；划分 7 种剩余油分布模式和对应的挖潜技术，实现挖潜分类对待。

老油田动用与井网优化技术软件开发及应用。自主编制老油田动用状况分析及层系井网优化重组软件，满足老区精细挖潜工作量大幅攀升对提高工作效率的需求，同时增强针对性、可靠性。主要特色功能包括纵向上分层动用程度量化、平面上单砂体注采关系评价，水流优势通道识别，层系重组智能优化，技术与经济兼顾的非均匀井网快速部署以及技术经济评价。已经在7个油藏成功应用，覆盖地质储量近1亿吨。工作效率提高7倍以上。

降本增效技术。（1）老油田地面已建设施高效利用技术，应用见效显著。以大量试验为依据，修订特高含水采出液油气集输工艺参数界限等；发明油水分离构件新结构新布局，提高已建脱水处理装置的高效处理能力；研发分层独立供电三层电极电脱水器，提高稳定性和适应能力；开发沉降罐加气浮装置，提高已建采出水处理设备处理能力。利用已建转油站分离能力8万米³/日、游离水脱除能力4.9万米³/日、电脱水能力1.38万吨/日、注水能力7.14万米³/日、污水处理能力0.58万米³/日、供配电能力4.8万千伏安，相当于少建各种站26座，节省投资2.9亿元。2014年节气1940万立方米、节电360万千瓦时，节约运行费用2525万元。（2）研发新型无杆举升技术，瞄准不断增长的水平井、斜井举升需求，且提效降耗。电动潜油直驱螺杆泵举升技术，研制井下多段多级（10级）直驱电动机、柔性传动系统、电缆保护器、地面控制系统；尤其适用于水平井、斜井中应用。已在吉林油田现场试验3口井，平均泵效大于80%，相比原抽油系统节电25%以上。（3）低压气井不压井作业技术，用于大量低压气井措施稳产。完成低压气井不压井作业机的设计、制造、组装以及6种压力控制配套工具。（4）聚合物降黏损及个性化配注工艺技术。黏损率每下降1个百分点，可节约聚合物干粉1200吨。聚合物溶液黏损率有望下降5—7个百分点。

老气区气田挖潜技术。（1）针对西南老气田挖潜，破解老气藏测井系列多、跨度时间长而影响测井参数解释精度等技术难题，分类评价平面、纵向动用状况及各区块剩余储量分布，编制多套挖潜方案，实施水平井14口，成功率100%，测试日产气合计275.3立方米，预计可提高采收率5.86%，延长稳产年限2.7年，支撑老气藏可持续开发。（2）研发苏里格气田低产见水井集约式整体治水技术。形成6种气井积液综合判识技术，研发计量、远程自动加注2类装置，确定排水采气主体技术，编制排水采气工艺经济评价软件，搭建智能化排水采气管理平台，实现智能管理。2014年，实施泡排2598口井、6.76万井次，累计增产天然气4.94亿立方米。

深层低渗透气田开发技术攻关。以物理模拟和不稳定试井为基础，建立考虑储层应力敏感性的产能评价新方法。建立基质供气能力评价图版，根据试采产能方便地确定不同生产压差下基质的最大供气能力，考虑合理利用地层能量、底水锥进以及临界携液量等因素，以采收率和经济效益最大化为目标，形成裂缝—孔隙型气藏合理配产技术，实现合理配产。确定塔里木迪那气田22口生产井合理配产及调峰能力；支撑大北气田年产30亿立方米和克深气田年产60亿立方米开发方案编制。

复杂气田开发技术攻关。基本形成四川安岳气田震旦系气藏储层、裂缝预测主体技术，完成高石梯—磨溪区块储层展布、裂缝预测工业化图件28张；预测缝洞发育区内测井面洞率达到10%以上的井达到75%以上。发展震旦系气藏开发有利区评价及优选技术，形成安岳气田震旦系气藏开发目标优选标准，优选出天然气富集区和有利开发区，优选2014年试采井位4个。编制缝洞型储层"一点法"关系图版，建立气藏完井测试产能快速评价方法，初步明确气藏产能控制因素，制订开发技术对策。明确缝洞发育程度、酸液体系是影响改造效果的关键因素，优选该气藏适合的酸液配方体系和增产改造工艺。实施储层改造11口井17井次，灯四段9口井10井次，测试日产气合计131万立方米，灯二段6口井7井次，测试日产气合计269万立方米。

【技术项目管理】 科技项目计划大表编制。（1）超前准备，有序工作。为了推动研究工作早启动、早下计划，一年之内能形成适用有效研究成果，2013年11月开始编制计划大表　按计划步步推进。（2）分析问题，抓住关键。通过项目执行情况分析、成果总结，以及通过与项目承担单位、专业处室沟通，分析梳理当前生产中急需解决的关键问题。（3）围绕生产，突出重点。勘探上突出重点盆地的风险领域、区带和目标研究以及为储量增长提供技术支持的关键技术。油田开发上突出特低、超低渗透油田开发、老油田深度开发和降本增效等技术。气田开发上突出主力气区上产、滚动挖潜、"三高"气田安全生产等技术。（4）上下沟通，统一思想。为了统一思想、平衡专业、形成共识，把有限经费用于解决制约生产发展的关键问题，勘探与生产分公司与各油田公司、研究单位、专业处室等沟通，广泛征求意见，落实计划大表。（5）有效衔接，规避重复。在项目安排中充分考虑国家和集团公司的重大专项、各攻关专项和生产应用研究等项目的立项情况，尽可能做到有效衔接、避免重复，形成互补关系。（6）保持稳定，积累成果。2014年是执行“十二五”计划的第四年，为了科研成果的有效积累和成长性，在项目安排上基本延续2013年的研究方向，只是根据生产的发展，部分适当调整。（7）顶层设计，明确任务。根据问题分析和沟通结果，明确每个盆地每个领域的研究方向、要解决的关键问题和预期成果、目标。

科技项目任务落实与生产对接。为了尽早启动项目研究，在正式计划下达前，计划大表编制完成后，重点工作是将任务落实到每个项目组，与生产进行有效对接。（1）下发任务大表，将研究任务落实到每个项目组。为了尽早启动项目研究工作，在没下达计划之前就下发任务大表，要求项目编写开题设计，着手研究工作。（2）与油田对接，明确任务和分工。油气勘探科技以重点盆地为单元，组织油田和研究院所一起讨论任务分工，协调每个项目的研究重点，形成各有侧重又构成一个整体的研究模式，明确盆地应该重点关注的重大风险领域，明确相关课题应该重点关注的研究问题，明确每个课题应该承担的研究任务，明确每个课题应做的有形化工业图件。油气田开发科技以重点研究领域为单元，组织项目与油田结合，着眼影响上产、稳产的关键技术需求，落实任务和工作重点，包括重点油气区重点开发对象，影响上产、稳产、效益、安全的关键技术问题，技术路线、考核指标、研究进度、依托工程、实物工作量，有形化成果（硬件、软件、产品、操作规程、经济评价、技术规范）等。（3）组织研究院所承担项目开题论证。对研究院所承担的项目分领域或专业进行开题设计论证。

技术成果有形化和生产转化。（1）通过顶层设计，突出重点，明确预期成果形式和数量。每个课题要做到“四个落实”，即目标落实、任务落实、工作量落实、考核指标落实。（2）项目直接纳入生产管理体系，成为生产的一部分。在立项和顶层设计过程中，与油田及时沟通，保证服务于生产；在项目执行过程中，各项目直接纳入生产管理体系，使其成为生产的一部分；在研究生产过程中，各项目直接参与生产论证。

奖项申报推荐与评审。（1）第七届黄汲清青年地质科学技术奖申报和推荐。组织各单位申报、专家评审，推荐李建忠和史卜庆2名候选人上报黄汲清奖基金委员会。（2）中国地质学会金罗盘奖候选人申报和推荐。各单位申报，组织专家评审，推荐王权、阿布力米提·依明、邓秀芹3名候选人上报中国地质学会。（3）集团公司油气勘探专业组科技进步奖评审。组织专家评审，评出特等奖1项、一等奖2项、二等奖3项，三等奖6项。其中“四川盆地川中古隆起海相碳酸盐岩天然气理论技术创新与特大型气田战略发现”项目评为特等奖，“中国古老海相碳酸盐岩大油气田形成理论、评价技术与应用实效”“厄瓜多尔安第斯项目大型低幅度圈闭群勘探技术研究与应用”项目评为一等奖。

【勘探生产信息化建设】 勘探与生产技术数据管理系统A1（2.0）。完成《用户需求说明书》，并通过专家评审；完成系统总体设计方案（其系统总体功能架构划分为数据管理、综合研究支持与业务管理三个子系统）；完成与A7系统2.0统一设计和统一实施初步方案。截至2014年底，13个油田A1（1.0）系统累计管理4641个地震工区，数据总量达588太比特；完成15个单位A1系统深化应用工作的调研及相关需求收集；解决并处理400个帮助热线，接收各油田上报的故障。

油气水井生产数据管理系统A2（2.0）。完成股份公司和16个油气田公司单轨运行，系统运行稳定；完成与A8、E2、A11、A4、A5及ERP等系统的数据共享。1.0系统一直保持平稳运行。收集问题701个，解决率100%；完成2300次用户沟通，寻访油田36次；编写用户手册110册；32次现场培训，共计1100人次。

采油与地面工程运行管理系统（A5）。完成采油与地面工程运行管理系统开发及硬件招标工作。2014年，大庆油田试点实施和全面上线运行，试点用户5476个，采油工程方面规范设备厂家583家，入库设备档案数据283615条；地面工程方面入库厂、站、间6609座，管线110104条，设备档案数据162906条；并在西南油气田川中气矿、重庆气矿开始试点。地面工程部分已基本完成功能开发，包括前期管理、建设管理、生产管理、生产辅助管理和综合管理5个模块，共开发完成2367个功能点，并已开展大庆、西南、辽河、长庆等油气田试点上线工作。共培训地面工程设计、建设、运行等方面的技术和管理人员1000余人次，共录入入库地面工程动静态数据475019条，为系统上线运行奠定基础。

勘探与生产调度指挥系统（A8）。2014年7月，通过项目上线验收。2014年11月，通过项目竣工验收。全面进入以应用和运维为主的阶段，已经建立可靠的运维机制，以切实保障A8项目建设成果稳定运行。2014 年，应用交互工作环境召开远程会议 75 次，勘探与生产分公司和各油气田共有 5669 人次参会。

油气生产物联网系统（A11）。2014 年，完成生产管理子系统 7 个功能模块、105 个业务功能、22 个定制化应用的开发和集成测试，在西南、南方勘探开发、吐哈、青海、新疆、塔里木等油气田公司进行部署。完成采集与监控子系统 10 个功能开发和测试，在南方勘探开发、新疆、吐哈、青海、西南、大庆等油气田公司进行部署。完成新疆、塔里木油田集成平台（PaaS）的开发培训。完成系统软硬件招标、安装调试工作。完成西南、青海、吐哈、新疆等油气田系统上线验收。在大庆、塔里木、新疆、西南、南方勘探开发、吐哈、青海等 7 个油气田公司开展示范工程建设。示范工程共涉及油气水井 9851 口，各类站场 634 座，截至 2014 年底，累计完成 5064 口油气水井与 189 座站库的前端施工工作，安装现场采集与控制设备 10173 台（套），通信设备 1205 台（套），敷设光纤 129.3 千米。2014 年 12 月，勘探与生产分公司与信息管理部组织专家共 10 人组成验收委员会对西南、南方勘探开发、吐哈、青海、新疆等油气田公司进行上线验收。

油气田应用集成系统（D13）。2014 年 4 月，召开物资与设备详细方案研讨会，共收集专家建议 23 项，进一步完善物资与设备管理详细方案；2014 年 4—5 月，完成 3 家试点油田设备、物资模块新功能部署；2014 年 7 月，召开决策支持详细方案研讨会，共收集专家建议 34 项，进一步完善决策支持详细方案；2014 年 10 月，项目全生命周期管理已在新疆、西南、华北等 3 个油气田进行项目试点实施工作；权限管理应用已在长庆油田完成试点上线，12 月完成青海、吉林、吐哈、大港等油田的推广上线工作。

勘探与生产（含油田服务）ERP 系统（D2/D10）。自 2009 年 11 月进入运维以来，系统运维平稳，用户数达 7 万，每天平均有 9263 人使用系统。2014 年，共解决问题 4949 个，解决率 99%，累计完成系统传输 25659 次。共计完成 4 个方案集成图、116 个开发程序变更、78 个业务场景测试、266 人次的用户操作培训、677 个权限新增与变更。物资采购系统上线后，在 ERP 系统 MM 模块中实现采购订单的入库、出库和结算。对各油气田公司新增及机构重组方面，通过现场调研，共调整主数据 21321 条，完成测试报告 631 个、开发程序 112 个，调整权限 1432 个。完成用户操作手册校订、ERP 系统考核细则修改及系统应急演练。

（范土芝）

市场管理

【概述】 2014 年，勘探与生产分公司动用各专业队伍 8543 支。具体情况见表 2-17。

各油气田企业动用工程技术队伍具体情况见表 2-18。

表 2-17　2014 年勘探与生产分公司动用各专业队伍数量与 2013 年对比表

序号	专业	队伍数量（支）			序号	专业	队伍数量（支）		
		2014 年	2013 年	同比			2014 年	2013 年	同比
1	井下作业	3651	3448	203	6	酸化压裂	213	157	56
2	钻井	1609	1824	-215	7	带压作业	150	143	7
3	录井	1798	1588	210	8	固井	129	118	11
4	测井	738	789	-51	9	侧钻	0	84	-84
5	测试	225	227	-2	10	物探	30	62	-32
合计							8543	8440	103

表 2-18　2014 年各油气田企业动用队伍数量与 2013 年对比表

序号	油气田企业	队伍数量（支）			序号	油气田公司	队伍数量（支）		
		2014 年	2013 年	同比			2014 年	2013 年	同比
1	长庆	3725	3516	209	9	华北	272	258	14
2	大庆	1216	1181	35	10	大港	243	229	14
3	新疆	591	642	-51	11	吐哈	219	217	2
4	辽河	475	471	4	12	冀东	209	203	6
5	塔里木	462	477	-15	13	玉门	80	92	-12
6	吉林	437	567	-130	14	浙江	46	37	9
7	西南	279	255	-24	15	南方勘探开发	33	32	1
8	青海	256	263	-7	合计		8543	8440	103

【市场准入】 市场准入范围继续保持有序开放的进程。为斯伦贝谢中国公司办理 7 份钻井队、1 份固井队、6 份录井队、1 份压裂队、1 份测井专业的市场准入，不断加大国外石油技术公司进入中国油气勘探开发领域的新举措，也为探索国际石油公司之间互利互惠、合作发展开辟新路径。为西南油气田分公司的 24 支民营队伍办理市场准入，从而打开四川盆地低端油气领域的勘探开发市场，为加快四川盆地的勘探开发建设创造有利条件。

【资质检查】 市场管理处、监察部、审计部、勘探与生产分公司联合组成检查组，2014 年 10 月，对 15 个油气田企业和 6 个工程技术企业进行资质检查。此次检查的重点：无资质队伍施工问题，超资质范围施工问题，人员、设备等方面情况与资质级别符合情况。检查中发现的问题主要：无资质队伍施工、资质套牌，超资质范围施工。

（赵　刚　张晓宁）

第三篇

炼油与化工

综　述

【概述】 炼化业务是中国石油产业链承上启下、增加价值、提高利润的中心环节，是提高中国石油竞争力的重要领域。中国石油天然气股份有限公司炼油与化工分公司（简称炼油与化工分公司或炼化板块），主要负责中国石油炼油、化工生产和化工产品销售业务管理，是国内第二大成品油生产商和石油化工产品供应商。2014 年，中国石油原油一次加工能力占国内炼油总产能的 27.59%，同比提高 0.16 个百分点；乙烯生产能力占国内乙烯总产能的 29.26%，与 2013 年相比提高 0.67 个百分点。形成大连、抚顺、大连西太、吉林、辽阳、兰州、独山子、广西、四川九大千万吨级炼油基地，独山子、大庆、抚顺、吉林、兰州、四川六大乙烯生产基地，宁夏、乌鲁木齐、塔里木、大庆、兰州五大化肥基地，辽阳、乌鲁木齐两大芳烃基地等一批特色炼化企业。

中国石油采用国际先进技术与装备，产品遵循国际通用技术标准和安全、环保规范，实行炼油、化工一体化生产与管理。2008 年，随着 11 家炼化企业上市、未上市企业重组整合，炼油与化工分公司实现对上市、未上市炼化业务统一管理。2009 年，收购未上市炼化企业与主业关联度高的资产，突出主营业务，减少重复建设，降低管理成本。同年，大庆油田化工有限公司等油田所属炼化业务纳入炼油与化工分公司统一管理，炼化业务实现在同一管理模式下的集中发展和专业化管理。炼油与化工分公司机关下设 12 个处室，归口管理 24 家炼化企业、6 家化工销售公司以及 7 家油田所属炼化企业，资产总额 3599 亿元，炼化系统用工总量 24 万人。

【经营业绩】 2014 年，面对油价“十一连降”、化工市场低迷、库存持续高位等困难，炼化板块围绕安全环保、优化、效益中心，科学安排装置负荷，持续优化资源配置和产品结构，装置运行和经营水平进一步提升。

完成年度盈利目标。在油价连续下跌情况下，炼化业务账面利润同比大体持平，剔除跌价损失影响后，完成年度预算目标。各炼化企业落实开源节流、降本增效措施，减亏增盈。克拉玛依石化、庆阳石化、长庆石化、大港石化、大庆炼化、辽河石化、哈尔滨石化、呼和浩特石化等 8 家企业累计盈利。长庆石化、庆阳石化规模小、贡献大，同比分别增盈 3.7 亿元和 1.6 亿元；大庆炼化、呼和浩特石化扭亏为盈，分别盈利 7.5 亿元和 3000 万元，跨入盈利队伍；抚顺石化、大连石化、大庆石化、吉林石化减亏幅度均超过 5 亿元。

原油加工量、产品产量。国内原油加工量 15016 万吨，同比增长 2.8%；汽油、煤油、柴油产量 10184 万吨，其中汽油 3410 万吨、煤油 714 万吨、柴油 6060 万吨，同比分别增长 4.3%、17.8% 和 2.9%。乙烯产量 498 万吨，同比增长 25%；尿素产量 266 万吨，同比下降 29.4%。合成树脂 807 万吨，同比增长 21.5%，合成纤维原料及聚合物 129 万吨，同比增长 6.2%，合成橡胶 74.5 万吨，同比增长 12%。2014 年中国石油原油加工量、产品产量与 2013 年对比见表 3–1。

表 3–1　2014 年中国石油原油加工量、产品产量与 2013 年对比表　　万吨

项目	2014 年	2013 年	同比
原油加工	15016	14602	414
汽油、煤油、柴油	10184	9790	394
其中，汽油	3410	3297	113
煤油	714	606	108
柴油	6060	5887	173

续表

项目	2014 年	2013 年	同比
乙烯	498	398	100
尿素	266	377	–111
合成树脂	807	666	141
合成纤维原料及聚合物	129	121.8	7.2
合成橡胶	74.5	66.5	8

主要技术经济指标。28 项主要技术经济指标中有 20 项指标好于 2013 年，轻油收率，乙烯、双烯收率继续处于行业领先，单因耗能同比降低 0.25 千克标准油 /（吨 · 因数），乙烯能耗同比降低 5 千克标准油 / 吨。在国务院国资委组织的央企能效对标中，宁夏石化炼油、独山子石化乙烯和兰州石化 46 万吨 / 年乙烯分别被评为相应规模下的最佳实践企业。在中国石油和化工（简称石化联合会）联合会和国家节能中心 2013 年能效“领跑者”评选中，独山子石化 100 万吨 / 年乙烯装置以 519 千克标准油 / 吨居于国内行业领先地位。2014 年节能 65 万吨标准煤，节水 1212 万立方米，分别完成年度任务的 148% 和 140%，提前 1 年完成“十二五”节能、节水目标。

专项整治。标准化装置、标准化泵房、标准化变电所、标准化仪控室和标准化罐区达标比例总体达到半数。高危泵、液下泵整改完成率 99%，储罐机械密封改造完成 97%；电气隐患治理项目完成率 80%；3 年隐患治理项目完成率 64%；油气管道隐患专项治理工作启动。催化裂化、化肥装置运行水平持续提升，催化裂化装置非计划停车稳定控制在 6 次以内，化肥停车控制在 7 次以内，同比减少 1 次。

升级减排。13 家柴油质量升级项目全部建成，根据市场需求，11 家先后投产，车用汽油、柴油全面达到国Ⅳ标准。国家考核的 13 个减排项目 2014 年底前全部投料，2015 年考核的 3 个项目有 2 项提前完成。

炼化布局。四川石化炼油、乙烯装置实现安全、平稳、绿色一次开车成功，广西石化含硫油配套工程 8 套装置安全顺利投产。云南石化结构、设备安装基本完成。

（汪晓东）

装置及产品

【装置概况】 2014 年，四川石化炼化一体化项目建成投产，新增炼油产能 1000 万吨 / 年，乙烯产能 80 万吨 / 年。中国石油共有 27 家炼油厂，平均规模 717 万吨 / 年；1000 万吨以上炼油厂 9 家，其中大连石化规模超过 2000 万吨 / 年，1000 万吨以下并 500 万吨 / 年以上炼油厂有 14 家。

股份公司共有常减压装置 44 套，总加工量 14978 万吨。综合能耗平均 9.57 千克标准油 / 吨，最高 12.81 千克标准油 / 吨，最低 7 千克标准油 / 吨。催化裂化装置共有 39 套，总加工量 5099 万吨。综合能耗平均 50.77 千克标准油 / 吨，最高 76.8 千克标准油 / 吨，最低 40.88 千克标准油 / 吨。催化剂单耗平均 0.94 千克 / 吨，最高 2.09 千克 / 吨，最低 0.24 千克 / 吨。加氢裂化装置共有 20 套，总加工量 1996 万吨。综合能耗平均 34.4 千克标准油 / 吨，最高 58.31 千克标准油 / 吨，最低 18.9 千克标准油 / 吨。延迟焦化装置共有 19 套，总加工量 1697 万吨。综合能耗平均 24.31 千克标准油 / 吨，最高 34.1 千克标准油 / 吨，最低 16.03 千克标准油 / 吨。连续重整装置共有 22 套，总加工量 1537 万吨。综合能耗平均 124 千克标准油 / 吨，最高 380 千克标准油 / 吨，最低 85.6 千克标准油 / 吨。

2014年，中国石油炼油装置及总加工量与2013年对比见表3-2。

表3-2　2014年中国石油炼油装置及总加工量与2013年对比表

项目	2014年	2013年	同比
常减压装置（套）	44	40	4
总加工量（万吨）	14978	14508	470
催化裂化装置（套）	39	40	-1
总加工量（万吨）	5099	5033	-66
加氢裂化装置（套）	20	18	-2
总加工量（万吨）	1996	1713	283
延迟焦化装置（套）	19	19	0
总加工量（万吨）	1697	1617	80
连续重整装置（套）	22	20	-2
总加工量（万吨）	1537	1472	65

【炼油产品】 2014年，股份公司炼油产品主要有汽油、柴油、煤油、润滑油、石蜡、沥青、石油焦、液化气等。

汽油分为车用汽油（国Ⅳ标准、国Ⅴ标准）、车用乙醇汽油（国Ⅳ标准）、地方标准汽油、出口汽油和航空汽油，牌号有92号、93号、95号、97号和98号等。

柴油分为车用柴油（国Ⅳ标准、国Ⅴ标准）、普通柴油、军用柴油和出口柴油，牌号有5号、0号、-10号、-20号、-35号和-50号等。

煤油主要包括灯用煤油和航空3号喷气燃料油，执行相应国家标准技术要求，3号喷气燃料油标准参照美国JetA-1、JP-8、英国DERD2494和国际航运协会（IATA）煤油型航空涡轮燃料质量标准制定。

润滑油分为车用润滑油、工业润滑油、合成润滑油脂、金属加工油等，产品广泛应用于航空、航天、核工业、电子、兵器、船舶、汽车、机械加工、冶金、炼油化工和仪器仪表等领域。

石油沥青分为重交通道路石油沥青、改性沥青、道路石油沥青、乳化沥青、管道防腐沥青、电缆沥青、防水防潮石油沥青、橡胶沥青、油漆石油沥青、绝缘沥青等。克拉玛依石化公司、辽河石化公司生产出的沥青具有优良的热安定性、低温延伸度、黏结性，较低的蜡含量，良好的高、低温特性，产品质量优于行业内同类产品。

石蜡产品包括半精炼石蜡、全精炼石蜡、粗石蜡、医药凡士林、食品用石蜡和电器凡士林等产品。抚顺石化公司加工的大庆原油和沈北原油是高含蜡原油，具有资源性优势，可生产食品级石蜡和高熔点石蜡产品。

（焦丽菲）

【有机原料】 股份公司生产的有机原料主要品种有：乙烯、丙烯、1-丁烯、丁二烯、苯、甲苯、二甲苯（混合二甲苯、邻二甲苯、对二甲苯）、甲醇、丁醇、辛醇、环氧乙烷、乙醛、醋酸、醋酐、苯乙烯、苯酚、丙酮等。其中，“三烯”（乙烯、丙烯、丁二烯）和“三苯”（苯、甲苯、二甲苯）为基础有机原料，其余为主要中间原料。近5年中国石油主要有机原料产量统计见表3-3。

（1）乙烯。乙烯是石油化工生产中最重要的原料之一，其化学性质活泼，能生成许多衍生物，如聚乙烯、聚氯乙烯、苯乙烯、乙醇、环氧乙烷等。乙烯产量及技术经济水平常作为衡量一个国家石油化学工业发展水平的标志。

乙烯主要是通过乙烯裂解装置热裂解来生产，也有极少部分通过炼油催化干气回收而来。2014年，股份公司共有12套乙烯裂解装置，产能达到591万吨，同比增加80万；乙烯产量497.6万吨，同比增加99.5万吨，占国内乙烯总产量1708.1万吨的29.1%，同比上升3.5个百分点。

表 3–3　近 5 年中国石油主要有机原料产量统计表　　万吨

产品	2014 年	2013 年	2012 年	2011 年	2010 年
乙烯	497.60	398.20	368.90	346.70	361.49
丙烯	471.82	436.30	417.17	389.99	359.54
苯	177.07	168.88	162.74	151.02	124.74
甲醇	26.50	52.29	57.98	52.54	41.75
丁醇	19.90	21.43	18.85	21.45	20.22
辛醇	9.12	15.14	12.31	12.77	11.48
环氧乙烷	38.81	32.42	35.71	32.08	32.99
苯酚	7.60	7.64	7.57	8.14	8.22
丙酮	4.77	4.77	4.75	5.05	5.09
苯乙烯	90.91	88.16	67.77	64.58	70.43

（2）苯、甲苯、二甲苯。“三苯”（苯、甲苯、二甲苯）既是重要有机化工原料，又是重要工业溶剂。“三苯”可从乙烯裂解装置产物或炼油装置产物中经芳烃抽提、重整等加工手段来获得。2014 年，苯的产量为 177.07 万吨。

（3）甲醇。甲醇是一种重要的基础化工原料和有机溶剂，在医药、农药等化学品的合成中应用十分广泛。股份公司有甲醇装置 6 套，2014 年甲醇产量 26.5 万吨。

（4）丁醇、辛醇。丁醇和辛醇常以丙烯为原料制得，主要用于制造增塑剂、石油添加剂、涂料及作为溶剂。丁醇和辛醇的合成路线接近，通常以一套装置同时生产两者。股份公司有 3 套生产装置，2014 年丁醇产量 19.9 万吨，辛醇产量 9.12 万吨。

（5）环氧乙烷。环氧乙烷主要用于制造乙二醇、合成洗涤剂、非离子表面活性剂、增塑剂和润滑剂等，在医学上还用作消毒剂。环氧乙烷生产装置常联产乙二醇。2014 年环氧乙烷产量 38.81 万吨。

（6）苯酚、丙酮。苯酚又名石炭酸，最主要制备方法是丙烯经苯烃化合成异丙苯，然后经过氧化分解为苯酚和丙酮。苯酚主要用于制造苯胺、酚醛树脂和双酚 A 等；丙酮是优良的溶剂和化工原料。股份公司仅有 1 套采用异丙苯法工艺的生产装置，2014 年苯酚产量 7.6 万吨、丙酮产量 4.77 万吨。

（7）苯乙烯。苯乙烯主要用于生产苯乙烯系列树脂（如聚苯乙烯、SAN 树脂等）、丁苯橡胶、ABS 树脂和涂料等。股份公司有 10 套生产装置，2014 年苯乙烯产量 90.91 万吨。

【合成树脂】 2014 年，股份公司合成树脂产量 806.19 万吨。涉及聚乙烯（PE）、聚丙烯（PP）、ABS 树脂、聚苯乙烯（PS）、SAN 树脂五大类。近 5 年中国石油合成树脂主要品种产量统计见表 3–4。

表 3–4　近 5 年中国石油合成树脂主要品种产量统计表　　万吨

产品	2014 年	2013 年	2012 年	2011 年	2010 年
合成树脂	806.19	663.84	618.39	577.90	565.18
低密度聚乙烯	46.40	43.50	46.98	45.98	43.92
高密度聚乙烯	168.31	142.31	137.55	128.85	133.61
线性聚乙烯	210.27	152.41	121.45	114.30	121.11

续表

产品	2014 年	2013 年	2012 年	2011 年	2010 年
聚丙烯	309.03	269.00	265.40	243.91	218.54
ABS 树脂	51.30	39.25	28.92	29.72	29.38
SAN 树脂	9.34	7.47	9.43	9.32	9.17
聚苯乙烯	10.14	11.03	10.82	8.04	10.18

（1）聚乙烯（PE）。股份公司共有聚乙烯装置 22 套。按可生产的聚乙烯产品类型，聚乙烯生产装置可分为高压低密度聚乙烯（HP-LDPE）装置、低压高密度聚乙烯（LP-HDPE）装置、线性低密度聚乙烯（LLDPE）装置和全密度聚乙烯（FDPE）装置。其中 FDPE 装置产品范围可覆盖从低密度 LLDPE 到高密度 HDPE 整个密度范围的产品。2014 年，聚乙烯产量 424.98 万吨。

① LDPE。股份公司有 HP-LDPE 装置 3 套。2014 年产量为 46.4 万吨。

② HDPE。股份公司有 LP-HDPE 装置 8 套。2014 年产量为 168.31 万吨。

③ LLDPE。股份公司有 LLDPE 装置 7 套。2014 年产量为 210.27 万吨。

（2）聚丙烯（PP）。股份公司有聚丙烯装置 30 套。2014 年产量为 309.03 万吨。

（3）ABS 树脂。股份公司有 ABS 树脂装置 5 套。2014 年产量为 51.3 万吨。

（4）聚苯乙烯（PS）。股份公司有聚苯乙烯装置 1 套。2014 年产量为 10.14 万吨。

（5）SAN 树脂。股份公司有 3 套 SAN 树脂装置。2014 年产量为 9.34 万吨。

【合成纤维】 股份公司合成纤维业务包括合成纤维单体、合成纤维聚合物和合成纤维三个方面。

合成纤维单体。股份公司生产的合成纤维单体有精对苯二甲酸（PTA）、丙烯腈（AN）和乙二醇（EG）等。2014 年，生产 PTA 7.19 万吨、AN 62.71 万吨和 EG 43.4 万吨。

合成纤维聚合物。股份公司生产的合成纤维聚合物产品主要有聚对苯二甲酸乙二酯（PET）。共有 3 套 PET 生产装置，2014 年产量为 0.5 万吨。

合成纤维。股份公司生产的合成纤维品种有涤纶、腈纶和丙纶。涤纶生产装置有 2 套，腈纶生产装置有 2 套，丙纶生产装置有 1 套。2014 年，合成纤维产量为 6.58 万吨，其中腈纶纤维 6.53 万吨、丙纶纤维 0.05 万吨。

【合成橡胶】 股份公司可生产顺丁橡胶、丁苯橡胶、丁腈橡胶、乙丙橡胶和氯磺化聚乙烯五大类橡胶产品。2014 年产量为 74.48 万吨。近 5 年中国石油合成橡胶主要品种产量统计见表 3-5。

表 3-5　近 5 年中国石油合成橡胶主要品种产量统计表　　万吨

产品	2014 年	2013 年	2012 年	2011 年	2010 年
顺丁橡胶	22.95	14.55	12.51	13.67	12.75
丁苯橡胶	31.09	29.77	30.51	29.78	28.89
丁腈橡胶	5.38	5.84	6.04	5.51	5.26
乙丙橡胶	2.97	2.01	1.91	2.11	1.92
氯磺化聚乙烯	0.14	0.12	0.13	0.14	0.12

【化肥】 股份公司生产的化肥包括合成氨、尿素、复合肥及丙烯腈装置副产硫铵。

合成氨。2014 年，股份公司有合成氨装置 9 套，生产合成氨 189.2 万吨，同比减少 68.46 万吨。

尿素。2014 年，股份公司有尿素装置 8 套，生产 266.31 万吨，同比减少 110.8 万吨。

【精细化工】 股份公司的精细化工产品主要集中在催化剂（包括助催化剂）、石油添加剂、油田化学品、橡胶助剂、表面活性剂等方面，最主要的是催化剂和表面活性剂。

催化剂。催化剂技术是石油化工核心技术之一。兰州石化催化剂厂是国内主要的炼油催化剂生产基地。2014 年，兰州石化催化剂厂生产催化裂化催化剂 4.03 万吨，同比减少 0.58 万吨。

表面活性剂。烷基苯是洗涤剂和农药乳化剂的重要中间体，重烷基苯还是重要的油田助剂。2014 年，生产烷基苯 17.88 万吨，重烷基苯 2.77 万吨。

（董　政）

重点工程

【概述】 2014 年，炼化板块全力以赴打好油品质量升级和减排项目攻坚战，积极推进重点炼化项目建设，坚持安全环保放在首位，重视设计管理有效提升质量，提高统筹协调能力促工程进度，严把承包商准入规范管理行为，采取有效措施降低投资，全面完成炼化工程建设工作任务，实现预期目标。

【工程项目及投资控制】 油品质量升级项目 17 项。锦西石化 150 万吨 / 年蜡油加氢裂化装置和 5 万米^3/ 时制氢装置、大港石化 220 万吨 / 年汽油、柴油加氢精制装置和 60 万吨 / 年连续重整装置、大庆石化 130 万吨 / 年柴油加氢脱硫装置、兰州石化 120 万吨 / 年柴油加氢装置扩建、大庆炼化 170 万吨 / 年柴油加氢装置、哈尔滨石化 100 万吨 / 年柴油加氢装置、玉门油田炼化总厂 70 万吨 / 年柴油加氢精制装置、锦州石化 280 万吨 / 年柴油加氢改质装置、长庆石化 140 万吨 / 年柴油加氢装置、吉林石化 160 万吨 / 年柴油加氢精制装置、塔西南泽普炼油厂 30 万吨 / 年柴油加氢装置、华北石化 120 万吨 / 年柴油加氢装置改造和 60 万吨 / 年柴油加氢改质装置改造、格尔木炼油厂 80 万吨 / 年柴油加氢改质装置改造和 15 万吨 / 年柴油加氢精制装置改造等年内建成投产，辽阳石化柴油质量升级循环氢脱硫等系统改造、大连石化 200 万吨 / 年柴油加氢脱硫装置、乌鲁木齐石化 180 万吨 / 年柴油加氢改质项目和克拉玛依石化 90 万吨 / 年柴油加氢装置改造项目等顺利实施。

国家考核减排项目 13 项。哈尔滨石化、独山子石化、大庆石化、大庆炼化、抚顺石化（2 套）、乌鲁木齐石化、华北石化（2 套）、大连石化等炼化企业的 10 套催化烟气脱硫项目建成投产，华北石化污水处理场生化改造项目、抚顺石化洗化厂污水处理项目及三厂污水处理项目等按期建成投产。

2014 年，炼化板块完成 68 个项目初步设计批复，批复初步设计概算比上报概算投资节约 10%。

【质量安全管理】 2014 年，建设项目质量安全管理工作重点结合汽油、柴油质量升级项目特点，突出容易产生质量问题的特种钢焊接、无损检测、材料检验等关键环节以及容易发生安全事故的吊装、脚手架等特种作业的管理与检查工作。先后组织检查锦西石化、大港石化、锦州石化、长庆石化、大连石化、吉林石化等 6 家炼化企业在建项目，就检查发现的突出问题在炼化系统内进行通报，要求查摆原因、及时整改、举一反三、挂牌督办、责任到人，确保工程建设安全有序优质高效。

【竣工验收】 2014 年，坚决贯彻依法治企大政方针，认真落实相关法律法规要求，将安全设施、环境保护、消防、职业病防护设施、档案验收和竣工决算审计等专项验收工作作为竣工验收的核心，落实责任、定期检查、及时协调、扎实推进，组织并完成 15 个项目（总投资 1 亿元以上）竣工验收，其中总投资 10 亿元以上项目 3 个，分别是辽阳石化 140 万吨 / 年连续重整—歧化联合装置及配套工程、广西石化 1000 万吨 / 年炼油工程和大庆炼化 30 万吨 / 年聚丙烯（二期）项目。

【工程创优】 2014 年，独山子石化国家石油储备基地工程、广西石化1000万吨/年炼油工程、大庆炼化30万吨/年聚丙烯（二期）工程、辽阳石化140万吨/年连续重整—歧化联合装置及配套系统工程、大庆石化炼油厂一套常减压装置安全节能改造项目获中国施工企业管理协会颁发的国家优质工程奖及中国石油建设协会颁发的石油优质工程金奖。

（张　璞）

化工产品销售

【概述】 2014年，化工销售系统做好“资源、市场、效益”三篇文章，在原油价格持续下跌、进口产品、煤化工产品冲击、产品销售困难的情形下，围绕KPI指标，落实“53551”（形成五个机制、加强三项管理、深化五个研究、强化五个控制、做好一个保障）营销工作总体安排，推动化工销售业务水平提升。统销化工产品销量1641万吨，同比增加98.9万吨；化工产品购销率99.7%，直销率62%，调运计划完成率104%。

【统销业务】 继续加强统一销售管理，重点强化上下联动、营销策略落实两个环节，促进营销质量提升。以年度、月度优化为基础，即时监控优化为辅助，初步建立资源配置优化机制。每周分析有涨价前景和资源紧缺的牌号，每月拿出10%—15%作为浮动配置量，通过实时监控价格、库存、销量、产量变化情况，配套出台《炼油与化工分公司产品买断从量从价管理办法》，有效约束，形成高效区域产品销量不断增加的优化机制。2014年向高效市场增配72.4万吨，同比增长22.22%，高效市场增销61.9万吨，同比增长18.84%，提高产品获利能力。

确定高效产品，跟踪管理，形成高效产品比例不断增加的产品结构改善机制。通过对产品成本和市场价格的对比，明确2014年效益最佳的15个牌号产品，通过密切产销衔接提高产量，通过优化服务增加销量，通过考核排名形成竞争，2014年实现销售76.01万吨，实现预算同期进度的101.3%，同比增长17.3%。高效产品比例不断增加的产品结构改善机制初步形成。

以年、季、月度计划为龙头，密切产销衔接，形成需求计划与排产计划稳定、精确的运行机制。2014年在各类计划的精细度上下功夫，通过提高需求计划准确度，促进排产计划的稳定度，通过密切产销衔接，对配置、买断、运输组织、销售计划执行、财务入账的全流程实施跟踪考核管理，保障和提高全流程的均衡运作水平，增强计划的严肃性和稳定性，全年配置执行率同比提高10个百分点。

重新制定《化工销售企业指标排名细则》，结合各销售公司工作任务和特点，调整考核项目和权重，科学准确设立销售单位考核指标，客观反映各销售企业实际情况，营销业务考核排名更加符合各化工销售企业实际。

【化工物流】 及时跟进调整，形成运输环节和方式不断优化、运价市场化调整机制；建立运价随市场价格变动的调整机制，做到运费合理准确，减少矛盾。结合中国石油化工产品运距长、环节多的实际情况，将KPI指标进行细化和分解，西北化工销售公司取消兰州石化产品整车分流运输，节约费用660万元；东北化工销售公司停止大庆至沈阳南倒装，节约费用420万元；控制公路运输量，同比减少10.54万吨，节约费用1580万元；提高热塑弹性体行包车运量，同比增加2500吨，节约费用72万元。通过优化实现降费2732万元。

加强仓储运输合同管理。组织专家对6家化工销售单位235份合同进行诊断，完成仓储运输合同检查工作，规范合同文本内容和条款，规避仓储保管和产品运输合同风险。2014年下半年组织检查各单位整改情况，针对存在问题，按照整改要求，基本实现合同内容和条款文本规范、内容完整、条款清晰。

做好产品运输调运工作，保障生产企业后路畅通。针对四川石化开工后化工产品运输情况，协调汽车、火车、船运，合理调配装卸作业，确定库存指标，每日跟踪装车、发运及返车，大大提高产品外运效率。推进云南石化开工前运输准备工作，提早部署各项运输仓储运输方式，确保各项准备工作准时到位。

【炼油小产品管理】 逐步完善炼油小产品统计系统，对燃料油、液化气等企业统销量、自销量、自用量实现分类统计，为深入了解小产品经营状况提供准确数据支持。协调石油焦、石蜡销售工作的统一运行，完成第二期石油焦战略合作，推进第三期战略合作，对支撑炼油厂销量，减缓价格大起大落，保企业生产后路畅通起到关键作用。做好液化气产品的产销衔接，安排好液化气产品东调出疆、南下入海，保证生产后路畅通；根据液化气销售流向变化，及时调整销售权重，为准确定价提供支持。

（范学民）

【市场分析】（1）原油市场。2014 年，全球经济复苏不平衡，石油需求增速放缓，非欧佩克供应持续增长，世界石油市场供需形势进一步宽松，国际油价承压下行。同时，地缘政治因素、沙特政策变化、欧佩克“不作为”、美元走强、投机者投机炒作等诸多因素助长油价下跌。全年国际油价呈上半年震荡小幅上升、下半年深度下跌走势。WTI 原油期货全年均价 92.91 美元 / 桶[1]，同比降 5.14 美元 / 桶，布伦特原油期货全年均价 99.45 美元 / 桶，同比降 9.25 美元 / 桶。

2014 年上半年高位震荡：年初，受供需形势总体宽松、伊核问题第一阶段协议落实、伊朗和利比亚原油产量恢复、美联储开始缩减购债规模等利空因素影响，国际油价逐步下行。自 2 月起，受北美异常严寒天气持续提振取暖油需求、Keystone 管道南线投运缓解库欣地区库存压力、美国债务上限问题提前顺利解决促使市场进一步看好美国经济前景、利比亚原油供应时有反复等利多因素影响，国际油价震荡走高。3 月，俄罗斯和乌克兰之间紧张关系不断升级引发供应忧虑和战争恐慌，进一步推高油价。4 月，受美国商业原油库存连创新高、墨西哥湾地区原油库存升至历史高位影响，国际油价承压回落。5 月小幅振荡，6 月中旬开始，伊拉克极端武装分子 ISIS 在伊境内发动武装行动，造成伊国内动乱升级，令市场担忧该国原油供应前景，国际油价节节攀升。同时，欧美夏季驾驶出行高峰临近也为国际油价上行提供支撑。

2014 年下半年深度下跌：6 月底 7 月初，疲弱的基本面开始主导市场，国际油价下行趋势开启。8 月、9 月，全球范围内的供应过剩和需求疲弱导致世界石油市场供需宽松态势进一步加剧，国际油价继续下行。同时，随着美联储货币政策的不断收紧，美元保持强势增长态势，对以美元计价的原油进一步造成打压。9 月 9 日，布伦特原油期货价格跌破 100 美元 / 桶。10 月，国际油价下行趋势进一步加剧。10 月 3 日和 13 日，WTI 和布伦特原油期货价格分别跌破 90 美元 / 桶。此时，一方面，欧佩克原油产量不降反升，主要产油国为争夺市场份额纷纷打起价格战，沙特、伊拉克、伊朗和科威特均下调对亚洲地区官方原油售价，增加油价下行压力。另一方面，世界经济增长仍然疲软乏力，IMF 连续第三次下调全球经济增长预估、IEA 和 EIA 进一步下调世界石油需求增长预估，石油市场看空情绪进一步加重。10 月 28 日，美联储宣布结束持续 5 年多的量化宽松政策，美元步入升值周期趋势明显，对国际油价打压力度进一步增强。11 月 27 日，欧佩克部长级会议决定维持 3000 万桶 / 日产量目标不变，加大市场悲观情绪，国际油价进一步下挫。11 月 28 日和 12 月 3 日，WTI 和布伦特原油期货价格分别跌破 70 美元 / 桶。12 月，沙特、伊拉克、科威特、伊朗再次接连下调对亚洲地区官方原油售价，欧佩克价格战进一步升温，沙特不减产表态也令市场看空气氛进一步加剧，国际油价继续下挫。12 月 11 日和 16 日，WTI 和布伦特原油期货价格纷纷跌破 60 美元 / 桶（表 3-6）。

表 3-6　2014 年主要油种价格变化情况表　　美元 / 桶

油种	年平均价格	最高价格	最低价格	价格变化
WTI	93.17	107.53	53.27	54.26
布伦特	99.01	115.32	57.33	57.99
迪拜	96.61	111.16	52.89	58.27
米纳斯	98.60	116.31	53.07	63.24

[1] 1 桶 =158.98 升。

（2）化工市场。2014 年，国内化工市场受原油价格暴跌、供应增加以及宏观经济环境乏力等多方面影响，市场表现跌宕起伏，特别是下半年，随着原油价格直线下跌，主要化工产品价格一路回落，化工业务亏损严重。一季度受春节长假效应影响，化工市场表现疲软，价格全面回落，成交清淡，库存大幅上涨。二季度受生产装置计划和非计划停车较多、资源一度偏紧支撑，化工市场稳步上涨，其中聚烯烃表现相对抢眼，价格强势拉升到近几年高位，而芳烃和合成橡胶市场表现相对偏弱，价格反弹幅度远低于近几年平均水平，截至 2014 年 6 月底，多数产品价格达到或超过 2014 年初价格水平。三季度，随着国内经济数据逐步回落，同时国际原油价格下跌通道开启，国内化工市场全面转跌，其中聚烯烃产品受煤化工新装置开车的冲击较大，价格快速回落到年内低点。四季度，伴随原油成本面崩塌，化工产品市场直线回落，各品种价格屡破近几年新低，特别是 PX、PTA、乙二醇、顺丁橡胶价格接近 2008 年的低点（表 3–7）。

表 3–7　2014 年主要化工产品价格变化情况表　　元 / 吨（含税）

产品	年平均价格	最高价格	最低价格	价格变化
LDPE	12000	13600	9250	4350
HDPE（拉丝）	12000	12650	10550	2100
HDPE（注塑）	11230	11850	8650	3200
LLDPE	11120	12100	8800	3300
PP（拉丝）	10980	11780	8900	2880
ABS	13870	14450	11950	2500
腈纶短纤（3D）	17450	18150	16900	1250
顺丁橡胶	11990	13250	10100	3150
丁苯橡胶	12180	13350	10720	2630
PTA	6480	7600	4900	2700
精己二酸	10560	11200	8900	2300
苯乙烯	10860	12100	7200	4900
丁醇	8480	9100	7000	2100
辛醇	9770	10400	8200	2200
甲苯	7710	8050	5050	3000
PX	9100	10700	6900	3800
丙烯腈	14350	15000	13500	1500
醋酸	3350	4050	2900	1150
苯酚	10310	12100	7300	4800
乙二醇	6860	7600	5900	1700
苯	8560	9700	5250	4450
环氧乙烷	10500	10900	8500	2400
尿素	1550	1670	1450	220

（王　梅）

专业管理

【规划计划管理】（1）炼化业务“十三五”规划。初步完成《“十三五”炼化发展规划框架》编制，组织开展炼油、化工领域专项规划研究，开展《“十三五”炼油结构调整方案研究》等专题研究工作。

（2）油品质量升级。调整国Ⅴ汽油、柴油质量升级方案，适应国家新标准要求。

（3）项目前期管理。加强立项审查，优化项目方案，提高投资效益。指导地区公司切实做好各类别项目可行性研究报告方案比选优化、节省投资、提高投资效益等方面工作。对于重点工程、质量升级等重点项目主要从工艺技术方案、产品结构等方面进行优化，确保项目内部收益率达到12%以上。对于安全、环保、节能等专项项目通过优化、完善治理方案保证项目的实施效果。

强化可行性研究报告评估审查，节约投资。对于炼化板块负责的第三类项目，强化项目可行性研究报告评估审查环节工作，依靠咨询单位专家团队和板块专业处室，在优化项目方案、提高投资效益方面做了大量工作，取得良好效果。加快项目可行性研究报告审批，2014年评估52个，批复39个，批复的可行性研究报告比上报节约投资2.1亿元。

（4）投资计划。严格执行集团公司加强投资控制有关规定，加强超前预知管理，科学合理安排各批次计划，及时下达投资计划，优先保证重点工程及安全、环保、油品质量升级、节能各专项项目按计划实施，及时提供项目建设资金保障。2014年转发下达5批股份公司投资计划，包括重点工程、油品质量升级、节能、技术改造、物流仓储等各类别项目投资。2014年，下达投资计划占年初框架计划的96.4%。

编制下达3批安全隐患和环保隐患治理专项治理计划，重点围绕重大隐患和短板治理。安全隐患治理集中在生产装置、罐区、电气、安全消防设施、油气装卸、长输管道等方面。环保隐患治理集中在国家环境保护部和集团公司重点达标项目，包括锅炉烟气脱硝、FCC烟气脱硫和脱硝、污水达标处理、风险消减及三级防控等。下达炼油与化工应用集成系统和炼化物联网系统2个信息化项目。

（高长锋）

【资源优化】 按照效益原则，加大对炼油厂加工油种优化分析，原油资源优先向效益好的企业倾斜，克拉玛依石化、庆阳石化、长庆石化、哈尔滨石化等效益较好的炼油厂满负荷加工，为炼化业务减亏做出贡献。针对国际油价大幅下行、国内成品油降库压力较大的情况，努力增加沿海炼油厂自产原油配置量，控制海上一般贸易原油进口，确保原油、成品油降库目标实现。

针对四川石化因塔里木原油沥青质高，造成渣油加氢装置无法平稳运行问题，有效应对，协调塔里木油田研究高沥青质区块原油分储分输方案以及西南管道研究兰成管道长期输送长庆油方案，协助四川石化研究工艺改造的可行性，不断优化四川石化原油配置方案。

推进国Ⅳ柴油质量升级工作，克服时间紧、任务重的困难，以西部成品油管道为重点，细化制订转产、置换升级方案，全面推动置换升级工作顺利开展，保证2015年1月1日加油站全部销售国Ⅳ车用柴油，完成国家成品油质量升级任务。

协调解决四川石化、广西石化投产用气以及辽宁地区炼油厂供气支线供气问题，确保炼油厂天然气安全平稳供应。开展冀东油田轻烃供应吉林石化、西南油气田液化气供应四川石化作为乙烯原料等内部资源优化配置。2014年俄罗斯原油增供大连137万吨，油田轻烃同比增加18.6万吨，天然气增加7.5亿立方米，互供石脑油增加9.1万吨，重整拔头油互供同比增加1.5万吨。减少海上进口原油335万吨，调减线性聚乙烯、丁苯橡胶产量，化肥、丁辛醇、顺丁橡胶、PX、聚丙烯等装置，根据市场采取停产或间歇停产措施。

（楼　森）

【装置达标】 2014年，继续推动炼化专业和装置达标工作。炼化板块成立达标专项服务小组，以“安稳长满优”运行为目标，开展常减压、催化裂化、延迟焦化、连续重整、乙烯、聚乙烯、聚丙烯和系统优化等8个专题技术分析，解决重点难点问题，推进达标工作；以专业管理为重点，总结提炼先进成熟生产技术管理经验，形成相关专业技术管理要点，指导装置或系统优化运行；组织达标培训，对炼化对标分析情况、炼油厂EII、MA指标、炼化系统能量优化、聚烯烃装置达标管理和运行优化、达标技术管理与挖潜增效、达标短板治理措施进行详细对接。

各炼化企业按照达标方案推进专业和装置分级达标，逐项落实达标措施，稳定装置运行。全年参与专业达标考核炼油厂共25家，大连石化、大连西太、长庆石化、大港石化、庆阳石化5家企业实现达标，达标率20%，其中各项指标总达标率达到69%。122套炼油装置中57套实现达标，达标率47%；68套参评化工装置中13套实现达标，达标率19%。达标工作促进各项技术经济指标的进步，全年炼油综合商品率同比增加0.4%；综合损失率同比降低0.04%；炼油单因耗能同比降低0.25千克标准油/（吨·因数）；乙烯收率同比增加0.2%；乙烯燃动能耗同比降低5千克标准油/吨。

（焦丽菲）

【生产管理】 2014年，生产管理方面围绕全方位找差距、查问题，立标杆、定措施、抓落实，减少非计划停车，确保装置“安稳长满优”运行。强化生产稳定是最大安全理念，在源头打牢基础，把追求“安稳长满优”生产作为企业管理的基准线。实行科学的生产决策，强化产销衔接与平衡，对资源配置、生产平衡、装置负荷和开停车等统筹安排，合理布局。把好装置设备及原材料质量关，精心组织装置检修及日常消缺，排查隐患和薄弱环节，及时抓好整改，变事后维修为事前防范。规范操作，精心操作，不断优化生产工艺，力求装置最佳运行状态。以检维修工作为重点，坚持设备“制度化、标准化、专业化、精细化”管理，进一步开展设备现场标准化、设备隐患整改，提高装置运行安全可靠度。对出现的非计划停车原因深入分析，总结经验教训，避免重蹈覆辙。同时，做好应急预案并强化演练，以应对突发情形对正常生产的影响，将非计划停车降至最低限度。针对催化、化肥等重点装置成立长周期运行攻关小组，从原料组成、关键技术指标等着手，对暴露出的问题重点研究解决措施。利用信息化手段，借助MES生产运行管理系统，及时掌握装置运行状况，发生异常提前预警，有效规避装置非计划停车。深入分析装置运行平稳率、主要技术经济指标等关键数据，发现问题，消除装置隐患和瓶颈，确保装置平稳运行。全年装置平稳率99.34%。

（楼　森）

【产品结构优化】 炼油方面，以效益为中心，优化炼油产品结构，增加高标号汽油、低凝柴油、航空煤油、沥青等高效厚利产品产量，同时大力减少效益差的黑色产品和其他副产品。高效产品比例42.3%，大幅提升7.4个百分点；航空煤油产量711万吨，同比增长18.3%，连续两年保持两位数增长，吉林石化、广西石化、抚顺石化、四川石化获航空煤油认证；95号以上汽油产量570万吨，同比增长41.6%；国Ⅴ成品油产量545万吨，同比增长178%，长庆国Ⅴ汽油按时投放市场。

化工方面，成立26个新产品市场推广小组，按照新产品3年规划目标，在精炼产品上下功夫，将新产品划分为准备期、投放期、推广期、竞价期，整合生产、销售和研究院所优势，配套不同时期的推广模式，各小组间即有侧重又有联动，谁推广谁受益。2014年共生产化工新产品62个牌号74万吨，组织3次新产品推广总结交流，成功推广大庆石化瓶盖料5613JP、抚顺石化PERT管材DP800、抚顺石化高密度膜料FHM9455F、抚顺石化薄壁注塑HPP1850、兰州石化热收缩膜2320D、兰州石化环保充油胶1723、兰州石化环保丁腈2907E、3305E、PE100管材UHXP4808、独山子石化PPR管材T4401、独山子石化汽车改性料K9930H、独山子石化SBS-T6302H、吉林石化ABS喷涂料PT151、独山子石化HD5503GA、大庆石化DMDC6400等15个牌号新产品，独山子石化PE燃气管示范工程建成投运，吉林石化大口径、低熔垂PE管材获用户认可。

（楼　森　范学民）

【质量与标准】 2014年，集团公司抽检炼化企业自产产品349批次，合格率99.71%。大庆炼化聚丙烯管材料、吉林石化ABS树脂、吉林石化丙烯腈、兰州石化丙烯酸获得全国石化名牌。大庆石化腈纶毛条、正丁醇等4种产品获“全国用户满意产品”。

开展第二轮质量体系推进评审。分5个组评审大连石化、大连西太、乌鲁木齐石化、克拉玛依石化、独山子石化、长庆石化、庆阳石化、格尔木炼油厂、辽河石化、锦州石化、锦西石化。

四川石化、吉林石化、广西石化、抚顺石化取得航空煤油认证，增加航空煤油产能280万吨/年。其中四川石化、吉林石化是首次生产航空煤油。

2014年，制定、修订国家和行业炼化产品和检测方法标准38项。其中国家标准10项、行业标准

28 项；牵头 28 项、参与 10 项。制定 Q/SY 标准 1 项：硬质道路石油沥青。修订 Q/SY 标准 3 项：液体石油化工产品包装规范、氯化聚乙烯专用树脂、高密度聚乙烯（HDPE）树脂。

牵头制定 1 项国际标准：《塑料 苯乙烯—丙烯腈（SAN）模塑和挤出材料 第一部分命名系统和分类基础》。申请制定国际标准《苯乙烯—丁二烯生橡胶 N- 亚硝基胺含量的测定 气相色谱—热能分析法》、修订国际标准《苯乙烯—丁二烯生橡胶皂和有机酸含量的测定》。

【节能节水】 2014 年，炼化企业共计节能 65 万吨标准煤，节水 1212 万立方米。安排节能专项投资 27 个，实际下达 7.2 亿元资金，实现年节能量约 10.5 万吨标准煤、节水量 230 万立方米，税后财务收益率平均可达 25% 以上（表 3–8）。

表 3–8　近 5 年中国石油炼化企业节能节水情况表

指标	2014 年	2013 年	2012 年	2011 年	2010 年
节能总量（万吨标准煤）	65	55	64	49	93
节水总量（万立方米）	1212	1203	1145	1028	1558

（林　炯）

【科技与信息管理】 2014 年，获省部级科技奖励包括“高性能碳二后加氢催化剂开发及工业应用”“裂解汽油一段、二段加氢催化剂及应用技术”等共 46 项。申请炼化专利 73 件，授权 20 件。

支撑油品质量升级。完成 2013 年投产的 DSO、GDS 共 12 套催化汽油加氢装置国Ⅳ标定，装置平稳运行。“半合成催化裂化催化剂生产新技术的开发与应用”“原位晶化全白土催化剂工程化技术开发”取得阶段成果。兰州石化轻汽油醚化取得较好经济效益。自有知识产权 PHF 系列柴油加氢催化剂在 5 套装置上应用，累计应用 7 套装置。渣油加氢催化剂工业应用取得阶段成果，自主研制的催化剂和参比催化剂稳定对比运转近 6000 小时，性能相当。

组织完成新产品开发任务。全年共完成 62 个牌号约 74 万吨，其中首次排产 22 个牌号。部分产品取得突破性进展，独山子石化 PE100 燃气管材专用料在甘肃天水完成首个燃气示范工程建设，吉林石化丁苯橡胶实现为国际知名公司定制开发，独山子石化道改料改变克拉玛依沥青改性剂一直依赖外部供应商的局面。PE–RT、PPR 等高附加牌号实现多牌号多装置生产，稳定供应能力。

重大科技专项进展顺利。“5000 吨 / 年己烯 –1 装置长周期运行及优化研究”项目，通过优化反应操作参数和催化剂配比，减少反应过程中聚合物的生成；应用迷宫式压缩机替代隔膜压缩机解决压缩机故障频繁问题；2014 年累计运行 669 小时后按计划停工，己烯 –1 产品纯度和内烯烃含量均达到计划任务书指标要求。国家科技支撑计划项目“百万吨级乙烯成套工艺技术、关键装备研发及示范应用”在大庆石化化工一厂有序推进；“大型乙烯装置工业化成套技术开发”成功开发包括裂解炉、急冷、分离工艺、配套工程技术、劣迹产物预测软件和配套催化剂在内的大型乙烯工业化成套技术，通过验收。本专项开发的 60 万吨 / 年乙烯成套技术及 15 万吨 / 年乙烯大型裂解炉技术成功应用于大庆石化 120 万吨 / 年乙烯改扩建工程，装置开车一次成功，各项指标达到计划任务要求，大型乙烯装置成套技术国产化实现重大突破。装置累计运行 660 天，累计乙烯产量 105.8 万吨，乙烯收率 31.71%、丙烯收率 16.24%，乙烯产量 61.9 万吨。

合成橡胶领域取得突破。兰州石化丁腈橡胶实现全系列环保目标，为市场提供优质环保产品；克拉玛依石化和辽河石化环保油占据国内橡胶领域主战场，兰州石化和吉林石化环保丁苯橡胶取得市场竞争优势。独山子石化稀土顺丁橡胶装置实现第二次试生产，产出低门尼和高门尼两牌号约 166 吨，正开展重点客户测试和试用。吉林石化 4 万吨 / 年乙丙橡胶 C 装置建成，一次投料开车成功，生产出合格二元胶产品，C1、C2 线平稳生产并达到设计负荷，完成 J–0050 牌号生产和满负荷标定。轮胎用溶聚丁苯橡胶成套技术开发及新产品工业试验项目完成立项评审。

信息管理工作方面，以业务驱动开发建设炼化专业系统。2014 年，炼化物料优化与排产系统（APS2.0）在 29 家炼化企业上线运行，建立计划排产及效益测算业务协同工作平台，实现“优化—计划—效益测算—完成分析”业务集成。炼油与化工应用集成项目、炼油与化工生产运行系统（MES2.0）等 5 个项目按照计划推进。炼化 ERP 系统对财务管理、物资管理、设备管理等70多张报表进行运行速度优化，运行效率提升80%以上，加强生产运营管控。化工销售ERP系统通过加强价格管控方法6家化工销售公司月度价格到位率在99%以上，及时、准确监控化工产品库存情况，辅助科学决策，降低运营成本。炼油与化工生产运行系统2014年改造或新建装置32套纳入系统，并集成15家炼化企业2800余路现场视频，提升异常情况处置能力。

（王桂轮　李志良）

【设备管理】 2014年，以装置长周期运行为目标，以检维修工作为重点，坚持设备“制度化、标准化、专业化、精细化”管理，进一步开展设备现场标准化、设备隐患整改、化肥装置技术攻关，持续提升设备管理水平，设备运行整体受控。

检维修现场管理。2014年，共有17家企业272套生产装置进行停工检修。除兰州石化外，其余16家检修企业开车一次成功，装置运行平稳。为加强检修项目全过程受控管理，炼化板块组织编写《中国石油炼化企业大检修规范化管理100条》（试行稿），首先在大连石化和大港石化试行，并在其他检修企业全面推广应用。在加强安全监督管理方面，尝试引入第三方安全监督管理队伍。

设备现场管理标准化工作。炼化板块提出开展设备现场“六个标准化”管理要求，制订工作计划，对设备设施的基础管理、运行管理和现场管理工作进行量化考评。截至2014年底，炼化企业共有477个标准化装置（总数1104个，达标率43%）、2122个标准化机泵房（区）（总数3916个，达标率54%）、503个标准化罐区（总数1027个，达标率49%）、1340个标准化变电所（配电室）（总数2464，达标率54%）、689个标准化仪表控制室（总数1234个，达标率56%）通过达标验收。

“五项”短板隐患治理。炼化板块组织各企业加强高危泵密封改造、液下泵改造、电气隐患治理、罐区隐患治理和腐蚀监控工作。截至2014年底，高危泵改造完成5497台，液下泵改造完成550台，原油储罐浮盘机械密封整改完成59台，76项电气隐患项目完成80%。兰州石化公司腐蚀防护中心组织开展大港石化（3套装置）和抚顺石化（5套装置）的腐蚀检查工作，并为27家炼化企业103套主要生产装置安装在线腐蚀监测632点。

加强“四类”物资供应商管理。根据炼化板块组织制定下发的《关于下发炼化企业部分品种物资定商结果的通知》（油炼化函〔2011〕48号）等文件，借助HSE体系审核以及检修调研等时机，炼化板块多次对各企业落实情况进行检查，发现执行不力的情况及时通报，敦促整改，2014年上半年，针对部分单位出现假轴承问题，炼化板块下发《关于进一步加强炼化企业进口轴承质量管理的通知》，要求各企业理顺采购渠道，充分保证产品质量。

化肥装置长周期运行攻关。继续坚持化肥装置长周期运行攻关，在原有基础上深入开展攻关活动，以不突发非计划停工为目标。各企业建立隐患台账，实行分级管理，2014年整改完成隐患项目128项，其中A级21项，B级44项，C级63项。2014年，化肥装置非计划停工7次，其中吉林石化1次、宁夏石化2次、乌鲁木齐石化1次、塔西南2次，塔里木石化1次，同比减少1次，下降12.5%。

（王　平）

【安全环保】 贯彻落实集团公司关于安全生产要求，强化红线意识，树立底线思维，以审核为抓手，持续推进HSE体系建设，继续开展好安全环保隐患治理，严格落实环保目标责任，强化环境保护管理，扎实推进污染减排，严格控制环境风险，安全环保形势明显好转。

安全生产。2014年，从各炼化企业抽调技术专家150多人，对归口管理的36家炼化企业和油田炼化单位进行HSE体系现场审核。对存在的突出问题下发企业领导挂牌督办和限期整改通知。按照“四不两直”工作要求，成立检查组，建立直奔现场、直查问题、白天摸底夜间检查、复式检查、追本寻源的检查方式及重大问题当时上报炼化板块，一般问题8小时上报的呈报机制，不定期对20多家炼化企业开展安全生产及劳动纪律抽查暗访。重点抽查企业劳动纪律、施工作业、现场安全管理、安全隐患、作业许可及历次体系审核问题整改等情况，反映企业劳动纪律、现场违章等管理方面真实情况，触动大，效果好。贯彻落实国家、集团公司关于长输管道隐患排查要求，组织对炼化企业厂外油气管道隐患进行排查、梳理和整治。排查出长输油气、危险化学品管道623条，长度5282.9千米，涉及12个省级行政区，辽宁省管道数量最多。其中，原油管道49条、407千米，天然气管道34条、439千米，成品油管道124条、1663千米，危险化学品管道416条、2773千米。按照国家和集团公司油气长输管道和危险化学品管道隐患分级标准，共排查出隐患3102处，涉及管道288条、249.811千米。重大隐患683处、较大隐患1633处，一般隐患786处。需地方政府协调解决隐患2754处，涉及管道262条、212.403千米。企业自行整改隐患348处，涉及管道84条、37.408千米。组织企业整改查出隐患。3年隐患治理成效明显，基础设施及风险防控水平逐步提升。炼化板块对20家企业已下达投资治理的3年安全隐患项目414项，完成261项，完成率63%；正在实施145项，未实施7项。除减排项目以外的112个环保治理项目，完成85项，在实施11项，取消7项，其他8项都可行性研究阶段或设计阶段。组织起草炼化板块机关及各炼化企业安全环保责任制。2月底，组织各炼化企业讨论安全环保责任制修订相关工作安排。3月，委托安全环保技术研究院大连分院牵头，起草《炼油与化工分公司安全环保责任制管理规定》，集中编写完成《炼化生产企业安全环保职责通则》(52个岗位)、《化工销售分公司安全环保职责》(25个岗位)、《炼油与化工分公司机关安全环保职责》。

环保减排。减排工作突出指标分解，责任到人，考核兑现；项目实施，程序严谨，效率提升；技术把关，企业为主，成熟可靠；重点企业，重点督办，重点考核。2014年，国家考核的13个项目全部建成投产。2015年国家考核的3项，提前完成2项。集团公司考核的17项，除抚顺石化、乌鲁木齐石化、克拉玛依石化个别锅炉需平衡生产分期投产外，其他项目全部建成投产。2015年集团公司考核的7项，提前投产3项。27套催化装置完成脱硫改造，2套催化完成脱硝改造。73台锅炉完成脱硫改造，50台锅炉完成脱硝改造。大庆炼化、吉林石化、兰州石化、长庆石化、乌鲁木齐石化等企业的18个污水处理场完成达标升级改造。

建设项目环保“三同时”手续取得进展。炼化板块组织对近10年的建设项目“三同时”管理进行排查，将国家及省级审批项目纳入管理范围，建立台账，定期督办。国家级10个企业13个项目环保验收作为重点督办事项取得较大进展。四川石化验收报告通过专家审查，待国家环境保护部现场验收。大连石化验收报告公示，国家环境保护部受理。兰州石化、宁夏石化、抚顺石化、呼和浩特石化、大庆石化、辽阳石化、乌鲁木齐石化、吉林石化等11个项目进入验收程序。云南石化1300万吨炼油项目调整环境影响评价、克拉玛依石化扩能改造环境影响评价、庆阳石化扩能环境影响评价工作推进中。

开展8个专项工作。包括催化、锅炉装置脱硫脱硝及污水治理专项、大气污染防治专项、环境安全风险评估试点专项、地下水及土壤防控评估专项、关键治理技术统筹协调专项、炼化板块内控标准制定专项、“三同时”手续清理专项、固废治理排查专项等，有力地推动环保管理水平的提升。

环保意识显著提升。达标减排、总量控制和“三同时”合法作为环保红线成为地区公司主要领导关注的重点和焦点，通过限期整改、通报、约谈、业绩考核和取消“评先”等措施，各企业逐步建立环保优先的理念和思路。利用新环保法实施为契机，提升环境意识和法律意识。

2014年，在加工量、产品产量增加的情况下，污染物总量大幅下降，石油类排放332吨，同比下降10.3%，COD排放12320吨，同比下降5.7%，二氧化碳排放62947吨，同比下降27.7%。近5年中国石油炼化企业主要污染物减排情况见表3-9。

表3-9　近5年中国石油炼化企业主要污染物减排情况表　吨

项目	2014年	2013年	2012年	2011年	2010年
石油类	332	370	404	450	488
COD	12320	13058	14102	13550	14458
二氧化碳	62947	87096	95058	89764	83613

（宁绪成）

【专业技术培训】 2014年，组织开展专业技术培训13期，培训各专业骨干971人次，组织开展柴油加氢装置操作工技能竞赛，28家炼化企业84名选手参加决赛。

结合2014年质量升级项目柴油加氢装置集中建设和开工情况，10月20—23日，在锦州石化组织开展柴油加氢装置操作工技能竞赛，28家炼化企业84名选手参赛，其中三分之二的选手抽签产生，扩大企业赛前培训人数。竞赛贴近操作工实际工作，设置理论基础知识（含炼化板块HSE体系16项制度）、实际操作知识、DCS仿真、应急操作卡答辩以及模拟实物装置开停工、典型事故现场处置等项目。竞赛共产生个人项目5金、8银、16铜及12个优秀选手奖；团队项目4金、4银、4铜及5个优胜团体奖和6个优秀组织奖。抚顺石化、辽阳石化、大庆石化、独山子石化和吉林石化获团体前五名。

按照2014年度培训计划，围绕安全平稳生产需要，组织炼化企业专业及装置达标管理、炼化企业班组长、罐区安全运行、提高仪表自控率和连锁投用率、腐蚀与防护、汽油、柴油抗爆性检测技术、安全管理及培训需求矩阵开发与应用共13期专业培训班，培训各专业骨干人员971人次。下发《关于加强炼化企业冬季培训工作的通知》，制订冬季各专业培训要点，督促各炼化企业开展针对性冬季培训工作。下发《关于进一步加强炼化企业各类培训和考核工作的通知》（油炼化〔2014〕57号）及关于加强一线培训比例和技术课的通知，规范炼化企业培训和考试工作。组织出版《炼化企业班组长培训教材》，完成炼化企业班组长示范培训工作。

针对广西石化含硫油加工配套项目开工和四川石化换剂检修工作，深入企业检查开工人员培训情况，与车间基层员工访谈，与企业探讨培训安排和组织，查看培训实施情况、教材课件、培训考核和培训记录，检查上岗考试情况和取证管理情况，确保企业人员配置和技能水平满足开工要求。

推进培训信息化建设，组织完善仿真培训信息化建设需求分析和实施协调工作，实现通用的仿真、课件、题库资源共享。

（钟艳阳）

第四篇

销　售

综　述

【概述】 成品油、燃料油、润滑油、沥青以及其他炼油小产品的销售和成品油进出口业务的组织管理工作由中国石油天然气股份有限公司销售分公司（简称销售分公司，也称销售板块）负责。2014 年，面对国内成品油价格“十一连降”，消费持续低迷、资源严重过剩、库存跌价损失巨大等一系列困难和挑战，销售系统干部员工在集团公司党组的坚强领导下，牢牢把握稳中求进的工作总基调，坚持“扩销降库、控本增效”方针不动摇，不畏难、不懈怠、不松劲，埋头苦干，主动作为，全力以赴保增长保效益，较好完成集团公司下达的扩销降库任务，取得符合预判、好于预期的经营业绩，为集团公司上下游产业链整体价值最大化做出了应有贡献。

【经营业绩】 2014 年累计销售成品油 12271 万吨，其中国内销售 11648 万吨，超预算 445 万吨；纯枪销售 7678 万吨，超预算 133 万吨；账面利润 1.1 亿元；国内市场份额 42%。非油品收入 98.8 亿元，利润首次突破 10 亿元，分别超预算 13.2 亿元和 1.6 亿元。燃料油盈利 13 亿元，同比增加 2.77 亿元。润滑油盈利 1.53 亿元，同比增加 1.33 亿元。

（潘　峰）

成品油业务

【成品油销售】 2014 年，销售分公司继续深化市场分析研究，提升整体运作水平。坚持以市场为导向，加强趋势研判，把握价格走势，采取灵活的营销策略和积极的价格机制，努力抢占先机、扩销上量。通过营销视频会，定期通报市场信息。健全快速反应机制和奖惩激励机制，科学组织营销，有效发挥调拨价杠杆作用，指导地区公司快速反应，经受住了市场剧烈波动的考验，保持了市场竞争主动权。优化销售结构，提高经营创效能力，增加 97 号汽油销量，开展高端油品试点工作，扩大航空煤油销量和 -35 号柴油单品种运行区域。柴油质量升级置换顺利完成，车用汽柴油全部达到国Ⅳ标准，做好价格协调工作，争取优质优价。制订差异化竞争措施，强化全员客户开发责任制，积极推进直批业务体系建设。各销售企业克服消费持续低迷、资源严重过剩、油价急速深跌、库存跌价损失巨大等困难和挑战，认真落实销售分公司的部署要求，千方百计扩销增效，较好地完成销售任务。

2014 年继续强化产销衔接，引导炼化企业生产适销对路产品，不断优化直炼资源配置。在炼油厂检修、市场季节性变化等特殊时段，超前谋划，合理安排，保持资源均衡稳定供应。在强化直炼资源销售的同时，有效组织外采，通过外采低价资源置换高价库存，努力提升竞争和盈利能力，实现量效齐增。继续深化同业合作，与中国石化、中国海油开展资源串换，有效节约运费。

（董珊珊）

【资源调运】 2014 年，成品油运输总量 21727 万吨，其中一次运量 13793 万吨，二次运量 7934 万吨，同比基本持平。

总体运行平稳有序。继续按照“两保一降”（保市场供应、保后路通畅、降低运费）的总体工作要求，积极适应新常态，克服市场整体需求不旺、产需矛盾突出等困难，处理炼油厂后路告急报告 776 次，为了保障生产后路畅通做出了贡献。2014 年，直属炼油厂国内调出资源 9489 万吨，同比增加 231 万吨，出口 661 万吨，同比增加 149 万吨，国内产调率 101.7%，配置计划兑现率 98%，较好地保障了集团公司产业链总体平稳运行。

突出做好特殊时期、重点区域的资源调运工作。

（1）通过及时组织彭州油库公路付油，协调铁路临时开通柴油装车、及时解除停装限制，促进注入支线顺利投产，从湖北等地调拨158台车辆保证配送等措施，保障四川石化顺利开工投产运行。（2）采取将加权运距增加至300千米，最远运至650千米，协调增加配送车辆199台，超需求多接低凝点柴油等措施，保障呼和浩特石化稳定生产运行。（3）建立早晚计划沟通机制，铁路、海运相结合，加大汽油外输力度，保障华北石化生产后路畅通。（4）协调中国铁路总公司加大对流向与运力支持，川口运量同比增长58%，创历史最高，保障四川石化检修期间西南资源供应。（5）千方百计采取措施，确保北方干旱、南方水灾、西南多次地震、台风“海贝思”“威马逊”“麦德姆”等灾害期间各地的救灾用油充足供应。

深入开展全方位物流优化。2014年，运费同比减少2.72亿元，比预算减少14.85亿元，剔除铁路运价上涨影响实际减少25亿元；吨油运费同比减少0.39元，比预算减少15元。（1）管道输量大幅提高，一次运输结构持续改善，兰成渝等4条主要成品油管道输量同比增加616.8万吨，增长39%，总体管输负荷率73%；积极推动并实现兰郑长各汽油支线、兰成渝彭州注入支线、吉林—长春管线、呼包鄂管道顺利投产。（2）建立下海运输联动工作机制，保证自有船舶与期租船舶的连续高效运行；开展诚信交接试点工作，2014年船舶运输综合差率0.102%，明显好于平均水平，装卸效率大幅提升。（3）推进公路运输优化。截至2014年底，26家省区公司实现省级配送中心统一配送，16家省区公司完全或初步实现主动配送，所有单位全面推行地罐交接，实施加油站比例达到95%；与运输公司共同成立“公路运输高级别联合工作小组”，通过定期召开联席会议，深入研究公路运输存在的突出问题和未来发展方向。（4）铁路运输协调更加顺畅。2014年，累计协调下达运输困难流向部令60余列，取消或缩短停限装命令30次以上；建立定期双向通报机制，共享业务数据，简化川口流向计划审批等业务流程；协调延长技改自备车使用期限至30年，为集团公司减少投资25亿元。

（赵天城）

【零售管理】 零售核心创新能力得到进一步发挥，为销售业务可持续发展提供了有力支撑。截至2014年底，零售市场份额同比增长0.2个百分点，汽油增长8.1%。

围绕优化运营，持续开展全流程诊断优化及“双低站”治理。全面开展全流程诊断与优化工作，研究制订多仓同时卸油、卸油不停枪试点方案；召开“双低站”治理经验交流视频会议，出台治理策略，交流治理经验，组织开展“双低站”治理征文，调动各方力量积极献计献策活动，推动“双低站”治理工作不断走向深入。

围绕提升服务，完善访问制度，增进与消费者互动。制定卫生间环境卫生、运行管理标准，2014年11月下旬开展综合整治，12月底组织专项督查，卫生间管理和面貌达到一个新水平；完善《神秘顾客访问细则》，统一量化评分，组织销售分公司各处室带队开展节日期间常态化暗访检查，督促加油站提升现场管理水平。

围绕资源整合，推进“油卡非润”一体化运作。落实以零售为核心的体制机制，提出“油卡非润”一体化理念，以油带非、以油提润、以非促油、以卡为媒，一体运营；制定《关于建立加油站“油卡非润”一体化营销模式和运作机制指导意见》，明确建立以客户为中心的“一体化”营销模式，建立以加油站为载体的“一体化”运作机制。以“油卡非润”一体化为抓手，加强零售部门之间以及零售部门与职能部门之间的融合。

围绕零售创效，打造“贺岁迎春”、“金秋送爽”促销品牌。2014年上半年和下半年分别组织开展“贺岁迎春”及“金秋送爽”主题促销活动，发布活动方案及开展要求，并对开展情况进行通报及总结。

（冯 欣）

【市场特点】 2014年，国际油价呈先“震荡小幅上升”后“深度下跌”走势。WTI原油期货年均价92.91美元/桶，同比下降5.14美元/桶；布伦特原油期货年均价99.45美元/桶，同比下降9.25美元/桶。布伦特与WTI原油期货价差平均为6.54美元/桶，同比收窄4.11美元/桶，二者价差最高点出现在1月13日，为14.95美元/桶，最低点出现在10月16日，为1.77美元/桶。

2014年，国内汽柴油规定价格调价窗口共25次，实际调整19次，其中14次下调，4次上调，1次因增加消费税未下调，5次未达到调整幅度。剔除国Ⅳ汽油规定价格加价因素（93号汽油307元/吨），国内93号汽油和0号柴油规定价格分别较年初累计下调2173元/吨和2205元/吨。与2013年相比，2014年国内实际调价次数增加4次，93号汽油和0号柴油调价幅度分别扩大2168元/吨和2190元/吨。从2014年7月22日到12月27日，国内成品油规定价格出现“十连降”，93号汽油和0号柴油分别累计下调 2337 元 / 吨和 2355 元 / 吨。扣除消费税提高因素，实际应为“十一连降”，93 号汽油和 0 号柴油分别应下调 3095 元 / 吨和 2809 元 / 吨。

成品油消费低速增长，消费柴汽比创历史新低。2014 年，我国经济进入经济增速换挡期、结构调整阵痛期和前期刺激政策消化期的三期叠加阶段，GDP 同比增长 7.4%，同比增速放慢 0.3 个百分点，连续第 4 年回落。成品油市场同步出现显著调整，需求增速不断放缓，消费柴汽比持续走低。国内三大类成品油（国家发改委统计口径，下同）表观消费量 2.69 亿吨，同比增长 2.0%，增速同比下滑 3.1 个百分点。消费柴汽比降至 1.60，为历史最低水平。

各品种需求变化差异较大，柴油近 20 年来首次负增长。2014 年，全国汽油表观消费量 9460 万吨，同比增长 8.3%，高于近 10 年 7.5% 的平均增长水平。受经济转型力度加大影响，柴油需求出现萎缩。柴油表观消费量 1.52 亿吨，同比下降 1.5%。煤油表观消费量 2243 万吨，同比下降 0.2%。

炼油能力稳步提升，供需过剩压力加大。2014 年，国内先后有四川石化和泉州石化两座千万吨级炼油厂建成投产，同时石家庄石化、扬子石化等炼油厂也有扩能，全行业新增炼油能力接近 3000 万吨 / 年。根据国家发改委统计数据，2014 年国内炼油厂生产成品油 2.85 亿吨，同比增长 4.4%，生产增速快于消费增速 2.4 个百分点，产需差 1611 万吨，显著高于 2013 年 888 万吨的水平。

成品油进口量明显减少，出口量大幅增加。2014 年，国内成品油进口量同比下降 32.8%，出口量同比增长 17.3%；成品油净出口 1484 万吨，同比增长 53.3%，国内成品油出口压力明显增大。近年来汽油一直为净出口；煤油 2010 年以前以进口为主，此后表现为净出口；2012 年以来柴油连续 3 年净出口。

地方炼油厂（简称地炼）成品油出厂价格大幅领跌，市场价格严重不到位。受资源过剩压力加大、地炼亏损程度加剧等因素影响，2014 年地炼开工率总体走低，地炼成品油出厂价格大幅下滑，带动整个成品油市场批发价格严重不到位，成为全国市场的价格风向标，市场价格竞争日趋激烈。

（董　海）

投资管理与网络建设

【概述】 按照建设国际水准销售企业的要求，紧扣“提质、增效”两大主题，突出经济效益和投资质量，突出提高零售能力建设，促进销售业务盈利能力和市场竞争能力的提高。

【投资管理】 2014 年，继续将规划研究作为日常工作的重要组成部分，以专项研究指导专业领域发展。按照集团公司总体部署，全面启动销售业务“十三五”规划编制工作。编制完成“2014—2016 年销售业务滚动规划”，成立规划编制领导小组，对相关业务进行分解。根据规划计划部提供的炼油产量数据，按效益最大化原则开展资源流向研究工作。配合启动信息化及非油品、人力资源等相关专项规划的编制工作，确定工作时点。

按照业务驱动的原则，持续加强投资计划管理，优化投资结构，控制投资节奏，超额完成 2014 年加油站开发计划。通过开展在建项目清理等措施，积极保证网络开发资金。以效益为中心，严格投资效益标准和投资规模控制，积极推行新增项目效益承诺制，加强投资效益考核。

围绕主营业务发展需要，积极推进合资合作，在集团公司相关部门的带领下，组织完成延长中立、新疆销售、中国林业等社会资本等合资合作项目的谈判、签约或组建工作。

继续加强项目管理工作。加强加油站项目清理，对在建项目实行分类管理，下发 2014 年清理计划，提高存量资本使用效率，强化资金风险管理。根据国家环境保护部的要求，组织对接 2014—2017 年油库、加油站和库站燃煤锅炉淘汰项目以及 4 座沥青厂的三类大气污染治理项目。按照“盘活利用为主，优先按等价、等面积置换开发加油站网络”的原则，配合财务部门完成地区公司闲置土地处置统计。按照集团公司审计问题专项整治工作部署，结合已审计单位投资管理方面问题的整改，开展委托代建加油站项目专项清理。

大力推进科技管理工作。跟踪和推进7个课题19个专题的战略研究工作，编制出版销售分公司战略研究课题季度报告汇编，涉及6个课题12个专题共48个专项报告。组织科研项目开题2项，验收6项，中期评估11项。梳理在研项目，推进21个进展缓慢项目，完成5个项目结题。建立科研项目工作台账。

进一步完善基础管理工作。坚持投资回报最大化原则，根据市场和投资形势变化，编制下发《加油站租赁项目管理指导意见》。针对成品油产销形势，配合规划计划部门完成加油站网络开发调研，协调下达2014年加油站项目经济评价参数。按照转变作风、明晰授权、强化监督、简化流程、提高效率的总体要求，研究下发地区公司管理权限调整通知，对投资决策实行动态管理、挂钩考核和分类授权。依据集团公司新版参数，在充分调研的基础上，编制完成《2015年网络开发指导意见》。

（陈　倩）

【工程建设】 工程建设有序推进。在建油库16座，主体完工9座，分别是柳州、承德、沧州、久长、烟台、阜阳、宁国、武威、天水油库，新增库容73.1万立方米。实施加油站建设项目共计897项，完工240项，其中续建完成54项、新建完成31项、改造完成155项。

注重细节，持续完善建设标准系列。编制完成并发布《加油站便利店标准设计》和《加油站工程建设细节方案设计指导意见》，内容包括：便利店设计、公用工程和标识标牌等，使标准系列更加细化和具体，指导性更强。

严格承包商管理和入围承包商考评。完成承包商年度评价工作，其中37家销售企业评价承包商214家，涉及建设项目（合同）1686项；开展工程建设三类承包商和检维修类承包商准入工作，各销售企业经过优选，审查合格并纳入资源库的承包商共730家，其中三类承包商439家，检维修类承包商291家。进一步规范承包商管理工作。

完善管理流程，强化制度建设。完成《工程建设管理手册》修订工作，补充工程建设各关键环节管理流程；细化加油站设计内容和验收流程，增加罩棚隐患排查要求，明确责任人签字程序，实施表单化管理，各地区公司都按照要求重新修订和完善制度和流程，为进一步提升工程建设专业线管理水平提供制度保障。

加强培训，提高销售企业工程人员管理素质。在集团公司质量与标准管理部的支持下，组织工程建设质量监督员培训班，共计123人参加培训并通过闭卷考试，并颁发执业资格证书；依托技术支撑单位，对地区公司600余名工程建设管理人员进行培训，提升地区公司工程建设质量监督人员素质，充实质量监督力量。结合"威马逊"台风受损情况调查和严寒地区罩棚坍塌事故分析，编制加油站抗台风培训课件，并在销售分公司安全视频会上进行培训，收到良好效果。

（周金明）

非油品业务

【概述】 2014年，非油品业务积极适应经济发展新常态，牢牢把握稳中求进的总基调，坚持"有质量有效益可持续"发展方针，以深入开展精细化管理为抓手，做精质量、做优效益，营销网络持续扩大，发展质量实现新提升。

【经营业绩】 2014年，实现非油品销售收入同比增长90%，利润同比增长12%，利润率同比提高1.7个百分点，便利店数量超过1.5万座。

【业务拓展】 便利店发展质量持续提升。以店面优化提升、氛围营造两个实施方案为抓手，精耕细作现场服务，强化操作规范培训，诊断优化便利店，美化商品陈列，营造浓厚商业氛围，单店利润同比提高5%，50万元以上店占比接近30%。

专业化经营水平持续提高。强化"油卡非润"一体化营销，形成"后备箱计划"和核心品类专题促销模式；以"人·车·生活"为核心，打造"春夏秋冬"四季主题店面；创新营销方式，涌现出长春普庆站店面提升、贵州湘江站"提篮销售"等先进典型。

供应链管理持续加强。结合业务运作实际，修订下发《供应商管理办法》，明确管理标准；巩固深化合作伙伴关系，形成“四位一体”合作新模式；稳步推进中央仓主动补货，提高配送效率，优化商品品类，商品数量由9万余条下降到7万条以下，单品创效能力提升25%。

业务管理规范持续完善。修订便利店和汽车服务两项运营规范，成为集团公司企业标准。

（亓敏霞）

润滑油和炼油小产品销售

【概述】 2014年，在国际原油价格大幅下跌、国内经济结构调整持续推进、工业经济仍面临下行压力、油品市场竞争更加激烈的形势下，燃料油、润滑油业务加强营销组织，优化运行机制，重视科技创新，效益显著提升，专业化经营优势凸显。2014年销售润滑油和炼油小产品2341万吨，利润实现14.5亿元。

【润滑油销售】 润滑油公司销售结构明显改善、降本增效成果显著，内部管理逐步规范，2014年销售润滑油（脂）153万吨，其中车用油31万吨，工业油40万吨，特种油47万吨；实现营业收入143亿元；利润总额1.5亿元。

持续推进车用油、工业油产品线优化，将终端的开发、管理、服务作为中心任务。车用油进一步细化销售渠道，突出高档油渠道建设，分客户群制订不同的营销策略。充分利用网络营销渠道，京东商城2014年销售车用油、液9000桶。工业油深耕终端，创新管理和服务模式，VIC客户销量同比增长12%。系统内用油增量增效迈出实质性步伐，建立与战略供应商润滑油业务深度合作机制；特种油对终端客户分类管理，强化开发服务，变压器油和橡胶油已占据国内高端市场85%以上份额；积极拓展OEM终端售后市场，及时跟进新车型配套研发，上海通用、上海大众等企业服务用油销量同比增长5%。优化和完善船用油服务体系，规范在用油品监测管理，2014年向中远集团销售各类船用油品3071吨；出口业务积极寻求新突破，实现向泰国上汽首次供应车用油。

【燃料油、沥青等小产品销售】 燃料油公司以“专业化管理、集约化经营、品牌化运作”为总体思路，强化预知管理，持续完善和拓展产业链条，整合集成专业体系，强化贸易综合实力。2014年，销售炼油小产品2188万吨，利润总额13亿元。

积极推进产业、科研创新，坚持技术、生产、销售紧密结合，新产品的数量和技术水平均实现质的突破。完成股份公司科技管理部的“硬直沥青生产技术及产品标准研究”课题，其中三个新产品实现实体工程应用。两种硬质沥青、三种改性沥青、两种黏层油专用沥青参与国家交通部“足尺环道加速加载试验场”建设，以技术优势和产品品种优势赢得独家供应商，并实现西长安街改性沥青的批量生产供应以及广西市场和河北市场的批量生产供应，为后续新产品市场开发和新产品的数量递增、效益递增积累经验，奠定基础。

（刘锐铭）

专业管理

【HSE建设和管理】 2014年，销售企业客观分析面临的安全形势和管理“短板”，（1）从机制上着力建立全员“一岗双责”，统一编制《销售企业典型岗位“一岗双责”描述样例》，指导各层级、岗位HSE职责建立；（2）坚持运行、完善安全监管工作机制，印发《安全总监周报》52期，召开月度视频例会12次，督办问题整改1439项，汇集整理上报未遂事件10425起，筛选分享典型案例104件，编印17起《安全生产事故案例》和50起《安全经验分享案例》配发基层站库；（3）总结近年审核成果，修订印发2014版审核检查标准，明确8类1420个检查事项，推动审核深化，并针对审核发现的好做法积极组织例会推介，针对重复出现问题梳理提出“六个杜绝项”，促进审核问题整改，1439 项问题年内整改完成率 96.3%；（4）推进油气回收治理，2014 年落实资金 18.8 亿元，对 6249 座加油站、73 座油库实施治理；（5）强化隐患排查，积极推进库外管线治理，完成 33 家企业 380 条库外管线建档，判定 26 家企业重大隐患 62 处、较大隐患 200 处、一般隐患 249 处，整改 75%，9 项重大隐患整改完成 5 项；（6）持续强化非常规作业管理，2014 年组织 4 次作业许可审批人统一测评，393 人参加考评，对不合格的 7 人取消审批资格，同时突出抓好企业专业部门负责人非常规作业审批履职能力培训与测评，网上测评合格率 98%，促进地区公司直线部门履职意识和能力提高；（7）强化事故事件管理，以典型事故、事件为切入点，快速响应、及时分析、广泛分享，启动全员高处作业培训，受众面达 15 万人，覆盖率 99.9%；组织 2117 名加油站经理非常规作业管理能力网上测评，合格率 97%，推动基层管理者积极主动履职担责。（8）突出应急响应联动，坚持每周进行灾害预警分析，发布预警及简报，督促地质灾害多发区域开展针对性的演练，2014 年组织各级各类应急演练 60573 次，积极协调新疆、云南等地暴恐事件应对组织，加强现场巡查、监控，提高安防等级。

2014 年，16 家地区公司荣获集团安全生产、环境保护先进企业，绿色基层站队 37 个、安全环保先进个人 103 名。

（冯　涛）

【财务管理】 着眼销售业务发展大局，以优化预算机制、支持经营决策、提升价值管理、强化风险防控为核心，努力开源节流、降本增效，最大限度弥补油价下跌带来的效益损失，确保财务管理工作平稳受控运行。

深化预算管理机制研究，突出预算导向功能。完善内部调拨定价机制，探索“一省一价”运行模式，充分调动省区公司的积极性，真实反映直属资源流向效益；分单位编制年度预算管理手册，细化预算指标编制方法，明确工作重点和努力方向，指导地区公司以预算为引领，抓好销售业务；财务、业务部门共同确定资源配置、调拨价格、价格到位率等影响因素，科学测算并下达月度预算，使预算指标更加贴近实际；科学研判油价走势，超前决策，实施内部调拨价格政策，有效调动销售企业促销降库的积极性。

加强经营分析，提高运行决策支持能力。与业务部门密切结合，围绕销售业务“量本利费”开展经营活动分析，真实反映经营活动成果和效益增减变化原因；结合业务运行实际，及时捕捉市场拐点，制订扩大销量、提升份额、增加效益的营销政策，针对外采业务、损溢管理、库存跌价等多次开展专题分析，为经营决策提供数据支持。

大力实施降本增效，提升财务价值管理能力。严格落实“开源节流，降本增效”要求，及时分解和调整地区公司利润预算奋斗目标，明确职责分工，层层传达压力；大力推进资产轻量化，牵头清理清退低效无效资产，严格租赁项目审批，不断降低租赁支出；坚持低库存常态化运作，有效防范跌价风险，减少资金占用；优化往来款管理，加快资金回笼，严控付款账期，持续提高 IC 卡售卡质量；严格落实中央和集团公司规定，严控非生产性支出。

强化财务风险管控，构建资金安全管理“防火墙”。加强 IC 卡对账管理，加大上门收款力度，从源头上控制资金回笼风险；加强外采业务和股权企业资金管理，健全资金支付授权审批制度，不断前移风险防控节点；召开销售企业资金风险防控研讨会，深入剖析资金安全案例，采取防范措施，提出管理建议，保障资金安全；组织地区公司开展资金安全专项自查整改，并抽调专业力量开展督查督导工作，落实责任主体，细化整改措施，明确完成时限，持续构建资金风险防范的“防火墙”。

创新财务管理模式，推动财务集中共享服务。按照“扁平化、专业化、信息化”的工作思路，积极推动湖北、山东、河南、云南等销售公司探索资金集中支付和会计集中核算，创新财务管理模式，大力推进财务集中共享，建立与“升级版”地市公司相适应的财务管理体系，使业务流程和标准更加优化，会计服务职能更加专业，信息系统应用集成更加深化，会计核算效率显著提高，财务工作质量明显提升。

夯实财务管理基础，提升财务服务保障能力。在集团公司财务管理框架内，结合销售业务特点，修订销售分公司财务管理手册，逐步完善销售业务会计核算；完善单库单站核算，研究制订地市公司效益核算办法，客观反映地市公司经营状况和盈利能力，促进效益和管理提升；持续规范外采业务核算，明确外采油品销售收入、采购成本计算口径和费用、税金的分摊原则，统一外采油品效益分析表，准确反映外采油品效益；规范销售存续业务财务管理，持续推进和完善预算管理、会计核算和资金管理，统筹安排离退休员工安置资金，确保存续企业离退休人员稳定，推动销售企业和谐稳定发展。

建立专家团队和研究机制，强化企业经营管理。召开销售系统总会计师例会，加强交流和培训，开展经营管理研究，努力解决运行中遇到的热点难点问题；开展第二期财务管理专家团队课题研究，发挥专家团队的科研实力，强化课题研究成果应用，提升企业经营管理水平。

（程　勇）

【油库管理】 积极推进库外管线隐患排查与治理。2014年，共排查出库外管线隐患511处，涉及管道147条、133千米，整改394处，整改完成率77.1%。

认真抓好化学品罐区专项整治。详细排查34家销售企业的326座在用油库及润滑油公司、燃料油公司23家基层单位油罐区，共发现问题1782个，整改1212个，整改完成率68%。

千方百计确保油库运行安全、环保、高效。（1）建章立制，修订《油库管理手册》，起草、评审《成品油库操作规程编写规范》。（2）做好大气污染防治相关工作，完成《销售企业油库大气污染防治工作方案》编制，落实油库油气回收项目69座，投资3.21亿元。（3）认真做好储罐清洗，完成油库储罐机械清洗102万立方米，清洗作业安全受控。（4）配合开展HSE体系检查，重点围绕落实油库责任制、作业许可管理、库外管线隐患排查与治理、化学品罐区专项整治、设备风险监控、历次审核和检查发现问题的整改等方面，完成对73座油库的现场审核。（5）强化油库经理人培训，组织一期油库主任培训班，33家销售企业的89人参加了学习。

（赵天城）

【计量管理】 召开以质量计量为主题的精细化管理会议，总结销售企业质量计量工作取得的成绩，分析存在的问题，明确工作目标，部署近期的质量计量工作，表彰10家质量计量管理先进企业和100名先进个人。深化运输损耗管控，公路、铁路、下海油的运输损耗稳步降低，公路运输损耗0.118%，铁路运输损耗0.091%，下海油运输损耗0.200%。建立损耗月度通报机制，定期召开专题会议研讨损耗控制措施。

（顾惠明）

【质量与标准化管理工作】 针对外采油品、代储油品管理风险，全方位开展质量监督；根据市场需求调整外采油质量控制指标。参与集团公司质量与标准管理部组织起草的《石油产品内控质量指标》的制定。参与《车用汽油》（国Ⅴ）《车用柴油》（国Ⅴ）两项国家标准的起草。承担《润滑脂轴承磨损性能的测定 FE8法》《传动系统润滑油低温剪切黏度的测定　恒剪切应力黏度计法》《透明和不透明石油产品运动黏度测定法　自动折管式黏度计法》和《发动机油乳液稳定性能测定法》等4项行业标准的起草。参与集团公司质量与标准管理部组织起草的《石油产品内控质量指标》的制定。组织制定15项集团公司企业标准，其中《专用基础油》等技术标准8项、《加油卡发行与服务规范》等管理标准7项。组织推荐参加集团公司优秀标准评奖活动，《汽油、柴油铜片腐蚀试验法　快速法》获得一等奖，《石油化工产品包装规范　第三部分：润滑油、润滑脂》获得二等奖，《五羊—本田四冲程摩托车专用油》和《RHY4208A齿轮油复合剂》获得三等奖。

（李金国）

【信息化工作】 围绕中心工作，推进项目建设，深化系统应用，加强运行维护，为成品油销售业务高效运营和规范管理提供了重要支撑。

系统建设上，销售应用集成项目在确定214个关键业务方案、优化402个流程、选定532个指标、完成详细方案设计的基础上，优先在东北销售公司等4家单位组织实施；加油站管理项目站级系统部署覆盖19541座加油站，其中9000余座具备卡机连接功能；从改善客户体验出发，搭建移动APP、微信、网上和移动充值平台，支撑全渠道客户服务。销售物流管理项目一次物流在东北销售公司和西北销售公司与ERP系统集成单轨运行；梳理540项需求和160个流程并完成需求分析。投资工程管理项目工程管理模块全面上线运行。

系统应用上，完善销售ERP、加油站管理，一次物流、二次配送和油库管理系统36大类97小类应用考核指标，满足业务应用新要求；组织召开销售信息化和月度视频推进会，总结推广先进经验和成功做法，强化系统应用交流。优化系统性能、调整物流模型、完善系统报表，组织数据归档和站级系统升级，深化系统应用，收到良好效果。

系统运维上，进一步完善总部、地区销售公司和地市营业室、油库、加油站、卡充值网点三级运维体系，落实“首问负责制”，加强运维考核，提升运维质量；强化系统数据、账号和权限等基础管理工作，从生产环境、稽核监控等六个方面加固加油卡系统安全，保证资金安全；2014年接听运维电话60多万次，处理35万次运维事件，系统可用率达到99.9%。

（刘航宇）

【股权管理】 按照“合法、清理、规范、发展、服务”工作思路，以提升股权投资价值为目标，以规范运作为核心，不断提升股权管理水平。截至2014年底，销售企业股权投资项目678家（含存续企业21家），比2013年底增加17家；积极落实《中国石油天然气股份有限公司股权管理办法》股利分配政策，2014年分红实际到账13.8亿元；按照集团公司2014年清理计划，完成9家股权企业处置工作；强化股权投资管控，37家地区公司实现股权投资收益13.3亿元。

（杨秋存）

【培训工作】 紧密围绕公司发展目标，全面实施“人才强企”战略，积极推进对口干部挂职交流，打造一支熟悉基层业务、能适应不同经营环境的人才队伍。2014年年初，启动新疆销售与上海销售、江苏销售与黑龙江销售、浙江销售与吉林销售、内蒙古销售与山东销售38名处级干部对口到地市公司班子挂任实职一年，打破地域限制，锤炼作风、增长才干，增强责任感和使命感。9月开始，组织重庆销售与山西销售、山东销售与黑龙江销售82名加油站经理进行为期三个月的对口挂职锻炼，推动地区公司间的交流合作，构建横向交流和大帮扶格局，促进销售分公司零售工作整体升级。

围绕队伍素质提升，设计、组织针对不同受众的培训班，提高培训针对性、实效性和经济性，为建成世界水平的销售企业提供人才支持和智力保证。2014年实施培训项目28个，共计培训2.3万人次。其中，面向地市公司经理人的培训班，由销售分公司班子成员和副总师授课，通过面授和远程两种授课方式，全面提升地市公司领导人员的管理理念、管理水平和视野；组织油库主任培训班，为启动油库主任认证工作和建立一支业务精干、管理精细的油库主任队伍奠定基础；针对各销售企业法律部门负责人和业务骨干组织的法律风险防范培训班，线上、线下互动，扩大培训受众面，全面提高相关人员法律风险防控方面的认识和管理水平；针对专家队伍建设，组织3个专业性的业务专家出国培训团组，带着课题，学习国外同行业、大型企业的先进管理经验，全面提高销售企业的经营管理水平。

投入精力加强加油站经理队伍建设。2014年9月，在广州召开第一届加油站经理论坛。与会的加油站经理通过加油站体验、技能竞赛、辩论、演讲等环节，分享各自在营销方面的成功经验，大大提高销售企业“开口”营销的水平和服务意识。启动加油站经理积分制管理的研究，用积分制的管理方式进一步解决加油站经理队伍“选、育、留”以及职业发展通道问题，构建对加油站经理队伍的长效激励机制。

【技能鉴定】 重点优化鉴定组织模式，通过推进鉴定信息化建设，提高效率，降低成本，努力促进鉴定成果使用，为队伍素质的整体提高发挥保障和支持作用。2014年，共组织完成2.5万人次的技能鉴定工作，累计完成26万人次的技能鉴定；组织完成首次油品储运调和技师考评工作，新增技师41人；完成时长10小时的考评员“听看练”综合培训视频课程制作，开通远程平台进行技能鉴定培训；首次采用线上理论、线下实操相结合的方式培训考评员，新增考评员900余人，在岗总人数达到3000余人；完成首轮销售企业油品储运调和技师的鉴定工作，职业技能资格等级逐步完善。

【劳动竞赛】 精心组织‘调结构、提质量、增效益”劳动竞赛，按月跟踪，按季度评比表彰。2014年，表彰劳动竞赛先进单位22家、先进集体541个、先进个人1126名，授予四川销售、山东销售、重庆销售、广东销售、贵州销售、内蒙古销售、广西销售、上海销售、河北销售、辽宁销售10家单位中国石油“调结构、提质量、增效益”劳动竞赛组织工作先进单位称号。

（江　宁）

第五篇

天然气与管道

综　述

【概述】 中国石油的油气调运、天然气销售、项目建设、资产完整性管理四大核心业务以及其他相关业务是由中国石油天然气股份有限公司天然气与管道分公司（简称天然气与管道分公司）负责管理。

2014 年，已经形成以管道公司、西气东输公司、北京管道公司、西部管道公司、西南管道公司等 5 个综合性运营公司为主，西南油气田为补充的“5+1”国内管道运营管理体系。天然气与管道分公司与天然气销售分公司是一个机构、两块牌子。

天然气与管道分公司机关下设 13 个处室，业务关联单位包括北京油气调控中心、管道建设项目经理部、管道（销售）公司、西气东输管道（销售）公司、北京天然气管道有限公司、西部管道（销售）公司、西南管道（销售）公司、昆仑燃气有限公司、昆仑天然气利用有限公司、华北天然气销售公司、京唐液化天然气有限公司、大连液化天然气有限公司、江苏液化天然气有限公司等 13 家天然气管道企业，同时负责大庆、吉林、辽河、西南、长庆、青海、塔里木等 7 家油气田企业的天然气销售业务管理。

【经营业绩】 2014 年，实现营业收入 2630.80 亿元，同比增加 403.87 亿元，增长 18.1%。账面资产总额 4719.24 亿元，同比增加 482.79 亿元，增长 11.4%；账面资产负债率为 30.6%，同比降低 4.2%；账面利润总额 149.72 亿元，同比（已剔除管道业务重组整合收益）增加 64.13 亿元。实现天然气销售 1194.8 亿立方米，同比增加 89.2 亿立方米，其中长输管道实现 826.4 亿立方米，同比增加 68 亿立方米。进口中亚气 310.3 亿立方米、LNG71.6 亿立方米。完成原油调运量 14366 万吨，同比增加 83 万吨；原油管输量 8136 万吨，同比减少 31 万吨；成品油管输量 2244.6 万吨，同比增加 651.9 万吨；天然气长输管道管输量 921.3 亿立方米。2014 年中国石油天然气销售量、原油调运量等与 2013 年对比见表 5-1。

表 5-1　2014 年中国石油天然气销售量、原油调运量等与 2013 年对比表

项目	2014 年	2013 年	同比
天然气销售量（亿立方米）	1194.8	1105.6	89.2
天然气长输管道销售量（亿立方米）	826.4	758.4	68.0
天然气长输管道管输量（亿立方米）	921.3	920.1	1.2
原油调运量（万吨）	14366	14284	82
原油管输量（万吨）	8136	8167	-31
成品油管输量（万吨）	2244.6	1592.7	651.9

单位现金成本实现有效管控；兰郑长（兰州—郑州—长沙）成品油管道宝鸡等 4 条汽油支线管道、呼包鄂（呼和浩特—包头—鄂尔多斯）成品油管道、吉林—长春成品油管道投运。完成节能 3.7 万吨标准煤，圆满完成节能考核指标。

【油品调运】 2014 年，统筹国内国外两种资源，加强产、运、销、储各环节沟通衔接，发挥集中调控管理优势，优化产、运、销资源配置，确保油气管网安全平稳高效运行。

在原油调运方面，对秦京（秦皇岛—北京）线、任京（任丘—北京）线等老旧管道推迟停输，组织实施新大线反输，满足冀东油田原油外运、华北石化资源配置等需求，保障油田后路畅通；优化西部管道及兰成（兰州—成都）管道运行方案，满足四川石化试生产及投产后对资源品种调整需求。

在成品油方面，以努力提高管输量为重点，积极做好与销售板块的工作衔接，合理安排成品油输送批次，优化运行方案，提高整体输送能力，圆满完成成品油管网柴油质量升级。西部成品油管道、兰成渝、兰郑长、港枣线管道输量创历史新高。

在天然气方面，积极应对旺季资源不足的矛盾，采取多方筹措资源、加强联保联供、强化企地协调、优化需求侧管理等方式，扎实履行冬季天然气保供责任；针对淡季资源过剩的严峻形势，科学控制进口管道气量及LNG接收站最低外输气量，加大储气库投产及注气实施，有效保障运销平衡。

在节能降耗方面，西气东输定远站余热利用发电、江苏LNG冷能利用空分项目正式商业运行；严格实施新投产用户计量数据上传，完成中卫站、梧州站等跨地区公司计量设施配置，提升计量管理技术手段；挖潜管道节能潜力，天然气管网实现能耗、单耗双下降，原油管网实现单耗下降，成品油管网单耗增幅远小于管输量和周转量增幅。

在油气管网设施公平开放方面，建立用户接入、信息报送等管理流程，组织开展管网剩余能力测算研究，建立公平开放信息平台，完成油气管道、LNG接收站公平开放试点。

（管维均　谷海威）

【重点项目建设】 2014年是战略性调整的一年，按照集团公司统一部署和国内油气市场实际情况，工作部署重点在以确保油气战略通道实施进度、提高经济效益、提升管道建设质量，持续完善管理手段和方法，认真研究管理和技术创新措施，最大限度提高油气管道运营的经济效益。

陕京四线（控制性隧道）、如东—崇明岛（长江定向钻穿越）、津华原油管道等项目新开工，西气东输三线东段、哈沈线（哈尔滨—沈阳）沈长段、锦州—郑州、云南成品油管网等项目稳步推进；压气站建设取得较大进展；港清三线、山东管网青威段、大连支线等工程积极推动长期阻工难点协调工作。

西气东输三线西段连木沁—中卫段建成投产，扩大了中亚气进口通道；中缅钦州支线、秦沈（秦皇岛—沈阳）天然气管道锦州支线、大沈（大连—沈阳）天然气管道抚顺支线3条支线建成投产，促进炼油厂降低成本和产品升级；庆铁（大庆—铁岭）四线、铁大线（铁岭—大连）改造铁岭—鞍山段建成投产，缓解东北原油管网运行风险；兰成渝注入支线、呼包鄂、吉长线（吉林—长春）、化王线（乌石化—王家沟）等成品油管道建成投产，为炼油厂产品外输打通了渠道。

【天然气销售】 2014年，股份公司销售天然气1194.8亿立方米，同比增加89.2亿立方米，其中长输管道实现826.4亿立方米，同比增加68亿立方米。

天然气销售努力实现增销增效。强化市场预判，努力增加销量。首次建立周、月度需求预测模型及月度销售效益分析模型，为优化销售流向及用气结构提供依据；主动应对天然气销售增速放缓不利形势，积极推动下游用户淡季投产供气，新投产天津华电福源热电公司、黄冈LNG工厂等用户67家，年销售量10.6亿立方米。

加大天然气市场开发力度。围绕重点管道强化市场开发，完成中俄东线市场调研报告及分输供气方案编制。2014年共签订长期购销合同49份，年合同气量超过26亿立方米。签订购销意向书45份，年用气需求47亿立方米；持续开展天然气购销合同专项提升，结合资源及市场变化情况，调整现有合同55份，新签短期合同29份，有效提升合同执行质量。

推进天然气价格改革。在2013年基本完成增量气调价基础上，2014年重点推动存量气调价到位；全面启动进口LNG市场开放及顺价销售，全年共销售3800万立方米，实现减亏7500万元；研究建立冬季保供期间LNG现货顺价调峰机制，推动北京市、长三角等地区用户自行采购现货LNG满足计划外用气需求，缓解中国石油保供压力。

（杜书成）

油气储运

【概述】 2014年底，天然气与管道分公司管理运营的主要油气长输管道管输能力2.6亿吨/年；天然气管道管输能力1800亿米^3/年；成品油管道管输能力5900万吨/年。2014年中国石油管理运营的油气长输管道与2013年对比见表5-2。LNG接收能力1600万吨/年，日最大气化能力10860万立方米。

表 5–2　2014 年中国石油管理运营的油气长输管道与 2013 年对比表　　千米

管道	2014 年	2013 年	同比
合计	61243	58130	3113
原油管道	9426	9351	75
天然气管道	43116	40593	2523
成品油管道	8701	8186	515

【天然气储运】 输气管线运行。2014 年主要输气管线输气量与 2013 年对比见表 5–3。

储气库运行。2014 年注气完成 67.8 亿立方米，较计划少注气 1.1 亿立方米；采气完成 27.7 亿立方米，比计划减少 7 亿立方米。2014 年储气库注气量、采气量与 2013 年对比见表 5–4。

表 5–3　2014 年中国石油主要输气管线输气量与 2013 年对比表　　亿立方米

管线	2014 年	2013 年	同比
西气东输一线（西段）	187.4	179.1	8.3
西气东输二线	297.0	279.6	17.4
陕京系统	289.1	250.7	38.4
忠武线	44.5	43.2	1.3
涩宁兰	50.1	40.1	10.0
鄯乌线	3.4	—	3.4

表 5–4　2014 年中国石油储气库注气量、采气量与 2013 年对比表　　亿立方米

项目	2014 年	2013 年	同比
注气量	67.8	25.4	42.4
采气量	27.7	18.9	8.8

（苏　昀）

【原油资源配置】 2014 年，股份公司原油调运量完成 14336.3 万吨。其中，供股份公司炼油厂原油 12540.3 万吨，供中国石油化工股份有限公司炼油厂原油 630.5 万吨，供地方炼油厂原油 556.6 万吨，出口原油 52.5 万吨，其他 622.5 万吨。

【原油储运】 2014 年，股份公司自产原油国内总运量完成 11559.2 万吨。其中，管道运输完成 10017.8 万吨，铁路运输完成 666.3 万吨，水路运输完成 393.9 万吨，公路运输完成 481.1 万吨。

（谷海威）

【成品油运行】 2014 年，管输成品油 2244.6 万吨，同比增加 651.9 万吨，增幅 40.9%。与销售板块协调，增加管输资源，优化管道运行方案，合理安排输送批次，优化维检修作业时间。克服节点多、距离远、运行难度大等困难，组织完成成品油管网柴油质量升级工作。协调投产资源，安全投运呼包鄂、吉林—长春成品油等管道。

【成品油管输】 2014 年，累计完成 2244.6 万吨，为年计划 1750 万吨的 128.3%，同比增加 651.9 万吨。2014 年成品油管输情况与 2013 年对比见表 5–5。

表 5–5　2014 年中国石油各成品油管道输量与 2013 年对比表　　万吨

管线	2014 年	2013 年	同比
合计	2244.6	1592.7	651.9
西部管道	773.8	517.8	256
兰成渝	738.8	686	52.8
兰郑长	523.9	255.8	268.1
港枣线	168.4	133.1	35.3
呼包鄂	13.2	0	13.2
吉长线	26.5	0	26.5
宁夏石化成品油外输管道	0	0	0
钦南柳	0	0	0

【节能与计量管理】 2014 年，天然气与管道分公司认真贯彻落实节能降耗的各项方针政策和重要指示精神，积极推动资源节约型企业建设。进一步加强节能管理，科学分解节能量、设定单耗基准值；西气东输一线定远站燃气轮机余热利用发电、江苏 LNG 接收站冷能利用空气分离等合同能源管理项目建成并投入商业运行；充分发挥集中调控优势，进一步优化管道运行方案，使管道始终处于高效经济运行状态，在油气管输量和周转量均增加情况下，管网综合能耗及单耗实现双下降。编制节能规划、计量规划，有效指导天然气与管道业务节能降耗和计量管理工作。

【节能量】 2014 年，天然气与管道分公司累计完成节能量 3.7 万吨标准煤，为年计划 2.5 万吨标准煤的 148.0%。2014 年中国石油天然气与管道分公司各单位节能量完成情况见表 5–6。

表 5–6　2014 年天然气与管道分公司各单位节能量完成情况　　万吨标准煤

单位	节能考核指标	完成	超额
合计	2.5	3.705	1.205
调控中心	2.45	3.623	1.173
管道公司	0.35	0.546	0.196
西气东输	0.45	0.667	0.217
西部管道	1.35	1.952	0.602
北京管道	0.25	0.382	0.132
西南管道	0.05	0.076	0.026
昆仑燃气	0.02	0.031	0.011
大连 LNG	0.01	0.021	0.011
江苏 LNG	0.01	0.016	0.006
京唐 LNG	0.01	0.014	0.004

（管维均）

天然气销售与利用

【概述】 2014年，按照集团公司总体安排，强化市场预判，努力增销，主动应对天然气销售增速放缓不利形势，积极推动下游用户淡季投产供气，加大天然气市场开发力度，围绕重点管道强化市场开发，完成中俄东线市场调研报告及分输供气方案编制；推进天然气价格改革，在2013年基本完成增量气调价的基础上，2014年重点推动存量气调价到位。

【国内天然气产量】 2014年，国内完成天然气商品量862.9亿立方米，同比增加81.7亿立方米，增长10.5%。

【天然气销售增长】 2014年在国内气田、进口管道气和海上LNG多种资源的情况下，股份公司销售天然气1194.8亿立方米，同比增加89.2亿立方米，增长8.1%。受国内经济下行及替代能源价格下跌等因素影响，下游市场销售增速放缓，其中青海、吉林、辽河、华北、吐哈等油田周边销量同比下降，西气东输公司和华北天然气销售公司销量同比增长低于10%。塔里木油田周边同比增加1.76亿立方米，增长4.8%；西南油气田周边同比增加11.8亿立方米，增长9.6%；长庆油田周边同比增加10.2亿立方米，增长10.2%；青海油田周边减少4亿立方米，下降19.8%；华北天然气销售公司销售量216.1亿立方米，同比增加16.2亿立方米，增长8.1%；管道公司销售量82亿立方米，同比增加9.5亿立方米，增长13%；西气东输公司销售量369亿立方米，同比增加17.3亿立方米，增长4.9%；西部管道公司销售量98.6亿立方米，同比增加12.6亿立方米，增长14.6%；西南管道公司销售量6.5亿立方米（表5-7）。

表5-7　2014年中国石油天然气销售量与2013年对比表　　亿立方米

单位 / 地区	2014年	2013年	同比
股份公司总量	1194.8	1105.6	89.2
西气东输	369	279.7	17.3
华北天然气销售	216.1	199.9	16.2
塔里木油田周边	38.12	36.36	1.76
西南油气田周边	134.2	122.4	11.8
长庆油田周边	109.7	99.5	10.2
青海油田周边	16.2	20.2	–4
管道公司	82	72.5	9.5
西部管道	98.6	86	12.6
西南管道	6.5	0.7	5.8

【天然气销售流向及结构】 2014年，股份公司天然气销售已涉入全国30个省（自治区、直辖市），包括南方勘探开发公司供应海南省，管道气已进入29个省（自治区、直辖市），目前天然气销售重心仍旧集中在川渝、华东和华北地区。按省市划分，外销量排名位于前6位的省市区分别是四川省、江苏省、北京市、新疆维吾尔自治区、陕西省和重庆市。由于2012年以来西北和华北地区为提高空气质量加大了燃煤锅炉改燃气锅炉以及新上燃气锅炉的力度，冬季采暖需求旺盛。与往年相比，天然气主要销售区域不仅集中在大型气田周边及长输管道沿线经济发达省市区，还包括天然气采暖需求旺盛的北方地区。

股份公司油气田、周边和长输管道实际销售天然气1194.8亿立方米，按照用途进行分类，城市燃气

816亿立方米，比重为68.3%，比2013年提高2.5个百分点；工业用气中化肥用气70.5亿立方米，占总销量比重为5.9%，比2013年降低1.5个百分点；化工行业用气量88.4亿立方米，占总销量比重为7.4%，比2013年降低0.5个百分点；天然气发电用气量为37亿立方米，占总销量比重为3.1%，比2013年降低1.1个百分点；工业燃料用气量为182.8亿立方米，占总销量比重为15.3%，比2013年提高0.5个百分点（表5-8）。

表5-8　2014年中国石油天然气销售量流向与2013年对比表　　亿立方米

类别	工业				民用	合计
	化肥	化工	发电	工业燃料	城市燃气	
2014年销售量	70.5	88.4	37	182.8	816	1194.7
2014年比例	5.9%	7.4%	3.1%	15.3%	68.3%	100.0%
2013年销售量	81.9	72	42.1	147	757.1	1100.1
2013年比例	7.4%	6.5%	3.8%	13.4%	68.8%	99.9%
销售量同比	-11.4	16.4	-5.1	35.8	58.9	94.6
所占比重同比	-1.5%	0.9%	-0.7%	1.9%	-0.5%	—

【天然气销售价格】 根据《国家发展改革委员会关于调整非居民用存量天然气价格的通知》（发改价格〔2014〕1835号）要求，在2013年天然气价格改革工作基础上，进一步提高非居民用存量气最高门站价格0.4元/米^3，股份公司综合门站价格2.02元/米^3。

【天然气利用】 股份公司天然气利用业务经过6年的经营实践，实现延伸产业链、天然气二次增值的目的。2014年，股份公司天然气利用业务实现天然气销售234.4亿立方米，其中昆仑燃气96.5亿立方米、昆仑能源77.6亿立方米、西南油气田41.2亿立方米、辽河油田19.1亿立方米。

（张津铭）

储运设施建设

【概述】 2014年，重点项目新开工12项，续建69项，累计焊接2184千米。完工并投产30项，共4261千米。完工待投产11项，共2079千米。

【项目前期】 2014年，天然气与管道分公司围绕油气长输管道及城市燃气和天然气利用等工程项目开展了前期工作。

天然气业务。1月，股份公司批复如东—海门—崇明岛输气管道工程可行性研究报告。3月，天然气与管道分公司批复楚雄—攀枝花天然气管道工程可行性研究报告，股份公司批复中缅天然气管道（国内段）钦州支线工程（调整版）、金坛—溧阳输气管道工程（调整版）可行性研究报告。4月，天然气与管道分公司批复云南省天然气支线管道祥云支线工程可行性研究报告。5月，股份公司批复西气东输四线吐鲁番—中卫段工程可行性研究报告。9月，天然气与管道分公司批复江西天然气管网（于都、兴国、瑞金段）工程可行性研究报告。11月，天然气与管道分公司批复邮亭、荣昌区域供气工程可行性研究报告。

原油业务。7月，股份公司批复漠大线阀室改造工程可行性研究报告。9月，股份公司批复铁大线安全改造工程（鞍山—大连段）可行性研究报告。

成品油业务。11月，股份公司批复云南成品油安宁首站配套地付装车设施项目可行性研究报告。

CNG和城市燃气业务。1月，天然气与管道分公司批复昆明（嵩明）加气母站建设工程可行性研究报告。2月，天然气与管道分公司批复广西梧州天然气项目可行性研究报告。3月，天然气与管道分公司批复嵩明县燃气项目、中国石油南宁市CNG母站（一期）可行性研究报告。4月，天然气与管道分公司批复云南腾冲城市燃气项目可行性研究报告。5月，天然气与管道分公司批复安丘经济开发区天然气管网项目、山东省寿光市城市燃气项目、河北省遵化市天然气利用项目可行性研究报告。7月，天然气与管道分公司批复中卫CNG加气母站工程可行性研究报告。

LNG业务。3月，天然气与管道分公司批复江苏LNG项目二期工程（调整版）可行性研究报告。4月，股份公司批复深圳液化天然气应急调峰站项目可行性研究报告。

其他业务。1月，天然气与管道分公司批复西部区域光通信主结构系统项目可行性研究报告。7月，股份公司批复兰州—成都原油管道新增伴行道路工程可行性研究报告。9月，天然气与管道分公司批复管道断裂控制试验场工程可行性研究报告。

（王小强）

【天然气管道工程】

1. 西气东输二线管道工程（续建完工）

西气东输二线管道西起新疆霍尔果斯，东至上海、浙江，南至广东、广西，途经14个省（自治区、直辖市），线路总长约8600千米（含支线），设计年输量300亿立方米。西气东输二线管道系统现包括1条干线、15条支（干）线、2条联络线，西气东输管道干线以宁夏中卫为界分为西、东两段，其中西段干线全长2746千米，东段干线全长2477千米。

西气东输二线东西段干线、支干线及部分支线于2013年前投产。2014年西气东输二线支线进展情况：贵港—玉林支线（97千米）建成待投产；南宁—白色支线（300千米）2014年8月13日南宁—吴圩段投产；苍梧—贺州支线（212千米）2014年9月25日投产。

2. 西气东输三线西段管道工程（续建投产）

管道起自新疆霍尔果斯，终止宁夏中卫，全长2445千米。其中霍尔果斯—乌鲁木齐段670千米，乌鲁木齐—中卫段1789千米（乌鲁木齐—连木沁段205千米、连木沁—中卫段1584千米）。

管道管径1219毫米，设计压力12兆帕，设计年输量300亿立方米。全线设17座工艺站场、69座阀室、16座阴极保护站。

2012年6月，西气东输三线乌鲁木齐—中卫段工程西段试验段开工建设，标志着西气东输三线工程项目全面启动。

西气东输三线霍尔果斯—乌鲁木齐段于2013年6月底建成，7月23号投产；12月11日乌鲁木齐—连木沁段投产。2014年9月1日西气东输三线连木沁—中卫段全线投产，至此西气东输三线西段全部建成投产。

3. 中缅天然气管道工程国内段（续建完工）

中缅天然气管道工程（国内段）是进口缅甸天然气的重要通道，在贵阳与中卫—贵阳联络线连接，在广西贵港与西气东输二线南宁支干线连接。工程包括1条干线和丽江（201千米）、玉溪（103千米）、都匀（34千米）、河池（24千米）、桂林（202千米）、钦州（141千米）、北海（75千米）、防城港（65千米）8条支线。

2012年3月6日，天然气与管道分公司同意中缅油气管道试验段提前开工；2012年4月10日，中缅油气管道正式开工建设。2013年10月13日中缅天然气干线管道和部分支线建成投产。

2014年中缅天然气管道剩余支线工程进展：钦州支线（141千米）2014年7月6日投产；防城港支线（65千米）建成待投产；都匀支线（34千米）2014年5月20日投产；昆明东支线（98千米）建成待投产。

4. 大连—沈阳天然气管道工程（续建完工）

大连—沈阳天然气管道包括1条干线和大连、抚顺、辽阳、鞍山等4条支线。大连—沈阳天然气管道干线于2011年11月建成投产，2013年抚顺和鞍山支线建成。

大连支线全长21千米，于2010年开工，2014年底，除福佳新城阻工路段（0.35千米）外，其余工程全部完成，与大沈线大连首站动火连头完成。

辽阳支线从大沈线（大连—沈阳天然气管道）辽鞍分输站接气，全长64千米，于2011年6月现场开工。其中，辽鞍分输站—1号阀室段（47千米，公称直径450毫米）于2014年10月建成投产，1号阀室—辽阳末站段（17千米，公称直径250毫米）线路于2014年底完工。

5. 济宁市西部五县天然气支线管道二期工程（续建完工）

济宁市西部五县天然气支线管道二期全长152.5千米，工程包括嘉祥分输站—胡集分输站管道、胡集分输站—金乡末站管道、胡集分输站—鱼台末站管道、济宁市西部五县天然气支线管道一期工程1号分输阀室—梁山末站管道、梁山末站—万达碳素厂管道、嘉祥分输站—瑞祥公司管道。

2014年，济宁市西部五县天然气支线管道一期工程建成投产，二期工程建成待投产。

6. 哈尔滨—沈阳输气管道长春—沈阳段（续建完工）

哈尔滨—沈阳输气管道工程长春—沈阳段起自长长吉（长岭—长春—吉林）输气管道长春分输清管站，途经吉林省长春市、公主岭市、四平市，辽宁省铁岭市、沈阳市，终止于秦沈（秦皇岛—沈阳）输气管道沈阳联络站。管道全长 364.7 千米，管径 1016 毫米，设计压力 10 兆帕，设计年输气量 100 亿立方米，采用 L485 螺旋缝埋弧焊钢管和直缝埋弧焊钢管。全线设 12 座线路截断阀室，其中 A 类监控阀室 1 座，其余均为监视阀室。

哈沈（哈尔滨—沈阳）输气管道工程于 2013 年 3 月 1 日开工，2014 年底管道主体焊接完成待投产，剩余试压断点连头 5 处，正在进行管道试压，三穿剩余 1 处暂未进场；8 座站场进场 7 座进行土建及工艺安装，剩余开原站暂未进场。

7. 江津—纳西集输气管道工程（续建完工）

工程包括新建江津—纳溪集输气管道、纳溪西站进站阀组区—纳溪西站连接管道、纳溪西站—南干线西段复线连接管道。工程于 2013 年 8 月 22 日开工建设，2014 年底，管道建成待投产。

8. 重庆两江新区龙石先进制造功能区集输气干线整体改造工程（续建完工）

对卧渝线、卧两线、渡两线、渡两复线 4 条输气干线，以及铜 6 井集气支线、铜 4 井集气支线进行改线，改线全长 98.35 千米。卧渝线、卧两线采用 L360 钢级直缝埋弧焊钢管，渡两线和渡两复线分别采用 L360 钢级、L415 钢级螺旋缝埋弧焊钢管和直缝埋弧焊钢管；卧渝线、卧两线、渡两线、渡两复线设置杨家坡、战旗、杨柳坝 3 座监视阀室。铜 6 井集气支线、铜 4 井集气支线采用 L245 钢级无缝钢管。

改造工程于 2013 年 10 月 5 日开工，2014 年底管道建成待投产。

9. 贵州天然气支线管网燕楼—孟关支线管道工程（续建投产）

管道起自与中卫—贵阳联络线贵阳末站合建的燕楼分输站围墙外 2 米，止于孟关末站，线路全长 29.5 千米，管径 273 毫米，设计压力 6.3 兆帕，设计年输量 4.9 亿立方米，采用 L290 直缝高频电阻焊钢管。改造工程于 2013 年 9 月 16 日开工，2014 年 9 月 12 日管道建成投产。

10. 朝阳市天然气管网工程（续建完工）

朝阳市天然气管网管道总长 25 千米。2014 年底，管道建成待投产。

11. 乐山地区天然气输气管道工程（续建完工）

乐山地区天然气输气管道工程分两期建设，一期工程建设汪洋—井研—甘霖—嘉农段、甘霖—黄土段、蔡金—高新段、甘霖连接线管道，全长 143 千米。二期工程建设井研—金山段管道，全长 31.5 千米。2014 年 5 月 14 日一期工程投产，2014 年底二期工程建成待投产。

12. 西气东输三线东段管道吉安—福州段（续建）

西气东输三线东段管道吉安—福州段干线起自西气东输二线吉安联络站，途经江西省吉安市、瑞金市，福建省龙岩市、厦门市、福清市，止于闽侯县的福州末站。线路总长 817 千米，设计年输量 150 亿立方米，设计压力 10 兆帕，其中吉安—漳州段线路长 509 千米，管径 1219 毫米，采用 API 5L X80 等级螺旋缝和直缝埋弧焊钢管；漳州—福州段长 316 千米，管径 1016 毫米，采用 API 5L X70 等级螺旋缝和直缝埋弧焊钢管。管道全线设线路截断阀室 36 座，其中 A 类监控阀室 4 座，B 类监控阀室 8 座，其余均为监视阀室。扩建西气东输二线吉安分输清管站为吉安联络站；新建于都分输站、瑞金分输清管站 2 座工艺站场。吉安联络站和瑞金分输清管站实施增压工程后，吉安—漳州段管道年输气能力达到 220 亿立方米。

西气东输三线工程东段于 2012 年 10 月 12 日开工建设，截至 2014 年底，已焊接 768 千米。

13. 秦皇岛—沈阳输气管道工程（续建）

工程包括秦皇岛—沈阳干线和葫芦岛（7.7 千米）、盘锦（26.3 千米）、沈阳（23.2 千米）、锦西石化（11 千米）、锦州石化（30 千米）、朝阳（164 千米）等 6 条支线。管道总长度为 683 千米，其中干线长度 421 千米、支线长度共 262 千米，干线管径 1016 毫米，设计压力 10 兆帕，设计年输量 90 亿立方米，共设站场 8 座、阀室 20 座。

工程于 2009 年 5 月 28 日开工，2011 年底秦沈线干线建成投产。锦州石化支线于 2014 年 11 月 8 日建成投产；截至 2014 年底，朝阳支线焊接 163 千米，剩余 1 千米。

14. 山东天然气管网工程（续建）

山东天然气管网包括泰安—青岛—威海干线和淄博、莱钢、招远、寿光、乳山、日照 6 条供气支线。干线长度 584 千米，其中泰安—青岛干线长度 355 千米，青岛—威海干线长度 229 千米。管径 1016 毫米，设计压力 10 兆帕，设计年输量 86 亿立方米。

工程于 2009 年 9 月 28 日开工，2011 年 4 月泰安—青岛段干线建成投产。2013 年淄博支线（99 千米）建成投产、日照支线（169 千米）已完工待投产。截至 2014 年底，青岛—威海段焊接 228.6 千米，剩余 0.4 千米（中世公司阻工段）尚未完工。

15. 临沂—团林输气管道工程（续建）

临沂—团林输气管道起自冀宁联络线滕州—临沂支线临沂分输站，止于临沂市临港区团林分输站站外 4 千米处。管道全长 120 千米，管径 406.4 毫米，设计压力 6.3 兆帕，设计年输量 7.0 亿立方米，采用 L360 钢级高频直缝电阻焊钢管。全线共设置 1 座 B 类监控阀室、4 座监视阀室。截至 2014 年底，焊接管道 112 千米。

16. 团林—东港输气管道工程（续建）

团林—东港输气管道工程起自临沂市临港区团林分输站站外 4 千米处，止于日照市东港末站。管道全长 60.4 千米，管径 406.4 毫米，设计压力 6.3 兆帕，设计年输量 4.0 亿立方米，采用 L360 钢级高频直缝电阻焊钢管。全线共设置 3 座监视阀室。截至 2014 年底，焊接管道 38 千米。

17. 高阳—保定—徐水天然气输配管道工程（续建）

高阳—保定—徐水天然气输配管道工程干线起自陕京三线高阳分输站、止于徐水门站，全长 76.4 千米，设计压力 4 兆帕，管径 355.6 毫米，设计年输量 4.95 亿立方米，采用 L360 直缝高频电阻焊钢管。另外配套的支线、次高压、中压管道共长 86.7 千米。

截至 2014 年底，高阳—保定—徐水天然气输配管道工程干线及配套管道共焊接 101 千米。

18. 石家庄市三环及东部三市天然气管网工程（续建）

石家庄市三环及东部三市天然气管网工程包括供气支干线、三环供气支线及环线、东部三市供气支线，主要为石家庄市及藁城市、晋州市、辛集市东部三市供气。

供气支干线起自陕京二线、陕京三线石家庄分输压气站，止于藁城分输站，线路长 26.1 千米，设计压力 6.3 兆帕，管径 508 毫米，设计年输量 18.6 亿立方米；采用 L415 直缝高频电阻焊钢管；设置监视阀室 1 座（预留分输口）。

三环供气支线及环线南部半环线路长度 55.8 千米，设计压力 4 兆帕，管径 508 毫米，设计年输量 14.1 亿立方米。采用 L415 直缝高频电阻焊钢管。

东部三市供气支线起自藁城分输站，止于辛集末站，线路长 44.7 千米，设计压力 6.3 兆帕，管径 323.9 毫米，设计年输量 4.5 亿立方米；采用 L415 直缝高频电阻焊钢管；设置监视阀室 1 座（预留分输口）。

截至 2014 年底，共焊接管道 45 千米。

19. 四平—白山供气支线管道工程（续建）

工程起自哈尔滨—沈阳输气管道四平分输清管站外 2 米，途经吉林省四平市，止于吉林省白山市白山末站，管道全长 350 千米，设计压力 6.3 兆帕，设计年输气量 13.6 亿立方米。其中，四平分输清管站—通化分输清管站段线路长度 300.7 千米，管径 508 毫米，采用 L415 螺旋缝埋弧焊钢管和直缝埋弧焊钢管；通化分输清管站—白山末站线路长度 49.3 千米，管径 323.9 毫米，采用 L360 直缝高频电阻焊钢管。全线设 14 座线路截断阀室，其中 A 类监控阀室 1 座，B 类监控阀室 1 座，其余均为监视阀室。

四平—白山供气支线管道工程于 2013 年 6 月 28 日开工建设，截至 2014 年底，焊接管道 293 千米。

20. 港清三线输气管道工程（续建）

港清三线输气管道起自河北省永清县永清首站，止于大港末站。干线全长 162 千米，管径 1016 毫米，设计压力 10 兆帕，设计年输量 90.5 亿立方米，另永清联络线长 13.5 千米。采用 L485 螺旋缝埋弧焊钢管和直缝埋弧焊钢管。共设置 5 座线路截断阀室（1 号、2 号、4 号和 5 号阀室预留分输功能），均为监视阀室。

永清首站通过 7 条联络管道实现与永唐秦天然气管道、陕京三线、陕京二线、陕京一线、京 58 储气库的相互连通调气。其中，设计压力为 10 兆帕，管径 1016 毫米的线路长度为 9.3 千米，采用 L485 直缝埋弧焊钢管；设计压力为 10 兆帕，管径 559 毫米的线路长度 1.9 千米，采用 L450 螺旋缝埋弧焊钢管；设计压力为 5.5 兆帕，管径 711 毫米的线路长度 600 米，采用 L450 螺旋缝埋弧焊钢管。共设置 6 座连接点阀室、1 座联络阀室，均为监控阀室。

2013 年 2 月 23 日，港清三线开工建设，截至 2014 年底，霸州—大港段干线（138.8 千米）建成；永清—霸州段干线（23.1 千米）焊接 16.1 千米，永清联络线（13.5 千米）焊接 3.5 千米。

21. 兰州—定西输气管道工程（续建）

管道起自兰州市西固区柳泉乡兰州首站，与涩宁兰输气管道相接，止于定西市安定区定西末站。管道全长 139.8 千米，设计压力 4.0 兆帕，设计年输量 7.66 亿立方米。其中，兰州首站—和平清管分输站段管道全长 46.7 千米，管径 508 毫米，采用 L360 螺旋缝埋弧焊钢管和直缝埋弧焊钢管；和平清管分输站—定西末站段管道全长 93.1 千米，管径 273 毫米，采用 L290 高频电阻焊钢管和无缝钢管。全线设 6 座监视阀室。

工程于2013年8月28日开工建设，截至2014年底，焊接管道74千米。

22. 川渝地区天然气管网调整改造北外环集输气管道工程龙岗—渡口河段（续建）

管道起自达州市宣汉县南坝镇渡口河站，由东向西经过达州市宣汉县、通川区、巴中市平昌县，止于南充市仪陇县立山镇龙岗站。管道全长160千米，管径813毫米，设计压力8.0兆帕，设计年输气量40亿立方米。采用L485螺旋埋弧焊钢管和直缝埋弧焊钢管。设置线路截断阀室7座，其中监视阀室3座，监控阀室4座。

工程于2013年8月26日开工建设，截至2014年底，焊接管道152千米。

23. 营口地区天然气支线管网工程（鲅鱼圈支线、信义支线，续建）

营口地区天然气支线管网工程总长度约44千米，由于下游市场原因，部分支线尚未开工。营口地区天然气支线管网工程鲅鱼圈支线起自大连—沈阳天然气管道13号分输阀室，止于鲅鱼圈分输站，线路全长470米，管径219.1毫米，设计压力10兆帕，设计年输量3.78亿立方米，采用L245无缝钢管。信义支线起自鲅鱼圈分输站，止于信义分输阀室，线路全长7.12千米，管径323.9毫米，设计压力2.5兆帕，设计年输量3.78亿立方米，采用L245高频直缝电阻焊钢管；设置分输阀井1座。等级公路穿越2处；莫河定向钻穿越1处，穿越段水平长度237米。截至2014年底，焊接管道14千米。

24. 陕京四线管道工程（新建）

陕京四线在靖边首站与西气东输一线、西气东输二线和陕京一线、陕京二线连接；在西沙屯与陕京三线连接，在通州与陕京二线连接，在宝坻与永唐秦管道连接。干线全长1120千米，管径1219毫米，设计压力12/10兆帕，设计年输量300亿立方米，设9座站场。2014年3月26日，陕京四线控制性工程正式开工建设。

25. 如东—海门—崇明岛输气管道工程（新建）

管道起于如东首站，止于上海市崇明燃气门站。途经江苏省南通市如东县、滨海园区、海门市及上海市崇明县，沿线设海门末站和6座线路阀室。线路全长88.8千米，管径610毫米，设计年输量18.4亿立方米，其中如东首站—海门末站设计压力为10.0兆帕，线路长82.5千米；海门末站—崇明岛燃气门站的设计压力6.3兆帕，线路长6.3千米，工程总投资129080万元。截至2014年底，焊接管道24千米。

26. 云南天然气管道工程祥云、施甸、腾冲支线（新建）

祥云、施甸、腾冲支线均是云南省规划建设的依托中缅输气管道工程气化云南的一部分。

腾冲支线：起自中缅二线龙陵分输站，终止于腾冲末站，线路全长60千米，设计压力6.3兆帕，管径200毫米，设计年输量1.5亿立方米。设2座线路截断阀室。

祥云支线：起自中缅干线17号分输阀室，止于祥云末站，线路全长17千米，管径150毫米，设计压力10兆帕，设计年输量1亿立方米。

施甸支线：起自中缅干线9号分输阀室，止于水长末站，线路全长2.0千米，设计压力10兆帕，管径150毫米，设计年输量5000万立方米。

27. 遵义—高坪输气管道（新建）

遵义—高坪支线气源来自中贵（中卫—贵阳）线，从遵义分输压气站接气。管道的起点为遵义首站，与遵义分输压气站合建；止于遵义市汇川区高坪镇的高坪末站，与高坪门站毗邻建设。高坪支线设计年输量1.52亿立方米，线路长度25.7千米，设计压力6.3兆帕，内径219.1毫米 ×6.3毫米，一般线路用管选用高频电阻焊钢管，穿跨越段采用无缝钢管，共设有2座工艺站场，1座线路截断阀室，设计年输量为1.5亿立方米。

遵义—高坪输气管道于2014年6月20日开工建设，截至2014年底，焊接管道7千米。

28. 金坛—溧阳供气支线工程（新建）

工程起自西气东输金坛储气库金坛首站，止于溧阳市南渡分输站，管道全长53千米，管径508毫米，设计压力6.3兆帕，设计年调气能力21.66亿立方米，采用L415直缝埋弧焊钢管。全线设2座线路截断阀室，均为监视阀室。

金坛—溧阳供气支线于2014年9月15日开工建设，截至2014年底，焊接管道4千米。

【原油管道工程】

1. 中缅原油管道工程（国内段）一期工程（续建完工）

中缅原油管道工程（国内段）一期工程包括瑞丽—禄丰段干线、安宁支线、禄丰—重庆段干线。

瑞丽—禄丰段干线起自云南省瑞丽市，止于云南省昆明市，管道全长605.9千米，管径813毫米，设计压力8—15兆帕，设计年输量1000万吨。采用X70级螺旋缝埋弧焊和直缝埋弧焊钢管。

安宁支线起自禄丰分输站，止于安宁末站，管道全长42.8千米，管径610毫米，设计压力8—10.5兆帕，设计年输量1000万吨。采用X65级螺旋缝埋弧焊和直缝埋弧焊钢管。

禄丰—重庆段干线起自禄丰分输站，止于重庆末站，管道全长1025.2千米，管径610毫米和559毫米，设计压力9—14.6兆帕，设计年输量1000万吨。采用X70级螺旋缝埋弧焊和直缝埋弧焊钢管。禄丰—重庆段干线与中缅天然气管道（国内段）、云南成品油管道并行289千米；与中缅天然气管道（国内段）并行206千米；与中卫—贵阳联络线并行243千米。

瑞丽—禄丰段干线设置瑞丽首站、芒市泵站、保山泵站、弥渡泵站、禄丰分输站5座工艺站场，均与中缅天然气管道（国内段）站场合建。安宁支线新建安宁末站，与中缅天然气管道玉溪支线昆明西分输站合建。

中缅原油管道于2012年4月开工建设，2014年底，瑞丽—昆明段（安宁）663千米建成待投产。

2. 庆铁线改造工程（庆铁四线，续建完工）

管道起自黑龙江省大庆市林源首站，止于辽宁省铁岭市铁岭末站，管道全长580千米。其中，新建567千米，利用已建嫩江穿越和四平市管道13千米，新建部分大庆—新庙段127千米、新庙—垂杨段204千米、垂杨—铁岭段232千米。管径711毫米，设计压力6.3兆帕，采用常温密闭输送工艺，设计年输量1500万吨，并预留年增输2200万吨的能力。采用L450级螺旋缝埋弧焊和直缝埋弧焊钢管。共设置线路截断阀室22座，其中监控阀室12座、手动阀室10座。

2013年10月30号，庆铁四线垂杨—铁岭段进油投产；2014年10月22日，庆铁四线大庆—垂杨段投产。

3. 铁岭—锦西原油管道复线工程（续建完工）

铁岭—锦西原油管道复线工程包括铁岭—锦西干线和锦州港支线。干线起自辽宁省铁岭市庆铁三线末站，止于辽宁省葫芦岛末站，管道全长442千米。其中，铁岭末站—松山分输热泵站段长361千米，管径508毫米，设计压力8.0兆帕，铁岭—兴沈段设计年输量1000万吨，兴沈—松山段设计年输量900万吨，采用L450钢级螺旋缝埋弧焊和直缝埋弧焊钢管；松山分输热泵站—葫芦岛末站段80千米，管径355.6毫米，设计压力8.0兆帕，设计年输量350万吨，采用L415钢级高频直缝电阻焊钢管。全线采用加热密闭输送工艺。干线设置线路截断阀室22座，其中监控阀室8座，单向阀室8座，手动阀室6座。锦州支线起自干线松山分输热泵，止于锦州港末站，管道全长38千米，管径273毫米，设计压力8.0兆帕，设计年输量268万吨，采用L415钢级高频直缝电阻焊钢管。支线管道在兴海区内架空敷设2千米。设置1座手动线路截断阀室。

工程于2013年1月20日开工建设，截至2014年底，干线主体焊接完成，剩余6处进出站连头，支线焊接完成。15座阀室完成13座工艺安装。

4. 铁大线安全改造工程铁岭—鞍山段（续建投产）

管道起自辽宁省铁岭市铁岭首站，止于辽宁省鞍山市鞍山分输泵站，全长229千米，管径711毫米，设计压力8.0兆帕，采用L450级螺旋缝埋弧焊和直缝埋弧焊钢管，设计年输量1500万吨。采用常温密闭输送工艺。共设置线路截断阀室16座，其中监控阀室12座，手动阀室4座。

工程于2013年1月20日开工建设，2014年8月18日管道建成投产。

5. 铁岭—抚顺原油管道改造工程（新建）

铁岭—抚顺输油站间新建管道线路全长48千米，管道规格为L360M-D711×8—11螺旋（直）缝埋弧焊钢管，设计压力4.0兆帕，设计年输油能力1150万吨。一般线路段采用环氧粉末加强级防腐层+聚氨酯泡沫塑料保温层+聚乙烯防护层，定向钻穿越段采用不保温三层PE加强级防腐，设计年输油能力1150万吨。全线设3座线路截断阀室，1座监控阀室，1座单向阀室，1座手动阀室。

工程于2014年6月15日开工建设，截至2014年底，焊接管道34千米。

6. 天津港—华北石化原油管道工程（新建）

津华原油管道起自天津港汇鑫油库首站，止于河北省任丘市任丘末站，管道全长187千米，管径508毫米，设计压力6.3兆帕。全线采用加热密闭输送工艺，具备双向输送功能，正输时设计年输量为700万吨，反输时设计年输量为325万吨。设汇鑫油库首站（改造）、青县中间泵站（新建）和任丘合建站（新建，包括津华线末站及锦郑线华北石化注入支线首站，并为拟建的任固线首站预留）3座工艺站场，8座阀室。其中汇鑫油库首站由汇鑫公司组织建设。

截至2014年底，全线累计扫线81.3千米、累计焊接77.1千米。全线11处大中型河流穿越，1处已完工，其余正在办理河流穿越手续；7处铁路穿越、13处公路穿越已完成1处公路穿越，其余正在办理通过权手续。

【成品油管道工程】

1. 锦州—郑州成品油管道工程（续建）

锦郑（锦州—郑州）成品油管道工程包括1条

干线，锦西和华北 2 条输入支线，秦皇岛、唐山、武清、大厂、石楼、邢台和邯郸 7 条分输支线。

干线全长 1320.8 千米，输入支线共长 66.8 千米，7 条支线共长 248.6 千米，干线支线共长 1636.2 千米。

锦郑成品油管道于 2012 年 8 月 18 日开工，截至 2014 年底，累计焊接 1081.7 千米。

2. 云南成品油管道工程（续建）

云南成品油管道工程包括安宁—保山、安宁—蒙自、安宁—曲靖成品油管道等 3 项管道干线和 1 条支线，全长 950.8 千米。

安宁—保山成品油管道起自云南省昆明市安宁首站，止于保山市保山末站，线路全长 395.5 千米。安宁首站—楚雄分输泵站段管道管径 406.4 毫米，设计压力 10 兆帕；楚雄分输泵站—大理分输泵站管径 323.9 毫米。其中，楚雄分输泵站出站 62 千米—67 千米段设计压力 11 兆帕，其余段管道设计压力 10 兆帕；大理分输泵站—保山末站管径 219.1 毫米，全线除管径 406.4 毫米管道采用 L415 钢级高频直缝电阻焊钢管外，其余管道采用 L360 钢级高频直缝电阻焊钢管。

安宁—曲靖成品油管道包括安宁—曲靖干线及昆明支线。安宁—曲靖干线起自云南省昆明市安宁首站，止于曲靖市曲靖末站，线路全长 233.3 千米，管径 406.4 毫米。其中，安宁首站出站 0—30 千米及昆明中间泵站出站 0—10 千米管道设计压力 11 兆帕，昆明分输站—曲靖末站段管道设计压力 8 兆帕，其余段管道设计压力 10 兆帕。昆明支线起自昆明市寻甸县昆明分输站，止于昆明市官渡区昆明末站，线路全长 70.8 千米，管径 406.4 毫米，设计压力 8 兆帕。全线采用 L415 钢级高频直缝电阻焊钢管。

安宁—蒙自成品油管道起自云南省昆明市安宁首站，止于蒙自县蒙自末站，线路全长 251.2 千米。安宁首站—玉溪分输站段管道管径 323.9 毫米；玉溪分输站—蒙自末站段管道管径 273.1 毫米。全线设计压力 8 兆帕，采用 L360 钢级高频直缝电阻焊钢管。

截至 2014 年底，云南成品油管道累计完成扫线 926.3 千米，焊接 913 千米。89 处三穿累计完成 82 处。10 座站场计划开工 1 座安宁首站，受征地、工艺方案调整以及设计影响，待进场、剩余管道焊接主要为站场、阀室两端及局部阻工点。

3. 成都—乐山成品油管道工程（续建）

成都—乐山成品油管道工程包括 1 条干线和注入兰成渝支线、双流支线等 2 条支线。

干线起自四川省成都市彭州首站，止于夹江末站，全长 262 千米，设计年输量 300 万吨，设计压力 9.5 兆帕，其中彭州首站—双流分输泵站段管径 355.6 毫米，采用 L415 钢级高频直缝电阻焊钢管；双流分输泵站—夹江末站段管径 273.1 毫米，采用 L360 钢级高频直缝电阻焊钢管。

注入兰成渝支线起自干线彭州首站，止于兰成渝彭州分输站。线路全长 24 千米，设计年输量 100 万吨，管径 273.1 毫米，设计压力 6.5 兆帕。采用双管与干线管道同沟敷设方式。钢管采用 L245 钢级高频直缝电阻焊钢管。

双流支线起自干线双流分输泵站，止于双流支线末站。线路全长 25 千米，设计年输量 100 万吨，管径 273.1 毫米，设计压力 5.0 兆帕。采用双管同沟敷设方式。钢管采用 L245 钢级高频直缝电阻焊钢管。

管道全线共设置 13 座线路截断阀室，其中监控阀室 5 座、单向阀室 4 座、手动阀室 3 座、高点放空阀室 1 座。

2014 年底，成都—乐山成品油管道干线焊接 81.2 千米；兰成渝支线于 2014 年 3 月投产；双流支线未获得路由批复，待开工。

4. 抚锦成品油管道工程（续建）

抚锦（抚顺—锦州）成品油管道全长 411 千米，其中干线 237 千米、支线 174 千米。截至 2014 年底，累计扫线 171.9 千米，焊接 162.3 千米。6 座站场进场 3 座。17 处铁路穿越累计完成 4 处，2 处正在施工。

5. 钦州—南宁—柳州成品油管道（续建完工）

钦州—南宁段线路全长 170 千米，原由广西石化负责建设，2008 年 3 月开工，2010 年 10 月主体完工。根据集团公司总体规划，2010 年 11 月移交西气东输管道公司，2012 年 10 月移交西南管道公司。南宁—柳州段线路全长 193 千米，由西气东输管道公司建设，2011 年 1 月开工，2013 年 7 月主体完工。

2014 年底，钦州—南宁—柳州成品油管道进行扫尾工作，待投产。

【储气库工程】

1. 金坛地下储气库工程（续建）

西气东输金坛地下储气库工程主要包括改造 6 口老腔，新建 57 口溶腔、镇江分输站至金坛地下储气库的输气干线、两座注采气站、集输系统等。金坛地下储气库总库容 26.38 亿立方米，有效工作气量 17.14 亿立方米，日注气规模 900 万立方米，日采气规模 1500 万立方米。其中，金坛地下储气库一期工程主要内容包括输气干线、东西注采气站、地面配套公用工程设施的建设，6 口老腔改造和 15 口新腔的钻井溶腔以及地面配套部分的建设。一期工程完工后，库容量为 7.98 亿立方米，有效工作气量为 5.08 亿立方米。金坛地下储气库二期工程包括新增 9 口造腔井钻井工程，新增 9 口溶腔位于江苏省常州市金坛盐矿内，9 口溶腔单腔体积 32 万立方米，有效腔体体积 25 万立方米。9 口溶腔单腔最大工作气量 2870 万立方米，垫底气量 1511 万立方米，正常采气条件下的工作气量 2550 万立方米，运行压力 7—17 兆帕。

2014 年底，一期工程累计完成 99.9%，年累计造腔 13.19 万立方米；西站第三台压缩机安装施工；一期 9 口注采气井工程施工。二期工程累计完成 99.7%。2014 年累计造腔 62.03 万立方米，14 口井造腔地面配套工程与东站连头。

2. 板 876、板 808 储气库加快达容工程（续建投产）

加快达容工程的主要工程量：板 876 储气库在已建井场南侧新钻 4 口注采井（均为定向井），储气库运行 5 个周期后工作气量达到 1.5 亿立方米。板 808 储气库在已建井场新钻 1 口注采井、2 口监测井。储气库运行 5 个周期后，其板 2 油组工作气量达到 2.86 亿立方米。

新建注采井单井日注气能力均为 25 万立方米，日采气能力均为 50 万立方米。新建各新钻注采井井口至注采阀组单井注采管线，对已建注采阀及其他相关配套设施进行扩建或改造。2014 年 6 月 30 日，板 808 储气库、板 876 储气库建成投产。

【液化天然气接收站工程】 大连液化天然气项目二期工程在一期工程基础上扩建，工程实施后，接收站规模达到 600 万吨 / 年，天然气最大日外输量约 2700 万立方米（约每小时 112 万立方米）。主要工程内容：在已建 3 座 LNG 储罐罐内各新安装 1 台设计排量为 460 米 ^{3}/ 时的低压输送泵。外输系统新建 2 台设计排量为 435 米 ^{3}/ 时的高压输出泵，增购 1 台设计排量为 435 米 ^{3}/ 时的中压泵芯。新建 2 台设计排量为 200 吨 / 时的开架式气化器，2 台设计排量为 200 吨 / 时的浸没燃烧式气化器。

装船系统新建 1 条 20 英寸装船管线，并对一期工程卸船码头及工艺系统进行改造。装船系统设计能力为 4000 米 ^{3}/ 时。扩建海水系统、燃料气系统、自控系统和电气系统等，并在星海石油大厦设监视中心。2014 年 9 月 28 日，大连液化天然气项目二期工程开工建设。

【“标准化、模块化、信息化”设计工作】 2014 年，继续按照“深入标准化、加快模块化、推进信息化”的工作思路，以 CDP（恩科发现协议）文件为载体加强和完善天然气与管道业务的知识管理，充分发挥“标准化、模块化、信息化”（以下简称“三化”）工作机制的协同优势，着力解决项目建设过程中的突出问题。2014 年共计组织了 118 个 CDP 文件的审查，共发布 82 个（其中新增 49 个），CDP 有效文件共计达 382 个。

组织了两期宣贯会，宣贯 7 个 CDP 文件，组织 6 个专题讲座，参加宣贯的有 30 个单位，122 人。邀请经验丰富的现场项目管理人员进行专题讲座，详细讲解设计及施工中易出现的问题及解决对策，加强经验交流和教训共享。

（黄松源）

储运设施管理

【概述】 2014 年，天然气与管道分公司管理运营的主要油气长输管道约 61243 千米，其中原油管道约 9426 千米、天然气管道约 43116 千米、成品油管道 8701 千米。各类油气管道工艺站场 1579 座、线路截断阀室 2116 座，500 以上原油、成品油储油罐 369 座，LNG 接收站储气罐 9 具。2014 年，经全面推行完整性管理和专项隐患排查整治，油气管道风险得到有效控制，处于安全、可靠、经济运行状态。

【管道完整性管理】 2014 年，天然气与管道分公司持续推进线路完整性管理，5 家管道地区公司的 57 个分公司（管理处），共编制完整性管理方案 142 个，覆盖在役油气管道 51051 千米，完整性管理覆盖率达到 100%。各管道地区公司持续开展高后果区识别、风险评价和管道内检测工作。高后果区识别率达到 97.5%，完成管道内检测 12516 千米，同比增加 3559 千米，对已识别高后果区高风险点采取工程治理、维修或加强管理手段等风险治理或控制措施，有效地消减管道泄漏失效风险。

为确保油气站场设备设施安全、可靠运行，编制下发《油气管道站场完整性管理体系试点方案》，组织开展站场完整性关键支持技术研究成果示范应用，形成示范技术汇编，部分技术已形成行业和企业标准。站场完整性管理体系试点选择了5家管道地区公司和2家LNG公司的12个典型站场，涉及十大类设备设施。通过集成各地区公司管理经验，形成了一套统一的覆盖油气站场关键设备设施的统一的完整性管理体系文件和技术方法，基本具备推广应用的条件。

（贺克奋）

【维抢修管理】 截至2014年底，天然气与管道分公司建成20个维抢修中心、36个维抢修队、21个维修队。管道企业共配置维抢修人员2200余人，维抢修设备8700余台（套），保驾管道超过60000千米。2014年共发生管道抢修事件19起（泄漏15起），其中因管道本体腐蚀、老化5起，因打孔盗油9起，因第三方施工2起，因自然灾害2起，因产品质量1起。

（付立武）

【管道保护管理】 山东青岛“11·22”输油管道泄漏爆炸事故发生以后，按照国务院安全生产委员会和集团公司整体部署，认真组织开展管道安全专项排查，切实做好隐患整改方案和资金的落实，协调管道沿线各级政府加大隐患整改力度，尽早消除管道外部隐患。在隐患完成整改前加大管控力度，特别是对于待停输管道，加密巡护、严防死守，避免在整改期间发生任何安全生产事故。2014年，管道安全专项排查活动共排查出各类隐患1637处，已完成整改1103处，占67.38%。

（付立武）

【设备管理】 2014年底，天然气与管道分公司长输天然气管道有在用压气站62座、压缩机组186套，在用储气库10座、压缩机组32套，总计在用压缩机组218套，同比增加14套，总装机功率达到4169兆瓦，同比增加5%。全年机组实际利用率29.8%、可用率98.5%、可靠性99.9%。

（谷思宇）

专业管理

【概述】 2014年，按照保增长、保效益工作目标，着力加强生产优化，着力加强市场营销，着力加强项目管理，着力加强风险管控，全面完成了各项生产经营任务。

【规划管理】 按照天然气与管道分公司规划管理程序，结合资源及市场变化情况，启动规划滚动编制。天然气与管道分公司层面天然气业务规划重点是天然气产、运、销平衡分析，结合国内外资源获取情况、市场需求变化和储运设施建设情况，滚动编制天然气业务发展规划；原油、成品油管网规划重点是根据国内外原油资源获取情况、炼油厂建设安排、成品油市场需求变化和原油、成品油管道建设情况，调整、编制原油、成品油管道规划。通过规划滚动编制，提前安排2015—2020年天然气销售、储运设施建设方案并提出分年资金需求。组织地区公司做好各公司总体规划和分省天然气业务规划，完善2015—2020年天然气销售方案，提出站场改造、天然气支线、城市燃气等项目建设安排。

【投资管理】 2014年，天然气与管道业务投资计划2465511万元，原油业务投资229666万元，占9.3%；成品油业务投资243897万元，占9.9%；天然气业务投资1808546万元，占73.4%；储气库业务投资8578万元，占0.3%；LNG业务投资67384万元，占2.7%；城市燃气和CNG业务投资85705万元，占3.5%；其他业务投资（非安装设备、科研规划、安全环保、节能）21735万元，占0.9%。各地区公司2014年实际完成投资2366891万元，占下达计划的96%。

在把握投资方向、优化投资结构的同时，加强投资全过程控制。规划阶段结合上下游资源情况，合理安排项目建设节奏，优化投资安排。项目全程通过加强前期论证，采取深化“三化”设计、坚持集中采购、设备采购增值税抵扣等多种方式压缩投资，从而使年投资规模大幅度降低，为保证工程建设进度，确保油气管道安全运行提供有力保障。

（罗文君）

【预算管理】 2014年，天然气与管道分公司预算管理工作紧紧围绕集团公司“有质量有效益可持续”的要求，精细预算管理，深入挖潜增效，以“突出月度预算管控，强化季度预算考核，建立控销预算考核机制”为主线，精心编制2015年财务预算，及时更新成本分析数据库，为生产经营决策服务。

编制完成各类经营预算，及时展开经营分析，为生产经营决策服务。

精心组织，协调有序，及时完成季度预算、2013年度业绩指标考核财务部分。

更新成本分析数据库，建立常用指标数据库，为内部对标奠定基础。

建立控销预算考核机制。按照“考核压力传递、减亏责任共担”的原则，建立控销预算考核机制。

挖潜增效，有效制定2014年利润奋斗目标。

精心组织编制天然气与管道分公司2015年财务预算。结合2015年管道业务的新变化，考虑天然气推价工作对天然气与管道分公司损益的影响，根据2015年产、运、销计划和生产运行方案，精心组织完成2015年财务预算编制工作。

积极推进信息系统建设，使预算管理工作趋于完善。与总部ERP项目组对接财务预算管理模块，探讨研究符合天然气与管道分公司生产经营特色的月度预算系统，使其得以保留和完善。组织召开了预算管理信息系统（BPC）项目启动视频会，形成BPC预算管理信息系统基础框架和建设要点，为下一步系统搭建奠定基础。

（何小斌　王　丹）

【财务管理】 2014年，天然气与管道分公司财务管理工作紧紧围绕“有质量有效益可持续”发展目标，扎实开展各项工作，积极研究处理发展过程中不断涌现的各类问题。同时合资公司在天然气与管道分公司领导大力支持与引导下，认真贯彻落实公司年初的工作会议精神和具体要求，紧紧围绕工作重心，充分发挥岗位职能，不断改进工作方法，提高工作效率，较好地完成了各项工作任务。

超前参与设计新投产管线价格与结算方案。结合管线建设进度和投产安排配合资金部、财税价格部完成LNG销售模式、呼包鄂成品油管道、宁夏石化成品油外输管道、吉长（吉林石化—长春）管线成品油管输价格及结算模式和天然气管道及储气库定价方法与结算设计，有力地保障新投产管线运行管理。

协同财务部推进天然气门站价格政策实施。积极落实天然气价格调整中涉及的板块间结算价格结构比例、地区公司数据口径、统计差异、市场情况等问题，推进除化肥用气与居民用气之外天然气存增量价格并轨；积极配合研究冬季进口LNG销售方案，保障公司效益提升及天然气业务持续发展。

制定天然气与管道分公司内部结算价格及完善价格体系。下发天然气销售公司转供油气田公司天然气内部结算价格、天然气销输内部结算有关事项、提出与上游板块的内部结算价格方案；根据价格改革情况再次调整内部天然气结算价格，为天然气市场销售提供了结算依据。

突破性开展天然气销售模式财务整合。结合统购统销长输管网天然气基础上，将油气田周边天然气销售纳入统购统销范围，并成立7个天然气销售分支机构，会同天然气销售中心对油气田周边销售体制改革商务运行模式提出初步商务运行模式，为进一步进行天然气销售体制改革做好铺垫。

完善管输标准费率定价。汇总完成5家管道公司有关管输标准费率定价测算情况，在此基础上完成对国家发改委《关于调整天然气管道运输定价方法的通知》征求意见并报财税价格部。

结合成品油效益分析情况，研究对成品油管输实施“两部制”价格政策。按照容量费率和使用费率定价，使成品油管线在低负荷率情况下能够保证固定成本回收。会同规划总院对成品油管输两部制价格如何制定与测算进行讨论研究，形成具体的思路和研究方向及内容。按“两部制”思路向财税价格部报送呼包鄂成品油管输价格建议，对其他已投产和新投产管线成品油管输“两部制”价格继续展开测算，形成天然气与管道分公司成品油管输“两部制”定价建议报告，提交中国石油总部进行决策参考。

前瞻性研究国外管输运营与结算模式。结合现行公司内部的天然气管输业务结算模式都是单管道、单气源、单一路径条件下的结算模式，开展对欧美国家天然气定价机制、天然气管输运营与结算模式的研究，重点分析美国、加拿大、俄罗斯、波兰以及英国、法国等国家的天然气管输业务运营管理和结算管理模式。

配合组织供LNG用气价格专项检查。对管网公平开放财务报送资料提出建议。汇总关联交易上限测算情况、协同解决呼图壁储气库垫底气结算问题、建立专业化HSE体系文件，完善健全财务规章制度。进行管理会计体系优化研究，规范会计核算等工作，有力地保障了相关财务工作的运行。

合资公司财务管理工作有序推进。

（何小斌　袁童玲　韩玉君）

【资产管理】 2014年底，天然气与管道分公司固定资产原值3119.19亿元，净值2251.70亿元。其中，增加固定资产原值1318.16亿元，净值1051.98亿元；报废资产原值9.14亿元，净值1.49亿元；计提折旧

116.49 亿元。

管道建设项目经理部向地区公司共移交资产账面价值 201.98 亿元。其中，完成向东部管道移交西气东输二线高陵站、鲁山站压缩机及南昌站、武穴站其他部分，移交的账面价值 6.70 亿元、完成向东部管道公司移交西气东输二线大铲岛压缩机，移交的账面价值 0.16 亿元、完成向东部管道公司移交西气东输二线东段海原、潼关、彭阳、枣阳部分压缩机，移交的账面价值 9.55 亿元；分别完成向中石油管道联合有限公司西气东输二线西段及站场，移交的账面价值 22.45 亿元；完成向中石油管道联合有限公司移交西气东输二线轮吐支线，移交的账面价值 1.4 亿元；完成向中石油管道联合有限公司移交轮吐压缩机等，移交的账面价值 5.87 亿元；完成向中石油管道联合有限公司移交涩宁兰复线压缩机，移交的账面价值 1.47 亿元；完成向中石油西北联合管道有限公司移交西气东输三线西段（连木沁—中卫），移交的账面价值 138.84 亿元；完成向西南管道公司移交中贵线中贵天水段，移交的账面价值 1.16 亿元；完成向北京管道公司移交陕京三线良西段，移交的账面价值 14.36 亿元。

（袁童玲）

【专业技术培训】 2014 年，按照集团公司培训工作统一部署，天然气与管道分公司紧密结合油气储运、天然气销售与利用、油气储运设施建设、资产完整性管理等核心业务，不断加大培训工作力度，完善培训机制和培训管理制度，努力提高天然气与管道从业人员的业务素质。抓好培训项目计划落实。组织开展管道完整性管理系统深化应用、天然气市场营销、油气长输管道维抢修管理及现场处置技术、完整性管理、节能与计量、信息化管理、自控通讯业务等培训班 15 期，来自管道地区公司、油气田单位近 1200 人参加培训学习。结合业务快速发展实际，精心设计培训计划，各处室结合业务实际，采取多种形式开展管道工程建设质量、“三化”设计、HSE 管理体系、公文写作知识、科技信息等知识宣贯，不断提高大家的整体素质。开展全员培训工作。各管道储运企业按照总部机关和天然气与管道分公司的培训计划，认真协助组织开展储运业务培训和专业技术培训，积极开展岗前培训、取证培训等，扎实推进岗位练兵和职业技能鉴定培训。同时，完善培训工作相关制度，健全培训工作管理网络，加强与地区公司的沟通协调，推进专业公司培训工作上台阶。

（刘克举）

【管道安全】 2014 年，积极贯彻集团公司“环保优先、安全第一、质量至上、以人为本”的理念，继续以完善 QHSE 管理体系建设为主线，坚持风险预防管理为核心，强化安全环保责任制到岗、到人，强化安全环保合规管理，强化安全环保隐患治理，持续开展体系审核和安全评级，注重安全教育培训，切实提高全员素质，保证油气长输管道安全平稳运行。

1. 持续完善 QHSE 管理体系，建设合资公司管理体系

严格落实集团公司会议要求和领导指示。天然气与管道分公司先后成功召开了 3 次安全生产（QHSE）委员会会议。

持续推进 QHSE 体系建设完善。根据天然气与管道业务发展年会要求，持续整合天然气与管道业务管理体系，全年共完成制修订程序文件 47 个、作业文件 24 个，完善体系要素，实现天然气与管道分公司到基层站队要素全覆盖，一级要素 10 个保持不变、二级要素由 44 个扩展到 59 个，三级要素由 67 个扩展到 179 个。根据集团公司、股份公司发布的规章制度赋予天然气与管道分公司职责，建立职责与体系文件对照大表，逐项对照，全年共对接各项制度 52 个，修改完善条款 210 条。1 月，编制并印发《关于天然气与管道业务 2014 年 HSE 信息系统应用情况通报》，组织完成京唐液化天然气有限公司系统上线，并配合集团公司完成系统 2.0 版的上线运行。自 2010 年一季度以来，各家管道企业 HSE 信息系统考核均为优秀。

合资公司管理体系文件初步成型。紧紧围绕合资公司章程编制，按照先中国石油后合资公司原则，合资公司不出现中国石油，实际工作不脱节。通过全公司各处室努力，初步完成合资公司体系文件编制，形成 1 本管理手册、42 个程序文件。

2. 深入开展 HSE 管理体系审核，完成国际安全评级

天然气与管道分公司领导高度重视体系审核工作，对 11 家直属机构和地区公司进行审核，并开展调研和服务基层工作，形成完善的体系审核专家库，再次修改发布《天然气与管道业务 HSE 管理体系审核管理办法》，优化审核流程，增加审核条款，明确审核组工作标准，强化问题分析职责，规范审核报告，使审核工作更加务实。按照“四不两直”要求，审核组先现场后机关，现场问题在机关找原因，提高了审核质量和效率。天然气与管道分公司领导还利用审核开展调研，现场解决管道停输、冬季保供、维抢修建设等问题。天然气与管道分公司召开专题视频会，通报审核情况，全面总结梳理管道企业风险管

理、精细管理和先进技术应用等方面的典型的经验和做法，在天然气与管道系统内全面推广应用；针对审核发现的170个问题，正式印发整改工作通知，组织各单位“举一反三、查找根源”，利用集团公司HSE信息系统进行全过程跟踪督办，整改情况纳入年度安全生产、环境保护先进单位评选的重要依据。按照2014年天然气与管道分公司安全环保工作要点，组织完成对8家地区公司国际安全评级工作，与体系审核联合开展，是继2006年之后专业组织的第五次评级。

3. 加强隐患治理、督办重点隐患治理项目

2012—2014年，集团公司开展三年安全隐患治理。天然气与管道分公司严格把关，共向集团公司合并申报项目89项，资金24.12亿元。截至2014年底，三年安全隐患治理共实施项目370项，投资17.51亿元。采用月报动态跟踪项目进展，每月25日在天然气与管道分公司主页上通报，3年共计收到7家单位月报67期。为提高督办效率，开发隐患治理管理模块，实现隐患治理“平台共享、分级督办、统一管理”。2014年7月、12月，安排专人到西部管道公司、西南管道公司隐患治理现场检查，并印发督办通知。组织各企业根据项目滞后原因，分类列出了进度偏差纠正计划。

4. 开展应急预案专项整改，强化应急能力建设

按照天然气与管道分公司印发的《应急预案修订工作指南》，各企业完成制修订应急预案共1637项，并在管道沿线县级政府应急办、安监部门、环保部门已完成2484项备案，完成率80%。组织西气东输管道公司、管道公司、西部管道公司分别在深圳、大连和兰州开展3次高风险、高后果管段现场演练，有效检验预案可实施性、企地联动处置能力和应急响应机制。天然气与管道分公司在集团公司应急大厅组织开展桌面应急推演，演练油品泄漏应对和现场联动。结合3次实战演练和1次桌面演练，组织编制完成应急演练教学片和应急问题树，及时修改应急工作流程图，增补条文19条，并正式发布《集团公司天然气与管道业务突发事件专项应急预案》，汇编天然气与管道业务突发事件专项应急预案及配套手册。

5. 加强督办协调，积极推动建设项目实现“三同时”

按照国家及行业相关法律法规要求，天然气与管道分公司2月更新编制并印刷了《油气储运设施建设项目安全环保“三同时”法律法规汇编》（安评卷、环评卷，共2卷）。全年共完成或获得25项安全环保专项审查/批复，相比2013年“三同时”（同时设计，同时施工，同时投产使用）工作取得较大进展（2013年完成13项专项审查/批复）。天然气与管道分公司着力加强建设项目安全环保专项验收计划管理和重点项目专项协调。全年印发3次工作通知（包括计划、验收计划调整和督办），组织召开6次安全环保专项验收协调会（包括4次安全、2次环保），对专项验收计划执行情况跟踪，对兰郑长、石兰等重点建设项目安全环保验收工作存在问题和隐患整改专题协调。针对专项验收暴露出的问题，印发专项督办正式工作通知，专题督办石兰线、漠大线环保验收整改，以及漠大线、秦沈线管道安全验收整改工作。针对国家安全监管要求的调整，编制完成《石油天然气管道安全监管调整后监管要求对照表》，提出应对措施，印发至地区公司学习并执行；组织编制完成《油气长输管道建设项目安全专项验收工作情况》报告，积极推动集团公司尽早确定安全验收工作流程。经协商，集团公司目前基本确定，原则上管道建设项目安全验收工作交由天然气与管道分公司组织，安全环保与节能部参加，验收工作完成后，报安全环保与节能部备案。天然气与管道分公司正抓紧研究制定管道建设项目安全验收工作程序和验收标准。

6. 做好安全环保基础工作

天然气与管道分公司举办一期集团公司油气长输管道安全环保技能培训班，对26家二级单位的111名安全环保人员进行专项培训。2009年以来连续6年安全专项培训累计培训530余人。

新《安全生产法》《环境保护法》颁布后，及时为天然气与管道分公司领导和各业务处室配置新法文本，编制完成《新法与原法对照表》，发送至全部天然气与管道企业安全环保、管道、生产、工程建设管理部门负责人和环保业务主管人员学习。

结合建设项目安全环境保护“三同时”工作中遇到的主要问题，建立法律法规和标准规范对照表，共梳理问题32个，涉及相关法律法规23项，并发放给所有地区公司。

组织对管道公司、西部管道公司、西南管道公司三家地区公司油库消防系统入冬前测试工作，经测试29套消防系统完好可用。

修订完善天然气与管道业务《安全生产先进企业评选考核指标》和《环境保护先进企业评选考核指标》，以此为依据对各天然气与管道企业安全生产和环境保护工作进行考评，并向集团公司推荐2014年度安全生产和环境保护先进企业。

（郑贤斌）

【**标准化管理工作**】2014年，在集团公司质量与标准管理部正确领导和大力支持下，天然气与管道专业标准化工作紧密结合业务发展实际和标准规划，严格标准制修订管理，深入开展标准一体化建设和对标工作，逐步完善标准信息化建设，标准技术水平和管理水平持续提高，对主营业务发展的技术支撑作用稳步增强，取得了较好成效。

健全组织机构，完成委员增补和调整。根据业务发展和委员自身工作变动，2014年7月，根据标准委〔2014〕4号文件对天然气与管道专标委关于调整部分委员的请示的批复，聘任昆仑燃气有限公司张月钦为专标委副秘书长，新增29名委员，解聘22名委员，重新进行委员确认和调整工作，以更好地发挥委员的作用。

加强组织协调，形成多方参与的协同工作机制。专标委重点在加强天然气与管道分公司业务处室指导、强化各地区公司参与、增强审查专家的代表性、保持审查专家的连续性、加强标准化主管部门指导上下功夫，形成了各地区公司生产一线人员、生产管理人员、设计人员、科研人员和标准管理人员等共同参与的标准化协同工作机制，为提升标准技术水平和编写质量提供了保障。

围绕主营业务发展，圆满完成了标准制修订任务。紧密结合天然气与管道业务整体发展战略和天然气与管道专业标准规划，从天然气与管道分公司的生产实际出发，制定一批适用性、可操作性强的标准。共组织开展了29项标准的制修订工作，包括制定项目17项，修订项目12项，其中当年完成28项，涉及油气管道集中调控及安全管理、城镇燃气、液化天然气、通信及自动化、设备管理、管道完整性管理等多方面，为主营业务发展和标准体系完善发挥了作用。

开拓思路，开创标准化工作的新局面。作为专业标准化技术委员会，在完成标准制修订等核心工作任务的同时，专业化标准委员会积极组织，开展标准一体化、标准对标、标准信息化等标准化研究工作，开拓标准化工作新思路，提高标准化工作水平。

标准一体化建设：构建包括18个专业、大约180项标准手册的一体化架构，全面覆盖油气管道业务及全生命周期。运行管理标准手册初稿82项已全部完成，其中57项已完成预审。工程建设部分标准手册已完成57项初稿，剩余38项正在编制中。

与加拿大Enbridge管道公司的对标工作：针对先期购买的与天然气管道生产紧密相关的Enbridge公司4套手册进行了研究，手册包括《一般参考》《石油质量和测量》《液体管道运行操作手册》《管道设施》，通过与国内标准文件开展对比，分析技术差异，共提出了317项标准的制修订建议。

标准信息化建设：组织开展天然气与管道标准信息管理与内容揭示系统升级以及天然气与管道标准内容揭示系统手机客户端的开发工作。其中，系统升级工作主要是统一两个系统的用户登录方式，整合数据库资源，对界面及系统问题进行修复，增强系统的稳定性、可用性，改进用户体验；揭示系统手机客户端的开发，大大方便用户对揭示系统的使用，提高工作效率。

其他标准化工作：贯彻落实集团公司要求，确保企业对重点标准的理解和实施，召开了重点实施标准宣贯会；及时组织复审，确保在用标准适应技术发展和生产实际的需要；举办标准化知识培训，提高标准起草人的编写水平，考试合格者获得了全国石油天然气标准化技术委员会和石油工业标准化技术委员会（油标委）颁发的《标准化资质证书》。

（郑贤斌）

【**管道科技**】

1. 科技计划管理

2014年度科技项目计划共计5000万元，新开课题29项。年度科技计划完成率100%。项目全部按计划正常启动，并按照计划进行。

2. 科技规划管理

研究并完善科技规划编制方法；建立天然气与管道技术体系，开展技术需求分析，研究制定天然气与管道科技发展目标；开展项目框架设计。

3. 科技项目奖励情况

“我国油气战略通道建设与运行关键技术”项目荣获2014年国家科学技术进步奖一等奖。项目依托国家、中国石油重大科技专项和油气重大战略通道工程项目，由中国石油管道建设项目经理部、管道局、西气东输管道公司、石油管工程技术研究院等单位联合国内具有最强研发制造能力的钢铁、机械制造等企业，采取“产学研用”一体化攻关模式，协同创新，共同完成。该成果攻克了X80钢管断裂控制及大规模应用技术，形成新一代数字设计、高效施工、非开挖穿越管道建设技术，创新高凝原油综合改性输送技术，实现20兆瓦级电驱压缩机组和48英寸全焊接球阀国产化，创新大型复杂油气管网集中调控与风险预控技术，使中国管道工业实现从追赶到领跑的跨越，为保障中国能源安全、提升国家工业体系水平，做出了重大贡献。

“我国大型液化天然气关键技术开发及应用”获集团公司科技进步奖特等奖。

“西部原油成品油管道工程技术集成研究与应用”“含蜡原油纳米降凝剂制备与配套工艺应用技术研究”“天然气能量计量配套技术研究及应用”“漠大管道安全运行保障技术集成与应用”等4项课题获2014年集团公司科技进步奖二等奖。

“油气管道设计‘标准化、模块化、信息化’集成研究”“天然气长输管道大功率压气站投资指标研究”“大张坨/板中北/板中南气库及库间水体构造及六座储气库地层运行压力评价研究”“油气管道穿越敏感区环境影响和风险防控技术研究与应用”等4项课题获2014年集团公司科技进步奖三等奖。

“成品油输送及管网设计关键技术研究”获得2014年集团公司技术发明奖二等奖。

4. 重点科技项目成果

20兆瓦级高速直联变频电驱压缩机组。机组于2014年12月2日通过国家能源局新产品暨工业性应用鉴定。目前已在西气东输二线投产5台（套），累计运行24000余小时，机组运行平稳，故障率明显低于进口机组同期水平。

30兆瓦级燃驱压缩机组国产化研制。全自主研制的国产30（兆瓦）级燃驱压缩机完成工厂试验大纲确定性能测试，满足试制技术条件要求。2014年9月11日通过国家能源局组织的新产品出厂鉴定，压缩机（产品二配套）于2014年11月11日完成工厂性能测试及见证试验。

油气管道关键设备国产化。2014年5月，辽宁恒星公司、沈鼓石化泵厂、上海阿波罗公司依据技术条件完成2500千瓦大功率输油泵机组厂内研制工作，7月顺利通过能源局、中国机械工业联合会（简称中机联）、中国石油联合组织的新产品出厂鉴定，10月成功在管道公司庆铁四线投入工业化应用。

中机联、中国石油联合组织，分6批完成28个厂家的33项产品工厂试验见证和产品出厂鉴定工作，产品经第三方机构检测，满足技术条件和研发协议要求，并分别在西部管道公司、管道公司及西气东输公司投入工业化应用。

X90/X100超高强度钢管工业性应用。X90/X100管道应用技术确定了X90/X100钢管止裂韧性指标，提出了断裂控制方案；制订X90/X100板管系列技术条件，实施小批量产品试制，研制出多种规格三通、感应加热弯管以及现场施工配套施工装备；0.8设计系数输气管道应用技术，在西气东输三线上已成功实施了261千米的试验段工程，成果通过集团公司鉴定；外径1422毫米X80管道应用技术方面提出外径1422毫米X80钢管止裂韧性指标，完成外径1422毫米X80、12兆帕钢管、弯管、管件等系列产品开发，以及研发坡口机、对口器、内焊机、外焊机等施工装备研制，研究成果为中俄东线开展试验段工程建设提供了有力支撑；申报专利29项，发表论文30篇。

（孙　齐）

【管道信息】 2014年，大力推进信息化建设工作，有力地支撑了主营业务的发展，满足企业管理提升的需要。

持续推进信息系统建设，加强业务支撑与保障能力。天然气与管道应用集成系统围绕业务流程设计、ERP功能提升、集成方案、用户平台等内容开展详细方案设计，完成包含4条管控主线和2条业务主线的总体设计方案，并组织开展系统配置、开发部署及试点单位实施工作；天然气与管道ERP系统扩展实施（昆仑燃气）完成试点单位实施工作，在昆仑燃气华北分公司、安徽分公司成功上线应用，规范了采购、库存、调拨、销售、项目管理、设备维护、财务管理等业务工作，强化了集中管控，成为企业管理水平不断提升的重要抓手；管道生产管理系统2.0版在昆仑燃气公司上线运行，实现对长输管道、LNG、城市燃气等业务领域生产管理工作的全方位支持，形成覆盖油气调运业务整体链条的统一平台，促进供应链的整体协同；管道工程项目管理系统在哈沈线、西气东输三线中段工程项目得到初步应用，提高数字化移交能力，保证工程建设期数据的及时性、准确性和完整性，为管道运营维护阶段的各项工作奠定重要的数据基础。管道完整性管理系统完成了2.0版可行性研究报告的初版编制工作。

强化信息化基础建设，全面促进管理提升工作。持续推进数据标准体系研究工作，初步形成天然气与管道数据标准体系架构，基于数据模型初步编制完成了《油气长输管道设备设施数据规范》，为建立一体化数据标准体系及构建应用集成平台迈出坚实步伐；进一步强化信息化制度及管理体系建设，起草并发布《中石油管道联合有限公司信息化管理办法》，理顺中石油管道联合有限公司信息化工作机制，明晰工作界面及管理程序，为中石油管道联合有限公司信息化工作的稳步推进提供有力保障。

（郑　伟）

第六篇

工程技术、工程建设与装备制造

工程技术

【概述】 2008年4月，组建中国石油天然气集团公司工程技术分公司（简称工程技术分公司，也称工程技术板块）归口管理物探、钻井、测井、地质录井及酸化、压裂等石油工程技术服务业务；归口管理西部钻探工程公司、大庆钻探工程公司、长城钻探工程公司、渤海钻探工程公司、川庆钻探工程公司、东方地球物理勘探有限责任公司、测井有限公司、海洋工程有限公司等企业。同时负责集团公司所属其他工程技术服务企业、科研机构的业务管理、指导与协调。

2014年，面对市场量价齐跌等严峻形势，工程技术板块强化服务增实力，提升管理上水平，在逆境中实现有质量、有效益发展。完钻12286口井，累计完成钻井进尺2492万米；完成二维地震采集10.36万千米，完成三维地震采集6.4万平方千米；完成测井和射孔工作量9.35万井次；完成各类录井10482井次；完成试油6965层，完成井下作业14.34万井次；完成水平井2068口，同比增长1.8%；完成带压作业4269口，同比增长5.5%；完成水平井分段改造1065口，占国内完成水平井总数的66.2%。

【地球物理勘探】 2014年，工程技术分公司归口管理的工程技术服务企业共有大庆钻探物探公司、川庆钻探物探公司及东方地球物理勘探有限责任公司（简称东方物探公司）3个物探专业公司。作业队伍有地震、重力、磁力、电法、化探及VSP队；地震作业方式有井炮、可控震源和气枪震源，地震施工方法有二维、三维和四维地震勘探。专业服务范围包括野外采集、数据处理、资料解释、装备制造、物探软件研制和销售、设备租赁等。

1. 人员、队伍状况

2014年，物探专业用工总量为3万人。集团公司在册物探队伍198支，其中，地震作业队伍166支，非地震作业队伍22支，VSP队伍10支。全年共动用各类作业队伍219队次，在国内动用地震队伍104队次（二维49队次、三维55队次）、VSP队伍8队次、非地震队14队次。在国外动用地震队76队次（二维36队次、三维40队次）、VSP队伍2队次、非地震队15队次。2014年，集团公司物探队伍及动用情况与2013年对比见表6–1。

表6–1　2014年集团公司物探队伍及动用情况与2013年对比表

项目	2014年	2013年	同比
在册队伍（支）	198	200	–2
其中，　地震作业队伍	166	168	–2
非地震作业队伍	22	22	0
VSP队	10	10	0
动用各类作业队伍（队次）	219	244	–25
国内，　地震队伍	104	118	–14
非地震队伍	14	21	–7
VSP队伍	8	8	0
国外，　地震队伍	76	82	–6
非地震队伍	15	13	2
VSP队伍	2	2	0

2. 装备状况

2014 年，有地震仪器 190 台（套），主机控制单元 190 个，总道数 112.51 万道，平均每台仪器 5921 道，采集站 78 万个。非地震仪器共 404 台，其中重力仪 42 台、磁力仪 77 台、电法仪 282 台、磁化率仪 2 台、化探仪 1 台。资料处理计算机 1.24 万个 CPU（6.49 万核），资料解释计算机 1442 个 CPU（8847 核）。共有 13 种型号可控震源 557 台。车装钻机约有 22 种型号 948 台，人抬钻机约有 15 种型号 1390 台。推土机有 7 种型号 185 台。各类物探测量仪器共计 3557 台（套），其中卫星定位仪 2707 台、卫星导航仪 139 台、全站仪 711 台。2014 年集团公司装备情况与 2013 年对比见表 6–2。

表 6–2　2014 年集团公司工程技术装备情况与 2013 年对比表

项目	2014 年	2013 年	同比
地震仪器（台 / 套）	190	204	14
主机控制单元（个）	190	204	14
总道数（万道）	112.51	122.25	–9.74
平均每台仪器（道）	5921	5993.1	–72.1
采集站（万个）	78	77.4	0.6
非地震仪器（台）	404	341	63
其中，重力仪	42	31	11
磁力仪	77	78	–1
电法仪	282	228	54
磁化率仪	2	2	0
化探仪	1	2	–1
资料处理计算机	1.24 万个 CPU（6.49 万核）	1.78 万个 CPU（7.9 万核）	减少 0.54 万个 CPU（减少 1.41 万核）
资料解释计算机	1442 个 CPU（8847 核）	1223 个 CPU（6958 核）	增加 219 个 CPU（增加 1889 核）
13 种型号可控震源（台）	557	539	18
车装钻机（台）	22 种型号（948）	27 种型号（1797）	型号减少 5 种（849）
人抬钻机（台）	15 种型号（1390）	15 种型号（1300）	型号持平（90）
推土机（台）	7 种型号（185）	6 种型号（178）	型号减少 1 种（7）
物探测量仪器（台）	3557	3457	100
其中，卫星定位仪	2707	252.7	180
卫星导航仪	139	204	–65
全站仪	711	726	–15

3. 工作量完成情况

地震采集工程。完成二维地震采集 10.36 万千米，其中国内完成 4.27 万千米；完成三维地震采集 6.4 万平方千米，其中国内完成 1.44 万平方千米。2014 年集团公司二维地震、三维地震采集情况与 2013 年对比见表 6–3。国内勘探工作量完成情况：二维地震采集投入施工队 49 队次，获生产记录 156.29 万张。完成地震剖面 4.27 万千米。三维地震采集投入施工队 55 队次，获生产记录 263.61 万张；完成采集工作量 1.44 万平方千米。重磁电野外采集投入 14 个队，获生产记录 18.14 万张，有效剖面 7.45 万千米。VSP 投入 8 个队，完成 VSP 测井 154 口。国外勘探工作量完成情况：二维地震采集投入施工队40队次，获生产记录264.19万张；完成地震剖面6.08万千米。三维地震采集投入施工队43队次，获生产记录1699.24万张；完成采集工作量4.95万平方千米。2014年国内外物探野外采集工作量与2013年对比见表6–4。

表6–3　2014年集团公司二维地震、三维地震采集情况与2013年对比表

项目	2014年	2013年	同比
二维地震采集（万千米）	10.36	11.43	–1.07
其中，国内	4.27	4.02	0.25
三维地震采集（万平方千米）	6.4	6.44	–0.04
其中，国内	1.44	1.75	–0.31

表6–4　2014年中国石油国内外物探野外采集工作量与2013年对比表

项目		2014年	2013年	同比
国内勘探	二维地震施工（队次）	49	56	7
	获生产记录（万张）	156.29	107.82	48.47
	完成地震剖面（万千米）	4.27	4.02	0.25
	三维地震施工（队次）	55	62	–7
	获生产记录（万张）	263.61	336.27	–72.65
	完成采集工作量（万平方千米）	1.44	1.75	–0.31
	重磁电工作（队）	14	21	–7
	获生产记录（万张）	18.14	18.28	0.14
	有效剖面（万千米）	7.45	8.97	1.52
	VSP工作（队）	8	8	0
	VSP测井（口）	154	171	17
国外勘探	二维地震施工（队次）	40	41	–1
	获生产记录（万张）	264.19	327.05	–62.85
	完成地震剖面（万千米）	6.08	7.4	–1.32
	三维地震施工（队次）	43	41	2
	获生产记录（万张）	1699.24	1491	208.16
	完成采集工作量（万平方千米）	4.95	4.69	0.25

地震资料处理情况。从事地震资料处理工作的有东方物探公司研究院、大庆钻探物探公司和川庆钻探物探公司3家单位。2014年处理二维剖面10.06万千米，同比减少4066千米，下降31.66%；处理三维资料9.53万平方千米，同比减少3.3万平方千米，下降25.73%。

资料解释及综合研究情况。从事资料解释研究工作的有东方物探公司研究院、东方物探公司综合物化探处、大庆钻探物探公司和川庆钻探物探公司4家单位。完成二维地震解释剖面12335条，长度50.66

万千米；完成三维解释区块977个，面积25.13万平方千米，发现圈闭5448个，面积6.01万平方千米；复查圈闭6767个，面积11.18万平方千米。

4.科技研发及推广应用

核心软件与装备“两大利器”研制与完善进展顺利，关键技术研究与功能扩充取得阶段成果。（1）GeoEast V2.6功能性能得到显著提升。在叠前偏移成像、OVT处理、五维解释等一批关键技术获得重大突破，填补国内空白，达到国际先进水平。形成积分法、高斯束、波动方程三大叠前偏移技术系列，效果与国际同类软件相当，效率领先于同类商业软件（GeoEast积分法偏移CPU版的效率约为国际同类软件2—5倍，GPU版效率是国外CPU版的4—25倍），能够满足国内复杂构造及地层岩性勘探区的高精度成像需求。（2）KLSeisII新一代开放式采集工程软件不断完善。推出稳定的KLSeisII V1.0版本，基于叠前偏移成像的观测系统设计、基于真地表与GIS的观测系统实施、海量数据现场实时质量监控、可控震源高效采集等技术，支撑“两宽一高”地震采集技术的发展，继续保持国际领先水平。（3）GeoMountain® 软件系统2.0版通过集团公司验收，软件新增71项核心模块功能。采集子系统在28个采集项目得到推广应用；处理子系统推广应用项目34个，边缘检测初至自动拾取技术、静校正技术、克希霍夫叠前深度偏移技术、RTM技术取得一定的应用效果；解释子系统推广应用项目25个，含逆断层的构造解释技术系列、裂缝预测发育带预测技术系列、地质戴帽及地质岩性剖面制作以及子波分解重构技术、岩石物理弹性参数的敏性分析等特色技术得到很好的应用。（4）低频可控震源KZ28LFV3实现规模化推广应用。掌握低频信号与均匀波场激发技术等4项核心技术，使东方物探公司成为全球首家掌握3赫兹低频震源的公司，为真正实现陆上“两宽一高”技术提供激发保障，低频勘探技术实现突破性进展。累计投产KZ28LF低频可控震源48台（套），2014年在准噶尔盆地腹部滴南8井区、吐哈盆地葡北、内蒙古二连等低频采集项目中推广应用。（5）G3i、HAWK地震仪器性能不断提升。G3i有线地震仪性能和适应性不断提升，完成多路径传输、动态滑动扫描、与数字检波器集成、过渡带系统开发等技术开发和野外测试；Hawk节点地震仪器性能不断完善，能够满足各种地表、长时间地震采集需求，为提高复杂区采集质量和效率提供新的技术手段。发布SL11单分量数字检波器，成为功耗最低、重量最轻的单分量数字检波器；完成Hawk与SL11集成野外测试。2014年，Hawk在长庆陇东二维地震勘探中首次实现规模生产，创下黄土山地直测线320炮的最高日效纪录，12000道Hawk在长庆地区召26井区进行黄土塬三维地震勘探。

速度建模、OVT处理、五维数据地震解释技术、数字化地震队、地面微震监测等新方法、新技术研究取得重要进展，为配套技术持续发展奠定坚实基础。（1）深度域速度建模软件系统Diva研发基本完成。形成完整的速度建模技术流程，具备二维、宽线、三维数据的速度建模功能。该软件提供垂向速度分析、速度扫描、相干反演、构造层析4种速度分析和模型更新技术手段，提高模型的可靠性和精度。二维、宽线资料速度建模开始生产应用，三维速度建模正在开展生产测试，效果良好。（2）OVT处理技术取得突破性进展。研发OVT域数据规则化、方位各向异性校正等关键技术，建立OVT处理技术流程，得到规模化生产应用，填补GeoEast宽方位高密度处理技术空白。（3）形成国际领先的基于OVT五维数据体地震解释特色技术。形成基于五维数据的三维可视化解释、基于五维数据的裂缝预测和方位AVO油气预测等关键技术，为充分挖掘宽方位高密度资料的信息，使地震解释技术实现三维到五维的跨越奠定基础。该项技术在塔北碳酸盐岩勘探得到普遍应用，在跃满地区有效指导高效井位优选，成功率100%，取得显著效果。（4）数字化地震队DSS系统持续发展。增加在任意地表条件下，任意震源台数组合条件下的智能导航、远程实时修改震源参数和高速远距离数据链等针对性的功能，为沙特、阿曼及国内新疆滴8井等三维地震项目提供有力支撑。（5）微震监测取得新进展。建立微地震地面、浅井、深井监测采集、处理、解释技术系列，并可以进行初步的震源机制分析。2014年在多个微地震压裂监测项目中应用，效果较好。

物探技术进一步集成配套，各领域技术系列不断完善，特色技术研究取得重要进展。（1）完全依靠具有自主知识产权的软件、装备和技术支撑的“两宽一高”地震勘探技术进一步集成。形成可控震源低频激发及低频信号设计、海量数据采集实时质量监控、OVT域处理技术、五维地震数据解释等20项关键技术，具备6万道、每天万炮采集、每天6百万兆字节数据实时质控的采集能力和单一三维50百万兆字节数据、PSTM15天、FSDM纯体偏15天的处理能力，实现规模化推广应用，在国内外一批攻关项目中取得显著效果。可控震源高效采集技术得到全面应用，2014年应用比率超过50%；三维采集效率大幅度提升，2014年平均日效过千炮，效率提高15%。自主知识产权的“两宽一高”勘探技术＋可控震源高效采集技术得到全面推广应用，实现地震勘探的“提质、提效、提速”，成为解决复杂区勘探开发难题的有效方案，在油气勘探开发中发挥越来越重要的作用。在哈萨克斯坦AMG高精度二次三维项目完成全球陆上首块使用1.5赫兹低频可控震源的工业化勘探，地震资料目的层频带扩宽近10赫兹，获得具有丰富低频信息的原始资料，为全波形反演、利用低频预测油气等新技术的应用奠定资料基础。首次在新疆滴南8井区三维完成中国陆上第一块真正意义的“两宽一高”地震勘探项目，扫描频率拓展到1.5—84赫兹，地震资料质量、精度和分辨能力得到明显提高。（2）油藏地球物理配套技术领域。GeoEast-RE软件测试和接收进展顺利，基本完成油藏描述33个模块、油藏模拟26个模块、油藏监测18个模块、油藏协同工作21个模块的测试，基本形成油藏描述、油藏模拟、油藏监测和油藏协同工作的技术流程和关键质控图件；在东方物探公司启动GeoEast-RE软件的推广应用工作。塔中某薄储层剩余油气研究取得良好效果，井地联合地震和3.5D地震等技术在薄储层（3—5米）剩余油气预测获得较为准确的预测效果；实施8口开发井成功率100%，其中6口井平均单井日产油50吨，高产井占比75%，促成塔中某油田原油产量比计划超产3万吨。油藏地球物理技术在中国石化、中国海油油田的应用初见成效，中国石化濮城油田某区块3.5D及非可重复性时移地震研究提出的断层＋岩性控油思想及井位建议得到油田方高度认可，完成中国海油南海首个海上时移地震项目的3.5D+4D地震综合研究设计及前期地震数据处理，获得甲方高度评价。（3）海洋地震勘探技术领域。深海勘探技术水平和作业能力得到进一步增强。深海十二缆地震勘探船投产以来，累计完成13块34801平方千米的拖缆三维地震数据采集工作；基于倾斜电缆的拖缆地震勘探技术研究取得进展，形成基于现有设备的倾斜电缆采集方案，对不同深度的电缆沉放深度的鬼波响应、电缆的陷波频率补偿开展研究；自主知识产权的拖缆地震数据采集实时质量监控系统在所有拖缆勘探船上安装，在7个项目得到生产应用，降低大量的待工时间，保证资料采集质量。（4）页岩气地球物理技术进展显著。实现单一叠前弹性参数（杨氏模量和泊松比）向综合脆性指数剖面的转换，计算页岩层段的脆性指数。页岩脆性是评价页岩储层压裂过程中是否易于改造，能否最终将储藏在页岩中的天然气开采出来的重要指标。遥感技术辅助优选页岩气地震勘探有利区。以图像处理、统计分析、地理信息系统等技术为主要手段，在现代油气地质理论的指导下，着重利用遥感（影像）技术优选页岩气地表有利区。二维选区与三维“甜点”预测技术在页岩气藏开发应用取得突破。形成的以“精细构造图＋页岩层埋深＋优质页岩厚度”为基础的二维地震选区的基本思路和技术手段。形成的以“精细构造图＋页岩层埋深＋优质页岩厚度＋优质页岩脆性＋裂缝”为基础的三维地震“甜点”区选取的基本思路和技术手段，在威远区块得到应用，为后续储层改造提供技术支撑。（5）综合物化探技术领域。重磁电采集处理解释软件系统GeoGME 2.0通过集团公司的鉴定，实现三维重磁电、时频电磁等资料处理功能的集成化和统一系统平台上综合解释，重磁电资料处理解释能力和处理解释效率、质量都得到提高。2014年，在28个项目得到应用，应用率80%；东方物探公司牵头承担的国家863深水可控源电磁勘探系统研发项目进展顺利，2014年7月在青岛成功进行海上发射和采集站海底接收试验。

（王悦军）

【测井】 集团公司工程技术分公司归口管理的工程技术服务企业中，有6家企业涉及测井业务。此外，在上市企业中大庆油田测试公司、大庆油田试油试采公司，分别主要从事生产测井和射孔业务。

1. 人员、队伍状况

2014年，测井专业用工总量为1.5万人，同比减少0.02万人。

2014年，测井专业队伍总量760支。其中国内市场623支、国外137支，分布在18个国家。

2. 设备状况

测井行业主要专业设备841套。其中包括裸眼井测井设备544套、生产测井设备97套、射孔取心设备168套。

3. 完成工作量

2014年，测井工作总量93533井次，其中裸眼测井25971井次、生产测井18172井次、工程测井工作量24230井次、射孔25160井次，下降12.4%。国内工作量88000井次，国外工作量5533井次。另外因井况、路况测井未成功的井次9572井次，占总工作量的9.2%。2014年集团公司测井业务完成工作量与2013年对比见表6-5。

表 6–5　2014 年集团公司测井业务完成工作量与 2013 年对比表　　井次

项目	2014 年	2013 年	同比
工作总量	93533	106092	–12559
其中，裸眼测井	25971	32298	–6327
生产测井	18172	16294	1878
工程测井	24230	28706	–4476
射孔	25160	28717	–3557
国内工作量	88000	100129	–12129
国外工作量	5533	5963	–430
因故测井未成功	9572	9940	–368

测井解释工作量探井 11.4 万层，开发井 59.5 万层，解释成果油层 11.6 万层，气层 10.2 万层。老井复查 2431 井次。老井复查油气层 7333 层。探井解释符合率 86.5%，开发井解释符合率 95.96%。

4. 技术进展

（1）测井技术。①自主创新技术进展。中油测井 EILog 测井系统技术水平持续提升，成像测井进一步完善，15 米“一串测”技术规模应用。4 支国产核磁共振测井仪投入现场应用，完成测井 20 口，被集团公司评为 2014 年十大科技进展；应用 15 米“一串测”测井 622 口，单井作业时间平均缩短 30%；应用无缆式“一串测”测井试验 7 口井，重复性、一致性良好；高温高压小井眼“一串测”应用于海外市场。成像测井系列推广应用逐步扩大，2014 年完成测井 5118 井次，同比增长 3.1%。长城钻探 LEAP800 测井系统地质适应性、系统稳定性及可靠性稳步提高，在国内外投产应用 7 套，累计在国内外 26 个油区进行商业井作业 673 井次，其中国际市场 193 井次，服务项目涵盖常规大满贯、阵列感应、声电成像和旋转取心等。大庆钻探 WISEYE1000 快速集成成像测井平台技术不断完善，在大庆外围开发井区推广应用，并在海拉尔全面应用，测井 319 井次，平均作业时效提高 50% 以上。0.2 米超薄层测井系列通过攻关与现场试验，实现高精度密度测量和自然电位优化，完成测井系列定型，累计测井 82 口。研制成功 DFT 地层流体测试器，完成 3 口井测井试验，到印度尼西亚市场开展服务；自主研发的地层化学元素测井仪器累计测井 20 口，2014 年正式投产应用 2 口，测井资料合格率 100%。中油测井常规随钻测井技术持续改进，2014 年测井 46 井次，仪器稳定性与可靠性明显提高；方位侧向随钻电阻率成像在苏里格气田，长庆、冀东油田开展钻后及实钻测井 5 口；高速泥浆脉冲器、方位随钻伽马成像测井仪、随钻密度、随钻声波及超声井径测井仪，开展现场试验。长城钻探测井公司研制成功随钻方位电阻率成像和近钻头地质导向，现场试验 2 口井。长城钻探测井公司成功研制光纤流量、光纤自然伽马和光纤磁定位传感器的室内样机，为进一步研制工程样机奠定基础。西部钻探测井公司自主研发的猎鹰（KCLOG）套管井成像测井系统通过集团公司鉴定。系统首次采用微波方法测量油井内流体的持水率，并可直接与多参数生产测井仪组合，在高含水条件下测量精度达到 2%。经形成具有过套管电阻率、扇区水泥胶结（RCE）、水泥密度（RCD）、微波持水等特色技术的剩余油饱和度测井、工程测井、动态监测等系列技术，在新疆、长庆等油气田累计测井 199 井次。②特色技术推广应用。存储式钻杆输送测井技术持续推广应用，2014 年各钻探集团及专业公司推广应用无电缆存储式钻杆输送测井技术，共完成测井 772 井次，同比增长 10.2%，有效保障集团公司勘探开发大斜度井、水平井等极端恶劣井况下的测井需求。中油测井成功研制大直径钻进式井壁取心仪，可获取直径 38 毫米、长度 65 毫米岩心，2014 年在长庆油田取心作业 5 口井，获取合格岩心 57 颗。西部钻探测井公司依托超高温稠油井生产测井技术工艺研究项目取得的技术成果，针对不同的井况采取在产液井中用电缆和存储式测井相结合的采集方式获取井下数据，2014 年完成作业 15 井次，最高测量温度达到 287℃。长城钻探、渤海钻探、川庆钻探、西部钻探测井公司持续完善连续油管测井工艺与配套工具，2014 年完成测井 28 井次，较好地解决水平井、大斜度井生产测试和固井质量测井的技术难题。

（2）射孔技术。①超高温超高压射孔工艺技术。川庆钻探将超高温高压射孔器材性能提升到耐温210℃、耐压210兆帕，并完善井下射孔工具，形成一整套适用于超高温、超高压、超深井环境下的射孔技术。结合井下高速记录的射孔数据及实验室射孔数据采样，能对超深井射孔管柱射孔瞬间动态载荷进行分析、建模，有助于深井超深井管柱设计和优化。西部钻探、大庆钻探、长城钻探、渤海钻探和中油测井也在各自服务区块内应用高温高压射孔技术，取得良好的工程地质效果。②分簇射孔技术。川庆钻探研制完成电子丢手装置和定向射孔器，实现分簇射孔的工厂化、规模化应用，渤海钻探、大庆钻探、西部钻探和中油测井等企业也相继开展分簇射孔技术应用。③连续油管射孔工艺技术。连续油管电缆射孔工艺技术取得新进展，配套的连续油管作业工具得到改进，形成标准化的连续油管电缆射孔作业流程。长城钻探成功研制连续油管长井段带压射孔精确定位系统，并开展连续油管聚能切割技术的研究与应用，为后续连续油管长井段射孔和其他带压施工项目提供有力的技术保障，在国外完成13井次。

（3）测井解释技术。①致密油“七性关系”评价技术基本成熟，三品质评价深入推进。制定3项中国石油行业标准：致密油气储层岩石物理分析规范、致密油气“七性关系”评价规范及致密油气“甜点”评价技术规范。致密油测井评价技术在中国石油8个致密油示范区推广应用，为选井选层和压裂改造发挥不可替代技术支持作用，效果明显。②碳酸盐岩缝洞精细刻画技术日趋完善，应用效果显著提高。形成5项技术：一是典型孔缝洞储层图版库；二是孔隙度频谱的储层有效性评价技术；三是地层水电阻率频谱的流体识别技术；四是井眼测井 + 井旁测井 + 邻井地震“三位一体”缝洞描述技术；五是产能级别预测技术等关键技术碳酸盐岩精细刻画技术。③测井解释软件在水平井解释、成像处理技术等方面取得新进展。中油测井面向测井采集传输处理解释应用全过程的LEAD4.0软件系统持续改进完善，实现测井资料快速采集、实时传输和产能预测，实现了岩心数据和测井采集数据的有机整合。测井数据库系统于2014年12月1日正式上线应用，录入国内5万多口井的测井数据、8万多块岩样数据，以及国外近2000井次测井数据。创新提出应用真电阻率和孔隙度谱的成像测井综合应用计算油气饱和度技术，已经形成相应处理软件，开始现场应用。水平井一体化软件包括工程管理、数据处理、资料解释、地层分析、轨迹与油藏关系分析等五大类20多个功能模块，在现场开展应用。长城钻探的CIFlog-GeoMatrix解释处理软件实现全面推广。2014年该软件在长城钻探测井公司国内市场生产中推广应用1800多井次，并实现已开发模块推广率100%，使用率100%。在国内外科研项目中推广应用1892口井。推广应用项目涵盖常规、核磁共振、阵列感应、变密度、水泥密度等测井项目，包括砂泥岩、碳酸盐岩、变质岩等地层评价，同时包括直井、大斜度井和水平井等裸眼井测井解释。

（4）提速提效。加强生产准备，强化设备维护保养，实现管理提速。各测井公司通过掌握钻机动态信息、加强生产准备、精细组织施工、强化过程控制等管理措施，创新生产组织方式、提高单队综合作业能力，实现钻井施工与测井作业间的无缝衔接。强化三分测井、七分准备和生产组织“三步法”做法，保障重点工程项目推进，持续打造管理提速。2014年施工小队正点到井率达到100%。快速测井减少施工趟数，存储式测井实现测井工艺技术提速。各测井企业针对大斜度井、水平井等复杂井，广泛采用存储式钻杆输送测井代替水平井工具测井（钻具传输测井），提高测井时效，实现水平井的测井提速。在仪器组合技术方面，中油测井应用15米“一串测”完成测井622口，单井作业时间平均缩短30%；渤海钻探大力推进快测技术，“两串测”、“一串测”快测工艺应用比例61.3%，平均测井时效11.44时 / 井次，同比增长7.74%。2014年平均裸眼井占用井口时间为12.4时 / 井次，与2013年的12.7时 / 井次同比提速2.4%，助推钻井工程的综合提速。

（邹　辉）

【录井】 2014年，集团公司从事石油录井工程技术服务的企业有9家，分别是大庆钻探工程公司录井一公司和录井二公司、西部钻探工程公司克拉玛依录井工程公司和吐哈录井工程公司、长城钻探工程公司录井公司、渤海钻探工程公司第一录井公司和第二录井公司、川庆钻探工程公司地质勘探开发研究院、中油测井公司青海事业部。

1. 人员、队伍状况

2014年，录井专业用工总量为1.01万人，同比减少约380人。

2014年，集团公司有录井专业队伍1118支，其中综合录井队1006支，气测录井队112支，队伍平均动用率92.78%，平均队年施工223.5天，平均队年录井5.68口。2014年，集团公司录井队伍情况与

2013年对比见表6-6。队伍国内分布在全国19个油区，国外服务于亚太、中亚、非洲、中东、美洲等地区的19个国家。服务于国内的队伍890支，其中集团内队伍858支，集团外队伍32支。国内队伍主要分布在长庆油田、西南油气田、新疆油田、塔里木油田，共476支，占队伍总数的53.48%。服务于国外的队伍共228支，其中集团内队伍171支，集团外队伍57支。国外队伍主要分布在中亚地区，共96支，占国外队伍总数的42.1%。

表6-6　2014年集团公司录井队伍情况与2013年对比表

项目	2014年	2013年	同比
专业队伍（支）	1118	1040	78
其中，综合录井队	1006	929	77
气测录井队	112	111	1
平均施工〔天/（队·年）〕	223.5	277	−53.5
平均录井〔口/（队·年）〕	5.68	6.56	−0.88

2. 装备状况

2014年，主要录井装备2922台，设备新度系数0.41。综合录井仪1014台，其中国产综合录井仪939台，进口综合录井仪75台。

3. 工作量完成情况

2014年，集团公司录井企业完成录井10482口。其中，国内录井9740口，国外录井742口。2014年，完成录井18510井次。其中，综合录井2789口，气测录井2737口，2014年，集团公司录井企业工作量完成情况与2013年对比见表6-7。地质录井4956口。录井仪器（综合录井和气测录井）施工总天数329027天。

表6-7　2014年集团公司录井企业工作量完成情况与2013年对比表

项目	2014年	2013年	同比
录井总口数（口）	10482	13578	−3096
其中，国内录井	9740	12598	−2858
国外录井	742	980	−238
录井井次（口）	18510	22182	−3672
其中，综合录井	2789	3749	−960
气测录井	2737	1895	842
地质录井	4956	7934	−2978
录井仪器施工总天数（天）	329027	412353	−83326

4. 技术应用与科研

2014年，集团公司所属录井企业应用录井技术在425口探井上发现并评价油气显示层79375米/14233层，在3767口开发井上发现并评价油气层477356米/85032层，油气显示发现率100%。

应用综合录井技术共监测到工程异常7063次，其中钻具刺173次、泵刺66次、钻具断60次、井漏1039次、井涌或溢流616次、硫化氢异常25次，异常预报符合率达到99.89%。

在录井技术及油气层发现评价方面，推广应用远程录井技术、三维定量荧光技术、岩屑图像分析技术、元素录井技术、微地震裂缝监测技术、水平井地质导向录井技术等成熟技术。水平井录井综合导向技术全年应用848口。

2014年，共开展各级科技项目146项，获得成果74项，其中国家级重大专项4项、集团公司级项目 21 项、局级项目 40 项、处级项目 81 项，获得专利 41 项，发表论文 134 篇。

（刘应忠）

【钻井工程】 2014 年，集团公司工程技术分公司归口管理的工程技术服务企业共有 6 家钻井专业公司，即大庆钻探工程公司、长城钻探工程公司、渤海钻探工程公司、西部钻探工程公司、川庆钻探工程公司和海洋工程公司。

1. 人员、队伍状况

2014 年，钻井专业用工总量 9.28 万人，同比减少约 5200 人。

2014 年，集团公司有在编钻井队伍 1018 支。其中陆上钻井队 1008 支，海洋钻井队 10 支。

2. 装备状况

钻机装备。2014 年，在用钻机 1018 部。其中，国内 824 部，国外 184 部。陆上 1008 部，海上钻井平台 10 座。有顶驱 394 套，同比增加 19 套。

井控装备。集团公司有各类防喷器 5181 台。其中，单闸板防喷器 1491 台，双闸板防喷器 2081 台，环形防喷器 1537 台，其他防喷器 72 台。共有控制系统 1946 套，节流压井管汇 2535 套。

主要相关技术服务装备。集团公司有地质导向仪器 110 套，各类水泥车 616 台，旋转防喷器 / 旋转控制头 155 台，制氮装备 33 套，压缩机 177 套。

3. 工作量完成情况

2014 年，开钻 12294 口，完钻 12286 口，累计完成进尺 2492 万米。其中，国内完成钻井 10970 口，进尺 2198 万米；国外完成钻井 1316 口，钻井进尺 294 万米。2014 年，集团公司钻井工作量完成情况与 2013 年对比见表 6–8。

表 6–8　2014 年集团公司钻井工作量完成情况与 2013 年对比表

项目	2014 年	2013 年	同比
开钻总井数（口）	12294	13459	–1165
完钻总井数（口）	12286	13378	–1092
其中，国内完钻	10970	12035	–1065
国外完钻	1316	1343	–27
累计完成进尺（万米）	2492	2750	–258
其中，国内进尺	2198	2432	–234
国外进尺	294	318	–24

钻井工程质量。2014 年，井身质量合格 10677 口，井身质量合格率 100%。钻井取心进尺 1.5 万米，取心收获率 96.97%，生产套管固井 12511 口，固井质量合格率 100%。

钻井生产时效。钻井工作总时间 497.87 万小时。生产时间为 471.13 万小时，占总时间的 94.63%。

4. 科技研发及推广应用

水平井规模化应用。2014 年，完成水平井 2068 口，其中国内市场完成 1610 口，国外市场完成 458 口。水平井应用比例进一步提高，应用比例达到 10%，同比增长 2.4%。水平井施工能力进一步增强。川庆钻探施工的塔里木油田塔中某井完钻井深 8008 米、水平段长 1551.87 米，创中国陆上最深水平井纪录，全井机械钻速高达 5.51 米 / 时，钻井周期 157.42 天，较设计周期超前 42.58 天完钻。渤海钻探施工的塔里木油田金跃 5H 井，完钻垂深 7010 米，刷新国内水平井垂深最深纪录。长城钻探在古巴完成某大位移水平井，完钻井深 6097 米，垂深 1848 米，水平位移 4754 米，水垂比 2.57，水平段长 4140 米。

钻井提速工作。重点地区提速效果显著。①大庆油区调开井平均钻速 37.08 米 / 时，同比提高 12.39%，钻完井周期 5.91 天，同比缩短 6.64%。大庆深井提速积极推广液动旋冲工具、涡轮钻具、液动锤等新技术，进一步提高钻井速度。徐探一井三开应用液动旋冲工具解决登娄库组以下地层研磨性强和钻速慢的问题，累计进尺 640 米，平均钻速 3.22 米 / 时，比牙轮钻头钻速提高 69.47%；宋深线新井应用涡轮钻具累计进尺 400 米，平均钻速 2.4 米 / 时，比牙轮钻头钻速提高 40%。②塔里木库车山前地区推广应用氮气钻井、油基钻井液技术、试验应用涡轮 + 孕镶钻头，钻井速度大幅提高。克深线新井区开发井平均钻完井周期384天，较之前缩短41%；大北某区块开发井平均钻完井周期334天，较之前缩短44.1%；克深线新区块第三轮完钻井平均钻井周期287天，较之前缩短31.2%。③四川安岳地区深井平均机械钻速同比提高13.48%；龙王庙组专层井平均机械钻速同比提高14.92%。磨溪某井以68.13天创龙王庙组专层井钻井最短周期新纪录。高石线新井创112.5天完钻灯影组深井的新纪录；磨溪某井以完钻井深5600米、完钻周期114天的成绩创该区块水平井最快完钻新纪录。④川渝页岩气长宁某井在造斜和水平井段，采用旋转导向钻井技术，仅用5.6天就从井深2150米钻至3012米，节约钻井周期10天以上。长宁区块平均钻机月速同比提高8.28%，平均机械钻速同比提高39.37%，第三轮井完钻周期同比缩短20.3%，威远区块同比缩短42.8%，其中长宁H3–5井以33.68天、威204H线新井以69.89天分别创造区块最短钻井周期纪录。

钻井科技研发及应用。①垂直钻井系统应用效果显著。2014年西部钻探自主研发的ϕ445毫米垂直钻井系统在塔里木油田进行2口井5井次的施工，累计垂钻进尺3483米，总纯钻277.57小时，平均机械钻速达12.6米/时，累计工作时间为391小时，各项工作性能指标与同区块国外工具的指标相当，取得良好的垂直钻进试验效果。②涡轮钻具、液动旋冲工具推广应用。宋深线新井应用涡轮钻具配合孕镶PDC钻头，在营城组—沙河子组一趟钻进尺460米，相当于7.5只常规牙轮钻头进尺，机械钻速提高71%，缩短钻井周期15天。液动旋冲工具累计应用38口井，总进尺12749米，机械钻速提高1—6倍，并创下古城某井单趟钻最高进尺630米和升深–斜2井单支工具工作时间最长175小时两项纪录。③旋转导向系统研发稳步推进。长城钻探指向式旋转导向系统完成整体方案设计。完成系统采用300瓦大功率发电机与整流器供电，发电机与整流器的外壳设计。双向通信系统采用FSK频率调制的方法进行信号下行传输。渤海钻探工程院研制的8½英寸井眼MWD旋转导向系统，经过4口井的现场试验，累计进尺1596米，总体性能得到验证。④水平井钻井又添新利器。川庆钻探、大庆钻探成功研发水力振荡器，在威某井水平段2872—4672米使用水力振荡器+LWD替代旋转导向，进尺1800米，作业时间21.31天，钻井周期63.6天。大庆钻探现场应用6口井，齐平2–平9井造斜段进尺241米，定向滑动钻进机械钻速2.53米/时，复合钻进机械钻速6.66米/时，同邻井齐平2–平8井相比，定向滑动钻进钻速提高160%，复合钻进钻速提高24%，摩阻下降36%，提速降摩阻效果显著。⑤膨胀管技术再创新纪录。2014年钻井工程技术研究院在塔河油田某井再次进行现场施工，膨胀管下入长度527米，下入井深6065米、最大井斜65.3°，刷新入井深度、井斜和连续膨胀长度三项全国纪录。

（贾平军）

【井下作业】 井下作业是以试油测试、压裂酸化、大修侧钻及油气水井维护作业等为主导的综合性工程技术服务行业，集团公司的井下作业工作分布在6家工程技术服务企业和11家油气田企业。川庆钻探工程公司、渤海钻探工程公司、长城钻探工程公司、西部钻探工程公司、大庆钻探工程公司、海洋工程公司等6家工程服务企业的井下作业业务以试油、大修、压裂酸化业务为主；辽河油田公司、长庆油田公司、新疆油田公司、吉林油田公司、大港油田公司、华北油田公司、冀东油田公司等7家油气田企业以油气水井维护作业为主；大庆油田公司、青海油田公司、吐哈油田公司及玉门油田公司4家油田企业从事井下作业综合性服务。

1. 人员、队伍状况

2014年，井下作业业务用工总量为7.20万人，同比减少3612人。

2014年，集团公司井下作业队伍共计2090支。其中，国内1849支，分为大修队234支、侧钻队67支、试油队213支、小修队920支、测试队206支、压裂酸化队104支及带压作业队105支；国外241支。

2. 装备状况

2014年，井下作业系统有修（通、钻）井机2506台，其中车载修井机1602台，占63.93%。一千型以上压裂泵车746台，共计146.03万水马力；两千型及以上压裂泵车585台。连续管车54台，制氮车38台，液氮泵车55台，带压作业设备104套。

3. 工作量完成情况

2014年，完成井下作业工作量14.34万井次，同比基本持平。其中，压裂工作量13726井次，酸化工作量4596井次，小修工作量120573井次，大修工作量4239井次，侧钻工作量271井次。试油完成6965层。国内井下作业工作量完成14.07万井次，试油完成5099层。国外井下作业工作量完成2692井次，试油1866层。2014年集团公司井下作业工作量完成情况与2013年对比见表6–9。

表 6–9　2014 年集团公司井下作业工作量完成情况与 2013 年对比表

项目	2014 年	2013 年	同比
总工作量（万井次）	14.34	14.31	0.03
其中，压裂（井次）	13726	15361	–1635
酸化（井次）	4596	6103	–1507
小修（井次）	120573	117510	3063
大修（井次）	4239	3876	363
测井（井次）	271	250	21
总试油（层）	6965	7558	–593
国内井下作业（万井次）	14.07	14.1	–0.03
国内试油（层）	5099	6251	–1152
国外井下作业（井次）	2692	2081	611
国外试油（层）	1866	1307	559

国内生产周期：试油 31 天 / 井次，小修井 3 天 / 口，大修井 12 天 / 口，侧钻井 22 天 / 口。国外生产周期：试油 4 天 / 层，小修井 7 天 / 口，大修井 11 天 / 口。试油平均生产时效为 78.5%。交井一次合格率 99.16%，优质井率 97.91%，执行设计符合率 99.99%，资料全准率 99.62%。

4. 科技研发及推广应用

试油测试技术。川庆钻探研发全套 140 兆帕防硫地面测试设备、105 兆帕防硫旋流除砂器以及高温高压抗硫井下测试工具，将 $3^7/_8$ 英寸循环阀通径从 38 毫米增大到 45 毫米，排量由 5 米 ^{3}/ 分钟提高到 7 米 ^{3}/ 分钟，5 英寸循环阀抗内压由 120 兆帕提高到 200 兆帕；井下数据无线地面直读技术成功开展 5 井次现场功能性试验，最大工作温度 148 摄氏度，最大工作压力 136 兆帕，最大传输距离达到 4473 米，磨溪 23 井通信距离达到 4473 米，连续工作 192 小时。西部钻探公司拥有完全自主知识产权的电动液压电缆桥塞坐封技术，用电动液压电缆桥塞坐封工具取代传统火药坐封工具，完成 102 井次的现场推广应用，其中 $5^1/_2$ 英寸桥塞 70 井次、7 英寸桥塞 29 井次、$9^5/_8$ 英寸桥塞 1 井次；研发成功 E 型常闭阀和全通径旁通压力测试阀，有效解决高温高压深井测试中存在的难题。海洋工程公司 DST 中途测试首次进入国际市场在泰国开展技术服务。

压裂酸化技术。2014 年，集团公司水平井分段压裂技术推广工作进展良好，完成水平井分段改造 1065 口、8493 段，平均 7.97 段 / 井；完成水平井分段改造井数占国内全年完钻水平井总井数 1610 口的 66.15%；累计入地总液 445.18 万立方米，入地酸量 15.79 万立方米，入地砂量 36.26 万立方米；其中裸眼封隔器分段改造 193 口井、1556 段，复合快钻桥塞分段改造 167 口井、1347 段，水力喷射分段改造 578 口井、5030 段，双封单卡分段改造 71 口井、418 段，套内滑套分段改造 20 口井、59 段。创造一系列新指标：川庆钻探创国内页岩气分段数最多（26 段）、单井液量最大（44692.2 立方米）、单井砂量最大（2174 吨）、页岩气水平井单井同工艺时效最高（平均每天 2.6 段）4 项页岩气改造纪录；大庆钻探在龙深 3 平 2 井创造入地最大砂量纪录（1905.4 立方米）；西部钻探在 JHW018 井采用水平井裸眼封隔器压裂投球分段压裂创造分段 23 级、单级最大加砂量 166.8 立方米、累计泵入液量 2.43 万立方米、加入支撑剂 1700 立方米的纪录。①川庆钻探采用连续油管喷射分簇压裂、电缆泵送（快钻及大通径）桥塞分簇射孔分段压裂、液压滑套及拉链式压裂等工艺技术，大力提升页岩气技术水平及施工能力，在长宁、威远、涪陵等地区完成 14 井次、221 层段施工作业；自主研发的快钻复合桥塞在苏里格桃 7–6–2AX4 井首次现场试验取得成功；威远 H3–1 及长宁 H3–5 应用大通径桥塞、威远 204H1–2 井应用液压滑套试验取得成功；PSK 多级水力喷射压裂系列工具在关平 24–05 井一趟钻完成 12 段体积压裂施工，PSK

多级水力喷射压裂系列工具，被列为年度国家重点新产品；低渗透国家工程实验室井下作业工具与装备实验室通过 CNAS 认可；完成集团公司重点实验室二氧化碳压裂增产研究室及水力学工程实验室、压裂仪器仪表检测实验室的建设，以及液态二氧化碳提黏研究、密闭混砂装置的改进；生物清洁可回收压裂液技术再上台阶，单体重复利用达 11 次；酸液速溶稠化剂研制成功，溶解时间由 11 分钟缩短到 5 分钟；高效脉冲压裂工艺技术现场试验取得成功；在中国石化焦页 40 平台、长宁 H2 平台采用拉链压裂，形成适应川渝地区的“工厂化”压裂模式；$8^1/_2$ 英寸裸眼固完井一体化分段压裂工具技术在苏里格气田成功应用 6 井次。②渤海钻探连续油管多级喷枪水力喷砂射孔分段压裂技术成功在煤层气水平井应用，共射孔 7 层，累计加砂 244 立方米，注入液体 6473 立方米；研制可降解压裂球、BHDC/CMS-Ⅰ型压裂液连续混配装置等工具设备以及低成本 HAS-N 压裂液体系。③大庆钻探在吉林油田开展二氧化碳无水蓄能压裂技术试验成功，这是国内第一次应用自主研发大容量密闭混砂车和液态二氧化碳压裂液体系进行最大规模的压裂技术试验；NGB-002 新型交联剂在吉林油田实现规模应用。④长城钻探公司缝网压裂工艺实现规模化应用，全年在板南深层区块共实施缝网压裂工艺 3 井次；昆山高新技术产品实现国际化发展，全面加快昆山“两液”材料技术中心建设，建成水基压裂液应用、合成及工艺、应用性能评价、糖化学及有机合同、分离及制备、质谱及色谱、核磁共振和质检等 8 个专业实验室，2014 年，JK1008 等高端新型压裂产品销往美国、加拿大等全球油田高端市场。⑤西部钻探在昌吉致密油总包施工的 3 口丛式水平井采用“工厂化”压裂方式，压裂层级达 54 级，总加液量 66859 立方米，总加沙量 4152，并实现连续混配加砂每分钟 10 吨以上，创造三项国内压裂纪录：水平井裸眼封隔器分段压裂级数最多（23 级）、分段工具级差最小（1/10 英寸）、单级加砂量最大（166.8 立方米），专门制作集成式储液罐，配合 2 台每分钟 10 立方米连续混配车，首次投入使用连续输砂装置并成功运作；多级射孔桥塞联作技术在 JHW020 井也取得成功，全井共完成 15 个桥塞坐封和 17 级射孔，实现一天完成两级作业，单级作业时间 3 小时 27 分钟的好成绩。⑥在页岩气储层改造方面，通过开展“长宁 H2、H3 页岩气丛式水平井钻井与压裂先导性试验”等项目的研究，从引进学习到自主创新，从直井到水平井，从单井压裂到井组“工厂化”压裂，初步形成页岩气增产改造优化设计技术；地面流程配套实现模块化，并采用由壬连接、移动式基墩固定，能够快速安装和连接，不同模块实现不同的功能，可根据需要随时接入或撤出主流程，一套流程可满足 3 口井同时作业，特别适合丛式井作业；压裂方面采用连续油管液压射孔分簇压裂、电缆泵送（快钻及大通径）桥塞分簇射孔分段压裂、液压滑套及拉链式压裂等工艺技术，大力提升页岩气施工技术水平及施工能力。在长宁、威远、涪陵等地区完成焦页 11-3HF 井、焦页 23-1HF 井、威 204H1、长宁 H3 等 24 井次施工作业。

修井、侧钻技术。大庆油田公司完善通径小于 50 毫米套损井打通道技术，引进磁法检测和陀螺仪定方位技术检测和寻找下断口，完善应用逆向锻铣、局部扩孔及引领磨铣等新工艺，有效扩大找断口空间，提高下部找“鱼”的成功率和时效，2014 年施工 37 口井，修复率同比提高 5.7 个百分点，平均单井施工周期缩短 1.8 天；无通道套损井打通道及报废技术取得突破，建立页岩剪切、泥岩挤压、落物变点同步三大类 8 种无通道类型，首次实现通道形态预判，为后期工艺实施提供准确依据，创新研制 4 类 18 种专用工具，形成断口扩径修整、分级分段挫磨铣、裁弯取直等 6 种不同类型无通道井打通道工艺，使技术适用范围拓宽到通径 30 毫米以下，形成不动原井管柱、丢手环空挤注、侧面沟通套管挤注 3 项有落物报废技术，无通道套损井共现场试验 69 口井，成功率由 28.6% 提高到 81.2%；开展水平井套管整形打捞现场试验，设计液压滚珠整形器、扶正短铣锥、滚珠磨鞋等多项工具，优化确定加工 5 项工具，现场试验 2 口井；成功应用修井顶驱配套无绷绳作业机修井工艺技术，单井可降低成本 25 万元。渤海钻探针对复杂大修井研制出大量专用工具，2014 年申报专利 10 余项。海洋工程公司在胜利油田刷新单月单平台“开修 6 口、交井 5 口”的修井纪录。

绿色环保作业技术。2014 年，各工程技术服务企业在施工液体配方及返排液回收再利用等方面加大研究应用力度。川庆钻探进一步完善一整套液体“供、储、配、收”体系，采用“源头减少、中间回收、末端处理”的思路，为每个试油机组配备沉砂罐，压裂返排液全部进入沉砂罐，经物理沉降后全部可回收重复利用，液体回收利用率得到提高，平均每口井可回收液体 2000 立方米。2014 年，累计完成连续混配施工 387 井次、2054 层次，配液用水节约

13.88 万立方米；气井可回收压裂液体系 2014 年推广应用 27 井次、103 层，回收再利用 1.63 万立方米；稠化水清洁压裂液技术累计完成 121 口油井水平井 1120 段，返排液回收率大于 95%，回收再利用 20 万立方米，环保效果明显，2014 通过集团公司成果鉴定，认定该项技术达到“国际先进水平”。完成带压作业 4269 口，其中油井 1377 口、气井 116 口、水井 2775 口。共动用队伍 166 支，累计减排污水 230 万立方米，增注 172 万立方米，增油 3 万吨，增气 90.6 万立方米，带压作业在节能减排、保持地层压力、降低作业综合成本等方面效果显著。

（何昀宾）

工程建设

【概述】 2008 年 4 月组建中国石油天然气集团公司工程建设分公司（简称工程建设分公司，也称工程建设板块），归口管理集团公司油气田地面、炼油化工、油气储运工程的勘察设计和施工等业务。截至 2014 年底，集团公司从事工程建设业务的二级单位共 22 家，其中工程建设板块归口管理企业 6 家，即中国石油天然气管道局（简称管道局）、中国石油工程建设公司（简称工程建设公司）、中国石油集团工程设计有限责任公司（简称工程设计公司）、中国寰球工程公司（简称寰球工程公司）、中国昆仑工程公司（简称昆仑工程公司）、中国石油集团东北炼化工程有限公司（简称东北炼化公司），拥有工程建设业务的油气田与工程技术服务企业 7 家、炼化企业 9 家。

以上工程建设企业拥有各类资质 767 项，涵盖油气各专业的勘察设计、施工和监理各个环节。其中，综合甲级设计资质企业 6 家、行业甲级设计资质企业 15 家，化工石油工程总承包特级施工资质企业 4 家、化工石油工程总承包一级施工资质企业 16 家、管道工程专业承包一级施工资质企业 15 家、海洋工程专业承包一级施工资质企业 1 家。

2014 年底，工程建设板块资产总额 1598.05 亿元、净资产 426.74 亿元；固定资产原值 358.05 亿元、净值 162.11 亿元，其中各类设备原值 216.5 亿元、净值 75.3 亿元。6 家归口管理企业资产总额 1057.73 亿元、占工程建设板块整体的 66%，净资产 339.23 亿元、占板块整体的 79%；固定资产原值 229.7 亿元、净值 104.97 亿元，其中各类设备原值 144.3 亿元、净值 49.2 亿元。

【生产经营】 2014 年，工程建设板块面对复杂严峻的市场环境和经营形势，贯彻落实集团公司各项部署，应对内外部挑战，立足转型升级优化资源配置，瞄准高端加快业务结构调整，不断强化基础管理，大力推进科技创新，高度重视质量安全环保，取得良好经营成果。全年实现营业收入 1296 亿元、利润总额 29.7 亿元，同比分别下降 9.6% 和 24.8%。其中，归口企业实现营业收入 917 亿元、利润 33.9 亿元，同比分别下降 3.4% 和 11.9%，完成集团公司下达的利润奋斗目标。

在 2014 年发布的 ENR（美国《工程新闻记录》杂志）全球承包商（以公司境内外具体工程承包收入为依据进行排名）250 强排名中，管道局、工程建设公司、工程设计公司、寰球工程公司分别位列第 82、101、113、89 位；在 ENR 国际承包商（以公司境外外工程承包收入为依据进行排名）250 强排名中，管道局、工程建设公司、工程设计公司、寰球工程公司则分别位列第 63、76、136、238 位。集团公司工程建设企业在经济规模和品牌价值方面逐步接轨世界水平工程公司。

【市场开发】 深入开展市场形势研究和分析，明确市场开发目标和措施，加强国内外市场区域化统一协调管理，形成工程建设企业市场竞争与合作指导意见，进一步规范市场行为。各企业主动适应市场形势变化，转变市场开发观念，强化服务合作意识，多措并举开拓市场。2014 年新签合同额 1493 亿元，其中国内外部市场与海外市场份额合计占到整体新签合同额的 67%。

管道局将市场主体向国际和系统外转移，新签合同额中国际市场占 54%、系统外市场占 63%。工程建设公司成功进入埃克森美孚、BP、壳牌、雪佛龙、阿布扎比国家石油公司等世界前 20 强油公司市场，高端市场开发实现里程碑式突破。工程设计公司积极推进海外市场信息化网络建设，加快调整市场结构，新签合同额中海外市场占比达到40%。寰球工程公司坚持系统内外、海内外市场并重，不断完善市场战略布局，新签合同额中系统外份额达61%、海外份额达42%。昆仑工程公司坚持市场导向和需求牵引，持续保持在系统外市场的领先优势，系统外市场份额达80%。东北炼化公司落实市场开发奖励机制，上下联动、信息共享，积极开拓系统外和海外市场，中标科威特清洁燃油等项目。大庆油田工程公司加大海外市场开发力度，强化风险评估管理，新签米桑油田等18项工程。辽河油田工程公司应对内部市场萎缩的挑战，重点加强系统外行业市场跟踪开发力度。川庆钻探油建公司与工程建设公司组成联合体，共同承揽土库曼斯坦300亿立方米天然气增供总包项目。

【重点工程建设】 2014年，工程建设板块共承担油气田地面、长输管道、炼化、大型储罐及LNG等重点工程项目26项，其中新开工1项、中交投产15项（装置）。

油气田地面工程建设方面，全年承担重点工程10项，建成原油处理能力640万吨/年、天然气处理能力390亿米^3/年。伊拉克哈法亚地面产能建设二期工程、乍得2.1期地面建设工程、土库曼斯坦B区集输项目、哈萨克斯坦让纳诺尔油田天然气处理及综合利用地面项目二期、塔中400万吨产能建设工程及四川安岳气田磨溪区块地面工程等按期投产。

炼化工程建设方面，完工项目1个，共建成600万吨/年渣油脱硫、柴油加氢改质能力。广西石化400万吨/年渣油加氢脱硫、200万吨/年柴油改质项目全面中交。云南炼油、广东石化、宁夏化肥、伊拉克KAR炼油厂项目、阿尔及利亚炼油厂改扩建项目等按计划推进。

管道工程建设方面，全年建成油气长输管道约2400千米。中亚天然气管道C线乌（兹别克斯坦）国段、缅泰气管线、伊拉克巴德拉原油外输管道、西气东输三线西段、呼包鄂成品油管道工程顺利投产。西气东输三线东段、山东管网（含淄博支线及日照联络线）、锦郑成品油管道工程等正在积极推进。

储罐及LNG工程建设方面，全年建成投产储气库1个、LNG项目2个。湖北500万米^3/日LNG国产化示范工程、山东泰安250万米^3/日LNG国产化项目、苏桥储气库群工程建成投产。2014年完成各类储罐清洗602台，合计246万立方米。其中，东北炼化公司完成553台储罐清洗，共计146万立方米；管道局完成49台储罐清洗，共计70万立方米。

【项目管理】 持续加强生产计划和协调，组织主要工程建设企业编制生产经营计划，召开年度生产部署及重点项目生产安排协调会、季度经营分析会，全面掌握企业承建项目总体情况和构成、重点项目工程量、重点难点、控制性工程和保障措施等，进一步优化配置资源，及时协调解决生产经营中存在的问题。明确将塔里木油气田产能建设工程、安岳气田磨溪区块地面建设、云南石化、西气东输三线中段、中亚D线管道工程、土库曼斯坦300亿米^3/年商品气产能建设等30个建设项目作为重点关注工程，进一步加强协调管理。加强对建设资源的统筹协调，建立大型吊车、定向钻和管道施工机组使用情况月报，合理调剂大型施工设备使用；开展管道定向钻资源分布及需求调查分析，确定“以内部资源为主、外部资源为辅”的调剂措施；协助业主推行炼化项目大型吊装设备集中使用，提高设备使用效率。

推进质量体系建设。重点抓好设计、采购、施工、监理等全业务链和关键环节的质量控制。加强重点工序的监控与质量改进，密切工序衔接，提高作业一次合格率。积极开展工程质量检查，发现质量管理问题488项，全部完成整改。组织到云南石化和塔里木油田现场开展设计回访，并开展设计专项检查，重点针对设计队伍自身建设、质量管理体系运行以及设计人员是否存在不按标准设计、设计质量把关不严、廉政作风等问题进行深入抽查，促进设计效率和质量不断提高，强化项目全生命周期服务理念。推进监理工作规范化，发布实施油气田地面、长输管道和炼化工程监理规划、实施细则示范文本及监理质量安全风险控制手册。开展监理人员持证上岗专项检查，2014年共检查项目监理部47个、监理人员781人，持证率达97.4%，对20名未持证上岗人员进行现场清退。

工程建设板块进一步加大安全环保管理力度，归口企业共发生百万工时209个，工业生产亡人事故得到有效遏制。深入开展新《安全生产法》和《环境保护法》的学习宣传贯彻，组织企业分层次、分专业开展集中学习和分级培训。落实“一岗双责”要求，明确工程建设分公司各岗位安全环保职责，组织归口企业修订完成机关1565个岗位安全环保职责，基层岗位安全环保职责修订工作全面推进。组织开展HSE体系审核及安全大检查，发现典型做法182项、发现问题289项、提出改进建议24项，对屡查屡有、重复存在等问题进行挂牌督办，逐项跟踪落实。持续加强隐患治理，新一轮3年隐患治理项目基本完成。切实加强海外社会安全风险防范，妥善应对南苏丹等安全局势和埃博拉病毒疫情，确保员工生命财产安全。

【承包商管理】 修订完善集团公司承包商管理办法，增加三类承包商和检维修类承包商管理内容，明确准入条件、审批程序、使用范围，解决现有承包商资源库不能完全满足地区公司实际需求的矛盾。组织开展2013年度评价工作，对评价不合格、企业注销、重复准入、连续两年无工程业绩的308家承包商进行清退，参与评价的地区公司、被评价的承包商数量、评价涉及的项目数量同比分别增长11%、24%和33%，承包商评价工作步入正轨。严格按照规范程序开展承包商准入，新增175家，资源库承包商总数达到1934家。组织6家归口企业对在建项目承包商挂靠和资质转让等违规违法行为进行专项清理，6家企业及其所属42家单位累计排查工程建设项目（合同）1559项，涉及承/分包商1180家，江苏沪武建设工程有限公司因存在挂靠问题解除施工承包合同。加强对承包商使用过程的监督管理，组织开展"违法转包、违规分包、违规选商"及承包商管理专项检查，共发现问题118项，并针对在建项目承包商挂靠和资质转让等违法违规行为进行专项清理，进一步规范承包商行为。

【科技信息】 工程建设板块2014年承担科技项目342项，其中国家级10项、集团公司级55项、板块级111项、企业级166项。申请专利341项、获得授权291项、认定技术秘密121项。

加快推进百万吨乙烯、千万吨大型炼油厂、大型氮肥工业化成套技术及天然气液化关键技术等重大科技专项的攻关组织。结合工程建设企业发展定位，按照"谁领先、谁主导，谁拥有、谁发展，谁先进、谁开发"的原则，全年共对32个统筹科技项目进行立项，对在研的111个统筹项目进行中期检查和验收。以市场需求为导向，前瞻性地组织好重点科技项目的立项实施，高度关注非常规和新兴能源技术，积极开展LNG、煤化工、页岩气、页岩油、煤层气、海洋工程等前沿技术研究，做好技术储备和实践应用，先后组织开展海洋工程、高端静设备设计制造、物联网等3个领域19个项目的顶层设计论证。加快推进科技成果转化，全年共完成22项新技术新产品推广应用。

充分发挥板块统筹协调作用，搭建工程建设企业间强强联合的设计制造一体化研发平台，工程设计公司与工程建设公司共同开展小型LNG模块化制造以及天然气处理装置大型塔器设计制造研发，昆仑工程公司与工程建设公司联合进行PTA大型钛材冷凝器以及绕管式换热器设计制造技术研发，带动工程建设企业制造产业的转型升级。组织召开工程建设业务首届科技创新暨成果展示大会，对板块成立以来科技创新成果进行全面总结，明确今后一段时期科技工作思路。

稳步推进信息化建设，全面开展以ERP系统为核心的应用集成系统建设工作，推广应用工程项目管理信息系统，各工程建设企业均有项目开始试用。

【基础管理】 加强战略管理，深入开展主营业务和新兴业务发展研究，进一步明确工程建设企业业务定位和发展方向。加强投资控制，严格投资管理程序，并对板块成立以来固定资产投资效益情况进行分析，进一步把握好投资导向，确保生产建设需要。组织开展工程建设企业调研，进一步摸清工程建设业务资产、人员、装备、能力等情况。加强预算管理，坚持以效益为导向，合理均衡确定季度预算指标和效益完成进度。全面推进标准化建设，177项炼化工程标准完成评审，95项油气田地面工程标准完成预审，油气储运工程标准编制基本完成。持续开展管理提升活动，严格贯彻落实中央"八项规定"和集团公司党组"二十条要求"，通过精简会议、简化接待、集约办公，降低费用成本、开源节流。

【队伍建设与业务培训】 加大人才培养培训力度，不断提升队伍的整体能力和素质。工程建设板块完成工程建设EPC项目管理、国际工程项目经理、煤化工及非常规能源技术、HSE监督审核、工程建设质量管理、大型吊装技术等项目的培训，共培训各类人员542人次。持续开展石油内部监理工程师持证上岗培训考试工作，累计2140人取得石油监理工程师证书、776人取得石油监理员证书，项目监理机构检查持证率达97.4%。各企业多渠道搭建人才成长通道，特别是在盘活内部人力资源上下功夫，完善培训体系，加大不同层级、不同岗位的业务培训，并通过广泛开展岗位练兵、技术比武、技能竞赛等活动，有力促进队伍整体素质和业务能力的提升。

（吴晓利）

装备制造

【概述】 2007年12月组建中国石油天然气集团公司装备制造分公司（简称装备制造分公司，也称装备制造板块），归口管理集团公司装备制造业务。截至2014年底，集团公司开展有装备制造业务的局级单位24家，共计110余家企业分布在全国19个省（自治区、直辖市）的43个城市。其中，直属专业公司5家，分别是中国石油技术开发公司（简称中油技开）、中国石油集团渤海石油装备制造有限公司（简称渤海装备）、宝鸡石油机械有限责任公司（简称宝石机械）、宝鸡石油钢管有限责任公司（简称宝鸡钢管）及中国石油集团济柴动力总厂（简称济柴）。其余有19家非直属装备制造企业分布在油气田、炼化、工程技术及工程建设等企事业单位。此外在亚洲、非洲、北美洲、南美洲的13个国家建有14家组装制造、维修检测工厂。主要企业全部通过ISO 9000、ISO 14000、ISO 10012体系认证。产品涵盖物探、钻井、测井、采油、炼化以及钢管、动力、海洋工程、天然气等九大类200多个品种，覆盖油气上中下游业务领域，形成较为完善的研发、生产和服务体系。全系统2014年底员工人数50668人，其中直属企业31644人；资产总额734亿元。

2014年，面对石油装备需求不振、市场竞争日趋激烈等错综复杂形势带来的挑战，装备制造系统全体干部职工在集团公司的正确领导下，把握稳中求进总基调，外闯市场抢抓订单，内强管理降本增效，各项工作扎实推进。

【生产经营】 在内外部市场需求剧减的情况下，2014年装备制造业务实现合同签约额619亿元，实现营业收入512亿元。5家直属装备制造企业实现营业收入452亿元。

【市场开拓】 实施市场营销“一把手”工程，国内外合同签约额总体稳定。巩固内部市场不放松。装备制造分公司积极推动，确定第二批内部优势产品目录，24项优势装备产品实行框架协议采购，为巩固内部市场创造条件。宝石机械密切追踪用户信息，推介新产品，4台管柱处理自动化钻机批量销往大庆，囊括西部钻探、渤海钻探和长城钻探8台钻机订单。宝鸡钢管为长庆油田量身定制“长庆扣”特殊螺纹接头油套管，产品通过第三方检测评价。持续加强国际市场开发。装备制造分公司不断强化统筹协调力度，大力推动装备制造产品走出去，全年出口签约额达到40亿美元，签约额超过千万美元的国家达到19个，签约额超过千万美元的产品达到60种，其中钻机、长输管道、专用管材等主导产品的签约规模超过1亿美元。中油技开着力开拓外资市场，多个新市场实现签约突破。宝石机械与中油技开密切联动、技贸结合开拓中东市场，拿到16台阿布扎比国家钻井公司钻机大订单，中标中石化科威特项目全部12台钻机改造合同；同时主动跟踪开发新兴市场，自主创新的8000米钻机全配套出口巴基斯坦，钻井泵产品成功打破贸易壁垒进入巴西市场。渤海装备国际市场签约占比达到25%，隔热管出口占到加拿大市场80%份额；节能抽油机在美国等高端市场拿到订单1300余台；特阀首次进入哈萨克斯坦市场并获得13台订单。宝鸡钢管中标墨西哥、沙特等10余个海外管线项目，承揽国际市场订单同比增长82%。积极开拓社会市场。宝石机械拓宽视野以外补内，深入挖掘社会市场潜力，获得民营企业2台9000米钻机和2台7000米钻机订单。宝鸡钢管成功中标郑州热力等30余个输送管项目，承揽订单近30万吨。济柴动力深耕传统船机市场，收入同比增长31%，4000系列新型船机在沿海和远洋市场形成批量销售。

【技术创新】 加强科技研发顶层设计，着力创新驱动，突出研发与需求、工具与工艺、装备与技术的结合，科技工作亮点纷呈。

一批重点新产品研发成功或取得重要进展。四单根立柱9000米钻机现场试验取得突破，入选2014年中国石油十大科技进展；国家863项目9000米海洋钻井包和水下生产系统、X80大壁厚螺旋埋弧焊管、110高抗挤套管完成项目验收；钻机管柱自动化处理系统、7000米全拖挂钻机、LG450/73连续管作业机等重点新产品研制成功；40兆瓦级烟气轮机、400英尺[1]自升式钻井平台研究取得阶段性成果；12V175型柴油机完成1000小时连续耐久试验。2014年，直属

[1] 1英尺=12英寸=0.3048米。

装备制造企业获得授权专利226件，其中发明专利39件；编制发布国家和行业标准17项。

一批科技成果获得奖励。集团公司直属装备制造企业全年获得各级奖励12项，其中省部级奖励11项（集团公司奖励4项）、市级奖励1项。“西气东输二线工程用X80高钢级大口径焊管开发项目”和“基于应变设计地区X70抗大变形钢管项目”分别获得2012年度国家能源科技进步奖一等奖和三等奖；节能型系列弯游梁抽油机研制、油气输送高强管线钢焊接材料项目获得集团公司技术发明奖三等奖；CP-300自升式钻井平台研制、高可靠性电动钻机用柴油机等项目获得集团公司科技进步奖三等奖。

科技平台建设进展顺利。宝鸡钢管承建的国家石油天然气管材工程技术研究中心在国家科技部组织的验收中名列前茅，建成5个试验平台，完成5项技术、6种新产品的开发；宝石机械承建的国家油气钻井装备工程技术研究中心各项工作按计划开展，3个试验平台建设基本完成，5项关键技术完成鉴定。渤海装备在国家级企业技术中心建设中，系统整合分散的科技资源，建立科技研发、技术工艺、试验检测等统一科技平台。

【项目建设】 2014年，装备制造业务建设项目进展顺利。渤海装备公司福建省螺旋焊管搬迁改造项目开工建设。宝石机械公司国家油气钻井装备工程技术研究中心建设、成都大功率压缩机制造及成橇建设等3个项目基本建成投产。宝鸡钢管公司辽阳钢管厂搬迁改造等8个项目完成竣工验收。

【对外合作与海外建厂】 稳步推进对外合资合作。渤海装备公司与斯伦贝谢公司在抽油机制造领域实现合资合作，与贝克休斯公司达成合资生产螺杆钻具共识。宝石机械推进与德国海瑞克公司合资生产液压自动钻机、与斯伦贝谢公司合作制造压裂设备，促进业务优化结构、转型升级，加快“走出去”发展步伐。中油技开公司美国休斯敦仓储维修服务中心项目完成前期工作。贯彻落实集团公司与哈萨克斯坦国家石油公司战略合作协议，哈萨克斯坦钢管厂项目、阿克套装备制造基地项目完成可行性研究报告编制，加快前期工作进程。

【信息化建设】 做好“深度融合、紧密结合、广泛联合和有机契合”4篇文章，完成产品数据管理系统（PDM）推广建设，4家直属制造企业所有研发设计部门全面上线，实现研发数据统一存储和共享，提高产品设计效率，缩短研发周期。生产运行管理系统（MES）全部上线运行，实现生产过程和物流过程实时跟踪，提高生产效率和产品质量，减少生产线操作人员。装备制造应用集成系统设计方案通过集团公司的评审。

（赵　晶）

第七篇

国际业务

综　述

【概述】 2014年，世界经济深度调整，国际地缘政治动荡，国际原油和大宗商品价格大幅下跌，一些主要经济体的复苏依然艰难曲折。面对复杂的内外部形势，集团公司国际业务负重前行，一方面加快全球布局和资产结构的优化调整，截至2014年底，集团公司在全球35个国家运营管理着91个油气合作项目；另一方面强化风险防范和运营管理，实现海外项目安全平稳运营，全面完成年度生产经营目标。2014年，实现海外油气作业当量产量12747万吨，权益当量产量6520万吨。其中，原油作业产量10762万吨、权益产量5050万吨，天然气作业产量249亿立方米、权益产量184.5亿立方米。海外原油加工量4681.9万吨；海外运营油气管道总里程达15218千米。国际贸易继续保持快速发展态势，经营规模和效益持续提升，2014年实现贸易量3.86亿吨（其中原油贸易量2.3亿吨、炼油产品1亿吨、天然气576亿立方米）、贸易额2653亿美元，贸易范围遍及80多个国家和地区，基本覆盖全球主要油气资源地和市场地。集团公司高度重视海外项目用工当地化的推动工作，截至2014年底，中国石油从事国际化经营的中方员工2.24万人，当地和国际化雇员9.50万人，本土化率为80.91%。

【海外投资业务】 业务拓展与合资合作取得新成果，海外油气资产结构与业务布局进一步优化。其中中俄天然气合作取得突破性进展。2014年5月21日，成功签署为期30年的东线管道天然气购销合同，对于优化我国能源结构、促进中俄全面战略合作伙伴关系具有重要意义。

海外油气勘探与生产业绩突出，主要指标再创历史新高。海外油气勘探连续6年保持新增1亿吨当量可采储量。海外油气田开发生产逆势而上实现产量持续增长，伊拉克成为海外第一个迈上5000万吨作业产量的合作区。中亚、中东、西非等一批重点产能工程成功投运。阿姆河B区产能建设天然气处理厂及4个主力气田提前一个多月建成投产，全区天然气生产能力首次突破百亿立方米，成为海外又一大主力生产和利润中心。

海外油气管道和炼化项目建设取得新进展。中亚C线成功投产并建成140亿米^3/年输气能力，D线正式开工建设；乍得二期管道全线贯通，原油顺利进入乍喀管道外输；尼日尔原油外输有序推进。在役管道炼化项目保持安全平稳运营。

海外投资业务经营效益经受严峻考验，成功打赢降本增效“攻坚战”。2014年，在各种不可抗力因素严重影响效益的极端不利情况下，海外投资业务通过实施降本增效、稳产保效、提产创效、优化调整等一整套“组合拳”，成功打赢2014年上半年应对哈萨克斯坦等国家和地区货币贬值、税负增加和下半年应对油价持续下跌这两场“攻坚战”，超额完成全年58.9亿美元利润总额的考核任务。

【国际贸易业务】 截至2014年底，国际贸易业务在国内73个口岸开展通关服务，在全球20个国家和地区设立38家分支机构，贸易遍及全球80多个国家和地区，运作油气种类上百种。基本建成亚洲、欧洲、美洲三大油气运营中心。其中，亚洲油气运营中心设立分支机构9家，掌控炼油能力1325万吨/年，油库库容741万立方米，加油站50座，VLCC（大型油轮）4艘；欧洲油气运营中心设立分支机构1家，掌控炼油能力2100万吨/年，油库库容380万立方米；美洲油气运营中心设立分支机构5家，掌控油库42.3万立方米，管输能力13.8万桶/日；中亚俄地区分支机构4家，经营加油站125座，油库库容20万立方米。2011—2014年，累计完成贸易量13亿吨，累计完成贸易额9593亿美元，累计实现税前利润223亿元人民币。

【海外工程技术与工程建设业务】 截至2014年底，海外工程技术服务和工程建设项目分布于全球76个国家和地区。其中，海外工程技术服务总（设备）队伍数1283支，2014年新签合同额64.58亿美元，同比增长4.48%，完成营业额53.50亿美元，同比增长1.63%；海外工程建设项目新签合同额109.80亿美元，同比增长78.67%，完成营业额47.20亿美元，同比降低19.02%。

【装备制造出口业务】 截至2014年底，中国石油物资装备业务累计实现出口签约312亿美元，产品销往全球80多个国家和地区，为“中国制造”在全球市场的推广做出应有贡献。"一带一路"区域中，中国石油在37个国家开展了业务，在32个国家设有驻外机构。截至2014年底，销售签约总额累计实现203亿美元，占总签约额的65%。

【国内区块对外合作】 自1999年12月23日集团公司与股份公司签订《对外合作石油协议权益转让合同》以来，集团公司已将其在与多家国际石油天然气公司签订的23份产品分成合同中的相关权利和义务（集团公司监管职能有关的权利和义务除外）作为重组的一部分转让给股份公司。

截至2014年底，集团公司在执行的产品分成合同项目共计38个，均已办理集团公司和股份公司之间的合同权益转让事宜，将合同项下的和按中国法律的规定属于集团公司的相关的权利和义务（集团公司监管职能有关的权利和义务除外）无偿转让给股份公司。

（陆如泉　汪　泽）

海外油气业务

【概述】 2014年，海外油气业务牢固树立"大资源大市场大合作"的发展理念，坚持"有质量有效益可持续"发展方针，面对复杂多变的内外部形势，主动适应海外业务新常态，把握外部环境变化及国家"一带一路"等战略实施带来的重要机遇，持续优化海外资源配置和资产布局，不断提高海外业务盈利能力和抗风险能力。克服南苏丹战乱、伊拉克安全局势恶化、委内瑞拉持续动荡、哈萨克斯坦等国财税政策调整和货币贬值以及下半年油价大幅下跌带来的一系列重大冲击，经受住内外部复杂局势的严峻考验，取得新的发展成果。

截至2014年底，海外油气业务在全球35个国家管理运作着91个油气投资项目；并与俄罗斯、蒙古、缅甸、秘鲁、古巴、巴基斯坦、委内瑞拉及中亚地区等国签署一系列合作协议，实现国家能源供应多元化目标。同期在海外油气勘探坚持资源战略的方针指导下，阿姆河、乍得、尼日尔、苏丹、巴西Libra和哈萨克斯坦PK等项目取得新发现和新突破。

2014年较好地完成全年各项考核指标。完成油气作业当量12747万吨，其中原油10762万吨、天然气249.1亿立方米；实现权益当量6519.2万吨，其中原油5050万吨、天然气184.5亿立方米，同比分别增长6.9%和22.6%；权益产量首次突破6500万吨，创历史最好水平；2014年输送原油2883万吨、天然气366亿立方米；原油加工量达到1077万吨。中亚天然气管道C线顺利投产、D线启动建设，伊拉克哈法亚项目二期提前投产，阿姆河B区、俄罗斯亚马尔等一体化项目产能建设取得重大进展，海外业务成效斐然，为顺利实现"十二五"规划夯实基础。

【海外油气勘探】 2014年，油气勘探业绩突出，油气勘探连续6年保持增长，主要指标再创历史新高。苏丹、安第斯、滨里海、阿姆河、乍得、尼日尔、西非以及巴西海上等多区多领域实现规模效益增储。苏丹4区Hilba构造带突破高产稀油和低阻油层关，展现较大地质储量规模；厄瓜多尔安第斯展现规模潜力；滨里海中区块南部塔克尔构造带成功突破高产油流关，希望油田西斜坡岩性勘探见到油气苗头；土库曼斯坦阿姆河东部储量大场面基本确立；乍得Bongor盆地基岩潜山规模不断落实并扩大；尼日尔Bilma区块在白垩系获得重要发现；西非产能资源基础进一步巩固；巴西Libra项目有望探明巨型油田；西澳波塞冬项目探井测试获高产；缅甸浅海自主勘探探井顺利完钻，AD-1区块深水探井钻前准备平稳推进。

【海外油气开发生产】 2014年，油气开发生产逆势而上实现产量持续增长。海外油气生产企业面对日趋复杂的安全环保和经营环境，大力实施"三大工程"，着力优化生产措施，实现老油田硬稳产、新油田快上产。

伊拉克公司克服安全局势动荡、清关运输不畅、油田开发诸多瓶颈等一系列困难，通过生产优化、多投新井、推进注水等措施，使项目一直保持在较高生产水平运行，2014年原油权益产量2406万吨，成为海外第一个迈上5000万吨作业产量的合作区。哈萨克斯坦公司克服老油田递减、经营环境日益复杂的困难，油气生产积极主动，2014年权益产量当量1809万吨。尼罗河公司巩固复产成果，深入开展内部挖潜，2014年权益产量当量724万吨；南苏丹37区项目顶住油田附近爆发10余次武装冲突、部分油田多次紧急关停的巨大压力，2014年生产基本正常；苏丹项目强化科技支撑，通过加强注水、优化注气等措施全力实现稳产。拉美公司强化生产运行管理，自觉加压，勇挑重担，权益产量583万吨，超产50万吨，再创历史最好水平。阿姆河天然气公司精细组织，积极协调，2014年实现天然气权益产量98亿立方米，超产8亿立方米，油气当量达到800万吨，超产72万吨。其他生产企业主动分担压力，有效增产超产，印尼项目、阿曼项目、尼日尔Agadem项目和新加坡SPC项目都有较大幅度的超产。与此同时，继续加大"三大工程"实施力度，2014年共投转注水井345口，完钻水平井458口，实施提高采收率279井次，全年实现措施增油495万吨，同比增长3.1%。

【海外新项目开发】 2014年，海外业务拓展与合资合作取得新成果，海外油气资产结构与业务布局进一步优化。

中俄天然气合作取得突破性进展，5月21日成功签署为期30年的东线管道天然气购销合同，对于优化我国能源结构、促进中俄全面战略合作伙伴关系具有重要意义。

一批项目成功交割或扩股。1月14日顺利完成俄罗斯亚马尔项目交割，中方运营团队进入联合体并参与项目运作；11月6日完成秘鲁PEP项目交割，获得秘鲁10区、58区100%的权益和57区46.2%的权益，对拉美业务可持续发展具有重要意义；成功完成伊拉克哈法亚、鲁迈拉、西古尔纳1项目扩股，中方权益分别提升至46.37%、45%和32.7%，合同条款显著改善。

加快在俄罗斯上游业务布局，APEC峰会期间，与俄罗斯石油公司成功签署万科尔项目合作框架协议；巩固厄瓜多尔业务规模，79/83勘探区块项目完成审批，太平洋一体化项目谈判进展顺利。此外，阿布扎比2014项目、哈萨克斯坦乌里赫套项目、纳西里耶一体化项目、墨西哥招标项目取得新进展。

推进资产轻量化、引进战略伙伴，合资合作工作力度不断加强。与国新国际就哈萨克斯坦卡沙甘油田项目合作取得重大进展；经过多轮谈判，与阿尔及利亚政府签订上下游一体化项目转让协议，遏止项目亏损局面；中亚天然气管道项目、秘鲁珍珠项目、乍得H区块的合资合作等工作稳步推进。

【海外重点项目运行】

1. 中亚地区重点项目

（1）哈萨克斯坦PK项目。2014年PK项目公司树立"以效益为中心"的指导思想，以实现"以储量丰夯实发展基础，以产量稳体现发展成效"为企业发展目标。2014年生产原油303.78万吨，生产天然气7.71亿立方米。完钻新井105口，其中探井24口、评价井29口、开发井52口；注水2591.7万立方米，投注15口井。完成690平方千米三维连片处理。投产新井98口，新井产油量35.44万吨，其中老区新井增油20.99万吨，探区新井增油4.03万吨，试采区新井增油10.42万吨。

老区实施补孔、换泵、压裂、酸化等增产作业139井次，有效井81口次，措施有效率58.3%，累计措施增油9.29万吨。

PK项目公司在钻井技术应用方面，将储层保护、防止地层污染作为钻井工作的重点，加快钻井速度，达到控制成本效果。

2014年完成库姆克尔处理站储罐建设工程，试运投产，使库姆克尔处理站储油能力进一步增强，抵御风险的能力提高。

（2）哈萨克斯坦阿克纠宾项目。项目公司通过优化新井设计及老井措施、深化油藏地质认识，克服当地环保和检察院等部门环保检查等诸多因素影响，2014年完成原油产量568.32万吨，其中让纳诺尔完成213.04万吨，肯基亚克油田盐上油藏完成45.01万吨，肯基亚克油田盐下油藏完成102.04万吨，北特鲁瓦及探区产量145.40吨，KMK产量37.54万吨，液化气产量26.29万吨。天然气产量62.27亿立方米，其中让纳诺尔油田产气34.242亿立方米，肯基亚克油田盐上油藏产气0.02亿立方米，盐下油藏产气5.923亿立方米，北特鲁瓦及探区产气22.062亿立方米，KMK产气0.02亿立方米。实现油气当量1075.74万吨。

完成南部扩边区二维地震采集500千米、处理500千米；南部隆起区及北特鲁瓦油田北部三维地震资料处理解释1800平方千米，完成北特鲁瓦油田西部西坡区"两宽一高"三维高密度地震特殊处理解释454平方千米。

完钻探井、评价井各2口，正钻探井1口。实现开钻155口，完钻152口，完井150口，交井144口。其中，北特鲁瓦油田交井34口，探区交井2口，让纳诺尔油田交井31口，肯基亚克盐下油田交井4口，肯基亚克盐上油田交井2口，KMK油田交井71口，2014年实际完成钻井进尺30.55万米。

老区投产新井106口，累计产油21.47万吨；进行各类措施550井次，有效467井次，有效率84.91%，累计增产原油26.68万吨。

强化探区勘探合同和许可证管理，成功完成探区勘探延期和扩边工作，勘探期延长到2016年6月6

日。南部扩边310平方千米获得批复，中区块的勘探面积3027平方千米，为后续勘探提供了新的契机。

（3）哈萨克斯坦北布扎奇项目。中油国际（北布扎奇）公司推行科学管理、转变发展方式、实现联合作业管理水平稳步提升。2014年生产原油203.7万吨，生产天然气9343.7万立方米，在保障油田稳产的基础上使产量迈上一个新台阶。

2014年动用钻机6部，钻井156口，开发井150口（直井115口、水平井35口），水源井6口，完成进尺8.67万米。

投产开发井157口，其中直井122口、水平井35口。动用修井机13台，完成各类修井作业1945井次。注水1501.1万立方米，转注60口井，分注35口井。完钻水平井35口，投产35口。油田实施9个聚合物深度调剖井组，其中5个井组是2013年接转井组，4个井组是2014年新投入的注聚合物井组。

（4）哈萨克斯坦曼格什套项目。曼格什套项目以高质量、高效益、可持续的生产经营实现原油产量连续5年上升，2014年生产原油627.7万吨，油气当量突破700万吨，创下23年来项目历史新高。

2014年生产天然气9.36亿立方米，同比增加1.69亿立方米，增长22.1%。

钻井229口，其中采油井169口、注水井60口，总进尺39.24万米。油井措施完成236井次（侧钻水平井7井次、长关井复产37井次、压裂76井次、补孔39井次、返层47井次、解堵27井次、压酸3井次），2014年增油12.3万吨。投产油井189口。新井产油39.4万吨，措施增油12.3万吨，未措施井产油576万吨。

项目以经济评价为依据，优化调整工作部署，降低措施生产成本。对不同油价下各类作业措施进行动态经济评价跟踪分析，按照原油门限产量优化工作量，进行实时调整：没有效益的措施坚决予以中止，杜绝增油不增效的作业，节省生产性支出。调整10口水平井，取消调剖14井次。

（5）哈萨克斯坦ADM项目。ADM项目公司面临阿雷斯探区勘探期到期、老油田递减快、新区产能低等不利因素，优化钻井顺序，提高新井产能，改善措施效果。2014年，生产原油36.03万吨，其中布里诺夫完成14.22万吨，阿雷斯完成16.88万吨，萨雷布拉克完成4.78万吨，其他油田及探区产油0.15万吨。

动用3部30钻机、1部40钻机，完成钻井进尺5.11万米，实现开钻28口，完钻29口，完井29口，交井29口。2014年，销售原油33.62万吨；投产新井中开发井15口、探井3口，产油3.85万吨；措施32井次，措施有效率75%，增油2.74万吨。

（6）哈萨克斯坦KAM项目。哈萨克斯坦KAM项目拥有Konys和Bektas两个油田，油田所处区域地势平坦，属于半沙漠地区。

受2月、3月雪灾天气的影响，油田日产水平在一季度大幅下降。2014年原油产量66.3万吨，其中权益产量16.6万吨。

新井完钻73口，其中完钻的71口生产井中投产建产63口井，投产成功率89%。2014年新井产油1396.72吨，占总产量的20.3%。

（7）中哈管道项目。2014年中哈管道油源结构在年初发生重大变化，哈萨克斯坦出口油源大幅降低；2月哈萨克斯坦货币兑美元贬值20%，使项目公司产生重大汇兑损失，同时导致项目公司主营业务收入——管输费收入以美元核算后大幅下降。

2014年实现阿塔苏—阿拉山口段管道输油1184万吨，肯基亚克—库姆科尔段管道输油61万吨。

2014年中哈管道项目无健康、安全、环保方面的责任事故、人身伤亡事故和交通死亡事故，HSE绩效符合年度考核标准，实现管道安全平稳运行。

（8）阿塞拜疆K&K项目。K&K项目包括Kursenge和Karabagli两个油田，1960年投入开发，2002年9月中方正式接管。自2009年以来，减少钻井工作量，2012年开始无新井。依靠调补层，控制递减幅度。“十二五”期间，综合递减4%，自然递减6%—8%。

K&K项目处于开发末期，储层低渗、埋深、低产。在没有新井投入的状况下，控制递减主要依靠潜力层的补孔接替、生产井的常规修井维护。

K&K项目2014年生产原油18.65万吨。其中老井自然产量18.0万吨，措施产量0.7万吨。

（9）土库曼斯坦阿姆河天然气项目。项目公司围绕天然气勘探开发与生产、一厂扩建和二期工程建设的主线，细化全年生产建设计划，明确重要节点目标，利用两国高访良好时机有效突破商检和劳务签证等瓶颈问题，实现二期工程提前投产，勘探持续取得重大突破，开发和生产高效平稳，营造良好的经营环境，项目效益不断攀升，圆满完成2014年各项既定的生产建设及经营目标。2014年累计作业产量98.51亿立方米，外输商品气91.05亿立方米，超产8.05亿立方米。

2014年开钻22口井（探井8口、开发井14口），完钻23口井（探井8口、开发井15口），完成进尺 7.82 万米。

原钻机 12 台参与试气作业（下油管柱、射孔、替喷、测试）15 口井，试气共占用时间约 9936 小时。

探井取心 8 井次，取心总进尺 430.48 米，总心长 421.8 米，收获率 97.98%。

2014 年完钻 23 口井，井身质量合格率 100%，未完钻的 9 口井井身质量 100% 合格。

成功完成捷克艾瑞尔公司因井下井漏与溢流遗留复杂井——B-P-201D 井、阿姆河右岸钻井史上的第一口定向探井——EHojg-21 井以及 B 区 3 口大斜度井定向井。2014 年 9 月 24 日，项目开工以来第 100 口井顺利开钻。2014 年销售天然气 91.05 亿立方米，销售凝析油 13.73 万吨，销售硫黄 25.4 万吨。

（10）中亚天然气管道项目。中亚天然气管道项目公司全力围绕 C 线线路尾期工程进行攻坚，成功实现线路工程按期完工，并具备投产条件；精心组织投产方案的编制、审查，认真落实各项投产技术、商务条件，严格实施各项投产前检查和验收工作，通过科学、缜密的组织成功实现 C 线 1830 千米线路及其附属工程一次性投产成功。加快推进 C 线压气站建设，实现 C 线乌兹别克斯坦段 UCS1、UCS3 站 6 台压缩机组按期点火成功，C 线输气能力稳步提升。

各项目 2014 年共投入建设人工时 2346 万小时，车辆安全行驶里程约 3354 万千米，C 线建设高峰期投入人员 5714 人，设备 1337 台套；哈南线建设高峰期投入人员 975 人，设备 707 台套，C 线站场焊口焊接 8585 道，安装压缩机组 12 套，点火投用 10 套。

避免中亚 D 线中国新疆段喀什地区“三股势力”活动和恐怖暴力事件给管道建设及运营管理带来的社会安全风险。在全力推进各项建设工作的同时，中亚天然气管道公司重视安全工作，HSE 业绩持续良好，全年无安全事故。

（11）乌兹别克斯坦丝绸之路项目。丝路之路项目公司 2014 年三维地震资料采集、处理及解释工作顺利结束，勘探工作计划完成率 100%，地震采集质量合格率 100%。

在完成合资公司注册和增资的基础上，项目开发的预可行性研究报告已在乌兹别克斯坦国家油气公司、国家重工业及油气基础建设研究院、国家建设局、国家自然保护委员会、国家经济部、国家对外经贸部、国家财政部、工业与建设银行获得通过，并已上报乌兹别克斯坦内阁进行审批。为争取开发天然气田税收优惠政策奠定坚实的基础。

（12）乌兹别克斯坦明格布拉克项目。明格布拉克项目公司按照年度工作计划和工作目标，完成新总统令条款中的文字错误修订；完善项目可行性研究报告，获得集团公司批准并完成在国家发改委备案工作；并有计划启动项目融资贷款工作；开展新一轮经济评价工作和现阶段低油价经营策略研究。针对 M15 井钻探难度大、施工安全风险高等特点，召开中乌双方技术研讨会，反复论证钻井液密度参数及其相关问题；认真研究并完善 M15 井的钻井地质、工程设计和测试设计；根据油田实际地质情况，设计合理安全试油工作制度和工作方法；开展征地、使用水许可工作，为开钻做好准备。

（13）乌兹别克斯坦咸海项目。2014 年，咸海项目安全平稳高质量地完成野外三维地震勘探采集 380 平方千米，完成三维地震处理解释 780 平方千米。钻井 1 口，加强 HSE 管理，确保零事故率。

（14）塔吉克斯坦项目。2014 年是塔吉克项目正式进行勘探作业的开局之年，项目公司完成二维宽线地震采集 81.03 千米，完成实验线采集及其初步处理解释工作，根据处理结果联合公司及各家伙伴公司专家一起确定最终采集参数。完成大地电磁勘探（MT 和 AMT）各 609 个点，完成 TDEM 勘探 79 个点，项目根据测量结果，经过与 MT/AMT 测量结果分析和比较，进行勘探调整，取消 TDEM 的勘探工作量，同时加密 MT/AMT 测量的密度，在不增加投资的基础上，提高勘探精度。此外还完成微测井 9 口和小折射地表调查 72 个点。

完成 500 千米老二维地震资料重新处理，进行加载解释，处理效果明显改善。同时对工区近 3 万平方千米重磁资料进行重新处理和解释，开展解释与地质研究结合，推进 G&G 研究工作。

（15）西北管道项目。2014 年，西北管道（输油）股份公司通过中哈双方的共同努力，保障管道安全平稳运行，输油 303.4 万吨，其中反输 45.7 万吨。

加强管道隐患排查工作，对于肯基亚克—阿特劳管道穿越大型河流和障碍物的部分进行检测，评价管道的可靠性。

2. 中东地区重点项目

（1）伊拉克鲁迈拉项目。2014 年，鲁迈拉项目实现日产 131.8 万桶，年产原油 6811.3 万吨，同比减少 223.4 万吨。其中中方作业产量 2866.3 万吨，中方提油 1493 万桶，同比增加 201 万桶，继续保持较好的经济效益。截至 2014 年底，油井总数 794 口，开井 311 口，日产油 1216 千桶（净产），日产液 1403 千桶。注水井 125 口，开井 50 口，年注水 16535 万桶。2014 年利用天然气 27.3 亿立方米（油当量 218 万吨），其中 17.4 亿立方米（油当量 139 万吨）天然气用于外输发电，9.9 亿立方米（油当量 79 万吨）天然气项目自用。完井 32 口，完成进尺 7.86 万米。修井作业 86 井次，无钻机作业 0.55 万井次，其中措施作业 380 井次。实施进攻性增油措施 54 井次和生产优化 926 井次及停产井复产 91 口井，年增油 8244 万桶。投产新井 19 口，新井年产油量 1030 万桶。

鲁迈拉项目水平井试验成功。R-565 是鲁迈拉历史上第一口水平井，水平段井斜 90 度，完钻井深 3300 米，水平段长度 694.63 米，一次性钻穿油层 899 米。

2014 年，伊拉克安全形势恶化，特别是进入 6 月以后，ISIS 伊斯兰国极端组织在伊拉克西北部进攻接近伊拉克首都巴格达，鲁迈拉联合公司每日通报最新 24 小时内安全形势的动态。在 6 月项目运作受到北部 ISIS 的恐怖威胁后，紧急撤离营地内 180 名外籍员工，9 月局势稳定后，员工返回生产岗位，油田生产受到影响。

鉴于伊拉克的安保形势，鲁迈拉项目营地开始使用新门禁检查系统，利用指纹和眼睛识别人员信息，加大安保管理力度。

（2）伊拉克哈法亚项目。2014 年哈法亚项目围绕“双控”和“三最”（最少投入、最快速度、最高回报）目标，发挥作业者的主导作用，严格按照国际规范运作，全面加快施工进度，在确保超额完成生产经营指标的情况下，实现成本迅速回收，进入滚动投资阶段，实现投资者效益最大化并将风险降低到最低水平。

截至 2014 年底，油田投产生产井 86 口，日产油能力达到 22 万桶，除 1 口 ESP 试验井外，其余全部自喷生产。2014 年原油产量 745 万吨（含商业补偿产量 42.7 万吨），权益产量 300 万吨，气油比 719 英尺 ^{3}/ 桶；老井产量月均自然递减控制在 1% 以内，油田月综合含水控制在 0.6%，均好于预期；完钻 41 口井（其中直井 7 口、定向井 21 口、水平井和分支井 13 口），平均单井进尺 3565.89 米，平均钻井周期 73.62 天；利用修井机修完井 25 口，利用原钻机完井 27 口。

2014 年是哈法亚项目实施“三步走”发展战略承上启下的重要一年，一期项目平稳运行第三个自然年；二期 1000 万吨产能建设完成并正式投产，CPF-2 于 8 月 10 日开始接油，8 月 18 日正式原油外输，实现哈法亚项目又一个重大里程碑。同期由哈法亚项目联合中国海油承建的原油外输管线项目（MOEP）竣工运行，MOEP 是制约哈法亚油田原油上产和外输的瓶颈，系伊拉克第二轮国际石油合作项目中唯一启动并实现二期投产的项目。与此同时，营地建设也取得收获。营地二期住宅楼、餐厅、运动中心、室内游泳馆、三期住宿楼等在 2014 年上半年相继交付使用，改善了哈法亚油田的生活及工作条件。二期办公楼、营地后勤服务楼、消防站、维修车间、变电所、培训中心、机场候机楼等也相继建成。

在伊拉克政治、安保环境依然严峻的形势下，哈法亚油田项目 2014 年无重大生产、环保和中方人员伤亡事故。

（3）伊拉克艾哈代布项目。2014 年是艾哈代布项目受伊拉克日益恶化的安保形势、对外签证收紧、物流清关诸多不畅、农民阻挠油田用地和征地赔偿程序过慢等因素影响，致使新井投产、措施井作业、水井转注、地面施工等工作进度滞后，对油田开发生产影响较大。

艾哈代布油田总井数 256 口（187 口老井、69 口新井），其中采油生产井 203 口（包括 129 口 ESP 井），注水井 53 口，2014 年生产井产油 708 万吨；完钻 41 口，完成修井相关作业 71 井次，其中转电泵 34 口、检电泵 32 井次、新井射孔完井作业 7 井次、补孔作业 4 井次、其他作业 4 井次等；酸化 57 井次，其中直井 17 井次、水平井 40 井次。

艾哈代布油田水平井应用取得良好经济与开发效果。2014 年水平井投产 57 口，年产油 145 万吨，年产气 12755 万立方米，平均单井初产 204 吨。水平井总产油 554 万吨，水平井总产气量 57106 万立方米，水平井产油量占油田产量的 80%，平均单井日产油是相邻直井平均单井日产的 1.9 倍，钻井单井平均成本是直井的 1.47 倍。

艾哈代布油田钻井作业效率和质量取得同步提高。坚持“安全生产优、井眼轨迹优、固井质量优、油层保护优、环境保护优”的“五优”指导原则，在克服钻井过程中多个技术难点的同时，通过优化井眼轨迹、钻井参数、钻井液性能、各作业工序间的衔接，加强生产协调和后勤保障，提高钻井效率，钻井作业周期实现新提速，三开水平井 39.13 天，四开水平井 50.59 天，三开定向井 33.14 天。

（4）伊朗北阿扎德甘项目。北阿扎德甘项目以准备投产移交为目标，加强地质监督，优化试油酸化方案，优质完成开发钻井实施和油田生产准备。2014 年完成 12 口井的现场地质录井、测井、水平井轨迹跟踪分析调整；根据新井岩心资料，分层分区重新建立孔渗关系，进行测井二次精细解释。完成油田直井、大斜度、水平井气举单井优化技术研究，完成影响油田气举生产的主要因数分析。做到当油井处于非最佳注气范围时，现场管理人员可以通过调整注气量达到最佳注气范围。

2014 年，伊朗公司承担 GW—MLE 综合录井装备 1 项新技术推广工作，共 4 台 GW—MLE 综合录井仪在伊朗南、北阿扎德甘油田作业，提供综合录井服务，完成 5 口井作业，实现产值近 800 万元，后因项目终止而停止。

（5）伊朗 MIS 项目。MIS 项目结合主合同延签准备和谈判工作，进行复产产量分析、单井调查和复产方案编制。项目公司进行油田动态分析和产量预测等工作，编制油田产量方案。根据伊方提出油田复产后产量需要达到日产 10000 桶的要求，结合实际生产情况，进行 3 种产量方案的预测并上报给伊方。

（6）阿曼项目。阿曼项目把握住油气生产的主动权，年产油量连续刷新纪录。2014 年生产原油 217.25 万吨，同比增加 16.66 万吨。三维地震采集任务完成面积 1877.11 平方千米。销售原油 1556 万桶，其中政府自行提油销售 986 万桶，中方提油销售 286 万桶；销售液化气 1.87 万吨。开钻 66 口，完钻 64 口，完井 64 口，交井 64 口，完成钻井进尺 15.23 万米。总井数 415 口，其中油井 303 口、注水井 112 口。投产新井 53 口（含 2 口转注井），2014 年累计增加产油量 202.58 万桶。老井增产措施日增产原油 390 吨，单井日增产油 14.5 吨，累计产油 14.26 万吨。

阿曼项目于 2014 年 3 月完成 10 英寸原油外输管道建设工程，新建 14 千米 10 英寸原油外输管道，以配合 DPS 外输设施扩建项目提升原油输量。同期完成 GTG 燃气电厂二期建设工程。

3. 非洲地区重点项目

（1）苏丹 124 区项目。2014 年生产原油 289.5 万吨，年平均日产 5.67 万桶。各区产油量与 2013 年对比：2A 区产油量增加 16.41 万吨，增长 31.79%；2B 区产油量减少 26.11 万吨，下降 14.59%；4 区产油量增加 0.44 万吨，增长 0.65%。油区油井总数 424 口，注气井 1 口，气源井 1 口，注水井 3 口，水源井 2 口。油井开井数 354 口，注气井和气源井停产，注水井和水源井开井各 1 口。与 2013 年 12 月相比较，油井增加 44 口，注水井增加 1 口，水源井增加 1 口。油井开井数增加 54 口。完钻水平井 2 口、投产水平井 3 口。老井增油措施工作量 83 井次。新井投产 46 口，其中油井 44 口，水源井 1 口，注水井 1 口，油井投产初期日产油能力 7003 桶，年产油 126.69 万桶。二维地震采集完成 552 千米；完钻探井 9 口，评价井 3 口，在钻探井 3 口，累计钻井进尺 3.26 千米；完成 10 口井 31 层测试，其中，7 口井 16 层获得油气流，干井 2 口。

（2）南苏丹 124 区项目。继 2013 年“12 · 15”事件发生后，南苏丹政治局势更加多变，出身丁卡族的总统与出身努尔族的副总统间政治角逐不断升级，并引发一系列油田争夺战、部族猎杀事件、朱巴夜晚枪战、治安混乱等社会不安定问题。围绕石油资源控制与利益分配在油田现场开展频繁爆发不同规模的争夺战，使油田复产安保形势日趋复杂化。项目部紧密跟踪南苏丹内外部形势发展，谨慎研判局势，分析研究油田复产基础，确定复产策略。制订“先易后难，先北后南”“立足北部，修复南部”等复产原则与思路，不断调整方案总体框架与执行细节，开展复产准备工作。

2014 年 2 月 19—20 日，南苏丹、苏丹政府就双方作业支持和边境开放等 5 个框架议题达成一致。项目公司随即成立 5 个复产工作协调小组，跟踪并落实各议题具体工作，先后 5 次与大尼罗石油作业公司（GNPOC）对接，谈判取得进展，签署 5 个协议。安全及跨境作业议题，北方同意提供陆空运输、应急救治和撤离支持；北部油田电力供应议题，将恢复 Unity 电站作为优先方案；生产作业协调议题，在物资供应和储存、营地服务、物流运输及 IT 服务等方面与北方达成共识；作业及支持互惠协议（MOSA）议题，北方同意向南苏丹石油公司（GPOC）提供营地住宿、餐饮和临时办公室等支持，同时在条件允许前提下，可为 GPOC 提供所需物资、服务等；HSE 和紧急撤离及预警协作议题，北方同意提供消防支持和联合应急响应。

截至 2014 年底，南苏丹 124 区项目总井数 320 口（其中报废井 24 口，可用油井总数 269 口），停产前油井开井约 200 口。

（3）南苏丹 37 区项目。2014 年在南苏丹政局动荡、投资环境恶化、国际油价大幅下跌的总体形势下，南苏丹 37 区项目围绕“优质、高效、可持续发展”目标，开展“挖潜增效”工作，保证生产安全、持续、平稳。年均日产水平保持在 16 万桶以上，原油产量 822 万吨，HSE 实现“三零”目标。

项目重启部分因油区周边安全形势被迫关停的

生产井，增加边远油田的产能贡献。截至 2014 年底，累计重启 55 口井，恢复产量 1.2 万桶 / 日。成功投产 13 口新井，日增油 6000 桶。完成调参 178 井次，有效控制含水上升和出砂造成的井下故障。恢复注水井 6 口，日注水 8.2 万桶；同时，恢复及投注污水回注井 5 口，日注水 1.8 万桶，为缓解地面污水处理压力发挥关键作用。

南苏丹 37 区项目根据协议 3D 开发区块将于 2017 年 3 月 11 日到期。为获得开发延期，中方会同合作伙伴，提前向南苏丹政府提出书面申请，并于 10 月 14 日获得南苏丹政府同意。该项目以较小成本获得延期，为中长期可持续发展奠定坚实基础。

（4）苏丹 6 区项目。围绕“确保安全生产、力争投资回收”工作方针，内抓“三基”、外抓“安全、生产、和谐”，克服主力油田含水上升、递减加快、新油田生产不稳、油区部落冲突不断、安保形势严峻等不利因素，超额完成全年的生产、经营任务。

2014 年生产原油 1962.4 万桶（285.2 万吨）。油气井总井数 427 口，油井开井 310 口，月产油 197.9 万桶，稠油 114.7 万桶，稀油 83.2 万桶。注水井开井 19 口，月回注产出水 9.1 万立方米。开发井完井 35 口，老井措施 64 井次，投产新井 37 口，新井年产油量 207.7 万桶。完成修井 218 井次、完井 39 口，试油 13 口。完成 31 口油井、4 口注水井、3 口注气井和 1 口气井的施工投产。为实现勘探开发一体化，2014 年启动 Sufyan 早期投产项目。

完成二维地震 1181 千米，三维地震 321 平方千米，完钻 10 口探井，在钻 1 口探井，完钻 3 口评价井，在钻 1 口评价井。

（5）苏丹喀土穆炼油项目。2014 年，炼油厂克服原油来油不足及新厂检修等困难，生产、管理安全平稳，保持“安全、平稳、清洁、长周期”运行。接收原油 378.2 万吨，加工各种石油原料 381.9 万吨，生产产品 340.5 万吨，出厂产品质量 100% 合格。炼油厂发电 3.19 亿千瓦时，其中催化烟机发电 0.29 亿千瓦时，外供给 SPC 及 KPC 电量为 814.49 百万千瓦时，电站外供蒸汽 48.56 万吨。

（6）苏丹喀土穆化工项目。2014 年苏丹化工项目聚丙烯装置和编织袋厂均实现安全、优质、平稳生产。气分聚丙烯联合装置全年平稳运行 323 天，加工液态烃 7.74 万吨，丙烯产量为 1.92 万吨，生产聚丙烯 1.77 万吨；编织袋厂生产各类编织袋 773.4 万条，折算标准编织袋（560 毫米 ×920 毫米）815.38 万条，聚丙烯和编织袋产品合格率均达到 100%。销售聚丙烯 1.64 万吨，销售标准编织袋 714.20 万条。

（7）乍得项目。2014 年乍得项目生产原油 100.15 万吨，完成二维地震采集、处理 1487.39 千米，完成三维地震采集、处理 598.92 平方千米，完成时频电磁采集 175 千米；完成 37 口井，其中探井 10 口、评价井 2 口，开发井 25 口；含潜山井 11 口，外围井 7 口；完钻 37 口，总进尺 6.69 万米，总钻井完成率 100%，其中探井 10 口，总进尺 2 万米，完成率 100%；评价井 2 口，总进尺 0.29 万米，完成率 100%；开发井 25 口，总进尺 4.40 万米，完成率 100%。

乍得项目管道实现“双管齐下”，一期管道保一体化项目平稳运行，新投产二期管道促多产原油外销，全年实现安全平稳运行。

项目公司完善环境整改计划，对现有环境检测结果进行分析，判断是否存在指标超标现象及超标的程度和范围。并研究项目环境管理现状和预期目标，提出整改环境隐患的初步建议。

（8）尼日尔项目。2014 年 Agadem 一期投入开发井 37 口，其中 Sokor 油田 18 口，Goumeri 油田 16 口，Agadi 油田 3 口。2014 年生产原油 85.60 万吨。完成地震及时频电磁采集处理解释工作量，其中 Agadem 区块三维地震 2000 平方千米、Bilma 区块二维地震 500 千米、时频电磁 500 千米以及 Tenere 区块二维地震 792 千米、时频电磁 431 千米。

开钻 53 口，完钻 52 口，完井 51 口，交井 51 口，完成钻井进尺 12.42 万米。老区新井投产及老井措施日增油 713.1 吨。老区投产新井 8 口，累计产油 6.91 万吨。老区进行各类措施 8 口井，有效 8 口井，有效率 100%，累计增产原油 3.42 万吨。

销售原油 85.53 万吨，在国际油价持续大幅下挫的不利条件下，保持原油销售的稳定价格。销售液化气 3.64 万吨，销售汽油 23.46 万吨，销售柴油 42.90 万吨。

（9）阿尔及利亚炼油厂项目。由于炼油厂丙烷产品憋罐，2014 年 4 月 2 日全厂停产，9 月 29 日双方就一体化项目谈判达成一致并签署技术服务协议，10 月 28 日，双方签署炼油厂股权转让协议。

2014 年 Soralchin 炼油厂原油进厂量 22.81 万吨，原油加工量 23.33 万吨。产品销售 20.87 万吨。其中，普通汽油产量 8.64 万吨，销售 8.47 万吨；柴油产量 11.08 万吨，销售 11.24 万吨。商品丙烷产量 0.25 万吨，销售 0.25 万吨。商品丁烷产量 0.90 万吨，销售 0.90 万吨。自备电站用燃料气 0.92 万吨，用燃料油

0.34 万吨。在生产运行平稳的前提下，成品出厂质量合格率 100%。

在连续化生产中，存在各种影响产品合格率的因素，各装置加强产品质量控制，特别是在生产方案变化时，及时调整操作，保证产品出厂质量合格。

炼油厂污水处理场通过精心操作，严格控制外排污水的各项指标，外排污水完全符合阿尔及利亚要求的排放标准。

（10）突尼斯项目。突尼斯项目公司坚持“少投入，多产油，要效益”。2014 年生产原油 4 万吨。中方权益原油产量 0.9 万吨（6.8 万桶）。年均日产油 831 桶。

NK 勘探区块退出后的收尾工作包括三口井废弃、井场恢复和环境评估工作。勘探区块剩余套管、钻头、井口等物资，已运抵 SLK-11 井场。中科双方正在开展联合调查和处置。

项目公司继续与突尼斯国家石油公司以及拥有突尼斯资产的外国石油公司联系，寻找新区块进行评价筛选，对几个重点新项目在评价基础上进行密切跟踪。

（11）尼日利亚项目。2014 年尼日利亚项目公司克服中方人员减少、尼日利亚政府腐败、办事效率低下、社会治安恶化以及埃博拉疫情影响等重重困难，顺利获得最后一批投资成本的审计确认和全部履约保函的释放；并推动尼日利亚政府尽快处理 471 区块退出程序；同时利用靠前优势，开展新项目开发，上报三个初评较好的机会项目。

（12）莫桑比克项目。2014 年莫桑比克项目完成 4 区南部 3060 平方千米三维地震资料的采集、处理和解释；完成 2 口探井和 2 口评价井的井位部署及钻探工作；完成 Mamba-Coral 气藏及 Agulha 气藏的勘探区划定工作，并报资源国政府批准。

钻井 4 口，平均水深 2111 米，平均井深 5158 米，完成总钻井进尺 1.06 万米，钻井天数 162.38 天，钻井时间 3879 小时，非生产时间 225 小时，非生产时间率 5.8%，远低于世界 20%—25% 的平均水平。Agulha-2 井水深 2602.50 米，是水深最大的一口井。

项目后勤保障设施齐全，由办公室、库房和港口、料场、直升机和固定翼飞机、后勤船队组成。港口有浮动码头，有运输船负责接力向钻井船运送消耗材料和运回垃圾与多余的材料，有安保船负责海上巡逻与安保，有飞机负责运送从首都马普托到 Pemba 的人员往来。

4. 美洲地区重点项目

（1）委内瑞拉陆湖项目。委内瑞拉陆湖项目从生产、经营两方面发挥工作积极性和主观能动性，有效克服通货膨胀、人工成本大幅上涨等不利因素，坚持以经济效益为中心，完成各项生产经营指标。

通过加大湖上油田电泵日常维护、改善操作环境、提高生产时率等一系列措施，使气举气供应恶化这一瓶颈问题得到缓解，特别在 5—6 月的哥伦比亚停止供气的不利局面下确保原油稳产。2014 年生产原油 34.48 万吨，生产天然气 0.75 亿立方米，实现原油零泄漏，继续保持优秀的环保业绩。面对委内瑞拉政局混乱、社会动荡，采取有效措施，不但严格保障中方人员的安全，而且确保合资公司的稳定操作未受影响。

陆湖项目公司提出“高效产量”的概念，根据单位效费比概念，将各项措施对比分析，选出更换低压气举阀，B2X 深穿透射孔和下电泵作为主要的稳产措施，取得很好效果，入选集团公司降本增效典型事例。

实施维护作业井 20 口，其中重射孔作业 5 口，累计增油 3.11 万桶，实施油井加药 2 井次，累计增油 1.51 万桶；实施油井更换气举阀 15 井次，累计增油 7.84 万桶；实施管线维修 9 口，累计增油 4.57 万桶；陆上油田实施管线维修 12 口，累计增油 4.81 万桶。油、水井总井数 549 口，其中陆上油田 257 口，湖上油田 292 口。与 2013 年相比，湖上油田总井数未变，开井数由 64 口降至 46 口，减少 18 口，注水井全部关停井。

（2）委内瑞拉苏马诺项目。2014 年，苏马诺项目生产原油 27.3 万吨。完成措施井 31 井次，其中大修井 1 口，作业井 5 口，恢复井 7 井次，换层井 5 口，下电泵（机）抽 2 口，连续油管 1 口，加药解堵 10 口。苏马诺 13 个油田共有开发井 634 口井，其中井况较好的 121 口，井况复杂的 337 口，注气井 6 口，报废 164 口，缺资料的跨界井 6 口。油井开井 65 口，注气井开井 0 口。

在 HSE 方面继续保持优异业绩，无重大伤亡事故、火灾事故、污染事故、机械事故、交通事故和抢劫人身伤害事故。

（3）委内瑞拉 MPE3 项目。2014 年 MPE3 项目公司完成原油产量 901 万吨，同比增加 106 万吨，原油产量再创历史新高。

完井 58 口，完成年度钻井总进尺 10.78 万米，井身质量、固井质量合格率 100%。截至 2014 年底，整个项目共钻、完三维水平生产井 338 口。安全生产，无人员伤亡、井喷及环境污染事故。

（4）委内瑞拉胡宁4项目。胡宁4项目公司以“加强地质综合研究、搞好钻采先导试验、提升项目管理水平、准备最终投资决策”的工作目标，开展油田早期投产，落实水平井冷采产能及递减规律，推动三维地震采集及处理工作的实施，探索超稠油冷采增产措施，加强油藏综合研究、井位部署及设计、现场随钻跟踪及分析等方面工作。

项目共有生产井7口，均为水平井。年试采原油32.7万桶。

2014年累计完钻12口（其中评价井9口、生产水平井3口），完井12口，新试采井3口。

三维地震处理完成286平方千米，主体工作基本完成。

（5）厄瓜多尔安第斯项目。2014年，安第斯公司一手抓老区新井部署和措施挖潜，减缓产量递减，一手抓新区勘探突破，实现新区快速上产，同时狠抓项目生产运行管理，确保生产的平稳运行。完成原油作业产量248.68万吨，完成自用天然气折合油气当量3.89万吨，共完成油气当量252.57万吨。

2014年动用4台钻机，3台修井机，开钻34口，完钻38口，进尺11.77万米，其中钻探井8口，完钻8口，进尺2.15米；评价井4口，完钻4口，进尺1.29万米；钻开发井26口，完钻26口，进尺8.32万米，其中包括7口水平井，进尺2.55万米。初始完井30口，其中修井92口。

投产新井25口，新井年产油量175.79万桶，措施井增油量65.6万桶，未措施老井产油量1432.98万桶。年度共注水1.92亿桶。

（6）秘鲁1AB8区项目。2014年，面对超过97%特高含水、雨林作业环境艰苦、社区抗议活动频繁等挑战，秘鲁1AB8区项目公司一方面切实抓好油田现场生产管理，保障原油生产稳定运行，油井开井率达到近年来最高水平，开井率保持95%以上；另一方面做好油藏研究和动态分析，挖掘油田生产潜力，油井措施作业取得较好增产效果，完成措施作业井10口，累计增加产量10万桶。生产原油143.8万吨，原油权益产量54万吨。

8区动用钻机1部，完成钻井进尺8628米，完钻3口，完井3口，交井3口。

完成油井措施作业10口，其中1AB区5口，8区5口，平均单井投产初期日增油56桶。

1AB/8区产水36517万桶，实际注水36517万桶，采油污水回注率达到100%。

（7）秘鲁67区项目。秘鲁67区项目公司发扬“四精”经验，通过优化老井措施、深化油藏地质认识，油田开发形势平稳。2014年完成原油产量18.72万吨，天然气产量2900万立方米，提前74天完成15万吨生产任务，提前14天完成奋斗目标18万吨，原油产量再创历史新高。销售原油17.52万吨，销售天然气0.29亿立方米。

（8）秘鲁珍珠项目。中国石油与巴西国家石油公司2013年11月17日正式签约，收购其在秘鲁的全资子公司的全部股份，其包含三个区块：10区、57区、58区，其中10区和58区中方持股100%，57区中方持股46.16%，是操作者西班牙雷普索尔公司的唯一合作伙伴。

秘鲁10/57/58区项目于2014年11月6日正式交割。10区位于秘鲁北部的塔拉拉盆地，1912年投入开发，20世纪80年代达到产量高峰，进入开发末期。57/58区位于秘鲁东南部的上帝之母盆地，与秘鲁的天然气主产区56/88区相邻，属凝析气藏，58区仍处于勘探期，57区2014年3月27日投产。

2014年生产原油产品67.39万吨（其中原油51.23万吨，轻烃16.16万吨）。其中，10区完成51.23万吨；57区完成16.16万吨。生产天然气8.36亿立方米。其中，10区产气1.96亿立方米，57区产气6.40亿立方米。

57区完成二维地震采集140千米，完成三维地震采集210平方千米。

动用钻机1部，完成钻井进尺1487米，实现开钻2口，完钻1口，完井1口，交井1口。

销售原油67.39万吨，销售天然气8.36亿立方米，销售轻烃16.16万吨。

（9）哥斯达黎加项目。2014年，哥斯达黎加政府换届改选，哥斯达黎加国家石油公司高层人事更迭，哥斯达黎加项目公司克服诸多困难，维权应对各种挑战，与哥斯达黎加RECOPE公司的管理层进行多方沟通和协商，促进项目进展。促成合资公司股东会、董事会、RECOPE与哥斯达黎加总审计署的沟通协调会等一系列重要会议，为下一步项目工作的推进打下良好基础。

（10）加拿大项目。2014年8月29日，加拿大各项目，包括油砂项目、都沃内天然气项目、白桦地天然气项目、四方LNG项目及激流管道项目，整合并入凤凰能源公司，并将凤凰能源公司正式更名为步锐能源公司（英文名称Brion Energy Corporation）。自此中石油国际投资（加拿大）公司形成油砂、天然气、运输与销售上下游一体化的产业链，并具备长期、规模有效、可持续发展的资源基础。

加拿大项目公司 2014 年累计生产天然气 7.04 亿立方米，生产凝析油等 90.60 万桶，年权益油气产量约 72 万吨。

（11）加拿大麦凯河油砂项目。加拿大麦凯河油砂项目完成麦凯河一期项目中心处理厂总建设施工合同；完成麦凯河一期项目中心处理厂详细设计及油田设施（FF）详细设计；编制地面工程建设项目管理手册（共 150 项）并贯彻执行，该手册涉及项目管理过程中的程序规定、政府和利益相关方、项目控制、质量安全、工程设计、现场施工、采办、变更管理、试运投产等 16 部分，共 150 余项。

完成麦凯河一期地面工程（中心处理厂、油田设施、公用设施）E/P/F/C 总进度的 73%。

8 个平台 42 对 SAGD 水平井均已完成钻井和完井施工。分别节约费用 17% 和 24%。

（12）加拿大多佛油砂项目。完成多佛项目行权，步锐能源公司与凤凰能源控投公司合并。8 月 29 日，我方正式行权收购多佛项目剩余 40% 的油砂资产，同时步锐能源公司作为统一的管理平台全面接手经营管理凤凰能源旗下作业和非作业资产。

（13）加拿大白桦地天然气项目。依据近几年天然气价格依然处于较低走势的预测，进一步强化经济评价和寻找富烃液有利区块，白桦项目部通过 TCM 技术指导和 OCM 生产管理两个平台，在上半年及时调整和优化 45 口井的钻探部署方案，取消次经济开发井 10 口，增加经济开发井 6 口，转评价井 1 口，总体调减开发井 5 口。增加有利评价井 4 口。完井 37 口。

白桦地天然气项目进行小井眼钻完井技术创新应用研究和现场实施，形成一套经济实用的小井眼钻、完井技术 ;2014 年应用直径 159mm 小井眼钻完井技术，钻井 45 口，完井 37 口。投资成本大幅下降。

（14）加拿大都沃内项目。2014 年是都沃内（Duvernay）页岩凝析气项目正式启动的第二年，产量稳步上升，开井 33 口，生产天然气 2.38 亿立方米，生产凝析油 158.08 万桶，生产 NGL 18.95 万桶。折合年产气当量 5.39 亿立方米，折合油当量 316.83 万桶。

（15）加拿大中加项目。2014 年生产原油 0.30 万吨，Mackay III 油砂区块新钻 6 口取心资料井，经初步评估可新增采资源量。

Hoole 重油勘探区块，继续推进水平井试采工作。经我方多次沟通后，与在产区块 Lone Rock 作业者 Husky 进行两轮技术交流，双方深入探讨 Lone Rock 的开发潜力及未来开发规划。

（16）加拿大激流管道项目。激流管道项目 2014 年完成 Athabasca 河穿越段关键工程建设，扫除管道建设最大障碍。获得管道干线阿尔伯塔能源局（AER）建设许可，为建设获得法律保障。开展激流管道详细设计工作，完成管道一期建设前详细设计。

2014 年 3 月 2 日，加拿大激流管道项目干线 Athabasca 河穿越工程顺利完成，为管道按时建成扫平最大的一个障碍，随后又陆续完成其余 4 处穿越工程。3 月 22 日，完成 69 千米管道全线注水试压、清管、防腐、充氮封存等工作，管段进入封存阶段。

（17）加拿大四方 LNG 项目。加拿大四方 LNG 项目由 Shell Canada Energy、Brion Kitimat LNG Partnership、Diamond LNG Canada Ltd、KOGAS Canada LNG Ltd 联合投资运营，计划于 British Columbia 省 Kitimat 修建 LNG 工厂，并通过 LNG 新建码头出口 LNG。项目一期将建设两条生产线，产能达 1300 万吨 / 年，计划 2021 年 2 月建成投产。

在本项目中，四方合作范围仅限于 LNG 工厂及码头的建设和运营，各方按照各自权益比例出资 LNG 项目设计、建设及运营，上游大约 650 千米的输气管道联合委托 TransCanada 负责筹建和运营（通过管输费收回投资）。LNG 工厂投运后，四方伙伴按比例承担供气义务，天然气通过新建管道输送至 LNG 工厂，加工完成后四方再按比例提取 LNG 产品。

5. 亚太地区重点项目

（1）印度尼西亚项目。中油国际（印度尼西亚）有限责任公司（简称印尼公司）9 个区块包含 40 多个不同类型和规模的油气田，油藏类型十分复杂，有高含二氧化碳（45%），带油环的复杂凝析气藏、底水碳酸盐岩油藏、低渗透岩性油气藏、复杂构造砂岩油藏以及海上油气田。部分油田已经到高含水（99%）、高采出程度生产后期。生产的产品包括原油、凝析油，LPG 和天然气。

2014 年，印尼公司生产油气当量 469.55 万吨，其中生产原油 232.73 万吨；生产 LPG 87.34 万吨，生产天然气 149.48 万吨（油气当量）。完成地震采集三维 101 平方千米。

完成探井评价井 2 口（开钻），完成试油 4 口（全部为上年度完钻井），油气发现 2 口。

钻开发井 17 口。完成补层、压裂、酸化、堵水、大修恢复等各类油气井措施 39 口，检泵 178 口，2014 年累计增油 443.11 桶。投产新井 18 口。开展措施井39井次，其中补孔17井次，卡堵水15井次，压裂1井次，酸化2井次，大修井4井次。平均单井次措施后增油为120桶/日。对缓解老井递减起到重要作用。

（2）泰国邦亚项目。中国（香港）石油公司泰国项目在泰国管理3个区块，即邦亚开发区块、BYW-NS开发区块和L21/43风险勘探区块。

2014年泰国项目产油7.78万吨。开钻16口，完井16口，电测成功率100%，事故复杂时效为0，搬家4次，总进尺4.71万米。

投产新井9口，维护性作业井次32口。措施作业2井次，未获增油效果。

（3）新加坡SPC项目。2014年中油国投（新加坡）公司以“稳定运作、控减投资，努力实现生产运营平稳、有效，维护集团公司整体利益”为原则，立足现有生产项目精细挖潜，强化安全生产与组织，2014年生产油气当量作业产量232.7万吨。

生产原油作业产量148.3万吨，权益产量16.2万吨，其中渤海04/36区块完成69.3万吨，渤海05/36区块完成51.8万吨，印度尼西亚Sampang区块完成7.4万吨，印度尼西亚Kakap区块完成19.8万吨。

生产天然气10.55亿立方米，其中权益产量3.39亿立方米，其中渤海05/36区块产伴生气0.43亿立方米，印度尼西亚Sampang区块产气7.37亿立方米，印度尼西亚Kakap区块产气2.37亿立方米。

动用钻机2部，完成钻井进尺25.8千米，实现开钻12口，完钻11口，完井10口。

（4）澳大利亚箭牌项目。2014年箭牌项目生产煤层气12.35亿立方米，中方权益产量为4.95亿立方米。

动用钻机4部，完钻勘探井5口、评价井8口、开发井10口。

销售煤层气10.63亿立方米。

（5）澳大利亚哈科特项目。项目包括2个勘探租区和1个生产租区（PLNS）。总面积约717平方千米。

2014年，哈科特项目生产租区共有煤层气生产井6口，生产煤层气191.8万立方米，销售煤层气191.8万立方米。

（6）澳大利亚西澳项目。澳大利亚公司西澳项目部管理运营3个项目，即布劳斯项目、波塞冬项目和凯宁项目。其中，布劳斯项目处于开发前的研究期，2014年完成工程设计基础研究工作，无开发作业工作量和产量数据；波塞冬项目处于勘探阶段，2014年顺利完成计划的2口义务工作量探井的任务，无产量数据；凯宁项目为页岩气勘探项目，2014年计划1口义务探井，受阻于土著人权益事宜未能实施，无开发井作业和产量数据，2014年12月已经退出该区块。

（7）缅甸凯尔项目。2014年缅甸凯尔项目公司组织AD-6区块2口浅水探井作业实施，筹划AD-1/8区块1+1口深水钻前准备工作。

在作业过程中按照“环保优先、安全第一、质量至上、以人为本”的作业指导方针，优化地质、钻井作业方案，有效组织后勤补给方案，利用好PMC咨询团队把好质控，取全取准地质资料，严控作业成本。最终“安全、优质、低耗、高效”完成2口浅水探井作业，提前7.77天完钻。

加强HSE工作，在“新人、新井、新平台”的条件下实现“零事故、零伤害、零污染”的“三零”目标。

【海外重点工程建设】 2014年，中亚、中东、西非等一批重点产能工程成功投运。阿姆河B区产能建设天然气处理厂及四个主力气田提前建成投产，全区天然气生产能力首次突破百亿立方米，成为海外主力生产和利润中心；阿克纠宾三厂Ⅱ、Ⅲ期建设工程机械完工，轻烃、硫黄回收装置完工，彻底解决天然气燃烧放空问题；哈法亚项目二期工程完成32英寸外输支线、CPF2和外输泵站建设，提前投产，为后续投资回收提供有力保障；伊朗北阿扎德甘项目全力推进长线设备制造和现场施工，EPC总进度达到88.9%，为全面投产奠定坚实基础；伊拉克艾哈代布CPF扩建工程原油处理装置投产，确保项目限输条件下处理系统安全平稳运行；乍得项目2.1期油田地面工程投产，原油最大年处理能力达到240万吨。此外，加拿大油砂项目麦凯河一期工程、委内瑞拉MPE3项目、伊拉克鲁迈拉水处理项目等稳妥推进。

2014年管道炼化项目建设取得新进展。中亚C线成功投产并建成140亿米^3/年输气能力，D线正式开工建设；乍得二期管道全线贯通，原油顺利进入乍喀管道外输，2015年1月19日成功实现首船外运；尼日尔原油外输有序推进；PK炼油厂升级改造项目一期工程有序推进，二期工程完成概算批复。

【海外管道运营及炼油化工】 2014年，在役管道炼化项目保持安全平稳运营。中亚天然气管道克服负荷满、任务重等困难，输送天然气311亿立方米，累计输气突破1000亿立方米；中缅气管道克服气源不足等困难完成输气量32.6亿立方米；中哈原油管道完成统一管输费谈判，克服油源组织等一系列困难，输油 1184 万吨，累计输油超过 7500 万吨。

2014 年，海外加工原油 1077.43 万吨（含广西东油沥青 11.49 万吨），其中汽油 275.23 万吨，航油 38.98 万吨，煤油 4.82 万吨，柴油 361.77 万吨，燃料油 143.08 万吨，液化气 55.89 万吨。生产聚丙烯 4 万吨，编织袋 819 万条。

【海外经营管理】 2014 年，在各种不可抗力因素影响下，海外业务通过实施降本增效、稳产保效、提产创效、优化调整等方法，成功应对上半年哈萨克斯坦等地区货币贬值、税负增加，和下半年油价持续下跌，经受严峻考验，超额完成全年利润总额。

各重点地区、项目公司结合实际，开展差异化应对措施，为海外业务成功完成效益目标发挥核心作用。哈萨克斯坦公司通过优化勘探投资、统筹销售路径、提高 MMG 项目产量等举措降本增效；尼罗河公司通过努力巩固南苏丹油田复产成果、力保苏丹老油田持续稳产、创新商务工作等举措稳产增效；伊拉克公司通过修改项目合同，哈法亚项目二期按期投产，实现利润；拉美公司以 MPE3 项目为龙头，积极上产，加大分红力度。阿姆河公司通过 B 区提前投产，超额完成年初目标，成为海外业务新的利润增长点；中亚天然气管道公司应对汇兑损失，超额完成“零亏损”目标。与此同时，印度尼西亚、阿曼、加拿大都沃内及白桦地项目抓住有利时机，努力增销，实现减亏增效。

2014 年，加大“双控双增”和策略调整力度，对顺利完成效益目标发挥关键作用。成功实现投资优化目标。采取“有保有压、有急有缓、确保效益”的投资策略，对重点产能建设项目积极推进；对较高投资风险及非生产性项目稳妥推进；对可望带来较好收益的阿姆河 B 区等项目，适度增加投资；确保俄罗斯亚马尔、秘鲁 PEP 等新启动项目投资。

成本费用得到有效控制。通过多种控减措施，加强精细化生产组织，降低操作费，及时核算更新储量评估，有效抑制折旧快速上涨趋势，严格管控销售费用、管理费用和勘探费用。

销售推价成效显著。伊拉克各项目会同伙伴公司，通过提前提油、拼装提油等措施，实现经济效益最大化；阿克纠宾公司最大限度降低原油内销比例，提高液化气出口销售比例；乍得、尼日尔项目拓宽市场渠道，消除销售瓶颈；委内瑞拉 MPE3 项目超产油当年实现较高销售价格；印尼公司扩大参与投标的买家范围，原油、凝析油溢价。

税务筹划和汇兑损失应对及时有力。同期通过建立板块本部和海外项目联动机制、差异化实施税务筹划等一系列手段，降低所得税率。

经营策略研究调整力度进一步加大。针对热点地区和重点项目面临的瓶颈问题，组织开展伊朗、伊拉克、苏丹、南苏丹、加拿大、澳大利亚等重点资源国的整体经营策略研究；深入开展阿富汗 AD 项目、厄瓜多尔与秘鲁区块延期、乍得项目环保争议对策等专题研究，达到优化策略和升级管理目的；深入分析海上和非常规油气项目的合同条款，有效防范投资风险。

与此同时，落实集团公司强化效益考核要求，调整海外工效挂钩政策，采用“七三挂钩，三七分成”原则，使人均工效挂钩奖金与超额利润直接挂钩。充分考虑海外项目完成利润目标的难易程度，对设置难度系数进行调整，对主导和非主导作业项目进行差异奖励。扩大工效挂钩实施对象，覆盖所有海外油气业务在产项目及各级机关全体中方人员，充分调动海外员工的工作积极性和主动性。

2014 年人才创新取得显著进展。以人员“刚性”交流轮换为突破口，制定“3 年可轮换，6 年必轮换”政策；选定“1 个机关、2 个发达国家和 4 个重点专业”轮换试点，全年轮换 206 人次。通过“网上公开招聘”构建海外业务内部竞争上岗的人才配置机制，基本实现员工轮换和招聘的公开化、信息化。定岗定编，优化部门和岗位设置，打造精干高效的本部机关。制订海外人力资源共享服务中心构建方案，探索海外公司管控新模式。

突破与研究机构合作模式，与勘探开发研究院签署合作建设海外研究中心协议，进一步强化海外研究中心在海外技术支持中的主体地位；与寰球工程公司联合组建海外炼化与 LNG 技术中心，海外技术支持体系进一步完善。

2014 年，“阿姆河右岸盐下碳酸盐岩大型气田勘探开发关键技术与应用”荣获国家科技进步奖二等奖，“厄瓜多尔安第斯项目大型低幅度圈闭群勘探技术研究与应用”等 6 项成果获得集团公司等省部级科技进步奖励；13 项新技术在海外项目得到推广应用，为提升海外效益发挥积极作用。

【海外企业文化建设】 2014 年，海外业务强化企业文化在发展中的作用。为弘扬主旋律，传播正能量，深化与媒体合作，积极参与中央电视台《丝绸之路经济带》电视片的创作与拍摄，配合新华社、《中国报道》对南苏丹坚守人员进行采访报道，扩大海外业务的影响力；做好对海外各类典型的选树宣传活动，发掘海外典型人物和事迹，讲好海外石油人的故事，继续完成《海外创业故事》等一批文化产品；提升新闻宣传工作管理水平，研究创新针对海外媒体、资源国政府和民众的宣传工作思路和方法，为海外投资业务创造良好舆论环境；继续开展为海外员工家属办好十件实事和职工文体活动；制定并颁布《员工行为准则》，促进员工行为的国际化职业化，深入推进企业文化建设。

【海外 HSSE 与风险防控】 2014 年，海外安全管理和安保防恐业绩实现近年来最好水平。持续完善 HSE 管理体系，着力健全 HSE 责任制，发布 16 个中英文体系文件，顺利通过环境管理体系、职业健康和安全管理体系年度认证；严格落实“三防”措施，分区跟踪高风险国家社会安全形势，加强阿富汗、委内瑞拉等国社会风险跟踪和防控；开展职业卫生基础工作，组织开发《海外员工职业健康管理》指南，加强对苏丹、印度尼西亚等项目职业卫生管理的审计和指导，特别是强化传染病预防，在尼日尔、南苏丹暴发霍乱疫情，尼日利亚发生埃博拉疫情期间，组织医疗力量开展防护工作，保证疫区员工生命健康安全；成功应对各类安全环保突发事件，派出多个工作组斡旋乍得项目环保纠纷，经过多轮协商，2014 年 10 月 24 日与乍得政府签订和解协议，为乍得项目后续发展扫清障碍。

各重点地区安保防恐工作取得显著成效，伊拉克公司针对伊斯兰国大举进攻、安全局势急剧恶化的情况，研判形势、处置得当，将影响和损失降到最低；尼罗河公司针对南苏丹反政府战争突然爆发的严峻形势，第一时间启动南苏丹 37 区、124 区油田应急预案，强化油田安全保卫和平稳生产，有效避免油田失控性停产。

完成伊拉克、乍得、阿姆河等 11 家单位内控自我测试和检查；深化年度风险评估和分析工作，编制发布《2014 年度风险评估分析报告》；建立公司合规档案，完成澳大利亚项目合规体系建设试点工作，合规管理体系建设迈出坚实步伐；成立股东事务部，制定颁布《股东事务管理规定（试行）》，在健全法人治理结构、规范股东行权、优选中方代表等方面开始发挥作用；加大对哈萨克斯坦等地区纠纷案件的法律维权工作力度，在财税、环保类诉讼案件上取得积极审理结果；完成 19 个项目审计，对历年审计发现进行跟踪，整改到位 26 项，使海外业务内控体系建设稳步推进。

（王　彤　黄颂婷　刘晓雨）

国内油气勘探开发国际合作

【概述】 2014 年，对外合作业务坚持“特色发展、互利双赢、发挥优势、服务整体”，突出非常规油气领域战略发展，完善对外合作管理制度体系建设，强化新技术引进推广和安全环保工作。对外合作油气产量再创历史新高，2014 年生产油气当量产量 918.25 万吨，其中原油 415.18 万吨，天然气 63.13 亿立方米。

2014 年，中方账完成销售收入 110.8 亿元人民币，创下历史最高水平，同比增长 6.13%，实现税前利润 62.8 亿元人民币，与 2013 年基本持平。完钻探（评价）井、开发井共计 628 口，进尺 114.22 万米。截至 2014 年底，在执行对外合作项目 38 个，其中产品分成合同 36 个，联合研究协议 2 个。

【原油项目运作】 截至 2014 年底，共有在执行原油项目 16 个，其中赵东、九 1—九 5、冷家堡、海月、高升、州 13(1–2)、州 13(3–6)、肇 413、大安、莫里青、庙 3、孔南和两井等 13 个项目处于生产期，民 114、扶余 1 号 2 个项目处于开发期，马朗项目处于勘探期。

1. 大港赵东项目

面对国际油价不断下行的形势，深入地质研究、优化新井设计方案，以完成全年原油生产任务为前提，尽量减少钻井工作量，控制项目投资。新井计划由年初 20 口井消减为 5 口，实际完成 15 口井，并暂缓实施经济效益较差的 C–4 区块 2 口新井计划，同时海工建设完成平台供岸电工程并投产，从而大大提高项目的经济效益。2014 年实际完成原油商品量 85.6 万吨，超产 5988 吨；天然气外输量 6854.8 万立方米，超产 1854.8 万立方米。

2. 辽河冷家堡项目

2014 年计划原油生产量 64 万吨，商品量 53 万吨，完成生产量59.26万吨，商品量53.3万吨（不含气置换商品量5.4万吨），分别完成计划指标的92.6%和100.6%。新区完钻开发井13口，完钻进尺2.46万米；老区完钻扩边井1口及地面配套工艺，完钻侧钻井39口。突出油藏评价，重点在冷家地区中部及洼83块、洼53块实施滚动扩边增储，实现探明地质储量200万吨。通过采用分层开发、薄层水平井、砾石充填完井及双管循环注汽等技术，成功实现洼83块298万吨难采储量的整体动用；利用水平井进行分层开发、二次开发，稳步推进产能建设工作。

3. 新疆九$_1$—九$_5$项目

2014年生产原油73.01万吨，新建产能8.39万吨，连续17年年产原油70万吨以上。与2013年相比，新增地质储量230.8万吨，新增可采地质储量89.1万吨。经国家安全生产标准化评审组评审，项目获得国家安全生产标准化一级企业认证；项目通过新疆油田公司安全环保健康考核，获得新疆油田公司“安全生产与环境保护”先进单位，以及新疆油田公司安全生产十五颗星，实现连续安全生产18年。

4. 大庆州13项目

州13合作区块〔包括州13（1-2）区块、州13（3-6）区块和肇413区块〕自2003年大面积投入开发，随着区块开发面积增加，已连续10年产量稳定26万吨。2014年生产原油26.5万吨，新钻井10口，新建产能0.3万吨。通过采取有力的安全环保措施，严监管除隐患，切实加强源头控制，继续巩固和保持项目部较稳定的安全环保形势。

5. 大港孔南项目

2014年生产原油9.05吨，完成计划8万吨的137.1%。完钻新井3口，进尺1.29万米，增加动用地质储量62万吨，建产能1.2万吨，2014年新井产油1.03万吨；共实施油井增产措施11井次，年增油合计3684吨，为项目圆满完成年度产油任务做出重要贡献。

6. 吉林大莫庙项目

吉林大莫庙项目（包括大安、莫里青和庙3区块）2014年计划生产原油94.61万吨，实际完成94.3万吨，完钻新井147口，新建原油产能9.16万吨。大安区块为了经济有效开发未动用低丰度区，继续坚持“积极稳妥、科学评价、稳步推进、注重效益”的方针，开展缝网压裂、侧钻水平井等新工艺技术的现场试验，在降低投资的同时，提高了油井产能，取得阶段性成果。自合作开发以来持续QHSE体系建设，已经通过质量、健康、安全、环境管理体系资格认证并坚持每年进行管理评审，达到应用体系有效指导和监督生产的目的。莫里青区块继续实施加密调整及井网完善工作，同时对未动用的低丰度区开展缝网压裂稀井网开发试验，为低丰度区提供经济有效开发方式，也为莫里青项目编制开发调整方案提供了依据。

7. 吉林民114项目

签订石油合同新236区块补充协议。2014年实际销售原油商品量6.09万吨，超额完成年度计划6万吨的指标。2014年比2013年汛灾后产油大幅度提高，地下动态形势稳定，各项开发指标继续保持良好水平。

8. 辽河海月项目

2014年生产计划指标为原油产量33万吨、商品量33万吨，核实年产油35.87万吨，销售原油36.95万吨。2014年井口产油38.2万吨，其中投产新井39口，新井产油8.39万吨，有效弥补老井递减，使全年产量基本保持稳中有升的形势。

项目加快C岛系统工程建设和系统联调、试运，实现C岛集输系统顺利投产；加快B岛钻完井和新井投产工作，不断扩大产能建设规模；开展A岛水平井注汽试验，为同类型井下步注汽热采积累经验；月东油田采油、集输系统主体工程自2013年11月投产运行以来，主要工程指标达到设计要求，总体运行安全、平稳。

9. 辽河高升项目

2014年计划原油净产量15.9万吨，实际完成17.34万吨。计划侧钻井18口，实际完成20口，当年投产19口；计划转火井20口，实际完成21口，日注空气55万立方米，日注空气量同比增加5万立方米。项目坚持以持续改善火驱效果为主线，以“科学推进火驱试验与开发方式转换、优化措施促上产、精细老井管理与生产运行保稳产、强化安全环保”等为重点工作，实现原油产量稳步上升并全面完成全年任务指标。

10. 吉林两井项目

2014年生产原油2.24万吨。2014年共完钻新井16口，总进尺2.94万米，建产能0.39万吨，老井补孔压裂16口，累计增油1377吨。

11. 吉林扶余1号项目

2014年9月28日，项目总体开发方案获得国家能源局批复，项目按照该方案开发思路，继续开展基础分析研究，超前准备，完成15口井的钻井工作任务，顺利完成2014年制定的各项生产经营工作目标。

12. 吐哈马朗项目

马朗项目自2013年8月1日开始正式执行，在

18 个月内完成勘探期第一阶段两口直井马芦 1 井、马芦 2 井和一口侧钻水平井马芦 2H 井的承诺的最低义务工作量，同时完成勘探期第一阶段作业预期的最低投资 2300 万美元，勘探期第一阶段实际完成投资 3153.6 万美元。在保证各项技术指标的情况下，精心策划、高效运作，项目实现勘探期第一阶段钻完井作业零伤害、零事故目标。

【天然气项目运作】 截至 2014 年底，共有在执行天然气项目 11 个，其中长北、苏里格南、川中和迪那 1 项目处于生产期，川东北、吐孜项目处于开发期，金秋项目处于评价期，西昌、梓潼、喀什北、富顺—永川项目处于勘探期。

1. 长北项目

长北项目按照国家批准的总体开发方案完成年度钻井计划，年产商品天然气 34.96 亿立方米，集团公司于 2014 年 12 月 31 日向外方发出关于中国石油接管作业权的通知。长北二期项目完成 9 口评价井的钻井及部分井的接入测试，长北二期开发方案研究与编制工作按照计划推进。

2. 苏里格南项目

2014 年苏里格南项目完成钻井 111 口，压裂试气 86 口，生产天然气 15.45 亿立方米，商品天然气 15.1 亿立方米，凝析油 2.024 万吨。2014 年 4 月 21 日，苏里格南项目总体开发方案正式获得国家发改委核准的批复。10 月，苏里格南项目被道达尔公司评为“全球优质项目”之一。11 月 6 日，苏里格南项目油气当量产量跨越百万吨。

3. 金秋项目

西南金秋项目 2014 年完成天然气产量 5665 万立方米、凝析油 109 吨，2014 年 10 月收到国家发改委关于开展 ODP1 前期工作的复函。双方于 2014 年 6 月 11 日签订四川盆地项目合作备忘录，同意金秋项目增加原油权益，金秋项目相应增加实物工作量。

4. 富顺—永川项目

富顺—永川项目 2014 年开钻 3 口，完钻 5 口，完井 9 口（94 段），完成天然气产量 5750 万立方米。双方于 2014 年 6 月 11 日签订四川盆地项目合作备忘录，富顺—永川项目新增 2 口评价井。按照北美页岩气的成功经验，作业者提出适合非常规资源总体开发方案编制思路与原则。

5. 川东北项目

川东北项目首气确认项目各参建团队共同认可的 2015 年 10 月的首气目标。在专家协调组的密切关注下，项目改善管理制度、增强合作精神、增加沟通效率，2014 年底净化厂第一列处理装置机械完工，标志着项目逐渐由施工阶段转向调试阶段。

6. 梓潼项目

2014 年开钻 2 口，完钻 4 口并投入试生产，完井 7 口，完成天然气产量 1804 万立方米，产油 114 吨。2014 年 12 月，壳牌正式提出终止梓潼项目。

7. 川中项目

2014 年川中项目生产天然气 1.08 亿立方米，凝析油 2684 吨，产量超年初计划的 27.7%，沙溪庙 1 口井获得高产，通过油藏精细化管理有效控制须家河组老井递减，生产平稳。

8. 迪那 1 项目

迪那 1 项目 2014 生产平稳运行，迪那 1–1、1–2 井生产平稳，产量稳定在 120 万米³/ 日左右，2014 年累计生产天然气 3.5 亿立方米，累计产油 2.05 万吨。

9. 吐孜项目

吐孜项目 2014 年钻完井 2 口，生产井 9 口井，累计生产天然气 3.8 亿立方米。完成吐孜区块新钻井地质跟踪和吐孜深层评价井井位论证和钻井地质设计编制。

西南西昌项目开展合同终止相关工作，塔里木喀什北项目无对外合作实物工作量。大宁项目 2014 年 9 月签署终止协议。

【煤层气项目运作】 截至 2014 年底，共有煤层气项目 9 个，其中 8 个处于勘探期，1 个处于生产期。

1. 韩城项目

韩城项目 2014 年累计产气 390 万立方米，试销售 192 万立方米；累计完井 12 口，总体开发方案及各项专项评估报告均已完成，具备国家发改委核准条件，待核准批复。

2. 三交项目

三交项目 2014 年累计产气 4742 万立方米，试销售 4426 万立方米。正常排采井 58 口，产气井 51 口。总体开发方案及各项专项评估报告均已完成，具备国家发改委审批条件，待核准批复。

3. 三交北项目

三交北项目 2014 年完成钻井 4 口、压裂 9 口井 19 层。累计产气 121.02 万立方米，试销售 120.16 万立方米。设计规模为 20 万米³/ 日的乔家山集气站于 2014 年 11 月 28 日投入试运行，煤系地层立体勘探试销售取得突破，已启动增加天然气矿种的相关工作。

4. 石楼南项目

石楼南项目落实延长勘探期第一阶段工作量，完成 2014 年全年施工工作，收回以往年度全部合同费用。

5. 保田青山项目

保田青山项目2014年就勘探期延期条款达成一致，2014年12月5日成功签署勘探期延期协议，作业者正式重新启动项目执行。

6. 紫金山项目

2014年8月8日，中国石油煤层气有限责任公司与合同者签订《关于紫金山项目补充作业等事项的备忘录》。

7. 马必项目

马必项目2014年排采总井数75口（丛式井71口，水平井3口，U形井1口），开井70口。先导试验井口年产气量1810万立方米，商品气量806万立方米，新压裂工艺试验井22口。2014年8月，马必项目通过全国矿产储委评审探明煤层气储量312亿立方米。

8. 成庄项目

2014年8月8日，集团公司与格瑞克能源（国际）公司签订《成庄区块合作协议》，成庄区块正式恢复为集团公司煤层气对外合作项目，该项目处于生产期。

9. 硫磺沟项目

硫磺沟项目无对外合作实物工作量，该项目在履行合同终止程序时，外方以区块面积核减问题为由提起国际仲裁，仲裁前期工作正在进行。

【联合研究】 正在执行的联合研究协议2个。2014年，中国石油与康菲石油中国（大足）有限公司2013年签署的四川盆地内江—大足区块页岩气联合研究协议正常进行；2014年12月，中国石油与赫世公司签订荣昌北页岩气联合研究协议。中国石油与埃尼中国公司2013年签署的四川盆地荣昌北区块页岩气联合研究协议，因中外双方无法就后续合作协议达成一致，2014年8月该联合研究协议终止。中国石油与埃克森美孚公司2013年签订的鄂尔多斯盆地长东区块联合研究协议，因外方主动退出合作，2014年7月该联合研究协议终止。

【人员培训】 2014年，利用对外合作项目提供的培训费和培训资源，共组织国内培训83批、国外培训37批，参加人数共计5800余人次。

（赵进锡）

国际贸易

【概述】 中国石油的原油、成品油、天然气、石化产品、节能减排国际贸易业务，中国石油海外份额油的销售及原油、成品油境外期货业务，海外集贸易、加工、运输、仓储为一体的油气运营中心建设和运营管理等由中国石油国际事业有限公司（中国联合石油有限责任公司）（简称国际事业公司）统一管理和组织实施。国际事业公司是中国石油外经外贸专业公司，承担着调节保供、优化资源、做强做大国际贸易职责。2014年实现贸易量3.83亿吨，贸易额2627亿美元。

截至2014年底，国际事业公司境内外分支机构已达37家，在国内73个口岸开展通关服务，贸易范围遍及全球80多个国家和地区，基本覆盖全球主要油气资源地和市场地，经营油气种类上百种。国际事业公司已基本形成集贸易、加工、仓储、运输“四位一体”的综合性国际能源贸易公司。

【原油进出口及国际贸易业务】 2014年，原油业务调节保供、优化资源能力进一步提升。完成原油贸易量2.3亿吨，同比增长6%。通过优化物流、货物拼装等方式努力为炼化企业降低采购成本。认真落实国储油收储任务，积极为中哈中俄管道落实2015年资源。通过期约冲抵、联合拼船等方式，以成本最低的现货采购方案与中国石油伊拉克项目共渡难关。落实中缅管道马德岛储罐测试用油。建立专业分析团队，设置业务数据分析模型，提升市场分析水平。积极培育基准油营销渠道，首次进入BFOE实货交易链条，建立布伦特基准油交易组合，加深对WTI基准油交易参与度。资源市场开拓取得新成果，实现向土耳其、克罗地亚、希腊等炼油厂客户的首次供油。

【成品油进出口及国际贸易业务】 2014年，成品油业务实现贸易量1亿吨，同比增长6%。完成俄罗斯原油来料加工异地报关手续，实现该项下首船汽油和柴油出口，开辟内陆炼油厂海上出口新渠道。海外成品油市场开拓取得新成果，除远东传统市场外，重点开发肯尼亚、坦桑尼亚、埃及、突尼斯等东非、北非市场，伊拉克、阿联酋等中东市场以及哥伦比亚等南美市场，在东非柴油供应商中名列前茅，在爱尔兰、中国香港和越南的航空煤油市场份额也有大幅度增长，首次实现锦州石化和新加坡炼油厂的航空煤油销往西非，在巴基斯坦和阿联酋汽油市场的份额均超过30%。圆满完成援助朝鲜农用柴油的任务。

【化工品进出口及国际贸易业务】 2014年，化工品业务实现贸易量625万吨。认真履行职责，协助集团公司上游企业组织硫黄外运。提高贸易技术含量，通过产融结合、套期保值等手段，取得良好收益。首次向美国直销尿素，开拓北美化肥高端市场。

【天然气进出口及国际贸易业务】 2014年，天然气业务快速增长，完成贸易量576亿立方米，同比增长53%。认真落实“四大通道”资源，积极协调解决供气量、品质、下载气等问题，较好地完成中亚、中缅、LNG长约以及冬季现货的保供任务。在集团公司的统一领导下，组织和参与多个重大项目谈判，签署中俄东线购销协议和西线框架协议、亚马尔LNG项目长期购销协议等合同，中土天然气价格复议有序推进。快速开发欧美本地业务，美国、加拿大、欧洲管道天然气业务取得突破性进展，实现量效齐增。整合全球LNG纸货运作团队，提升纸货保值能力。

【海运业务】 2014年，海运业务在航运市场低迷、运价跌宕起伏的不利形势下，完成运输量1亿吨，同比增长10%。海运服务领域拓展到原油、成品油、化工品、LNG现货业务，积极优化运输方案，帮助炼油厂降低运输成本。严把船舶检验关，强化反海盗安保措施，保持航运安全环保无事故的良好记录。

【海外油气运营中心建设】 2014年，充分发挥亚洲、欧洲、美洲三大油气运营中心在贸易、加工、仓储和运输“四位一体”的作用，不断创新贸易手段，在全球范围内优化资源的能力进一步增强。新加坡大区公司积极参与普氏窗口交易，成为中东基准油最大、最活跃的参与者，在远东燃料油市场保持领先地位，汽油交易量跃居普氏窗口首位。新加坡炼油厂清洁汽油和热电联产项目正式启动，迈出环保节能、降本增效重要一步。香港公司继续巩固在港最大船舶和航空加油供应商地位，是中国台湾最大的船加油供应商，占有当地37%市场份额，并开启在中国台湾机场加油业务。日本公司大力开发东北亚市场，开展日本国储原油与韩国国储原油置换业务，首次实现对韩国化肥出口，合资大阪炼油厂实现安全运营。哈萨克斯坦大区公司在保障中哈、中亚油气管道资源落实的基础上，积极开拓阿克纠宾液化气出口中国业务，为国内炼化企业资源优化提供服务。伦敦公司在欧洲油品需求整体下降的情况下，实现本地销售业务逆势增长，业务覆盖范围逐步向北爱尔兰和法国西部、北部与东部拓展，成为法国南部最重要航空煤油供应商，占当地市场份额超过60%。利用当地气电联运业务特点开展天然气业务，初步实现规模化的气、电实货交易。美洲公司首次开展美国本土原油贸易，通过管道物流向美国炼油厂供应本土原油，提高在美湾基准油贸易中的影响力。积极在美国开展原油、汽油等调兑业务，已成为巴肯地区较大的原油贸易商。继续巩固和强化对南美地区原油、成品油资源的掌控。加拿大公司准确研判市场，综合利用管道、仓储、加工等设施实现天然气业务快速增长，成功获取中国石油加拿大上游公司份额气唯一经销商资质，进入加拿大石油交易商前列。

【经营管理】 2014年，加强战略谋划和投资管理，编制完善“十三五”规划框架，建立投资和油气行业动态研究月度报告制度，为公司决策提供有力支持。

财务管理水平进一步提升。加强汇率、利率、税率研究和筹划，提升资金运作水平。不断优化股权结构，对非主营以及低效无效股权项目进行清理。配合落实天然气进口增值税返税政策，维护中国石油整体利益。

人力资源管理不断完善。坚持增人增效原则，严格控制员工数量。修订外派员工管理办法，努力控制人工成本。推进企业内部空缺岗位全系统公开招聘制度，充分挖掘现有人力资源潜力，促进人才有序流动。改革单元一体化考核测评模式，加强工作相关性测评。培训工作更加注重实效，2014年共开展培训414项，累计培训6410人次，总时间超过7430天，取得良好效果。坚持持证上岗管理，组织交易员资格认证考试，加强合规培训、专业技能培训，网络、视频和轮岗交流成为员工培训的重要形式。

【HSE管理与风险防控】 2014年，国际贸易业务全面落实安全环保责任制，加强新《安全生产法》《环境保护法》学习宣传贯彻。修订《公司总部安全生产和环境保护职责规定》《公司交通安全管理办法》，持续强化安全生产工作，认真落实集团公司安全生产活动月各项工作部署，突出对重点单位的监督检查，大连、广州、山东储运公司等单位认真做好极端天气应对准备，确保运营安全平稳。公司全年没有发生一般A级及以上工业责任事故和环境污染事故，实现零缺陷、零伤害、零污染的HSE管理目标。

国际贸易业务风险管控不断强化。颁布实施《客户管理办法》，客户准入实现量化管理，对现有客户进行重新梳理，剔除不符合标准的，优化客户结构，从源头防控业务风险。推进合同标准化管理工作，优化合同会签流程，提高工作效率。加强授信风险防控，根据油价降低的情况及时调减授信额度，大幅降低授信风险敞口。对系统外交易进行升级管理，从客户、仓储公司、货权管控和收付款等多个环节进行提示和监控。加强法律风险防范，为重大项目前期尽职调查、中期合同谈判、后期执行落实的各个环节提供法律保障，维护公司合法权益。

（中国石油国际事业有限公司）

外事外联与国际业务管理

【概述】 2014 年，全球政治经济形势愈加复杂多变，国际油价加速下跌，一些重点资源国安保防恐形势恶化、财税政策收紧和货币大幅贬值。面对如此复杂的内外部形势，国际业务紧紧围绕集团公司建设世界水平综合性国际能源公司战略目标，稳步推进海外五大油气合作区、四大油气战略通道和三大国际油气运营中心建设；强化外事外联管理和海外项目的协调指导服务，继续发挥集团公司国际化经营的一体化优势，维护整体利益，着力树立形象品牌，保障国际业务有质量、有效益、可持续发展。

【配合国家能源外交活动】 借力我国与全球重点油气资源国良好的政治经济关系，依托“能源外交”推动海外重大油气项目取得突破。

2014 年，充分利用国家实施“一带一路”战略带来的机遇，协调推动签署国家间、集团公司与国外能矿部、石油企业之间的一系列重要协议的签署，包括与俄罗斯石油公司签署《关于扩大东西伯利亚上游项目合作的备忘录》《进一步深化战略合作协议》《关于扩展向俄石油及其子公司提供油气设备及相关服务方面合作的会谈纪要》《关于天津炼油厂投产及向该厂供应原油的工作进度表》；与俄罗斯天然气工业股份公司签署《关于沿中俄东线管道自俄罗斯联邦向中华人民共和国供应天然气领域合作的备忘录》《中俄东线天然气供销合同》《中俄东线天然气供销技术协议》；与俄罗斯诺瓦泰克公司签署《亚马尔购销合同》；与哈萨克斯坦油气公司签署《哈萨克斯坦—中国“一票制”管输费计算方法》《在哈萨克斯坦建设大口径钢管厂项目的框架协议》；与哈萨克斯坦共和国文化部签署《关于设计和建设哈萨克斯坦国立舞蹈学校综合楼的备忘录》；与乌兹别克斯坦国家油气公司签署《关于“乌兹别克斯坦—中国”天然气管道第四条线建设和运营的原则协议》《中国—乌兹别克斯坦天然气管道 D 线企业间协议》《穆巴列克天然气化工厂合作备忘录》；与吉尔吉斯斯坦能源工业部签署《关于成立落实 2013 年 9 月 11 日在比什凯克签署的〈中华人民共和国政府和吉尔吉斯斯坦共和国政府关于中吉天然气管道建设运营的合作协议〉协调委员会的谅解备忘录》；与塔吉克斯坦共和国政府签署《关于成立实施中塔天然气管道项目管理委员会协议》；与委内瑞拉国家石油公司签署《一期二次滚动油贸合同》；与古巴国家石油公司签署《赛博鲁克油田原油增产分成合作框架协议》《9000 米钻机钻井服务项目合作协议》；与蒙古国石油局签署《关于在石油领域加强合作的谅解备忘录》；与秘鲁能矿部签署《关于石油天然气领域合作的谅解备忘录》；与缅甸能源部签署《关于扩展中缅油气领域合作的谅解备忘录》；与巴基斯坦石油和自然资源部签署《合作谅解备忘录》。俄罗斯亚马尔天然气及 LNG 一体化项目、秘鲁 PEP 石油开发项目等重大对外投资项目已经交割并实质性起动。

【外事外联与对外合作交流】 2014 年，积极开展外事活动与国际交流与合作，着力开展资源国公益事业和相关利益方人员培训，树立集团公司国际大公司品牌形象。

全力组织好重要外事外联活动，不断提升中国石油负责任国际大石油公司形象。2014 年，安排集团公司领导外事会见及活动 216 次，其中参加国家领导人外事会见及活动 14 次，会见副部级以上贵宾 42 次；出访 25 次，其中配合国家领导人出访 9 次。

积极开展与国家石油公司、国际石油公司和国际油气组织的交流合作。2014 年与壳牌公司、道达尔公司、苏伊士燃气集团、俄罗斯天然气工业股份公司、杜邦公司、马来西亚国家石油公司、石油工程师学会、日本地球环境产业机构、澳大利亚相关机构和公司、国际标准化组织 ISO–TC–265 技术委员会等分别就重油原地改质开发技术、油田提高采收率技术

（EOR）、二氧化碳捕获及利用技术（CCUS）、清洁能源和节能减排、ISO-TC-265 二氧化碳捕获和提高采收率国际标准的研讨和制定等内容开展科技交流与合作。先后组织举办技术交流和研讨会 13 个，490 人次。配合国家发改委、能源局、国标委等政府机构，集团公司质量与标准管理部、科技管理部等部门及大庆油田、长庆油田和吉林油田等单位，先后组织召开 6 次与日本地球环境产业机构（RITE）、挪威船级社（DNV GL）、澳大利亚全球二氧化碳捕集及封存研究院（GCCSI）、澳大利亚 Woley Parsons 等外国机构和公司针对二氧化碳捕集和提高油田采收率的先进和适用工艺技术及其标准研讨会，共计 200 多人次参会；组织集团公司专家（20 人次）参加两届 ISO-TC-265 分会和全会。

围绕树立集团公司品牌形象做好对外宣传。组织完成集团公司 2013 年年报的编辑出版工作和集团公司英文网站改版工作，参与完成集团公司中文网站的改版工作。在多个大型国际会议和会展中制作和播放集团公司形象宣传片并发放宣传画册。

密切跟踪国际油气领域科技发展最新趋势，积极参加业内有影响力的会议和展览。2014 年，组织集团公司团组到境外参会并在会上发言、发表论文的重点国际油气会议 8 个，160 人次；组织在境外参加大型国际石油展览，参展面积近 1000 平方米；组织集团公司所属企事业单位出国参加国际会议和展览 322 个，1036 人次。向集团公司管理层呈报 11 期国际合作与交流专刊。

以人为本，大力开展资源国人力资源能力建设和培训工作。2014 年为苏丹石油部举办培训班 4 期，40 人次；为苏丹石油部拓展当地技术人员培训，协调苏丹石油部培训中心与管道学院签署联合培训意向书；为南苏丹能源矿产工业部举办两期培训，20 人次，资助南苏丹 10 名留学生在中国石油大学（北京）攻读学士学位；与古巴国家石油公司签署为期 3 年的培训协议；继续为哈萨克斯坦教育部资助 14 名留学生在中国石油大学（北京）攻读硕士学位。

积极开展公共外交活动，为集团公司国际化经营营造良好投资环境。开展与俄罗斯天然气工业股份公司的文化交流，协调组织西南油气田公司和川庆钻探公司在成都举办第八届中俄文化交流活动，加深与俄罗斯天然气工业股份公司的传统友谊，展示中国石油良好形象。为促进中缅油气合作，在当地树立中国石油积极履行社会责任的良好形象，与国家新闻出版广电总局合作译制缅语电视剧《门第》，并在东盟峰会期间播放，取得良好的社会效果。赞助我驻厄瓜多尔使馆为厄已故画家举办个人画展，增进中厄两国的文化沟通和交流。在南苏丹石油矿产工业部长访华期间，组织为南苏丹驻华使馆捐赠两辆公务车活动。同时，充分利用公共外交协会搭建的政府、企业、企业海外业务所在国的平台，积极配合中国石油“走出去”战略开展工作。2014 年，组织集团公司相关单位参加公共外交协会举办的关于“亚洲相互协作与信任措施”、“公司外交：跨国公司与公共外交”、“和平问题”、“中韩公共外交”等 6 次论坛及研讨会。

落实中央对港澳台工作精神，积极做好对港台开展合作与交流工作。2014 年共组织 12 个团组 28 人次到中国台湾。接待台湾中油股份有限公司团组 4 个，其中高访团组 2 个。连续 180 天为集团公司香港事务应急领导小组成员和党组、管理层主要领导提供集团公司 4 家驻港企业 24 小时值班信息和每日报告。

针对我企业“走出去”遇到的海外项目经营出现的问题和诉求，配合我国政府部门做好世贸组织（WTO）对其成员的贸易政策及机制的审议及自贸区研建工作。2014 年共审议 16 个 WTO 成员方上报给 WTO 秘书处的贸易政策；完成对哈萨克斯坦加入 WTO 谈判资料的研审；完成对中澳自贸区谈判资料的研审和建议；完成我国与海湾国家自贸区谈判敏感石化产品降税宏观经济模型研审。

【国际业务管理】 2014 年，强化对中亚俄罗斯、西亚非洲、美洲亚太油气业务的归口指导支持和协调，促进国际业务有质量、有效益、可持续发展。

全力协调解决影响海外油气投资项目执行的重大问题，包括积极协调解决苏丹和南苏丹石油物资过境运输问题、伊拉克项目运营中遇到的签证及工作许可问题、乍得项目落地油环保纠纷问题、伊朗南阿扎德甘项目合同中止善后问题、蒙古项目执行中出现的问题，协调解决巴基斯坦瓜达尔—纳瓦布沙天然气管道建设项目出现的问题，以及推动解决向朝鲜出口原油欠款问题等。

积极履行对境外甲乙方项目的归口管理、备案和协调工作。2014 年办理境外投资项目信息备案 12 个，办理境外工程技术服务项目备案登记 1019 个，向国家商务部报批设立境外机构 27 个。

加强对影响国际业务发展的重大问题和投资环境研究，包括“一带一路”能源战略研究、伊朗核问题研究、对苏丹和南苏丹的局势跟踪分析以及海外重点合作区的地缘政治研究等，持续提升集团公司在国际业务协调管理上的前瞻性和影响力。2014 年向外交部、国家发改委、国家商务部、国家能源局等政府部门报送国际业务专题报告和项目材料300余份。

【海外防恐安全和HSE管理】 加强社会安全风险管控和HSE管理，强化常态化应急管理，保障集团公司国际业务安全发展。

2014年，集团公司海外项目持续推进国际业务社会安全管理体系建设，深化HSE管理体系运行，海外项目全年未发生交通亡人事故、环境污染事故和较大及以上安全生产亡人事故，未因社会安全原因造成人员伤亡，保持了优秀的社会安全和HSE业绩，有效应对了海外多起危机。

在社会安全管理方面，全面推进和实施社会安全管理体系，制定三级作业文件，完善体系管理构架。制修订《海外移动营房车安全设施配置规范》《海外营地安全防范工程建设规范》《海外应急逃生包配备规范》等标准，成为行业内首批公司—社会—安全类标准，填补国内空白。持续开展高风险国家安全评估，对南苏丹、伊拉克、缅甸等高风险国家保持动态跟踪，为集团公司决策和海外项目应对风险提供支持。加强日常值班值守，做好预警预防，先后发布伊拉克、南苏丹、巴基斯坦等国安全预警50余次。持续推进海外项目防恐安全培训，2014年完成国内外培训230期，共培训15000余人次。从源头抓好风险管控，2014年完成600余个海外项目备案的安保方案审核，审核出国团组2000多个。

在HSE管理方面，全力防范埃博拉出血热传染风险，集团公司海外员工无一受疫情波及。加强海外项目环保管理，发布《中国石油天然气集团公司海外项目环境保护指导意见》，推动海外项目环保工作与国际先进水平接轨。加强海外员工身心健康管理，派出心理健康咨询专家到海外项目开展心理健康辅导和面对面咨询，共为450名员工提供服务，有效疏导员工心理压力。

在应急管理方面，集团公司统一组织、统一协调、统筹资源，甲乙方各单位统一行动，共享信息，成功应对南苏丹内战冲突和伊拉克安全局势恶化。

【出国管理与服务】 2014年，严格执行集团公司有关出国（境）管理的各项规定，严格控制出国团组和经费，优先保证海外生产经营出国事项，不断提升出国（境）工作的支持服务水平。

严格控制出国团组和经费，优先保证海外生产经营。2014年，派出9008批，45976人次。其中，境外项目类派出39981人次，占87%，经济贸易、国际会议、考察访问及培训留学类派出5995人次，占13%。取消无实质任务团组159个，对516个团组进行压缩调整。办理护照10572本、港澳通行证161本、签证12648个、出境证明6323份、外国人员来华邀请函837份。集团公司下达2014年度经济贸易、国际会议、考察访问三类出国项目费用控制目标为15171万元，2014年累计支出7845.99万元，为全年预算目标的51.72%。

采取有力措施，有效控制机票采购成本。与27家航空公司谈判并签订大客户协议，降低机票批发价格。严格按照集团公司规定采用公开招标方式对机票代理商进行招标，取得较低的服务价格。

进一步提高管理信息化水平。先后开发使用集团公司出国管理服务平台、出国（境）管理系统三级单位版、海外人员信息管理系统、出国人员教育考试系统、因公护照管理系统、因公出国（境）团组回国管理系统、护照和签证申请系统等。

精心组织，稳步推进电子护照实施工作。根据外交部有关要求，结合集团公司业务特点和现有系统实际情况，制定和推进集团公司电子护照实施方案。

【外事队伍建设】 完善集团公司外事接待参观点的建设。完成西南油气田参观点建设工作，主要展示天然气生产的高新设备和配套技术。按计划组织举办集团公司第二届高级英文翻译培训班，重点围绕口译实用技巧、笔译理论与实践、外事接待及外事礼仪知识等内容，聘请外交部、外交学院等单位教学经验丰富的专家和教授，对来自集团公司27家企事业单位的35名学员进行为期4周的培训；组织举办集团公司第五届高级俄语译员培训班，课程内容包括翻译理论和技巧、外教口语等，来自集团公司12家企事业单位的18名学员进行为期8周的培训。与集团公司直属机关党委联合举办直属机关第六届英语演讲比赛，做好组织和评审工作。

（吴　兵　汪　泽　陆如泉）

第八篇

科技与信息

科技发展

【概述】 2014年，集团公司科技工作围绕建设世界水平综合性国际能源公司和国际知名创新型企业的目标，坚持“主营业务战略驱动、发展目标导向、顶层设计”的科技发展理念，统筹推进创新驱动发展战略实施，深化科技体制机制改革、完善科技创新体系建设，持续组织实施“优势领域持续保持领先、赶超领域跨越式提升、储备领域占领技术制高点”科技创新三大工程，攻克制约主营业务发展的关键瓶颈技术，推动重大核心技术和装备的规模推广应用，大力提高国际科技交流与合作水平，科技创新取得重大进展，科技成果更多转化为现实生产力，持续提升自主创新能力和核心竞争力，为推动集团公司有质量、有效益、可持续发展提供有力的技术支撑和保障。

【年度科技计划】 围绕主营业务发展目标，通过顶层设计，按照“基础超前、攻关试验、集成推广”三个层次，继续组织实施50项重大科技项目，包括国家科技重大专项、集团公司重大科技专项、重大现场试验项目、重大技术推广项目等。

【国家级科技项目】 国家油气重大专项组织实施顺利推进，圆满完成阶段任务与目标。在国家组织的中期评估中，成绩位列10个民口专项的前两名，受到评估专家组的高度评价。中国工程院呈报国务院的评估报告指出：“大型油气田勘探开发新理论与核心技术突破，带动油气探采实现跨越式发展。”“863”“973”等其他各类国家计划项目有序开展，取得重要进展。

【集团公司重大科技项目】 根据“主营业务战略驱动、发展目标导向、顶层设计”总体思路，实施“优势领域科技创新领先、赶超领域科技创新跨越和超前储备领域科技创新占领制高点”三大工程，取得一批重大成果，有力支撑油气储量高峰增长、炼化生产结构调整、管道建设快速发展、工程技术业务转型升级等主营业务和重大战略工程的实施。

勘探开发领域，持续完善陆上油气勘探、高含水油田改善水驱、化学驱提高采收率、超低渗透油气开采、超稠油开发等理论技术，保持国际领先优势，有力支撑储量增长高峰期工程、原油产量稳中有升、天然气快速发展、海外油气上产等重大战略工程的实施。炼油化工领域，重点突破炼油系列催化剂、千万吨级炼油厂、劣质重油加工、大型乙烯、大型氮肥、高附加值聚烯烃及橡胶产品等重大关键技术和产品开发，实现跨越式发展，支持炼化业务结构调整和降本增效。工程技术领域，丰富和完善物探、测井、钻井新方法和新工艺，研发高端软件和装备，打破国外技术垄断，持续提升工程技术服务保障能力和竞争能力。油气储运领域，围绕第三代大输量天然气管道建设、油气管道装备国产化、天然气液化技术等领域开展攻关，油气管道建设及运行技术持续保持国际领跑地位，保障西气东输三线、中亚等重大油气储运工程建设。安全环保及节能节水领域，围绕“安全应急、绿色发展、节能增效”三方面生产需求开展攻关，为集团公司安全、绿色、低碳发展提供有力支撑。非常规与新能源领域，围绕致密油气、煤层气、页岩气、生物燃料、天然气水合物等开展技术攻关，为开拓主营业务发展提供有力的理论和技术支撑。

1. 大庆油田原油4000万吨持续稳产关键技术研究

创新薄互层砂体地震预测技术，3—5米砂体识别准确率由75%左右增长到82%，支持勘探新增规模储量；长垣水驱和聚驱精细挖潜技术日趋完善，三元复合驱技术初步配套，海塔盆地上产开发技术基本形成，编制行业标准规范8项，研制22个新装备和产品，发明专利23件，确保2014年原油4000万吨产量目标顺利实现，获得省部级以上奖励28项，其中“大庆油田三元复合驱油技术研究及应用”获得集团公司科学技术进步奖特等奖。

2. 长庆油田油气当量上产5000万吨关键技术研究

创新建立“源储压差驱动、近源充注聚集”的低压特低渗透—致密油气成藏模式，指导勘探取得重大突破，盆地东部初步形成天然气资源万亿立方米接替区。创新发展超低渗透油藏非线性渗流规律，攻克超低渗透油藏快速评价评价、丛式井温和注水核心技术，使姬塬、华庆油田难动用储量实现有效开发，有力支撑油气5000万吨持续稳产。

3. 辽河油田原油千万吨持续稳产关键技术研究

创新形成“近油源、近断裂有利油气成藏富集”新认识，实现火山岩新领域勘探突破。平面火驱在机理揭示、注采调控、移动点火、实时监测、尾气分离利用等核心技术取得重大突破，形成规模产量，预计提高采收率15%以上，成为国内最大的稠油火驱生产基地；制定标准23项，开发产品35件，申报专利91件；有力支撑油田千万吨持续稳产。

4. 塔里木油田勘探开发关键技术研究

建立“顶篷构造”油气持续强充注的天然气成藏模式，发现麦盖提斜坡及周缘发育新元古界裂谷体系，“三超”气井试油完井技术逐步成熟，形成动静态结合的大型缝洞集合体精细描述、超深低孔裂缝性储层SRV体积压裂等配套技术，规模化推广个性化PDC+垂直钻井系统等多项提速技术，有力支撑塔里木油田的增储上产。

5. 新疆油田和吐哈油田油气持续上产勘探开发关键技术研究

形成“三位一体”扇体相带刻画等他源型岩性地层油气藏勘探关键技术，实现环玛湖凹陷勘探整体突破；攻克蒸汽腔定量描述与快速预热启动等浅层稠油双水平井SAGD开发关键技术，支撑风城稠油新增规模产能建设；形成深层稠油经济有效开发配套技术，实现鲁克沁和吉7深层稠油规模动用；丰富砾岩油藏开发认识，完善层系井网重组等关键技术，为稀油稳产提供强力技术支撑。

6. 海外油气上产2亿吨开发关键技术研究

深化碳酸盐岩和砂岩油藏高速开发后注水开发理论，发展创新油砂沥青改质催化剂合成工艺、水平井非均匀布酸等7项关键技术，创新形成复杂碳酸盐岩油气田高效开发、高含水砂岩油田稳油控水及提高采收率、非常规油气开发、特殊开发环境条件下经营策略优化4项技术系列，实现新油气田规模建产和快速上产，有力支撑海外油气田开发。

7. 柴达木盆地建设千万吨油气田综合配套技术研究

创建新构造晚期复式成藏模式，建立盆缘斜坡源外复合成藏模式，形成复杂山地地震采集处理解释一体化、咸化湖盆复杂油气层评价、涩北疏松砂岩气藏防砂控水一体化等配套技术，有效指导英东亿吨级油田、东坪—牛东天然气勘探和扎哈泉致密油勘探的突破，有力支撑高原千万吨油气田建设。

8. 全球油气资源评价与利用研究

形成基于概率分析和分段累乘法的储量增长评价技术、全球油气成藏要素分析技术、非常规油气资产评价流程及技术，建立全球不同地区大油气田储量增长模型、非常规油气技术可采资源评价标准与方法体系，集成油气资源评价一体化工作平台，上线运行全球油气资源信息系统GPRDS 2.0，有效支撑海外业务发展。

9. 中国石油第四次油气资源评价

建立不同类型烃源岩有机碳、产烃率、排烃率标准图版，完善常规与非常规油气资源评价参数体系，研发三维三相油气运聚模拟核心技术，形成集团公司油气资源评价核心技术，常规与非常规资源评价系统功能升级，实现常规与非常规油气资源一体化评价，全面推进集团公司第四次油气资源评价工作。

10. 大港油区大油气田勘探开发关键技术研究

编制沧东凹陷6层构造、沉积工业化图件，深化“坳断转换型湖盆”斜坡分类及控砂机制，精细刻画辫状河三角洲沉积储层单河道砂体及内部构型，建立以均匀与非均匀井网相结合的二次开发井网重构，优化深斜井桥式同心分注工艺及配套技术，初步形成中深层岩性、潜山地震成像与岩性识别技术系列，有力支撑大港油区建设。

11. 深层油气勘探开发关键技术研究

初步建立源外分散液态烃裂解气定量评价方法，模拟实验证实开放体系是深层碳酸盐岩储层溶孔规模发育的主控因素，建立4类膏盐岩—碳酸盐岩组合挤压变形模型，初步形成裂缝—孔隙型气藏水侵物理模拟试验技术，深层地震资料保幅处理与叠前储层描述、深层高温高压测井岩石物理与成像评价等技术取得新进展。

12. 大庆探区非常规油气勘探开发关键技术研究与现场试验

建立大庆探区致密油资源分类标准及“三分”资源精细评价方法，深化深层沙河子组致密气成藏条件，形成致密油地震储层预测配套技术系列，集成水平井多段压裂、直井多层压裂两类技术及密集切割、缝网体积、可控穿层3种压裂方式，非常规油气预探与开发试验区建设取得重大进展。

13. 四川盆地侏罗系石油勘探开发关键技术研究

明确侏罗系3套主要储层发育溶蚀孔洞、基质孔、裂缝3类储集空间，确定石油充注的孔喉直径下限，明确侏罗系油藏具有近源充注和远源充注两种成藏模式，初步创建侏罗系致密油“七性关系”测井评价和“甜点”地震预测技术，集成水平井分段体积压裂工艺技术，落实龙岗、高石梯—磨溪规模储量目标区块。

14. 煤层气勘探开发关键技术研究与应用示范

完善高煤阶“沉积控藏—水动力控气—构造调整”理论以及低煤阶多源共生、斜坡区正向构造带富集模式，初步形成煤层气储层裂缝地震预测、储层含水性测井、储层保护与井壁稳定一体化、多级压井和不压井修井等核心技术。创新成果指导优选5个外围低煤阶勘探有利目标，新发现蜀南高煤阶筠连煤层气田，在保德形成国内首个中低阶煤煤层气开发示范基地；有力支撑集团公司煤层气产业发展，处于国内领先地位。

15. 中国石油低碳关键技术研究

国内第一个关于低碳技术研究重大科技专项，在节能提效、减排与资源化和标准战略等方面取得重大创新，突破9项关键技术，集成11项成套技术，首次建立低碳技术和管理评价系列指标体系，制定集团公司低碳管理和技术发展路线图，有力支持“绿色发展行动计划”和节能减排“双十工程”的实施，为集团公司低碳业务发展和管理决策提供有力支撑。

16. 华北油田上产稳产800万吨关键技术研究

发展完善富油凹陷“洼槽聚油”等3项理论认识，创新实施富油凹陷二次勘探工程，基本形成富油洼槽评价优选、泥灰岩—砾岩致密油气“甜点”区综合预测、富油区带整体评价与高效建产、非均质性低渗透砂岩油藏有效开发等5项关键技术，为华北油田持续保持年增储量规模和油气产量稳定提供强有力的技术支撑。

17. 玉门油田重上百万吨勘探开发关键技术研究

形成复杂岩性裂缝型储层地震预测、复杂冲断带构造建模、逆掩推覆构造三维地震采集、井身结构优化、中深井水平井固井、中深水平井体积压裂等多项关键技术，研制出液力脉冲提速工具、全参数钻井节能导速仪、Ⅱ代非标套管阀等6套工具和设备。试验区钻井提速效果显著，高应力储层改造取得突破，中深水平井体积改造技术试验成功。进一步落实勘探有利区带，老油田注采关系日益完善，增产效果明显。

18. 重大工程关键技术装备研究与应用

指向式旋转地质导向系统等重大装备关键技术取得重大突破，研制3种新型高效破岩工具，复杂山地地震采集处理解释一体化软件系统等开发取得重要进展，研制成功一批井筒工作液关键处理剂，发展完善6套井筒工作液体系，部分替代进口，基本形成水平井优快钻完井与压裂改造一体化配套技术，为页岩气和致密油气等非常规油气开发“工厂化”作业模式的发展奠定基础。

19. 物探核心软件集成与升级

形成处理解释一体化、地震成像、地震建模、地震综合裂缝预测、多波处理和地震采集工程设计等可发布的软件产品，在速度建模、叠前偏移成像、多波、OVT处理、叠前裂缝预测和基于真地表的观测系统设计等一批关键技术获得重大突破，填补国内空白，达到国际先进水平，在东方物探公司应用率达80%以上。

20. 西气东输二线工程关键技术研究

实现20兆瓦级电驱压缩机组、30兆瓦级燃驱压缩机组、40—48英寸600—900磅（1磅 = 0.45千克）全焊接球阀以及油气管道SCADA软件系统国产化，攻克油气管道裂纹检测技术，研制X65、X70及X80抗大变形焊管产品，部分装备和产品成功应用于工程项目中，大幅降低工程建设投资和运行成本。

21. 天然气液化（LNG）关键技术研究

专项自主开发双循环混合冷剂液化工艺技术和多级单组分循环制冷工艺，实现冷剂压缩机、BOG压缩机、冷箱、DCS控制系统、低温阀门等一系列关键设备国产化，形成建造18万储罐的技术能力，并应用于山东泰安、湖北黄冈、辽宁大连、河北唐山等项目中。该成果打破国外技术垄断，填补国内空白，确立中国石油成为全球第四家掌握大型LNG液化关键技术的公司。“我国大型液化天然气关键技术开发及应用”获集团公司科学技术进步奖特等奖。

22. 第三代大输量天然气管道工程关键技术研究及装备国产化研制

专项制定X90/X100螺旋管及板卷、直缝管及钢板的系列技术条件，实施X90/X100产品试制；在西气东输三线上成功实施0.8设计系数试验段工程261千米；开展1422毫米X80钢管、弯管、三通、Class900全焊接球阀、DN1550快开盲板、绝缘接头等产品试制，具备开展1422毫米X80管道试验段工程的条件；开展16种站场关键设备研制工作，其中14种设备完成出厂鉴定。

23. 炼油系列催化剂研制开发与工业应用

研制开发六大类、21个系列、52个品种催化剂，在50余家企业100多套工业装置上推广应用。催化裂化催化剂首次进入亚太、欧美市场，国际影响力初步显现。国Ⅳ/国Ⅴ汽油加氢催化剂在集团公司10多套新建工业装置中应用，为汽油质量升级做出重要贡献。国Ⅳ/国Ⅴ柴油加氢催化剂在多套工业装置应用，成为集团公司清洁柴油生产的主体技术。中国石油炼油主要催化剂初步实现自有目标，为汽油柴油质量升级、降本增效和炼油技术进步提供重要技术支撑。

24. 千万吨级大型炼油厂成套技术研究开发与工业应用

成功开发以总加工流程优化、全场占地优化、氢气、燃料和蒸汽系统优化为主的大型炼油厂总体优化技术，并在项目国际竞标中取得成功应用。开发形成1000万吨级常减压蒸馏、400万吨级催化裂化、300万吨级蜡油加氢裂化、400万吨级延迟焦化、110万吨级催化汽油加氢、300万吨级柴油加氢6个核心装置以及MTBE、干气制乙苯、污水处理回用、润滑油基础油生产4个配套装置工艺包。具备单系列200万吨级连续重整、单系列200万吨/年渣油加氢和50万吨级润滑油加氢异构等装置的自主工程化设计能力。主要炼油装置的工艺技术占有率达到80%，具备千万吨级大型炼油厂拿总设计和主要工艺装置的工程设计能力。

25. 劣质重油加工新技术研究开发与工业应用

高液收延迟焦化技术在辽河石化、乌鲁木齐石化、独山子石化等7套百万吨焦化装置上应用，取得很好的经济效益。重油供氢热裂化和梯级分离工艺开发成功为超重油加工尤其是海外超重油油田开发提供技术支持。克拉玛依稠油渣油生产改性沥青技术完成装置改造和工业化生产及路面铺设。进一步完善重质油分子组成质谱分析方法，建立含硫、含氮等化合物的分析方法。焦化蜡油络合脱氮—催化裂化组合技术在大港石化完成工业试验，焦化蜡油碱氮脱除率超过50%，催化裂化（15%焦化蜡油）的总液收率提高1.15%。

26. 航空生物燃料生产成套技术研究开发与工业应用

构建航空生物燃料全生命周期分析模型，建立航空生物燃料基础数据库。牵头制定航空涡轮生物燃料国家标准，研究建立“全二维气相色谱分析航空煤油的烃组成测定方法”等一系列配套分析方法，确定航空涡轮生物燃料的原料和产品质量要求。建立毛油、精炼油中磷含量快速检测方法，制定小桐子种子、毛油及精炼油存储规范。

27. 大型乙烯装置成套工艺技术研究

成功开发大型乙烯工业化成套技术，包括裂解炉、急冷、分离工艺、配套工程技术、裂解产物预测软件和裂解碳二馏分、碳三馏分、汽油馏分加氢系列等配套催化剂。开发的60万吨/年乙烯成套技术工艺包及15万吨/年乙烯大型裂解炉技术成功应用于大庆石化120万吨/年乙烯改扩建工程，装置一次开车成功，装置双烯收率、综合能耗以及裂解炉热效率等技术指标均达到国际先进水平，累计运行超过2年。中国石油成为国内首个成功自主开发乙烯成套技术并应用的企业，使中国成为世界上第四个具有乙烯成套技术的国家。

28. 大型氮肥工业化成套技术开发

掌握一段转化炉设计、三床轴径向复合床间接换热式高效节能型氨合成塔、合成气废热回收、改良MEDA脱碳工艺等10项关键技术，二氧化碳压缩机等5大压缩机组、高压氨泵、高压甲铵泵等关键设备首次全部实现国产化，开发出国内首个以天然气为原料的45万吨/年合成氨、80万吨/年尿素装置成套工艺技术，关键设备国产化率达98%以上，整套技术达到国际先进水平，并应用于宁夏石化大氮肥装置建设。

29. 聚烯烃新产品研究开发与工业应用

成功开发形成医用、燃气管用、地暖管用、汽车油箱用等60多个牌号聚烯烃新产品生产技术，累计生产70多万吨新产品，经济效益显著。组织相关生产及研究单位与武汉金牛管业、广东金发等下游专用料用户签订合作框架协议，充分发挥一体化开发模式优势，推进聚烯烃专用料产品市场开拓。

30. 2万吨/年己烯-1成套技术工业试验

自主开发出2万吨/年己烯-1成套技术，在独山子石化公司建成首套基于釜式反应工艺的2万吨/年己烯-1工业装置，装置一次开车成功，生产出纯度大于99.5%的优质己烯-1，性能优于进口产品，并实现连续稳定生产。该己烯-1成套技术催化剂活性大于800千克/克Cr，己烯-1选择性大于92%，达到国际先进水平。

31. 乙丙橡胶工业化技术开发及新产品工业化试验

建成200吨/年乙丙橡胶中试装置，开发具有自主知识产权的2.5万吨/年乙丙橡胶成套技术工艺包。开发出双峰分布和长链支化2个牌号乙丙橡胶新产品，技术指标达到Exxon V7500和DSM8340水平，能够达到汽车用护套及高档车用密封条使用标准要求。该成套技术成功应用于吉林石化公司乙丙橡胶B装置技术改造，解决装置生产技术瓶颈，实现全流程、长周期稳定运行。

32. 10万吨/年PETG共聚酯工业化试验

形成中国石油具有自主知识产权的两段加氢工艺

生产1，4-环己烷二甲醇（CHDM）、连续聚合工艺生产聚对苯二甲酸-1，4-环己烷二甲醇酯（PETG）技术，打破国外公司的技术垄断，填补中国技术空白。在辽阳石化公司建成中国第一套10万吨/年PETG共聚酯连续生产装置，中国石油成为全球第三家实现PETG工业生产的企业。

33. 催化裂化烟气脱硫脱硝成套技术集成开发与推广应用

通过对引进的WGS湿法烟气脱硫技术进行消化吸收和再创新，集成开发具有自主知识产权的催化裂化烟气脱硫脱硝成套技术，该技术在中国石油20余套新建催化裂化烟气脱硫装置上实现成功推广应用，经过处理后烟气中二氧化硫含量降至50毫米/米^{3}以下，固体颗粒物小于50毫米/米^3，均达到设计预期指标，并优于国家规定的相关排放指标要求。整体技术水平达到国际先进，为集团公司实现炼化节能减排任务目标满足环保达标排放要求提供有力的技术支撑。

34. 炼化能量系统优化技术升级与推广应用

炼化能量优化工作平台持续优化和提升，集中续购最新版本的炼化过程模拟优化成套软件，并完成在线技术支持平台的开发和运行；面向25家炼化企业开展能量优化技术和理论培训，累计培训技术骨干500余人，建立专业化的技术队伍，为集团公司炼化能量系统优化工作实现常态化、持续化奠定坚实的人才基础；在宁夏石化、辽阳石化、辽河石化和抚顺石化等8家重点企业开展技术推广工作，共开发完成装置流程、换热网络等模型68套，挖掘节能机会321项，研究制订优化方案85项，预计可实现节能10万吨标准煤/年以上，过程优化理念逐渐被企业接受并主动应用。

【重点实验室和试验基地建设】 “十二五”规划建设的天然气能量计量、油气地下储库工程等7个科技条件平台基本建成。国家平台建设取得重要成果。国家能源稠（重）油研发中心于2014年8月被国家能源局批准建设，依托单位是中国石油辽河油田公司。该中心总体建设目标为针对国家稠油开采领域重大需求，开展应用基础和应用关键技术研究，制定重要技术标准，培养高层次人才，开展科技合作与交流，推动技术扩散和技术储备，建成产—学—研相结合的国家稠油开采技术创新体系。国家能源致密油气研发中心2014年8月被国家能源局批准建设，由中国石油集团科学技术研究院联合中国工程院能源与矿业工程学部、中国石油大学（北京）共同建设。该中心总体目标是针对致密油气产业发展具有重大影响的理论和技术难题，创新性开展致密储层储集空间表征与实验模拟、致密油气形成分布与“甜点”区优选、致密储层压裂改造机理与工厂化生产模式、致密油气流动机理与开发效益评价等基础理论研究与技术研发，形成体系完备、具有自主知识产权的致密油气勘探开发技术系列和标准。建设成为中国致密油气勘探开发领域一流理论与技术的研发基地，一流人才的培养中心，成果转化以及对外合作研发的平台。国家石油天然气管材工程技术研究中心于2014年11月17日高标准高质量通过国家科技部验收，并取得企业类排名第二位的优秀成绩，达到中心总体建设目标。截至2014年底，中国石油拥有16个国家级科技基础条件平台，在国家石油科技创新中的主体地位进一步突出。休斯敦技术研究中心充分发挥管理委员会和专家委员会的作用，不断提升国际化运行与管理水平，初步建立全流程技术研发模式和矩阵式企业管理模式，压裂桥塞、高效PDC破岩钻头等技术研发取得重要阶段性成果。

【国际科技交流与合作】 围绕提高石油采收率、非常规油气、工程技术等领域，与国际石油公司、国家石油公司、高端制造公司以及高科技公司开展广泛的科技交流与研发合作，多项合作研发成果实现商业应用。在提高石油采收率领域，研制、生产新型高温抗盐聚合物GL-100产品，形成两项溶剂辅助注蒸汽开采重油的基础理论方法；非常规油气勘探开发领域，建立页岩层系储层微观孔喉结构定量表征方法，以及页岩油定量测定及评价方法和页岩油赋存状态实验及评价方法；天然气净化处理领域，成功推出中国石油国际合作领域的第一个国际标准《天然气硫化合物的测定——用氧化微库仑法测定天然气总硫含量》，提升中国石油在该领域的国际影响力和话语权；装备制造领域，通过国际合作，形成高速大功率、高性能柴油机的设计与制造技术，成功研制高性能12V 175型柴油机，标志着石油钻井重大关键动力产品的升级换代，有效提高中国石油钻探动力装备水平。以国家实施创新驱动发展战略为契机，与中国科学院共建高端联盟，围绕“弹性波地震成像技术合作研发与应用”等6个研究项目，推动产学研用协同创新。集团公司代表国家成为国际能源署提高石油采收率技术协议实施工作组（IEA-EOR IA）正式成员，并在北京成功承办第三十五届国际能源署提高石油采收率技术年会，彰显集团公司在全球提高采收率研究与应用领域的主导地位。

【科技人才引进】 2014年集团公司科技项目人才引进计划共安排10个项目，邀请美国、英国、日本等外国专家36人，参加会议的国内外专家和技术人员800余人。各承办单位通过人才引进项目，采取多种形式与专家合作，促进技术瓶颈问题的解决。其中，测井公司承担的“随钻仪器工艺技术与应用研究”项目列入2014年度国家外国专家局的引进国外智力计划，同美国奥利登公司专家团队合作，采取研习会、短期工作相结合的形式，在随钻电阻率成像测井仪器的现场试验、生产资料准备和推广应用阶段提供技术支持，并实地分析解决多项相关技术问题，为该项装备与技术的批量投产及推广应用奠定基础，提高集团公司随钻测井技术研究水平。

【软科学研究】 围绕建设世界水平综合性国际能源公司战略目标的需要，开展科技发展战略、技术创新体系建设、勘探开发战略等关键问题研究，取得一批重要成果，为集团公司领导和部门决策提供科学依据。其中，“加强中央企业技术创新体系建设战略研究”得到国务院国资委、中国工程院领导和院士的高度认可；“天然气在自然界中的潜力及其在低碳经济中的先锋地位”研究成果获得高度重视并付诸实施。

【知识产权管理】 加强对专利申请的审批管理，充实专利代理力量，组织对重大科技项目知识产权管理理论、风险管理现状及国外实践进行研究分析。2014年集团公司获中国专利优秀奖5项。专利申请5095件，其中发明专利2358件；获得授权专利4049件，其中发明914件。完成科技成果登记729项。

【技术有形化】 印发《集团公司关于加强技术有形化的指导意见》，建立有形化常态化机制，指导培训企事业单位开展有形化10余次，推进集团公司技术树建设。累计完成100余项核心技术和工程技术利器的有形化，加快推动有形化技术的海外应用，继2013年助力阿布扎比项目，2014年组织到莫桑比克进行技术交流，为项目合作展示集团公司技术实力。有形化技术成果加载集团公司网页，扩大关键特色实用技术的影响力，国内外机构厂商来函来电寻求合作。

【科技奖励】 2014年集团公司获得国家科技奖励9项，其中技术发明奖二等奖1项，科学技术进步奖一等奖2项、二等奖6项（表8-1）。2014年集团公司共评选出科学技术进步奖120项，其中特等奖3项、一等奖17项、二等奖40项、三等奖60项；技术发明奖20项，其中一等奖2项、二等奖6项、三等奖12项（表8-2）。

【科技资源】 截至2014年底，集团公司拥有85家科研院所，其中总部直属院所8家，企业院所77家。拥有科研人员33305人，包括19名院士、23位国家“千人计划”专家、446名集团公司高级技术专家、2356名教授级高工、1496名享受政府特殊津贴专家。

表8-1　2014年获得国家科技奖励成果

序号	项目名称	主要完成人	完成单位	获奖等级
技术发明奖				
1	基于巨磁阻效应的油井管损伤磁记忆检测诊断技术及工业化应用	张来斌、樊建春、宋周成（塔里木油田公司）、温东、谢永金、苏建文（塔里木油田公司）		二等奖
科学技术进步奖				
1	我国油气战略通道建设与运行关键技术	黄维和、吴　宏、黄泽俊、高泽涛、艾幕阳、冯庆善、冯耀荣、张劲军、杨忠文、王　旭、王国丽、高顺华、伍　奕	中国石油天然气股份有限公司管道建设项目经理部、中国石油天然气管道局、中国石油集团石油管工程技术研究院、中国石油天然气股份有限公司管道技术研究中心、中国石油天然气股份有限公司西气东输管道分公司、中国石油天然气股份有限公司西部管道分公司、中国石油天然气股份有限公司管道分公司、中石油中亚天然气管道有限公司、中国石油天然气股份有限公司北京油气调控中心、中国石油大学（北京）	一等奖

续表

序号	项目名称	主要完成人	完成单位	获奖等级
2	极端条件下重要压力容器的设计、制造与维护	陈学东、涂善东、郑津洋、范志超、轩福贞、寿比南、陈永东、谷　文、王　冰、陈志平、韩　冰、杨国义、崔　军、章小浒、李秀杰	合肥通用机械研究院、华东理工大学、浙江大学、中国特种设备检测研究院、中国第一重型机械集团大连加氢反应器制造有限公司、中国石化集团南京化学工业有限公司、浙江工业大学、中石化洛阳工程有限公司、中国石化工程建设有限公司、中国寰球工程公司	一等奖
3	大型复杂储层高精度测井处理解释系统 CIFLog 及其工业化应用	李　宁、王才志、刘乃震、赵路子、王宏建、杨景海、伍　东、武宏亮、石玉江、伍丽红	中国石油天然气股份有限公司勘探开发研究院，中国石油集团长城钻探工程有限公司，中国石油天然气股份有限公司西南油气田分公司，大庆石油管理局，大庆油田有限责任公司，东北石油大学，西南石油大学	二等奖
4	阿姆河右岸盐下碳酸盐岩大型气田勘探开发关键技术与应用	吕功训、刘合年、邓民敏、吴　蕾、程绪彬、张兴阳、刘廷富、刘有超、李万军、郭春秋	中石油阿姆河天然气勘探开发（北京）有限公司，中国石油天然气勘探开发公司，中国石油天然气股份有限公司勘探开发研究院，中国石油集团川庆钻探工程有限公司，中国石油集团钻井工程技术研究院，中国石油集团工程设计有限责任公司，中国石油集团东方地球物理勘探有限责任公司	二等奖
5	百万吨级精对苯二甲酸（PTA）装置成套技术开发与应用	周华堂、罗文德、姚瑞奎、许贤文、李利军、汪英枝、马海洪、王丽军、肖海峰、郑宝山	中国昆仑工程公司、重庆市蓬威石化有限责任公司、浙江大学、天津大学、西安陕鼓动力股份有限公司、中航黎明锦西化工机械（集团）有限责任公司、南京宝色股份公司	二等奖
6	复杂油气储层裂缝定量识别与评价关键技术及工业化应用	曾联波、雍学善、乔文孝、李跃纲、狄邦让、苏　惠、陶　果、安　勇、张　峰、车小花	中国石油大学（北京）、中国石油天然气集团公司西北地质研究所、中国石油天然股份有限公司西南油气田分公司、中国石油化工股份有限公司中原油田分公司	二等奖
7	水与废水强化处理的造粒混凝技术研发及其在西北缺水地区的应用	王晓昌、金鹏康、陈　荣、王继武、毛怀新、陈　军、张建锋、袁宏林、李志学、王　刚	西安建筑科技大学、中国石油天然气股份有限公司长庆油田分公司、绿地集团西安置业有限公司、甘肃金桥给水排水设计与工程（集团）有限公司	二等奖
8	涉密项目	成果涉密，信息不公开		二等奖

表 8–2　2014 年获得集团公司科技奖励成果

技术发明奖

序号	项目名称	主要发明人	推荐单位	获奖等级
1	三相相对渗透率实验平台及测试技术	刘庆杰、吕伟峰、马德胜、张祖波、吴康云、罗蔓莉	勘探开发研究院	一等奖
2	山地复杂构造精确地震成像及气层识别技术研究及应用	李亚林、何光明、巫芙蓉、邹　文、陈爱萍、刘　鸿	中国石油集团川庆钻探工程有限公司	一等奖
3	高性能碳二后加氢催化剂开发及工业应用	谭都平、常晓昕、车春霞、韩　伟、梁玉龙、岳德强	石油化工研究院	二等奖
4	稠油水平井测试关键技术及配套装备	张洪君、杨志祥、王晓华、张福兴、杨显志、李广富	辽河油田公司	二等奖
5	高温含硫气井增产稳产化学技术	王道成、刘友权、唐永帆、张　燕、周厚安、杨　力	西南油气田公司	二等奖

续表

序号	项目名称	主要发明人	推荐单位	获奖等级
6	高性能聚丙烯腈基碳纤维制备关键技术及应用	蔡小平、姜立军、方 静、邵洪芳、张明耀、孙 立	吉林石化公司	二等奖
7	采空区油气管道安全防护及压煤开采与煤柱留设技术研究	吴张中、郝建斌、马云宾、荆宏远、刘建平、谭东杰	管道分公司	二等奖
8	频率可调脉冲提速工具	崔龙连、汪海阁、张富成、李根生、卓鲁斌、刘 力	中国石油集团钻井工程技术研究院	二等奖
9	复杂断块“双高”油藏调驱技术研究与应用	葛红江、雷齐玲、张金成、刘希君、杨卫华、李树庆	大港油田公司	三等奖
10	油井偏磨、腐蚀、结垢、出砂治理关键技术创新与示范	付亚荣、刘春平、马永忠、付丽霞、李小永、姜一超	华北油田公司	三等奖
11	节能型系列弯游梁抽油机研制及应用	郭 东、白雪明、张子忠、苏金洋	中国石油集团渤海石油装备制造有限公司	三等奖
12	新型改性酚醛树脂防砂剂及其施工新工艺	雷 群、张付生、马春宝、欧阳坚、王德伟、王贵江	勘探开发研究院	三等奖
13	新型稀土异戊橡胶技术研究	王 硕、王勋章、杨金胜、刘乃青、宋尚德、王 毅	吉林石化公司	三等奖
14	高效淤浆工艺聚乙烯中试技术及新产品开发和催化剂工业应用研究	史 君、王 健、姜 明、张利仁、吕 洁、刘志军	辽阳石化公司	三等奖
15	油气输送用高强管线钢焊接材料	杨忠文、毕宗岳、吴在盛、牛 辉、乔凌云、徐 定	宝鸡石油钢管有限责任公司	三等奖
16	海上拖缆地震数据多次波压制技术	柯本喜、马光凯、刘超颖、程元方、尚民强、陈宝孚	中国石油集团东方地球物理勘探有限责任公司	三等奖
17	两类非均质性储层地球物理特色预测技术研究	张 研、杨 辉、魏 超、杨 昊、杨晓安、宋雪娟	勘探开发研究院	三等奖
18	大庆抗高温和堵漏的钻完井添加剂	杨决算、戴建文、竹学友、李晓琦、林荣壮、赵晓竹	大庆油田有限责任公司	三等奖
19	可循环和暂堵式筛管	任荣权、王 军、王建立、张燕萍、尹洪伟、于永亮	中国石油集团钻井工程技术研究院	三等奖
20	含 Cr 油管酸化腐蚀防护产品的开发及应用	尹成先、张娟涛、白真权、苗 健、赵雪会	中国石油集团石油管工程技术研究院	三等奖

科学技术进步奖

序号	项目名称	主要完成单位	主要完成人	获奖等级
1	四川盆地川中古隆起海相碳酸盐岩天然气理论技术创新与特大型气田战略发现	西南油气田公司、勘探开发研究院、中国石油集团川庆钻探工程有限公司	杜金虎、李鹭光、魏国齐、徐春春、伍贤柱、邹才能、沈 平、杨 雨、李亚林、张义杰、杨跃明、宋家荣、黄建章、汪泽成、黄先平、陈 刚、张 健、杨 威、赵路子、文 龙、李 伟、罗 冰、张宝民、冉启华、谢 冰、段国彬、刘定锦、李 军、纪学武	特等奖
2	大庆油田三元复合驱油技术研究及应用	大庆油田有限责任公司、勘探开发研究院、提高石油采收率国家重点实验室	程杰成、伍晓林、吴军政、周万富、李学军、隋新光、王凤兰、叶 鹏、杨 菲、陈金凤、张英志、徐国民、黄伏生、李 洁、王梓栋、朱友益、王庆国、赵昌明、白文广、王 研、尹中民、辛舒臻、张 东、苏延昌、王海峰、陈忠喜、王洪卫、黄文庆、张宏奇、王明信	特等奖

续表

序号	项目名称	主要完成单位	主要完成人	获奖等级
3	我国大型液化天然气关键技术开发及应用	中国寰球工程公司、中石油江苏液化天然气有限公司、中石油大连液化天然气有限公司、中石油京唐液化天然气有限公司、昆仑能源有限公司、中国石油集团石油管工程技术研究院、西南油气田公司、管道分公司、中国石油集团工程设计有限责任公司、国家能源液化天然气技术研发中心	汪世宏、宋少光、黄永刚、李玉龙、张成伟、白改玲、王立昕、郑建华、李　伟、王　红、刘　博、范吉全、熊庆人、李卓燕、宗玉宇、李艳辉、王济建、安小霞、彭世垚、向苍义、马铁轮、程喜庆、田士章、章泽华、李金光、周明宇、李映年、盖晓峰、宫　明、王　莉	特等奖
4	厄瓜多尔安第斯项目大型低幅度圈闭群勘探技术研究与应用	中国石油拉美公司、勘探开发研究院	赵新军、张志伟、胡　泉、谢寅符、林金逞、周玉冰、万学鹏、马中振、赵永斌、阳孝法、刘亚明、王丹丹、郝卫东、郭松伟、张克鑫	一等奖
5	中国古老海相碳酸盐岩大油气田形成理论、评价技术与应用实效	勘探开发研究院、西南油气田公司、长庆油田公司、塔里木油田公司	胡素云、赵文智、沈安江、潘文庆、汪泽成、洪海涛、张　研、包洪平、刘　伟、李艳东、王铜山、李劲松、李永新、谢继容、曹　宏	一等奖
6	厚油层层内多级细分及挖潜配套工艺研究与应用	大庆油田有限责任公司	兰中孝、白振国、任成锋、毕　勇、郑焕军、徐德奎、高恒达、朱振坤、崔金哲、蔡　萌、柴凤忠、李海成、王祥立、孙　岩、程　航	一等奖
7	辽河油田二元驱提高采收率技术	辽河油田公司	张方礼、王海生、刘贵满、刘　勇、张洪君、孙绳昆、程建平、郑晓松、张新培、潘　庆、唐海龙、张向宇、李宝莹、董　林、崔洪志	一等奖
8	克拉玛依砾岩油藏高含水期大幅度提高采收率技术	新疆油田公司、勘探开发研究院	钱根葆、王国辉、许长福、杨生榛、王延杰、杨立民、刘顺生、蒋有伟、顾鸿君、姚玉萍、胡新平、王晓光、汪玉琴、刘红现、罗文利	一等奖
9	伊拉克大型碳酸盐岩油藏高效开发技术及应用	中国石油伊拉克公司、勘探开发研究院、中国石油集团川庆钻探工程有限公司、中国石油集团渤海钻探工程有限公司	穆龙新、汪绪刚、田　平、郭　睿、张兆武、程绪彬、赵丽敏、申家锋、王良善、李应光、冯明生、田国臣、胡丹丹、范建平、汪　华	一等奖
10	己烯-1成套技术开发与应用	大庆石化公司、石油化工研究院、中国昆仑工程公司	凌人志、王斯晗、樊奉瑭、陈树相、曲家波、朱少鹏、石宏伟、吴南屏、明利鹏、李建忠、刘枫林、刘　龙、杨反修、王力博、陈　谦	一等奖
11	环保型溶聚丁苯橡胶系列产品及工业化技术开发	独山子石化公司、石油化工研究院、华北化工销售公司、华东化工销售公司	刘明晖、龚光碧、张治军、吴天忠、杨丽芳、宋玉萍、王振华、胡海华、顾　勋、陈永林、徐文清、徐　燕、吴利平、韩　艳、谢婷亭	一等奖
12	劣质重油生产高端沥青和特种润滑油技术开发与工业应用	辽河石化公司、石油化工研究院	黄　鹤、刘海澄、付兴国、孙井侠、曹朋云、王立江、刘维功、于　洋、李茂东、寇卫民、孙绘宏、张　华、龚光碧、张艳梅、王春江	一等奖
13	炼化能量系统优化技术研究与应用	规划总院、兰州石化公司、锦州石化公司、吉林石化公司、长庆石化公司、克拉玛依石化公司	段　伟、王广河、王福善、刘　辉、龚　燕、隋　昊、刘宏吉、王　允、吴思东、李宇龙、肖春景、刘　森、王如强、王东东、闫庆贺	一等奖
14	油气管道失效控制技术及工程应用	中国石油集团石油管工程技术研究院、中国石油天然气集团公司石油管工程重点实验室	李鹤林、霍春勇、吴　宏、吉玲康、冯耀荣、陈宏远、赵新伟、马秋荣、李　洋、王海涛、池　强、李为卫、韩新利、张　华、刘迎来	一等奖
15	英雄岭复杂山地极低信噪比区三维地震勘探技术研究及应用	中国石油集团东方地球物理勘探有限责任公司、青海油田公司、中国石油天然气集团公司物探技术试验基地	张　玮、唐东磊、胡　杰、宁宏晓、李洪革、冯云发、蔡锡伟、尹吴海、李成武、何永清、王海立、王传武、李光耀、张金岗、哈祥云	一等奖

续表

序号	项目名称	主要完成单位	主要完成人	获奖等级
16	视电导率函数和地层电导率计算新方法及成像测井含油饱和度快速解释新技术	中国石油集团测井有限公司	李剑浩	一等奖
17	BH-WEI 钻完井液技术	中国石油集团渤海钻探工程有限公司	王　灿、张民立、田增艳、何勇波、吴　强、王　信、常　锋、周剑东、李振杰、梁　波、许　根、刘　鑫、穆剑雷、尹　丽、宋长飞	一等奖
18	连续管作业增产技术与配套工具	中国石油集团钻井工程技术研究院、长庆油田公司、青海油田公司、中国石油集团川庆钻探工程有限公司、中国石油集团长城钻探工程有限公司、中国石油集团渤海钻探工程有限公司	胡强法、谭多鸿、朱　峰、鲁明春、吕维平、白晓弘、盖志亮、黎宗琪、兰建平、辛永安、钟连全、于东兵、马洪印、张　炎、张士彬	一等奖
19	中国石油身份管理与认证系统研究及应用	中国石油集团东方地球物理勘探有限责任公司	张志伟、罗革新、吕增江、黄　晟、滕征岑、崔广印、靳黎明、金　一、范国仓、苗　宁、万　进、王振欣、李　丽、张文超、吕进强	一等奖
20	中国油气资源可持续发展战略研究及应用	勘探开发研究院	邱中建、李建忠、张国生、赵文智、杨　涛、胡素云、李小地、王燕灵、方　辉、梁　坤、邓松涛、李　欣、李登华、郭彬程、闫伟鹏	一等奖
21	鄂尔多斯盆地侏罗系古地貌油藏群富集规律与勘探新突破	长庆油田公司、低渗透油气田勘探开发国家工程实验室	付金华、喻　建、徐黎明、姚泾利、刘显阳、张忠义、程党性、叶　博、帅世敏、杨时雨	二等奖
22	中拐凸起斜坡区深层整装规模优质储量发现与理论技术创新	新疆油田公司、勘探开发研究院、中国石油集团东方地球物理勘探有限责任公司	张明玉、侯连华、薛新克、支东明、王小军、赵　飞、吴宝成、尹继尧、姚卫江、刘文锋	二等奖
23	饶阳凹陷肃宁—大王庄地区油气成藏新模式与规模储量发现	华北油田公司	杨德相、郑荣华、王余录、邓柳萍、刘日达、唐　宏、李熹微、牛新杰、王　莉、马学峰	二等奖
24	海塔油田百万吨上产关键技术	大庆油田有限责任公司、勘探开发研究院	姜洪福、李喜臣、宋宝汉、李建民、李　莉、王运增、樊晓东、孔凡忠、陈　鹏、辛世伟	二等奖
25	桥式同心分层注水技术研究与规模化应用	长庆油田公司、低渗透油气田勘探开发国家工程实验室	郑明科、曾亚勤、巨亚锋、于九政、郭方元、李楼楼、杨海恩、罗必林、毕福伟、姚　斌	二等奖
26	和田河碳酸盐岩酸性气田高效开发研究	塔里木油田公司	江同文、张福祥、朱忠谦、阳建平、张现军、杨向同、崔陶峰、卡德尔、佘姣凤、刘　磊	二等奖
27	英东复杂断块油藏高效开发配套技术研究与应用	青海油田公司	张国成、王　琳、马达德、黄生远、汪立群、贾锁刚、张立会、马建海、王生香、谯世均	二等奖
28	岔河集油田重构地下认识体系与油藏整体评价研究	华北油田公司	刘月萍、王树义、于成杰、任丽霞、吴海红、王玉忠、孙向文、苑国辉、吴炳庆、温冠英	二等奖
29	冀东南堡 1-3 人工岛气举采油工艺研究与应用	冀东油田公司	陈仁保、孙成林、赵恩军、于洋洋、宋显民、高　翔、梁振华、肖国华、欧开红、王金忠	二等奖

续表

序号	项目名称	主要完成单位	主要完成人	获奖等级
30	碳酸盐岩气藏开采工艺关键技术与应用	勘探开发研究院、塔里木油田公司、西南油气田公司	雷　群、叶正荣、周理志、佘朝毅、赵志宏、刘　翔、裘智超、赵　春、谢南星、常泽亮	二等奖
31	20万吨/年乙二醇装置优化改进环氧乙烷生产工艺技术研究	辽阳石化公司	侯　维、张光辉、刘振宏、张炳辉、迟海清、崔启硕、李慧君、王守华、米海田、赵　汝	二等奖
32	丁腈硬胶关键技术改进及在软胶装置上的应用	兰州石化公司、西北化工销售公司	刘吉平、张守汉、郑彩琴、赵小龙、徐　斌、李来文、张新平、吴周权、李　威、秦　宏	二等奖
33	高端发泡材料用丁腈橡胶NBR3308的开发与工业化生产	兰州石化公司、石油化工研究院、西北化工销售公司	孙延军、郑红兵、高志兴、陈能太、王福善、李　晶、王　林、梁　滔、徐　斌、张元寿	二等奖
34	100万吨/年乙烯生产系统易腐蚀装置腐蚀监测及评价体系的建立与应用	独山子石化公司	康强利、王庆荣、杨丽芳、唐　征、赵　敏、孔朝辉、张道君、黄新泉、崔轲龙、马红杰	二等奖
35	高速BOPP薄膜专用料L5D98的开发	广西石化公司、石油化工研究院、华南化工销售公司	何　勇、张友军、义建军、李新昌、闫功臣、陈兴锋、王　莉、胡于中、王永刚、陈庆新	二等奖
36	液力传动油复合剂的研制与应用	润滑油分公司	李韶辉、黄东升、赵治宇、崔海涛、吴福丽、孙　东、刘红辉、郝玉杰、刘庆国、王洪斌	二等奖
37	低焦炭因子重油催化裂化催化剂研发及在新加坡SRC等炼油厂的推广应用	石油化工研究院、兰州石化公司、中国石油技术开发公司	刘　涛、秦　松、田爱珍、杜　斌、张晨曦、张君屹、樊红超、薛健为、王　栋、孙生莲	二等奖
38	固定床渣油加氢保护剂与脱金属催化剂研制开发与工业试生产	石油化工研究院	赵愉生、谭青峰、程涛、崔瑞利、于双林、夏恩冬、张春光、赵元生、周志远、张国甲	二等奖
39	高性能淤浆法聚乙烯催化剂PSE-01的开发及工业应用	石油化工研究院、大庆石化公司	付　义、王景良、赵成才、赵增辉、郎笑梅、宋　磊、王立娟、任合刚、任　鹤、柏　影	二等奖
40	天然气能量计量配套技术研究及应用	西南油气田公司、中国联合石油有限责任公司、西气东输管道分公司、中石油江苏液化天然气有限公司	罗　勤、黄黎明、周　理、肖学兰、吴忠良、张福元、陈　勇、曾文平、何润民、姜明军	二等奖
41	漠大管道安全运行保障技术集成与应用	管道分公司	陈朋超、张世斌、蔡永军、马云宾、李云超、冯少广、徐承伟、王　伟、荆宏远、李亮亮	二等奖
42	含蜡原油纳米降凝剂制备与配套工艺应用技术研究	管道分公司、油气管道输送安全国家工程实验室管道储运工艺实验室、中国石油天然气集团公司油气储运重点实验室	张冬敏、刘广文、张立新、支树洁、霍连风、欧阳欣、李其抚、熊　辉、董红军、姜保良	二等奖
43	西部原油成品油管道工程技术集成研究与应用	西部管道分公司、中国石油天然气管道局、中国石油集团工程设计有限责任公司、中国石油大学（北京）	伍　奕、李广远、陶志江、张广齐、孙乃有、秦　光、赵　蕊、朱坤峰、宫　敬、庞贵良	二等奖
44	油气管道设计"标准化、模块化、信息化"集成研究	西气东输管道分公司、中国石油天然气管道局、管道建设项目经理部、北京油气调控中心	陈建峰、刘海春、胡　颖、郑　伟、李海川、卜祥军、李雨佳、胡　莹、刘庆宏、张　玲	二等奖

续表

序号	项目名称	主要完成单位	主要完成人	获奖等级
45	伊拉克哈法亚年产500万吨特大型油田地面工程关键技术研究及应用	中国石油集团工程设计有限责任公司	张　红、王海峰、王　杰、刘中民、王元春、乔振勇、谢　刚、寇志军、李　辉、张国栋	二等奖
46	准噶尔盆地高密度宽方位地震采集、处理关键技术研究	新疆油田公司、中国石油集团东方地球物理勘探有限责任公司	吕焕通、邵　雨、曾　军、娄　兵、李献民、罗　勇、张　鑫、黄永平、姚茂敏、王玉伟	二等奖
47	四川盆地海相页岩气测井岩石物理与评价技术	勘探开发研究院、中国石油集团川庆钻探工程有限公司、西南油气田公司、勘探开发研究院廊坊分院	周灿灿、程相志、杨小兵、谢　冰、李潮流、陈　鹏、齐宝权、钟光海、李　霞、石　强	二等奖
48	鄂尔多斯盆地致密油水平井体积压裂技术	长庆油田公司、中国石油集团川庆钻探工程有限公司、低渗透油气田勘探开发国家工程实验室、陕西延安石油天然气有限公司	朱天寿、周　丰、徐永高、王祖文、赵振峰、白明伟、李宪文、费节高、彭惠群、樊凤玲	二等奖
49	碳酸盐岩钻完井提速配套技术与应用	塔里木油田公司、中国石油集团川庆钻探工程有限公司、中国石油集团渤海钻探工程有限公司、中国石油集团西部钻探工程有限公司	滕学清、李　宁、陶思[illegible]、杨成新、白登相、陈世春、康延军、周　洹、袁鑫伟、汪海阁	二等奖
50	裸眼封隔器可开关滑套压裂配套技术	吉林油田公司	王　峰、王毓才、许建国、王　军、秦明哲、李边生、王鸿伟、叶勤友、段永伟、孙志超	二等奖
51	随钻电磁波电阻率及成像地质导向技术	中国石油集团长城钻探工程有限公司	刘乃震、白　锐、赵齐辉、李永和、卢毓周、张　磊、于德良、王立波、阎卫军、吴　爽	二等奖
52	复杂深井技术在土库曼斯坦的规模化应用	中国石油集团川庆钻探工程有限公司、中石油阿姆河天然气勘探开发（北京）有限公司	万永生、巫道富、邓仕叁、吴先忠、冉金成、韩烈祥、刘廷富、金学智、王　勇、叶林祥	二等奖
53	塔里木三超气井油井管柱完整性技术研究	中国石油集团石油管工程技术研究院、塔里木油田公司、中国石油天然气集团公司石油管工程重点实验室、陕西省石油管材及装备材料服役行为与结构安全重点实验室	冯耀荣、刘文红、白真权、彭建新、付安庆、宋生印、韩　燕、王　鹏、杨向同、李方坡	二等奖
54	钻完井工程地质力学建模技术及应用	中国石油集团钻井工程技术研究院、塔里木油田公司，中国石油伊朗公司、油气钻井技术国家工程实验室	陈朝伟、王　倩、杨向同、周云章、张　辉、周英操、王　玺、赵亦朋、项德贵、刘玉石	二等奖
55	炼油与化工ERP系统的研究与应用	大庆石化公司	张　昆、张弘旻、赵全夫、李志良、李　信、姜书君、周　晶、李云寿、张锐锋、马　戈	二等奖
56	中国石油海外油气投资环境与决策支持研究	中国石油集团经济技术研究院	孙贤胜、徐建山、祁少云、陈明霜、吴谋远、任重远、孙依敏、王轶君、陈安贵、尚艳丽	二等奖
57	世界水平综合性国际能源公司研究	中国石油集团经济技术研究院	连建家、林东龙、张卫忠、傅　强、郑玲玲、张　蕤、李若思、汪　红、苏穗燕、杨宏会	二等奖
58	科技管理知识体系及创新成果转化典型案例研究	中国石油集团钻井工程技术研究院、中国石油集团石油管工程技术研究院、中国石油集团经济技术研究院	龚小军、张全立、张程光、吴德彬、李　磊、蒋浩泽、唐纯静、翟云萱、梁志栋、佘伟军	二等奖
59	油田地面集输管网用非金属管现状与规范化应用对策	中国石油集团石油管工程技术研究院、中国石油天然气集团公司石油管工程重点实验室	戚东涛、李鹤林、李厚补、丁　楠、王　禹、蔡雪华、田　伟、魏　斌、齐国权、谢文江	二等奖
60	员工健康现状分析和健康管理模式研究	中国石油天然气集团公司中心医院	王伟刚、孟令权、李尔曼、胡安梅、王志凯、李继光、王世新、柴兰英、黄　达	二等奖

续表

序号	项目名称	主要完成单位	主要完成人	获奖等级
61	火山岩油气藏的形成机制与分布规律	大庆油田有限责任公司	陈树民、冯子辉、朱如凯、姜传金、冉清昌、李建忠	三等奖
62	辽河油区致密油气规模发现与勘探配套技术	辽河油田公司	单俊峰、孙洪斌、刘宝鸿、胡英杰、毛俊莉、金　科	三等奖
63	松南长岭凹陷黑帝庙油层富集规律研究及勘探发现	吉林油田公司	魏兆胜、王立武、张永清、邓守伟、王立贤、唐振兴	三等奖
64	三塘湖盆地条湖组致密油成藏规律研究与勘探突破	吐哈油田公司	梁　浩、钱　峰、焦立新、朱有信、陈　旋、范谭广	三等奖
65	南堡凹陷3号构造深层沙一段砂岩油气藏勘探目标精细评价研究	冀东油田公司	董月霞、王晓文、刘　晓、陈　蕾、石文武、张博明	三等奖
66	鸭儿峡白垩系目标精细研究与评价	玉门油田公司	田多文、魏　军、陈建军、肖文华、杭　伟、严宝年	三等奖
67	多层砂岩油田剩余油潜力定量评价新技术研究与应用	大庆油田有限责任公司	庞彦明、杜庆龙、朱丽红、郭军辉、陈淑利、魏丽影	三等奖
68	低渗透水平井—直井井组水力裂缝参数优化技术研究与应用	大庆油田有限责任公司	张传绪、任　刚、孙成岩、于永波、韩增军、王润涛	三等奖
69	马岭长8油藏水平井示范区关键技术研究及应用	低渗透油气田勘探开发国家工程实验室、长庆油田公司	李忠兴、屈雪峰、李　健、雷启鸿、刘丽丽、成良丙	三等奖
70	高含水致密砂岩气藏描述及提高储量动用率	西南油气田公司	杨洪志、徐　伟、刘义成、钟　兵、陈中华、吴建发	三等奖
71	莫里青断陷盆地复杂油藏有效开发技术攻关	吉林油田公司	魏兆胜、于孝玉、宋立斌、陈建文、常春英、王建鹏	三等奖
72	复杂断陷盆地地下储气库建设技术创新与应用	大港油田公司	武　刚、马小明、赵爱国、刘存林、李国韬、解　文	三等奖
73	提高抽油机井时效与能效技术研究及应用	华北油田公司	杨　勇、胡书宝、郭吉民、张胜利、谢　江、吴赞美	三等奖
74	三塘湖“三低”复杂油藏有效开发技术研究与应用	吐哈油田公司	崔英怀、朱永贤、于家义、吴美娥、文　静、刘长地	三等奖
75	青西—老君庙构造带油藏整体重新评价	玉门油田公司	肖毓祥、杜文博、景士宏、郑联勇、卢望红、党瑞明	三等奖
76	高温凝析气藏持续稳产技术研究与实践	南方石油勘探开发有限责任公司	夏静森、高黎惠、曾思云、祝道平、李良峰、李素珍	三等奖

续表

序号	项目名称	主要完成单位	主要完成人	获奖等级
77	南图尔盖盆地砂岩油田高速开发理论、关键技术及应用	勘探开发研究院、中国石油哈萨克斯坦公司	赵　伦、范子菲、方甲中、张祥忠、王进财、陈　礼	三等奖
78	新型纤维素交联清洁压裂液研究与应用	勘探开发研究院廊坊分院	卢拥军、管保山、邱晓慧、舒玉华、明　华、翟　文	三等奖
79	10 万吨 / 年苯乙烯关键设备国产化	大庆石化公司	戴建军、侯晓峰、张　勇、刘　斌、樊奉塘、贡学刚	三等奖
80	氯化聚乙烯专用树脂 QL505P 的研究与生产	大庆石化公司	王景良、刘松岩、姜兴财、张希来、李义君、张洪达	三等奖
81	70 万吨 / 年乙烯装置节能技术研究及应用	吉林石化公司	石俊学、王剑虹、冯　利、刘宏吉、张殿波、袁　欣	三等奖
82	4500 吨 / 年乙撑双硬脂酰胺（EBA）成套技术研究与应用	吉林石化公司	周佰业、南春模、李鹤春、王　军、郭双龙、王万君	三等奖
83	46 万吨 / 年乙烯裂解炉先进控制开发与应用	兰州石化公司	陈爱军、马永利、任丽丽、马建华、刘兴旺、吴明文	三等奖
84	独石化公司橡塑类产品加工应用指导手册及 MSDS 的编制	独山子石化公司	张　璐、胡　斌、吴天忠、华伦松、关　莉、谢燎原	三等奖
85	MTBE 双塔精馏脱硫技术在京 V 汽油生产中的应用	锦州石化公司	张玉东、李伟东、张尕玲、王英伟、张　津、刘泳涛	三等奖
86	聚丙烯酰胺装置水解机尾气治理技术及应用	大庆炼化公司	林　羽、刘锡明、李劲之、于玲河、李劲松、杨丽茹	三等奖
87	加氢反应器制造成套技术研发	中国石油工程建设公司	任林昌、李梦贤、杨建明、代学彦、王家军、孔凡富	三等奖
88	炼化知识产权服务创新与应用	石油化工研究院	张　茵、李晓艳、曹凤霞、陈　红、王玲玲、王学丽	三等奖
89	高质子酸稀土超稳分子筛 HRSY-4 的研制与应用	石油化工研究院、兰州石化公司	刘璞生、李　萍、汪　毅、刘　强、高永福、柳召永	三等奖
90	美国燃料与石化生产商协会 (AFPM) 炼油新技术持续跟踪研究与年会译文集出版	石油化工研究院	李振宇、黄格省、王建明、李雪静、王红秋、李顶杰	三等奖
91	科技奖励评审系统的开发与应用	石油化工研究院	王建明、亓荣彬、魏　静、许　延、李文乐、颉　伟	三等奖
92	稠油热采直流注汽锅炉二氧化硅给水指标研究与应用	辽河油田公司	孙绳昆、李明辉、王宝峰、刘洪达、周　谊、齐先有	三等奖

续表

序号	项目名称	主要完成单位	主要完成人	获奖等级
93	掺烧油田污水燃煤流化床锅炉关键技术研究	新疆油田公司、新疆石油勘察设计研究院（有限公司）	耿亚伟、吴伟栋、姚玉萍、刘国良、岳　军、黄　强	三等奖
94	埕海油田开发地面建设配套技术创新研究与应用	大港油田公司	李　健、谢燕春、耿永华、董月洲、王　兵、邵文静	三等奖
95	天然气长输管道大功率压气站投资指标研究	西气东输管道分公司	房维龙、张志方、成渊朝、陶　军、闫瑞光、靳光辉	三等奖
96	大张坨/板中北/板中南气库及库间水体构造及六座储气库地层运行压力评价研究	中石油北京天然气管道有限公司、中国石油大学（北京）	何学良、曹仁义、陶卫方、徐俊杰、许　明、何雄涛	三等奖
97	天然气田集输系统一体化橇装集成技术研究	中国石油集团工程设计有限责任公司	张春燕、郭成华、张维臣、刘　俊、冯　琦、陈　志	三等奖
98	超厚超大容器卧式内燃法整体热处理技术	中国石油集团东北炼化工程有限公司、吉林亚新工程检测有限责任公司	王学成、李忠林、李　嘉、王志东、乔连庆、周　蓬	三等奖
99	油气管道穿越敏感区环境影响和风险防控技术研究与应用	中国石油集团安全环保技术研究院、中石油管道联合有限公司西部分公司	王占生、李春晓、梁兵兵、李兴春、高秀花、蒋金生	三等奖
100	致密气岩石物理机理与测井定量评价方法	长庆油田公司、中国石油集团测井有限公司	石玉江、张炳军、成志刚、张海涛、程玉梅、杨小明	三等奖
101	特殊工艺及复杂岩性固井质量测井评价方法研究	中国石油集团长城钻探工程有限公司	王天雨、汪　浩、原福堂、傅永强、董　红、牛兆辉	三等奖
102	分簇射孔技术与泵送工艺研究及应用	中国石油集团川庆钻探工程有限公司	陈　锋、唐　凯、王　海、欧跃强、任国辉、鄢　杨	三等奖
103	时移地震技术在辽河油田曙光稠油开发区块研究与应用	中国石油集团东方地球物理勘探有限责任公司、中国石油天然气集团公司物探重点实验室	凌　云、刘　兵、郭向宇、王　丹、宋强功、黄旭日	三等奖
104	复杂地质条件下低温浅层防窜封窜技术	大庆油田有限责任公司	吴广兴、何俊才、李国庆、宋艳涛、闫玉良、王旭光	三等奖
105	大庆外围低渗透油田调整井高效钻井配套技术	大庆油田有限责任公司	李国庆、李吉军、徐永辉、刘志焕、孙文财、孙全俊	三等奖
106	稠油水平井防砂完井一体化关键技术研究与应用	辽河油田公司	张建军、吕　民、吴　爽、孙利民、陈大钊、陈　磊	三等奖
107	套管滑套多层压裂技术研究与工业化应用	长庆油田公司、低渗透油气田勘探开发国家工程实验室	付钢旦、马　旭、王治国、周长静、桂　捷、苏国辉	三等奖

续表

序号	项目名称	主要完成单位	主要完成人	获奖等级
108	呼图壁气田储气库安全钻井技术研究与应用	中国石油集团西部钻探工程有限公司、新疆油田公司	许树谦、刘涛光、张　骏、尹照强、郑永生、刘颖彪	三等奖
109	玉门鸭K区块优快钻井配套技术研究与应用	中国石油集团西部钻探工程有限公司	马上刚、张玉祥、邹和均、杨官杰、刘　谦、廖腾彦	三等奖
110	CQ-EMWD电磁波随钻测量系统	中国石油集团川庆钻探工程有限公司	孙海芳、谯抗逆、韩烈祥、白　璟、胡　超、刘　伟	三等奖
111	致密砂岩油气藏水平井开发固井技术研究	中国石油集团海洋工程有限公司	高永会、孙富全、吴学升、王恩和、汤少兵、滕兆健	三等奖
112	高可靠性电动钻机用柴油机	中国石油集团济柴动力总厂	李树生、王令金、胡志峰、白　莹、张鹏波、马俊杰	三等奖
113	CP-300自升式钻井平台研制	中国石油集团渤海石油装备制造有限公司	吕宏伟、孙友杰、于鹏飞、张晓宇、甘作为、赵京坤	三等奖
114	集团公司工程技术生产运行管理系统（A7）研究及应用	中国石油集团东方地球物理勘探有限责任公司	罗革新、侯明扬、丁建新、丁　闫、张　骁、金鹏飞	三等奖
115	中国天然气工业基地人才开发研究与应用	西南油气田公司	赵厚川、李超英、曹　忠、任姝艳、刘用成、马　欣	三等奖
116	海外项目税务风险评估及应对策略研究	中国石油天然气勘探开发公司	卢耀忠、詹清荣、周建明、杨云洁、王　煜	三等奖
117	海外系列重大新获取项目的技术和经济评价	勘探开发研究院、中国石油天然气勘探开发公司	王建君、郑　炯、田文辉、齐　梅、朱纪宪、易成高	三等奖
118	中国石油天然气集团公司建设项目经济评价参数研究与应用(2013)	规划总院	许　红、刘　涛、孙春芬、陈显伦、赵连增、杜　敏	三等奖
119	中国石油聚乙烯中试技术创新平台的构建及高效运行	石油化工研究院	高宇新、王斯晗、赵兴龙、杨国兴、姜进宪、宋　磊	三等奖
120	亚洲天然气供需分析及价格机制创新	中国石油集团经济技术研究院	钱兴坤、单卫国、王海浡、段兆芳、王海博、冯陈玥	三等奖

（张程光）

信息化工作

【概述】 2014年，集团公司信息化工作认真贯彻“突出重点、强化应用、逐步完善、稳步推进”的工作思路，进一步加大信息化工作推进力度，经过总部各部门、各专业分公司和企事业单位的共同努力，ERP应用集成、物联网和云技术平台建设取得重大进展，2014年共完成15个项目建设，持续推进17个项目实施，新启动12个项目，已建信息系统在各业务领域持续推进，应用逐步深入，信息化对企业提质增效的作用日益显著。

【信息系统建设】 ERP应用集成建设取得阶段性成果。形成了涵盖人力资源管理、财务共享与控制、投资项目一体化管理等9条集成主线的总体设计方案，并以此为基础完成8个专业领域详细方案设计；搭建了集成平台、用户平台、决策支持平台、非结构化数据管理、权限管理、软件开发6套云化平台。在详细方案设计中，围绕9条集成主线优化确定系统集成流程3023个，整理确认报表511张、关键经营指标1921个，形成统一的业务和技术解决方案并细化关键任务494个。有关部门牵头组织相关集成主线的流程优化、标准制定、业务方案设计与实施，协调解决各专业分公司应用集成中的问题，保证总体设计方案的贯彻执行和落地应用，已在23家单位完成上线运行。

物联网系统试点上线运行。油气生产物联网系统累计完成5064口油气水井、189座站库的现场实施工作，在塔里木、新疆、西南、青海、吐哈、南方石油勘探等6家试点油气田上线运行，实现了对生产运行情况的动态管理，优化了生产组织结构和运行方式，提高了工作效率，改善了一线员工的工作条件，明显提升了效率、效益。工程技术物联网系统完成数据采集、传输、存储、综合应用平台的搭建，在渤海钻探公司、川庆钻探公司、长城钻探公司、东方物探公司试点上线，累计在307支作业队部署实施，采集实时数据2610万条、成果数据2.5万条；建立了地区公司和作业队伍两级远程作业支持中心，实现了对161口井的远程作业监控。

集中统一的云技术平台搭建完成。依托“两地三中心”建成了全局性云管理平台和共享式资源池，形成管理2万台物理服务器、100万亿个字节（PB）存储空间的能力，分阶段设计面向业务应用的规范云服务，建立了以数据安全为目标的云安全技术架构，已完成ERP、电子邮件系统的云化实施。通过ERP云化实施，将原规划的近200台大型Unix服务器全部采用X86服务器替代，明显降低了硬件成本和商务风险，为后续提升信息化建设效率、提高信息系统性能打下坚实基础。

炼化物料优化与排产系统（2.0）涵盖计划优化、效益测算等110个优化模型，模型精度大幅提升，实现了“优化—计划—效益测算—结果分析”的闭环管理。装备制造设计与生产管理系统提高了标准化设计能力，实现了异地协同设计，有效缩短了产品研发周期和生产过程精细化水平。应急管理系统打通了从现场到总部“最后一千米”的技术瓶颈，实现了应急保障“一张网”、应急作战“一张图”、应急指挥“一条线”的总体目标。电子邮件系统完成国产亿邮电子邮件系统替换微软产品，是目前国内规模最大的国产企业级电子邮件系统。集中报销信息平台在所有企事业单位建成应用，推动了费用标准化体系建设和源头控制，提高了对非生产性支出的管控能力。信息内容审计平台实现对互联网出口外发数据的实时监测，加强了对重要数据的安全保护，有效支持了集团公司信息安全和保密管理。

【信息系统应用】 各部门、各专业分公司积极推进信息系统深化应用，信息化在管理提升、创新驱动、提高发展质量和效益等方面作用越来越显著。

在勘探与生产领域，信息系统有效管理了30余万口井的生产数据、588百万兆字节（TB）的勘探开发技术数据、8个渠道投资、10个类型项目、60大类物资、24大类设备。大庆油田通过系统管理试点间、站、库5000余座，各类生产设备设施34万余个，各类管线11万余条，有效支持油田生产运行分析与决策。勘探与生产分公司与各油气田企业召开72次远程交互会议，大幅度提高了工作部署、方案研讨效率。新疆油田将分散的自动化小系统集成整合为整体的油气生产物联网系统，实现多个岗位的无人少人值守，在产量快速增长的同时，实现增产不增人、少增人的目标。

在炼油与化工领域，炼油与化工运行系统新集成15家炼化企业共计2800余路现场视频信息，方便总部远程指挥装置开工。通过系统提高生产业务自动化水平，数据报送准确率提高约10%，化验数据审核效率提高12%；提高操作平稳率，稳定生产运行，有效降低加工损失率和装置能耗。

在销售领域，加油站管理系统累计在19600余座加油站实施，发卡6245万张，沉淀资金达218亿元，卡销比平均达36.2%，7000余座站实现自助加油；物流管理系统全年管理1亿多吨成品油调运计划下达和监控执行。东北销售公司将海运计划安排由分公司分散调度转变为东北公司统筹调度指挥，增强了海运计划安排的科学性。信息管理系统为上海销售公司的加油站、地区公司和财务统一核算和损溢处理奠定基础，使加油站员工卸油的操作时间缩减了2/3以上。

在天然气与管道领域，5.4万千米管道的储运计划、调度、计量等业务和完整性管理在信息系统中进行，1165亿天然气销售实现在线结算。西部管道公司实现各类业务数据集中查询，调动了业务人员使用系统的积极性。

在海外勘探开发领域，ERP系统在中油国际津德尔炼油厂建成并投入试运行，实现财务、物资、设备、生产、项目的系统化运行，有效管理了尼日尔当地财务账和中方账两套账。

在工程技术领域，3274支工程技术作业队伍通过信息系统进行物探、钻井、录井、测井、井下作业等管理，累计在线访问量达147万人次，促进了资源优化配置和跨专业生产协调，实现了重点工程跟踪、实时数据自动分析。渤海钻探公司现场管控支持方式由处级盯队、科级盯井的“双盯制”逐步增加了专家远程盯井的“三盯制”。

在工程建设领域，利用信息系统提高工程计划进度、费用、合同等业务关键节点的审批效率，堵塞了管理漏洞，加强了重要环节控制。中国石油天然气管道局细化了项目经营管理层级，根据项目实际进度可以按月实现收入成本确认，目标成本与实际成本对比分析，使管理层能够及时掌握项目经营状况，满足了项目精细化管理要求。

在装备制造领域，实现钻井、测井、采油、钢管等9大类、180多个品种产品的完整供应链管理。物料数据标准化将管线信息贯穿于业务各个环节，实现产销衔接；管线跟踪订货量、生产量、发运量、结算量等信息，使生产组织更加科学有效，更好地满足客户需求。济柴动力总厂生产计划的科学准确性逐步提高，工序管理控制有序，生产周期缩短近20%，增强了对市场的应变能力。

在人力资源管理方面，将合同化员工、市场化用工共142万人全部纳入信息系统管理，实现了组织机构、用工总量、薪酬总额的计划下达、实时监控和在线审批，在统一薪酬、固化制度、促进管理提升等8个方面取得了明显成效。

在财务管理方面，信息系统有效管理了各企事业单位2.5万个会计核算实体的财务数据，全年8500万笔业务在线处理，3.2万亿内部交易在线封闭结算、实时抵销，5235亿资金与外部银行直连支付。财务管理信息系统（FMIS系统）与ERP系统深度融合，80%的会计凭证由信息系统自动生成。

在办公管理方面，电子公文、合同管理、集中报销、股权、投资计划等系统应用继续深化。矿区服务管理系统累计管理各类业务数据3430.5万余条，访问280.7万人次。门户网站日均发布信息近2.6万篇，日均访问量近300万人次。应急管理系统为突发事件应急处置提供快速、可靠的技术支持。移动应用平台在做好电子公文、合同、门户等系统应用的基础上，完成了集中报销、外事管理、生产经营管理报表、会议管理、通用巡检管理等17个移动应用，累计实现移动应用51个。

【信息系统维护】 信息技术专家中心、信息技术支持中心、企业现场运行维护队伍持续做好各信息系统应用支持和运行保障，全年累计解决问题50余万个，开展运行维护培训3.6万人次，提升系统功能738个，管理各类数据1.53PB。同时，在32套新增炼化装置、700余座加油站、3910千米新投产管线，扩展实施已建信息系统，有效支持了业务快速拓展。

利用信息技术手段提高运行维护工作水平。构建了集团公司集中统一的运行维护管理平台，实现运行维护工作的岗位规范化、流程标准化、监控自动化。平台用户5078人，管理运行维护作业24.3万次，明显提升了系统运行维护的效率效果。帮助热线为信息系统运行维护提供统一的服务入口，2014年提供技术支持服务18万次，电话即时解决问题率达70%以上。有关部门、专业分公司、各运行维护队伍定期组织信息系统应急演练，4600多人次参与，启用业务应急预案328个，持续健全应急保障机制，为应对突发事件提供保障。

【信息技术基础设施建设】 吉林数据中心、昌平数据中心相继投用，并制定了数据中心运行管理细则。吉林数据中心已有22个信息系统入驻，昌平数据中心有45个信息系统入驻，总计搬迁部署设备2805台（套）。将112个小型机房整合至区域数据中心或联合办公大楼机房，共搬迁机柜422个。广域网总带宽达到150GB（1GB=1024兆字节），互联网出口带宽达到46GB，整体可用率超过99%。海外网络扩容10条链路，累计接入187家海外分支机构。已建成国内卫星小站912座、海外卫星小站60座，全年卫星数据吞吐量达1.8PB。综合利用集团公司内部链路光纤37条，节省年度链路租费3368万元。大庆油田IPv6生产网完成骨干部分建设。

【信息化管理工作】 针对数据重复录入问题，制定了包括ERP应用集成、信息系统整合实施与提升完善、数据标准化等方面的解决方案，形成了工程技术业务一体化采集平台，减少数据采集工作量23.7%，每天减少现场人员平均录入时间约30分钟。有关部门、各企事业单位通过现场会、视频会和网络等多种途径开展信息化工作交流200余次，以典型示范带动整体信息化工作水平的提升，形成了一些信息化工作经验做法。有序推进信息化价值研究工作，形成了一套适用于集团公司的信息化价值评价体系，正在部分地区公司推广应用。按照集团公司全面深化改革要求，持续整合优化内部支持队伍，提升队伍集中度和专业化水平，为集团公司信息化可持续发展提供可靠保障。根据集团公司规划编制总体安排，启动“十三五”信息技术总体规划编制工作，提出了集团公司“十三五”信息化建设的10个发展方向。

【信息安全建设】 持续实施信息安全整体解决方案。身份管理与认证系统新集成13个应用系统，已集成54个应用系统，管理系统账号超过60万个，累计访问量超过8700万次。配合国家有关部门开展多次信息安全检查；对总部数据中心、区域数据中心及联合办公大楼机房安全运行进行现场检查，共查出各类安全隐患75项，已完成整改58项。

【信息标准化】 依据信息技术标准规划，2014年制修订企业信息技术标准11项、项目规范17项，累计完成企业标准111项，占“十二五”标准规划的81%。

【信息技术培训】 信息技术队伍技术能力进一步提升，集中组织开展ERP应用集成、物联网、信息安全、技术开发等培训，广泛开展技术交流，拓展了广大信息技术人员的知识面，提升了专业技能。完成在线培训平台搭建，能够在线安排培训计划，支持培训课程的编目、注册、跟踪等；通过在线虚拟教室，支持员工自助学习，扩大培训范围，提高培训效率和质量。

（任　勇）

第九篇

安全环保与质量节能

安全生产

【概述】 2014年，集团公司安全生产工作立足于“防大风险、除大隐患、确保不发生大事故”的基本思路，认真贯彻落实国家安全生产一系列政策要求，坚持体系推进不动摇，坚持严格监管不放松，坚持夯实基础不懈怠，以前所未有的决心和力度，推动安全生产责任有效落实，推进风险管控能力稳步增强，推动安全生产基础工作不断强化，推进企业本质安全水平进一步提升，安全生产整体形势继续保持稳定可控态势，为集团公司全面深化改革、实现可持续发展奠定坚实基础。

【安全生产责任制】 2014年，集团公司把安全与生产经营同步安排、同步检查、同步落实，连续8年与各专业分公司和企事业单位主要负责人签订安全环保责任书。制定印发《安全生产和环境保护责任制管理办法》《总部安全生产与环境保护管理职责规定》等制度，推动建立和完善“党政同责、一岗双责、齐抓共管”的安全生产责任体系。制定下发《安全生产和环境保护指标考核细则》，严格过程管理和业绩考核。进一步理清企业与托管单位之间的安全生产责任，多次召开协调推进会督促签订安全生产合同，全面梳理修订专业分公司和企业各级人员安全生产职责，确保责任落实归位、不挂空挡。

【安全监管】 2014年，集团公司全面开展安全生产大检查活动，共检查二级单位1338个，发现36913个问题。积极落实“四不两直”（不发通知、不打招呼、不听汇报、不用陪同接待，直奔基层、直插现场）要求，加大现场暗查暗访力度，查处和曝光一批突出问题，约谈主要负责人，引起广泛震动。针对改革试点单位经营自主权下放、国Ⅳ车用柴油质量升级置换等生产经营活动带来的变化，及时调整监管方式，制定方案措施，确保风险受控。组织专家开展油品储罐清洗专项巡视，全面清退集团公司规定范围以外的队伍，统一规范内部队伍。组织专家对45家企业开展承包商监管专项巡视，及时下发通报，督促整改发现的问题。强化管道隐患整治，分管安全的领导深入对秦京线管道隐患整改情况进行现场督察和现场办公。多次召开管道隐患整治专题会，研究部署重大管道隐患整治工作。组织开发管道隐患信息报送和网上整改督办两个平台。对管道隐患集中的地区，组织召开管道隐患治理推进会，实施“周协调、月通报、挂牌督办”制度，对隐患整改完成率较低的企业严肃通报，加快管道隐患治理进度。

【事故管理】 2014年，集团公司制定《关于进一步规范事故调查程序的规定》《生产安全事故和环境事件升级调查和升级处理补充规定》，强化甲乙双方安全责任，对发生在重大风险领域、影响恶劣的事故事件的二级单位党政主要领导给予免职或撤职，对发生较大以上安全环保事故的企业实行“一票否决”。充分利用事故资源，组织召开安全生产紧急视频会、HSE体系审核总结会和事故案例教育视频会，强化警示警诫效果。从严惩处瞒报谎报事故行为，制定下发《生产安全事故瞒报谎报行为举报查处办法》，对瞒报事故的企业进行追加考核。

【消防安全】 2014年，集团公司组织编制《消防水系统检查要点》《自动喷水灭火系统检查要点》等8项消防安全检查标准，填补集团公司消防设施安全检查标准的空白。组织开展以监测监控、安全运行、特殊作业、设备设施、人员培训和源头控制等为重点的化学危险品罐区专项整治，以及消防水系统合规性、完整性隐患排查工作。组织销售业务储运环节火灾风险防控技术专题研讨，提出提升火灾风险防控能力的具体措施。组织商业储油公司及受托地区公司签署《商业储备油库安全生产(HSE)合同》，明确各方安全环保责任。

【交通安全】 针对国内重大道路交通事故频发的实际，集团公司下发《关于加强道路交通安全工作的通知》，提出落实道路交通安全责任、加强车辆运行动态监管、强化驾驶员培训考核等方面的工作要求。针对独山子石化进口LPG涉外运输业务，组织专家进行现场安全检查，协调明确业务各方安全职责，落实运输安全保障措施。组织完成5个典型道路交通事故多媒体案例电教片。组织运输公司、长城钻探、辽河油田、新疆销售等4家企业实施集团公司车辆管理系统（2.0版）上线试运行，为系统全面推广积累经验。

【海洋安全监管】 2014年，集团公司以重点领域和关键生产环节的安全风险管控为着力点，围绕赵东油田作业权移交开展安全风险辨识，落实风险管控措施。抓好海上油气生产设施合规性管理，严格执行安全“三同时”（同时设计、同时施工、同时投入生产使用）制度，组织开展西气东输广州—深圳支干线（求雨岭—大铲岛段）和香港支线海底管道、冀东油田公司南堡 4-1 人工岛、南堡 4-2 人工岛安全竣工验收，完成大港油田公司埕港输油输气管道工程安全竣工验收。强化海上船舶安全管理，制定《船舶安全管理办法》。开展春季VE工安全检查和海洋石油安全专项检查，督促整改问题隐患，确保特殊时期安全生产。推进安全标准化建设和海上应急救援响应队伍专业化建设，补充应急装备，提升海上应急处置能力。抓好业务涉及海洋石油的企业主要负责人和安全管理人员的安全资格培训，举办培训班 4 期，培训 373 人。

（齐俊良　李献勇　李　勇）

环境保护

【概述】 2014 年，集团公司以环保责任落实为抓手，以风险防控为核心，深入贯彻新《环境保护法》要求，强化实施污染减排工程，严格控制环境风险，杜绝重大及以上环境污染和生态破坏事故。国家环境保护部 13 项责任书工程全部建成投运，化学需氧量、氨氮、二氧化硫、氮氧化物同比分别下降 4.7%、8.9%、8.0%、9.0%，全面完成 2014 年污染减排目标，提前一年完成“十二五”规划中氨氮、二氧化硫污染物减排目标。50 家企业获集团公司 2014 年度“环境保护先进企业”称号，166 个基层队（站）获集团公司 2014 年度“绿色基层队（站）、车间（装置）”称号，197 名员工获“环境保护先进个人”称号。

【污染减排】 2014 年，集团公司制定《安全生产和环境保护业绩考核实施细则》及《节能减排考核实施细则》，将污染减排目标完成情况纳入各地区公司主要负责人业绩考核体系中，加强重点污染减排工程实施及污染减排指标过程控制，加大考核追究力度。大力实施结构减排，推进辽河油田热电厂、大港油田热电厂、塔西南石化厂尿素装置等关停淘汰工作，完成辽河油田热电厂、塔西南石化厂尿素装置的关停工作，以及吐哈油田甲醇厂、四川石化南充炼油厂等 20 套小规模生产装置的关停。优化生产调度和能源消耗，开始运行大庆石化 60 万吨 / 年新乙烯装置，停运 27 万吨 / 年老乙烯装置，并配套建设污水处理厂；优化能源结构，采取外购蒸汽、气代煤、节能措施，降低辽阳石化、大庆石化、抚顺石化、兰州石化等企业的燃料消耗量，燃煤量同比下降 2.48%，天然气消耗量同比增长 4.33%。加大工程实施力度，共实施污染减排工程 100 项，对列入国家环境保护部责任书的 10 项催化烟气脱硫工程和 3 项污水处理工程实施挂牌督办，对 87 项重点减排工程和达标治理工程纳入 HSE 信息系统实施月调度。严格在线监测管理，在废水和废气监测点安装在线监测设备，并与集团公司联网，实施 24 小时数据在线监测。

【环境风险控制】 2014 年，集团公司按照“分层管理、分级防控”的风险管理机制，对梳理出的环保六大风险实行分级、分层、分专业管控。开展两期全系统的 HSE 审核，不定期进行“四不两直”检查。组织开展水环境风险排查、危险废物专项整治和放射性污染防控专项检查，对环境事件进行升级管理，细化环境防控过程管理考核。

【建设项目环境管理】 2014 年，集团公司推进重大项目的验收工作进度，组织企业对存在的超期试生产等问题进行梳理，邀请国家环境保护部来集团公司现场办公，指导项目验收工作，对重大项目实行内部挂牌督办，实施环保验收周调度。乌鲁木齐石化 3 万吨 / 年高压法三聚氰胺装置、锦州石化煤代油热电厂技术改造工程、大庆肇州油田肇 413 区块油田开发项目、中油大榭燃料油库工程、罗家寨渡口河净化气集输管道（南坝—万州—忠县段）工程、中俄原油管道漠河—大庆段工程等 6 个项目竣工环保验收通过国家环境保护部批复。天津港—华北石化原油管道、克拉苏气田大北区块地面建设工程等 6 个重大项目环境影响报告书获得国家环境保护部批复。

【环境保护宣传与培训】 2014 年，集团公司广泛组织开展环保宣传活动，发布《2013 年度环境保护公报》，从环境管理、污染减排、清洁生产等方面介绍集团公司为保护环境、绿色发展做出的贡献，展示集团公司负责任的社会形象。加强新《环境保护法》宣传贯彻，通过集团公司领导亲自授课、视频培训、考试等多种方式宣传贯彻新《环境保护法》，开展合法合规性检查及问题治理，为实现有质量、有效益、可持续发展奠定基础。加强环保专业技术培训，分别举办2期污染源在线监测培训、1期环境监测培训和2期环境统计培训，确保所有环境监测人员和统计人员持证上岗。集团公司连续4年获得由中国新闻社举办的“低碳发展、绿色生活”公益影像展“中国低碳榜样”奖项。

（梁兵兵）

节能节水

【概述】 2014年，集团公司认真贯彻落实国家《万家企业节能目标责任考核实施方案》要求，积极推进重点业务领域和所属重点企业节能工作，加强节能任务完成进度预警，强化节能责任落实。加强建设项目节能评估，推进实施重点节能技术改造工程，积极推广应用节能节水技术，强化节能节水统计监测工作，不断提高能源和水资源利用水平。

【节能节水情况】 2014年，全年实现节能量126万吨标准煤、节水量2462万立方米，分别完成年度计划目标的132.6%和132.0%。

【重点节能工程】 2014年，集团公司全年投入节能专项资金17.1亿元，重点实施油田机采系统和地面系统节能改造、加热炉提效和炼化催化余热锅炉改造、蒸汽系统优化等节能项目56项。推进能量系统优化工程实施，在7家炼化企业开展能量系统优化技术推广工作，6期26家炼化企业近400人次参加能量系统优化技术培训。

【创建节能节水型企业】 2014年，集团公司修订《企业领导人员经营绩效节能考核实施细则》，加大考核追责力度。继续开展以“找差距、上措施、创达标、争先进”为主要内容的节能节水型企业创建活动。在国务院国资委公布的“2013年石油石化行业中央企业能效对标结果”中，宁夏石化炼油单位能耗（年加工能力500万吨及以下）、独山子石化乙烯装置单位能耗（年生产能力30万吨及以下、年生产能力超过60万吨）、兰州石化乙烯装置单位能耗（年生产能力为30万吨到60万吨）分获同类企业（装置）第一名。

【节能节水统计监测】 2014年，集团公司完成节能节水信息系统的全面上线推广。举办节能节水统计培训班，培训108家企业的171名节能统计人员。开展重点耗能用水设备（装置）监测评价，集团公司节能技术监测评价中心等7个技术机构监测、评价抽油机井、加热炉等重点耗能设备（系统）12009台（套）。

【节能节水标准化】 2014年，集团公司发布《油田地面工程项目初步设计节能节水篇（章）编写规范》《炼油化工生产装置工程设计节水技术规定》《供用水管网漏损评定》等3项企业标准。集团公司节能节水专业标准化技术委员会组织完成《油田固定资产投资项目节能评估文件编写规范》《油气田用燃气发动机压缩机组节能监测方法》《炼油固定资产投资项目能量平衡计算规范》《炼油化工用水系统优化技术导则》等4项集团公司企业标准的起草工作。完成《机械采油系统经济运行规范》《石油工业用加热炉热工测定》《石油企业耗能用水统计指标与计算方法》《石油企业节能产品节能效果测定》《油气田电网经济运行规范》《油田地面工程设计节能技术规范》《输油管道工程设计节能技术规范》《气田节能量计算方法》《石油企业余热资源量测试与计算规范》等9项石油天然气行业标准和国家标准《炼油生产过程能量系统优化实施指南》的起草任务。

（李武斌）

HSE 体系管理

【概述】 2014年，集团公司坚持以风险管控为核心，以全覆盖审核为重点，以落实“一岗双责”为关键，着力推动企业真信真学真用先进理念和方法工具，强化基层员工安全生产教育培训，推进HSE信息系统功能提升与深化应用，抓好重点企业推进工作咨询指导，开展安全环保工作合规性评价，不断夯实安全环保基层基础，提升HSE体系运行的质量和有效性。

【HSE制度标准】 2014年，集团公司制定印发《HSE管理体系审核管理规定》《员工安全环保履职考评管理办法》《动火作业安全管理规定》和《进入受限空间安全管理规定》等规章制度，起草完成《临时用电安全管理办法》《高处作业安全管理办法》。制修订HSE企业标准15项、复审32项，进一步促进了安全环保工作的规范管理。

【“两法”培训】 强化新安全环保法学习宣传贯彻，组织召开新《安全生产法》和新《环境保护法》学习宣传贯彻视频会议，集团公司领导在会上做新“两法”辅导报告，机关部门、专业分公司和企事业单位6000余人参加了学习。集团公司专门组织对各企业一把手进行“两法”培训和考核，并通过网络对全系统的安全部门领导及安全总监、副总监共400余人统一进行在线考试。各企业分级分类开展全员“两法”培训，进一步提高依法治企能力和水平。

【HSE宣传培训】 2014年，完成对集团公司党组成员、总经理助理、股份公司管理层成员和总部机关各部门、各专业分公司主要领导的HSE专题培训。先后举办处级安全管理干部培训班、专职安全管理干部培训班、HSE管理者代表及审核员培训班、安全教师培训班、HSE工具方法培训班，以及注册安全工程师继续教育培训班等，共计培训各类人员4200余人。组织各企业针对主体专业研究开发基层操作岗位HSE培训矩阵，编制了以风险控制为核心的配套培训课件，进一步提升基层培训工作的针对性和有效性。

【HSE体系审核】 坚持问题导向，认真落实“三不审核”（没有方案不审核，没有检查表不审核，审核人员没有培训不审核）原则，强化审核员队伍培养，完善审核检查表，着力提升审核质量，深入开展一年两次的全覆盖审核工作。审核主要生产经营单位123家，审核基层作业现场1413个，发现各类问题7536项，提出改进建议4005条，切实推进企业HSE管理体系规范运行。

【国际合作项目HSE管理】 2014年，集团公司加强与杜邦公司合作，扎实开展炼化企业HSE咨询指导，对大庆石化、大连石化等4家炼化企业开展质量评估咨询指导，组织2期24人到杜邦公司上海农化厂实地考察学习，深化HSE管理新方法和新工具的应用。积极推进与壳牌（中国）HSE合作，在西南油气田公司实施作业许可、安全领导力、事故事件和工艺与设备变更管理等合作项目，使西南油气田公司现场风险管控能力持续改善、中国石油壳牌四川项目稳步推进，实现合作双赢。

【HSE履职能力评估】 2014年，集团公司制定下发《员工安全环保履职考评管理办法》，在全系统开展安全环保履职能力评估。督促企业建立健全各级领导干部和全体员工安全环保能力清单，将评估结果作为业绩考核、岗位培训、提拔任用的依据，进一步提升全员的安全环保履职能力。

【HSE信息管理】 2014年，集团公司将信息化作为持续加强HSE风险管控的有效工具和重要抓手，完成中国石油HSE信息系统整体提升工作。开发管道隐患信息报送和网上整改督办两个平台，为管道隐患整治分级管理、挂牌督办提供有效支持。污染源在线监测子系统实现排放浓度实时监控、超标报警和问题追踪。

（王　戎）

应急管理

【概述】 2014年，集团公司高度重视应急管理工作，按照“夯实基础、突出重点、稳步推进”的原则，以体系建设为主线、风险管理为核心、基层建设为重点，以系统提升应急响应救援能力为着力点，不断加强应急管理体系建设，参与应急响应研究，开展多种形式的应急培训，提升应急联动的协调处置和救援能力。

【基础管理】 2014年，集团公司制定《安全生产应急管理办法》，调整内部组织机构及职能，明确应急准备、监测、预警、处置、救援和评估等方面管理要求。开展溢油应急物资区域布点工作，初步选定东北、华北、西北、西南地区和陕西省、甘肃省等重点地区作为应急物资布点的核心区域。开展重大突发事件应急响应研究，参与国家“石油化工行业重大突发事件情景构建研究”项目，并承担“（井喷）事故所致有毒气体扩散事件”和“油气长输管道泄漏事件”两项子课题研究并通过国家验收。加强三大石油化工公司应急救援联动协调机制建设，委托中国石化青岛安全工程研究院起草《三大石油化工公司应急救援联动协调方案实施细则》和《三大石油化工公司应急救援联动专家组管理办法》，规范三大公司应急救援联动工作。加强应急培训，举办应急业务培训班7期，培训学员578人；举办高级应急管理标准宣贯暨审核员交流研讨班3期，培训学员697人。

【专职消防队安全】 2014年，集团公司持续强化执勤训练、装备管理和预案完善等基础工作，稳步提升专职消防队灭火救援能力。组织开展以生产装置火灾扑救、典型设备火灾扑救、典型危险物料应急处置、灭火救援行动以及执勤训练等过程风险防控技术为主要内容的研讨活动，开展灭火救援风险研讨成果和典型火灾战例交流。编制《专职消防队“十三五”发展规划指导意见》，完成25种消防车辆操作规程的全面修订工作。完成HSE信息管理系统（2.0）消防管理模块上线运行，促进专职消防队管理的专业化、规范化和信息化。组织大庆油田消防支队、抚顺石化消防支队和中国石油海上应急救援响应中心通过“2014年度中央国有资本经营预算安全生产保障能力建设专项资金项目”专家评审，获得国家财政资金的大力支持。

【预案管理】 2014年，集团公司开展应急预案审核，抽调25名应急管理专家和预案审核员分4组对辽河油田公司等8家企业进行应急预案现场审核，共计审核8家企业的机关职能部门25个、二级单位22个、基层单位38个，发现各类问题74个，提出“加快管道隐患治理”“完善基层单位预案”等整改建议39条，推进应急预案向专业化、实用化迈进。

【应急演练】 2014年，集团公司先后在大庆、大连、深圳以及兰州等地与当地政府联合举行管道、城市燃气泄漏等突发事件实战演练，增强应急联动的协调处置和救援能力。全年开展各类应急演练20多万次，其中企业局、处级演练26000多次，有效检验应急预案的有效性，进一步提高应急处置水平。

【检查交流】 2014年，集团公司针对中缅管道（国内段）地质灾害多发、周边自然环境复杂、管道突发事件应急抢险救援工作难度大等问题，组织中缅管道应急工作现场专题调研，从加强管道本质安全管理、补充设计重点管段控制阀室、完善“一河一案”、开展重大突发事件情景构建、合理布局建设应急物资储备库等5个方面提出工作要求，进一步提高中缅管道应对突发事件的能力。

（张作庆　李献勇）

职业健康

【概述】 2014年，集团公司按照“预防为主，防治结合”的方针，认真贯彻《职业病防治法》，强化制度建设、大力加强职业卫生管理和培训，强化员工职业健康监护和监测，落实职业病危害防护手段和措施，全年未发生职业病危害事故。

【职业健康管理】 2014年，集团公司制定下发《工程建设项目职业健康“三同时”管理规定》和《职业卫生档案管理规定》，进一步规范职业卫生“三同时”管理程序，明确职业健康档案内容和管理要求。下发《关于进一步加强职业卫生管理工作的通知》，在全系统开展职业卫生基础建设活动，夯实基础工作。举办油气田和炼化企业职业健康技术专题培训，不断提升职业健康管理人员的专业技术能力。组织企业参加全国职业病防治知识竞赛，集团公司及其12个所属企业从10万个参赛单位中脱颖而出，获得优胜单位奖。

【职业健康监护与监测】 2014年，集团公司规范职业健康体检和作业场所职业危害因素检测工作，职业健康体检率和作业场所职业危害因素检测率均达97%，职业健康体检异常率同比明显降低。对各企业作业场所粉尘和毒物检测达标情况、超标点的控制措施和治理方案进行深入调研，追踪项目的整改进展和治理效果，促进作业场所职业病危害因素检测全面达标，促进岗位员工职业健康水平不断提高。

（王　戎）

质量管理与监督

【概述】 2014年，集团公司质量管理工作全面贯彻落实国家《质量发展纲要（2011—2020年）》，扎实开展基础建设试点工作，积极推进质量管理体系建设，强化质量监督管理，努力培育名牌产品，建设优质工程，产品、工程和服务质量稳步提升。

【基础建设试点】 继续推进以构建管理规范平台、完善基础管理体系为主要内容的基础建设试点工作，取得阶段性成效。物资采购管理部、销售分公司、天然气与管道分公司管理规范平台建设工作基本完成，并上线试运行；内蒙古销售公司和西部管道公司完成管理手册制定，融合优化体系管理文件，完成基础管理体系文件编制并启动试运行。总结试点工作经验，形成集团公司基础建设规范草案，启动总部管理规范平台信息化建设工作。

【制度建设】 修订发布《集团公司采购物资质量监督规定》，强化采购物资质量监督抽查发现问题后的处理程序，为提升采购物资质量奠定基础。

【质量管理体系建设】 持续推进企业质量管理体系建立和第三方认证。2014年底，所属企事业单位质量管理体系建立率达97.64%，认证率达87.90%。其中，勘探与生产、炼油与化工、销售、天然气与管道、工程技术、工程建设、装备制造7类生产经营型企业全部建立质量管理体系，认证率达88.50%。启动第二轮质量管理体系推进评审，促进企业质量管理体系运行有效性的提高。

【油品质量控制】 根据国家油品质量升级计划的安排和相关成品油质量国家标准的规定，集团公司成立油品质量升级领导小组，投入大量资金用于装置升级改造。将油品质量升级项目作为重点工程严格管理，超前部署，周密组织，设计、采购、施工等环节全力配合，按期完成油品质量升级工作。2014年，集团公司生产汽油3400万吨，全部达到国Ⅳ以上标准，14.23%达到国Ⅴ标准；生产柴油6000万吨，19.41%达到国Ⅳ以上标准。

【品牌整合】 积极组织培育和申报中国石油石化知名品牌产品和地方名牌产品，提升产品品牌知名度。

2014年，宝鸡石油机械有限责任公司生产的石油钻机和石油用钢丝绳、渤海石油装备制造有限公司生产的螺旋缝埋弧焊钢管、吉林石化公司生产的工业用丙烯腈和丙烯腈—丁二烯—苯乙烯（ABS）树脂、大庆炼化公司生产的聚丙烯管材专用料、兰州石化公司生产的工业用丙烯酸等7个产品获中国石油和化学工业"知名品牌"称号。此外，还有多项产品获省级"名牌产品"称号；寰球工程公司"现场管理坚持十项制度提升工程实体质量的实践经验"获中国石油和化工行业"质量标杆"称号。吉林石化公司、渤海石油装备制造有限公司被评为中国石油和化学工业"品牌培育示范企业"。组织开展炼化产品"昆仑"品牌审查，3家企业生产的3项产品通过产品质量、执行标准先进性和有效性情况的专业审查和综合审查，获"昆仑"品牌的使用权。

【产品质量认可】 2014年，组织对460家油化剂生产企业申请的3783项产品进行产品质量认可。经过评审，共有346家生产企业生产的3104项产品获集团公司产品质量认可证书，企业通过率为75.22%，产品通过率为82.05%。建立石油石化用化学剂产品质量认可黑名单，提升认可工作效率。截至2014年底，在有效期内，通过集团公司油化剂产品质量认可的生产企业共有781家、7383项产品。

【产品驻厂监造】 2014年，为保证油气输送管道工程、油田产能建设工程、炼化工程项目质量，相关企业对项目中采购的大型设备、长输管线及防腐等进行驻厂监造，各企业全年共监造长输管线、管道防腐、油井管等36万吨，钻机、修井机、炼油化工装备等1609台（套）。

【产品质量监督抽查】 2014年，集团公司组织对石油产品、化工产品、钻采设备与配件等自产产品和采购产品的质量进行2172批次的监督抽查，覆盖石油产品、化工产品、资源性产品等自产产品和阀门、石油专用管材及配件、石油石化用化学剂等采购产品，产品质量综合合格率为98.43%，同比提高1.61个百分点。共印发3期产品质量监督抽查通报，并根据集团公司有关规定，对抽查不合格的自产产品和采购产品进行处理。

【工程质量管理】 2014年1月，集团公司工程质量监督站务会在北京召开，总结2013年工程质量监督工作，研究部署2014年重点工作。结合新版监督工作程序，组织对工程质量监督信息系统进行改版升级。选取油气田、炼化、管道等3个建设项目，完成工程质量评价体系研究课题的测试工作，并顺利通过集团公司科技管理部验收。

【工程项目质量监管】 2014年，集团公司工程质量监督机构共对2270项在建工程实施监督，累计监督检查24121个监检点。不断强化集团公司总部层面对在建工程项目质量监管，组织完成云南炼化等8项在建工程的质量抽查。加强统筹协调，继续加大异地监督推进力度，全年组织实施异地监督81项，15家监督站参与承担异地监督工作。

【教育培训】 2014年，举办质量处长培训班，各所属企事业单位质量管理部门、工程建设质量监督管理部门负责同志共136人参加培训。培训班讲授国家质量现状及发展形势、集团公司发展环境与发展战略、集团公司质量管理现状分析及对策、建设工程质量管理法律法规及标准要求、建设工程质量管理与监督、质量管理体系建设与实施、质量管理技术方法及质量品牌战略、顾客满意度等课程。举办2期工程质量监督人员资格取证培训班和1期监督人员继续教育培训班，共培训监督人员400余人。举办1期销售系统兼职监督员培训班，120余人参加培训。组织召开工程质量监督系统第二届技术交流会，对如何推进"监督项目程序化、监督计划模板化、监督检查清单化、监督记录规范化、监督管理信息化"工作进行深入交流和探讨。

【质量月活动】 2014年9月，集团公司以"推动'三个转变'，建设质量强国"为主题，开展"质量月"活动。围绕质量宣传培训、质量体系建设、质量隐患排查和特色质量活动四个方面，积极宣传贯彻习近平总书记"中国制造向中国创造转变、中国速度向中国质量转变、中国产品向中国品牌转变（'三个转变'）"的重要论述。140家所属企事业单位近55万名员工参与活动，形成全员关注质量事业、热爱质量工作、参与质量改进、共享质量成果的良好氛围。

【质量协会石油分会】 2014年，石油分会根据三大石油公司质量工作内容，组织会员单位积极开展质量提升工作，努力提高企业综合实力。

QC小组活动。重点围绕企业生产过程中存在的热点和难点问题，开展节能降耗、提质增效等质量改进活动。参加QC小组活动人数12.5万人，取得活动成果8815项，获全国优秀QC小组70个（中国石油56个）。评选出石油工业QC小组活动成果奖215项（中国石油171项），其中一等奖64项、二等奖60项、三等奖91项。组织QC成果发布会，发表成果64项。

组织开展用户"七满意"活动。评选出38家石油工业用户满意企业（中国石油30家）、17种用户满意产品（中国石油12种）、7项用户满意工程（中国石油6项）、27项用户满意服务（中国石油21项）、75个用户满意服务班组（中国石油64个）、68名用户满意杰出管理者（中国石油58名）、79名用户满意服务明星（中国石油68名）。

组织开展石油工业质量论坛活动。评选出优秀论文101篇（中国石油85篇），其中一等奖9篇（中国石油8篇）、二等奖17篇（中国石油14篇）、三等奖75篇（中国石油63篇）。

积极推进卓越绩效管理模式。东方地球物理勘探公司新疆物探处、管道局管道机械制造有限责任公司、海洋工程公司广东珠海金湾液化天然气有限公司和渤海钻探公司塔里木钻井分公司获"2014年度石油工业实施卓越绩效模式先进企业"称号。

积极开展质量培训工作。组织会员单位参加全面质量管理知识普及教育、QC小组基础知识和统计技术等培训活动。培训人数总计2.6万人，参加全国统考10530人。石油分会被评为"2014年度全国质量管理知识普及教育活动优秀组织奖"。

标准化工作

【概述】 2014年，集团公司标准化工作按照"标准先行、共性为主、源头入手、执行有力、面向国际、注重实效"的原则，以"统一、先进、国际同行认可"为目标，不断推进标准制定、实施和实施监督工作，有力支撑集团公司有质量、有效益、可持续发展。

【标准化管理】 发布集团公司《关于加强标准化工作的意见》，规划标准化中长期部署。制修订发布集团公司《国际标准化管理规定》和《标准化管理办法》，企业标准化规章制度体系持续健全。按照国家标准化管理委员会的批复，开展全国页岩气标准化技术委员会的组建工作；调整设立企业物资采购专业标准化技术委员会，调整集团公司标准化委员会及天然气管道、社会安全等7个专业标准化技术委员会（工作组）的89名委员，企业标准化运作不断规范。

【标准制修订】 2014年，集团公司共牵头完成制修订国际标准2项、国家和行业标准186项，新牵头承担162项国家和行业标准制修订任务；所属企业制修订集团公司企业标准187项，制定地区公司企业标准2900余项；全年集团公司企业标准批准发布208项、废止7项；在地方政府标准化主管部门新备案集团公司企业产品标准38项。参与协调《普通柴油》《输气管道工程设计规范》等重点标准的制定与发布。

【标准实施监督】 持续开展重点标准实施工作，2014年集团公司重点实施10个专业27项标准。开展"世界标准日"宣传活动，围绕"标准营造公平竞争环境、标准构建统一市场规则"的主题，开展多样化、多种形式的宣传，传播标准化理念、普及标准化知识、推广标准化方法。组织集团公司第二届优秀标准奖评选，共评出获奖项目98项，包括一等奖10项、二等奖30项、三等奖58项。西南油气田牵头制定的一个天然气标准项目获年度中国标准创新贡献奖三等奖。

【标准化研究】 完成非常规油气标准体系研究工作，建立包括页岩气、煤层气、致密砂岩气三部分主要内容的企业非常规油气标准体系。开展标准实施效果评价方法研究，通过采用价值链分析等方法，建立标准实施评价指标体系和实施效果计算模型，初步形成标准实施效果评价方法及相关评价软件。

【国际标准化工作】 国际标准制修订工作取得新突破，西南油气田主持制定的"天然气硫化物测定"国际标准（ISO 16960）以及"天然气甲烷值计算"国际技术报告（ISO/TR 22302）正式发布。集团公司承担和提出提案的国际标准及国外先进标准制修订项目19项，其中1项NACE（美国腐蚀工程师协会）标准即将发布，1项ISO标准进入最终国际标准草案阶段（FDIS稿），其他12项正在起草、2项正式立项、3项提交提案。标准化国际交流与合作进一步深化，与美国石油学会（API）正式签署深化标准化合作协议，扩展合作领域，建立定期交流机制，并承办API标准研讨会。2014年派出14个团组42名专家参加相关国际标准组织的年会以及相关标准项目制修订会，跟踪跟进相关领域标准化最新进展。

计量工作

【概述】 2014年，集团公司计量工作认真贯彻国家《计量发展规划（2013—2020年）》，加强计量基础和交接计量管理，加快检定能力建设，推进计量技术进步，促进集团公司有质量、有效益、可持续发展。

【计量基础管理】 编制印发集团公司《落实国家计量发展规划（2013—2020年）实施方案》，明确规划实施的指导思想、工作原则和到2020年发展目标，从计量科技基础研究、计量服务与保障能力建设、计量监督管理、保障措施等4个方面提出21项工作任务，并部署一批计量科技和管理重点项目。制定装备制造、工程建设等业务计量器具配备企业标准3项。举办1期企业计量主考员培训班，共计培训240人；举办1期油气交接计量管理规定及相关企业标准培训班，202人参加培训。

【交接计量管理】 组织开展油气管输损耗调查，修订发布新的油气管输损耗控制指标。组织开展对内蒙古地区成品油交接计量情况的调研，跟踪3个批次成品油的交接计量，评估交接计量风险，提出交接计量改进意见。

【油气计量检定校准能力建设】 国家石油天然气大流量计量站液态烃实验室建设完成初步设计，设计指标为国际先进水平；成都分站一期工程的工作标准装置通过国家考核，二期工程完成mt原级标准的出厂验收测试。能量计量实验室完成发热量直接测定系统、标准物质称量系统的现场监造。国家石油天然气大流量计量站广州分站试运行投产，榆林检定点获国家质量监督检查检疫总局筹建批准。

【重大工程项目协调】 协调国家计量、检验和海关等监管部门，组织对中亚C线边境计量站进行监管验收，并顺利通过验收。

【计量技术进步与交流】 中国石油与中国石化和中国海油共同举办油气计量技术论坛，中国石油45篇论文获一、二、三等奖和优秀奖。参加中俄能源计量分组第三次会议，双方同意进一步开展天然气计量和检验比对。

（宗　伟）

第十篇

企业管理与监督

规划计划

【概述】 2014年是实施“十二五”规划承前启后的关键一年。面对错综复杂的内外部形势，规划计划部认真学习贯彻党的十八大、中共十八届三中、四中全会精神，紧密围绕中国石油天然气集团公司发展大局，深入贯彻“有质量有效益可持续”发展方针，坚持稳中求进、稳中有为，着力推进“十三五”规划研究，强化投资规模控制和结构优化，深化重大项目前期工作，科学优化资源配置，把改革创新贯穿于规划计划工作的各个环节，充分发挥“决策参谋、综合平衡、协调服务、监督检查”职能，各项工作取得新进展。

（胡　勇）

【战略研究和中长期规划】 全面启动集团公司“十三五”规划编制工作。在集团公司党组的统一部署和直接领导下，规划计划部高度重视“十三五”发展规划编制工作，2014年初就研究提出“十三五”规划工作方案，2月24日向集团公司领导呈报《关于开展“十三五”发展规划编制工作的请示》，3月11日正式下发《关于开展“十三五”规划编制工作的通知》(中油计〔2014〕74号)，对“十三五”规划体系、任务分工、总体进度和工作要求做出具体部署和安排。“十三五”规划体系由总体规划、专业规划、专题规划、专项规划、分省规划及专业分公司子规划和企业规划组成，集团公司层面共编制66个规划。2014年，重点组织大庆油田可持续发展等13个专题规划研究编制工作，形成初步规划成果；组织编制国内上游业务等11个专业规划思路与框架，初步进行衔接论证。

为加强集团公司规划工作组织领导，集团公司成立“十三五”规划编制工作领导小组，组长由董事长担任，其他党组成员任副组长，领导小组成员由总经理助理、管理层成员、副总师以及机关相关部门、各专业分公司和相关研究院主要负责人组成。领导小组下设办公室，办公室设在集团公司规划计划部，办公室主任由侯启军担任，机关相关部门、各专业分公司、相关研究院主管规划计划的领导任副主任，办公室成员由相关单位规划计划处室长组成。

编制集团公司2014—2016年滚动发展规划。落实国务院国资委编制三年滚动规划要求，对“十二五”前三年规划执行情况进行评估，对“十二五”后两年规划安排进行滚动调整，确保“十二五”集团公司生产经营稳定向好，并与“十三五”规划实现有序有效衔接。

布置并开展一批规划课题研究。2014年是“十三五”规划编制前期准备、研究阶段，本着少而精，突出全局性、长远性、战略性等重大问题研究的原则，经过反复筛选论证，共设35项规划课题，围绕宏观环境、发展方向、业务范围、新业务、跨专业等有关问题开展研究，重点研究跨部门、跨专业、一体化的共性问题。研究工作广泛吸取各方面意见和建议，有关部门和专业分公司全程参与相关专题研究，帮助把握好研究方向和重点，保障研究水平。2014年，通过对重大战略问题研究，对内外部形势形成一些重要认识和判断，各项研究课题按计划推进，研究成果为规划编制工作提供重要支持。

（王　武）

【项目管理】

1. 勘探开发项目管理

国内项目核准备案。上报备案16家油气田自营区334个产能建设项目，其中原油项目257个、新建原油产能1612万吨，天然气项目77个（含煤层气、页岩气）、新建天然气（含煤层气、页岩气）产能252亿立方米，全力保障国内油气产量的持续增长。其中，“西南油气田安岳气田龙王庙组气藏80亿立方米产能”项目及时备案，为优质储量项目快速上产创造条件；长宁、威远、昭通3个页岩气开发项目及时备案，为加快页岩气评价和试采、探索页岩气有效开发创造条件。积极推进对外合作项目获得国家核准，“苏里格南区块总体开发方案”“永平油田总体开发方案”2个项目获得国家能源局批复，“四川盆地金秋项目秋林北区致密砂岩气”获得国家路条批文。

项目管理。批复国内上游重大项目12个，其中批复开发方案4个，包括长宁、威远、昭通共36亿立方米页岩气开发方案、赵东C/D和C-4油田补充开发方案等；批复大庆油田热电厂污水综合利用工程可行性研究报告、大港油田自备热电厂关停等地面及安全环保隐患治理项目8个。配合国家发改委完成“罗家寨（含滚子坪）气田飞仙关气藏开发调整方案”“马必区块煤层气合作开发项目评估”。

专项规划和战略研究。组织开展大庆油田“十三五”规划及可持续发展规划、长庆油田（“西部大庆”）可持续发展规划、“新疆大庆”发展规划等8个专题规划研究以及海洋油气业务发展战略、致密油气发展战略、页岩气发展战略、煤层气发展战略4个重大课题研究。组织编制并向国土资源部、国家能源局上报周边海域油气开发规划、新一轮油气资源保障程度论证、中国石油油气勘探开发2014—2016年滚动规划等7项规划成果。

国家政策争取。向国家能源局争取页岩气、煤层气、致密气财政补贴政策，国家明确“十三五”前3年，页岩气每立方米气补贴0.30元、后2年每立方米气补贴0.20元的扶持政策，促进“十三五”期间集团公司非常规油气业务发展。

配合国家发改委探索油气体制改革试点。完成集团公司与新疆维吾尔自治区合资合作方案，并通过集团公司常务会审定，起草并签署与新疆维吾尔自治区深化战略合作框架协议，按分工有序推进与新疆维吾尔自治区的合资合作项目。

（徐　婷）

2. 海外勘探开发项目管理

专项规划和战略研究。组织编制完成境外勘探开发业务2014—2016年滚动规划，纳入集团公司2014—2016年滚动规划上报国务院国资委；组织完成境外油气（含非常规）业务发展和可行性研究，通过国土资源部组织的专家验收后，正式提交国土资源部储量评审办公室。开展中国石油境外油气勘探开发4国9项目投资策略研究、海外上游业务结构优化及规划方案研究，为集团公司“十三五”规划编制提供技术支持。

项目前期管理。组织评估审查9个境外重点项目可行性研究报告（开发方案），其中哈萨克斯坦阿克纠宾等4个项目完成集团公司常务会审议或主要领导审批程序；哈萨克斯坦PK等3个项目完成评估，待提请集团公司常务会审议；哈萨克斯坦曼格什套项目、乍得H区块达尼拉及周边油田开发项目正在开展评估。

项目核准备案。组织上报国家发改委申请核准（备案）项目5个，包括俄罗斯亚马尔LNG、乌兹别克斯坦明格布拉克项目等；获核准（备案）项目7个，包括收购巴西国家石油公司秘鲁公司股权项目、加拿大四方LNG项目等。

重点项目研究。组织完成10个海外重点项目重点事项研究工作，相关建议均获集团公司领导批准，切实发挥决策参谋作用，包括厄瓜多尔79/83区块项目备案事宜和批复事宜、土库曼斯坦300亿米³/年项目EPCC总承包方案评估优化、PKOP炼油厂升级改造工程投资优化以及华油集团乍得阳光国际工业园项目审批、集团公司与股份公司涉及同业竞争问题处理机制和工作流程等。

规章制度建设。组织完成境外油气勘探项目和油田开发项目可行性研究编制规定修订、气田开发项目可行性研究编制规定的编制工作，并正式下发执行；启动境外油气勘探项目、油田开发项目、气田开发项目可行性研究编制指南编写工作；组织开展境外投资油气勘探开发项目申请报告编制规定修订工作，确保编制规定与国家管理办法以及集团公司海外业务发展新形势、新特点相适应，为集团公司境外投资项目管理提供重要指导。经研究并请示领导批准，明确已获国家发展改革委员会备案，且集团公司投资3亿美元以下的海外勘探开发项目可行性研究报告（开发方案）以及海外油气田试采方案由海外板块自行组织审批，已列入集团公司第一批调整和下放管理及审批权限事项并下发执行。

海外项目图册编制。在2013年工作的基础上，结合海外新项目获取和老项目运行情况，一是对中国石油在海外整体、五大油气合作区、重点国家共计39张图件及其配套文字说明进行更新和细化；二是开展海外大区文字材料的补充完善工作，并装订成册，实现海外项目情况系统化管理，提高项目管理效率。

（刘瑞杰）

3. 炼油化工项目管理

战略及重点项目进展顺利。广西石化加工含硫原油改造项目以及四川石化千万吨炼油、80万吨/年乙烯项目顺利按计划建成投产。继续开展云南石化、广东石化、大连长兴岛和中俄天津东方石化等战略项目工作。其中，云南石化、广东石化项目按计划开展建设工作；大连长兴岛、中俄天津东方石化等项目继续开展项目前期工作。

高效开展成品油质量升级工作。按照国家2014年底前完成国Ⅳ柴油升级的总体要求，圆满完成国Ⅳ柴油升级工作，相关项目全部按期建成投产，并顺利完成市场替换；京津冀、长三角、珠三角等提前实施国Ⅴ标准的重点区域保供企业汽油、柴油质量升级项目前期工作进展顺利。

（张桐郡）

4. 油气储运项目管理

2014年，重点工程项目建设有序推进，内陆骨干管网不断完善。西气东输三线连木沁—中卫段、营口—盘锦天然气管道、泰兴—芙蓉天然气管道、庆铁四线、铁大线铁岭—鞍山段改造、呼包鄂成品油管道等一批重大项目顺利建成投产；西三线吉安—福州段、长春—沈阳天然气管道、中缅原油管道、铁锦复线、锦郑成品油管道、云南成品油管道等项目正在有序建设。同时，开展一系列油气管道项目前期工作，并批复一批重点项目可行性研究报告。

天然气管道及LNG项目。1月，批复如东—海门—崇明岛输气管道工程可行性研究报告、周口燃气电厂工程可行性研究报告；2月，批复深圳液化天然气应急调峰站项目可行性研究报告；3月，批复楚雄—攀枝花天然气管道工程可行性研究报告、西气东输五线天然气管道工程预可行性研究报告；4月，批复西气东输四线天然气管道工程可行性研究报告；5月，批复遵化市天然气利用项目可行性研究报告。

原油管道、成品油管道及配套油库项目。5月，批复马惠原油管道安全升级改造工程可行性研究报告；6月，批复云南成品油管道工程配套清华洞油库扩建、玉溪油库项目可行性研究报告；7月，批复中俄原油管道漠河—大庆段阀室改造工程可行性研究报告、兰州—成都原油管道新增伴行道路工程方案设计；8月，批复冀东油田高尚堡—曹妃甸原油管道及配套工程可行性研究报告、南堡油田3号构造油气集输干线工程可行性研究报告；9月，批复阿赛线安全扩能改造工程可行性研究报告、铁大线安全改造工程（鞍山—大连段）可行性研究报告；11月，批复云南成品油管道工程配套保山油库、蒙自油库项目可行性研究报告，云南成品油管道安宁首站配套地付装车设施项目可行性研究报告。

（刘春杨　刘忠付　段宝成）

5. 管道项目核准管理

2014年，油气管道项目核准工作充分发挥集团公司整体优势，强化立体式攻关协调机制，按期保证油气管道项目核准进度，核准基础工作建设取得新进展。

核准工作成果。2014年，集团公司共有9个油气管道项目获国家发改委、能源局核准。其中，原油管道包括：庆铁三线、庆铁四线、天津港—华北石化原油管道；天然气管道包括西三线中段、陕京四线、中亚D线（境外段）、如东—海门—崇明岛天然气管道；LNG项目包括：江苏LNG二期、唐山LNG外输管道变更核准。项目总投资约1140亿元，全部建成后管道总长度将增加6300千米，增加天然气管输一次能力900亿立方米/年、原油输送能力5700万吨/年、LNG接收能力300万吨/年。9个项目途经全国16个省（区、市）的200多个县（市），共办理核准附件国家部委36个、省级100个左右、县市级2000个左右。另外，2014年还有唐山LNG外输管道扩能工程、铁抚线改造工程等21个项目获省级投资主管部门核准。

核准基础工作建设。组织编写完成路条、申请报告、规划选址、用地预审、社会稳定风险分析等一系列管理体系程序文件，涵盖任务委托、过程控制、成果上报、审查、工时测算等内容，明确各项工作流程和各单位工作职责，使项目核准工作达到有序、可控、高质、高效。

（姚　双）

6. 销售、信息项目管理

（1）销售项目管理。以“有质量有效益可持续”为基本发展方针，结合炼油规划调整和近几年销售网络建设进展以及投资规模压缩等集团公司内外部形势变化，同时结合成品油管道、油库、加油（气）站储运设施优化等专题研究成果，研究编制“十三五”成品油销售业务和国际贸易业务规划提纲，明确新常态下销售业务发展思路，由以前重速度规模，转向重质量效益发展。同时，结合销售业务深化课题研究，组织开展4个课题研究工作，在“十三五”规划研究中得到有效应用。

为解决集团公司产销矛盾突出问题，参与“产炼销”一体化优化研究，以一体化模型为基础，努力实现炼化销售贸易生产计划的整体优化；建立健全生产经营管理机制和体制，努力实现“产炼运销储贸”运行顺畅；以集团公司整体利益最大化为原则，努力协调解决制约生产经营优化工作的主要矛盾。

针对集团公司在云南、广东正在新建的炼油厂和已投运的广西石化生产后路问题，研究在炼油厂所在省份及周边区域最大程度销售成品油问题，以缓解成品油供过于求的产销矛盾。

对于销售项目，做到“两突出、两加强”，突出发展规划，规划外项目一律不上；突出效益标准，未达标项目一概不安排；加强沟通协调，避免重复建设；加强市场研究，促进效益提升。2014 年，调减销售业务投资，暂停暂缓部分油库和加油站项目，对新建成品油库项目实行严格控制，按照集团公司规划和项目立项程序组织评估论证项目 4 项，办理项目批复 4 项。

（2）信息项目管理。结合集团公司“十二五”信息化规划及建设应用情况，分析业务与信息技术发展趋势，组织研究集团公司信息化建设“十三五”发展规划思路和框架；规范信息项目论证审批，优化信息项目投资，完成批复信息项目 3 项，会签审查信息项目 10 项。

（3）基础管理工作。充分发挥业务主导作用，加强业务人员与信息人员的紧密结合，组织开展集团公司投资项目一体化管理系统建设。

组织开展业务集中设计及专题研讨。在完成长庆油田详细方案设计的基础上，组织集团公司机关 6 个部门、8 个专业分公司、28 家拟试点地区公司的业务关键用户，分勘探（上市、未上市）、炼化、销售、管道、海外、未上市企业、科研与信息、股权 9 个组，开展投资项目前期及投资计划业务集中设计工作，研讨不同项目类型及管理层级的业务管理流程、关键数据及系统操作功能要求。按专业形成详细设计主要成果 10 余份。

按照上下结合要求，组织详细设计对接与完善。按照业务集中设计及研讨意见，组织项目组与规划计划部、各专业分公司相关业务处室对接确认业务管理流程、数据标准、系统功能等内容，修改系统详细方案设计，并广泛征求各地区公司意见。最终梳理形成 154 个四级业务流程、20 个关键方案及业务指标 600 余项，各专业 ERP 应用集成详细设计方案据此落地实施。

组织协调集成，参与方案审查，推进标准化工作。组织协调项目组与资金部、资本运营部、科技管理部、管道板块、销售板块等部门单位讨论落实相关系统集成方案与范围。与公共编码平台项目组讨论沟通系统集成方案，组织规划计划部相关处室参加勘探等 8 个专业 ERP 应用集成项目及公共编码平台项目详细设计方案中关于投资项目一体化管理主线的审查确认。利用公共数据编码平台升级，在集团公司统建信息系统范围内推进应用统一标准的投资项目编码、项目类型、项目属性信息。

组织开展系统开发测试。组织项目组编写项目前期管理技术规格说明书，进行基础平台、系统功能、集成接口开发测试等工作。在集团公司机关相关部门、各专业分公司、14 家试点地区公司等部门单位开展用户测试工作；根据用户测试意见，进行整理分析、研究解决方案，完善系统前期管理功能设计开发。

组织系统提升和试点实施工作，实现系统试点上线。组织协调解决 BPS 系统 BW 平台拆分问题，督促项目组组织开展 BPS 系统性能评估、研究性能优化方案；完成前期管理业务系统生产环境部署、投资计划编码统一的数据切换工作。开展系统联调测试，在 14 家试点单位完成关键用户培训、工作流配置、权限配置、数据准备等工作，实现试点单位上线运行。

推动专业管理模块立项，组织开展需求分析及详细设计。协调信息管理部解决经济评价管理、工程造价管理和后评价管理等 3 个模块的可行性研究立项，组织开展系统需求分析、功能设计、原型开发等工作。

（栾向阳　于宝东）

7. 工程技术服务项目管理

规划及专题研究。开展工程技术服务业务“十三五”发展规划专题研究，就集团公司工程技术服务业定位、国内外工程技术服务业务发展现状及趋势、企业发展模式、工程技术服务业务体制机制改革、“十三五”重点业务发展方向等方面进行研究，形成初步的发展思路和规划框架，编制工程技术业务“十三五”发展规划纲要。

项目管理。适应经济新常态和国际油价大幅下降带来的影响，深化工程技术项目前期管理，严格执行“部内预审—第三方评估—联合复审”程序，优化建设方案和投资规模，有效识别和规避项目投资风险。共组织审查工程技术服务业务项目 21 项，办理可行性研究报告批复 12 项，批复总投资比上报总投资核减 22.8%。其中，钻机更新项目严格报废标准，由上报的更新 22 台钻机压缩到 9 台；积极支持发展高端业务，引进高端四参数 LWD 2 套，2000 型压裂车组 4 套，发展地层评价、地质导向等高端技术和装备；支持发展国际市场，批复科威特过渡带三维地震项目所需设备、土库曼斯坦 300 亿立方米商品气产能建设项目所需施工设备，确保项目按期高水平施工。

（刘　军）

8. 装备制造项目管理

规划及专题研究。按照集团公司对装备制造业务的发展定位，对装备制造业务“十二五”规划进行滚动优化调整，调整制定工作思路、发展目标和重点工作部署，并完善投资总量规划和项目库。组织开展《装备制造业务转型升级及规划研究》专项课题研究工作，进一步明确装备制造业务发展现状，未来转型升级的总体思路、目标、工作重点和保障措施，为编制装备制造业务“十三五”规划奠定基础。

项目管理。坚持市场导向、质量为本、效益优先原则，严控投资规模，以盘活存量、调整结构为主线，突出高端化、特色化、市场化、国际化的发展方向，加快推动装备制造业务转型升级和结构优化调整。突出做好重点项目研究论证，组织开展技术开发公司美国仓储销售服务中心和哈萨克斯坦石油套管加工、宝鸡石油机械公司钻机成套制造技术质量提升、宝鸡石油钢管公司哈萨克斯坦大口径焊接钢管制造等项目可行性研究报告的审查工作，为推动装备制造业务持续有效发展奠定基础。

（王　琪）

【用地预审管理】 2014 年，如东—海门—崇明岛天然气管道、天津港—华北石化原油管道、深圳 LNG、中亚 D 线（境内段）等 4 个项目用地预审获得国土资源部批复。

为有效宣传贯彻落实国土资源部门用地预审新政策，4 月组织有关单位召开油气管道用地预审研讨会，邀请相关专家对国土资源部下发《关于强化管控落实最严格耕地保护制度的通知》（国土资发〔2014〕18 号）文件做政策解读分析，有效提升集团公司油气管道用地预审工作质量和效率。

（王　博）

【年度业务发展计划】 2014 年，贯彻落实“有质量有效益可持续”发展方针，强化“一本账”管理，突出质量效益，优化投资结构，严格前期工作和基本建设程序，严控投资总量，投资向效益好的业务和企业倾斜，突出上游业务和销售终端，控制低效无效投入，确保集团公司各项生产经营任务目标的完成。统筹部署各业务年度投资计划，全年共下达上市、未上市业务投资计划 10 批，年度投资规模控制在 3900 亿元以内，比 2013 年初计划减少 320 亿元，减幅 7.6%，同比减少 1047 亿元，减幅 21.2%。

（马　明）

【概算管理】 加强项目可行性研究估算审查。突出提升质量效益，坚持方案优化和投资对标并重，科学合理审准项目可行性研究估算。2014 年，共审查项目可行性研究估算 57 项，综合投资核减率 18%。

强化重点项目概算复核。着力采取严控建设标准、持续优化方案、以效益指标约束工程投资等综合性措施，实现项目投资有效控制。2014 年，共复核一类、二类项目初步设计概算 49 项，综合投资核减率 10%。

持续完善工程计价依据体系。编制《石油建设安装工程概算指标》《石油建设安装工程费用定额》，通过扩展定额覆盖范围、统一工程量通用清单、统一概算指标和预算定额的内容与价格、统一概算指标的子目设立和工程量清单项、平衡各专业之间的水平和调整人工、消耗材料单价等，保证定额更加科学合理；发布《金属储罐机械清洗预算定额（试行）》（计划〔2014〕56 号）、《长输管道检维修工程预算定额（试用）》，填补集团公司工程计价依据的空白；新编《石油建设工程投资参考指标》（油气田工程册）、修编《石油建设工程投资参考指标》（炼油工程册），为投资决策提供技术支持。

夯实基础管理工作。修编《建设项目投资审查程序和工作要点》，更新完善 4 册《建设项目投资审查统一规定》；根据钢材市场价格变化情况，完成 6 期《钢材价格分析及预测简报》；发布 4 期《石油建设工程统一设备材料综合参考价格》，涵盖 7 类设备材料、共计 2740 条价格子目；着力推进工程造价管理信息系统建设，集成项目投资数据库、价格指标采集、计价依据发布、工程造价审核、对标分析等综合性投资控制和造价管理功能。

重视提高造价专业人员综合素质。2014 年，完成安装工程专业和建筑工程专业两期造价人员岗位培训。

（张建斌）

【石油工程建设管理】 工程勘察设计。截至 2014 年底，集团公司拥有国家工程勘察设计资质单位共 35 个，其中综合甲级 6 个，行业甲级 11 个，专业甲级 8 个，乙级 10 个；拥有专利 1473 项，拥有专有技术 430 项，获国家和省部级奖 13000 项；从业人员总数 4 万人次，其中技术人员 1.8 万人，各类注册人次 6815 人。2014 年，完成工程勘察合同额 7.7 亿元，工程设计合同额 121.9 亿元，工程技术管理服务合同额 12 亿元，工程承包合同额 480.5 亿元，实现营业收入 697.2 亿元。

工程建筑施工。截至 2014 年底，集团公司所属建筑施工总承包和专业承包企业 71 个，其中施工总承包企业 44 个，包括特级资质 4 个，一级资质 27 个，二级资质 11 个，三级资质 2 个；专业承包企业 27 个，包括一级资质 21 个，二级资质 5 个，三级资质 1 个。2014 年，建筑业企业实现总产值 938.5 亿元，其中境外营业额 292.5 亿元。

（丁金林　周　波）

【后评价管理】 全面推进项目后评价工作。2014 年，集团公司共有 54 家地区公司开展后评价项目 2467 个，投资总额达 2501 亿元，占集团公司同期投资完成额的 21.5%。其中，详细后评价项目 116 个、投资总额 1009 亿元；简化后评价项目 2351 个、投资总额 1492 亿元，后评价工作得到有效巩固和加强，基本实现评价范围全覆盖的预期目标。在此基础上，集团公司根据业务发展需要开展七大类 26 个典型项目详细后评价，投资总额 1061 亿元；完成 8 个油库和 14 个信息化项目专项后评价报告以及项目竣工验收专题报告，尝试开展漠大线项目跟踪评价工作。

强化后评价闭环管理成效。依照后评价管理有关规定对 25 个典型项目反馈后评价意见，共总结经验 37 项、发现问题 107 项、提出意见和建议 49 项，地区公司针对发现问题整改落实 72 项，整改落实率达 67.3%。连续 7 年编制发布后评价通报，通报在对 2013 年完成的 25 个项目进行深入分析的基础上，总结 3 个方面成功经验和 5 个方面存在问题，并提出 4 个方面的措施建议。对伊拉克艾哈代布、抚顺石化自备电厂锅炉烟气脱硫和吉林石化 15 万吨 / 年乙烯新建 10 号裂解炉等项目后评价总结的成功经验和发现的问题分别进行专题呈报。

不断完善后评价工作体系。在组织调查研究、广泛征求意见、开展专题论证、反复谈论修改的基础上，完成集团公司和股份公司后评价管理办法修订下发工作。结合集团公司后评价工作实际，充分利用已有研究成果和评价案例，完成投资项目后评价理论与实践系列丛书的编辑出版工作。组织有关专家到吉林油田、大庆炼化、管道分公司开展后评价信息系统调研，分勘探、开发、炼化、管道、销售五大业务组织开展系统需求分析、关键指标体系、详细设计研讨，完成系统方案初步设计工作。制修订下发海外油气勘探、海外油气田开发、国内对外合作、海洋工程装备、信息化建设 5 类项目和炼化、管道建设 2 类项目后评价报告编制细则。成功举办集团公司销售项目后评价业务骨干培训班，共有 40 家销售企业的 67 名后评价业务骨干参加培训；受邀指导新疆油田、吐哈油田、大庆油田、管道分公司后评价业务培训。

（洪保民）

【综合统计】 统计管理体制和运行机制进一步理顺。2014 年 7 月，新修订的《统计工作管理办法》，分别以中油计〔2014〕297 号和石油计〔2014〕189 号文正式下发执行。新管理办法共七章、28 条，进一步明确职责权限，理清管理界面，理顺管理体制和运行机制，强化可操作性，扩展适用范围。

统计的决策支持作用进一步增强。紧密围绕集团公司发展的中心工作，针对市场情况和生产运行，深入开展统计分析。一是组织编写《中石油在各省企业生产经营整体情况》报告 60 余份，全面反映中国石油在各省各企业生产经营基本情况以及中国石油与地方政府共同关注的有关事宜，为领导到基层视察调研和会见地方官员提供背景资料。二是在相关职能部门、专业分公司和地区公司的大力支持和配合下，完成 3 个季度的集团公司生产经营活动分析报告，对集团公司生产经营完成情况进行全面总结，与国内可比石油公司进行对标分析，对热点、难点问题深入剖析，提出切实可行的建议措施。

统计方法制度建设取得成效。集中组织对统计核算指标解释进行全面修编。新修订的集团公司统计指标解释涵盖 39 个主要专业、3000 多个指标，涉及企业生产经营管理的各个环节。在梳理集团公司生产经营核算体系的基础上，对《集团公司统计核算指标解释》研讨和修改。截至 2014 年底，修订工作基本完成。

统计信息化建设持续推进。从 2014 年初开始，在 15 家试点单位进行新综合统计管理信息系统全面测试，根据测试反馈对系统进行优化与完善，并组织系统培训。6 月，新系统开始双轨运行。9 月，未上市业务开始单轨运行，新系统的建设工作基本完成。新系统全面梳理配置新指标体系，应用新的报表制度，包含 1500 个统计指标、590 个统计维度、上百万个计算及平衡公式，在 157 家地区公司级用户上线应用，其中 5 家推广至二级单位。

统计队伍素质和凝聚力进一步提高。围绕统计队伍建设目标，坚持抓好统计培训工作，按照“用什么、学什么，缺什么、补什么”的思路，开展有针对性、不同形式、多层次的统计业务培训。举办集团公司 2014 年新综合统计指标解释培训班，集团公司所属企事业单位 199 名统计骨干人员参加培训。

（孙效娴）

财务资产管理

【概述】 2014年，面对错综复杂的国内外经济环境和国际油价大幅下跌的严峻形势，集团公司财务工作围绕有质量、有效益、可持续发展的中心任务，坚决贯彻集团公司党组各项决策部署，在集团公司总会计师刘跃珍和总监于毅波的正确领导下，大力推进财务管理体制机制改革创新，积极推动开源节流降本增效和各项重点工作有效落实，强化班子、队伍、作风建设，全面完成各项工作任务，取得较好的进展和成效。

【开源节流降本增效】 2014年，面对宏观经济下行、市场需求不振、油价大幅下跌等复杂严峻的经营形势，集团公司深入贯彻落实“有质量有效益可持续”发展方针，部署在集团公司范围内深入广泛开展开源节流降本增效活动。按照集团公司党组要求，财务部牵头制定《中国石油天然气集团公司关于全面实施开源节流降本增效确保实现2014年奋斗目标的若干意见》，提出定量化的降本增效奋斗目标，针对集团公司生产经营过程中影响效益的关键环节和主要矛盾，研究制定10大类共30项具体措施，对每一项措施均明确牵头单位和责任单位，经集团公司党组批准发布实施。同时要求各业务板块、各企事业单位按照集团公司意见要求制订本单位开源节流降本增效具体实施方案，确保降本增效指标层层分解落实和各项具体措施得到贯彻执行。

财务部重点从以下几个方面入手做好工作推进落实：（1）强化宣传动员。利用各类会议传达管理要求，凝聚达成共识。利用《中国石油报》、集团公司网站等宣传媒介，通过重要节点事件动态报道、“保增长保效益·开源节流降本增效在行动”专栏报道、话题报道、开源节流降本增效专题等，全方位宣传报道。（2）强化督促落实。先后8次召开各板块企业的财务管理经验交流座谈会，交流典型经验和好的做法，提高措施针对性。通过经验交流，为各企事业单位相互学习提供有益平台，促进活动不断走向深入、取得实效。（3）强化跟踪监控。制订开源节流降本增效重点指标监测表，对42项重点指标逐月监控分析，发挥监测的预警提示作用和经营决策支持作用。（4）强化典型经验做法总结推广。面向集团公司所有企事业单位，征集到开源节流降本增效典型案例近480篇，通过组织财务部、各业务板块、部分企事业单位和石油报社有关业务骨干和专业人员进行评审，选定80篇优秀案例，形成并印发《开源节流降本增效案例集》供各企事业单位参阅学习。

通过积极实施调结构、控投资、降成本、减债务、去库存、轻资产等一系列举措，在集团公司上下共同努力下，开源节流、降本增效活动取得显著实效，为集团公司应对低油价冲击，实现保增长、保效益目标任务发挥重要作用。

【预算管理】 完善以效益为导向的业绩指标体系。未上市业务除金融和托管企业外，均增设EVA考核指标；上市业务考虑到资本市场对投资资本回报率指标的关注，EVA作为控制指标，不设置权重，完不成扣分。销售业务效益类指标权重调减，直属炼油厂成品油采购计划完成率、纯枪销售量等指标权重相应调增。继续将成本指标作为控制指标，不设置权重，完不成扣分。为了充分调动各层级积极性，按照简政放权的指导思想，明确专业分公司可根据实际情况，以完成集团公司设定的预算指标为目标，设置对地区公司考核指标及权重。通过预算考核指标体系的完善，进一步强化预算考核的政策导向和约束激励作用。

积极探索科学编制预算方法。2014年预算编制，注重方法和机制的创新。变以往“谈”预算为“算”预算。通过优化预算参数和模型，科学测算预算总盘子。突出战略引领。在投资规模控制上，坚持量入为出和自由现金流为正。在投资结构上，上游业务投资规模不低于总投资的一定比例，下游业务兼顾价值创造与疏通炼油厂后路双重职责。在成本控制上，操作成本努力实现与2013年基本持平，严格控制加工成本，管输成本剔除油气价格增长因素不高于上年水平。按照收入算实、成本扎紧原则，确定炼化、销售业务的吨油完全加工成本和吨油营销成本。突出价值导向，形成倒逼机制，坚持通过预算政策引导专业分公司降本增效。完善信息运行维护费预算管理机制，明确费用审核原则，简化运维费用结算方式，调整定额项目的费用标准，解决遗留问题。理顺经费预算管理流程，支持科研事业单位发展。

会同人事部共同研究制定新的工效挂钩机制和工效挂钩方案。方案以预算目标和奋斗目标为基准，强化薪酬激励，体现效益导向作用。对设置效益考核指标的单位实行工资增长与超额利润阶梯挂钩政策，利润实际完成值高于预算利润指标值，且低于奋斗目标值的部分，采取三七分成，30% 用于工资增长；利润实际完成值超过奋斗目标的部分，采取四六分成，40% 用于工资增长；未完成预算利润指标的，不涨工资或扣减工资。

出台《中国石油天然气股份有限公司炼化与销售业务一体化运行考核管理暂行办法》，促进集团公司炼化、销售业务一体化协调运行，推进局部利益和整体利益相协同，实现整体效益最大化。积极应对市场变化，确保集团公司炼化、销售业务协调平稳运行，下达 2014 年 9—12 月成品油库存控制目标及激励政策。

深入开展内部对标管理，完成 2013 年区块效益评价工作。在前期工作基础上，与专业分公司、地区公司一道结合集团公司区块现有核算数据，对原有评价体系、评价内容进行进一步优化、调整，强化分析广度、深度和细度，形成 2000–2013 年油气区块效益评价报告模板。模板从不同角度反映油气田企业区块效益情况，指标与生产经营活动的相关性和指向性更加明确，突出对各级油气生产单位、研究机构决策的支持作用。

【会计报表及核算】 平稳高效完成财务决算。编写下发《2014 年度财务决算指导手册》，不断优化决算审核模式，简化审核流程，提高工作效率；全面采用网上审阅，提高效率，节约成本；充分发挥预审作用，安排中介机构在年度中期进驻被审计单位进行预审，提前发现和解决问题，确保年末决算工作顺利完成。2014 年集团公司决算共上报 996 户子企业决算报表，同比增加 28 家。以立信会计师事务所为主审所的 7 家会计师事务所对集团公司和所有二级子企业均出具标准无保留意见的审计报告。2014 年集团公司决算报告顺利通过国务院国资委、国家财政部决算审核，满分通过现场审核，获得高度评价。同时，充分利用决算成果，对重点企业生产运营效益进行重点分析，努力挖潜，降本增效，保障集团公司年度业绩目标顺利实现。

持续加强财务决策支持。深化月度财务分析，每月出具财务动态、生产经营及运行协调月报，及时发现集团公司发展中存在的问题和需要关注的事项，揭示经营短板，推广先进经验；盈利预测不断加强，与预算管控和工效挂钩有机结合，突出财务管理前瞻导向作用；每季度出具集团公司生产经营活动分析汇报材料，结合宏观环境变化，利用国内外对标等手段，充分挖掘数据背后的生产经营实际，提出控规模、调结构、降成本、稳效益、严考核、硬兑现、优化资产、扩大合作等十二条综合管理建议，为领导决策提供可靠的依据。

不断夯实报表基础工作。深化会计一级集中核算平台应用，完善报表收审工作流程，及时高效地完成月度、季度、半年度报表的汇总编报工作，汇总时间进一步压缩半个工作日。精简报表数量，实现月报 90% 自动生成，有效解决报表报送“最后一公里”问题。报表信息的真实性、准确性得到内外广泛认可，被计划、预算、人事、资本运营和内控等业务广泛引用，为集团公司各种管理体系搭建和管控能力发挥提供了有力的财务数据支撑。根据股份公司经营效益分析会工作部署，按季度下发地区公司经营业绩及重点成本指标情况通报，促进地区公司加强对标管理，寻找差距，促进整体管理水平的提升。

注重加强会计政策研究筹划。结合国家新修订的《中华人民共和国环境保护法》及集团公司油气资产弃置财务管理需求，充分考虑地区公司实际情况及建议，修订完成《中国石油天然气股份有限公司油气资产弃置费用财务管理办法》，将 2005 年底已报废但尚未弃置清理的油气资产弃置义务纳入油气资产弃置费用计提和使用范围，实现集团公司油气资产弃置费用政策的实质突破和统一管理。会同销售分公司，在公司安全生产费核算统一规定基础上，对销售企业安全生产费核算办法做出特殊规定，以全面归集加油站相关收入和成本，客观公正评价加油站经营状况，适应销售企业加油站单站管理需要。

【会计准则体系建设】 修订《会计手册》。根据国家财政部新修订和发布的《职工薪酬》《合并财务报表》《长期股权投资》等八项会计准则，这是 2006 年新准则执行以来规模最大的一次修订。结合公司实际，对会计手册中的相关内容进行修改完善。修订工作历时近四个月，300 余条修订项目全部修改到《会计手册》中，2014 年底前完成修订并下发《会计手册（2015）》。

受国家财政部委托，牵头制定石油石化行业企业产品成本核算制度。为增强对不同行业的指导性，提升企业之间成本信息的可比性，2014 年国家财政部决定制定分行业的产品成本核算制度，首选石油石化行业并指定中国石油作为牵头组织单位，会同中国石化、中国海油、中化集团共同制定。在制定过程中，注重结合实际、广泛深入调研、维护行业利益，并圆满完成工作任务。国家财政部于 2014 年 12 月 24 日正式印发《企业产品成本核算制度——石油石化行业》。

启动会计档案电子化工作。用半年多的时间，以地区公司调查问卷意见为基础，起草《中国石油天然气集团公司会计档案电子化实施办法》初稿，反复修改完善，并向地区公司征求意见。根据国家财政部于年底发布的《会计档案电子化机关文件和报告内容进行了修订和更新》会计档案电子化的推广实施，将为会计档案管理提供新的信息化手段。

推进公司 XBRL 体系建设。2014 年 8 月国务院国资委正式发布《国资委财务监管报表 XBRL 扩展分类标准》，并要求中国石油等 13 家中央企业按照扩展分类标准报送 2013 年度 XBRL 格式财务决算报告。9—12 月，由财务部牵头，有关部门共同组成项目组，立信 XBRL 咨询团队和普联系统开发人员提供技术支持。按照国务院国资委扩展分类标准实施方案，经过定义 XBRL 元素并完成映射关系校验、调整并补充实例文档相关内容、完成实例文档的校验和修改三个阶段，圆满完成国务院国资委 XBRL 格式财务决算报告的报送任务。按照国家财政部《关于做好 2013 年企业会计准则通用分类标准实施工作的通知》要求，股份公司积极开展中国准则 XBRL 有关工作并取得多项重要成果。编制完成 XBRL 格式财务报告实例文档和扩展分类标准，确保高标准、无缺陷通过审核。完成 2013 年度实施 XBRL 工作情况总结报告并上报国家财政部。同时，跟踪、关注美国证监会以及国家财政部关于 XBRL 工作最新进展和具体要求，保证股份公司 XBRL 工作在国内先进性和实施效果。

【资本市场信息披露】 组织完成股份公司 2013 年度报告及业绩公告、2014 年季度报告、半年度报告及业绩公告、美国版 20-F 年报的编写及披露工作，并就 2013 年度报告和 2014 年半年度及季度报告填写上交所 XBRL 报送系统。工作完成时间不断提前，质量持续提升，内容丰富性、分析深刻性、报送及时性得到资本市场和监管机构的高度认可。股份公司年度财务报告连续第十六年获得外部审计师出具的标准无保留意见审计报告。获权威机构颁发的“杰出企业管治公司”等多项殊荣。

组织完成路演数据本、业绩发布幻灯片及路演相关问题等路演资料，配合完成 2013 年度及 2014 年半年度业绩发布及路演工作，充分发挥桥梁纽带作用，维护公司良好形象。

结合公司生产经营实际、资本市场要求和内外环境的变化，对地区公司业绩报告模板不断进行梳理、修订和完善，全面推进地区公司层面业绩报告编制工作。参考福布斯排名指标体系，并结合股份公司业务实际，从销售收入、税前利润、投资资本回报率、总资产等 7 项指标对各地区公司进行单项和综合排名。从基本情况、企业管理优秀做法、反映出的问题和建议三个方面认真总结，形成总结报告，提出可行性建议，为管理层决策提供支持。

【资产管理】 落实公司资产轻量化战略，推进资产轻量化运营，在加大处置盘活低效无效资产力度、夯实资产质量、推动资产重组并积极支持公司混合所有制改革等方面，取得较好成效。（1）制订公司资产轻量化运营方案。组织开展低效无效资产、宾馆酒店、统建办公楼和医院资产的清查和摸底，制订公司资产轻量化运营建议方案，明确资产轻量化实施重点及组织分工，对低效无效实物资产处置的工作原则、时间安排及配套政策提出具体建议。（2）加大低效无效资产和闲置资产处置调剂力度。对炼化企业低效无效资产进行全面清查和分析，研究制订集中处置方式方案，创新采用金融手段集中处置低效无效炼化装置资产。协调制定激励政策，建立激励机制，扩大奖励对象和资产范围，引导各单位调剂盘活闲置资产。2014 年批复资产处置涉及 40 多家单位，发布闲置资产调剂公告 17 则，涉及 50 家单位。（3）计提资产减值，夯实资产质量。在综合平衡的基础上，严格遵循会计准则计提各类资产减值。（4）积极推动公司混合所有制改革。配合健全管道资产合资运作模式，全面参与国内油气资源合资合作项目清理规范，稳妥推进新疆油田、新疆销售、克拉玛依石化和海南销售资产重组事宜，确保规范运作，顺利实现合资合作目标。

【关联交易】 2014 年 10 月 29 日，股份公司第一次临时股东大会以 67.82% 的赞成票批准股份公司 2015—2017 年持续性关联交易上限申请议案，标志着这项自 2014 年 3 月启动，历时约 8 个月的工作圆满完成。

【财务管理信息系统建设】 财务信息系统整合。启动财务信息系统整合工作，先后完成财务系统统一界面的研发和推广实施工作，在集团公司范围内 110 家单位运行，实现财务信息系统的用户统一、框架统一、界面统一。优化完善集中报销平台报销业务流程、实施移动办公应用、开发海外版本、扩大上线单位及业务覆盖范围，实现集中报销平台在集团公司范围全面应用。梳理司库系统和资金平台应用的各项标准，评估现有差异，实现两套系统标准的统一，完成软件版本的统一工作。

ERP 与 FMIS 深化融合。ERP 与 FMIS 深化融合工作以集团公司 ERP2.0 建设项目中“财务共享与管控”“资产全生命周期管理”两条控制主线为载体开展。其中“财务共享与管控”主线开展财务标准化梳理工作，规范 ERP 标准化管理，提高对照表自动化程度，为后续系统集成和数据共享打好基础。“资产全生命周期管理”主线按照设计方案搭建原型系统，对设计方案的可行性从业务和技术的不同角度进行验证。会计档案电子化管理作为“财务共享与管控”主线中的一部分，将依托公司搭建的非结构化文档管理项目统一开展，已经完成方案设计工作。

财务共享中心建设方案研究。成立财务共享中心研究工作组，组织内外部顾问，收集 BP、壳牌、贝克休斯、宝钢等国内外先进企业共享服务相关资料，实地考察埃森哲、中国石化等国内外同行业共享服务中心，确定研究思路与方向。对内部单位进行调研分析，认真梳理财务工作内容、财务相关流程，形成调研提纲及调研模板。通过全面分析国内外共享服务先进经验和中国石油财务共享发展沿革，充分论证中国石油财务共享的必要性与可行性，提出中国石油财务共享服务总体目标、共享模式、建设路线，系统开发需求方案及项目实施计划，形成《财务共享服务总体框架方案》草案。

财务信息系统持续提升、平稳运行。针对集团公司内部交易、整体资源优化、经济活动分析、国务院国资委 XBRL、财务软件审计接口、税务检查等业务需求，组织对 FMIS 进行相应功能扩展和应用。为应对西气东输管道资产重组、新疆销售改制等事项，快速反应、周密布置财务信息系统，全面考虑划出方、划入方、组建单位及其他债权债务方的需求，制订详细的系统实施方案并组织落实，较好地支持重组改制工作的顺利开展。全面梳理负责维护的信息系统，优化整合运维团队，建立运维管理制度，健全运维渠道，FMIS 运维 400 热线等统一的运维平台投入使用，提高财务信息系统运维效率。

【内外部监督检查】 2014 年 5 月，国家审计署下达《中国石油天然气集团公司原法定代表人蒋洁敏经济责任审计报告》（审经责报〔2014〕12 号）和《审计署关于中国石油天然气集团公司原法定代表人蒋洁敏经济责任审计发现有关问题的审计决定》（审企决〔2014〕54 号）。财务部组织相关部门和单位，按照整改要求和时限，圆满完成审计发现问题整改工作。

2014 年 7 月，国务院国资委组织 2013 年审计署进行经济责任审计的中央企业工作会议。会议传达习近平总书记、李克强总理等中央、国务院领导同志的重要批示，要求对审计查出的问题严肃整改，并建立防范问题再次发生的长效机制。财务部按照国务院国资委下发的《经济责任审计整改报告提纲》，结合审计发现问题整改具体实施措施，对整改情况进行详细说明并按时上报国务院国资委。

国务院派驻集团公司国有重点大型企业监事会第 14 办事处持续开展监督检查工作。2014 年，共计前往新疆油田公司、西南油气田公司、川庆钻探工程公司、西南管道公司、广西石化公司、江苏销售公司、昆仑信托有限责任公司等 32 家单位进行现场检查及调研。

【机关财务管理】 经费、薪酬与投资管理。强化资金风险管理，确保资金安全受控。加强费用管控，严格执行中央八项规定和集团公司党组二十条要求，2014 年总部机关“五项经费”同比实现大幅下降。加强总部机关投资信息化管理，投资项目在财务网上报销系统中固化，督促项目承担部门各项支出符合集团公司招标和工程审计等规定，并督促其根据工程进度及合同约定及时结算。

预算控制与分析。强化总部机关预算管理与服务，及时、准确下达总部机关日常经费和专项经费预算，建立预算控制分析机制，定期核对网报与 FMIS 数据相关差异，及时通报部门预算执行情况，做到财务事前参与、事中控制、事后分析，从源头做好财务管理工作，为领导决策提供财务信息支持。

外事财务管理。2014 年为公司总部及下属 113 家企事业单位办理出国财务服务，出国费用同比下降 13%，结算出国费用同比下降 15%。出国费用结算率 96.6%，同比提高 0.9%；出国费垫款回款率 100%，同比提高 4%。研究国际机票费用引入第三方支付的管理方式和存在的财务风险，完成国际机票服务协议、东航账户 E 授信使用协议和国际机票采购三方协议等法律文件的会审工作，制定新模式下国际机票采购和出国费用结算管理流程，提升经费管理水平。加强驻外办事处财务管理，强化经费预算控制，完成股份公司香港代表处 2012—2014 年财务经费稽核工作。

总部税务管理。组织国际事业部、华昌置业公司和中加石油技术交流培训中心开展 2009—2013 年度税收风险管理检查专项工作。完成各责任中心的税收风险详查、发票自查、数据报送、案头审计和现场稽核，依法维护公司利益，促进税务规范管理。

【制度建设】 2014年，财务部组织对1999年以来与财务部职能相关的集团公司和股份公司财务规章制度进行全面系统地梳理，梳理集团公司财务制度和制度性文件66项，其中综合类制度1项，预算类制度18项，会计类制度20项，资产类制度14项，财务信息系统类制度2项，稽查类制度2项，机关经费类制度9项。股份公司财务制度和制度性文件81项，其中综合类制度14项，预算类制度9项，会计类制度28项，资产类制度13项，关联交易类制度4项，财务信息系统类制度5项，稽查类制度4项，机关经费类制度4项。

2014年，财务部制定和修订5项规章制度，分别为：《财务工作独立性准则》《炼化与销售业务一体化运行考核管理暂行办法》《科技投入管理暂行办法》《资产评估管理办法》和《油气资产弃置费用财务管理办法》。

【队伍建设】 强化学习型、创新型、服务型、和谐型和廉洁型财务团队建设，增强干事创业合力。制定完善财务部80小时学分培训制度，严格培训考核，丰富专业知识，开拓工作视野。组织企事业单位11期培训班，累计培训业务骨干1100余人。开展全国会计领军人才选拔，截至2014年底，公司全国会计领军人才25名，居中央企业首位。适应公司国际化发展需要，与人事部门共同组织财务系统国际化财务管理培训。与人事部共同成功举办首次集团公司总会计师培训班，着力打造一支强有力的总会计师队伍，充分发挥总会计师的职能作用，参训总会计师、财务主管领导165人，得到广泛好评。选派5名同志到海外项目等基层企业锻炼，锤炼作风、增长才干，增强服务基层的意识和能力。通过民主生活会问卷调查等多种渠道，倾听广大干部员工意见和建议，发挥干部员工中蕴藏着智慧和力量，形成共谋发展的良好局面。

（李俊东）

资金管理

【概述】 2014年，集团公司资金管理工作紧紧围绕公司发展战略和经营目标，坚持资金紧平衡，深化资金价值管理和风险管控，着力解决“存贷双高”难题，努力克服国内油价持续下跌、资金流动性紧张、融资策略急转弯等困难和挑战，实现有息负债、资产负债率、资本负债率“三降”，为集团公司有质量、有效益、可持续发展提供有力的资金服务保障。

（程小舟）

【资金政策研究】 对股份公司存货资金占用推行差别化短期负息资金政策，改变以前短期负息资金单一利率计息机制，实行差别化利率，将资金压力有效向下传递，引导地区公司强化资金成本意识，自觉加强资金管理，减少资金占用，提高资金利用效率。存货差别化负息资金政策推出后，影响股份公司存货占用下降约23亿元，减少有息债务，节约财务费用近0.5亿元。在2014年下半年油价持续快速下跌的情况下，降低存货数量，规避存货跌价损失近7亿元。

（张　旭　岳松伟　王　强）

启动中长期融资策略研究。通过对公司经营走势和外部市场形势的分析，梳理资金管理体制机制存在的瓶颈问题，就公司未来几年债务融资策略，形成专题研究成果。

（何　涛　钟玉兰）

对使用授信资金占比达81%的中联油（国际事业）资金管控机制进行深入研究，并结合中国石化、中国海油、中化集团等交流经验，形成中联油（国际事业）公司资金管控机制建议。

（孙庆华）

【司库建设】 持续完善司库管理体系。组织完成司库系统在直属未上市企业的全面上线推广工作；组织开展相关模块的功能完善工作，完成功能改进50多项；组织完成组织架构、银行、币种等7项标准统一的梳理工作，为司库系统与资金管理平台的版本统一工作奠定基础；完成司库系统与资金管理平台的版本统一工作，提升工作效率；组织完成司库信息监控指标手册的编写工作。

组织完成资金部内控流程梳理工作。2014年12月31日，资金部内控流程文档正式发布。

（洪海军）

【资金计划管理】 严格落实“年预算、月计划、周控制、日安排”的管控机制，在确保生产经营安全平稳运行的基础上，从严从紧审批并安排月、周资金计划。强化资金计划精细管理，进一步明确时间节点、报送内容，月计划比以往提前5天，密切关注投资、采购、派息、税金等重大支出项目。强化对资金计划执行完成率的监控，按季度通报执行完成率，不断提升地区公司计划执行准确率。严格监控资本性支出及非必要性支出，投资支出按照全年下达投资计划额度落实到每家单位进行管控，2014年控减付现投资支出近180亿元、非必要性支出近120亿元，通过计划运行管控减少有息债务规模近300亿元，节约财务费用3.3亿元。

（张　旭　岳松伟）

【货币资金管理】　落实资金紧平衡管理，优化货币资金存量，提高资金运行使用效率。2014年，股份公司日均资金备付量同比减少453亿元，下降57.9%；集团公司货币资金平均余额同比减少375亿元，下降12.7%。

加强资金池统筹，促进上市和未上市资金互融互通，增强流动性保障能力。及时跟踪股份公司现金流日变动以及资金盈缺情况，积极通过委贷、中油财务公司信贷等多种方式灵活调剂资金，解决临时头寸不足问题，2014年资金短缺时累计安排借入集团公司委贷2206亿元，资金充裕时累计归还1975亿元。

加强沉淀资金跟踪控制，深化资金集中管理。按月对所属企业沉淀资金进行分析，逐家落实沉淀构成情况及形成原因，协调所属企业能收尽收，减少资金沉淀。2014年底，集团公司及股份公司所属企业（不包括金融企业）在外部商业银行的沉淀资金较年初实际下降83亿元。进一步完善股份公司企银直连应用，并在未上市企业全面推广财企直连，完成45家单位直连上线，直连付款比例从年初16%上升至年末的53%。

对加油站零售资金进行逐笔动态监控和自动精确勾对，对未到账和异常缴存单逐笔追踪核实，提升公司精确掌控加油站资金回笼、锁定和控制风险的能力。加油站资金当月到账率从年初的96.55%提高到99.77%，增长3.22个百分点，上门收款加油站比例继续保持90%以上。

（刘　岩）

【票据管理】　为挖掘商业汇票的时间价值，缓解集团公司资金备付和有息债务压力，依托昆仑银行开展“商信通”业务。2014年累计开票180亿元，应付票据余额增加95亿元，减少有息债务95亿元，节约财务费用2.6亿元。

加大应收票据贴现力度，盘活票据存量，2014年累计贴现应收票据150亿元。

（陈　忠　史孝成　刘　岩）

【内部结算管理】　加强集团公司内部关联交易结算管理，优化封闭结算流程，提高结算管理水平。将关联交易结算系统与集团公司内部交易平台进行有效结合，规范所属企业前端交易挂账环节，为提高地区公司间的结算效率、减少内部欠款提供优良的结算平台。

为保障公司重大项目顺利投产，根据生产需要及时设计完成中缅原油管道、冀东原油供华北石化以及长庆原油供四川石化等结算方案。同时有针对性地对管道铺底油资金问题进行专题研究，进一步理顺公司内部单位结算关系。

（马保华）

【融资管理】　完成2014年集团公司、股份公司融资方案。2014年度融资方案通过党组扩大会审议，确定“量入为出、精细管控、优化结构、提升价值”的原则，明确2014年不发债、不借款，集团公司本外币缺口819亿元、股份公司当年缺口376亿元全部通过存量资金解决。从实际运行情况看，融资方案对指导2014年融资管理工作起到了积极的作用。

（何　涛　钟玉兰）

组织发行境外美元债券及欧洲中期票据。设立70亿美元欧洲中期票据计划、60亿美元美国商业票据计划和20亿美元欧洲商业票据计划，并高效率、高质量成功募集资金30亿美元。其中，欧洲中期票据项目下境外美元债券发行总额为15亿美元，实现集团公司第一笔S条例下的美元债券发行，取得中国国有企业及2014年中国企业在S规则市场上最大的订单规模，无论从规模、定价、执行、簿记策略、产品选择、市场影响以及对树立集团公司在国际资本市场上的长远市场地位方面，均获得成功。截至2014年底，累计发行美国商业票据608亿美元，余额46亿美元。

（乔　宁　唐　臻　刘　远）

争取优惠利率贷款，不断拓宽融资渠道。与工商银行、农业银行、中国银行、建设银行等主要合作银行签订150亿元法人账户日终透支额度；积极争取国储油贷款扩大银行范围政策，协调落实170亿元中油财务公司国储油贷款置换；批准中油技开、宝鸡机械厂、宝鸡钢管厂办理进出口银行20亿元优惠利率贷款；协调西藏销售优惠利率贷款增加20亿元、渤海装备优惠利率贷款增加10亿元。这些措施每年节约利息支出0.66亿元。

及时跟踪股份公司现金流变动及资金盈缺，精细管控，通过收回股份公司理财和国储油贷款置换到外部金融机构等措施，切实降低有息负债规模。截至2014年底，集团公司有息债务6291亿元，股份公司有息债务5394亿元，均完成全年控债目标。

（何　涛　钟玉兰）

完成中哈天然气管道二期项目融资，完成加拿大多佛油砂行权并购融资，为俄罗斯亚马尔、中亚天然气管道D线、莫桑比克4区块、乍得H区块二期二阶段等项目的股东权益投资提供融资，2014年安排海外项目融资196.58亿美元。

（韩　宇　秦　天）

【境外资金管理】 完善外汇账户集中管理。统一审批外汇账户开立、关闭并进行信息集中。截至2014年底，对所属125家企业分布在全球74个国家和地区、62个币种、273家银行的3120个外汇账户实现信息集中管理。

（乔　宁　黄　海）

实行外汇资金计划管理。将集团公司美元、欧元、英镑、港币等四大主要币种资金收支纳入计划管理，按月控制支付额度，由集团公司所属一级企业对其基层单位外汇计划汇总上报。同时，要求股份公司所属企业上线使用司库系统外币资金计划模块报送月计划。2014年9月15日，下发《关于编制2015年外币资金收支预算表的通知》，统计分析30家未上市企业和7家上市企业2015年外币收支预算情况。

（乔　宁　唐　臻）

深化外汇资金集中管理。充分依托中油财务公司境内外资金集中管理平台，采用多种模式搭建外汇资金池。境内依托工商银行、建设银行、中国银行、交通银行（北京）、中信银行（北京）、农业银行和昆仑银行等合作银行，将外汇资金集中至中油财务公司北京主账户；境外依托花旗银行、中国银行、渣打银行、工商银行和法国巴黎银行，将外汇资金集中至中油财务公司香港子公司主账户。2014年，外汇现金池累计上收资金519.5亿美元，累计下拨资金1118.06亿美元。

推进哈萨克斯坦地区资金集中管理。调研分析中油财务公司及昆仑银行在中亚地区设立分支机构的可行性。根据集团公司所属企业哈萨克斯坦地区业务实际情况，制订驻哈企业账户架构、资金调剂、货币兑换、流动资金贷款等资金集中管理方案，暂定PK公司、中哈管道、国际事业哈萨克、阿克纠宾等所属企业为首批试点企业，采用循序渐进的方式推进哈萨克斯坦地区资金集中管理。

优化股份公司境外资金池。按照中国石油外汇资金集中管理统一要求，结合股份公司境外资金集中管理面临的外汇、融资、税收等问题，股份公司境外资金集中管理由原来的离岸账户双向委贷模式转为集团公司所属企业外汇资金集中管理模式，完善股份公司境外资金池。

（乔　宁　刘　远）

继续实施统一结售汇管理，充分发挥中油财务公司结售汇平台作用。中油财务公司统一办理企业结汇购汇及外汇兑换，集团公司统一确定内部定价，实现境内人民币资金和境内外汇资金的调剂。通过单笔询价、一日一价等方式，2014年累计办理结售汇653.39亿美元，为集团公司节约成本超过12.87亿元人民币。

（乔　宁　张　昕）

敏感地区结算。下发境外资金风险提示，要求各有关企业按照合法、合规原则，降低所在敏感地区资金存量，规避资金风险，保证资金安全。提高企业敏感地区资金结算风险意识，加强结算规章制度学习，优化商务安排，提高涉敏事项关注度，从源头控制风险的同时，做好制裁应急预案。

（徐潇鹤　王文井）

统筹管理外资银行关系。扩大集团公司外资银行授信额度，协调集团公司及其所属企业与外资银行合作关系，定期开展业务合作交流。截至2014年底，与集团公司签署授信额度备忘录外资银行达23家，银行授信额度由2013年的414亿美元增加到452.4亿美元，新增38.37亿美元，较好地满足了成员企业要求。

（徐潇鹤　刘　远）

【汇率风险管理】 加强汇率风险政策指导，修订并发布集团公司与股份公司汇率风险管理实施细则。明确汇率风险管理的总体原则，细化油气生产企业（甲方企业）、海外地区公司及地区协调小组等各单位的职责权限，增加应对会计风险管理措施，督促企业全面管理汇率风险，控制汇兑损失。

密切跟踪汇率走势，及时做出风险提示，努力控制坚戈与玻利瓦尔等二类货币资金存量与应收款项，全面分析并有效应对哈萨克斯坦坚戈贬值对集团公司的影响。

深入研究会计准则，用足用好会计政策，推动中油国投充分使用视为“净投资”的会计政策降低账面汇兑净损失 2.38 亿美元。

（乔　宁　张　昕）

【应收账款清收】 制定严格的制度，采取通报不达标单位、逐家督导回收、协调清理大客户欠款、强化信用评级、召开清欠协调会、设立清欠单项奖励政策等一系列措施，加大应收账款清收和内部三角债清欠力度，切实遏制集团公司内外部欠款上升势头。截至 2014 年底，集团公司外部应收账款余额 1272 亿元，比年初减少 143 亿元，下降 10%；内部应收账款余额 1029 亿元，比年初减少 256 亿元，下降 20%。

（王洪军　杜亚怀）

加大境外应收款项清欠力度，通过融资条款设计，实现在油价下跌、收入减少情况下，委内瑞拉国家石油公司（PDVSA）加快支付集团公司成员企业应收款项 7.42 亿玻利瓦尔；支持 MPE3 合资公司通过对冲方式，及时清理 PDVSA 欠款，实现年度回收现金分红 3.75 亿美元。

（韩　宇　秦　天）

【年金管理】 坚持“安全至上、稳健增值”投资原则，完善决策流程，优化资产配置，强化风险控制，加快系统建设，加强团队建设，受托管理能力明显提升，在相对有利的市场环境下，取得历史最高投资收益，实现年金基金平稳运营和持续保值增值。截至 2014 年底，参加企业年金计划员工共 121 万人，累计归集年金资金 577.09 亿元，累计收益 141.44 亿元。2014 年投资收益 51.38 亿元，投资收益率 9.68%，创造历史最佳业绩。

（何少锋　李红娜）

【授信管理】 发挥授信规模优势，降低资金成本。截至 2014 年底，集团公司共获得银行综合授信额度 14574 亿元，累计办理综合授信业务 13604 笔、7550 亿元，平均减少保证金占用 675 亿元。

加强业务全过程风险管控，动态跟踪业务执行情况，要求企业及时撤销到期授信业务，解除担保责任。突出高风险地区授信业务事前风险防控，对风险较大的保函业务，要求企业出具《保函风险知情承诺书》。

优化工作流程，提高工作效率。搭建企银、企企沟通平台，完善授信业务分级授权管理体系；对标准化的授信业务，企业自行审批；对业务量大、用信频繁的企业切分循环使用额度；运用司库系统对企业分级授权业务进行实时监督和检查。

与中外资银行加强业务交流研讨，充分利用银行金融工具，根据所属企业业务特点，创新授信业务品种，利用海外代付、发票融资、保理等贸易融资产品，盘活资产、降本增效，提升创效能力。

（孙庆华　苏　晴）

【金融业务管理】 加强金融业务统筹管理，增强以融促产能力。2014 年，金融企业在境内外资金集中管理、对外融资、合资合作、保险管理等方面继续提供专业化金融服务，助力油气主业发展；金融业务克服宏观经济形势的严峻影响，继续保持上升势头，80% 的金融企业实现利润同比增长。截至 2014 年底，金融企业表内资产总额 9948 亿元，管理总资产 1.3 万亿元，净资产 876 亿元，实现利润总额 129 亿元。

组织金融企业开展行业对标工作，对金融企业所处行业的发展趋势、行业地位、主要监管指标等事项进行比较研究，分析总结各企业优劣势及面临的主要问题，推进金融业务专业化管理，促进产融结合。

完成股份公司 2015—2017 年度金融服务持续性关联交易上限，就存款及利息、中间业务收费、保险费和融资租赁支付的租金等数据上限进行申报，并通过股份公司董事会审议，确保各金融企业在关联交易额度范围内合规运行。

2014 年 4 月 14 日，组织召开中央企业产融结合研讨会，国务院国资委统评局、中国人民银行金融稳定局、中国银行间交易商协会注册办相关人员以及中航工业、中国石油、国家电网、中国国电、中粮集团、国投公司 6 家央企参会。集团公司总会计师、资金部及相关金融企业负责人出席研讨会。

（田　娜）

开展油气田和管道企业保险风险评估工作，建设风险数据库，夯实管理基础数据，优化保险方案，提高保险集中管理水平。完成集团公司 2015—2017 年保险公司及保险经纪公司准入资质核定工作，18 家财产保险公司、7 家人寿保险公司、4 家保险经纪公司获得准入资格。2014 年集团公司商业保险业务平稳运行，财险保费支出合计 20 亿元。

（金莉莉）

【制度建设】 与集团公司董事会规范运作相关制度文件衔接，组织开展资金管理相关制度的梳理和制修订工作，完成下发《股份公司所属子公司境内债务融资管理办法》《应收款项管理办法》《商业汇票管理办法》《海外业务融资管理办法》《商业保险管理办法》等规章制度和《中国石油天然气股份有限公司账户管理实施细则》《中国石油天然气股份有限公司资金安全控制实施细则》《中国石油天然气股份有限公司网点营业资金管理实施细则》《中国石油天然气集团公司外汇资金集中管理实施细则》《中国石油天然气股份有限公司外汇资金集中管理实施细则》《投资管理人考核评价与激励约束规则》等实施细则。

（程小舟）

【资金队伍建设】 根据集团公司资金岗位设置和人员情况，分板块、层级、性别、年龄、学历、职称、注册资格、外语、业务干部配置情况等，将集团公司125家上市、未上市企业资金（金融）从业人员数据和结构进行汇总分析，全面梳理集团公司所属企业资金管理人员队伍信息情况，为编制资金从业人员长远规划和培养具有综合型国际能源公司资金、金融管理能力的专门人才提供基础数据。

组织三期集团公司资金业务骨干人员培训、10期司库系列培训讲座和10次热点难点业务交流研讨。许多研究成果推进了管理创新，自由现金流、应收款项等指标已纳入2015年企业领导人员业绩合同管控指标体系，成为强化资金管理的重要抓手，资金配置机制研究也成为低油价下倒逼改革的催化剂，“中国石油资金管理”被英国权威杂志《今日财资管理》授予2014年度亚当·斯密亚太地区最为瞩目奖，“中国石油企业年金受托投资管理”被香港权威杂志《亚洲资产管理》授予2013年度最佳中国企业年金计划奖。

（万　钧　孙　森　程小舟）

财税价格

【概述】 2014年，集团公司财税价格工作围绕全面建成世界水平综合性国际能源公司战略目标，按照“有质量有效益可持续”发展方针，主动适应我国经济发展新常态，面对国际油价快速下行、国内财政紧张形势，坚持依法筹划、风险管控，积极支持企业健康发展，坚持依法纳税、合规管理，确保应交税款足额入库，同时努力争取国家财政支持，推动国家提高石油特别收益金起征点和非居民用存量天然气价格，开展土地资产盘活和油气储备运营机制研究，为集团公司改革发展营造良好政策环境。2014年，集团公司国内上缴税费4277.5亿元，同比增长2.9%，约占全国财政收入的3.1%。

（路云鹏）

【财政政策与管理】 推动国家提高石油特别收益金起征点。经国务院批准，国家财政部2014年12月26日印发《关于提高石油特别收益金起征点的通知》（财税〔2014〕115号），决定从2015年1月1日起，将石油特别收益金起征点由55美元/桶提高至65美元/桶。

严格执行国有资本经营预算政策。及时足额缴纳国有资本经营收益，规范使用国有资本经营预算资金。

落实进口天然气增值税先征后返政策。增加享受增值税先征后返政策的天然气进口项目。国家财政部、海关总署、国家税务总局印发《关于调整享受税收优惠政策的天然气进口项目的通知》（财关税〔2014〕8号），增加唐山液化天然气项目享受进口天然气增值税优惠政策，享受政策起始时间为2013年10月1日。规范申领进口管道天然气和液化天然气（LNG）增值税先征后返资金，部分弥补进口天然气业务亏损。

落实油气田企业自用成品油消费税返还政策。按照国家政策规定，规范申领自用成品油消费税返还资金。为加强油气田企业自用成品油消费税返还管理，修订《中国石油天然气集团公司自用成品油消费税返还管理办法》，明确总部相关部门与地区公司的职责和申报范围，规范申报流程。

严格执行油气科技重大专项政策。取得科技重大专项资金支持，并围绕加强科研经费监督管理、提高资金使用效益开展年度收支审计和以前年度发现问题整改工作，确保专项资金使用的合规性和安全性。

（刘彩玲）

【税收政策与管理】 落实自用石脑油免征消费税政策。向国家税务总局上报2014年度石脑油定点直供计划及调整计划，落实石脑油连续加工乙烯、芳烃免征消费税政策。

推动油气矿产资源补偿费并入资源税。经国务院批准，国家财政部、国家税务总局印发《关于调整原油、天然气资源税有关政策的通知》（财税〔2014〕73号），自2014年12月1日起，将原油、天然气资源税适用税率由5%提高至6%，将油气矿产资源补偿费费率降为零。

停止征收原油、天然气和成品油价格调节基金。经国务院批准，国家财政部、国家税务总局印发《关于全面清理涉及煤炭原油天然气收费基金有关问题的通知》（财税〔2014〕74号）及《关于停止征收成品油价格调节基金有关问题的通知》（财税〔2014〕96号），自2014年12月1日起，停止征收原油、天然气和成品油价格调节基金。

恢复特定地域进口设备减免税政策。国家财政部印发《关于2014年度中国石油天然气集团公司勘探开发石油（天然气）项目认定的函》（财关税〔2014〕19号），恢复执行对特定地域进口设备减免进口环节关税、增值税。

明确2013年进口天然气增值税返还收入纳税地点。国家税务总局印发《关于中国石油天然气股份有限公司2013年进口天然气增值税返还收入涉及企业所得税纳税地点问题的批复》（税总函〔2014〕606号），规定中国石油国际事业有限公司和西北中石油国际事业公司2013年收到的进口天然气增值税返还税款应作为代收款项，不作为本公司的收入，该款项拨付至天然气销售结算中心，应作为其收入，在其注册地北京计算缴纳企业所得税。

明确石油特别收益金企业所得税前扣除地点。国家税务总局印发《关于中国石油天然气股份有限公司调整石油特别收益金扣除方法后有关企业所得税预缴问题的通知》（税总函〔2015〕21号），明确自2014年开始石油特别收益金在各油气田税前扣除，解决了股份公司石油特别收益金列支地点涉税风险。

推动出台水土保持补偿费征收办法和标准。国家财政部、国家发改委、水利部、中国人民银行印发《水土保持补偿费征收使用管理办法》（财综〔2014〕8号），其中明确对石油行业按油气生产井占地面积每年计征。国家发改委、财政部、水利部印发《关于水土保持补偿费收费标准（试行）的通知》（发改价格〔2014〕886号），明确石油行业水土保持补偿费征收标准上限，各地据此制定当地征收标准。该项政策出台，有助于解决部分地方水土保持补偿费征收争议。

规范风险作业服务税务管理模式。制定下发《中国石油天然气集团公司风险作业服务商务运行模式有关问题的通知》（中油税价〔2014〕489号），从法律主体、核算主体、税收主体等方面规范风险作业服务，避免法律风险。

（李　柯）

建设全球税收信息模块。梳理集团公司国际业务全级次组织架构，将600余家境外机构纳入税收信息模块建设范围，实现分国别、分项目、全税种纳税信息统计和分析，为集团公司海外业务经营决策和纳税筹划提供支撑。

协调国际税收争议。协调国家税务总局与哈萨克斯坦税务委员会签署关于设备租赁费预提所得税事宜会议纪要，从政策上解决涉及租赁费的税收争议。协调中哈管道增值税退税争议，哈萨克斯坦明确向中哈天然气管道公司返还2008年至2010年的增值税进项税803亿坚戈，并拟订三年返还计划，其中2014年全年共收到增值税返还320亿坚戈。协调苏丹企业所得税和个人所得税争议，有效维护企业利益。

开展海外项目税收架构优化。研究相关国家税收法律和国际税收协定，对已有项目提出税收架构优化建议，对拟新设的境外机构，从税收角度提出机构设立形式与架构的意见和建议。

组织编制《国别纳税筹划指引》。完成苏丹等10个国家《国别纳税筹划指引》，为海外企业开展纳税筹划提供制度性框架指导。在《俄罗斯纳税筹划指引》基础上，制定《集团公司所属企业进入俄罗斯纳税筹划方案》，对驻俄企业纳税筹划给予具体指导和支持。

修订《集团公司纳税筹划指引》《集团公司纳税风险管理指引》和《集团公司纳税基础工作规范》，并印发施行。

（李　海）

【价格政策与管理】 推进全国天然气价格机制改革。2014年8月10日，国家发改委印发《关于调整非居民用存量天然气价格的通知》（发改价格〔2014〕1835号），决定自2014年9月1日起，在保持增量气门站价格不变的前提下，适当提高非居民用存量天然气价格，并进一步放开进口LNG气源价格和页岩气、煤层气、煤制气价格。此次调价，非居民用存量气最高门站价格每立方米提高0.40元。不仅增加集团公司效益，同时为实现“十二五”末存量气与增量气价格并轨创造条件。进一步落实放开进口LNG气源价格和页岩气、煤层气、煤制气价格。只要供需双方可区分气源单独签订购销和运输合同，价格不受门站价格约束，有利于解决长期困扰集团公司的进口LNG亏损问题。广东、广西天然气价格适当提高0.12元/立方米。2011年广东、广西天然气价格改革试点方案规定，在其他省份天然气价格改革到位前，广东、广西价格不再调整，此次有所突破。

（杜　波）

【土地政策与管理】 煤层气勘探开发用地政策研究通过评审。与山西省国土资源调查规划院联合开展研究，深入剖析煤层气生产用地存在的问题，提出土地使用权取得方式及相应的保障措施，为争取用地配套政策奠定基础。

探索利用自有废弃土地复垦换取耕地占补平衡指标政策。协调国土资源部和河北省国土资源厅，指导华北油田整治复垦油田废弃井场用地，用于完成新增用地耕地占补平衡任务。

钻井及配套设施建设项目用地报批取得较大进展，有序推进西气东输三线东段、中段等管道项目用地报批工作。

组织编制《集团公司存量土地利用规划》，规范工作机制和工作方式，设计利用金融手段盘活土地的新模式，土地盘活处置工作取得预期成果。

修订《中国石油天然气集团公司土地管理办法》。编写《企业拆迁补偿指导手册（2014）》，指导企业做好拆迁补偿工作，维护合法权益。

（李　丽）

【储备政策与管理】　石油商业储备。石油商业储备与生产资源整体协调运行，促进商业储备作用发挥和整体效益提升。推动完成中国石油天然气集团公司商业储备油分公司移交大港石化公司管理。

天然气商业储备。呼图壁等7座储气库建设稳步开展，5座储气库全年共注气45.9亿立方米，2014年开始工作气注入。强化商业储备建设投资专项资金计划管控，开展后续商业储备财政政策与内部运行管理机制研究。

（杜燕丽）

【财税队伍建设】　集团公司成立财税价格部，初步建立财税价格管理专业队伍和体系。财税价格部注重加强部门建设、员工能力和作风建设，建立规范工作机制，明确部门定位、工作目标和工作理念。

加强业务学习与培训，提高专业化、国际化水平。定期进行员工培训，先后邀请高培勇、郝昭成等财税价格领域知名专家学者进行“新一轮财税体制改革的方向”“世界税收制度发展”等专题讲座，拓宽工作视野。组织开展集团公司全系统的税收、土地等业务培训，提升整体业务水平。选派员工参加国际财务管理培训班，提高综合业务能力。

注重员工锻炼与成长，促进员工职业发展。选派2名业务骨干到海外项目交流锻炼，丰富机关员工的国际财税管理实践经验，增强国际化管理水平；选派1名业务骨干到油气田企业挂职锻炼，丰富基层实践经验，提升服务基层能力。

重视财税队伍思想建设，加强政治理论学习。积极开展党的群众路线教育实践活动，深入学习党的十八大和十八届三中、四中全会精神，学习习近平总书记系列重要讲话精神，提高财税人员政治思想素质。开展以“我的中国梦”为主题的党日活动，全体人员以“我的中国梦”为主题撰写文章，表达个人对更好建设世界水平综合性国际能源公司和实现中华民族伟大复兴的畅想与信念。

加强作风建设，落实集团公司首问首办负责和限时办结制，制定部门各项工作规范，提升工作质量效率，强化服务意识，改进工作作风。加强职业道德和廉洁从业教育，坚持依法合规管理，严守法律法规、内控制度和工作机制，严格按程序、规则办事，确保廉洁从业。

（路云鹏）

人事管理

【概述】　2014年，面对严峻复杂的生产经营形势，集团公司人事工作按照党组的总体部署，认真贯彻落实“有质量有效益可持续”发展方针，持续调整优化管理体制和管控模式，统筹推进领导班子和人才队伍建设，不断深化“三控制一规范”工作，努力提升人力资源管理基础工作水平，各项工作都取得新的进步。截至2014年底，集团公司员工总量143.86万人，同比减少3.65万人，全员劳动生产率同比提高5.04%。

【领导班子建设】　2014年初，组织召开集团公司干部工作会议，研究提出今后一个时期加强领导班子建设、深化干部人事制度改革的目标任务和具体要求，提出“五个重用、五个不用”，树立鲜明的用人导向，制定印发《进一步加强企业领导班子建设的若干意见》等四个制度文件。针对干部新老交替以及企业领导班子急需紧缺岗位组织7次考核调整，配合上级部门圆满完成专题调研任务。健全完善保障干部交流的相关待遇政策，2014 年交流干部 77 人，其中正局级 39 人、副局级 33 人。启动第二批总部机关干部到海外项目实践锻炼活动，精心选拔 21 名机关干部经培训后陆续奔赴海外。组织开展所属企事业单位班子和领导人员年度履职考核和选人用人“一报告两评议”工作，聚焦突出问题，按照中央要求和部署，抓好“裸官”、“兼职”、“参加社会化培训”和“个人事项报告”等问题的整改，平稳顺利地解决高管人员延迟退休问题，重点整治工作取得明显成效。

【人才队伍建设】 研究制定《关于在科研单位开展建立专业技术岗位序列试点工作的指导意见》，勘探开发研究院、钻井研究院和长城钻探等 3 家试点单位改革方案通过总部审核，正式进入实施阶段，整个工作进展平稳有序。对 421 名集团公司高级技术专家组织开展年度考核，对聘期已满的 126 个专家岗位进行增补选聘。认真抓好培训计划的组织实施，总部完成培训项目 163 个，培训人数 2 万余人。先后组织两期所属单位主要领导培训班、两期党校与工商管理培训班，选派部分企业高管人员参加 GE 公司和西门子公司高级管理人员培训。以“同步课堂”的方式，组织总部机关干部集中学习习近平总书记系列讲话，取得较好培训效果。落实人力资源和社会保障部《关于国有企业招聘应届高校毕业生信息公开的意见》，完善“高校毕业生招聘平台”，在集团公司外部门户网站正式上线，招聘工作更加公开透明规范、便捷经济高效。2014 年共招聘应届高校毕业生 9037 人、海外留学生 136 人。组织三个赛区四个工种的集团公司职业技能大赛，参加第三届“嘉克杯”国际焊接技能大赛，获得青年组个人项目比赛第一、第二、第三名各 2 个，获得首届全国石油石化系统焊工职业技能竞赛个人冠军并囊括团体前三名。

【组织机构管理】 根据集团公司全面深化改革的总体安排部署，加强总部功能建设，研究提出新闻宣传职能整合方案和生产经营管理部组建方案。深入研究天然气与管道相关业务体制，提出天然气销售体制调整、储气库运行管理体制、管道技术支持力量建设的意见，牵头组织实施天然气销售体制调整工作。撤销炼化工程建设项目部，实行建管一体的组织方式，平稳顺利完成 140 人的分流安置任务。理顺在俄油气业务管理体制，中俄合作项目部转型为俄罗斯油气运营组织，改设为俄罗斯公司。研究提出中国石油专属财产保险股份有限公司组建方案，实现经营性财产保险的统筹运作。配合混合所有制改革，研究提出西气东输管道分公司和新疆销售分公司改制方案、西南油气田与重庆市合作开发页岩气的机构方案、昆仑燃气和昆仑能源重组方案，提出福建销售分公司开展天然气业务试点的意见，探索专业分公司纵向业务管理与省公司横向统筹管理条块结合的管理体制。督促落实《组织机构设置规范》，下发治理“三超”问题的工作通知，控制和纠正超职数、超职级、超权限配备或提拔领导人员的行为。

【劳动用工管理】 按照“一二五”用工总量控制目标要求，核定下达各企业 2014 年用工总量控制计划，总体压缩用工 3 万余人。制定印发集团公司《关于促进开展业务外包工作的指导意见》，明确业务外包的原则、外包方式与范围、外包安全责任划分、外包优惠政策等内容，促进企业业务外包工作的开展。组织在全系统开展依法用工自检自查，推动企业依法用工、规范管理，切实保障员工合法权益。启动对长期请假、长期病休、长期借调等长期在册不在岗人员的清理工作，督促各企业健全完善并严格落实奖惩制度、劳动纪律规定、请销假制度及考勤制度，从严用工管理。配合国家新兵役法与复转军人安置条例的实施和中央“关于新疆社会不稳定形势所提出的帮助解决部分新疆少数民族就业问题”指示精神，研究提出复转军人安置和解决新疆少数民族人员就业的相关政策措施。

【员工绩效考核】 围绕提质增效升级目标，优化调整指标体系，改进完善考核方法，健全配套考核细则，创新考核结果应用方式，有效发挥绩效考核的导向和激励约束作用。动态监控绩效指标运行情况，及时调整优化关键指标权重，保证产炼销储贸的协调平稳运行，促进集团公司整体效益最大化和各项经营业绩目标顺利完成。结合各受约人岗位特点，制订签订集团公司领导班子副职、总经理助理，机关部门、专业公司和企事业单位党政主要领导 2014 年绩效合同 230 份。按季度及时跟踪考核 180 家专业公司、所属企业的利润总额完成情况，并与领导班子成员效益薪酬挂钩兑现，强化效益导向，传递责任压力。制定下发《总部机关处级及以下人员绩效考核实施方案》，总部 26 个职能部门、7 个专业公司全部开展业绩考核工作，覆盖面达到 100%。积极争取国务院国资委政策支持，集团公司负责人经营业绩年度考核结果连续八年保持 A 级，并获得“中央企业业绩考核工作先进单位”称号。

【薪酬保险管理】 面对严峻的生产经营形势，在以往工效挂钩办法的基础上，突出利润指标考核，建立“七三挂钩、三七分成”的工效挂钩办法，将工资增量的70%与利润挂钩，实行超额利润阶梯提成，工资增量的30%与投资资本回报率或净资产收益率挂钩，按完成率分档确定工资增量，引导企业更加注重发展的质量和效益。为保证工效挂钩政策的落实，组织召开视频会议宣讲政策，到辽宁、甘肃和四川等地调研推进，并连续在《中国石油报》和集团公司门户网站刊登专题报道，宣传政策，扩大影响，使效益优先、业绩导向、能升能降的分配理念深入人心，进一步激发企业提质增效的动力。持续整顿规范分配秩序，研究提出离任领导薪酬管理意见，规范部分特殊情况下高管人员的薪酬支付和派驻控参股企业高管人员的薪酬管理。配合审计专项整治工作，加大对突出问题的督促整改，研究规范津补贴的政策措施。加强海外薪酬管理，调整规范海外风险补贴标准，细化安全级别。认真抓好企业年金和生活补贴（过渡年金）业务管理细则的实施，启动企业社会保险纳入地方管理工作，维护好企业和职工的利益。

（于维海）

生产经营

【概述】 为进一步加强集团公司生产经营管理工作，强化生产经营运行分析、监督和协调，保障生产经营工作平稳受控运行，集团公司决定于2013年12月成立生产经营管理部，列集团公司机关部门序列，主要负责跨业务板块、跨机关部门生产经营运行业务的协调和组织，组织编制公司年度、季度和月度生产经营计划，组织油气业务一体化资源优化，归口管理原油、成品油、天然气进出口计划；负责原油、天然气、成品油储备和库存计划管理。牵头组织与交通、铁路等单位的运输计划协调，以及与生产运行相关业务的对上对外联络协调工作。生产经营管理部设综合计划处、油品处、天然气处、运行协调处4个处室，人员21人。

（赵夙铭）

【生产经营计划】 加强分析研判、创新工作方法，增强计划制订的前瞻性和科学性。组织总部有关部门、专业公司和规划总院、经济技术研究院等单位，每季度定期召开国内外市场形势分析会，研判国内外经济形势、油价走势及市场态势，加强市场分析与预测，专题研究分析集团公司生产运营情况、存在问题和经营策略，作为生产计划制订的基础，提高生产经营计划的前瞻性及预见性；逐步完善原油资源整体优化模型，充分利用整体优化模型集中开展年度计划、季度计划和月度计划以及近50个专题的优化测算，为科学合理制订公司生产经营计划提供有效支撑。

坚持生产计划“一本账”管理，科学制订生产经营计划。打破上下游界限，以产定销和以销定产相结合，按照集团公司整体效益最大化原则制订生产经营计划，不断提高生产计划编制的科学性，努力促进集团公司质量效益发展；持续推动生产经营计划“一本账”管理，确保集团公司生产经营计划与专业公司、地区公司计划的一致性，不断增强计划的权威性和严肃性；组织召开年度、季度生产经营计划对接会，会同相关专业公司逐家企业对接生产经营计划方案，充分交换意见，努力提高计划编制的科学性和计划执行的严肃性。

充分发挥集团公司一体化优势，集团公司2014年油品储罐清洗工作实行统一计划管理。克服数据繁杂和无经验可借鉴等困难，2014年5月29日下发集团公司2014年油品储罐清洗计划，2014年集团公司清罐量同比增长8.9%，基本实现以集团公司专业部队伍为主导、以机械清罐为主要方式的既定目标，为规范油品储罐清洗工作、杜绝人员伤亡和油品损失、促进服务支持业务和主营业务协调发展、充分发挥公司一体化优势迈出新的一步。

（马红卫　李石大　王庆生　乔　跃）

【资源优化配置】 统筹优化国内外资源，实现提质增效。研究落实集团公司国内原油增销方案，实现国内原油全产全销，有力支持集团公司经营业绩的提升。现场协调实施新疆王化原油管道新老线优化运行方案，努力推动新线上量、老线停运，实现新疆原油就近集中加工，降低运行成本，促进安全运行。研究开通东北陆上管道进口俄油供应大连西太通道，拓宽东北陆上管道进口俄油配置新渠道。不断优化四川石化原油配置方案，降低塔里木油田原油掺炼比例，实现兰成管道掺输长庆油田原油，促进四川石化装置安全平稳运行。强化油田轻烃资源优化配置，开展冀东油田轻烃供应吉林石化、西南油气田液化气供应四川石化作为乙烯原料等资源优化配置工作。

持续优化炼化企业加工量与产品结构。按照效益原则加大对炼化企业加工油种的优化，原油资源优先向效益好的企业倾斜，克拉玛依石化、庆阳石化、长庆石化、哈尔滨石化等效益较好的企业保持高负荷运行。根据市场需求有效控制炼化企业加工负荷，主要调减辽阳石化、抚顺石化等加工亏损炼化企业的加工量。密切跟踪市场需求变化，以市场为导向，合理安排成品油收率和生产柴汽比，增加高标号汽油、航空煤油等高效产品产量，2014 年高标号汽油产量同比增长 17%，航空煤油产量同比增长 18%。

加强天然气资源平衡，努力实现天然气保市场与保效益的协调统一。最大限度地筹措冬季天然气资源，组织相关单位优化保供顺序，按照国家“保民用、保公用、保重点”的原则，保障冬季供暖季等重点时段天然气安全平稳供应。在国际油价下跌的情况下，抓住市场商机，积极采购低价 LNG 现货资源，成功应对 2014—2015 年入冬初期因需求过大而引起的天然气临时性短缺；针对冬季部分时段供应紧张的问题，积极向国家能源主管部门报告，协调各级政府加强需求侧管理，确保民生用气安全平稳供应。2014 年实现天然气销售同比增长 8.1%。

（李　鹏　李石大　王庆生）

【生产运行协调】（1）突出原油资源平衡，保障上中下游生产平稳运行。东北地区。积极研究制订铁秦线、秦京线和任京线等原油老管道停输以及铁锦线、津华线和曹妃甸下海码头投产方案，不断优化东北和华北地区原油资源配置；在保证东北原油管网安全平稳运行的前提下，大庆原油资源配置努力向大连石化、锦西石化和锦州石化倾斜，相应控制海上一般贸易进口原油。针对辽阳石化停运 350 万吨 / 年常减压装置、大连石化全厂大检修的情况，研究制订大连新港管道互连互通方案，积极组织腾库销售大连商储库原油，确保大连石化检修期间东北陆上管道进口俄油资源的平衡。

西部地区。密切跟踪四川石化投产和装置运行情况，合理安排兰成原油管道输量，积极挖掘西部管道上游油库潜力，确保西部地区高库存下油田正常生产和陆上管道进口哈油战略资源的顺利引进。努力应对三季度兰州石化和宁夏石化相继检修、陕西延长石油（集团）有限责任公司欠计划接收长庆油田原油以及兰州石化气分装置事故停工、炼油区意外断电等十分困难的局面，积极制订实施长庆油田原油应急平衡方案，有效保障长庆油田生产。现场协调解决新疆油田风城稠油上产外输所面临的矛盾，确定稠油下载管道进口哈油掺稀外输方案，保障新疆油田稠油上产和外输需要。

华北地区。联合中国石化两次到华北油田现场协调，积极解决石家庄炼油厂停工改造期间冀中原油销售后路方案，按期实现冀中原油汽车装车外运供沧州石化，有效保障石家庄炼油厂停工改造期间华北油田的生产。提前组织研究华北石化检修期间原油资源平衡方案，推动实施任京线正反输运行方案，积极协调解决外供中国石化原油氯含量和水含量超标问题，确保华北石化检修期间冀中原油平稳生产。

（2）加强成品油产销协调，保障炼化企业后路畅通。积极推动扩销增效，密切产销衔接，先后 9 次组织现场协调会，采取增加炼油厂地付、加大管道和铁路外运等多种措施，有效缓解大港石化、华北石化、四川石化、呼和浩特石化等炼化企业产品后路不畅的矛盾，进而保障大港油田、华北油田等相关油田生产的平稳、顺畅。全力控库降库规避跌价风险，组织成品油库存分月管控方案专题研究，按管控方案合理安排降库，努力减少存货资金占用，从 2014 年 4 月开始连续 7 个月实现成品油降库，累计降库达 450 万吨，在下半年国际油价大幅下降的情况下，大幅减少库存跌价损失。积极推进国Ⅴ柴油质量升级和国Ⅳ车用柴油销售工作，以西部成品油管道为重点，细化制订转产、置换升级方案，炼油厂升级项目按时投产、6800 千米成品油管道按时置换，2015 年 1 月 1 日所有销售企业均按要求供应国Ⅳ车用柴油，全面完成成品油质量升级任务。加大成品油出口力度，调整销售资源结构，抽紧国内资源，缓解国内产销矛盾，同时锦州石化、大连石化实现航空煤油“以出顶进”。2014 年出口成品油同比增长 29%，创历史新高。积极协调兰成渝注入支线及呼包鄂、吉长成品油管道顺利投产，紧急应对兰郑长成品油管道武长段停输险情，协调解决成品油管道混油处理问题，努力提高成品油管输量，2014 年成品油管输量同比大幅提高 41%。

（3）统筹优化国内外天然气资源，保障产运销平稳运行。统筹天然气生产、进口、注采和销售各个环节，优化编制天然气生产经营计划，根据效益情况优先保证国内气田安全平稳生产，2014 年实现天然气产量同比增长 7.4%，继续保持较快增长。组织研究阿姆河气田增产气接收方案，保证气田生产后路，

2014年实现进口阿姆河天然气比年度计划增加17亿立方米，保证海外项目投资回收。推进商业储气库及注气管线的建设和投产工作，按能力安排储气库注气计划，超额完成全年注气计划，缓解夏冬季天然气产销矛盾。根据天然气资源和市场需求变化情况，优化安排天然气配置和销售流向，提高高效市场份额。

（4）协调服务支持业务与油气主营业务和谐发展，保障全年产量任务完成。面对油田企业投资下降、产能建设任务减少的严峻形势，为保证生产黄金季节油田开发井钻井工作顺利启动、维护钻探企业员工队伍和谐稳定，积极协调西部钻探在新疆油田和青海油田的生产运行，通过召开视频会、下发协调令、现场协调等综合措施，督促新疆和青海油田抓住气候转暖的有利时机尽快启动钻井工作，提高钻井生产时率，保障青海油田和新疆油田的钻井工作顺利开工，为顺利完成全年生产任务奠定基础。

（5）争取运力，保障公司原油资源运输需求。与交通运输部沟通协调，定期上报季度、月度请船计划，圆满解决锦西石化、锦州石化、大连石化、广西石化等企业海上进口原油紧急中转需求，2014年集团公司国内船运原油量同比增长15.6%。进一步加大与铁路总公司的协调力度，7—8月实现青海油田原油铁路外运达到近年来新高，保证格尔木炼油厂检修期间青海油田后路畅通；努力应对兰州石化和宁夏石化相继检修、陕西延长石油（集团）有限责任公司欠计划接收长庆原油的矛盾，三季度铁路外运长庆油田原油同比增长93.5%，有效保障长庆油田生产后路；通过现场协调和下发协调令，实现冬季呼和浩特石化按计划接卸二连油田和塔木察格油田原油，解决二连油田高库存风险。

（马红卫　李石大　王庆生　乔　跃）

【对外沟通协调】 参加国家发改委、能源局、工业和信息化部和商务部组织召开的月度、季度经济运行形势分析会，及时反映集团公司生产经营面临的困难并争取国家给予政策支持；积极向国家主管部门申请加工贸易成品油出口配额，2014年获批配额770万吨，有效保障出口需要；积极向国家部委反映国Ⅲ普通柴油与国Ⅳ车用柴油硫含量统一问题，为增产增销国Ⅳ车用柴油创造条件；积极向国家反映冬季天然气保供的严峻形势，督促国家协调地方政府加强需求侧管理，为安全平稳供气创造条件；加强与国家主管部门就国储油收储数量、油种进行沟通协调，并积极争取国家在安全隐患改造资金、保管费和代储费等方面的支持。加强与中国石化、中海石油等国有公司在原油、成品油和天然气互供方面的沟通衔接，努力优化资源配置、降本增效。

（李　鹏　李石大）

【完善运行机制】 适时研究成品油扩销降库奖励政策。2014年5月，结合集团公司成品油产销不畅、库存高企的严峻形势，在集团公司月度生产运行协调会上首次提出扩销降库奖励政策建议；6—7月研究制定《进一步加大成品油扩销降库方案及配套措施》。

强化炼化销售一体化考核。2014年8月，与财务部共同实施炼化销售一体化考核和降库奖励政策，严考核、硬兑现，强化计划执行的严肃性，促进产销平稳运行。

（李石大）

资本运营

【概述】 按照战略型资本运营，价值型股权管理的要求，加强战略研究，加大资本运作力度，积极推进资产轻量化、合资合作平台建设，拓展融资渠道，优化资产结构，提升质量效益；推进并购重组、战略合作和股权投资；强化股权全生命周期管理，发挥资本聚集和放大效应，通过资本运营手段实现集团公司新的发展。

（孟庆岩）

【资本运营战略企划】 制订和细化集团公司资产轻量化运作方案。通过对集团公司各业务板块盈利能力的分析，参照国内外石油公司资产轻量化的成功实践，完成集团公司资产轻量化总体方案的呈报，细化推进资产清理处置及轻量化工作报告，对宾馆酒店、未动用储量、管道资产、土地资产、医疗资产、海外资产、下游资产、油气服务业务等资产轻量化操作方案进行研究和梳理，明确资产轻量化实施重点、组织分工，以及处置低效无效资产的工作原则、时间安排及配套政策等。

（丁 泉）

【收购兼并】 持续推进海外合资平台建设，推动海外资产内部重组整合，促进海外业务结构和资产结构优化。

深入研究加拿大油砂、页岩气等非常规资源项目境外上市引入外部资本及内部重组的可行性，通过股权稀释或内部重组整合，分散公司投资压力，促使其自我滚动发展。

立项启动阿尔及利亚一体化项目、乍得H区块、澳大利亚凯宁项目、印度尼西亚Bangko区块项目等一批低效无效项目的处置工作。成功减持寰球工程公司持有的澳大利亚上市公司LNGL公司部分股票，实现342万澳元的增值，投资收益43.9%。

按市场化原则，持续开展现有项目与外部资本的合资合作，以股权融资方式，为海外业务发展筹集资金。在与国新公司优先股成功合作基础上，进一步推动在哈萨克斯坦卡沙甘油田等项目上的普通股合资合作，为集团公司筹集资金约21亿美元。

（曲海潮）

【股权投资】 加强股权投资源头控制，推进股权处置和优化整合，提高股权投资项目质量，促进公司市场竞争力和管理效益提升。

规范上游合资合作，下发《新疆石油天然气资源合资合作勘探开发的指导意见》。积极推进新疆塔中油田区块合资开发、银行和信托公司引进战略投资者等项目，推进大连石油大厦对外出售。完成云南燃气增资、福建矿泉水项目合资、重庆页岩气引资、福建催化剂引资、参股新疆注气和周口电厂等项目的审查审批，在逐一做好可行性研究论证的基础上，尽可能减少股权投资项目，压缩股权投资规模。

完成未动用储量合作开发的后续跟进与问题研究。2013年5月启动未动用储量合作开发以来，在华北油田、辽河油田、吉林油田试点取得一定成效，针对是否需要进一步扩大未动用储量合作开发范围等问题，经与相关部门、中油资产管理有限公司及国联基金管理有限公司反复沟通，形成专题报告上报公司。从实际运作看，未动用储量合作开发效果不明显，没有达到当初预期效果。由于国际油价大跌，合作开发尚处于产能建设期，若继续新区块新项目的合作开发，国联基金管理有限公司资金紧张，建议先做好现有3个油田储量开发，尽快提高储量动用率，待见到具体效益后，再考虑扩大合作范围。

进行炼化及销售资产轻量化的思路研究。针对新建炼油厂合资进展缓慢、炼油产能过剩、炼化效益低于市场预期、存量炼油厂合资难度大和油品销售业务投入产出低于中国石化，中国石化正在推进油品销售业务混合所有制改革等现状，充分利用投资银行等中介资源，收集道达尔、埃尼、BP、康菲、埃克森美孚、壳牌、雪佛龙、中国石化、中国海油的炼化和成品油销售业务有关资料并进行分析，初步形成炼化与销售资产轻量化的思路。

（戚振忠）

【股权管理】 进一步完善股权管理体系建设，提升股权管控能力。

组织完善股权管理制度体系。借鉴其他中央企业的经验，组织相关部门和企业反复研究，进一步修改完善《集团公司股权管理办法》及股权投资实施细则、股利分配实施细则、股权处置实施细则等配套细则，筹划设立股权投资管理委员会，提高股权投资决策质量。起草所投资公司行权管理细则，进一步规范和强化后续对股权的管理。

组织完善股权管理信息系统的功能和流程。开发财务信息在总部直接互联功能，有效减轻企业负担，提高信息质量和工作效率。开发海外股权管理模块，进一步强化信息共享、提升信息传输效率。

加强产权管理，妥善处理遗留问题。进一步加强新增股权项目的基础信息审核，确保完整、规范；对遗留的400多个未登记项目进行筛查，向国务院国资委递交申请，对于待处置且无证的项目在进场交易时免验登记证，建议完善相关工作机制、批量处理，获得国务院国资委同意，较好地满足企业需求。加强境外国有产权管理。组织总部相关部门、专业分公司、有关企业认真分析研究，全面梳理境外国有产权管理状况、境外业务安全形势等相关要素，分别向国务院国资委、国家财政部提交了专题报告。

（李书江）

【专职董监事制度】 深化专职董监事制度，提高控参股公司管控水平。

认真履职，2014年参加中国石油总部直接管理的控参股公司“三会”60多次，审核议案200多项，共提交工作报告45份，提出意见和建议50多个，在规范控参股公司重大决策、管控运营风险、提升发展质量等方面发挥积极作用。

大力推进专职董监事制度的实施。福建销售、昆仑燃气、安徽销售等公司全面推行专职董监事制度，配备的21名专职董监事人员全部通过资格审查和考试，已经上岗，进一步提高制度的覆盖面。

严格落实集团公司关于控参股公司利润分配的规定，从拟定分红方案、推定利润分配决议的通过到资金的按时回收，全程跟踪，及时协调，确保集团公司关于控参股公司利润分配的规定得到不折不扣的落实，除个别公司情况特殊经批准外，总部直接管理的29家公司按规定进行利润分配，2014年6月30日前共收到现金红利28亿元，有效维护集团公司股东权益。

组织开发专职董监事网上后续教育模块。从2014年开始每年对专职董监事进行网上自我测试，随机选题，网上判卷，使专职董监事后续教育日常化、制度化，节省大量成本，提高工作效率。从2014年执行的情况看，效果比较理想，促进专职董监事业务素质的提高。

（周远鸿）

【股权优化整合与处置】 妥善处置历史遗留项目，完成宣城中油石油公司等17个股权处置项目的审查与批复，以及北京天健石油化工公司等25个股权项目的清理处置，防范法律和经营风险。

稳妥推进大连西太平洋公司的股权收购。对大连西太平洋公司业务、财务状况、现有持续经营的价值、我方收购改造后的价值、债权回收可能性等方面综合量化测算、权衡分析后，提出有利于我方经济利益最大化的解决方案和相关策略建议。按照有关股东方达成的共识，联合中化集团启动联合收购的相关工作，开展为期一年的多方艰苦谈判，取得初步进展。

积极稳妥推进厂办大集体改革。厂办大集体改革涉及范围广、政策性强、矛盾积累多年，是一项工作难度很大的系统性工程，向国务院国资委和人力资源和社会保障部上报厂办大集体改革总体方案，积极推进吉化公司厂办大集体改革试点，指导地区公司推进厂办大集体改革。

（莘成江）

法律工作

【概述】 2014年，法律工作围绕集团公司中心工作，主动适应法律环境变化，大力推进合规管理，认真筹划依法治企，加强重大法律问题协调解决，持续深化制度建设和重大项目、合同、权属与行政、纠纷案件等法律职能业务，在防控风险、维护权益、提升管理上取得较好成效，为持续健康发展提供支撑和保障。

【合规管理】 借鉴国际先进公司经验，立足集团公司实际，深入研究加强合规管理机制措施，形成实施方案，作为全局性重大部署扎实推进。制订合规管理办法，对各领域合规建设提出规范要求，重点对商务行为合规管理做出制度安排，经集团公司常务会议审议通过并下发实施，合规管理工作全面启动。研究制定集团公司诚信合规手册，起草合规管理专项业务实施细则，编制合规培训教材，组织开发合规管理信息平台，为实现合规管理规范有序推进打牢基础。加强合规教育，在集团公司上下广泛宣贯合规理念和合规管理要求，大力营造合规文化氛围。合规管理工作的开展，为全面推进依法治企提供了重要平台，对规范管理、提升价值、树立形象具有重要意义。

【法律风险防控】 结合法律环境变化和经营管理实际，深入分析法律风险趋势特点，制定下发进一步加强法律风险防控工作的指导文件，从提高认识、开展排查、完善机制、落实责任、严明纪律等方面提出要求，对加强地区企业法律风险防控工作起到重要指导意义。持续推进法律风险岗位防控机制建设，选树湖北销售作为示范单位，总结提炼经验做法，组织销售企业和其他重要生产经营企业召开现场会，实地观摩和交流做法。各地区企业以学习先进经验为契机，对照先进查摆差距，结合经营管理实际吸收转化先进经验，优化完善法律风险岗位防控指引编制、培训、实施检查和考核评价等工作措施，推进法律风险岗位防控机制持续深化，较好地发挥了典型引路作用。组织开展企业法律风险防控管理标准研究，推进实现法律风险领域、风险源点、防控措施等内容标准化。

【规章制度管理】 完成集团公司制度管理办法修订工作，新的办法进一步明确制度层级和权限，突出制度系统化、集约化、先进性、科学性要求，完善宣贯实施和评价改进机制，对提升制度管理具有重要规范意义。总部层面全年组织制、修订制度56项，经集团公司常务会审议通过5项，制度覆盖面和制度质量取得新的进步。组织总部各部门对照集团公司章程及配套制度，对相关制度办法进行清理，形成并落实制度修订完善清单，确保章程要求得到落实。为贯彻落实国家油气管网设施公平开放监管试行办法，研究制定实施性规章制度和示范合同文本，保障相关工作规范有序开展。地区企业认真落实制度建设部署要求，结合经营管理实际扎实开展制度梳理规范工作，优化完善制度形成机制，加大制度“立、改、废”工作力度，强化制度宣贯落实，推进制度与体系融合，依靠制度管理企业的格局正逐步形成。

【重大项目法律管理】 加强重大项目法律参与把关的力度，总部层面全年参与重大项目46个，围绕项目重要事项出具法律意见267份。这些项目涉及国内外油气资源、长输管道、炼油化工、装备制造、工程承包、融资等领域，法律部门深度参与法律尽职调查、商业模式设计、合同谈判起草、权利义务安排和法律风险防控等关键环节和重要事项，保障重大项目依法决策、规范运行。地区企业不断完善法律人员全过程参与重大项目的制度规范和工作流程，建立实行重大法律合规问题“一票否决”等机制措施，重大项目法律管理规范化水平稳步提升。组织开展油气资源合资合作项目清理规范，系统查摆项目中存在的问题隐患，制订实施规范整改措施，确保妥善解决历史遗留问题，已取得阶段性成果。结合清理规范情况，系统分析项目管理共性问题，从体制机制层面提出措施意见，为全面提升项目管理水平打下基础。

【合同管理】 以贯彻落实新修订的合同管理办法为重点，不断加强合同管理，提高合规管理规范化、标准化、信息化水平。根据交易管理需要，组织对部分合同示范文本进行修订，细化完善关键条款，提高文本质量。推进合同管理系统与ERP系统集成，多次组织召开专题研讨会，研究完善集成方案，在减少集成点、降低复杂度等方面取得较好成效。根据合同业务需求，组织优化完善合同管理信息系统功能29个，新增待办任务手机短信提醒功能并在总部推广。加强对合同管理信息系统运行的检查督促，通过推进与财务结算系统、审计系统对接和纳入考核等方式，提高系统运行覆盖面和运行质量。以运用合同文本和合同信息管理系统为基础，加强合同审查把关和合同履约监督，开展合同信息分析探索，充分发挥合同在对外交易中的重要作用。加强合同管理问题治理，组织企业对问题进行系统分析，制订并落实整改措施，加强检查考核，促进合同管理水平提升。

【权属与行政法律管理】 针对资源税费等领域的突出法律问题，组织开展立法课题研究，积极反映合理诉求，维护集团公司正当权益。重点研究水土保持补偿费、油气开采生态环境税费、石油天然气管道保护、管道与铁路交会工程相互关系等问题，向国家和地方立法及行政机关提出意见建议，促进若干法律制度问题的解决。按照集团公司规范董事会建设部署，参与制定章程和9个配套制度办法修订工作，在确保章程质量上发挥积极作用。严格落实集团公司商标管理办法，筹划商标注册布局调整与优化措施，专题调研集体企业和特许经营商标使用问题，持续推进驰名商标认定和打击商标外部侵权等工作，维护集团公司商标权益和声誉。加强对土地涉法问题的研究处理，就多宗土地处置问题提出法律意见，有效防控法律风险。工商、劳动等业务不断深化，法律与业务部门协同联动机制进一步完善，促进业务依法规范开展。

【纠纷案件管理】 加强对资本市场、资源税费、环境保护、劳动争议等纠纷案件的统一处理。通过总部组织协调，总部与地区企业上下联动，法律人员与外聘律师加强沟通，依法妥善解决多起纠纷案件，在维护企业合法权益、保障和谐稳定上取得明显成效。研究优化公司纠纷案件信息管理系统，组织地区企业通过系统及时申报案件信息，定期对申报情况进行检查，确保企业纠纷案件处理规范受控。加强案件总结分析，落实“一案一分析”制度，查摆案件暴露出的管理问题，有针对性地制订改进措施，堵塞管理漏洞。针对纠纷案件反映出的问题，及时与审计、纪检监察等部门沟通，依照制度追究责任。广泛开展典型案例巡回宣讲活动，通过案例加强警示教育，营造企业守法合规浓厚氛围。

【普法与依法治企】 持续培育“法律至上、权责对等、遵守程序、诚实守信、公平公正、依法维权”等现代企业法治理念，结合弘扬大庆精神铁人精神，广泛开展法治文化建设。以领导干部为重点，通过中心组学习、专题培训等方式深入开展法治知识教育和法律知识普及，增强领导干部法治思维和依法治企能力。根据经营管理实际，组织员工认真学习新《安全生产法》《环境保护法》《天然气管道保护法》《反垄断法》等法律法规，确保员工掌握生产经营必备的法律知识。为贯彻落实党的十八届四中全会精神，组织对依法治企理论和实践问题进行研究，起草集团公司关于全面推进依法治企的指导意见，经过反复论证推敲、多次征求意见，于2014年底基本定稿并经公司常务会议审议原则通过。

【法律管理基础工作】 认真落实国务院国资委确定的中央企业法制工作第三个三年目标，对照目标要求梳理短板和薄弱环节，突出问题导向，扎实推进企业总法律顾问制度建设和法律人员执业资格培训及管理，在企业总法律顾问覆盖面、专职率、法律人员执业资格率等方面取得较大进步。组织开展第三个三年目标检查验收工作，制订下发检查验收方案，坚持企业自查自改和重点问题定向督促相结合，促进问题整改和工作提升。顺利通过国务院国资委组织的验收考评，“考评”结果位居中央企业前列。适应法律管理需要，举办地区企业总法律顾问及法律机构负责人培训和法律业务骨干培训，共培训法律工作领导骨干和业务骨干近300余人。

（法律事务部）

物资采购

【概述】 2014年，物资采购工作着力提升管理水平，着力规范采购行为，着力提升服务水平，全面完成生产建设物资的安全供应，集团公司规模优势得到有效发挥。

集团公司物资采购总额为1715亿元，两级集中采购度达97%，采购资金节约额103亿元、采购资金节约率达6%，招标率75%以上，电子采购额超过1290亿元，战略和内部框架协议采购供应商累计达20家。

【授权集中采购】 2014年，持续推进“三集中”（集中时间、集中地点、集中组织）方式实施授权集中采购工作。“三集中”由专家团队集中审定采购方案，由专业招标机构具体组织实施，由监督人员保驾护航，由信息系统做技术支撑，历时4个多月，分两批完成2014年度一级物资集中采购方案评审和集中组织招标工作，涵盖17个大类60个物资项目，分677个标包，由12家授权管理小组单位、381名评审专家和581家供应商参加，完成采购金额约130亿元。在市场环境复杂多变的情况下，实现采购价格平均下降3%，节约采购资金3.9亿元，降本增效成效显著。各企业积极推进二级采购物资集中采购，完善二级物资“三集中”工作规范流程和标准模板，形成二级物资采购目录，实现物资采购的集约化、专业化，全面提升集团公司两级集中采购管理水平。

【招标管理】 进一步强化依法合规理念，强力推进集团公司招标管理制度全面贯彻落实。组织召开集团公司招标工作研讨会，强化依法合规的理念。大力推行招标信息公开，实行可不招标事项信息公示制。出台《招标投标过程文件管理规范》《资格预审工作规范》和《招标评审专家专业分类规范》3项标准。梳理认可29家内部招标专业机构和62家外部招标代理机构。为加强招标业务交流、共享经验，分辽河、西南两个片区组织开展招标项目现场观摩活动，共有32家地区公司近百名招标管理及实施负责人和业务骨干参加。

【物资采购管理信息平台】 物资采购管理信息系统项目集成应用深入推广实施，对长庆油田公司、新疆油田公司、西南油气田公司、大港油田公司等所属企业的二级单位ERP进行集成。电子招标投标系统上线运行，一级采购物资“三集中”采购实现网上招标寻源。综合管理模块实现从ERP提取数据，整合各ERP板块取数逻辑，为物资采购和战略采购优化提升提供基础依据。采购交易、电子招投标、供应商管理模块功能补充完善，支持更多的业务类型和管理内容。通过问题管理平台等多种方式，对内部用户以及外部供应商提供技术支持，解答各类问题8万余个。

【一级采购案例】 石油专用管材。组织2014年国产API标准油套管采购招标和资源配置，首次完成石油专用管材全流程网上电子招标。按周报、月报对市场价格分析、质量跟踪分析，监测石油专用管价格走势，及时调整价格。

瓜尔胶。加强资源控制，确保供需平衡、价格稳定，并根据市场变化，3 次调整瓜尔胶价格，保障供需协调与质量稳定。

阀门。成功实施阀门上、中、下游集中采购，形成通用技术规格书，统一技术标准，打开阀门集采新局面。

电缆。与国家电线电缆质量监督检验中心建立长期技术合作关系，邀请专家参与电缆集中采购工作，发挥专家团队作用，分析市场、选定技术标准、编制采购方案，初步建立产品规格数据库，科学制定调价机制，保证招标结果适应市场价格变化规律。

【重点工程项目物资采购】 做好管道、炼化等重点工程项目物资采购工作，2014 年共组织 6 次管道建设重要物资协调小组会，深入研究重点问题解决方案，确保各项管道建设物资的及时供应。物资采购中心有力保障西气东输三线中段、陕京四线等重点管道项目建设，采购板材钢管 183 万吨。全力配合销售企业协调做好汽油、柴油升级改造项目进口采购工作。启动天然气管道进口压缩机备品备件集中采购工作。

【供应商管理】 组织开展《供应商管理办法》修订工作，梳理修改制度 30 余个，讨论形成初步思路和意见。加强一级采购物资供应商现场考察工作，适当引入第三方机构，完善考察程序和内容，对阀门、螺杆钻具、PDC 钻头等品种 72 家集中采购中标甲级供应商进行专项考察。其中，2 家供应商终止甲级资格并取消产品准入资格，6 家供应商冻结甲级资格 6 个月，23 家供应商予以通报批评。启动境外供应商资源库建设工作，本着“先用先进、边用边建、突出质量、分步实施”的思路，将符合签署战略协议、集团公司内部优势产品等 5 类条件的 150 余家供应商列为境外供应商库首批资源。

【机电产品进出口管理】 2014 年，共监督管理国际招标项目 477 项，中标金额 5 亿美元，节资率 20% 以上。认真履行集团公司机电产品进出口管理职能，2014 年共办理新申请自动进口许可证 87 份、进口设备 316 台（套）、用汇 1.42 亿美元；6 个鼓励发展项目获得国家确认，项目总投资 225 亿元人民币，项目进口设备用汇额 1.23 亿美元；向国家申请特定地区实际免税进口物资货值 7991 万美元；国家审核批复进口贴息资金 1993 万元人民币；享受重大技术装备进口税收优惠政策，免税额度为 3608 万美元。持续推进进口集中采购，积极推行框架协议采购。

【石油物资分类与代码】 完成二级物资数据代码清理落实工作，共梳理 440.7 万条，清理错码、重码 106.11 万条，提升二级物资明细数据质量。通过 ERP 系统，对清理代码统一添加冻结标志，使不能提报计划、未清业务加速处理，全面落实清理工作。组织开展集团公司物料分类与代码培训，89 家所属企业 213 人参加，中国物流与采购联合会、埃森哲、e-Class 等专家到会发言。更新《物料分类与代码（2014）》修订版本，修订仪表、阀门、服务器等物资分类。

【境外项目物资采购管理】 2014 年，以全面推行集团公司《境外项目物资采购管理办法》为重点，协调成立集团公司境外项目物资采购管理推进小组，围绕总部管理物资目录，加快推动总部管理物资框架协议采购实施。集团公司《境外项目总部管理物资框架协议采购管理办法》正式颁布施行；协调成立 13 个境外项目总部管理物资工作小组，成员单位 26 家；成功举办境外项目物资采购管理专题交流会，邀请海外勘探开发公司、澳大利亚 ARROW 项目、伊拉克鲁迈拉项目采办部介绍境外项目采购管理和实践经验，以及 BP、壳牌等国际一流石油公司物资采购管理理念和方法。

【绩效管理】 配合《集团公司 2014 年物资采购管理工作要点》，下发《2014 年度物资采购管理绩效考核方案》，发挥绩效管理对业务工作的推动作用。考核与引导相结合，突出效益导向，进一步加大对物资集中采购、招标管理、库存管理、制造商直采率、入库检验等指标的考核和监督力度。督促地区公司加强绩效对标，找准薄弱环节，夯实管理基础，制订有力措施，推进管理提升，确保各项考核完成。

【完善仓储条码技术】 推行物资仓储现代化条码技术，按照加强物资仓储基础管理工作，提高物资仓储工作效率与效益的总体思路，研究现代物流技术，探索条形码在集团公司物资系统全范围内的统一推广和应用。组织编制《物资仓储条形码及电子标签应用规范》，并结合 ERP 系统“十二五”规划及物资采购管理信息系统实施应用，谋划条形码统一应用流程、硬件配置需求以及多系统间接口规范，为 2015 年全面完成系统设计并推广实施奠定基础。

【拓展集中储备代储代销业务】 2014 年，在新疆等中西部地区开展一般无缝钢管、中厚钢板集中储备，在兰州启动集团公司炼化企业烟气轮机备品配件集中储备，集中储备物资品种及区域得到有效扩充。储气库压缩机配件集中储备出库金额达到 552 万元，烟气轮机轮盘、动叶片、主轴等 10 类备件集中储备总金额达3700多万元，降低集团公司总体库存，缩短配件供应周期。共有51家所属企业开展代储代销工作，代储代销采购额达到200亿元，缓解采购资金及库存压力，为集团公司开源节流降本增效做出贡献。

（物资采购部）

纪检监察

【概述】 2014年，集团公司纪检监察系统认真贯彻落实党中央、中央纪委反腐倡廉重大部署和集团公司党组工作要求，以落实纪委监督责任为主线，以推进“三转”为主题，全面聚焦纪检监察主责主业，强化监督执纪问责，促进集团公司党风廉政建设和反腐败工作取得新成效。

【党风廉政建设责任制】 制定印发党风廉政建设主体责任和监督责任实施意见，明确党委10项主体责任和纪委5项监督责任；2014年初，召开反腐倡廉建设工作会，确定全年工作目标和任务措施，19万名党员干部层层签订党风廉政建设责任书；制订惩治和预防腐败体系2013—2017年工作规划和年度计划，统筹推进各项工作；协助党组召开主体责任推进会，对企业党政主要领导进行访谈式调研，重申要求、督促工作。分别建立党组成员、管理层成员落实“一岗双责”，集团公司机关、专业分公司落实监管责任制度规定，完善党风廉政建设绩效考核、责任追究等办法，党风廉政建设制度体系进一步健全。

【“八项规定”监督检查】 组织清理私人会所会员卡，党组管理干部填报承诺书。开展“三清理一整顿”专项治理，按规定清理用公款购买的高尔夫球卡、健身卡、摄影器材以及为领导人员用公款奢侈浪费购买的图书等。狠抓春节、“五一”国际劳动节、中秋节、国庆节等关键节点的监督检查，对发现的“四风”问题坚持快查快办，点名道姓公开曝光。

【反腐倡廉教育】 通过约谈企业主要负责人、对新任职的党组管理干部开展“六个一”教育等方式，加强教育提醒。强化纪律审查成果运用，剖析和印发38个典型案例，用身边人、身边事开展警示教育。

【纪律审查】 实行问题线索统一管理、规范处置，坚持快查快办、查清查透问题，严肃做出党纪政纪处分，保持纪律审查高压态势。2014年，各级纪检监察部门查办案件528件，给予党纪政纪处分886人。中央纪委2014年案件通报显示，集团公司受理信访举报件数、初核数、立案数、处分人数等指标均排在央企前列。纪检监察中心完成全系统近1/6的信访核查任务，特别是查办一批影响广泛、案情复杂的大案要案，得到上级机关充分肯定。

【合规监督】 组织指导所属企事业单位开展效能监察189项，协助建章立制456个；直接组织开展重大工程建设项目监督检查以及兰成原油管道等专项检查。创新监督方式，开展电子监察，组织开发建设联合监督信息系统，实现总部机关、专业分公司、企事业单位三级应用，对6个重要业务领域实施分级分类在线监督，业务管理监督由“大海捞针”转变为“定点清除”，监督的效率效果明显提高。

【巡视监督】 把“发现问题、形成震慑”作为巡视工作主要任务，以党组管理的领导班子及其成员为重点，着力纠治在执行党的纪律、落实中央精神、选人用人、廉洁从业等方面存在的突出问题。2014年，派出5个巡视组，完成4轮共20个单位的巡视任务。加强巡视成果运用，向有关企业下达监察建议书、巡视督导书22份，实行被巡视单位整改方案、进度和效果三公开，接受群众监督，确保见到实效。各企事业单位积极推进巡视监督，共开展巡视237次。

【组织建设】 优化调整集团公司党组纪检组监察部内设机构，清理退出集团公司监察部参加的一般性议事协调机构，聚焦监督执纪问责主业；强化队伍能力建设，举办纪委书记和纪委副书记、监察处长培训班，组织办案人员到纪检监察中心以案代训；严明纪律，改进作风，制定《关于加强纪检监察干部监督的实施意见》，落实“改进工作作风‘十做到、十不准’”“外出办案三大纪律、24个不准”等规定，坚决防止“灯下黑”。

【监察学会】 召开中国监察学会石油分会理论研讨会，所属企事业单位提交研讨成果240多篇。推荐论文连续第三年获得中国监察学会一等奖。

（党组纪检组、监察部）

内部审计

【概述】 2014年，集团公司内部审计工作以党的十八届三中、四中全会和全国审计工作会议精神为指导，全面贯彻落实集团公司工作会议部署，围绕质量效益主线，以主要经营管理风险和影响成本效益源头为着力点，注重发挥审计整体功能作用，不断提高审计监督质量和审计效率效果。

集团公司共设置审计机构325个，其中一级审计机构2个，二级审计机构161个，三级及以下审计机构162个。从业人员1959人，其中一级机构159人，二级机构1268人，三级及以下机构532人。

因工作成绩突出，中国石油西南油气田分公司审计处获得中国内部审计协会授予的“全国内部审计先进集体”荣誉称号，赵显波、姚红光、储文胜、张延国、武光来、叶茵、齐卫等8名同志获得“全国内部审计先进工作者”荣誉称号。

【重要审计项目】 2014年，组织实施审计项目2246项，审计资金2.27万亿元，出具审计报告、专项分析报告、要情及信息2475份，被采纳审计建议2700条，促进企业完善规章制度634个。审计人员人均直接经济成果303万元。

围绕消除重大风险，突出重大专项审计。清理登记有实质性控制权的表外公司，提出理顺产权关系、规范管理的建议意见；对10家销售企业开展油品外采业务和非油业务专项审计，揭示外采油品质量、资金管理等方面存在的风险，提出加强外采油品质量管理及非油业务发展思路的建议；开展招投标管理后续跟踪审计，在全集团公司通报审计结果及典型案例，督促企业对照检查、举一反三、积极整改；落实国家关于清理“小金库”的部署要求，加大“小金库”审计力度；探索信息系统安全、可靠性审计，为改善系统功能设计和提升系统安全提供支持。

围绕加强权力运行监督与制约，加大经济责任审计力度。认真贯彻落实中央有关经济责任审计规定及其实施细则的各项要求，审计各级领导干部692名，其中局级领导33名。探索经济责任审计全覆盖，对企业行政副职、党委书记、总会计师、总工程师和安全总监开展审计，将企业领导人员在安全环保、民生、廉政建设和改进工作作风等方面的工作情况纳入审计范围，对所有审计发现问题逐一界定责任。

围绕控制投资成本和提升管理，加强重点建设项目审计。加大对重点建设项目的审计监督，抓住项目立项、招投标、隐蔽工程量确认、材料采购和结算等关键环节，开展工程建设审计428项，涉及项目投资1344亿元，抽审金额734亿元，审减投资19.99亿元。审计部联合工程建设分公司召开视频会，共同研究解决建设项目总承包管理过程中存在的问题，为工程建设企业进一步规范管理献计献策。

围绕降本增效，深化管理效益审计。贯彻落实中央和集团公司关于加快转变发展方式、提高发展质量效益的任务要求，组织开展经营管理、经济合同、成本费用等各类管理效益审计844项，审减合同与物资采购资金2.64亿元。集团公司总部对6家单位开展管理效益审计，各单位按要求统一开展八项费用使用情况、产能建设项目、“三剂”消耗与管理、加油站达销率等审计，对企业减少低效无效投入、提升精细化管理水平和提高资源利用效率起到增推助力作用。

围绕提高审计实效，狠抓审计问题整改。审计部调整设立专门处室，负责督促和检查审计发现问题的整改落实。建立审计问题整改表单和整改台账，对审计发现问题逐一明确整改方式、整改主体、整改责任人和整改时限，并对整改情况进行跟踪、回访、督促和检查。汇总分析审计成果，向集团公司领导报送审计要情和综合性分析报告，提出招投标管理、安全环保隐患治理、节能减排、会议费等八项经费管理等方面的管理建议。制定《中国石油天然气集团公司审计整改工作规定》，探索实行审计结果公开制度，推进构建审计整改长效机制。

【审计管理工作】 2014年，集团公司各单位审计部门在审计部的安排和指导下，统一行动、步调一致，积极开展能力建设，不断加强基础管理，“集中领导、分散行动、集合成果、分层转化”的工作格局已具雏形，审计整体功能作用逐步发挥，审计绩效同比增长56%。

抓资源统筹，促进审计力量优化整合。以重大专项审计为载体，协调调动全集团公司审计力量，探索大兵团、合成式的审计组织模式。实行境内对外合作项目联合账簿分级审计管理制度，稳妥下放部分二类建设项目审计管理权限，协调所属单位开展交叉审计，不断提高审计资源利用效率。优选100家造价中介组织，建立购买服务备选库，充实工程审计力量；采用“外审结算、内审决算”组织模式，融合内外部审计人员优势。

抓项目运行管理，促进审计效率提升。按照一级审计项目一体化运作的目标，优化项目运行流程，缩短运行周期，提高审计时效。按项目性质、规模和风险程度分类别设计管理流程，实行项目分类差异化管理，提高项目管理效率。实行项目计划月度协调会、项目运行日报表制度，跟踪审计项目实施，协调处理出现的问题。广泛采用多专业融合、多方式结合、多项目组合的“1+N”项目组织模式，实行“一次进点、协同审计、成果共用、分别报告”，提高审计效率，减轻被审计单位负担。

抓质量管理，促进审计质量提高。加强对工作方案编制、实施方案审核、在线审理、现场督导、审后汇报、业务会审议等关键节点的质量控制，切实把住审计质量各个关口。采取重要项目由部门领导全程参与、并带队与被审计单位现场交换意见的方式，加大对项目作业质量和报告质量的控制。组织召开联合账簿审计座谈会，研究解决对外合作项目实行分级管理后审计工作面临的问题和困难。开展审计项目质量检查，进一步提升质量意识，加强质量控制措施。

抓制度建设，促进审计作业规范化、标准化。在梳理现有制度体系框架的基础上，出台有关审计项目管理、质量管理、审理、审计整改和专业队伍建设5项制度。修订发布第二版审计问题定性词典，增补、更新定性词条74项。编制下发有关经济责任审计、油气田产能建设项目审计等9个工作方案和指导意见，指导所属企业规范有效地开展审计工作。所属51家单位结合本单位实际，开展制度建设和业务流程优化，制修订各类审计制度和规范158项。

抓信息技术推广应用，促进审计方法创新。按照集团公司ERP应用集成总体部署，编写完成审计信息化总体方案。建设完成新版审计管理信息系统，一级审计项目基本实现实时上线、在线审理、所有发现问题网上留痕，部分单位全面实现同步上线。探索大数据分析技术的应用，加大运用信息技术分析数据、核查问题的力度，利用企业现有信息系统实施查询分析、动态监控，提升审计工作效率。

抓审计队伍建设，促进审计人员综合素质提高。出台关于审计专业队伍建设的指导意见，加快推进审计队伍专业化建设进程。举办各类培训班、讲座和座谈会，交流推广先进理念、专业知识和实务技能。组织开展内部审计理论研讨，集团公司软科学课题《风险导向审计计划生成机制研究》及《经济责任审计项目评价指标体系研究》顺利结题。组织1840名审计人员参加全国审计法和内部审计准则知识竞赛，获得一等奖3名、二等奖14名、三等奖31名。

【审计问题专项整治】 集团公司专门召开工作会议，传达学习和贯彻落实国务院要求，全面部署审计问题专项整治工作，形成分工合作、齐抓共管的良好局面。各部门、专业分公司认真分析专业领域多发、频发的重大隐患和问题成因，积极研究解决方案，督促责任单位落实整改。各单位围绕“审计—整改—规范—提高”主线，将问题整改和建章立制、责任追究相结合，多形式、多层次、多角度地开展工作，查找、梳理问题1.7万个，整改问题1.4万个，制修订制度858项，290多人被追究责任。

【审计业务培训】 2014年，举办各类审计培训班42期，培训审计人员1681人次，培训内容涵盖审计理论、实务案例、信息技术应用、发展战略研究和公文撰写等内容。其中，审计部直接举办各类培训班2期，培训审计人员510人次。

2014年底，审计队伍中大学及以上学历1565人，占总人数的80%；中高级职称1365人，占总人数的70%；具有注册会计师、国际注册内审师、注册造价师等职业资格的867人，占总人数的44%。

【优秀审计项目】 2014年12月2日，审计部组织30名专家在北京石油大厦召开优秀审计项目评审会。在各单位推荐的基础上，经专家现场评审，共评出2013—2014年上半年优秀审计项目100个，其中宁夏石化公司原总经理离任经济责任审计、2013年大庆油田工程结算及管理情况审计、2013年辽河油田公司经济合同全过程审计、塔里木油田公司招标投标管理审计等20个项目获一等奖、35个项目获二等奖、45个项目获三等奖。

【中国内部审计协会石油分会】 2014年，在中国内部审计协会指导下，石油分会认真贯彻落实全国审计工作会议精神和中国内部审计协会第六届理事会第四次会议精神，坚持“服务、管理、宣传、交流”的宗旨，以石油审计理论研究为主线，以服务企业发展、推动会员单位审计实务水平提高为目标，积极开展理论研究和学术交流，加强对会员单位的指导，继续完善组织体系建设，服务和指导能力进一步提升。

开展理论研讨，引领审计工作创新。下发《中国内部审计协会石油分会2014年内部审计理论研讨实施方案》，对理论研究的内容、方式、时间等提出明确要求。在片组初评的基础上，组织召开现场评审会，评选出优秀审计论文85篇，其中《增值型内部审计理念之审计状态探讨——审计过程中"归零"的艺术》《油田企业内部审计增值方向和增值空间研究与评价》《论内部审计如何在实务中有效增加组织价值》等15篇论文获一等奖，30篇论文获二等奖，40篇论文获三等奖。部分优秀论文被推荐参加中国内部审计协会理论研讨论文评选，其中《内部审计增加组织价值的现实思考》获二等奖，《油田企业内部审计增值方向和增值空间研究与评价》《建立在风险管理体系基础之上的审计增值研究》等7篇论文获三等奖，5篇论文获提名奖。

发挥期刊、网站作用，创新审计理念。编辑出版4期《中国石油审计》，刊登稿件90篇、信息18条，共计约37万字，发行12000余份，推进理论研究和审计文化建设。创办《中国石油审计》微信公众平台，每周推出精选内容，发挥对审计业务的指导作用。设立《中国石油审计》期刊特约通讯站，发展一批理论功底好、审计经验丰富的审计人员为通讯员，集思广益办好期刊。

（王　玲）

企业改革与管理

【概述】 2014年，集团公司企业改革与管理工作按照集团公司党组的部署，积极适应职能转型。

加强综合协调，发挥企业管理职能，实现管理创效。提出生产经营体制机制及业绩考核改进建议；调研提出提高昆仑润滑油内部使用量的改进建议，确保提高内部产品自用比例工作落实到位；研究形成解困扭亏总体方案，积极推进未上市托管业务解困扭亏工作；开展流程管理协同机制研究与实施，积极推进体系融合试点工作；开展企业管理课题研究与企业改革相关工作，破解发展难题；针对集团公司管控模式、体制机制、治理结构等存在的问题，提出进一步改进优化的思路和建议。

进一步巩固完善内控与风险管理工作。优化完善内控体系设计，努力实现内控体系全覆盖；加强手册质量审查，优化简化内控手册；突出风险导向，深化全面风险管理，开展内控与风险管理对标分析，加强风险事件的量化及动态管理，推进海外业务风险应对数据库实际应用水平；创新形成风险管控、流程运行、制度标准等管理文件的一体化梳理与规范；持续推进业务流程梳理规范，业务覆盖率股份公司达到94%，集团公司达到83%；强化内控测试，充分利用内控测试资源，强化考核评价工作，切实做好内部控制改进，确保控制执行到位。

协调组织开展深化改革相关工作。做好简政放权工作，梳理形成总部部门、专业分公司第一批调整管理及审批权限48项；协助辽河油田、吉林油田开展扩大经营自主权试点工作；开展宾馆酒店类业务调研，提出深化改革的初步建议意见。

【管理提升活动】 由国务院国资委组织开展的为期两年的中央企业管理提升活动，到2014年4月告一段落。在为期两年的管理提升活动中，集团公司结合实际，认真落实国务院国资委管理提升的各项部署要求，完成活动各项任务，初步达到国务院国资委提出的"基础管理明显加强、管理现代化水平明显提升、管理创新机制明显完善、综合绩效明显改善"的活动目标。集团公司被评为"管理信息化专项提升先进单位"。集团公司印发《关于表彰中国石油天然气集团公司管理提升活动先进单位和先进个人的决定》，对集团公司63个管理提升活动先进单位和220名先进个人进行了表彰。

【业务流程管理工作】 持续开展流程梳理与规范工作。结合集团公司总部部门调整，组织完成并发布办公厅（总裁办）、财务、资金、财税价格、法律事务等相关部门和专业的流程规范，完成人力资源专业规范梳理，并进入发布程序。截至2014年底，累计梳理完成部门业务流程22项，业务覆盖率95%，专业规范34项，股份公司业务覆盖率94%，集团公司业务覆盖率83%。

规范流程优化简化工作程序。以“简化优化、提升能力”为工作思路，围绕流程梳理工作目标，创新建立流程梳理与风险评估一体化工作程序，从集团战略出发，建立业务能力框架与全景业务视图，理顺权责划分，实施风险分级分类和预警指标监控，简化冗余流程，优化控制措施，评估管理文件，形成风险管控、流程运行、制度标准等管理文件的一体化梳理与规范方法。

检查企业落实专业流程规范情况。组织勘探院内控项目组开发应用程序，以集团公司统一的业务流程架构为基准，对各企业的流程适用性进行分析，形成流程适用性清单，并对未按专业流程规范进行业务梳理的企业，提出整改要求。将适用性清单作为重要流程覆盖率、重要风险覆盖率、关键控制覆盖率及内控自我测试评价考核的重要依据，促进流程规范的有效落地。

完善ERP系统控制设计。随同物资采购管理信息系统的功能调整，相应调整完善相关业务流程和系统控制措施；完成权限管理平台中有关账号和角色的使用流程及控制文档审阅；开展ERP系统控制应用问卷调研，着重发现集成系统的接口数据传输、系统控制设计和实施覆盖不完整等问题，并提出具体改进完善建议。

高质量完成课题研究。2014年，完成集团公司工程技术业务管控模式和长北合作项目开发管理课题研究。课题分别梳理了集团公司工程技术管理、长北和苏南对外合作项目的管控思路，对模式的基本内容涵盖到位，并具有一定的原创性。

【内控体系运行评价】 精心组织管理层测试。按照监管要求，以“风险为导向”，合理确定管理层测试范围，主要业务领域包括油气田开发建设、油气生产、设施建设、油气销售、炼化生产、炼化销售、油气运输、人力资源管理、财务管理、资本运营、物资管理、资产管理、科技管理、信息管理、合同与纠纷管理等；高风险领域包括投资决策、采购管理、招投标、重大合同和资金管理等。2014年，在各企事业单位全面开展内部控制自我测试的基础上，组织对总部机关和56家企事业单位内部控制设计和执行情况进行评价，测试范围和覆盖率均满足监管要求。

认真落实例外事项整改。根据年度测试情况，分领域对测试发现典型案例进行系统分析，从岗位、基层单位、企事业单位、总部及专业分公司和外部单位等层面，分析可能发生的各种原因及影响，提出完善相关制度、流程等具体管理建议。针对测试发现的问题，会同相关业务部门和企事业单位进行“一对一”分析，提出整改建议，逐家下达改进意见书，要求各单位按时反馈整改落实情况，并引入“缺陷评估和风险警示”机制，提高各单位重视程度。在整改过程中，与总部相关部门和专业分公司形成联动机制，定期发布例外事项通报，从不同层面推动例外事项整改。通过“测试—整改—再测试”的持续改进机制，2014年度管理层测试发现的例外事项得到及时、有效整改。

内控体系运行持续有效。股份公司内控有效性连续9年通过外部审计。

评选内部控制优秀测试报告。2014年11月，企业管理部组织专家对2012—2014年度内部控制测试报告进行评审，下发《关于表彰中国石油天然气集团公司2012—2014年内部控制优秀测试报告的决定》（中油企管〔2014〕451号），共评出优秀测试报告39个，其中一等奖8个、二等奖10个、三等奖21个。

【风险管理工作】 研究建立风险控制一体化工作程序。2014年采用风险控制一体化工作程序对机构调整后的财务部、资金部和财税价格部等部门开展风险评估试点，并按照新的职能落实风险管控职能。风险控制一体化工作程序实现以业务目标为导向，以风险防控和效率提升为重点，从集团公司整体战略出发，建立业务能力框架，进行风险评估和分类分级管理，通过流程落地实施优化控制效率，将内控与风险管理和业务运行融为一体，并与管理制度、业务标准协同。

开展重大风险的评估管控和检查。自下而上地组织开展年度重大风险评估，确定风险管控重点。自上而下地组织制订风险管控方案，并组织对油品质量风险管控现状进行跟踪检查。组织报告编制，分别向国务院国资委和股份公司董事会报告集团公司和股份公司风险管理工作成效及存在问题。通过年度重大风险评估管控和检查，明确风险管控目标，明晰风险管控责任，落实风险管控措施，重大风险得到有效控制。

完成重大投资项目的风险评价试点。以重大项目投资为切入点，开展重大投资项目的风险评价试点，完成审核指标及标准制定，同时选取广西石化和新疆油田，对试点项目的项目前期、项目实施和运营、项目后评价等阶段的风险管理工作进行审核。通过试点，提升风险管理人员服务于重大事项决策的能力。

开展风险事件量化及动态管理。初步建立事件分级分类目录，制订统一的事件信息收集模板，理顺风险事件上报及分析机制。组织总部31个部门与专业分公司、148家所属单位按季度收集分析风险事件。通过逐步建立风险事件监督机制，及时总结事件发生原因，分析管理薄弱环节，提示高风险领域，向企事业单位预警。

加强风险预警指标建立与应用的研究。通过采取“边研究边应用”的工作方式，开展财务管理领域风险评估，识别建立该业务各关键业务环节的关键风险指标。开展物资采购业务风险预警指标应用场景的深入研究、指标数据源等信息的详细分析，初步构建物资采购领域的风险预警指标体系，为尽快实现预警指标对生产经营管理的支持作用、为集团公司与风险管理信息系统预警功能需求相结合、为实现风险动态预警监控奠定基础。

开展风险管理对标工作。集团公司选择10家国内外同行业开展风险管理对标，选择11家单位开展风险管理评价，从内控与风险管理体系设计情况、机制运行情况、管理效果等3个维度设计对标指标。通过对标和评价，找准风险管理工作的方向和重点，研究建立内控与风险管理评价指标工具，以评促建，推动风险管理工作向国务院国资委关注的十个方面持续改进。

推进风险管理信息系统建设，完成可行性研究和立项审批。集团公司全面开展风险管理信息系统可行性研究，通过研究，明确业务现状、业务需要，理清系统功能架构及项目概算，同时初步明确与ERP、物资采购等业务系统的数据对接，并在此基础上完成系统建设立项工作，如风险管理系统功能蓝图和功能清单、系统功能需求，推动系统建设。完善相关数据指标在业务流程管理信息系统的应用。针对财务、合同、物资采购、成品油零售4个领域51类风险预警与流程绩效监控指标，与ERP系统进行对接研究。相关信息平台的建立，将有助于提升集团公司内控与风险管理的信息化水平，为推动业务流程绩效和提高风险管理效率奠定良好基础。

【基础管理建设工程】 按照建立“一个平台，一个体系”的顶层设计思路，完成管理规范平台和基础管理体系设计报告，以及基础建设管理信息系统功能框架方案的编制确认与验收，设计提出总部和专业分公司构建制度、流程、标准的协同管理规范平台，在地区公司将制度、流程、标准以及质量、计量、能源、HSE、内控、法律风险防控六大体系融合为一套文件，并辅之以信息化平台支持，指导业务执行。在基础建设试点方面，协调试点部门和专业分公司发布整合后的管理规范文件，试点地区公司已完成管理文件进行整合优化，系统平台一期的主要功能已进入开发阶段。

【内控培训及队伍建设】 强化企业管理系统的业务学习培训，精心设计培训课程，举办企业管理处长培训班，提升整体业务素质和工作能力；组织内控测试和风险管理培训，提高专业人员技能水平。

持续推行测试人员持证上岗机制，组织继续教育培训2期，内控测试资格认证培训1期，截至2014年，集团公司和股份公司所属138家企事业单位共1016人取得内部控制测试资格证书，实现千人测试队伍的测试团队力量储备目标，基本满足各层次内控监督的需要。开展3期系统认证培训，通过率94%，培养相对稳定、能够满足所属企事业单位业务流程管理信息系统应用的系统管理员及建模员队伍。

【企业管理专项工作】 按照集团托管业务发展和解困扭亏工作的总体安排，对托管企业现状进行座谈与调研，分析面临的困难与矛盾，研究油气田、炼化托管业务的发展方向、思路，以及需要配套出台的相关政策。为进一步明确解困扭亏工作中相关方的职责，将各项措施落地，印发《关于印发集团公司托管业务改革发展暨解困扭亏工作安排的通知》(企管〔2014〕286号)，文件明确解困扭亏工作职责、业务发展定位和目标，提出完善业务管理机制、有序推进托管业务整合优化的基本意见，并确定各部门、专业分公司、地区公司在具体工作目标、实施方案、提出重组整合与优化、研究制定配套政策等4个方面共18项工作任务。同时，按照改革调研研讨的要求，组织有关部门和专业公司提出改革的意见，并组织托管油气田、炼化企业细化业务分类、梳理三级单位业务，分析经营状况和人员结构，研究托管业务的改革举措，提出消化专业归属业务、消减多种经营业务、消除扭亏无望业务，逐步削减未上市托管业务规模，努力提高托管保留业务的盈利创效能力的基本思路。

研究提出生产经营体制机制及业绩考核改进建议。针对集团公司当前生产经营中的结构调整、产销衔接、库存偏高等问题和矛盾，从集团公司整体利益最大化出发，对现行成品油产、炼、销的生产经营体制机制问题和业绩考核内容与方式进行梳理研究，从体制、机制以及考核方式等方面提出改进建议。

开展提高昆仑润滑油内部使用量调研工作。遵照集团公司生产经营及运行协调会议要求，为了提高昆仑润滑油在内部单位的使用量，重点对近年来昆仑润滑油的使用情况、存在问题进行分析，提出改进建议，编制完成《关于提高昆仑润滑油内部使用量的调研报告》。集团公司印发《关于提高昆仑润滑油内部使用比例的通知》（中油企管〔2014〕410号），进一步明确昆仑润滑油内部使用范围和60%的使用比例，以及规范采购程序、提高产品质量、优化服务网络、扩大设备润滑替代试验、减少设备润滑成本、加强内部货款封闭结算和信用销售、明确检查考核办法等管理举措，确保提高内部产品自用比例工作全面落实到位。

全面开展宾馆酒店业务调查研究工作。根据集团公司全面深化改革总体工作部署，针对企事业单位所属宾馆酒店业务的基本情况和经营管理现状，企业管理部（内控与风险管理部）开展深入细致的调查研究工作。调查共涉及45个企事业单位150家宾馆酒店，分布在国内25个省（自治区、直辖市）和境外8个地区；从业人员19072人，其中合同化员工4174人；总建筑面积233.1万平方米，经营状况整体亏损。企业管理部（内控与风险管理部）还开展外部调研工作，先后走访咨询国务院国资委有关部门、中国旅游饭店业协会和神华集团等11家中央企业，初步掌握国务院国资委对中央企业宾馆酒店业务的要求，以及国有宾馆酒店业务的经营管理现状。在充分调研的基础上，提出宾馆酒店业务清理处置的改革方向和基本思路。

积极推进扩大经营自主权试点工作。2014年初，集团公司决定在辽河油田、吉林油田开展扩大经营自主权试点工作，并赋予“七项经营自主权和五项相关政策”。在试点实施过程中，企业管理部（内控与风险管理部）做了大量的协调督导工作。先后两次到试点油田开展调研，及时掌握试点工作进展情况、取得的成效和经验以及遇到的困难，积极协调有关部门帮助解决20多个问题，保障试点工作的顺利实施。通过近一年的试点工作，两个试点油田都取得较好效果，主要经营指标明显向好。

落实第一批简政放权事项。根据集团公司全面深化改革总体工作部署，企业管理部对总部各部门、专业分公司拟调整管理及审批权限事项进行调查，并选择10个有代表性的地区公司征求相关意见和建议。在征求到的148项建议调整管理及审批权限事项中，共涉及14个部门、4个专业分公司。在积极组织协调相关部门和专业分公司逐项分析确认、评估管控能力和规范行文后，形成第一批调整管理及审批权限事项48项，经集团公司全面深化改革领导小组会议审批，以集团公司文件下发执行。对于确定的调整管理及审批权限事项，督促相关部门、专业分公司修订相关管理制度，调整完善相应管理流程，确保管理行为与对应的制度流程保持一致。

（刘　影　李　娟）

矿区服务

【概述】 2014年，矿区服务系统按照集团公司统一部署，以建设美丽矿区、和谐矿区为工作总目标，调整业务结构，深化改革实践，加快社会化进程，全面履行“保障生产、服务生活、维护稳定”工作职责，实现“两降”（矿区用工总量持续下降、集团公司补贴持续下降）目标，矿区服务保障体系日臻完善，管理服务水平持续提升，职工群众生活质量稳中有升，企业凝聚力向心力不断增强，很好地维护集团公司和谐稳定发展大局。

【矿区基础设施建设】 完善矿区基础设施。按照“三优先、三不投”（“三优先”即：着眼于降低矿区运行成本，优先支持社会化市场化项目；着眼于完善基本服务功能，优先实施社区活动室、医疗站点、服务大厅配套建设；着眼于隐患治理和节能减排，优先实施燃气管道占压、人员密集场所隐患整治以及小型燃煤锅炉房改造项目。“三不投”即：扩大水电气暖公用服务规模及医院提档升级的项目不投入，楼堂馆所项目不投入，锦上添花的小区环境治理项目不投入。）原则，投入资金完成社区医疗卫生站点和社区活动室规划建设项目，2014年完成新建或改造社区医疗卫生站点37个、社区活动室42个，同时还投入资金购置必要的医疗和文体活动设备设施。实施老旧小区环境综合整治和功能完善，惠及5万余户居民。加快重点医院改造项目进程，大庆油田龙南医院、西南油气田总医院完成改造并投入使用。完善社区医疗站点服务功能，建立职工个人健康档案，加强矿区疫情防控，开展生产一线医疗卫生服务。开展矿区管理信息系统二期项目建设，建成北京、大庆油田等9个远程医疗会诊分中心。加强矿区绿化美化工作，完善道路绿地、公园绿地、居住绿地、厂站绿地、防护林五大绿地建设和养护管理，组织开展义务植树活动，有效改善矿区生产生活环境。发挥企业力量，坚持市场化运作，通过建设经济适用房、团购商品房、将困难职工纳入地方住房保障体系和利用信托平台建设商品房等形式，多途径、多方式帮助职工解决住房问题、改善住房条件。积极开展居家养老服务，引进社会资源举办专业养老机构和日间照料中心，为有需求的老人提供养老服务。

【矿区社会治理】　按照“政府职能不到位的，积极补位；政府职能到位的，企业主动让位”的工作思路，矿区服务单位立足实际、积极探索，加强与地方党委政府沟通协调，完善社区组织体系，强化网格化管理和服务，搭建政府公共服务、社会公司专业服务进驻矿区的平台，努力形成服务居民合力，使企业退出社区管理取得突破。组织召开矿区社会治理现场调研暨成果展示会，交流实践经验，展示工作成果，努力提高矿区社会治理整体水平。加强社区党组织和居委会建设，持续完善社会治理组织体系，新成立42个社区党组织、19个社区居委会，社区党组织和居委会覆盖率分别达93%和97%。华北油田协调地方政府，在任丘矿区成立3个街道办事处，与综合服务处合署办公，28个企业居委会获得政府授权、取得合法资格。积极搭建服务平台，主动导入政府公共服务，累计设立政府公益服务大厅173个。加强地方政府普惠性政策研究，积极争取落实居民市民待遇和企业公民待遇。实施居民自治，探索企业退出社区管理的途径和办法。大庆油田推行社区服务综合体居民自主管理，实现自事自办、自娱自乐。塔里木油田社区管理事务移交地方政府，顺利实现由“补位”到“让位”的转变。

【矿区安全环保管理】　实施矿区安全环保隐患治理，推进大港油田燃气管网、吉林油田供暖管网等重点改造项目，一批安全环保隐患得以消除。组织开展燃气专项检查和安全环保大检查，强化企业自查和集团公司抽查，查出并整改各类安全环保隐患9000多项。加强高层建筑消防安全管理，完善消防设施，畅通消防通道，消除事故隐患。强化人员密集场所安全监管，落实大型活动许可审批制度。在大庆石化和长庆油田分别举办人员密集场所火灾和居民区燃气泄漏应急演练，有效提升救援实战能力。狠抓矿区节能减排，改造燃煤锅炉脱硫除尘装置7套、污水处理站27座，全年节能3.3万吨标准煤、节水129万立方米。全年无生产亡人责任事故及环境污染事故，无食品安全事故，无公共卫生事件，各项指标受控；持续开展安全社区创建活动，长庆油田泾欣园等7个社区被评为“全国安全社区”。

【矿区业务市场化社会化】　组织召开矿区服务业务市场化社会化推进会，明确工作原则和配套政策，市场化社会化不断深入。全年共完成900余万平方米居民供暖、2.8万户居民供水、3.2万户居民供电、11.2万户居民燃气供应业务社会化，21所托幼园所、4家矿区医院实现与社会专业机构联合兴办。积极推进医疗卫生业务社会化，西南油气田、管道局等单位医院与当地或社会知名医疗卫生机构合作办院，盘活医疗资源，减轻企业负担，提升服务质量和能力。西南油气田、长庆油田、冀东油田、管道局等单位采取引进合作、委托管理、整体移交等方式，积极探索医疗业务社会化新路子。与此同时，积极落实国务院国资委中央企业“三供一业”分离移交政策，哈尔滨石化物业服务移交项目上报申请国资补贴，大庆炼化供电、大庆石化供水项目纳入政策支持范围，西南油气田、中国石油天然气第一建设公司分离移交项目稳步推进。

【矿区综合服务】　持续提升矿区服务保障能力。完善服务标准，严格质量考核。加强矿区服务业务运行管理。制修订和复审《矿区窗口服务规范》和《办公楼宇服务规范》等7项服务标准；规范服务满意度测评，建立矿区综合服务满意度考核机制。联合地方政府、驻矿企业、社会组织及志愿者等，建立矿区扶贫帮困和维护稳定长效机制。健全主力医院领办社区医疗、双向转诊的医疗服务体系，完善社区医疗服务功能，为居民提供优质便捷的医疗服务。坚持送医送药到一线，设立一线医疗站点，服务一线员工。积极搭建平台，完善矿区养老服务体系，3万多名老人享受居家养老服务，7000多名老人接受社区日间照料，2000多名老人入住养老机构。繁荣矿区文化，组织开展群众喜闻乐见的文化体育活动，满足居民精神文化需要。理顺管理体制机制，实施矿区机构和业务整合，持续完善“三分开、三统一”体制机制。呼和浩特石化撤销矿区服务事业部，设立矿区管理部归口管理矿区业务；哈尔滨石化“三供一业”分离移交后，撤销矿区服务事业部，相关业务并入行政事务部；长庆油田实施矿区业务扁平化管理，并对3个物业服务单位予以整合。实施开源节流降本增效。细化成本控制，强化对标管理，建立责任体系，把推进市场化社会化、调整业务结构、精简机构和人员作为降本增效的重要手段，同时深挖内部潜力，盘活存量资源，广开增收渠道。华北油田推行模拟市场经营，将所属单位各项业务按照市场机制安排预算，建立自收自支、自求平衡的激励机制。大庆炼化、管道公司通过社会化压缩矿区业务规模后，分别向生产一线转移员工，既支持主业生产，又降低矿区成本。西南油气田拓展生产服务、办公物业及资产租赁业务，实现创收。吉林石化多措并举，开发社区商业网点、盘活存量房产，通过物业租赁和挖掘医疗服务潜力实现创收。

（柳　军）

维稳信访与综治保卫

【概述】 2014年，集团公司维稳信访、综合治理与保卫工作按照党组的决策部署和总体要求，面对当前复杂的维稳安保形势，紧紧围绕全面深化改革，深入推进和谐稳定、油气安保防恐和消防安全基础性工程建设，始终以为集团公司改革发展营造平安和谐稳定的环境为目标，以维护各个重点时期的大局平安稳定为己任，全面推动维稳信访、综合治理与保卫长效机制建设，不断增强法治观念，着力源头预防，强化风险管控，促进管理提升，有效推进各项工作的有序开展，圆满完成维稳信访、综合治理与保卫各项工作任务。

（黄晓雯）

【维稳信访】 2014年，集团公司维稳信访工作贯彻落实党组关于维护企业社会大局稳定的一系列指示精神，紧紧围绕全面深化改革，深入推进和谐稳定基础性工程建设，坚持用法治方式规范工作，着力源头预防，强化风险管控，不断创新群众工作方法，解决信访突出问题，集团公司信访总量保持平稳，有效杜绝个人极端事件，有效杜绝规模性群体访和进京访，有效杜绝网上有害稳定信息鼓噪形成炒作热点，维稳信访总体形势基本稳定，工作取得积极成效。

组织责任。集团公司党组牢牢把握中央全面推进依法治国、维护社会政治大局稳定的总要求，抓住全面深化改革这条主线，把握方向力度，把维护企业和矿区大局稳定摆在更加突出位置，作为重要政治任务，按照国务院国资委党委的具体部署要求，把和谐稳定列入集团公司三大基础性工程，更加注重深入基层体察职工群众冷暖，把改革发展成果更多更公平地惠及职工群众。更加注重广泛听取职工群众意见建议，着力解决职工群众最关心、最直接、最现实的利益问题，营造和谐稳定环境。更加注重遵循法治化轨道，运用法治思维和法治方式化解矛盾，立足依法依规解决信访突出问题，着力建设法治央企。党组和集团公司领导的总体思路、指示要求、工作作风和身体力行，保证2014年维稳任务的全面完成，有力推动维稳信访工作的深入开展。

畅通渠道。企业各级信访部门不断加大来访接谈力度，强化渠道畅通，注重规范有序，在解决群众合理诉求方面取得进展。对群众诉求坚持有理推定原则，只要有1%的合理成分，就花100%的精力去努力解决。严格落实带案下访、重点约访和登门走访，主要领导牵头包案，对突出问题全程跟踪督办，在认真研究问题和相关法律政策的基础上，坚持法定途径优先，以法律、政策为标准，以事实为依据，多措并举、综合施策，耐心细致地做好人文关怀和教育疏导，晓之以理、动之以情，真心实意帮助上访人解决实际困难，使上访人在法律、政策面前心服口服。深入开展领导干部大接访活动，把群众反映的问题搞清楚，把问题的症结搞明白，使群众合理诉求真正得到妥善解决。一年来，累计化解各类信访积案1700余件，使一大批疑难复杂的信访问题得到有效解决。

信息排查。各企业坚持阶段性定期排查和滚动式排查相结合，并在全系统集中开展矛盾纠纷大排查活动，做到横向到边、纵向到底，分级排查、分级建账，覆盖全属企业，把重点苗头隐患全部纳入视线和调控范围。坚持把信息作为做好稳定工作的前提，放在突出位置，发挥基层四级多源头信息网络作用，建立完善立体信息网络，及时搜集、获取各类信息，确保对各类不稳定苗头动向企业上下同步掌握。强化信息汇总分析研判，对苗头倾向信息做到第一时间发现、第一时间会商，对可能出现的不稳定问题逐项进行分析预测，制订针对性措施和工作预案，做到政策措施有评估、稳定风险有预测、稳定问题有对策、防范预案可操作，努力从源头上防止不稳定因素的发生。

扶贫帮困。企业上下各级组织认真落实集团公司党组有关要求，全面开展扶贫帮困送温暖活动，不断加大对困难群体人员的帮扶力度和覆盖面，形成“员工同心互助金”常态工作机制，覆盖全系统矿区内各个群体困难人员和特困家庭，帮扶一大批群体困难人员，切实有效缓解化解大量矛盾和问题，做到“不让一户困难家庭生活无保障、不让一个困难人员的子女上不起学、不让一个困难人员看不起病”。一年来，通过节日帮扶慰问、金秋助学、大病救助等多种形式累计帮扶各类困难人员10.8万人。持续跟进惠民工程建设，建立并形成覆盖企业矿区的综合性帮扶保障工作体系，不断增强稳定工作的针对性和实效性。同时，持续发挥石油企业思想政治工作优势，持续深化用群众工作统揽信访工作，把握工作主动。

筑牢基础。各企业抓目标、抓责任、抓机制，工作部署迅速坚决，工作职责履行到位，工作措施积极有效。坚持企业党政主要领导共同担负维护稳定第一责任，党政同责、一岗双责、齐抓共管，总经理和党委书记亲自抓，分管领导具体抓，相关部门抓落实，主体单位严问责。坚持将维稳信访工作开展情况纳入各单位领导班子、党政主要负责人的经营业绩考核，对规模性群体进京访实行一票否决，有力促进目标任务的落实。在此基础上根据矛盾问题不同特点，对可能出现不稳定问题的人员结成基层包保对子，建立起帮扶、稳控和化解的多层级责任网络，不断筑牢企业矿区的稳定基础。

（崔守全）

【综合治理与保卫】 2014年，在集团公司党组正确领导下，各企事业单位始终将“保稳定、保发展、保安全”作为中心任务贯穿全年工作之中；以配合打击整治涉油犯罪为重点，持续保持油气田专项整治高压势态，挂牌督办一批重大涉油案件；以专项整治为抓手，积极配合全国油气田及输油气管道安全保护工作部际联席会议，开展津冀鲁豫、辽吉黑蒙、陕甘宁蒙三大油区治安整治“百日会战”专项行动，有效遏制一些地方打孔盗油、开井放油等违法犯罪活动反弹势头；以新疆地区安保防恐工作为重中之重，以落实总部机关和在京单位消防安全责任为基础，狠抓工作措施落实，使油气安保防恐和安保消防工作扎实推进，工作基础不断夯实，工作水平不断提高，圆满完成春节、全国“两会”、十八届四中全会、APEC峰会等重点时段安保任务，保障员工家属生命财产安全，保护重要油气生产设施安全运行，为安全生产创造安定有序的环境，为维护首都社会秩序和谐稳定做出应有贡献。

（1）油气安保防恐。2014年，在全国油气田及输油气管道安全保护工作部际联席会议和国家反恐办等有关部委统一部署下，在各有关企业密切配合和大力支持下，保卫部注重新疆地区安保防恐、注重重点油区治安整治、注重内部单位治安防范、注重重点管道安全运行、注重跨国管道安保反恐协作机制建设，圆满完成全国“两会”、十八届四中全会、APEC峰会等重点时段安保任务，保障员工及家属的生命财产安全和重要油气生产设施安全运行。

集团公司党组紧紧围绕中央维护能源安全、推进平安建设的总要求，有力推进油气安保防恐工作。针对2014年新疆地区暴恐袭击频发的严峻形势，集团公司领导明确要求从政治和全局高度深刻认识做好重点地区安保防恐工作的重要性，切实采取有力有效措施，确保员工家属生命安全。乌鲁木齐“5·22”暴力恐怖事件发生后，要求立即实施升级管理，切实加强重要设施和要害部位安保措施，严密防范涉油暴恐事件，确保员工家属生命安全和重点油气设施运行安全。针对重点油区涉油案件反弹反复的实际，集团公司领导协调、部署在三大油区开展“百日会战”集中行动。集团公司与甘肃省政府联合召开管道安全保护工作会议，要求进一步创新和发展油气管道安全保护“甘肃模式”，坚决提升油气管道安全保护工作效能治理。

2014年，保卫部按照党组部署要求，及时下发安保防恐工作要点，对全年安保防恐工作重点部署。协调部际联席会议联络员工作组对任京“4·21”、秦京“5·15”、华北油田“4·30”暴力抢油等一批重大涉油刑事案件挂牌督办。协调河北省公安厅等有关部门妥善解决大庆油田被盗原油被销赃到黄骅南大港地区的回收工作。针对新疆地区暴恐事件频发的实际，先后7次向驻疆、在疆企业下发密码电报，4次召开驻疆企业座谈会，通报动向，指导防范。按照公安部要求，加强散装汽油、震源弹等制爆原料的源头管控措施，最大限度堵塞漏洞。协调甘肃省管道保护主管部门对西气东输三线、四线在项目核准和施工建设等存在的问题进行专题研究。组织对任京、秦京两条管道易发案部位多次进行实地踏勘，督促有关企业加密夜间巡护频次，改进技术防范措施，全面提升安防水平。按照国家反恐办和国家能源局工作要求，利用近一个月的时间组织对新疆、甘肃、陕西、辽宁等地的17个国家石油储备库和3个企业储备库的安保防恐工作进行细致、全面的专项督查，对发现的问题逐条分析原因，逐条提出对策建议。按照公安部和新疆维吾尔自治区公安厅的工作部署，深入塔里木油田腹地实地检查督促石油探区震源弹等民爆物品清理收缴工作。为推动跨国管道双边或多边安保反恐协作机制建设，配合公安部与哈萨克斯坦、土库曼斯坦等中亚5国内务部门共同签署管道安保合作协议，初步搭建油气安保工作合作机制平台。协调部际联席会议联络员工作组和武警总部作战部，申请保留陕京输气管道黄河跨越管桥继续由武警进行执勤守卫。依托有关企业和公安大学、公安部第一研究所和集团公司安全环保院等单位开展覆盖上下游、涵盖各领域的重要油气设施安防标准起草制定工作。按照集团公司领导在《关于解决驻疆企业安保防恐费用有关问题的请示报告》上的批复意见，及时对独山子石化周界安防项目可行性研究报告、西部管道和新疆销售安保防恐工作方案、青海销售和东方地球物理公司新疆探区安保防恐费用进行批复。按照国家反恐办的要求，联合中国海油成立工作组对西部管道王家沟油库国家反恐怖防范重要目标联系点进行检查验收。全年先后对重点企业、重点部位开展监督检查25次，形成调研和专项检查报告21份，发现并督促整改各类隐患147项。

2014年，经过全系统共同努力，集团公司安保防恐总体形势基本稳定。全年各油气田和输油气管道企业共接报案件2917起，其中打孔盗油案件168起，开井盗油案件1843起，与2013年相比分别下降2.23%和1.71%。配合各地公安机关查破各类涉油刑事治安案件2732起，查扣非法贩运车辆3500余台，收缴被盗原油1.4万吨，挽回直接经济损失1.3亿元，有效防范涉油气暴力恐怖事件、重大涉油刑事案件和治安灾害事故。

（2）总部机关消防工作。在总部机关防火安全委员会的正确领导下，在各部门、单位的高度重视和广大员工的积极配合下，总部机关防火办始终以火灾预先防范为重点，深入开展隐患排查治理，反复检查测试设施设备，坚持灵活多样的宣传和培训，不断强化员工消防安全意识，适时开展消防应急演练，立足自防自救，稳步推进消防“四个能力”建设，全面开展各项工作，确保总部机关办公区消防安全。一是建立完善多层次无死角的消防安全责任和制度体系。防火办年初与入驻石油大厦和六铺炕办公区各部门、单位签订《消防安全责任书》。加强总部机关两个办公区燃气管线和燃气设施的泄漏检测。优化调整原有《疏散出口防火门钥匙管理规定》，研究制订应急出口开启方案，研究制定《石油大厦充电电瓶安全管理规定》，将现行制度中冗余环节和不适应实际应急需要的条款进行精简修订。二是优化消防安全隐患与整改三级监督检查机制。不断优化完善“自查”“巡查”和“督查”相结合的隐患查改机制。坚持每日对公共区域和地下停车场进行昼夜不间断巡查检查。坚持每日开火前利用可燃气体报警仪对所有餐厅燃气设施开展气体泄漏检测，定期测试燃气泄漏探测报警设备和燃气管道紧急切断功能。抽调地区公司电气安全专家20余人次对两个办公区电器设施和用电设备进行4次专项检查。严格动火作业审批和现场监护，组织人员对动火作业进行全程监护。三是强化重点要害环节和重点时期的安全管理。修改完善石油大厦《气体灭火系统保护区域消防安全管理细则》，加强10个气体灭火系统保护区域的安全管理。对六铺炕办公楼强弱电间进行清理整治并统一上锁管理。重点时期制订消防工作方案，针对春节、国庆节、中秋节等法定节日，组织开展节前安全大检查，制定消防巡检及督导检查工作手册，严密控制外来人员和车辆，严禁易燃易爆可燃物品进入。四是实现消防设备常态化联动演练并开展消防应急演练。对石油大厦8个主要消防系统进行7次联动演练，发现并排除各大系统问题故障33项，纠正联动逻辑与地址码错误17项。组织总部机关两个办公区消防人员开展火场救援、地下车库灭火演练，组织员工参与初期火灾扑救和人员疏散应急演练，全年组织综合性应急演练3次，参演人员1300余人次，增强全员消防安全意识、初期灭火技能和火场逃生与自救能力。五是强化消防安全保障能力与应急处置能力。组织举行“中国石油总部机关第五届消防运动会”，锻炼提高队伍消防灭火技能，提升队伍专业化水平。以每年更换淘汰灭火器为契机，组织员工开展灭火实战操演，提升全员火灾防范基本技能。保障火灾技防基础设施完好，邀请具有资质的检测公司对总部机关两个办公区的烟感、温感和防雷等设备进行100%的检查，确保设备始终处于完好工作状态。六是反复开展消防知识技能宣传与培训。邀请专家开展员工消防安全培训并开展内部预约培训3次。阳光物业围绕消防“四个能力”和应急管理制度开展三级培训，全面提升服务人员消防应急技能。以“11·9”消防日为契机，利用横幅、消防展板、电子屏在办公区关键通道和显著位置悬挂、摆放和展示，宣传消防安全注意事项和事故案例。根据季节特点，围绕家庭用火用气安全、电气安全、车辆防火安全、防雷击等方面向员工印发温馨提示和火灾警示录。每季度组织召开消防安全形势分析会，依次邀请各部门单位参加，剖析形势，查找工作漏洞，研究制订下步工作计划。

（3）在京单位消防工作。按照《集团公司总部安全生产与环境保护管理职责规定》的职责分工，保卫部将在京单位消防安全纳入监督管理，细化年度工作任务，拓展深化工作范畴，协调解决各类遗留问题，研究破解现实困难。各在京单位牢固树立“首善意识”，反复深挖排查火灾隐患，全面强化人员安全素质，逐步完善消防设施设备，不断深化与公安消防部门的应急协调配合，实现零火灾事故的既定目标，有力保障集团公司安全平稳和首都和谐安定。一是做好谋篇布局，细化工作部署。印发《集团公司在京单位2014年消防工作要点》，并于1月15日召开在京单位消防工作部署会，对全年工作进行安排部署。针对国内燃气泄漏爆炸事故频发现状，先后于3月和8月召开各单位相关负责人加强燃气消防安全管理专题会议，提出工作要求。二是全面摸清底数，完善基础台账。为切实掌握各单位存在的问题困难和消防管理基本情况，统计45个办公区域建筑的消防信息，初步掌握各单位建筑防火灭火设施建设情况、消防人员配备情况和消防安全日常管理基本状况。对各单位消防控制室设备基本情况进行摸排，及时掌握消防控制室执勤人员的取证情况、基本素质和岗位配备情况。三是加强监督检查，狠抓隐患治理。针对各类火灾隐患遗存量大、内外环境风险多的严峻问题，抽调专业消防人员组成4个工作组，对在京单位开展消防安全检查，对查出的各类隐患问题建立台账，提出整改措施，并逐一落实隐患整改情况。四是瞄准重点岗位，强化技能培训。为吸取北京喜隆多火灾事故教训，全面增强消防控制室人员业务技能和安全素质，自2月开始，先后抽调兰州石化和乌鲁木齐石化2名消防安全专业人员，围绕消防控制室的设备认知与使用、日常维护与故障排除、应急处置与操作、事故报警报告等方面内容，对在京单位的消防控制室执勤人员分批次开展岗位技能培训。

另外，集团公司与中华见义勇为基金会联合主办第十一届“昆仑奖”全国十大见义勇为英雄司机评选活动。一年来相继完成启动仪式、英雄司机事迹征集、历届英雄司机走进长庆油田、群众投票仪式、英雄司机评选终审会等工作。评选产生20个城市奖和20个组织奖，产生全国十大见义勇为英雄司机和50名英雄司机（含2个群体）。12月25日，在人民大会堂小礼堂举行表彰大会，中华见义勇为基金会理事长贾春旺，公安部政治部、中华见义勇为基金会和集团公司有关领导出席表彰大会，为十大见义勇为英雄司机、50名见义勇为英雄司机（含2个群体）、城市奖和组织奖颁发奖章、奖牌和奖金。

（4）国家安全和无线电管理。按照北京市国家安全机关的要求，将维护国家安全任务贯穿企业生产经营的每个环节，及时协调国际部做好我驻海外企业员工和利益保护，全面提供我驻海外企业存在的政治风险、经济风险和社会风险等，积极配合国家安全机关开展敌情调研、案件侦查和线索查证等工作。严格执行《中华人民共和国无线电管理条例》的有关规定，大力协调国家无线电管理局，做好企业无线电频点的报批工作，并按照要求在规定频点和区域内使用无线电设备。

（5）机关保卫大队管理。在集团公司保卫部的领导下，机关保卫大队紧密围绕集团公司发展、改革、稳定工作需要，以总部机关平安、稳定、和谐为目标，强化自身建设，认真履行维稳处置、消防督查、安保交通、应急处置各项工作职责。一是加强党、团、工会组织建设。及时改选党支部、增补团总支委员，增设工会。二是构筑保消防安全和治安稳定的一线战斗堡垒。以规范工作标准、提高服务质量为宗旨，完善岗位工作流程、落实工作标准、强化岗位职责，保卫大队各分队、各岗位相互配合、协调一致，不断提升警员内在素质，在一线积累经验、总结成果，高标准严要求，圆满完成总部机关各项安保交通工作。三是坚持依法、有序、稳妥做好维稳处置工作。采取重疏导、重服务、严防范的策略，建立与属地公安部门、企业驻京工作组和地方工作组的有效联动和预警机制，做到早发现、早预警、早防范、稳劝返，及时采集、固化闹访行为音视频资料，为依法打击提供依据，有力保障石油大厦的正常工作秩序。四是坚决完成重点阶段和敏感时期安保任务。全国“两会”期间从华北油田协调20名安保人员和冀中公安局公安干警参与石油大厦的安保维稳工作。昆明火车站“3·01”暴力恐怖案件发生后，保卫大队按照保卫部领导要求，连夜部署提升两个办公区的安保工作等级。APEC峰会期间，保卫大队制订翔实的安保工作方案，明确工作任务和工作目标。

2014 年，北京石油大厦共疏导门前拥堵车辆 33201 辆次，劝阻无卡人员 4957 人次，参与重要会议和外事活动安保 375 次；六铺炕办公区接待各种访客 8990 人次，提供会议安保服务 132 场次。

（李国华　乔旭烁）

离退休职工管理

【概述】 截至 2014 年底，集团公司所属企事业单位离退休职工总数为 475977 人。其中，离休干部 4395 人，占 0.92%；退休干部 162451 人，占 34.13%；退休工人 309131 人，占 64.95%。离退休管理工作人员 7575 人，其中专职 6457 人、兼职 1118 人。集团公司离退休系统设有党委 134 个，党总支 333 个，党支部 3453 个。离退休职工党员总数为 146283 人。全系统有离退休职工活动中心（站、室）1367 个，老年大学总校 62 所、分校 98 所。

【离退休职工思想政治建设和党支部建设】 2014 年，按照集团公司党组安排部署，利用离退休职工活动中心、老年大学等文化阵地，对学习贯彻党的十八大精神和十八届三中、四中全会决定进行全面部署。印发《关于进一步加强离退休职工党支部建设和思想政治建设的通知》，指导和强化离退休党支部建设工作。与《中国石油报》社共同举办“同心共筑中国梦”摄影作品竞赛活动，共收到作品 3696 件，分别在《中国石油报·金秋周刊》和局门户网站开设专栏展示作品，并评选出优秀作品 150 件予以表彰。召开学习贯彻全国离退休干部“双先”表彰大会精神，认真传达学习“双先”表彰大会精神座谈会，在《金秋周刊》和局门户网站开设专栏，专题报道全国离退休干部先进集体、先进个人西南油气田川西南公管中心滨河离退休职工党支部，长庆油田退休干部李长全同志、华北油田退休干部陈汉宝同志的先进事迹。

离退休职工管理局（老干部局）党总支十分重视离退休党支部建设工作。定期召开党总支委员会，及时通报情况，布置学习计划。对党支部和党总支进行换届选举，召开党员代表大会，来自机关 13 个党支部的 105 名党员代表参加这次大会，选举产生 19 人组成的新一届总支委员会，在太阳宫地区新组建一个党支部。向直属党委推荐 6 名优秀共产党员和 1 名优秀党务工作者。组织支部书记与骨干 58 人到冀东油田学习培训。按时收缴党费，接收党组织关系 24 人。组织 100 多名机关老同志参加中组部报告会和《当前国家形势特点及对我国的挑战》专题讲座，为机关离退休职工发放《中共中央关于全面推进依法治国若干重大问题的决定》等辅导材料 5000 余册，发放学习答卷 935 份。

继续深入开展党的群众路线教育实践活动。在制度建设中，对离退休职工管理局（老干部局）27 项制度规定进行重新审核，根据实际情况进行修订，新增《财务管理制度》《机关离退休职工党支部联系人和党务干事工作制度》《首问首办负责制》《机关退休人员接收工作制度》等 20 余项制度规定。结合党的群众路线教育实践整改方案的落实，离退休职工管理局（老干部局）派工作人员到大庆油田、长庆油田、吉林油田、大港油田、华北油田、吉林石化、吉林销售及东方物探等 8 家单位，深入了解基层离退休工作现状，查找问题、征求意见、探讨思路、总结经验。在认真研究政策，深入分析问题的基础上，起草《2014 年离退休服务管理工作调研报告》和《长庆油田老年公寓情况调研报告》。

【离退休职工各项待遇落实】（1）坚持走访慰问制度。春节前夕，集团公司党组成员、机关各部门领导及各企事业单位领导采取各种形式分层次地普遍慰问离退休职工和遗属 31.8 万人次，召开各种座谈会 1319 次，参加 45440 人次。（2）坚持通报情况制度。集团公司离退休工作系统召开各种情况通报会 1006 次，及时传达集团公司 2014 年工作会议和领导干部会议精神。（3）坚持阅文和发放学习材料制度。每周组织机关老同志阅读文件。为老同志分发 11 种学习材料 5000 余本。为 900 多名老同志订阅《中国石油报》《中国老年报》《老同志之友》《中国老年》等报纸杂志。（4）坚持离休干部考察工农业生产制度。集团公司离退休工作系统组织参观工农业生产项目 145 次。暑期，组织机关部分离休干部到北京市顺义郊区进行考察休养。（5）做好养老金和生活补贴发放工作。根据北京市社保局文件，完成2014年养老金调整数据审核。根据人事部“关于传达北京市调整在企业工作军转干部相关政策的精神”要求，办理36人生活补贴调整及补发工作。根据中组部、北京市委组织部《关于提高离休干部护理费标准的通知》要求，对机关65名离休干部护理费进行调整。根据北京市委组织部等四部门联合印发的《关于调整本市去世离休干部无工作配偶生活困难补助费标准的通知》和北京市民政局、北京市财政局《关于调整本市社会救助相关标准的通知》精神，对机关8名去世离休人员的配偶生活困难补助标准进行调整。（6）坚持医疗保健和体检制度。各企事业单位认真执行离退休人员健康体检制度，为离退休职工健康长寿提供各种形式的医疗保健服务。离退休职工管理局（老干部局）组织机关近800名离退休人员进行体检，及时发放体检结果，组织体检答疑。保健门诊4688人次，出诊、家庭病床访视及住院看望等1265人次，化验血糖、做心电图及各类注射1189人次，安排住院78人次，协助医院抢救危重病人18人次。（7）坚持爱心帮扶机制，及时拨放节日慰问金。各企事业单位热情关心离退休职工，积极为离退休职工办实事、办好事。春节、“五一”“十一”等重要节日，离退休职工管理局（老干部局）领导、党务干事和离退休支部骨干对机关离退休困难职工230人次进行重点走访慰问。

【离退休职工活动中心和老年大学建设】 2014年，在全系统开展“两个阵地”示范创建活动，印发《关于进一步深化示范离退休职工活动中心和示范老年大学创建活动的通知》，明确健全、设施完善、管理规范、活动有效、服务优质、和谐安全等6项示范创建标准。印发《关于开展集团公司离退休职工活动中心和老年大学评优表彰活动的通知》，共评选出138个先进集体和440个先进个人。印发《关于进一步加强离退休职工学习活动场所安全环保管理工作的通知》，严格落实安全环保责任。中国石油老年体协依托大庆油田举办第15届离退休职工台球赛，组织9个相关企事业单位的126名离退休职工，参加乒乓球、健步走、门球、柔力球、太极拳（剑）、健身秧歌及健身腰鼓等7项全国老年人体育交流活动，均取得优异成绩，共获得优胜奖16个、优秀奖12个、最佳展示奖2个、创新奖2个。各协作区还组织开展门球、台球、桥牌等多项交流活动。

机关老年大学共开设课程15门，开办兴趣小组7个，共有1200多人次参加活动。通过组织老同志外出采风摄影、参观书画展览、举办书画笔会、举办集邮讲座和诗歌朗诵会，丰富老同志的精神文化生活。

【离退休职工管理队伍建设】（1）在离退休工作部门认真学习宣传贯彻党的十八大精神和十八届三中、四中全会决定。对学习贯彻活动进行全面部署，不断加强工作人员队伍的自身建设，努力提升离退休工作的管理服务水平。（2）举办集团公司第20期离退休业务培训班。企事业单位离退休工作部门146名负责同志和工作人员参加培训。国家行政学院原副院长、博士生导师周文彰，中组部老干部局办公室副主任马晓路，《中国老年报》总编辑兼社长李耀东分别做专题讲座。（3）抓好门户网站建设工作。离退休系统网站围绕落实“两项”待遇，加强“两项”建设等重点工作，报道传达学习集团公司领导对于贯彻全国离退休干部“双先”表彰大会精神等的要求内容，开展“形势、目标、任务、责任”主题活动，制作“两个阵地、两项建设”等8个专题。共有48个企事业单位离退休部门与离退休职工管理局（老干部局）网站建立链接，有40家建立离退休工作门户网站。完成离退休职工管理局门户网站改版工作，做好网站信息更新发布工作。在“离退休职工党支部建设和思想政治建设”“示范离退休职工活动中心和示范老年大学创建活动”和“同心共筑中国梦摄影作品展”等3个专题，发布信息160多条。（4）推进离退休职工管理信息系统管理应用。一是不断加大日常管理和检查考核力度，每月对系统运行情况进行通报。搭建RTX通信平台，共建立用户账号700个、工作交流群2个。按时完成中组部统计年报编制工作和国务院国资委离退休军转干部10890人信息数据的采集上报工作。开展信息系统功能拓展升级办公功能构建方案研究工作。举办离退休职工管理信息系统操作与统计培训班，来自各企事业单位离退休工作部门的152名工作人员参加培训。（5）加强离退休系统协作区工作。一是开展离退休工作优秀论文评选工作，对113篇具有较高理论水平和实际应用价值的优秀研究成果进行表彰。二是开展中国石油思想政治研究会离退休分会换届工作，选举产生第四届中国石油职工思想政治工作研究会离退休职工分会委员会。三是协调各协作区开展离退休政研活动，通过召开工作研讨会、论文成果交流会，互通情况、共享经验、共商对策，推动协作区各单位服务管理水平不断提升。四是组织召开《中国石油报·金秋周刊》工作研讨会，对26家宣传报道工作先进单位和175名优秀通讯员进行表彰。五是统计获得省级以上荣誉称号的先进集体和先进个人138项，在《金秋周刊》和老干部局门户网站大力宣传。

【关心下一代工作】 2014年1月，集团公司关心下一代工作委员会（以下简称关工委）转发中国关心下一代工作委员会工作报告，印发《集团公司2014年关心下一代工作要点》。4月，由集团公司团工委、直属团委、关工委在北京中国石油大厦联合举办中国石油青年大讲堂“奋斗的青春最美丽”，500余名青年员工一起聆听奋斗的青春故事。华北油田退休干部陈汉宝以自己参加石油会战的亲身经历，宣讲大庆精神铁人精神和石油工业的优良传统。10月，关工委到北京市密云县石城镇中心小学，组织主题为“助学传递石油情、同心共筑中国梦”的关心下一代助学活动，并捐赠少儿图书和体育器材。12月，关工委组织到华北油田调研关心下一代工作，向油田机关小学、采一小学捐赠800本图书和300件体育用品。

〔离退休职工管理局（老干部局）〕

档案管理

【概述】 集团公司档案（史志）工作牢牢把握服务企业发展的宗旨，持续加强资源体系、利用体系和安全体系建设，服务集团公司改革发展稳定的能力和水平不断提升。截至2014年底，共有各级档案机构1192个，专职档案人员3438人；馆藏纸质档案案卷、件排架长度约123万米；2014年利用档案29.77万人次，利用档案98.56万卷次、256.49万件次；公开出版档案资料82种、9304万字，内部参考档案资料2236种、39276万字。

【档案工作】 2014年，集团公司认真贯彻落实党和国家关于加强档案工作的系列部署，紧紧围绕集团公司战略发展目标，不断创新管理理念，深化资源建设，强化基础业务和信息化管理，档案工作取得新成绩。在国务院国资委组织开展的中央企业档案对标管理工作中，集团公司被评为2014年度中央企业档案工作对标标杆企业，综合得分99分，排名第二，是国务院国资委开展档案工作评价4年来集团公司取得的最好成绩。各单位认真贯彻落实集团公司档案工作年度部署，加强精细化、规范化管理，档案工作实现新发展。在各单位档案工作全面自评的基础上，集团公司对30家单位开展现场复评，18家单位晋升A级，原来10家C级以下单位全部升到B级以上。截至2014年底，参与集团公司档案工作评价的131家单位中，A级共98家，占到75%。消除C级单位。各单位档案工作差距进一步缩小，呈现出协调发展的良好局面。

档案组织管理持续加强。各单位对档案工作的重视程度进一步提升，档案工作的组织领导得到进一步加强，档案业务需要的人、财、物保障水平进一步提高，为档案工作的开展创造有利条件。大庆油田、青海油田、福建销售、西南化工销售等单位主要领导，通过听取工作汇报、主持召开会议、协调解决问题等方式，推动档案工作健康发展。各单位结合实际创新体制机制，长庆油田二级单位的绩效合同中档案工作权重达到3%，西南油气田把工程质量保证金的30%作为项目档案汇交的保证金，吐哈油田、川庆钻探将档案工作纳入“三基”工作考核体系，保障档案职能的有效发挥。

档案基础业务扎实开展。不断推进规范化管理，印发《集团公司档案管理手册》（2014版），规范档案业务各个环节和流程。配合新版手册的实施，分两期对210名业务骨干进行培训；印发《集团公司境外档案管理办法》，明确境外档案工作管理职责和管理机制，制定清晰具体的境外重要文件材料归档范围；印发《集团公司史料征集管理办法》，明确征集方式、流程和具体的征集内容。各单位全面推行归档范围确认制和电子文件同步归档机制，较好地完成年度文件材料归档工作，特别是合并重组单位、职能调整单位、新成立单位与改革同步开展档案业务，保证档案的连续性和完整性。设施设备投入不断加大，青海油田和青海销售改扩建库房并投入使用，云南销售、贵州销售、甘肃销售、西南化工销售配套建设库房，添置专用设备，档案保管条件明显改善。项目档案管理更趋规范，大连LNG、江苏LNG和秦沈输气工程3个国家项目顺利通过国家档案局档案专项验收，塔里木油田迪那2气田地面建设工程等15个项目顺利通过集团公司验收，广东石化、四川石化、云南石化等单位加强业务指导，建设项目档案管理水平不断提升。

信息化建设加快推进。档案管理系统在153家企事业单位全面应用，用户近8万人，平均日登录6420人次，基本实现档案资源的集中管理。积极开展档案数字化工作，有力提升信息化水平，西南油气田、云南销售、陕西销售、西藏销售等单位以数字化为契机，带动基础业务的规范化和标准化管理；长庆油田完成物探磁带转储项目，建成地震成果数据库，达到高效服务油气勘探与科研的目的；华北油田建成网络数字化岩心库，实现岩心资料的共享；川庆钻探创新地震资料和测井资料数据采集、存储和归档方式，节约了管理成本，提高了归档效率。

机关档案质量明显提升。总部各部门、专业分公司认真贯彻落实《集团公司机关档案管理办法》，将归档工作作为基础工作的一部分，纳入岗位职责与流程，部分单位将评价结果作为文书人员考核内容，有力推动归档质量的提高。财务部、物资采购管理部、党组纪检组（监察部）等单位主管领导高度重视，亲自研究归档范围，明确归档流程。规划计划部、人事部、勘探与生产分公司等单位在归档任务非常繁重情况下，组织处室内审、综合处再审，提高归档质量。炼油与化工分公司、销售分公司坚持高标准严要求，归档工作水平逐年提高。根据国家档案局10号令要求，各单位密切配合，共同完成《机关文件材料归档范围和档案保管期限表》的编制工作，并于2014年9月得到国家档案局批复，修订后的机关归档范围总条目由原来的756条增加到1620条，为实现文件资料应收尽收、应归尽归奠定坚实基础。2014年共归档各类档案近30000件卷，完成1998年前约400万页档案数字化工作，抢救1300小时的声像档案资料。通过对机关档案归档开展评价，A级单位从12家增至22家，占53.7%；B级单位从24家减至19家，占46.3%；消除C级及以下单位。文件归档的及时率从97%上升到100%。

档案服务能力不断提高。各单位不断创新服务手段和方式，在完成大事记、年鉴等通用性编研基础上，深入开发档案资源。大庆油田开发方便查询的组织机构沿革编纂系统，吉林石化组织编纂公司60周年纪念系列丛书，拉美公司开展“拉美记忆工程”完成大事记、创业纪实等编纂工作，独山子石化积极开展工程简介、重要活动照片汇编等专项编研工作，大港油田在庆祝油田勘探开发50周年活动中完成8项编研成果，西气东输管道公司制作“档案照片墙”宣传企业发展历程，华东化工销售利用馆藏档案建设企业文化展厅，并被集团公司授予“企业精神教育基地”，等等。在利用方面，档案服务发展的作用越来越突出，如总部机关提供纸质档案利用近6000件（卷），为经营决策、专案审计、税收检查、法律诉讼等提供及时准确的档案服务；长庆油田、塔里木油田、新疆油田大力加强地质资料管理，为新油田的勘探开发、老油田的增储上产提供有力保障；东方物探在伊拉克北部项目违约纠纷中，利用完整的档案资料成功反索赔并赢得120万美元补偿；北京销售、福建销售、海南销售、上海销售在合同纠纷等案件中，利用档案资料挽回经济损失7000多万元；经研院、石化院利用档案使近200名离退休人员获得应有的补贴，维护职工权益。

【档案馆建设】中国石油档案馆可行性研究报告2014年7月31日获批。召开档案馆建设推进会和外部专家评审会，配合科技开发公司开展初步设计工作，确定平面设计和功能需求事宜。档案馆项目初设2014年12月16日获得集团公司批复，并于2014年年底开工建设。

〔办公厅档案处（史志办公室）〕

第十一篇

党建、思想政治工作与企业文化建设

党建工作

【概述】 截至2014年底，集团公司全系统共建有各级党委2307个、党总支2853个、党支部34216个。党员总数693024名，其中女党员160991名、在岗党员503897名、离退休人员党员有174394名。各级党组织认真贯彻落实集团公司党组的要求和部署，始终坚持党的领导，全面履行经济、政治、社会“三大责任”，充分发挥党组织的政治核心作用；始终坚持强“三基”、固堡垒，创新方式方法，增强工作活力，充分发挥党支部的战斗堡垒作用；始终坚持抓好党员教育管理，引导党员讲党性、重品行、做表率，保持先进性，充分发挥先锋模范作用。

【党的群众路线教育实践活动】 按照中央和国务院国资委党委要求，集团公司各级党组织紧盯整改，建章立制，持续巩固和拓展党的群众路线教育实践活动成果。集团公司始终坚持敞开大门搞整改，整改的内容、目标、时限、责任分工向群众公开、请群众参与、受群众监督、让群众评判，把群众满意作为重要衡量标准。2014年，先后3次召开教育实践活动领导小组扩大会议，通报整改进度和成效，并以领导小组文件印发，向基层单位公布整改情况；利用年初工作会议、领导干部会议、教育实践活动总结会等会议，及时通报整改进度和成果；教育实践活动办公室定期汇总整改落实情况，先后4次在集团公司领导办公例会上通报。所属企事业单位利用报纸、电视、网站、简报、公示栏等多种渠道向员工群众公开整改结果，并通过设立热线电话和意见箱、发放调查问卷等手段，畅通员工群众反映意见建议渠道，强化舆论监督，及时通报、曝光典型案例。在整改落实中注重建章立制，按照集团公司贯彻党的群众路线制度建设计划，确定废止有关制度16项、修订制度21项、新建制度22项。针对教育实践活动中中央及有关部委下发的一批制度规定，集团公司配套制定《公务接待管理规定》《外事接待工作实施细则》《领导人员外事活动规定》《关于进一步加强企业领导人员出国（境）管理监督工作的通知》等26项相关规定。所属企事业单位共废止相关制度1633项、修订3040项、新建2068项。推动反“四风”、改作风制度化、规范化、常态化。通过一年的持续推进，集团公司所有教育实践活动整改措施全部按计划推进，取得实实在在的成效，“四风”积弊初步解决，干部行为举止得到规范，服务群众落到实处，反腐形成警示效应，有效推动企业发展。同时，按照中央、国务院国资委党委和中央第39督导组的部署和要求，集团公司以“严格党内生活、严守党的纪律、深化作风建设”为主题，以认真贯彻落实中央“八项规定”精神、坚决反对“四风”、持续抓好整改落实为重点，认真组织、有序推进党组和所属企业单位党委两级领导班子民主生活会，高质量高标准完成两级党员领导干部民主生活会。集团公司领导干部民主生活会得到中央第39督导组的高度评价。

【学习习近平总书记系列重要讲话精神】 在认真学习党的十八大和中共十八届三中、四中全会精神的基础上，各级党组织把学习贯彻总书记讲话精神作为一项重大政治任务，通过召开党组中心组学习、党组扩大会议、专题学习讨论会、培训班等多种有效载体，邀请中央高层党建专家专题辅导、撰写学习体会文章等多种有效方式方法，认真领会把握总书记重要讲话精神实质，不断深化思想认识，增强党性观念，破除思想障碍，增强行动自觉。各企事业单位党委加强组织、层层动员，结合实际制订落实学习计划，领导干部带头学习、带头宣传贯彻、带头撰写体会文章，截至2014年底共撰写学习体会文章125篇，其中两级中心组学习体会文章50篇，两级中心组成员学习体会文章75篇。各级党组织广泛开展形式多样的集体学习活动，通过报刊、网站、闭路电视、宣传橱窗等舆论阵地，发挥新媒体、新技术、新手段作用，不断深化学习，做到学在基层、落实在基层。直属党委举办集团公司学习中共十八届四中全会精神专题辅导报告会，以“同步课堂”形式组织学习习近平总书记系列重要讲话精神，总部机关处以上干部2000多人次参加培训。截至2014年底，直属各级党组织共配发学习书籍6万多册、辅导光盘100多种，举办辅导报告会50多场、培训班30多个。

【基层党组织建设】 认真贯彻落实集团公司党组《关于所属企业党委进一步发挥政治核心作用的实施意见》《基层党支部工作条例》和《海外单位党建工

作条例》等有关要求，用好特色工作载体，持续加强党委领导班子建设，深化“六个一”党支部、“四优”共产党员、“五心”党支部书记等争创活动和党建“三联”责任示范点工作。以服务型党组织建设推动基层党建工作，党组下发《关于加强基层服务型党组织建设的指导意见》，继续保持党组织建立健全率100%。有效严格党内组织生活，落实中央关于新形势下加强发展党员和党员管理工作的精神，提高发展党员质量，优化党员队伍结构，加强党员教育管理，继续保持党员教育管理覆盖率达100%。组织完成12次集团公司党组中心组学习。结合实际开展具有行业特点的党员责任区和党员先锋岗活动，教育引导党员立足岗位做表率、当先锋。精心做好中央党的建设工作领导小组秘书组联系点工作，参加在嘉善召开的中央党的建设工作领导小组秘书组联系点工作暨课题研究成果交流座谈会，集团公司在会上做经验交流发言。完成昆仑银行疆内分支机构党组织隶属关系实施属地化管理工作。加强党内统计，完成集团公司党建“四项制度”调查摸底。修订完善《集团公司企业党的建设制度和文化建设改革实施方案》。积极开展基层党建理论研究，组织撰写“加强石油企业基层服务型党组织建设研究”和“完善从严管理干部制度”研究。举办集团公司党建工作部门负责人培训班。

直属党委2014年协调指导4家新组建单位设立党组织，5家单位党组织进行换届选举，直属机关党组织健全率、党员教育管理覆盖率继续保持100%。积极宣传贯彻《发展党员工作细则》，分层次举办培训班164个，按照《细则》要求，严把发展党员质量关，共发展党员915人。部分直属单位认真落实党的基层组织建设相关制度规定，结合实际创新党建工作方式，制定《基层党建工作目标管理办法》《党支部标准化工作手册》等制度，推行党建工作标准化操作、量化考评，利用信息化手段开展党内教育培训等，党建工作的规范化水平进一步提升。

【“一先两优”评选表彰】 同国务院国资委党委推荐上报“一先两优”工作，集团公司共获得中央企业先进基层党组织4个、优秀共产党员4名、优秀党务工作者4名，成为获得表彰数最多的中央企业。按照三年表彰周期，集团公司“一先两优”评选表彰工作经基层推选、党委审查、本单位公示、总部机关部门审核和集团公司党组审定等程序，产生先进基层党组织211个、优秀共产党员295名、优秀党务工作者198名，在纪念中国共产党成立93周年之际，党组下发文件进行表彰，在百万石油员工中营造崇尚先进、学习先进、争当先进的浓厚氛围，有效激发基层党组织活力。直属党委对97个先进基层党组织、96名优秀党务工作者和227名优秀共产党员进行表彰。

【直属机关党的建设】 截至2014年底，党的关系隶属直属党委管理的部门和单位共94家，其中总部机关34个部门及专业公司中有20个部门党支部、6个党总支、8个专业公司党委；60个直属单位中有50个党委、1个临时党委、1个党总支、8个党支部。直属党委共有党委195个、党总支209个、党支部2303个；共有党员41720名，其中在岗党员37601名，占在岗职工总数的31.61%；具有大专以上学历党员32265名，占在岗党员的85.8%；35岁以下党员15402名，占在岗党员的40.96%。2014年，直属各级党组织紧紧围绕党组确定的各项改革发展任务，巩固拓展教育实践活动成果，着力加强基层党组织建设，扎实推进反腐倡廉建设，持续强化机关作风建设，团结带领广大干部职工迎难而上、锐意进取，为集团公司顺利完成各项任务发挥积极作用，党的各项工作取得新进步。

思想政治工作

【概述】 坚持贴近实际、贴近基层、贴近员工，坚持团结稳定鼓劲、正确引导舆论，抓生产从思想入手，抓思想从生产出发，知员工情、答员工疑、解员工难、聚员工心，巩固员工团结奋斗的共同思想基础，不断提高员工的思想道德和科学文化素质，充分调动员工的积极性和创造性，努力打造一支有理想、有道德、有文化、有纪律的铁人式员工队伍。

【第十二次“形势、目标、任务、责任”主题教育】 以宣传贯彻集团公司工作会议精神为重要内容，集中时间、集中力量，组织开展第十二次“形势、目标、任务、责任”主题教育，以形势教育员工，以目标鼓舞士气，以任务统一思想，以责任振奋精神。组织举办第十二场“石油魂·中国梦”系列报告会，4位基层一线优秀员工，从“坚守”各自岗位、服务企业发展的角度，以讲身边人、身边故事方式，讲述2013年成就背后的故事，展现集团公司发展新成绩、新经验、新形象，展示集团公司科学发展取得的重大成就和广大一线员工勇担重任、艰苦创业、积极开拓，践行“我为祖国献石油”核心价值观的新风貌。报告团先后在辽阳石化、吉林石化做专场报告，开创科学发展系列报告会进基层先河，得到广大干部员工热烈欢迎。

【思想政治建设】 把思想政治工作融入生产经营管理各个环节、融入改革发展稳定全过程，贴近实际、贴近基层、贴近员工，准确把握员工队伍思想状况，注重人文关怀和心理疏导，努力做到“五必谈、六必访”，实践知员工情、答员工疑、解员工难、聚员工心。庆祝“三八”国际劳动妇女节，组织举办“关爱女性，关爱健康，乳腺癌防治讲座”，总部机关及在京直属单位近300名女员工听取讲座。组织全体干部员工收看电视政论片《百年潮·中国梦》和电视纪录片《中国石油雄师》。贯彻落实全国统战部长会议精神，做好集团公司统战工作，扎实推进企业党外代表人士队伍建设，向中央企业侨联青年委员会推荐委员候选人和归国留学人员联谊会委员候选人，引导动员统战成员为企业深化改革、科学发展做新贡献。

【中国石油党建思想政治工作研究会】 按照上级要求和章程，完成政研会年检，建立完善财务管理制度。履行央企政研会第二课题组牵头单位职责，承办召开研究成果初评会，集团公司“推进基层服务型党组织建设的实践与研究”课题获第一名。组织开展集团公司第七届优秀政研成果征集评审工作，最终评审出特别奖1篇、特等奖1篇、一等奖26篇、二等奖55篇、三等奖83篇、优秀奖100篇。

【新闻宣传职能整合】 为进一步提高新形势下的新闻宣传能力，统筹对内对外管理与联络，集团公司党组对新闻宣传工作职能进行整合，将设在集团公司办公厅的新闻办公室整体并入思想政治工作部（企业文化部）。在加强顶层设计、整体谋划的基础上，党组制定下发55号文件《关于进一步加强新闻宣传工作的意见》，成为集团公司今后一个时期新闻宣传工作的基本遵循。整合后的集团公司新闻宣传工作以“为企业发展提供强有力的舆论支持”为重点，坚持“稳健、低调、正面”，围绕“三突出、六重大”，内增队伍凝聚力、外树企业新形象，新闻发布逐步实现常态化，舆论环境逐渐好转，工作体制、运行机制、工作责任、工作重点进一步落实到位，各项新闻宣传基础和保障工作得到加强，大政工、大宣传、大平台逐步形成。

【对外宣传工作】 加大正面宣传力度，成功组织“能源新思路——中国石油在中亚”和“2014冬季天然气保供”新闻发布会，得到媒体积极评价，树立现代、开放、国际化石油公司的良好形象。将新疆油田班组长肉孜麦麦提·巴克、东北炼化工程公司电焊工徐龙杰、东方物探公司、济柴动力总厂四个重大典型纳入中宣部“全国重点典型”集中宣传序列，高频次、高质量地传递中国石油的正能量。组织第三届“我为祖国献石油”摄影大赛、第二届“最美一线石油工人”电视片大赛等系统内的主题宣传活动。组织西气东输工程系列宣传，与中央电视台“中国财经报道”栏目沟通，摄制《聚焦国家工程》系列电视专题片之《打通中国能源大通道》。为庆祝建国65周年，集中开展“走进冬供第一线”“中国—中亚天然气管道D线开工”“丝绸之路经济带的能源引擎”等一系列宣传活动，树立中国石油负责任公司形象。截至2014年底，内部发稿平台对外发稿552篇。国内主要媒体共刊发稿件1104篇，其中人民日报、新华社等中央主流媒体共刊发541篇报道。

【媒体沟通联络】 “感知中国石油”活动有声有色，与中国青年报社、中国高校传媒联盟共同策划组织“感知石油力量，感受铁人精神——大学生记者走进中国石油”社会实践活动；与中国新闻文化促进会共同组织“感知中国石油——社长总编行”新闻采访活动，邀请《光明日报》《科技日报》《中国经营报》《新能源经贸观察》杂志、搜狐网等媒体的社长、总编深入塔里木油田生产一线、艰苦岗位采访。主动走进媒体，及时回应媒体关注，宣讲石油知识、石油传统，邀请媒体到中国石油“走、转、改”，体验石油石化一线工作生活，会同天涯网站和凯迪网站，组织举办由网民参加的加油体验日活动，实地体验油品质量、油箱容量、加油站安全等问题。协同各地区公司，与广东、上海、四川、甘肃、陕西等省市新闻宣传主管部门、主要媒体建立畅通的联络渠道。提高舆论引导能力，进一步强化网站建设管理，积极主动应对突发事件、引导社会热点，维护和树立企业形象。先后组织天然气价格改革及四川石化、云南石化、深圳LNG重点工程建设专项舆论引导，妥善处置个别领导干部严重违纪舆论持续发酵、大庆群体事件、广州阳光酒店相关人员“发票腐败”等新闻事件。2014年，集团公司舆情实现总体可控，重要敏感舆情监测无遗漏，分析研判基本准确，网站运行安全平稳。在中国互联网协会主办的第三届智慧企业年会暨“中国企业500强互联网影响力”评选活动中，中国石油网获“综合领先奖”。

【总部机关作风建设】 组织召开总部机关加强作风建设工作协调领导小组第二次会议，对开展“门难进、脸难看、事难办”作风问题专项整治、持续改进机关作风进行部署。制定《总部机关改进作风、提高服务基层水平的若干措施》《机关员工文明办公行为守则（试行）》。各部门、各专业分公司结合工作实际，对165个业务事项明确首问首办责任、办结时限和服务承诺，并在集团公司门户网站进行公示，接受基层和群众监督。总部机关持续反“四风”、改作风，大力减轻基层负担、推进勤俭节约、提高服务水平，2014年会议同比减少近20%，发文减少10.5%，调研检查、评比表彰大幅下降，会议费同比降低45.66%，办公费下降12%，出国费下降28.99%，招待费下降79.8%。机关干部到基层调研检查轻车简从，按标准住宿用餐，不收受礼品礼金。一些部门深入基层一线，靠前指挥协调，主动为基层排忧解难。2014年，在党组的领导和示范下，总部机关进一步转变作风，基层对机关作风评价基本满意，民主测评平均分值92.26分。

企业文化建设

【概述】 认真贯彻落实《集团公司企业文化建设纲要》，以弘扬大庆精神铁人精神为核心，努力建设符合企业发展方向、具有鲜明时代特征和石油特色的企业文化。大力实施文化强企战略，内强素质，外塑形象，不断增强企业凝聚力，提高企业竞争力，努力实现企业文化与企业战略的统一，企业发展与员工发展的统一，企业文化优势与竞争优势的统一，不断提升企业软实力。

【扎实践行社会主义核心价值观】 按照中央和国务院国资委党委的要求，党组下发集团公司《关于进一步培育和践行社会主义核心价值观的实施意见》。参加中国政研会、国务院国资委宣传局组织的“培育和践行社会主义核心价值观评估指标”课题研究，起草中国石油培育和践行社会主义核心价值观评估指标。在全体干部员工中广泛开展践行社会主义核心价值观的各项活动。参加中央企业企业文化建设交流会，集团公司在会上做中国石油价值理念体系建设情况的经验汇报。

【大庆精神铁人精神再学习再教育再深入】 坚持大庆精神铁人精神的核心地位，大力发扬艰苦奋斗等石油工业优良传统作风，唱响“我为祖国献石油”主旋律，不断夯实百万石油员工团结奋斗的共同思想基础。进一步深化“石油魂——大庆精神铁人精神”宣讲，不断丰富内容、创新形式。开展以大庆精神铁人精神为主要内容的员工职业道德教育，按照集团公司内控工作要求和《关于签订集团公司高级管理人员职业道德规范确认书有关事项的通知》，20名2013年新晋领导班子成员高级管理人员签订职业道德规范确认书。继续开展《中国石油企业文化辞典》编撰工作，组织开展企业精神教育基地上网工程试点，研究设立讲述石油人故事、弘扬石油文化的微信平台“油微感觉”。

【精神文明建设工作】 按照上级要求，做好精神文明建设“五个一工程”作品推荐工作，推荐的13部作品均得到好评，其中《红色圣地上的呼啸》《土豆花开》和《中国石油雄师》分列文艺图书类、音乐类、电视片类作品第一名，并获中央企业第二届“五个一工程”优秀作品，《土豆花开》获全国第十三届“五个一工程”优秀作品，成为国务院国资委系统唯一获奖作品。集团公司成为唯一连续两届获奖的中央企业。推荐北京销售青年志愿服务队为“首都学雷锋志愿服务示范站”，这是中央企业系统获得的唯一一个示范站，推荐北京销售南湖加油站甘莹莹岗为“首都学雷锋志愿服务岗”。推荐山东销售公司、川庆钻探川东钻探公司两家单位通过国务院国资委申报第三批全国文明单位，推荐石油规划总院通过国务院国资委复查验收第三批全国文明单位，组织各企事业单位通过所在地争取第三批全国文明单位。组织北京销售公司参加“2014年北京学雷锋志愿服务推动日”展示活动，推荐北京销售公司、北京天然气管道公司申报首都文明单位。做好中央企业文学专业委员会筹备工作。

【中国石油英模群体】 进一步培育中国石油英模群体，继续宣传大庆新铁人李新民，整理编辑《大庆新铁人李新民》一书，集中展现李新民同志先进事迹及作为全国重大典型总体宣传情况。深入总结宣传具有时代意义的基层典型、新疆油田重油开发公司采油班长肉孜麦麦提·巴克，中宣部将肉孜麦麦提·巴克纳入全国重大典型，集中宣传报道。中央电视台以“像红柳一样抱团成长”为标题陆续在《新闻联播》《焦点访谈》《朝闻天下》和《真诚沟通》等栏目，《人民日报》以《戈壁油田红柳巴郎（在新疆大地上）》为题，报道肉孜麦麦提·巴克的先进事迹，在企业内外部引起强烈反响。

【直属机关企业文化建设】 直属各级党组织坚持以社会主义核心价值观为引领，以继承弘扬大庆精神铁人精神为核心，持续推进企业文化建设。一些单位印发《企业文化手册》和《员工手册》、制作企业形象宣传片、宣传画册，建立企业文化教育和形象展示室，举办文化传承报告会、征集石油老照片老故事，推动石油文化传承创新。选树宣传基层和一线先进典型，举办“石油魂·中国梦”“民族团结进步共筑美好新疆”大型报告会，一些单位开展“身边的好人”“寻找身边的感动”等活动，弘扬主旋律、传播正能量。一些单位搭建职工微信交流平台，建立职工谈心谈话室，推进职工心理帮助计划，开展“讲清小道理、解决小问题、开展小活动、做好小事情、选树小人物”活动，努力为员工解疑释惑，营造健康向上氛围。

（艾中秋　王玉杰）

【海外企业文化建设】 2014年，海外业务强化企业文化在发展中的作用。为弘扬主旋律，传播正能量，深化与媒体合作，积极参与中央电视台《丝绸之路经济带》电视片的创作与拍摄，配合新华社、《中国报道》对南苏丹坚守人员进行采访报道，扩大海外业务的影响力；做好对海外各类先进典型的选树宣传活动，发掘海外典型人物和事迹，讲好海外石油人的故事，继续完成《海外创业故事》等一批文化产品；提升新闻宣传工作管理水平，研究创新针对海外媒体、资源国政府和民众的宣传工作思路和方法，为海外投资业务创造良好舆论环境；继续开展为海外员工家属办好十件实事和职工文体活动；制定并颁布《员工行为准则》，促进员工行为的国际化职业化，深入推进企业文化建设。

（王　彤　黄颂婷　刘晓雨）

基层建设

【概述】 认真贯彻落实《集团公司基层建设纲要》，以夯实基础管理为重点，以提高员工基本素质为根本，以促进企业与员工的共同发展为目标，在新时期新阶段，要切实加强以党建、班子建设为主要内容的基层组织和队伍建设，切实加强以质量、计量、标准化、制度、流程等为主要内容的基础性管理，切实加强以政治素养和业务技能为主要内容的员工素质与能力。

【“千万图书送基层、百万员工品书香”工程】 在总结近年来送书工作经验的基础上，研究制定送书工程长效机制，经集团公司党组批准，每年划拨专项资金，列入集团公司预算管理，为每个基层队站（车间）补充20本新书。着眼建立规范的工作流程，起草下发《关于建立送书工程长效机制有关事项的通知》，明确思想政治工作部、石油工业出版社、企事业单位的工作分工和责任。截至2014年底，向基层配送图书42956套，完成全年配送任务，在为基层队站（车间）配送图书的同时，还专门为李天照井组、刘玲玲采油站、王海班等集团公司十大命名班组配送书籍，切实把党组对基层的关心关爱送到广大员工手中。

【“民族团结进步、共建美好新疆”专场报告会】 以学习贯彻第二次中央新疆工作座谈会精神为契机，举办中国石油驻疆企业“民族团结进步，共建美好新疆”巡回报告会。报告会先后在新疆油田、独山子石化、塔里木油田、总部机关进行巡讲。这次报告会既是集团公司贯彻落实中央和国务院国资委关于新疆工作部署的有力举措和率先行动，也是集团公司在复杂舆论环境下的正面发声，进一步宣传集团公司切实履行“三大责任”的良好形象和各族员工和谐共进的良好氛围。中宣部、国家民委、国务院国资委等上级机关部门对5名报告人的先进事迹和巡回报告给予广泛关注和高度评价。国务院国资委副主任、党委委员黄丹华专门做出批示："做好先进典型宣传，既能激发央企员工的责任感、使命感，又能让社会更好地了解央企"。

【基层建设调研座谈会】 聚焦集团公司基层建设经验做法、存在问题和考评工作，分片区召开基层建设调研座谈会。西北片区座谈会重点围绕各单位的经验做法和先进典型，研讨基层建设的职能定位和工作思路。东北片区和华北片区座谈会重点交流各单位加强基层建设考评工作的经验做法和开源节流、降本增效的典型案例，收集整理相关意见和建议。通过座谈，进一步明确"新时期基层建设工作重在建设"的思想，基层建设作为一项综合管理工作，牵头部门要在履行好抓总职能的基础上，注重与有关专业部门有合有分，在建立完善基层建设工作体系上下功夫；要以点带面，在总结宣传基层建设典型上下功夫；要以案例为载体，在推广应用基层建设经验做法上下功夫；要以考评为手段，在不断提升基层建设水平上下功夫。

【劳动竞赛】 认真总结全国示范性劳动竞赛"创和谐典范、建西部大庆"劳动竞赛的经验，成功组织召开"西部大庆"建设劳动竞赛现场交流会暨劳动竞赛成果展，对三年来取得的重要成果进行总结，对全国总工会、集团公司和长庆油田评选出的优秀集体、先进个人进行表彰，5名基层员工讲述西部大庆建设中涌现出的先进感人事迹，会后参观劳动竞赛成果展览，观看由参赛一线员工自编自演的表现西部大庆建设中感人故事的文艺节目。全国总工会对这次大赛给予高度评价和肯定。组织参加"海油杯"首届全国石油石化系统焊工职业技能竞赛，来自中国石油工程建设代表队的魏春涛夺得个人奖冠军，并取得申报"全国五一劳动奖章"资格；管道局、东北炼化公司、大庆油田分别包揽团体奖前三名；在获个人奖的前15名选手中，有11名来自中国石油，在比赛中创造佳绩为企业赢得声誉。销售公司根据业务发展需要，以"调结构、提质量、增效益"为主题开展劳动竞赛，实现连续五年不间断开展主题劳动竞赛活动。

【群众性经济技术创新】 积极推进群众性经济技术工作交流，组织大庆油田、吉林油田、辽河油田和长城钻探公司4家工会举行群众性经济技术工作交流展示活动，通过培训经验分享、革新成果交流、师徒技能展示，体现出岗位工人的无限创造力和无尽的创造潜能，加强油田间的沟通与协作，在广大员工中掀起群众性经济技术活动热潮，促进员工队伍素质的提升与全面发展。组织参加第二届"加油中国·传承铁人"年度人物选树活动，通过基层民主推荐、组织考核，确定3名"年度人物"人选、11名"优秀人物"人选，充分发挥网络、微博、微信等新媒体作用，通过事迹专题片、组织网络投票、微博微信互动等方式，大力宣传典型先进事迹，激发广大职工的参与热情，扩大选树活动的影响力。

群团工作

【概述】 坚持全心全意依靠工人阶级办企业的根本方针，加强对工会、共青团等群众组织的领导，支持群众组织按照法律和各自章程创造性地开展工作，充分发挥组织群众、引导群众、服务群众、维护群众合法权益的作用，动员广大员工、青年、妇女群众投身企业改革发展稳定的实践。

【扶贫帮困送温暖工作】 完善扶贫帮困长效机制，积极组织在岗员工"扶贫帮困献爱心"捐款，充分发挥"员工同心互助金"的作用。持续做好元旦、春节、国庆、中秋期间扶贫帮困送温暖活动，切实做到每个困难家庭生活有保障、每个困难员工看得起病、每个困难家庭子女上得起学，把党组的关心关怀传达到百万石油员工。严格执行《困难职工帮扶资金管理暂行办法》等相关制度，在对集团公司困难人员情况和有关单位存在的问题进行梳理的基础上，对资金分配严格把关，实行专户管理，保证专款专用，努力做到公平、公正、科学、合理，切实管好用好帮扶资金。按照全国总工会对口援藏工作座谈会的部署，全力以赴做好对口支援那曲地区双湖县工作，制订援藏计划、落实援建项目、探索产业援藏，切实履行中央企业的政治责任和社会责任。

【厂务公开民主管理工作】 深入推进厂务公开民主管理，切实维护职工合法权益。坚持全心全意依靠工人阶级的根本方针，认真落实职工代表大会制度，研究起草《厂务公开工作条例》，进一步规范厂务公开内容，积极推进厂务公开民主管理工作制度化、规范化。尊重职工群众主体地位，依法保障职工权益，帮助员工建立和谐劳动关系。

【直属工会工作】 直属工会着力推进职代会和职工之家建设，举办职代会提案和代表巡视工作培训班，评选表彰21个模范职工之家、50个先进职工之家。开展职工技术创新活动，评选出70项优秀合理化建议、109项优秀经济技术创新成果。完善困难职工帮扶体系，发放送温暖资金1339.3万元，举办“油缘相聚”大龄青年联谊会，协助解决部分职工子女就近入学。实施员工健康管理，持续做好健康体检，开展“坚持锻炼一百天，健康工作四十年”活动。举办总部机关春秋两季健步走活动，开办书法、音乐等培训班，组织直属机关乒乓球、围棋等比赛，群众性文体活动不断活跃。

【“青字号”岗位建功活动】 加强共青团制度建设，修订《集团公司青年文明号管理办法》，制定《集团公司青年志愿服务活动管理办法（试行）》《集团公司共青团和青年工作信息报送制度（试行）》。坚持服务企业改革发展、服务青年成长成才，以中国石油青年“为中国梦加油”主题教育实践活动为载体，大力实施思想教育、青春建功、青年素质和团建创新四项工程，组织“书香宝石花、点亮青春梦”双十读书青年知识竞赛，进一步调动广大石油青年读书学习的积极性；举办“奋斗的青春最美丽”分享活动，邀请基层5位优秀青年讲述自身奋斗经历，唱响“奋斗的青春最美丽”主旋律；各企事业单位团委举办青年大讲堂871次，参与青年8.4万人，团支部举办青年小讲堂1万余次，参与青年18.3万人，参与青工岗位讲述活动的青工达8.7万人。邀请中共十八届中央候补委员、中华全国总工会副主席、全国道德模范、“当代雷锋”郭明义参加集团公司团工委在辽河油田开展的“青春宝石花、奉献在辽河”青年志愿现场服务活动；参加全国青年文明号20周年交流展示活动，组织评选集团公司青年文明号。召开“中国石油青春建功西部大庆”主题实践活动总结暨成果展示交流会，举办第三届中国石油勘探开发青年学术交流会，开通集团公司“青春宝石花”微信公众平台。

【直属共青团与青年工作】 直属共青团围绕服务企业发展、服务青年成长积极开展工作，推进“青年文明号”创建与“号手”联动工作，对65个直属机关青年文明号进行表彰和检查验收；开展学习型团组织创建活动，扎实推进“读书·实践·发展”青年读书活动，举办团干部培训班、第六届青年英语演讲比赛，组织开展青年“书香宝石花·点亮青春梦”双十读书知识竞赛。部分直属单位还开展青年大讲堂、团干部微讲堂、青年创新论坛、科技成果及论文交流会等活动，努力为青年成长成才搭建平台。

【石油文联工作】 举办第六届职工艺术节舞蹈、美术、书法、集邮、摄影大赛，举办和参加中华人民共和国成立65周年系列展览，承办中国文联全国产（行）业文联舞蹈精品展演暨颁奖晚会，深入青海油田、兰州石化、重庆销售等生产第一线开展“送欢乐、下基层”慰问演出，组织开展中俄文化交流活动，组织创作产生一批文艺精品，创建文艺志愿者协会，培养“石油艺术家”累计达80人。

【石油体协工作】 深入宣传贯彻党和国家关于群众体育工作的方针政策，开展基层体协调研，推进各级体协组织建设工作。创新赛事组织，成功举办首届协作区篮球赛、首届“铁人杯”桥牌邀请赛，组织“谁是球王”羽毛球民间争霸赛的海选和参赛工作，参加“国电杯”乒乓球赛和全国行业体协在京单位职工乒乓球赛。在各级、各类体育比赛的带动下，各企事业单位坚持参加体育健身的职工达80%以上。

【影视中心工作】 做好《中国石油报道》和《石油快讯》编辑工作，通过网络电视及时发布集团公司总部和企事业单位重要新闻和专题节目。通过网络平台发布《最美一线石油工人》《走基层长庆故事》《石油雄师》等栏目和专题，进一步提升和丰富节目质量和内容。

（艾中秋　王玉杰）

社会公益

【概述】 中国石油始终坚持将企业发展与业务所在地可持续发展结合起来，关注民生和社会进步，与当地分享发展机遇和资源价值，积极参与社区建设，促进经济和社会和谐发展，做负责任的社区好邻居。

【参与扶贫帮困】 中国石油积极支持联合国千年发展目标，用实际行动响应中国政府提出的“消除贫困、改善民生、实现共同富裕”的号召，努力为中国实现减贫目标贡献自己的力量。中国石油以落实国家定点扶贫和对口支援部署、开展业务所在地扶贫援助为主线，持续支持经济落后地区发展。以提高受援地可持续发展能力为重点，将扶贫开发与合作相结合，实施“智力、产业、民生”三大扶贫工程。2014 年在 19 个省（自治区、直辖市）投入两亿多元，实施超过 26 个项目，取得明显的社会效益。2014 年度社会公益投入见表 11–1。

1. 定点扶贫

2014 年，中国石油继续在新疆、河南、贵州、江西 4 个省（自治区）的 10 个县开展定点扶贫，改善当地人民生活。投入 1200 万元援建民生项目，改善当地饮水、出行、教育等基础设施条件。在江西横峰县援建司铺水厂工程项目　当地 2 万余人受益，极大缓解周边村民和师生饮水安全问题；实施道路改造工程，解决贵州习水县近 3 万人出行难、农副产品运输难问题；在河南台前县改造 12 所寄宿中学，近万名师生的食宿条件及教学环境得到改善。

中国石油结合自身专业优势和受援地资源、市场优势，通过业务发展帮助当地建立能源资源产业链，带动当地就业和经济发展。2014 年，中国石油在江西横峰县开展天然气利用项目，惠及当地近百家企业和近万户居民用气，促进当地绿色低碳发展；带动当地企业发展，同等条件下优先选用横峰企业产品，已有一家企业进入中国石油集中采购名录；增设加油站服务网点满足贵州习水县经济发展对油品需求，并提供中国石油加油站便利店渠道促进当地特色农副产品销售。

表 11–1　2014 年度中国石油社会公益投入表　　万元

类别	项目	投入金额	小计
扶贫帮困	定点扶贫新疆、河南、贵州、江西等；对口支援西藏、青海、重庆等；其他地区扶贫	20686.75	20686.75
支持教育	援建学校	9888.66	12816.86
	助学金	794.26	
	奖学金	15.65	
	科研开发	2118.29	
赈灾救助	为遭受洪涝、地震等自然灾害的地区捐款	16865.78	16865.78
公益捐赠	公共设施建设	37157.54	39525.73
	医疗卫生	1231.01	
	文化艺术	368.34	
	体育事业	768.84	
环保公益	植树造林	5822.61	10864.15
	其他环境公益	5041.54	
总计	100759.27		

围绕劳动力技能、经营管理能力、基层干部素质提升和改善基础教育条件4个重点，开展智力帮扶，提升受援地群众的自我发展能力。在新疆，中国石油结合当地产业发展特点，为6个定点扶贫县举办实用技能培训班，培训农牧民195人。此外，中国石油每年在北京石油干部管理学院为贫困县管理人员开设培训班，提升他们的文化素质和管理经验，拓展 他们的视野和思路。

2. 对口支援

对口支援西藏、重庆和福建取得良好进展。2014年，在西藏双湖县投入2000万元，实施中心小学改造工程等5个民生项目，其中索嘎街综合市场二期等项目竣工，改善当地基础设施，提高当地居民生活水平。在重庆开县温泉镇、紫水乡开展两个道路援建项目，解决周边8000多名居民出行难问题。

中国石油在福建长汀县，利用自有生产工艺和工程化技术，实施5万吨/年催化裂化催化剂产业合作帮扶项目，帮助当地将矿业资源优势转化为经济发展优势。为重庆开县的3个工业园区供应天然气，创造50多个就业岗位。

3. 其他地区扶贫

2014年，所属企业投入4758.25万元，在四川、内蒙古、重庆、河北等省（自治区、直辖市）的贫困地区，开展兴建新村、筑路修渠、助残扶弱、帮学助教、建设文化体育设施等多项扶贫项目，改善当地居民生活条件。

【支持教育事业】 2014年，中国石油继续通过石油奖学金、互助金、捐建希望小学等多种方式，投入12816.86万元支持国内教育事业。在河南社旗县开展的“石油·助学”活动改善当地20所农村中小学教学条件。学生们从此有了多媒体课堂、告别架子床，教学与生活环境大大改善。辽阳石化连续第三年在辽宁省彰武县开展“大手拉小手”一对一捐资助学活动，为47名贫困学生送去助学金和学习用品。

中国石油还赞助第四届全国石油工程设计大赛和昆仑润滑油杯2014中国大学生方程式大赛等赛事，为实现教育形式上的创新和助力大学生成长贡献一分力量。

【带动地方发展】 企业的发展离不开政府、社区和广大居民的支持和帮助。中国石油坚持开放合作、互利多赢，通过业务发展带动所在地 经济社会发展。大力支持混合所有制经济发展，努力推动与各类投资主体的合资合作。2014年，中国石油在上中下游各领域，全面扩大与社会资本、民营资本的合资合作，运营中的合资合作项目涉及页岩气开发、常规油气开发、管道建设等业务。继续培养本地供应商和承包商，带动关联产业发展，为当地创造就业岗位，回馈当地民众。长庆油田的开发带动陕甘宁内蒙古油气化工工业、工程建设和物流等行业发展，加速区域工业化进程，创造10多万个就业岗位。

【倡导文明风尚】 中国石油重视参与社会公益活动，倡导社会文明新风尚，为不断推进精神文明建设做出贡献。

1. 评选见义勇为好司机

弘扬见义勇为，倡导社会正义，2014年，中国石油连续第十一年和中华见义勇为基金会合作举办“昆仑奖”全国十大见义勇为英雄司机评选活动，评选并表彰67名全国见义勇为英雄司机，其中10人获“全国十大见义勇为英雄司机”荣誉称号。

2. 开展员工志愿者活动

中国石油员工志愿者弘扬“奉献、友爱、互助、进步”的志愿者精神，积极开展形式多样的爱心帮扶活动。2014年，中国石油青年志愿者队伍达到6359支16.9万人，开展扶助残障人群、关爱孤寡老人、支持教育、义务植树等活动，受益人数达209万人次。

兰州石化公司青年志愿服务队启动“爱老敬老，情暖石化”志愿服务活动，112名青年志愿者与社区老人结对，定期为老人上门服务。大连石化公司开展“海上小红帽”青年志愿者活动月，回收清理海岸及海面垃圾。

【服务海外社区】 中国石油致力于成为当地社区的优秀企业，将中国石油融入当地经济社会中，为当地创造社会经济价值，共同促进当地社区的繁荣发展，获当地社区认可。2014年，中国石油在哈萨克斯坦的曼格什套项目，获曼格什套州政府授予的“最受尊敬的公司”称号。印度尼西亚项目公司凭借在能源矿产行业做出的突出贡献，获印度尼西亚能矿部颁发的2014年度“特殊贡献奖”。

中国石油在海外项目公司中设有环境保护和社区关系协调机构，与当地政府、非政府组织、社区代表等建立起多种形式的沟通机制，通过会议、报告和走访等方式，加强沟通协调，实现合作共赢。例如，在伊拉克成立由伊拉克中部石油公司、当地政府和议会等代表共同组成的艾哈代布油田社区贡献委员会，通过该委员会为社区居民提供公益事业援助，并负责监督公益项目的进展和实施情况。2014年，完成伊拉克瓦西特省库特市Ahrar县的学校、医护站建造等项目，受到当地社区居民的好评。

中国石油依托当地社会资源，积极扶持当地企业，注重采购所在地的产品和服务，与当地企业在技术服务、后勤保障、餐饮物流等方面加强合作，带动和促进相关中小企业发展，为社区创造更多经济收入和就业机会。中国石油在伊拉克的油气合作项目累计为当地创造超过4亿美元的商业机会，提供就业机会2万多个。中国石油在非洲的油气合作项目为当地提供近万个就业岗位。

中国石油重视在教育、技术技能培训等方面的投入，持续提升业务所在地可持续发展能力。例如，中国石油支持东道国石油工业人才培养计划，2014年与南苏丹教育科技部在朱巴签署教科书捐赠协议，向油区附近学校捐赠1.5万本教科书，改善当地教学条件。南苏丹教育科技部代理部长盛赞中国石油此举是授人以渔，捐赠教科书让更多的南苏丹学生拥有更多的机会掌握更多的知识，是南苏丹强国之基、未来之需。

（集团公司社会责任报告编辑部）

光 荣 榜

【2014年全国五一劳动奖章】 22名个人：

贾金辉 中国石油大港油田石油工程研究院压裂酸化技术中心主任

赵玉建 中国石油天然气管道局局长、党委副书记

冯许魁 中国石油集团东方地球物理勘探有限责任公司研究院库尔勒分院院长

王万迅 华北油田公司苏里格项目部经理

周丽君（女） 中国石油呼和浩特石化公司三修车间系统维护班班长

钱新华 中国石油抚顺石化公司副总经理

赵奇峰 中国石油辽河油田公司欢喜岭采油厂采油作业三区304队齐5号站站长

李永翔 吉林吉化建修有限公司东部检维修一车间班长

辛公华 大庆炼化公司生产技术处处长

段福海 大庆油田有限责任公司第四采油厂第二油矿工艺队工程师

常川新 中国石油西南油气田公司川中公共事务管理中心收发员

冉 鹏（土家族） 中国石油集团川庆钻探工程有限公司川东钻探公司工人

马 旭（女） 中国石油长庆油田公司油气工艺研究院压裂技术研究二室主任

火金三 中国石油西北化工销售公司总经理、党委副书记

宋文国 中国石油西北销售公司副总经理

史 昆 中国石油青海油田采油一厂尕斯第一采油作业区计注一站班长

雷少华 中国石油宁夏石化公司电仪部组长

黄秀梅（女） 新疆油田公司采油二厂第四采油作业区巡检四班班长

张福祥 中国石油塔里木油田公司副总工程师

郑海涛 中国石油独山子石化公司乙烯厂乙烯联合车间主任

西力甫江·阿吾提（维吾尔族） 中国石油新疆喀什销售公司红其拉甫友谊第一加油站经理

杨 悦 陕西延安石油天然气有限公司副总经理

【2014年全国五一劳动奖状】 5家单位：

秦皇岛中石油燃料沥青有限责任公司

中国石油天然气第八建设有限公司

中油吉林化建工程有限公司

大庆油田有限责任公司天然气分公司

中国石油长庆油田公司超低渗透油藏第四项目部

【2014年全国工人先锋号】 20家单位：

中国石油北京销售公司亦庄加油站

中国石油天然气管道科学研究院施工装备研究所

中国石油华北油田公司第四采油厂别古庄采油作业区

中国石油东方地球物理公司华北物探处2311队

中国石油管道长沙输油气分公司长沙输油站管道班

中国石油内蒙古销售公司八拜油库

中国石油天然气股份有限公司锦州石化分公司矿区服务事业部440急修队

中国石油辽河油田公司金马油田开发公司采油作业二区地质工艺技术队

中国石油集团东北炼化工程有限公司设计院工艺室

中国石油天然气股份有限公司吉林油田分公司扶余采油厂采油十五队

大庆油田有限责任公司第一采油厂任相财工作室

大庆石化公司化工一厂乙烯车间

中国石油工程建设公司第一建设公司第三工程处321工程队

中国石油湖北销售公司徐东路加油站

中国石油西南油气田公司川中油气矿南充合能压缩天然气有限责任公司CNG北站

中国石油集团川庆钻探工程有限公司长庆井下技术作业公司S00525队一机组

中国石油天然气运输公司新疆中石油管业工程有限公司节水公司

中国石油塔里木油田勘探开发研究院库车勘探项目组

中国石油乌鲁木齐石化公司热电厂汽机车间

中国石油新疆乌鲁木齐销售公司北京路加油站

【“西部大庆”建设劳动竞赛全国五一劳动奖状、五一劳动奖章、工人先锋号】（1）“西部大庆”建设劳动竞赛全国五一劳动奖状，9家单位：

长庆油田公司第六采油厂

长庆油田公司第一采油技术服务处

长庆油田公司第五采气厂

长庆油田公司油气工艺研究院

长庆油田公司矿区服务事业部泾河园物业服务处

川庆钻探工程有限公司长庆钻井总公司

渤海钻探工程有限公司长庆事业部石油工程总包公司

东方地球物理勘探有限责任公司长庆物探处

庆阳石化公司

（2）“西部大庆”建设劳动竞赛全国五一劳动奖章，17名个人：

李广辉　长庆油田公司第二采油厂西峰采油二区经理

马　宏（回族）　长庆油田公司第三采油厂采油工艺研究所所长兼党总支书记

朱君虎　长庆油田公司第五采油厂安全副总工程师

马国华　长庆油田公司第二采气厂作业二区经理

王宏娥（女）　长庆油田公司勘探开发研究院储量地质室主任

任兴文　长庆油田公司西安长庆科技工程有限责任公司副总工程师

米志学　川庆钻探工程有限公司长庆井下技术作业公司S00666队队长

李　东　长城钻探工程有限公司钻井一公司长庆项目部副经理

孙向东　辽河油田公司钻采工艺研究院仪器仪表研究所生产测井室主任

张　铁（满族）　大港油田公司井下作业公司市场生产运行科副科长

何太洪　西部钻探工程有限公司苏里格气田项目经理部研究所所长

孙建伟　测井有限公司长庆事业部靖边项目部经理

赵剑涛　长庆石化公司运行二部气分区块主任

张荣才　兰州石化公司建设公司第一安装公司施工员

李海宁　宝鸡石油钢管有限责任公司石油输送管分公司制管三分厂生产调度

马新平　宝鸡石油机械有限责任公司钢结构厂班长

惠新阳　长庆油田公司第一采油厂王南采油作业区经理

（3）“西部大庆”建设劳动竞赛全国工人先锋号，28家单位：

东方地球物理勘探有限责任公司长庆物探处280队

长庆油田公司第七采油厂大板梁采油作业区白二联合站

长庆油田公司第八采油厂铁边城采油作业区铁三联合站

长庆油田公司第九采油厂五谷城采油作业区起一联合站

长庆油田公司第一采油技术服务处板桥采油作业区

长庆油田公司超低渗第四项目部方山采油作业区

长庆油田公司第一采气厂作业三区

长庆油田公司第三采气厂作业一区

长庆油田公司第四采气厂作业一区调控中心

中国石油天然气管道局第五工程公司长庆油田工程项目部

长庆油田公司水电厂安塞水电大队

长庆油田公司长庆实业集团有限公司五蛟西采油

作业区

陕西延安石油天然气有限公司新安边作业管理区

川庆钻探工程有限公司长庆钻井总公司 50671 钻井队

长城钻探工程有限公司钻井二公司陕北项目部 40002 钻井队

渤海钻探工程有限公司井下技术服务分公司长庆项目部

华北油田公司苏里格项目部工程地质所

西部钻探工程有限公司钻井工程技术研究院压裂技术研究所

长庆油田公司第四采油厂程少春工作室

测井有限公司生产测井中心生产测井第一项目部 26101 作业队

庆阳石化公司动力运行部

宁夏石化公司炼油厂一联合车间

呼和浩特石化公司三修车间

长庆油田公司苏里格气田研究中心气藏地质所

长庆油田公司矿区服务事业部职工医院内二科

中国石油天然气运输公司长庆运输分公司延安运输大队

石油管工程技术研究院驻厂监理部输送管监造组

长庆油田公司机械制造总厂橇装设备制造分厂

【漠大线建设劳动竞赛全国五一劳动奖状、五一劳动奖章、工人先锋号】（1）漠大线建设劳动竞赛全国五一劳动奖状，2 家单位：

大庆油田有限责任公司基建管理中心

大庆油田有限责任公司工程建设有限公司路桥公司

（2）漠大线建设劳动竞赛全国五一劳动奖章，3 名个人：

赵　勇　大庆油田有限责任公司工程建设有限公司路桥公司漠大伴行路 L7 标段施工一组组长

康金元　大庆油田有限责任公司工程建设有限公司路桥公司漠大伴行路 L2 标段施工二组组长

张　超　大庆油田有限责任公司工程建设有限公司路桥公司漠大伴行路 EPC 项目部试验室试验工

（3）漠大线建设劳动竞赛全国工人先锋号，3 家单位：

大庆油田有限责任公司工程建设有限公司路桥公司第一项目漠大线 L7 标施工一组

大庆油田有限责任公司二程建设有限公司路桥公司第六工程处漠大线 L5 标施工组

大庆油田有限责任公司二程建设有限公司路桥公司第七项目部漠大线 L3 标施工组

【天津滨海新区建设劳动竞赛全国五一劳动奖状】 1 家单位：

中国石油天然气股份公司大港石化分公司

【全国产业工会职工职业技能比赛全国五一劳动奖章】 2 名个人：

赵丽丽（女）　中国石油天然气股份有限公司独山子石化分公司班长

魏春涛　中国石油天然气第七建设公司电焊工

【雅安芦山抗震救灾恢复重建劳动竞赛全国五一劳动奖状】 1 家单位：

中国石油四川销售公司

【雅安芦山抗震救灾恢复重建劳动竞赛全国工人先锋号】 1 家单位：

中国石油天然气股份有限公司四川雅安销售分公司沫东加油站

【安康杯竞赛全国五一劳动奖状】 1 家单位：

中国石油独山子石化公司乙烯厂

【2014 年全国三八红旗手】 5 名个人：

于建红　吉林石化公司炼油厂分析车间仪器分析班班长

王金萍　吉林油田新闻中心主任

王金娥　中国石油大庆石化公司乙烯工程指挥部指挥、中国石油大庆石化公司工会女工委员会主任

祝雅琦　青海油田基础教育管理中心第一小学

邢仙茹　长庆油田公司第三采油厂虎狼峁作业区柳二转井区井区长

【2014 年全国三八红旗集体】 6 家单位：

中国石油集团工程技术研究院渤星固井公司技术保障部

中国石油内蒙古乌海销售分公司第一加油站

中国石油吉林石化公司工会女职工委员会

大庆油田有限责任公司第二采油厂工会女职工委员会

中国石油庆阳石化公司技术监督中心

中油青海油田工程建设公司女子焊工班

【2014 年中央企业先进基层党组织】 4 个基层党组织：

中国石油大港油田公司党委

中国石油塔里木油田公司党工委

中国石油集团石油管工程技术研究院党委
中国石油集团东方地球物理勘探有限责任公司新疆物探处278队党支部

【2014年中央企业优秀共产党员】 4名共产党员：
肉孜麦麦提·巴克　中国石油新疆油田公司重油开发公司作业五区采油六班班长
王　杰　中国石油海外勘探开发公司尼罗河公司南苏丹37区项目副总经理兼采油厂厂长
陈进军　中国石油云南销售公司副总经理
邹德辉　中国石油川庆钻探工程公司油建公司南约洛坦100亿产能建设地面工程项目部副经理

【2014年中央企业优秀党务工作者】 4名党务工作者：
娄铁强　中国石油吐哈油田公司党委书记
李京辉　中国石油辽河石化公司党委书记
李晓络　中国石油集团公司直属党委常务副书记
马　琴　中国石油长庆油田公司第二采油厂樊家川作业区里167井区党支部书记

【2014年集团公司先进基层党组织】 211个党支部、党总支、党委：

大庆油田有限责任公司

钻探工程公司钻井二公司30920钻井队党支部
钻探工程公司钻井三公司15142钻井队党支部
第一采油厂第四油矿中十八采油队党支部
第二采油厂第六作业区党委
第三采油厂第四油矿北五联合站党支部
第四采油厂第一油矿北六采油队党支部
第五采油厂第一油矿党委
第六采油厂第一油矿103队党支部
第七采油厂保卫大队保卫一队党支部
第八采油厂第一油矿宋一联合站党支部
海拉尔石油勘探开发指挥部苏131作业区党总支
天然气分公司油气加工五大队喇二浅冷站党支部
工程建设有限公司油建公司第十一中队工程部党支部
井下作业分公司压裂大队压裂一队党支部
勘探开发研究院采收率研究室党支部
电力集团宏伟热电厂党委
矿区服务事业部物业管理二公司党委
化工有限公司东昊分公司表活剂厂磺化二车间党支部

辽河油田公司

沈阳采油厂党委
特种油开发公司党委
茨榆坨采油厂党委
中油辽河工程有限公司党委
振兴公用事业公司党委
曙光采油厂采油作业五区502中心站党支部
兴隆台采油厂采油作业三区女子采油队党支部
高升采油厂集输大队高二联合站党支部
油气集输公司坨子里输油站党支部
油田建设工程二公司工艺安装分公司四中队党支部

长庆油田公司

第一采油厂坪桥采油作业区党总支
第二采油厂岭北采油作业区党总支
第三采油厂盘古梁采油作业区党总支
第五采油厂麻黄山北采油作业区沙106应急班党支部
超低渗透油藏第二项目部（第二采油技术服务处）元城采油作业区党总支
第一采气厂第一净化厂党支部
第三采气厂作业一区党支部
勘探开发研究院油藏评价室党支部
水电厂线路施工大队党总支
矿区服务事业部庆城综合服务处供热服务站党总支

塔里木油田公司

库车勘探开发项目经理部党委
天然气事业部英买作业区党总支
物资采办事业部生产服务中心党支部

新疆油田公司

采油二厂党委
风城油田作业区党委
勘探开发研究院党委
燃气公司党委
准东采油厂火烧山作业区李晓华站党支部
采油一厂红浅采油作业区党支部
采气一厂克拉美丽采气作业区党支部
百口泉采油厂检188采油作业区党支部
重油开发公司采油作业二区党支部

西南油气田公司

重庆气矿党委
川中油气矿党委
川西北公共事务管理中心党委
重庆天然气净化总厂忠县分厂党委

川东北气矿宣汉采气作业区第二党支部
蜀南气矿乐山采气作业区第一采气党支部
吉林油田公司
扶余采油厂党委
客运公司党委
热电厂党委
采油工艺研究院党委
英台采油厂采油二队党支部
扶余综合服务公司作业八队党支部
大港油田公司
采油工艺研究院党委
第一采油厂党委
炼达集团公司党委
供水公司党委
第三采油厂第三采油作业区第三管理站党支部
第六采油厂输注二队党支部
青海油田公司
天然气开发公司党委
管道输油处党委
马仙采油厂党总支
采油一厂尕斯第二采油作业区党支部
井下作业公司压裂技术服务大队党支部
华北油田公司
第三采油厂党委
苏里格项目部党委
华丽综合服务处党委
第一采油厂鄚州采油作业区鄚一采油站党支部
第二采油厂护厂大队党支部
第四采油厂别古庄采油作业区党总支
华盛综合服务处第二社区服务站职工党支部
吐哈油田公司
勘探开发研究院地质研究勘探三所党支部
吐鲁番采油厂红连采油工区党支部
冀东油田公司
油气集输公司党委
玉门油田公司
青西油田作业区党委
炼油化工总厂化验分析监测中心党支部
浙江油田公司
西南采气厂党委
中石油煤层气有限责任公司
忻州分公司党委
大庆石化公司
化工一厂党委
离退休管理中心党委
炼油厂催化重整车间党支部
吉林石化公司
乙烯厂党委
电石厂乙醛车间党支部
有机合成厂乙丙橡胶A车间党支部
抚顺石化公司
石油二厂加氢精制车间党支部
工建公司第二分公司维修车间党支部
矿区服务事业部生活服务中心腈纶后勤服务站党支部
辽阳石化公司
芳烃厂芳烃联合车间党支部
动力厂空分二车间党支部
兰州石化公司
炼油厂党委
合成橡胶厂丁苯橡胶车间党支部
乙烯厂乙烯车间党支部
独山子石化公司
炼油厂第一联合车间党总支
乙烯厂乙烯联合车间党总支
乌鲁木齐石化公司
炼油厂炼油二车间党支部
宁夏石化公司
化肥一厂党总支
大连石化公司
建安抢修车间党支部
大连西太平洋石油化工有限公司
运行一部党支部
锦州石化公司
三催化车间党支部
锦西石化公司
仪表车间党总支
大庆炼化公司
炼油一厂党委
哈尔滨石化公司
第三联合车间党支部
广西石化公司
动力部第三党支部
四川石化有限责任公司
生产四部党支部
大港石化公司
第三联合车间党支部
华北石化公司

运销运行部党支部
呼和浩特石化公司
三修车间党支部
辽河石化公司
分析化验中心党支部
长庆石化公司
质检部党支部
克拉玛依石化公司
炼油第四联合车间党总支
庆阳石化公司
检维修公司党支部
东北销售公司
大庆分公司党委
西北销售公司
彭州油库党支部
润滑油公司
华东润滑油厂党委
中石油燃料油有限责任公司
湛江仓储分公司党总支
辽宁销售公司
辽宁鞍山销售分公司党委
四川销售公司
四川成品油销售分公司党委
广东销售公司
广东江门销售分公司新会党总支
内蒙古销售公司
内蒙古通辽销售分公司党委
北京销售公司
北京销售第一分公司党委
上海销售公司
浦东分公司党支部
黑龙江销售公司
哈尔滨物流配送中心香坊油库党支部
河北销售公司
张家口分公司党总支
新疆销售公司
新疆吐鲁番销售分公司党委
山东销售公司
山东临沂销售分公司党委
陕西销售公司
陕西安康销售分公司平利片区经营部党支部
吉林销售公司
吉林长春销售分公司长春市经营处党总支
江苏销售公司
江苏南京销售分公司党委
甘肃销售公司
甘肃定西销售分公司党委
河南销售公司
河南洛阳销售分公司党委
湖北销售公司
湖北宜昌销售分公司党委
浙江销售公司
浙江绍兴销售分公司党委
云南销售公司
云南曲靖销售分公司党委
重庆销售公司
重庆涪陵分公司党委
湖南销售公司
湖南常张分公司党委
安徽销售公司
安徽安庆销售分公司党支部
广西销售公司
广西玉林销售分公司党委
福建销售公司
福建厦门湖里党支部
大连销售公司
大连开发区油气销售分公司党委
山西销售公司
山西晋中销售分公司党委
天津销售公司
天津销售市区分公司党委
宁夏销售公司
高速公路销售分公司党委
贵州销售公司
贵州毕节分公司党委
青海销售公司
青海海东销售分公司党委
江西销售公司
江西吉安销售分公司党总支
西藏销售公司
公司直属机关党委
海南销售公司
海南三亚分公司党支部
大连海运公司
“昆仑油 202”轮党支部
管道公司
西安输油气分公司党委
沈阳输油气分公司铁岭输油站党支部

西气东输管道公司
甘陕管理处党总支
北京天然气管道有限公司
陕西输气处榆林压气站党支部
西部管道公司
塔里木输油气分公司党委
西南管道公司
兰成渝分公司成都输油站党支部
昆仑燃气有限公司
河北分公司党委
昆仑能源有限公司
新疆新捷股份有限公司党委
海外勘探开发公司
中油国际（阿曼）有限责任公司党支部
西部钻探工程有限公司
国际钻井公司党委
克拉玛依钻井公司 40534 钻井队党支部
吐哈钻井公司 40671 钻井队党支部
长城钻探工程有限公司
录井公司党委
尼日尔综合项目部党支部
公司党委办公室党支部
渤海钻探工程有限公司
第一钻井工程分公司 50669 钻井队党支部
第五钻井工程分公司 50666 钻井队党支部
定向井技术服务分公司国际项目经理部党支部
第一固井分公司塔里木项目部党支部
川庆钻探工程有限公司
长庆钻井总公司 50673 钻井队党支部
物探公司物探研究中心解释二所党支部
油建公司川建十三工程队党支部
公司人事处（党委组织部）党支部
东方地球物理勘探有限责任公司
国际勘探事业部党委
研究院党委
塔里木物探处 2113 队党支部
长庆物探处 280 队党支部
测井有限公司
吐哈事业部党委
海洋工程有限公司
钻井事业部党委
管道局
中缅油气管道工程国内段项目党工委
第二工程公司特种作业分公司党支部
第五工程公司第八工程处党总支
廊坊服务中心热力一处党支部
工程建设公司
苏丹分公司党委
华东设计分公司党委
工程设计有限责任公司
西南分公司油气集输室党支部
寰球工程公司
油气田和储运工程公司党总支
昆仑工程公司
大庆分公司配管室党支部
东北炼化工程有限公司
吉林设计院党委
宝鸡石油机械有限责任公司
泵业设备厂党总支
宝鸡石油钢管有限责任公司
上海宝世威钢管公司党委
济柴动力总厂
质量检中心党支部
渤海石油装备制造有限公司
兰州石油化工机械厂党委
勘探开发研究院
廊坊分院天然气开发所党支部
规划总院
炼化信息技术部党支部
石油化工研究院
兰州化工研究中心石油炼制（FCC 中试）研究所党支部
经济技术研究院
综合办公室党支部
钻井工程技术研究院
钻井工艺研究所党支部
安全环保技术研究院
HSE 信息中心党支部
运输公司
塔里木运输公司原油运输二大队党支部
华油集团公司
中油阳光物业管理有限公司党委
华油北京服务总公司
中石油（北京）科技开发有限公司党支部
昆仑银行
大庆分行营业部党支部
直属党委
勘探与生产分公司第四党支部

【2014年集团公司优秀共产党员】 295名共产党员：

大庆油田有限责任公司

徐景峰　钻探工程公司钻井一公司30681钻井队队长
裴　昱　钻探工程公司钻井二公司正处级调研员
于振宇　第一采油厂第一油矿北一采油队采油二班班长
张建龙　第二采油厂工会副主席
常小辉　第五采油厂基建管理中心副主任
李宏斌　头台油田开发有限责任公司生产运行部主任
于　磊　储运销售分公司庆哈输油大队中二站站长
曹　飞　工程建设有限公司油建公司第十四项目部经理、党支部副书记
吕文峰　试油试采分公司射孔大队仪修站站长
王国超　测试技术服务分公司人事部主任、党委组织部部长
周永炳　勘探开发研究院副总地质师兼海外研究评价中心主任
王凤山　采油工程研究院副院长、总工程师
李　龙　水务公司再生水公司南区污水处理厂副厂长
赵彦军　信息技术公司卫星通信分公司主任工程师
许胜德　物资公司实业分公司机械修理厂一车间铆焊班班长
张振龙　矿区服务事业部外围物业管理公司杏南物业分公司行政负责人
刘占先　装备制造集团容器制造分公司真空加热炉制造厂厂长
于洪栋　创业集团总经理办公室主任
姜怀宝　昆仑集团水泥有限公司经理
白凤云（女）　文化集团有线电视中心副总编
王春雷　消防支队敖南消防队队长
张　平　大庆师范学院经济管理学院副院长
门广田　公司勘探事业部总地质师
许　震　公司生产运行部总值班科正科级

辽河油田公司

尹万泉　公司开发处处长
孙绍春　曙光公用事业处处长
张　丹（女）　冷家油田开发公司采油作业五区采油13队25站采油工
王立忠　浅海石油开发公司葵海作业区海南8人工岛平台长
郭彦民　勘探开发研究院海洋勘探研究所所长
高秋华　油田建设工程一公司塔里木分公司经理
郑书娟（女）　油气工程技术处化工一公司技术员
李海波　物资公司外部市场供应部物资保管员
孙洪利　消防支队特勤大队大队长
杨　兵　供水公司高升水务工区供水二队队长
王鹤立（女）　电力集团公司沈阳供电工区供电二队沈二变所长
王功涛　通信公司网管维护中心主任工程师
刘会武　渤海公用事业处新工物业公司物业服务队队长
张庆辉　辽河油田总医院神经外科副主任

长庆油田公司

秦　冰　生产运行处市场管理办公室主任
袁晓明　勘探部对外协调科科长
李剑锋　第四采油厂工会副主席、企业文化科（党委宣传科）科长
王晓飞　第七采油厂洪德采油作业区经理
杨生德　第九采油厂副总工程师
黄　杰　超低渗透油藏第四项目部人事科（党委组织科）科长
石万里　第五采气厂副总工程师
徐　晖　长南气田开发项目部作业一区高8集气站站长
张平和　第一输油处咸阳输油站党支部书记
张小龙　西安长庆科技工程有限责任公司副总工程师兼石油工程设计部主任
任　磊　长庆实业集团有限公司五蛟西采油作业区468井区井区长
赵正平　物资供应处（器材供应处）仓储管理科科长
韩文兴　矿区服务事业部燕鸽湖医院外妇科主任

塔里木油田公司

蔡振忠　勘探开发研究院总地质师
符长梅　塔北勘探开发项目经理部副经理
阿不都克依木·塔瓦库力　塔西南勘探开发公司油气开发部柯克亚作业区循环注气站工艺设备工程师
张　波　开发事业部哈得作业区运行二部主管

兼党支部书记

新疆油田公司

肉孜麦麦提·巴克 重油开发公司采油作业五区采油六班班长

王进俭 彩南油田作业区第一采油站维修班班长

谭建华 陆梁油田作业区油田研究所副所长

陈 波 克拉玛依红山油田有限责任公司第一采油作业区经理

潘 勇 工程技术研究院采油机械研究所测试室主任

房春林 物资供应总公司乌鲁木齐储运公司机械运输部班组长

于国疆 治安保卫中心安全副总监兼安全保卫科科长

吐尔逊·阿依提 乌鲁木齐办事处水电暖供应公司维修工

马德芳（女） 白碱滩物业管理公司物业二分公司绿化九队党支部书记、队长

王延明 离退休职工管理中心白碱滩总站二厂退休站退休干部

西南油气田公司

卿 松 阿姆河项目部机修厂副厂长

李 强 重庆气矿相国寺储气库作业区集注站副站长

陈 兰（女） 蜀南气矿渝西采气作业区采气高级技师

刘 念 川中油气矿龙王庙组气藏工程建设项目部工程部工程师

唐高伟 川西北气矿邛崃采气作业区大深一井、丹棱配气站站长

宋家荣 勘探开发研究院副总地质师兼勘探所所长、教授级高级工程师

李正荣 南充公共事务管理中心东观社区管理站物业服务班龙门水站副班长

余忠仁 川中油气矿矿长、党委副书记

余 进 输气管理处处长、党委副书记

杜文培 公司维稳办、信访办主任、保卫处处长

吉林油田公司

王安光 松原采气厂长岭天然气处理中心2号集气站站长

李福仓 小车服务公司保养站副站长

尹洪文 乾安采油厂物资管理站修旧车间维修工

郝忠良 红岗采油厂作业五队作业三班班长

丛 君 吉林石油装备公司汽车销售维修服务公司销售总监

陈 明 吉林油田总医院麻醉科医生

大港油田公司

李博学 公司安全副总监、质量安全环保处处长

樊奖平 第五采油厂厂长、党委副书记

吕金光 天然气公司经理、党委副书记

张宇哲 供水公司（热电公司）经理、党委副书记

苏俊青 公司首席专家、勘探开发研究院技术总监

王岩明 新闻文化中心报社社会周刊部编辑

青海油田公司

乔永清 英东采油厂英东第一采油作业区118井区采油班班长

陈琰（女） 勘探开发研究院天然气勘探室主任

段生盛 勘探处（勘探事业部）项目经理

耿 建 冷湖油田管理处牛东试采作业区副经理

韦性智 花土沟社区管理中心市政管理综合大队维修队队长

华北油田公司

陈玉林 第五采油厂地质研究所滚动开发室工程师

刘井旺 勘探开发研究院油气勘探研究所副所长兼饶阳勘探研究室室主任

周从安 地球物理勘探研究院（数据中心）冀中室室主任、党支部书记

桑广杰 长治煤层气勘探开发分公司技术部地质研究组技术干部

董艳雪 器材供应处保定物资转运站起重机驾驶员

侯月梅（女） 华苑综合服务处第一物业服务站矿容中队清洁工

孙小迪（女） 华港燃气集团有限公司总经理助理兼市场管理部经理

王金甫 天成集团总经理助理、飞达公司经理兼党支部副书记

任考君 技术监督检验处井下作业监督站井控监督

马永军 冀中公安局渤海分局道东派出所所长

吐哈油田公司

李辉军　井下技术作业公司作业一分公司经理兼党支部副书记

徐志民　温米采油厂温五采油工区采油高级技师

赵良喜　矿区服务事业部哈密物业管理公司保洁中心垃圾清运司机

冀东油田公司

宁小勇　陆上油田作业区作业五区地质师

付志全　井下作业公司作业分公司副经理

玉门油田公司

陈敬德　油田作业公司修井四队 X12868 队二班班长

马　荣　管道运维服务公司检维修作业队党支部书记、队长

王金山　方圆物业管理有限责任公司供热站党支部书记、主任

浙江油田公司

焦亚军　地质与工艺研究院副院长、页岩气勘探开发建设项目经理部经理

中石油煤层气有限责任公司

王予新　工程建设部经理

南方石油勘探开发有限责任公司

马庆林　勘探开发研究中心主任

大庆石化公司

刘万鹏　热电厂厂长

吕印达　化肥厂调度室调度长

潘大龙　炼油厂仪表车间 DCS 班班长

吉林石化公司

王　冰（女）　吉林燃料乙醇有限责任公司质检中心原料成品单元长

赵成浩　化肥厂丁辛醇车间“丛强班”班长

陆　海　合成树脂厂第三 ABS 车间化工四班值班长

姜彦吉　矿区服务事业部供热公司松江供热维修站管工班长

抚顺石化公司

于　雷　热电厂锅炉车间班长

李国和　烯烃厂聚烯烃联合车间副主任

杨青松　研究院科研管理部部长

辽阳石化公司

张立喆　炼油厂常减压车间主任

林海臣　矿区服务事业部公用事务部供排水管理所“林海臣班”班长

兰州石化公司

孙建民　维达公司大乙烯维修分公司钳工二班班长

王星联　设备维修公司质量安全部主任

王忠华　矿区服务事业部物业服务公司幸福小区保洁绿化班班长

独山子石化公司

张发旺　乙烯厂乙烯联合车间党总支副书记、副主任

刘志辉　热电厂汽机车间主任

乌鲁木齐石化公司

刘俊敏（女）　矿区服务事业部环卫绿化中心一车间清运班班长

吴　智　热电厂副厂长

宁夏石化公司

张　俊　生产运行处调度中心副主任

大连石化公司

晏永权　机动设备处副处长

大连西太平洋石油化工有限公司

奚兆林　动力部运行辅助工程师

锦州石化公司

隋　昊　公司生产技术处处长

徐卫东　重整车间班长

锦西石化公司

刘满存　公司财务处处长

施化顺　焦化车间班长

大庆炼化公司

杨家河　炼油一厂党委书记、纪委书记、工会主席兼副厂长

哈尔滨石化公司

王　旭　第三联合车间党支部运行工程师

广西石化公司

王志勇　生产三部主任助理

四川石化有限责任公司

邹　欣　生产二部部长兼党支部书记

广东石化公司

王岩峰　生产运行三部工艺工程师

大港石化公司

毛立力　第二联合车间班长

华北石化公司

殷桂红（女）　运销运行部成品油装车班班长

呼和浩特石化公司

于成林　第二联合车间主任

辽河石化公司

肖国营　焦化车间班长

长庆石化公司

尉　勇　公司生产运行处副处长

克拉玛依石化公司

李　平　炼油第二联合车间班长

庆阳石化公司

岳祥龙　一联合运行部工艺工程师

炼化工程建设项目部

沈建平　炼化工程建设项目部综合处处长

东北化工销售公司

张宝民　吉林分公司党委书记、副经理、纪委书记、工会主席、安全总监

西北化工销售分公司

周玉兴　独山子分公司经理、党委副书记

华北化工销售分公司

杨　斌　业务一处处长

华东化工销售公司

周　威　信息部副经理

华南化工销售公司

刘　彦　公司人事处（党委组织部）副处长

西南化工销售公司

王炬宏　四川分公司业务员

东北销售公司

权日万　南京分公司经理、党委副书记

西北销售公司

薛小奇　宝鸡分公司党委书记

润滑油公司

邵伟国　公司总经理办公室（党委办公室）高级主管

马　天　西北润滑油销售分公司陕西销售代表处经理

中石油燃料油有限责任公司

贾永岗　西北销售分公司克拉玛依经营部副经理

辽宁销售公司

李宝春　辽宁锦州销售分公司经理

赵　权　辽宁沈阳销售分公司怀远门加油站经理

四川销售公司

冯　佳（女）　四川广元销售分公司东坝加油站经理

泽仁彭措　四川甘孜销售分公司稻城加油站经理

广东销售公司

冯彦韬　广东广州仓头加油站经理

内蒙古销售公司

施宏武　内蒙古呼和浩特销售分公司八拜油库经理

李　玲（女）　内蒙古乌海销售分公司海勃湾零售片区第一加油站经理

北京销售公司

孙鹏毅（女）　北京销售第四分公司亦庄加油站经理

上海销售公司

李　成　浦西分公司党支部书记兼副经理

黑龙江销售公司

李占柱　牡丹江配送中心牡丹江油库泵工

河北销售公司

刘运峰　邯郸分公司第一加油站经理

新疆销售公司

许继红（女）　新疆克拉玛依销售分公司苑泉加油站经理

麦合木提·麦麦提　新疆库尔勒销售分公司若羌销售片区副经理

山东销售公司

刘学霞（女）　山东泰安销售分公司泰东片区经理、第三党支部书记

陕西销售公司

谭　伟　陕西汉中销售分公司勉县定军加油站经理

苏　杰　陕西高速公路销售分公司曲江服务区加油站经理

吉林销售公司

田　巍　吉林白城销售分公司通榆经营处经理、党总支书记

江苏销售公司

邵云霞（女）　江苏镇江销售分公司城西加油站经理

甘肃销售公司

周　飞　甘肃兰州销售分公司桃树坪加油气站经理

河南销售公司

孙玉肖（女）　河南郑州销售分公司67加油站经理

湖北销售公司

王晓宇　湖北荆门销售分公司荆门片区片区经理

浙江销售公司

曹　慧　浙江杭州销售分公司文二西路加油站站经理

云南销售公司

秦怀波（女）　云南昆明销售分公司客户经理

重庆销售公司

张　果　江南分公司海峡路加油站经理

湖南销售公司

邹雪峰　怀化分公司湖天加油站经理

安徽销售公司

魏海春　安徽合肥销售分公司龙发加油站经理

广西销售公司

林　飞　广西南宁销售分公司金安加油站经理

福建销售公司

陈建林　福建龙岩销售分公司营销部经理

大连销售公司

汤森（女）　油气零售分公司三源加油站经理

山西销售公司

岳树峰　山西太原销售分公司太原第三十四站加油站经理

天津销售公司

刘　彬　天津销售滨海分公司第十加油站经理

宁夏销售公司

吴填魁　宁夏中卫销售分公司黑城加油站经理

贵州销售公司

郭广海　公司营销处处长

青海销售公司

薛琳娜（女）　青海西宁销售分公司五四加油站经理

江西销售公司

米子超　公司营销处处长

西藏销售公司

白玛朗珍　西藏液化气经销分公司销售员

海南销售公司

刘铁鹏　海南海口分公司瑞海加油站经理

大连海运公司

李正文　船舶管理部机务主管

北京油气调控中心

张　帆　北京油气调控中心副总工程师

管道建设项目经理部

孟贺学　纪委副书记、工会副主席、综合办公室主任

管道公司

林树林　长庆输油气分公司石空输油站技术员

王中华　长春输油气分公司垂杨输油站站长

西气东输管道公司

刘英男　广东管理处处长、党总支书记

北京天然气管道有限公司

张东宁　陕西输气处榆林压气站党支部书记

西部管道公司

赵孝峰　乌鲁木齐输油气分公司党委委员、副经理、安全总监

西南管道公司

郝克军　兰州输油气分公司兰州输油站站长

昆仑燃气有限公司

马凤云（女）　大庆中石油昆仑燃气有限公司党群工作部主任

王中元　甘肃中石油昆仑燃气有限公司董事长、党委副书记

昆仑能源有限公司

王　勇　海南中油深南石油技术开发有限公司副总经理、党委委员

华北天然气销售公司

蔡建敏（女）　公司营销处处长

京唐液化天然气有限公司

周荣星　公司人事处处长兼机动设备处处长

大连液化天然气有限公司

江安河　公司接收站高级主管

江苏液化天然气有限公司

邓德春　公司检维修中心副主任

哈萨克斯坦公司

王利君　PK项目PK炼油厂总工程师兼生产运行部经理

隋志新　公司人力资源部副经理

伊拉克公司

张永胜　绿洲艾哈代布项目财务部副经理

伊朗公司

徐　东　北阿扎德甘项目部工程部经理

拉美公司

古金民　公司总经理助理

尼罗河公司

王　杰　南苏丹37区项目副经理、采油厂厂长

金劲松　HSE部副经理、苏丹六区项目安全总监

阿姆河天然气公司

苏万军　公司基建工程部副经理

中亚天然气管道有限公司

李　琳　公司总经理助理、中乌天然气管道项目总经理、党总支书记

中俄合作项目部

黄绪春（女）　中俄合作项目部天然气合作处副处长

国际事业有限公司（中国联合石油有限责任公司）

姜明军　公司天然气部部门总经理兼党支部书记

汪　杰　中国石油国际事业（加拿大）有限公司加拿大公司总经理

东南亚管道有限公司

韩建强　马德岛管理处处长、党总支书记

海外勘探开发公司

杨忠德　中油国际（尼日尔）有限责任公司副总经理兼中油国际（尼日尔）炼油有限公司总经理

李星军　中油国际（阿尔及利亚）有限责任公司 438B 项目部副总经理

西部钻探工程有限公司

章增光　准东钻井公司哈萨克斯坦阿克纠宾项目部作业部经理

陈　猛　测井公司塔里木分公司 C1487 测井队队长

谭文波　试油公司特殊作业分公司作业一队电桥班班长、高级技师

长城钻探工程有限公司

杨本生　钻井三公司水平井项目部 30644 队队长

张　勇　测井公司伊拉克测井作业区测井专业经理

阎　明　伊朗项目部 GW16 队平台经理

渤海钻探工程有限公司

康　辉　第三钻井工程分公司 70152 钻井队队长

丁娱娇（女）　测井分公司测井资料评价研究中心责任工程师

徐振彪　第四钻井工程分公司 40689 钻井队党支部书记

黄　亮　油气井测试分公司二连项目部技术主管

川庆钻探工程有限公司

袁明勇　川西钻探公司 70573 钻井队队长

阮辅涛　塔里木工程公司 70527 钻井队平台经理兼党支部副书记

杨文伟　井下作业公司压裂酸化公司 YS49121 队副队长

黄　刚　国际工程公司土库曼斯坦分公司 CCDC-13 队平台经理

张　成　地研院长庆录井项目部副经理

东方地球物理勘探有限责任公司

凌有江　国际勘探事业部乍得项目经理部经理

莫贵初　国际勘探事业部玻利维亚项目组 8630 队经理

王连华　大港物探处国际项目支持中心特级队经理

高　杨　综合物化探处 705 队经理

易昌华　装备服务处总工程师

测井公司

胥　召　长庆事业部陇东项目部 60101 作业队队长

海洋工程有限公司

韩　冰　船舶事业部“中油海 225”船船长

管道局

甘忠澍　国际事业部采办副总监兼伊拉克哈法亚项目经理

靳海成　管道科学研究院焊接技术研究所副主任工程师

杜增智　第三工程分公司经理助理

常喜平　第四工程分公司盾构（顶管）工程三处处长兼金陵石化物料管道长江盾构工程项目经理

段明钢　第六工程公司总经理助理

王　贵　龙慧公司北京信息技术分公司经理

工程建设公司

肖作银　第七建设公司哈萨克斯坦分公司经理

孙景刚　大连设计分公司给排水室工程师

工程设计有限责任公司

张省朝　新疆石油工程建设有限责任公司国际事业部施工机械操作工

赵海涛　北京分公司副总工程师、建筑工程室主任兼 CPE 尼日尔分公司总经理

寰球工程公司

刘　玉　炼油工程公司副总经理、云南炼油项目部副总经理

李　柏　辽宁分公司党委书记兼副总经理、纪委书记、工会主席

昆仑工程公司

劳国瑞　中国昆仑工程公司专业组长、高级工程师

东北炼化工程有限公司

朱燕玲（女）　东北炼化工程有限公司葫芦岛

设计院院长

技术开发公司

卢江波　公司总经理助理兼中亚项目部经理、坦桑项目部常务副经理

宝鸡石油机械有限责任公司

豆延军　咸阳宝石钢管钢绳有限公司动力公司机械维修班班长

宝鸡石油钢管有限责任公司

王维彬　宝鸡钢管资阳钢管厂制管一分厂电钳班班长

济柴动力总厂

张名言　车船动力事业部副总经理

渤海石油装备制造有限公司

周　英（女）　渤海装备辽河热采机械公司科技质量科科长、热采机械研究所副主任

勘探开发研究院

张虎权　西北分院西部勘探研究所党支部书记

李玉文　杭州地质研究院实验研究所高级工程师

规划总院

徐英俊　院副总经济师

石油化工研究院

孙发民　大庆化工研究中心炼油研究所副所长

经济技术研究院

王海涛　市场研究所工程师

钻井工程技术研究院

程荣超　战略规划研究所高级工程师

安全环保技术研究院

冒亚明　HSE 信息中心副主任

石油管工程技术研究院

韩　军　质检中心工程师

石油管理干部学院

李　勇　物业处副处长

石油报社

苏文清　新媒体中心主任

石油工业出版社有限公司

章卫兵　石油科技出版分社副社长

审计服务中心

王长山　销售审计处处长

物资采购中心（物资公司）

徐铁军　设备采购二处高级主管

广州石油培训中心

冼　峰（女）　国际业务教学部教师

运输公司

付智刚　沙漠运输公司尼日尔分公司汽车电工

华油集团公司

张　忠　阳光国际商务有限公司乍得分公司总经理、党支部书记

华油北京服务总公司

唐建军　中石油（北京）科技开发有限公司副总经理

中油财务有限责任公司

崔　磊　中国石油财务（香港）有限公司信贷部经理

昆仑银行

阮开奎　西安分行党委书记、副行长

昆仑信托有限责任公司（中油资产管理有限公司）

邹艳飞　党群工作部部长、支部书记

直属党委

李明宇　党组纪检组、监察部（监察局）一室主任

王利军　销售分公司总经理办公室副主任

何小斌　天然气与管道分公司财务处副处长

【2014 年集团公司优秀党务工作者】 198 名优秀党务工作者：

大庆油田有限责任公司

朱世兴　钻探工程公司纪委监察处综合科科长

吕　刚　钻探工程公司钻井四公司 50011 钻井队党支部书记

宣伟东　第一采油厂第三油矿党委书记

赵君宏　第二采油厂作业大队党委书记

李　苹（女）　第三采油厂第一油矿 206 队党支部书记

付大海　第四采油厂第三油矿党委书记

朱亦赤　第九采油厂新站采油作业区党委书记

王光富　第十采油厂第四油矿党委书记

李小飞　榆树林油田开发有限责任公司人力资源部主任兼党委组织部部长

刘建新　采气分公司党委书记

于　鋆　工程建设有限公司党委副书记、纪委书记

王恩才　井下作业分公司人事部（党委组织部）副部长

张海龙　电力集团党委组织员

赫明英（女）　矿区服务事业部综合治理与稳定服务中心副主任兼稳定办主任

谭成庄　油田公司党委组织部副部长

于海明　油田公司党委宣传部宣传教育科科长
柳春阳　油田公司政策研究室副主任
孙德君　油田公司纪委监察部副主任、效能监察中心副主任

辽河油田公司

赵福田　兴隆台工程技术处党委副书记、纪委书记、工会主席
纪明云　辽兴油气开发公司党委副书记、纪委书记、工会主席
李玉庆　公司纪委副书记
赵万辉　公司党委组织部副部长
丁雅君（女）　锦州采油厂采油作业一区 101 中心站党支部书记
张国昌　欢喜岭采油厂采油作业三区 302 队党支部书记
陈善蓉（女）　金马油田开发公司采油作业一区党总支书记
李　彪　钻采工艺研究院中心试验所党支部书记
刘　力（女）　曙光工程技术处党群工作部部长
张　浩　石油化工总厂水气车间党支部书记

长庆油田公司

张　丽（女）　公司人事处（党委组织部）组织科科长
康　伟　第六采油厂处长（党委）办公室主任、机关党总支委员
吕雪琴（女）　第八采油厂人事科（党委组织科）科长
戴　平　超低渗透油藏第一项目部（第一采油技术服务处）板桥采油作业区党总支书记
殷林峰　第二采气厂党委宣传科科长兼机关第三党支部书记
黄玉安　第四采气厂人事科（党委组织科）科长
王卫军　油气工艺研究院党委宣传科副科长
路利鹤　机械制造总厂人事科（党委组织科）科长
王玉祥　矿区服务事业部宁靖综合服务处工会副主席、纪委副书记
范银宁（女）　第二输油处处长（党委）办公室主任

塔里木油田公司

张保书　塔北勘探开发项目经理部党总支书记、副经理、监察员
卢廷胜　天然气事业部克拉作业区党总支副书记、副经理

新疆油田公司

伊克拉木·克依木　采油一厂红五采油作业区党支部副书记、副经理
王音平　石西油田作业区石西集中处理站党支部书记、教导员
闫　奎　新疆新港作业分公司集输作业区党支部书记、经理
张　军　油气储运分公司总站党支部书记、教导员
郑海燕（女）　实验检测研究院开发实验中心党支部书记
高行军　供电公司安装工区党支部书记、教导员
卢炳华　供水公司三坪水厂党支部书记
孙锡斌　工程技术公司工程技术六分公司小修 X04379 队党支部书记
李　惠（女）　客运公司公交三大队党支部书记、教导员

西南油气田公司

许建华　重庆气矿长寿运销部党委书记、纪委书记、工会主席
王　平　川东北气矿党委组织科科长、人事科科长兼川东北气矿罗家寨气田开发作业区党委书记
王　红（女）　华油公司宜宾中气天然气有限责任公司党支部书记、副经理
曾光文　川西公共事务管理中心油建石油管理站党委书记、副站长
苟昭辉　蜀南气矿党委书记、副矿长
李　康　公司纪委副书记、监察处（纪委办公室、巡视办公室）处长（主任）

吉林油田公司

刘英波　公司总经理办公室、党委办公室主任
王伶威（女）　扶余采油厂党委书记、纪委书记、工会主席
王春林　新民采油厂党委书记、纪委书记、工会主席
赵志刚　公司党委组织部组织员
姜红印　新立采油厂采油五队党支部书记
周恩春　江北物业管理公司职大社区服务中心

主任兼党支部书记

大港油田公司

崔贵维　公司人事处（党委组织部）处长（部长）

张乐群　公司纪委副书记、纪检监察处处长

李海军　第三采油厂党委书记、副厂长

李淑芳（女）　物资供销公司党委书记、副经理

李雨生　滩海开发公司埕海作业二区党支部书记

杨邑南（女）　矿区工程服务公司普丰房地产公司党支部书记

青海油田公司

淡明昌　格尔木炼油厂党委书记、副厂长

梁剑锟（女）　四方服务公司敦煌石油宾馆副经理兼教导员

刘志刚　公司人事处（党委组织部）党建管理科（组织科）科长

蒋方起　采油一厂党群工作科科长

华北油田公司

阴兰芳　采油工程研究院党委书记、副院长

霍学文　通信公司党委书记、副经理

马瑞杰　水电厂党委书记、副厂长

潘永志　总医院党委书记、副院长

池建华　公司纪委副书记、纪委办公室主任、监察处处长

王　利　二连分公司党群工作部主任

刘世祯　华达综合服务处党委组织部部长、人事科长

吐哈油田公司

赵兴启　井下技术作业公司党委书记兼副经理

周田堂　新疆吐哈油田建设有限责任公司党委书记、副总经理、纪委书记、工会主席

冀东油田公司

付建华　总经理办公室（党办）副主任

玉门油田公司

陈志平（女）　公司人事处（党委组织部）副处长（副部长）

浙江油田公司

甘　涛　公司党群工作处处长、纪委副书记、团委书记

大庆石化公司

张继才　化工一厂党委书记、纪委书记

吴成凤（女）　腈纶厂聚合车间党支部书记

吉林石化公司

王兴斌　炼油厂延迟焦化车间主任兼党支部书记

佟永胜　丙烯腈厂第二丙烯腈车间党支部书记

王丽伟（女）　公司人事处（党委组织部）高级主管

抚顺石化公司

王永明　石油三厂人事部（组织部）部长

张永强　洗涤剂化工厂生产分厂党支部书记

王　浩　公司维稳办主任、保卫部（武装部）部长

辽阳石化公司

王　锐（女）　设备检修部党群工作部部长

谢文奇　烯烃厂裂解车间党支部书记

兰州石化公司

王金辉　建设公司第一安装分公司党支部书记

赵兴永　公司人事处（党委组织部）干部管理高级主管

张晨华　公司纪委监察处案件检查主办

独山子石化公司

热明·艾尼　公司人事处（党委组织部）副处长（副部长）

李军令　炼油厂重整加氢联合车间党总支书记、副主任

乌鲁木齐石化公司

阿力克·阿不利孜　设备安装公司党委书记、纪委书记

李　强　化肥厂二合成车间党支部书记

宁夏石化公司

陈攀峰　炼油厂党总支书记兼副厂长

大连石化公司

姚剑飞　消防支队党总支书记兼副支队长

大连西太平洋石油化工有限公司

单宝贵　化验监测部主任兼党支部书记

锦州石化公司

哈志凌　公司副总经济师、党委组织部部长（人事处处长）

锦西石化公司

杜炳财　重整车间党支部书记

大庆炼化公司

张清林　公司组织部部长、人事处处长

哈尔滨石化公司

马志新　公司人事处处长、党委组织部部长

广西石化公司

平海宏（女）　化验监测部主任兼党支部书记

四川石化有限责任公司

陈家明　南充炼油厂党委副书记、纪委书记、工会主席

大港石化公司

司晓玉（女）　分析车间党支部书记

华北石化公司

孙立峰　一联合运行部党支部书记

呼和浩特石化公司

邢利平　公司工会副主席、党群工作（企业文化）处处长

辽河石化公司

张思友　催化车间党支部书记

长庆石化公司

周　嘉　质检部副主任兼党支部副书记

克拉玛依石化公司

许　平　原油车间主任、党支部书记

庆阳石化公司

王益民　储运运行部党支部书记兼副主任

东北销售公司

周东宁　营口分公司党委书记、副经理

西北销售公司

卜鹏洲　公司党群工作处（企业文化处）处长

润滑油公司

陈　宏　大庆润滑油二厂厂长办公室（党委办公室）主任兼机关党总支书记

中石油燃料油有限责任公司

宋贵峰　秦皇岛中石油燃料沥青有限责任公司党委书记、纪委书记、副总经理

辽宁销售公司

庞振孝　辽宁铁岭销售分公司党委书记、纪委书记、工会主席

四川销售公司

徐晓炜　公司纪委副书记、审计监察处处长

李　洪　四川攀枝花销售分公司党委书记

广东销售公司

袁银辉（女）　公司党群工作处处长

内蒙古销售公司

田蒙彦　内蒙古阿拉善销售分公司额济纳旗零售片区经理兼党支部书记

北京销售公司

陈家军　公司党群工作处（企业文化处、机关党委）副处长兼《加油》杂志编辑部主任

上海销售公司

刘国超　浦东分公司振兴加油站经理

黑龙江销售公司

曹立红（女）　公司党群处处长、机关党委副书记

河北销售公司

贾　楠　保定分公司党总支书记、副经理

新疆销售分公司

李海英　新疆哈密销售分公司党委书记、经理、纪委书记、工会主席

山东销售公司

罗　天　公司党群工作处党务管理岗主管

陕西销售公司

李　筱（女）　公司党群工作处党务专干

吉林销售公司

王　勇　公司党群工作处处长、机关党委副书记

江苏销售公司

刘德明　江苏徐州销售分公司城南片区经理、党支部书记

甘肃销售公司

严　桐　甘肃武威销售分公司党群工作部主任

河南销售公司

贺　颖　公司党群工作处副处长

湖北销售公司

任　巍　湖北黄冈销售分公司党委书记、副经理、工会主席

浙江销售公司

方　敏　浙江衢州销售分公司党委书记、副经理

云南销售公司

张洪伟（女）　云南普洱销售分公司党委书记

重庆销售公司

郑海川　万州分公司党委书记

湖南销售公司

钟发耕　长沙分公司党委书记、副总经理

安徽销售公司

范迎新　安徽蚌埠销售分公司经理兼党支部书记

广西销售公司

楚　珩　公司党群工作处（企业文化处）处长

福建销售公司

陈上元　公司党委办公室主任

大连销售公司

魏峻川　庄河销售分公司党委副书记、纪委书记、工会主席

天津销售公司

王　霞（女）　公司人事处（组织部）副处长（副部长）

宁夏销售公司

马学林　宁夏固原销售分公司党委书记、副经理

贵州销售公司

张　渊　公司党群工作（企业文化）处处长

青海销售公司

刘璟（女）　润滑油分公司党委书记

江西销售公司

卜寒崎　公司党群处副处长

西藏销售公司

龚付松　西藏阿里分公司党总支书记

管道公司

王　帆（女）　公司纪检监察处正科级纪检监察员

张春青　加格达奇输油气分公司漠河输油站党支部书记、站长

西气东输管道公司

史玉海　公司工会副主席、企业文化处（党群工作处）处长、总部党总支书记

北京天然气管道有限公司

王德才　公司党委组织部党建主管

西部管道分公司

刘　阳　公司工会副主席、党群工作处（企业文化处）处长、关党委副书记

西南管道公司

赵　雄　昆明输油气分公司瑞丽输油气站站长、党支部书记

海外勘探开发公司

雷　成　中油国际（印度尼西亚）公司副总经理、党支部副书记

西部钻探工程有限公司

吴永哲　青海钻井公司党委书记

曾佩君　井下作业公司酸化压裂公司压裂六队党支部书记

长城钻探工程有限公司

李秉政　公司党委办公室组织科科长

吴　松（女）　钻井一公司党委工作部部长

马　光　压裂公司辽河压裂项目部党总支书记

渤海钻探工程有限公司

李玉群　国际工程分公司党委书记、副经理

夏爱军　井下作业分公司党委组织部部长

高丽娟（女）　钻井技术服务分公司党委办公室主任

川庆钻探工程有限公司

杨从元　川东钻探公司川庆70557队党支部书记兼副队长

杨令瑞　钻采院党委副书记、纪委书记、工会主席

李尊团　长庆井下技术公司党委副书记、纪委书记、工会主席

伍　阳　测井公司重庆仪器厂党支部书记、工会主席、副厂长

东方地球物理勘探公司

曾木生　公司企业文化处处长

吴亚珉　华北物探处党群工作科科长

元红萍（女）　信息技术中心党委副书记、纪委书记、工会主席

马德江　矿区服务事业部徐水基地管理处党委书记、副处长

测井有限公司

张　宪　公司人事处处长、党委组织部部长

海洋工程有限公司

肖　伟　公司人事处（组织部）高级主管

管道局

杨明新　国内事业部西气东输三线工程东段EPC项目部党工委书记

杨　威　第一工程分公司党委书记、副经理

刘旭忠　东北石油管道公司党委书记、副总经理

张季滨　公司企业文化部（党委宣传部）部长

工程建设公司

聂增民　第一建设公司电气仪表工程分公司党委书记

王　瑱　乌兹别克斯坦子公司党委书记

工程设计有限责任公司

张　扬　公司纪委副书记、审计监察处处长、纪检办公室主任

寰球工程公司

夏昌训　公司采购部副主任、党总支书记

东北炼化工程有限公司

张少彬　吉林化建工程有限公司党委副书记、纪委书记、工会主席

宝鸡石油机械有限责任公司
乔　劲　成都装备制造分公司党委书记
济柴动力总厂
付　伟　总厂党群工作处副处长
渤海石油装备制造有限公司
窦培月　中成机械公司电泵电缆制造厂党支部书记兼副厂长
勘探开发研究院
王新民　党委组织部部长、党群机关党支部书记
规划总院
郑　雷　党委办公室主任
石油化工研究院
葛　彤（女）　财务处高级主管、机关二支部宣传委员
经济技术研究院
祁少云　院长助理兼企业传媒设计部主任、支部书记
钻井工程技术研究院
王先国　党群工作处副处长
安全环保技术研究院
祝贵君　人事处（组织部）副处长
运输公司
王忠梅（女）　公司思想政治工作处副处长、电视台台长
华油集团公司
王永刚　阳光酒店集团党委书记、副总经理、纪委书记
华油北京服务总公司
王金波（女）　公司党群工作处处长
直属党委
杨　飏　集团公司思想政治工作部（企业文化部、新闻办公室）影视中心主任

【2013—2014 年度全国青年文明号】 9 家单位：

大庆油田有限责任公司矿区服务事业部外围物业管理公司杏南物业分公司

长庆油田公司第三采气厂苏里格第二天然气处理厂

西南油气田公司川中油气矿龙岗采油气作业区 001-8-1 井

独山子石化公司乙烯厂乙烯车间

北京销售公司南湖加油站

湖南销售公司醴潭高速醴陵服务区加油站

西气东输管道公司上海白鹤站

管道局第四工程分公司盾构（顶管）工程三处 CPP-4D3 机组

勘探开发研究院伊拉克鲁迈拉油田开发技术支持项目组

【2014 年度全国五四红旗团委（团支部）】 3 个基层团组织：

辽河油田公司勘探开发研究院团委

大庆油田钻探工程公司团委

北京销售公司南湖加油站团支部

【2014 年度全国青年安全生产示范岗】 6 家单位：

大庆油田电力集团供电公司龙南工区线路检修一队

福州华侨新村加油站

大港油田滩海开发公司埕海第二采油作业区

华北油田公司第一采油厂任一联合站

乌鲁木齐石化公司炼油厂重催五班

浙江销售衢州振华加油站

【第十届中国青年志愿者优秀组织奖】 1 家单位：

辽河油田总医院“阳光健康快车”青年志愿者服务队

【2014 年度中央企业青年文明号】 8 家单位：

吐哈油田分公司井下技术作业公司压裂一队

西南油气田分公司磨溪开发项目部龙王庙集气总站

陕西销售高速公路分公司渭南西服务区加油站

吉林销售长春分公司普庆加油站

重庆销售分公司东郊加油站

昆仑燃气有限公司湖北分公司五里界母站

工程设计有限责任公司西南分公司油气管道室

工程建设公司第七建设公司仪表张勇班

【2014 年度中央企业五四红旗团委】 4 家基层团组织：

中国石油天然气集团公司兰州石化分公司团委

中国石油天然气集团公司北京销售分公司团委

中国石油天然气集团公司勘探开发研究院西北分院团委

中国石油天然气集团公司华油集团公司团委

【2014 年度中央企业五四红旗团支部】 6 个基层团组织：

长城钻探工程公司钻井二公司陕北项目部 40010 队团支部

海洋工程有限公司工程研究院海工团支部

石油化工研究院兰州中心炼制所团支部

经济技术研究院团总支

安全环保技术研究院 HSE 检测中心团支部

昆仑银行股份有限公司西安兴隆园支行团支部

【第19届中国青年五四奖章】 1名个人：

孙　刚　大庆油田勘探开发研究院采收率研究一室副主任

【全国优秀共青团干部】 1名个人：

艾　鑫　大庆油田钻探工程公司钻井二公司团委书记

【全国优秀共青团员】 3名个人：

王三红　工程建设公司第一建设公司第三工程处313队管工伙长

杨铖浩　四川内江销售公司信息中心副主任

谢桂森　辽河油田公司辽河石油报社记者

【全国青年岗位能手】 7名个人：

赵明涛　大庆油田钻探工程公司钻井二公司1205钻井队队长

陈龙玉　福建销售泉州公司

王文刚　玉门油田机械厂

徐冰鑫　呼和浩特石化公司

王秋保　青海油田公司天然气开发公司

周　燕　吐哈油田公司机械厂

徐桂芳　浙江销售衢州振华加油站加油员

【全国最美青工】 5名个人：

包香文　大庆油田钻探工程公司钻进技术一公司苏丹固井项目部3/7区项目经理

李晨露　玉门油田老君庙油田作业区

靳　艳　东北炼化工程有限公司

薛琳娜　青海销售公司

谢利平　西南油气田公司重庆气矿

【全国向上向善好青年—孝老爱亲好青年】 1名个人：

宋　丹　锦州石化公司油品车间

【第十届中国青年志愿者优秀个人】 2名个人：

赵　强　锦州石化公司仪表车间

张朝霞　大港油田井下作业公司

【中央企业青年岗位能手】 5名个人：

陈　伟　大庆油田有限责任公司钻探工程公司钻井二公司DQ1205钻井队平台经理

黄凯熊　大港石化公司第四联合车间副主任

刘希威　寰球工程公司员工

聂昌聘　济柴动力总厂销售公司员工

冯　杰　钻井工程技术研究院钻井液研究所堵漏与储层保护室主任兼实验中心主任

【中央企业优秀共青团员】 9名个人：

黄扬扬　煤层气有限责任公司韩城分公司助理工程师

宗豪飞　润滑油公司克拉玛依润滑油厂员工

官永雷　天津销售静海分公司营销客服中心值班主任

左　礼　昆仑燃气有限公司安徽分公司合肥昆仑公司维抢修班班长

王柯远　技术开发公司坦桑尼亚项目部海外代表

王国茂　寰球兰州工程公司设计院员工

林　航　物资公司郑州分公司业务主办

李妍楠　石油报社记者

谷思昱　华油北京服务总公司员工

【中央企业优秀共青团干部】 7名个人：

李德财　大庆油田有限责任分公司团委副书记

范　洲　长庆油田公司团委副书记

郭　聪　吉林石化公司团委书记

李　寒　河北销售公司团委负责人

董晓军　湖北销售公司党群工作处处长、纪委委员、团委书记

李树峰　海外勘探开发公司团委书记

韩　芸　工程建设公司第一建设公司团委副书记兼群众工作部副部长、女工副主任

【第二届中央企业青年五四奖章】 1名个人：

付永强　西南油气田公司页岩气开发事业部

（艾中秋）

第十二篇

机构与人物

中国石油天然气集团公司组织机构

（机关职能部门 24 个，专业分公司 3 个，控股子公司及直属企事业单位 70 个）

单位		地址
一、集团公司机关职能部门（24 个）		
1	办公厅	北京市
2	政策研究室	北京市
3	规划计划部	北京市
4	财务部	北京市
5	资金部	北京市
6	财税价格部	北京市
7	人事部	北京市
8	生产经营管理部	北京市
9	资本运营部	北京市
10	法律事务部	北京市
11	安全环保与节能部	北京市
12	质量与标准管理部	北京市
13	科技管理部	北京市
14	信息管理部	北京市
15	物资采购管理部	北京市
16	国际部（外事局）	北京市
17	党组纪检组、监察部（监察局）	北京市
18	审计部	北京市
19	企业管理部（内控与风险管理部）	北京市
20	矿区服务工作部	北京市
21	思想政治工作部（企业文化部、新闻办公室）	北京市
22	维稳信访工作办公室（综合治理办公室、保卫部）	北京市

注：本篇资料截至 2014 年底。

续表

	单位	地址
23	直属党委	北京市
24	离退休职工管理局（老干部局）	北京市
二、专业分公司（3 个）		
1	中国石油天然气集团公司工程技术分公司	北京市
2	中国石油天然气集团公司工程建设分公司	北京市
3	中国石油天然气集团公司装备制造分公司	北京市
三、控股子公司（7 个）		
1	中国石油天然气股份有限公司	北京市
2	中国联合石油有限责任公司	北京市
3	中油财务有限责任公司	北京市
4	中油资产管理有限公司	北京市
5	昆仑银行股份有限公司	新疆维吾尔自治区克拉玛依市
6	昆仑金融租赁有限责任公司	重庆市
7	中石油专属财产保险股份有限公司	新疆维吾尔自治区克拉玛依市
四、企事业单位（63 个）		
（一）油气田企业（9 个）		
1	大庆石油管理局	黑龙江省大庆市
2	辽河石油勘探局	辽宁省盘锦市
3	长庆石油勘探局	陕西省西安市
4	新疆石油管理局	新疆维吾尔自治区克拉玛依市
5	四川石油管理局	四川省成都市
6	吉林石油集团有限责任公司	吉林省松原市
7	大港油田集团有限责任公司	天津市大港区
8	华北石油管理局	河北省任丘市
9	吐哈石油勘探开发指挥部	新疆维吾尔自治区哈密市
（二）炼化企业（10 个）		
1	中国石油大庆石油化工总厂	黑龙江省大庆市
2	吉化集团公司	吉林省吉林市
3	中国石油抚顺石油化工公司	辽宁省抚顺市
4	中国石油辽阳石油化纤公司	辽宁省辽阳市

续表

单位		地址
5	中国石油兰州石油化工公司	甘肃省兰州市
6	新疆独山子石油化工总厂	新疆维吾尔自治区克拉玛依市
7	中国石油乌鲁木齐石油化工总厂	新疆维吾尔自治区乌鲁木齐市
8	中国石油大连石油化工公司	辽宁省大连市
9	中国石油锦州石油化工公司	辽宁省锦州市
10	中国石油锦西炼油化工总厂	辽宁省葫芦岛市
（三）工程技术企业（7个）		
1	中国石油集团西部钻探工程有限公司	新疆维吾尔自治区乌鲁木齐市
2	中国石油集团长城钻探工程有限公司	北京市
3	中国石油集团渤海钻探工程有限公司	天津市
4	中国石油集团川庆钻探工程有限公司	四川省成都市
5	中国石油集团东方地球物理勘探有限责任公司	河北省涿州市
6	中国石油集团测井有限公司	陕西省西安市
7	中国石油集团海洋工程有限公司	北京市
（四）工程建设企业（6个）		
1	中国石油天然气管道局	河北省廊坊市
2	中国石油工程建设公司	北京市
3	中国石油集团工程设计有限责任公司	北京市
4	中国寰球工程公司	北京市
5	中国昆仑工程公司	北京市
6	中国石油集团东北炼化工程有限公司	辽宁省沈阳市
（五）装备制造企业（5个）		
1	中国石油技术开发公司	北京市
2	宝鸡石油机械有限责任公司	陕西省宝鸡市
3	宝鸡石油钢管有限责任公司	陕西省宝鸡市
4	中国石油集团济柴动力总厂	山东省济南市
5	中国石油集团渤海石油装备制造有限公司	天津市
（六）海外企业（8个）		
1	中国石油天然气勘探开发公司	北京市

续表

单位		地址
2	中石油中亚天然气管道有限公司	北京市
3	中国石油天然气集团公司拉美公司	
4	中国石油天然气集团公司尼罗河公司	
5	中国石油天然气集团公司哈萨克斯坦公司	
6	中国石油天然气集团公司伊朗公司	
7	中国石油天然气集团公司俄罗斯公司	
8	中国石油集团东南亚管道有限公司	北京市
（七）科研及事业单位（10 个）		
1	中国石油集团经济技术研究院	北京市
2	中国石油集团钻井工程技术研究院	北京市
3	中国石油集团安全环保技术研究院	北京市
4	中国石油集团石油管工程技术研究院	陕西省西安市
5	中国石油天然气集团公司休斯敦技术研究中心	休斯敦
6	北京石油管理干部学院	北京市
7	石油工业出版社有限公司	北京市
8	中国石油报社	河北省涿州市
9	中国石油审计服务中心	河北省廊坊市
10	中国石油天然气集团公司广州培训中心	广东省广州市
（八）其他单位（8 个）		
1	中国石油天然气集团公司咨询中心（中国石油集团工程咨询有限责任公司）	北京市
2	中国石油物资采购中心（中国石油物资公司）	北京市
3	中国石油天然气运输公司	新疆维吾尔自治区乌鲁木齐市
4	中国华油集团公司	北京市
5	华油北京服务总公司	北京市
6	中国石油天然气香港有限公司	香港特别行政区
7	中国石油学会	北京市
8	中国石油企业协会	北京市

中国石油天然气集团公司组织机构见图 12–1。

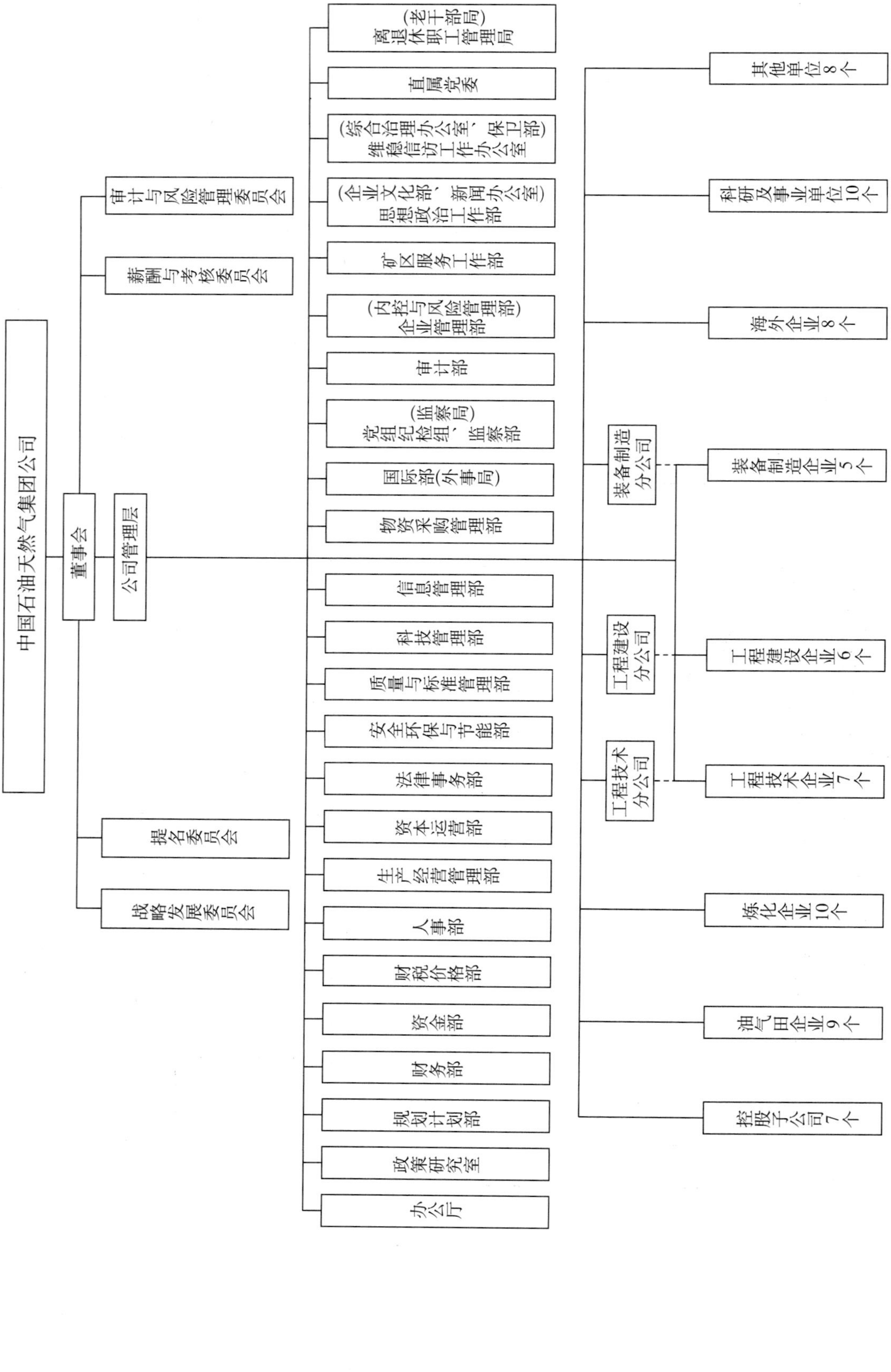

图12-1　中国石油天然气集团公司组织机构图

中国石油天然气股份有限公司组织机构

（总部机构和职能部门22个、专业分公司5个、企事业单位100个）

单位		地址
一、股份公司总部		
（一）董事会、监事会机构（2个）		
1	董事会秘书局	北京市
2	监事会办公室	北京市
（二）职能部门（20个）		
1	总裁办公室	北京市
2	规划计划部	北京市
3	财务部	北京市
4	资金部	北京市
5	财税价格部	北京市
6	人事部	北京市
7	生产经营管理部	北京市
8	资本运营部	北京市
9	法律事务部	北京市
10	安全环保与节能部	北京市
11	质量与标准管理部	北京市
12	科技管理部	北京市
13	信息管理部	北京市
14	物资采购管理部	北京市
15	国际部	北京市
16	对外合作部	北京市
17	监察部	北京市
18	审计部	北京市
19	企业管理部（内控与风险管理部）	北京市
20	企业文化部	北京市

续表

单位		地址
二、专业分公司(5 个)		
1	中国石油天然气股份有限公司勘探与生产分公司	北京市
2	中国石油天然气股份有限公司炼油与化工分公司	北京市
3	中国石油天然气股份有限公司销售分公司（中国石油销售有限责任公司）	北京市
4	中国石油天然气股份有限公司天然气与管道分公司	北京市
5	中国石油天然气股份有限公司海外勘探开发分公司（中油勘探开发有限公司）	北京市
三、油气田企业（16 个）		
1	大庆油田有限责任公司	黑龙江省大庆市
2	中国石油天然气股份有限公司辽河油田分公司	辽宁省盘锦市
3	中国石油天然气股份有限公司长庆油田分公司	陕西省西安市
4	中国石油天然气股份有限公司塔里木油田分公司	新疆维吾尔自治区库尔勒市
5	中国石油天然气股份有限公司新疆油田分公司	新疆维吾尔自治区克拉玛依市
6	中国石油天然气股份有限公司西南油气田分公司	四川省成都市
7	中国石油天然气股份有限公司吉林油田分公司	吉林省松原市
8	中国石油天然气股份有限公司大港油田分公司	天津市
9	中国石油天然气股份有限公司青海油田分公司	甘肃省敦煌市
10	中国石油天然气股份有限公司华北油田分公司	河北省任丘市
11	中国石油天然气股份有限公司吐哈油田分公司	新疆维吾尔自治区哈密市
12	中国石油天然气股份有限公司冀东油田分公司	河北省唐山市
13	中国石油天然气股份有限公司玉门油田分公司	甘肃省酒泉市
14	中国石油天然气股份有限公司浙江油田分公司	浙江省杭州市
15	中石油煤层气有限责任公司	北京市
16	南方石油勘探开发有限责任公司	广东省广州市
四、炼化企业（30 个）		
1	中国石油天然气股份有限公司大庆石化分公司	黑龙江省大庆市
2	中国石油天然气股份有限公司吉林石化分公司	吉林省吉林市
3	中国石油天然气股份有限公司抚顺石化分公司	辽宁省抚顺市
4	中国石油天然气股份有限公司辽阳石化分公司	辽宁省辽阳市
5	中国石油天然气股份有限公司兰州石化分公司	甘肃省兰州市

续表

单位		地址
6	中国石油天然气股份有限公司独山子石化分公司	新疆维吾尔自治区克拉玛依市
7	中国石油天然气股份有限公司乌鲁木齐石化分公司	新疆维吾尔自治区乌鲁木齐市
8	中国石油天然气股份有限公司宁夏石化分公司	宁夏回族自治区银川市
9	中国石油天然气股份有限公司大连石化分公司	辽宁省大连市
10	中国石油天然气股份有限公司锦州石化分公司	辽宁省锦州市
11	中国石油天然气股份有限公司锦西石化分公司	辽宁省葫芦岛市
12	中国石油天然气股份有限公司大庆炼化分公司	黑龙江省大庆市
13	中国石油天然气股份有限公司哈尔滨石化分公司	黑龙江省哈尔滨市
14	中国石油天然气股份有限公司广西石化分公司	广西壮族自治区钦州市
15	中国石油四川石化有限责任公司	四川省成都市
16	中国石油天然气股份有限公司大港石化分公司	天津市
17	中国石油天然气股份有限公司广东石化分公司	广东省揭阳市
18	中石油云南石化有限公司	云南省昆明市
19	中国石油天然气股份有限公司华北石化分公司	河北省任丘市
20	中国石油天然气股份有限公司呼和浩特石化分公司	内蒙古自治区呼和浩特市
21	中国石油天然气股份有限公司辽河石化分公司	辽宁省盘锦市
22	中国石油天然气股份有限公司长庆石化分公司	陕西省咸阳市
23	中国石油天然气股份有限公司克拉玛依石化分公司	新疆维吾尔自治区克拉玛依市
24	中国石油天然气股份有限公司庆阳石化分公司	甘肃省庆阳市
25	中国石油天然气股份有限公司东北化工销售分公司	辽宁省沈阳市
26	中国石油天然气股份有限公司西北化工销售分公司	甘肃省兰州市
27	中国石油天然气股份有限公司华东化工销售分公司	上海市
28	中国石油天然气股份有限公司华北化工销售分公司	北京市
29	中国石油天然气股份有限公司华南化工销售分公司	广东省广州市
30	中国石油天然气股份有限公司西南化工销售分公司	四川省成都市
五、销售企业（37个）		
1	中国石油天然气股份有限公司东北销售分公司	辽宁省沈阳市
2	中国石油天然气股份有限公司西北销售分公司	甘肃省兰州市
3	中国石油天然气股份有限公司北京销售分公司	北京市
4	中国石油天然气股份有限公司上海销售分公司	上海市

续表

单位		地址
5	中国石油天然气股份有限公司湖北销售分公司	湖北省武汉市
6	中国石油天然气股份有限公司广东销售分公司	广东省广州市
7	中国石油天然气股份有限公司云南销售分公司	云南省昆明市
8	中国石油天然气股份有限公司辽宁销售分公司	辽宁省沈阳市
9	中国石油天然气股份有限公司吉林销售分公司	吉林省长春市
10	中国石油天然气股份有限公司黑龙江销售分公司	黑龙江省哈尔滨市
11	中国石油天然气股份有限公司大连销售分公司	辽宁省大连市
12	中国石油天然气股份有限公司天津销售分公司	天津市
13	中国石油天然气股份有限公司河北销售分公司	河北省石家庄市
14	中国石油天然气股份有限公司山西销售分公司	山西省太原市
15	中国石油天然气股份有限公司内蒙古销售分公司	内蒙古自治区呼和浩特市
16	中国石油天然气股份有限公司陕西销售分公司	陕西省西安市
17	中国石油天然气股份有限公司甘肃销售分公司	甘肃省兰州市
18	中国石油天然气股份有限公司青海销售分公司	青海省西宁市
19	中国石油天然气股份有限公司宁夏销售分公司	宁夏回族自治区银川市
20	中石油新疆销售有限公司	新疆维吾尔自治区乌鲁木齐市
21	中国石油天然气股份有限公司重庆销售分公司	重庆市
22	中国石油天然气股份有限公司四川销售分公司	四川省成都市
23	中国石油天然气股份有限公司贵州销售分公司	贵州省贵阳市
24	中国石油天然气股份有限公司西藏销售分公司	西藏自治区拉萨市
25	中国石油天然气股份有限公司江苏销售分公司	江苏省南京市
26	中国石油天然气股份有限公司浙江销售分公司	浙江省杭州市
27	中国石油天然气股份有限公司安徽销售分公司	安徽省合肥市
28	中国石油天然气股份有限公司福建销售分公司	福建省福州市
29	中国石油天然气股份有限公司江西销售分公司	江西省南昌市
30	中国石油天然气股份有限公司山东销售分公司	山东省青岛市
31	中国石油天然气股份有限公司河南销售分公司	河南省郑州市
32	中国石油天然气股份有限公司湖南销售分公司	湖南省长沙市
33	中国石油天然气股份有限公司广西销售分公司	广西壮族自治区南宁市
34	中国石油天然气股份有限公司海南销售分公司	海南省海口市

续表

	单位	地址
35	中国石油天然气股份有限公司润滑油分公司	北京市
36	中石油燃料油有限责任公司	北京市
37	中国石油天然气股份有限公司大连海运分公司	辽宁省大连市
六、天然气管道储运企业（9 个）		
1	中国石油天然气股份有限公司北京油气调控中心	北京市
2	中国石油天然气股份有限公司管道建设项目经理部	北京市
3	中国石油天然气股份有限公司管道分公司(中国石油天然气股份有限公司管道销售分公司)	河北省廊坊市
4	中国石油天然气股份有限公司西气东输管道分公司（中国石油天然气股份有限公司西气东输销售分公司）	上海市
5	中国石油天然气股份有限公司西部管道分公司（中国石油天然气股份有限公司西部管道销售分公司）	新疆维吾尔自治区乌鲁木齐市
6	中国石油天然气股份有限公司西南管道分公司（中国石油天然气股份有限公司西南管道销售分公司）	四川省成都市
7	中石油京唐液化天然气有限公司	河北省唐山市
8	中国石油天然气股份有限公司华北天然气销售分公司	北京市
9	中石油昆仑燃气有限公司	北京市
七、海外企业（2 个）		
1	中石油阿姆河天然气勘探开发（北京）有限公司	
2	中国石油天然气股份有限公司伊拉克公司	
八、科研及事业单位（3 个）		
1	中国石油天然气股份有限公司勘探开发研究院	北京市
2	中国石油天然气股份有限公司规划总院	北京市
3	中国石油天然气股份有限公司石油化工研究院	北京市
九、其他单位（3 个）		
1	中国石油国际事业有限公司	北京市
2	中国石油天然气股份有限公司信息技术服务中心	北京市
3	中石油香港有限公司	香港特别行政区

中国石油天然气股份有限公司组织机构见图 12–2。

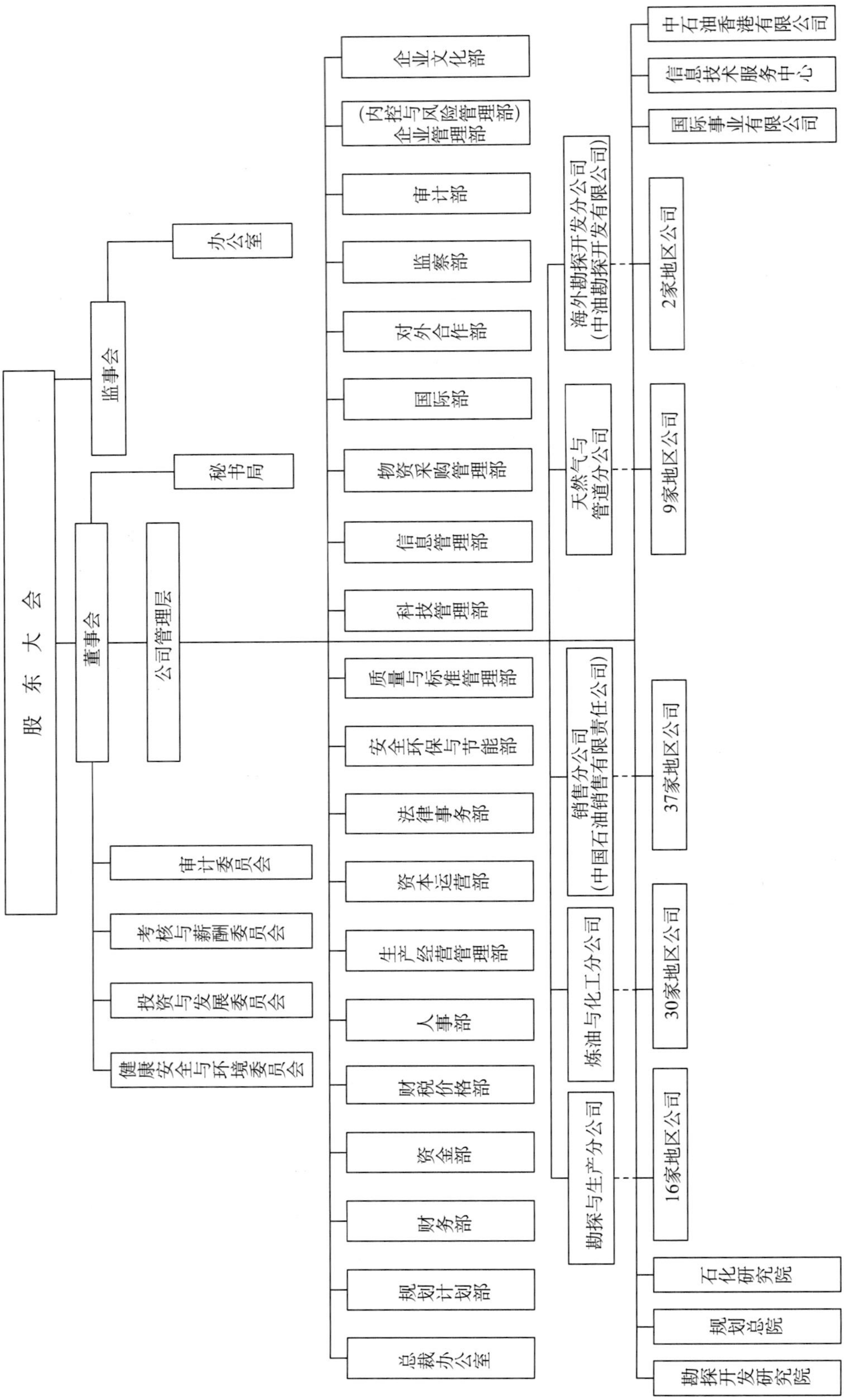

图12-2　中国石油天然气股份有限公司组织机构图

中国石油天然气集团公司董事会成员

序号	姓名	职务
1	周吉平	中国石油天然气集团公司董事长
2	廖永远	中国石油天然气集团公司董事
3	路耀华	中国石油天然气集团公司外部董事
4	李庆言	中国石油天然气集团公司外部董事
5	李毓华	中国石油天然气集团公司外部董事
6	金克宁	中国石油天然气集团公司外部董事
7	黄　龙	中国石油天然气集团公司外部董事
8	汪世宏	中国石油天然气集团公司职工代表董事

中国石油天然气集团公司董事会秘书

姓名	职务
李华民	中国石油天然气集团公司董事会秘书

中国石油天然气集团公司监事会成员

序号	姓名	职务
1	季晓南	中国石油天然气集团公司监事会主席（国务院国资委派出）
2	陈维薇	中国石油天然气集团公司监事会监事（国务院国资委派出）
3	夏志勇	中国石油天然气集团公司监事会监事（国务院国资委派出）
4	王利星	中国石油天然气集团公司监事会监事（国务院国资委派出）
5	陈毓晖	中国石油天然气集团公司监事会监事（国务院国资委派出）
6	刘志华	中国石油天然气集团公司监事会职工代表监事
7	杨佳安	中国石油天然气集团公司监事会职工代表监事

注：为保持记载的完整性，个别涉嫌严重违纪违法人员有关资料予以保留。2015 年 3 月 16 日，经中央纪委监察部网站发布：中国石油天然气集团公司总经理廖永远涉嫌严重违纪违法，目前正接受组织调查。

中国石油天然气集团公司领导

序号	姓名	职务
1	周吉平	中国石油天然气集团公司党组书记、董事长
2	廖永远	中国石油天然气集团公司党组成员、总经理、董事
3	汪东进	中国石油天然气集团公司党组成员、副总经理
4	喻宝才	中国石油天然气集团公司党组成员、副总经理
5	沈殿成	中国石油天然气集团公司党组成员、副总经理兼安全总监
6	刘跃珍	中国石油天然气集团公司党组成员、总会计师
7	刘宏斌	中国石油天然气集团公司党组成员、副总经理
8	赵政璋	中国石油天然气集团公司党组成员、副总经理
9	徐吉明	中国石油天然气集团公司党组成员、党组纪检组组长

中国石油天然气集团公司总经理助理、副总师

序号	姓名	职务
1	李万余	中国石油天然气集团公司总经理助理
2	郭进平	中国石油天然气集团公司总经理助理、总法律顾问
3	汪世宏	中国石油天然气集团公司总经理助理
4	李鹭光	中国石油天然气集团公司总经理助理
5	王铁军	中国石油天然气集团公司总经理助理
6	周新源	中国石油天然气集团公司总经理助理
7	李正光	中国石油天然气集团公司副总经济师
8	施哲彦	中国石油天然气集团公司副总经济师
9	张凤山	中国石油天然气集团公司安全副总监

中国石油天然气集团公司机关部门主要领导

序号	单位	总经理（主任、局长、书记、组长）
1	办公厅	王志刚
2	政策研究室	张华林
3	规划计划部	侯启军
4	财务部	龚守平
5	资金部	陆　凌
6	财税价格部	刘　戬
7	人事部	刘志华
8	生产经营管理部	苏　俊
9	资本运营部	贾忆民
10	法律事务部	郭进平
11	安全环保与节能部	张凤山
12	质量与标准管理部	隋　军
13	科技管理部	袁士义
14	信息管理部	刘希俭
15	物资采购管理部	于洪金
16	国际部（外事局）	章　欣
17	党组纪检组、监察部（监察局）	李正光
18	审计部	李庆毅
19	企业管理部（内控与风险管理部）	姜力孚
20	矿区服务工作部	刘自强
21	思想政治工作部（企业文化部、新闻办公室）	曲广学
22	维稳信访工作办公室（综合治理办公室、保卫部）	施哲彦
23	直属党委	李晓绛（常务副书记）
24	离退休职工管理局（老干部局）	张亚成

中国石油天然气集团公司
专业公司主要领导

序号	单位	总经理	党委书记
1	工程技术分公司	杨庆理	李越强
2	工程建设分公司	白玉光	胡兢克
3	装备制造分公司	张晗亮	李若平

中国石油天然气集团公司
所属企事业单位主要领导

序号	单位名称	总裁、总经理（局长、指挥、经理、厂长、院长、主任、社长、行长、会长）	党委书记
1	中国石油天然气股份有限公司	汪东进	
2	中国联合石油有限责任公司	赵　勇	王立华
3	中油财务有限责任公司	兰云升	梁　萍
4	中油资产管理有限公司	吴　妍	王　亮
5	昆仑银行股份有限公司	王忠来	蒋尚军
6	昆仑金融租赁有限责任公司	贺金霞	桂王来
7	中石油专属财产保险股份有限公司	魏国良	潘国潮
8	大庆石油管理局	刘宏斌	
9	辽河石油勘探局	张志东	
10	长庆石油勘探局	杨　华	
11	新疆石油管理局	陈新发	
12	四川石油管理局	马新华	
13	吉林石油集团有限责任公司	张德有	
14	大港油田集团有限责任公司	李建青	
15	华北石油管理局	黄　刚	

续表

序号	单位名称	总裁、总经理（局长、指挥、经理、厂长、院长、主任、社长、行长、会长）	党委书记
16	吐哈石油勘探开发指挥部	徐可强	
17	中国石油大庆石油化工总厂	王德义	
18	吉化集团公司	孙树祯	
19	中国石油抚顺石油化工公司	李天书	
20	中国石油辽阳石油化纤公司	朱景利	
21	中国石油兰州石油化工公司	李家民	
22	新疆独山子石油化工总厂	陈俊豪	
23	中国石油乌鲁木齐石油化工总厂	郝新刚	
24	中国石油大连石油化工公司	段良伟	
25	中国石油锦州石油化工公司	魏立东	
26	中国石油锦西炼油化工总厂	吕文军	
27	中国石油集团西部钻探工程有限公司	马永峰	谢文虎
28	中国石油集团长城钻探工程有限公司	王忠仁	冯艳成
29	中国石油集团渤海钻探工程有限公司	秦永和	秦文贵
30	中国石油集团川庆钻探工程有限公司	胥永杰	李爱民
31	中国石油集团东方地球物理勘探有限责任公司	苟　量	苟　量
32	中国石油集团测井有限公司	李剑浩	张幸福
33	中国石油集团海洋工程有限公司	黄立功	张宝增
34	中国石油天然气管道局	赵玉建	孙全军
35	中国石油工程建设公司	侯浩杰	李利民
36	中国石油集团工程设计有限责任公司	迟尚忠	孔繁瑾
37	中国寰球工程公司	王新革	李玉平
38	中国昆仑工程公司	周华堂	周华堂
39	中国石油集团东北炼化工程有限公司	张维君	张维君
40	中国石油技术开发公司	毕跃明	李　伟
41	宝鸡石油机械有限责任公司	郭孟齐	范瑞丰
42	宝鸡石油钢管有限责任公司	白功利	李　逵
43	中国石油集团济柴动力总厂	吴根柱	吴根柱
44	中国石油集团渤海石油装备制造有限公司	赵　国	杨跃东
45	中国石油天然气勘探开发公司	吕功训	王仲才
46	中石油中亚天然气管道有限公司	曹亚明	姚　伟

续表

序号	单位名称	总裁、总经理（局长、指挥、经理、厂长、院长、主任、社长、行长、会长）	党委书记
47	中国石油天然气集团公司拉美公司	叶先灯	张　兴
48	中国石油天然气集团公司尼罗河公司	赵　东	贾　勇
49	中国石油天然气集团公司哈萨克斯坦公司	曹亚明	卞德智
50	中国石油天然气集团公司伊朗公司	黄永章	黄永章
51	中国石油天然气集团公司俄罗斯公司	蒋　奇	蒋　奇
52	中国石油集团东南亚管道有限公司	姜昌亮	姜昌亮
53	中国石油集团经济技术研究院	孙贤胜	连建家
54	中国石油集团钻井工程技术研究院	石　林	桑珍平
55	中国石油集团安全环保技术研究院	于国文	于国文
56	中国石油集团石油管工程技术研究院	张冠军	张冠军
57	中国石油天然气集团公司休斯敦技术研究中心	张国珍	
58	北京石油管理干部学院	宗贻平	刘江宁
59	石油工业出版社有限公司	张卫国	张卫国
60	中国石油报社	邱宝林	邱宝林
61	中国石油审计服务中心	李庆毅	李庆毅
62	中国石油天然气集团公司广州培训中心	李光华	张守梅
63	中国石油天然气集团公司咨询中心（中国石油集团工程咨询有限责任公司）	孙龙德	
64	中国石油物资采购中心（中国石油物资公司）	王光军	郭开旗
65	中国石油天然气运输公司	孙晓岗	孙晓岗
66	中国华油集团公司	周永强	石清俊
67	华油北京服务总公司	谷　伟	谷　伟
68	中国石油天然气香港有限公司	吴恩来	
69	中国石油学会	曾玉康	
70	中国石油企业协会	李新华	

中国石油天然气股份有限公司董事会成员

序号	姓名	职务
1	周吉平	中国石油天然气股份有限公司董事长
2	廖永远	中国石油天然气股份有限公司副董事长
3	汪东进	中国石油天然气股份有限公司副董事长、执行董事
4	喻宝才	中国石油天然气股份有限公司非执行董事
5	沈殿成	中国石油天然气股份有限公司非执行董事
6	刘跃珍	中国石油天然气股份有限公司非执行董事
7	刘宏斌	中国石油天然气股份有限公司执行董事
8	陈志武	中国石油天然气股份有限公司独立非执行董事
9	理查德·马茨基	中国石油天然气股份有限公司独立非执行董事
10	林伯强	中国石油天然气股份有限公司独立非执行董事
11	张必贻	中国石油天然气股份有限公司独立非执行董事

中国石油天然气股份有限公司董事会秘书

姓名	职务
吴恩来	中国石油天然气股份有限公司董事会秘书

中国石油天然气股份有限公司监事会成员

序号	姓名	职务
1	郭进平	中国石油天然气股份有限公司监事会主席
2	张凤山	中国石油天然气股份有限公司监事会股东代表监事
3	李庆毅	中国石油天然气股份有限公司监事会股东代表监事
4	贾忆民	中国石油天然气股份有限公司监事会股东代表监事
5	姜力孚	中国石油天然气股份有限公司监事会股东代表监事
6	杨　华	中国石油天然气股份有限公司监事会职工代表监事
7	姚　伟	中国石油天然气股份有限公司监事会职工代表监事
8	李家民	中国石油天然气股份有限公司监事会职工代表监事
9	刘合合	中国石油天然气股份有限公司监事会职工代表监事

中国石油天然气股份有限公司总裁班子成员

序号	姓名	职务
1	汪东进	中国石油天然气股份有限公司总裁
2	刘宏斌	中国石油天然气股份有限公司副总裁
3	赵政璋	中国石油天然气股份有限公司副总裁
4	孙龙德	中国石油天然气股份有限公司副总裁
5	黄维和	中国石油天然气股份有限公司副总裁
6	徐福贵	中国石油天然气股份有限公司副总裁
7	于毅波	中国石油天然气股份有限公司财务总监
8	蔺爱国	中国石油天然气股份有限公司总工程师
9	王立华	中国石油天然气股份有限公司副总裁
10	吕功训	中国石油天然气股份有限公司副总裁

中国石油天然气股份有限公司机关部门主要领导

序号	单位	总经理（主任）
1	总裁办公室	王志刚
2	规划计划部	侯启军
3	财务部	柴守平
4	资金部	陆　凌
5	财税价格部	刘　戬
6	人事部	刘志华
7	生产经营管理部	苏　俊
8	资本运营部	贾忆民
9	法律事务部	郭进平
10	安全环保与节能部	张凤山
11	质量与标准管理部	隋　军
12	科技管理部	袁士义
13	信息管理部	刘希俭
14	物资采购管理部	于洪金
15	国际部	李越强
16	对外合作部	李庆平
17	监察部	李正光
18	审计部	李庆毅
19	企业管理部（内控与风险管理部）	姜力孚
20	企业文化部	曲广学
21	董事会秘书局	吴恩来
	监事会办公室	毛泽锋

中国石油天然气股份有限公司
专业公司主要领导

序号	单位	总经理	党委书记
1	勘探与生产分公司	赵政璋	吴　奇
2	炼油与化工分公司	徐福贵	杨继钢
3	销售分公司	田景惠	田景惠
4	天然气与管道分公司	黄维和	
5	海外勘探开发分公司	吕功训	王仲才

中国石油天然气股份有限公司
所属企事业单位主要领导

序号	单位名称	总经理（院长、主任）	党委书记
1	大庆油田有限责任公司	刘宏斌	姜万春
2	中国石油天然气股份有限公司辽河油田分公司	张志东	任芳祥
3	中国石油天然气股份有限公司长庆油田分公司	杨　华	冯尚存
4	中国石油天然气股份有限公司塔里木油田分公司	谢文彦	宋文杰
5	中国石油天然气股份有限公司新疆油田分公司	陈新发	徐卫喜
6	中国石油天然气股份有限公司西南油气田分公司	马新华	王广昀
7	中国石油天然气股份有限公司吉林油田分公司	张德有	张德有
8	中国石油天然气股份有限公司大港油田分公司	李建青	李文强
9	中国石油天然气股份有限公司青海油田分公司	付锁堂	党玉琪
10	中国石油天然气股份有限公司华北油田分公司	黄　刚	袁明生
11	中国石油天然气股份有限公司吐哈油田分公司	徐可强	娄铁强
12	中国石油天然气股份有限公司冀东油田分公司	齐振林	杨盛杰
13	中国石油天然气股份有限公司玉门油田分公司	刘圣志	张作祥

续表

序号	单位名称	总经理（院长、主任）	党委书记
14	中国石油天然气股份有限公司浙江油田分公司	陈　勇	汪鉴定
15	中石油煤层气有限责任公司	接铭训	接铭训
16	南方石油勘探开发有限责任公司	夏义平	夏义平
17	中国石油天然气股份有限公司大庆石化分公司	王德义	杨大明
18	中国石油天然气股份有限公司吉林石化分公司	孙树祯	孙树祯
19	中国石油天然气股份有限公司抚顺石化分公司	李天书	钱新华
20	中国石油天然气股份有限公司辽阳石化分公司	朱景利	李　军
21	中国石油天然气股份有限公司兰州石化分公司	李家民	李政华
22	中国石油天然气股份有限公司独山子石化分公司	陈俊豪	任军革
23	中国石油天然气股份有限公司乌鲁木齐石化分公司	郝新刚	刘继远
24	中国石油天然气股份有限公司宁夏石化分公司	陈　坚	许君祖
25	中国石油天然气股份有限公司大连石化分公司	段良伟	李善春
26	中国石油天然气股份有限公司锦州石化分公司	魏立东	李　波
27	中国石油天然气股份有限公司锦西石化分公司	吕文军	陈　志
28	中国石油天然气股份有限公司大庆炼化分公司	万志强	王亚伟
29	中国石油天然气股份有限公司哈尔滨石化分公司	庞晓东	王金娥
30	中国石油天然气股份有限公司广西石化分公司	雍瑞生	方栋良
31	中国石油四川石化有限责任公司	王　彬	陈位强
32	中国石油天然气股份有限公司大港石化分公司	杨　健	赵益红
33	中国石油天然气股份有限公司广东石化分公司	魏　强	姜　文
34	中石油云南石化有限公司	张有林	于明祥
35	中国石油天然气股份有限公司华北石化分公司	张栋杰	艾　南
36	中国石油天然气股份有限公司呼和浩特石化分公司	杜吉洲	陈汇明
37	中国石油天然气股份有限公司辽河石化分公司	李京辉	刘德佳
38	中国石油天然气股份有限公司长庆石化分公司	张喜文	李汝新
39	中国石油天然气股份有限公司克拉玛依石化分公司	许立甲 （副总经理，全面主持行政工作）	默新社
40	中国石油天然气股份有限公司庆阳石化分公司	刘至祥	张豫锋
41	中国石油天然气股份有限公司东北化工销售分公司	裴宏斌	王　富
42	中国石油天然气股份有限公司西北化工销售分公司	火金三	蔡向阳
43	中国石油天然气股份有限公司华东化工销售分公司	肖　华	肖　华
44	中国石油天然气股份有限公司华北化工销售分公司	刘　杰	阎智才

续表

序号	单位名称	总经理（院长、主任）	党委书记
45	中国石油天然气股份有限公司华南化工销售分公司	张培华	张培华
46	中国石油天然气股份有限公司西南化工销售分公司	杨继胜	陈长青
47	中国石油天然气股份有限公司东北销售分公司	刘宪华	于　力
48	中国石油天然气股份有限公司西北销售分公司	李占宁	王智利（党委副书记，主持党委日常工作）
49	中国石油天然气股份有限公司北京销售分公司	苗　堃	王力国
50	中国石油天然气股份有限公司上海销售分公司	佟福财	杨昌陶
51	中国石油天然气股份有限公司湖北销售分公司	李长安	薛彦卓
52	中国石油天然气股份有限公司广东销售分公司	何瑞林	朱荣生
53	中国石油天然气股份有限公司云南销售分公司	兰建彬	赵剑春
54	中国石油天然气股份有限公司辽宁销售分公司	吴　汉	冀玉军
55	中国石油天然气股份有限公司吉林销售分公司		赵尔全
56	中国石油天然气股份有限公司黑龙江销售分公司	刘　刚	贾瑞民
57	中国石油天然气股份有限公司大连销售分公司	高殿龙	巴恒越
58	中国石油天然气股份有限公司天津销售分公司	高栋平	朱喜龙
59	中国石油天然气股份有限公司河北销售分公司	杜丽学	杨宁海
60	中国石油天然气股份有限公司山西销售分公司	谭立村	闫宝星
61	中国石油天然气股份有限公司内蒙古销售分公司	刘合合	王永和
62	中国石油天然气股份有限公司陕西销售分公司	刘守德	刘德祥
63	中国石油天然气股份有限公司甘肃销售分公司	杨顺义	张国祥
64	中国石油天然气股份有限公司青海销售分公司	刘星国	封希声
65	中国石油天然气股份有限公司宁夏销售分公司	李宁宝	蒋杨贵
66	中石油新疆销售有限公司	悦仲林	悦仲林
67	中国石油天然气股份有限公司重庆销售分公司	朱明玉	王建国
68	中国石油天然气股份有限公司四川销售分公司	付　斌	田玉军
69	中国石油天然气股份有限公司贵州销售分公司	刘　杰	刘　杰
70	中国石油天然气股份有限公司西藏销售分公司	刘华治	次仁扎西
71	中国石油天然气股份有限公司江苏销售分公司	王力军	张　永
72	中国石油天然气股份有限公司浙江销售分公司	李　多	高贤才
73	中国石油天然气股份有限公司安徽销售分公司	肖宏伟	李向宇
74	中国石油天然气股份有限公司福建销售分公司	王广生	王明富

续表

序号	单位名称	总经理（院长、主任）	党委书记
75	中国石油天然气股份有限公司江西销售分公司	张文荣	刘凤春
76	中国石油天然气股份有限公司山东销售分公司	杨子清	上官建新
77	中国石油天然气股份有限公司河南销售分公司	马生荣	张海云
78	中国石油天然气股份有限公司湖南销售分公司	徐　毅	陈建志
79	中国石油天然气股份有限公司广西销售分公司	刘建明	栾永江
80	中国石油天然气股份有限公司海南销售分公司	张安平	史青琦
81	中国石油天然气股份有限公司润滑油分公司	王　凌	许元科
82	中石油燃料油有限责任公司	郑明禹	郑明禹
83	中国石油天然气股份有限公司大连海运分公司	李俊海	负广瑞
84	中国石油天然气股份有限公司北京油气调控中心	黄泽俊	徐会举
85	中国石油天然气股份有限公司管道建设项目经理部	吴　宏	吴　宏
86	中国石油天然气股份有限公司管道分公司（中国石油天然气股份有限公司管道销售分公司）	丁建林	汤亚利
87	中国石油天然气股份有限公司西气东输管道分公司（中国石油天然气股份有限公司西气东输销售分公司）	凌　霄	凌　霄
88	中国石油天然气股份有限公司西部管道分公司（中国石油天然气股份有限公司西部管道销售分公司）	李文东	李文东
89	中国石油天然气股份有限公司西南管道分公司（中国石油天然气股份有限公司西南管道销售分公司）	常延魁	许　强
90	中石油京唐液化天然气有限公司	李　伟	李　伟
91	中国石油天然气股份有限公司华北天然气销售分公司	林长海	施　龙
92	中石油昆仑燃气有限公司	赵永起	赵永起
93	中石油阿姆河天然气勘探开发（北京）有限公司	邓民敏	邓民敏
94	中国石油天然气股份有限公司伊拉克公司	祝俊峰	祝俊峰
95	中国石油天然气股份有限公司勘探开发研究院	赵文智	赵文智
96	中国石油天然气股份有限公司规划总院	王功礼	吴东山
97	中国石油天然气股份有限公司石油化工研究院	蔺爱国	吴冠京
98	中国石油国际事业有限公司	赵　勇	王立华
99	中国石油天然气股份有限公司信息技术服务中心	王同良	
100	中石油香港有限公司		赵永起

（韩焕仓　徐　晓）

专家队伍

中国石油天然气集团公司两院院士

单位	姓名	院士类别
中国石油勘探开发研究院	李德生	科学院院士
大庆油田有限责任公司	王德民	工程院院士
中国石油天然气集团公司咨询中心	翟光明	工程院院士
中国石油勘探开发研究院	郭尚平	科学院院士
中国石油集团东方地球物理勘探有限责任公司	李庆忠	工程院院士
中国石油勘探开发研究院	戴金星	科学院院士
中国石油勘探开发研究院	胡见义	工程院院士
中国石油勘探开发研究院	田在艺	科学院院士
中国石油集团石油管工程技术研究院	李鹤林	工程院院士
中国石油天然气集团公司咨询中心	邱中建	工程院院士
中国石油勘探开发研究院	韩大匡	工程院院士
中国石油天然气股份有限公司总部机关	贾承造	科学院院士
中国石油集团钻井工程技术研究院	苏义脑	工程院院士
中国石油天然气集团公司科技管理部	袁士义	工程院院士
中国石油天然气勘探开发公司	童晓光	工程院院士
中国石油天然气股份有限公司总部机关	孙龙德	工程院院士
中国石油天然气股份有限公司总部机关	胡文瑞	工程院院士
中国石油天然气股份有限公司总部机关	黄维和	工程院院士
中国石油勘探开发研究院	赵文智	工程院院士

注：按当选时间先后排序。

中国石油天然气集团公司高级技术专家

序号	工作单位	姓名	专业
1	中国石油长庆油田公司	付金华	地质勘探
2	中国石油长庆油田公司	王大兴	地质勘探
3	中国石油长庆油田公司	姚泾利	地质勘探
4	中国石油大港油田公司	周建生	地质勘探
5	中国石油大港油田公司	王振升	地质勘探
6	中国石油大港油田公司	周立宏	地质勘探
7	大庆油田有限责任公司	黄　薇	地质勘探
8	大庆油田有限责任公司	蒙启安	地质勘探
9	大庆油田有限责任公司	冯子辉	地质勘探
10	大庆油田有限责任公司	金成志	地质勘探
11	中国石油集团东方地球物理勘探有限责任公司	王学军	地质勘探
12	中国石油集团东方地球物理勘探有限责任公司	康南昌	地质勘探
13	中国石油华北油田公司	王　权	地质勘探
14	中国石油华北油田公司	卢学军	地质勘探
15	中国石油华北油田公司	金凤鸣	地质勘探
16	中国石油吉林油田公司	江　涛	地质勘探
17	中国石油冀东油田公司	刘　晓	地质勘探
18	中国石油冀东油田公司	王晓文	地质勘探
19	中国石油勘探开发研究院	杨　涛	地质勘探
20	中国石油勘探开发研究院	袁剑英	地质勘探
21	中国石油勘探开发研究院	陈志勇	地质勘探
22	中国石油勘探开发研究院	毕海滨	地质勘探
23	中国石油勘探开发研究院	姚根顺	地质勘探
24	中国石油勘探开发研究院	卫平生	地质勘探
25	中国石油勘探开发研究院	赵应成	地质勘探
26	中国石油勘探开发研究院	王建君	地质勘探
27	中国石油勘探开发研究院	张义杰	地质勘探
28	中国石油勘探开发研究院	王兆云	地质勘探
29	中国石油勘探开发研究院	胡素云	地质勘探

续表

序号	工作单位	姓名	专业
30	中国石油勘探开发研究院	陶士振	地质勘探
31	中国石油勘探开发研究院	潘校华	地质勘探
32	中国石油勘探开发研究院	田作基	地质勘探
33	中国石油勘探开发研究院	魏国齐	地质勘探
34	中国石油勘探开发研究院	孙　平	地质勘探
35	中国石油勘探开发研究院	段书府	地质勘探
36	中国石油勘探开发研究院	李建忠	地质勘探
37	中国石油勘探开发研究院	郭秋麟	地质勘探
38	中国石油勘探开发研究院	张水昌	地质勘探
39	中国石油勘探开发研究院	侯连华	地质勘探
40	中国石油勘探开发研究院	寿建峰	地质勘探
41	中国石油勘探开发研究院	李　剑	地质勘探
42	中国石油勘探开发研究院	赵孟军	地质勘探
43	中国石油勘探开发研究院	董大忠	地质勘探
44	中国石油勘探开发研究院	郑俊章	地质勘探
45	中国石油勘探开发研究院	李小地	地质勘探
46	中国石油辽河油田公司	陈振岩	地质勘探
47	中国石油辽河油田公司	李晓光	地质勘探
48	中石油煤层气公司有限责任公司	温声明	地质勘探
49	中国石油青海油田公司	汪立群	地质勘探
50	中国石油青海油田公司	刘云田	地质勘探
51	中国石油青海油田公司	马达德	地质勘探
52	中国石油塔里木油田公司	杨文静	地质勘探
53	中国石油塔里木油田公司	杨海军	地质勘探
54	中国石油塔里木油田公司	张丽娟	地质勘探
55	中国石油塔里木油田公司	潘文庆	地质勘探
56	中国石油塔里木油田公司	谢会文	地质勘探
57	中国石油塔里木油田公司	韩剑发	地质勘探
58	中国石油西南油气田公司	杨跃明	地质勘探
59	中国石油西南油气田公司	张　健	地质勘探
60	中国石油西南油气田公司	杨　光	地质勘探

续表

序号	工作单位	姓名	专业
61	中国石油新疆油田公司	唐　勇	地质勘探
62	中国石油新疆油田公司	阿布力米提	地质勘探
63	中国石油浙江油田公司	梁　兴	地质勘探
64	中国石油天然气勘探开发公司	王瑞河	油气田开发
65	中国石油长庆油田公司	赵继勇	油气田开发
66	中国石油长庆油田公司	朱圣举	油气田开发
67	中国石油长庆油田公司	李跃刚	油气田开发
68	中国石油长庆油田公司	慕立俊	油气田开发
69	中国石油长庆油田公司	李宪文	油气田开发
70	中国石油长庆油田公司	李忠兴	油气田开发
71	中国石油大港油田公司	任宝生	油气田开发
72	中国石油大港油田公司	刘延平	油气田开发
73	大庆油田有限责任公司	隋新光	油气田开发
74	大庆油田有限责任公司	周万富	油气田开发
75	大庆油田有限责任公司	伍晓林	油气田开发
76	大庆油田有限责任公司	李杰训	油气田开发
77	大庆油田有限责任公司	邵振波	油气田开发
78	大庆油田有限责任公司	杜庆龙	油气田开发
79	大庆油田有限责任公司	庞彦明	油气田开发
80	大庆油田有限责任公司	程杰成	油气田开发
81	大庆油田有限责任公司	王渝明	油气田开发
82	大庆油田有限责任公司	兰中孝	油气田开发
83	中国石油华北油田公司	李梦溪	油气田开发
84	中国石油华北油田公司	梅永贵	油气田开发
85	中国石油吉林油田公司	刘长宇	油气田开发
86	中国石油冀东油田公司	刘泉海	油气田开发
87	中国石油集团经济技术研究院	何艳青	油气田开发
88	中国石油勘探开发研究院	丁云宏	油气田开发
89	中国石油勘探开发研究院	欧阳永林	油气田开发
90	中国石油勘探开发研究院	叶继根	油气田开发
91	中国石油勘探开发研究院	郭　睿	油气田开发
92	中国石油勘探开发研究院	赵　伦	油气田开发
93	中国石油勘探开发研究院	张建英	油气田开发

续表

序号	工作单位	姓名	专业
94	中国石油勘探开发研究院	王红岩	油气田开发
95	中国石油勘探开发研究院	秦积舜	油气田开发
96	中国石油勘探开发研究院	裴晓含	油气田开发
97	中国石油勘探开发研究院	熊春明	油气田开发
98	中国石油勘探开发研究院	贾爱林	油气田开发
99	中国石油勘探开发研究院	何东博	油气田开发
100	中国石油勘探开发研究院	郭建林	油气田开发
101	中国石油勘探开发研究院	吴向红	油气田开发
102	中国石油勘探开发研究院	李保柱	油气田开发
103	中国石油勘探开发研究院	石成方	油气田开发
104	中国石油勘探开发研究院	刘尚奇	油气田开发
105	中国石油勘探开发研究院	陈和平	油气田开发
106	中国石油勘探开发研究院	常毓文	油气田开发
107	中国石油勘探开发研究院	李秀峦	油气田开发
108	中国石油勘探开发研究院	沈德煌	油气田开发
109	中国石油勘探开发研究院	冉启全	油气田开发
110	中国石油勘探开发研究院	朱怡翔	油气田开发
111	中国石油勘探开发研究院	罗健辉	油气田开发
112	中国石油勘探开发研究院	刘　合	油气田开发
113	中国石油勘探开发研究院	田昌炳	油气田开发
114	中国石油勘探开发研究院	王红庄	油气田开发
115	中国石油勘探开发研究院	马德胜	油气田开发
116	中国石油勘探开发研究院	王国辉	油气田开发
117	中国石油勘探开发研究院	吴淑红	油气田开发
118	中国石油勘探开发研究院	胡永乐	油气田开发
119	中国石油勘探开发研究院	范子菲	油气田开发
120	中国石油辽河油田公司	刘德铸	油气田开发
121	中国石油辽河油田公司	张方礼	油气田开发
122	中石油煤层气有限责任公司	李曙光	油气田开发
123	中国石油青海油田公司	张启汉	油气田开发
124	中国石油青海油田公司	李江涛	油气田开发
125	中国石油塔里木油田公司	朱忠谦	油气田开发
126	中国石油塔里木油田公司	肖香姣	油气田开发

续表

序号	工作单位	姓名	专业
127	中国石油塔里木油田公司	邓兴梁	油气田开发
128	中国石油吐哈油田公司	李正科	油气田开发
129	中国石油西南油气田公司	付永强	油气田开发
130	中国石油西南油气田公司	钟　兵	油气田开发
131	中国石油新疆油田公司	钱根葆	油气田开发
132	中国石油新疆油田公司	孙新革	油气田开发
133	中国石油新疆油田公司	潘竟军	油气田开发
134	中国石油玉门油田分公司	袁玉刚	油气田开发
135	中国石油大连石化公司	邹春明	石油炼制
136	中国石油大连石化公司	吴　宇	石油炼制
137	中国石油大连石化公司	林　英	石油炼制
138	中国石油大连石化公司	程　驰	石油炼制
139	中国石油大连石化公司	夏佳兴	石油炼制
140	大连西太平洋石化公司	姚元勋	石油炼制
141	中国石油大庆石化公司	王　震	石油炼制
142	中国石油大庆石化公司	张春刚	石油炼制
143	中国石油独山子石化公司	任　斌	石油炼制
144	中国石油集团工程建设公司	谢育辉	石油炼制
145	中国石油集团工程建设公司	冯宝林	石油炼制
146	中国石油集团工程建设公司	肖立刚	石油炼制
147	中国石油广东石化公司	连传敏	石油炼制
148	中国石油规划总院	杨维军	石油炼制
149	中国石油华北石化分公司	齐建勋	石油炼制
150	中国寰球工程公司	鞠林青	石油炼制
151	中国寰球工程公司	彭静波	石油炼制
152	中国石油锦州石化公司	曲　江	石油炼制
153	中国石油克拉玛依石化公司	甄新平	石油炼制
154	中国石油兰州石化公司	张君屹	石油炼制
155	中国石油兰州石化公司	宋　丹	石油炼制
156	中国石油辽河石化公司	黄　鹤	石油炼制
157	中国石油辽阳石化公司	翁　刚	石油炼制
158	中国石油辽阳石化公司	雷　军	石油炼制
159	中国石油庆阳石化公司	缪希平	石油炼制

续表

序号	工作单位	姓名	专业
160	中国石油润滑油公司	汤仲平	石油炼制
161	中国石油润滑油公司	李韶辉	石油炼制
162	中国石油润滑油公司	马书杰	石油炼制
163	中国石油润滑油公司	李桂云	石油炼制
164	中国石油石油化工研究院	付兴国	石油炼制
165	中国石油石油化工研究院	齐泮仑	石油炼制
166	中国石油石油化工研究院	兰　玲	石油炼制
167	中国石油石油化工研究院	张文成	石油炼制
168	中国石油石油化工研究院	高　飞	石油炼制
169	中国石油石油化工研究院	张忠东	石油炼制
170	中国石油石油化工研究院	张志华	石油炼制
171	中国石油石油化工研究院	赵愉生	石油炼制
172	中国石油石油化工研究院	李建忠	石油炼制
173	中国石油石油化工研究院	高雄厚	石油炼制
174	中国石油石油化工研究院	胡长禄	石油炼制
175	中国石油石油化工研究院	刘从华	石油炼制
176	中国石油石油化工研究院	白跃华	石油炼制
177	中国石油石油化工研究院	胡　胜	石油炼制
178	中国石油乌鲁木齐石化公司	岳树江	石油炼制
179	中国石油乌鲁木齐石化公司	蔡海军	石油炼制
180	中国石油大连石化公司	苏战国	石油化工
181	中国石油大庆石化公司	朱连勋	石油化工
182	中国石油大庆石化公司	魏　弢	石油化工
183	中国石油大庆石化公司	李勇贤	石油化工
184	中国石油大庆石化公司	孙文盛	石油化工
185	中国石油大庆石化公司	张洪达	石油化工
186	中国石油大庆石化公司	王景良	石油化工
187	中国石油集团东北炼化工程有限公司	周江沛	石油化工
188	中国石油独山子石化公司	宋玉萍	石油化工
189	中国石油独山子石化公司	朱　军	石油化工
190	中国石油抚顺石化公司	李洪国	石油化工
191	中国石油工程建设公司	谢恪谦	石油化工
192	中国寰球工程公司	万克西	石油化工

续表

序号	工作单位	姓名	专业
193	中国寰球工程公司	杨庆兰	石油化工
194	中国寰球工程公司	王秋枫	石油化工
195	中国石油吉林石化公司	肖建文	石油化工
196	中国石油吉林石化公司	王海泉	石油化工
197	中国石油吉林石化公司	陆书来	石油化工
198	中国石油吉林石化公司	蔡小平	石油化工
199	中国石油吉林石化公司	王　硕	石油化工
200	中国石油锦州石化公司	张玉东	石油化工
201	中国昆仑工程公司	李利军	石油化工
202	中国石油兰州石化公司	赵东波	石油化工
203	中国石油兰州石化公司	王福善	石油化工
204	中国石油兰州石化公司	周　健	石油化工
205	中国石油兰州石化公司	张守汉	石油化工
206	中国石油辽阳石化公司	史　君	石油化工
207	中国石油石油化工研究院	吴林美	石油化工
208	中国石油石油化工研究院	颉　伟	石油化工
209	中国石油石油化工研究院	梁顺琴	石油化工
210	中国石油石油化工研究院	胡海华	石油化工
211	中国石油石油化工研究院	钱　颖	石油化工
212	中国石油石油化工研究院	赵成才	石油化工
213	中国石油石油化工研究院	义建军	石油化工
214	中国石油石油化工研究院	王　刚	石油化工
215	中国石油石油化工研究院	梁　滔	石油化工
216	中国石油石油化工研究院	赵旭涛	石油化工
217	中国石油石油化工研究院	王斯晗	石油化工
218	中国石油石油化工研究院	龚光碧	石油化工
219	中国石油西南油气田公司	何金龙	石油化工
220	北京天然气管道公司	么子云	工程建设与储运
221	中国石油集团川庆钻探工程有限公司	何洪勇	工程建设与储运
222	大庆油田有限责任公司	杨春明	工程建设与储运
223	大庆油田有限责任公司	耿作孝	工程建设与储运
224	大庆油田有限责任公司	宋承毅	工程建设与储运
225	中国石油工程建设公司	谢崇亮	工程建设与储运

续表

序号	工作单位	姓名	专业
226	中国石油工程建设公司	魏学军	工程建设与储运
227	中国石油工程建设公司	王启宇	工程建设与储运
228	中国石油工程建设公司	薛金保	工程建设与储运
229	中国石油工程建设公司	林洪俊	工程建设与储运
230	中国石油工程建设公司	夏志远	工程建设与储运
231	中国石油工程建设公司	任建生	工程建设与储运
232	中国石油工程建设公司	张香玲	工程建设与储运
233	中国石油集团工程设计有限责任公司	张　红	工程建设与储运
234	中国石油集团工程设计有限责任公司	谌贵宇	工程建设与储运
235	中国石油集团工程设计有限责任公司	陈运强	工程建设与储运
236	中国石油管道公司	陈朋超	工程建设与储运
237	中国石油管道公司	谭东杰	工程建设与储运
238	中国石油管道公司	李国平	工程建设与储运
239	中国石油天然气管道局	周学深	工程建设与储运
240	中国石油天然气管道局	廖宇平	工程建设与储运
241	中国石油天然气管道局	史　航	工程建设与储运
242	中国石油天然气管道局	郭书太	工程建设与储运
243	中国石油天然气管道局	张文伟	工程建设与储运
244	中国石油天然气管道局	李　军	工程建设与储运
245	中国石油天然气管道局	董　旭	工程建设与储运
246	中国石油天然气管道局	孟凡彬	工程建设与储运
247	中国石油天然气管道局	隋永莉	工程建设与储运
248	中国石油天然气管道局	徐昌学	工程建设与储运
249	中国石油集团石油管工程技术研究院	吉玲康	工程建设与储运
250	中国石油规划总院	赵忠德	工程建设与储运
251	中国寰球工程公司	刘　博	工程建设与储运
252	中国寰球工程公司	彭　蕾	工程建设与储运
253	勘探开发公司	祝宝利	工程建设与储运
254	中国石油勘探开发研究院	丁国生	工程建设与储运
255	中国石油西气东输管道公司	高顺华	工程建设与储运
256	中国石油集团渤海钻探工程有限公司	柴细元	物探测井
257	中国石油集团测井有限公司	成志刚	物探测井
258	中国石油集团测井有限公司	令狐松	物探测井

续表

序号	工作单位	姓名	专业
259	中国石油集团测井有限公司	李传伟	物探测井
260	中国石油集团测井有限公司	章海宁	物探测井
261	中国石油集团测井有限公司	余卫东	物探测井
262	中国石油集团测井有限公司	周　军	物探测井
263	中国石油集团测井有限公司	陈　涛	物探测井
264	中国石油集团测井有限公司	陈　宝	物探测井
265	中国石油集团测井有限公司	岳爱忠	物探测井
266	中国石油集团测井有限公司	贺　飞	物探测井
267	中国石油集团测井有限公司	肖　宏	物探测井
268	中国石油集团测井有限公司	李安宗	物探测井
269	中国石油集团测井有限公司	陈　鹏	物探测井
270	中国石油集团长城钻探工程有限公司	伍　东	物探测井
271	中国石油集团川庆钻探工程有限公司	陈　锋	物探测井
272	中国石油集团川庆钻探工程有限公司	张晓斌	物探测井
273	中国石油集团川庆钻探工程有限公司	刘定锦	物探测井
274	中国石油集团川庆钻探工程有限公司	杨　晓	物探测井
275	中国石油集团川庆钻探工程有限公司	齐宝权	物探测井
276	中国石油集团川庆钻探工程有限公司	罗宏伟	物探测井
277	中国石油集团川庆钻探工程有限公司	李亚林	物探测井
278	中国石油集团川庆钻探工程有限公司	巫芙蓉	物探测井
279	中国石油集团川庆钻探工程有限公司	何光明	物探测井
280	中国石油大港油田公司	祝文亮	物探与测井
281	中国石油大港油田公司	岳　英	物探与测井
282	大庆油田有限责任公司	刘兴斌	物探与测井
283	大庆油田有限责任公司	陈树民	物探与测井
284	大庆油田有限责任公司	王宏建	物探与测井
285	大庆油田有限责任公司	王建民	物探与测井
286	大庆油田有限责任公司	刘方玉	物探与测井
287	大庆油田有限责任公司	谢荣华	物探与测井
288	大庆油田有限责任公司	荆万学	物探与测井
289	大庆油田有限责任公司	王建民	物探与测井
290	中国石油集团东方地球物理勘探有限责任公司	罗国安	物探与测井
291	中国石油集团东方地球物理勘探有限责任公司	张宇生	物探与测井

续表

序号	工作单位	姓名	专业
292	中国石油集团东方地球物理勘探有限责任公司	刘云祥	物探测井
293	中国石油集团东方地球物理勘探有限责任公司	李培明	物探与测井
294	中国石油集团东方地球物理勘探有限责任公司	全海燕	物探与测井
295	中国石油集团东方地球物理勘探有限责任公司	邓志文	物探测井
296	中国石油集团东方地球物理勘探有限责任公司	冯许魁	物探与测井
297	中国石油集团东方地球物理勘探有限责任公司	凌　云	物探与测井
298	中国石油集团东方地球物理勘探有限责任公司	詹仕凡	物探与测井
299	中国石油集团东方地球物理勘探有限责任公司	陶知非	物探与测井
300	中国石油集团东方地球物理勘探有限责任公司	钱忠平	物探与测井
301	中国石油集团东方地球物理勘探有限责任公司	赵　波	物探与测井
302	中国石油集团东方地球物理勘探有限责任公司	文佳敏	物探与测井
303	中国石油集团东方地球物理勘探有限责任公司	李彦鹏	物探与测井
304	中国石油集团东方地球物理勘探有限责任公司	韩晓泉	物探与测井
305	中国石油集团东方地球物理勘探有限责任公司	郭向宇	物探与测井
306	中国石油集团东方地球物理勘探有限责任公司	孙卫斌	物探与测井
307	中国石油集团东方地球物理勘探有限责任公司	何展翔	物探与测井
308	中国石油吉林油田公司	张大伟	物探与测井
309	中国石油勘探开发研究院	王西文	物探与测井
310	中国石油勘探开发研究院	雍学善	物探与测井
311	中国石油勘探开发研究院	苏永地	物探与测井
312	中国石油勘探开发研究院	李　宁	物探与测井
313	中国石油勘探开发研究院	王才志	物探与测井
314	中国石油勘探开发研究院	周灿灿	物探与测井
315	中国石油勘探开发研究院	曹　宏	物探与测井
316	中国石油勘探开发研究院	张　研	物探与测井
317	中国石油勘探开发研究院	胡　英	物探与测井
318	中国石油勘探开发研究院	李潮流	物探与测井
319	中国石油勘探开发研究院	甘利灯	物探测井
320	中国石油勘探开发研究院	陈启林	物探与测井
321	中国石油塔里木油田公司	肖承文	物探与测井
322	中国石油集团西部钻探工程有限公司	陈　斌	物探与测井
323	中国石油新疆油田公司	吕焕通	物探与测井
324	中国石油新疆油田公司	孙中春	物探与测井

续表

序号	工作单位	姓名	专业
325	中国石油集团长城钻探工程有限公司	朱世和	物探与测井
326	中国石油勘探开发研究院	姚逢昌	物探与测井
327	中国石油天然气勘探开发公司	辛俊和	钻井
328	中国石油集团渤海钻探工程有限公司	魏春明	钻井
329	中国石油集团渤海钻探工程有限公司	马金山	钻井
330	中国石油集团渤海钻探工程有限公司	李立昌	钻井
331	中国石油集团渤海钻探工程有限公司	王合林	钻井
332	中国石油集团长城钻探工程有限公司	余　雷	钻井
333	中国石油集团长城钻探工程有限公司	白　锐	钻井
334	中国石油集团长城钻探工程有限公司	李建成	钻井
335	中国石油集团长城钻探工程有限公司	赵齐辉	钻井
336	中国石油集团长城钻探工程有限公司	徐成才	钻井
337	中国石油集团长城钻探工程有限公司	王廷瑞	钻井
338	中国石油集团长城钻探工程有限公司	高远文	钻井
339	中国石油集团长城钻探工程有限公司	张振华	钻井
340	中国石油集团川庆钻探工程有限公司	贺秋云	钻井
341	中国石油集团川庆钻探工程有限公司	王长宁	钻井
342	中国石油集团川庆钻探工程有限公司	杨令瑞	钻井
343	中国石油集团川庆钻探工程有限公司	陈忠实	钻井
344	中国石油集团川庆钻探工程有限公司	钱　斌	钻井
345	中国石油集团川庆钻探工程有限公司	韩烈祥	钻井
346	大庆油田有限责任公司	杨智光	钻井
347	大庆油田有限责任公司	徐永辉	钻井
348	大庆油田有限责任公司	孙庆仁	钻井
349	中国石油集团海洋工程有限公司	路继臣	钻井
350	中国石油冀东油田公司	冯京海	钻井
351	中国石油天然气勘探开发公司	卫　国	钻井
352	中国石油塔里木油田公司	尹　达	钻井
353	中国石油塔里木油田公司	滕学清	钻井
354	中国石油集团西部钻探工程有限公司	许树谦	钻井
355	中国石油集团西部钻探工程有限公司	陈若铭	钻井
356	中国石油玉门油田公司	孙梦慈	钻井
357	中国石油集团钻井工程技术研究院	赵　庆	钻井

续表

序号	工作单位	姓名	专业
358	中国石油集团钻井工程技术研究院	田中兰	钻井
359	中国石油集团钻井工程技术研究院	刘寿军	钻井
360	中国石油集团钻井工程技术研究院	黄衍福	钻井
361	中国石油集团钻井工程技术研究院	刘硕琼	钻井
362	中国石油集团钻井工程技术研究院	王　玺	钻井
363	中国石油集团钻井工程技术研究院	申瑞臣	钻井
364	中国石油集团钻井工程技术研究院	汪海阁	钻井
365	中国石油集团钻井工程技术研究院	周英操	钻井
366	中国石油集团钻井工程技术研究院	孙金生	钻井
367	宝鸡石油钢管有限责任公司	杨忠文	机械
368	宝鸡石油钢管有限责任公司	毕宗岳	机械
369	宝鸡石油机械有限责任公司	黄悦华	机械
370	宝鸡石油机械有限责任公司	栾　苏	机械
371	宝鸡石油机械有限责任公司	贾秉彦	机械
372	宝鸡石油机械有限责任公司	邓　平	机械
373	宝鸡石油机械有限责任公司	王定亚	机械
374	中国石油集团渤海石油装备制造有限公司	魏昌进	机械
375	中国石油集团渤海石油装备制造有限公司	王　旭	机械
376	中国石油集团渤海石油装备制造有限公司	吴永宁	机械
377	中国石油集团石油管工程技术研究院	马秋荣	机械
378	中国石油集团石油管工程技术研究院	宋生印	机械
379	中国石油集团石油管工程技术研究院	罗金恒	机械
380	中国石油规划总院	王国丽	机械
381	中国石油集团济柴动力总厂	王令金	机械
382	中国石油集团济柴动力总厂	李树生	机械
383	中国石油集团济柴动力总厂	王志刚	机械
384	中国石油辽阳石化公司	胡丽莉	机械
385	中国石油石油化工研究院	霍春勇	机械
386	中国石油石油化工研究院	赵新伟	机械
387	中国石油塔里木油田公司	李循迹	机械
388	中国石油集团安全环保技术研究院	卢　明	信息工程
389	中国石油大庆石化公司	张　昆	信息工程
390	中国石油大庆石化公司	张弘旻	信息工程
391	大庆油田有限责任公司	熊华平	信息工程
392	大庆油田有限责任公司	王瑞萍	信息工程
393	中国石油集团东方地球物理勘探有限责任公司	张志伟	信息工程

续表

序号	工作单位	姓名	专业
394	中国石油集团东方地球物理勘探有限责任公司	李阳明	信息工程
395	中国石油管道公司	安绍旺	信息工程
396	中国石油规划总院	骆科东	信息工程
397	中国石油规划总院	程晓春	信息工程
398	中国石油规划总院	王　华	信息工程
399	中国石油规划总院	袁维宁	信息工程
400	中国石油规划总院	和冬梅	信息工程
401	中国石油吉林石化公司	王建民	信息工程
402	中国石油勘探开发研究院	于庆友	信息工程
403	中国石油勘探开发研究院	时付更	信息工程
404	中国石油勘探开发研究院	曾　萍	信息工程
405	中国石油勘探开发研究院	冯　梅	信息工程
406	中国石油兰州石化公司	曹　巍	信息工程
407	中国石油塔里木油田公司	熊　伟	信息工程
408	中国石油新疆油田公司	李清辉	信息工程
409	中国石油新疆油田公司	石国伟	信息工程
410	中国石油集团安全环保技术研究院	娄仁杰	安全环保
411	中国石油集团安全环保技术研究院	熊运实	安全环保
412	中国石油集团安全环保技术研究院	王其华	安全环保
413	中国石油集团安全环保技术研究院	孙文勇	安全环保
414	中国石油集团安全环保技术研究院	韩兆辉	安全环保
415	中国石油集团安全环保技术研究院	李兴春	安全环保
416	中国石油集团安全环保技术研究院	邓　皓	安全环保
417	中国石油集团安全环保技术研究院	王万福	安全环保
418	中国石油大连石化公司	李嫣宁	安全环保
419	大庆油田有限责任公司	郭慧彬	安全环保
420	中国石油独山子石化公司	王小栋	安全环保
421	中国石油集团工程建设公司	朱元洪	安全环保
422	中国石油集团石油管工程技术研究院	李为卫	安全环保
423	中国石油广东石化公司	崔积山	安全环保
424	中国石油规划总院	段　伟	安全环保
425	中国石油规划总院	陈由旺	安全环保
426	中国石油辽河油田公司	仝　坤	安全环保
427	中国石油塔里木油田公司	孟　波	安全环保
428	中国石油西南油气田公司	李万俊	安全环保

注：表中所列为截至 2014 年底集团公司在聘高级技术专家。

中国石油天然气集团公司管理专家

序号	工作单位	姓名	专家命名
1	集团公司规划计划部	巴恒飞	中国石油战略管理专家
2	中国石油长庆油田公司	何炳忠	中国石油战略管理专家
3	大庆油田有限责任公司	张晓东	中国石油战略管理专家
4	股份公司勘探与生产分公司	刘德来	中国石油战略管理专家
5	中国石油天然气集团公司哈萨克斯坦公司	王俊仁	中国石油战略管理专家
6	中国石油新疆油田公司	王从乐	中国石油战略管理专家
7	中国石油西气东输公司	房维龙	中国石油战略管理专家
8	集团公司政策研究室	郝鸿毅	中国石油战略管理专家
9	中国石油冀东油田公司	冯俊山	中国石油战略管理专家
10	中国石油国际事业有限公司	王宝昌	中国石油战略管理专家
11	中国石油独山子石化公司	赵宝国	中国石油战略管理专家
12	中国寰球工程公司	李玉龙	中国石油战略管理专家
13	中国石油四川销售公司	刘　苏	中国石油战略管理专家
14	集团公司科技管理部	赵　明	中国石油战略管理专家
15	中国石油规划总院	赵连增	中国石油战略管理专家
16	集团公司工程技术分公司	郑　毅	中国石油战略管理专家
17	中国石油天然气勘探开发公司	郑　炯	中国石油战略管理专家
18	大庆油田有限责任公司	王学庆	中国石油财务管理专家
19	股份公司财务部	穆秀平	中国石油财务管理专家
20	大庆油田有限责任公司	刘燕杰	中国石油内控管理专家
21	中油财务有限责任公司	王增业	中国石油金融管理专家
22	集团公司审计部	高　辉	中国石油审计管理专家
23	昆仑银行股份有限公司	王明东	中国石油财务管理专家
24	集团公司财务资产部	吕连浮	中国石油财务管理专家
25	中国石油抚顺石化公司	王洪洲	中国石油财务管理专家
26	中国石油西南油气田公司	侯　涛	中国石油财务管理专家
27	中国石油天然气勘探开发公司	詹清荣	中国石油税务管理专家
28	中国石油集团东方地球物理勘探有限责任公司	鞠秋芳	中国石油财务管理专家
29	中国石油华北油田公司	师洪发	中国石油资本运营管理专家

续表

序号	工作单位	姓名	专家命名
30	股份公司勘探与生产分公司	李　琤	中国石油财务管理专家
31	集团公司内控与风险管理部	钟敦岳	中国石油内控管理专家
32	中国石油四川销售公司	刘志强	中国石油财务管理专家
33	中国石油天然气集团公司哈萨克斯坦公司	杨桂荣	中国石油财务管理专家
34	中国石油集团经济技术研究院	单卫国	中国石油市场研究管理专家
35	股份公司销售分公司	王长江	中国石油营销管理专家
36	中国石油四川销售公司	蒋胡民	中国石油营销管理专家
37	中国石油润滑油公司	樊玉明	中国石油营销管理专家
38	股份公司销售分公司	吕东悦	中国石油市场研究管理专家
39	中国石油广东销售公司	王廷伟	中国石油营销管理专家
40	中国石油辽阳石化公司	王凤德	中国石油营销管理专家
41	中国石油锦州石化公司	刘　克	中国石油营销管理专家
42	中国石油北京销售公司	张　岩	中国石油营销管理专家
43	中国石油规划总院	杨建红	中国石油市场研究管理专家
44	大庆油田有限责任公司	唐建人	中国石油营销管理专家
45	中国石油天然气集团公司哈萨克斯坦公司	郭　沂	中国石油营销管理专家
46	中国石油山东销售公司	于　洋	中国石油营销管理专家
47	集团公司办公厅（股份公司总裁办公室）	尚　真	中国石油行政管理专家
48	中国石油兰州石化公司	杨清亮	中国石油行政管理专家
49	中国石油天然气勘探开发公司	毕井双	中国石油法律管理专家
50	集团公司办公厅（股份公司总裁办公室）	刘立力	中国石油行政管理专家
51	中国石油吉林石化公司	李春青	中国石油法律管理专家
52	中国石油长庆油田公司	高　鹏	中国石油法律管理专家
53	集团公司法律事务部	赵要德	中国石油法律管理专家
54	大庆油田有限责任公司	窦春辉	中国石油法律管理专家
55	中国石油辽河油田公司	于清江	中国石油法律管理专家
56	集团公司安全环保与节能部	吴庆善	中国石油安全管理专家
57	集团公司安全环保与节能部	王学文	中国石油节能管理专家
58	大庆油田有限责任公司	匡　丽	中国石油环保管理专家
59	中国石油集团川庆钻探工程有限公司	李　毅	中国石油 HSE 管理专家
60	中国石油勘探开发研究院	高圣平	中国石油质量标准管理专家
61	中国石油天然气勘探开发公司	齐金郦	中国石油 HSE 管理专家
62	中国石油吉林油田公司	尹　旭	中国石油 HSE 管理专家
63	中国石油新疆油田公司	衣怀峰	中国石油节能管理专家
64	中国石油长庆油田公司	毛怀新	中国石油 HSE 管理专家
65	集团公司质量与标准管理部	万战翔	中国石油标准化管理专家

续表

序号	工作单位	姓名	专家命名
66	中国石油集团石油管工程技术研究院	秦长毅	中国石油质量标准管理专家
67	中国石油集团东方地球物理勘探有限责任公司	田国发	中国石油 HSE 管理专家
68	集团公司国际部	张　军	中国石油 HSE 管理专家
69	股份公司炼油与化工分公司	王　强	中国石油 HSE 管理专家
70	中国石油集团东方地球物理勘探有限责任公司	刘　睿	中国石油对外合作管理专家
71	中国石油天然气勘探开发公司	郭呈柱	中国石油海外项目管理专家
72	中国石油天然气勘探开发公司	蒋满裕	中国石油国际商务管理专家
73	中国石油集团东方地球物理勘探有限责任公司	曾庆平	中国石油国际市场开发管理专家
74	集团公司国际部	曹　伟	中国石油对外合作管理专家
75	集团公司对外合作部	黄玉珍	中国石油对外合作管理专家
76	中国石油辽河油田公司	刘海洋	中国石油对外合作管理专家
77	中国石油大港油田公司	刘明发	中国石油对外合作管理专家
78	中国石油天然气股份有限公司伊拉克公司	冀成楼	中国石油海外项目管理专家
79	中国石油新疆油田公司	张建国	中国石油人力资源管理专家
80	中国石油天然气集团公司广州培训中心	李光华	中国石油人力资源管理专家
81	中国石油辽河油田公司	李孟洲	中国石油人力资源管理专家
82	中国石油抚顺石化公司	刘文玉	中国石油人力资源管理专家
83	中国石油天然气勘探开发公司	武军利	中国石油人力资源管理专家
84	大庆油田有限责任公司	彭柏群	中国石油人力资源管理专家
85	中国石油长庆油田公司	丁守仁	中国石油人力资源管理专家
86	集团公司人事部	朱长根	中国石油人力资源管理专家
87	中国石油集团川庆钻探工程有限公司	聂世平	中国石油人力资源管理专家
88	集团公司思想政治工作部	杨高斐	中国石油党建、思想政治工作管理专家
89	中国石油辽河油田公司	罗颖川	中国石油党建、思想政治工作管理专家
90	中国石油吉林油田公司	米金余	中国石油群众工作管理专家
91	中国石油华北油田公司	杨利民	中国石油企业文化工作管理专家
92	集团公司直属党委	王树勇	中国石油党建、思想政治工作管理专家
93	中国石油长庆油田公司	许四德	中国石油党建、思想政治工作管理专家
94	大庆油田有限责任公司（第二纪检监察中心）	包利文	中国石油纪检监察工作管理专家
95	中国石油报社	张文业	中国石油党建、思想政治工作管理专家
96	大庆油田有限责任公司	黄　学	中国石油纪检监察工作管理专家
97	中国石油集团长城钻探工程有限公司	曹海霞	中国石油党建、思想政治工作管理专家
98	中国石油冀东油田公司	刘金平	中国石油企业文化工作管理专家
99	中国石油集团东方地球物理勘探有限责任公司	王治富	中国石油党建工作管理专家
100	大庆油田有限责任公司	隋东章	中国石油群众工作管理专家

注：表中所列为 2011 年集团公司评聘管理专家。

中国石油天然气集团公司技能专家

序号	单位	姓名	从事专业	从事工种
1	大庆油田有限责任公司	张连友	钻井	石油钻井工
2	大庆油田有限责任公司	孙景阳	钻井	石油钻井工
3	大庆油田有限责任公司	齐志民	钻井	石油钻井工
4	大庆油田有限责任公司	田兆亿	钻井	钻井液工
5	大庆油田有限责任公司	寇生江	测井	测井工
6	大庆油田有限责任公司	张光洲	仪器仪表安装修理	测井仪修工
7	大庆油田有限责任公司	任相财	采油采气	采油工
8	大庆油田有限责任公司	赵春海	井下作业	井下作业工
9	大庆油田有限责任公司	陈祥玉	集输	输油工
10	大庆油田有限责任公司	曹　武	采油采气	采油工
11	大庆油田有限责任公司	何显斌	采油采气	采油工
12	大庆油田有限责任公司	刘　丽	采油采气	采油工
13	大庆油田有限责任公司	何登龙	采油采气	采油工
14	大庆油田有限责任公司	高亚全	采油采气	采油工
15	大庆油田有限责任公司	王运成	集输	输油工
16	大庆油田有限责任公司	邹世鑫	集输	集输工
17	大庆油田有限责任公司	贾福林	采油采气	采油工
18	大庆油田有限责任公司	马庆光	井下作业	井下作业工
19	大庆油田有限责任公司	孙玉才	井下作业	井下作业工
20	大庆油田有限责任公司	刘永庆	工程施工	电焊工
21	大庆油田有限责任公司	刘忠波	工程施工	电焊工
22	大庆油田有限责任公司	司英建	工程施工	电焊工
23	大庆油田有限责任公司	于维敏	工程施工	石油金属结构制作工
24	大庆油田有限责任公司	孔德生	工程施工	油气管线安装工
25	大庆油田有限责任公司	金铁钢	工程施工	电焊工
26	大庆油田有限责任公司	李立国	供发电	高压试验工
27	大庆油田有限责任公司	李齐生	供发电	继电保护工
28	大庆油田有限责任公司	王　汀	供发电	继电保护工
29	大庆油田有限责任公司	武海玉	供发电	锅炉检修工

续表

序号	单位	姓名	从事专业	从事工种
30	大庆油田有限责任公司	于凯林	钻井	钻井液工
31	大庆油田有限责任公司	王维民	测井	测井工
32	大庆油田有限责任公司	彭燕龙	机械制造	车工
33	大庆油田有限责任公司	魏乐欣	机械制造	钳工
34	大庆油田有限责任公司	张肃江	井下作业	潜油电泵作业工
35	大庆油田有限责任公司	邢恩福	仪器仪表安装修理	仪表安装工
36	大庆油田有限责任公司	徐义千	钻井	钻井液工
37	大庆油田有限责任公司	刘秀庆	测井	测井工
38	大庆油田有限责任公司	赵福前	测井	射孔取心工
39	大庆油田有限责任公司	杨海波	采油采气	采油工
40	大庆油田有限责任公司	丁洪霞	采油采气	采油工
41	大庆油田有限责任公司	宋颜生	采油采气	采油工
42	大庆油田有限责任公司	代龙兴	集输	输油工
43	大庆油田有限责任公司	江成明	集输	集输工
44	大庆油田有限责任公司	罗贤银	集输	集输工
45	大庆油田有限责任公司	杨怀宇	机械制造	钳工
46	大庆油田有限责任公司	王召军	工程施工	电焊工
47	大庆油田有限责任公司	宋宏明	供发电	维修电工
48	中国石油辽河油田公司	束滨霞	采油采气	采油工
49	中国石油辽河油田公司	赵奇峰	采油采气	采油工
50	中国石油辽河油田公司	郭发德	采油采气	采油工
51	中国石油辽河油田公司	徐志强	采油采气	采油工
52	中国石油辽河油田公司	徐贻文	采油采气	采油工
53	中国石油辽河油田公司	曹建新	采油采气	采油工
54	中国石油辽河油田公司	柳转阳	采油采气	采油工
55	中国石油辽河油田公司	姬梦阳	采油采气	采油工
56	中国石油辽河油田公司	张　云	采油采气	热注运行工
57	中国石油辽河油田公司	李贵库	井下作业	井下作业工
58	中国石油辽河油田公司	张殿杰	工程施工	电焊工
59	中国石油辽河油田公司	于占勇	供发电	配电线路工
60	中国石油辽河油田公司	李　云	供发电	变电站值班员

续表

序号	单位	姓名	从事专业	从事工种
61	中国石油辽河油田公司	吴晓媛	供发电	变电站值班员
62	中国石油辽河油田公司	高文斌	采油采气	采油工
63	中国石油辽河油田公司	于增杰	采油采气	采油工
64	中国石油辽河油田公司	单忠利	采油采气	采油工
65	中国石油辽河油田公司	陈伟东	采油采气	采油工
66	中国石油辽河油田公司	安宝奇	工程施工	油气管线安装工
67	中国石油辽河油田公司	张金平	工程施工	电焊工
68	中国石油辽河油田公司	周　渝	井下作业	井下作业工
69	中国石油长庆油田公司	张卫玲	采油采气	采油工
70	中国石油长庆油田公司	丁巨龙	采油采气	采油工
71	中国石油长庆油田公司	梁庆辉	采油采气	采油工
72	中国石油长庆油田公司	于建平	采油采气	采油工
73	中国石油长庆油田公司	梁东平	井下作业	井下作业工
74	中国石油长庆油田公司	杨义兴	井下作业	井下作业工
75	中国石油长庆油田公司	李庆峰	井下作业	作业机司机
76	中国石油长庆油田公司	王亚萍	工程施工	电焊工
77	中国石油长庆油田公司	詹　斌	工程施工	电焊工
78	中国石油长庆油田公司	孟亚莉	采油采气	采油工
79	中国石油长庆油田公司	程少春	采油采气	采油工
80	中国石油长庆油田公司	郜世全	采油采气	采油工
81	中国石油长庆油田公司	赵瑞元	井下作业	井下作业工
82	中国石油塔里木油田公司	徐　静	钻井	钻井液工
83	中国石油塔里木油田公司	张喜军	井下作业	潜油电泵作业工
84	中国石油塔里木油田公司	胡玉明	机械制造	车工
85	中国石油塔里木油田公司	张　明	供发电	电工
86	中国石油塔里木油田公司	王爱民	化肥	合成氨装置操作工
87	中国石油新疆油田公司	魏昌建	采油采气	采油工
88	中国石油新疆油田公司	叶长新	采油采气	采油工
89	中国石油新疆油田公司	颜富新	采油采气	采油工
90	中国石油新疆油田公司	朱安江	采油采气	采油工
91	中国石油新疆油田公司	寇秀玲	采油采气	采油工
92	中国石油新疆油田公司	林　伟	采油采气	采油工
93	中国石油新疆油田公司	史建国	采油采气	采油工

续表

序号	单位	姓名	从事专业	从事工种
94	中国石油新疆油田公司	肉孜麦麦提·巴克	采油采气	采油工
95	中国石油新疆油田公司	张　杰	集输	集输工
96	中国石油新疆油田公司	丁　建	集输	集输工
97	中国石油新疆油田公司	卢风光	集输	集输工
98	中国石油新疆油田公司	张　军	采油采气	采油工
99	中国石油新疆油田公司	李海军	采油采气	采油工
100	中国石油新疆油田公司	朱建雄	采油采气	采油工
101	中国石油新疆油田公司	肖　刚	集输	输气工
102	中国石油西南油气田公司	李忠良	采油采气	采油工
103	中国石油西南油气田公司	刘　辉	采油采气	采气工
104	中国石油西南油气田公司	曾刚勇	集输	油气管道保护工
105	中国石油西南油气田公司	曾云东	天然气加工	天然气净化操作工
106	中国石油西南油气田公司	林大川	仪器仪表安装修理	采输气仪表工
107	中国石油西南油气田公司	夏仲华	采油采气	采气工
108	中国石油西南油气田公司	陈兴平	采油采气	采气工
109	中国石油西南油气田公司	李　强	化工	天然气压缩机操作工
110	中国石油西南油气田公司	徐　飞	天然气加工	天然气净化操作工
111	中国石油吉林油田公司	于淑华	采油采气	采油工
112	中国石油吉林油田公司	杨化凤	采油采气	采油工
113	中国石油吉林油田公司	王彦军	采油采气	采油工
114	中国石油吉林油田公司	刘金成	工程施工	电焊工
115	中国石油吉林油田公司	高兴业	供发电	变电检修工
116	中国石油吉林油田公司	王瑞东	采油采气	采油工
117	中国石油吉林油田公司	张海山	采油采气	采油工
118	中国石油吉林油田公司	李玉福	工程施工	石油金属结构制作工
119	中国石油吉林油田公司	王长海	供发电	变电检修电工
120	中国石油大港油田公司	周小东	采油采气	采油工
121	中国石油大港油田公司	王怀梅	采油采气	采油工
122	中国石油大港油田公司	苏建斌	采油采气	采油工
123	中国石油大港油田公司	刘淑梅	采油采气	采油工
124	中国石油大港油田公司	张树起	供发电	维修电工
125	中国石油大港油田公司	左学同	供发电	变压器检修工
126	中国石油大港油田公司	尤立红	采油采气	采油工

续表

序号	单位	姓名	从事专业	从事工种
127	中国石油大港油田公司	李　健	集输	集输工
128	中国石油大港油田公司	周忠军	采油采气	注水泵工
129	中国石油大港油田公司	邓鲁宁	井下作业	井下作业工
130	中国石油大港油田公司	方继信	供发电	维修电工
131	中国石油青海油田公司	张华先	采油采气	采油工
132	中国石油青海油田公司	张孝伟	集输	输油工
133	中国石油青海油田公司	唐海光	炼油	催化裂化装置操作工
134	中国石油青海油田公司	姜　宏	集输	集输工
135	中国石油华北油田公司	郭连升	采油采气	采油工
136	中国石油华北油田公司	胡东华	采油采气	采油工
137	中国石油华北油田公司	匡　凯	采油采气	采油工
138	中国石油华北油田公司	何　群	集输	集输工
139	中国石油华北油田公司	黄　树	井下作业	井下作业工
140	中国石油华北油田公司	靳占忠	井下作业	井下作业工具工
141	中国石油华北油田公司	金海亮	供发电	电工
142	中国石油华北油田公司	李彦超	供发电	变电站值班员
143	中国石油华北油田公司	任绍全	供发电	电气试验工
144	中国石油华北油田公司	黄　祥	井下作业	井下作业工
145	中国石油华北油田公司	冉俊义	工程施工	电焊工
146	中国石油华北油田公司	邵明汝	供发电	继电保护工
147	中国石油吐哈油田公司	赵剑伟	采油采气	采油工
148	中国石油吐哈油田公司	樊时华	采油采气	采油工
149	中国石油吐哈油田公司	徐志民	采油采气	采油工
150	中国石油吐哈油田公司	陈　述	集输	集输工
151	中国石油吐哈油田公司	吴占关	井下作业	井下作业工
152	中国石油吐哈油田公司	江　龙	集输	集输工
153	中国石油玉门油田公司	富玉新	采油采气	采油工
154	中国石油玉门油田公司	陈全柱	井下作业	井下作业工
155	中国石油玉门油田公司	刘春杰	采油采气	采油工
156	中国石油大庆石化公司	左成玉	化工	乙烯装置操作工
157	中国石油大庆石化公司	包忠臣	炼油	催化裂化装置操作工
158	中国石油大庆石化公司	高　彦	工程施工	电焊工
159	中国石油大庆石化公司	刘铁彬	化工	乙烯装置操作工

续表

序号	单位	姓名	从事专业	从事工种
160	中国石油大庆石化公司	潘大龙	仪器仪表安装修理	仪表维修工
161	中国石油大庆石化公司	贾洪彬	供发电	锅炉运行值班员
162	中国石油吉林石化公司	宋晓峰	化工	丙烯腈装置操作工
163	中国石油吉林石化公司	薛兰苗	机械修理	机泵维修钳工
164	中国石油吉林石化公司	侯英杰	仪器仪表安装修理	仪表维修工
165	中国石油吉林石化公司	姜　涛	化工	乙烯装置操作工
166	中国石油吉林石化公司	李宏光	化工	二甲苯装置操作工
167	中国石油吉林石化公司	苏东江	化工	丁苯橡胶装置操作工
168	中国石油吉林石化公司	李永翔	机械制造	钳工
169	中国石油抚顺石化公司	张胤霆	炼油	常减压蒸馏装置操作工
170	中国石油抚顺石化公司	李　俊	炼油	催化裂化装置操作工
171	中国石油抚顺石化公司	田　军	化工	丙烯腈装置操作工
172	中国石油抚顺石化公司	刘国福	机械修理	机泵维修钳工
173	中国石油抚顺石化公司	赵林源	机械修理	机泵维修钳工
174	中国石油抚顺石化公司	张凤光	仪器仪表安装修理	仪表维修工
175	中国石油抚顺石化公司	张永刚	化工	聚丙烯装置操作工
176	中国石油辽阳石化公司	崔启福	炼油	加氢裂化装置操作工
177	中国石油辽阳石化公司	关文杰	化工	聚丙烯装置操作工
178	中国石油辽阳石化公司	刘　牧	工程施工	电焊工
179	中国石油辽阳石化公司	朱海源	机械修理	机泵维修钳工
180	中国石油辽阳石化公司	刘彭豪	机械修理	机泵维修钳工
181	中国石油辽阳石化公司	张海献	炼油	延迟焦化装置操作工
182	中国石油兰州石化公司	孙青先	化工	乙烯装置操作工
183	中国石油兰州石化公司	黄开炳	化工	乙烯装置操作工
184	中国石油兰州石化公司	巩国平	炼油	常减压蒸馏装置操作工
185	中国石油兰州石化公司	张志强	化工	丁苯橡胶装置操作工
186	中国石油兰州石化公司	邸会敏	工程施工	电焊工
187	中国石油兰州石化公司	王忠民	仪器仪表安装修理	仪表维修工
188	中国石油兰州石化公司	杨子海	供发电	锅炉运行值班员
189	中国石油兰州石化公司	尹金明	机械修理	机泵维修钳工
190	中国石油兰州石化公司	郭　星	科研与分析化验	化工分析工
191	中国石油兰州石化公司	吉　宁	仪器仪表安装修理	仪表维修工
192	中国石油兰州石化公司	吕仲光	工程施工	电焊工

续表

序号	单位	姓名	从事专业	从事工种
193	中国石油独山子石化公司	徐凯军	炼油	常减压蒸馏装置操作工
194	中国石油独山子石化公司	薛　魁	化工	乙烯装置操作工
195	中国石油独山子石化公司	杜胜利	炼油	加氢裂化装置操作工
196	中国石油独山子石化公司	谷　刚	工程施工	电焊工
197	中国石油独山子石化公司	祝雄新	机械修理	机泵维修钳工
198	中国石油独山子石化公司	潘志强	科研与分析化验	化工分析工
199	中国石油独山子石化公司	陈文忠	机械修理	机泵维修钳工
200	中国石油独山子石化公司	赖亚洲	工程施工	油气管线安装工
201	中国石油乌鲁木齐石化公司	许战军	化工	精对苯二甲酸装置操作工
202	中国石油乌鲁木齐石化公司	张红梅	科研与分析化验	化工分析工
203	中国石油乌鲁木齐石化公司	马　瑞	化肥	合成氨装置操作工
204	中国石油乌鲁木齐石化公司	李华山	仪器仪表安装修理	仪表维修工
205	中国石油宁夏石化公司	杨学智	化工	合成氨装置操作工
206	中国石油宁夏石化公司	于世行	工程施工	电焊工
207	中国石油大连石化公司	荣　征	炼油	催化裂化装置操作工
208	中国石油大连石化公司	张清源	炼油	蜡油渣油加氢操作工
209	中国石油大连石化公司	刘丛堂	仪器仪表安装修理	仪表安装工
210	中国石油大连石化公司	曹善志	机械修理	机泵维修钳工
211	中国石油大连石化公司	崔　健	炼油	酮苯脱蜡装置操作工
212	中国石油大连石化公司	隋广鑫	化工	聚丙烯装置操作工
213	中国石油锦州石化公司	盖保权	炼油	催化裂化装置操作工
214	中国石油锦州石化公司	褚继勇	炼油	催化重整装置操作工
215	中国石油锦州石化公司	徐　凯	机械修理	机泵维修钳工
216	中国石油锦西石化公司	王尚典	机械制造	车工
217	中国石油锦西石化公司	荀　巍	机械修理	机泵维修钳工
218	中国石油大庆炼化公司	王东华	炼油	催化裂化装置操作工
219	中国石油大庆炼化公司	何　琳	科研与分析化验	油品分析工
220	中国石油大庆炼化公司	王　健	供发电	维修电工
221	中国石油哈尔滨石化公司	刘　强	炼油	催化裂化装置操作工
222	中国石油哈尔滨石化公司	林树国	供发电	维修电工
223	中国石油四川石化有限责任公司	张林涛	化工	乙烯装置操作工
224	中国石油大港石化公司	王　峰	炼油	催化裂化装置操作工
225	中国石油辽河石化公司	肖国营	炼油	延迟焦化装置操作工

续表

序号	单位	姓名	从事专业	从事工种
226	中国石油克拉玛依石化公司	陈淑建	炼油	催化重整装置操作工
227	中国石油克拉玛依石化公司	于红伟	炼油	酮苯脱腊装置操作工
228	中国石油克拉玛依石化公司	马晓伟	炼油	制氢装置操作工
229	中国石油集团东北炼化工程有限公司	徐龙杰	工程施工	电焊工
230	中国石油集团东北炼化工程有限公司	郑秋林	工程施工	电焊工
231	中国石油集团东北炼化工程有限公司	高振杰	工程施工	电焊工
232	中国石油集团东北炼化工程有限公司	刘延虎	工程施工	安装起重工
233	中国石油管道公司	尤庆宇	集输	输油工
234	中国石油管道公司	姚　金	机械修理	机修钳工
235	中国石油西部管道公司	黄　伟	机械修理	机泵维修钳工
236	中国石油集团西部钻探工程有限公司	武东生	钻井	石油钻井工
237	中国石油集团西部钻探工程有限公司	高永杰	钻井	石油钻井工
238	中国石油集团西部钻探工程有限公司	李成军	测井	地层测试工
239	中国石油集团西部钻探工程有限公司	廖　明	钻井	钻井柴油机工
240	中国石油集团西部钻探工程有限公司	周东寿	钻井	钻井液工
241	中国石油集团西部钻探工程有限公司	孙　麟	钻井	石油钻井工
242	中国石油集团西部钻探工程有限公司	妥　红	测井	综合录井工
243	中国石油集团长城钻探工程有限公司	徐长岗	仪器仪表安装修理	测井仪修工
244	中国石油集团长城钻探工程有限公司	黄　鹤	钻井	石油钻井工
245	中国石油集团长城钻探工程有限公司	吴依东	测井	测井工
246	中国石油集团渤海钻探工程有限公司	张　勇	钻井	石油钻井工
247	中国石油集团渤海钻探工程有限公司	王　信	钻井	钻井液工
248	中国石油集团渤海钻探工程有限公司	杨砚杭	钻井	钻井柴油机工
249	中国石油集团渤海钻探工程有限公司	袁世通	机械制造	钳工
250	中国石油集团渤海钻探工程有限公司	韩华彬	供发电	维修电工
251	中国石油集团渤海钻探工程有限公司	李爱忠	钻井	石油钻井工
252	中国石油集团渤海钻探工程有限公司	王俊星	钻井	钻井液工
253	中国石油集团川庆钻探工程有限公司	周　彬	物探	石油物探测量工
254	中国石油集团川庆钻探工程有限公司	郑家志	物探	石油物探测量工
255	中国石油集团川庆钻探工程有限公司	高　强	钻井	石油钻井工
256	中国石油集团川庆钻探工程有限公司	唐润平	钻井	钻井液工
257	中国石油集团川庆钻探工程有限公司	熊　伟	测井	测井工
258	中国石油集团川庆钻探工程有限公司	王　峰	井下作业	井下作业工

续表

序号	单位	姓名	从事专业	从事工种
259	中国石油集团川庆钻探工程有限公司	杨　平	工程施工	电焊工
260	中国石油集团川庆钻探工程有限公司	王和富	工程施工	施工机械操作工
261	中国石油集团川庆钻探工程有限公司	李　豪	仪器仪表安装修理	地震仪器修理工
262	中国石油集团川庆钻探工程有限公司	裴建中	仪器仪表安装修理	测井仪修工
263	中国石油集团川庆钻探工程有限公司	许绍俊	仪器仪表安装修理	仪表维修工
264	中国石油集团川庆钻探工程有限公司	冉　鹏	供发电	电工
265	中国石油集团川庆钻探工程有限公司	田永彬	物探	石油地震勘探工
266	中国石油集团川庆钻探工程有限公司	张　勇	钻井	石油钻井工
267	中国石油集团川庆钻探工程有限公司	李　缨	钻井	石油钻井工
268	中国石油集团川庆钻探工程有限公司	李　刚	钻井	钻井柴油机工
269	中国石油集团川庆钻探工程有限公司	田　军	井下作业	井下作业工
270	中国石油集团川庆钻探工程有限公司	方福君	井下作业	井下作业工
271	中国石油集团川庆钻探工程有限公司	郑　永	仪器仪表安装修理	仪表修理工
272	中国石油集团东方地球物理勘探有限责任公司	楚建设	物探	石油地震勘探工
273	中国石油集团测井有限公司	刘天耀	测井	测井工
274	中国石油集团测井有限公司	李玉森	测井	测井绘解工
275	中国石油天然气管道局	梅　红	工程施工	油气管线安装工
276	中国石油天然气管道局	牛连山	工程施工	电焊工
277	中国石油天然气管道局	张福强	工程施工	电焊工
278	中国石油天然气管道局	孔繁荣	工程施工	电焊工
279	中国石油天然气管道局	高继宏	工程施工	电焊工
280	中国石油天然气管道局	刘汉国	工程施工	电焊工
281	中国石油天然气管道局	邓隆庆	工程施工	工程电气设备安装调试工
282	中国石油天然气管道局	李济昌	机械制造	钳工
283	中国石油天然气管道局	刘学彬	工程施工	电焊工
284	中国石油天然气管道局	饶雪飞	工程施工	石油金属结构制作工
285	中国石油天然气管道局	白喜章	通信	线务员
286	中国石油工程建设公司	王俊峰	工程施工	电焊工
287	中国石油工程建设公司	曹遂军	工程施工	电焊工
288	中国石油工程建设公司	董留寨	工程施工	电焊工
289	中国石油工程建设公司	孙国华	工程施工	电焊工
290	中国石油工程建设公司	刘新儒	工程施工	石油金属结构制作工
291	中国石油工程建设公司	张速宁	工程施工	石油金属结构制作工

续表

序号	单位	姓名	从事专业	从事工种
292	中国石油工程建设公司	王培玉	工程施工	安装起重工
293	中国石油工程建设公司	廖博武	机械制造	钳工
294	中国石油工程建设公司	刘新海	工程施工	电焊工
295	中国石油工程建设公司	赵承先	工程施工	电焊工
296	中国石油集团工程设计有限责任公司	冯忠银	工程施工	电焊工
297	中国寰球工程公司	王兴平	工程施工	电焊工
298	中国寰球工程公司	赵　辉	工程施工	电焊工
299	中国寰球工程公司	陈君龙	工程施工	电焊工
300	中国寰球工程公司	张仕经	工程施工	安装起重工
301	宝鸡石油机械有限责任公司	马新平	工程施工	石油金属结构制作工
302	宝鸡石油机械有限责任公司	纪　林	机械制造	钢丝绳制造工
303	宝鸡石油机械有限责任公司	谢碎祥	工程施工	电焊工
304	宝鸡石油钢管有限责任公司	胡德虎	机械制造	埋弧焊管自动焊工
305	宝鸡石油钢管有限责任公司	强会明	技术监督	无损探伤工
306	中国石油集团济柴动力总厂	肖文光	机械制造	内燃机装调工
307	中国石油集团济柴动力总厂	樊少华	机械制造	内燃机装调工
308	中国石油集团济柴动力总厂	张传勇	机械制造	加工中心操作工
309	中国石油集团渤海石油装备制造有限公司	顿天骥	机械制造	车工
310	中国石油集团渤海石油装备制造有限公司	赵延山	机械制造	车工
311	中国石油集团渤海石油装备制造有限公司	白国文	机械制造	车工
312	中国石油集团渤海石油装备制造有限公司	王海生	工程施工	电焊工
313	中国石油集团渤海石油装备制造有限公司	郎书科	工程施工	电焊工
314	中国石油集团渤海石油装备制造有限公司	厉彦东	机械制造	钳工
315	中国石油集团渤海石油装备制造有限公司	伍华北	机械修理	机修钳工
316	中国石油集团渤海石油装备制造有限公司	赵晓伟	钻井	钻井柴油机工
317	中国石油集团渤海石油装备制造有限公司	王栓海	机械制造	铣工
318	中国石油集团渤海石油装备制造有限公司	王文卿	机械制造	钳工
319	中国石油集团渤海石油装备制造有限公司	石运超	机械制造	钳工
320	中国石油天然气运输公司	皮开忠	机械制造	钳工
321	中国石油天然气运输公司	宋光熙	机械制造	钳工
322	中国石油天然气运输公司	刘　东	交通运输	汽车修理工

注：表中所列为2014年集团公司评聘技能专家。

（何　波）

奉献能源 创造和谐

Caring for Energy Caring for You

中国石油

大庆油田有限责任公司

中国石油天然气集团公司副总经理、党组成员，大庆油田有限责任公司总经理、大庆石油管理局局长　刘宏斌

党委书记　姜万春

“大庆油田三元复合驱油技术研究及应用”获得集团公司2014年度科学技术进步奖特等奖

大庆油田试油试采具有年试油300层、射孔5700口、作业4500口的生产能力和较强的对外技术服务实力，年射孔连续两年突破7000口井大关，2014年12月，在“全国实施用户满意工程推进大会”上获得中国质量协会和全国用户委员会射孔施工服务“金拇指奖”，是迄今为止大庆油田射孔施工服务获得的最高荣誉

大庆油田是中国最大的油田，也是世界上为数不多的特大型砂岩油田之一。大庆油田主体位于黑龙江省西部、松嫩平原北部，由萨尔图、杏树岗、喇嘛甸等52个油气田组成，含油面积6000多平方千米。勘探范围包括黑龙江省全境，内蒙古海拉尔，吉林省延吉、珲春，新疆塔里木东部等16个盆地，登记探矿权面积20.5万平方千米。

业务主要包括勘探开发、工程技术、工程建设、装备制造、油田化工、生产保障和矿区服务，具有较为完整的业务体系和综合一体化优势。勘探开发业务：已建成油、气、水井11万余口，各类大型站（库）1600多座，并在页岩油、油砂油、煤层气、地热等非常规能源的开发利用上进行了积极探索；工程技术业务：有物探、钻井、测井、录井等专业队伍588支，具备年钻井进尺1000万米、二维地震15000千米、三维地震6500平方千米的施工能力；工程建设业务：具备工程设计、工程勘察综合甲级资质及化工石油工程施工总承包特级资质，年可完成500万吨产能建设配套施工任务；装备制造业务：可生产抽油机、潜油电泵、螺杆泵、射孔器材等12大类、74个品种的产品，形成了“力神”“庆矛”等国际知名品牌，主导产品已进入印度尼西亚、苏丹、美国、加拿大等国家和地区；油田化工业务：生产液氨、轻烃、烷烃类、表活剂和醋酸等20余种产品；生产保障业务：主要包括水、电、通信和物资供应等业务；矿区服务业务：主要包括物业、公交、医疗、文化、保险、托幼、离退休等。

勘探形势令人鼓舞，重点目标领域喜获新的突破。中浅层

大庆钻探工程公司探索钻机自动化系统配套工程，重点开展深井钻机管柱自动化处理系统以及ZJ30高效钻机配套试验工作。通过配套顶驱、动力卡瓦、自动刮泥器、钻台机械手、防溅接头等设备设施，施工安全性、生产效率和经济效益进一步提高，平均钻前周期由原来的6.44天缩短至1.01天

大庆油田50多年来累计扑救各类火灾5万多起，为保卫油田安全生产做出巨大贡献，并多次远赴哈尔滨、齐齐哈尔、大兴安岭、黑河等地增援灭火，赢得“消防官兵显神威，挥舞蛟龙降火魔”的赞誉。2014年11月，大庆油田消防支队被国家公安部授予“第二届全国‘119’消防奖先进集体”荣誉称号

致密油勘探取得重大成果，长垣、三肇、齐家—古龙多区带多井点获产能突破，肇平5、敖平3、古303等多井获高产工业油流，基本形成3个亿吨级规模储量区。常规油多领域精细勘探取得重要进展，英平1、龙X46、贝X69等井获工业油流，楚9井见到厚油层，英台、杏西、海拉尔等地区资源潜力进一步扩大。深层天然气勘探取得类型层系双突破，宋深11、宋深103H、宋深12H及徐探1井获高产工业气流，火山岩以隐蔽火口为主的千亿立方米探明储量基本在握，以近火口溢流相为主的千亿立方米储量规模基本呈现，沙河子组砂砾岩致密气千亿立方米储量规模基本在望。塔东勘探取得积极进展，继古城6井、古城8井突破后，古城9井获日产百万立方米高产工业气流，城探1井丘滩体见到好苗头，古城地区呈现多层系、规模含气场面。

大庆油田“102型TORCH深穿透射孔器”是针对“低丰度、低渗透率、低孔隙度”的“三低”油藏专门研发的，提高了射孔弹的聚能效果、射流速度和速度梯度，解决了以往产品枪口炸高的影响，增加了射流的有效长度。API混凝土靶平均穿深达到1464毫米，提高采液强度7.6%，达到国际领先水平

开发水平再创新高，实现连续12年原油4000万吨稳产。2014年，原油生产运行平稳，长垣水驱比计划多产油42.2万吨，为近年来超产幅度最大的一年，充分发挥了对稳产的支撑作用；三采产量达1401.7万吨，其中复合驱产量由125万吨上升到225万吨，连续13年保持在1000万吨以上；长垣外围实现产量大幅增长，年产油同比增加33.9万吨，彻底扭转多年来徘徊不前的局面；海塔盆地实现规模上产，年产油突破130万吨，上产幅度超过20万吨。开发指标持续向好，长垣水驱自然递减率、综合递减率创近年来最好水平，年均含水上升值连续5年控制在0.3个百分点以内，长垣外围老井综合递减率控制到10%以内，吨聚增油达到47.1吨，全油田机采井检泵率同比降低6.4个百分点，继续保持老油田精细开发的高水平。天然气产量稳定增长，工业产量实现四连增，庆深气田产量达到12.7亿立方米，产量当量首次突破100万吨，呈现出平稳快速增长的发展态势。

各项业务协调发展，总体经营状况进一步改善。充分发挥一体化优势，加强内部市场管理，深挖生产经营潜力，非油气业务内部市场份额大幅增长，发展质量和效率效益持续提升。政治优势充分发挥，党建和思想政治工作全面加强。深入学习贯彻党的十八大、十八届三中、四中全会和习近平总书记系列重要讲话精神，强化党委政治核心作用，健全完善制度规定及工作程序，推进科学决策、民主决策。坚持党要管党、从严治党，健全完善惩防体系，党风廉政建设水平进一步提升。大力加强思想政治建设，继承弘扬大庆精神、铁人精神，唱响主旋律、传播正能量，形成团结拼搏、奋发进取的良好局面。

地址：黑龙江省大庆市让胡路区　邮编：163002　电话：0459-5936660　传真：0459-5973125

中国石油辽河油田公司

总经理　张志东

党委书记　任芳祥

形成蒸汽驱、蒸汽辅助重力泄油、聚表复合驱等多种开发技术

科技创新支撑油田实现千万吨稳产

中国石油辽河油田公司是集团公司下属的骨干企业，全国大型的稠油、高凝油生产基地。总部坐落在辽宁省盘锦市，企业地跨辽宁省、内蒙古自治区的 12 个市（地）、32 个县（旗）。下设勘探、开发、采油、集输、工程技术、工程建设、燃气利用、矿区服务和多种经营等部门。截至 2014 年底，在册员工 94302 人，固定资产原值 1447 亿元、净值 566 亿元，设备 22.2 万台（套）。2014 年实现营业收入 701 亿元，缴纳税费 105 亿元。

油田开发建设 40 多年来，探明含油面积 1073 平方千米，探明石油地质储量 23.8 亿吨，开发油田 36 个。累计生产原油 4 亿多吨、生产天然气 830 多亿立方米，向国家和集团公司上缴税费 2700 多亿元，上缴税费始终位于辽宁省前茅，为促进地方社会经济、保障国家能源安全做出重要贡献。先后荣获“全国五一劳动奖状”“全国先进基层党组织”“中央企业先进单位”“全国精神文明建设先进单位”“中国管理竞争力百强企业”“中国最具成长性企业”“全国安康杯竞赛优胜单位”等一系列国家和省部级荣誉。

努力实现有质量、有效益、可持续发展

适应经济新常态，凝聚改革新共识

2014年，辽河油田公司坚持稳中求进，突出质量效益，抓住扩大经营自主权的重要契机，以“开源节流、降本增效”活动为主线，以改革创新精神推进各项工作，全面超额完成年度业绩指标。新增三级储量1.05亿吨，超额完成勘探增储任务。实现油气当量1086.4万吨，生产原油1030.6万吨、超产30.6万吨，完成商品量1019.7万吨、超计划34.7万吨；生产天然气7亿立方米、商品量3.63亿立方米。国家能源局正式批准辽河油田组建“国家能源稠（重）油开采研发中心”。油田上下呈现出资源增长、生产主动、效益攀升、队伍稳定、矿区和谐的良好局面。

面对改革、发展、稳定的新形势、新任务，辽河油田公司将主动适应经济新常态，积极应对新挑战，以更加饱满的精神、更加务实的作风，团结拼搏、开拓进取，凝聚发展新共识，增添改革新动力，塑造石油新形象，开创各项工作新局面，谱写“有质量、有效益、可持续发展”新篇章，履行好国有企业的经济责任、政治责任和社会责任。

油田、苇田、稻田生态和谐，自然辉映

绿色采油班站

地址：辽宁省盘锦市兴隆台区石油大街98号　邮编：124010　电话：0427−7298001　传真：0427−7822545

中国石油长庆油田公司

总经理、党委副书记　杨　华

党委书记、副总经理　冯尚存

中国石油长庆油田公司（简称长庆油田）总部位于陕西省西安市，是中国石油的地区分公司，主营鄂尔多斯盆地油气及伴生资源的勘探、开发、生产、储运和销售等业务。2013 年建成“西部大庆”以来，中国石油长庆油田公司紧紧围绕持续稳产和提质增效两大目标，突出油气勘探，着力夯实稳产资源基础；突出质量效益，着力提升油气开发水平、技术创新能力和经营管控水平；突出固本强基，着力抓好安全环保、党的建设、队伍建设、文化建设和反腐倡廉建设；突出和谐稳定，着力营造良好发展环境，努力推动新常态下企业发展转型升级，为集团公司“有质量、有效益、可持续发展”做出新贡献。

长庆油田开发的鄂尔多斯盆地，是典型的“三低”（低渗透、低压、低丰度）致密性油气藏，被称作“磨刀石”，开发属于世界级难题。40 多年来，长庆油田广大干部职工以“我为祖国献石油”的高度责任感和使命感、“敢为人先、挑战极限”的发展意识和“攻坚啃硬、拼搏进取”的实干精神，解放思想，挑战极限，克服重重困难推进技术创新、管理创新，形成具有长庆特色、代表低渗透油田先进水平的开发技术和管理模式，实现长庆油田发展的历史性跨越，2013 年油气当量突破 5000 万吨，建成“西部大庆”。

1 月 22—23 日，长庆油田召开 2014 年工作会议暨二届八次职工（会员）代表大会

1 月 24 日，长庆油田召开党的群众路线教育实践活动总结视频大会

6月10日，“西部大庆”建设劳动竞赛现场交流会暨劳动竞赛成果展在长庆油田召开

4月29日，长庆油田举办“磨刀石上闹革命、低渗透中铸丰碑”先进事迹报告会

2014年以来，长庆油田在建成“西部大庆”新起点上，认真贯彻落实集团公司决策部署，牢记使命与责任，努力推进油田可持续发展。按照“总结、完善、优化、提升”的工作方针，积极推进油气开发由规模建产向精细管理、由新区快速上产向老区长期稳产、由注重规模速度向突出质量效益的“三个转变”，打牢稳产基础，凝聚发展力量；全力抓好油气生产，全面深化改革创新，大力加强合规管理，扎实做好安全环保、反腐倡廉、维护稳定三大基础性工程，着力推进民生改善，注重协调外部关系，各项工作取得新成果、新业绩、新突破。

地址：陕西省西安市未央路151号
邮箱：710018
电话：029－86596666
传真：029－86599999

大漠“明珠”——苏南集气站

高原“油仓”——油坊庄生产运行库

股份公司在位于长庆致密油体积压裂扩大试验区——合水地区的一口油井，通过水平井速钻桥塞分段多簇压裂工艺，试产获日产132.6吨的高产工业油流

大型的丛式井组

中国石油西南油气田公司

总经理　马新华

党委书记　王广昀

西南油气田是国内较早发展的天然气工业基地，是集团公司确立的国内重点发展的五个规模油气区之一，是支撑集团公司海外天然气业务发展的主力军，是国内页岩气勘探开发的开拓者和主战场。中国石油西南油气田公司（简称西南油气田）主要经营四川盆地油气勘探开发和天然气输配及终端销售，同时承担土库曼斯坦阿姆河天然气项目的勘探开发生产运行保障任务，先后荣获“全国五一劳动奖状”“全国守合同重信用企业”“全国和谐劳动关系优秀企业”等殊荣。

经过几代川渝石油人不懈努力，西南油气田建成国内首个以天然气生产为主的千万吨级大油气田，形成了完整的上、中、下游一体化业务链。在四川盆地探明天然气地质储量达到2.01万亿立方米，三级储量3.85万亿立方米。50多年来，累计生产天然气3750亿立方米，约占同期全国天然气产量的1/4。形成了完善的川渝管网系统，并与全国管网连接。在复杂深层碳酸盐岩油气藏、低渗透碎屑岩气藏、高含硫气藏和页岩气勘探开发等领域，形成了26大技术系列，127项特色技术国内领先，10余项技术达到国际先进水平。

西南油气田生产的天然气主要销往川、渝、云、贵四省市千余家大中型工业用户和1500多万户居民家庭以及1.2万多家公用事业用户。天然气在川渝地区一次能源消费结构中占15%左右，高于全国5.9%的平均水平，市场占有率超过75%。天然气产量的60%在资源地就地转化，其余进入骨干管网分输。

2014年，西南油气田天然气产量137亿立方米，天然气销售量188亿立方米，实现销售收入419亿元。

安岳气田磨溪区块龙王庙组天然气勘探荣获全国“十大地质找矿成果”

磨溪区块龙王庙组气藏一期40亿米^3/年地面开发工程投运成功

我国首条页岩气外输管线——长宁地区页岩气试采干线投入运行

2014 年，上市、未上市业务实现“两亏变两盈”

西南油气田的发展规划：2020 年建成 300 亿立方米战略大气区，天然气产量 300 亿立方米以上，将按“两步走”部署有序实施。

第一步：2015—2017 年，通过 3 年努力，年产量 240 亿立方米左右，较 2014 年增加产量 100 亿立方米以上。主要集中探明高石梯—磨溪区块震旦系台缘带，力争新增探明储量 4000 亿立方米以上。加快新区产能建设，新增配套年产能 150 亿立方米以上，综合递减率控制在 10% 以内。

第二步：2018—2020 年前后，通过 3—5 年努力，年产量 300 亿立方米以上，力争再增加产量 100 亿立方米左右。重点勘探川西、川中地区下二叠统，扩展勘探高石梯—磨溪震旦系台缘带以东地区，实现新增探明储量 2000 亿立方米以上。有序推进产能建设，新增配套年产能 150 亿立方米以上，综合递减率控制在 8% 以内。

连续两年荣获四川省“国资系统先进党组织”称号

同重庆市忠县人民政府开展地企联合应急演练

地址：四川省成都市府青路一段5号
邮编：610051
电话：028-86011689
传真：028-86011777

“欢乐送基层，文化到一线”慰问活动

到四川省甘孜藏族自治州九龙县开展对口定点扶贫系列活动

中国石油华北油田公司

总经理、局长　黄　刚

党委书记　袁明生

任丘北部门站二期扩能建设有序推进

油田采收率达 27.6%，居股份公司前列

束探 3 井获日产 67.32 立方米高产油流

中国石油华北油田公司主要从事石油、天然气、煤层气勘探与生产，集输与储运，勘探开发工艺研究及规划研究，工程技术和生产服务，矿区以及社会服务等业务。油气勘探区域主要集中在冀中、内蒙古中部和山西沁水盆地三大探区，共拥有探矿权区块 33 个，开发管理 55 个油田、8 个油气田、1 个煤层气田，累计采油 2.62 亿吨、天然气 117.9 亿立方米、煤层气 24.8 亿立方米。近 5 年原油产量稳定在 420 万吨以上，储量替换率连续 11 年大于 1，油田递减近 5 年呈下降趋势，能耗连续 10 年持续下降。截至 2014 年底，资产总值 624.9 亿元，经济总量达 351 亿元。

2014 年，大力实施资源、市场、多元化战略，突出产业发展，深化精细管理，整体统筹兼顾，全面履行经济、政治、社会三大责任，各项工作都取得新进展、新成效。生产原油 422.3 万吨、天然气 3.0 亿立方米，合计生产油气当量 500 万吨；煤层气商品量 7.5 亿立方米，自 2009 年连续 5 年实现油气当量硬稳定。

油气预探继续保持储量高峰增长，最大限度掌控并有效动用资源，努力开辟“储量有规模、资源有质量、开发有效益、投资有回报”的勘探战场，连续 6 年新增油气三级储量上亿吨。岔河集、大王庄、柳泉等区带评价取得重要突破，新建原油产能 67 万吨、天然气产能 1 亿立方米；精细分注技术标准提升，为期 3 年的精细注水减缓自然递减工程圆满完成。油田自然递减率比 2008 年减缓 1.4 个百分点，采收率达到 27.6%，居股份公司前列。

煤层气扎实推进“六化”建设，风险管控能力全面提升，以流压为核心的自动化控制水平达到全国领先水平，日产商品气量突破 230 万立方米，安泽新区基本探明储量 200 亿立方米，樊庄 2 亿立方米产能建设全面完成，大城、吉尔嘎朗图前期勘探评价有序进行。一期苏桥储气库注采运行平稳，注气 3.3 亿立方米，采气 3312 万立方米，产油 3983 吨；二期文 23-6x 井封堵成功，文 23 气藏可行性研究通过股份公司审核；

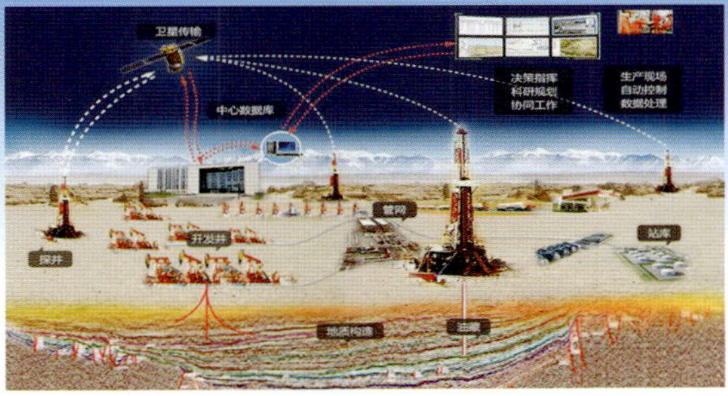

智慧油田建设取得里程碑式发展

HSE 职责履行更加规范，安全责任落实更加到位

三期大 5 水层建库研究取得阶段成果。

燃气业务资源掌控能力增强，市场布局更趋合理，山西 LNG 工厂、任丘北部门站二期扩能建设有序推进，河间—石家庄炼油厂 D377 输油管线改输天然气管道工程项目竣工。营房、机械与电控成套业务稳健发展，油田化学助剂、储罐清洗及含油泥沙处理、农业用地开发利用等新业务进展顺利。

重大科技专项稳步推进，“华北油田上产稳产 800 万吨关键技术研究与应用”全面启动，持续增储、高效建产、精细开发和煤层气高效开发四大科技工程攻关有序进行；煤层气高产区评价及优选技术取得一定进展，水平井新井型探索取得阶段成果，智能排采控制实现突破。钻采工程技术支撑力量增强，深井高温大斜度分注工艺和注水井酸化增注技术实现突破。智慧油田建设取得里程碑式进展，二连油田高寒地区数字化示范工程竣工验收；山西煤层气物联网示范项目建设完工；企业管理一体化平台建设取得阶段成果；具有自主知识产权的云计算基础平台上线运行；ERP 系统集成应用稳步推进。“高寒偏远地区油气田井场智能监测与管控系统关键技术研究”获中国石油和化工自动化应用协会科学技术奖三等奖。

矿区服务业务社会化、市场化进程加快，矿区 28 个社区居委会全部纳入政府管理，任丘矿区 3 个街道办事处组建运行，29 所幼儿园全部实现合作办园，任丘矿区实现供水、供暖社会化，外围矿区完成水电暖和物业收费制度改革。安全社区创建活动历经 4 年，油田社区全部跨入国家安全社区行列。集资房建设圆满收官，12315 套全部交房；改善房建设稳步实施，任丘矿区改善房全部封顶。华兴社区改造施工完成过半，华盛棚户区改造平稳推进。公司被评为“中央企业管理提升活动先进单位”“河北省文明单位”“河北省企业文化建设示范单位”。

创业家园 C 区、D 区

华北油田总医院医疗综合楼建设基本完工

地址：河北省任丘市
邮编：062552
电话：0317-2724876
传真：0317-2725627

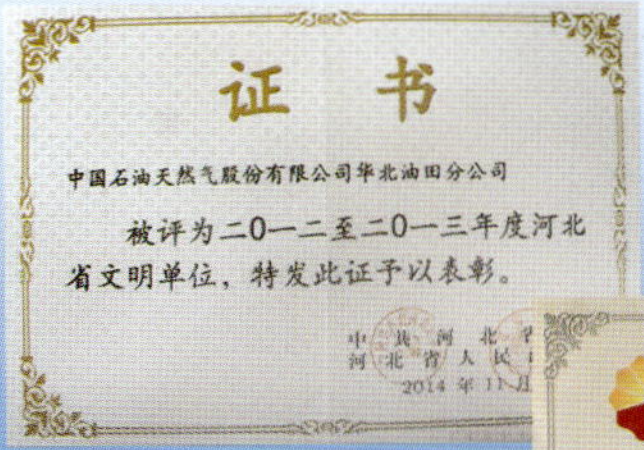

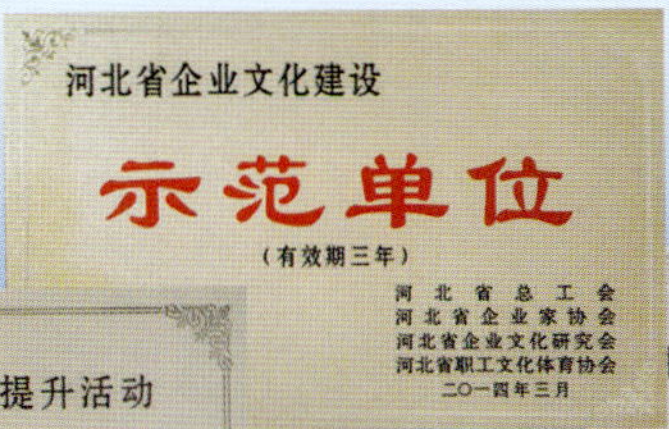

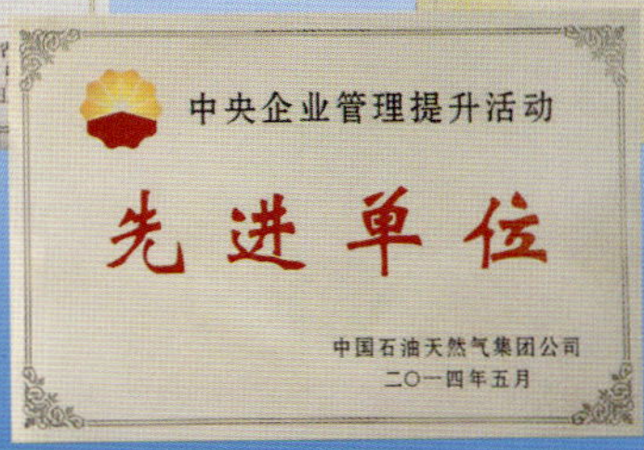

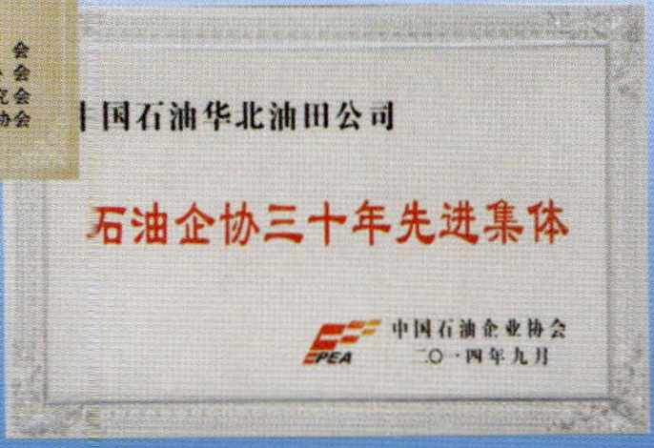

中国石油吐哈油田公司

总经理　徐可强

党委书记　娄铁强

吐哈油田公司五届五次职代会
暨 2015 年工作会议

1991 年 2 月吐哈油田投入开发建设，油田探区包括吐哈、三塘湖、民和、银额、总口子 5 个中小盆地，总面积 22 万平方千米，石油资源量 47 亿吨、天然气资源量 1.2 万亿立方米。经过 20 多年的艰苦努力，中国石油吐哈油田公司已经发展成为集油气勘探与生产、石油工程技术服务、矿区后勤服务等多种产业于一体，跨国、跨地区经营的大型国有企业。油田现有员工 1.65 万人，资产总额 246 亿元。截至 2014 年底，在吐哈和三塘湖盆地落实 7 个亿吨级油气富集带，共探明油气田 23 个，已开发油气田 20 个，累计生产油气当量 6743 万吨，其中原油 5016 万吨、天然气 216 亿立方米。累计实现销售收入 1317 亿元，利润 401 亿元，上缴各项税费 231.7 亿元。吐哈油田公司先后荣获“全国五一劳动奖状”“全国文明单位”“全国模范劳动关系和谐企业”“中国优秀诚信企业”“全国绿化模范单位”等多项荣誉，哈密石油基地被评为“全国城市物业管理优秀示范小区”。

公司机关办公楼

戈壁沙漠找油无禁区

火焰山下鲁克沁稠油生产热火朝天

三塘湖油田产量快速增长

2014年，中国石油吐哈油田公司在集团公司的正确领导下，坚持以经济效益为中心，突出油气主业，优化业务结构，推进降本增效，超额完成各项生产经营任务。油气勘探获得新突破，落实3个3000万吨级规模储量区，超额完成储量任务，三塘湖条湖组致密油勘探成果获股份公司油气重大发现二等奖。持续推进开源节流降本增效，优化业务结构，完善市场化机制，退出低端低效业务，推行规模打包招标，吸引有实力承包商参与竞争，投资成本得到有效控制，上市、未上市业务利润超额完成集团公司下达目标。油田发展质量稳步提高，科技创新成效明显，连续11年实现安全生产，员工收入稳步增长，全面完成党的群众路线教育实践活动问题整改，构建作风建设长效机制，党的建设、队伍建设、和谐油田建设取得新进展。

目前，国家实施的“一带一路”战略为吐哈油田发展带来良好机遇。我们将坚定打赢低油价下油田稳健发展攻坚战，实施油气增长、低成本发展和业务拓展三大战略，打造阳光团队，培养职业精神，构建和谐文化，确保油气年产量重新攻上300万吨并保持稳产，提高企业经济效益；同时认真履行三大责任，支持地方经济建设，为中国石油重塑形象、推进稳健发展和新疆经济社会繁荣稳定做出新贡献。

抢拔新井

斗志昂扬的吐哈铁军队伍

吐哈油田第三届职工运动会

美丽的哈密石油基地

地址：新疆维吾尔自治区鄯善县火车站镇　邮编：838202　电话：0995－8371354　传真：0995－8371354

中国石油冀东油田公司

总经理、党委副书记　齐振林

党委书记、副总经理　杨盛杰

新区勘探

中国石油冀东油田公司（简称冀东油田）是集团公司下属的地区公司，主营业务包括油气勘探、开发、集输、销售以及油田工程技术、工程建设、机械制造、物资供应、电力通信、油田化学、矿区服务等为油田配套、保障、支持和服务业务。冀东油田成立于 1988 年 4 月，截至 2014 年底，设 16 个机关处室、4 个直属机构、24 个二级单位（分公司）。

冀东油田总部机关坐落于渤海之滨、燕山南麓的京津唐“金三角”地区——唐山市。勘探区域包括冀东探区和庙岛群岛探区，登记探矿权面积 9845 平方千米。其中，冀东探区主要集中在唐山市东南部（包括渤海湾海域部分）和秦皇岛市南部辽东湾海域。唐山勘查区域位于渤海湾盆地黄骅坳陷北部，勘探面积 4240 平方千米；秦皇岛勘查区域位于渤海湾盆地渤中坳陷北部和辽东湾坳陷西南部，勘探面积 2380 平方千米。庙岛群岛探区位于山东省蓬莱与辽宁省大连之间、渤海与北黄海交界处海域，勘探面积 3225 平方千米。

新堡古2平台

南堡联合站

2014年，冀东油田新建原油产能50万吨，新建天然气产能1.2亿立方米；生产原油170万吨、天然气6.85亿立方米，合计油气当量224.6万吨；实现经营收入105.57亿元，上缴税费15.48亿元，实现利润2亿元（不含特别收益金11.24亿元）；获集团公司“环境保护先进企业”“节能先进企业”等称号。

宏图凝众志，同心谱华章。面对新的发展形势，冀东油田按照集团公司的总体部署，坚定必胜信念，勇于直面挑战，攻坚克难，埋头苦干，全力推进“硬增储、稳上产、提效益”各项措施的落实，为集团公司稳健发展做出新贡献。

地址：河北省唐山市新华西道51甲区
邮编：063004
电话：0315–8766065

压裂作业现场

标准化井组

中国石油玉门油田公司

2014 年 5 月 26 日，玉门油田鸭儿峡鼻状构造鸭西 10 井经酸化改造，27 日采用 3 毫米油嘴生产，日产液 50—60 立方米，展示鸭西 2 区块广阔的勘探前景。30 日，油田领导在鸭西 10 井调研慰问参战员工

2014 年 9 月 16 日，南祁连盆地木参 1 井开钻，是玉门油田进军南祁连木里盆地的第一口勘探井，标志着中国地质调查局油气资源调查中心与中国石油玉门油田公司的双赢合作进入实质阶段

中国石油玉门油田公司是中国第一个天然石油基地，中国石油工业的摇篮。油田位于甘肃省玉门市境内，总部坐落在甘肃省酒泉市肃州区，是集勘探开发、炼油化工、油田作业、供水供电、机械制造、建筑安装、综合服务、物资供应、通信信息、保卫消防、物业管理等业务为一体的大型综合性石油企业。先后获得“全国思想政治工作优秀企业”“中华老字号”“全国五一劳动奖状”“全国企业文化建设优秀单位”“国家文明单位”及全国首批“重合同、守信用单位”等荣誉称号。

玉门油田从 1939 年开发至 2014 年底，累计探明石油地质储量 18838.30 万吨，可采地质储量 4980.98 万吨，累计生产原油 3638.9129 万吨。20 世纪 70 年代开始，玉门油田经历 60 万吨稳产 10 年、50 万吨稳产 11 年、40 万吨以上稳产 10 年，4 次获集团公司“高效开发油田”。1997 年重新勘探酒西盆地，次年 8 月柳 102 井获日产 126 立方米高产油气流，由此揭开油田储量和产量增长序幕。目前正在实施“双百”（百年油田、百万吨产量）发展战略，原油产量在逐步回升。

玉门炼油化工产品主要有汽油、航空煤油、柴油、聚丙烯、石油焦、石油苯和航空液压油等，其中航空液压油是军方指定独家产品；井下作业拥有集团公司认证的甲级作业队伍 9 支；热电装机容量 123 兆瓦；机械加工取得美国石油学会 API 资质认证和挪威船级社质量体系认证；建筑安装具备防腐保温工程施工专业承包和石油化工设备管道安装工程专业承包一级资质，具有良好的生产建设和服务保障能力。

2014 年 8 月 25 日，玉门油田压裂史上最大规模的单井压裂在墩 1H 井告捷。该井钻遇酒西坳陷花海凹陷中央断裂带三墩构造，是部署在花海探区的一口重要探井

2004 年 4 月，玉门油田老君庙油田展览室被集团公司命名为“爱国主义教育基地”。老君庙旁边的老一井 2013 年 3 月 5 日被国务院公布为第七批全国重点文物保护单位

2014 年 10 月，玉门油田 70 万吨 / 年柴油加氢装置和 2 万标准米^3/ 时制氢联合装置建成投产，实现国Ⅳ标准柴油产品的质量升级

地址：甘肃省酒泉市肃州区　邮编：735019　电话：0937-3921224　传真：0937-3923007

中国石油独山子石化公司

现场办公

炼油控制中心

中国石油独山子石化公司地处天山北坡的独山子，是中国开发较早的4个油田之一，是我国西部重要的石油化工基地。1909年在独山子钻出了新疆第一口油井，开启了百年石油开采史。

新中国成立后，开始了现代化建设新纪元。1950年，中苏成立石油股份公司，总经理部设在独山子，独山子油矿进入大规模建设开发阶段，为新中国建设做出了巨大贡献。

1995年，独山子14万吨乙烯建成投产，开始从“单一炼油”向“炼化一体”发展。期间，不断改造扩建装置，丰富加工手段，到2005年炼油能力达到600万吨/年，乙烯生产能力达到22万吨/年。

2009年，西部大开发标志性工程——千万吨炼油百万吨乙烯建成投产。工程与三峡工程、青藏铁路等一起入选新中国成立60周年“百项经典暨精品工程”。

2014年，公司大力优化资源配置、生产运行、产品结构和产销衔接，严格控制成本费用，不断提升运营质量，全年加工原油912万吨，生产乙烯128万吨，乙烯产量占中国石油产量近三分之一。提供成品油544万吨，提供合成树脂、合成橡胶206万吨，销售收入605亿元，上缴税收98亿元。

公司加强对标管理，20项主要经济技术指标进入中国石油前列，乙烯燃动能耗、炼油可比综合商品率保持国内领先。

乙烯工艺复杂

专家现场指导

职工居住环境

地址：新疆维吾尔自治区克拉玛依市独山子区北京路6号　邮编：833699　电话：0992-3871082　传真：0992-3871033

中国石油抚顺石化公司

总经理　李天书

党委书记　钱新华

80 万吨 / 年乙烯联合装置夜景

中国石油抚顺石化公司（简称抚顺石化）是我国炼油工业的摇篮，有 87 年的发展历史，是集油、化、塑、洗、蜡、剂为一体的大型石油化工联合企业。抚顺石化总占地面积 1583 万平方米，下辖 20 家直属单位，分布在抚顺市 4 个区，东西向相距 30 多千米。抚顺石化机关有 15 个职能部门和 5 个直属部门。在籍全民员工 2.3 万人，固定资产原值 393 亿元，年销售收入 500 亿元以上。原油一次、二次加工能力 1150 万吨 / 年。化工产品生产能力 360 万吨 / 年。主要生产装置 134 套，能够生产汽油、煤油、柴油、润滑油基础油、石蜡、烷基苯、合成树脂、丁苯橡胶等 300 多个牌号的石油化工产品，是世界上独具特色的石蜡、烷基苯、贵金属催化剂生产基地。

装载首次进口石脑油的油轮驶入营口港

200 万吨 / 年加氢联合装置

优秀人物

“效益在我手中、廉洁在我心中”主题演讲会

新中国成立以来，抚顺石化已累计加工原油3.85亿吨，实现利税780亿元，为全国各地输送了2万多名优秀的管理和技术人才。近年来，抚顺石化先后荣获“全国五一劳动奖状”“中央企业先进集体”“全国企业文化先进单位”“全国石油和化工行业节能减排先进单位”“中华全国总工会模范职工之家”等荣誉称号；涌现出国家技能大师工作室、全国学习型十大标杆班组以及党的十六大、十七大、十八大代表，全国人大代表、全国劳动模范等一大批先进集体和优秀个人。

“十二五”以来，抚顺石化按照集团公司总体部署，以科学发展观和群众路线为引领，充分发挥炼化一体化优势，以安全环保稳定为基础，以效益为目标，向管理极限挑战，向严细管理要效益，突出开源节流挖潜增效，努力实现由规模速度量的扩张向质量效益质的飞跃转变，全力加快一流现代化炼化企业建设，打造百年优良企业。

千万吨炼油百万吨乙烯装置鸟瞰图

“爱在石化”员工梦想秀

地址：辽宁省抚顺市新抚区凤翔路45号
邮编：113008
电话：024-52421988
传真：024-52420988

员工运动会

优秀人物

“效益在我手中、廉洁在我心中”主题演讲会

新中国成立以来，抚顺石化已累计加工原油3.85亿吨，实现利税780亿元，为全国各地输送了2万多名优秀的管理和技术人才。近年来，抚顺石化先后荣获“全国五一劳动奖状”“中央企业先进集体”“全国企业文化先进单位”“全国石油和化工行业节能减排先进单位”“中华全国总工会模范职工之家”等荣誉称号；涌现出国家技能大师工作室、全国学习型十大标杆班组以及党的十六大、十七大、十八大代表，全国人大代表、全国劳动模范等一大批先进集体和优秀个人。

“十二五”以来，抚顺石化按照集团公司总体部署，以科学发展观和群众路线为引领，充分发挥炼化一体化优势，以安全环保稳定为基础，以效益为目标，向管理极限挑战，向严细管理要效益，突出开源节流挖潜增效，努力实现由规模速度量的扩张向质量效益质的飞跃转变，全力加快一流现代化炼化企业建设，打造百年优良企业。

千万吨炼油百万吨乙烯装置鸟瞰图

“爱在石化”员工梦想秀

地址：辽宁省抚顺市新抚区凤翔路45号
邮编：113008
电话：024–52421988
传真：024–52420988

员工运动会

中国石油兰州石化公司

安稳运行

科学操作

中国石油兰州石化公司（简称兰州石化）是集炼油、化工、装备制造、工程建设、检维修及矿区服务为一体的大型综合炼化企业，是中国西部重要的炼化生产基地，能源战略地位非常突出。兰州石化地处甘肃省兰州市，现有土地总面积 30 平方千米，在册合同化员工 2.21 万人，市场化和劳务用工 0.33 万人，集体职工 0.38 万人，总资产 342 亿元，年营业收入 700 亿元左右。

环保优先，安全第一，质量至上，以人为本

树立典型，振奋精神

兰州石化的快速发展带动了地方经济建设的发展，一座现代化的石化城崛起

兰州石化的前身——兰炼、兰化（简称“两兰”）均是国家“一五”期间 156 项重点工程项目，是新中国第一个现代化炼化生产企业，历来以出产品、出技术、出人才、出经验著称。目前，通过新建、改扩建一批装置，兰州石化原油一次加工能力达到 1050 万吨 / 年，乙烯产能 70 万吨 / 年、化肥产能 52 万吨 / 年、合成树脂产能 122 万吨 / 年、合成橡胶产能 22 万吨 / 年、炼油催化剂产能 5 万吨 / 年。现有各类炼化生产装置 90 余套，加工 7 种原油，能生产汽油、煤油、柴油、润滑油基础油、化肥、合成树脂、合成橡胶、炼油催化剂、有机助剂等多品种、多牌号、多系列石化产品。拥有汽油加氢、丁二烯抽提、丁苯橡胶、丁腈橡胶、碳五加氢石油树脂成套技术，炼化主要工艺技术和炼油催化裂化催化剂领域达到国内领先水平。拥有石油化工工程施工总承包一级资质、大型炼油化工施工能力，以及完备的矿区配套系统和综合服务业务。

展望未来，兰州石化将按照中国石油的总体部署，坚持稳健发展的要求，努力实现“做特做精，做优做强，加快建成国内一流综合性炼化生产企业”的总体目标。

通过开展丰富多彩的文化体育活动，活跃员工的文化生活

地址：甘肃省兰州市西固区玉门街10号
邮编：730060
电话：0931—7933707
传真：0931—7561499

中国石油乌鲁木齐石化公司

2014 年 7 月 20 日，150 万吨 / 年蜡油加氢装置一次试车成功

2014 年 10 月 22 日，乌石化举办“三基”工作及管理提升现场观摩活动

中国石油乌鲁木齐石化公司（简称乌石化）始建于 1975 年 4 月，目前已形成集大炼油、大化肥、大芳烃于一体的综合性石油化工基地。现有固定资产原值 221 亿元，员工 11624 人。2014 年加工原油及原料油 733.19 万吨，实现营业收入 402 亿元，上缴税费 64.7 亿元，全年实现工业增加值 71.76 亿元。

乌石化原油一次加工能力为 1000 万吨 / 年，对二甲苯生产能力为 100 万吨 / 年。化肥厂有 2 套合成氨、2 套尿素装置，可年产 75 万吨合成氨、130 万吨尿素。化纤厂现有精对苯二甲酸、三聚氰胺等 2 套生产装置，具备 13 万吨 / 年化工产品生产能力。塑料厂可年产 3240 万条塑料编织袋。热电厂属热电联产，有 5 炉 5 机，产汽能力 1670 吨 / 小时，发电能力 175 兆瓦。净化水厂工业废水处理能力 1326 米 ^{3}/ 小时，“三废”排放环保指标达到国家及新疆维吾尔自治区相关标准。具有石油化工工程设备制造安装维修、工程监理、分析测试、计量检定、设备检验、公铁运输、物资供应等生产保障业务职能，以及职教医疗、离退休管理、社区服务等社会职能。

目前乌石化可生产 30 余种石油化工产品，主要产品有汽油、煤油、柴油等燃料油和溶剂油，以及液化石油气、石油沥青产品、石油苯、石油对二甲苯、聚丙烯、三聚氰胺、硫黄、液氨、尿素、硫酸铵、精对苯二甲酸、塑料编织袋等。先后荣获“全国五一劳动奖状”“全国文明单位”“全国民族团结进步模范单位”“全国环境优美工厂”等荣誉称号。

2014 年 4 月 13 日，乌石化向“访民情、惠民生、聚民心”定点工作村——喀什疏勒县罕南力克镇 6 村捐赠化肥

新建乌石化体育馆投入使用

地址：新疆维吾尔自治区乌鲁木齐市米东区 邮编：830019 电话：0991-6901522 传真：0991-6908888

中国石油宁夏石化公司

总经理　陈　坚

党委书记　许君祖

中国石油宁夏石化公司（简称宁夏石化）位于美丽的“塞上湖城”——宁夏回族自治区银川市，是集石油炼制、化工及化肥生产为一体的大型石化企业，具备年加工原油 500 万吨、生产尿素 130 万吨、复合肥 40 万吨、聚丙烯 10 万吨的生产能力。

2014 年，宁夏石化稳妥应对化肥和原油市场波动带来的巨大影响，认真贯彻落实集团公司决策部署，大力实施三大基础性工程，积极统筹各项业务协调发展，精益求精抓管理，持之以恒抓平稳，全力以赴抓优化，较好地完成了全年目标任务，公司整体呈现管理提升、生产稳定、安全受控的良好态势。全年加工原油 418 万吨，生产尿素 51 万吨，实现营业收入 269 亿元，上缴税费 60 亿元。荣获国家首批、宁夏回族自治区唯一“安全生产标准化一级企业”“全国安全文化建设示范企业”，以及“集团公司节能节水先进企业”“安全生产模范先进企业”等荣誉。

500 万吨 / 年炼油装置以连续 976 天的安全稳定运行创造集团公司同类型新建装置首次开车纪录

面对新形势、新任务，宁夏石化将抓住国家加快建设“一带一路”及新一轮西部大开发战略机遇，不断增强企业竞争能力和盈利能力，加快一流石化企业目标创建步伐，为集团公司建设世界一流综合性国际能源公司做出新的贡献。

开展化肥装置长周期运行攻关，装置管控水平进一步提升

厂区夜景

丰富多彩的员工文体活动

地址：宁夏回族自治区银川市西夏区北京西路1338号　邮编：750026　电话：0951-2972361　传真：0951-2021379

中国石油锦西石化公司

总经理 吕文军

党委书记 陈　志

中国石油锦西石化公司有员工 8851 人，主要装置 19 套，原油加工能力 650 万吨 / 年，以加工大庆油田和辽河油田生产的原油为主，另有部分海洋原油和进口原油。主要产品有汽油、柴油、航空煤油、煅烧焦、MTBE、苯乙烯等。

坚持用发展目标凝聚人心，用先进理念引领进步，用严细管理推进工作，用阳光文化净化心灵，老企业焕发出新生机，呈现出工作思路清晰、安全环保可控、效益逐步向好、管理手段严格的稳健发展局面。

明晰方向，把老厂做强做大做美。“做强”，即利用集团公司为企业投入的三年隐患治理资金，实现“强身健体”。2013 年首次全面停工检修，完成南北蒸馏、两套催化、重整等装置的隐患整改；2014 年完成三级防控、稳高压、热电脱硫脱硝除尘等项目；2015 年实施碧海长输管线隐患治理。“做大”，即投资 14.5 亿元，新建国Ⅳ标准产品质量升级三套装置。MTBE 装置 2013 年投产，加氢裂化、制氢装置 2014 年底投产，主导产品全部达到国Ⅳ标准。2015 年新建国Ⅴ标准汽油两套装置，预计分别于 2015 年底及 2016 年中投产。“做美”，即加强环境整治。通过拆除废旧管线、废塔、旧厂房，修缮道路、更新管带防腐保温、新增绿化面积等措施，使企业更加整洁、美观。

辽宁省省长陈求发到公司调研

150 万吨 / 年蜡油加氢裂化装置开车运行

狠抓效益，实现企业的真正价值。2013 年大修后告别多年亏损实现盈利，2014 年 7 月代表炼化板块 26 家企业在集团公司领导干部会议上介绍挖潜增效经验。建立产品结构优化协调机制和产品销售协调机制，将计划、生产、销售等各环节中隐藏的效益挖出来，2014 年增效 2.65 亿元。引进外部智力资源，降低能耗挖潜，2014 年巩固节能改造项目成果，创效 1.17 亿元。锦西石化新班子成立之初的能耗在 80 千克标准油 / 吨以上，通过能量优化，现在降低 15 个单位，年创效 3 亿元。加强科技攻关，通过优化两套催化装置生产方案、优选催化剂、二催提高液收等措施创效 1.09 亿元。通过合同审查、炼油辅材管理、减少财务费用等降低支出。2014 年在板块效益排名由以前的第十五位跃升至第九位。

外聘 HSE 专业管理团队，带动安全监督中心、安全环保处、直线部门和属地单位，形成高压监管态势，抓全员安全意识和安全能力的提升，机关处以上干部每月参加基层班组安全活动。各单位党政一把手每周综合协调会听取专业管理人员或专家授课。以 HSE 体系有效方法培训为抓手，通过严格监督，做到每一件事的安全，实现每一天的安全。安全工作已由应急管理转入预防管理。2014 年事件数同比下降 32%，股份公司炼化板块审核问题下降 55%。严格履行清洁生产责任，全年实现达标排放。2014 年被评为集团公司“安全、环保先进单位”。

召开三届三次职代会暨 2015 年工作会议

嘉奖重油催化车间避免事故员工

机械厂开发优质垫片

地址：辽宁省葫芦岛市连山区新华大街42号
邮编：125001
电话：0429-2178015
传真：0429-2175888

碧海长输管线隐患整改项目顺利进行

国Ⅴ标准汽油质量升级项目施工现场

中国石油大庆炼化公司

精心操作

加强现场管理，严格施工质量

聚丙烯高端 PA14D 产品供不应求

中国石油大庆炼化公司拥有 600 万吨 / 年原油一次、二次配套加工能力，可生产汽油、柴油和液化气等 39 个品种 236 个牌号的石油化工产品。汽柴油已全部达到国Ⅳ标准，并具备国Ⅴ标准的生产能力。油田化学品现有 15 万吨 / 年聚丙烯酰胺和 12 万吨 / 年石油磺酸盐产能。聚丙烯酰胺产品主要用于油田三次采油，能够显著提高油田采收率，增加原油产量，投产 20 年来为大庆油田稳产做出了重要贡献。石油磺酸盐是自主知识产权产品，能够满足油田对弱碱三元复合驱助剂的需要。两套 30 万吨 / 年聚丙烯生产装置可生产均聚、无规、抗冲共聚三大类聚丙烯产品，已累计生产出冷热水管材料、薄膜料、纤维料、拉丝料等 28 个牌号产品。其中高端牌号产品 9 个，热水管材料 PA14D 已替代了国外同类产品，成为中国石油拳头产品。20 万吨 / 年异构脱蜡装置生产的润滑油基础油，产品具有黏度指数高、倾点低等特点，产品主要用于中国石油“昆仑”高档润滑油的生产，质量达到美国石油协会 3 类基础油水平。

秉承“奉献能源、创造和谐”的企业宗旨，牢牢把握“有质量、有效益、可持续”的特色炼化企业发展方针，积极推进中国石油精品炼油生产基地、中国石油油田化学品生产基地、高品质聚丙烯生产基地和高档润滑油基础油生产基地建设。

2014 年，加快由生产型企业向科技生产型企业转变步伐，持续创新体制机制，充分调动员工追求技术领先的积极性，创新成果不断涌现。以效益为中心，不断优化生产经营，深入实施节能降耗，严格费用控制，全年加工原油 525.96 万吨，实现利润 3.79 亿元，一举扭转亏损局面。

始终把队伍建设作为企业发展基础性工作之一，抓好干部队伍作风转变，激励各级干部发挥表率作用，负责任、敢担当、有作为，持续打造卓越团队。通过强化党建和企业文化建设，巩固教育实践活动成果、持续强化干部管理、全面拓宽员工成长平台、提升员工素质能力，各方面呈现积极向上的态势。

地址：黑龙江省大庆市让胡路区马鞍山
邮编：163411
电话：0459−5689275
传真：0459−5616111

加强安全管理，保证外运安全

特色发展的大庆炼化公司

中国石油广西石化公司

350 万吨 / 年催化裂化装置

400 万吨 / 年渣油加氢脱硫装置

中国石油广西石化公司（简称广西石化）是中国石油于 2005 年 9 月为贯彻国家西部大开发战略，优化炼油化工产业布局，建设广西石化 1000 万吨 / 年炼油工程而设立的地区公司，是目前西南地区已建成投产的较大的炼化企业。

项目一次规划，两期建设。一期为低硫原油加工工程，于 2010 年 9 月全面建成投产，2013 年 10 月获得 IPMA 国际卓越项目管理特大型项目金奖、卓越项目管理实践奖和 2013—2014 年度国家优质工程奖。二期为高硫原油加工配套工程和产品升级项目，概算总投资 68 亿元，于 2014 年 8 月全面建成投产。

广西石化主要产品有汽油、柴油、航空煤油、聚丙烯、硫黄等，油品质量全部达到国Ⅳ标准，同时具备生产国Ⅴ标准油品的能力，污水排放全部符合国家一级标准，清洁生产达到世界一流水平。

地址：广西壮族自治区钦州港经济技术开发区
邮编：535008
电话：0777–3885138
传真：0777–3885139

IPMA 金奖证书

IPMA 金奖奖杯

连接世界的彩桥——广西石化

中国石油大港石化公司

美丽厂区

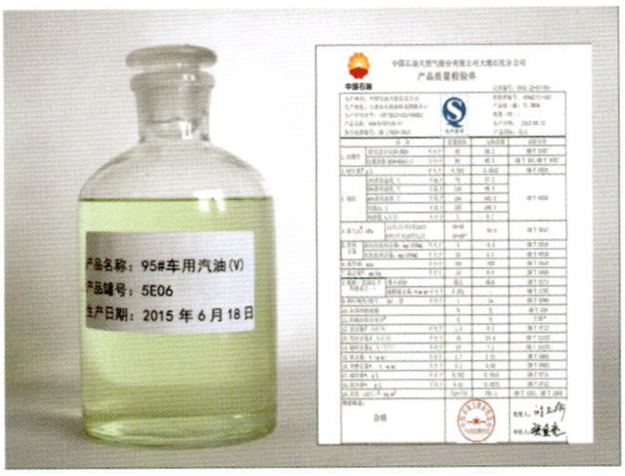

国Ⅴ标准汽油产品

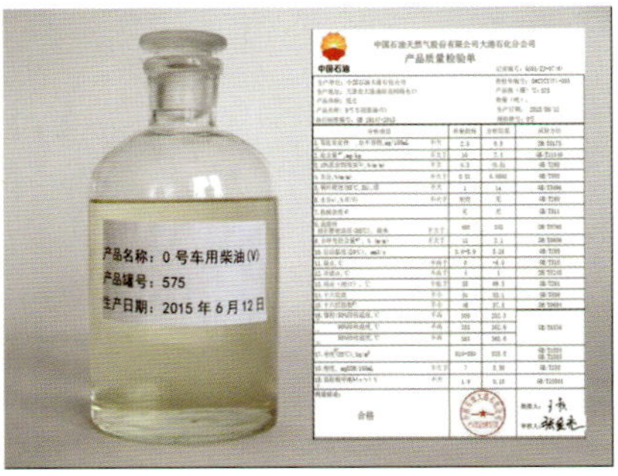

国Ⅴ标准柴油产品

中国石油大港石化公司（简称大港石化）的前身始建于1965年，现原油加工能力500万吨/年，固定资产69亿元，厂区占地面积2平方千米。设11个机关处室、6个直属单位、15个基层单位，员工总量2600多人，大专以上员工比例55%。现有500万吨/年常减压蒸馏、120万吨/年延迟焦化、100万吨/年加氢裂化、140万吨/年催化裂化等主要生产装置12套，油品库区3个，原油储存能力123万立方米、进厂能力1100万吨/年，成品油储存能力10.6万立方米、外运能力625万吨/年。大港石化还配套建设供水、供电、供汽、供风等公用工程，“三废”处理设施完善，外排废水、废气等均达到国家及地方排放标准要求。

大港石化主要加工大港混合原油，可生产汽油、柴油、丙烯、液化气等产品，市场覆盖京、津、冀、晋、鲁西北、豫北等地区。多年来，成品油出厂质量合格率始终保持100%，在国家、天津市、集团公司的产品质量抽检中也一直保持合格率100%。

2014年，大港石化加工原油376万吨，完成轻油收率78.21%、综合商品率92.34%、综合能耗69.27千克标准油/吨、新鲜水单耗0.57吨/吨，实现营业收入218亿元，上缴税费51亿元，实现利润7.7亿元，在中国石油炼化企业中排名前列。

2014年，大港石化顺利实现全年安全平稳清洁生产目标，连续第八年被评为集团公司安全生产、环境保护先进企业。建成投用60万吨/年连续重整、220万吨/年汽柴油加氢等6套新装置，提前3个月实现天津市提出的汽油、柴油质量全部达到国Ⅴ标准要求。中俄炼化项目有序推进。顺利完成商业储备油公司业务接收和新运营管理模式建立，非核心业务服务外包工作开始试点，企业发展领域进一步拓展。扎实开展党的群众路线教育实践活动，持续加强党员干部队伍作风建设，深化干部劳动人事制度改革，大力实施全员培训工程，积极创新党内创先争优活动，员工队伍的凝聚力、执行力、战斗力显著增强。2014年5月，大港石化荣获“全国五一劳动奖状”。

地址：天津市大港油田花园路东口　邮编：300280　电话：022-25924140　传真：022-25979268

中国石油长庆石化公司

总经理、党委副书记
李汝新

党委书记、副总经理
赵玉军

中国石油长庆石化公司（简称长庆石化）始建于1990年，现已发展成为西部地区的中型炼化企业，拥有固定资产原值48亿元，在册员工1200人，具备年加工500万吨原油能力。

长庆石化为燃料型炼厂，现有主要生产装置18套，产品以国Ⅳ标准、国Ⅴ标准车用汽柴油、航空煤油、液化石油气为主，有少量硫黄、丙烯等化工副产品。长庆石化依托长庆油田，原油和成品油都有专用输送管线，一体化发展优势明显。

长庆石化是全国“中华环境友好企业”、全国“安全文化建设示范企业”和陕西省首批“环境友好企业”。

长庆石化经营业绩良好，经济规模和纳税连续多年位居咸阳市之首，是陕西省工业企业十强。2014年加工原油501万吨，实现工业总产值308亿元。

长庆石化新一届领导班子着眼于企业长远发展，提出了“三个三”（实现管理科学化、运行规范化、员工职业化三个目标，完善运行管理、服务保障和监督考评三个体系，建立以属地为核心的责任追究、以效益为中心的激励约束和以量化为标志的科学管控三个机制）的总体工作思路，全面提升本质安全水平、环保排放标准、厂区美化程度、周界安防水平，力争用3—5年时间，把长庆石化打造成上级放心、公众认同、员工满意的城市炼厂。

公司大门口

科技档案综合办公楼

朝气蓬勃的员工队伍

炼厂夜色

地址：陕西省咸阳市金旭路　邮编：712000　电话：029-86509125　传真：029-86509123

中国石油庆阳石化公司

总经理、党委副书记　刘至祥

党委书记、副总经理　张豫锋

中国石油庆阳石化公司（简称庆阳石化）共有主辅生产装置17套，一次加工能力为300万吨/年，二次加工能力为160万吨/年。资产总额60亿元，资产负债率28%。主要产品有油品、燃料、化工产品、固体产品等四大类11个牌号22种。2014年加工原油330.38万吨；可比综合商品率92. 85%；可比轻油收率84.4%，同比提高0.73%。装置操作平稳率99.98%，高于业绩指标1.48个百分点。完成营业收入208.99亿元；综合纳税47.01亿元；工业增加值62.4亿元；实现利润9.31亿元。实现加工国内陆上自产常规原油企业中盈利能力名列前茅、加工长庆原油六家企业中盈利能力名列前茅；国内首家应用中国石油自主创新的DSO汽油加氢工艺技术生产出国Ⅳ标准、国Ⅴ标准清洁汽油。企业综合实力居甘肃省工业企业前列，是甘肃省纳税大户。

庆阳石化三次荣获“全国五一劳动奖状”以及“全国职工职业道德建设十佳单位”“全国企业文化建设先进单位”等多项荣誉，涌现出“全国五一劳动奖状班组”“全国三八红旗集体”“全国五一巾帼奖”“全国劳动模范”“全国五一劳动奖章”“全国工人先锋号”“西部大庆劳动竞赛先进集体”和“西部大庆劳动竞赛先进个人”等一大批先进集体和个人。2013年庆阳石化300万吨搬迁改造项目获国家优质工程奖。

庆阳石化将继续深入贯彻落实党的十八大及三中、四中全会精神，在中国石油党组的坚强领导下，紧紧围绕“承载百年，基业长青”的愿景，大力实施“安全环保生命根基工程、廉洁稳定生活阳光工程、质量效益生存发展工程”，以“人才—产品—利润”为主线，牢固树立现场意识、服务意识、团队意识、超前意识、责任意识，思想破冰，行动突围，坚持做正确的事，不断完善企业理念体系，坚定“依法合规，夯实安全环保廉洁稳定根基；创新驱动，引领降本增效提质升级发展”理念，抓好利润中心、优化中心“两大中心”，全面提升队伍凝聚力和战斗力，积极推进各方面工作再上新台阶，实现“十二五”圆满收官，为推进集团公司稳健发展、促进国民经济稳增长做出新贡献。

质量检验

现场培训

炼油装置

地址：甘肃省庆阳市西峰区董志镇　邮编：745002　电话：0934—8368106　传真：0934—8368582

中国石油西北销售公司

自动化和智能化程度高的彭州油库

授予 西北销售分公司

质量 计量 标准化先进企业

中国石油天然气集团公司

二○一四年四月

荣获“集团公司2014年度质量、计量、标准化先进企业”荣誉

公路发油现场

党员在玉门铁人纪念馆前重温入党誓词

中国石油西北销售公司（简称西北销售）已经走过69年的发展历程。前身是成立于1946年9月的中国石油有限公司兰州营业所，新中国成立后，先后隶属于商业部、甘肃省、中国石油化工总公司管理。1998年，中国石油、中国石化两大集团公司重组，公司整体划入中国石油天然气集团公司。1999年重组改制后，作为中国石油销售公司的派出机构，西北销售主要负责西部地区13家炼化企业和20个省（自治区、直辖市）成品油销售企业，以及铁道、民航、兵团等11家专项用户的成品油产销计划衔接、资源优化配置、物流调运组织和质量计量监督工作。截至2014年底，西北销售机关设12个职能处室，下辖15家直属分公司；管理运营油库12座，总库容252万立方米；拥有铁路专用线近20千米，自备罐车5900余辆。

西北销售围绕建设国际水准物流企业的发展目标，持续完善成品油营销体制，以资源配置和物流组织专业化为方向，着力打造少环节、短流程、低成本、高效率的物流运行模式，全力保障西部地区成品油产、运、销业务平稳运行，企业各项工作实现新发展，为中国石油整体效益最大化做出了贡献。2014年西北销售调配油品4741万吨，实现销售收入3225亿元，上缴税费5亿元，企业发展呈现出良好态势。

西北销售先后荣获“全国‘守合同、重信用’企业”“全国企业文化建设先进单位”“全国五一劳动奖状”“中国石油十大标杆油库”等荣誉称号。

地址：甘肃省兰州市安宁区建宁路199号

（省委党校东二号楼）

邮编：730070

电话：0931-7608806

传真：0931-7608808

开展“牵缘大龄女童、共筑爱心彩桥”助学活动，8年来累计资助85名女童，有42名考入大中专院校

中国石油四川销售公司

总经理　付　斌

党委书记　田玉军

中国石油四川销售公司的前身成立于 1952 年 9 月，1998 年成建制上划中国石油，1999 年重组设立中国石油四川销售公司，是四川地区成品油批发零售业务的主渠道，市场占有率近 80%。截至 2014 年底，公司设 13 个机关处室，下辖 28 个二级单位、2 个直属单位，员工 14932 人，资产总额 129.8 亿元，拥有在用油库 23 座、库容 83 万立方米，资产型加油站 1510 座，在四川形成覆盖面广、保障力强的营销网络。

2014 年，中国石油四川销售公司全力克服经济增速放缓、油价急剧下跌、竞争全面升级等不利局面，积极履行主渠道责任，服务地方经济发展，保障成品油市场平稳供应。销售总量、销售收入、利润分别达到 852 万吨、653 亿元、15 亿元，综合业绩指标排名连续 5 年保持中国石油销售企业首位，位列四川省大企业大集团前列。公司于 2004 年和 2014 年两度荣获“全国五一劳动奖状”称号，2008 年被中共中央、国务院、中央军委授予“全国抗震救灾英雄集体”荣誉。

站在新的历史起点，中国石油四川销售公司将深入实施“1234”治企方略，即坚定全面建设世界水平销售企业这“一个目标”，统筹企业与员工“两个发展”，搭建物流配送、服务、客户开发“三个体系”，坚持安全保障发展、效益引领发展、终端支撑发展、队伍推动发展“四个不动摇”，为集团公司建设世界一流综合性国际能源公司做出新贡献。

104 油库

全力以赴保障康定“11·22”地震灾区油品供应

公司选送的舞蹈《跳月亮》获得第六届中国石油职工艺术节“大庆石化杯”舞蹈大赛金奖

地址：四川省成都市顺城大街206号
四川国际大厦
邮编：610015
电话：028-86520001
传真：028-86520286

中国石油北京销售公司

总经理　苗　堃

党委书记　王力国

“三严三实”专题教育推进会

中国石油北京销售公司成立于 2001 年 4 月，前身为华北销售公司北京加油站管理中心，2009 年 12 月原华北销售公司机关与原北京销售公司整合，成立新的北京销售公司，主要负责北京地区成品油仓储、批发、零售、非油品经营以及销售网络的开发与维护等工作，承担着保障首都成品油资源供应、在首都树立中国石油品牌信誉和良好形象的重要使命。

截至 2014 年底，北京销售公司资产总额 45 亿元，下辖 5 个分公司、15 个控股公司、4 个参股公司；在用油库 5 座，库容 17.33 万立方米，累计投运加油站 211 座，投运橇装站 189 座、便利店 166 座。2014 年成品油总销量 225.67 万吨。

近年来，北京销售公司紧紧围绕打造国际水准销售企业目标，结合北京成品油市场实际，抓住京津冀一体化协同发展的战略机遇，坚持以市场为导向、以效益为中心，着力提升营销质量，努力打造黄金终端，扎实推进网络开发，持续深化管理提升，经营运行安全平稳，党建和思想政治作用得到充分发挥，干部员工素质进一步增强，公司保持了稳定发展的良好态势。

在做好油品销售业务的同时，积极与中国石油大学、北京理工大学等科研院校合作，致力于成品油储、运、销等业务链的研究，“石油价格预测方法与风险管理技术及其应用研究”荣获教育部科技进步二等奖，“成品油配送管理的优化和创新”等 3 篇论文获中国石油企业协会奖励。

首都的士英雄评选表彰

企地联合开展消防演练

北京销售公司积极塑造中国石油的良好形象和品牌信誉，与北京市首都见义勇为基金会、出租车协会等团体联合，连续 9 年开展“首都的士英雄评选活动”，在北京市广大市民中引起强烈反响；青年志愿服务站以志愿服务活动为载体，向首都群众传播中国石油的良好形象，获得“首都学雷锋志愿服务示范站”称号。公司连续 9 年获得集团公司安全生产先进单位，连续 2 年荣获集团公司环保先进单位，连续 9 年荣获集团公司统计先进单位，被国务院国资委评为“2012—2014 年度首都文明单位”。公司办公室荣获集团公司办公室系统先进集体，亦庄加油站荣获“全国工人先锋号”荣誉称号，南湖加油站荣获集团公司基层建设“百个标杆单位”及“中央企业青年文明号”和“全国青年文明号”称号，南湖加油站团支部获“全国五四红旗团支部”荣誉称号。

2015 年，北京销售公司将深入贯彻党的十八届四中全会精神和集团公司、销售公司 2015 年工作会议精神，主动适应“新常态”，牢牢把握新机遇，始终坚持稳中求进的总基调，深化销售结构调整，提高营销发展质量；狠抓网络开发建设，不断夯实发展根基；大力发展非油业务，培育新的增长点；深入开展“重塑中国石油良好形象”大讨论活动，进一步弘扬大庆精神、铁人精神和石油工业优良传统作风，努力塑造中国石油良好形象；扎实推进低成本发展战略，不断强化依法经营和从严管理，确保公司稳定和谐健康发展。

服务“三农”

非洲朋友来交流学习

地址：北京市朝阳区北苑路86号院嘉铭桐城2区11号楼
邮编： 100101
电话： 010-84869867
传真： 010-84869919

中国石油管道公司（管道销售公司）

总经理、党委副书记　丁建林

党委书记、副总经理　汤亚利

中国石油管道公司（管道销售公司）是集团公司驻河北省下属公司。总部位于河北省廊坊市广阳区，管辖的业务分布在全国 14 个省（自治区、直辖市）。主营业务：油气管道运输及其所运输的油气销售业务，运输物为原油、天然气、成品油和水；原油商业储备和船运、铁路转运；油气管道运输业务链的技术服务、研发、维修抢修、输气管道用燃气轮机驱动压缩机组维检修等系统服务;自建管道工程项目的管理。在中亚、缅甸等国内外管道运输项目中承担了油气管道运营服务承包业务及 40 个员工矿区生活后勤服务，是我国境内成立较早，输送油气水介质、销售和建设管理功能一体化的管道运输企业。公司下属有输油输气、管道建设项目管理、管道科技研究、管道用气驱压缩机组维检修、油气管道储运技术服务等 27 个处级生产经营单位。

2014 年，中国石油管道公司管理运营在役油气管道 12420 千米。其中原油管道 5496 千米，主要包括东北和华北地区的漠河—大庆、大庆—铁岭—大连、铁岭—抚顺、丹东—朝鲜、大连新港—大连石化、铁岭—秦皇岛—北京、任丘—北京、定边—呼和浩特、日照—东明等管道，以及西北地区的惠安堡—中宁—银川、石空—兰州等管道；成品油管道 3729 千米，主要包括东北和华北地区的吉林—长春、大港—济南—枣庄、宝鸡—郑州—长沙等管道，以及西北地区的呼和浩特—包头—鄂尔多斯管道;天然气管道 3195 千米，主要包括山东地区的濮阳—沧州、沧州—淄博、泰安—青岛、安平—枣庄、菏泽—泰安等管道以及东北地

漠大线横贯大兴安岭

平山线施工现场

庆祝建党 93 周年暨“一先两优”表彰大会现场

党的群众路线教育实践活动总结大会

区的大连—沈阳、秦皇岛—沈阳、长岭—长春—吉化等管道。中国石油管道公司年输送原油能力 8800 万吨，年输送成品油能力 1830 万吨，年输送天然气能力 369 亿立方米。有输油气站场 160 座，其中原油站场 76 座、天然气站场 60 座、成品油站场 24 座。

2014 年，投产运行管道 950 千米，组织开展项目前期工作 17 项，完成可行性研究批复 5 项，7 个项目获得核准。实施管道完整性管理，开展在役管道高后果区识别和风险评价，完成管道检测 2680 千米。

自主研发管道惯性测绘单元（IMU）达到国际先进水平，建立环焊缝缺陷类型判定、尺寸量化模型和环焊缝缺陷评价方法，完成漠大线管体缺陷修复配套技术研究应用，开展大型管网可靠性与优化运行等 7 个专项技术对标。油气管道关键设备国产化取得进展，完成输油泵机组等五大类 16 种设备国产化研制、可靠性评价和现场应用。深化国际技术交流合作，举办油气管道工艺系统关键技术国际研习会和 2014 中国油气论坛——油气管道技术专题研讨会并获得成功，“管道环焊缝缺陷内检测与评价技术研究”被国际管道研究协会（PRCI）列为立项研究项目。2014 年申请专利 83 项，其中发明专利 49 项，实用新型专利 34 项，申报登记 14 项国家版权中心软件著作权。44 个项目完成行业标准编写，其中 5 项国际标准、1 项国家标准、9 项行业标准，《油气管道地质灾害风险管理技术规范》等 7 个标准获得集团公司 2014 年优秀标准一等奖。

被集团公司授予“质量计量标准化先进企业”“优秀标准化技术机构”“信息化工作先进单位”，荣获“全国安康杯竞赛优胜单位和优胜班组”以及中华全国总工会“全国模范职工小家”荣誉称号。

漠河基地

漠大线增输工程

公司第二届职工排球大赛

地址：河北省廊坊市新开路408号　邮编：065000　电话：0316－2170929　传真：0316－2170808

中国石油西气东输管道（销售）公司

总经理、党委书记　凌　霄

中国石油西气东输管道（销售）公司是股份公司直属的地区公司，负责辖区内西气东输管道工程建设、生产运营管理和天然气市场开发与销售等业务。

西气东输管道公司和西气东输销售公司实行合署办公，注册地在上海。在上海机关设 14 个职能部门和 1 个附属机构，下设 14 个地区管理处、1 个市场开发与销售部、1 个计量测试中心、1 个科技信息中心、4 个工程项目部、4 个股权管理单位；管理 2 个国家石油天然气大流量计量站天然气流量分站（南京、广州）和国家能源天然气长输管道技术装备研发（试验）中心。共有员工 3600 余人。

公司运营管理 2 条干线管道（西气东输一线 59 号阀室—上海段、西气东输二线 68 号阀室—广州段）、9 条支干线、7 条联络线、16 条支线、长宁兰银线（甘宁交界至银川段）和香港支线，管道总长 11016.9 千米；2 座地下储气库（金坛、刘庄）、1 个计量测试中心、152 座站场。管线途经 14 个省（自治区、直辖市）和香港特别行政区，下游销售及分输用户达 282 家，供气范围覆盖西北东部、中原、华东、华中、华南地区，并向华北、西南地区转供天然气，形成塔里木、柴达木、长庆、川渝四大气区以及中亚、中缅、进口 LNG 联网供气格局。

公司自正式投入运行以来，在工程建设、生产运行、市场销售同步进行的较大压力和繁重任务面前，紧紧围绕确保管道安全平稳高效运营这一中心，坚定不移地抓好管道运营和市场销售主营业务，

用户沟通会

抢险演练

夜间作业

站内巡检

持续深化经营管理，不断加强党建和精神文明建设，圆满完成各项业绩指标。十余年来，公司累计实现天然气管输商品量近 2400 亿立方米，使天然气在我国一次能源消费结构中的比例提高 1 个百分点以上，约占我国新增天然气消费量的 50%，较好地履行了企业政治责任、社会责任和经济责任，为促进天然气工业和地方经济发展、调整能源结构、改善生态环境、提高人民生活质量做出了贡献。公司荣获“全国五一劳动奖状”，西气东输管道工程通过国家验收并获得首届“国家环境友好工程”“国家开发建设项目水土保持示范工程”“新中国成立六十周年百项经典暨精品工程”称号。“西气东输工程技术及应用”项目荣获 2010 年度国家科技进步一等奖，公司参与项目“我国油气战略通道建设与运行关键技术”荣获 2014 年度国家科技进步一等奖。项目“超大型天然气长输管道复杂工程建设与运营管理”获第十九届全国石油石化企业管理现代化创新成果一等奖。

管道保护

地址： 上海市浦东世纪大道1200号中国石油上海大厦
邮编： 200122
电话： 021–50958811
传真： 021–50958800

企业文化

中国石油西藏销售公司

热心服务客户，为群众排忧解难

开展创先争优强基惠民活动

实现油品质量升级，保护雪域高原碧水蓝天

橇装加油设施服务偏远地区农牧民群众

中国石油西藏销售公司前身是1962年1月27日成立的西藏自治区石油公司，1998年11月划至股份公司，更名为中国石油天然气股份有限公司西藏销售分公司（简称中国石油西藏销售公司）。主要从事西藏地区成品油及石油液化气、润滑油的批发、零售、运输、储存等业务，并指导、协调、监督、检查所属各单位工作。

中国石油西藏销售公司机关设在西藏自治区拉萨市北京中路71号，设立11个部门（营销调运处、投资建设管理处、财务处、加油站管理处、人事处、企管法规处、质量安全环保处、审计监察处、党群工作处、信息化管理处、办公室），下辖7个地市公司（拉萨、日喀则、那曲、山南、昌都、林芝、阿里）、2个专业公司（仓储分公司、非油品分公司）和2个驻外机构（格尔木公司、成都办事处）。

截至2014年底，中国石油西藏销售公司有员工1557人，其中合同化用工1146人，市场化用工411人。营运加油站117座，橇装加油设施7座，其中44座加油站在海拔4000米以上；在用油库8座，液化气储配库1座，总库容15.79万立方米。营运加油站118座，其中全资加油站115座，租赁加油站1座，控股加油站1座，参股加油站1座。资产总额51.27亿元。与1998年相比，销量从8.5万吨增至81万吨，年均增长15.2%；销售收入从5亿元增至65亿元，年均增长18%。多年来，为西藏自治区跨越式发展和长治久安以及中国石油“有质量有效益可持续发展”做出了重要贡献。2014年获得西藏自治区党委、政府授予的“民族团结进步模范集体”荣誉称号，连续8年保持“西藏自治区安全生产先进单位”荣誉，连续3年获得“西藏自治区强基础惠民生先进单位”荣誉称号。

“十二五”末至“十三五”期间，中国石油西藏销售公司将秉承“奉献能源、创造和谐”的宗旨，践行“诚信、业绩、创新、和谐、安全”的经营理念，明确加快建设高原特色的国际水准销售企业，把公司建设成为主导区域市场、具有核心控制力的国有企业，把履行政治责任放在突出位置，支持西藏自治区经济社会发展，维护社会局势稳定。围绕发展定位提出了“完成一个目标（中长期规划目标）、强化两项重点（规范化、信息化）、把握三个维度（时间、空间、体制机制）、实施五项工程（信息化、网络开发、管理提升、员工素质、民生）”的工作思路。坚持做大市场，做细管理，做强网络，做优队伍，做好民生，确保西藏自治区成品油市场平稳供应，确保油品数质量和安全环保无事故，确保队伍和谐稳定，继续为建设小康西藏、平安西藏、和谐西藏、生态西藏以及打造忠诚、放心、受尊重的中国石油做出新的更大的贡献。

地址：西藏自治区拉萨市北京中路71号　邮编：850000　电话：0891-6955565　传真：0891-6824978

中国石油集团
东南亚管道有限公司

总经理、党委书记、纪委书记、
工会主席　姜昌亮

2014年是中缅油气管道工程建设全面收官之年。中国石油集团东南亚管道有限公司（简称东南亚管道公司）全年向国内输气31.78亿立方米，完成输气指标任务102.6%；原油管道全面建成，实现试投产暨马德岛港成功开港投运，完成接卸第一船原油；全年实际发生管理费用比年初计划指标下降15%，其中“五项”费用下降64%；全年完成投资总额8091万美元，投资完成率95%；在投资控制、人员控制、对标管理、精细管理上下功夫，多措并举推进低成本发展。

2014年，天然气管道处于运行磨合期与高风险期，东南亚管道公司科学运用SCADA系统，不断完善PPS系统，优化生产运行管理；圆满完成16台超声波流量计的首次国内标定工作，加强设备检修与维护保养；加大管道巡线力度，强化重点部位监控，加强二次水保监测，使天然气管道成功经受住两个雨季考验。

东南亚管道公司加强企业管控：对皎漂、马德岛两个运营中心进行优化整合，减少生产管理单元1个，减少基建面积5405平方米，节省基建投资1500万美元。深化索赔事务管理：全年累计收到承包商提出的变更索赔588项，涉及金额5.57亿美元；已处理107项，涉及金额6630万美元，审减金额3555万美元，维护公司合法权益。

东南亚管道公司以管道为平台，扎实推进CNG、炼油厂和LNG等新项目。完成CNG项目框架协议、股东协议、权利义务协议等重要协议的起草和修改，具备谈判和签约条件；炼油厂项目完成350万吨/年项目预可行性研究报告，并就选址问题与MPE达成共识；LNG项目进一步完善前期基础工作，完成LNG岸基可行性研究报告，开展浮式LNG可行性研究方案研究。

2014年8月10日，在缅甸首都内比都，东南亚管道公司总经理姜昌亮向中国外交部部长王毅汇报工作

2014年8月8日，国务院扶贫办主任、党组书记刘永富在缅甸出席第八届“中国—东盟社会发展与减贫论坛”期间，考察东南亚管道公司在缅甸公益项目开展情况，到缅甸掸邦一所学校进行实地调研

地址：北京市朝阳区太阳宫金星园8号　邮编：100028　电话：010-63592896　传真：010-63591294

中国石油集团测井有限公司

总经理、党委副书记　李剑浩

党委书记、副总经理　杨再生

中国石油集团测井有限公司（简称中油测井）成立于2002年12月6日，是集团公司独资的测井专业化技术公司，主要从事国内外油气田测井、录井、射孔、测试等完井技术服务和技术咨询，钻井测控、压裂测控、注采测控等工程技术服务和技术咨询，测井数据、测井解释、油藏评价等技术服务和技术咨询，与上述相关的仪器设备、配件、应用软件、专用工具的开发、物理实验、试验、制造、销售、租赁、检测、维修等业务。

中油测井现有员工5126人，其中硕士、博士研究生占7%，本科生以上占44%，大专生以上占65%；高级工程师、教授级高级工程师占11%，中级以上职称人员占全部管理和专业技术人员的67%；6人享受政府特殊津贴，13人为中国石油高级技术专家，3人担任中国石油重点领域或重大项目首席专家。中油测井充分发挥研发、制造、服务一体化优势，积极开展国家、集团公司重大科技项目研究，测井技术基础研究、前沿技术研究，测井装备研发及产业化，应用基础理论方法研究、成套装备与软件开发、油气评价研究等。自主研发的具有完全自主知识产权的EILog快速与成像测井成套装备达到国际先进水平，已经大规模投入生产应用，为油气勘探开发和相关工程技术业务提供品种齐全、优质高效、解决问题的仪器产品、软件产品和服务产品。累计获专利授权276件、软件著作权10件、国家重点新产品9项、省部级科技进步奖21项、中国石油十大科技进展10项，形成行业标准和规范45项。具有20万工时/年的机械加工能力，50套/年EILog快速与成像测井成套装备、20套/年随钻测井的仪器制造能力，在满足中油测井内部需求的基础上，积极为国内测井装备更新改造及对外销售提供有效支持，并远销伊朗、俄罗斯、美国。共有8个技术服务单位、353个测井队，具备年测井13000口、射孔90000米、录井600口的技术服务能力。目前，国内服务市场已覆盖到12个油田，海外服务市场已延伸到加拿大、乌兹别克斯坦、伊拉克、缅甸、孟加拉、俄罗斯等6个国家。

中油测井坚持“国内第一、国际一流”的战略目标，秉承“爱国、创业、求实、奉献”的企业精神，践行“诚信、创新、业绩、和谐、安全”的核心经营管理理念，贯彻“有质量有效益可持续发展”的工作方针，以油气藏为工作对象、以油气含量为中心、以单井产量为目标，不断提升企业核心竞争力，为集团公司油气储量产量增长发挥更大作用。

全国政协副主席万钢视察公司

全国劳模李梦春

烈日

速钻桥塞多级射孔作业

地址：陕西省西安市高新区锦业二路50号　邮编：710077　电话：029－88776666　传真：029－88776000

中国石油集团
渤海石油装备制造有限公司

总经理　赵　国

党委书记　杨跃东

中国石油集团渤海石油装备制造有限公司（简称渤海装备公司）是集团公司所属全资子公司，是中国较大的综合性石油装备制造企业。2008年4月重组成立，注册在中国经济新的增长极——天津市滨海新区。公司厂区主要分布在天津市滨海新区，河北省沧州市、承德市，辽宁省盘锦市，江苏省南京市、扬州市，甘肃省兰州市，新疆维吾尔自治区乌鲁木齐市等地。所属11家企业，大多数都有30年以上的发展历史。

渤海装备公司以油气输送装备、钻采装备、海工装备、炼化装备四大类产品为主营业务。现有"渤海华宇""渤海巨龙""渤海能克""渤海中成""渤海卡瑞特""渤海司达""渤海飞雁"七大知名品牌。公司有36种产品取得API认证，20种产品获"中国石油装备"背书品牌授权，19种产品获国家和行业名牌。"渤海华宇""渤海巨龙"牌钢管，享誉国字号工程和国际管道项目。"渤海中成"牌节能采油装备获"全国用户满意名牌"，并畅销北美高端市场。"渤海飞雁"牌烟气轮机占国内市场的90%，占全球总量的56%。直缝钢管、螺旋钢管、弯管管件、螺杆钻具、钻杆、钻头、节能型"三抽"设备、潜油电泵、专用电机、热采设备、海洋平台、工程船舶、烟气轮机、特种阀门等产品处于国内领先、国际先进水平。产品行销全国各大油气田、炼化项目、管道工程，以及亚洲、非洲、欧洲、美洲、澳洲等40多个国家和地区，在保障中国石油油气主营业务和国家重点工程项目中发挥重要作用。

渤海装备公司具有雄厚的研发实力、制造实力和试验检测实力，拥有1个研究院，下设2个分院、6个专业研究所。获得国家科技进步奖7项、省部级科技进步奖35项、专利489项，其中

油气输送钢管

自动化液压钻机

模块固控系统

API 钻杆

发明专利 47 项、国际专利 4 项。拥有 10 余条先进生产线，一万多台（套）大型先进制造设备；拥有国家钢管研发实验平台、金属材料及制品检验中心等 10 个重点实验室和若干中试基地。

渤海装备公司连续 6 年营业收入在百亿元以上，实现了有质量、有效益、可持续发展，是集团公司装备制造业务板块规模大、经营业绩好的企业，被国家发改委、科技部、财政部、海关总署、国家税务总局等五部委认定为国家级企业技术中心，被评为“中国企业文化建设先进单位”。

渤海装备公司制定中长期发展思路，将万众一心、团结奋斗，发扬大庆精神、铁人精神，“保障主业、服务市场，追求价值、诚信回报”，牢固树立“用人品创造产品打造精品”的理念，努力把公司建设成为“国内领先、国际一流”的综合性石油装备制造企业，为中国石油建设世界一流综合性国际能源公司做出积极贡献。

液氮压裂泵车

中高压管道球阀

地址：**天津市滨海新区大港油田北穿港路中段**
渤海石油装备中成机械公司综合楼
邮编：**300280**
传真：**022–25978602**
电话：**022–25978602**

CP300 自升式钻井平台

烟气轮机

昆仑银行股份有限公司

董事长、党委书记　蒋尚军

行长　王忠来

昆仑银行股份有限公司（简称昆仑银行），其前身克拉玛依市商业银行系 2006 年 6 月 6 日由克拉玛依市城市信用社改制成立。2009 年 4 月中国石油通过增资控股对克拉玛依市商业银行进行重组，2010 年 4 月正式更名为昆仑银行。重组伊始，昆仑银行就确立产融结合发展战略，坚定不移地走差异化经营、特色化发展道路。

近年来，在监管部门、地方政府、大股东及社会各界的大力支持和关心帮助下，昆仑银行按照“立足新疆、依托石油、面向全国、走向国际”的发展布局，突出发展对公业务，大力发展零售业务，积极发展国际业务，稳健发展金融市场业务，经营业绩屡创新高，规模实力持续增强，特色鲜明、富有活力的能源银行初具雏形。

截至 2014 年末，昆仑银行在新疆、大庆、西安、北京等地设立 60 多家分支机构，发起设立四川乐山、新疆塔城昆仑村镇银行。员工 2600 余人，总资产 2783 亿元，全年利润 35 亿元。2012 年，昆仑银行首次入围标准普尔发布的中国 50 大银行，是近年来国内成长较快的银行之一，已迅速从一家小型城商行发展为具有一定影响力的中型商业银行。

2014 年工作会议及职代会

昆仑银行国际结算中心揭牌

2014 年健步走活动

地址：北京市西城区金融大街1号　邮编：100033　电话：010-89026997　传真：010-89025407

模块固控系统

API 钻杆

发明专利 47 项、国际专利 4 项。拥有 10 余条先进生产线，一万多台（套）大型先进制造设备；拥有国家钢管研发实验平台、金属材料及制品检验中心等 10 个重点实验室和若干中试基地。

渤海装备公司连续 6 年营业收入在百亿元以上，实现了有质量、有效益、可持续发展，是集团公司装备制造业务板块规模大、经营业绩好的企业，被国家发改委、科技部、财政部、海关总署、国家税务总局等五部委认定为国家级企业技术中心，被评为“中国企业文化建设先进单位”。

渤海装备公司制定中长期发展思路，将万众一心、团结奋斗，发扬大庆精神、铁人精神，“保障主业、服务市场，追求价值、诚信回报”，牢固树立“用人品创造产品打造精品”的理念，努力把公司建设成为“国内领先、国际一流”的综合性石油装备制造企业，为中国石油建设世界一流综合性国际能源公司做出积极贡献。

液氮压裂泵车

中高压管道球阀

地址：**天津市滨海新区大港油田北穿港路中段**
渤海石油装备中成机械公司综合楼
邮编：300280
传真：022-25978602
电话：022-25978602

CP300 自升式钻井平台

烟气轮机

昆仑银行股份有限公司

董事长、党委书记　蒋尚军

行长　王忠来

经营成果

昆仑银行紧紧围绕产融结合“一号工程”，构建了公司业务、个人金融业务、金融市场业务、国际业务四大主营业务体系，不断取得良好发展成果。

经营业绩

重组以来，昆仑银行经营业绩快速增长；资产总额由2009年的216亿元增至2014年的2783亿元；利润总额由0.9亿元增至35亿元；各项存款余额由177亿元增至1102亿元；各项贷款余额由98亿元增至737亿元。

年份	2009	2010	2011	2012	2013	2014
资产总额（亿元）	216	826	1303	1848	2465	2783
利润总额（亿元）	0.9	8.1	14.5	23.3	30.5	35

★ 2012年首次入围标准普尔发布《中国50大银行榜单》，现排名第40位

★ 在《银行家》杂志2014年度中国城市商业银行综合排名升至第10位

★ 东方金城国际信用评估有限公司评定昆仑银行主体信用等级AA+，评级展望为稳定

业务渠道

创新发布电子银行品牌“昆仑e+”，涵盖了网上银行、手机银行、电话银行、自助设备、远程银行等电子渠道，提供门户网站、短信平台（在线客服）等交互通道，搭建了全方位、立体化的渠道服务体系。电子银行客户规模超过47万，交易占比85%以上。

昆仑银行股份有限公司（简称昆仑银行），其前身克拉玛依市商业银行系 2006 年 6 月 6 日由克拉玛依市城市信用社改制成立。2009 年 4 月中国石油通过增资控股对克拉玛依市商业银行进行重组，2010 年 4 月正式更名为昆仑银行。重组伊始，昆仑银行就确立产融结合发展战略，坚定不移地走差异化经营、特色化发展道路。

近年来，在监管部门、地方政府、大股东及社会各界的大力支持和关心帮助下，昆仑银行按照“立足新疆、依托石油、面向全国、走向国际”的发展布局，突出发展对公业务，大力发展零售业务，积极发展国际业务，稳健发展金融市场业务，经营业绩屡创新高，规模实力持续增强，特色鲜明、富有活力的能源银行初具雏形。

截至 2014 年末，昆仑银行在新疆、大庆、西安、北京等地设立 60 多家分支机构，发起设立四川乐山、新疆塔城昆仑村镇银行。员工 2600 余人，总资产 2783 亿元，全年利润 35 亿元。2012 年，昆仑银行首次入围标准普尔发布的中国 50 大银行，是近年来国内成长较快的银行之一，已迅速从一家小型城商行发展为具有一定影响力的中型商业银行。

2014 年工作会议及职代会

昆仑银行国际结算中心揭牌

2014 年健步走活动

地址：北京市西城区金融大街1号　邮编：100033　电话：010-89026997　传真：010-89025407

中油资产管理有限公司

董事长　王　亮

总裁　吴　妍

董事长王亮参加山东信托增资扩股签约仪式

召开党的群众路线教育实践活动总结会

荣获2014年度“宁波市纳税50强企业”荣誉称号

中油资产管理有限公司（简称中油资产）是集团公司直属全资子公司，定位为集团公司的“投资银行”，为中国石油的发展提供低成本和优质可靠的筹融资服务，助力主业发展。昆仑信托有限责任公司系中油资产管理有限公司的控股子公司，注册资本30亿元。

中油资产始终坚持低风险偏好的管理理念，坚持特色化、专业化、市场化的发展方向，秉承“专业创造价值”和“受人之托，代人理财”的专业精神，结合集团公司产业优势资源，着力打造国内一流的产融互动平台、财富管理平台和战略共赢平台。2014年，实现营业收入19.1亿元，利润12.1亿元，净利润10亿元，信托规模达到1403亿元，为委托人创造收益93.71亿元。中油资产系中国信托业协会理事单位，获得“浙江省优秀金融企业”“宁波市纳税50强企业”等多项荣誉称号。中油资产目前为全国银行间债券市场、全国银行间同业拆借市场成员，具有以固有资产从事股权投资业务资格和信贷资产证券化受托机构资格。

中油资产创新设立国联能源产业基金，引入外部资金363.5亿元用于西气东输一线、二线、三线管道和未动用储量开发等项目，为集团公司进一步改革开放提供了合资合作平台和融资渠道；为大庆油田等14家矿区企业融资186.6亿元，建设住宅面积1278万平方米，有效确保中国石油“民生工程”的平稳运行；为煤层气、储气库、装备制造等项目累计融资83亿元，为储备油项目累计提供资金110亿元，利用信托平台打通集团公司重大项目融资渠道；投资4.9亿元入股中国信托业保障基金管理公司，有效保障行业健康发展，切实履行央企社会责任。

中油资产以中国石油员工为主要对象设计开发稳健、高收益的金融理财产品，累计发行“昆仑财富”系列信托产品68支，规模总额260亿元，有效满足了广大员工的财富管理需求。

地址：北京市西城区金融大街一号金亚光大厦B座　邮编：100033　电话：010-63597600　传真：010-63597604

北京石油管理干部学院

学院综合楼及C座现代化学员宿舍

王宜林董事长出席集团公司第64期党校及工商管理培训班开学典礼并讲话

北京石油管理干部学院、中国石油天然气集团公司党校、中国石油远程培训学院三位一体，作为集团公司直属的高级培训中心，以培训服务为主营业务，以中高层管理干部为主要培训对象，是集团公司管理干部培训的主渠道、党员干部党性锻炼的熔炉、在线培训的总部平台。

北京石油管理干部学院（简称学院）于1984年9月成立，占地面积约92亩，目前下设17个部门和单位，拥有一支24人的专职教师队伍，约430名著名高校教授、国家研究机构专家、企业高管组成的兼职教师队伍，校园环境优美，被北京市和集团公司评为“花园式单位”，具备日培训1200人的能力。

学院服从服务于集团公司人才强企战略，围绕提高管理干部政治素养和管理能力，长年举办各类管理人员培训班。经过30年的教学实践，学院逐渐形成独具特色的以“领导力提升、国际化人才培养”为重点的课程体系，开设350余个授课专题，打造一大批深受学员欢迎的精品课程，在北京内外设有多个定点现场教学基地。截至2014年底，共举办各类培训班3514个，培训学员21.65万人。学院连续获得集团公司“十五”“十一五”培训工作先进单位荣誉称号，中国石油天然气集团公司党校连续18年被中央党校授予“教学管理先进单位”荣誉称号。

中国石油—休斯敦大学全球能源管理EMBA班课堂研讨

学员在情景模拟教室开展电视访谈训练

学院中心花园一角

地址：北京市昌平区西三旗东黄土店路北　邮编：100096　传真：010-82911049　电话：010-69216001

第十三篇

企事业单位概览

油气田企业

大庆油田有限责任公司（大庆石油管理局）

【概述】 大庆油田是中国最大的油田，也是世界上为数不多的特大型砂岩油田之一。大庆油田主体位于黑龙江省西部、松嫩平原北部，由萨尔图、杏树岗、喇嘛甸等52个油气田组成，含油面积6000多平方千米。勘探范围包括黑龙江省全境，内蒙古海拉尔，吉林省延吉、珲春，新疆塔里木东部等16个盆地，登记探矿权面积20.5万平方千米。

大庆油田有限责任公司（简称大庆油田）业务主要包括勘探开发、工程技术、工程建设、装备制造、油田化工、生产保障和矿区服务，具有较为完整的业务体系和综合一体化优势。勘探开发业务，已建成油、气、水井11万余口，各类大型站（库）1600多座，并在页岩油、油砂油、煤层气、地热等非常规能源的开发利用上进行积极探索；工程技术业务，有物探、钻井、测井、录井等专业队伍588支，具备年钻井进尺1000万米、二维地震15000千米、三维地震6500平方千米的施工能力；工程建设业务，具备工程设计、工程勘察综合甲级资质及化工、石油工程施工总承包特级资质，可完成500万吨/年产能建设配套施工任务；装备制造业务，可生产抽油机、潜油电泵、螺杆泵、射孔器材等12大类、74个品种的产品，形成“力神”“庆矛”等国际知名品牌，主导产品已进入印度尼西亚、苏丹、美国、加拿大等国家和地区；油田化工业务，生产液氨、轻烃、烷烃类、表面活性剂和醋酸等20余种产品；生产保障业务，主要包括水、电、信和物资供应等业务；矿区服务业务，主要包括物业、公交、医疗、文化、保险、托幼、离退休等。

【油气勘探】 2014年，勘探形势令人鼓舞，重点目标领域喜获新的突破。中浅层致密油勘探取得重大成果，长垣、三肇、齐家—古龙多区带多井点获产能突破，肇平5、敖平3、古303等多井获高产工业油流，基本形成3个亿吨级规模储量区。常规油多领域精细勘探取得重要进展，英平1、龙X46、贝X69等多井获工业油流，楚9井见到厚油层，英台、杏西、海拉尔等地区资源潜力进一步扩大。深层天然气勘探取得类型、层系双突破，宋深11、宋深103H、宋深12H及徐探1井获高产工业气流，火山岩以隐蔽火山口为主的千亿立方米探明油气地质储量基本在握，以近火山口溢流相为主的千亿立方米储量规模基本呈现，沙河子组砂砾岩致密气千亿立方米储量规模基本在望。塔里木东部勘探取得积极进展，继古城6、古城8井突破后，古城9井获日产百万立方米高产工业气流，城探1井丘滩体见到好苗头，古城地区呈现多层系、规模含气场面。

【油气开发】 2014年，开发水平再创新高，实现连续12年原油4000万吨稳产。原油生产运行平稳，长垣水驱比计划多产油42.2万吨，为近年来超产幅度最大的一年，充分发挥对稳产的支撑作用；三次采油产量达到1401.7万吨，其中复合驱产量由125万吨上升到225万吨，连续13年保持在1000万吨以上；长垣外围实现产量大幅增长，年产油同比净增33.9万吨，彻底扭转多年来徘徊不前的局面；海塔盆地实现规模上产，年产油突破130万吨，上产幅度超过20万吨。开发指标持续向好，长垣水驱自然递减率、综合递减率创近年来最好水平，年均含水上升值连续5年控制在0.3个百分点以内，长垣外围老井综合递减率控制在10%以内，吨聚合物增油达到47.1吨，全油田机采井检泵率同比下降6.4个百分点，继续保持老油田精细开发的高水平。生产天然气35.1亿立方米，工业产量实现“四连增”，庆深气田产量达到12.7亿立方米，产量当量首次突破100万吨，呈现出平稳快速增长的发展态势。

【油田整体业务】 2014年，各项业务协调发展，总体经营状况进一步改善。充分发挥一体化优势，加强内部市场管理，深挖生产经营潜力，非油气业务内部市场份额大幅增长，发展质量和效率效益持续提升。工程技术，深入推进专业化管理，调开井平均钻速提高7.5%，致密油三维水平井钻井周期缩短27.56%，挖潜增效2.53亿元。工程建设，内部市场稳中有增，外部市场有效拓展，工程质量一次验收合格率100%，获省部级优质工程12项、国家优质工程1项。装备制造，主导产品产量大幅增长，内部市场销售额增加1.1亿元。油田化工，紧盯市场行情，优化装置运行，强化“产供销存”联动，经营利润同比增加0.24亿元。水、电、信、物资等服务保障能力持续增强，物业、公交、医疗、教育、文化、保险、房地产等业务平稳发展。

【核心技术】 2014年，核心技术持续创新，科技进步驱动作用更加突出。勘探技术有了新发展。各领域地质认识不断深化，储层预测、资源评价及配套技术持续完善，不仅明确有利区带、指导勘探部署，而且为发现规模效益储量提供技术手段。开发技术有新发展。水驱精细挖潜、聚合物驱优化调整技术进一步配套完善，三元复合驱技术实现工业化推广，深层天然气开发技术取得新突破，有力支撑原油4000万吨持续稳产和天然气快速上产。工程技术有了新发展。水平井钻完井、大规模体积压裂、直井缝网压裂等技术日趋成熟，致密油水平井单井投资得到有效控制，平均单井日产油是周围直井的7.8—23倍，展现了外围难采储量经济有效动用的新希望。2014年获省部级以上科研成果29项、国家发明专利23项，其中大型复杂储层高精度测井处理解释系统及其工业化应用，获国家科技进步奖二等奖。

【企业管理】 2014年，管理提升成效显著，运行质量与管控能力明显增强。围绕开源节流、降本增效，加强生产经营分析，强化依法合规管理，大力推进管理提升，持续开展效能监察，企业经营管理和创新创效能力进一步增强。钻井、井下等专业化试点小队，用工减少20%以上、施工效率提高10%，采油试点单位打破一队一站管理模式，组建专业工区，人员大幅精减、效率显著提升；标准化设计、工厂化作业、自动化施工扎实推进，主体施工环节劳动强度大幅下降；联合站、转油站推行“多岗合一、集中监控”信息化试点，岗位人员减少近40%，工作效率提高38%。机构调整稳步推进，探索水务公司扁平化管理，优化昆仑集团管控模式，压缩医疗系统管理层级，实施采油厂大修业务整合，在集中统一管理、优化配置资源上取得新的进展。投资成本有效控制。百万吨产能投资比年初安排节省7.8%，上市业务投资资本回报率25.44%，“五项”费用支出同比减少25.65%。经营管理规范高效，2014年调剂资产3.8亿元，租赁经营创效1.26亿元，修旧利废创效4.39亿元；物资集中采购度达97%，招标采购率达89%，事后合同发生率下降到0.9%；清理法人实体7家，破获涉油案件3113起，收缴被盗原油1.1万余吨。

【基础工作】 2014年，基础工作扎实推进，可持续发展根基日益夯实。制度体系健全完善，以岗位责任制为中心的基础工作持续加强，规章制度业务流程不断规范，企业标准体系覆盖生产经营全过程。安全环保平稳受控，认真落实“党政同责”“一岗双责”和“谁主管谁负责”，体系建设巩固加强，风险防控全面升级，监管力度持续加大，1161处占压隐患得到有效治理，“写风险、控风险、消风险”活动见到明显成效，安全生产形势向好，较大以上环境污染事故为零。节能减排成效显著，立体化节能模式全面推广，新技术应用力度不断加大，吨液生产综合能耗实现“九连降”，累计节能17.5万吨标准煤，提前完成“十二五”减排指标。员工培训全面加强，开展全方位、多层次、特色化培训，实施处级以上干部脱产集中培训及网络专题培训，技术专家、技术带头人学术研讨和创新能力培训，技师、技能专家实践技能培训以及全员岗位练兵、安全环保应急培训，促进员工素质的整体提升。

【矿区环境与民生】 2014年，矿区环境明显改观，完成八百垧中心、让胡路西清等6个小区的专项治理，新建改造7个社区服务综合体，受益居民3.1万户；改造西二路、让林路等5条城市主干路，新增绿地403公顷[1]，植树373万株。健康保障更加有力，饮用水深度处理工程投产运行，员工群众喝上优质水、健康水；龙南医院门（急）诊楼正式投用，油田三甲医院接诊能力和就诊条件大幅提升。一线条件持续改善。实施前线旱厕改造，推进野外施工住宿区域化、公寓化，改善员工食堂专业化水平，优化通勤车辆组织运行，极大地方便了生产生活。有效维护员工利益，落实带薪休假制度，开展群众性文体活动，创造条件提高员工收入及福利待遇，企业发展成果更多地惠及广大员工群众。

【党建和思想政治工作】 2014年，政治优势充分发挥，党建和思想政治工作全面加强。深入学习贯彻习近平总书记系列重要讲话精神，按照中央相关要求，

[1] 1公顷=10000平方米。

强化党委政治核心作用，健全完善制度规定及工作程序，推进科学决策、民主决策，坚持党要管党、从严治党，落实党管干部、党管人才，企业党的建设进一步加强。强化教育实践活动问题整改，精减压缩两级机关车辆1100台，清理腾退办公用房5.8万平方米，反对“四风”、改进作风进一步推进。强化年轻干部培养选拔，树立正确的选人用人导向，严格干部选用标准，坚持民主公开、竞争择优，一批优秀青年人才成长起来，领导班子和干部队伍结构进一步优化。强化党委、纪委责任，健全完善惩防体系，加强巡视监督工作，推进经济责任和基建工程审计全覆盖，加大执纪办案和追究问责力度，党风廉政建设水平进一步提升。强化舆论宣传和氛围营造，结合深化社会主义核心价值观教育，开展“高举大庆红旗、讲好大庆故事”系列活动，唱响主旋律、传播正能量，大庆精神铁人精神进一步弘扬。强化工会、共青团组织作用发挥，深化厂务公开和民主管理，开展“岗位当先锋，稳产立新功”及青年文明号立功竞赛活动。强化企业维稳、信访工作，认真落实稳定工作责任制，妥善处理各群体利益诉求，深入开展困难群体帮扶，和谐稳定局面进一步巩固。

（陈立民　李淑杰）

中国石油天然气股份有限公司
辽河油田分公司
（辽河石油勘探局）

【概述】 中国石油天然气股份有限公司辽河油田分公司（简称辽河油田）地跨辽宁省、内蒙古自治区的12个市、32个县（旗），是全国最大的稠油、高凝油生产基地。辽河油田主要从事油气勘探开发、工程技术、工程建设、燃气利用、多种经营、矿区服务等业务。用工总量94302人。其中，上市单位用工45083人，未上市单位用工49219人。拥有固定资产原值1447亿元、净值566亿元，有设备22.2万台（套）。2014年，生产原油1021.9万吨，生产天然气7亿立方米。实现营业收入701亿元。其中，上市业务收入342亿元，同比减少8亿元；未上市业务收入246亿元，同比增加22亿元；多种经营收入113亿元，同比减少42亿元。缴纳税费105亿元。其中，上市业务缴纳税费90亿元，未上市业务缴纳税费15亿元。

【油气勘探】 2014年，强化地质综合研究，深化技术攻关，完成二维采集635千米、三维采集424平方千米，完钻探井32口，新老井试油25口，实施滚动评价井20口。东部凹陷中南段火山岩勘探取得新突破，红28井和驾31井等井获得百吨高产油气流，新增预测原油地质储量5084万吨。雷家地区致密油勘探实现储量升级，雷88井和雷93井获得工业油流，新增控制原油地质储量4199万吨，雷家地区致密油勘探项目获得股份公司勘探重大发现奖二等奖。曙光潜山深层勘探展示较大潜力，曙古169井和曙古175井获得百吨高产油流，有望成为规模增储区块。西部凹陷岩性油藏勘探取得新成果，双229井获得百吨高产油气流，双243井见到较好油气显示，呈现良好前景。老区评价勘探、滚动勘探在茨120井和欢626井等区块新增探明石油地质储量1243.7万吨，为产能建设提供资源保障。新领域、新能源勘探实施的深海钻探，都实现预期地质认识。

【油气开发】 2014年，坚持以油气稳产上产为目标，科学评价开发潜力，深化效益生产，实现自营区与合作区同步提升。通过优化部署、强化运行、推进钻井总承包等措施。提高新井实施节奏和生产时率，2014年完成钻井472口，同比增加126口，累计生产原油52.2万吨，同比多生产原油11.5万吨。扩大开发方式转换规模，新转蒸汽驱、SAGD（蒸汽辅助重力泄油）、火驱、化学驱等井组62个。SAGD百吨井达到6口、比实施前日产油增幅超过千吨，火驱日产油跨越千吨，改善化学驱效果，潜山非烃类气驱初见成效。提升注水、注汽效果，完成注水工作量2746井次，新增及恢复动用储量2520万吨，注水油田日产油增加近600吨。加大注气保压开采、二氧化碳辅助吞吐力度，实施1780井次，节约注汽量80万吨，增加周期产量。加大老井治理，通过大修、侧钻、压裂等措施，恢复长停井698口，恢复日产油1380吨，累计增油26.5万吨；治理水平井48口，累计产油

5.2万吨。加强合作开发，冷家油田、高升项目实现生产目标；月东油田生产原油35.6万吨，比计划多生产21.9万吨；未动用储量合作生产原油1.2万吨。

【工程技术】 2014年，辽河油田工程技术单位应对工程技术服务市场环境变化，立足保障油田生产，开拓内外部市场，提升赢利创效能力。辽河油田国际市场和国内外部工程技术服务市场投入工程技术服务队伍11个，创产值5.36亿元，实现外部市场安全、有效、规模发展。开展能力置换，调整运行模式，推进提质、提速、提效，作业队伍效率提高13.9井次/年，完成工作量2.3万井次，保障油区生产需求。国内外部市场工作量主要分布在吉林、胜利、冀东、长庆等油田，工程技术系统转变开发思路，扩大市场开发力度，拓展市场空间，重视市场调研和项目论证，规避项目运作风险，加强油气合作，用特色技术引领市场。海外市场开发第一次以工程总承包（EPC）方式中标“中国—乌兹别克斯坦天然气管道外电施工总承包项目”，合同额133万美元。辽河油田国际（哈萨克斯坦）有限公司实现收入1132万元，收入达到2013年4倍多，实现利润317万元，同比增长132%。提升和扩展境外公司施工能力和施工资质。辽河油田国际（哈萨克斯坦）有限公司新增工程建设施工资质和油气田工程设计资质，在哈萨克斯坦市场新增高温测试技术服务队伍1个、注汽锅炉2套。提升境外大型项目施工组织能力，伊朗TMC项目和物资代理服务项目实现正常化、规范化。

【工程建设】 2014年，辽河油田工程建设单位将市场开发放在首位，根据市场形势及时调整市场开发策略，拓展业务范围，完善市场布局。重点工程完成双六储气库注汽工程、曙1-38-32火驱地面工程、气化辽宁供气支线工程、锦采污水处理厂、曙四联污水深度处理扩建工程、洼—坨输油管道改造工程、石材市场油气管线占压清理等10项。油田内部市场新建原油生产能力82.4万吨，完成各类井口装置476套，采油集输平台36座，各类新建、改建站36座，各类管线425千米，供电系统安装变压器175台，架设各类电力线路49.6千米。国内市场开发份额创新高，成功进入长庆油田和壳牌公司市场，中标惠州炼化、承揽塔中天然气处理厂运行维护工作，业务范围实现新突破。重点培育中国航空油料集团公司、中国石油化工集团公司石化及部分省市燃气市场，市场布局实现多元化。成功实施塔里木克拉苏气田克深天然气处理厂工程，成为进军塔里木市场的“招牌”，马—惠线率先完成主体工程。国际市场构建由工程分包向独立承揽转变的新格局，获准进入中亚管道施工和勘探开发市场；组织尼日尔油田地面建设EPC项目的投标工作，成功中标乌兹别克斯坦外电EPC项目，实现海外市场开发新突破。工程管理推行项目管理模式，强化责任落实，促进提升施工管理水平。

【燃气利用】 2014年，辽河油田燃气利用系统输销天然气19.14亿立方米。其中，气代油业务14.03亿立方米，替换燃料油111.8万吨，管道销售1.2亿立方米，压缩天然气（CNG）销售0.66亿立方米，管输业务3.25亿立方米，实现销售收入36.32亿元。推进燃气设施建设，顺利实施朝阳地区、营口和海城地区供气支线项目，辽阳支线辽化段具备投产条件；开发辽阳石化机械、盘锦华润集团等5个企业用户，其中盘锦华润集团实现供气。综合评估投资收益和经济效益，对经营扭亏、涉及终端业务的项目进行股权处置，组织注销昆仑利用公司移交的没有实质性业务的6个公司。

【科技进步】 2014年，坚持以重大科技专项为引领，解决制约生产的瓶颈问题，关键技术取得重要进展。推动物探采集处理技术攻关和应用，实现低信噪比等复杂地区“两宽一高”工业化高效采集，提高资料品质。千万吨稳产、中深层稠油示范工程，研发试验多介质组合蒸汽驱、分层火驱等核心技术，推广应用水平井分段注汽、水力压裂等成熟技术，实现科技增油80万吨，国家能源局正式批准辽河油田组建“国家能源稠（重）油开采研发中心”。形成出砂水井分注、膨胀筛管防砂等4项特殊井综合治理技术，完善水平井大修、小井眼修井等6项技术，新技术现场试验46井次，阶段增油3000吨；带压作业技术处于集团公司领先水平。集团公司低碳专项“热采节能节水关键技术研究”取得进展，在稠油产汽、输汽、注汽、采油、污水处理五大环节取得技术突破13项。2014年承担国家、集团公司重大科技专项4项，制修订技术标准29项，获得省部级科技成果11项，获得国家授权专利284项。

【企业管理】 2014年，按照集团公司“深化改革，扩大经营自主权试点”要求，坚持上下结合，组织制订实施方案，确定3年承包期工作目标，制订30项举措，形成油田深化改革的顶层设计。根据集团公司批复、下放的7项自主权和5项配套政策组织实施，促进完成全年生产经营指标的同时，重点领域改革取得积极进展，呈现良好局面。组织内部改革试点，把握相关自主权和配套政策，统筹资金使用方向，优化投资成本，严控内部工作量流失，调整资金用于油气生产建设；开放外围钻井市场，奈曼区块钻井成本减少 439 元 / 米。推进辽河油田公司机关改革，制订机构调整方案和达标计划，明确人员“只出不进”原则，拓宽渠道分流人员；研究整合天然气销售业务，将计划生育办公室与矿区卫生处整合，将塔里木项目部、天然气储供中心、机关车管中心分离出机关列为二级单位管理，压缩编制定员 188 人。完善薪酬分配制度，突出效益导向，落实工效挂钩政策，对二级单位实行“增效增工资、稳效稳工资、降效降工资、亏损减工资”的分配政策；调整考核兑现方式，由半年预考核、年度总体考核调整为月考核、月兑现，调动全员工作积极性。

树立“经营为生产过程服务、生产对经营结果负责”的理念，开展“开源节流 降本增效”活动，组织“增储稳产降成本、安全优质提效益”劳动竞赛，促进完成经营业绩指标。加强投资管理，坚持简单实用原则，狠抓前期设计源头控制，加强可研初设审查和项目复审，优化压缩低效无效投资，做好总量平衡，压缩地面配套项目用于产能建设；推行钻井标准化设计，优化钻井投资，通过钻井总承包压缩投资，等量投资规模同比多钻产能井 129 口。严控成本费用，加强重点项目管理，注汽费、作业费、材料费、动力费等操作成本控制在总部下达指标内，通过压裂区域化批量施工、优化配置压裂液等措施，降低单井成本；严控非生产性支出，全年“五项”费用同比下降 32 个百分点。开展挖潜创效活动，加大专项控制，出差、印刷、接待等项目选择系统内部单位；实行公务用车集中管理，推进资产轻量化管理，调整油品销售结构，加强低效资产利用，优化生产建设用地，2014 年节约土地 70.5 公顷。加强人力资源管理，推进“三控制一规范”，严把入口、控制增量；优化综合调剂、盘活存量，组织内部劳务输入、输出 3591 人，挖潜调剂 824 人，清退外雇工 2855 人。加强市场、合同、概预算、结算、物资采购、资本运营工作，严格内控、审计管理，开展财产清查和清理“小金库”专项检查，规范辽河油田领导干部在多种经营企业兼职行为；清理非油田单位冠名 70 个，对 7 个基层招待所取消对外经营资格，提高依法治企水平。

加强生产管理和安全环保管理，推进“一岗双责、党政同责”，逐级逐岗修订岗位职责 1.25 万多个，形成全员履职局面。加强风险管控，开展油气管道隐患治理和占压盗用油田资源专项整治，治理石材市场占压、高—渤线、200 万立方米轻烃等项目隐患 189 项。推进 HSE 体系建设，通过 HSE 体系年度审核，完成应急预案换版，组织井控、消防等各类演练 1036 场次，举办培训班 1800 余期，巩固安全环保基础。严格监督问责，扎实开展安全生产大检查和重点领域专项检查，突出整治习惯性违章，加大追究力度，检查整改问题 1237 个，处罚责任人 241 人。树立红线意识和底线思维，落实安全环保管控措施，实现安全清洁生产，保持安全形势稳定。抓好节能减排，通过实施重点节能项目、关停热电厂、改造污水处理厂、落实保护区开发要求等措施，提升环保治理能力，实现节能 5.96 万吨标准煤、节水 120 万吨，减排二氧化硫 6881 吨、氮氧化物 4169 吨。

【党群工作】 2014 年，辽河油田党委发挥政治优势，着力提升党建科学化水平，认真贯彻党的十八大和十八届三中、四中全会精神，完善落实党委中心组学习制度，保证贯彻执行上级决策部署；坚持围绕中心、服务大局，完善党委参与重大问题决策机制，把政治优势转化为发展优势。发挥党委政治核心作用，加强领导班子和干部队伍建设，组织学习贯彻习近平总书记系列讲话精神培训班，实现处级干部全覆盖；深化“四好班子”创建，落实“三重一大”决策制度，强化干部交流和业绩考核，提升班子整体功能和干部队伍素质，保证辽河油田各项事业可持续发展。开展“讲诚信、懂规矩、守纪律”党性教育，落实党的群众路线教育实践活动整改方案，整顿机关作风，取消干部专车，清理超标办公面积 3.4 万平方米，压缩接待费用 64%。强化基层党组织建设，深化“基层党建示范点”和标准化党支部建设，建立基层党建工作和党员管理考核体系，发挥基层党组织和党员作用。推进党风廉政建设，严格落实党委主体责任和纪委监督责任，加大监督执纪、案件查办和效能监察力度，2014 年立案查处 32 件，处分党员干部 52 人，避免和挽回直接经济损失 2057 万元。提升队伍整体素质，深化“基本素质达标”工程，组织员工职业技能大赛，发挥技术专家、专业技术人才引领作用，有 9 名选手在集团公司职业技能竞赛中获得金牌和银牌。推进劳模、专家、员工 3 个技术创新工作室创建活动，组织群众性安全监督、道德模范评选、青工油水井分析、巾帼建功创业等活动，形成提素质、比贡献的正能量。

【矿区建设】 2014 年，辽河油田把维护员工群众利益作为工作的出发点和落脚点，切实保障和改善民生，实现发展成果全员共享。在全面完成业绩考核指标前提下，为 4.9 万名退休人员提高养老金，为 1.9 万名离休、提前退休等人员增加补助金。加强物业管理和日常维护维修，改善矿区环境面貌，提高综合服务水平。推进重点民生工程，筹措资金综合整治老旧住宅小区12个，供暖分户改造1.3万户，楼房墙体维修29栋，屋面防水大修485栋；加快矿区社会化进程，完成兴隆台中心地区、渤海地区740万平方米供暖业务社会化移交工作；开展民用燃气社会化服务，曙光矿区率先实现天然气入户，完成21个小区、2.7万户地下管网铺设工作；引进社会幼儿教育资源，大地幼儿园和幸福幼儿园等8所幼儿园实现联合办园；曙光井下矿区主街主路管理移交地方政府管理。深入开展"三好一满意"活动，优化门诊流程、实施双向转诊，满足员工群众就医需求。加强平安油田建设，强化治安综合治理，开展生产治安秩序整治"百日会战"，打击涉油犯罪，清理管道占压，强化重要时段安保防恐，增强员工群众的安全感和安居感。落实维稳责任，畅通信访渠道，深入排查稳定风险，实行领导包案，解决问题、化解矛盾。加强油地协调，改善企业发展环境，履行企业社会责任，创造和谐的矿区环境，树立国有企业的良好形象。

（田　英　杨　佳）

中国石油天然气股份有限公司
长庆油田分公司
（长庆石油勘探局）

【概述】 中国石油天然气股份有限公司长庆油田分公司（简称长庆油田）总部位于陕西省西安市，是中国石油的地区分公司，主营鄂尔多斯盆地油气及伴生资源的勘探、开发、生产、储运和销售等业务，工作区域横跨陕西、甘肃、宁夏、内蒙古4省区15个市61个县，面积37万平方千米。长庆油田成立于1970年。截至2014年底，长庆油田下属13个采油生产单位，8个采气生产单位，3个输油单位，4个科研单位，26个其他生产辅助单位，17个矿区服务单位；员工总数74506人；资产总额3076.74亿元，其中固定资产原值3817.06亿元、净值2381.72元。

2014年是长庆油田5000万吨持续稳产的第一年，广大干部员工在建成西部大庆新起点上，贯彻落实集团公司决策部署，各项工作取得新成果、新业绩、新突破。2014年新增探明原油地质储量3.32亿吨，新增探明加基本探明天然气地质储量5595亿立方米；生产原油2505万吨，生产天然气381.5亿立方米，实现油气当量5545万吨，油气产量再创新高；实现营业收入1629亿元，税前利润523.73亿元，投资资本回报率23.18%，税费519.39亿元、净现金流278亿元。

【油气勘探】 紧紧围绕落实规模储量区和寻找战略新发现两大重点，继续保持储量高峰增长态势。2014年新增原油三级储量9.19亿吨，天然气三级储量9311亿立方米。持续推进盆地含油气区带整体勘探，落实一批优质规模可动用储量。镇北—合水地区石油勘探评价取得重大进展，新增探明石油地质储量和控制石油地质储量3.4亿吨；姬塬、陕北等十亿吨级整装含油规模储量进一步落实。盆地东部多层系天然气勘探获得重大发现，新增探明加控制天然气地质储量近4000亿立方米，形成新的万亿立方米大气区。苏里格天然气整装规模储量继续扩大，连续八年规模储量超5000亿立方米，探明加基本探明天然气地质储量达到4.23万亿立方米。石油勘探发现姬塬长9段和安塞长10段两个亿吨级以上规模储量接替新层系；天然气勘探发现奥陶系盐下高产含气富集新领域，实现"安塞下面找安塞"和"靖边下面找靖边"的战略突破，形成三叠系和奥陶系立体含油气新格局。盆地致密油气勘探取得重要进展，落实10亿吨以上规模储量，探明的新安边油田成为我国陆上首个亿吨级致密油大油田，形成近百万吨产能和配套技术系列，为致密油规模效益开发开辟新途径。陇东地区天然气勘探评价取得新突破，落实三个有利含气富集区，成为新的千亿立方米规模储量接替区。积极推进高效油藏勘探，盆地侏罗系及三叠系上部浅层勘探发现多个高产油藏，落实3亿吨规模储量，为持续稳产夯实资源基础。

【油气开发】 油气生产受控运行，年产油气当量再创历史新高。油田开发突出以注水为核心的原油稳产工作，强化精细注采调控，深化油藏精细管理，细化开发技术政策，优化建产方案部署，坚持打责任井、高效井，规模应用水平井开发，加快提高采收率、致密油开发技术攻关与试验，油田开发主要指标积极向好，自然递减和综合递减各下降0.3个百分点，地层压力保持水平稳中有升，新井平均单井产量创六年来新高。原油生产面对工作量缩减、产能建设启动较晚、征借地难度加大等诸多困难，强化生产组织和产销平衡，突出老井稳产、措施增产、新井上产和精细管理，适时开展夺油上产劳动竞赛，突出上产帮促和技术支撑，原油日产水平突破7万吨。气田开发直面复杂的外部环境，坚持守土有责、效益优先的原则，大力推进水平井规模应用，突出大井组多层系立体开发，苏里格气田形成"集群化部署、差异化设计、工厂化作业、橇装化站场"的建设模式。苏东南建成长庆气区最大的水平井整体开发区。神木气田建成最大的丛式井开发区。靖边气田、榆林气田认真开展精细气藏描述、区块调控和气井优化，老气田焕发出新活力。天然气生产按照"保民生、保公用、保重点"的原则，不断完善技术政策，优化保供方案，天然气产量保持40亿立方米以上规模增长，确保特殊时期和冬季用气高峰的安全稳定供应。

【科技创新】 坚持科技创新，效益开发关键技术取得重大突破。以提高单井产量、提高采收率、降低开发成本为重点，以国家和集团公司重大科技专项为依托，持续加强低渗透油气藏勘探开发技术攻关研究，突破制约油气田经济有效开发的技术瓶颈，2014年获得国家级科技奖1项，省部级科技奖31项。完善和应用三维地震成像、高密度采集、叠前保真处理等技术，上古世界、下古生界天然气勘探开发成功率大幅提高。自主创新形成苏里格低渗透砂岩气藏水平井开发技术，成功研发多级喷射器与多级滑套压裂工具，不动管柱多段连续分压技术达到国际领先水平。自主研发形成致密储层定向井混合水压裂技术，有效提高致密储层单井产量。致密油水平井体积压裂攻关取得重大突破，工具研发和工艺技术全部国产化，实现致密油"资源向储量、储量向产量、产量向效益"的重大转化。强化注水技术研究与应用，探索形成桥式同心和桥式偏心为主的精细分层注水和堵水调剖技术，成为"三分"精细油藏管理的主要手段。开展油藏加密调整试验，重点探索空气泡沫驱油、表面活性剂驱油等提高采收率技术，超前储备二元驱油、二氧化碳驱油等三次采油技术，初步构建低渗透油藏提高采收率技术体系。一体化、集成化、橇装化联合站和集气站成功研发应用，减少占地面积35%，缩短施工周期50%。

【管理创新】 提升管控水平，西部大庆提质增效迈出重要步伐。全面实施招投标管理，完善管理机构，修订管理办法及物资采购、地面工程、技术服务等12个专业实施细则，创建井筒类项目集中招标模式，完成招标项目608项，招标率100%。突出源头治理，建立"分级授权、事前控制、界面清晰、职责明确"的投资管理模式，确保油气勘探、重点产能建设项目投资到位。稳步推进投资成本一体化管理试点，完善预算管理模式，突出效益考核，优化成本管控，大力推进工效挂钩，经营效益指标持续向好。修订完善国内石油合作开发管理制度，推进油气合作业务规范健康发展。落实"三控制一规范"要求，持续优化业务结构和人力资源结构，调整合并处级单位7个，人工成本严格控制在预算范围内。深入开展"开源节流、降本增效"活动，抓住工艺设计、生产组织、物资采购、招投标管理等关键环节，压缩非生产建设投资，深化成本费用标准体系，2014年"五项"费用支出同比下降18.5%。

【安全环保】 严格责任落实与风险防控，安全环保工作基本平稳。坚持以风险管控为核心，强化责任落实和HSE管理体系审核。强化"红线"意识，开展安全环保大检查，认真吸取事故教训，制订针对性措施，加强隐患排查、评估、监控、整改和治理。严格落实安全生产"党政同责"和"一岗双责"，明确各层级、各岗位的安全生产责任，严格考核兑现。建立应急协调联动和快速反应机制，开展不同层级的实战演练，事故控制能力和应急处置能力全面提高。严格承包商管理，履行直线责任，抓好承包商安全条件审查和施工现场资质核查，承包商安全管理明显改善。召开党委中心组安全环保专题学习扩大会，做好新《安全生产法》和《环境保护法》的教育培训和贯彻落实。推进油区环保整治，挂牌督办华联站整体搬迁和陇东油区采出水回注专项治理，确保各类环境风险全面受控。

【党群工作】 巩固教育实践活动成果，党群工作保障作用充分发挥。深化教育实践活动整改落实，建立分级负责的责任体系，开展回头看专项检查，建立完善相关制度52项，初步构建起反"四风"、转作风的长效机制。持续深化"六个一"标准化党支部创建和"三联"责任示范，基层党支部建设整体水平持续提升。加强领导班子建设和人才队伍建设，按照业务整合、干部考核与管理规定，对个别单位领导进行调整、交流。深化多层次技能培训，选拔培养高层次专业技术人才，员工队伍素质不断提高。完善"三基"工作长效机制，深化标准化"五型"班组创建，基层队伍凝聚力、执行力与战斗力进一步提高。落实党风廉政建设“两个责任”，严格执行民主集中制和“三重一大”制度。加大巡视力度，加强效能监察，深入开展工程建设项目专项检查、审计问题专项治理和“小金库”清理，有效防控舞弊风险。强化源头治理，严肃查处违规违纪问题，积极促进信访办案成果转化，经济运行总体平稳。加大长庆油田理念体系宣传，深入开展“新起点、新目标、新实践”主题教育活动，持续打造文化品牌，不断完善典型培育机制，树立起新时期的英模群体。工会、共青团、新闻舆论、机关建设等工作围绕中心、服务大局，强化责任意识，认真履行职能，整体服务水平进一步提升。

【矿区建设】 加强民生改善与企地协调，和谐发展环境更加稳固。坚持以人为本，成立惠民工程建设工作领导小组，理顺工作机制，抓好项目落实和推进。依托现有土地资源，积极推进住宅项目建设，新建住房4749套。投入专项资金，重点解决一线员工食宿、如厕、洗澡、上网等实际困难。加快美丽矿区建设，努力提高服务水平，建立完善16个社区医疗服务中心（站），全部纳入地方医疗卫生体系，矿区居民充分享受到公共卫生补贴、“五免”等政府各项优惠政策。切实抓好“一老一少”托管服务，西安长庆老年公寓建成投用，建设日间养老照料中心11个，居家服务老人5.4万人次；积极争取政策支持提高离退休人员健康疗养、节日慰问、健康体检等标准和频次，矿区单位及居民享受地方福利待遇补贴近2.6亿元，建成油田老年大学10所，建立离退休职工活动中心（室）67个。加强留守儿童托管托教，2000余名留守儿童得到管护，较好地解决一线员工的后顾之忧。2014年集中解决员工子女就业1000多人，妥善安置有偿解除劳动关系人员再就业，再就业人员困难补助和劳动报酬得到提高。注重做好新形势下的群众工作，认真解决员工群众合理诉求，进一步巩固和谐稳定局面。高度重视企地合作，主动向陕西、甘肃、宁夏、内蒙古四省区及相关地市党委政府汇报工作，加强交流协调，建立良好的企地沟通协调机制。

（柴君旺）

中国石油天然气股份有限公司塔里木油田分公司

【概述】 中国石油天然气股份有限公司塔里木油田分公司（简称塔里木油田）是股份公司的地区公司，集油气勘探开发、炼油化工、油气销售、科技研发等业务为一体。总部位于新疆库尔勒市，油田作业区域遍及塔里木盆地周边南疆五地州20多个县市，最远的作业区距离总部1200余千米。2014年底，设置机关职能处室12个，直属机构4个，附属机构5个，二级单位26个。合同化员工11655人，其中女员工3728人、少数民族员工2751人。

2014年，实现工业总产值543.93亿元，同比增加52.31亿元，增长10.64%。其中，油气开采507.54亿元，原油加工22.57亿元，化肥生产13.82亿元。实现工业增加值436.27亿元，同比增加35.96亿元、增长8.98%；按增加值计算的人均劳动生产率为383.97万元，年均增长14.62%。2014年投资资本回报率36.7%，实现销售收入566.68亿元，同比增加42.3亿元、增长8.07%；实现利润总额242.78亿元，同比增加37.78亿元、增长18.43%。截至2014年底，资产总额809.77亿元。

【油气勘探】 2014年，完成二维地震1128千米、三维地震3222平方千米；完成探井59口、进尺30.42万米。2014年在39口井试获工业油气流，完成油气三级地质储量当量5.72亿吨。其中，新增探明原油地质储量5617.15万吨、可采储量1269.64万吨；新增探明天然气地质储量2312.79亿立方米、可采储量1249.53亿立方米；截至2014年底，累计探明原油地质储量93168.22万吨、可采储量23034.21万吨，天然气地质储量18044.77亿立方米、可采储量11048.76亿立方米；油气储量接替率分别为原油2.15、天然气5.3，油气储采比分别为原油20.9、天然气39.5。

2014年，油气勘探取得三个重要发现、三个重要进展。三个重要发现：克深6井获高产气流，新发现一个超千亿立方米气藏。跃满区块获得重要发现，哈拉哈塘油田范围不断向南扩展。玉科1井获高产工业油气流，哈拉哈塘地区碳酸盐岩勘探向东再次获得突破。三个区块评价勘探取得重要进展：克拉苏构造带6个千亿立方米气藏评价取得重要进展。金跃、哈得逊区块油藏评价进展顺利，落实探明石油地质储量5319万吨，金跃区块上交探明石油地质储量3340万吨，哈得逊区块落实探明石油地质储量1979万吨，油气富集范围不断向东向南拓展。塔中Ⅲ区勘探取得重大进展，共完钻井8口，7口井成功，新增探明石油地质储量2018万吨；Ⅱ区新增预测石油地质储量4105万吨。

【油气开发】 2014年，完成油气产量当量2467万吨。生产原油590.24万吨，同比下降0.04%；销售原油588.72万吨，同比增长0.03%；生产天然气235.55亿立方米，同比增长5.72%，销售天然气221.53亿立方米（其中西气东输销售183.42亿立方米、周边销量38.11亿立方米），同比增长6.26%。

2014年投产新井310口，平均日产油4531吨，平均日产气1995万立方米，累计产油73.47万吨，累计产气25.82亿立方米；实施措施井204次，措施有效率91.18%，平均日增油1098吨，平均日增气58.16万立方米，累计增油23.50万吨，累计增气4794万立方米。

老油田通过加大研究力度，实施注水专项治理、综合调整、二次开发与滚动接替等工程，建立异常高压气井产能动态评价方法和气井见水预警机制，老区开发效果逐步改善。2014年综合递减率为13.48%，自然递减率为17.52%，综合含水率为67.11%。

完成开发井265口、进尺83.61万米，新增原油生产能力95.01万吨、天然气生产能力44.04亿立方米。2014年底，原油生产能力580.6万吨、天然气生产能力229亿立方米。

【炼油化工】 2014年，加工原油28.12万吨，同比减少9.11%；生产汽油11.45万吨，同比减少3.66%，销售汽油10.89万吨；生产柴油13.97万吨，同比减少7.36%，销售柴油13.64万吨。2014年炼油产品轻油收率为90.57%，在集团公司26家单位中排列第一位，高于集团公司78.71%的平均水平。

2014年生产尿素110.76万吨，同比下降16.51%；其中塔石化生产尿素76.85万吨，塔西南生产尿素33.91万吨。塔石化合成氨综合能耗32.26吉焦/吨、尿素氨耗568.44千克/吨，在集团公司10套装置中分别排列第二位和第一位；原料和燃料天然气消耗为1089米^3/吨氨。塔西南尿素氨耗577.49千克/吨，尿素产品优级品率99.76%。

【石油钻井】 2014年，作业井405口，总进尺124.05万米，同比正钻井数量减少52口，总进尺减少40.34万米，同比分别下降11.38%和24.54%。其中，大宛齐区块作业98口，钻井进尺7.74万米。

2014年，共钻井307口（不含大宛齐区块），其中探井40口，评价井63口，开发井204口；其中直井171口、定向井49口、水平井87口。平均完钻井深6432.12米，同比提高4.92%，其中探井、评价井深6784.13米，开发井深6272.11米。平均钻井周期138.65天，其中探井、评价井187.27天，开发井116.55天。平均钻速1091.79米/（台·月），同比下降9.90%。平均机械钻速4.83米/时，同比下降3.66%。生产时效上升1.89个百分点，纯钻时效下降2.17个百分点，事故时效下降1.62个百分点，复杂时效同比持平。大宛齐区块共完井98口，平均完成井深825.84米，平均钻井周期5.10天，平均完井周期7.72天。

【企业管理】 以“深化改革、完善提升、规范高效、重在执行”为重点，持续加强企业管理、合同招标管理、市场管理、内控管理和法律事务管理。主要工作任务和业绩指标全面完成，重点管理工作计划完成率100%，市场准入审查符合率100%，金额招标率45%，未发生负面影响较大法律事件，无内控体系重大缺陷。

持续开展勘探开发一体化研究和深化全生命周期项目管理。开展体制机制研究，为油田发展提供政策支持。研究制订塔西南战略规划纲要，组织编制“十三五”管理规划，形成塔里木油田分公司“十三五”业务调整规划、一流管理十年规划及“十三五”实施方案。开展专项调研，提出公务用车改革、试采业务优化的建议，制订兴塔公司深化改革的措施及建议，完善台盆区钻井工具市场化实施方案。

【科技创新】 2014年，科技总投入95971万元，承担国家科技项目（课题）13个、集团（股份）公司科技项目（课题）18个、油田公司科技资金项目29个，所有项目均已按计划实施。

库车前陆冲断带地质认识取得重要进展，创新提出“顶篷构造”地质理论。复杂山地钻井提速配套技术不断完善，大北—克深区块平均钻井周期同比下降33%；克深5区块平均钻井周期减少130天。创新采油气工艺技术，完成超深层双台阶水平井分注工艺技术研究，推广应用高压气井长射孔井段同层堵水技术。提高采收率技术取得新突破，东河1油田累计增油0.56万吨，轮南油田东部6口井累计增油1.51万吨，轮古3口注气井累计增油0.61万吨。

获省部级及以上科技成果奖共计17项（国家1项、集团公司6项、自治区4项、石油和化学工业联合会6项），其中与中国石油大学（北京）合作完成的“基于巨磁阻效应的油井管损伤磁记忆检测诊断技术及工业化应用”获得国家技术发明奖二等奖。

【重点建设工程】（1）克拉苏气田大北区块地面工程。2013年3月25日开工建设，工程采用业主+IPMT+EPC建设模式，设计集气规模30亿米^3/年、处理规模1500万米^3/日。工程包括1座油气处理厂、1座公寓、63.9千米道路等主体部分。2014年6月28日通过初步验收，7月10日投产试运行，7月12日天然气外输。（2）克拉苏气田输气管道工程。2013年3月25日开工建设，采用业主+EPC建设模式。设计建设规模大北—克拉2段输气能力50亿米^3/年、克拉2—轮南段输气能力150亿米^3/年。工程包括大北—克拉2段89.8千米输气管道，克拉2—轮南段160.2千米输气管道，全长2116米、净空4.5米×4.45米的盐水沟隧道等主体部分。2013年11月8日，克拉—轮南段管道及盐水沟隧道投产试运行。2014年6月5日，大北—克拉段通过初步验收；6月29日，大北—克拉段投产试运行。（3）克拉苏气田主干道路工程。2013年9月25日开工建设，工程主要包括主线公路、外环北路、拜城支线三部分，其中主线公路长102.2千米。工程采用业主+E+PC建设模式，2014年10月22日通过初步验收，10月30日试运通车。（4）塔中Ⅰ号凝析气田中古8—中古43区块地面建设工程。2013年3月18日开工建设，采用业主+EPCC建设模式。设计建设规模：集气18亿米^3/年，集油80.9万吨/年；天然气处理500万米^3/日，凝析油处理3000吨/日；天然气外输30亿米^3/年，凝析油外输180万吨/年。工程包括1座油气处理厂；204.75千米采气管线，78.35千米外输气管道，75.6千米凝析油外输管道；1座综合公寓；215.95千米内部道路等主体部分。2014年9月12日通过初步验收，9月16日投产试运行。（5）克拉苏气田克深天然气处理厂一期工程和克深8区块地面工程。2013年9月28日开工建设，采用业主+E+PC建设模式，截至2014年底，总体形象进度41.5%。工程设计建设规模60亿米^3/年（一期工程），主要包括新建天然气处理厂1座，综合公寓1座等主体部分。（6）克拉苏气田克深2区块地面工程。2012年8月1日开工建设，采用业主+E+PC建设模式，设计天然气产能60亿米^3/年，截至2014年底，总体形象进度81.3%。工程包括克拉2中央处理厂新建6套脱固体杂质装置，改造乙二醇回收装置和三甘醇脱水装置；新建单井站41座，集气站2座等主体部分。

【安全环保】 以油气勘探开发为中心，深入推进安全文化建设，持续加强环保节能和质量计量标准化工作，QHSE管理工作得到提升和加强。5个基层单位实现“安全自主管理”；自产产品合格率97.9%，采购物资合格率99.1%；节能6.1万吨标准煤、节水32.3万立方米；减排COD282吨、氨氮317吨，各项考核指标达标受控。

加大环保隐患治理力度，先后关停燃机发电机组22台、塔西南小化肥装置和部分高含水井，预计每年可减排氮氧化物1400吨、减亏2.3亿元。加强重点用能单位能源审计和节能评估，提出节能措施26项，形成2.3万吨标准煤节能潜力。强化节能组织，加快放空天然气回收工作，开展测试井放空气回收技术攻关实验，2014年回收放空天然气3.8亿立方米，节能51万吨标准煤，减排二氧化碳80万吨。

【党群工作】 建立健全各级党组织，优化完善党员大会、民主评议党员等20项党支部工作流程，基层党建工作进一步制度化、规范化和程序化。2014年，共发展党员71名，党员队伍结构不断优化。党建和思想政治研究成果丰硕，获中国石油第七届党建思想政治工作优秀成果一等奖1项、二等奖5项、三等奖1项、优秀奖2项，其中申报的“基层联合党建工作课题研究”被集团公司推荐参评全国优秀政研成果。

持续加强党员干部理论武装，统筹安排油田两级中心组和全员理论学习；把握舆论宣传导向，利用塔里木油田报社、电视台、门户网站、微信公众平台等传播渠道，构筑多层次、立体化的新闻宣传格局。2014年在人民日报、新华网、中央电视台等主流媒体刊发稿件230篇（条），并被20多家媒体转载。

【后勤保障】 塔里木油田矿区以和谐建设为抓手，认真履行“三大责任”，让发展成果惠及各族职工群众。2014年，完成供水132万立方米、供电4580万千瓦时、供天然气1361万立方米。办理各项保险待遇支付及代办业务2.3万余人次、转外就医91人次、住房公积金提取1714户1.2亿元、住房公积金贷款47户1189万元。

完成国内物资采购38.11亿元，物资接运14.53万吨，物资配送15.87万吨，物资装卸61.73万吨，引进物资报关295批次17477万美元，商检269批次13222万美元，转运268批次11262吨。采购物资质量抽检合格率99.1%，连续8年达99%以上；物资周转 2.13 次；执行集中采购 29.27 亿元，合同执行金额 29.27 亿元，占总采购额的 76.8%；回收物资 103 井次 152 车次 2504 吨，修复合格再利用 86 项 1654 吨 545 万元，利用率达 98%。

持续提高消防灭火、抢险救援和战备执勤能力。修订完善重点部位（装置）灭火救援预案 49 份；完成消防现场监护 152 起 537 天、713 车次、2383 人次；火灾扑救 19 起；出动 62 车次 303 人次；完成预案演练共 60 次、出动 431 车次、1563 人次，消防安全形势总体保持平稳。

【克深 6 井】 克深 6 井是塔里木盆地库车坳陷克拉苏构造带克深 6 号构造上的一口预探井，设计井深 5981 米，于 2013 年 2 月 17 日开钻 ,2014 年 7 月 3 日完钻，完钻井深为 5893 米。9 月 21 日，对目的层白垩系巴什基奇克组井段酸压测试，获高产气流，折日产气 91.03 万立方米。

克深 6 井的成功进一步证实克拉苏构造带克深区块克拉苏断层带发育逆掩叠置断背斜构造样式，克深 6 号圈闭隐伏于克拉 2 号圈闭之下，叠置面积达 70%，是克深区带发现的又一个千亿立方米气藏。该井的成功钻探，为该构造带叠置圈闭及复合膏盐岩层的钻井工程提供了依据，具有重要的先导性意义。

【西气东输供气】 2014 年，塔里木油田向西气东输供气 183.42 亿立方米。截至 2014 年底，累计向西气东输供气 1410 亿立方米，减少排放有害物质 845 余万吨。西气东输工程投产 10 年来，先后向上海、北京等 14 个省、市、区的 80 多个城市供气，3000 余家工业企业和 4 亿多居民从中受益。

【南疆五地州供气】 2014 年，塔里木油田向南疆五地州供气 38 亿立方米，截至 2014 年底，累计向南疆五地州供气 183.88 亿立方米，清洁能源惠及南疆五地州 400 万民众，改变当地企业和居民能源消费结构，改善居民生活环境和当地经济发展环境。

（田崇辉）

中国石油天然气股份有限公司
新疆油田分公司
（新疆石油管理局）

【概述】 中国石油天然气股份有限公司新疆油田分公司（简称新疆油田）主要从事准噶尔盆地及其外围盆地油气资源的勘探、开发、集输、销售及生产服务、矿区服务和其他辅助业务。截至 2014 年底，累计探明原油地质储量 24.1 亿吨、天然气地质储量 2017.5 亿立方米，油气资源探明率分别为 27.75% 和 8%；已累计生产原油 3.3 亿吨、天然气 722.22 亿立方米。原油输送管道 48 条，总长 2384 千米，年输送能力 2060 万吨；天然气输送管道 53 条，总长 1634 千米，年输送能力 120 亿立方米。设置机关处室 26 个，机关直（附）属单位 17 个，基层单位 36 个；另设相对独立的矿区服务事业部，机关处室 9 个、直（附）属单位 4 个和基层单位 6 个。新疆油田用工总量 4.65 万人，资产规模 1271.13 亿元。

2014 年，新增探明石油地质储量 9564 万吨、可采地质储量 1272 万吨、SEC（美国证券交易委员会）储量 1007 万吨，新增控制石油地质储量 1.25 亿万吨、预测石油地质储量 1.01 亿吨；生产原油 1180 万吨、天然气 27.1 亿立方米，完成原油商品量 1026.6 万吨、天然气商品量 5.1 亿立方米。实现营业收入 611.6 亿元，缴纳税费 166.4 亿元。连续第 14 年实现安全生产；节能 6.4 万吨标准煤、节水 126 万立方米。

【企业管理】 2014 年，新疆油田落实油气勘探开发、安全隐患治理、安保防恐维稳和重大民生项目投资及专项费用 210.6 亿元。落实投资管控措施，调减高成本区块产能 2.38 万吨；推广区块钻井总包和钻井工程招议标；推行地面工程标准化，地面工程设计与建设工期同比缩短 30% 和 10%。项目招标率同比增加 20%，两级物资集中采购率 98%。修旧利废挖潜 1.5 亿元。概预算审减投资 2.7 亿元。

完善预算管控体系，启动标准成本体系建设。依据区块效益评价和对标评价，控关边缘效益井 594 口、低效计量站 11 座；下调百重七井区产量，减少低效、无效投入 0.66 亿元。

推进绿成公司、四家驻外机构移交政府；住房公积金管理中心完成移交。有序退出社会通信、机械制造、低端井下作业、酒店宾馆业务；白碱滩供暖业务移交白碱滩区，增加物业服务外包工作量。调整关联交易协调机构，建立动态沟通机制。开展法制教育，完善法律风险防控和内控体系，梳理规范业务流程42项，清理评价规章制度401项，实施合同网上付款审查审批，开展经济责任、工程投资、管理效益审计38项，涉及资金567亿元。

【油气勘探】 2014年，玛湖凹陷三叠系落实三级储量近2亿吨，初步展现百里油区大场面，获股份公司重大油气发现奖一等奖。中拐凸起周缘佳木河组落实油气预测储量近8000万吨。金龙10井区石炭系新增控制储量4117万吨。莫索湾凸起莫24井白垩系、沙湾凹陷中佳3井三叠系获良好油气显示。

红车断裂带红153井二叠系获日产126立方米高产工业油流，八区南部白25井区二叠系、车排子凸起车21井区石炭系、北三台凸起西泉103井区石炭系多口井获得高产，发现并证实4个可动用规模效益储量区块；腹部夏盐11井区侏罗系、石204井区侏罗系、克乌断裂带上盘石炭系落实探明储量2000万吨；滴南凸起滴西186石炭系、中拐凸起克032二叠系等多井获得高产工业气流，预计新增天然气储量300亿立方米。

【油气田开发】 2014年，实施注水专项治理工作量20127井次，年注水能力增加235万立方米，水井分注率、水质达标率同比分别增长1.7个百分点和4个百分点，水驱控制程度86.9%；完善增产措施1203井次，增油24万吨。以重油开发公司为代表的稠油开发推行优化注汽，油汽比稳定在0.13，综合递减率下降0.3个百分点。老油田二次开发累计建产能206万吨，单井日产油量提高1.7吨，采收率提高8个百分点，克拉玛依油田砾岩油藏连续7年稳产200万吨以上。油田综合递减率控制在14.3%，含水上升率控制在0.9%。

七东1区30万吨聚合物驱项目进入注聚合物阶段；六中区砾岩油藏深部调驱试验累计增油2.6万吨，阶段采出程度提高1.3%；七中区二元驱试验累计产油3.56万吨，阶段采出程度6.6%；风城油田超稠油SAGD蒸汽辅助重力泄油技术试验年产油50万吨；重45高黏SAGD试验井组日均产油25吨，油汽比达0.23；红浅1浅层稠油火驱工业化试验累计产油6.9万吨，阶段采出程度16.3%；昌吉油田致密油开发先导试验6口水平井均见产；吉7井区中深层稠油注水开发项目建产能11.6万吨。

2014年新建产能155.51万吨，85%的稀油新区实现同步或超前注水。合作开发生产原油243.5万吨，同比增加53.8万吨。实施“增气工程”，新建天然气产能1.97亿立方米，气层气递减率同比下降4个百分点，老井挖潜增气4100万立方米。呼图壁储气库注气18.24亿立方米，采气5.33亿立方米。

【工程技术】 2014年，推广应用特低渗和致密油储层改造、水平井同心管射流负压冲砂、杆式泵可控不压井、冷冻暂堵等技术。稠油热采带压作业设备基本配套，研制应用井筒内密闭热洗设备、自动化修井装置。南缘霍101井采用油基钻井液体系，提高机械钻速，钻井三开6.9天完成进尺872米，较邻井工期缩短80%。启动研制油田污水、污泥制备水煤浆注汽锅炉。2014年完成小修井作业3万余井次，生产井口、抽油机、锅炉等设备2000多台（套），单井保温10234井次，设备保养16.5万余台次；发电16亿千瓦时、供电27亿千瓦时；引水4.7亿立方米、供水0.8亿立方米。设备综合完好率97%以上，重点工程物资保障率100%。

【科技创新与成果】 2014年，新疆油田围绕股份公司重大科技专项、重大开发试验，投入6.02亿元，攻关41项课题，项目完成率97%，优良率70%，实现科技增油36万吨。2014年获省部级科技进步奖15项，申请专利170件（发明专利37件），计算机软件著作权12件，股份公司技术认定59项。“稠油水平井防脱抽油杆柱”等5项专利在第八届国际发明展览会上获2金2银1铜。

油气勘探领域。完善富烃凹陷他源型岩性地层油气藏勘探理论和技术体系，形成玛湖凹陷成藏模式由冲积扇向扇三角洲、局部成藏向大面积成藏转变2项新认识；攻关推广高密度三维地震、低渗透砂砾岩储层测井分类评价、二次加砂储层改造等技术系列。

油气开发领域。形成克拉玛依砂砾岩油藏剩余油精细描述、层系井网重组、精细注采调控、深部调驱、聚合物驱等二次开发和三次采油技术系列，成果获集团公司科技进步奖一等奖；双水平井SAGD技术配套，形成储层和蒸汽腔精细描述、注采参数调控、快速预热、采油工程配套等技术系列，3000万吨难采储量得以动用，成果获新疆维吾尔自治区科技进步奖一等奖。

工程技术领域。形成“两宽一高”地震勘探技术，地震预测深度误差由3%降至1%，储层钻遇率由60%提高至90%；水平井体积压裂技术配套应用；风城油田高含盐水处理及SAGD高温采出液密闭处理2项试验通过验收，填补国内空白；2项海外重点技术项目分获海外勘探开发公司科技进步奖一等奖和三等奖。

【安全环保】 2014年，新疆油田开展HSE培训，宣传贯彻新《安全生产法》《环境保护法》，自主研发6类专题14项培训教材。HSE预警平台上线运行，吸收事故事件分析和违章信息模块，为事故事件信息资源化利用提供载体。组织职业健康体检6700余人次，开展新改扩建项目职业危害预评价27个。开展承包商HSE准入、业绩评价和过程监管，培训承包商6000余人次。投资4.05亿元，治理安全环保隐患51项，重点消除王—化油气长输管道、克—独D273管道占压重大隐患26处。排查废液土油池，完成百口泉水源地、乌尔禾环境敏感区域油井环保治理。实施清洁生产项目191个，建设项目“三同时”执行率100%，工业废水回用率93.7%。通过方案优化和实施注水（汽）、机械采油等五大系统节能技术改造，节约资金2.44亿元；集团公司重大科技专项“热采节能节水关键技术研究”等2项研究通过验收，形成关键技术4项，申报专利10项。改造加热炉，节气1294.6万立方米、节电305.6万千瓦时，节能2.47万吨标准煤。开展采出水回注、余热利用工作，污水回用量6583万立方米，同比增加926万立方米。

【精神文明建设】 2014年，新疆油田“四风”问题整改落实率90%以上。推进基层服务型党组织建设，星级标准化党支部创建率74%，选树标杆班组40个、先进班组574个，“五型”班组创建达标率95%。

修订领导干部选拔任用办法，完善领导班子和领导人员考核评价机制，调配领导人员102人次，4个副处级岗位公开竞聘。选派13名干部在克拉玛依市、新疆油田任（挂）职，到新疆维吾尔自治区和集团公司挂职；聘任137名操作员工到一般管理和专业技术岗位。招录毕业生353人（博士1人、硕士87人）。实施培训项目751个，培训员工3.5万人次。与中国石油大学（北京）共建“高层次人才联合培养实践基地”，培养硕士、本科生82人。储运、采油、采气技能专家工作室挂牌成立。新增全国技术能手1人，公司级技术能手68人，技师、高级技师87人。创建公司级职工（劳模）创新工作室5个，工作室取得专利38项，转化创新成果30项。

开展“社会主义核心价值观”、民族团结、“形势、目标、任务、责任”等主题教育活动。《新闻联播》《焦点访谈》等栏目报道全国劳动模范肉孜麦麦提·巴克先进事迹。组织开展“新疆三史”读书活动。

促成中石油专属财产保险公司落户本地。与新疆能源（集团）有限责任公司、北京国联能源产业投资基金（有限合伙）等单位组建运营新疆宇澄热力股份有限公司，推动燃煤锅炉注汽工程建设，开创新疆混合所有制经济发展新模式。支持克拉玛依市金龙湖应急水源地、保障房等重点民生工程建设。落实“一对一”帮扶地方骨干企业政策，开放工程技术服务市场，帮助开拓中国西部和中亚油气技术服务市场，实现外部市场产值10.4亿元。投入1600万元，向涉油县市、兵团及周边地区实施学校基础设施捐赠、绿化工程等11个帮扶项目。响应自治区党委“访惠聚”活动要求，新疆油田第一批工作组到喀什地区泽普县波斯喀木乡玉吉买艾日克村住村，走访慰问村民400户，答复解决问题21个，投入近150万元建设群众服务中心、改造村委会办公楼及配套生活设施。

【矿区建设】 风城公寓、青年公寓建成投用。科研生产办公基地主体完工。小区标准化改造23个，住宅暖气改造314栋。委托国家城市供水水质监测网乌鲁木齐监测站监测城市水质106项全项目，水质符合行业标准。开展燃气管网周期性隐患检查，燃气入户安检9万余户。设立石西油田沙漠公寓医疗点。投入2431.47万元，扶贫帮困4万余人次。解决员工切身利益问题80余项，信访总量同比下降26%，限时办结率98%。矿区采暖供热用户满意率98%，居民综合满意率95%，驻矿单位综合满意度98%。开展油田重点要害部位和重要场所管控，参与社会面网格化巡逻和“天山—2014”联合反恐演习。开展生产环节安保监管，整治油气田及输油气管道治安秩序。开展治理“三非”活动和“去极端化”培训，遏制宗教极端思想蔓延。

【油田首个智能油田项目一期投运】 2014年，新疆油田单井问题诊断和优化系统（稀油）一期投运，系统功能诊断符合率90%，参数诊断符合率80%，可辅助现场人员快速发现异常井、自动诊断的异常状况，缩短异常井识别和诊断时间。该项目是新疆智能油田建设首批启动的应用系统建设项目，包含稀油、稠油、天然气和SAGD四个应用部分，稀油部分于2012年启动研发。

【全国首辆多功能计量检定车在油田使用】 2014年，新疆油田投用全国首辆多功能计量检定车。该车由新疆油田与苏州江南航天机电工业有限公司历时两年共同研制，车长7米，配有供电、仪表检定、安全防护等系统，可灵活用于气田温度、压力、电学仪表的现场检定，解决了以往仪表送检过程出现挤压、碰撞等导致仪表损坏的问题。

【全国首个超稠油油气生产物联网系统建成】 2014年，新疆油田风城1号稠油处理站油气生产物联网（A11）示范工程投用，标志新疆油田率先建成全国首个超稠油油气生产物联网系统，开创“集中监控、故障巡检、无人值守”的生产管理模式。系统实现SAGD从井下到地面的全生产过程自动监控和全流程数字化管理；油井借助远程自动计量系统可24小时高精度连续计量；依托DCS系统预警、分析、诊断和处理油井采出液；上游供水、水处理、注汽锅炉各工艺环节一体化作业，单台锅炉管理人数由2010年5.6人减至2014年2.6人。

【浅层超稠油油藏VHSD先导试验取得成效】 2014年，国内首个浅层超稠油油藏VHSD先导试验区——新疆风城油田重32井区8个井组43口井转蒸汽驱生产后，日产油量较转驱前增长70%，阶段增油10066吨，综合含水率下降5个百分点，油汽比提高6个百分点。VHSD开发方式，即采用直井注汽、水平井采油的方式进行蒸汽驱开发，旨在提高油井产能，改善油藏开发效果，2009年首次在新疆油田试验，属国内首次。

（殷　悦）

中国石油天然气股份有限公司西南油气田分公司（四川石油管理局）

【概述】 中国石油天然气股份有限公司西南油气田分公司（简称西南油气田）是中国石油唯一具有天然气上中下游一体化完整业务链的油气田企业。主要负责四川、西昌盆地油气勘探开发、管网集输和终端销售以及与之配套的矿区服务业务。截至2014年底，西南油气田在四川盆地18万平方千米可供勘探面积中拥有矿权面积16.8万平方千米，获气田114个，含气构造62个，油田5个，纵向上获工业油气层系24层；累计获天然气探明地质储量2.01万亿立方米，三级储量3.46万亿立方米。在盆地形成重庆、蜀南、川中、川西北、川东北5个油气生产区，已开发气田110个，含气构造35个，累计生产天然气3750亿立方米，约占同期全国天然气产量的1/4。建设完善“三横、三纵、三环、一库”的川渝管网系统，并与全国管网连接，形成西南能源战略通道枢纽。有二级单位39个，合同化员工3.2万人，资产总额超过800亿元，年经营收入420亿元。基本形成适应盆地复杂地质地貌、自然、社会环境的勘探开发及工程配套技术。在复杂深层碳酸盐岩油气藏、低渗碎屑岩气藏、高含硫气田和页岩气勘探开发等领域，形成26大技术系列，127项特色技术国内领先，10余项技术达到国际先进水平。

2014年，西南油气田超计划完成年度生产经营任务，取得好于预期、优于可比的业绩，生产的天然气销往川、渝、云、贵等四省市千余家大中型工业用户和1200多万户居民家庭以及1万多家公用事业用户，市场占有率、行业利用率超过80%，远高于全国5.9%的平均水平。西南油气田连续11年保持储量高峰增长。生产天然气137.26亿立方米，自营超产6.36亿立方米；生产石油液体16.92万吨；新建天然气配套年产能49.1亿立方米；销售天然气188.37亿立方米，同比增长11%。西南油气田未来发展前景良好，具备建设300亿立方米战略大气区的资源基础，是中国石油上游板块最具成长性的油气田之一。

【油气勘探】 始终把油气勘探放在首位，全盆地推进整体勘探、立体勘探、精细勘探，高石梯—磨溪地区勘探成果和川西二叠系重要突破分别获得中国石油天然气股份有限公司2014年勘探重大发现奖特等奖、一等奖。2014年完成二维地震2944千米、三维地震1167平方千米。新开钻探井29口，完成24口，获工业气井17口，平均单井测试日产量61.6万立方米，探井成功率58.6%。在重点领域方面，高石梯—磨溪地区勘探取得重要新进展，总体控制万亿立方米规模特大型气藏群的含气范围。震旦系灯影组油气富集的“甜点”区进一步落实，初步证实富集区带面积超过1000平方千米；寒武系龙王庙组气藏含气面积进一步扩大，初步证实磨溪—龙女寺构造高带龙王庙组具有整体含气格局，勘探面积不断扩展。在新区新领域方面，坚持风险勘探和甩开预探相结合，川西、川中地区下二叠统勘探取得重大新发现。川西北部龙门山前带下二叠统海相勘探获得新成果。大川中地区下二叠统勘探获得新发现。

【油气开发】 2014 年，天然气产量止跌回升。生产天然气 137.3 亿立方米，同比增加 11 亿立方米，自营超产 6.4 亿立方米，主要开发指标创近年来最好水平。形成“规模上产、调整稳产、攻关接替”三个层次、六大领域的开发格局，油气田进入良性开发阶段。按照建设一流大气田的开发目标和思路，推进磨溪龙王庙组特大型气田建设，编制具有国际水准的 110 亿立方米产能开发方案，气藏发现两年多时间，形成 55 亿立方米生产能力，已累计产气 40 亿立方米；创新建站建厂施工组织方式，用 10 个月建成投产 10 亿立方米试采工程，用 15 个月建成投产 40 亿立方米年产能配套地面工程，创国内同规模气田开发建设新纪录；有序改善老区的开发生产效果，2014 年增产天然气 6.5 亿立方米，降低综合递减 6 个百分点；相国寺储气库建成并投产，成功调峰采气，最高日采气量达 600 万立方米，为川渝地区调峰保供发挥了作用。

【非常规油气开发】 2014 年，瞄准 2015 年实现 20 亿立方米产量和规模效益开发的目标，推进页岩气示范区建设，取得国家级页岩气示范区建设阶段性成果。开钻水平井 94 口，建成试采干线 110 千米，新投产井 14 口，生产能力达 120 万米^3/日。在借鉴北美页岩气开发经验和总结盆地评价研究成果的基础上，完成国内首个页岩气开发方案，指导示范区建设。完善主体工艺技术，单井产量得到提升。在持续研究攻关基础上，优化完善水平井靶体位置、钻井工艺、体积压裂工艺、集输工艺等，支撑钻井提速提效，刷新多项钻井提速纪录。创新体制机制，探索规模效益开发新模式，形成“平台化井位部署、工厂化钻井压裂、橇装化地面建设、数字化生产管理”的高效勘探开发模式，“国际合作、国内合作、风险作业、自营开发”等不同作业经营模式竞争发展的格局，推进示范区建设。

【对外合作】 2014 年，加强阿姆河 A 区项目运维保障和安全环保管理，外输商品气 60.6 亿立方米，超额完成计划指标。项目自投产以来，累计向国内输回天然气超过 253 亿立方米，为保障国内天然气市场供应做出贡献。

抓好阿姆河 B 区人员对口支持、南约洛坦投产试运等重点工作，完成投产保运任务。推动川东北高含硫合作项目，加强与外方的沟通协调，完成首气进度的 94%。富顺—永川、川中金秋、EOG 项目有序推进，梓潼项目实现首气。2014 年对外合作生产天然气 2.4 亿立方米，生产凝析油 3778 吨。

【市场营销】 2014 年，针对经济增速放缓、部分行业用气量大幅降低的形势，加强市场分析，做好产运销协调，统筹平衡内外部资源，天然气销售实现量价齐升。优化供气结构，加快重点地区和重要支线管道建设，开发优质市场和气价承受能力较强的高端用户，新增工业用户 8 个，增加日供气量 300 万立方米以上；发展终端市场，延伸销售价值链，终端市场销量、价格创历史新高，销售收入突破 100 亿元；统筹内外部资源，采取新线新价、市场置换、优化用户结构、推动调价政策落实等措施，提高营销效益；做好推价工作，精细编制实施方案，加强宣传解释和汇报协调，确保气价调整政策全面落实和平稳推价到位。

【安全环保】 2014 年，强化源头治理，强推 HSE 管理体系建设，抓风险防控，提升受控管理水平。开展管道隐患排查与违章占压治理，消除隐患 316 处。完成 6000 余千米管道的检测评价和缺陷修复，管道年失效率同比下降 22%，管道管理水平进入“良好管理”阶段。推进 A 类风险井隐患治理，2014 年完成 67 口，三年累计完成 230 口，完成三年隐患专项治理任务。持续推进 HSE 管理体系建设，重点改进作业许可、事故事件和工艺与设备变更管理，提升现场风险防控能力。加强环境保护和节能减排，强化生产全过程控制，工业废水、废气排放达标率和固体废物规范处置率均达到 100%，实现节能 0.68 万吨标准煤、节水 16 万立方米。

【科技创新】 2014 年，投入直接科研及现场试验经费 1.77 亿元，实施科技项目 197 项、新技术推广项目 20 项、现场试验项目 17 项，获国家科技奖励 2 项、省部级科技奖励 12 项，并首次获得中国石油天然气集团公司科技进步奖特等奖。抓好重大科技专项的组织实施，在高石梯—磨溪地区勘探开发一体化技术攻关和集成应用、川西北部海相勘探开发关键技术研究、页岩气主体技术攻关等方面取得重要进展，有力支撑和保障主营业务发展。初步建成磨溪龙王庙组气田数字化气藏、井筒、地面一体化管理示范工程。加强知识产权保护和科技成果有形化，2014 年申报专利 48 项，其中发明专利 28 项；由西南油气田承担起草的天然气总硫测定方面的标准正式发布，实现我国在天然气领域国际标准制定零的突破。

【企业管理】 2014 年，牢固树立以经济效益为中心的理念，全力推进开源节流、降本增效工作，制订实施增储上产、投资管控、结构调整、工效激励等方面的 314 项举措，增收增效取得明显成效。加快新区建设，通过自营超产增收 8.58 亿元。加强投资管控，强化效益对标，审减和节约投资 8.74 亿元。强化成本管控，严控非生产性支出，“五项”费用较年初预算下降 8%，节约 0.48 亿元。精细物资采购，抓好实物代储代销、平库利库和余料回收利用工作，减少资金占用 5.3 亿元。抓好集约节约用地，采取丛式井、“先临时后征地”、盘活闲置土地等一系列措施，节约用地 1292 亩。推进资产轻量化，清理、关停低效无效井及净化装置，节约开支 1142 万元。

【作风建设】 抓好党的群众路线教育实践活动整改落实阶段各项重点工作，“四风”突出问题全面整改到位，新建、修订制度 16 项，初步建立改进作风的长效机制。深入开展“庸懒散浮拖”专项整治，重点查摆、整改“庸懒散浮拖”的 20 项主要表现，西南油气田干部队伍、广大党员的作风形象进一步转变。坚持不懈加强机关作风建设，围绕服务基层、提高效率、强化纪律等重点，组织公文质量和运行效率检查评比，加强劳动纪律检查，实行首问首办负责制和限时办结制，机关工作效率和效能进一步提升，机关和基层的联系更加紧密。2014 年机关会议费、业务招待费分别同比下降 60.9%、61.8%，会议和发文数量分别同比下降 11.2%、14.8%。

【构建和谐企业】 加强民生工程建设，实施矿区基地再收缩、小区燃气隐患整治、老旧房屋修缮等惠民项目，完成 1600 余套经济适用房建设，员工群众居住条件进一步改善。持续开展扶贫济困送温暖、金秋助学等活动，走访慰问和帮扶救助困难人员 2.4 万人次，发放慰问和送温暖资金 3200 余万元。推进医疗业务转型和“三供一业”分离移交；导入社会服务，初步建立矿区养老服务体系，58 个小区建成“一刻钟便民服务圈”，矿区服务综合满意度达到 94% 以上。层层落实维稳责任，强化依法治理、源头治理，积极解决合理诉求，保持油气田大局和谐稳定。持续做好对口扶贫工作，抓好民生用气、重点项目供气保障，营造良好的外部发展环境。

（廖　星）

中国石油天然气股份有限公司
吉林油田分公司
（吉林石油集团有限责任公司）

【概述】 中国石油天然气股份有限公司吉林油田分公司（简称吉林油田）是中国石油下属的地区公司，总部位于吉林省松原市沿江东路 1219 号。勘探开发和生产区遍布吉林省 20 多个市、县（区）。吉林油田于 1959 年 9 月 29 日发现，1961 年 1 月 17 日建矿并正式投入开发建设。截至 2014 年底，吉林油田有机关职能处室 16 个、机关附属机构 3 个、直属机构 7 个、矿区事业部机关 1 个，所属二级单位 55 个。用工总量 43776 人，其中合同化员工 36974 人。2014 年是极具挑战、很不平凡的一年。圆满完成效益指标，油气总产量 630 万吨，实现收入 277 亿元，利润 9.4 亿元、税费 77 亿元。

【油气勘探】 实施一体化管理，石油勘探取得新进展；突出层次部署，天然气勘探取得新进展。2014 年，完成二维地震 534.3 千米，完成通化采集试验 40 千米，三维地震 551.3 平方千米；完钻探井 35 口，累计完成进尺 108685 米；提交控制、预测石油地质储量分别超额完成年度储量任务指标。

2014 年油气勘探主要成果：（1）扶余油层致密油水平井压后均取得较好效果，其中查平 3、让 70 井分别在压裂后获得自喷 77.7 立方米和 50.2 立方米的高产油流，试采累计产油已达 1777 吨和 715 吨。经储量评价，在乾 246 区块和让 54 区块分别完成提交控制石油地质储量和预测石油地质储量；针对大情字井葡萄花油层和乾安地区的黑帝庙油层，完钻探井 3 口，部署老井试油 4 口，完成 3 口。黑 80-7-7 井葡萄花油层老井试油获日产 22 立方米高产油流，落实效益储量 380 万吨。针对黑帝庙油层部署的查 64 井压后水力泵求产获 10.5 立方米工业油流。致密油勘探成果荣获中国石油天然气股份有限公司重大发现奖二等奖。（2）通过勘探开发一体化，小城子、伏龙泉地区多口探井及开发评价井获得工业气流，其中城 11、城深 14、城深 26、城深 27、城深 241 等井获得 2 万立方米以上高产气流，进一步扩大含气规模，通过气藏认识及评价，在小城子、伏龙泉地区提交控制天然气储量；突破德惠断陷，火山岩勘探。德深17井继2013年中途测试获得5.6万立方米高产气流后，压裂后5毫米油嘴获得3万立方米以上高产气流（压力12.7兆帕）。试采气量稳定在2.6万立方米，累计产气量200万立方米。通过进一步开展火山岩预测及评价工作，应用三维地震落实火山岩体31个，有利勘探目标15个，面积175平方千米。（3）2014年积极外甩，针对长岭断陷东坡致密气及增盛洼槽部署3口探井。其中，岭深2井于沙河子至火石岭组发现气测异常12层132米，全井解释气层、差气层共计23层62.6米，初期试气产量达到2万立方米以上。长深801井在登娄库—沙河子组见到气测异常60层154米，钻探过程中7次点火成功，全井解释气层、差气层15层42.9米，试气获得工业气流。

【油田开发生产】 吉林油区探明油田23个，探明石油面积2770平方千米，探明石油地质储量15.12亿吨，技术可采储量3.32亿吨，标定采收率22.0%。已探明的油田中，长春油田和莫里青油田位于伊舒地堑，套保油田位于松辽盆地西部斜坡区，四五家子油田位于松辽盆地东南隆起区，其余油田均位于松辽盆地中央凹陷区。截至2014年底，已开发油田22个（永平油田未投入开发），动用石油地质储量9.92亿吨，探明地质储量动用率65.6%，动用石油可采储量2.32万吨，标定采收率23.35%。已开发油田绝大部分属低渗透或特低渗透油藏。

截至2014年底，全油区有油水井33715口，开井26074口，地质储量年产油速度0.5%，平均单井日产油0.7吨，累计生产原油15410万吨，地质储量采出程度15.76%，剩余可采储量7810万吨，可采储量采出程度67.41%，综合含水87.33%，储采比15.85。

2014年，全油田完成493万吨，其中自营区完成337万吨，合资合作区完成156万吨。产液3799万吨，累计产液70599万吨；注水6094万立方米，年注采比1.36，累计注水103075万立方米，累计注采比1.2；老井含水上升率继续控制在1.5%以内，自然递减率控制在12.0%以内，综合递减率为6.5%；油井免修期达到610天，同比延长38天；分注率由79.5%提高到80.0%，提高0.5个百分点；有效注水合格率保持在86.6%。

储采平衡状况，主要是由于新区资源品位呈现日趋变差趋势，配套技术不适应，产能建设规模逐年减少，储采平衡系数下降。原油产量变化，为实现公司加快发展目标，吉林油田加大新区上产和老区稳产工作力度，主要由于投资成本费用紧张，产能建设规模大幅度减少，措施工作量缩减，导致原油产量箭头向下，自营区产量呈持续下滑，通过优化生产运行节奏和强化生产组织节点考核力度，加强生产运行组织执行力等工作，原油产量下降趋势得到的减缓，完成全年产量计划。自然递减率变化，主要由于新区资源变差影响和措施挖潜规模增大影响，导致自然递减增大0.5%，2014年通过深挖精细注水潜力，自然递减率控制在12%，同比下降0.5%。含水变化，近年来综合含水稳中略升，含水上升率得到有效控制，2014年主要通过加强油藏研究、优化注水方案、加大完善井网力度和水井大修测调试力度、改善注入水质，保证注好水，全年综合含水90%，控制在1.5%之内。注采平衡状况，随着油田产液量的增加，注水量也相应增加，保持油田的注采平衡，2014年注采比1.3，累计注采比1.2。地层压力变化，吉林油田主要采取“宏观上注够水，微观上注好水”的注水政策，通过采取完善注采井网等有效注水手段，在保持和提高地层能量方面取得良好效果，2014年各主力油田地层压力明显回升，平均地层压力恢复至原始地层压力的80%，地层能量保持水平较高。

【天然气生产】 吉林气区天然气勘探开发工作在松辽盆地南部和伊通盆地开展，资源评价天然气总资源量为3.3万亿立方米。

2014年，完成天然气产量16.03亿立方米，商品量完成12.38亿立方米。根据产能建设区块整体部署安排，在伏龙泉、小城子等地区完成钻井38口，进尺8.17万米，新建产能2.62亿立方米。

截至2014年底，已探明气藏11个，探明地质储量1191.75亿立方米，可采地质储量621.62亿立方米。提交控制地质储量1106.7亿立方米，预测地质储量1844.74亿立方米。

截至2014年底，已投入开发气田7个，动用地质储量736.51亿立方米，可采地质储量408.22亿立方米，全油区投产气井360口，开井204口，年产烃类气16.03亿立方米，累计产气151.99亿立方米。其中，气层气108.99亿立方米，溶解气43.0亿立方米。配套能力18.04亿立方米，其中气层气16.64亿立方米，溶解气1.40亿立方米，负荷因子0.87。气层气井口产气18.95亿立方米，累计产气124.29亿立方米，探明地质储量采出程度10.4%，技术可采储量采出程度19.99%，剩余可采储量283.93亿立方米，储采比14.98，已开发可采储量采气速度4.64%，采出程度 30.45%。

【工程技术管理】 坚持做专做精、提速提效，加快发展带压作业优势技术，装备带压作业机 19 部、施工队伍 15 支，满足井深 2500 米、井口压力 21 兆帕的带压作业需求，完成 830 口井，创效 1.5 亿元；集成免修期配套技术，提高作业质量和效率，免修期延长到 610 天；组建高效测试班组 33 个，测试效率比常规班组提高 60% 以上；自主研发体积压裂工具和材料，打破国外市场垄断，主体工具和材料价格大幅下降。

坚持质量先行、创效为本，大力推行标准化设计、模块化建设、精细化监理，标准化预制率达到 80%，地面工程投资及成本同比降低 3%；创新项目管理模式，开展计件工资试点，劳动生产率提高 1 倍以上；严格控制工程外包，减少外包专业 5 个，减少工程外包额 2.1 亿元；实施无损检测第三方突击检查，工程焊接一次合格率达到 90%，完成竣工验收项目数同比提高 25%。

【科技创新】 加大科研攻关投入力度，设立重大专项 15 项、重点项目 52 项，承担国家、中国石油专题 16 项。科技工作取得新进展。（1）致密油开发技术攻关取得新进展。二开小井眼水平井钻井试验取得成功，成本下降 15.5%；创新储层改造设计理念，由传统单一主裂缝设计转变为复杂缝网或打碎储层；二氧化碳干法压裂试验取得成功，显著改善低压、敏感储层改造，效果应用前景广阔。（2）提高采收率技术攻关取得新进展。二氧化碳驱油与埋存技术取得重大突破，完成二氧化碳捕集、输送、注入、集输和循环注入五大系统技术整合和应用，建成 3 类二氧化碳驱油与埋存示范区；建成国内首座超临界循环注入站，标志着吉林油田二氧化碳驱油进入工业化应用阶段。（3）科研体制和机制改革取得新进展。创新科研管理体制，确定课题制管理模式，注重厂院结合，促进科技成果转化；出台《重大科技创效奖励办法》，对 106 个科技项目 608 名技术人员给予奖励。

【企业管理】 2014 年，着力推进简政放权，开发建立规范管理平台，优化精简规章制度和业务流程，完善两级制度体系，公司层面减少制度 150 余项，取消审查审批事项 24 项，下放审批权限 10 项，减少审查审批环节 49 个。着力构建公司、厂、站队三级对标体系。严控用工总量，压缩两级机关部门、撤并低效站队、核减编制探索多种用工方式。出台《吉林油田公司全面深化改革框架要点》和专项方案并付诸实施。拓展外部劳务输出，推进内部劳务输出模式，盘活富余人员，积极抢占外部劳务市场，建立人力资源按需合理流动机制，修订完善《处级干部管理办法》《科级干部管理办法及补充规定》，出台《新提拔试用期处级干部跟踪考核管理规定》《退出处、科级领导岗位人员管理办法》。完善出台绩效考核政策。启动两级机关干部下基层活动。初步建立团委书记后备人才库，新建基层团组织 31 个，举办青年讲堂 1090 场次，组织志愿服务 795 人次，新建基层党委 8 个、党支部 31 个，基层党组织健全率保持 100%。严格按照组织程序，完成 892 个基层党支部换届选举，举办培训班 29 期，培训党员 5500 人次。

【安全环保与质量节能】 2014 年，吉林油田认真贯彻国家新《安全生产法》和《环境保护法》，全面落实集团公司关于安全环保工作的一系列要求，未发生一般 A 级及以上安全环保事故事件，没有发生企业内部人员死亡的交通责任事故，未发生井喷、环境污染与生态破坏事故，安全环保各项指标控制在集团公司下达指标范围。2014 年吉林油田实现年节能 2.82 万吨标准煤，节水 67.3 万立方米，同比节约原油 4492 吨、天然气 4906 万立方米、电力 6163 万千瓦时、成品油 3868 吨、热力 77 万吉焦，实现创效 2.09 亿元。原油生产综合能耗从 2013 年的 186.4 千克标准煤 / 吨下降到 179.8 千克标准煤 / 吨。完成“大情字区块综合节能示范区工程”，注水泵改造、注水泵变频、油水泵更换、双井单抽、锅炉在线监测等已全面完工，组织“吉林油田加热炉提效工程”和“吉林油田电动潜油往复泵举升示范区工程”两个项目的实施。

【和谐企业建设】 严格落实员工代表大会制度，组织 164 名员工代表巡查站队 98 个，参与座谈人员近千人，民主管理渠道进一步拓宽。扎实开展群众经济创新活动，取得成果 146 项，新木创新工作室被命名为全国创新工作室。完善帮扶救助体系，发放慰问金 1800 多万元，救助困难家庭 1.2 万户次，资助困难子女 202 人。文体协会举办贺岁迎春、情系劳模等文艺演出，下基层巡演 103 场次，开展各种赛事，吉林油田文体活动工作获吉林省管理创新优秀成果奖。加强初信初访和疑难问题的解决办理，未发生有较大影响的事件。突出事前预防和重点群体稳控，化解集体进京上访事件 4 起，超前发现群体性事件苗头 3 个，避免矛盾扩大和态势蔓延。2014 年员工群众信访 512 件、3454 人次，同比分别下降 14% 和 19%，初信初访和重点群体访数量同比均有明显减少，稳定形势总体好于 2013 年。充分发挥总经理、党委书记信箱的作用，处理和解决民生诉求 1226 个。

（李冬梅）

中国石油天然气股份有限公司
大港油田分公司
（大港油田集团有限责任公司）

【概述】 中国石油天然气股份有限公司大港油田分公司（简称大港油田）是集油气勘探开发、工程技术、科研攻关、物资供销、信息通信、水电供应、医疗卫生、矿区服务、多元投资等业务为一体的石油企业。截至2014年底，大港油田设机关职能处室16个、机关附属单位4个、直属单位13个、所属单位37个；共有各类用工28595人，其中合同化用工23127人、市场化用工5184人、劳务用工284人；拥有资产总额620.7亿元。

2014年，是大港油田建厂50周年，也是顺应新形势、谋求新发展的起步之年。面对改革发展中的困难和挑战，大港油田上下群策群力夯基础、防风险、促改革、提质量、增效益、保持续，各项工作均取得新成绩。2014年，新增三级储量7424万吨，生产原油464.7万吨（其中自营区完成370.05万吨、合作区完成94.65万吨）；实现原油商品量455.91万吨，生产天然气5.38亿立方米，实现天然气商品量4.48亿立方米，实现营业收入311.5亿元、利润16.9亿元、税费58.6亿元。安全环保、投资成本、员工总量等指标控制在集团公司下达目标之内，大港油田整体继续保持和谐稳定、稳健发展的良好态势。

【油气勘探】 大港油田勘探范围包括黄骅坳陷中部与南部的陆地、滩海、极浅海和沧县隆起东半部、埕宁隆起西部，东临渤海，西接冀中平原，东南与山东毗邻，北至津唐交界处，总面积18716平方千米。2014年，大港油田按照"科学勘探、立体勘探、精细勘探"的总体要求，立足歧口和沧东富油气凹陷，坚持勘探突破和效益增储并重，强化地质认识创新，优化勘探方案部署，优选有利目标区带，突出中浅层和斜坡区岩性油气藏勘探求动用、突出深层天然气勘探寻发现、突出潜山和致密油领域勘探谋突破，油气勘探再获重要进展。2014年实施三维地震采集56平方千米，完成探井23口，试油井30口，获工业油气流井23口，综合探井成功率74.19%。其中，沧东凹陷斜坡区立体勘探取得新突破，在南皮小集地堑带发现3000万吨级效益储量区，在南皮斜坡孔二段实现规模增储，整体新增控制＋预测储量5435万吨；歧口凹陷板桥斜坡老区新探获得新发现，板深37井8毫米油嘴求产，日产原油197.2吨、天然气2.7万立方米，落实油气圈闭资源量3312万吨；歧南歧北低斜坡勘探开发结合孕育新成果，歧122-11井和港深24-28井均获高产油气流，形成叠合含油气连片的新局面。

【油气开发】 2014年，大港油田围绕"十二五"规划目标和年度工作任务，以增储、增产、增效为主线，大力推进扬长补短、对标管理，全面提升油气开发水平与效益。精细开展油藏评价，坚持"以中浅层为主、不动用不探明"基本原则，2014年完成三维地震采集工作量175平方千米，完钻评价井30口，进尺9.5543万米，新增探明储量1126万吨；着力推进产能建设，持续开展"产能建设质量年"活动，完钻新井356口，投产油井233口，投注水井75口，新建产能82.1万吨当量；大力实施措施挖潜，向薄油层、油水同层、低产层挖潜，向疑难井、停产井要潜力，实施油井措施818井次，平均日增油1222吨，累计增油29.50万吨；持续深化油田注水专项治理，以整装治理为重点，以"注好水、注够水、精细注水、有效注水"为手段，实施三级注水专项治理工作量899口井（其中股份公司级46口），治理区块水驱控制程度从71.5%提高至72.9%，注采对应率由69.5%提高至73.3%，开井分注率由43.9%提高到46.1%，油层动用程度由61.2%提高到62.5%；稳步推进风险作业服务项目，完钻新井13口，完成老井措施6口，2014年产油3.85万吨、产气2180万立方米，成为新的产量增长点。

【经营管理】 坚持以经济效益为中心，大力实施开源节流、降本增效等管理提升活动，积极构建四大业务板块一体化管控模式，全面加强投资计划、资金预算、物资采购、招标选商、市场准入、审计监察的依法合规管理，不断加大以南方石油、尼日尔为重点的国内外市场开发力度，油气主营业务投资资本回报率保持在7.55%，"五项"费用和非生产性支出同比下降24%，外部市场创收60.6亿元，多元业务创收49.5亿元，大港油田整体运营管理效率稳步提升，风险管控能力持续增强，四大业务板块经营目标圆满实现。其中，强化市场准入，2014年共清退不合格供方400余家，年审换证288家；严格招投标管理，实施招标项目393项，涉及金额3.23亿元，节约资金3200余万元；强化合同问题治理，审查审批合同10000余份，事后合同控制在2%以下；处理各类纠纷案件37起，避免或挽回经济损失510余万元；深入推进集中采购，公司两级集中采购度达到96.75%，物资采购资金节约率4.8%，库存降低率11%；审核最高限价招标项目12项，节约采购计划资金272万元；开展领导干部合规登记报告工作，建立统一的合规举报平台、举报电话邮箱，并将领导干部依法合规履职列入处级领导人员年度考核；加强与地方质量监督部门及业务主管部门合作，开展反垄断、反不正当竞争专项整顿治理、合规风险排查、工商证照登记规范等活动，保证公司诚信守法、合规运营。

【科技创新】 2014年，大港油田以油气主营业务需求为导向，围绕勘探效益增储、老油田稳产、天然气上产、滩海快上产等重点，持续推动实施国家重大科技专项——“渤海湾盆地黄骅坳陷滩海开发技术示范工程”、股份公司重大科技专项——“大港油区大油气田勘探开发关键技术研究”，并新设立“孔南长期稳产配套技术研究”“滩海油田快上产配套技术研究”“天然气勘探开发及综合配套技术研究”等3个公司级重大科技专项以及配套研究项目，取得积极成效。在油气勘探领域，着力创新斜坡分类及控砂机制等理论认识，深化板桥—歧北斜坡沙二段沉积体系研究，逐步掌握碎屑岩潜山基本成藏条件，进一步指导引领勘探实践；在油气开发领域，应用规模储量评价与整体开发上产配套技术、井网优化技术、低渗透气藏开发技术部署井位224口；在工程技术领域，地震勘探新技术、复杂油气藏油气层综合评价以及高效钻完井技术均取得新突破，有效指导462口新钻探井精细评价工作，为油气稳产上产提供有力支撑；在信息技术领域，上线运行一体化井筒等一批信息系统，大大提升工作效能。2014年，投入科研及试验经费3.19亿元；52个科研项目、6个重大试验顺利实现既定目标；19项成果获省部级奖励；申报国家专利90件，其中发明专利37件。

【安全环保】 2014年，大港油田认真贯彻落实国家新《安全生产法》《环境保护法》和集团公司有关部署，始终坚持“安全第一，预防为主，综合治理”的工作方针，保持安全环保形势的持续基本稳定。全面落实安全生产责任制，严格实施“一岗双责”，各级组织层层签订安全环保责任书1595份、全体员工做出安全环保承诺32219份；持续强化QHSE体系管理，修改完善程序文件10个、作业文件9个，发现整改问题584个并通过集团公司HSE评估审核；对16家一、二类承包商质量体系和HSE体系进行评审，切实提高承包商安全施工水平；开展产品抽查282批次，发现不合格产品12批次并给予严肃处理；不断深化安全文化建设，积极开展安全经验分享集中宣讲活动，118名处职领导、187名直线部门管理人员、3700余名岗位员工结合实际现身说法；以“安全生产月”为契机，大力宣贯安全生产知识，张贴安全知识挂图等共计469套，发放宣传图册4245册、视频宣传材料199份，制作展板20块，全员安全意识明显提高、油区安全氛围持续浓厚；深化风险防控，制定《工作前安全分析管理办法》，提高各类生产作业活动风险控制措施的针对性和科学性。投入专项费用158万元，深入探索实施油气场站能量隔离上锁挂牌等方法；认真筹备，自查自改，通过天津市非煤矿山企业安全标准化达标评审；以污染减排为核心，以落实减排责任为抓手，加大工程减排和管理减排力度，2014年外排COD 400吨、氨氮13.1吨、二氧化硫806吨、氮氧化合物等1584吨，获得“全国石油和化工行业责任关怀最佳实践单位”称号。与此同时，大港油田安全、环保、节能节水和质量管理四项工作均获得“集团公司2014年度先进企业”称号。

【矿区服务】 2014年，大港油田矿区服务系统供水1533万立方米，供电21122万千瓦时，供天然气1548万立方米，供液化气4125万吨，供暖676.55万平方米，医院接诊57万人次，离退休活动站人员流量日均6000人次，综合服务满意度稳步提升。其中，加强矿区建设，筹资1.45亿元，改造矿区配套设施项目18个、维修住宅142844平方米；实施基础设施隐患治理，投入资金5478万元，立项整改安全隐患304项，涉及居民3.2万户，公共建筑、商户31所；优化矿区治安环境，小区技防系统基本建成，电视监控系统、车辆出入管理系统、巡更系统投入使用，实现住宅小区封闭式管理，油区居民安全感持续提升；大力实施油区综合治理，深化警企联动机制建设，开展重大节日及特殊时期联合巡控30次，抓获犯罪团伙5个，特别是在“百日会战”专项行动期间，破获涉油气案件17起，得到公安部省际交叉督导组的认可，并获得天津市国资系统社会管理综合治理领导小组授予的“社会管理综合治理先进集体”称号；稳步实施民生重点工程，港西新城经济适用房一期顺利验交、二期主体进入封顶阶段，三期经济适用房、商品房已全部完成预售，油田总医院迁建工程全面完工，与地方政府共同组建首个居家养老服务中心，投建社区活动站16座，新建改造离退休活动站点5个并投入使用；持续开展帮扶活动，帮促1018名待业子女实现就业，筹集1928万元帮扶困难家庭1.3万户次、资助子女上学412人。

【自身建设】 着力抓好党的群众路线教育实践活动整改工作，累计整改班子问题12个、个人问题92个，大港油田领导班子及成员整改方案落实率和年度整改计划按期完成率均达到100%；认真贯彻执行民主集中制，强力推动“三重一大”决策制度落实及考核评估、责任追究、纠错改正等配套制度完善，2014年共召开党委会14次、总经理办公会33次，讨论通过议题和议案143个，搁置否决议案8个，有力保证科学民主决策；扎实推进惩防体系和廉洁文化建设，持续加大监督检查和执纪办案力度，政治生态环境不断改善；认真落实中央八项规定和集团公司若干规定，扎实推进专项整治工作，清理超标车辆170台、治理办公用房超标面积1470.5平方米、减少各类会议35%，“四风”突出问题得到有效治理；大力实施人才强企战略，注重处职干部、技术专家、国际化人才三类人才培养，持续完善管理、专业技术、操作技能三支队伍“双序列”成长通道建设，扎实推进全员培训，不断夯实人才基础；深入开展劳动竞赛和合理化建议征集活动，累计征集实施合理化建议项目7200余件，创效3000余万元；坚持问题导向，加强分类指导，基层建设整体水平持续提升，98.2%的基层单位达标，35个基层单位进入红旗单位行列，获得国务院国资委党委授予的“中央企业先进基层党组织”称号。

（刘朝晖）

中国石油天然气股份有限公司
青海油田分公司

【概述】 中国石油天然气股份有限公司青海油田分公司（简称青海油田）主营业务为石油天然气勘探、开发、炼油化工、油气集输、储运、销售、勘探开发研究等业务，同时具有石油工程技术服务和矿区服务两大功能业务。

青海油田主要勘探开发领域——柴达木盆地，是我国七大内陆含油气盆地之一，地理面积约25万平方千米，沉积岩面积12万平方千米。油气总资源量46.5亿吨，其中石油21.5亿吨、天然气25000亿立方米。工作区域平均海拔2900米以上，是国内自然条件、工作环境最艰苦的油田之一。

青海油田现已建成敦煌、格尔木、花土沟三个基地，其中敦煌基地是青海油田科研、教育、职工轮休、轮训基地，是油田机关及部分二级单位所在地；格尔木是炼油化工、天然气生产及销售基地；花土沟是勘探开发、原油生产的第一线，是原油生产基地；冷湖是一个老石油基地，设有冷湖油田管理处，主要任务是维护老油田生产，并为地方单位提供水、电的正常供应。

截至2014年底，青海油田共有员工21193人（合同化员工15526人，市场化用工5667人），其中男性员工15417人，占比72.75%；女性员工5776人，占比27.25%；35岁以下员工8068人，占比38.06%；管理人员共4100人，占比19.34%；专业技术人员2494人，占比11.77%；技能操作人员14599人，占比68.89%。

2014年，青海油田完成油气三级地质储量2.31亿吨，生产油气当量768.92万吨，其中原油220万吨、天然气68.89亿立方米；加工原油140.88万吨。

【油气勘探】 持续实施储量增长高峰期工程，重点突出四大勘探领域，油气三级储量实现“七连增”，连续五年保持在2亿吨以上。英雄岭形成优质储量富集区。英东上盘申报石油地质储量6685.28万吨，天然气地质储量61.45亿立方米，探明柴达木盆地单个油藏储量规模最大、丰度最高、物性最好、开发效益最佳的整装油气田。扎哈泉立体勘探展现大场面，新增基本探明石油地质储量803万吨。乌南浅油藏评价开发见成效，控制石油地质储量2509万吨。扎哈泉地区已落实叠合含油面积142平方千米，三级石油地质储量1.92亿吨，荣获集团公司2014年度石油勘探重大发现奖一等奖。阿尔金山前油气并举新扩展。东坪气藏边评价边开发，累计探明天然气地质储量519.41亿立方米，发现国内陆上最大基岩气田，气藏厚度大、产量高、压力稳、储量优，初步建成产能15亿立方米。牛东勘探有新进展，首次在E_3^2获得工业油气流，探明天然气地质储量69.71亿立方米。牛中斜坡牛参1井区预测天然气地质储量320.3亿立方米，有望形成千亿立方米大场面。红沟子沟8井获工业油流，预测石油地质储量1359万吨。冷湖构造带及周缘初见苗头。冷东地区冷浅4井获工业油流，预测石油地质储量1224万吨。冷90井区探明天然气地质储量78.41亿立方米。垣1井区控制天然气地质储量208.19亿立方米。

【油气生产】 2014年，青海油田原油产量220万吨，是中国石油油气产量同步增长的三家单位之一。日产量从年初的5550吨上升到年底的6100吨。在老区硬稳产上：加强油藏地质研究，深化油藏精细描述，按照精细注水思路，持续开展注水专项治理，形成13项精细油藏描述专项技术，实现注采井网、分层注水、配注方式的三个转变，开发指标持续好转，自然递减率、综合递减率分别下降0.5个百分点和0.8个百分点，含水上升率基本持平，平均单井日产油2.88吨。在新区上产上：大力推进勘探开发一体化，英东一号实施勘探开发、地质研究、井位优化、生产组织、资料应用“五位一体”运行模式，促进高效建产，弥补老区递减。在产能建设上：建成产能40万吨。

【天然气产销】 2014年，天然气产量68.89亿立方米，连续四年保持在60亿立方米以上，建成产能7.1亿立方米。年恢复产能近2亿立方米，递减率控制在7.8%。南八仙伴生气系统改造项目建成投运。东坪气田勘探开发一体化稳步推进，天然气实现合格达标外输，产量由2013年的1.7亿立方米快速上升到2014年的9.3亿立方米。

【炼油化工】 2014年，加工原油140.88万吨，装置平稳率达99.41%，高出炼化板块平均水平0.64个百分点。狠抓对标管理和绩效考核，2014年首次实现扭亏增赢。优化产品结构，高效产品比例51.45%，低凝点柴油比例、高效产品收率分别居中国石油第一和第四位，轻质油收率、综合商品率等指标达行业中上水平。国Ⅳ柴油质量升级、催化烟气脱硫项目与装置大检修同步实施，开厂一次成功。汽柴油质量均达到国Ⅳ标准，97号汽油和–35号柴油填补青藏地区高标号汽油、低凝点柴油的生产空白。

【工程服务】 推进钻井提速提效，开展井身结构优化等工作，在井深平均增加124米的情况下，平均机械钻速达到9.07米/时，增长2.25%。推广多层多段压裂技术，开发井压裂128井次、288层段，累计增油3.75万吨、增气2410万立方米。持续推进标准化设计，重点工程质量、进度、投资、安全环保全面受控，夯实发展基础。水、电、路、通信生产服务保障到位，特别是停电次数同比下降24.36%，保障油气生产。

【油气储运】 花土沟—格尔木输油管道连续74个月无打孔盗油事件发生。多方协调，缓解成品油高罐位运行带来的压力，确保油田生产顺利进行。增加涩北—西宁—兰州及周边天然气销售，确保均衡生产。稳步实施天然气推价工作，增加收入，提高效益。

【数字油田】 实施物联网建设，英东、东坪、牛东、涩北等油气田被列入中国石油天然气集团公司第一批物联网示范工程，首批770口油、气、水井成功上线。理顺数字化运维机制，实施专业化服务。网络技术迈入智能化发展阶段，提升数字化网络支撑水平，为数字化油田建设和“三网融合”奠定基础。

【安全环保】 青海油田层层落实安全生产责任制，推进安全生产“党政同责”和“一岗双责”，完善班组、队站、厂处和公司四级安全监督体系。宣传新《安全生产法》和《环境保护法》，组织开展QHSE管理提升、基层“四无”、安全生产月等活动，提高全员安全意识和风险防控能力。严格作业许可管理，加强承包商监管。加强油气管道分级管理，挂牌督办，治理139项，重大隐患全部得到整改。加大环保治理力度，主要生产装置实现零排放，炼油厂实现“三废”达标排放，敦煌基地生活污水处理达到国家一级B标准。

【和谐油田】 认真落实“排查反馈制、信访交办制、首问负责制”三位一体的维稳机制，积极接访，主动下访，共受理群众来信来访138件229人次，总经理（书记）信箱处理信件885件，搭起连心桥，畅通民情路。做好政策解释工作，依法依规解决困难，帮扶困难家庭1880户，解除特困家庭的后顾之忧。推进企警联防，集中打击非法盗油，维护油田正常生产秩序。开展赌博专项整治，净化社会风气，促进和谐稳定。

【科技创新】 以“自主创新、支撑发展”为方针，完善科技创新体系，搭建科研攻关平台，坚持“产学研”一体化，科研水平和支撑能力得到明显提升。连续六年获得青海省科技进步奖一等奖。形成14项重要成果、6个方面理论创新点、6大配套技术、7项特色技术、31项专利技术和4项软件著作权，咸化湖盆成烃成藏机理研究、山地三维地震采集攻关、基岩气藏综合勘探与评价等成果和技术达到国际先进水平。重大专项已成为推动油田发展的核心驱动力。首次实施致密油多簇多段体积压裂，扎平1井创下油田单井施工液量最多、加砂量最高的纪录。尕斯 E_3^1 油藏深部调驱试验全面完成，初步形成高温高盐油藏深部调驱集成技术。完善疏松砂岩气藏排水采气和治砂技术，为出砂出水井治理提供有效手段，保障气田稳产。

【矿区服务】 大力实施民生工程，多种渠道筹措资金，落实集团公司投资，争取地方政府惠民资金，企业自筹资金，共完成10项重点民生工程项目。在住宅建设方面，昆北小区547套小高层住宅完工交房，实施格尔木、花土沟167栋住宅和公寓节能保温改造，完成平开窗更换和15.6万平方米外墙保温，改善安居条件。在小区调整改造上，完成格尔木社区监控系统改造，完善基地安防硬件设施，实施敦煌基地东三村、东四村和朝阳小区“庭院式”平面小区改造，对西宁七一路住宅小区实施整体改造，改善了居住环境。在基础设施建设方面，实施路网优化调整工程，对敦煌基地昆仑路和中原路、花土沟基地油龙路和前进路进行改造；敦煌基地污水处理厂改造一次性投用成功，实现达标、除臭、降噪目标；完成第三幼儿园改造，敦煌基地便民药店建成投用；西安离退休基地采暖接入地方供暖系统；花土沟职工活动中心建设封顶。强力推进优质服务，坚持“三好三快”工作法，继续做好“440”品牌服务。建设与西安、北京等地远程会诊系统，提高医疗服务和保障水平。餐饮、公寓、市政、通勤等服务紧贴实际，不断创新，满足职工群众的多样化需求。开展基地保温大排查，完成入户普查20098户，保温有效投诉下降62%。全面落实“两项待遇”，积极推进文化养老，“高原情”合唱团获全国老年节银奖，老年健身气功队获青海省运会团体第一名，离退休工作荣获青海省和集团公司多项表彰奖励，幼儿舞蹈队参加中韩舞蹈展演，获得少儿组最高奖项。

【党建工作】 加强思想建设、组织建设、作风建设和队伍建设。认真学习习近平总书记系列重要讲话，严格执行中央八项规定精神和集团公司党组二十条要求，建立长效机制，巩固反“四风”成果。加强对教育实践活动中反映的机关作风、公款吃喝等问题的专项整治，取消领导专车，接待费用大幅下降，清理超标办公用房2531.5平方米。开展“我为千万吨做贡献”“全员增效”主题大讨论和送文化下基层等活动，增强油田软实力。充分发挥桥梁纽带作用，依法服务保障职工权益。开展青年大讲堂、全员读书活动，开通青春柴达木微信公众平台。

【队伍建设】 推进“四好”班子创建，加大领导班子绩效考核力度，坚持德才兼备、以德为先的选人用人标准，推进公开竞聘和干部交流。加强三支人才队伍建设，集中举办各类培训班180期，培训1万余人次，组织油田第八届职业技能竞赛，培养和选拔一批操作能力强、技能水平高的技术能手。推进基层班组建设，持续开展“十、百、千”评选活动，夯实基层管理基础。“王锡军工作室”成为国家第一批授牌工作室。史昆获得全国“五一劳动奖章”，陈琰、韩萃等7名职工获得青海省劳动模范。

【社会责任】 认真履行经济政治社会责任，积极支持地方建设，完成冷湖地区供暖煤改气项目；企地联合实施敦煌阳关西路改造工程；出资500万元支持青海、甘肃两省开展党政军企共建等活动。

（李希生）

中国石油天然气股份有限公司
华北油田分公司
（华北石油管理局）

【概述】 中国石油天然气股份有限公司华北油田分公司（简称华北油田）主要从事石油天然气和煤层气勘探开发、储气库建设管理运营、燃气市场开发利用、对外技术服务与劳务承包、多种经营以及与之配套的矿区服务、社会服务等业务。油气勘探区域主要集中在冀中、内蒙古中部和山西沁水盆地等三大探区。2014年，生产原油422.3万吨、天然气3.0亿立方米，煤层气商品量7.5亿立方米；实现收入351.5亿元、净利润27.3亿元、税费75.9亿元，圆满完成各项业绩考核指标。

截至2014年底，华北油田拥有油气资产原值626.9亿元，净值295.5亿元。累计探明石油地质储量13.4亿吨、天然气地质储量275.79亿立方米；累计生产原油2.66亿吨，天然气118.65亿立方米；累计煤层气产量26.78亿立方米；累计工业总产值（现价）2700.4亿元。共有员工4.08万人，其中管理人员8771人，专业技术人员7683人，技能操作人员23162人；研究生以上学历613人，大学文化程度人员10507人。

【油气勘探】 油气预探继续保持储量高峰增长。聚焦河道砂油藏勘探，文安斜坡南段实现规模增储，新增预测储量4009万吨；坚持中浅层油气并举，大柳泉地区新增控制地质储量2704万吨、预测地质储量1149万吨；强化富烃洼槽区勘探，饶阳凹陷中部再获新发现，多口井获工业油流，其中宁89X井放喷日产油104立方米；二连东部阿尔、巴音都兰富油凹陷勘探再获新进展，阿尔68、巴92X井发现厚油层；积极推进致密油勘探，束探3井初期放喷日产油67立方米。

【油气田开发】 开发状况持续向好。油藏评价更加注重预探发现效益评价和早期介入，更加注重老区滚动评价整体性和进攻性，在岔河集构造带整体新增探明储量2527万吨，在蠡县斜坡、阿尔等区带取得突破和进展；产能建设突出效益优先，强化跟踪调整，新建产能67万吨；老油田精细注水综合治理整体见效，岔15等8个重点治理区块增油6.1万吨，自然递减、综合递减分别下降4.9个百分点和5.6个百分点；任二联撤并、任丘西部原油流向调整、阿尔和乌里雅斯太油田系统配套、阿赛线安全扩能改造等重点工程按计划推进。统筹协调生产组织，综合平衡产运销储，油气生产平稳有序运行。

【新能源业务】 新能源业务稳步推进。煤层气建设扎实推进，风险管控能力全面提升，以流压为核心的自动化控制水平达到全国领先，日产商品气量突破230万立方米，安泽新区基本探明地质储量200亿立方米，樊庄2亿立方米产能建设全面完成，大城、吉尔嘎朗图前期勘探评价有序进行。一期苏桥储气库注采运行平稳；二期文23-6X井封堵成功，文23气藏可行性研究通过股份公司审查；三期大5水层建库研究取得阶段成果。

【对外合作业务】 对外合作业务深化拓展。“走出去”对外服务方面，长庆、塔里木、海南、国外等外部市场不断巩固，实现经济收入15.5亿元，从业人员达到3142人；苏75区块生产天然气8.2亿立方米、凝析油1万余吨，超额完成全年任务。“引进来”对外合作方面，成庄项目中外双方合作纠纷成功解决，成庄、马必、里必、未动用难采储量项目进入建设和生产期，2014年生产原油4.4万吨、天然气1850万立方米。

【多种经营业务】 多种经营业务市场创收增效能力提升，实现收入63亿元、净利润2.07亿元。燃气业务资源掌控能力增强，市场布局更趋合理，山西LNG工厂、任丘北部门站二期扩能建设有序推进，河石线项目竣工；营房、机械与电控成套业务稳步发展，油田化学助剂、含油泥沙处理、边零井管理等新业务培育进展顺利。

【综合服务业务】 综合服务业务服务质量提升，保障油田生产生活能力增强。矿区28个社区居委会全部纳入当地政府管理，任丘矿区3个街道办事处组建运行，29所幼儿园实现合作办园，外围矿区水电暖和物业收费制度改革完成。生产服务及其他业务加快服务转型，市场创收扩大，保障能力增强。

【企业管理】 经营考核机制深化调整向前推进，质量效益导向作用明显增强。风险防范能力提升，重大风险逐步销项并严格受控，合规管理启动实施。流程管理全面推开，管理职能界面更加清晰，工作流程更加简洁高效。HSE、人力资源、科技信息、招标等专项管理更加贴近生产实际和产业需求，管理短板得到有效弥补。组织架构不断优化，增设新能源业务生产、管理、研发机构，调整机关部门职能和设置，增强产业发展保障；撤并大队机构23个、中队机构529个，管理层级更加精简。技术支撑大科研、关联交易大管理、生产组织大协调机制建立并有效运行，促进生产经营效率提升。

【科技创新及信息化建设】 重大科技专项稳步推进，“华北油田上产稳产800万吨关键技术研究与应用”全面启动，持续增储、高效建产、精细开发和煤层气高效开发四大科技攻关工程有序进行；煤层气高产区评价及优选技术逐步形成，水平井新井型探索积累有益经验，智能排采控制实现突破。钻采工程技术支撑力量增强，深井高温大斜度分注工艺和注水井酸化增注技术实现突破。智慧油田建设取得里程碑式进展，二连油田高寒地区数字化示范工程竣工验收；山西煤层气物联网示范项目建设完工；企业管理一体化平台建设取得阶段成果；具有自主知识产权的云计算基础平台上线运行。

【安全环保与节能】 HSE体系建设进一步加强，新版体系发布实施。管理层、执行层分别签订《安全责任书》和《承诺书》，完成首次处级干部HSE履职能力评估，各层级、各岗位HSE职责履行更加规范，安全责任落实更加到位。体系审核、风险排查和隐患治理常态化开展，及时整改销项审核出的各类问题，任三联周边管线、赵兰庄硫化氢等隐患治理按计划推进。新能源业务、要害部位、关键环节、风险作业的HSE管控能力提升，承包商安全管理进一步加强，有效避免事故发生。能效对标深入开展，节能新项目积极推广，节能2.95万吨标准煤，节水59万立方米，超额完成上级下达的考核指标。

【和谐矿区建设】 油地共建深入开展，合作领域范围不断拓展，发展互补性进一步增强，与任丘市携手开展“三城同创”活动，“三个融合”全面深化。矿区服务功能持续完善，各项服务更加人性化、精细化。集资房建设圆满收官，12315套全部交房；改善房建设稳步实施，任丘矿区首批改善房全部封顶；二批改善房开工建设。华兴社区改造施工完成过半，华盛棚户区改造平稳推进。华山道建设完工通车；北站西路京开渠桥加固竣工，北站路主体工程完工；潜山道、会战南道、文化道、河间曙光路改造有序实施。总医院医疗综合楼项目竣工准备投用，创业公园完成规划设计审查，渤海公园开工建设。关心关爱员工形成有效工作体系，救助困难家庭4096户次，发放慰问金1200多万元；资助困难家庭子女145人次，发放助学金40多万元；慰问基层员工1.1万人次。综合治理、维稳保障得力，平安油田创建不断深化，重点油区治安整治“百日会战”卓有成效，社会治安综合治理工作得到加强，油田矿区保持安定祥和，全国“两会”、党的十八届四中全会等重点时期有效防控不稳定因素，受到集团公司表彰。

【党建和精神文明建设】 以反“四风”、转作风为突破口，有序推进教育实践活动整改落实，一批影响油田改革发展的突出问题得到解决，干部队伍作风明显好转，党的群众路线教育实践活动成果进一步巩固。基层党建工作扎实深入，创先争优活动、发展党员和党员管理工作有效开展，第二轮基层队站标准化建设和生产现场可视化管理全面铺开，企业发展基础进一步夯实。党风廉政建设和反腐败工作持续加强，党委主体责任和纪委监督责任有效落实，惩防体系建设按规划扎实推进，反腐倡廉教育广泛开展，正风肃纪专项行动持续深化，党内巡视问题整改、突出问题专项治理不断深入，信访和案件查办力度持续加大，一些违纪违规案件得到严肃查处。形势任务教育不断深化，政策宣传、群众思想引导和舆论管控能力持续增强，特色文化培育和“核心价值观在油田”宣传实践深入开展，华北油田及9个二级单位被评为河北省文明单位，华北油田被评为河北省企业文化建设示范单位。

（鲜　勇）

中国石油天然气股份有限公司
吐哈油田分公司
（吐哈石油勘探开发指挥部）

【概述】 中国石油天然气股份有限公司吐哈油田分公司(简称吐哈油田)是集油气勘探与生产、石油工程技术服务、矿区后勤服务等多种业务于一体，跨国、跨地区经营的大型石油企业，主要从事油气勘探开发、科研服务、井下作业、石油化工、油田建设、水电通信保障、机械制造、物资采购等业务。吐哈油田探区包括吐哈、三塘湖、民和、银额、总口子5个中小盆地，总面积22万平方千米，探矿权面积5.15万平方千米。截至2014年底，有合同化员工13142人、市场化员工3431人；累计探明石油地质储量51420.66万吨（含凝析油），探明天然气地质储量1210.15亿立方米（含溶解气）；累计生产原油4823.69万吨，天然气219.1亿立方米；上市业务资产总计195.44亿元，未上市业务资产总计50.61亿元。

2014年，吐哈油田以经济效益为中心，突出油气主业，优化业务结构，推进降本增效，超额完成各项生产经营任务。新增探明石油地质储量3721.79万吨、控制石油地质储量3339万吨、预测石油地质储量2447万吨。生产油气当量280万吨，其中原油200.1万吨、天然气10亿立方米，原油同比增产29

万吨，产量增幅在集团公司排名第一。上市业务实现收入97.78亿元，实现考核口径税前利润13.7亿元。未上市业务实现收入46.1亿元，实现利润比集团公司下达指标增加5557万元。吐哈油田连续9年保持集团公司安全环保先进水平，连续11年荣获新疆维吾尔自治区安全生产先进单位称号，5个集体和个人获开发建设新疆奖状等荣誉。

【油气勘探】 2014年，吐哈油田把勘探工作放在首位，区域预探与精细勘探并重，落实一批优质储量区块，三塘湖条湖组致密油勘探成果获股份公司油气勘探重大发现奖二等奖。完成二维地震301.2千米、时频电磁175千米、三维地震344.99平方千米（其中油藏评价120.29平方千米）；油气预探完钻探井35口，进尺13.62万米，试油交井26口，获工业油气井数9口，探井成功率34.6%；油藏评价完钻评价井18口，进尺6.52万米，试油交井15口，获工业油气井数9口，评价井成功率60%。

台北凹陷精细勘探取得新突破。强化侏罗系构造—岩性油气藏勘探，在温吉桑构造结合部扩展出温403、温西304两个高产区块，落实三级石油地质储量910万吨；预探红台构造带下盘水西沟群，红台2301井体积压裂后获日产59立方米工业油流，发现低孔低渗低饱和度整装油藏，新增预测石油地质储量2447万吨。与东方地球物理公司开展葡北—葡萄沟304平方千米高精度三维地震风险勘探，提前实施并完成2015年三维地震资料采集任务304.12平方千米。

鲁克沁二叠系稠油评价勘探落实3000万吨整装效益储量。鲁克沁中西区、北一区探明石油地质储量2344.52万吨，北二区英15区块探明石油地质储量453.63万吨；甩开预探玉北602块，新增控制石油地质储量833万吨。

三塘湖盆地马朗凹陷扩展勘探取得新进展。甩开部署芦101H井、芦102H井获工业油流，芦1-马56块实现连片，落实致密油含油面积19.1平方千米，控制石油地质储量2506万吨。立体勘探马中，马61井西山窑组压裂后日产油8立方米，发现2000万吨级规模砂岩岩性油藏。

【油气开发】 2014年，吐哈油田生产原油200.1万吨，生产天然气10亿立方米。

自然递减率持续下降。编制并推进三年精细注水实施方案，精细分层注水效果良好，自然递减率控制在13%，同比下降0.7%。

产能建设达到预期效果。投产油井416口，平均单井日产油7.1吨，新建产能85.4万吨，方案符合率85%；投产气井56口，平均单井日产气1.3万立方米，新建产能2.4亿立方米，方案符合率81%。鲁克沁二叠系勘探开发一体化快速推进，建成产能30.3万吨。马56块致密油规模经济开发效果显著，投产水平井25口，单井日产油15.8吨，单井投资同比下降24%。牛东翼部基质型火山岩油藏875万吨储量高效动用，单井日产油11吨，区块采油速度由0.1%提升到1%。恰勒坎低效储量开发取得突破，盘活和新增石油地质储量576万吨，落实10万吨建产新区块。优化选井选层和措施结构，措施有效率76.2%，平均单井日增油2.1吨，累计增油7.4万吨。

地面配套高效运行。玉北二叠系产能配套、丘东集气站增压系统建设等24项地面工程建成投运。胜北天然气外输管线提前13天投产，玉北脱水站提前5天投产。

【安全环保】 2014年，吐哈油田深化HSE体系建设，整改内外部审核查出的问题305个，完善25项制度和标准。强化安全监督队伍建设，加强井控、联合站、油气管线等关键领域和要害部位的监督检查，严厉查处“三违”行为；开展安全生产大检查和专项检查，查出整改各类问题3175项；完成21项安全隐患治理项目。清退15家不合格单位，净化承包商队伍。完善应急预案，处置应急事件20起，有效应对大风、洪水等自然灾害16起。加大新《安全生产法》《环境保护法》宣传贯彻力度，开展安全培训和经验分享，培训员工2600人次。加强节能减排，节能1.59万吨标准煤、节水64.4万立方米；二氧化硫、氮氧化物、COD和氨氮排放量比考核指标分别下降0.1%、4.9%、43%和28%。

【企业管理】 2014年，吐哈油田经营管理水平不断提升，降本增效取得明显成效。

投资成本得到有效控制。加大投资管控力度，保障核心业务发展，勘探开发投资占总投资的98.7%。推行建产区块钻井招标和总承包，优化开发方案和地面设施流程，严控一般性投资改造，节约投资用于产能建设。严格按效益标准下达投资，投资回报率比预算提高3.64%。

成本费用明显下降。强化预算管理，加大监控预警和季度考核力度，严控材料费、水电费等生产费用支出，油气操作成本比预算下降0.28美元/桶；“五项”费用、资料费、绿化费等非生产性支出同比下降14%。加大市场化招标力度，开展工程、服务、物资采购项目合并打包招标，物资采购价同比降低5.9%，累计节约成本1.6亿元。开展修旧利废和闲置设备物资调剂，节约费用1500万元。

炼化销售实现增效目标。优化炼化业务结构，关停甲醇装置，实现人员平稳分流，退出的1.4亿立方米天然气投放市场，增效1.1亿元。优化油品结构和销售方案，实现增效1.4亿元；落实集团公司天然气推价政策，确保天然气推价到位，实现增效2.1亿元。

管理基础全面夯实。开展审计、内控、效能监察等查出问题的专项整治，制修订制度44项。健全市场化机制，修订市场、招标、合同管理办法，实施招标流程再造，推进管办分离、商务标与技术标分段评标，强化分类分级审批，对连续性工作量打包招标，增强招标竞争力。

人力资源管理取得新成效。严格落实“三控制一规范”，合并石化厂和甲醇厂，撤销驻外办事处和广州生活基地管理处，减少处级机构5个、两级机关科室11个、基层队站8个，减少科级职数35人、两级机关定员57人。完善处级领导班子建设、关键岗位交流等5项制度，细化干部选拔任用基本环节操作标准，严格按制度程序选拔和竞聘副处级以上干部9人、交流11人；新增副高以上职称人员71人，选聘公司科技项目负责人60人、技术带头人68人，引进大学毕业生104人；完成69个工种1241人次的职业技能鉴定，开展各类培训10044人次。

【科技创新】 2014年，吐哈油田实施国家、集团公司和油田公司三个层次55项技术攻关取得新进展，获省部级科技成果4项，国家授权专利10项。勘探技术：吐哈盆地侏罗系水西沟群、前侏罗系成藏条件研究和三塘湖盆地致密油富集规律认识深化，中小型叠合盆地多类型油气藏立体勘探评价技术逐步配套。钻采技术：完善三塘湖、鲁克沁等重点区块钻井配套技术，水平井钻速同比提高9.2%，大位移斜井复杂时效降低4.5%；适合不同地质条件和井型的大型体积压裂主体工艺技术逐步成熟配套，为解放红台西山窑低饱和度油气藏、盘活恰勒坎低品位储量、推动三塘湖致密油和火山岩油藏有效动用发挥重要作用。强化水平井加体积压裂工艺技术攻关，配套完善长段水平井钻完井和压裂工艺技术系列，实现规模应用。信息技术：油气生产物联网系统、地理信息系统等5项统建项目按期投运，完成油田合同结算与资金审批系统、移动办公平台建设。

【未上市业务优化】 2014年，吐哈油田针对未上市业务用工多、成本高、实力弱的实际，优化业务结构，突出发展18项主营业务，放开19项常规业务，推行业务外包，增强市场竞争能力和抗风险能力，大幅降低油田投资成本；清退社会化用工1919人，节约成本1.84亿元。井下作业重点发展压裂酸化、试油测试、大修特种作业，退出小修业务，清退社会化用工1108人；油建施工重点发展地面建设、抢维修、工厂化预制等业务，退出压力容器制造等低效业务，清退社会化用工96人；特种车辆重点发展钻机搬迁、货物吊装等业务，退出油品运输等业务，清退社会化用工173人；机械加工重点发展抽油机组装、设备维修保运等业务，退出常规油套管加工等业务，清退社会化用工136人。信息技术重点发展信息化、自动化、系统集成等业务，退出通信网和社区宽带网，清退社会化用工131人。加大海外市场创效力度，巩固中亚、中东等市场，拓展乌兹别克斯坦连续油管酸化项目、哈萨克斯坦水力喷射压裂项目，实现利润4355万元。

矿区服务外包部分绿化管护、公共区域保洁业务，对外整体租赁商场和部分餐厅资产，清退社会化用工275人。

【民生工程】 2014年，吐哈油田稳步推进民生工程建设，人均收入同比增长7.5%。筹措2000万元改善鲁克沁、牛东等一线队点住宿条件，完成哈密基地综合体育馆、八区和十六区液化气管网改造、鄯善基地美化亮化工程。调整社保标准，离退休职工每月养老金人均增加267元、退休家属工人均增加176元，劳动家属每年门诊医疗补助人均增加720元。通信网和社区宽带网业务外包，社区网出口带宽提高10倍，电话、网络资费大幅下降，社区居民节约总开支287万元。通过直接签约、回校培训和市场化用工招聘，帮助205名员工子女就业。投入710万元帮扶困难家庭1510户、金秋助学65人、救助大病员工92人。实施鄯善区域两级机关集中休假制度，解决机关人员休假难题。

【党群工作】 2014年，吐哈油田推进服务型党组织建设，在“凝心聚力、助推发展”上取得新成效，评选出中央企业优秀党务工作者1人，集团公司先进基层党组织2个、优秀共产党员3人、优秀党务工作者2人。完成群众路线教育实践活动129项问题整改，制修订25项制度，构建作风建设长效机制。举办第二届思想政治工作研讨会，总结思想政治工作“五大亮点”“八大做法”和“百法百例”，增强思想政治工作的实效性。推进反腐倡廉建设，严肃查处8个单位违纪违规行为，给予25名党员干部党纪政纪处分。落实防恐维稳措施，推进重点风险部位防恐标准建设，维护油田稳定。加强企业文化建设，选树“吐哈榜样”，评选首届“火焰山”文学奖。加强群众工作，开展季度主题劳动竞赛和“大干 56 天、攻坚促上产”立功竞赛、“面心实”、青年油水井分析等活动，发挥工团组织桥梁纽带作用。加强文联体协工作，举办篮球、网球、羽毛球等比赛，丰富员工业余生活。

（李　勇　朱晓龙　肖玉娟）

中国石油天然气股份有限公司冀东油田分公司

【概述】 中国石油天然气股份有限公司冀东油田分公司（简称冀东油田）主营业务包括油气勘探、开发、集输、销售以及油田工程技术、工程建设、机械制造、物资供应、电力通信、油田化学、矿区服务等为油田配套、保障、支持和服务业务。冀东油田勘探区域包括冀东探区和庙岛群岛探区，登记探矿权面积 9845 平方千米。其中，冀东探区主要集中在唐山市东南部（包括渤海湾海域部分）和秦皇岛市南部辽东湾海域。唐山勘察区域位于渤海湾盆地黄骅坳陷北部，勘探面积 4240 平方千米；秦皇岛勘察区域位于渤海湾盆地渤中坳陷北部和辽东湾坳陷西南部，勘探面积 2380 平方千米。庙岛群岛探区位于山东省蓬莱与辽宁省大连之间、渤海与北黄海交界处海域，勘探面积 3225 平方千米。截至 2014 年底，冀东油田设 24 个二级单位（分公司）、16 个机关处室、4 个直属机构，资产总额 275.3 亿元。

2014 年，冀东油田新增控制石油地质储量 585 万吨、预测石油地质储量 585 万吨，新建原油生产能力 50 万吨，新建天然气生产能力 1.2 亿立方米；生产原油 170 万吨、天然气 6.85 亿立方米，油气当量 224.6 万吨；实现经营收入 105.57 亿元，上缴税费 15.48 亿元，实现利润 2 亿元（不含特别收益金 11.24 亿元）；获中国石油天然气集团公司“环境保护先进企业”“节能先进企业”等称号。

【油气勘探】 南堡凹陷中深层构造岩性油气藏勘探获新进展。南堡 4 号构造东三段、沙一段发现千万吨级规模储量区，增加预测石油地质储量 1061 万吨；南堡 3 号构造沙一段滚动评价和高北斜坡区精细勘探储量规模进一步扩大。马头营凸起馆陶组精细勘探与评价增加控制储量 504 万吨。秦皇岛新区地震采集、资料解释处理、井位优选部署、钻井等工作快速推进，第一口预探井东升 4 井东二段试油折合日产油 190.8 立方米、气 7.03 万立方米，获股份公司勘探重要发现奖三等奖。这一突破，初步明确辽中凹陷走滑断裂带、辽西凹陷断阶带、北斜坡等 7 个有利勘探潜力区带。

【油气开发】（1）增加油气 PD 储量（证实已开发储量）395.8 万吨，其中原油 PD 储量增加 207.74 万吨，同比增加 62.4 万吨；老区增加原油 PD 储量 107.03 万吨，是 2011 年以来第一次实现净增长。（2）圆满完成油气生产任务。生产原油 170 万吨、天然气 6.85 亿立方米，油气当量 224.6 万吨，超产 18.8 万吨；注水 539 万立方米。（3）储采平衡系数达到 1.3。注水开发区块自然递减率 19.6%，同比下降 3.1 个百分点；水驱储量控制程度达到 68.6%，同比提高 4.4 个百分点；水驱储量动用程度达到 55.4%，同比提高 6.2 个百分点；注水开发区块采收率达到 19.5%，同比提升 0.4 个百分点。地层压力逐步回升，压力系数达到 0.81。（4）新井产能对产量贡献率明显增加。建设原油生产能力 50 万吨、天然气生产能力 1.2 亿立方米，平均钻（完）井周期同比缩短 16.3%，钻井成功率 98.3%。新井产量 26.8 万吨，超计划 7.8 万吨，当年贡献率 53.6%，同比提高 8.8 个百分点。（5）深入开展注水区块开发地质大调查，覆盖 393 个注采井组、1247 口油水井、505 个小层、3529 个油砂体，地质储量 1.47 亿吨，重新评价注水开发区块技术政策、注采工艺适应性，并编制 3 年精细注水工作规划。（6）扎实推进“精细注水开发示范区”工作，注水示范工程区块提高控制自然递减效果明显。（7）井下作业提速提效成效显著。精心组织措施研究，措施实施有效率 81.6%，增油 17.8 万吨；单井占井周期同比平均缩短 2.25 天，提速 30.3%，少影响产量 1.13 万吨；强化作业过程油层保护，产量恢复期同比平均缩短 2.3 天，少影响产量 6990 吨。（8）“长关井”治理工作取得新成效，恢复 314 口井，增油 3.4 万吨，增注 29.9 万立方米，增加水驱控制储量 363 万吨，同比提高控制程度 2.4 个百分点。

【科技工作】 2014 年，投入科研、试验经费 1.44 亿元，开展重大、重点科研项目 24 项、子课题 203 项，4 项成果获省部级科技进步奖，获国家专利 11 项，在国家级刊物发表科技论文 66 篇，同比增长 35%。

基础理论研究取得新认识。南堡凹陷中深层构造岩性油气藏成藏要素分析不断深化，以构造层序沉积样式指导东三段、沙一段构造岩性勘探目标的识别与评价，带动新含油气区带的发现和储量增加；精细研究堡古2区块，由常规油气藏重新定性为强挥发性油气藏，调整开发技术政策；明确马头营凸起低幅度构造、河道砂体、晚期断层控藏，发现优质储量区块。秦皇岛探区以走滑构造样式指导构造解释、生烃凹陷评价、构造演化、沉积发育等地质研究，为勘探突破发挥重要作用。河道砂体刻画描述单元由小层、单砂体深入到砂体内部构型，为剩余油研究与挖潜、提高采收率奠定地质认识基础。二氧化碳吞吐增油机理认识不断深化，认识到二氧化碳对原油溶膨效应、溶解降黏作用、驱替作用及堵剂作用是增油的重要因素。大斜度井管柱动力学、大斜度井裂缝起裂与延伸机理研究不断深化。通过泥页岩井壁失稳机理研究，提出井壁稳定技术对策，为提速提效提供技术支撑。

多项重大、重点技术攻关取得关键性突破。以“层析静校正、Q补偿优势频带约束组合反褶积”等为重点的地震资料保幅、精细成像及提高分辨率处理技术和“基准面约束下属性研究”等河道砂体刻画技术，在南堡1号构造及马头营凸起应用取得良好效果。低序级断层、低幅度构造、火成岩识别刻画技术的突破，在勘探开发综合地质研究中发挥重要作用。初步探索出复杂断块油藏水驱状况评价与潜力分析方法，水驱波及面积系数、水驱控制程度与动用程度研究等为开发技术政策的合理确定奠定基础。自主研发降摩减扭接头、高效液体润滑剂，应用钻具输送井壁取心技术、4500米以上长封固段大温差水泥浆体系和固井工艺。压裂技术取得长足发展，大规模、长裂缝、高强度、高导流能力的整体压裂技术攻关投入应用。深斜井精细注水应用同心直读分注技术，改进稳定配水技术；研制偏心恒流测压水嘴、测压配水工作筒和配套的投送器，形成边注边测技术。深斜井产液剖面测试工艺攻关取得突破，形成一体化测试技术，测试精度和效率明显提高。

一系列新技术在生产、应用及现场试验中见到显著成效。压裂技术在勘探开发中得到广泛应用，高深南区、南堡403X1区块实施整体压裂油水井22口，油井平均单井日产量提高3.4倍，水井增注1.85万立方米。浅层天然水驱特高含水油藏实现二氧化碳单井吞吐向协同吞吐转变，有效率同比提高8.9个百分点，有效期延长67天。中深层油藏深部调驱及二氧化碳驱试验效果显著，柳北深部调驱增油2.65万吨；二氧化碳驱试验区受效油井11口、增油3.34万吨。钻井破岩技术不断发展，水力加压冲击技术提高机械钻速30%以上。自主研发的微心钻头解决PDC钻头钻进岩屑代表性差的问题，提高岩屑录井剖面符合率与钻井速度。

全员创新氛围日益浓厚。职工技术创新工作见到新成效，涌现20项技术创新优秀成果。新建“职工创新工作室”9个，一线“职工创新工作室”21个，7个创新工作室获“唐山市职工创新工作室”称号。开展青年科技论坛和“小改小革”活动，评选65项优秀青年创新成果和20项优秀“五小”（小发明、小革新、小改造、小设计、小建议）成果；参加第三届中国石油勘探开发青年学术交流会，2名青年职工分获勘探组和开发组一等奖。

【安全环保】 完善HSE制度标准体系，优化简化程序文件14个，规范检查考核标准，开展“一岗双责”等10个专项审核，安全监管更加注重实效。全面推进动态安全管理体系建设，干部员工及时、系统、清晰、分级感知职责范围内的风险和隐患能力进一步提升，做到风险可控、受控和在控。严格安全环保职责考核，对处以上干部进行HSE履职能力评估，推进员工HSE个性化培训，增强干部员工的安全管理能力。全面开展安全生产大检查和以油气管道为重点的专项整治，对重大隐患实行挂牌督办，投入9190万元治理重大安全环保隐患15项，安全环保风险逐步削减。强化应急管理体系建设，组织模拟井喷、油气管道泄漏等突发事件应急演练，提升区域联动应急处置能力。持续加强环境保护和节能减排，化学需氧量、石油类、二氧化硫排放量分别同比下降4.1%、3.7%和1%，节能7200吨标准煤、节水2万立方米。

【企业管理】 大力推进开源节流、降本增效工作。积极开拓天然气用户，开展天然气推价，投产南堡—宁河—汉沽天然气管线，减少放空和调峰气销售量，天然气同比增收1.78亿元；从严管控非生产性支出，同比减少1331万元，下降12.1%；开展“三超”（办公用房、公务用车、公务接待超标）治理，节约费用767万元，下降22.1%；加大自主维修、测试和作业力度等，减少购买服务支出1.5亿元。

注重项目前期管理，科学组织项目论证，全面优化方案设计，压减投资4.1亿元。其中，通过优化施工方案、强化现场监督管理、严格控制设计变更及经济签证（占工程总造价比重，同比下降78.9%）和修旧利废等措施，节省投资1.8亿元；钻井工程通过优化地质设计和施工工艺、推广网电钻井等措施，压减投资2.3

亿元。加强投资方向调控，多安排开发井投资1.52亿元，确保产能建设投资需求，提高投资效益。

突出效益导向，加大利润、油气PD储量等效益性、可持续性指标的考核力度，取消部分单位习惯性、无关指标的考核，增强考核工作的针对性。

薪酬与岗位、贡献相协调的分配机制不断完善，薪酬激励进一步向科研、生产一线、艰苦岗位、高风险岗位及创效突出的业务板块倾斜。

合规管理及制度建设得到强化，进一步加大项目招（投）标工作力度，“开口”合同得到有效治理，同比下降50%；优化管理制度和流程，新建、完善制度36项，废止制度61项，修订流程78个；强化审计、效能监察工作，工程建设、物资采购等重点领域风险管控能力不断增强。

推进信息化建设，推广应用8个集团公司统建系统，启动7个自建系统建设工作，为勘探开发、经营管理、生产生活提供信息支持。

【深化改革】 突出油气勘探开发的核心地位，完善体制机制，推进机构优化整合，强化技术管理体系建设。调整勘探开发研究院、钻采工艺研究院、勘察设计研究院部分组织机构，着重突出“三院”在长远发展中基础理论研究、战略部署研究、重大关键“瓶颈”技术攻关等领域的主导地位和职能。理顺开发生产管理体系，整合开发处和工程技术处，实现地下地面技术管理一体化。强化油藏评价和勘探开发一体化工作，成立油藏评价处。整合职能重复、交叉的北田公司和能源公司，规范天然气、液化气、轻烃的集输、处理、销售业务，气烃业务产业链进一步完善，资源配置进一步优化，价值链进一步提升。成立招标中心，实施招（投）标规范化、专业化管理。理顺造价管理体制，搭建两级造价管理体系，发挥造价在控制投资、降低成本、提高效益方面的重要作用，2014年审减金额5.9亿元、审减率12.43%。加强井下作业、测试、调剖队伍自主能力和专业化建设，其中井下作业队伍由22支增加至33支，内部市场份额由37.2%提升至48.2%；测试、调剖队伍由4支增加至15支，测试自主施工能力由16%提升至66.2%，注水井测试调剖自主施工能力达到97%。

【队伍建设】 加强干部队伍建设。注重教育培训，围绕9个专题举办4期处级干部培训班，进一步提高领导干部的综合能力；加强干部动态考核，将结果作为使用、调整、提拔、业绩评价的依据；在干部选用、提拔过程中，加大民主推荐和公开竞聘力度；改善干部队伍结构，建立科级干部退居二线制度，加大中青年干部培养、选拔、使用力度，3名青年干部走上处级领导岗位，32名青年走上科级领导岗位；加强干部队伍作风建设，积极整改“四风”（形式主义、官僚主义、享乐主义、奢靡之风）和集团公司巡视发现的问题，公司层面会议、文件同比下降5%；两级领导班子在民主生活会上坦诚开展批评与自我批评，干部队伍作风有明显转变。加强专业技术人才队伍建设。全方位搭台子、压担子，特别是为青年技术人才锻炼成长创造条件，制定《专业技术人员岗位交流管理办法》，推动科研单位和生产单位技术人员交流；117名操作岗大学毕业生走上基层一线技术管理岗位；400多名青年技术人员参与科研项目攻关，在所承担重大、重点科技项目或子课题中，80%是年轻人在“挑大梁”；加强高端人才队伍建设，引进主干专业博士生17名、硕士生19名，为长远发展储备技术人才。加强操作技能人才队伍建设。注重技能专家队伍建设，评聘公司首批技能专家12名、技能骨干55名；广泛开展全员培训、岗位练兵和技能竞赛，公司举办采油、注水、集输等9个工种21期高级技能培训班，培训人员534人次；132人参加公司采油、井下作业等5个工种技能竞赛，5名“技术能手”和30名优秀人才脱颖而出；参加集团公司采油工、轻烃装置操作工技能大赛，分别荣获团体第3名和第4名，6名选手均获铜牌。

【矿区建设】 开展“标准化管理、亲情化服务”活动，矿区服务功能更加完善，服务水平和质量不断提高，群众满意率92%。石油家园、石油馨苑二期水气暖等问题得到解决。饮用水质提升工程投入运行。筹集175.5万元开展扶贫帮困、金秋助学等活动。投入50万元支持冀东石油中学教育事业。137名油田子女实现就业和岗前培训。关注员工身心健康，带薪休假、医疗专家坐诊、员工家属体检等制度得到较好落实；老年大学建成投用，群众性文化体育活动蓬勃开展，丰富矿区精神文化生活。更新配备33套一线井下作业新式野营房，提高井下作业一线员工用餐标准，启动公寓和浴室改（扩）建项目，一线员工工作和生活条件不断改善。加强矿区社会管理，悉心解决群众困难和合理诉求，巩固发展团结和谐的良好局面。

【党建与思想政治工作】 党建基础工作不断加强，制度体系不断完善，建立党建工作联系点，实施党员素质提升工程，深化党员主题实践活动，基层党组织的凝聚力和战斗力不断增强。落实两级党委中心组学习制度，坚持用党的十八大、十八届三中、四中全会精神和习近平总书记系列重要讲话精神武装干部员工头脑，队伍思想政治素质持续提升。扎实推进党风廉政建设，落实党委主体责任和纪委监督责任，建立健全惩防腐败体系，规范权力运行和从业行为，维护风清气正的环境；专题研究集团公司巡视发现的问题，逐项制订整改措施。深入开展“讲奉献、比贡献、惜岗位、感恩情”主题教育活动，用大庆精神铁人精神铸魂育人，涌现3名功勋员工、10名劳动模范等一批先进典型。培育和践行社会主义核心价值观，评选9名“感动冀东·道德模范”和1个助人为乐基层班组，营造崇德向善、见贤思齐的氛围。工会、共青团组织持续深化民主管理、劳动竞赛、创新创效、岗位建功等主题实践活动，为“硬增储、稳上产、提效益”做出积极贡献。开展驻村援建扶贫工作，展现负责任的企业形象。

（刘东宇）

中国石油天然气股份有限公司
玉门油田分公司

【概述】 中国石油天然气股份有限公司玉门油田分公司（简称玉门油田）主要开展勘探开发、炼油化工、井下作业、水电供应、机械加工、建筑安装、综合服务、物资供应、通信信息、保卫消防、物业管理等业务。玉门油田开发于1939年，是新中国第一个天然石油基地。先后投入开发的油田有老君庙、鸭儿峡、石油沟、白杨河、单北、青西、酒东7个油田。在酒泉、民乐、潮水、武威、雅布赖、南祁连等盆地内有17个矿权区块。截至2014年底，共有员工12114人，其中合同化员工10052人（管理人员1962人、专业技术人员2119人、技能操作人员4701人）、市场化员工2062人（管理人员7人、技能操作人员2055人）。机关设14个职能处室、4个直属机构，基层设28个二级单位。2014年累计探明石油地质储量18838.30万吨，可采地质储量4980.98万吨，共有油水井2035口；生产原油48.64万吨，油气当量达到49.00万吨。固定资产原值135.33亿元，净值75.89亿元。

【油气勘探】 组织勘探攻坚，实施探井9口、评价井8口，完成股份公司下达的储量目标和玉门油田分公司确定的“3个1000万吨”储量任务。鸭儿峡白垩系勘探：在121断层以北白垩系深层部署鸭西10井获工业油流，鸭西117井见良好油气显示，提交控制地质储量471万吨，控制含油面积4.3平方千米，与柳12区块合计基本探明地质储量1077万吨。青西古近—新近系勘探：整体研究评价青西古近—新近系，鸭西6区块部署鸭西116井获工业油流、鸭西9井获油流、鸭西103井发现油层，提交预测地质储量571万吨，预测含油面积8.6平方千米，成为现实的增储建产区块；鸭儿峡断鼻和窟窿山东块古近—新近系通过老井复查发现潜力层，展示较好扩展潜力，基本预测储量1046万吨。老君庙古近—新近系勘探：精细评价北翼冲断带，庙E103等3口井在浅层K层获油流，庙E104等2口井在倒转翼L层获工业油流，证实K层和倒转翼L层具备增储建产潜力；老井复查在鸭儿峡北缘、鸭老间北缘发现新的目标区块。509断裂带志留系勘探：重新研究509断裂带，在南段志留系低潜山实施风险探井1口，在南段及青北断裂带发现多层系兼探潜力，在青西凹陷中沟组基本控制储量1027万吨。南祁连勘探：开展木里坳陷资源潜力评价和地质研究，钻探木参1井，重新展开南祁连勘探。

【油田开发】 组织开发攻坚，开展上产会战，2014年生产油气当量49.00万吨，完成调整计划。产能建设：完成开发井59口，新建产能19.22万吨，产油3.4万吨。鸭儿峡白垩系新投产16口井，新建产能11.55万吨，经过2年努力，完成19.3万吨产能建设方案工作量，2年累计投产新井46口，累计新建产能19.1万吨，鸭儿峡作业区产量较2011年提升45%；老君庙M油藏低产区规模应用水平井建产2.9万吨，平均单井产量较周边直井提高4—14倍；鸭西6、鸭西10区块和老君庙冲断片开发试验效果良好，鸭西10井酸化获高产，日产油77吨，日产气10000立方米。鸭6-1、I317-5等试验井获较好产量。措施增产：应用水平井体积压裂工艺，推广维护性作业联产承包，实施深抽配套、电潜泵采油等工艺技术，针对性应用新型缓速酸酸化、复合解堵、清防蜡等增产措施，年增产原油4.06万吨，措施有效率同比提高9.7个百分点，油井免修期同比延长12天。油田治理：注水专项治理与老油田综合治理结合，组织重点区块投改注工程，老君庙注水继续保持较高水平，鸭儿峡老白垩系实现全面注水开发，青西和酒东注水效果开始显现，全油田日注水量增加315立方米，达到6241立方米。开发试验：老君庙L油藏“二三结合”

（二次开发与三次采油相结合）先导试验现场试注见到较好苗头，M 油藏深部调驱试验初步见效，M 油藏东低区氮气驱先导试验具备注入条件，鸭儿峡白垩系减氧空气驱先导试验进入现场试注阶段。

【炼油化工】 组织炼化攻坚，严格对标考核，深挖物料平衡、降低能耗、控制成本等潜力，原油综合损失率 0.77%，炼油能耗 77.32 千克·标准油/吨。实施优化调整措施，吨油利润增幅明显，2 个月实现炼化板块盈利，2014 年亏损 4.52 亿元，比预算减亏 816 万元，与改造前同口径相比减亏 1 亿元。克服原油重质化、劣质化和高库存运行困难，精心调整加工方案，着力优化产品结构，强化操作变更管理，积极开展优化调整参数、平稳操作等 16 项技术攻关，装置平稳操作率 99% 以上。严格落实工程建设项目责任，发挥 EPC 管理优势，积极开展"百日会战"，催化烟气脱硫、50 万吨/年延迟焦化、70 万吨/年柴油加氢装置开厂一次成功，汽柴油质量全部达到国Ⅳ标准，可持续发展能力稳步增强。

【工程技术】 工程技术服务板块实现控亏 2.11 亿元，比预算减亏 3361 万元。井下作业完善浅层钻井配套技术，扩大储层改造规模，提升大修技术水平，实现控亏 1090 万元。水电运行发电量创出新高，管道和电驱供电收入大幅增加，线路架设、低压电网运维配合有力，油砂矿开发试验运维有序介入，实现控亏 4901 万元。建筑安装完成鸭西地面工程建设、各作业区环保治理工程、矿区道路改造工程、酒东污水系统运维和西三线巡护等工程，实现控亏 1485 万元。机械加工保持煤层气、吐哈等市场份额，配件加工、抽油机维护保养、欣露园建材制造等业务稳步扩大，控亏 5731 万元。综合服务井队搬迁、油品运输、客运服务安全高效，燃气销售创效明显，单车成本核算效果突出，率先实现盈亏持平。信息通信服务质量提升，完成 3 个油田作业区 161 口油水井数字油田建设工作量，控亏 501 万元。物资采购招标采购率 90.4%，代储代销采购额 16.2%，创收 273 万元。规划设计重点项目设计保障到位，鸭西产能建设地面工程等 EPC 项目运作良好，西三线、中缅管道、欣露园等工程监理安全规范，盈利 221 万元。油田保卫应急救援、执勤战备水平提升，成本费用有效控制，实现创收 1122 万元。6 座加气站建设有序推进，2 座投入运行，LNG 销量同比增长 142%，实现扭亏为盈。乍得对口支持项目强化运行组织，实现平稳运行和上游 2.1 期项目顺利投产，清蜡测试服务工作完成 553 井次，2 个研究项目通过验收；油砂矿开发试验项目装置建设和设备安装完成，工艺调整和运行调试积极推进，基本具备试投产条件；LNG 低温车载瓶生产完成联机试运行，样品质量达标，开始小批量投产；复式永磁电动机抽油机合作生产达成意向，与林泉航天电机有限公司签订框架协议。

【矿区服务】 完成欣露园小区建设、原酒泉疗养院天然气入户、门禁系统建设、酒泉生活基地视频监控系统建设、职工活动室建设五项民生工程，2014 年底全部投入运行。组织开展生活园区天然气安全使用大检查，抽查园区住户 3424 户，商铺 4 间，发放天然气安全使用手册 2440 份，入户检查率 21.32%。规范园区交通管理，曝光、查处违规停放车辆 19 台次。规范暂住和流动人口管理，办理登记备案手续。规范倒班基地公寓和生活基地公寓管理，完善倒班基地公寓资料。组织实施医疗远程会诊系统玉门分中心项目建设，做好网络开通、软件集成、设备设施配套等工作。开展"矿区服务示范窗口"创建活动，玉兰园小区荣获中国石油天然气集团公司和谐示范小区、方圆物业管理有限责任公司第一物业站环卫二班荣获矿区服务示范窗口、杜丽萍获评矿区服务明星。

【企业管理】 开展 HSE 体系内外审核 5 次，修订写实"一岗双责"，制订安全自主管理实施方案和评估标准，2 个单位、27 个队（站）试点按计划稳步推进。开展新"两法"（新《安全生产法》和新《环境保护法》）学习培训 186 人次，组织安全检查 10 次，隐患已整改关闭，井控应急、火灾爆炸、危险许可作业、应急处置等安全受控，杜绝一般 B 级以上事故，生产污水污泥依法合规处置，历史遗留环保问题有效整治，催化烟气脱硫、电厂烟气脱硝除尘项目建成投运。制订和实施 7 项"开源节流、降本增效"挖潜措施，实现总体减亏 1.13 亿元；实行投资、预算分类划块管理，"五项"费用同比下降 21%；完成管理提升活动和 68 次岗位责任制大检查，新树示范队 12 个、标杆班组 20 个、"双星"员工 300 名；开展员工培训，全员培训覆盖率 35%，3 名员工在集团公司职业技能竞赛上首获奖励；修订完善规章制度 32 项，项目开、完工率 94% 和 85%，设备综合完好率 97.78%，节能 0.35 万吨标准煤、节水 27.56 万立方米。

【党群工作】 落实教育实践活动整改方案，玉门油田领导班子成员 17 个"四风"问题得到整改，办公用房、公款办理消费卡等 12 个方面专项整治全部完成，新建联系群众制度 12 项，文件、会议、检查评比同比分别下降 12.3%、36.4% 和 28.6%；修订完善干部选任监督实施细则等 5 项制度，组织开展干部专题培训172人次，培训覆盖率、履职测评优良率100%。创建服务型党组织，对基层1/3的党支部进行换届选举，对13个工作相对薄弱的基层党支部进行整顿；培训党支部书记和组织管理岗位人员96人，纳新党员178人，2个党组织、3名党员和1名党务工作者获集团公司先进荣誉。配合甘肃省纪委、检察院做好涉嫌严重违纪违法人员的调查取证，给予相关人员党纪政纪处分；及时吸取教训，梳理完善相关制度和流程，增开两级领导班子专题民主生活会；成立反腐倡廉建设工作领导小组，组织反腐倡廉教育162场次，完成专项检查5项、效能监察2项，核查信访举报26件，立案4件13人，给予党纪政纪处分13人，诫勉谈话13人次。举办党的十八届三中、四中全会，习近平总书记系列重要讲话精神学习和培训，持续开展形势任务教育；组织3000人次接受玉门矿史和玉门优良传统再教育。内部编印《石油摇篮辞赋》,《企业文化辞典》编撰工作基本完成。处级干部离岗退养6人、因违纪解聘（免职）4人，选拔任用科级干部52人。

【重要成果】 玉门油田离退休管理中心被集团公司老干局表彰为先进单位，苟红萍被表彰为先进个人；炼油化工总厂“昆仑”牌聚丙烯树脂粉料产品被甘肃省授予“2013年度甘肃省名牌产品”称号；“水电厂锅炉掺烧瓦斯气技术应用”项目荣获甘肃省总工会职工优秀技术创新成果奖一等奖，“老君庙油田2+3区块固井技术”项目荣获甘肃省总工会职工优秀技术创新成果奖三等奖，“老君庙油田集输系统降压技术研究与现场试验”项目荣获甘肃省总工会职工优秀技术创新成果奖优秀奖；玉门油田水电厂被授予甘肃省“五一劳动奖状”；玉门油田酒泉基地玉兰园小区获集团公司和谐示范小区称号，方圆物业管理公司第一物业站环卫二班获集团公司矿区服务示范窗口称号，物业一站楼长杜丽萍被评为集团公司矿区服务系统服务明星；玉门油田荣获“中国石油天然气集团公司2013年度信息化工作先进单位”称号；玉门油田炼油化工总厂重油车间焦化装置主操岗位获“甘肃省五一巾帼奖”，钻采院研究室主任杨瑾敏获“甘肃省五一巾帼奖”；玉门油田荣获集团公司节能节水先进企业称号，水电厂汽机工区荣获节能节水先进基层单位称号，秦建荣获节能节水先进个人称号；在石油企协成立30周年纪念大会暨六届六次理事会议、行业部级2014年度管理现代化创新“三评”发布交流大会上，玉门油田报送的《力推钻井提速，创造鸭儿峡现象》《企业节能目标管理考核机制的建立与应用》《精细管控降成本，深挖潜力增效益，成功实施短流程燃料型炼厂转型升级》被评为管理现代化创新优秀成果,《浅议EPC工程总承包项目跟踪审计》《目视化方法在炼化行业安全管理工作中的实践与探索》荣获管理现代化创新优秀论文奖，王君生被评为石油企协三十年先进工作者；“过套管掏穴扩眼钻井技术在玉门油田的研究与应用”项目荣获全国能源化学工会职工技术创新成果奖二等奖，“青西油田封隔器负压采油技术研究与应用”项目荣获第七届甘肃省职工优秀技术创新成果奖一等奖，“不锈钢复合板压力容器制造工艺技术攻关”项目荣获第七届甘肃省职工优秀技术创新成果奖三等奖；在集团公司职业技能竞赛采油工竞赛中，老君庙油田作业区员工李晨露和许辉分别荣获铜牌和优秀选手称号，是玉门油田首次在主体工种中获集团公司职业技能竞赛奖牌；玉门油田总经理（党委）办公室荣获集团公司办公室系统先进集体称号，王璟、王学军荣获集团公司办公室系统先进个人称号；在中国石油第七届党建思想政治工作优秀研究成果评选中，玉门油田有5篇成果获奖；在甘肃省2014年思想政治工作课题研究优秀成果评选中，玉门油田有2篇研究成果获奖。两年内重大专项累计形成22项专有技术、获得3项专利，2项中国石油天然气股份有限公司、25项玉门油田分公司级科研项目全面完成。

（王得虎　鲁建祥）

中国石油天然气股份有限公司
浙江油田分公司

【概况】 中国石油天然气股份有限公司浙江油田分公司（简称浙江油田）于2005年7月由浙江勘探分公司与浙江石油勘探处二次重组成立。2009年11月，行政级别调整为副局级。

浙江油田拥有探矿权项目10个，分布在苏、皖、鄂、滇、黔、桂、川等南方7省（自治区），勘查面积近4.5万平方千米。原油生产能力5万吨/年，连续五年保持稳产。按照集团公司、股份公司的总体部署要求，昭通国家级页岩气示范区正在加紧5亿立方米产能建设。

浙江油田下设办公室、勘探开发处、人事处（党委组织部）、财务处、规划计划处、党群工作处、生产运行处、质量安全环保处、审计监察处（纪委办公室）和企管法规处10个机关处室，设苏北采油厂、西南采气厂、地质与工艺研究院、工程技术中心、安全环境监督中心、物资装备部、矿区服务事业部、信息中心、交通服务站9个二级单位。用工总量488人。

2014年，浙江油田各项生产经营指标均按照计划要求完成。新增预测石油地质储量520万吨。共实施完成各类探井3口，评价井12口，总进尺3.38万米；实施完成开发井98口，总进尺17.39万米。生产原油50706吨，销售原油50737吨；生产天然气2507万立方米，销售1106万立方米。原油单位操作成本29.5美元/桶。

【油气勘探】 通过深化油藏地质研究，进一步落实苏北低渗透薄层高凝油的资源储量以及滇黔川地区黄金坝超压“甜点”区、大寨勘探“甜点”区、沐爱富气“甜点”区三个页岩气、煤层气“甜点”区，2014年新增石油预测地质储量520万吨，落实煤层气探明地质储量263.89亿立方米。苏北油区以曲塘次凹低渗透薄层高凝油为新突破点，部署实施预探井5口，攻关评价井2口，新增预测地质储量520万吨。其中，评价井吉203H1、吉16H1井在水平段均钻遇800米以上油层，勘探前景良好。曲塘东部吉203H1水平井进行一体化攻关试验，压裂后返排初期自喷产量超过10米^3/日，提交预测地质储量475万吨；曲塘西部吉16H1井压裂后返排见油流，提交预测地质储量45万吨；洋心次凹储备诸多有利钻探目标，西次洼重新落实圈闭5个、面积4.46平方千米，东次洼重新落实圈闭5个、面积3.46平方千米。常规天然气完成黄金坝197.45平方千米三维地震勘探和初步解释工作，发现保存条件较好的常规气钻探目标，圈闭面积约30平方千米，部署常规天然气探井川龙1井。完成2口页岩气地质参数井钻探，揭示较好的页岩气储层和海相烃源岩，评价井YS111、YS117井、荆102井在实施钻探过程中均发现优质页岩气层。实施5口煤层气评价井钻完井工作，落实煤层气探明地质储量263亿立方米，进一步扩大了煤层气建产区。

【油田开发】 油田开发围绕全年原油生产任务，坚持新区快速建产转向老区持续稳产的工作思路，从精细油藏认识、强化日常注水、细化措施增油等方面提升油田开发水平。（1）综合研究。围绕储量动用、油藏开发、增产稳产等课题，完成《海安油田三垛组油藏地质再认识》《2014年开发实施方案》等共计4项58个研究报告。针对低渗透油藏开发规律，开展小井距实验攻关及优质区滚动扩边工作，实现老区新突破；通过综合地质研究和跟踪实施方案，调整开发部署，新建产能1.64万吨。坚持月度分析制度，按照区块、井组、单井逐级分解单元制订措施方案，油井措施11井次，措施有效率达到100%，措施累计增产3241吨。（2）油田工艺。通过持续开展防腐防垢技术研究，首次实现油井井下动态腐蚀速率监测应用。开展苏北油区泵挂下深评价，建立确定合理下泵深度的评价体系。（3）精细注水。2014年注水79018立方米，逐步形成“立体驱动、即转即分、注采异步、前缘监测、扰动注水、节点控制”的精细注水举措。开展个性化欠注井治理方案，采用“一井一法”治理对策，提升酸化增注工艺的层析匹配程度，完成水井酸化5井次，累计增注5100立方米。严格控制注水开发指标，水驱控制程度、剖面动用程度分别提高1.6%和1%，含水上升率同比下降4.1个百分点，自然递减率同比下降0.6个百分点，综合递减率同比下降6个百分点。严格水质控制，提高水质达标率，海一联合站采出水改造项目于2014年1月9日完成，出口水质化验合格并投注，主要指标均达标，一季度达标率达92%。

【天然气建设】（1）5亿立方米页岩气评价建产。共开钻6个丛式井平台，完钻19口，正钻5口，累计总进尺8.9万米，工作量为历年之最。压裂YS108H1-1、H1-3、H1-5三口水平井。YS108H1井至宁201井试采干线管线敷设完成4千米，集气总站以及采气支线建设按计划推进。（2）2亿立方米及周边煤层气评价建产。累计完成煤层气开发井45个井组225口井，评价井51口，投产206口，其中176口见气点火，30口井日产气量突破1000立方米。2亿立方米煤层气集气管网东线24个井场并网投运成功，联网井数122口，联网产能18万米^3/日，日产气量超过8.2万立方米。形成整套的煤层气排采工艺技术系列，初步具备规模上产的资源和技术基础。LNG一期工程于2014年12月28日投运，建立LNG液化、保障当地居民用气和发电上网等销售渠道。

【科技应用】 围绕钻井提速、水平井压裂、非常规气开发、采油（气）工艺等重点领域，实施配套科技项目和工程技术的研究和集成应用，2014年共承担科技计划任务16项，多项工程新技术得到推广应用。（1）人才队伍建设。通过外部吸收和招聘，2014年累计引进技术人才共计15名。针对页岩气、煤层气等重点业务、新兴领域和关键岗位人员实施培训，内部培训389期，培训3958人次。重点加强管理、技术、操作“三支队伍”建设，通过参与重大科研项目和重点工程建设等方式，加快青年人才培养。（2）钻井提速提效。通过适应性技术研究、分析和应用，页岩气示范区开发井平均机械钻速5.3米/时，同比提高20%，其中最高平均机械钻速6.9米/时，水平段最高机械钻速13.67米/时；煤层气井试验井组瘦身，4口试验“瘦身”井平均机械钻速18.01米/时，较常规钻井提速40.3%，套管费用同比大幅下降。应用顶驱+旋转导向系统提速，苏北油区吉203H1水平井水平段平均机械钻速达到5.5米/时，较普通水平井钻井速度提高近3倍；采用旋转地质导向技术控制井眼轨迹，苏北油区吉16H1井、吉203H1井两口水平井水平段钻遇率达94.6%，保证井身质量。（3）储层改造技术体系。苏北油区推广直井一趟管柱分层分压改造工艺，提高压裂改造效果，吉家庄区块实施分层压裂井7口，平均单井日产油5.79吨。页岩气示范区实施水平井组体积压裂改造，对YS108H1-1等3口水平井实施射孔压裂作业，其中YS108H1-1井经压裂改造后初期日产达到20.86万立方米。集成化压裂作业模式对优化生产组织运行、高效压裂施工作业发挥了很好的作用。井中微地震裂缝技术在压裂施工作业中得到推广应用，效果明显。（4）采油采气工艺。通过实施降压、酸化增注，提高水井注水能力，平均单井日增注14米^3/日；吉家庄区块试验的高凝油冷抽技术，推动电加热时代的更新换代；煤层气通过开展井组式洗井，降低煤层气井卡泵风险，延长检泵周期。（5）数字化建设。吉5计量注水站实施数字化系统监控管理，西南采气厂实施煤层气井远程管理和在线监控，推进数字化油气田建设，建成44个数字化采油井场、56个数字化采气井场。

【企业管理】（1）基础管理。2014年共制定规章制度57项，修订完善规章制度7项，废除规章制度10项。调整和增补质量、计量、标准化等基础内容的管理机构和人员组织，开展“质量基础年”活动，完成计量器皿更新换代、计量人员能力评估上岗及计量水平对标管理工作。推行简政放权，人事劳资、财务计划、综合事务等领域共下放权限16项。重点加强设备管理，2014年3月召开浙江油田首届设备管理座谈会，设备综合完好率98.5%。物资计划、采购、验收、仓储实施全过程控制，2014年两级集中采购度100%，库存同比下降10%。配合地方党政机关开展涉密中央文件保密管理专项检查，发挥华东、华南片区保密密码工作协作组组长职能，组织2014年协作组工作会议，2014年无一例失泄密事件发生。《浙江油田公司志》（1998—2010）于11月正式出版发行。（2）合规管理。完善招投标管理机构，修订招投标管理办法及配套专业实施细则，重新界定招投标范围和组织权限。2014年实施招标项目111个，占招标范围内项目的比例为61%，同比增长32.4%。加强投资成本控制，2014年投资完成率99.12%，投资回报率-14.79%；管理费用和“五项”费用同比下降9.48%和4.75%，人员费用同比增长8.8%。修订2015版《内控手册》。完成钻前工程、钻井系统工程及地面工程等领域共计103项工程预算审查，审定总金额5.5亿元，审减金额2794万元；共审计项目6个，审计资金23.12亿元，审减资金837万元。按照集团公司要求，落实“三控制一规范”，结合业务需要推进三级机构设置，精简机关人员，合理分配生产建设重点单位人员，通过市场化选择作业队伍，采取整体承包和分项承包的合作模式，页岩气水平井钻井、压裂、井下作业价格明显下降。

【安全环保】 2014年工业生产安全事故百万工时死亡率为0，环境污染事故为0，主要污染物达标排放率100%，顺利完成HSE各项目标指标，全年安全环保无事故。践行有感领导、直线责任、属地管理，持续推进“一岗双责、党政同责”。通过集团公司HSE体系专项审核，完成查出的125项问题的审核整改。健全和完善基层HSE管理体系，苏北采油厂顺利通过国家安监总局的安全生产标准化一级评审。重点领域、要害部位和敏感时段安全环保实施升级管理，重点抓油气作业、特种设备、交通安全和承包商监管，累计检查并整改各类违章889起。投资1290万元对7项安全隐患项目进行治理，夯实安全环保基础。倡导安全文化建设，组织新《安全生产法》和《环境保护法》的学习宣传贯彻，覆盖率100%，举办安全知识竞赛、安全生产月等活动。根据2014年初制订的《2014年应急演练计划》，各级单位组织和开展包括消防、井喷失控、防洪防汛、气体中毒等在内的应急演练28次，参演人员达350人次，提升员工应急救援能力。成立安评环评工作小组，推动安评、环评取证工作，确保后期工程项目合规建设。按照股份公司的要求，推进节能减排和环境治理工作，2014年节能71.4吨标准煤，节水0.31万立方米，超额完成股份公司下达的节能节水指标。处理页岩气、煤层气废水废液13113立方米，泥浆池无害化固化处理34个，实现全年零污染零排放。

【和谐稳定】（1）党风廉政建设。各基层党委分批次组织学习党的十八届四中全会精神，举办学习习近平总书记系列讲话精神培训班，配合集团公司巡视组开展为期一个月的党内巡视工作，对巡视查出的12方面问题进行整改。落实"三重一大"决策制度，完善廉洁风险防控机制，推进"大监督"工作格局建设，干部队伍未发生一起违纪违法、违反中央八项规定的行为。（2）作风建设。落实党的群众路线教育实践活动整改方案，根据集团公司要求，开展"三超"专项治理，公务接待费用同比下降18%。（3）企业文化建设。开展"形势、目标、任务、责任"主题教育活动，组织"建设五亿方，上产做贡献"全员劳动竞赛，开展"立足岗位、放飞梦想"青年演讲比赛，举办油田公司第七届春季运动会和"我的浙油梦"文艺会演，油田文化氛围日益浓厚。（4）矿区建设。实施矿区基础建设和安全隐患治理，2014年投入矿建、隐患治理资金256万元，实施工程项目17项。继续实施"金秋阳光"助学工程等"送温暖、献爱心"活动，共发放助学金24.4万元，对107名有偿解除人员、退休职工等子女进行帮扶，累计助学金额129.95万元。西南采气厂倒班点建设工程于2014年底完工，达到如期入住要求，改善页岩气示范区员工的生产生活条件。履行企业社会责任，通过实施"气化筠连"工程项目，为当地居民提供千万立方米生活用气，企地和谐关系得到巩固。

（周　志　叶冰清）

中石油煤层气有限责任公司

【概述】 中石油煤层气有限责任公司（简称煤层气公司）作业区域遍及山西、陕西、内蒙古等煤层气资源富集省区，主力生产区块位于鄂尔多斯盆地东缘。煤层气公司主要从事煤层气的勘探开发、国内对外合作、集输与储运、煤层气销售等业务。截至2014年底，煤层气公司机关设9处1室、4个直属机构、1个附属单位；设5个下属单位、1个控股公司；按照股份公司授权，负责管理煤层气国家工程研究中心。

2014年是煤层气公司发展史上具有里程碑意义的一年。历经6年探索攻关，煤层气公司生产经营进入快速发展轨道，实现50万吨历史跨越。2014年，煤层气公司各项业绩指标全面完成，经营业绩好于预期。实现商品量6.14亿立方米，同比增加4.04亿立方米，完成年计划的123%；实现利润3580万元，完成年计划的254%。

【勘探工作】 新增天然气探明储量156.88亿立方米。煤层气勘探：保德南部落实Ⅰ类建产区120平方千米。渭北盘龙井区3口探井日产超千立方米，优选有利目标区3个。临汾水平井攻关获突破，桃一平02井排采7个月见气，流压、套压保持稳定，日产1.2万立方米，产量是相同地质条件单直井的10倍，排采周期较直井缩短两年半，增强规模开发深层煤层气资源的信心。立体勘探：大宁—吉县煤系地层气藏试采评价，揭示以山2^3段、盒8段为主的多层系复合含气，以大吉5-6井为代表的9口井试气均获万立方米以上工业气流，其中吉探2井、大吉5-6井试采超过20天，日产量分别为3万立方米和1.5万立方米，井口压力稳定，产量稳定，实现致密储层产能的集中突破，获股份公司年度油气勘探重大发现成果奖三等奖。石楼北区块西南部勘探，金1井在石盒子组、山西组钻遇砂岩储层32米，初步明确勘探有利区。

【开发工作】 累计建产16.9亿立方米。2014年实现商品量6.14亿立方米，同比增加4.04亿立方米，建成油气当量50万吨的煤层气田。保德区块建成我国首个日销售量超过百万立方米的中低阶煤煤层气田，排采3年以上单井平均日产3500立方米，日产5000立方米的高产井42口，杨家湾井组单井平均日产5200立方米，成为国内中低阶煤煤层气丛式井产量标杆井组。韩城开发区产量持续稳定增长，日产达到48万立方米，同比增长50%。临汾一体化试采区日产气量9万立方米，同比增长1.25倍。

【对外合作】 2014年，执行山西省三交煤层气对外合作项目、陕西省韩城煤层气对外合作项目等9个合作项目。实现商品量1.8亿立方米。三交项目商品率同比提高26个百分点。石楼西项目先导试验工程永1集气站投运。韩城合作项目日销量保持在1万立方米。

三交北先导试验工程乔家山集气站投入试运行。保田青山、紫金山等勘探项目进展顺利。

【生产保障】 生产、技术服务、集输单位及合作方整体联动，加强生产组织协调，保障物资供应，强化生产维检修，落实电力春检、防洪防汛、冬防保温措施，平均检泵周期延长25天，开井时率同比提高1%。2014年新增重点外输管道3条，新投产用气项目5个，新增用气能力15亿立方米，商品率同比提高13个百分点。采取削减、停供部分工业及非居民用气、天然气反输等方式，合理调配气量，确保沿线城市居民稳定用气。承建煤层气行业首个全橇装无人值守集气站，完成保德集输干线等重点工程建设。

【科技进步】 推广双压控制排采技术，开发井单井平均日产量提高25%。试验间接压裂技术，韩城区块单井平均日产气量增加550立方米。水平井套管完井分段压裂攻关获得成功，填补国内空白，有望成为临汾区块深层煤层气开发的主体技术。推广欠平衡多级压井、杆式泵排采等新工艺，保德区块单井产量恢复时间平均缩短64天，措施增产8044万立方米。应用防腐涂料油管、超高相对分子质量聚乙烯扶正器等新材料，各区块排采连续性、稳定性均有不同程度提高。初步形成煤系地层储层评价技术、压裂试气关键技术，为煤系地层立体勘探开发提供支撑。建成生产数据传输核心网络架构，信息化集成应用进展良好。股份公司专项列入“2014年集团公司科学技术十大进展”候选项目。2014年获得受理专利3项、授权专利4项。

【降本增效】 以经济效益为中心，精雕细刻做部署、精益求精促生产、精打细算降成本，通过管控投资节流、严控支出降本、创新管理节支、内部挖潜增效，单位操作成本同比下降2%，管理费用同比下降10%，“五项”费用支出持续下降。充分利用天然气价格调整和财政补贴政策，加大推价和补贴申报力度，增收1.42亿元。推进“油公司”建设，企业运行效率、人均劳动生产率大幅提升。

【企业管理】 忻州分公司等5家单位和合作方获国内首批煤层气行业安全许可证。严格市场准入、招标与合同管理，企业风险防控能力得到提高。加强内控测试和重大管理风险识别，发挥审计、造价、财务监督作用，增强风险预警和处置能力。加强国际、行业、集团和公司标准化的一体管理，颁布实施一批国标企标。强化保密、档案管理，未发生失泄密事件，档案工作连续三年获集团公司档案评价A级单位。

【安全环保】 2014年，实现零事故、零伤害、零污染。换版体系文件，推进工具方法应用，HSE管理体系有效执行。加强重点领域和要害部位监管，开展安全生产大检查和油气管道专项治理，推进节能减排和环境保护，排查整改各类问题840余个，投入1700万元治理隐患258项，安全环保风险有效削减。强化承包商过程监管，下发整改通知123份，查处“三违”行为3起，停工整改1次，罚款35.6万元。完善应急体系和应急预案，开展桌面推演和实战演练95次，组织管道泄漏抢维修26次，应急防范能力进一步提高。通过继续安装车辆GPS系统、落实“三交一封”制度等措施，保障交通运输安全。

【质量节能】 质量管理：开展QC活动24次，发布成果10项。计量管理：煤层气公司计量检定站获得一般压力表、压力变送器两项强检计量器具对内检定授权证书。2014年完成流量计、压力表、压力变送器等六大类5786台套计量器具的检定，合格5381台套，合格率为93%。节能方面：深入开展能效对标，优化用能管理，超额节能6吨标准煤。完成对850口游梁式抽油机井和45台发电机的能耗监测与评价。

【党的建设】 深化党的群众路线教育实践活动，“四风”问题8个专项整治和煤层气公司领导班子16个自身问题完成整改，贯彻党的群众路线制度建设计划全面落实。推进“四好”班子创建，坚持“三重一大”决策，推进班子绩效考核，落实领导个人事项报告制度，干部队伍素质能力进一步增强。坚持选人用人标准，规范操作程序、注重实绩导向、突出群众公认、强化监督约束，合理选拔和调整处级干部，2014年提拔任用14人、交流调整17人，中层干部总数控制在集团公司下达职数范围内，“一报告两评议”制度得到强力落实。大力开展业务培训、技术职称评定，举办培训项目132个，培训2629人次，中级以上职称人员同比增加46人，队伍整体素质持续提升。推进惩防体系建设，落实党风廉政建设责任，强化日常教育和监督，廉洁风险得到有效防控。工会、共青团等工作取得新进展，激发全员创业热情。2014年，有2个集体、5名个人获集团公司表彰。

（白　勇）

南方石油勘探开发有限责任公司

【概述】 南方石油勘探开发有限责任公司（简称南方勘探）主要从事石油天然气勘探开发、油气处理、油气销售等业务，作业区域覆盖海南、广东、广西三省，共有探矿权6个，勘查面积5535平方千米，采矿权1个，开采面积38平方千米。主力产区位于海南省北部福山油田。截至2014年底，全国矿产储委登记南方勘探探明石油地质储量1787万吨，探明天然气地质储量68.23亿立方米。南方勘探设置10个机关部门，9个直属机构，没有二级单位；在职员工196人，其中合同化员工107人。2014年生产液态烃28.65万吨，同比增长8%；生产天然气1.58亿立方米，同比下降6%；实现营业收入15.21亿元、税前利润5.05亿元，同比分别增长3%、31%。

【勘探开发】 2014年福山凹陷开展海域三维地震资料解释，落实花场构造北翼圈闭，新发现玉包、包金构造，落实涠洲组有利圈闭87平方千米，流一段圈闭面积43平方千米。三水盆地开展综合评价，处理和解释宝竹新三维资料，落实滚动目标，部署6口井，其中4口获工业油气流，实现宝竹背斜高部位整体含油连片。申报云南陇川、广西崇左两块共5599平方千米新矿权，通过国土资源部组织的专家评审。2014年南方勘探获集团公司石油勘探重要发现奖三等奖。

完成花场流一段15万吨产能建设主体工作。截至2014年底，花114、花115断块实现同步注水。花117、花121块试注投产。花107、花108块完成注采方案设计，准备投产。6个断块可累计建成产能20万吨左右。精细老区综合治理，2014年老井补孔、压裂、转抽19井次，累计增油1.58万吨，增气1442万立方米；主力断块花101、花109自然递减率8%，综合递减率3%；低渗透油藏压裂取得突破，第一批压裂9口井累计增油6761吨，累计增气1434万立方米。第二批8口井完成施工，截至2014年底，有3口井获工业油气流，其中永12井流一段致密油体积压裂攻关取得成功，压裂后日产原油6吨、天然气3000立方米，解放一大批新储层。开展注水开发综合治理，全面推广精细注水，2014年共调配31井次，分注3井次。注水开发区块自然递减率3%、综合递减率2.32%。花109、花115断块实现不递减。油田整体原油自然递减率17.43%，综合递减率9.88%，天然气自然递减率15.41%，综合递减率3.12%，综合含水14.83%。

【工程技术】 完成钻井60口，进尺20.32万米，平均完成井深3393米，同比增加131米。刷新3000、3500、4000米以上井深的钻井周期最短纪录。开发区块钻井持续提速，花117、花107区块在平均井深增加188米和163米的情况下，单井平均钻井周期分别缩短9.53%和6.24%。永11井钻井取心17筒，取心进尺131.27米，创福山油田单井取心次数最多、取心进尺最长纪录。2014年完成60口井试油作业，33口井射孔投产投注，52口井措施作业，小修60口，17井次测射联作。开展柱塞气举、泡沫排水等试验16井次，累计增油1235吨，累计增气249万立方米。首次引进酸化施工队伍，完成7口酸化井作业施工。完成以压裂、柱塞气举、井下节流为主要内容的“耐高温凝析气藏持续稳产技术研究与应用”项目，获集团公司2014年度科学技术进步奖三等奖。产能建设地面工程设计整体前移，试油阶段使用提前预制的正式地面生产流程，避免重复建设，节省投资300万元。西部集输干线工程竣工，一次投产成功。20万吨产能建设骨架工程建成投产。

【安全环保】 组织宣传贯彻新《安全生产法》和《环境保护法》。开展安全生产大检查，2014年发现各类问题484项，整改完成481项。落实安全、环保、节能资金4466万元。持续开展钻井废弃物随钻处理技术的应用和推广，截至2014年底，应用40口井，处理固体废物1.51万吨，废水2.22万吨。在新《环境保护法》正式实施前，南方勘探全面应用该技术，取消钻井泥浆池，率先实现“泥浆不落地”，作为典型经验在集团公司进行交流。将管道数字化和隐患整改结合，提升油气管网数字化管理系统，建设“移动巡检终端系统”和“巡检监控管理平台”为一体的油气管网智能巡检管理系统，实现日常巡检和运营管理数字化、智能化。启动福山油田油气管线安全隐患治理工程，涵盖60条油气管线112千米，总投资超过9000万元。实施打击侵占井场、扰乱秩序和反盗油治理行动，配合公安机关查封盗油点3处，抓捕犯罪嫌疑人13名。与海南省地方政府开展输油管道泄漏联合应急演练，海南省政府、勘探与生产分公司领导到场指导，海南省各市县、各重点工业企业观摩学习。应对“威马逊”“海鸥”两次超强台风，未发生安全环保、伤人亡人事故。2014年南方勘探被评为集团公司安全生产先进单位、环境保护先进单位和节能节水先进单位，并获得海南省安全生产工作责任目标考核先进单位等荣誉称号。

【信息化建设】 数字化油田建设持续推进，完成集团公司统建信息项目油气生产物联网系统（A11）、地理信息管理系统（A4）、油气水井生产数据管理系统（A2）等，建成升级并投入使用。其中，A11项目作为股份公司油气生产物联网示范项目，在集团公司组织的项目验收中，获得集团公司领导和专家的充分肯定和表扬，认为“确实起到榜样示范作用，为集团公司的后续推广工作奠定良好的基础”。完成南方勘探自建勘探开发数据一体化系统一期工作。ERP运维考核在勘探板块成绩始终名列前茅。开展云计算和ERP应用集成技术研究，为搭建南方勘探云计算平台和ERP系统深度推广实施打基础。开展档案数字化工作，加快档案信息化建设步伐，南方勘探纸质档案数字化率85%以上，通过集团公司档案A级资质复评抽查。2014年南方勘探被评为集团公司年度信息化先进单位。

【企业管理】 优化劳动组织结构，落实“三控一规范”要求，按照“精简机构，提升效率”的原则，成立三水项目部，撤销公共关系部和党群工作处。完成对海口福山天然气利用发展有限公司股权的转让工作。加强投资管理，优化审减投资1812万元。合理调配钻井，节约资金1830万元用于地面产能建设。严控非生产性支出，会议费、招待费压缩45.62%，“五项”费用同比减少220万元。实行机关公务用车集中管理，节约费用35万元。推进合规管理，开展个人事项报告、“小金库”等专项检查。2014年资两级集中采购度100%、网上采购率99%、采购招标率89%、库存降低率10%、资金节约率7%、入库检验率100%。签订各类合同463个，金额约28亿元，合同协议审核率100%，履约率100%。出台《招标管理办法补充规定》，细化规范招标活动的工作流程等。强化内控管理和风险防控，开展企业重大风险评估，建立南方勘探风险数据库，修订内控手册，完成内控评价测试16项例外事项的整改，完善南方勘探重大决策法律论证审核制度。持续完善制度体系建设，2014年新发布规章制度22个。

【精神文明建设】 坚持领导班子审议事项票决制，2014年南方勘探层面票决决议31项。配合集团公司巡视检查并开展问题整改，在门户网站设立问题整改专栏，公布整改进度。进行“三超”和有关问题专项治理，整顿工作作风，取消领导职务消费，清理超标办公面积228平方米。落实党风廉政建设党委主体责任和纪委监督责任，树立“一岗双责”“不抓党风廉政建设就是严重失职”的意识，完善有关制度体系。党委班子召开2次专题党委会，听取纪检监察部门工作汇报，研究党风廉政建设和反腐败工作思路及举措。完成惩防体系五年规划和分工实施方案。组织党员干部学习集团公司廉洁从业模范先进事迹，弘扬大庆精神铁人精神和“三老四严”“四个一样”等优良传统，设置中国石油企业文化和党风廉政教育宣传专栏。2014年举办职工文体活动30余次，创办青年大讲堂和青年拓展训练活动。2014年有10余名员工获得集团公司和地方政府表彰，其中朱旦文被评选为海南省劳动模范。

（叶帅斌）

炼油化工企业

中国石油天然气股份有限公司
大庆石化分公司
（中国石油大庆石油化工总厂）

【概述】 中国石油天然气股份有限公司大庆石化分公司（简称大庆石化）是中国石油天然气股份有限公司的地区分公司，始建于1962年，历经半个世纪发展，成为东北地区资源条件好、社会环境优、业务门类多的国有炼化企业。有二级单位29个，员工3.1万人，生产装置153套，可生产62个品种330个牌号的产品。炼油一次加工能力1000万吨/年，乙烯生产能力120万吨/年，合成氨45万吨/年，尿素80万吨/年，聚乙烯111万吨/年，聚丙烯10万吨/年，丙烯腈8万吨/年，丁辛醇20万吨/年，苯乙烯19万吨/年，ABS 10.5万吨/年，顺丁橡胶16万吨/年，腈纶丝6.5万吨/年。

2014年，累计加工原油642.6万吨，生产合成氨49.3万吨、乙烯103.9万吨，油田轻烃进厂量和乙烯产量首次过百万吨，均实现历史性突破；30种主要产品产量中，22种好于2013年，11项创历史最好水平；79项主要能耗物耗指标中，58项好于2013年，31项创历史最好水平。实现营业收入581.76亿元，上缴税费82.85亿元。

【企业管理】 严格落实合规管理要求，精细化规范化管理思想融入行动，并初见成效。修订制度62项，物资采购、工程建设、市场准入、招标等制度更加规范，制度平台投入运行，新的制度体系健全完善；内控体系设计和执行更为有效，无实质性漏洞和重大缺陷发生；文明生产模式不断创新，实现检查、讲评、整改、考核全方位管理；合规管理职责、细则和流程制定完成，合规审查和登记报告等工作深入开展，合规管理嵌入整体业务流程；法律风险防控措施落到实处，重点诉讼案件处理取得突破，为大庆石化避免经济损失近千万元；内部业务重组整合有力推进，成立纪检监察中心，纪检监察业务实现集中统一管理，案件查办、监督检查、执纪问责等工作不断深入；规范招标管理，招标业务实现管理、办法结离，管理界面更加清晰、责权分工更加合理，公开招标力度进一步加大；化建公司、物资供应中心、化工三厂和水气厂等单位机构和业务完成整合，共撤并机关职能部门7个、车间级单位19个；"三控制一规范"工作持续开展，2014年精简管理岗位定员86个、专业技术岗位定员54个、两级机关管理人员73人，操作岗位减少1000余人。

【安全环保】 扎实推进安全环保重大基础性工程，全员安全责任深入落实，HSE管理体系建设有序推进，安全大检查扎实开展，矩阵式风险评价方法逐步推广，一批重大隐患有效治理，环保减排项目按计划实施，2014年无亡人及较大以上安全环保事故发生。查出安全问题1901个，整改率达95.6%；确定安全环保隐患34项，投资4800万元进行集中治理，整改完成24项；外排污水2262万吨、化学需氧量（COD）排放量1902吨，降幅分别为7.1%和7.3%，外排污水综合合格率100%；炼油厂柴油加氢脱硫、一重油催化再生烟气脱硫改造和热电厂2号、3号炉脱硫脱硝除尘一体化改造等项目建成投产，腈纶污水治理项目有序推进，3年隐患治理项目全部建成中交；柴油实现国Ⅳ质量升级，产品出厂合格率、外部质量抽检合格率等指标均达到100%，获全国用户满意产品4项、黑龙江省用户满意产品9项，产品美誉度进一步提升。

【生产运行】 坚持市场导向和效益原则，不断拓宽原料供应渠道，原油进厂计划逐月落实，化工原料供应满足高负荷生产要求；生产运行全面受控，生产节奏适时调整，防暑降温、防汛抗旱、防风防冻、防雷防静电等工作扎实开展，生产管控能力不断增强，非计划停工次数同比下降6.7%，主要生产装置操作平稳率达99.27%；准确把握车辆流向、铁路运输等环节，产品出厂工作规范有序；切实加强设备基础管理，持续深化大机组特护工作，常压储罐等隐患治理工作取得阶段性成效，高危泵和液下泵改造全面完成，主要设备完好率达99.6%，21套生产装置顺利完成检修，均实现开车一次成功。

【挖潜增效】 固化"长期过紧日子"思想，实施稳产增产、生产优化、成本控制、新产品开发等措施，2014年实现挖潜增效9.48亿元，完成年度目标的174%。通过提高裂解（一）装置负荷、裂解（三）装置负荷、适时增产航空煤油、投用热泵降低能耗、抓好高效产品切换等措施，实现生产优化5亿元；节能3.65万吨标准煤，节水103.1万吨，分别比年度目标多节约0.15万吨和3.1万吨；"五项"费用比预算降低5621万元，同比降低3057万元；"三剂"费用比预算降低1.21亿元；车辆耗油费同比降低363万元；节约采购资金支出1.49亿元，处理积压物资1174万元，平库利库3496万元；审定工程结算8.8亿元，审减8292万元；加大成品油出厂力度，力保炼油装置负荷不降，在高效市场增销橡塑产品25万吨，增效6030万元；减少固定劳务用工213人，降低劳务员工费用1000万余元。

【科技创新与成果】 大力推进科技兴企战略，进一步明确发展定位，统筹谋划新的发展布局，炼油结构优化项目可行性研究报告上报集团公司，并积极推动批复进程，国Ⅴ车用汽油、柴油质量升级方案确定；进一步推进新产品开发，PERT管材专用料DQDN-3711、低指数瓶盖树脂5613JP、滴灌带专用料DEDA-3805等6项新产品研发及试生产任务顺利完成，QL505P、5603JP、DFDA9047等14种新产品实现放大生产和销售42万吨，完成计划的221%；进一步增强自主创新能力，“大型乙烯装置工业化成套技术开发”“高腈SAN树脂技术开发”项目通过集团公司验收，“新型表面蒸发空冷器研制与工业应用”项目成功应用，并取得预期效果。

【多种经营】 坚持有所为有所不为，对内运行机制持续健全，互供产品名录修订完善，成本高、效益差、竞争力不强的业务陆续退出，增收节支活动深入开展，经营状况和收入结构逐步改善。对外“走出去”步伐坚定稳健，与哈尔滨石化签订合作框架协议，服务保障范围进一步扩大，打开服务外包新局面。检修、维修业务相继取得锦州石化、宁夏石化等单位的检修任务，保运业务中标云南石化动设备保运、中国海油华鹤气化及合成氨保运等项目；装备制造业务在高端炼化核心静设备制造领域的技术日臻成熟，螺纹锁紧环换热器的成功研制填补炼化装备制造的空白；检测业务在中国石油内部首家应用LDAR检测新技术，为多家兄弟单位提供气体泄漏检测服务；信息技术业务中标云南石化仪表设备及控制系统运行维护等项目，在中国石油内部市场前景更加看好，同时与神华集团、中煤集团及陕西多家化工、能源企业的合作逐步加深；实业公司在技术改造技术措施、项目开发方面取得进展，抢抓市场的能力进一步增强；开发公司坚持内外部市场并举，食品氮、小包装医用氧和纯净水等产品的外部市场开发初显成效。

【精神文明建设】 深入学习党的十八大、中共十八届三中和四中全会以及习近平总书记系列讲话精神，制定和执行《公司所属领导班子和领导人员综合考核评价暂行办法》，24家二级单位达到“四好”班子标准，调整处级干部32人，领导班子的年龄、专业和队伍结构进一步优化。印发《公司领导班子议事规则（试行）》，规范重大事项决策内容及程序。办结信访事项91件（次），占信访总量的63%，来访总量同比下降20%，企业大局保持稳定。

【矿区服务】 促进民生工程升级，多功能社区服务场所建成投用，龙凤区生活水实现顺利移交，社会化服务又迈出坚实一步；完成3.2万平方米破损道路改造，新增绿化面积6.9万平方米，龙凤体育馆室外场地扩容项目顺利实施，老年大学第三教学基地投入运行，金世纪广场完成阶段性改造；职工医院门诊和住院人次同比分别增长1%和10%，运送通勤员工879万人次，安全运行470万千米；东城领秀C区、D区收尾工作基本完成，会战园建设按期推进，27栋住宅楼及配套工程主体全部封顶；部分市场化用工奖金计发比例按计划调整，在岗合同化员工收入同比增长7%，员工、家属及离退休人员生活质量和幸福指数进一步提升。

（钟国强）

中国石油天然气股份有限公司
吉林石化分公司
（吉化集团公司）

【概述】 中国石油天然气股份有限公司吉林石化分公司（简称吉林石化）的前身是吉林化学工业公司，是国家“一五”期间兴建的以“三大化”为标志的第一个大型化学工业基地。1954年开工建设，1957年建成投产，1998年上划中国石油天然气集团公司，1999年重组为中国石油吉林石化公司、吉化集团公司，2000年吉化集团公司与吉林石化公司正式分立运行，2007年吉林石化公司与吉化集团公司整合管理。2010年中国石油授权吉林石化对吉林燃料乙醇有限责任公司实施一体化管理。

吉林石化作为新中国化学工业的长子，新中国的第一桶染料、第一袋化肥、第一炉电石就诞生在这里。60多年来，吉林石化先后为全国各地输送和培养各类人才6万多人，累计向国家上缴利税近900亿元，取得科研成果700多项，获得国家级荣誉100多项，为中国化学工业和国民经济的发展做出突出贡献。

截至2014年底，吉林石化原油加工能力1000万吨/年、乙烯生产能力85万吨/年、燃料乙醇生产能力60万吨/年。主体生产装置67套，生产主要炼化产品115种。总资产308亿元。设机关职能处室15个，机关附属机构6个、直属机构4个，二级单位41个；在册合同化员工2.8万人。

2014年，吉林石化围绕“改革增效”主题，突出质量效益，坚持“五抓五不”（抓安全不松劲、抓效益不蛮干、抓发展不动摇、抓队伍不折腾、抓和谐不偏离），从细节入手，从小事抓起，强化精细管理，狠抓工作落实，加工原油833万吨，生产乙烯71万吨；实现主营业务收入635亿元，炼化主业同比减亏12亿元，其中管理挖潜增效10亿元，全面完成集团公司下达的KPI考核指标。

【安全环保】 强化安全管理责任，落实安全制度，发挥干部在安全管理中的作用，选拔基层专业人员加强安全检查，促进安全责任和措施落实。强化受控管理，制订落实“退守”“叫停”措施，不急躁、不蛮干、不拼设备，有效规避安全风险。扎实开展HSE体系审核、安全专项检查，强化正向激励和责任追究，保证生产安全。持续加大环保减排力度，污水深度处理、催化装置烟气脱硫2个国家和中国石油督办项目建成投运，吉林石化总出水COD浓度降至50毫克/升以下。

【挖潜增效】 坚持以安全为前提狠抓质量效益，挖潜增效10亿元。牢固树立“安全平稳运行是最大效益”理念，加强生产工艺和消耗定额管理，降耗增效9200万元。深挖公用工程潜力，节约创效1.1亿元。全面开展生产优化，强化产、销、研衔接，抓好炼油结构调整，增产炼油高效产品，增效8700万元。增产丙烯腈、ABS、甲甲酯等高效化工产品，增效1.5亿元。提升供、储、销创效水平，实现降采6000万元，降低库存资金占用1.5亿元。加强费用管控，增效3.8亿元。

【发展建设】 坚持依靠发展解决问题，优化存量结构，注重增量回报。推进重点项目建设，实施项目经理负责制，建立每日例会制度，柴油质量升级、污水深度处理等6个项目投产运行。扎实做好装置增效改造，完成18个增效改造项目，年增效1.6亿元。

【科技创新与成果】 开展科技瓶颈攻关，完成5个工业化试验，实施8个科技瓶颈攻关项目、18个牌号新产品研发，ABS产品获得市场认可，乙丙橡胶B线实现连续稳定生产，丁苯橡胶湿斑、超重问题得到彻底解决。

【作风建设】 坚持以大庆精神铁人精神和吉林石化优良传统抓班子、带队伍。突出抓好党的群众路线教育实践活动“回头看”，查摆“三超”问题，规范“三公”经费管理。加强文化引领，以纪念吉林石化开工建设60周年为契机，开展形式多样的系列纪念活动，激发员工爱企之情。深入开展“爱吉化、尽职责、创效益”形势任务教育，开展短距离劳动竞赛及合理化建议活动，深化“四种精神”（“背山”精神、“麻袋毛”精神、“矛盾乐”精神、“登天”精神）主题实践活动，队伍作风和精神面貌发生显著变化，“麻袋毛”精神成为全国“节俭养德全民节约行动”八个典型之一。

【和谐稳定】 践行“以人为本”理念，维护员工利益，解决实际问题。按照“多劳多得、少劳少得、不劳不得”原则，严格工效挂钩，将薪酬分配向创效单位、生产一线和关键要害岗位员工倾斜，增设全员效益奖，激发干部员工积极性。做好矿区服务工作，深化“心系万家”工程，矿区服务综合满意率达到94%。立足实际开展维稳工作，突出抓好全国“两会”等特殊重点时期维稳防恐工作，5次受到中国石油和地方政府通报嘉奖。

（林　业）

中国石油天然气股份有限公司抚顺石化分公司（中国石油抚顺石油化工公司）

【概述】 中国石油天然气股份有限公司抚顺石化分公司（简称抚顺石化），是中国炼油工业的“摇篮”，是集“油、化、纤、塑、洗、蜡、剂”为一体的大型石油化工联合企业。总占地面积1270万平方米，现有员工2.3万余人，集体企业在职员工7535余人。资产总额405亿元，年销售收入500亿多元，是独具特色的石蜡、烷基苯、贵金属催化剂生产基地，产品畅销全国并远销世界50多个国家和地区。

新中国成立以来，累计加工原油3.85亿吨，实现利税700亿元，为全国各地输送2万多名优秀管理和技术人才。生产原料主要为大庆原油和沈北原油，原油一次、二次加工能力均为1150万吨/年，化工产品生产能力为360万吨/年。主要生产装置76套，辅助及配套装置、设施100余套。设备213894台，固定资产新度系数为0.61。能够生产汽油、航空煤油、柴油、润滑油基础油、石蜡、烷基苯、聚乙烯、聚丙烯、丁苯橡胶等300余个牌号的石油化工产品。

先后获“全国五一劳动奖状”“中央企业先进集体”“国家级重合同守信用企业”“全国基层先进党组织”“全国精神文明建设单位”“中国AAA级信用企业”“全国最具影响力企业”“全国企业文化示范单位”等称号；产生党的十四大、十六大、十七大、十八大代表，全国人大代表，全国总工会十五大代表；涌现出全国劳动模范、全国学习型十大标杆班组、全国职业道德建设百佳班组、中央企业“巾帼文明岗”、全国最受关注企业家、全国五一劳动奖章等一大批先进集体和先进个人。

2014年，加工原油842万吨，同比增加13万吨；生产汽油、煤油、柴油447万吨，化工商品总量305万吨，同比增加84.6万吨。销售收入524.5亿元，同比增加2145万元。利润–43.66亿元，同比减亏16.21亿元。税费70.3亿元，增加1.6亿元。可比全口径炼油单位现金加工费302.5元/吨，同比上升7.62元/吨，化工商品现金加工成本1164.08元/吨，同比降低117.95元/吨。

【安全环保】 安全环保态势基本良好。层层修订完善安全环保责任制，签订责任状。扎实推进HSE体系建设，安全经验分享等工具和方法纳入日常管理，常态化运行。加大体系内外审工作力度，炼化板块2010年以来10次体系审核意见建议整改率95.14%。三级安全监督机构运转正常，2014年发现各类问题458项，全部整改完毕。深入开展“安全生产月—安全生产我做主”等系列活动，构建安全文化。开展长输管线、承包商、危险化学品等安全专项整治。重油催化、南催化装置烟气脱硫改造、热电厂9号炉脱硫脱硝改造项目建成投用。大项目消防设施、安全设施、职业卫生设施全部一次性通过国家和省级验收，并在最短时间内取得安全生产许可证。开展各级应急预案演练486次。实施蓝天碧水工程，强化源头治理和过程控制，分类分级管理各类污染源，“三废”控制在排放总量指标内。

【生产运行】 按照“宜油则油、宜化则化、开稳开满、全面优化”原则组织生产，在运56套装置平均负荷率84.81%，比计划提高3.02个百分点。装置平稳率99.59%，比计划提高1.09个百分点。通过外购石脑油、液化气等措施，增产、优化乙烯裂解原料，大乙烯装置平均负荷达82.17%，同比增长9.42个百分点。根据市场行情个别装置实现间歇式生产。天然气利用改造项目成功投用，年可创效2亿元。优质高效完成重油催化等10套装置窗口检修。短板治理工作有序推进。装置长周期运行、新产品研发等10个专项挖潜增效项目均按进度有效实施。生产石蜡34.2万吨，增产3.6万吨；97号汽油34.8万吨，增产27万吨；航空煤油33.48万吨，增产7.19万吨。高标号汽油产率100%。汽油、柴油均达到国Ⅳ标准。试产高密度聚乙烯拉丝料FHF7750M等12个牌号新产品11.8万吨，增效4427万元。

【科技创新与节能减排】 启动“十三五”规划编制工作，完成十几个方案比选，明确“油蜡联产”、重油优化加工技术路线。强化对标、达标，85%以上经济技术指标实现好转。综合商品率95.06%，提高1.42个百分点。单因耗能8.28千克标准油/（吨·因数），下降0.8个百分点。炼油新鲜水单耗0.38吨/吨，下降0.14吨/吨。大乙烯装置能耗613.3千克标准油/吨，下降102.63个单位。炼油综合损失率0.58%，下降0.15个百分点。全面加强能耗、物耗管理，燃料费用25.6亿元，减少2151万元。动力费用35.6亿元，减少8232万元。“三剂”费用8.71亿元，减少1.39亿元。强化加热炉管理，持续开展红旗炉竞赛和行业对标，平均热效率91.13%，增长1.12%。

【挖潜增效】 加强经济分析，全面深入开展挖潜增效工作，内部经营管理水平稳步提升。不断深化全面预算管理，持续推进效益优化模型建设。按照实际流程和最新价格体系开展效益周测算、周核算工作，确保按最佳效益路线生产。完善成本分析体系，以同比、与预算对比、对标为切入点，深入分析装置投入产出及消耗情况，促进装置管理水平持续提升。强化物料进出厂管理，查摆产品计量、重点区域监控等问题58项。全面启动班组绩效管理体系建设工作。持续深化月度、季度经济活动专项分析，及时发现、解决、弥补制约效益增长症结。严格费用管控，所有费用支出事前效益评估、事前审批，可控费用下降6752万元，“五项”费用下降1441万元。强化税收管理，争取优惠政策，节约税费7728万元。优化营销策略，确保生产后路畅通。加强市场预测分析，成立市场开发领导小组。努力扩销推价，累计调整产品价格310次，自销产品产销率101%。自销主要产品石蜡、石油焦价格下降率分别为10.5%、25.7%，成为抚顺石化高边际贡献产品。加强与沈阳铁路局、东北运输公司及供方企业衔接，打通烯烃厂外购原料运输渠道，2014年购入石脑油20000吨，饱和烃5380吨。规范采购业务流程，推行公开招标和一级采购，招标率 72.17%，节约资金 3.31 亿元；一级物资网上采购率 103%。加强供应商管理，对 10 家列入黑名单的供应商从供应网中剔除。加强煤质管理，出台《煤炭采购管理制度》，强化对煤炭采购环节的约束和煤质的控制，煤炭卸车与炉前热值差由 300—400 千卡 / 千克收窄到下半年的 114 千卡 / 千克。持续加强工程预算、结算以及采购合同审计。

【经营管理】 企业管理基础不断夯实。全面推动“合规管理，依法治企”实践，持续完善规章制度体系建设，开展全方位的规章制度梳理工作，对“三重一大”决策制度、煤炭管理、采购、招标、劳动纪律等制度进行修订完善。2014 年共审批、下发各类规章制度 66 项，其中新增 14 项，修订 52 项，废止制度 57 项。建立横向到边、纵向到底“五级”目标体系，形成从公司到岗位自上而下的层层分解指标和从岗位到公司自下而上、一级保一级考核机制。突出效益引导、成本控制，严考核、硬兑现。设立差别化奖金系数，有效拉开收入分配档次，促使薪酬分配重点向工作任务重、业绩突出、劳动效率高的一线、艰苦岗位倾斜。确立降本增效项目 162 项，2014 年创效 6200 万元。完成“三超”问题专项整治。持续推进基层建设达标，将班组绩效管理、班组经济核算、“五型”班组创建纳入基层建设标杆单位创建评比中，形成联动促进机制。召开“五型”班组标准化建设研讨会。持续进行现场低标准整治，标准化工厂创建工作初见成效。深入开展“讲遵章守纪、促立行立改、提管理水平”活动，出台《关于调整受处分人员处分期奖金扣罚标准相关意见》《关于对员工盗窃等行为惩处规定》和《关于对员工违反劳动纪律惩处规定》。组织开展依法治企宣传教育活动。

【队伍建设】 队伍建设不断加强。组织完成领导班子和领导干部二次民主测评与考核。修订完善《领导干部管理办法》，拟定《干部末位淘汰办法》。扎实推进“三控制一规范”，制订《机关优化设置方案》《进一步规范二级单位机关设置方案》和《“五定”工作实施方案》，明确机构设置模式和定员总量。对关停装置人员进行全面清查，腈纶厂停产装置 281 名操作岗位人员得到优化配置。规范劳务用工管理，减少劳务用工 897 人。规范机关人员借入、借出管理，制订《强化公司机关员工考核方案》。实施专业技术岗位人员业绩考核，对排名靠后 5% 的人员进行诫勉谈话或调离岗位。评聘集团公司高级技术专家 1 人。承办集团公司炼化企业班组长培训班。举办第八届操作服务人员职业技能竞赛。在集团公司 2014 年汽（煤、柴）油加氢装置操作工职业技能竞赛中，抚顺石化获得金牌二枚、银牌一枚、团体第一名，并在实物仿真操作和 HSE 应急演练团队竞赛中取得第一名。2 名员工获“集团公司技术能手”称号。

【党建与思想政治工作】 党建和思想政治工作取得新成效。持续巩固党的群众路线教育实践活动成果，建立整改落实台账，出台《领导班子“四风”问题整改方案》和《“四风”突出问题专项整治方案》，定期组织监督检查，领导干部工作作风持续转变。开展“讲形势、转作风、重执行，打好扭亏解困攻坚战”主题教育活动。围绕企业中心工作，以“立足岗位做贡献，扭亏解困当先锋”为主题的“共产党员工程”活动深入开展。持续推进党支部“六个一”创建工作。反腐倡廉建设保持高压态势，出台《关于落实党风廉政建设主体责任和监督责任实施办法》，领导人员逐级签订党风廉政建设责任书，下发惩防腐败体系建设 2014 年推进计划，并就执行情况进行监督检查。开展清理整顿公款消费卡、公款图书、“会所中的歪风”工作，直管干部全部签订“专项治理”承诺书。开展“安全平稳保优化，严细节约增效益”合理化建议活动，员工提出意见建议 10285 项，5887 项被采用。团组织开展“安全伴我行，创效勇当先”安全生产实践、“学雷锋、转作风、重执行、增效益”主题实践等系列活动。感恩文化和“安全生产我做主”等主题活动进一步丰富抚顺石化企业文化内涵。

【和谐企业建设】 和谐企业建设扎实推进。人均收入、住房公积金分别增长 9%、8%。东部厂区员工生活水系统、罗台山矿区水改造工程完工并投入使用，惠及员工超万人。组织发放 2014 年度员工健康疗养费 2924 万元。发放困难补助及慰问金 2400 万余元，慰问帮扶各类困难人员 1.3 万人。员工健康管理工程全面启动，设立 18 个员工健康加油站，为每名员工配备健康医药包。开展“美化石化、绿化先行”主题植树绿化活动，新增、改造绿化面积 7.76 万平方米。调整通勤线路 47 条、增加线路 3 条、站点 22 处，方便员工乘车。抚顺 13 所厂区浴池、3 所大学生公寓实现统一管理，浴池全部对员工免费开放。抚顺石化总医院 2.45 万平方米医用综合楼建成投用，健康体检 3 万人次。开通“矿区服务意见征集窗口”平台，倾听员工心声，及时受理咨询、建议、投诉 134 条。开展远航文化宫改造成综合性文体活动场所设计。

（孙　丽）

中国石油天然气股份有限公司 辽阳石化分公司 (中国石油辽阳石油化纤公司)

【概述】 中国石油天然气股份有限公司辽阳石化分公司（简称辽阳石化）是特大型石油化工联合生产企业。截至2014年底，下设14个职能处室、10个生产厂和17个直属单位，员工总数1.7万人。

辽阳石化于1972年经国家批准筹备建设，1974年正式动工。经过40多年的发展，形成以炼油、芳烃、烯烃为主体，炼化一体化的产业格局，拥有大型炼化装置63套。炼油部分拥有加工俄罗斯原油的全加氢炼油厂，原油加工能力达到1000万吨/年，为中国石油第八家千万吨炼油基地，可年产优质柴油530万吨、汽油80万吨、航空煤油50万吨。芳烃及衍生物生产能力位居全国前列，可年产70万吨对二甲苯、40万吨苯、6万吨邻二甲苯、80万吨PTA、50万吨聚酯、14万吨精己二酸和18万吨硝酸。烯烃部分以20万吨/年乙烯裂解装置为核心，可年产7万吨聚乙烯、5万吨聚丙烯、20万吨环氧乙烷和乙二醇。

2014年，辽阳石化认真落实集团公司关于炼化企业控制加工总量和成品油产量、降低库存、合理调整油品生产比的“两控一降一调整”要求，优化装置运行，调整产品结构，深化基础管理，强化安全环保，生产经营总体保持平稳，安全环保事故为零，被集团公司评为2014年度“环境保护先进单位”。全年加工原油561.6万吨，销售炼化产品总量506.5万吨，其中柴油300.4万吨、汽油33万吨、航空煤油26.7万吨、三苯43.1万吨、环氧乙烷14.5万吨；实现主营业务收入327.6亿元，上缴税费48.2亿元。

【生产经营】 抓住生产计划、工艺纪律、操作规程等关键环节，狠抓装置稳定优化运行，非计划停工同比下降55.7%；炼油综合能耗、轻油收率等技术指标继续位列股份公司炼化业务前列；“两烯”（乙烯和丙烯）收率达到49.2%，裂解综合能耗降至699.8千克标准油/吨，再创历史最好水平。优化能动系统运行，强化用能监察，2014年节水152.1万吨，节能3.4万吨标准煤；烯烃厂、尼龙厂冷凝水回收系统改造成为集团公司合同能源管理模式试点项目，实施后累计节约低压蒸汽8万吨。强化产运销衔接，努力增产高效产品，全年销售京Ⅴ、国Ⅳ柴油62.28万吨，环氧乙烷14.5万吨；打通俄罗斯原油来料加工流程，出口汽油2.92万吨；成功实现航空煤油、汽油地付，地付航空煤油9713吨、汽油7534吨。深挖内部潜力，全力落实降库存、丙烯装车零排放等26个挖潜增效项目，积极开展群众性“双增双节”活动，实现挖潜增效3.4亿元。

【企业管理】 持续深化基础管理，完成HSE、质量、内控等管理体系整合，推动岗位责任制向体系审核转变，并实施28项公司级和49项部门级专项提升工作方案，一体化综合管理体系和推动实施机制初步形成。持续整合管理资源，组建产业结构调整项目部，整合企业管理法规和内控业务，并对炼油厂、芳烃厂等7个单位部分车间进行整合，减少科级单位15个，899名员工顺利转岗；实施生产用车集中统一管理，运行车辆数量压缩37.69%。持续加强员工队伍素质建设，焊工培训基地、技能专家工作室等培训基础设施相继建成投用，师带徒“千对工程”活动顺利开展；在集团公司汽（煤、柴）油加氢装置操作工技能大赛上，段华京、石岩峰和李楠3名选手获个人一金两银、团体总分第二名的成绩。芳烃厂杨宝星被中国能源化学工会全国委员会授予“全国能源化学系统五一劳动奖章”。

【安全环保】 持续强化HSE体系建设，深化“下管一级”做法，以基层HSE体系推进现场会为载体，处室直接抓车间体系建设，同时开展体系审核，组织专项审核两次，并借助第三方力量推动体系完善。突出安全风险防控，每月进行风险预警，定期开展安全主题月活动。突出属地管理，重新确定19个单位的属地管理区域，进一步明晰管理责任。突出现场安全监督检查，充分发挥属地单位、直线部门和安全监督队伍的合力，保持安全监管高压态势。突出隐患查找和治理，持续开展全员查找隐患活动，共发现隐患1551项；排查出油气长输管道隐患135处，整改39

处；高危泵、液下长轴泵等隐患短板治理全部完成；3 年隐患治理项目完成 28 项。

强化污水处理装置运行管理，加强对 14 个重点装置和 42 个点源的监测，外排污水综合合格率和总量全部达标。加强锅炉运行管理，锅炉脱硫装置在线率、脱硫效率均达到国家要求。同时，1 号、4 号、5 号锅炉脱硝改造按计划完成，94 号和 450 号两套污水处理装置恶臭气体治理项目竣工投用。

【科技进步】 以科技进步为重要抓手，转变发展方式，推进内涵升级。环氧乙烷扩能技术改造项目建成投产，年产能由 11 万吨提高到 19 万吨，炼油厂柴油质量升级、循环氢脱硫等项目完成计划进度。1，4– 环己烷二甲醇中间试验装置制备出纯度 99.8% 的合格产品，年产 1 万吨 1，4– 环己烷二甲醇成套生产工艺包设计顺利完成。采用新型催化剂技术生产国Ⅴ柴油、苯及重芳烃烷基转移催化剂工业试生产及工业应用等科研项目取得成功，股份公司重大工业试验项目 10 万吨 / 年 PETG 共聚酯工业化试验顺利通过验收。2014 年，共申请专利 29 项、获授权 14 项，“20 万吨 / 年乙二醇装置优化改进环氧乙烷生产工艺技术研究”“高效淤浆工艺聚乙烯中试技术及新产品开发和催化剂工业应用研究”分获集团公司科学技术进步奖二等奖和三等奖，“乙烯装置多变量智能内模控制成套技术”获中国石油和化学工业联合会科技进步奖二等奖，“俄罗斯原油加工应用技术研究”获辽宁省科技进步奖二等奖。

【规划发展】 俄罗斯原油加工优化增效改造项目取得突破性进展，2014 年 6 月，项目预可行性研究报告通过集团公司相关部门审查；8 月，项目可行性研究报告正式上报集团公司规划计划部；10 月，项目可行性研究报告顺利通过集团公司审查。

【精神文明建设】 持续加强党的建设，认真学习贯彻习近平总书记系列重要讲话精神，强化领导干部履职和决策监督，持之以恒整治“四风”，转变工作作风，提升执行能力；持续开展党员主题实践活动，截至 2014 年底，共组织“共产党员工程”119 项，党员先锋岗 176 个，党员责任区 625 个，“一名党员一面旗”222 项；以“强化基础管理，提升执行力”为重点，持续推进“六个一”党支部创建活动，促进基层支部建设制度化、规范化。加强思想政治工作，“忠诚、责任、效益”主题教育活动有效开展，“石油魂 · 中国梦”辽阳石化专场报告会的举办提振了员工士气和工作热情；以新闻宣传工作会议为契机，打造宣传工作格局，全年在外部新闻媒体发稿 1195 篇，其中省级以上媒体发稿 339 篇；开展以“我的岗位我负责，我们的班组无违纪，我们的车间请放心”为主题的“放心型”工厂创建工作，提升基层单位和员工自主管理能力。持续推进党风廉政和反腐倡廉建设，不断完善反腐倡廉工作机制，筑牢思想防线，堵塞管理漏洞。发挥群团组织工作优势，团结和带领全体干部员工，投身于企业生产经营发展建设当中。辽阳石化获全国“讲理想、比贡献”活动先进集体和辽宁省“扶残助残爱心单位”称号。

【和谐稳定】 关注民生，改善员工生活条件和质量，5.2 万平方米经济适用住房建成，社区卫生服务中心建成投用，并启动部分生活区低压进户线及路灯照明系统安全隐患治理。关注民意，坚持民主管理座谈会制度，及时答复、解决员工提出的问题。关注集体企业发展，亿方工业公司在困难的形势下实现营业收入 19.2 亿元，生产保持平稳，队伍和谐稳定。关注企地共建，下属单位与 6 个街道、村镇实施结对工程，化工治安派出所正式入驻辽阳石化，地区和谐稳定环境得到进一步改善。

（张军明）

中国石油天然气股份有限公司
兰州石化分公司
（中国石油兰州石油化工公司）

【概述】 中国石油天然气股份有限公司兰州石化分公司（简称兰州石化）是集炼油、化工、装备制造、工程建设、检维修及矿区服务为一体的大型综合炼化企业，是中国西部重要的炼化生产基地，能源战略地位非常突出。兰州石化地处甘肃省兰州市，有土地总面积 30 平方千米，在册合同化员工 2.21 万人，市场化和劳务用工 0.33 万人，集体职工 0.38 万人，总资产 342 亿元，年营业收入 700 亿元左右。

通过新建、改扩建一批装置，兰州石化原油一次加工能力达到1050万吨/年，乙烯产能70万吨/年、化肥产能52万吨/年、合成树脂产能122万吨/年、合成橡胶产能22万吨/年、炼油催化剂产能5万吨/年。有各类炼化生产装置90余套，加工7种原油，能生产汽煤柴油、润滑油基础油、化肥、合成树脂、合成橡胶、炼油催化剂、精细化工、有机助剂等多品种、多牌号、多系列石化产品。拥有汽油加氢、丁二烯抽提、丁苯橡胶、丁腈橡胶、碳五加氢石油树脂成套技术，炼化主要工艺技术和炼油催化裂化催化剂领域达到国内领先水平。拥有石油化工工程施工总承包一级资质、大型炼油化工施工能力以及完备的矿区配套系统和综合服务业务。

2014年，兰州石化坚持有质量、有效益、可持续发展，克服油价下跌、炼化产品利润减少、生产经营环境不利等困难，科学统筹施策，做优做精炼化主营业务，全面升级安全环保管理，开展挖潜增效，各项工作保持稳中有进、态势良好。全年累计加工原油916万吨，生产乙烯63万吨、合成树脂102.7万吨、合成橡胶12.7万吨、炼油催化剂4万吨，实现营业收入645亿元、税费107.6亿元，同比均有下降，但完成集团公司下达的生产经营指标和任务。总体来看，安全环保基础性工程不断夯实，事故起数同比下降33%；炼化技术经济指标不断提升，有32项技术指标创历史最好水平，大乙烯产量首次突破50万吨/年大关、综合能耗599千克标准油/吨，为全国同等规模装置效能最优；重点项目建设顺利实施，全年下达投资7.4亿元，31个项目建成中交；科技创新能力不断提升，全年授权专利8项，获得集团公司科技进步奖6项、甘肃省和行业协会科技进步奖5项；全力实施完成炼油系统35套生产装置及公用工程检修任务，实现重组以来首次炼油系统大检修总目标。

【安全环保】 认真开展“抓执行、控风险、强演练、全员管安全”主题活动，深入整治“低、老、坏”根治“常见病”活动，狠抓安全环保基础性工程，HSE体系运行持续深化，事故起数同比大幅下降。稳步推进安全环保制度建设，修订完善危险化学品重大危险源、消防等13项HSE管理制度和200多套应急预案及应急操作卡，特别是加强新“两法”宣传贯彻，开展不同层次的知识培训和考试，干部员工安全环保法律意识显著增强，党政同责、一岗双责的安全生产责任体系更加靠实。落实一个管理平台和每月一次例会、一次检查验证、一次讲评通报、一次考核“五个一”工作机制，2014年排查问题2.2万项，整改率达98%以上，重奖3名避免事故员工，奖励纠正违章、排查隐患有功人员182人次，持续激发员工参与安全管理的积极性。突出环保升级升位，完善日监测、周通报、月分析管理运行机制，建成中国石油石化监测站和甘肃区域环境应急监测中心站；完成化肥厂燃煤锅炉除尘脱硫脱硝、炼油污水处理生化系统升级改造等7个项目，完成集团公司下达的总量性指标，全年COD、氨氮、二氧化硫、氮氧化物、固废分别下降11%、25%、16%、20%、18%。强化全过程安全监督检查，突出日常监督、专项监督和重点监督有机结合，落实公司、分厂、车间三级监督，大检修期间引入第三方监督，专业检查、专职检查、干部走动式巡检、值班检查实现常态化；按照国家、省市、集团公司要求在各系统、各单位开展安全生产大检查，落实各个重点领域无遗漏、无死角、无空白的安全督导和服务，检查覆盖率达100%，问题整改率达95%。强力推进隐患排查治理，共投资5.3亿元，排查安全环保隐患234项，治理完成117项，对59个重大危险源、68套生产装置罐区、相关危险品及场所进行专项评估。从严追究责任，深入反思和深刻汲取“8·4”事故教训，突出整风肃纪，加大监督检查力度，强化事故事件和执纪问责，对1名处级干部给予降职处理、12名处级干部给予党纪政纪处分、27名科级干部和22名操作服务人员给予处分追责，取消施工资格承包商16家，暂停供货资格供应商9家。

【生产经营】 紧紧围绕效益最大化，狠抓“十条龙”重点攻关，深度抓好资源、产品结构、加工路线、工艺操作和产供销优化，炼化技术经济指标不断提升，有32项指标创历史最好水平，实现挖潜增效8亿元。加强生产计划统筹，紧盯市场动态测算产品效益，灵活调整计划，做到错峰排产、高效高产、低效限产、无效停产；注重每周销售价格与生产计划联动，突出每月经济运行分析，精细算账、量价配合，原油加工做到“高来高走、粗粮细作”，炼化生产实行“宜油则油、宜烯则烯、宜芳则芳”，做深做细炼化互供，高效利用和互供物料达20余种、总量192万吨，通过动态优化增产增效4800余万元；认真做好产销平衡、促销降库、运输衔接，加强产、销、存、出的内外部动态协调，保证生产后路畅通，炼化产品推价增效6700万元。狠抓生产优化运行，紧盯能耗、物耗、损耗“三降”和收率、比率、合格率“三升”，强化工艺纪律、工艺技术专项督导和装置现场服务，大力实施平稳运行等生产技术难题攻关，炼油系统推进“三化保一化”，在原油加工量同比减少的情况下，炼油综合商品收率、轻油收率分别同比上升 2.55 个和 1.64 个百分点，原油加工损失率同比下降 0.03 个百分点。化工系统体现资源最大化利用，大乙烯产量首次突破 50 万吨 / 年大关、综合能耗达到 599 千克标准油 / 吨，为全国同等规模装置效能最优，“双烯”收率同比提高 0.07 个百分点，连续重整芳烃收率同比提高 3.13 个百分点，11 万吨 / 年聚丙烯装置能耗物耗均为中国石油最优，15 万吨 / 年丁苯橡胶装置成为中国石油唯一达标的合成橡胶装置，装置达标率提升 19 个百分点。注重节能节水攻关，采用能量优化利用先进技术，强化用能监管考核，提升全员节能意识，开展加热炉平均热效率达标，加热炉平均热效率同比提高 0.51 个百分点，2014 年节能 2.56 万吨标准煤、节水 68 万吨，全面完成国家、集团公司和甘肃省年度考核指标。

【项目建设】 坚持优化老区、发展新区总思路，加快发展项目储备，注重结构调整优化，突出油品质量升级，狠抓隐患治理和环保达标减排，2014 年下达投资 7.4 亿元，31 个项目建成中交。重点项目建设顺利实施，围绕质量升级、结构调整目标，完成 120 万吨 / 年柴油加氢改造，柴油质量全面达到国Ⅳ标准；二套航空煤油加氢隐患治理、2.5 万吨 / 年微球装置、“老三套”润滑油生产装置自控及加热炉节能改造等一批重点项目建成投用，福建长汀催化剂项目获得集团公司批准并破土动工。项目前期工作有序推进，完成 180 万吨 / 年汽油加氢、300 万吨 / 年柴油加氢国Ⅴ升级的技术论证和可行性研究编制，编制上报 200 万吨 / 年催化原料预处理、40 万吨 / 年润滑油加氢异构脱蜡改造、柴油在线调和等项目可行性研究报告，推进小乙烯 MTO 改造、化肥气改煤、10 万吨 / 年丁烯氧化脱氢制丁二烯、12 万吨 / 年苯乙烯等方案优化论证。企业发展目标更加靠实，编制完成“十大工程”规划方案，启动“十三五”规划编制，橡胶、催化剂、润滑油 3 个基地和新区建设规划方案编制完成；配合集团公司和省市政府积极推进新区整体搬迁方案编制，为实现兰州石化愿景奠定基础。

【科技创效】 紧盯市场需求和生产技术难题，突出科技创新对生产、效益的贡献，新产品开发和科技成果转化取得成效。认真实施科研项目，强化科技对提质增效的支撑，启动实施 46 项科研项目，聚烯烃新产品研究开发与工业应用等 6 项重大专项取得实质性进展，催化裂化催化剂重大科技专项实现生产成套技术集成创新，为中国石油炼油业务质量升级提供技术支撑，裂解汽油分离及抽提苯乙烯实现成套技术开发，授权专利 8 项，获得集团公司科技进步奖 6 项、甘肃省和行业协会科技进步奖 5 项。加大新产品开发力度，42 个新产品实现工业化生产，合成树脂中高档比例达 63.2%、高端比例达 18.9%，高融高刚指、BOPP 膜、高透明塑料等聚烯烃树脂系列新产品获得市场高度认可，国内独有的医用料进入最后国家安全性评价阶段，环保丁腈橡胶技术全面应用并具备 100% 环保化生产条件，催化裂化催化剂产品国内已拓展到 30 家炼油厂并成功进入欧美高端市场，丁腈液体橡胶产出合格产品，国防特需产品全面完成任务。狠抓生产难题技术攻关，围绕生产经营、产品质量、节能减排等方面技术难题，开展优化原油加工、优化乙烯裂解料攻关，研究解决丁腈橡胶杂质、碳五石油树脂色号等质量问题，推动汽油在线调和、正己烷装置扩能、重芳烃装置脱瓶颈等 91 项技术措施项目，取得初步成效。加强信息化技术应用和支持，完成公司 99 个应用系统梳理，确定炼化生产、物资采购、设备管理等 7 条信息系统集成主线，550 万吨 / 年常减压三维虚拟装置及技术为数字化工厂建设奠定基础，对标与绩效系统整合优化、合同自动考核系统投入使用，物资采购、检维修管理自动化考核初见成效，集团公司质量信息系统建设正式启动。

【运行管理】 针对影响长周期运行的关键因素，加强工艺、设备、公用工程管理，主要装置保持平稳运行，杜绝非计划停工，生产波动、损工时数分别下降 43%、15%。强化生产全过程管控，统筹平衡原油、汽油、柴油、乙烯、丙烯等系统，持续推进周督促、月总结、季考核的装置达标攻关，落实工艺、操作和劳动纪律监督，严格班组 10 项制度执行，误操作导致的生产波动同比减少 12 次，员工巡检率达 100%，装置平稳率达到 99.93%，列中国石油炼化企业第二名。加大设备保障力度，大力开展设备标准化创建和“五项”短板治理工作，完成 135 项电仪隐患治理，312 台高危泵和 64 台长轴液下泵改造全部完成；推进关键机组长周期运行和系统性腐蚀攻关，关键机组故障率同比下降 33%，高压聚乙烯装置首创连续稳定运行超 100 天的历史最好水平。全面加强静密封件管理，严把准入关、检验关、验收关、使用关和责任关，1150 余项静密封管理问题全部得到整改。全力实施炼油系统大检修，严格落实炼化企业大检修规范化管理 100 条标准，科学制定施工网络图，严控检修安全、进度、质量，圆满完成炼油系统 35 套生产装置及公用工程的检修任务，实现重组以来首次炼油系统大检修总目标。

【企业管理】 树立依法合规管理意识，坚持制度先行，堵塞管理漏洞，不断消减管理风险，全面规范管理行为。持续修订完善规章制度，开展制度对标，2014年修订发布制度56项；推动管理制度化、制度流程化、流程标准化、标准信息化、考核自动化的管理“五化”建设，工程、检维修、合同、物资采购等领域试点实现突破，并向项目管理、安全环保、科研管理等领域拓展，为提升管理效能创造有利条件。持续加强关键领域风险管控，深化依法招标管理，合同审核标准化取得突破，违规经商办企业、出借单位资质挂靠施工队伍、施工项目违规转分包、独立经营单位违规经营、“小金库”和审计问题专项整治等5项清理整顿活动成效明显，覆盖所有业务及管理层面的风险防控指引更加完善；加强物资采购管理，明确“依法合规、公开透明，归口统一、分级负责，采招分离、管办分开”原则，使物资管理目标任务和具体措施更加清晰。持续加强风险领域监督检查，发挥财务、监察、审计、造价、内控监管作用，推进财务与合同信息系统对接，开展重点领域效能监察、专项监察以及检维修、科研项目等专项审计，工程、检维修项目费用审减率显著下降，风险防控机制更加有效。不断强化各级领导干部和重点岗位人员廉政建设，举一反三抓好国家审计署和集团公司巡视组反馈意见整改落实，有针对性地开展效能监察，发现25项问题，提出6个方面的整改建议，督促相关单位进行整改。加大查办案件和惩戒问责力度，严肃查处各类违纪违规行为，对7名处级干部给予党纪政纪处分，有效发挥查办案件的警戒作用。

【深化改革】 认真落实集团公司全面深化改革2014年工作要点，健全改革领导机构，加强顶层设计，确定9个领域工作重点，积极探索和推进21项重点改革任务。全面实施以工效挂钩为重点的绩效考核机制，坚持重效益、凭业绩、降成本、控费用导向，优化指标设置，加大利润指标权重，形成效益贡献与薪酬激励联动，部门、分厂切实增强成本管控和效益意识，层层算细账，炼油、化工单位成本控制在较低水平。持续优化劳动组织形式，完成21家单位管理及专业技术岗位定岗定编和岗位评价，规范调整7家单位、1240多人倒班作业形式，优化核减14家单位、1820个操作服务岗位定员，有序退出低效无效业务，安置分流仪表厂、刘家峡培训中心等退出业务的近400名干部员工，人力资源优化配置初见成效。加快人才队伍建设，制定出台两级专家、三级骨干人才管理办法，加强炼化生产技术骨干人才培养，170名车间级专业技术骨干人才通过考核竞聘上岗，专业技术人员成长通道建设迈出关键步伐。稳步推进矿区服务业务改革，全面实施数字电视收费改革，优化整合离退休和内退业务管理，研究采暖收费及幼教、医院、客运等业务社会化、市场化改革方案。

【民生工程】 围绕满意矿区、幸福家园建设，不断提升服务保障能力，关注社情民意，努力改善员工生产和生活环境。切实保障员工生产生活，集中治理9个操作室尘毒、噪声等问题，首次实行倒班员工配送餐到岗位和网上订餐服务，建立一线岗位操作桌椅及家电设施滚动配置长效机制，新建厂前停车场等便民项目。开展心理健康咨询服务，组织28304名员工健康体检和1565名有毒有害岗位人员疗养。不断增强矿区服务能力，推进亲情化、精细化物业服务，受理解决水电暖维修等问题1400余项，延长和扩大医院双休日门诊开放时间及服务范围，通过地企合作建成6个社区日间老年照料中心、3个综合服务大厅和1个公益服务大厅，引入“虚拟养老院”服务模式为60岁以上老人提供餐饮、家政等服务，组织青年志愿者与90多名孤寡老人建立结对服务关系，客运、幼教、离退休、食堂餐饮等服务深度和质量不断提升，矿区服务满意度达到92.2%。持续改善居住环境，盛福街区住宅楼全面封顶，文化小区、幸福小区二期项目完成报建报批，3号街区棚户区改造项目全面启动，动员搬迁文化小区、清水街和3号街区1680多户，关闭区拆除推进顺利，近3万户用上清洁天然气，新建、改造绿地7.6万平方米，绿化覆盖率达35%以上。

【党建和思想政治工作】 着力抓好领导班子优化配备，修订完善《领导人员管理暂行规定》和《领导班子领导人员考核评价暂行办法》，坚持正确的选人用人导向，平稳完成19个二级单位和部门领导班子、48名处级干部交流调整工作，新提正副处级干部16名、科级干部98名，机关与基层双向交流干部29名，进一步优化领导班子结构，增强干部队伍活力。从严加强日常考核、管理和监督，以安全、环保、质量、廉政、稳定5条底线为核心要素，加大对各级领导干部动态考核力度，因管理失责、工作不力对29名处科级干部进行处理，增强各级领导干部履职尽责的执行力。加强企业文化建设，深入开展“我为祖国献石油、我为石化做贡献”主题教育实践活动，通过定期编发学习教育材料、举办道德讲堂、大力宣扬不同层面、类别的先进典型等，不断加强形势任务和企业精神教育。修订完善《企业文化手册》并开展学习讨论活动，编制完成兰州石化企业精神教育基地建设文案和5个专项文化分册大纲，明确今后一个时期企业文化建设方向、目标和任务。着力构建平安和谐内部环境，成立群众利益诉求受理服务中心，协调化解各种矛盾纠纷，2014年接访总量同比下降49%、集体上访下降60%、上访人数下降52%。积极推进“平安石化”建设，深入开展“打非治违”专项行动，保证兰州石化正常生产生活秩序。广泛开展群众文化活动，营造团结奋进良好氛围。认真做好扶贫帮困和履行社会责任工作，加大帮助救助工作力度，累计救助慰问企业各类人员4.3万余人次，使用救助资金2100多万元。持续深化“双联”行动，在甘肃3县7村建成投用12个基础设施项目，筹措23.5万元开展扶贫慰问，在13个贫困县区开展“阳光助学”活动，使企业改革发展成果惠及地方相关群体。

（韩建邦　张天德）

中国石油天然气股份有限公司
独山子石化分公司
（新疆独山子石油化工总厂）

【概述】 中国石油天然气股份有限公司独山子石化分公司（简称独山子石化）是集炼油、化工为一体的大型炼化一体化企业，是中国西部重要的石化基地和中亚油气引进、加工和输转的战略枢纽。截至2014年总资产434亿元，具备1000万吨/年原油加工、122万吨/年乙烯生产、45万千瓦时发电能力和500万立方米原油储备能力，可生产26大类600多种石化产品。员工总数1.64万人，67%为大专以上学历。独山子石化先后3次获得“全国五一劳动奖状”，4次获得“全国质量效益型企业”称号，是首批“国家环境友好企业”。2014年，面对市场需求不振、安全稳定形势复杂、降本增效任务艰巨等严峻挑战，大力实施“资源、人才、创新”三大战略，深化改革创新，突出安全效益，加快提质升级，全面完成年度考核指标，炼化生产平稳受控，经营业绩好于预期。

2014年，加工原油912万吨，生产乙烯128万吨，实现销售收入605亿元，上缴税费98亿元。主要经济技术指标保持行业先进，整体效益位居集团公司炼化一体化企业首位。被石油和化学工业联合会评为“全国乙烯生产企业能效领跑者第一名”、被国务院国资委评为“中国石油炼油乙烯业务最佳实践标杆企业”。

【企业管理】 实施管理创新战略，一体化管理体系全面建成试运行，并通过外部专家模拟审核，实现管理工作一本手册指导、一套流程运行、一套制度管控，提高管理效率和水平。深化业务重组改革，5个联合车间组建完毕并实现平稳运行；运输业务重组及叉车、装卸、包装等业务整合顺利完成；招投标业务实现集中管理，招投标率同比提高17个百分点。坚持社会化和市场化改革方向，民用供电业务移交国电方案开始实施，职工医院移交地方工作正在推进，公务用车改革按计划进行，企业办社会职能逐步剥离。强化法人改制单位、驻外机构监管，专业管理持续加强。落实“三剂”国产化等44项开源节流降本增效措施，成本费用指标控制在预算之内。推进对标管理，强化短板攻关，27项重点指标20项进入炼化板块前三，6项第一。新区乙烯燃动能耗降低全国排名第一。公司获得“集团公司管理提升先进单位”称号。

【安全环保】 完善党政同责、一岗双责、齐抓共管的安全环保管理体系，组建公司安全监督机构，完善三级安全监管体系，强化属地管理、落实直线责任。开展全覆盖HSE体系审核，实行重大操作风险预警，推进关键岗位人员履职能力评估，提升安全管理水平。突出“落实责任、能量隔离、吸取教训”要求，开展领导带队安全大检查，深化全员查找身边安全隐患活动，挂牌督办重大问题隐患整改，推进安全治本工程，强化“目视化现场、标准化作业”管理，严格作业监督和承包商约束，杜绝重大安全环保事故，一般事故起数和受伤人数同比分别下降40%和22%。稳定运行固废焚烧炉、污水深度处理等在用环保设施，实施烟气脱硫脱硝除尘改造、异味点源集中治理、生物碱渣处理扩容、洗罐站污水预处理等环保减排项目，严格环境在线监测系统管理，“三废”全部达标排放。

【生产运行】 深入开展蒸馏、乙烯等4套关键装置和聚乙烯5条生产线长周期运行攻关，果断处置蒸馏、制氢、裂解等装置突发问题，强力推行设备点检制和预知检修，非计划检修次数同比下降22.8%，设备故障同比下降12.2%，操作平稳率达99.3%以上。炼油优化石脑油、馏分油加工路线，实施减压深拔、稳定氢网运行等多项举措，科学匹配加氢裂化、重整等装置负荷，前三季度多产汽油，四季度开足马力增产柴油，低凝柴油同比增长19%，国Ⅳ标准柴油稳定供应市场。乙烯保持满负荷运行，优化乙烯路线，科学组织转产，收窄质量指标，减少过渡料，增产高效产品，丁苯橡胶同比增长84%，专用料比例达到80%。热电厂克服脱硝改造时间长、机炉交叉检修等困难，优化生产施工组织，保持汽油平稳供应。公用工程系统平稳运行，保障有力。

【节能减排】 强化清洁生产理念，所有生产装置通过清洁生产审核。纳入国家及集团公司重点考核的Ⅰ催化烟气脱硫脱硝除尘改造工程、热电厂锅炉减排工程按期投用，公司二氧化硫、氮氧化物和氨氮排放达到国家最新限定指标，排放总量同比分别下降43%、36%和41%。稳定优化运行污水深度处理、裂解炉新增空气预热器、聚乙烯装置膜回收等节能减排措施，2014年节能3.75万吨标准煤，节水69.96万立方米，减排二氧化硫2000吨，氮氧化物4200吨，超额完成集团公司和新疆维吾尔自治区年度考核指标。独山子石化获得“2014年新疆污染减排先进企业”和“集团公司节能节水先进单位”称号。

【挖潜增效】 实施“四优化一控制”经营策略，落实22个优化项目和31项保障措施，持续优化资源配置、装置运行、结构调整和产销衔接，严格控制成本费用。推进乙烯原料轻质化，外购轻质原料71万吨、同比增长12%；利用价格波动错峰收储原油、哈（哈萨克斯坦）油东调降库、原油低库存运行等措施避免原油跌价损失4.2亿元。优化装置运行，根据市场效益灵活调整加工方案和生产负荷，提高运行效益。优化产品结构和市场配置，低凝柴油、丁苯橡胶等高效产品同比分别增产19%和84%，高效产品生产率、高效市场配置率同比分别提高2.8和3.6个百分点。严控成本费用，实现物资降库1.22亿元。

【工程建设】 立足企业长远发展，加快石化基地完善项目实施。推进加工100万吨/年哈萨克斯坦轻烃炼油及乙烯优化调整项目，预可行性研究报告已编制上报，争取“十三五”动工建设。千万吨炼油百万吨乙烯工程顺利通过竣工验收，向国家和集团公司交出满意答卷。具有中国石油自主知识产权、国内规模最大的2万吨/年己烯-1装置一次开车成功，实现己烯-1工业化生产，降低了聚乙烯生产成本。投资3.2亿元的Ⅰ催化烟气脱硫脱硝除尘改造工程、热电厂锅炉减排工程按期投用，达到国家环保提标要求，改善了独山子区的空气质量。加强系统保障能力建设，动力站新增6号炉和自动化洗罐改造稳步推进，铁路专用线电气化改造获得集团公司批复。天利实业总公司碳五综合利用及苯乙烯项目、高新碳四综合利用项目一次投产成功，对于优化利用本土优质资源、促进产业结构调整、壮大地方经济实力意义重大。超前准备千万吨炼油百万吨乙烯工程投产后的首次全系统“四年一修”，检修方案制订、开停工方案优化、管理体系建立、项目设计、物资采购、施工力量组织等前期工作有序推进。

【科技创新与成果】 实施科技创新战略，建成中国石油原油评价、合成树脂和橡胶开发三大研究中心，挂牌运行中国特种设备检测技术中心、新疆维吾尔自治区橡塑材料重点实验室、中国石油催化剂及新材料试验基地。实施重大技术改造、技术措施22项，获国家授权专利8项，6项成果获得省部级科技进步奖，其中环保橡胶项目获得集团公司科技进步奖一等奖。己烯-1、稀土橡胶等8项股份公司重大工业化试验项目顺利完成。2014年开发K8516家电专用料、S2040聚丙烯纤维料等7个新产品，“十二五”期间累计开发新产品42个，初步实现树脂产品规模化高端化、橡胶产品系列化差异化生产。稀土顺丁橡胶、高密度聚乙烯双峰小中空专用料首度具备连续、稳定生产能力。PE管材料成为中国石油王牌产品，聚乙烯防腐专用料入选中国石油自主创新品牌，环保型溶聚丁苯橡胶性能达到欧盟要求。实施18个厚利产品质量改进，化工优级品率提高15个百分点。完成国Ⅳ标准柴油质量升级并批量生产，成为增效亮点。扎实推进信息化系统整合集成，综合管理体系平台上线运行，炼化应用集成项目按计划推进。

【人才资源开发】 持续推进人才开发战略，启动高端人才引智工程和紧缺人才吸纳工程，加大生产技术、经营管理专家培养选聘力度，人才资源总量和核心骨干人才数量同比分别增长22.5%和31%。探索矩阵式培训，2014年组织高级技能研讨、干部派外轮训、骨干跨装置学习、管理人员跨岗位锻炼、仿真系统网络培训7000余人次，提升了管理、技术和操作人员履职能力。持续优化班子建设，完成12个直属单位、9个联合车间领导班子配备和优化调整。焊工颜世海、刘元涛被国务院国资委授予“中央企业技术能手”称号。牟曦辉、朱狄和孟阳获得集团公司加氢装置技能竞赛银牌。赵臣诗、戴雪慧被评为集团公司服务明星。独山子石化被国家人力资源和社会保障部评为“技能人才培育突出贡献单位”。

【精神文明建设】 严格落实中央“八项规定”精神，扎实推进党的群众路线教育实践活动，深入开展“访民情、惠民生、聚民心”利民帮扶工作，“四风”问题得到有效整治，群众关心的热点难点问题得到及时解决，党员干部作风进一步转变。开展“热爱伟大祖国、建设美好家园”主题教育，大力宣传先进典型，引导广大干部员工立足岗位、敬业奉献，队伍保持良好精神风貌。加强企业文化建设，成功举办中国石油驻疆企业独山子专场报告会，女博士吴利平扎根边疆、为油奉献的事迹引起强烈反响。常态化举办元宵节、“五一”节、国庆节、古尔邦节文艺晚会，组织形式多样的体育赛事、文艺演出，职工群众业余文化生活丰富多彩。代表集团公司到俄罗斯演出取得巨大成功，选送的文艺作品获得新疆维吾尔自治区电视小品大赛金奖、集团公司舞蹈大赛金奖、第六届中国石油职工艺术节金奖，参加全国总工会主题演讲大赛获新疆赛区第一名。乙烯厂获“全国五一劳动奖状”，车间主任郑海涛、化验工赵丽丽获“全国五一劳动奖章”。

【和谐环境建设】 加快推进“现代精致、绿色宜居”环境建设。老年活动中心、新区医疗站建成投用。两所新建幼儿园顺利开园。“三位一体”居家养老服务惠及独居老人。员工健康干预和远程会诊平台上线运行。天然气入户工程按计划推进，隐患整改基本完工。老区供暖分户改造、下水系统整治等民心工程见到实效。落实人防、物防、技防措施，强化安保维稳，加强专项治理，关注社情民意，化解矛盾焦点，社会大局保持稳定。独山子石化厂区被评为“新疆优秀平安区”。

【矿区服务】 落实集团公司“三保障三服务”要求，加强矿区民生基础配套设施建设，全面推进精品化、规范化专业服务。物业及公用事业服务、社会公益性服务、离退休管理及医疗卫生等服务覆盖18个职工住宅小区、17654户居民家庭、4569名离退休职工。矿区服务集中供热系统拥有7台锅炉、27座换热站，具备470万平方米供暖能力。职工医院为二级甲等综合医院，拥有450张开放床位。电视台自办3套节目，《独山子石化报》拥有国家新闻出版正式刊号；独山子在线通过新疆维吾尔自治区外宣办审批，拥有ICP运营资质。6座文体活动场馆、6个离退休活动站覆盖矿区。园林绿化公司具备二级资质，“三圃一园一室”达1000亩，工业绿化保洁维护面积510万平方米。矿区服务660维修班、120急救中心被评为集团公司“服务示范窗口”。

（刘晓玲）

中国石油天然气股份有限公司
乌鲁木齐石化分公司
（中国石油乌鲁木齐石油化工总厂）

【概述】 中国石油天然气股份有限公司乌鲁木齐石化分公司（简称乌鲁木齐石化）地处乌鲁木齐市米东区，占地18平方千米；位于新疆三大油田中央，东临吐哈油田300千米，南距塔里木油田480千米，西靠准噶尔盆地313千米；毗邻中哈原油管线、中亚天然气管线和国家新疆准东煤电煤化工基地；距乌鲁木齐市甘泉堡工业园区27千米。前身为乌鲁木齐石油化工厂，筹建于1971年1月，始建于1975年4月。形成集大炼油、大化肥、大芳烃于一体的综合性石油化工基地。

截至2014年底，拥有员工11624人，固定资产原值221亿元，下设炼油厂、化肥厂、化纤厂、热电厂等23个二级单位，工程管理部等7个直属部门，有13个机关处室、11个机关附属机构。2002年12月28日乌鲁木齐石化正式通过ISO 9001、ISO 14001、OHSAS 18001三项体系认证。

截至2014年底，有炼油生产装置34套，原油一次加工能力为1000万吨/年，对二甲苯生产能力为100万吨/年。化肥厂有2套合成氨、2套尿素装置，可年产75万吨合成氨、130万吨尿素。化纤厂现有精对苯二甲酸、三聚氰胺等2套生产装置，具备13万吨/年化工产品生产能力。塑料厂可年产3240

万条塑料编织袋。热电厂属热电联产，有5炉5机，产汽能力1670吨/时，发电能力175兆瓦。净化水厂工业废水处理能力1326米^3/时，“三废”排放环保指标达到国家及新疆维吾尔自治区相关标准。乌鲁木齐石化具有石油化工工程设备制造安装维修、工程监理、分析测试、计量检定、设备检验、公路铁路运输、物资供应等生产保障业务职能以及职教医疗、离退休管理、社区服务等社会职能。

可生产30余种石油化工产品，主要产品有汽油、煤油、柴油等燃料油、溶剂油、液化石油气、石油沥青产品、石油苯、石油对二甲苯、聚丙烯、三聚氰胺、硫黄、液氨、尿素、硫酸铵、精对苯二甲酸（PTA）、塑料编织袋等。其中，尿素产品曾获得“中国名牌产品”称号，车用汽油、车用柴油、尿素、精对苯二甲酸等产品先后获得国优、部优和省优“名牌产品”称号。2000—2014年底，乌鲁木齐石化取得135项科研成果，曾多次获国家、新疆维吾尔自治区、中国石油、中国石化颁发的新产品开发、科技进步奖，并申请多项专利。乌鲁木齐石化先后获“全国五一劳动奖状”“全国文明单位”“全国民族团结进步模范单位”“全国环境优美工厂”等荣誉称号。

2014年，乌鲁木齐石化进厂原油及原料油699.85万吨。加工原油及原料油733.19万吨。生产汽油、煤油、柴油465.27万吨，石油对二甲苯（PX）53.04万吨，石油苯20.03万吨。生产合成氨21.11万吨、尿素35.59万吨。生产工业用精对苯二甲酸（PTA）7.19万吨。发电11.97亿千瓦时，产蒸汽1138万吨，生产塑料编织袋1064万条，生产新水2596万吨。

全年累计销售汽油、煤油、柴油463.42万吨、石油对二甲苯（PX）47.91万吨、石油苯19.4万吨、尿素35.91万吨、工业用精对苯二甲酸（PTA）6.41万吨。实现营业收入402亿元，账面亏损14.8亿元，其中炼油业务亏损6.05亿元；化工业务亏损8.75亿元。未上市控亏1.9亿元。上缴税费64.7亿元。全年实现工业增加值71.76亿元。

【安全环保】 2014年，乌鲁木齐石化坚持以风险管控为核心，落实制度动态评审，加强事故事件的资源化利用，深入开展安全专项检查，确保安全环保各项工作受控。深化应急管理，评审修订应急预案2757个。强化操作变动和隐患动态管理，消减安全风险23项、环境因素100项。对72套操作规程进行问题查摆，对58套装置的操作图进行修订，补充完善4388项内容；对13套在役装置和13个技术改造项目进行HAZOP分析，提出247条风险消减措施，非计划停工同比减少6套次。继续规范承包商HSE审核体系建设，实施培训1589人次，并通过现场安全技能考试督促培训效果。进一步实施设备指标化管理和动设备配件寿命控制，推进特种设备在线定期监测，组织地下管网全面普查，共清理外部管道565条、装置互供管线5127条。新“两法”发布后，结合新“两法”的全员学习，深入开展事故案例反思反省活动，集中梳理完善各类方案规程，弥补管理漏洞。

以实际行动落实“环保优先”理念，严抓污水处理、脱硫、脱硝等环保装置和设施的运行管理和考核，装置操作平稳率达到99.45%。在管控排放总量的同时，持续推进清洁能源使用、中水回用、废渣无害化处理等环保举措，污水回用率达到83.76%，同比增长7.08%；坚持节汽降煤、峰谷购电，累计节能3.85万吨标准煤，节水146万吨，减排二氧化硫1.06万吨、氮氧化物3278吨，全面实现环保达标、节能减排目标。

【生产运行】 乌鲁木齐石化坚持日平衡、周算账、月计划、季分析，以APS测算指导生产安排，上半年根据产品价格变化，合理调配汽油、煤油、柴油和PX生产；下半年针对成品油等产品后路不畅的实际，及时采取“调整结构、减少进厂、控制加工、降低库存”的经营策略，做好产供销衔接。统筹炼油装置局部检修，确保物料平衡，降低原油和成品油库存，减少跌价损失。科学编制停检开方案，利用重油催化裂化检修，顺利完成20余套次装置开停工配合和消缺检修工作，解决大小瓶颈问题28项。通过优化原油进厂，2014年原油进厂损失率同比下降0.02%，因优化原油结构降低成本2.16亿元；通过优化生产组织，航空煤油、97号汽油分别同比增加1.46万吨、12.27万吨；通过优化资源配置，蜡油催化装置掺炼渣油1.58万吨，实现经济效益1605万元；通过优化液化气生产装置互供流程，增产高效乙烯用液化气增效5918万元；将抽余油调入汽油，增效1.2亿元。采取调整互供料结构、流程改造等举措，发挥化肥厂供氢、供氮、供蒸汽的作用，节约生产成本，促进整体结构优化。

【企业管理】 乌鲁木齐石化深入开展开源节流降本增效活动，推行季度绩效工资考评，加大工效挂钩力度，修订完善乌鲁木齐石化绩效工资管理考核标准，将预算指标量化分解到各处室、各单位，逐级传递压力。成立深化改革领导小组，不断优化管控模式，稳步推进改革创新工作。挖掘内部人力资源潜力，盘活用工存量，打破厂际界限，通过调动划转、内部劳务输出或借调支援等多种方式，调配停工装置人员180余人支援炼油厂、净化水厂、武保部等单位。梳理机构职能，规范编制，对招标中心、化肥厂第一尿素车间、化肥厂第二尿素车间相关业务持续重组；优化检维修项目管理程序，下放部分审批权限、简化流程，加大临时检修和非生产性项目的控制力度，提高工作效率。引入竞争机制，在炼油厂罐区、部分装置及部分专业维护业务方面深入推进保运工作，提升设备维保水平。规范内部劳务市场，整合内部检维修资源，减少外委施工，检维修费用比预算降低4.92%。严控各项成本支出，强化对标达标和班组绩效管理，外购电单价同比降低7%，吨蒸汽耗煤比预算降低7.8%。结合实际梳理内控流程，降低运营风险。开展备品备件专项内部审计工作，进一步强化物资管理，2014年平库利库614万元，招标节资率达到2.44%。

【科技攻关】 乌鲁木齐石化以装置长周期运行、瓶颈消除、优化增效及环保减排为中心，组织开展13个公司级技术攻关工作。通过提高"两催"装置汽油中的有效烯烃含量，实现烯烃再平衡的目标，为后期国Ⅴ汽油和高标号汽油稳定生产奠定基础，促使乌鲁木齐石化汽油产品链的生产由馏分炼油向分子炼油转变。挖掘原料潜在价值，成功利用三常装置生产重交道路沥青1450吨，为渣油高效转化提供有效手段。发挥技改攻关在挖潜增效中的重要作用，部分"三剂"实现使用寿命延长、循环利用和国产化，有效降低"三剂"单耗量，2014年降低采购成本1404万元。扎实开展加热炉热效率提升攻关，三常供重整等多套上下游装置实现热供料、热联合。通过科技引领，2014年石油产品综合商品率同比增长1.97%，汽油、煤油、柴油总收率增长4.76%，原油加工损失率下降0.11%，创历史最好水平。11套股份公司级达标装置9套达标，87项达标指标累计82项达标，14套公司级达标装置12套达标。

【发展建设】 乌鲁木齐石化以年度计划为框架，采取批次计划的模式强化投资控制，2014年完成投资9.77亿元，并对50个项目进行后评价。不断优化管控模式，强化现场安全和项目质量管理，集中资金和人力，着力解决制约产能实现的质量升级、环保隐患治理瓶颈。150万吨/年蜡油加氢装置投料试车一次成功，标志乌鲁木齐石化具备国Ⅳ柴油生产能力；30万吨/年轻烃装置建成投产，使乌鲁木齐石化具备国Ⅴ汽油生产条件。4万吨/年聚丙烯项目实现当年实施、当年顺利开工并取得较好效益。180万吨/年柴油加氢改质项目落实进度60%，350万吨/年常减压改造项目进入设备材料采购阶段。按期建成投用热电厂3号、5号锅炉和化肥厂3号、4号锅炉脱硝等一批安全环保隐患治理项目，有效满足国家环保达标最严限值要求。认真落实建设项目"三同时"工作，大芳烃顺利通过国家环境保护部环保验收现场审核，重油催化裂化烟气治理等项目安全预评价及600万吨/年常减压等项目消防验收工作有序推进。着眼未来，乌鲁木齐石化组织13个科技项目论证，苯与甲醇烷基化催化剂及工艺技术开发等项目完成中试研究，部分项目具备工业试验条件，并通过股份公司立项论证，为下一步发展储备技术、积蓄力量。

【党建工作】 乌鲁木齐石化党委按照"围绕中心，融入管理，文化引领，发挥作用"的工作思路和党建工作机制，持续深入开展"四好"班子创建活动，对2013—2014年度的"四好"班子进行评比表彰。坚持党管干部原则，改进完善干部考核制度，开展两年一度干部考核工作，初步建立业绩与绩效挂钩机制。进一步改进完善干部选拔任用制度，公开竞聘、干部交流工作实现常态化，2014年考核竞聘上岗208人。开展基层建设典型经验交流工作，推广化肥厂二合成党支部党员绩效考核管理经验。推进"六个一""五有"党支部建设，稳步推进党支部评价定级工作。严格组织标准，2014年发展党员83名，向党的肌体注入新鲜血液。顺利完成工会委员会和各工作委员会的换届选举工作，及时召开总经理民主联络员会议，收集意见建议58件，做到件件有答复。2014年突出"开源节流、挖潜增效"竞赛主题，在历年竞赛基础上，新增安全环保质量指标，落实各级各类劳动竞赛项目402项。突出激发青年创造活力，深化青年志愿者服务工作，坚持立足岗位，开展"主题团日""青年安全生产示范岗"等系列活动，不断引导青年立足岗位创先争优。

【反腐倡廉建设】 乌鲁木齐石化党委围绕深化党的群众路线教育实践活动问题整改，制订和发布《公司"四风"突出问题专项整治方案》，召开两级领导班子整改工作专题民主生活会，开展10项专项整治，着力强化领导干部和机关作风建设，文风、会风、干部作风明显转变。落实党风廉政建设党委主体责任和纪委监督责任，明确党委书记第一责任人责任，增强主体、主动、主责意识，建立《乌鲁木齐石化公司监督部门联席会议制度》等，进一步完善制约监督权力的制度依据。重点抓领导干部廉洁教育工作，召开乌鲁木齐石化反腐倡廉建设工作会议，开展党委书记讲廉政党课，建立纪委书记履责述职评价工作机制，利用乌鲁木齐石化网络学院组织定期学习、到廉政教育基地接受警示教育、组织纪检干部“转职能、转方式、转作风”大讨论等方式加强反腐倡廉教育，不断从思想上警示领导干部，把好“总开关”，筑牢拒腐防变的思想防线。

【企业文化】 乌鲁木齐石化围绕建设社会尊重、公众认可、和谐稳定的优秀企业，扎实开展企业文化建设实践活动和推进社会主义核心价值观建设，推进企业精神文明建设。充分利用网络媒体等新阵地，聚焦基层一线，聚焦员工奉献，加强成绩经验、人物事迹等的宣传报道和榜样引领，推动文化实践活动深入开展。精心组织策划以“推动文化实践、提高管理水平、促进公司转型升级”为主题的第三届企业文化论坛，组织“安康杯”安全运动会、道德讲堂等活动，丰富基层员工的工作和生活，乌鲁木齐石化连续12年获得“全国‘安康杯’竞赛优胜单位”称号。续编《乌鲁木齐石化厂志》、新编《乌鲁木齐石化组织史》，编辑《中国石油企业文化辞典·乌石化公司分册》，促进管理水平提升和安全文化养成。

【社会责任】 乌鲁木齐石化认真履行社会责任，继续开展“员工同心互助金”捐款活动，坚持帮扶困难职工家庭，慰问966户（人）次，金秋助学26人次。到南疆疏勒县“访惠聚”住村和集中整治2个工作组响应号召，走村入户加强宣传教育，先后为6个村捐赠4吨尿素、货运车辆、饲料粉碎机等物资设备，捐赠图书、台球桌、乒乓球桌、排球等文化体育用品，协调新疆维吾尔自治区政府部门投资600万元，修建18千米沥青道路，筹资12余万元实施村庄道路亮化工程，出资42万元补贴村民建设冬储菜窖，帮助筹建果蔬合作社，送外培训幼儿教师等举措，增强村民的自我致富“造血”能力。连续第三次获得“新疆维吾尔自治区定点扶贫先进集体”称号，住村工作组获得“喀什地区优秀工作组”荣誉称号。针对安保维稳防恐工作常态化的新形势，乌鲁木齐石化着力加强意识形态教育，开展员工持有、传播暴恐音视频自查清查工作，防止极端思想的传播。扎实开展各民族团结进步创建活动，持续完善和落实网格化防范体系建设，严格落实稳定责任，推动人防、物防、技防系统有序运行，维护石化区域的大局稳定和安定团结。

【矿区服务】 矿区、运输、职工医院等服务保障单位认真落实服务保障职能，2014年服务就餐超过138万人次，安全平稳供气120余万立方米，离退休服务42万人次，医疗服务1.69万人次，为装置安全生产和员工生活提供坚实保障。矿区积极探索多元化服务方式，以社会化转型为导向，小区实现社会物业公司管理，着力提升矿区服务专业化管理水平，努力为乌鲁木齐石化居民日常生活提供周到、便捷的服务。

（刘　洁）

中国石油天然气股份有限公司
宁夏石化分公司

【概述】 中国石油天然气股份有限公司宁夏石化分公司（简称宁夏石化）是集炼油、化工和化肥生产为一体的大型石化企业，具备500万吨/年原油加工能力，10万吨/年聚丙烯、130万吨/年尿素生产能力。主要产品为汽油、柴油、聚丙烯、航空煤油、尿素及合成氨。截至2014年底，资产总额106亿元。下设13个机关处室、17个二级单位以及1个矿区服务事业部。在册员工5566人，其中在岗员工5345人；大专以上学历员工3091人，具有初级以上职称员工1006人。2014年，共加工原油418万吨，生产汽油170万吨、柴油171万吨、合成氨29万吨、尿素51万吨、聚丙烯8.6万吨。实现营业收入269亿元，工业增加值70亿元，上缴税费60亿元，名列“宁夏企业100强”第二位。

【安全环保】 宁夏石化跨年度安全生产突破5000天，实现2014年无B级以上事故目标。落实安全生产党政同责、一岗双责、谁主管谁负责、谁监督谁负责，修订下发1568个岗位的安全生产责任制，组织特种作业人员取证培训、能量隔离及上锁挂签、高危作业监管要点培训12期，参培员工3220人次。加强安全隐患治理，2014年共查找各类安全低标准和隐患9876个，整改率98%。强化环保设施管控，炼油、化肥两个污水外排口化学需氧量、氨氮100%达标排放；催化以及锅炉排放烟气二氧化硫、氮氧化物100%达标排放。全年新增10个安全自主管理班组，安全自主管理团队建设总体进展得到第三方专家认可。全年迎接产品质量外部抽检 26 批次，合格率达到 100%。小颗粒尿素优等品率达到 100%，成品聚丙烯树脂一次合格率 100%，产品市场顾客综合满意度 97.57%。注册的 151 个 QC 小组，13 项成果获省部级以上奖励。获国家级首批“安全生产标准化一级企业”、全国“安全文化建设示范企业”，集团公司“节能节水先进企业”“安全生产模范先进企业”，宁夏回族自治区“节能降耗工作先进企业”等称号。

【生产运行】 继续开展生产系统优化、装置长周期运行攻关工作，炼油、化肥主要生产装置保持稳定生产，各项指标持续提升，经济效益逐步改善。汽油加氢醚化开工运行，500 万吨 / 年炼油装置连续运行 976 天，创造中国石油同类型新建装置首次开车最高纪录。持续推进“5S”管理，加强现场“跑、冒、滴、漏”治理，积极实施节能改造，调整用能结构，2014 年完成节能 4.51 万吨标准煤，节水 65.6 万吨，超额完成宁夏回族自治区政府、集团公司下达的年度节能减排指标。持续开展设备现场标准化评比和设备短板整治工作，重点对各类高危泵机械密封、污油池和污油罐液下泵进行改造，集中整治化肥业务 9 项电气隐患，对重点部位腐蚀基本实现全面在线监控。成立生产运行、设备保障、电气仪表、环保、基础管理 5 个专项攻关组，继续开展化肥装置长周期运行攻关，解决影响化肥装置长周期稳定运行的 10 项隐患和瓶颈问题，合成氨、尿素装置非计划停车同比分别下降 45.5% 和 28.6%。组织 500 万吨 / 年炼油装置建成投产后首次大检修，用时 36 天，对 15 套主体装置、9 个公用工程单元进行全面检修，完成检修项目 4679 项、技术改造技术措施项目 68 项，实现安全、环保、质量及各装置一次开车成功目标。

【挖潜增效】 开展“开源节流、降本增效”活动，通过优化生产系统、实施技术改造技术措施、压缩非生产性支出及盘活存量资产，挖掘潜力，累计降本增效 1.8 亿元。500 万吨 / 年炼油装置综合商品率、可比轻质油收率、高附加值产品收率分别同比增长 1.08%、1.14%、5.75%，同比增效超过 1 亿元。化肥装置因非计划停工减少 119 小时，减少直接损失 2118 万元，2014 年增加效益 7000 余万元。合成氨综合能耗从 408 亿焦 / 吨下降至 394 亿焦 / 吨，吨氨耗天然气从 941 标准立方米下降至 919 标准立方米，尿素单位制造成本从 1537 元 / 吨下降至 1518 元 / 吨。投用 6 兆瓦汽轮发电机组，累计发电 67 万千瓦时，增加效益 33.5 万元；优化中低压蒸汽运行，提高 15 兆瓦发电机组及抽凝系统负荷，累计增效 107 万元。实施化肥装置 4116、4118、4119 尾气回收改造，日节约用煤 36 吨；加强低温余热回收，清理外接采暖点，优化蒸汽运行，节约成本 800 余万元。管理及经营方面全年节约用工成本 918 万元，交通费、宣传费、低值易耗品等可控费用节约 1050 万元，公务车辆油耗同比降低 50 万元，财务费用支出降低 370 万元，清理处置报废的物资和资产增加收入 232 万元；申请焦炉气总变基本电费减免减少支出 868 万元。安装检修公司、工业公司、宁化宾馆、物业公司、园林公司、新型建材厂等独立核算单位实现对外创收近 1000 万元。

【工程建设】 宁夏石化 45/80 大化肥项目工程完成设计进度 100%，施工进度 98.46%，总体进度 99.35%，累计实现安全施工 826 万人工时。主体装置全面完工，空压制氮、水处理装置及中控化验楼顺利中交，变电所成功受电，完成铁路专用线改造项目可行性研究。项目生产准备工作 PSSR 检查及“三查四定”工作全面结束，完成装置设备管线打压、吹扫、单机试车，以及全场性道路及电气路灯，各装置工程项目进入收尾和消项阶段。利用炼油装置大修机会，实施催化一氧化碳余热锅炉改造、冷再生催化剂循环节能改造、重整预处理扩能改造、柴油加氢降凝改造以及组分油调和流程改造、新增大鹤管改造、催化不合格汽油回炼改造等节能降耗和质量提升技术改造项目。40 万吨 / 年轻汽油醚化装置建成投产，产品结构优化，炼油装置综合收率提高。建成化肥装置锅炉烟气脱硝、炼油催化烟气脱硫等环保装置并实现平稳运行。

【党建企业文化】 继续开展“形势、目标、任务、责任”主题教育，党的组织建设、作风建设持续加强，思想政治工作保障体系健全完善。2014 年发展党员 30 名，转正 39 名；举办 1 期入党积极分子培训班，60 名积极分子接受培训。重新任命 8 名基层党组织书记，并对部分基层党总支（支部）委员进行补充完善。修订公司《会议制度及议事规则》，规范领导班子议事决策程序。召开五届三次职工代表大会，落实 2 项提案、21 条建议。“劳动模范、首席技师、金牌工人创新工作室”创建工作取得新进展，新增“姚志平创新工作室”“张宏涛创新工作室”，6 个创新工作室全年完成近 50 项创新课题，其中 3 项取得国家“实用新型专利”，1 项获得第 10 届宁夏青年科学家论坛石化专题二等奖。组织开展炼油装置大检修劳动竞赛、青年文明号创建、志愿者服务活动，举办职工健步走、健美操、羽毛球、钓鱼比赛以及迎春文艺晚会、职工书画美术摄影展览等活动，基层“职工之家”新增图书 2210 册。开展党的群众路线教育实践活动整改落实工作，修订下发《党员、领导干部理论学习制度》《机关管理人员下基层管理办法》《公务接待管理规定》《公务用车管理规定》及《公务用车集中管理实施细则》等10项规章制度，完成23项整改措施中的22项。加强干部选拔任用考核管理，举办1期中层干部培训班，提拔使用5名中层领导人员，干部交流6人。

【矿区服务】 完善员工健康管理体系，继续开展体重干预和高血压干预。组织岗位健康巡诊、专家健康咨询与诊疗、健康大讲堂活动，直接受益人数15000人次。开通员工就医绿色通道，缓解员工急救、检查、诊断、入院等难题。创办3个小区“民为鲜”菜篮子连锁超市，实施生活区安防系统改造，宁华园供暖系统隐患治理、天然气计量表更换、供电系统隐患治理等投资项目。中卫碳减排基地和银川农场为员工家属提供各类有机蔬果、禽蛋50万千克。开展扶贫帮困活动，2014年走访慰问离退休人员、困难员工2875人次，发放帮扶资金237.63万元；“金秋助学”活动帮扶职工子女62个，发放助学金16.9万元；对口扶贫宁夏泾源县兴盛乡红旗村，支教红旗小学，投入帮扶资金30多万元，捐赠图书和学习用品3000余件，获宁夏回族自治区“履行社会责任先进企业”称号。

（朱 红）

中国石油天然气股份有限公司 大连石化分公司 （中国石油大连石油化工公司）

【概述】 中国石油天然气股份有限公司大连石化分公司（简称大连石化）是中国石油所属的大型骨干炼化企业，前身为1933年成立的“满洲石油株式会社大连制油所”，新中国成立后先后更名为“东北石油七厂”和“中国石油工业部大连石油七厂”，1983年划归中国石油化工总公司，1998年划归中国石油天然气集团公司。长期以来，为国家炼油工业培养输送大量的管理和技术人才，被誉为中国炼油工业的“人才摇篮”。

经过80多年的不断发展，炼油化工主体装置38套，占地318万平方米，具备2050万吨/年的原油一次加工能力和27万吨/年的聚丙烯生产能力。主要生产汽油、煤油、柴油、润滑油基础油和石蜡、苯类、聚丙烯等石化产品，其中汽油、柴油全部达到国Ⅴ标准。拥有油品装卸码头5座，0.5万—10万吨级泊位15个，年吞吐能力达2300多万吨，90%的产品通过船运销往华东、华中、华南等市场。

2014年，加工原油1401万吨，销售各类产品1285万吨，产销率99.7%；高效产品比率达66.61%，同比提高24.75个百分点；实现营业收入783亿元，税费147亿元，账面利润-10.3亿元，比预算减亏1.7亿元，同比减亏10.2亿元。

【安全环保】 深刻吸取事故教训，综合施策，努力提升安全环保业绩。

持续推进HSE管理体系建设。深入开展与杜邦公司HSE国际合作，完善HSE委员会和5个专业分委会。重新修订各部门、各单位和所有岗位的HSE职责，逐级签订《健康安全环保责任书》《安全生产承包合同书》，建立公司、处室、属地三级内部HSE审核机制，集中力量做好审核发现问题的整改，保证安全生产责任体系的有效落实。

严格管理，规范员工上岗行为。先后投用电子巡检、电子考勤、门禁和操作室视频监控系统，编印《员工手册》，完善员工奖惩体系，建立总值班检查、员工代表抽查、安全生产监督办公室现场检查的三级劳动纪律检查机制，恢复规范的纸质手写交接班日志，加强员工巡检监盘管理，深入开展全员识别、纠正“三违”行为活动，促进员工工作作风转变。

突出关键环节和重点部位管理。开展动火作业管理专项治理，推行“固定维修日”“固定动火日”，加强作业计划性管理；实施基层监护人员系统培训、持证上岗，建立后备干部到安全监督部门挂职、参与现场安全监督机制，引入第三方专业监督，形成严密的现场安全监督网络。完善承包商管理机制，清理所有不合格的小施工队伍，承包商队伍全部通过招标规范引入。停用一批老旧和隐患大的储罐，完善罐区硬件设施和管理标准，增加罐区管理力量，提高罐区规范化管理水平。

加大隐患治理力度。完成国家石油储备库30台储罐机械密封带油改造、气体长输管线移位整改、高危泵串联密封改造等189项隐患治理项目，消除重大安全风险隐患。

加强事故事件管理。深入挖掘事故事件原因、根源和教训，针对事故事件背后的管理和制度缺陷，及时完善管理制度和工作流程；每周进行事故事件的统计分析、讲评，每月进行预警，编印《大连石化公司事故案例汇编》作为培训教材，逐步实现员工由隐瞒事故事件到主动上报、分析事故事件的转变。

营造安全生产浓厚氛围。组织开展年度“无事故单位”创建、季度“安全型模范班组”评比和月度“安全明星”评选活动。充分利用班组安全活动，加强员工安全生产规章制度、风险防控知识等培训。加大对安全生产典型宣传、激励力度，弘扬安全生产正能量。

提高员工安全生产技能。全面开展以带控制点工艺流程图和应急处置为重点内容的一线操作人员培训，促进一线员工对装置工艺和现场的熟悉掌握，提升异常情况下应急处置能力。选拔使用一批实践经验丰富、技术能力强的年轻员工走上主要领导岗位和关键生产管理岗位，增强干部队伍活力，为提升安全生产业绩提供人力资源保障。

大力推进清洁生产。坚持点源治理和末端控制相结合，突出强化生产全过程的环保技术管理，加强对各装置污水排放的监控、讲评；恢复投用污水场一期项目，增强污水处理能力，外排水质持续达标并优于辽宁省排放标准。按期建成投用国家环境保护部督办的350万吨/年和140万吨/年重油催化裂化装置烟气脱硫项目，烟气中二氧化硫浓度达到国家排放要求。开展厂区异味治理攻关，治理一批无组织排放点源，厂区空气质量得到有效改善。

【现场管理】 利用两个月时间，完成近40年来第一次全厂同步停工检修，对36套生产装置和全部公用工程系统进行集中检修和消缺，完成检修项目8332项，解决大量困扰安全平稳优化运行的问题。现场标准化创建工作取得成效。全面落实现场标准化工作实施方案，深入开展现场标准化检查评比，完成高危泵密封、长轴液下泵改造和铆钉罐、2万吨/年聚丙烯、二气分、己烷等废旧装置拆除，推进仪表自控率、连锁投用率整改，及时处理设备故障。仪表自控率达到97.7%，连锁投用率达到100%，静密封泄漏率下降到0.1‰以下，一批装置、机泵房、变配电室等达到标准化创建标准，进一步提升现场管理水平。

【工程建设】 强化工程组织协调与现场管控，安全、优质、高效完成各项工程建设任务。柴油质量升级项目——200万吨/年柴油加氢装置完成主体工程建设，加快推进柴油产品全面迈入国Ⅴ标准步伐。环保减排项目——增加污水处理场原水储存空间项目和140万吨/年催化裂化装置烟气脱硫项目分别于2014年6月、10月建成投用，进一步提升减排能力。甲基叔丁基醚（MTBE）装置改造和富氢气体回收两个优化增效项目5月建成投用，电气隐患治理项目——220千伏气体绝缘金属封闭开关设备（GIS）改造、三催化35千伏变电所改造和66千伏升压站（总变）搬迁改造先后于5月和9月完成工程施工，为增强生产保障能力和发展建设奠定基础。

【科技创新与成果】 组织科技开发项目工作，科技开发项目立项31项，完成科技开发项目3项，组织验收科技开发项目1项。23个项目获大连石化科学技术进步奖，其中甲基叔丁基醚（MTBE）装置脱硫扩能改造、富氢气体回收装置、140万吨/年重油催化裂化装置反应再生系统及锅炉系统改造等7个项目获得大连石化科学技术进步奖一等奖。强力推进技术攻关工作。开展重整装置优化运行、催化装置长周期运行、二次加工结构优化等14项重点技术攻关，全部达到预期目标，有效改善装置运行质量。2套重整装置的创效潜力逐步发挥，核心创效装置保持高效运行，重整“三苯”产率、催化总液收率均达历史最好水平。加大技术创新在优化增效工作中的作用，先后开发车用液化气、乙醇汽油、饱和液化气等高效新产品，有效改善产品结构，充分挖掘创效潜力。

【企业管理】 严格落实合规管理的各项要求，按照关口前移、重心下移的工作思路，进一步完善企业管控模式，促进管理提升。

重新界定机关、基层的管理界面。明确机关处室的“三大职责”（专业管理、服务指导、监督考核）和基层单位的“三大任务”（安全生产、队伍建设、基础管理），实现职责归位。

按照责权对等原则，优化资源配置。将科级干部的选拔和培训经费、工会会费、团费等的使用权限下放到基层单位；清理无效工作，对40余项审批流程进行简化优化，将主要审批环节集中在基层单位；为各单位设立处室长（主任）奖励基金，用于员工加班加点、隐患治理、解决生产技术问题等的嘉奖，扩大奖金自主分配权限，进一步发挥考核和薪酬分配的导向作用，做到“干好干坏不一样”，调动员工安全生产积极性。根据装置地域、规模和加工类型，将原6个生产联合车间重新组建成为4个大型联合车间，实现主体炼油生产装置统一管理，增强基层单位的管理合力。通过强化属地单位的管理资源，属地单位的主体责任得以充分发挥。

完善合规管理机制。制修订管理制度294项，调整31项业务的职责分工。建立招标管理委员会周例会制度，大力推进招标工作，公开招标率提高71.5%。深入开展重点领域、关键部位、主要风险点的审计和效能监察，狠抓发现问题整改力度，提升依法合规经营能力。

深入推进企业改革。优化整合边缘业务，核减9个处科级单位，撤销28个管理岗位和45个工作量不饱和的操作岗位。突出主营业务，推进专业化重组和股权结构优化，划转大连培训中心，清理注销七星监理公司、七星建安公司、石化技工学校和金鹏人才培训中心等无效/低效机构，规避经营风险。

（肇　蕾）

中国石油天然气股份有限公司
锦州石化分公司
（中国石油锦州石油化工公司）

【概述】 中国石油天然气股份有限公司锦州石化分公司（简称锦州石化），始建于1938年，是一家以炼油为主、化工为辅的燃料型炼油企业，是中国重要的润滑油添加剂科研生产基地和辽西地区最大的原油、成品油储备基地，也是国内首家生产国Ⅳ标准汽油、京Ⅴ标准汽油的炼油企业。新中国第一滴人造石油、第一块合成顺丁橡胶都在这里诞生。截至2014年底拥有86套炼油化工生产装置，原油一次加工能力750万吨/年，资产总额110亿元，可生产53个品种81个牌号的石油化工产品。长输管线、铁路、陆路、海上"四位一体"输出通道，产品畅销国内外。拥有员工1.7万人，下设12个处室，45个基层单位。

2014年，面对原油、成品油价格下跌，市场需求不振、库存持续高位、产品输出严重受阻等生产经营压力，优化生产运行，加强安全环保，推行精细管理，取得较好的生产经营业绩。加工原油603万吨，生产汽油、煤油、柴油465万吨，化工、添加剂产品22.61万吨。以来料加工贸易方式出口成品油118.52万吨，实现营业收入339亿元，考核利润3.9亿元，圆满完成年度考核利润指标。

【安全环保】 落实安全生产"党政同责""一岗双责"，有效推进HSE管理体系运行。完善正向激励机制，增设"六个不一样"奖励措施，营造全天候隐患排查工作氛围，涌现出一批工作认真负责、心系企业安危的"查漏大王"和"纠违能手"。2014年共发现隐患、纠正违章1758次，奖励2367人次，奖励金额49万元，奖励次数同比增长53.3%。执行集团公司《反违章禁令》，狠抓施工现场监督检查，将严禁无动火票、动土票、临时用电票施工设为"三根红线"，对触碰红线承包商坚决清除出厂。持续推行班组安全自主管理，形成一系列自主管理理念和典型做法，自愿参与竞赛、主动承诺安全的班组增加至258个，占锦州石化主要生产单位班组数量57%。加强应急管理，完善应急预案，在厂区和兴海公司设立2个应急物资储备库，建立5支专兼职应急救援队，形成较为完备的应急救援保障体系。长输管线隐患治理扎实推进，与管道沿线群众签订安全保护协议，隐患治理完成率达57.3%。

【生产运行】 2014年，从原油品种优化入手，确定最优原油配置方案，降低原油采购成本。优化操作条件，严格平稳率考核，主要生产装置平稳率达到99.96%。深化装置达标升级，5套装置实现股份公司达标，36套装置实现锦州石化达标。根据效益情况，安排低效、亏损化工装置停产，保持异丙醇、苯乙烯等装置低负荷安全运行。优化产品结构，适时调整航空煤油、汽油、柴油产出量，多产高附加值产品增加效益。加大营销力度，航空煤油成功扩展南方市场，国Ⅴ标准汽油打通下海通道。

2014年，完成一套常减压、三催化、一套制氢等12套装置深度检修，实施常规检修项目11240项，同步完成一套常减压加热炉、三催化轴流机改造等重大技改项目，做到"气不上天、油不落地、声不扰民"，实现安全环保开车。加大设备短板和隐患治理力度，高危泵全部实现串联密封改造。完成新庄子变电所电气隐患整改，实施热电公司开关柜改造和煤电厂电气控制系统改造，消除电缆接头隐患，提高整体供电保障能力。完成三催化机组SIS系统、热电公司输煤系统等仪表控制系统改造，完成8台储罐内防腐处理，增设29台储罐高低液位报警，有效降低储罐安全风险。持续开展"最差十台机泵评选"活动，故障率高、检修频繁的机泵得到彻底整治。

【节能减排】 2014年，完成多项节能技术改造技术措施，实现节能增效。三催化余热锅炉改造，锅炉发汽能力增加。一套常减压加热炉改造，加热炉热效率提高，节约燃料消耗。优化热电系统运行，彻底关停燃油锅炉。安装高低压变频器，新上往复机无级气量调节系统。汽油加氢装置新氢压缩机进行无级调速改造，实现电流下降，节约电量消耗。通过优化催化蒸汽外送流程，降低装置减温减压量，实现中压蒸汽自给自足。通过合理制定"三剂"指标，加强单耗控制，"三剂"耗用下降18.9%。全年炼油综合能耗同比降低1.20千克标准油/吨；炼油单位能量因数同比下降0.34千克标准油/（吨·因数）。焦化制氢水场改造，彻底解决焦化水场渗漏严重、浓缩倍数低的问题，改造后循环水总量同比下降2516万吨，新鲜水总量同比下降70.18万吨。六个重点环保项目，三催化烟气脱硫装置、热电燃煤锅炉新建脱硝装置（SNCR）、炼油污水系统改造项目按期完成。

【工程建设】 280万吨/年柴油加氢改质装置建设实现中交。天然气替代燃料油、汽油、柴油在线调和等项目投入运行。异地建设制水能力1200吨/时的除盐水装置低压瓦斯回收系统隐患整改项目实现中交。三催化烟气脱硫项目、炼油污水系统隐患整改项目、化工污水隐患整改项目和浓水处理等建设项目施工顺利进行。新建烟气脱硫装置，对现有余热锅炉系统进行加固改造。完成除盐水系统隐患治理。新建10万吨/年MTBE装置、100万吨/年催化汽油加氢脱硫装置扩能改造项目获得集团公司批复，为加快产品质量升级步伐奠定坚实基础。推进现场环境整治，完成北货门区域改造，实施5个办公场所目视化改造，拆除废旧装置4套、废旧管线2万延长米，清理建筑物1.5万平方米，清运垃圾2.5万吨，完成地面软覆盖2万平方米，修复道路800延长米。

【科技创新与成果】 2014年，完成科研项目26项，申报专利14件。针状焦提质扩能项目成功开发出低硫催化油浆生产针状焦工艺，试验产品综合指标接近进口焦水平，并具备工业应用条件。添加剂研究攻克烷基苯指标和磺酸盐浊度两大难题，为原料筛选和质量控制提供技术支持。组织炼化工艺、设备防腐等学术交流30余次，与中国石化石油化工科学研究院、青岛安全工程院促成合作项目2项；为锦州石化提供工艺设备、产品质量、安全环保等异常原因分析30余次，报出8000余个腐蚀分析监测数据。

【挖潜增效】 强化工程维检修管理，推进工程监理规范化，维修费结算实施"闭环管理"和"隔月结算"，维修费审减率达30%。取消仪电钳和生产车间备件小库，建立物资供应超市，开展代储寄售业务，减少库存资金占用。加强质量计量管理，化验分析精准及时，出厂产品合格率100%；有效开展双轨计量，计量准确率达100%。强化装置大修全过程审计，重点开展库存物资管理后续审计，促进降本增效。

【矿区服务】 改善居住环境，石化新区和敬北翻建区域生活设施全面投运，文体活动中心主体建设、部分住宅楼采暖及供水系统改造完成，单身公寓设施隐患及时消除，居住环境有所改善。推进矿区服务改革，"三供一业"（供水、供电、供暖和物业）移交社会。生活区通信业务、石化新区物业、博朗幼儿园管理实现社会化经营。通过发布爱心菜谱、推出节日精美套餐、合理设定就餐时间等举措，提升一线员工就餐质量。关注员工健康，突出大病防治和多发病预防，增加员工体检项目，2014年共组织健康体检7115人次。全年累计救助各类困难群体2400人次，救助困难职工子女53名。联合市总工会对特大病、透析人员进行重点帮扶，真正让困难职工家属感受到企业大家庭温暖。

【精神文明建设】 继续巩固党的群众路线教育实践活动成果，所有整改措施全部按计划推进，问题整改基本到位，专项整治取得成效。通过开展"下基层、到一线"主题现场办公，解决各类问题240项。组织开展"五型"机关创建活动，机关整体形象大有改观，机关干部工作作风明显转变。积极推进民主管理和厂务公开，组织职工代表大会决议执行情况汇报，讨论审议锦州石化新出台管理办法和制度，职工代表意见反馈85项，征集合理化建议550项。发挥思想文化优势，网络电视平台正式开通运行，有效增强信息交互与新闻共享。创办《月评一流》《热点解读》等专题栏目，将新闻视角对准生产一线，关注员工业余文化生活，使舆论宣传更接地气。提高对外形象和社会美誉度，2014年外宣发稿数量突破800篇。加强共青团组织建设，召开共青团第一次代表大会，开展爱心进校园、岗位学雷锋、助力新装置建设等志愿服务活动，举办集体婚礼，展现青年员工健康向上的精神风貌。两个文明建设喜结硕果，锦州石化获"全国'安康杯'竞赛优胜单位""中央企业管理提升活动先进单位”、集团公司“质量计量标准化管理先进企业”等称号，矿区服务事业部440急修队获“全国工人先锋号”称号，锦州石化团委获辽宁省“五四红旗团委”称号。

（曹继辉）

中国石油天然气股份有限公司锦西石化分公司（中国石油锦西炼油化工总厂）

【概述】 中国石油天然气股份有限公司锦西石化分公司（简称锦西石化）始建于1939年，有员工9018人（上市5893人、未上市3125人）。主要装置19套，原油加工能力650万吨/年。加工原油来源以大庆油田和辽河油田为主，直接管输进厂，另有部分进口原油及海洋原油，由锦州港上岸。主要产品有汽油、柴油、航空煤油、煅烧焦、MTBE、聚丙烯、苯乙烯等。

锦西石化坚持“做好安全发展稳定文章，实现做强做大做美目标”工作思路不动摇，抓牢安全，突出效益，努力提高综合竞争实力，全面完成2014年各项工作任务。以加氢裂化、制氢装置顺利开车为标志，国Ⅳ标准产品质量升级项目圆满收官，一次、二次原油加工能力达到650万吨；安全环保工作基础进一步夯实，再次获得集团公司“安全和环保双先进”称号；企业效益明显进步，效益指标在板块排名大幅提高，实现国家税收、企业利润、员工收入的协同提升。挖潜增效的经验在集团公司领导干部会议上做了介绍。

2014年，加工原油527万吨，超预算27万吨，同比增加90万吨。上市部分营业收入285亿元，同比增加22亿元。未上市部分营业收入9.9亿元，同比增加0.5亿元。上市与未上市业务合计缴纳税费60.4亿元，同比增加4.7亿元。炼油综合能耗、综合商品率、轻质油收率3项指标取得显著进步。锦西石化与先进企业差距逐渐缩小，各项考核指标全面完成。

【安全环保】 完成2014年度安全环保考核指标，各类上报事故为零，事件起数同比下降32%，炼化板块审核问题同比下降54.41%，顺利通过安全生产许可证换证审核。严抓安全监管，以博柯公司专业优势，带动安监中心、安环处、直线部门和属地单位组成安全管理团队，重点针对工程建设项目施工现场、废旧设施拆除作业现场、装置检维修作业现场等进行全方位、全过程监督，全年纠正现场违章3353起，违章罚金71.8万元，安全约谈6次，清除承包商1家。机关处级干部参加基层安全活动182次，协调解决各类问题102项，综合会讲授安全课35次。

HSE管理体系有效运行。完成集团公司炼化专业生产安全风险防控、培训矩阵试点单位各项工作。修改完善《施工作业规范手册》，增加占、断道作业指导内容，规范检维修作业现场管理。做好文件、记录、法规评审工作，涉及生产工艺、设备、职业健康、安全、环保等13类记录2004项。顺利通过集团公司炼化板块质量体系推进评审，被评为“A级（优秀级）”企业。

严格履行清洁生产责任，达到辽宁省清洁生产审核要求，国控污染源在线监测合格率100%。完成集团污染减排总量指标，全年实现达标排放。重油催化烟气脱硫项目，催化裂化烟气脱硫项目，热电公司一期、二期脱硫脱硝装置运行平稳，二氧化硫、氮氧化物、烟尘浓度达到新标准要求。

做好安全、环保、职业卫生、消防“三同时”监督工作，完成国Ⅴ标准汽油质量升级工程、碧海公司长输管道隐患整改、两套催化烟气脱硫、北蒸馏隐患整改、硫黄回收隐患治理改造工程等建设项目行政审批手续67项。

【项目建设】 稳步推进基建、技改等建设项目，共完成新建和续建项目44项，审批施工方案58项，其中重大施工方案9项，主要项目中交和试车4项。在国Ⅳ标准汽油质量升级项目上，通过每天生产协调会实现安全、质量、投资、进度受控。加氢裂化装置于2014年8月8日中交。生产系统通过开工协调会方式，解决球阀、换热器、催化剂等问题，加氢裂化装置于12月25日开车成功，产出合格产品。建成厂内和碧海三级防控体系，建成32千米的稳高压消防系统，建成热电脱硫、脱硝、除尘项目。完成汽油装车隐患整改、部分管廊隐患整治、消防道路修缮、消防设施完善、液氨罐区整治、厂西污水罐集中治理等项目。除碧海长输管线隐患治理项目外，完成3年安全环保隐患治理任务。

【装置管控】 在生产管理上，优化加工方案，保持二次加工原料性质稳定。平稳率提高0.49%达到99.5%，馏出口合格率提高0.05%达到98.45%。在设备保障上，维电仪加强主动巡检力度，设备故障率同比下降5.8%，设备完好率提高0.01%达到99.96%，泄漏率降低0.007‰达到0.05%。强化仪控设备管理，连锁投用率100%。在科技攻关上，应用PID整定技术对重整、苯乙烯等7套装置自控率与平稳率优化攻关，仪表平均自控率超过96%，60%以上的关键被控变量标准偏差下降30%，提高装置平稳率。

开展装置、机房、泵房（区）、变电所（配电室）、仪表控制室、罐区标准化工作。做好短板治理，完成罐区隐患整改一期工程及34台高危泵的密封改造。开展Ⅱ-Ⅱ线、I-I线、V-V线系统管带超限隐患治理；更换伴热线16048米；整改伴热分汽缸67个；修复排洪沟378米。加强特种设备管理，完成5台球罐全面检验；2014年依法注册压力容器385台、起重机械9台、压力管道17个区域。

【挖潜增效】 抓专业管理，不断增强盈利能力，炼化效益在板块排名由过去15名提高到第9名。

节能创效1.17亿元。巩固节能改造项目成果，推动加热炉高效运行，天然气进厂量同比减少1400万标准立方米，节能增效4200万元；加强两套催化余热锅炉管理，排烟温度控制在180摄氏度以下，仅重油催化装置外供中压蒸汽同比增加37.4万吨，增效5800万元；细化能耗优化考核，促进装置优化节能操作，气分装置节汽6万吨，低压蒸汽减少夏季排空5万吨，增效1700万元。

优化创效2.65亿元。多产经济效益好的97号汽油、航空煤油、液蜡、苯乙烯等产品，增效5833万元；减少化工轻油产量3万吨，增效2257万元；加氢改质装置降低十六烷值改进剂用量，降成本1105万元；优选进口原油创效1590万元；多争取大庆原油21.8万吨，创效1.38亿元；多争取辽河原油1.13万吨，增效1996万元。

销售创效8479万元。每周召开销售协调会，抓高效产品出厂比例，抢跌价前出厂量，力保生产后路畅通。

科技创效1.09亿元。完成2套催化装置生产方案优化和催化剂优选工作，催化气分提高液收创效1亿元，加氢改质装置催化剂国产化节支900万元。

【现场管理】 加强现场管理，逐步实现“做美”目标。厂区内累计拆除废旧管线423千米、废塔36座、废罐198座、废加热炉7座、废容器389台、废换热器178台，旧厂房2.35万平方米。厂区外，拆除南山危旧楼，建成54栋新楼房。修缮厂区内道路23千米，厂区新增绿化面积1.6万平方米，新铺步道方砖2.3万平方米，敷设软覆盖2.1万平方米，更新管带防腐保温182千米。完成中央控制室、北蒸馏、加氢裂化的现场目视化工作。修缮厂区内7个车间8处条件最差的操作间、办公场所，各车间更换1400个更衣箱。党群组织每月开展现场文明检查，促进各单位持续整改不足，自觉美化属地环境。

【党建工作】 坚持良好的用人导向，严格组织选拔程序，做好2014年干部调整工作。班子完成新老更替，各级班子和干部的中坚作用明显增强。宣传工作树立企业正面形象，舆情引导及时有效。廉政教育形式多样，促进企业正风肃纪。工会组织将安全工作纳入劳动竞赛，全年扶贫帮困5707户。青年团组织充满活力，志愿者活动有声有色。保卫部门尽职尽责，在管道建设、厂区防盗、治安巡查等方面成绩突出。在维稳工作上，坚持构建维稳长效机制，有的放矢召开维稳会，以“预防状态”主动应对，成功息访多项历史遗留问题。

【矿区服务】 2014年，锦西石化矿区服务事业部紧紧围绕“安居惠民、文明管理、创新服务”中心开展工作，完成南山危楼改造，2407户动迁居民平稳回迁。完成住宅小区及公共设施供暖线路改造、石油五区消防道路改造、住宅小区路灯等安全隐患治理。社区建设不断改善和加强，街企共建逐步深入，锦西石化在集团公司召开的矿区社会治理现场调研学习暨成果展示会做了经验交流。做好惠民服务，汇聚社会力量做好助困优抚，改善弱势困难群体生活。深化推进矿区养老服务体系建设，巩固并深化“敬老文明号”工作成果，获“全国敬老模范单位”称号。

（王　琼）

中国石油天然气股份有限公司大庆炼化分公司

【概述】 中国石油天然气股份有限公司大庆炼化分公司（简称大庆炼化）于2000年10月由原大庆油田化工总厂和林源石化公司重组成立，2006年2月与林源炼油厂进行二次重组。设机关职能部门14个，机关附属部门7个，直属单位4个，二级单位21个；占地21平方千米，下辖马鞍山、林源2个生产区；用工总量1.17万人。固定资产原值162亿元，具有600万吨/年原油一次、二次配套加工能力和20万吨/年润滑油，15万吨/年石蜡，15万吨/年聚丙烯酰胺以及60万吨/年聚丙烯等49套炼油化工生产装置。可生产汽油、柴油、润滑油、石蜡、聚丙烯酰胺、聚丙烯等39个品种236个牌号的石油化工产品，是集炼油、化工生产和矿区服务于一体的综合性石油化工生产企业。

2014年，加工原油525.96万吨，生产汽油、柴油348.88万吨、润滑油基础油17.21万吨、石蜡14.8万吨、聚丙烯40.32万吨、聚合物15.97万吨、石油磺酸盐2.84万吨。实现营业收入369.93亿元，账面利润3.79亿元，整体效益位列炼化板块第五位，超额完成集团公司下达的利润考核指标。

【企业管理】 2014年，按照PDCA管理法，不断诊断缺陷、弥补漏洞、改进措施，持续提升管理水平。

落实合规管理。分阶段开展合规管理，关键岗位合规管理工作取得效果。持续开展管理评估审核，针对诊断出的管理缺陷，新增招标、“三剂”和工程质量管理等制度4项，修订43项，废止5项。优化精简流程122个，规范公积金、物业采暖等公共服务类流程20个，发挥流程增值作用。重点围绕主营业务、工程领域和合同管理等关键环节开展内控测试，整改问题36个，有效防控风险。

强化生产过程控制。不放过任何缺陷和小事件，并推演放大处理，增强警示作用。提高操作平稳率考核指标，将生产指标实行分级管理，员工操作更加精心，A级操作平稳率99.65%，同比提高0.23个百分点。

重视质量管理。严格原辅料质量源头把关、过程监督管理和成品出厂监督检验，确保辅料和中间产品的质量稳定，产品出厂合格率100%。聚合物年平均优级品率由72%提高到78.33%，下半年达到90%。

深化采购管理。采取管、办分开方式，通过采取增加供应商、厂家直采和代储代销等措施，招标率同比提高9个百分点。

优化机构人员。本着减少无效劳动、提高工作效率、拓宽成长通道的原则，调整组织机构21个，其中核减组织机构10个。向生产一线转移后线员工243人，清理劳务用工157人。

扩大模拟经营范围。新增动力、质检、物资、库房等4项业务7个模拟经营单位，优化模拟经营考核模式，推行内部经营合同管理，充分调动积极性。

【安全环保】 2014年，持续规范人的行为，保证物的安全状态，基础工作得到夯实。

完善责任体系。按照“党政同责”和“一岗双责”要求，发布实施46个部门、2827个岗位的安全环保责任制，实现责任全覆盖。制定生产区手机等电子产品使用管理办法、生产和施工作业过程中重大危险行为处理规定，开展新两法、安全经验分享等全员学习活动，强化承包商管理教育，提升安全意识，促进责任落实。

实施隐患治理。完成58项内部隐患治理项目，集团公司3年隐患治理项目基本完成，积极推进长输管线隐患治理，消除潜在的风险隐患。识别停开工、高危机泵等风险1055项，均制订防控措施及应急预案。完成11套装置小修工作，改造有毒介质机泵17台，促进安稳长满优运行。

加强应急管理。修订突发事件总体应急预案和油气长输管道突发事件专项应急预案，建立专兼职应急救援队伍、应急专家库，制作应急预案课件111个，开展各级应急演练481次，公司抽查评审22次，提高员工应对突发事件快速反应能力。

加大监管力度。将安全监督站调整为直属单位，独立行使监督职能，共检查问题4502项，均落实整改措施，员工违纪问题同比下降18.6%。查处承包商违章342起。

重视环保减排。将环保装置与生产装置同等管理，加大监管考核力度，2套重油催化烟气脱硫等一批环保减排项目投产，含盐清净下水、磺酸盐工业污水治理技术研发取得进展，提升了环保合法合规管理水平。

【节能减排】 2014年，节能减排成果显著。

深入节能降耗。动态调节伴热、采暖供水温度，2套重油催化蒸汽预提升改为干气预提升，加强疏水器和生活用水管理，加大保温力度，同比节约蒸汽9.6万吨，节水12万吨。停用低负荷变压器49台，改造低效机泵23台，降低电网损耗，优化机组和风系统运行，精准照明时间调控，节电5230万余千瓦时。加强对火炬排放、油品装车、罐区脱水、污油回收等管理，综合损失率0.37%，同比下降0.12个百分点，增效3443万元。

严格费用控制。严格维修费计划审批和考核，优化修理方案，减少项目外委，积极开展修旧利废，维修费节约1700万元。出台激励措施，鼓励在检修、技术改造技术措施和项目建设上使用闲置物资，平库利库2160万元。2014年，实现节能1.31万吨标准煤、节水13.67万吨，分别完成计划任务的131%和136.7%。

【科技创新与成果】 2014年，大庆炼化整体向科技生产型企业逐步迈进。持续创新体制机制，充分调动员工追求技术领先的积极性，创新成果不断涌现。技术研究方面，2套聚丙烯催化剂国产化、炼油含盐污水处理等技术取得阶段性成果。甲基叔丁基醚装置深度脱硫改造，为生产国Ⅴ标准汽油提供保证。依靠自身力量在抗盐和高分子质量聚丙烯酰胺产品引发体系研发上取得重大突破，掌握引发体系配方核心技术，不仅大幅提高优级品率，成本也不断下降。石油磺酸盐结焦物清洗复合配方研制成功，开发出具有自主知识产权的磺化反应器在线清洗技术。通过技术攻关和工艺参数指标优化，丙烯腈装置已运行16个月，实现长周期运行，在中国石油同类企业中排名第一。产品开发方面，坚持市场导向，聚丙烯高刚注塑专用料HA860R已批量生产，聚丙烯低温抗冲PA14D-2、高光抗冲产品正在市场评价验证。生产出调和变压器基础油，进一步丰富产品结构。市场潜力巨大的耐高温抗盐聚合物、压裂液增稠剂等产品正在进行技术攻关。技术改造方面，投资1.06亿元，实施技术改造技术措施50项，提质增效作用初步显现。成功实施2套重油催化技术改造，在节省催化剂、多产蒸汽和减少油浆外甩等方面取得成效，年经济效益5000万元。通过实施加氢改质技术改造、汽油加氢装置改水伴热、低温热改造等项目，同比降低成本4650万元。聚丙烯酰胺直燃炉改造试验取得成功，燃料气消耗量减少1/3，全部生产线实施改造后，年可创效2900万元。发明创造方面，积极推进全员创新，广大员工结合岗位工作实际，积极钻研、大胆实践，自主发明煨管器、管道对口器、手摇升降车等20余项成果，在生产中得到应用。多管膜式磺化反应器在线清洗工艺技术等6项发明专利，管板调整器等3项实用新型专利通过股份公司审核。

【精神文明建设】 抓好干部队伍作风转变，激励各级干部发挥表率作用，负责任、敢担当、有作为，持续打造卓越团队。

巩固教育实践活动成果。党政领导班子带头严格遵守"八项规定"和集团公司"二十条要求"，"五项"费用同比减少678万元、下降33%，公务用车减少27台、油耗同比下降24.63%。将机关工作作风、党员干部担当精神和履职效能等查摆出的问题列为监督整改重点，建立相关制度202项，问题整改完成率100%，党员干部队伍责任意识、进取精神明显提高。

强化干部管理。持续完善以绩效考核为主体的年度考核办法，实行日常考核与集中考核结合，重点考核干部干什么、干没干、干得如何，出台定额查违章等制度，增强担当意识，机关领导干部检查各类问题500余项。

拓宽员工成长平台。按照分级建立、分级管理、分类使用原则，建立起公司、二级单位、车间三级管理的1500名经营管理、专业技术、操作技能三类人才储备库。发布《技术岗位设置聘任管理规定》，推行评聘分开、按岗定薪、易岗易薪，对575人实行岗位聘任。

提升员工能力素质。重视员工实际技能提升，将仿真培训基地放在一线，在操作室设立仿真学习机，方便员工学习，新增系统化操作达标员工89人、总数达413名，新增一岗多能达标员工492人、总数达1203名，何琳工作室被评为"黑龙江省级技能大师工作室"，大庆炼化获得集团公司加氢操作工大赛团体金奖。

开展防腐倡廉工作。出台落实党风廉政建设党委主体责任、纪委监督责任实施办法等规章制度，进一步明确党委"十项主体责任"、纪委"五项监督责任"及业务部门的监管责任；采取多种形式，开展反腐倡廉教育；加大违规违纪案件查办力度，开展领导干部履职常态化监督检查，进一步约束干部行为。

围绕中心开展党群工作。持续进行形势目标任务责任和职业道德教育，开展“双十”全员读书、典型选树、安全文化建设等活动，加强综合治理和矛盾调处，创新新闻宣传，开通企业微信平台，建立员工信箱，了解和解决员工合理诉求，汇聚企业发展正能量。

【矿区服务】 坚持以人为本，关心关爱员工，努力为员工谋福祉。

员工收入稳中有增。2014年，效益完成较好，根据工效挂钩考核办法规定，工资总额增幅达到集团公司盈利企业最高线。

改善员工工作生活环境。2014年，负责管理的林源区投入维修费同比增加729万元，员工生活环境进一步改善，生活更加舒适。投入200万元购置操作椅、更衣柜等设施，持续改善员工工作条件。投入700余万元，购买通勤车15台，员工通勤条件持续改善。组织职工代表参与工服招标、工鞋选样等，维护员工利益。食堂供餐补贴715万元，提高用餐质量。

关心员工身心健康。组织“快乐大家唱”歌唱比赛、“最美炼化人”摄影大赛、“2014我们共同走过”等活动，寓教于乐，丰富员工文化生活。开展全民健身运动会，设立项目21个，参加18825人次，历时3个月，创造大庆炼化之最，实现“全员参与、锻炼身体、愉悦身心、提高素质”目的。

（贾　楠）

中国石油天然气股份有限公司
哈尔滨石化分公司

【概述】 中国石油天然气股份有限公司哈尔滨石化分公司(简称哈尔滨石化)前身是1976年建成投产的哈尔滨炼油厂，厂区占地面积115万平方米。现有员工1973人，有常减压、催化裂化、连续重整、加氢裂化等生产装置22套。各装置工艺选择适宜、产品结构优化，可生产93号汽油、97号汽油、-35号柴油、-50号低凝柴油、航空煤油、丙烯、聚丙烯树脂、甲基叔丁基醚、甲乙酮、苯等14类22个牌号产品。

哈尔滨石化以“安全清洁、规范高效、健康和谐、绿色可持续”为目标，着力打造“管理精细、装备精良、技艺精湛、队伍精干、组织精准、服务精优”，与哈尔滨市协调一致发展的现代化精品炼化企业，保持平稳健康持续发展的态势。先后获“全国五一劳动奖状”“全国优秀基层党组织”及“集团公司安全生产先进企业、环境保护先进企业”等多项荣誉，位居黑龙江省工业企业10强，连续多年成为哈尔滨市第一利税大户。

紧紧围绕“管理提升年”确定的工作目标，同舟共济、攻坚克难，2014年加工原油325.25万吨，实现营业收入197.65亿元，实现账面利润1.3亿元，上缴税费39.36亿元，利润总额排名炼化板块第七位，较好地完成集团公司、炼油与化工分公司下达的业绩考核指标，整体呈现安全受控、生产稳定、管理提升的良好态势。

【安全环保】 推进HSE体系建设，编制安全行动计划546份，HSE承诺书1762份，各级领导开展安全观察与沟通10093次。

深化HSE体系审核，集团公司体系审核发现的320项问题整改完成318项，现场评估提出的92项问题整改完成72项。炼油与化工分公司检查发现的32项问题、领导班子内审发现的25项问题、国务院安全督查发现的问题全部解决。

提升队伍HSE素质，组织操作规程、应急操作培训9000人次，17名专职安全监督人员取得国家注册安全工程师资格，225名特种作业人员持有效证件上岗操作。

加强风险管控，2014年对1261起典型事件进行分析，发布12次风险预警，提出117条建议措施，降低安全风险。修订基层现场处置预案359个，开展应急演练66次，提高应急管理水平。

加强环境保护，组织燃煤锅炉烟气氮氧化物达标、脱硫废水并入含盐污水处理、污泥絮凝剂选型等试验，污水总排等4套重点污染源通过环保部在线监测验收，确保环保设施达标运行。2014年，排放COD、氨氮、二氧化硫、氮氧化物同比分别下降9.22%、9.20%、43.27%、18.78%，完成集团公司“十二五”考核指标。

【挖潜增效】 制订《挖潜增效实施方案》，加大产销衔接力度，确保整体优化措施落到实处。加大铁路原油进厂保障力度，2014 年铁路原油进厂 146 万吨，同比增加 36 万吨，保证资源的均衡稳定供应。

优化产品结构，高效产品比例 49.08%，2014 年生产 97 号汽油 32.5 万吨，产销量位居炼化板块第三名；生产航空煤油 23.6 万吨，同比增加 2.65 万吨。提高特色产品创效能力，甲乙酮实现毛利 6000 万元。

深挖公用工程潜力，根据市场价格变化，优化天然气与液态烃使用，节约成本 313 万元。2014 年，通过优化锅炉运行和燃煤采购等措施，实现煤单耗 172 千克 / 吨，同比下降 20 千克 / 吨。实施汽油在线调和项目，提高调和效率，节电 56 万千瓦时。

抓好装置直供料，提高蒸汽管网、循环水系统运行质量，2014 年节能 5066 吨标准煤，节水 4.15 万吨。开展直接采购、代储代销和物资超市化管理，采购费用较计划下降 12%，实现利库 488 万元。

【企业管理】 建立依法治企、合规经营的现代企业制度，开展制度评审和跟单测试，将 415 个制度整合成 275 个。编制廉洁权力清单 226 项，排查 100 个廉洁风险点，制订防控措施 204 项。规范市场准入，取消 36 家承包商市场准入资格，对考评不合格的 16 家供应商中止交易。

实施组织机构改革，按照“专业化管理、区域化运行、系统化操作”的扁平化管理模式，将 55 个机构调整缩减为 37 个，16 个车间整合成为 7 个联合车间，实现生产装置、辅助系统控制集中，为构建“扁平短精”的组织架构奠定基础。采取民主推荐和组织考察相结合的方式，对二级机构党政正职、副职和运行工程师进行选聘。先后召开 4 次干部大会、6 次党委会进行专题研究，确保机构调整和干部选拔公开、公平、公正进行，平稳顺畅完成机构重组。

完善绩效考核，严格工效挂钩政策，坚持薪酬分配向效益贡献大的单位和一线员工倾斜，鼓励基层二次分配，员工的效益意识和责任意识明显提升。加强用工管理，在员工集中退休、严控补员的情况下，坚持“控制总量、盘活存量、严把入口、敞开出口”的原则，优化人力资源配置，实现增产不增人的目标。

【工程建设】 以“油不落地、气不上天、声不扰民、安全绿色”为目标，安全、优质、高效地完成 4088 项检修项目，检修后装置实现一次开车成功，为“三年一修”提供保障。

抓好总变及东炼线改造、甲基叔丁基醚装置脱硫设施完善、双脱胺液再生等重点项目，满足隐患治理需要。实施罐区、栈桥隐患治理，累计清理储罐 17 座、更新 6 座、新建 2 座，消除 30 多年来积累的隐患问题。

开展油气管道隐患治理，庆哈原油管线隐患改造投产一次成功，消除油气管道穿越城市的重大安全隐患。完成哈尔滨石化—太平国际机场航空煤油管线隐患改造项目基础设计。

加快推进质量升级，100 万吨 / 年柴油加氢项目 2014 年 11 月 7 日实现一次开车成功，柴油质量达到国Ⅴ标准，满足哈尔滨市 2016 年底成品油达到国Ⅴ标准的要求。

抓好环保减排，120 万吨 / 年催化烟气脱硫项目、循环流化床锅炉脱硫设施完善项目 2014 年 7 月底全部建成投产。挥发性有机物（VOC）综合治理、污水处理场改造、燃煤锅炉脱硝等项目完成初步设计。

【科技创新与成果】 推行“班统计、日分析、周小结、月总结”专业管理模式，总结降本增效、优化流程建议 87 条，修改操作规程 287 项。

开展设备腐蚀监控、循环水质达标攻关和隐患治理，推进设备设施标准化，50% 的装置、罐区、机泵房达到标准化创建标准，操作平稳率 99.5% 以上，设备完好率 99% 以上，杜绝非计划停工。

加强产研合作，开展 MIP—CGP 工艺配套催化剂工业研发，装置液收率、汽油辛烷值等指标同比提高。通过加氢裂化二反催化剂再生、调整装填方案，装置开工后重石脑油硫含量低于 0.5 毫克 / 升，提升了产品质量。

ERP 系统升级、APS2.0 系统、新版信息门户、自动考勤系统等项目建成投用。实施视频监控系统、中心控制室改造，生产区、办公区视频覆盖率同比分别提高 32%、17%，22 套装置迁入中心控制室实现集中控制，初步形成集操作运行、视频监控、应急响应、工艺分析于一身的系统支撑平台。

【精神文明建设】 抓好党的群众路线教育实践整改活动，13 项“四风”突出问题全部整改，发文、会议同比分别下降 9.7% 和 21%，“五项”费用同比下降 44.7%。配合集团公司党内监督巡视工作，组织巡视反馈意见整改，监督检查整改情况。

深化“四好”班子建设，通过开展学习习近平总书记系列讲话精神培训、管理人员岗前合规性培训等活动，累计培训 990 人次，干部队伍理论水平和实践能力不断提高。召开领导班子专题民主生活会，查摆基础管理等 10 个方面的问题，分析问题原因，制订整改措施。

加强党建标准化管理，形成涵盖 101 项考核内容、289 条考核细则的党群工作标准化体系。制定

《贯彻落实惩防体系2013—2017年工作规划实施办法》，抓好主体责任、监督责任和监管责任的分解落实，形成95项具体工作任务。

开展“双十”读书、演讲比赛等特色活动，发挥桥梁纽带作用。开展“情系岗位、与哈尔滨石化同行”主题报告会，用榜样的力量鼓舞激励员工，传递推动企业发展的正能量。

建立总经理民主联系人制度，鼓励员工参与民主管理。改善倒班和单身宿舍环境，对职工浴池、文体中心进行改造，实施厂区道路标准化改造13.8万平方米、粉刷建筑物5万平方米、新改建外操室8座，厂区面貌焕然一新。

与哈尔滨医科大学附属第一医院合作开展员工健康体检，建立员工健康档案，保障员工身心健康。坚持开展扶贫帮困和送温暖活动，走访慰问困难职工456人次，加强信访综合治理、武装保卫工作，维护和谐稳定局面。

（于　洋）

中国石油天然气股份有限公司
广西石化分公司

【概述】 中国石油天然气股份有限公司广西石化分公司（简称广西石化）是中国石油于2005年9月为深入落实国家西部大开发战略，优化炼油化工产业布局，建设中国石油广西石化1000万吨/年炼油工程项目而设立的地区公司。项目一次规划，两期建设。主要有1000万吨/年常减压蒸馏、350万吨/年重油催化裂化、220万吨/年蜡油加氢裂化、220万吨/年连续重整、240万吨/年柴油加氢精制、20万吨/年聚丙烯、400万吨/年渣油加氢脱硫装置、26万吨/年硫黄回收等20余套主体生产装置以及公用工程、罐区、码头及码头库区、铁路专用线、100万立方米原油商业储备库等配套工程。项目一期顺利通过竣工验收，先后获石油优质工程奖、国家项目管理成就奖、国家优质工程奖。广西石化下设8个机关处室，13个直属部门，拥有员工992人，平均年龄34岁。

【生产运行】 2014年，采购原油877万吨，加工原油（料）898.7万吨，生产产品812.7万吨，其中汽油250.8万吨、柴油335.5万吨、航空煤油90.3万吨。国内销售产品676.6万吨，实现营业收入438.4亿元，实现税费72.1亿元；来料加工复出口132.6万吨，产值56.6亿元。原油品种、产品结构、生产运行等各项优化工作持续开展，绩效考核体系不断完善，“5S”（即整理、整顿、清扫、清洁、素养）管理初见成效，机械完整性及质量保证体系建设有序推进。强化合同管理，防范法律风险。完成现场设备、装置标准化的初步验收，一批样板装置如生产二部九联合、动力部空分空压等达到国内同类装置的领先水平。成功抗击超强台风“威马逊”赢得充分肯定。

【工程建设】 2014年4月8日，含硫原油加工配套工程高标准中交。以2014年8月30日世界同类装置单套双系列规模最大的400万吨/年渣油加氢脱硫装置开工投产为标志，含硫原油加工配套工程全面建成投产，创出工程建设、开车投产的高水平。汽油质量升级项目环评和可行性研究报告获得批复并完成工艺包设计。

【安全环保】 2014年，广西石化全面推进杜邦安全管理，认真落实有感领导、直线责任和属地管理，发布《安全生产禁令》和《安全生产保命条款》，5个班组实现安全自主管理。完成年度污染物总量控制指标，做到安全环保生产无事故。获首届“全国石油和化工行业责任关怀最佳实践单位”称号，是中国石油集团公司获此殊荣的唯一一家炼化企业。

【企业文化】 持续提高员工素质，举办首次技师考评和专业技术人员职业技能竞赛，首次组队参加集团公司职业技能竞赛，获团队项目银奖。注重员工健康管理，建立健康管理系统平台，开展首批“员工体重干预活动”并取得良好效果，启动“员工慢性病综合管理”，坚持每月一次健康知识讲座，每月一次集中健步走活动。履行社会责任，扎实做好定点扶贫、捐资助学、献爱心志愿者活动。

（孟从敏　王洪娟）

中国石油四川石化有限责任公司

【概述】 中国石油四川石化有限责任公司(简称四川石化),是由集团公司和四川省人民政府依据《1000万吨/年炼油工程项目和80万吨/年乙烯工程项目合作协议》,合资组建的西南地区首个特大型石油化工企业,于2007年3月成立,总投资373亿元,股比90%:10%,建设规模包括1000万吨/年炼油和80万吨/年乙烯两部分,厂址位于四川省成都市所辖彭州市,总占地400余万平方米。

四川炼化一体化项目总计19套主体装置。炼油部分包括常减压、渣油加氢、催化裂化、芳烃联合等11套装置,化工部分包括乙烯、丁二烯、聚乙烯、聚丙烯等8套装置。同时,承担国家100万立方米原油商业储备库建设运营任务。设计年生产汽油、柴油560万吨,航空煤油50万吨,五大系列固体和十种液体化工产品300万吨。

四川石化坚持走现代企业管理道路,编制定员1550人,实行机关处室—联合装置两级架构,全面推行组织机构扁平化,并采取检维修、辅助操作外包一体化模式。同时确立打造安全环保、业绩优良、发展持续的现代化炼化一体化企业的总体目标。

2014年,完成规划确定的各项重点目标任务,加工原油619万吨,生产汽油、柴油379万吨、化工产品170万吨,实现销售收入380亿元,上缴税费45亿元。

【炼化一体化项目】 2014年,经过精心组织,精细管理,历时73天顺利打通上下游生产全流程,全面实现安全环保一次开车成功,创造炼油与化工同步开车、全程基本实现"零排放"、安全环保事故为零的行业新水平,树立炼化装置原始开工的新标杆,得到集团公司做出的"四川石化开车一次成功,彰显了中国石油品牌形象、技术实力、社会责任和企业诚信"的高度评价和赞誉。

2014年,在长期低负荷生产,工艺操作、工艺调整、设备运行十分困难的局面下,常减压、催化裂化、重整、芳烃联合、乙烯等核心装置投产后未有任何生产波动,炼化一体上下游实现总体稳定运行。

【安全环保管理】 自觉把本质安全作为一切工作的出发点,持续增强安全环保管理能力,安全生产、环保生产、稳定生产局面基本实现。严格执行《强化HSE管理十二项准则》和《四川石化安全环保专项考核细则》等制度,促进行为规范。深入推行"四个不干""五个不让干""四不操作"等理念,实施《隐患与事件上报奖励办法》,2014年上报隐患1004项,事件84起,奖励金额26余万元。建立动火作业"日申报、日审核"制度,并加强现场监护和第三方监督,确保作业安全。强化环保设施运行管理,广泛推广LDAR监测,针对性开展异味、噪声点源等专项治理,促进环保设施完善。修订应急操作卡474个,编制事故预想方案753个,组织应急演练347次,有效应对"6·30"渣油加氢火灾等事故事件。同时,环保验收各关键控制节点按统筹全部准点到达,各项环保数据均符合环评要求,验收工作实现高效推进。

HSE体系建设进展有力,阶段性成果明显。坚决落实安全生产"党政同责""一岗双责"要求,安全生产责任进一步明晰;重新修订HSE程序文件26个,作业文件227个,记录清单446个,安全生产制度基础进一步巩固;初步完成所有作业过程、现场操作等关键风险点风险评估,并制订消减措施,安全生产潜在风险进一步化解;努力加强HSE体系内审,对HSE体系外审查出问题按期整改,安全管理漏洞进一步减少;建立承包商安全生产管理积分制度,实行一体化管理,承包商管理进一步加强。

【企业管理】 坚持以"发展靠管理,生存靠质量,收入靠效益"思想指导全局,企业综合运作效能实现质的提升。把"四化"管理理念贯穿始终,深入推进精细化、标准化、责任化和素质化管理,管理质量效率大幅增强。深化新体制管理模式创建,完成外包业务优化整合,外包管理更加高效,检维修、生活后勤队伍服务更加主动,保障能力更加突出。公开招标深入推行,共计组织各类招标73项,经营成本持续降低,经营行为全面规范。坚持"不是优级品,就是不合格品"原则,出厂油品及化工产品质量100%合格,顺利通过ISO 9001质量管理体系认证。按"开发市场,服务市场,占领市场"路线图,狠抓市场开拓,四川石化产品较短时间内顺利开拓西南、华南、华东及华北主要市场。完成国家国产航空油鉴定委员会航空煤油认证,通过改造装车设施。开发试生产9个聚烯烃高附加值新牌号,抢占高效市场赢得先机。成功进行

"三剂"国产化试用，科技进步取得成果。筹划制订49项挖潜增效项目并加快实施，追求经济效益最大化迈出坚实步伐。

【结构优化和规划发展】 强力统筹彭州厂区与南充厂区结构优化和规划发展各项工作，坚定不移推动四川石化整体协调发展。南充炼油厂人员按方案实施分流，队伍保持总体稳定；厂内收尾工作全面完成，装置动火拆除条件基本具备；南充晟达PTA项目正式启动工程中交，人员培训深化进行，后续聚酯及苯乙烯等项目进行可行性研究，南充厂区转岗转型总体按计划进行，取得实质性进展。炼化一体化项目20万吨/年环氧乙烷扩能改造工程按期中交；汽油升级项目土建施工有序进行；新增渣油罐、裂解原料卸车设施等工程消缺项目进入施工收尾期，彭州厂区原料优化全范围开展，全方位推进。

【党的建设和队伍建设】 坚决贯彻中央"八项规定"和集团公司"二十条要求"，完成党的群众路线教育实践活动提出的256条意见建议整改，反"四风"、树新风长效机制初步构建。加强党建工作，党支部战斗堡垒形象有力体现。深化"三重一大"、民主集中制等决策制度执行落实，成立四川石化纪律检查委员会，组织新提任领导干部法制教育参观并进行集体廉洁谈话，大力推进惩防腐败体系建设，反腐倡廉继续扎实深入。领导干部率先垂范，带头践行"三个面向、五到现场"，引领队伍作风明显转变。共青团工作蓬勃开展，组织多种文体竞赛、青年志愿者活动，服务作用有效发挥。

【工会工作】 本着"全心全意依靠广大职工群众"宗旨，四川石化第一届职工代表大会第五次会议所征集20条意见全部落实，合理化建议等建言献策活动广泛开展，2014年召开10次职工代表联席会，上下沟通交流渠道全面畅通，民主管理机制有效创建，民主管理氛围愈发浓厚。开展"安全环保绿色一次开车成功竞赛活动"，25个单位，13套装置，397名员工受到表彰，组织首批58名优秀操作工外出疗养。多渠道安置家属，员工后顾之忧基本解决。大力推进民生工程，通过充分调研，开通多条通勤线路，改革食堂餐饮方式，增加餐饮品种，降低浪费。组织全体员工健康体检。

（朱　磊）

中国石油天然气股份有限公司
广东石化分公司

【概述】 中国石油天然气股份有限公司广东石化分公司（简称广东石化）是由股份公司和委内瑞拉国家石油公司（PDVSA）共同出资建设，按照股份制企业模式进行管理和生产的企业，股份比例为中国石油占60%，PDVSA占40%。

2014年，面对外部环境中的诸多不利因素，广东石化争取地方政府和集团公司的支持。7月24日，中共中央政治局委员、广东省委书记胡春华到项目现场考察，要求项目快速推进、早日建成投产。抓住有利契机，协调多方资源，完成第六批基础设计审查工作；与地方政府召开协调会议，解决影响工程施工的制约因素；于12月15日与大南海石化工业区签订土地承包合同并完成付款。

2014年共组织中委合资谈判会议3次，召开视频会议2次，就物料平衡、经济评价模型、炼油厂投产后财务内部收益率达到10%等，与委内瑞拉方达成共识。空分项目于5月4日获股份公司批复。根据"建设效益型炼油厂"的目标，组织设计单位完成项目总加工流程的优化，完成可行性研究变更调整报告的编制并上报规划计划部，9月26日通过评审。环境影响评价变更技术方案审查会于12月9日召开，确定环境影响评价变更的工作方向及要求。

【工程建设】 2014年，以工程建设总体进度计划为纲领，贯彻落实对标管理、精细化管理理念，不断强化关键环节和关键要素管理。设计方面，施工图设计满足工程建设进度要求，工艺装置土建基础图的设计完成21%。采购方面，共签订长周期设备合同226台(套)、长周期设备监造合同109台(套)，完成设备技术协议谈判4476台，完成合同变更47份；对到货的延迟焦化加热炉、烷基化专利设备做好维护保养工作。投资方面，项目启动以来已累计争取到14批投资计划71.7亿元。费控方面，重点加强季度预算指标管理，严把承包商费用变更关，修订设计概算专业统一规定，降低前5批基础设计概算投资。

严抓现场施工有序推进，厂区主干道路、主干地下管道实现贯通。主排水沟于4月完工。厂区仓库基本建成，部分投入使用。完成桩基3万根，累计完成50%。原油码头、产品码头的施工经受住台风考验，分别完成计划进度的22%和31%。110千瓦变电所一次性受电成功。厂区会议中心、员工宿舍、行政办公楼、维修站、一联合至四联合的7套主要工艺装置正在土建施工。六联合2座烟囱完成筒壁浇筑。

【安全环保】 突出抓好现场监管，对现场安全、质量、承包商事故“零容忍”，对各类检查发现的1766项安全问题、450项质量问题跟进整改落实，实现工作PDCA循环；持续开展安全培训、公司级应急演练，不断提升现场安全意识和HSE管理水平，累计实现安全工时2000万小时。

【企业管理】 根据集团公司党组的要求，广东石化项目采取“业主+PMC+EPC”建设模式。项目整体工作思路是：以项目全生命周期为统筹，以顶层设计理念为根基，以专题策划研究为方法，以手册和程序文件为指导，以制度和流程为平台，以信息化、精细化、闭环管理为方向的工作思路，全面贯穿于管理体制机制、设计采购施工、合同合资招标、体系标准规范、职业人才培训等各环节，高标准起步，高效率推进。

在具体工作中，完善广东石化及项目管理下的10个部、5个中心、10个PMT的组织机构，逐步理清业主与PMC的角色定位，将PMC力量纳入整体人力资源策划中。同时，通过不断摸索，明确在EPC合同模式下，业主对项目建设各关键要素的控制策略，以合同条款为约束，将承包商纳入项目的HSE体系和质量体系管理，并实现全面延伸和覆盖，严格控制工程的转分包。

【管理提升】 以管理提升活动为切入点，按照“优化流程、提高效率”的工作要求，从细化搭建业务流程框架入手，进一步优化工作程序，合规管理。2014年梳理流程817项，编制工作流程图732项，修改制度59项次，编制完成广东石化2015版《内控手册》并通过股份公司审核。将HSE“有感领导、直线责任、属地管理”理念与绩效考核相结合，不断完善“两表两书”，制定与绩效合同配套的考核细则。持续推进数字化工厂建设，构建施工项目三维模型。大力推动系统应用，新增统计报表填报功能。打通进度检测付款流程、乙采物资合同付款流程和增值税发票开具流程。实现行政办公管理业务系统升级，完善财务竣工结算模块及招标管理模块。

召开专题推进会议。根据风险评估标准和风险数据库，对风险采取措施进行有效防控。结合集团公司反“三违”专项检查、跟踪审计、内控体系自我测试发现的问题，开展全项目工程建设领域合规梳理工作，对发现的十七大类47项典型问题制订整改措施、落实责任、持续整改。

【队伍建设】 按照精干、高效的队伍建设原则，2014年由系统内调入员工4人，引进2014届大学毕业生26人。通过集团公司招聘系统，完成2015届毕业生网上招聘及面试工作。不断调整优化近期及中长期人员编制，合理配备PMT人员。根据项目建设的实际情况，2014年初一次性终止68名PMC人员的聘用。

在职业化队伍建设方面，结合杜邦公司管理理念，利用内部资源，通过4次集中培训，分7个方面30个课题讲授现场建设过程中的热点、难点问题，不断提高参建人员的项目管理能力。加强实习人员管理，将2013届新员工充实到实习队伍中，并将611名实习人员调整到四川石化、惠州炼化、茂名石化3家单位；成立四川实习管理部，选派各生产运行部人员进驻实习地，实现集中统一管理。不断拓展实习人员职业生涯通道，分别在广西石化、四川石化争取到22人和182人的见习顶岗名额，完成686人次的特种作业、特殊工种取证工作，委托辽阳石化开展实习人员技能鉴定。根据实习部门人员配置设计虚拟岗位职数，虚拟岗位聘任工作按计划顺利完成。由3名实习员工组成的广东石化代表队，在集团公司2014年加氢装置操作工职业技能竞赛中取得优异成绩，进一步展现优异的实习成果和良好的精神风貌。

2014年为“党员干部队伍作风建设年”，以抓组织纪律落实和作风建设为工作重点，推进机关优质服务、首问负责、限时办结、基层联系点制度，建立公开透明的网上作风测评机制，量化作风建设成果，进一步规范党员干部权力使用，树立为民、务实、清廉队伍形象。

（朱大军）

中国石油天然气股份有限公司
大港石化分公司

【概述】 中国石油天然气股份有限公司大港石化分公司（简称大港石化）是中国石油直属的炼化地区公司之一，地处天津滨海新区南港工业区，始建于1965年。原油加工能力500万吨/年，固定资产原值69亿元，净值40亿元，厂区占地面积193.63万平方米。下设11个机关处室，4个直属单位、18个基层单位有员工2499人，其中管理和技术人员659人。2014年，加工原油376万吨，完成营业收入218.7亿元，上缴税费47.8亿元，实现账面利润7.7亿元。

【安全环保】 安全环保形势保持稳定。宣传贯彻新《安全生产法》《环境保护法》，颁布实施大港石化《安全生产十大禁令》，深入开展“无事故车间”创建和安全明星评比活动，加大责任事故事件追究处罚力度，全员的安全意识、责任意识、法治意识不断增强。成立安全环保与工程质量监督部，大力开展“安全、环保、质量、治安”监督管理专项提升活动，建立安全环保监督、治安监督管理平台，明确施工违章“七条红线”，实施门禁升级改造，开展设备密封点、防腐保温等施工质量检查，提高风险管控水平。组织完成催化装置等6个重点隐患治理，三年隐患治理工作按计划完成。完成集团公司2次HSE管理体系现场审核及6次安全环保大检查1892项问题整改。建成投用1万吨/年硫黄回收、140吨/时酸性水汽提、催化烟气脱硫等环保项目，优化污水处理等环保设施运行管理，完成集团公司下达的污染减排任务。推进大气污染治理工作，受到全国人大常委会防治大气污染执法检查组高度肯定。

【生产运行】 生产实现平稳受控运行。装置检修工作成效显著，应对成品油市场需求增速放缓、库存持续高位运行带来的挑战，加强以调度为中心的生产指挥管理，以销定产，及时调整生产负荷，适应超低负荷生产常态，严格信息传递和操作变动管理，细化工艺及操作参数控制，加强巡检、监盘管理，狠抓设备运行状态监测和故障治理，确保装置安全平稳生产。高度重视产品质量管理，每周通报汽油、柴油质量监督检查情况，通过在关键部位加装聚结器，抬高成品油罐抽出口，延长油品进罐沉降时间，加强产品采样分析和质量跟踪等措施，在确保出厂产品质量100%合格的基础上，进一步提升产品品质。密切关注市场需求变化，及时调整产品品种、牌号，加大上下沟通、内外协调力度，及时组织产品外销外运，确保生产后路畅通。改进营销服务工作，建成投用营销服务大厅，改造油品装车栈桥，提高汽车外运能力，注重收集和采纳客户意见，以优质的服务赢得更多的市场份额。2014年4月8日至5月19日，组织开展全厂停工检修，累计实施检修项目3011个，完成减压塔隐患治理、催化DCS系统升级等技术改造技术措施项目78个、甩碰头404处，检修实现“安全、优质、绿色、受控”的目标。

【工程建设】 产品质量升级项目顺利建成投产。经过17个月的紧张建设，2014年9月20日、10月25日，220万吨/年汽油、柴油加氢装置、60万吨/年连续重整装置相继开车成功，标志着产品质量升级项目全部建成投产，项目实现从建设到投产全过程“零伤害、零污染、零事故”和“设计优秀、工艺先进、设备设施可靠、施工质量优良、装置一次开车成功”的目标要求，创造大港石化工程建设史的新纪录。项目的建成投产，提高产品精制能力，消灭燃料油等非标产品，汽油、柴油质量全部达到国Ⅴ标准，提前3个月实现天津市油品质量升级保供任务。项目的成功实践，积累依托现有人员采取强矩阵模式实施项目有效管理的宝贵经验，培养一批既懂生产组织又会施工管理、既了解设计原理又熟悉工程实际的复合型人才，塑造“科学求实、团结友爱、拼搏奉献”的项目精神，取得物质、精神双丰收，为承担更大的工程项目建设任务做好准备。

【企业发展】 企业发展领域不断拓展。中俄炼化项目有序推进，可行性研究报告优化、项目核准准备、技术交流等工作持续进行。完成商业储备油业务接收托管工作，组织开展所属19个商储油库基本情况调研、安保防恐检查和实物资产审核，完成内部组织架构搭建和人员配备，明确储备油“安全环保、规范运作、保障服务、适度经营”的业务发展定位，与受托管理的长庆油田、独山子石化等14家地区公司签订安全生产合同，制定印发安全环保考核细则等4项制度，新的运行管理模式已现雏形。根据集团公司推进业务外包工作意见，研究制订莱特公司多种经营业务发展规划，组织莱特公司做好成品硫黄包装、烟气脱硫项目板框压泥等辅助业务承包工作，精干和突出主营业务。完成南疆油库及其长输管线接收，组织开展油库、长输管线隐患排查和清罐、扫线等风险处置工作，完成隐患治理可行性研究报告编制和上报工作。

【队伍建设】 劳动人事制度改革不断深入。认真落实“三控制一规范”要求，按照炼化企业组织机构设置规范，完成组织机构升格，调整安全环保监督、工程质量监督、价格管理、建设项目管理等业务职能，提高运行效率。先后考核调整领导班子 28 个、中层干部 107 名，加大机关与基层、基层与基层干部交流力度，优化领导班子专业、年龄和知识结构，强化领导班子的整体功能。优化聚丙烯和南疆油库等装置停工期间员工管理模式，盘活内部人力资源。认真落实 2014 年度培训计划，编制各类培训课件 127 个，组织公司级培训班 20 期，完成产品质量升级项目 140 名操作人员持证上岗考核，员工业务技能不断提升。认真落实集团公司工效挂钩政策，修订完善绩效考核细则，加大安全、效益类指标考核权重，调整奖金发放办法，“收入凭贡献、分配靠业绩，多劳多得、少劳少得”的薪酬分配机制日趋完善，激励作用明显增强。

【党建工作】 党建工作优势充分发挥。落实党的群众路线教育实践活动整改方案、专项整治方案和制度建设计划，持续抓好“四风”问题整治，深入开展“作风建设年”和“服务型机关”创建活动，干部队伍作风、机关作风进一步转变。围绕产品质量升级项目建设、装置检修等中心工作以及低负荷生产、高库存运行等生产经营难点，开展党内创先争优主题实践活动和党代会筹备工作，发挥党支部的战斗堡垒和党员的先锋模范作用。加强基层单位、基层班组管理经验交流，深入开展“夸我班、赞我岗”活动，强化先进典型在基层建设中的引领示范作用。认真落实党风廉政建设责任制，强化党委主体责任和纪委监督责任，组织公司领导班子成员参加集团公司“六个一”廉洁从业教育，在中层干部中开展“读书思廉、党课讲廉、树优倡廉、以案警廉、家庭助廉”活动，加强重大节假日纪律提醒和违纪违规问题查处，加强工程建设、油品拉运、“三剂”管理等重点业务审计和效能监察，营造风清气正的从业环境。

【和谐企业】 企业凝聚力和向心力显著增强。坚持用大庆精神铁人精神育人铸魂，积极开展“形势目标任务责任”主题教育，组织迎庆建厂 50 周年系列活动，广泛开展职业道德大家谈、遵章守纪大讨论，深入基层面对面了解员工思想动态、面对面做好思想政治工作，员工队伍保持积极向上、奋发进取的精神面貌。坚持围绕中心、服务大局，加强和改进新闻宣传工作，对内深入一线、聚焦一线，开辟装置检修、产品质量升级项目等新闻专栏，多视角、多层次宣传基层生产生活和劳动实践，弘扬主旋律、传递正能量；对外抓住亮点、突出特点，加强在安全环保、基层建设、社会责任履行等方面工作成果宣传，展现新作为、树立新形象。工会和共青团组织广泛开展劳动竞赛、青年志愿服务活动，充分调动员工工作的积极性、主动性和创造性。2014 年，大港石化首次获得“全国五一劳动奖状”。坚持开展“扶贫帮困”送温暖活动，救助困难员工 215 人次、发放补助金 36 万元。深入一线慰问员工，发放慰问品 150 多万元。关心员工实际需求，积极开展各种文化体育活动，努力为员工办实事、做好事、解难事，员工的归属感和幸福感进一步增强。在产品质量升级项目建设现场、装置检修现场设立“爱心服务站”和“医疗服务站”，真心真情服务员工和外来施工人员，构建和谐温馨的企业氛围。

（韩建立　蔡宇丽）

中国石油天然气股份有限公司
华北石化分公司

【概述】 中国石油天然气股份有限公司华北石化分公司（简称华北石化）位于河北省任丘市北环东路，成立于 1987 年，占地面积约 107 万平方千米。下设机关处室 10 个，直属部门 5 个，二级单位 10 个；员工大专以上学历占 63%；资产总额 68 亿元；拥有常减压、重油催化、加氢、重整、催化汽油吸附脱硫等主要生产装置 24 套。主要产品有汽油、柴油、液化气等 30 余种。2014 年是华北石化建设发展历史上极不平凡的一年，经历全面深化改革，新领导班子团结带领全体干部员工，积极应对，以建设发展主线为指引，促进各项工作有序运行。

全面落实“生产为经营成果负责，经营为生产过程服务”的理念，2014年华北石化完成加工量400.31万吨，可比综合商品率90.00%，可比轻油收率71.21%，生产汽油、柴油291.95万吨，其中京V标准汽油、柴油49.2万吨，同比增加22.03万吨；实现营业收入235.22亿元；实现税费47.19亿元。

【深化改革】 确立全面深化改革的总体原则，各项改革改造方案都做到谋划在前、方案在前、政策在前，先开渠后放水，得到全体干部员工的广泛认同和积极参与。建立层次分明的管理架构体系，机关处室由16个减少到10个，基层单位由13个减少到11个，形成与中国石油机构设置规范相统一的25个处室和单位；建成“能上能下、能进能出”的选人用人机制，组织全员竞聘会304场，3153人次参加竞聘，中层管理干部人数由207人降至99人，副科级以上干部人数从209人降到118人；建造绩效管理、工效挂钩的正向激励机制，119名中层及一般管理人员签订绩效合同，1709名员工签订岗位绩效卡；建立治理体系科学严谨、主体明确、责任清晰的组织机构，形成从上到下一级对一级施行管理、从下至上一级对一级负责的管理架构和运行体系；结合新的职能运行体系，完成规章制度的“立、改、废”和管理流程的再造工作，使管理制度、流程、运行方式全面适应中国石油管控体系的要求。

【安全环保】 重塑安全环保新理念，构建“党政同责、一岗双责”的责任体系，健全三级安全监督网络，严格落实属地责任，实现监管分离。开展安全基础专项治理，解决罐区、高危泵、隔油池、油气管道及电气等各类隐患；完成各装置的HAZOP分析，落实“能量隔离、上锁挂签”管理，进行厂前区和发油台专项治理，夯实安全基础；启动目视化、标准化建设，向“跑冒滴漏差、脏松乱响缺”宣战，拆除闲置装置（系统）及设备，拆除废弃工艺管线，厂区综合治理旧貌换新颜；抓好安全日常管理，加强承包商、服务商监管，所有作业全面落实“监测到位、监督到位、监护到位、步步确认”，整改历次体系审核、安全检查发现的隐患。启动新建污水处理场、污油三相分离、雨污分流、排水系统、含油污水系统改造、含油污泥处理、重点部位防渗等多项环保基础性工程建设，奠定环保基础。2014年华北石化工业废水、废气、噪声、固废等各类污染物排放合格率100%，无环境污染违法事件，四项污染物累计排放化学需氧量（COD）47.4吨，氨氮7.74吨，二氧化硫1738.04吨，氮氧化物1185.1吨，同2013年相比，COD下降13.5%，氨氮下降13.4%，二氧化硫增长2.29%，氮氧化物下降16.2%。

【项目建设】 2014年是华北石化建设发展历史上项目最多、任务最重的一年。完成涉及挖潜增效、工艺优化、安全环保、节能减排、质量提升的项目34个。特别是两大重点任务——催化烟气脱硫脱硝、国V标准柴油质量升级项目，160万吨/年和120万吨/年两套催化烟气脱硫脱硝和配套项目强力组织建成投用，实现“当年决策、当年规划、当年设计、当年建设、当年投产”的目标，创造项目建设管理管控的奇迹；国V标准柴油升级改造项目高水平建成投产，全部油品达京V标准，能够为京津冀地区提供稳定的高清成品油。

【三年大检修】 华北石化各套装置稳定运行累计时长达三年半之久，创造装置运行的历史纪录。2014年，按照“三分检修，七分准备”的思路，认真落实“停得稳，扫得净，盲得死，断得开，交得清，修得好，开得顺”的检修工作要求，编写全面检修方案，严格落实质量、安全、环保责任制，历时45天，共完成26套炼化生产装置和辅助装置5402个检修项目和128项技术改造甩碰头项目，实现“安全环保一次开车成功”。

【千万吨改造工程理性推进】 华北石化千万吨升级改造项目修改并上报8版环境影响评估报告，环保投资由13.75亿元增加到24.65亿元，增加10.90亿元。截至2014年底，地方政府报批的51个项目支持性文件和各类行政许可手续，集团公司报批的24个相关文件全面完成，进入全面开工建设的崭新阶段。

【科技管理】 引进、消化、吸收国内外成熟先进的技术，与科研、设计单位、大学深化合作，先后组织20次技术交流，论证51个项目的技术方案，确定综合管控中心、催化烟气脱硫、脱销等10多项大型技术方案；强化科技与生产发展的紧密结合，采用超声波电脱盐、重整“四合一”炉优化、柴油质量升级等技术并取得良好的效果；储备着眼长远发展的复合离子液体碳四烷基化、重循环油加氢、SCR催化烟气脱硝、催化CRC技术等的重大关键技术。

【和谐企业建设】 从企业合规管理、员工切身利益出发，开展大量卓有成效的工作，保持员工队伍的和谐稳定。树立全心全意服务员工的理念，建立起以正向激励为主的多劳多得的绩效考评体系；进行全厂环境整治，统一中国石油标识，修整外操室改善办公条件，植树种草美化厂区环境，新建自行车棚和宽阔的厂前区，为员工停车提供便利；改“四班两倒”为“五班三倒”工作制度，开通15辆通勤车，保证员工生命安全和交通安全；有效解决沥青项目不合规运行，业务外包领域的违规操作，员工集资建房的风险，员工子女上学难等问题；增加员工体检投资，实行不论级别一视同仁，自主选择体检项目，提高全员健康水平；关注员工关心的热点问题，找到石化新村投资不足的破解渠道，成功收回两栋公建楼，安装健身器材71套，解决5楼水压低、地面车辆乱停乱放等问题81项。

（朱　红　胡晋芬）

中国石油天然气股份有限公司呼和浩特石化分公司

【概述】 中国石油天然气股份有限公司呼和浩特石化分公司（简称呼和浩特石化）位于内蒙古自治区呼和浩特市，始建于1992年。占地200万平方米，是内蒙古自治区境内唯一的一家炼油企业。

呼和浩特石化有炼油加工规模500万吨/年，固定资产原值83.8亿元，有14套炼油装置、1套化工装置及配套系统。配套建设有长庆—呼和浩特原油管道和呼和浩特—包头—鄂尔多斯成品油管道。主要生产车用汽油、车用柴油、3号喷气燃料、燃料油、液化石油气、聚丙烯树脂、石油苯、工业硫黄等六大类13种产品，主要满足内蒙古、山西及周边地区市场需求，并出口蒙古国。

在册员工2031人，大专以上学历1140人。下设10个机关处室、12个直属单位、6个基层车间、11个基层单位。

2014年，呼和浩特石化加工原油391.19万吨，实现轻质油收率81.66%，综合商品率91.65%，炼油综合能耗73.08千克标准油/吨原油，新鲜水单耗0.6吨/吨，综合损失率0.79%，高效产品收率50.36%。实现销售收入237.82亿元、税费50.47亿元，完全加工成本258.10元/吨，实现赢利593万元。炼化板块排名第八位。

【安全环保】 落实安全生产责任制。组织新《安全生产法》学习宣传贯彻，层层签订安全环保责任书。开展领导干部制订个人安全行动计划和全员安全承诺活动，推行安全环保风险抵押金制度，实现安全生产责任的有效落实。

现场安全管理。公司领导坚持经常深入现场检查指导，直线部门、属地单位、承包商及监理单位落实现场监管责任，安全监督部门强化日常巡检。扎实推进作业许可制度，严格审核把关，保证施工作业安全。

持续加强隐患排查和治理工作。开展不间断岗位巡检，实施隐患排查奖励机制，累计奖励12.3万元，调动员工主动巡检和查找隐患的积极性。加强应急演练，2014年组织公司级演练2次，车间级演练47次，提高员工应急能力。

持续推进HSE体系建设。聘请外部专家指导完善体系运行。迎接炼化板块两次体系审核和两次专项检查，对审核、检查出的问题分析原因，制订措施，落实责任，认真进行整改。

持续做好环保工作。重视生产过程环保管理，分解指标，严格考核，环保设施和在线监测设备运行不断优化。针对污水处理场存在的瓶颈问题，邀请专家进行现场指导、评估，及时组织整改，实现污水处理场正常运行，确保达标排放。抓好新《环境保护法》学习宣传贯彻，增强全员环保责任意识和红线意识。

呼和浩特石化2014年没有发生一般C级及以上生产安全事故和环保事件，“三废”达标排放，实现安全环保平稳生产。获集团公司“安全生产先进单位”称号、连续5年获“全国‘安康杯’安全生产优胜单位”称号。

【生产管理】 在安全平稳生产的基础上，通过对标分析，查不足、定措施、抓改进，生产运行不断优化。严格操作规程，严肃生产指令。加大对重要操作参数、重点指标的监控和考核力度。完善设备包机制度，抓好设备长周期运行，开展仪表自控率提升攻关，自控率提高到90%以上。有计划实施装置停工小修，完成53项隐患整改，保证装置稳定优化运行。

【生产运行】 在2013年生产的油品全部达到国Ⅳ标准、生产的京Ⅴ标准汽油投放北京市场的基础上，2014年11月起，生产的国Ⅴ标准汽油、柴油投放陕西市场。

先后完成MTBE精脱硫、3号栈桥改造、润滑油站、燃气专线及增设汽油、柴油散装设施等技术改造技术措施项目，高质量按期投用，为解决生产瓶颈、提高经济效益起到积极作用。

坚持市场导向，准确把握趋势，协调油田和铁路运输部门，控制原油进厂节奏，提高长庆原油进厂比例，优化生产资源。建立与销售分公司每日对接、每周协调机制，分析影响因素，讨论落实方案，制订改进措施，以日保周，以周保月，缓解产品出厂压力。开展好来料加工业务，2014年复出口成品油2.7万吨，增加效益600万元。

【挖潜增效】 深挖公用工程潜力，优化锅炉运行方式，2014年停运动力锅炉198天，发电6704万千瓦时。做好降低损失工作，建立氢气、燃料气、高低压火炬等总体协调大系统平衡模式，基本实现不放火炬。实现增效1.54亿元。推进以催化为中心的综合优化、重整装置优化、加热炉热效率等11项生产优化攻关项目，累计增效4758万元。

【企业管理】 加强预算管理。完成集中报销平台与预算管理系统的集成和对接，实现费用预警管理，强化事前、事中刚性控制。及时跟踪生产经营动态，加强月度效益测算，提高决策科学性。

加强制度管理。建立、健全各类规章制度19类、284项，保证生产经营管理的合规性。在中层干部学、考制度的基础上，每月开展宣讲活动，促进规章制度执行落实。

加强现场标准化管理。全面启动“六个一”标准化创建活动，加强指导、考核，现场管理水平逐步提高。推进基层建设，交流建设经验，营造比、学、赶、超氛围，进一步夯实基础工作。

加强绩效管理。持续改进绩效考核指标体系和考核方法，加大主要指标考核力度。将员工收入与利润指标挂钩，增强广大员工对公司效益关注度。

【培训工作】 从实施人才培养，加强内训师队伍建设及开展员工跨装置培训三方面完善机制，提高全员整体素质。组织经营管理人员、专业技术人员和技能操作人员培训，抓好基础，细化措施，提升全员培训水平。结合实际，做好新入职员工岗位培训、抓好现场实践培训、举办“健康生活，快乐工作”主题讲座等各类培训取得较好效果。

开展技术比武活动。组织开展历时半年，涉及55个岗位，930名操作员工参与的技术练兵比武活动，组织理论知识考试40场，实际操作考试69场，仿真操作考试13场，综合答辩9场，达到锻炼队伍和提升技能的目的。第二联合车间董文杰在集团公司2014年汽油、煤油、柴油加氢装置操作工技能大赛中获得铜牌，取得500万吨级炼油厂个人排名第二的好成绩。

开展通岗培训。在员工实现本装置（单元）系统操作的基础上，激励和引导员工参加通岗培训，成为跨装置系统操作的复合型操作员工。涉及3个车间、10个岗位的154人报名参加，通过理论和实际考试，有48人通过跨装置考试，成为呼和浩特石化首批跨装置（单元）系统操作人员。

【综治维稳】 开展治安秩序专项治理，狠抓“平安工程”“平安企业”建设，及时调处矛盾纠纷。加强治安巡检，预防各类案件发生。信访工作变被动上访为主动下访，宣传政策，引导合理诉求，维护和谐稳定。综治维稳工作连续4次获内蒙古自治区社会管理综合治理“长安杯”和“管理创新”先进单位，连续6年获呼和浩特市综合治理特别奖，2014年受到集团公司综合治理办公室嘉奖。

【精神文明建设】 提升队伍凝聚力。开展以“创建‘三精’企业、提升质量效益”为主题的形势任务教育活动。编发“劳模风采”“感动在一线”系列报道，开展“感动呼和浩特石化十大人物”评选活动。开展“解放思想、更新观念、转变作风、夯实基础”大讨论活动，提高思想认识，促进作风转变，激发忠诚敬业、爱岗奉献的热情。

加强党风廉政建设。严格落实“两个责任”，层层签订《党风廉政建设责任书》和《廉洁从业承诺书》，完善考核机制，落实“一岗双责”。开展“六个一”廉洁从政教育和“三超”问题专项检查，加大问题整改力度，进一步规范企业管理行为。

稳步推进企业文化建设。建立并践行企业文化建设监督考核及培训师机制，企业文化由建设走向管理，迈出坚实的步伐。承办中国企业文化促进会组织的内蒙古企业家“走进呼石化·感受石油文化”活动，进一步扩大呼和浩特石化影响力，展示良好的形象。2014年，获“全国企业文化顶层设计与基层践行优秀单位”称号、内蒙古自治区首届“诚信企业”称号。

（何淑华）

中国石油天然气股份有限公司辽河石化分公司

【概述】 中国石油天然气股份有限公司辽河石化分公司（简称辽河石化），坐落在辽宁省盘锦市兴隆台区新工街，始建于1970年，是年原油加工能力520万吨、固定资产52亿元、在册员工2800余人的炼化企业。下设12个机关处室、6个机关附属机构、5个直属部门、15个二级机构。拥有常减压蒸馏、催化裂化、连续重整、汽油、柴油加氢、润滑油加氢、延迟焦化、润滑油糠醛白土联合精制、气体分馏、聚丙烯、制氢、硫黄回收、酸性水汽提、干气及液化气脱硫等28套生产装置，以及完善的公用工程系统和辅助生产设施。主要加工低凝环烷基原油、混合稠油、超稠油、石蜡基原油和进口稠油。辽河石化以“建设稠油加工基地，打造现代化特色精品企业”为目标，坚持走特色化、差异化、高端化的发展路线，建设“精品炼厂、效益炼厂、绿色炼厂”，实现“吃粗粮、产精品、高效益”的目标。在稠油加工上大力开展科技攻关，形成资源、产品、技术三大特色。沥青产品产量居国内首位，以环保型橡胶填充油为代表的特种润滑油系列产品打入国际市场。是中国石油最具特色的炼化企业之一。

2014年，辽河石化加工原油530.77万吨，创历史新高；实现销售收入255.6亿元；实现利润2.5亿元；上缴税费42.8亿元。先后获“中央企业管理提升活动先进单位”、集团公司“安全生产先进单位”“环境保护先进单位”“节能节水先进单位”“统计工作先进单位”“信息化工作先进单位”，辽宁省“平安示范单位”等称号；“劣质重油生产高端沥青和特种润滑油技术开发与工业应用”成果，获集团公司科技进步奖一等奖。

2014年，辽河石化原油加工量530.77万吨，同比增加4.79万吨。其中，来自辽河油田的稀油87万吨、大混合油90万吨超稠油11万吨，低凝油84万吨，进口原油64万吨，来自大庆油田的原油52万吨。全年生产汽油69万吨；柴油146.2万吨；道路沥青184.5万吨。加工费288元/吨，比目标值低31元/吨；实现销售收入255.6亿元；实现账面利润2.5亿元；上缴税费42.8亿元。与2013年相比，16项经济技术指标中有10项指标得到提升。其中汽油、煤油、柴油收率39.87%，同比上升0.15个百分点；高效产品收率54.83%，同比上升4.28个百分点；轻油收率40.71%，同比上升0.59个百分点；可比综合商品收率94.98%，同比上升0.24个百分点；原油加工损失率0.32%，同比降低0.02个百分点；原油综合损失率0.32%，同比降低0.03个百分点；单因耗能8.16千克标准油/（吨·因数），同比降低0.45千克标准油/（吨·因数）；吨油耗新鲜水0.29吨/吨，同比降低0.01吨/吨；综合自用率4.11%，同比降低0.11个百分点。有11项指标位居炼化板块前六位（包括原油综合损失率、原油加工损失率、吨油耗新鲜水、高效产品收率、单因耗能、可比综合商品收率、综合能耗、综合自用率、综合商品收率、利润总额、吨油利润），其中原油综合损失率在炼化板块排名第一，原油加工损失率、吨油耗新鲜水在炼化板块排名第二，高效产品收率在炼化板块排名第三。

【安全环保】 2014年，辽河石化以安全环保为重点，以责任制为核心，全面落实“严控风险作业，严控生产波动，严肃岗位责任制执行”管理方案，夯实安全管理基础。实行岗位现场手机集中存放制度，制作安装78处手机集中存放站，加强日常监督检查，严控手机风险。制定实施《风险作业公告管理规定》，坚持及时公告风险作业信息，通报风险作业管控情况。推行风险区域、风险作业点干部包干制。加强变更管理，每周通报装置平稳率情况，严控生产波动。设立岗位责任制检查办公室，对劳动、工作、工艺、操作和施工“五大纪律”专项管理。全面调查分析原油脱水、汽油分析等事故、事件，依照规定给予相应处理。开展安全生产大检查工作，及时排查治理各类动态隐患。实行隐患治理动态跟踪、效果评估和闭环销号，提高隐患治理效率。排查梳理出管道占压隐患179项，制订隐患整改专项推进工作方案，完成整改62项。及时整改鲅鱼圈储运部液化气设施隐患及华锦石脑油管线隐患。全年各级检查共发现隐患和问题501项，整改完成365项，其余均已确定风险防控措施。组织全员学习新颁布《安全生产法》和《环境保护法》，修订完善辽河石化安全环保管理制度、HSE程序文件。邀请外部HSE审核专家，与公司体系内审员共同组成审核组，全覆盖、全要素地完成HSE

管理体系内部审核。完成新建的制氢装置、汽油加氢装置清洁生产审核。推进装车栈台挥发性有机化合物（VOC）气体回收工程项目。完成超稠油污水预处理扩能改造项目。完成60万吨/年重整、120万吨/年柴油改质等新装置72小时环保监测验收工作。推进环境监测站标准化建设，通过国家认证认可监督管理委员会标准认证审核。

2014年，辽河石化实现一般A类及以上事故为零，环境污染事故为零；失能伤害损失工作日累计0天，员工伤亡事故千人死亡率为零，一次事故直接经济损失、累计火灾事故直接经济损失均没有超过50万元；职业病发病人数为零，员工职业健康体检率98.37%，职业危害因素监测合格率98%，均完成各自98%的目标；安全生产标准化建设持续改进，基本达到一级验收标准；"三废"处理装置平稳运行，污染源受控率100%，污染物排放合格率100%。废水外排化学需氧量（COD）均小于50毫克/升，厂区环境空气质量基本达到国家二级标准；污染物总量控制和减排指标低于集团公司要求。

【企业管理】 2014年，辽河石化深化管理提升，加强"决策、部署、落实、反馈"工作环节的管控。制定《总经理办公会制度》，强化决策层面的部署和管理，提高决策的效率和效果。制定《关于加强公司总值班工作的规定》和《基层值班工作守则》，强化两级值班管理和基层夜班交接管理。完成组织机构优化整合工作，所属部门和二级机构数由58个减少至38个，调整共涉及领导干部158人，中层班子成员由186人降至114人。统一部署实施领导干部、管理及技术岗位、操作服务岗位人员三个层次的"通岗培训"计划，有效促进管理体系的转换，提升干部员工的整体素质。落实合规管理，着手梳理合规要素，制定合规标准。修订完善18项管理制度，明确435项工作职责和32个业务流程，确保制度的先进性和实用性。完善专业管理细则，业绩合同与考核真正挂钩。在奖金分配上，利用奖金的杠杆作用，调动干部员工的积极性。加强两级值班管理，强化岗位责任制执行。加强会议管理，公司领导班子带头将工作时间表前移，提高议事、决策的深度和效率。以班组一体化系统为载体，深入开展班组绩效管理工作。节能管理进一步加强，全年节约动力费5000余万元。持续推进对标工作，加强16项重点指标管理，对照先进找差距，争先创优上水平。发挥经营活动的分析指导作用，实行日统计、周优化、月分析。及时利用统计平台，掌握生产、销售、能耗、物耗情况。每周进行一次优化，明确效益最佳路线，科学安排加工流程。坚持月经济活动分析会制度，及时发现生产经营过程中存在的瓶颈和短板，提出优化创效建议。

开展转动设备状态监测及设备故障诊断管理，推进机组网络化在线监测，完成对22套关键机组和228台主要机泵（风机）日常监测诊断工作，发现机组故障4起，故障隐患58台次；成功诊断出机泵、风机故障35起，故障隐患90台次，转动设备故障率逐年降低。完成60万吨/年柴油加氢装置检修，组织120万吨/年汽油加氢装置、1.5万米^3/时制氢装置消缺，实现装置一次开车成功。开展"清理死角、整治低标准、加强现场管理"活动，查出低标准问题281项，整改完成99项。将设备标准化管理纳入日常考核，实施设备标准化管理专项验收检查，下发设备问题整改单1410项，整改1199项，整改率85%。开展《加氢装置氯离子腐蚀机理及对策研究》《炼油装置低温系统缓蚀剂评价方法优化研究》和《连续重整装置低温腐蚀规律及对策研究》3项防腐课题的研究工作，对主要生产装置的工艺防腐措施运行情况进行日常监测，及时掌握装置塔顶低温系统的腐蚀变化情况。共采集分析现场冷凝水样580个，取得各离子含量数据1491个。截至2014年底，设备完好率99.92%，主要设备完好率100%，静密封点泄漏率0.1‰。

【工程建设】 2014年，辽河石化组织完成西区的三级防控2×20000立方米事故水罐项目，投资3500余万元；完成鲅鱼圈储运部三级防控设施隐患整改项目，投资3560万元；完成40万吨/年汽油加氢装置脱砷单元工程，投资1600余万元；完成2号罐区2×10000立方米原油储罐的主体工程，投资1000余万元；完成研究院试验楼扩建工程，投资500余万元；完成兴一转三级防控工程总量的80%，投资320余万元；完成零星工程有电厂关停中低压蒸汽外接引改造、16号罐区配电室改造、东门卫迁移、东区铺临时道路等4个项目，投资合计约510余万元；总计10个建设项目，完成投资近1.1亿元。

【科技创新与成果】 2014年，辽河石化完成7项公司级科技项目和股份公司"劣质重油加工新技术研究开发与工业应用"重大科技专项的前期准备工作。针对氯离子结盐问题开展专项攻关。根据辽河石化加工特点，加强电脱盐、高硫腐蚀等问题研究，进一步巩固生产工艺、设备防腐等方面的特色优势，取得较好效果。做好沥青新产品研发和性能优化工作，不断提升沥青产品的质量和竞争力。沥青产品在获得中交（北京）交通产品认证第一号证书的基础上，重交道路沥青产品通过其认证中心的产品质量认证监督检查。将沥青提标工作列入重点攻关日程。开展硬质沥青专题研究，提高沥青产品的优势地位。定期召开新产品开发专题会。AP-19 高芳烃环保橡胶油研发进入工业化生产阶段。2014 年销售各种润滑油新产品 1 万吨以上，取得较好的经济效益。改善科研设施条件，筹集专项资金，建成研究院试验厂房。炼化应用集成、应急管理系统等项目建设按进度推进，基础设施和信息安全体系不断完善，已建生产运行类、经营管理类、办公管理类平台在各业务领域持续深入应用，对生产经营的支持作用日益显著。开展常减压、催化、焦化装置和公用系统优化攻关工作。通过水洗顶循法基本解决制约催化长周期运行的分馏塔结盐积垢问题。“劣质重油生产高端沥青和特种润滑油技术开发与工业应用”成果，获得集团公司科技进步奖一等奖。

（马德君）

中国石油天然气股份有限公司
长庆石化分公司

【概述】 中国石油天然气股份有限公司长庆石化分公司（简称长庆石化）位于陕西省咸阳市渭城区，始建于 1990 年，1992 年投产，有固定资产原值 48 亿元，主要生产装置 18 套，具备年加工 500 万吨原油能力，在册员工 1146 人。产品以国Ⅳ标准、国Ⅴ标准车用汽油、柴油、航空煤油、液化石油气为主，有少量的丙烯、硫黄等化工产品。

2014 年，加工原油 501.1 万吨，生产汽油 157.9 万吨、柴油 223.2 万吨、航空煤油 35.3 万吨；实现销售收入 308.73 亿元；账面利润 8.82 亿元；实现税费 64.27 亿元。12 项主要经济技术指标全面好于预算。

【生产优化】 开展开源节流降本增效活动，轻质油收率同比提高 1.5 个百分点，其中催化裂化装置干气、焦炭加损失下降到 11.8%，同比下降 1.83 个百分点，降幅达到 13.4%。高效产品比例达到 46.69%，同比提高 6.05 个百分点；柴汽比达到 1.41，其中生产国Ⅴ标准汽油 7.76 万吨、国Ⅴ标准柴油 3.25 万吨；多产航空煤油 7.4 万吨；生产植物油抽提溶剂 8731 吨；建成投运 28 万吨 / 年重交沥青装置，生产道路沥青 8047 吨，建立新的效益增长点。实施动力锅炉空气预热器安装、加氢裂化机泵水回收、凝结水闪蒸器安装和催化原料预处理装置低温热综合利用等 4 个节能降耗技术措施项目，在新投运汽油、柴油加氢和重交沥青等 5 套装置的情况下，单因耗能同比降低 0.3 千克标准油 /（吨 · 因数）。

【安全环保】 2014 年 1 月 12 日，120 万吨 / 年加氢裂化装置一台机泵因机械密封泄漏，发生着火事故，事故没有造成人员伤亡和重大财产损失。查处“三违”行为 110 起，全年无“三违”班组 37 个，占比 42.5%。完成 HSE 管理手册评审和修订，新增制度 5 项，修订 16 项。开展年度风险辨识和评审，确认重点危害因素 20 个、重要环境因素 23 个，补充控制措施 11 条。外部审核暴露出的 194 项问题整改 171 项，31 项建议落实 25 项。完成新三年安全环保隐患治理项目 5 项、安全生产费用项目 15 项。其中，集中开展厂区油气管道隐患排查及治理，排查管道 145 条，整改隐患 18 项。将环保设施按照主要生产装置进行管理和考核，环保设施运行平稳率达到 83.5%，外排水合格率 100%，中水回用率 84%。完成公司级应急预案和 18 套装置操作应急卡的修订评审工作，整改共性问题 13 类，新增应急操作卡 51 份。组织公司级应急演练 3 次，部门、区块级演练 182 次。

【设备管理】 2014 年，完成 26 套生产装置及辅助设施操作规程的年度评审，修订工艺卡片 24 份，变更工艺指标 273 个。坚持对大型机组实行机械、电气、仪表、管、操“五位一体”特护管理，建立在线状态监测与故障诊断系统，组织联合特护检查 49 次。强化预知检修和强制保养，设备完好率达到 99.8%，计划检修率达到 88.2%。

【产品质量升级换代项目建设】 140 万吨 / 年柴油加氢项目 2014 年 9 月 30 日如期建成中交，11 月 1 日一次投运成功，并在短时间内实现达产达标，标志着长庆石化柴油顺利完成国Ⅳ标准质量升级。项目配套的 4000 吨 / 年硫黄回收和 50 吨 / 时溶剂再生装置同步建成投产。

【科技信息】 依托重点科研项目和生产运行瓶颈攻关，申请专利 15 件，获得授权 8 件。完成 2014 年科技进步奖评审工作，表彰成果 37 项。长庆石化承担现场应用试验的“炼化能量系统优化研究”项目获得集团公司科技进步奖一等奖。炼化物料优化与排产系统（2.0）项目上线运行。

【基础管理】 送外培训104人次，岗位培训445场次，参加1.7万人次。完成11个工种126人的年度技能鉴定考评工作，取证率87.3%。突出标准宣传贯彻和流程转化，评审确定适用标准901条。编制完成企业风险管理报告，确定重大风险事件44个，初步建立风险防控体系。完成规章制度评审，新增制度9项，修订18项，废止7项。开展4项专项审计，整改近三年审计发现的问题24个。

【党建思想政治工作】 长庆石化党委组织“形势、目标、责任、任务”主题教育20次，传递正能量，激发工作热情。建立党员责任区35个，党员模范岗76个。巩固党的群众路线教育实践活动成果，27条群众意见建议全部落实。多渠道多载体开展反腐倡廉教育，建立反“四风”常态化机制。综合治理安保稳定工作第一责任得到落实，获得陕西省“平安示范单位”称号。

【矿区服务】 企业发展成果惠及民生，机械、电气、仪表三修工房建成，并顺利完成搬迁。加大矿区投入，完成小区二组团室外暖气管网、生活冷热水、消防主管网改造工程；优化绿化用地，新增停车位60个；更换住宅楼单元门对讲系统83套；完善安防监控系统，新增室外监控摄像头27个；改造百石园、门球场、羽毛球馆地面，铺设草坪砖、塑胶地板等设施1220平方米。2014年综合服务满意率达到96.6%。小区获得“陕西省和谐示范社区”称号。

（殷　涛）

中国石油天然气股份有限公司
克拉玛依石化分公司

【概述】 中国石油天然气股份有限公司克拉玛依石化分公司（简称克拉玛依石化）是伴随着新中国第一个大油田——克拉玛依油田的开发于1959年创建的。经过50多年的发展，加工规模达到600万吨/年，并全面启动1000万吨/年加工能力扩建工作。高档润滑油生产能力60万吨/年，重交通道路沥青生产能力100万吨/年，成为产品特色突出、具有较强市场竞争力的炼油企业。有主体装置34套，固定资产61亿元，员工3587人，其中少数民族员工479人。下设12个机关处室、6个机关附属、3个直属机构，20个二级机构。自备热电厂发汽能力为520吨/时，发电能力24兆瓦/时。炼油化工研究院拥有科研人员203名，科研仪器及设备先进齐全，在稠油加工、润滑油和沥青研究方面具备较强的科研实力。

20世纪80年代以来，克拉玛依石化围绕加工新疆油田环烷基稠油，坚持科学研究技术创新，经过30多年的不懈努力，成功攻克稠油深加工这一世界性难题，实现稠油资源向特色产品的转化，企业核心竞争能力不断提升。牵头申报的“环烷基稠油生产高端产品技术研究开发与工业化应用”项目于2012年2月获得2011年度国家科学技术进步奖一等奖。这是2011年国内炼油化工行业唯一一项国家科学技术进步奖一等奖，也是集团公司成立以来炼油企业获得的第一个国家科技进步奖一等奖。

近些年来，克拉玛依石化获得40项省部级科研成果，17项授权专利，36项待授权专利。先后开发投产数十个质量标准达到国内外先进水平的高附加值特色新产品，多项产品填补国内空白，高效产品比例始终在炼化板块名列前茅。开发投产的高压直流输电变压器油、换流变绝缘油、BS光亮油、冷冻机油、中高档橡胶油及新型环保轮胎橡胶油等产品质量均达到国际领先水平，并在国内市场占据重要份额。高等级重交通道路沥青于2007年首批获得国家交通产品认证证书，为西部多省区指定首选的沥青产品，铺设80余条高速公路，承担新疆地区主要的高等级道路沥青供应。

可生产各类石油化工产品160多种，主导产品40余种，28种产品具有省优、部优产品称号。L–DRA/A46冷冻机油等5种产品获国家银质奖。环烷基橡胶油产品被中国质量协会评为“全国用户满意产品”，重交通道路沥青被新疆维吾尔自治区评为“新疆名牌产品”，环烷基油系列产品获集团公司“中国石油优质产品”称号。

获新疆维吾尔自治区“最佳文明单位”荣誉称号。先后获得全国“守合同、重信用企业”“中国企业诚信经营示范单位”、集团公司“质量管理卓越企业”等称号，获得新疆维吾尔自治区颁发的“开发建设新疆”奖状，“全国五一劳动奖状”。被评为新疆维吾尔自治区30强工业企业（集团），被新疆维吾尔自治区列为首批“循环经济试点单位”和“自治区级环境友好企业”，并获新疆维吾尔自治区“项目环境保护三同时先进企业”称号。同时获新疆维吾尔自治区2014年度“安全生产先进单位”和2012—2014年连续3年“安全生产先进单位”，2014年度集团公司“安全生产先进单位”和“环境保护先进单位”等称号。

2014年，克拉玛依石化加工原油577万吨，其中稠油388万吨。生产润滑油基础油59万吨、沥青81万吨、汽油96万吨、柴油195万吨，航空煤油21万吨，其中汽油、煤油、柴油产量均创历史新高。实现营业收入315亿元，上缴税费62亿元。

（陈　杰）

【安全环保】 2014年初，克拉玛依石化分级签订HSE目标管理责任书，总计2890份。组织开展领导安全述职活动，由安委会办公室组织编制印发《克拉玛依石化公司2014年HSE工作实施方案》，明确责任单位和完成时间，并由安委会办公室按季度进行督办和通报。

大力宣传新《安全生产法》《环境保护法》，继续强化施工作业现场安全监督管理工作，严格承包商管理，坚持危险作业审批制度，强化提升全员风险管控能力，开展全员隐患排查，完善各级应急预案。

（严　军）

2014年，圆满完成新疆维吾尔自治区、集团公司及克拉玛依石化提出的各项业绩指标，再次实现重大环境污染责任事故为零和5万元以上环境污染事故为零的总目标。“三废”排放得到有效控制和削减，2014年共处理工业废水411.1万吨，污水达标率100%，实现有控废气排放综合合格率100%，厂界噪声合格率100%，完成目标指标要求。共产生工业废渣7.5万吨，综合利用率97.8%，各类废渣的排放都得到有效处置，废渣处置率100%。

2014年，环境监测站累计完成监测分析10万余项，分析准确率100%。迎接各级监督检查共31次，各项监督监测结果实现100%合格。

2014年，排放废水217.9万吨，污水全部达标排放，满足《污水综合排放标准》(GB 8978—1996)二级标准。有污水深度回用装置2套，2014年污水回用量193.2万吨，大大降低新水耗量，减少污水排放。废气处理设施运行良好，各加热炉所用燃料气均经过脱硫后送往燃料气管网，脱硫后燃料气中硫含量小于50毫克/升。4000吨/年硫黄回收装置2014年回收硫黄5303吨，硫黄尾气二氧化硫稳定达标。热电厂烟气脱硫装置运行良好，累计减排二氧化硫1682吨。集团公司“十二五”重点减排项目热电厂锅炉烟气脱硝技术改造项目于4月开工建设，8月完成3号、4号炉脱硝改造，11月完成1号、2号炉脱硝改造，改造后锅炉烟气氮氧化物降到100毫克/米^{3}以下，脱硝效率达到90%以上，达到新的火电厂大气污染物排放标准。

（杨　潇）

【质量管理】 2014年，产品出厂符合率100%，未出现一起厂内及厂外质量事故。上级抽检产品质量合格率100%，接受上级抽检共10种产品26批次，全部合格。组织完成食品级白油认证工作。

严格遵守工艺卡片和产品标准要求，圆满完成各项分析任务，馏出口、半成品、产品出厂分析准确率分别为99.8%、99.9%、100%；盲样抽查准确率100%；配合完成40万吨催化汽油加氢开工及操作调整的分析检测工作。完成汽油和柴油质量升级过程控制和检测。完成十六烷值改进剂的入库检测和调和小样分析检测，车用柴油按照国Ⅳ标准进行分析检测。组织检验中心完成集团公司开展的柴油比对和中国航油实验室能力验证的实验分析工作。

组织开展全面质量管理活动，2014年共注册涉及生产、质量、节能等11个方面40个QC小组，其中1个小组获得新疆维吾尔自治区优秀质量管理小组称号。获得中国质量协会石化分会QC成果一等奖一个，二等奖三个。

开展标准化工作。及时关注重点标准变化，车用汽油、车用柴油国Ⅳ标准、国Ⅴ标准的变化情况，及时收集相关标准，并组织公司领导及相关处室进行宣传贯彻学习。承担集团公司企业标准《硬质道路沥青》的制定工作并有序开展；完成集团公司《专用润滑油基础油》标准修订；《橡胶增塑剂　矿物油》行业标准项目通过批准，成立《橡胶增塑剂　矿物油》行业标准项目工作小组。

（胡庆德）

【节能减排】 加强节能节水管理，实施公用工程系统和装置运行优化，组织开展能量系统和氢气系统优化研究，全面完成集团公司和新疆维吾尔自治区政府下达的年度节能节水指标，克拉玛依石化被新疆维吾尔自治区评为“节水型企业”，承担的股份公司重大科技专项具备验收条件。严格环保风险防控管理，实现增产不增污。2014 年，实现节能 1.37 万吨标准煤、节水 10.07 万立方米，减排二氧化硫 1317 吨，回收硫黄 4788 吨、液氨 3583 吨、硫酸铵 1080 吨，外排污水综合合格率、有控废气达标率、固体废渣处置率等始终保持 100%。

（陈　杰）

【规划计划】 2014 年，共下达股份公司及炼化板块投资计划项目 8 项，总投资 18902 万元。其中，炼化项目 4 项，计划投资额 11999 万元；安全环保隐患治理项目 4 项，计划投资额 6903 万元。2014 年，无计划外项目，无超投资项目。

（焦志豪）

【企业管理】 坚持规章制度立项审批原则，通过整合、废止、修订等方式，切实提高制度的可操作性。2014 年，新出台规章制度 53 项，修订规章制度 76 项，废止规章制度 110 项。

根据管理提升活动推进计划，认真落实 133 个提升目标、227 项具体工作改进措施，2014 年 5 月，克拉玛依石化被评为集团公司“管理提升活动先进单位”。

持续开展开源节流降本增效活动，2014 年，制订挖潜增效方案或措施 152 项，其中 142 项实施完成并达到预期管理提升目标。

（何剑英）

【物资管理】 2014 年，共签订合同 904 份，总金额 4.08 亿元；到货入库物资额 3.22 亿元，出库物资额 3.49 亿元；年末物资库存余额 1.63 亿元；周转天数 208 天。共签订代储代销和框架协议 25 项。2014 年采购额同比下降 21.7% 的情况下，代储代销金额增加 568 万元，增长 103.6%，代储代销管理取得较大进步。

全面完成集团公司物资采购管理信息系统招标模块和进口模块的上线应用，经过几个月的试用，较好的落实招标信息的公开发布，实现线上封闭询价、招标业务、进口业务在物资采购管理信息系统全流程开展，进一步确保物资采购的公正、公平、公开，为提升物资采购管理水平奠定基础。

制定下发《克拉玛依石化公司物资质量管理办法》《克拉玛依石化公司物资计划管理细则》《克拉玛依石化公司废旧物资管理办法》《2015 年大检修改造物资管理办法》等文件。

细化《物资入库质量检验细则》，严格执行物资入库检验制度，实现入库物资检测率 100%，一次质检合格率 98.5%。针对 ERP 系统编码不规范和冻结产生的问题，对库存数据物料描述和账物不符的问题进行整改，完成 8992 条编码数据的库存账务调整、实物核对、更换标签工作。原值约 1700 多万元的历年报废物资通过拍卖方式完成处置。

（校　龙）

【设备管理】 推进设备现场管理标准化活动，通过标准化验收的装置达 72%，标准化泵房达 83%，标准化配电室达 82%，标准化仪表控制室达 85%。完成检维修作业 1840 项，电气焊作业 829 项，受限空间作业 76 项，完成临时计划作业 62 项，电气焊冬防保温整改 59 项，及时消除设备运行隐患。2014 年，各生产装置设备完好率不小于 98%，静密封点泄漏率小于等于 0.30‰，仪表自控率大于等于 99%，联锁投用率达 100%。

（易　强）

【科研开发】 2014 年，克拉玛依石化开展科研项目 33 项，其中股份公司级项目 12 项（新开 2 项），公司级项目 13 项（新开 7 项），院级项目 8 项（新开 2 项），2014 年科研计划完成率达到 98% 以上。其中，“符合 IEC60296—2012 标准变压器油研制”“KN 系列橡胶油质量升级工艺技术开发”“克拉玛依稠油渣油适度热裂化（MOA 工艺）生产改性沥青技术研究”等重点项目取得阶段性成果。此外，科研单位紧密配合克拉玛依石化生产、经营、发展工作，先后组织完成 73 项临时性科研任务，充分发挥企业科研院所直接为企业服务的“短、平、快”作用。

2014 年，获集团公司科技进步奖二等奖 1 项、集团公司技术发明奖二等奖 1 项；获国家授权专利共计 33 项，其中发明专利 25 项、实用新型专利 8 项。先后共完成 10 项新产品、新工艺的研究开发，并顺利实现工业化。6 项新技术在生产装置上顺利投用。

（于林会）

【审计工作】 2014 年，克拉玛依石化完成专项审计 10 项。通过审计发现问题 69 个，提出审计处理意见 45 条，审计建议 48 条，审计建议采纳率 90% 以上。专项审计计划完成率和工程项目结算审计覆盖率都达到 100%，通过专项审计，取得经济成果 5001.61 万元，其中降本 1164.08 万元，增效 3430.88 万元，工程结算审计核减金额 406.65 万元。

按照集团公司相关通知要求，组织开展“审计问题专项整治工作”“‘小金库’自查自纠”和“审计项目质量检查”三项审计自检自查工作，通过专项检查公司整改 55 个审计问题，内部理顺多项工作流程，建立和完善11项规章制度，强化规避风险的意识，使审计成果转化真正落到实处；同时配合完成集团公司离任经济责任审计。

（李川江）

【企业文化建设】 组织开展“形势、目标、任务、责任”主题教育活动，加强党的群众性路线教育实践活动的宣传报道，开展安全文化和廉洁文化建设及全员读书活动，开展千队示范工程建设优秀示范案例的评选及推广工作，深化精神文明创建工作。做好目视化管理项目实施工作。

2014年，克拉玛依石化共在各类媒体发表文章412篇，其中在省部级媒体发表62篇，市局级三家媒体发表251篇，在中国石油网发表96篇。内部媒体共发稿1081篇，图片1012张，拍摄制作一周要闻47期，播出时长354分钟，编辑印刷《翼龙天地报》36期。

（杨中建）

【工会工作】 坚持职代会制度。加强民主管理工作。工会按照集团公司扶贫帮困“送温暖”活动的工作要求和安排，共为1500余人次办理发放扶贫帮困资金共计120余万元。为8户困难职工按月发放困难补助。组织“员工同心互助金”捐款活动。坚持开展“安康杯”竞赛活动，主动配合安全生产工作。开展安全生产宣传教育、提高职工安全防护意识。注重职工文化体育活动与安全防事故工作相结合。工会首次被中华全国总工会评为“全国‘安康杯’竞赛优胜单位”；炼油第二联合车间改制三班被评为“全国‘安康杯’竞赛优胜班组”；甲醇厂被新疆维吾尔自治区总工会评为“2013年度安康杯竞赛优胜企业”；甲醇厂工艺一班被新疆维吾尔自治区总工会评为“2013年度安康杯竞赛优秀班组”。结合女职工特点，工会为1205名女职工进行乳腺检查，1394人进行妇科体检。

（李　炜）

【纪检监察】 开展党委主体责任落实工作。克拉玛依石化党委始终坚持党风廉政建设是本责，行政重视是关键，党政“双线并进”，齐抓共管，共担责任。纪委制订印发《〈克拉玛依石化公司建立健全惩治和预防腐败体系2013—2017年实施意见〉责任分解方案及推进计划》，将主体责任细化分解，明确任务，夯实责任。

落实纪委监督责任，加强执纪问责。2014年，制定完善《关于落实党风廉政建设党委主体责任和纪委监督责任的意见》《克拉玛依石化公司严禁私设“小金库”管理规定》等8个制度，理清工作界限，明确责任范围。2014年下半年，通过使用集团公司联合监督信息系统共发现11个问题，并向相关处室下达监察建议书。按照集团公司效能监察工作安排要求，重点开展劣质稠油污水抗冲击装置投资管理效能监察。发现8个管理方面的问题，均通过送达监察建议书责成进行整改。

（宋志臣）

中石油云南石化有限公司

【概述】 中石油云南石化有限公司（简称云南石化）成立于2010年12月28日，是股份公司在西南地区投资兴建的一家特大型炼化企业。根据集团公司专业化建设总体要求，结合炼化装置建设特点，在集团公司的统一安排下，云南石化采取由炼化工程建设项目部组织，生产准备人员提前进入，采用“各负其责、共同建设、建管融合、平稳交接”的管理模式。2011年5月25日，中石油云南石化有限公司在云南省安宁市完成工商注册。

2014年4月25日，云南石化列入股份公司直属企事业单位序列，主要承担中国石油云南炼油项目建设组织和建成后的生产运营工作。

云南炼油项目是中缅油气管道的配套项目，是保障国家能源安全、拉动西南地区经济发展及中国石油调整炼化业务布局的战略性工程。原油加工能力为1300万吨/年炼油，建设厂址位于云南省安宁市工业园区，工程总占地约240万平方米。云南炼油项目主要由常减压、重油催化裂化、渣油加氢脱硫、蜡油加氢裂化、连续重整、硫黄回收等主要工艺装置及铁路、环保、消防、储运设施、公用工程及辅助设施构成。全过程采用“环保型全加氢工艺流程”，生产符合国Ⅴ标准的汽油、柴油、航空煤油等清洁燃料，产品主要供应西南地区，辐射国内外市场。

云南石化设综合办公室（党委办公室）、人事处（党委组织部）、计划经营处、财务处、生产运行处、机动设备处、质量安全环保处、技术发展处、审计监察处（纪委办公室）、企业文化处（党群工作处）10个机关处室，调度中心、信息中心2个机关附属机构，工程管理部、营销调运部、物资采购部3个直属部门；下设4个生产部及储运部、公用工程部、维修保运部、化验监测部、消防支队和计量中心等共10个二级单位。

按照“新体制，新机制”发展定位，坚持走现代化企业管理道路，编制定员750人，截至2014年底，实有人数724人，其中经营管理人员141人，专业技术人员90人，技能操作人员493人；博士研究生1人，硕士研究生16人，本科学历184人；教授级高级工程师3人，高级职称78人，中级职称103人。

【工程建设】 截至2014年底，累计完成投资145.88亿元，完成总投资（预计230亿元）的63.43%；建设进度总体完成69%，其中设计进度完成95%，采购进度完成74%，施工进度完成58%。桩基施工全部完成，主装置土建基础和地管施工进入收尾阶段，全场进入钢结构、设备和工艺管线安装阶段；原油罐区工艺管线安装完成，进入施工收尾及“三查四定”阶段；公用工程总变电站建筑物主体施工完成，水处理系统池类设施基本施工完成，空分空压联合装置基础施工完成，动力站全面开工建设。

1300万吨/年加工规模调整合规手续报批，涉及16项重要内容，2014年7月全面启动，并取得国家能源局批复路条；可行性研究报告上报集团公司规划计划部；优化调整环境影响评估报告书已编制完成；安全评价报告通过云南省安全生产监督管理局审查；职评报告通过企业内审；水土保持报告编制完成；其他手续报批正按计划快速推进；项目开工所需办理的四大类53项许可事项逐步推进。

【生产准备】 强化实习培训，为投料试车做好充分准备。在四川石化开工、广西石化二期含硫原油加工配套工程开工过程中，与实习单位紧密沟通，通过上岗考试，将实习人员编入开工队伍，争取到非常难得的装置开工锻炼机会，实际培训效果非常明显。2014年，实习员工经历过“三查四定”和“开工”的锻炼，整体能力水平有了一定的提高。为了检验操作技能人员培训效果，发现培训中的薄弱环节，及时调整和改进实习培训工作，开展“过三关、保六会”操作技能人员岗位能力评估工作。各生产部结合本单位实际，在保证评估结果真实可靠的前提下，采取理论考试、口试答辩、现场模拟以及仿真测试等多种形式，针对各岗位操作规程、工艺卡片、操作卡片、装置应急预案、开工方案以及QHSE等相关知识、技能，对操作技能人员进行全员、全要素的评估，首次较为全面地掌握员工及班组整体能力水平。参与评估的424人中，91.5%的人员具备顶一岗能力，50%的人员具备顶两岗或多岗能力；69%的班组能力较强，26.5%的班组能力相对均衡或一般。结合操作人员技能鉴定，实行能力评估，使其达到“一岗精、两岗通、三岗会”，满足开工“独立顶岗、独立操作”的硬性要求。

《生产准备工作大纲》《生产准备工作计划》《总体试车方案》《开工投料试车方案》《联动试车方案》及各装置单元操作规程和工艺卡片编制完成；低硫原油、天然气等原料采购计划申报完成，生产所需的各类化学原材料进入采购程序；消防、化验、检维修和物业管理服务等业务外包项目完成招标；检维修体系策划和备品备件采购全面启动；产品运销方案与西北销售、西南化工销售等公司对接。

【质量安全环保管理】 2014年，完成《质量管理手册》《工程质量执行计划》《质量检验计划》《无损检测、理化检验管理办法》《土建工程质量管理细则》《样板工程管理细则》《质量创优计划》等45个质量方面专业管理文件编制；发布安全质量周报26期，通报问题725项，整改完成700项，整改率93.3%。设备基础混凝土强度试块检验和现场回弹检验合格率100%，钢筋使用前复检率100%，焊接一次合格率98.67%，工程质量全面受控。

落实岗位安全生产责任制，安全环保形势总体稳定。以“完善和运行工程建设HSE体系”为抓手，从目标、管理原则、制度、措施落实与HSE考核等方面入手，发布并严格执行《门式脚手架安全使用管理规定》等16项制度，持续完善PMT管理细则，强化工程建设HSE管理；开展日常的HSE巡回检查和每周安排的专项检查1430多次，检查发现并及时整改安全隐患问题1595项。2014年，共组织烟囱施工安全、大件运输等10多个专题研究，有效控制施工过程的重大风险；积极推行现场安全管理标准化工作，实施8项现场安全管理标准化，实施“四级”安全防控体系，成立7个质量专业检查组，狠抓安全质量隐患排查，及时整改，形成闭环。针对3D模型90%设计审查提出的2800余项问题，进行销项落实；制订并实施HSE体系建设总体推进计划和34个专项方案，发布实施专项方案21项；组织开展体系标准宣传贯彻、HSE内审员培训及HSE工具方法等

6个专题培训，共计13期，参加培训445人次；初设阶段全面开展HAZOP分析，审查出问题6032项，通过与设计单位沟通，截至2014年底，销项率达98.84%。自2013年1月至2014年12月底，云南石化工程建设项目累计3546.19万安全工时，实现“零事故、零污染、零伤害”的管理目标。

2014年9月26日，举办“云南石化（首届）焊工技术比武大赛”，评比出大赛优秀组织奖单位1家，一等奖1名，二等奖2名，三等奖3名，优秀焊工4名。坚持“安全卫士”“质量标兵”“优胜单位”“示范工程”评比活动，2014年，共评选出项目建设优胜单位47家，示范工程24项，安全卫士99名，质量标兵97名。

【企业管理】 针对云南石化管理体制、组织机构、部门职责等发生变化，修编完成涉及工程建设、生产准备等200余项规章制度；在完成2014年内控自我测试的基础上，组织开展并完成第二阶段内控体系建设工作。2014年12月5日，2015版《内控管理手册》通过股份公司企业管理部（内控与风险管理部）审查验收，成功与总部ARIS（业务流程分析）系统挂接。

完成进口物资减免税及商检工作，按照《国家鼓励发展内外资项目确认书》的进口设备范围，指导承包商办理进口设备免税取得一定成绩，完成免税额318万元人民币，经过与云南省出入境检验检疫局沟通，理顺商检业务办理程序，划分承包商的职责，商检工作步入正轨。与中国石油物资公司签订《物资招标、采购、运输一体化框架服务协议》，优化MMS系统应用，推进ERP系统上线建设。

【财务管理】 明确“十大体系”建设为载体的财务管理体系和框架；完成FMIS7.0、AMIS7.0、资金平台、集中报销信息系统、预算管理系统、ERP系统财务模块的系统建设工作，有效支撑财务管理；建立完善工程财务核算体系，优化工程结算流程，保证财务结算风险受控，客观、及时、完整反映投资进度；实施合同招投标、合同签订财务“五项”审查，从源头上防止违反财税法规项目的发生；依法开展纳税筹划，实现筹建期所得税纳税零申报、经营期当年汇算清缴，保障固定资产增值税进项税合法、足额抵扣，降低投资成本；合理策划工程保险方案，取得较低的保费费率，节约投资支出；围绕项目建设开展资金延伸监管、建筑业税金代扣代缴等服务保障工作，通过工程财务研讨、交流培训提高财务服务项目管理、服务承包商水平；实行统一管理、分级负责的全面预算管理体制，强化费用预算执行的分析考核，实现工程成本费用指标受控；提前策划，制定业主转资手册及承包商操作手册，明确业主、承包商共同参与的转资工作组织方式，规范转资工作的操作流程，细化单项资产认定标准。

【人事管理】 2014年，云南石化新的领导班子组建以来，认真贯彻落实集团公司关于加强领导班子和干部队伍建设的要求，健全和完善干部管理制度，细化组织选拔、竞争上岗、公开招聘等干部选拔工作程序。2014年，共任免调整处级干部28人次，其中新提拔的正处级干部4名，民主推荐率达到100%，副处级干部12名，民主推荐率达到89.74%。全年共引进各类急需人才94人。

【党群组织建设】 中共中石油云南石化有限公司委员会于2014年4月25日成立，9月22日基层党组织机构设置完成，成立6个党总支部、13个直属党支部，选举产生各党支部委员，328名党员全部纳入各基层党组织管理。工会委员会于2014年11月成立，12月选举产生职工代表和工会会员代表。团委于2014年12月1日成立，有团员348名。

【企业文化建设】 充分发挥思想文化优势，切实把宣传、教育融入生产经营实践，完成门户主页更新，专栏开设等工作。为培养和塑造广大职工的集体荣誉感和使命感，2014年度评选先进集体3个、优秀管理者10名、先进个人43名。工会组织开展群众性文体活动，帮扶工作全员覆盖，营造积极向上、健康有益的文化氛围；以活动为载体，激发员工热情，组织参观云南省陆军讲武堂历史博物馆，举办青年演讲比赛（青年大讲堂1次，青年小讲堂19次），进一步开阔视野、丰富知识、启迪思想，提升职工群众的思想境界；组织青年员工参加户外志愿活动，组织参加昆明高原万人国际半程马拉松赛、安宁市羽毛球比赛等活动，增强员工身体素质。

2014年，云南石化践行社会责任，向云南省昭通市鲁甸县地震灾区捐款9.342万元；向安宁教育事业定向捐赠100万元，专项用于资助高考取得优异成绩的贫困学生，60名学生代表现场接受捐助。

（伍尚任）

中国石油天然气股份有限公司
庆阳石化分公司

【概述】 中国石油天然气股份有限公司庆阳石化分公司（简称庆阳石化）创建于1971年，是股份公司直属企业。在册员工1395人；主要炼化生产装置16套，一次加工能力300万吨/年；资产总额60亿元；主要产品有油品、燃料、化工产品、固体产品四大类11个牌号22种。2014年，庆阳石化围绕“三生工程”（安全环保生命根基工程、廉洁稳定生活阳光工程、质量效益生存发展工程）推进各项工作，保持连续10年安全零事故、环保零污染、质量零缺陷、廉洁零违纪、稳定零事件“五个零”业绩。

2014年，加工原油330.38万吨，主体装置平稳率提高到99.98%，比业绩指标高1.48个百分点；可比轻油收率提高到84.4%，比业绩指标高0.8个百分点；营业收入208.99亿元，实现税费47.01亿元，利润9.31亿元（炼化板块第二位），吨油利润280.56元（炼化板块第二位）。

【安全环保】 宣传贯彻落实新《安全生产法》和《环境保护法》，修订完善所有岗位安全职责，签订安全环保责任书、承诺书、行动计划；加强承包商管理；投运“双电源”，完成罐区改造和雨水外排项目，实施污油、污水、污泥减量处理；整改HSE体系审核问题1098项；收集分享安全经验208篇，按月发布风险预警；开展油气管线隐患治理，矿区8大消防隐患得到整治。获集团公司2014年度“安全生产先进企业”和“环境保护先进企业”称号。

【节能减排】 环保指标全部完成，硫黄回收装置率先达到环保部新排放要求；外委合规处置危险固体废物。外排污水、废气、厂界噪声全部达标，氨氮、二氧化硫、氮氧化物全部完成总量控制指标，建成催化再生烟气脱硫减排装置，每年减排二氧化硫480吨、烟尘47吨。

【挖潜增效】 落实集团公司“开源节流降本增效”要求，坚持“保安全、保环保、保平稳、保质量”，深挖装置潜力，综合能耗降至65.58千克标准油/吨，比业绩指标低0.02个单位；柴汽比提高至1.12；高效产品比例达到45.67%，同比提高1.95%。2014年，增收5931万元，节支9311万元，共计增效15242万元。

【工程建设】 600万吨/年炼油升级改造项目完成可行性研究报告和环境影响评价报告书，并上报集团公司；项目前期工作76项，完成55项。

【科技创新与成果】 加大以项目组织创新、管理创新和以产品质量升级、节能减排、经济效益增加为核心的科技创新，对生产装置、公用工程及辅助装置进行标定，标定最大加工能力371万吨/年。深入开展技术攻关，研究浓水零排放，加强信息化建设，完成量化受控管理平台上线和室存档案数字化，ERP系统在价格管理、修理费控制方面发挥作用，MES系统实现对装置运行、项目投产实时监控。

【精神文明建设】 深入贯彻落实党的十八大和十八届三中、四中全会精神，坚持“抓生产从思想入手，抓思想从生产出发”，强化国家大政方针和上级指示精神宣传贯彻学习，巩固党的群众路线教育实践活动成果，深入贯彻中央“八项规定”和集团公司党组“二十条要求”，推进廉洁文化建设，巩固廉洁稳定生活阳光工程。

大力营造操作、技术和管理人才竞相成长的浓厚氛围，完成培训项目298项，3123人次参加多方位培训，人均培训频率2.28次/年，日常考试合格率95%以上，培训计划及效果评估完成率113%。开展“三佳”班组创建，2014年评选“最佳班组”117个次，“最佳班长”117人次，“最佳操作手”281人次。参加集团公司加氢装置操作工技能竞赛，实现参赛奖牌“零”的突破。

开设员工道德讲堂，增设《时政聚焦》《阳光女性·幸福家庭》《青工之声》等网络专栏，征集员工文学作品，参加集团公司“双十”读书活动。

履行企业经济、政治、生态、社会“四大责任”，参加甘肃省“联村联户、为民富民”行动，截至2014年底，修建联村道路、敬老院、幼儿园、卫生所等基础设施，累计投入近150万元资助1300多名九年义务教育阶段贫困学生等。

2014年，庆阳石化获“全国五一劳动奖状”，获国家级“守合同、重信用”称号，获得“全国文明单位”称号。

【矿区服务】 在国家、集团公司政策制度许可范围内，不断改善生产生活条件，及时发放水电暖及物业补贴，筹集60多万元帮扶困难家庭，丰富业余文化生活，调整疗养方案，购置9台新型医疗设备改善医疗条件，实现银行、志愿服务、快递代收等便捷服务进社区，二区13号楼、地下车位、环县住宅小区建设等惠民工程有序推进。

（常　青）

中国石油天然气股份有限公司东北化工销售分公司

【概述】 中国石油天然气股份有限公司东北化工销售分公司（简称东北化工销售）主要负责中国石油东北地区10家炼化企业化工产品销售、东北区域外销售产品调运组织和区协产品互供管理等业务，销售产品广泛应用于塑料、纺织、橡胶、化工、医药、农业等行业。机关驻地在辽宁省沈阳市，下设机关职能部门17个，基层分公司7个。合同化员工456人，资产79917万元。截至2014年底，累计销售化工产品3307.4万吨，完成产品调运量6117万吨，实现营业收入2173亿元，实现利润65976万元，调运计划完成率100%。

【市场营销】 2014年，面对错综复杂的市场环境冲击，充分发挥整体优势，狠抓资源配置的科学性、产品销售的均衡性、优质用户的稳定性，全力推动增量、增收、增效。

科学资源管控。突出计划龙头作用，以服务好“两个上帝”为中心，坚持效益为先，统筹资源组织与投放，全年共增销高效厚利产品11.13万吨，创效333.77万元。着力均衡销售和低库存运行，严格实施“即采即销”策略，不赌后市，轻装上阵，产品库存始终处于合理水平，全年高效市场销量占比达75%。按照集团公司战略部署，相继完成大连石化、锦西石化、大庆炼化丙烯产品统销工作，大幅减少市场交割和资源内耗，丙烯年资源量增长15.04万吨。

深拓市场潜力。坚持“走出去”策略，以区内高效市场为中心，优化销售半径，深挖老市场潜能，全年共开发黑龙江广庆公司、鞍山现代公司等客户141家，其中直供户80家，优质客户比例明显提升。推动企地联盟，多次与相关地市、产业园区进行资源合作洽谈，全力推动锦州龙栖湾20万吨/年聚酯、吉林神华15万吨/年环氧丙烷等招商项目快速建设投产，全年共实现东北市场销量368.2万吨。趋于市场需求，积极推进高端化、差异化专用料的立项落实，共申报科研开发项目6项，对抚顺石化聚丙烯L5D98、大庆石化聚乙烯2480、吉林石化丁苯胶1712等新产品进行重点推介，努力打造高端、特色黄金产品链，全年实现新产品增量11.09万吨，创效1500万元。

灵活营销策略。强化精算意识，结合市场预测与预期，采取科学的价格策略，牢牢掌控价值链的增值环节，全年共调价5712次，产品价格到位率100%。市场上行时抓住有利时机，在竞争中主动出击，坚持微幅推价，对废品废料、副产品继续竞价议标，积少成多，实现推价增效716.15万元。市场下滑时充分发挥价格杠杆调节作用，采取批量优惠、保价销售、延期结算等方式，细化价格管理形式，实现策略增效132.7万元。同时，深化对标管理，优化价格分析机制，比价产品增至30余种，统销产品全面覆盖，对标内容更加科学、规范。

创新客户管理。进一步推进合同化销售，采取重点发展直供户、人用户、多渠道的方式，积极开展战略合作，签约销售合同905份，涉及金额358亿元。注重发挥无形产品作用，以提升服务能力为主攻方向，通过强化资源保供、技术指导、售后跟踪等手段增强客户合作信心，以优质服务形成比较优势，2014年为用户提供技术服务指导180余次，用户满意度达到96%。坚持服务与管理并重，将用户采购计划纳入计划管理，重点考核用户在产品滞销期间的计划执行率，逐步剔除市场投机用户，全年冻结用户31家，销售渠道更加稳定、健康。

【调运组织】 2014年，全面深化物流体系建设，坚持以调运专业化为保障，优化储运布局，强化过程控制，不断增强物流服务保障水平。

优化运输结构，科学组织运力。以满足销售、服务市场为标准，深入推进同承运单位的战略合作，全力提高物流效率，全年完成统销产品调运量347.9万吨。加强物流结构分析，积极探索和尝试高效低成本的运输方式，全年公路、铁路、海运输比例8：56：36。高效利用铁路资源，实现铁路运量196.2万吨，同比增加42.9万吨；充分发挥营口、大连、锦州三港启运优势，科学调整海运船次、航线，确保统调产品启运港港存始终控制在11000吨以内；强化在途监控和成本控制，严控公路运输，发运比例降至历史最低。细化运输费用核算，在确保运输效率及服务标准的前提下，合理压减运输成本，运杂费同比降低1060万元。

强化过程管控，提升服务水平。持续深化调运系统过程监控分析，从装车、封车、卸车、搬运等各环节入手，努力提升物流运行水平，有效控制商务纠纷，全年共发生商务案件9132起，商务发生率为0.19‰。持续深化危险化学品运输管理，重点加强车辆运输资质和现场充装作业审查，共审核车辆2604台次。提前制订特殊时期、敏感时段危化品运输预案，严格落实人员责任，确保各时期调运工作平稳顺畅。

完善仓储与自备车运营，提高物流效率。动态优化仓储布局，资源努力贴近市场前沿，取消沈阳、盘锦两个外租库房，严控产品移库，强化节能降耗管控，提升库房创效能力。突出营口分公司中转、蓄水、应急优势，狠抓集港、装船等环节作业效率，有效提升三醇、烷基苯等自销产品市场竞争力。弹性管理自备车资源配置，灵活调整车辆220余车次，最大限度释放自备车运行潜能，全年累计发车15357次，实现运营收入4939.88万元。科学推进东北地区自备车管理网络建设，增加辽阳石化专用线纯苯、二甲苯到达，完成大连石化共用发送苯、甲苯、二甲苯申报，自备车互用网络全面形成。

【企业管理】 2014年，东北化工销售以管理提升为抓手，坚定“高标准、高效率、高水平”理念，深入推进“开源节流、降本增效”工作，全方位提升企业运营水平。

基础管理体系有效运行。围绕“清、高、严、细”，持续提升基础管理体系执行效能，发现问题及时纠偏，不断改进，确保各项制度得到有效落实。陆续颁布基础管理体系总体和单项手册，对体系全要素内部审核过程中不符合项及时进行整改，顺利通过HSE管理体系初次审核与质量管理体系再认证审核。2014年，获得“中央企业管理提升活动先进单位”称号。

安全环保工作扎实推进。组织开展全员危害因素辨识和风险评价，落实风险管控痕迹，强化隐患排查治理，2014年辨识危害风险140项，落实隐患整改项目安保资金23.2万元。以新《安全生产法》《环境保护法》宣传贯彻为主要内容，持续开展全员安全教育培训，参加安全知识培训365人次。结合安全生产和HSE体系运行实际，继续深化安全监督与检查，开展安全专项检查2次、综合大检查1次，查改各类问题77项。

考核激励措施不断深化。全面推行工效挂钩奖惩机制，制定《2014年完善工效挂钩奖励实施办法》《工效挂钩专项奖考核细则》，建立起专项奖励机制并强化考核兑现，专项考核资金达到效益薪酬总额的4.86%，激励约束作用逐渐体现。

“开源节流、降本增效”活动持续开展。严格落实集团公司总体部署，积极开展以“保增长、保效益、有质量、可持续”为主题的“开源节流、降本增效”活动，细化考核措施，全面深化经济运行分析与调整，严控各项费用支出。自活动开展以来，共立项66项，累计创效3657万元，降本增效成效明显。

【党建工作】 2014年，东北化工销售紧紧围绕“夯基础、转作风、上水平、促发展”四条主线，着力发挥政治优势、组织优势和群团优势，为实现发展新跨越提供强有力的组织支持和政治保障。

基层建设和基础性工程持续推进。坚持狠抓党建基础工程建设，修订完善体系核心文件和考核细则，新增《加强领导班子和领导干部队伍建设实施办法》等制度7项，修订4项。坚持把工作重心放在基层，以“六好”党支部创建活动为平台，开展“党员责任区”“服务群众好党员”和“在职党员进社区”等活动。认真落实“两公开，一公示”，严把关口，新发展党员6名。

和谐企业和领导班子建设不断增强。深化“四好班子”创建，以“打造精英团队”为主题，完善考核机制及实施细则，加强作风建设评价，对7个处级领导班子和35名处级干部进行履职考评。从严从紧控制领导人员数量和职数配备，交流处级干部3人，并严格执行报批报备规定。严格落实中央“八项规定”和集团公司“二十条要求”，建机制立标杆，改进文风会风、优化调研方式、严格职务消费，2014年领导班子成员下基层51次，现场解决问题41项，发文量同比下降12.5%，会议数量同比下降40%，“五项”费用发生总额同比下降46.4%。严格按照民主程序，完成工会换届选举，表决通过企业年金实施办法。

思想政治工作和党风廉政建设广泛深入。深入落实廉政建设责任制，构建党风廉政建设党委主体责任机制，签订责任书30份。推进惩防体系建设，制订《惩防体系2013—2017年工作规划暨2014年度推进计划》，持续开展“诺廉、述廉、评廉”、每月“廉洁一课”、检察院干警进企业和参观廉政教育基地等廉洁文化活动。开展形势任务主题教育，加大宣教频次与力度，提升干部员工的责任感和紧迫感。积极开展“讲述身边人故事”活动，以平凡事例展现铁人精神在企业的落地传承。

创新争优和群众性实践活动成效显著。坚持以创先争优活动为载体，努力把党建工作注入改革发展、经营管理的全过程。广泛开展“党员示范岗”“党员工程”“党员五比五看”等活动，示范引领广大员工群众投身到“促改革、保发展”的主战场中。坚持以群众性实践活动为纽带，紧扣“增量、降本、提效”主线，广泛开展劳动竞赛及合理化建议活动，有效增强员工群众参与企业发展建设的积极性。

（倪　玉）

中国石油天然气股份有限公司
西北化工销售分公司

【概述】 中国石油天然气股份有限公司西北化工销售分公司（简称西北化工销售）负责中国石油西北地区6家炼化企业的化工产品在西北地区的销售业务，负责尿素、丁腈橡胶、对二甲苯（PX）和其他液体化工产品在全国销售，负责化工产品向各地区化工销售公司的运输、配送任务。下设9个职能处室、6个业务处、6个分公司和15个销售部、1个销售代表处，员工总数634人，固定资产总额12.36亿元。

2014年，在尿素资源同比减少151.26万吨和价格跌至公司成立以来最低点的情况下，公司化工产品总销量382.74万吨，完成预算量的108%；其中区内销量232.62万吨，占总销量的60.77%；产品调运总量640万吨。产品购销率102.68%、直销率66.55%、价格到位率100.42%、铁路运输比例78%、调运计划完成率100.8%，全年实现营业收入198.78亿元。

【市场营销】 坚持“提高区内销量”核心目标不动摇，优化资源配置，精准产品投放，努力推价促销。SODm尿素销售50.34万吨，销价较普通尿素高约50—60元/吨；疆内销售大颗粒尿素26.67万吨，平均销价高出区外市场约80—100元/吨。合成树脂紧盯区内膜料、管材料新增需求，总销量73.13万吨，其中区内销量63.23万吨，完成预算量的102%；销售线性聚乙烯28.56万吨、管材料8.82万吨。合成橡胶总销量11.55万吨，同比增量2.21万吨，其中区内销量3.28万吨，完成预算量的104%；销售丁腈橡胶5.57万吨，在国内中高端市场占有率达到55%。化工原料区内销售41.98万吨，占总销量的52%，同比增量1.22万吨；纯苯首次实现疆内批量直供销售，直销率90.55%，同比增长1.65个百分点；独山子石化苯乙烯首次实现淡季疆内全销，区内苯乙烯销量同比增加0.3万吨。打通天利高新产品销售全流程，己二酸、顺丁橡胶分别增加销量2.92万吨和2.73万吨，增加销售收入5.25亿元。积极推动区内化工产业链延伸，协调乌鲁木齐石化供应独山子天利高新纯苯0.31万吨，并做好兵团五五工业园区万盈化工有限公司每年11万吨纯苯需求的供应，协调万盈供应乌鲁木齐石化甲苯、二甲苯产品；促成新疆安达化工有限公司以独山子石化苯乙烯为主要原料的2万吨/年不饱和树脂项目落户沙湾县工业园区。向哈萨克斯坦出口216吨独山子石化管材料N3000B，为下一步扩大出口打通流程。

【产品调运】 2014年，厂内专线到达敞车、盖车6.4万台，日均174台；发运独山子石化产品专列632列174万吨，日均1.7列。兰州石化橡塑产品专线发运比例同比提高12个百分点。春运期间利用闲置行包在疆内发运塔里木大颗粒尿素19列。利用行包、行邮发运独山子橡胶产品5.2万吨。在2月5日铁路运费上涨前，向区外抢运橡塑产品2万吨、大颗粒尿素4.6万吨。与行包单位核定下浮SBS运价25%，和棚车相比最多可节省运费200元/吨。公路运输比例同比降低1.4个百分点。接收生产企业划转自备车106辆，自备车总数达1560辆，综合周转率0.92次/月。将产品出入库部分流程前移至异地库操作。

【新品推介】 牵头成立PE100级大口径管材专用料

和环保丁腈橡胶市场推广小组，产品在典型客户中批量使用。联合甘肃昆仑燃气公司，开展独山子石化燃气管材专用料 N3000B 示范小区工程建设。推广独山子石化管材料 T4401，提前完成炼化板块下达的 2000 吨销售任务，总计销量 3477 吨。开展针对煤基产品的 9047、9042 产品加工试验。在 24 家终端用户开展环保化丁腈橡胶应用试验。试产出固特异专用环保丁苯 1723。开发针对克拉玛依石化沥青的专用料 SBST6302L 和 T6302H，成功替代岳化产品，新疆 SBS 市场占有率由 60% 提高到 95%。启动 31 个、3935 亩 SODm 尿素大田示范项目；与农业部全国农技推广中心、华美天意公司联合组织“SODm 尿素肥效试验示范现场会”；公司 SODm 尿素推广工作得到第四届全国农化服务年会肯定。

【创新服务】 开展 PX 产品易货贸易 1.99 万吨，节约物流费用 270 元 / 吨，增效 189 万元，为客户节约费用 348 万元。启动批量零散货物快运和零散货物快运，实现火车单批量发运 10 吨以上货物。独山子苯乙烯罐车由装重请车改为空车请车、由石化公司专线编组改为奎屯站编组发运，缩短发运时间 3—7 天。主动帮助山西天脊公司，仅用一周时间高效完成山西天脊公司 20 辆自备罐车铁路过轨协议。促成同为公司客户的无锡华日化工有限公司和甘肃福鑫包装有限公司建立合作关系。推广“电子银行承兑汇票”，收取 24.29 亿元，占公司银行承兑汇票收取金额 60.68%。全面推进一票制结算业务。形成投诉处理全过程快速响应机制，处理质量计量投诉 20 起，执行先行赔付 6 起。组织、参与现场技术服务、技术交流 103 次，提供技术咨询 87 次。明确客户冻结退出流程，清理无动态客户 887 家。结合集团公司外部网站建设，完成服务网站升级。客户无记名调查对公司满意度评分为 94.47 分，同比提高 0.07 分。

【经营管理】 开展“开源节流降本增效”活动，制订实施 28 项措施，降费增效 4115 万元。启用资金平台银行对账功能。实施化肥产品销售运杂费跨责任中心核算。完成审计项目 8 项，发现问题 3 个，提出审计建议 6 条。组织 7 次安全专项检查，强化危化品销售资质监督，客户资质管理系统上线运行；推行“一车一卡”，规范危化品汽运管理；通过炼化板块组织的 HSE 体系审核、仓储安全和合同管理专项检查。西北化工销售被集团公司评为“质量计量标准化先进企业”，质量体系通过外部认证。进行融合体系内审，抽检样本 976 个，出具测试报告 5 份。制修订管理规章制度 48 个。继续开展健康提升和健康干预活动。完成销售部经理岗位交流。员工交流比例达 9.7%。“知识检索与学习路径系统”完成 11 个专业领域、768 个知识库、3256 道试题的开发并上线运行，组织全员业务素质统一考试。在西北化工销售和客户单位、生产企业开展化工生产工艺和电子商务知识相关培训 4 次，培训 638 人次。编纂西北化工销售公司组织史资料初稿。启动“十三五”规划编制。档案室综合评价由 C 级提高到 B 级。

【党群工作】 推进党的群众路线教育实践活动整改落实和建章立制，整改 26 个方面 131 个问题，完成销号整改任务 168 项，制修订相关制度 63 项，员工无记名调查显示，对教育实践活动开展情况满意率为 99.07%，对整改落实情况满意率为 98.62%。完善以职工代表大会为基本形式的民主管理，组织“宝石花金点子创新创效”竞赛活动和员工思想动态无记名问卷调查。推进 MSD 员工服务体系建设，制修订《员工重大疾病和特殊困难帮扶救助制度》等 3 项制度。开展扶贫帮困送温暖活动，发放困难补助金 20 万元，慰问员工 227 人次。实施好声音传播行动，在《中国石油报》刊登庆祝公司成立 8 周年专稿，编印《西北化工销售好声音——媒体看发展》。推进“铁人先锋行动”，表彰命名 2014 年度铁人先锋号 1 个、铁人先锋岗 6 个。组织参加“书香宝石花 · 点亮青春梦”双十读书青年知识竞赛，篮球队获中国石油体协“昆仑银行杯”首届协作区（第四赛区）篮球赛“体育道德风尚奖”。推进“联村联户、为民富民”行动，投入资金 110.6 万元，捐赠学习用具 1132 套。西北化工销售所属单位和个人获甘肃省“工人先锋号”等省部级以上荣誉 11 项。

（雷　声）

中国石油天然气股份有限公司华北化工销售公司

【概述】 中国石油天然气股份有限公司华北化工销售分公司（简称华北化工销售），是2000年9月根据市场需求和产品结构优化调整，对原郑州销售部和太原销售部重组成立的股份公司直属分公司。负责股份公司所属炼化企业生产的石油化工产品在华北区域的统一销售业务。主要销售合成树脂、合成纤维、液体化工、合成橡胶和基础有机原料五大类产品。销售网络覆盖北京市、天津市、河北省、河南省、山东省、山西省、湖北省和内蒙古自治区。销售种类新增呼和浩特石化、大港石化生产的石油苯类产品。

截至2014年底，机关设13个处室，下辖天津、任丘、潍坊、武汉、呼和浩特5个分公司，郑州、沧州、太原、临沂4个销售部，秦皇岛代表处和大港调运部。员工总数214人。其中，业务人员占员工总数的66%，本科及以上学历占71%。

2014年，累计销售各类化工产品216万吨，同比增长29.3%。实现销售收入208亿元，同比增长27.1%。全年销售橡塑产品较2013年增加53万吨，增长34%。其中，塑料产品增长37%；橡胶产品增长18%。全年累计销售合成树脂183.39万吨、合成纤维1.77万吨、有机化工原料8.37万吨、合成橡胶22.57万吨；实现购销率99.26%。

2014年，5个分公司共走访用户1947家，全年完成销售代表和固定量产品销量47.1万吨，同比增长51%，占公司合成树脂销量的25%。其中，天津分公司销量增长72.8%；潍坊分公司销量增长35.9%；武汉分公司增量增长45.8%；任丘分公司销量增长78.6%；呼和浩特分公司销量增长113%。全年分公司销量共计60.6万吨，占华北化工销售合成树脂销量33%，实现分公司销量占公司销量三分之一的整体目标，实现增效248万元。

【市场营销及网络】 在营销策略上，2014年重点调整企业资源配置结构、产品结构、销售区域和销售渠道的结构，利用信息化管理手段，深入研判市场，把握销售节奏。通过沟通衔接，优化大庆石化产品排产结构，实现大庆石化产品销售增量20.6万吨，增长71.5%；有效发挥抚顺石化产品运距短，货物在途时间短、市场响应速度快的优势，2014年抚顺石化产品增量17.2万吨，增长109%；扩大优化独山子石化产品配置，发挥其生产规模大，连续性好，产品质量稳，品种多，牌号全，市场覆盖面广，到华北地区相对运距短的优势；根据市场需求，合理安排不同牌号生产计划，全年独山子石化产品增量10.4万吨，增长25.4%，为生产企业增效6500多万元。

根据华北地区市场特点和需求，扩大聚丙烯膜料、聚丙烯热水管专用料、耐热聚乙烯、低压拉丝、聚乙烯管材料、氯化聚乙烯、溶聚丁苯和稀土顺丁橡胶等重点高效产品的排产规模，实现重点产品增量12.7万吨，增长46%，为生产企业实现增效8470万元。通过销售区域整合，加大湖北省、河南省和山西省市场开发力度，保证增销的全面落实。湖北市场由2013年平均月销量7200吨增长到10500吨，河南市场由2013年平均月销量1400吨增长到2600吨。

在营销模式上，扩大战略合作伙伴数量和销售规模，研究灵活营销策略，通过周进度考核制度加大客户奖励力度，提高其抗市场风险能力，实现与景津环保、天津华恒和河北凯达等五个大型企业的战略合作，全年战略合作伙伴销量同比增加12.4万吨，增长44%。统筹协调分销渠道稳定，发挥分销商经营优势，拓展合作，分销商销量同比增加21万吨。

分公司营销网络建设上，围绕“销售增量、做实终端、管好库房”三项中心任务，积极开发市场，推进精细化考核，以销售代表和市场开发为重点。通过关键客户重点维系和唤醒“沉睡”用户方式，分公司加大回访和沟通力度，有效挖掘老客户潜能，使采购量最大化。主抓终端直供大型企业，实现聚丙烯膜料和纤维料、耐热聚乙烯管材料等重点产品的直销量增长。

【科研开发与新产品推广】 2014年，与石化院建立每月沟通交流长效合作机制。定期召开对接会议，密集走访9家生产企业、3家科研单位、5家兄弟大区公司、15家战略客户和关键用户，协调资源，发挥地域优势和装置工艺特点，开发生产市场紧缺的品种，保证重点产品资源供给，实现产、销、研、用

“四位一体化”合作。在新产品开发方面，开展科技部聚烯烃重大专项7个课题中的14个子课题材料准备工作，承担炼化分公司4个新产品开发项目，与地区公司共同到市场走访调研43次，提出多项新产品开发建议。全年先后推广23个牌号的新产品，其中10个聚乙烯产品、10个聚丙烯产品、3个合成橡胶产品，实现全年新产品增量8.2万吨。

作为溶聚丁苯橡胶（SSBR）应用推广项目合作方，“环保型溶聚丁苯橡胶系列产品及工业化技术开发”项目获得集团公司科技进步奖一等奖；“氯化聚乙烯基础树脂QL505P的研究与生产”获得集团公司科技进步奖三等奖。独山子石化产品“耐热聚乙烯S2040”获批量稳定采购；抚顺石化产品“耐热聚乙烯DP800”加工及综合性能得到主要低压管材加工企业的认可。截至2014年底，独山子石化耐热聚乙烯S2040、抚顺石化聚乙烯拉丝料7750M分别推广销售2.6万吨和2.2万吨。

【物流仓储体系建设】 2014年买断产品217.2万吨，同比增加50.4万吨，增长30.2%；发运产品217.1万吨，同比增加49.7万吨，增长29.8%，前沿仓库服务满意率98%。根据各地区市场需求特点，优化产品流向，降低物流费用。其中，东北区域产品销量116.7万吨，同比增加36万吨，增长44.6%，实现91%产品销在与东北较近的河北、天津、北京和山东区域。优化运输方式，东北区域减少公路运量9.8万吨，公路运输比例由26%下降到18%，降低运费880万元；兰州石化全部实现厂内专用线装车发运，减少兰州北站转运6.6万吨，节约运费264万元；减少大庆产品在沈阳转运量4.7万吨，节约运费327万元。

针对调整后的销售区域，全年新增湖北国储武汉分公司、武铁物流、山西国储太原分公司、北京迅邦润泽物流公司和山东济宁5个仓库，以加强湖北、鲁西南、山西市场供货。

【基础管理】 着力夯实基础管理，以信息化建设为抓手，通过ERP集成项目提升系统管理水平。完善协同办公平台系统功能，新开发各类早会报表26张，做到无纸化办公的同时，通过数据共享提高日常工作效率。以办公区修缮为契机，重新合理优化信息网络系统布局，扩大机房面积，也对机房的气体消防系统进行增容改造、更新扩容UPS、升级网络光交换机、增设外部无线网络，提高网络办公效率和信息安全，网络运行环境更加适应现代化办公需求。

加强经济活动分析水平，通过充实内容、丰富数据，从不同维度全面分析运营情况，特别是财务基础数据表格达200余张，为深入开展产品结构调整、优化排产提供分析信息，为经营决策提供有力支持。

QHSE体系建设扎实推进，组织内审员对所属18个单位进行年度内审，定期培训兼职内审员；顺利通过国家质量认证机构三星九千的监督审核；定期组织开展安全大检查，对自有和租赁库房进行重点检查。

开展全员绩效考核，全面落实集团公司KPI考核与工效挂钩的要求，对业绩考核方案进行修改完善。业务处室利润指标权重由30%上调至50%，职能处室由20%上调至30%，分公司也与公司利润指标挂钩30%权重。采用全员360度评价方式，客观、科学地测评出职能处室绩效。分公司考核管理按照公司向效益类指标倾斜的要求，内部细化、量化业绩考核项目，增设“重点难点品种销售奖”考核项，将员工市场走访天数量化成分值参加考核。

【党建及思想政治工作】 领导班子10个“四风”突出问题，按要求基本得到整改落实；领导班子4个专项整治问题全部得到落实；教育实践活动需要建立的7个制度，基本落实，初步形成践行党的群众路线的长效机制。在加强“四好”领导班子建设的同时，持续加强基层党支部建设，认真落实集团公司《基层党支部工作条例》，组织开展党务干部培训班，持续推进“六个一”党支部创建活动，开展党员个人达标活动。学习落实集团公司《党风廉政建设约谈制度》和《党风廉政建设责任追究暂行办法》，按照“谁主管、谁负责”的原则，与各处室、分公司主要领导签订《党风廉政建设责任书》。持续推进惩防体系建设工作，制订华北化工销售《惩防体2013—2017年实施计划》。

华北化工销售被集团公司信息部评为“2014年集团公司信息化工作先进单位”；总经理办公室被集团公司办公厅评为“2014年集团公司办公室系统先进集体”。

（李　娟）

中国石油天然气股份有限公司华东化工销售分公司

【概述】 中国石油天然气股份有限公司华东化工销售分公司（简称华东化工销售）始建于2005年12月，本部设在上海，是在成立于2000年7月的化工与销售华东分公司基础上整合升级而来。业务区域覆盖华东地区上海市、浙江省、江苏省、江西省、安徽省。主要经营合成树脂、合成橡胶、合成纤维及有机化工等共计四大类、16个品种、150余个牌号的化工产品。经过“十一五”“十二五”时期的发展，逐步成为一个以统销化工产品经营为主，以自营贸易为辅，集信息、技术服务、仓储、石油石化要素市场为一体的股份公司直属地区公司。拥有稳定客户1200多家，产品出口到德国、意大利、印度、澳大利亚、印度尼西亚、马来西亚、泰国、日本、韩国等国家及中国台湾地区，是一家具有一定影响力的大型化工产品供应商。

华东化工销售领导班子成员5人，员工总数338人，其中党员203人。下设8个职能处室、7个业务处室、3个直属单位和受股份公司委托管理的1个全资子公司——上海中油石油交易中心有限公司，在上海、南京、杭州、宁波、合肥和南昌设有6个销售分公司和余姚、上海2个仓储分公司自有化工固体库房2座最大库容4.8万平方米、年吞吐量81万吨的2个固体库房。

2014年，销售258万吨商品、销售收入245亿元，考核利润完成值1.1亿元，超考核值3700万元；购销率98.7%，超考核指标0.7个百分点；直销率57.2%，超考核指标0.2个百分点；价格到位率100.1%，超考核指标0.1个百分点，完成上级下达的KPI指标，按炼化板块考核口径，在销售大区综合排名第二。

【主要成果】 明确改革发展的初步方向，从组织结构优化、市场营销优化、管理优化起步，节奏适度，循序渐进。顺应改革发展趋势，以“明确目标、总体设计、分步实施、稳妥推进、务求实效”为原则，把实现有质量、有效益、可持续发展作为改革目标贯穿于各方面、各环节，改革实现预期目标。深入开展市场营销优化，营销质量进一步提升。深入开展管理优化，管理效能持续增长，一系列基础管理措施、开源节流降本增效措施取得新成效。经济活动分析在继承中开展创新，价格管理功能也得以进一步释放。

持续开展组织结构优化和队伍优化，建立更富有弹性的效能型组织和人才型队伍。优化管理处室职能，细化业务处的工作分工。

为人才成长搭建舞台、创造条件，造就素质优良的员工队伍。以培训促培养，2014年组织各类培训33期，960多人次，参加外部培训的有130多人次。

处理好“四种”关系，为发展赢得合力、汇聚动力。对集团公司、股份公司和炼化板块的决策部署坚定执行，增加汇报请示的频率，得到上级的充分理解，赢得宝贵支持。与地区公司互通互信，提升产销联动价值。产销之间理解程度不断加深，互相支持配合的力度不断加大。与四川石化通力配合，在较短时间内打通液体化工产品的信息、物流、票据全流程，使产品顺利走进市场。与大庆石化、兰州石化、独山子石化合作开发的专用料打入农夫山泉、康师傅、锦湖轮胎等知名企业。主动上门走访6家地区公司，并接待安排25批次地区公司有关领导和人员共同深入市场，进行产、销、用三方交流，共同协作解决问题。

服务至上理念促动服务精细化程度不断改进，增值服务力度加大。对客户提出的问题和需求有问必答、有求必应，高度重视、认真解决年终客户座谈会上客户提出的意见建议，2014年处置产品质量投诉55起，采用技术攻关帮助客户解决问题2项。提高向客户传递上游装置检维修信息的及时性，便于客户早准备、早安排，并利用好自营贸易商品补充统销配置量以保障客户供给的稳定连续。通过以上工作，使客户真实感受到企业的合作态度和重合同、守信誉的程度，展现国有企业负责任的风范。

实施创新驱动，探索业务增长新模式。提出依托中国（上海）自由贸易区开展化工产品电子商务的设想，并有序推进。

凭借多年积累的信息方面的人才、资源等实力，探索打造以信息咨询业务为核心的易贸网。

推进实施安全环保工程。2014年学习宣传贯彻新《安全生产法》、新《环境保护法》，坚持把底线思维、红线意识贯穿于安全环保工作中。整治库房安全隐患，对涉及合同条款和仓储现场管理两大方面53项问题建议进行整改。高度重视员工生命财产安全，共组织12次安全逃生演练。

加强内部监督，抓好“三重一大”决策制度和落实民主集中制，贯彻好重大事项报告制度，夯实惩防体系基础，进一步落实党风廉政建设责任制的主体责任。开展“小金库”自查，落实外部审计整改问题13项，内部重点审计财务收支、二次费用。

【组织结构优化及队伍建设】 以“职责明确、界面清晰、流程简单、协调便捷、奖罚分明、管理规范”为原则，优化组织结构，实施流程再造。2014年，对党建、固定资产管理、招投标业务、维稳等组织管理职能进行调整；设立市场信息与价格处、审计监察处（纪委办公室），使相关职能有整合有强化；调整橡胶、线性、切片等产品销售职责，细化业务处的工作分工。队伍建设方面，2014年开始实行新入职大学生基层锻炼机制，使青年人经受历练，开阔视野，积累实力；选拔任用5名35岁以下优秀青年员工担任分公司经理助理，加强后备干部队伍梯队建设；对5名中层干部跨部门交流任职，逐步改善干部队伍结构，让领导干部在更适合的工作岗位上发挥出真才实学。

【电子商务平台建设】 根据集团公司工作会议上提出的“加快现有信息系统与互联网和移动技术的深度结合，探索发展电子商务、网络直销、移动营销、远程服务等新的经营模式，努力提升价值创造能力”，按照炼化板块要求稳步推进电子商务“三步走”的部署安排，2014年12月19日，华东化工销售化工产品电子商务平台正式启动，取得预期的好效果，在上海石化交易平台实现全部产品27品种的电子交易，取得阶段性进展。

【提供高附加值产品服务】 敏锐捕捉到用户需求，牵头与大庆石化、农夫山泉联合开发4升水桶专用料。在2013年生产出首批产品交付农夫山泉测试后，产、销、用三方多次进行技术交流，改进生产工艺，商谈合作思路。2014年4月中旬，产、销、用三方确定牌号为DMDH6400；5月下旬，改进后的DMDH6400经制桶、罐装及常温、高温下的气味、口味评价测试，各项技术指标完全符合用户要求，产品质量可以和美国陶氏化学公司产品相媲美，具有世界一流水平。

【走近用户解决技术难题】 注塑缩孔问题长期以来影响着家电产品质量，是困扰生产企业的普遍问题。合肥荣事达三洋电气股份有限公司（简称荣事达三洋）在生产新产品DG-75366B外桶时，使用某生产厂改性短纤材料，滚筒洗衣机外桶出现螺孔缩孔的问题，导致装配时固定螺距小、紧固螺钉打滑现象，造成制品报废率超过30%。在收到荣事达三洋提出协助解决该问题的请求后，华东化工销售联合中国石油化工研究院很快明确问题和改进方向，迅速拿出模拟优化方案。2014年5月14日进行现场注塑试验，通过注塑压力、冷却、时间分配等优化设置和调整，结合模具调整，成功解决螺孔缩孔的问题。之后，荣事达三洋采用优化工艺生产的1800件制品，上螺钉力矩全部达标。7月2日，荣事达三洋发来感谢信，对华东化工销售伸出的援手表示衷心的感谢。

【与当地政府良性互动发展】 2014年，华东化工销售的发展有力地推动浦东新区的经济发展。通过浦东新区区域总部政策，累计获得浦东新区财政扶持资金6020万元，企地之间形成良性互动发展。还收到上海市委常委、浦东新区区委书记沈晓明，上海市政府副秘书长、浦东新区区委副书记、区长孙继伟联合亲笔署名的感谢信。

（刘元彪　丁冠琦）

中国石油天然气股份有限公司
华南化工销售分公司

【概述】 中国石油天然气股份有限公司华南化工销售分公司（简称华南化工销售）（前身是中国石油天然气股份有限公司化工与销售华南分公司）于2004年5月18日正式成立，负责中国石油统销化工产品在广东、福建、广西、海南四省（自治区）的市场营销业务和广西石化生产的化工产品向各地区化工销售公司的调运任务。2014年，累计销售化工产品207.41万吨，实现销售收入189.82亿元，购销率97.45%。

【营销工作】 准确把握市场脉搏，策略运用科学果断，营销工作稳中有进。做好传统淡季的营销工作，把握二季度和三季度初产品价格上扬、市场相对活跃的有利形势，科学调整营销策略，以计划销售为抓手，开拓市场，控制好销售节奏，做好量价配合，2014 年 1—8 月实现账面利润 7025 万元；自 9 月中旬开始，国际油价开启持续近 4 个月的暴跌，综合分析各方面因素，及时果断调整营销思路，把“全力促销降库、向着前沿库存为零的目标努力”作为后半期经营工作的指导方针，逆势精准发力，把控经营局面得力，有效地减少效益损失。

灵活运用销售策略创造效益。2014 年，在市场整体不利的形势下，芳烃、拉丝级聚丙烯、硫黄、低压管材、SAN 树脂、低压拉丝等类别产品依然实现创效盈利，特别是芳烃产品的经营，累计实现利润 3555 万元，为整体效益做出贡献。

新产品和新装置产品市场开拓见成效。主要领导亲自带队，加大到炼化生产企业的走访力度，面对面深入交流，共同研究新产品和新装置产品的市场开发、推广等工作，快速推进新产品和新装置产品进入华南市场并实现有效销售。ABS 等新产品推广工作稳步推进，广西石化新硫黄回收装置增产产品销售顺畅；华南化工销售参与的《高速 BOPP 薄膜专用料 L5D98 的开发》和《高端车用聚丙烯材料的开发与工业化生产》研发项目分别获集团公司科技进步奖二等奖和三等奖。

创新客户管理机制并顺利实施。为进一步增强销售工作的计划性，实现长期稳定均衡销售，培育壮大优质客户群体，制定客户管理考评办法，推出价格折让客户激励政策。新的客户管理考评办法施行当月，橡塑产品 3A 级客户销售计划达标比例 82.35%、销量占橡塑产品总销量的 40.4%，A 级以上客户销售计划达标比例 55.84%、销量占橡塑产品总销量的 75.13%，达到新客户管理机制实施的预期目标。

内部比价成绩名列前茅。基于对市场走势的准确判断，本着看大势、谋大局的原则，不计单月比价得失，“涨价在前、降价在先”，科学把控购销比例和量价配合，在市场快速下行前期实现斩仓并连续保持低库存运行，全年总体实现销量与价格的科学匹配。在化工销售 6 家大区公司 19 个牌号产品的全年价格对比中，有 9 个牌号产品价格排名第一，展示较强的营销管理水平。

【物流工作】 物流系统坚决贯彻“六服务，一服从”工作原则，严格执行决策部署，高效开展调运、仓储、配送工作，努力降费增效，服务生产企业、服务营销工作的作用有效发挥。

（1）配合营销决策开展调运工作，保障广西石化生产后路畅通。2014 年，共发运广西石化化工产品 66.05 万吨，公路、铁路、海运比例 27:12:61。

（2）靠前协调，密切与东北、西北兄弟单位的沟通，争取运力支持；加快集港速度，落实优先发运产品，全力加快调运速度，有效降低港存量和在途量，为营销工作的顺利开展提供有力的支持。

（3）扎实开展仓储配送工作。完善仓储达标考核评定细则，实施日常业务评分与现场检查考核相结合、交叉考评与集体考评相结合、季度考评排名直接与仓储费用挂钩的仓储管理方式；针对部分甲苯产品含水量超标的情况，科学决策，统筹安排，靠前指挥，全程跟踪，安全、高效、低成本地完成 2.51 万吨含水量超标的甲苯产品在前沿罐区的脱水工作，规避效益损失；迎接炼油与化工分公司仓储运输合同及仓储现场检查，仓储、运输过程中的安全环保工作流程进一步规范。

【基础管理】 坚持科学管理，固本强基，促进管理提升常态化。

（1）管理提升工作取得可喜成绩，获集团公司授予的“中央企业管理提升活动先进单位”称号。

（2）持续推进规章制度建设，2014 年共制修订规章制度 15 项。

（3）开展全员、全过程、全方位的开源节流、降本增效工作，制订《全面实施开源节流降本增效，确保实现 2014 年奋斗目标的工作方案》，采取 22 条具体措施，全年节费增收 1675.88 万元。

（4）立项实施化工产品采购管理效能监察，对部分分公司开展管理效益审计和分公司负责人任中经济责任审计。

（5）各项体系制度有效运行，发布 2015 版《内控管理手册》，通过集团公司内部控制管理层测试；编制 2014 年度风险管理报告实施方案，完成销售、调运、仓储、安全环保等方面的风险评估，并制订风险防控预案；质量管理体系建设稳健推进，通过外部监督审核；法律风险防控体系有效运行，实现既定法律风险防控目标。

【安全环保】 坚持“环保优先，安全第一，质量至上，以人为本”，安全环保基础管理工作扎实推进。持续推进 HSE 管理体系建设，组织各部门、各单位及仓储合作单位进行全覆盖、全要素体系审核。领导班子成员积极开展安全联系点活动，各级干部践行有感领导，带头实施安全观察与沟通，开展安全经验分享，制订个人安全行动计划，全员手写安全核心价值观承诺书，形成安全环保齐抓共管的氛围。进一步加强安全监督与管理，开展安全生产、“合法合规性检查”等专项监督检查活动，强化风险防控，堵塞管理漏洞，促进安全环保基础管理水平提升。组织全员学习新《安全生产法》和《环境保护法》；开展“安全生产月”活动；组织员工参加办公场所消防演练；组织危险化学品装卸突发事件桌面应急演练，有效提升干部员工及仓储运输合作单位的安全意识和应急处置能力。实现全年“零事故、零伤害、零污染”的安全环保工作目标，被评为2014年度集团公司“安全生产先进单位”。

【党建和队伍建设】 领导班子深入学习贯彻党的十八大和十八届三中、四中全会精神，坚持用中国特色社会主义理论体系武装头脑、指导经营管理实践；坚持依法治企、科学管理、高效运营，集中精力抓发展、强管理、带队伍，坚持重大事项集体研究、民主决策，经营管理审慎稳重、务实高效，决策层战略谋划、统帅全局、引领发展的能力进一步提高；二级班子注重加强自身建设，着力提升科学贯彻公司决策部署、确保完成任务目标的能力，执行力进一步增强。注重加强干部员工能力素质建设，持续开展培训工作，派员参加集团公司组织的专业培训35项，华南化工销售层面自行举办5个培训班，参训人数达750人次。通过培训的开展和岗位实践锻炼，干部员工队伍的理论素养、管理水平、责任意识和履职能力普遍提升。

按照中央和集团公司党组关于开展党的群众路线教育实践活动整改落实工作的要求，针对2013年班子民主生活会查摆出的16项问题，党委制订总体整改方案和3个专项整治方案、22项制度建设计划、7项个性化问题整改与答复反馈意见，领导班子发扬钉钉子精神，一件一件抓好整改，整改落实取得明显成效。通过开展教育实践活动整改落实和“回头看”工作，班子在贯彻群众路线、遵守党的政治组织廉政纪律、严格党内生活、改进工作作风等方面进步明显，班子宗旨意识、群众观念、党性修养进一步增强，工作作风进一步转变。

党委制定下发基层党支部工作考核细则，加强对党支部书记的业务培训，推动“基层组织建设强化年”活动有效开展。各党支部按照公司党委部署，落实“三会一课”制度，党支部日常工作机制进一步健全，基层党建工作迈上一个新台阶。

召开华南化工销售成立十周年座谈会，组织全体干部员工观看“发展十年、铸就辉煌”纪录片，回顾发展历史，展望美好未来；举办“辉煌十年杯”企业文化知识竞赛、羽毛球、篮球比赛，达到凝心聚力、团结鼓劲的效果。

（叶婉英）

中国石油天然气股份有限公司西南化工销售分公司

【概述】 中国石油天然气股份有限公司西南化工销售分公司（简称西南化工销售），前身是中国石油天然气股份有限公司化工与销售西南分公司，是按照中国石油化工统销战略部署于2002年整合成立。主要负责中国石油在四川、重庆、湖南、陕西、云南、贵州五省一市化工产品统销业务，同时承担四川石化以及云南石化投产后的化工产品调运业务，主要经营中国石油所属炼化企业生产的聚烯烃树脂、合成橡胶、工程塑料、合成纤维和有机化工等五大类160多个牌号的化工产品。

本部在四川省成都市，设有15个职能处室和四川、重庆、湖南、陕西、云南、贵州6个销售分公司及彭州调运分公司。截至2014年底，员工总数293人，平均年龄38岁，其中大专以上学历占82%，中高级职称人员占36%。

2014年，累计实现销量175.5万吨，实现营业收入150.4亿元；统销量和收入同比增长分别为60%和42%；完成四川石化产品运输139.9万吨。上缴税费4544万元。实现账面利润–9547万元，剔除开工损失、流通费用、跌价损失等因素，保持盈亏平衡。全年累计购销率99.3%，超指标1.3个百分点；直销率46.8%，超指标4.8个百分点；价格到位率100.16%；全面完成KPI指标。

【营销工作】 销售业务攻坚克难，经营质量好于预期。继续深化全过程、全流程算账，加大流向、销售动态考核，实施横向、纵向、差异化对标，财务、价格、计划、仓储部门每周点评、每月分析，各部门成本费用、效益意识进一步提高。坚持快进快出，加大直发配送，固体产品每月存货周转次数提高到1.2次，吨产品营销成本同比降低12.26元。固体新产品开发平稳有序。深入调研市场、准确选择领域，技术服务到位、信息反馈及时，四川石化化工新产品在最短时间打入市场、得到下游认可，其中推介顺丁胶30多家次，通过贵州轮胎股份有限公司等5家企业认证。合计销售四川石化固体产品43.4万吨。

区域化实践稳中有进，分公司建设成效显著。销售分公司坚定区域化战略，实现整体发展。重庆分公司一手抓项目建设、一手抓经营，加大终端维护和开发力度，云阳金田塑业有限公司、佳通轮胎股份有限公司月销量分别达到3600吨和1000吨，2014年完成销量22万吨、吨利润排名第三。四川分公司创新营销模式，推行客户经理负责制，与绵阳金发、远星橡胶等企业合作稳定；大力开拓二级市场，形成“一主四辅”网络布局；全年销量逼近40万吨、吨利润排名第一。贵州分公司精耕细作，注重推价，全年销售11.4万吨、吨利润排名第二。云南分公司积极开拓市场，深化区域价格对标，全年销售14.5万吨，价格到位率保持领先。湖南分公司开展技术型营销、专用料月均销量从437吨提高到833吨，全年完成销量11.3万吨。陕西分公司应对煤化工冲击，与客户建立技术合作联盟，地暖管材DP-800试用成功，为填补市场空缺奠定基础。

【调运业务】 以2014年2月23日第一车正丁醇出厂为标志，陆续打通公路、铁路、水路、陆水联运流程，全年累计运输四川石化产品140万吨，销售四川石化新产品100.3万吨，形成集公路、铁路、陆水联运、集装箱、集装罐、自备车运输等多种方式为一体的运输保障体系。特别是在铁道部改制、四川石化专用线不具备危险化学品运输资质的情况下，不等不靠、创造性开展工作，及时完成苯类、丁醇、辛醇、乙二醇等铁路自备罐车购置，成为铁道部改制后首批购车、首批自备车投用单位，从而保障四川石化液体化工产品运输，确保四川石化化工产品后路畅通。

【企业管理】 改革迈出新步伐。成立改革创新领导小组，大力推进职能调整，优化调运、自备车管理，整合计划调运处、仓储处，收到流程简化、运行优化效果；组建业务五处，形成液体统销、固体分销“有统有分、统分结合”营销架构。

开源节流、降本增效收到新成效。通过承兑汇票顺转、票据贴现等方式，大幅降低财务费用。销售单元利用企业库加大直发配送，降费1000万元以上。重庆库建设减免配套费1035万元。

依法合规管理取得新进步。内控与风险管理稳步提升，实现财务报告、管理层测试零例外、零缺陷。新增制度7项、修订31项，制度体系进一步健全。审计监察突出重点，完成营销管理专项检查、项目跟踪审计和效能监察等6项审计；信息化建设稳步实施，危险化学品资质平台正式启用，应急管理平台建成上线。

全员提素工程实现新进展。2014年开展公司级培训20余项。举办中层干部及业务骨干培训班，组织中层干部、优秀员工上讲台活动，促进相互学习、整体提高。组织新员工、青年代表到四川石化跟班实习，加深员工对上游企业认知。邀请行业专家、专业人士集中讲座，举办西南化工市场发展论坛，提升整个团队的营销能力。

办公室系统建设取得新突破。办公室系统坚持“短实新”文风，起草重要文稿60余篇、完成综合调研报告2篇、拟写纪要90多期。编发综合通报13期，形成“周督办、月通报”工作机制。保密管理通过集团公司检查，企业宣传片摄制完成。档案室建成投用，档案管理由D级跨越至B级。2014年报送信息30多期、得分排名大区公司前列，西南化工销售获集团公司“信息工作先进集体”称号。

【工程建设】 重庆仓储物流中心是西南化工销售首个自行规划、投资建设的化工固体库。采用EPC总承包模式建设，2014年12月27日全面投入试运行。

【安全环保】 针对新增调运职能、危险化学品运输安全风险倍增的实际，强化属地管理和服务商监管，先后组织体系审核和安全专项检查，完成问题整改152项。召开西南化工销售首次仓储运输安全环保现场会，落实企业主体责任，强化服务方安全管控；开展仓储运输安全环保专家讲座，深入学习新《安全生产法》和《环境保护法》，提高各方安全意识和安全技能。

【新产品专用料开发应用】 把新产品专用料开发推广作为重要战略，深入市场调研、准确选择领域，技术服务到位、信息反馈及时，使新产品在短时间内打入市场、得到下游用户及生产厂家的认可，2014年累计推广销售新产品专用料45万吨。钢制管道聚乙烯防腐专用料项目，2014年3月20日通过集团公司项目验收，主要技术指标优于国内同类产品；11月底，《钢制管道聚乙烯防腐专用料采购技术规范》通过审查。聚烯烃医用专用料开发应用项目，进入药物相容性试验和安全性评价阶段。

【液体化工市场开拓】 液体化工市场新业务从零起步，超前培育市场，拓展销售渠道，新开发浙江逸盛石化有限公司、重庆华峰化工有限公司、五粮液集团有限公司等大型代表性终端用户，与69家新客户签订供货协议，2014年累计销售液体化工产品57万吨，成为西南化工销售提质提效新的增长点。

（梁　东）

销售企业

中国石油天然气股份有限公司东北销售分公司

【概述】 中国石油天然气股份有限公司东北销售分公司（简称东北销售）是中国石油在东部地区的派出机构，主要负责东北、华北地区13家直属炼化企业和2家地方性炼化企业成品油资源的统一采购、配置、调运和结算；负责东部地区24家成品油销售企业和83家专项用户资源的供应和一次物流；负责销售分公司以成品油形式买断出口业务的组织和实施；负责物流区域内沿海、沿江、沿成品油管线具有集散和储备功能的大型油库的建设和管理。本部设在沈阳市，机关设有15个处室，在黑龙江、吉林、辽宁、河北、天津、山东、江苏、浙江、广东9个省（直辖市）设有21家分公司，在职员工2400多人。

东北销售管控油库15座，库容331.81万立方米，其中资产型油库9座，库容226.66万立方米，租赁型油库6座，库容105.15万立方米。管理成品油铁路罐车7841辆，其中产权车4339辆，租赁车3502辆。截至2014年底，总资产99亿元，固定资产净值19亿元，负债26亿元，资产负债率26.43%。作为国内最大的成品油物流中心之一，2014年成品油销售量5019万吨，调运量6671万吨，实现销售收入3410亿元，运费成本65亿元。销售量约占中国石油成品油年产量的50%，占全国成品油市场表观消费量的20%。

【资源调运】 始终坚持发挥衔接上下游、协调产运销的物流枢纽作用。及时向炼化企业、销售企业传递运行信息，密切产销衔接，化解产销矛盾，2014年配置计划兑现率99.1%。为缓解炼化企业堵库压力，采取紧急收储等措施，有效降低炼化企业库存。探索“订单式”生产模式，协调大连石化、锦州石化、大庆炼化等企业多产多销97号汽油、国Ⅴ油品、航空煤油等厚利产品，同比增加257万吨；协调大港石化、华北石化等企业春季提前转产0号柴油30万吨，夏季转产+5号柴油63万吨，促进产销平衡，提高整体效益。在南京青奥会、北京APEC以及东北秋收、云南地震等特殊时期，筹措资源，精心组织发运，有力保障重点地区的资源供应。

【物流优化】 坚持物流优化控本降费重要措施，提高运行质量效益。坚持资源向区内高效市场倾斜，区内配置1725万吨，同比增加59万吨，节省运费4800多万元。与大连海运建立下海联动机制，每季度召开联动会议，优化大船运输，一次下海吨油运费100.32元，比预算减少1.68元，节省海运费3000多万元。全面优化自备车检维修流程，能直返、不重返，能站修、不入段，能近修、不远修，能预排、不等待，节省返空费162万元，单车平均定检周期缩短2.5天，增加自备车使用天数2万多天。争取铁路部门支持，使59辆产权车延期报废，资产增值413万元。

【安全环保】 深入开展库外管线、非生产区域安全隐患排查治理，使用安全生产费用3220万元，治理安全隐患23项。开展安全环保大检查，对查出的问题逐项整改落实，实行重点督办、销号管理、闭环控制。完成节能1241吨标准煤，节水3.94万立方米，超额完成工作目标。梳理领导班子与机关部门HSE职责，坚持开展体系内审、外审和管理评审，修订完善安全经验分享、承包商安全监督实施细则等15项制度。大力加强损耗管理，清理管线存油2173吨，推行诚信交接新模式，下海油和铁路运输损耗率分别为0.172%和0.017%，同比下降31%和76%，创历史最好水平；减少油品损耗 11753 吨，降耗增效 7929 万元。建立《质量计量纠纷应急管理规定》等 3 项制度，建立完善《水运油品承运方责任超耗处理流程》等 55 个流程，妥善处理商务纠纷 145 起，如期完成国Ⅳ车用柴油质量升级置换。

【企业管理】 加强项目成本控制和预算审核，2014 年审减概算和工程造价 882 万元，审减率分别为 6.84% 和 10.16%。完成各类建设项目 97 项，完成投资 1 亿元，千米桥油库维修改造等一批重点项目按期建成投用。加强信息化建设与应用，顺利实现一次物流集成系统单轨上线运行，启动 2.0 系统需求梳理和移动办公平台开发建设，制定耗材定额管理办法。加强制度管理，新建和修订规章制度 59 项，启动合规管理工作。深入开展岗位责任制大检查，创新检查方式方法，对查出的 216 个管理问题，逐项制订整改方案。优化合同审批流程，下放 5 类合同审批权限，审查合同 750 份，出具法律意见 426 条，提高审批效率，规避法律风险。加强财务管理，加强军队、航油、中铁等专项用油的结算管理，缩短结算承付期，节约财务费用 3972 万元。从严管控非生产性支出，“五项”费用同比减少 1554 万元，下降 27.8%。

（申　增）

中国石油天然气股份有限公司
西北销售分公司

【概述】 中国石油天然气股份有限公司西北销售分公司（简称西北销售）作为中国石油销售公司的派出机构，主要负责西部地区 13 家炼化企业、20 个省（自治区、直辖市）以及铁道、民航、兵团等 11 家专项用户的成品油产销计划衔接、资源优化配置、物流调运组织和质量计量监督工作。截至 2014 年底，西北销售机关设 12 个职能处室，下辖兰州、新疆、广西、郑州、陕西、武汉、川渝、宝鸡、玉门、永登、宁夏、呼和浩特、青藏等 15 个直属分公司，在职员工 2373 人。管理运营中西部地区 12 座油库，总库容 252 万立方米；拥有铁路专用线近 20 千米，自备罐车 5900 余辆。

2014 年，西北销售配置油品 4741 万吨，同比增长 8.8%；配置计划完成率 99.89%，产调率 100.18%；实现销售收入 3225 亿元，同比增长 3.8%。吨油运费 178.75 元，较预算减少 3.45 元。安全环保实现“三个为零”（工业安全生产事故为零、道路交通事故为零、火灾事故为零）。

【“两保”责任履行】 面对产销不利局面，西北销售牢固树立大局意识、全局观念，超前统筹谋划，主动积极作为，较好地履行“两保”责任。针对四川石化新厂开工后，储运配套设施不完善、产品外调难度大等实际情况，紧盯生产动态，加大铁路发运，督促开通彭州支线，确保新厂一次开车成功。针对宁夏石化、呼和浩特石化柴汽比低、油品外调难度大的实际情况，制订“一厂一策”油品出厂方案，加大铁路发运，有效疏通炼油厂生产后路。针对汽油产销矛盾突出的问题，从源头优化入手，生产柴汽比提高至 1.79，较计划提高 0.03，缓解汽油运行压力。在抗击自然灾害、炼油厂集中检修、管道异常停运等特殊时期，西北销售细化保供措施，多渠道筹措资源，精细调运组织，保障市场资源足额供应。制订国Ⅳ柴油置换方案，编制置换台账，节点跟踪监控，按期完成置换工作。

【物流优化】 围绕“资源从哪里来、资源到哪里去、资源怎么去”这一核心问题，从上下游、全过程、跨区域优化入手，提高整体运行质量。优化运输方式和运输组织，狠抓管道增输上量，采取“多批次、小批量”输送方式，加大管道进线量，增加管输品种，拓宽管道资源辐射范围，实现兰郑长管道全线贯通，兰成渝管道满负荷运行，出疆油品全部由管道外运。3 条长输管道完成管输 2034 万吨，增长 40%，管输量占调运总量的比例为 64%，同比增长 5.1 个百分点。狠抓铁路自备车效率提升，周转率从 2.99 次 / 月提高到 3.17 次 / 月，相当于 2014 年增加运能 45 万吨。加大成品油铁路进藏力度，2014 年铁路发运西藏油品 43.7 万吨，节约运费 5850 万元，铁路运量已占到进藏油品总量的 54%。按照“库站关联、梯次补充、跨区配送、一二次整体最优”的思路，深入推进公路跨区配送，累计配送 33 万吨，节约运费 3200 万元。在铁路运价上涨 10%（增加运费 2 亿元）的情况下，2014 年运费较预算降低 1.63 亿元。

【油库管理】 按照“组织机构扁平化、人员专业综合化、运行操作智能化、辅助业务市场化”的思路，在彭州、长沙、西固等油库开展国际水准油库创建试点。优化机构设置，宝鸡、长沙、彭州等油库推行大班组运行，实现机构精简、人员精干、运行高效；成立技术中心，为油库先进技术推广、课题攻关搭建平台；推进油库管理平台和自动计量设备应用，液位仪应用率从40%提升到81%；推进油库辅助业务市场化，长沙、彭州油库设备维护、机电维修实现专业化外包，油库运行效率和安全管理水平明显提升，有力支撑物流调运工作。2014年各油库完成油品周转量1189万吨，同比增加544万吨，增长84%。

【安全和质量计量管理】 按照管理无漏洞、现场无隐患、行为无“三违”、安全无事故的目标要求，突出“一岗双责”，强化属地管理，严格落实安全生产责任，实现安全生产平稳受控。以推进HSE体系建设为抓手，明确机关管理和现场操作职责，持续开展体系审核和综合性安全检查，增强体系运行有效性。开展西固、永登等10座油库输油管线专项排查整治，对15项问题实施专项挂牌督办，整改率100%。2014年投入资金6337万元，完成武汉、宝鸡油库消防系统改造，郑州油库安全环保隐患整改，玉门油库公路发油下装改造，永登油库铁路栈桥改造等项目，提高设备自控水平和安全生产水平。顺利完成西固油库家属区搬迁，消除历史遗留安全隐患。强化质检中心和各油库检测能力建设，新疆、兰州质检站获得国家实验室认可资质，完成集团公司下达抽检任务278批次。全程监控油品升级置换，及时处理质量计量纠纷，确保油品质量可靠、数量准确。

【企业管理】 按照“一切工作纳入计划、一切费用纳入预算”的要求，持续推进综合计划管理，制订各专业及各单位年度综合计划1150项，强化月度考核，有效促进各项工作的落实。加强预算和费用管理，深入开展“开源节流、降本增效”主题活动，费用控制取得明显成效。2014年商流费总额较考核指标减少9000万元，“五项”费用同比下降33%。获得地方水利基金减免1738万元，收到财政返还资金2371万元。加强合规管理，开展制度集中宣贯，融合内控流程和岗检标准，开展内控流程测试和基础工作大检查，促进制度和标准的执行。实施一次物流系统集成，全面推广移动办公系统和应急管理系统，企业信息化水平稳步提升。突出审计监督，2014年开展审计项目28项，审计单位覆盖率50%。开展业务招待费、培训费等“八项费用”执行情况专项检查，督促规范费用管理。

【队伍建设】 持续优化处级干部队伍结构，调整交流领导干部21人。加强用工总量控制，稳步推进业务承包和劳务派遣工作，累计实现内部调剂用工103人，减少社会用工102人，最大限度盘活用工存量。加大员工技能鉴定和培训力度，2014年完成主体工种技能鉴定10批次246人，新增集团公司油品储运专业技师19人，中、高级操作技能人员占到操作服务人员的76%，持“双证”率达到50%，队伍整体素质进一步提升。1人荣获“全国五一劳动奖章”，1个集体荣获集团公司先进基层党组织称号。

（陈　斌）

中国石油天然气股份有限公司
润滑油分公司

【概述】 中国石油天然气股份有限公司润滑油分公司（简称润滑油公司）是集生产、研发、销售、服务于一体的专业化公司。润滑油公司成立于2000年12月19日，现有11个润滑油（脂）生产厂、6个销售分公司、2个研发中心、3家股权单位。总资产75.18亿元，固定资产原值36.1亿元，员工总数5379人。

2014年销售润滑油（脂）153.1万吨；销售收入143亿元；实现考核利润1.76亿元，同比增加1.46亿元。高档油品销售88万吨；产品吨油销售价格9628元，同比增加175元；吨油利润104元，同比增加92元。

【品牌产品】 昆仑包装油以昆仑为主品牌，由“昆仑天润”“昆仑天威”“昆仑天工”“昆仑天鸿”“昆仑天蝎”“昆仑之星”及昆仑工业油组成较完整齐全的品牌架构。产品包括车用润滑油、工业润滑油、特种润滑油、船用润滑油、车辆辅助产品等，涵盖油、脂、剂等。

【生产运行】 产销衔接持续加强。着力发挥计划引领作用，加强市场预测和分析，提高销售计划准确性，通过月度、季度计划，为生产安排、货源储备、物流统筹提供计划导向，初步实现以销售计划为导向的产销衔接机制。优化生产布局，强化调度中心功能，建立快速保障机制，提高供货及时率，新天润等高档产品实现7天供货率73.8%，15天供货率95.8%。

质量管理有效提升。强化质量意识，狠抓质量管理，产品质量一致性和稳定性得到较大改善。深入开展TS16949质量体系建设，加强原材料质量管控，强化工艺技术和生产过程管理，制定严格的产品内控标准，严把产品出厂检验关。开展质量攻关活动，共查出各类质量问题179个，立项34个，完成9项攻关。在炼化、销售板块大力支持下，成立基础油工作小组，理顺基础油生产协作机制，为推进基础油质量的提升奠定基础。

信息系统建设初步完善。启动销售应用集成项目、物流2.0系统、客户关系管理系统（CRM）、生产过程控制系统（EMC）等项目的建设工作。建立生产经营信息平台，实现运营调度信息共享、订单到货跟踪。开发基础油质量信息系统，实现基础油质量数据实时查询和对比分析。

HSE管理体系运行有效。深入开展HSE体系建设，落实安全环保主体责任，开展安全监督培训，加强过程管控，认真抓好隐患治理，确定15个隐患治理项目，整改完成14个，实现“零事故、零伤害、零污染”的总体目标。

【销售管理】 品牌价值不断提升。强化品牌传播，以对产品突出“抗磨”、对消费者传递“关爱”、对社会与环境体现“责任”为核心框架，制订总体传播策略，实现传播方向一致，提高效率。加强产品设计，对公司产品进行全面梳理，明确10条产品线，并在渠道和终端进行宣传。集中有限资金发挥更大效能，借天润新产品上市，在12个核心经销商所在的12个城市集中投放广告，收到初步效果，理顺新产品上市、广告投放管理流程。

新产品营销初见成效。实施核心经销商计划，高端渠道实现突破。总结郑州国威、贵阳显昭经销商成功经验，推行“一张表”管理模式，通过从锁定目标，到实现进货，再到绑定终端，形成较为完整的终端开发体系。12家核心经销商销售SL及以上高档汽机油965吨，同比增长5倍，SM销售403吨，同比增长5.2倍，SN销售138吨，实现零的突破，实现毛利4354万元，为高档汽机油的跨越式发展积累经验。积极开展GL-5+、MTF-18产品的上市推广，换油周期、产品性能超过竞品，仅推介会就订购160吨。切削液在天管的试用与推广，积累丰富的经验，实现金属加工液的历史性突破。KI20X变压器油的上市，提高产品附加值，2014年销售4055吨，为中高档变压器油设置“防火墙”，有效应对竞品冲击。

渠道质量明显提升。润滑油公司在销售上始终从客户的角度出发设置渠道，把终端的开发、管理、服务作为中心任务，根据产品特点，采取不同的销售策略。车用油进一步细化销售渠道，突出高档油渠道建设，分客户群逐步形成高档昆仑天润、天威，经济型昆仑天润、天威、天蝎五类渠道，分别制订营销策略，高档昆仑天润核心经销商发展计划初见成效。在销售分公司支持和推动下，充分利用“四省一市”加油站渠道，推进车用油及车辅产品在加油站的销售。充分利用网络营销渠道，京东商城2014年销售车用油、液9000桶，有序推进天猫旗舰店上线工作。工业油深耕终端，创新管理和服务模式。细分终端客户和渠道，实施“一户一策”策略，公司级VIC客户销量同比增长12%。深化系统内用油业务，组建集中润滑专业服务团队，对大庆油田进行“服务到现场，润滑到设备”的全新尝试，节约对方成本800多万元，探索一条润滑油销售的新模式。促成系统内企业使用昆仑润滑油比例不低于60%方案的落地，为系统内用油增量增效迈出实质性步伐。组建军用油工作小组，军用油生产保障基地增至3个，销量同比增长45%。充分利用集团公司战略采购合作平台，建立与战略供应商润滑油业务的深度合作机制，与宝钢、沈鼓等企业加深合作，特别在天管的全面替代，既增加替代国际油公司产品的信心，又打造工业行业全面系统开发的引导和示范平台。特种油对终端客户分类管理，强化开发服务，通过建立客户走访制度、月终讲评等方式实现闭环管理。以西变集团为试点，初步建立变压器油配送体系，首次为青藏铁路项目提供配送服务，实现高海拔地区配送零的突破。荣获西变、特变电、西门子等7家企业“优秀供应商”称号。变压器油及橡胶油已占据国内高端市场85%以上份额，变压器油销量增加2万吨。大客户销售拓展OEM终端售后市场，上海通用、上海大众等企业的服务油销量同比增长5%。跟进新车型配套研发，开发上汽乘用车A1/B1和C3发动机油等产品。OEM高档油销量明显改善，SL及以上产品占汽机油的95%，增长8%，CH-4及以上产品占柴机油的68%，增长18%。荣获上海通用、北汽福田、东风汽车3家汽车制造企业“优秀供应商”称号。船用油优化和完善服务体系，规范在用油品监测管理，2014年向中远集团销售各类船用油品3071吨。出口业务积极寻求新突破，实现向泰国上汽首次供应车用油。探索借助设备商配套出口的新模式，山东临工设备配套油技术工作有序开展。

市场管理有效改善。引导渠道成员确立服务意识、终端意识，树立“向市场要利润”的理念，实现共赢。对渠道成员建立准入办法，进行分类管理，建立客户档案，定期评价考核。规范价格管理，理顺价格委员会工作流程，及时跟踪基础油等原材料价格走势，分析竞品价格，持续追踪成本测算，初步建成对渠道不同成员梯度分明、利润合理的价格体系。加强市场秩序管理，强化打假维权，确保防伪物流体系有效运行，2014 年采集防伪物流标贴 2.2 万枚，实施打假维权行动 139 起。

【科研规划】 转变观念见实效。大力倡导科研为客户服务、科研为经营服务的理念，推广以 4D 为基础的研发流程，科研人员积极践行，走出实验室，解决市场急难问题。为四川石化量身定制聚丙烯造粒机齿轮油，赢得四川石化全部市场份额。昆仑高压聚乙烯压缩机用油获得布克哈德 OEM 认证。设计开发南车集团高铁动车齿轮箱用油，一次性通过台架试验，将进行 60 万千米实车试验。KTGS 极压型联合循环汽轮机油，通过国家能源局鉴定。开展中速机油在中国海油马克机试验及曼机的 OEM 认证。

科研取得新成果。2014 年申报专利 31 项，14 项获得授权，1 项成果获得集团公司科技进步奖二等奖。通过集团公司润滑油重点实验室验收和运行评估。完成 16 项企业标准审查及 53 项标准复审，完成 11 项国家标准标制、修订，另有 4 项列入 2014 年国家标准标制定计划，4 项标准通过板块优秀标准奖初评。

服务生产见效益。强化对生产问题的研究，促进降本增效。CF-4 优化配方降低吨油成本 396 元，年节约添加剂成本 700 万元。DRA 系列冷冻机油大批量投放市场，2014 年实现工业化生产 8000 吨，增效 2000 万元。渔船用油、KI20X 变压器油投放市场。

技术服务有突破。整合全公司的力量，成立技术服务中心，将行业和区域相结合，形成技术服务体系，打造昆仑润滑油技术服务品牌（KunLun Care），完成集团客户润滑方案、设备用油推荐方案，科研人员通过参与市场服务，了解用户需求，解决研发输入。共完成 VIC、OEM 开发服务计划项目 32 项、协助处理质量事故投诉 12 项，为今后销售人员解决此类问题积累了经验。建立质量抱怨处理响应机制，对质量抱怨事件实行销项管理，2014 年处理、解决质量抱怨 37 件。

【企业管理】 制度体系初步形成。严格执行“三重一大”制度，开展“制度年”活动，2014 年梳理有效制度 223 项，提出制、修订 119 项，颁布 34 项。法律管理、内控与风险管理取得实效，合同集中审查率 100%，修改内控流程 627 个，收集风险事件 107 项。启动合规管理工作，树立“不要违规利益”的理念，确立合规管理框架和机制，为全面推进奠定基础。

财务管理不断加强。有效利用“金融工具”，充分运用承兑汇票支付手段，2014 年使用承兑汇票对外支付 21.4 亿元，节约财务费用 3591 万元。准确把握“财税政策”，与大庆炼化共同将 2CST 油调整为变压器油料，减税 317 万元。积极推进“资产轻量化”，2014 年报废资产 948 项，原值 10574 万元，净值 549 万元。深入开展“开源节流，降本增效”活动，运行机制、库存周转和降本控费等方面取得明显成效。

工程管理有序推进。坚持集团公司集中采购模式，进一步规范采购行为，加大框架协议采购和生产经营原材料采购执行力度。加强物资管理，逐步把采购管理延伸到生产经营的各个方面，包装物、添加剂逐步走向零库存管理。加强投资建设项目管理，北京润滑油厂配套完善工程项目二期可研已批复，完成初步设计内部评审。完成太仓添加剂建设项目主体工程。

组织机构和薪酬管理进一步优化。根据公司业务需要，调整机关组织机构，理顺管理机制。对分公司机关也进行调整，分公司机关人员占比下降 9%，增强一线销售力量。同时按照“油、脂、剂、液均衡发展”的定位，重新布局研发力量，成立金属加工液事业部、无锡润滑脂研究所。实施新的《工资总额管理办法》，强化绩效考核主导作用，严格月度考核、季度兑现，把基层员工的浮动薪酬与考核结果挂钩，重点向利润贡献大、劳动效率高、科研及工作条件艰苦的单位和岗位倾斜，向一线倾斜，切实体现“收入凭贡献”的分配原则。2014 年，员工工资总额同比增长 4.8%，中层干部薪酬兑现额度同比减少 400 万元。

【队伍建设】 加强党建和班子队伍建设。认真学习党的十八大、十八届三中、四中全会精神，持续推进“六个一”党支部建设工程。坚持德才兼备、以德为先的用人标准，不断调整充实两级领导班子。2014 年，润滑油公司领导班子补充 2 人，共任免调整干部 34 人次，其中提拔 9 人次，平级调整 22 人次，退出班子 3 人。后备干部队伍建设进一步加强，二级单位配备 12 名助理及副总工程师。按照集团公司要求，强化中心组学习，组织领导干部、中青年干部培训班，逐步推进干部的分级轮训，不断提升班子整体素质。

加强党风廉政建设。认真开展惩防体系建设，制订惩防体系工作规划、分工方案及推进计划。深入落实党风廉政建设责任制，强化党委主体责任和纪委监督责任，层层签署党风廉政建设责任书，促进各级领导干部认真抓好分管部门的反腐倡廉工作。开展3次反腐倡廉教育集中学习，促进企业廉洁文化建设。加大信访案件查办力度，2014年共受理信访件5件，了结4件，给予党纪处分3人、政纪处分3人。

狠抓作风建设。认真贯彻落实中央8项规定、集团公司20条规定的要求，统一思想，加强队伍作风建设。润滑油公司上下“一盘棋”观念得以加强，机关服务基层的意识增强，基层“打小算盘”的现象有所好转。员工士气好转，机关员工工作积极性增强。严格控制“三公”经费支出。公务用车全部实现编制管理、总量控制，共清退租赁车辆38台，调拨40台，封存和拟报废车辆47台。机关、各二级单位共清理超标办公用房1304平方米。严格执行集团公司《内部公务接待管理规定》，2014年未发生任何超标准、超规格接待事项。

发挥群团组织优势。民主管理不断加强，落实提案23件。职工之家建设活动稳步推进，2个单位荣获直属工会先进职工之家荣誉称号。“五型”班组建设效果明显，90%以上的基层班组建设达标。2014年共拨付帮扶资金91.8万元，帮扶困难人员372人次。组织开展第五届“昆仑杯”羽毛球运动会，参加直属工会2014年员工乒乓球赛。5个集体、10名青年受到上级团组织表彰。

（邵伟国）

中石油燃料油有限责任公司

【概述】 中石油燃料油有限责任公司（简称燃料油公司）前身是中油燃料油股份有限公司，成立于1997年。2009年起，负责中国石油系统内所有沥青、燃料油、馏分油、溶剂油等炼油小产品的“四统一”工作，即统一市场销售、统一对外投标、统一产品品牌、统一售后服务，业务上归销售分公司领导。2011年，燃料油公司由股份制董事会管理模式改为中国石油全资子公司，更名为中石油燃料油有限责任公司。燃料油公司是集资源进口、生产加工、仓储中转、期货贸易、炼油小产品统销、产品研发与技术服务为一体的实体型企业，年原油进口量千万吨以上、年加工能力1350万吨、销售和中转能力2000万吨以上、仓储能力330万吨。总部机关设有12个职能处室、3个直属机构；下设四家沥青生产厂（秦皇岛、高富、温州、江苏）、三个储库（湛江、青岛、宁波）、七家区域销售公司（东北、华北、西北、华东、华中、华南、西南）、一家研究院、一家工程管理公司，参股管理两家企业，现有员工3066人。

2014年，面对国际油价走低、国内需求放缓的严峻形势，燃料油公司克服贸易难度大、利润空间趋紧等多重压力，坚持“统筹、完善、拓展、集成”的八字方针，持续打造“采购、生产、存储、物流、营销、科研”六位一体的产业链建设，把握节奏、审慎运营，生产经营管理工作取得良好业绩。原油采购1697万吨，同比减少257万吨，均衡控采降低成本5.8亿元；外筹小产品1124万吨，其中直属炼油厂485万吨、加工产品595万吨、其他外采44万吨；自有厂加工原料油485万吨，同比减少7万吨。委托加工1269万吨，同比减少51万吨；中转油品3509万吨，同比减少88万吨。资源型外租库中转量907.1万吨，中转次数4.12次，同比提高0.22次。吨油中转费用25.19元，同比减少7.13元。自有库新增商储收入5500万元；销售各类油品2188万吨，同比减少154万吨，其中沥青销售651万吨（改性沥青销售12.39万吨，同比增长20.41%）、燃料油销售197万吨、其他油品销售1340万吨；实现利润13.05亿元，比预算增加0.85亿元，同比增加2.77亿元；商流费总额10.8亿元，比业绩合同减少1.2亿元，同比减少1.22亿元；生产技术指标均好于对标值，综合商品率99.6%，加工损失率0.4%，综合能耗18.73千克标准油/吨，产品合格率100%。健康安全环保持续平稳，生产安全事故和环境污染事件为零，主要污染物达标排放率100%。

【原油贸易】 坚持低库存策略，统筹国外、国内两个市场，通过控制国外采购和国内销售两个关口，有效控制原油商流库存，减少采购成本5.8亿元。采购从“完成计划量”转向“保底控量”，坚持“专人专岗商情掌控、参照产销存情况全局掌控、自然计价与套期保值双策略控制、盘位上限风险控制、夜间盯盘实时控制、期货现货相匹配”六条操控原则，提高市场判断准确度，有效控制采购量和成本。2014年前三季度采购量均低于计划量，全年比计划少进口421万吨，商流库存最低降至61万吨，为近4年来最低值，有效降低库存油品跌价风险。

【一体化运作】 推进产业链一体化运作，创效显著。整合原油资源、产品资源，打破市场阻隔、系统内外界限，成为互惠互通的有机整体。发挥自有厂与合资、委托加工炼油厂的协调互补优势，控制进口资源投放量，优化原油资源配置，实现效益最大化，2014年委托加工原油1269万吨，毛利贡献率80%。发挥销售分公司一体化优势，拓展五家山东地炼供应单位，加强与成品油市场的深度融合。发挥自有厂与直属炼油厂、地方炼油厂的合作互利优势，开展系统内石脑油直供业务，燃料油公司自有厂石脑油全部纳入厂对厂供应，收购地炼石脑油1.6万吨，2014年直供17.38万吨，增利1.7亿元。

【生产加工】 引导自有厂和直属炼油厂优化产品结构，实现产品效益最大化。批量生产胶粉改性沥青、定制生产特殊指标沥青产品。以基质沥青为突破口，转产非路用沥青产品19万吨，增效5532万元，有效缓解重交沥青市场下行压力。挖掘直属炼油厂油浆效益，2014年加工油浆22.77万吨，单炼油浆实现工业化生产，探索出油浆蒸馏脱固的工艺路线。开展船燃调和、行船试烧工作，自产燃料油实现零突破。挖掘自有厂侧线油效益，降低侧线油收率，生产防水卷材专用沥青。调制D系列船燃27.47万吨，增效1374万元。分级分储减二线油，将品质较好的用作润滑油基础油，提高产品效益。

【科技研发】 沥青新产品开发瞄准世界先进水平，三个新产品实现实体工程应用，实现效益、品牌双赢，浇筑式沥青混凝土专用沥青达到日本同类产品先进水平；高模量沥青达到法国加入抗车辙剂产品的先进水平；低标号改性沥青的技术指标和路用性能处于国际领先水平。“昆仑”沥青产品赢得我国第一个加速加载试验场“足尺环道”项目建设的独家供应。开发三种典型用途的硬质沥青，分别在泰州大桥、徐州国省道及苏州成功进行试验路铺筑。开展重质原料加工应用攻关，探索出油浆渣油应用于防水卷材沥青原料、氧化沥青原料的应用途径，油浆侧线油应用于糠醛精制、船燃调和、针状焦原料等高附加值产品中的利用方向，获得三大类、五个标准33个牌号的燃料油产品配方。

【市场营销】 集中精力攻克重点项目、集中力量维护主渠道用户、集中运力统一调拨资源，合力开拓市场。维护主渠道用户，召开第五届“中国石油昆仑沥青年会”，建立更深层次业务往来。与云南公路局签署战略合作框架协议，利用对方仓储优势开拓当地市场；与西藏交通厅、内蒙古交通厅深度沟通，进一步密切合作。加大项目开发力度，参与“贵安新区”“沪昆高速”等137个标段的投标工作，中标111万吨，中标率36%。尝试开展沥青期货交易，开辟新的营销渠道。七个区域销售公司努力开拓终端市场。推动50号沥青入琼，填补海南市场空白；推动高黏高弹沥青入滇，领军云南高端市场；推动道路沥青入桂，促进广西高等级道路材料国产化；推动改性沥青首次入豫、入疆，获得河南机场改扩建项目的独家供应；采取“实地调研、技术服务、收尾保供”三步走措施，东北区域市场占有率提高到42%。

【物流体系建设】 统筹运输资源，优化物流结构，形成储运销一体化运营体系。利用外租储库，将产品送到市场前沿。购置180辆铁路自备车，缓解运力短缺。开通哈炼铁路运输方式，争取沧州、山东远途用户；利用江苏公司储库，为湖南“长韶娄”项目开展个性化仓储服务；强化区域间整体调配，跨区调拨产品12.72万吨。在物流环节，提高三个外租库的库租费和中转效率，增加效益2600万元。盘活湛江、大榭油库闲置库容，增加商储收入5500万元。

【精细化管理】 燃料油公司秉承“强化预知管理、加速立体推进”的管理理念，从“制度、流程、标准”三要素入手，持续构建“三位一体”管控模式。连续三年召开精细化管理现场会，深入推进精细化管理，持续强化标准体系建设，为有质量、有效益、可持续发展筑牢根基。持续开展制度的建立完善工作，对照燃料油公司产业链涉及的21类专业，梳理120项制度，废止42项，调整56项；整理产品标准、技术规范、施工规范，以此为依据结合燃料油公司实际，建立9大类660项标准。

【队伍建设】 开辟“经营管理、专业技术、操作技能”三种人才成长通道，加强“三支队伍”建设。规范干部选拔任用工作程序，有序推进各级管理干部的选拔任用工作。职称晋升和薪酬分配向基层一线员工和专业技术骨干倾斜，有效激发人力资源活力。开展廉洁文化建设和职业道德素质教育，加强干部员工作风建设。系统内、外培训干部员工4795人次，提高员工的综合素质。

【党建思想政治工作】 认真落实党委和纪委在党风廉政建设中的主体责任和监督责任，深入推进反腐倡廉建设。自上而下健全党建工作制度体系，强化党组织政治核心作用。组织副处级以上干部集中培训，深入学习领会中共十八届三中、四中全会精神和习近平重要讲话精神，巩固党的群众路线教育实践活动成果。严格落实集团公司关于加强“三超”治理的文件精神，细化完善各级领导人员办公用房、公务用车、公务接待、业务支出方面管理实施办法，坚决反对“四风”，推进党员干部作风建设常态化、长期化。推进关爱工程，帮贫扶困，改善员工工作生活条件；组织羽毛球、乒乓球、篮球三项赛事，增强队伍凝聚力，提高党群团组织建设水平，发挥群团的生力军作用，凝聚发展力量。

（杨玉玲）

中国石油天然气股份有限公司辽宁销售分公司

【概述】 中国石油天然气股份有限公司辽宁销售分公司（简称辽宁销售）主要承担辽宁地区（不含大连市）石油成品油经营业务，下设13个市级公司，36个县（市、区）经营部，独资在用油库22座，总容积65.38万立方米，有自营加油站1103座，约占辽宁省加油站总数的三分之一。在职员工13218人，其中合同化用工5097人、市场化用工8023人、劳务人员98人。

2014年，在集团公司和销售分公司扩销增效、保持份额的总体要求下，较好地完成各项工作任务。实现总销量660.15万吨，同比增长0.1%。其中，零售量474.6万吨；润滑油销量38.77万吨，昆仑车用润滑油销量7417吨；销售收入496亿元；报表利润8.09亿元，非油品销售收入4.67亿元，创利润6070万元；20座自有油库安全吞吐油品1399万吨，未发生安全等级责任事故，保持稳定向好的发展局面。

【市场营销】 召开片区经营工作推进会、季度经济运行分析会，发布月经营指导意见，实行市场份额领导挂钩责任制，走访大机构客户。加大市场份额在地市公司绩效考核中的权重，努力完成直炼计划，力保炼油厂后路畅通；积极采销地炼资源，减少其负面影响，在大量低价地方性炼油厂资源冲击市场情况下，留住机构客户，稳住市场份额，取得良好效益，为应对油价一路下行积聚力量。

批发价格灵活掌握，反季销售防范客户流失，实现批发销量162万吨，同比增长42%。零售业务优化现场布局，加强管理服务，推进开口营销，开展主题促销，促进纯枪增量，“油卡非润”联动促销，与银行、通信企业合作促销，共享客户资源，实现互利双赢。推广全流程诊断与优化，实施加油站功能形象微改造，学习先进站，打造精品样板；治理“双低站”，推动提量增效。强化绩效考核与激励，加大薪酬与油品销售挂钩力度。179座加油站实施全流程诊断与优化，112座低销站、41座低效站“摘帽”，汽油纯枪量比同期增加12万吨。28座特许经营加油站销售油品20万吨。

【非油品和润滑油业务】 落实“看3表（销售排行表、交接班报表、库存明细表）、查6单（订货单、收货单、退货单、促销单、变价单、盘点单）、做9件事（查单陈列、盘点班结、微笑相迎、主动促销、及时录入、唱收唱付、随时理货、准确收退、即时调价）”的“369”服务规范，强化日常管理，抓好队伍培训，增强服务意识，优化店内布局，改善购物环境，针对消费者多种感官，营造全方位销售氛围，商品促销常态化，节日促销特色化，客户服务个性化，“油卡非润”一体化，店内凝聚零散客户，店外开发机构客户，精选商品种类，优化商品结构，树立品牌形象，培育忠诚客户，各市分公司结合实际，各展所长，取得很多好的经验。

润滑油业务坚持扩销、降库、增效目标，对终端销售与对经销商销售并重，工业用油与车用油销售并重，举办6次昆仑润滑油大型推介会，成功开发一批昆仑车用润滑油大型机构用户，启动昆仑快速换油中心试点，拓展服务渠道。

【投资工程建设】 协调资金，统筹投资计划，2014年完成投资2.63亿元，续建加油站23座，新增加油（气）站4座，扩建加油站25座，技改加油站21座。878座资产型加油站全部完成油气回收改造，为辽宁“蓝天工程”做出重要贡献。着眼提升网络长远创效能力，2014年评审立项加油、加气站项目18个，3座油库扩建项目稳步推进。突出抓好续建项目投运和清理，清退加油站6座，投运13座。合理处置与有效盘活土地6宗。制定小站、旧站增量创效治理方案，改造有区位优势和发展潜力的加油站32座，提高存量资产创效能力。启动“十三五”发展规划编制前期工作，提前谋划企业未来发展。工程建设严格执行国家法律法规和企业各项规章制度，从严管理，规范操作，保证质量、安全和进度。

【管理体系建设】 深入推进HSE管理体系建设，2014年两次审核中发现的275项大小问题全部落实整改。落实安全环保责任制，开展“岗位安全我负责”主题活动，增强干部员工的安全意识，提高操作人员的安全技能。按规定提取安全生产费用3859万元，整改库站安全隐患137项；大力开展库外输油管线隐患专项治理，79项隐患问题全部完成整改。开展安全生产大检查，整改大小问题1194项。

以承办销售企业精细化管理会议为契机，进一步加强油品数量质量管理，实施11项措施治理油品公路运输损耗，2014年公路运输损耗率0.16%，同比下降50%。严守油品质量“红线”，制定落实油品质量管理细则，保证油品入库检验率、合格率均达到100%。

2014年，完成“全面突破”阶段各项工作，稳定市场份额和效益，控制用工总量，保持安全环保与稳定的良好形势。

持续推进内控体系建设，完善内控管理手册的风险控制措施，对重大风险落实责任部门，制订专项措施，做好风险防控。精细化管理工作有计划、有措施、有考核，编辑出版《管理与实践：精细化管理案例选萃》《百川》辽宁销售公司基层工作集锦系列，供基层单位互相学习借鉴。推进依法治企，对55项重大决策事项提出法律意见130条，规避潜在风险。规范加油站特许经营工作，维护企业的合法权益。

发挥预算激励与约束功能，完善综合指标排名考核体系，突出效率和效益。增强经济运行分析的指导性，完善对标分析体系，为决策提供可靠依据。加强资金管理，推广加油站资金管理模块，动态监控，专项检查，夯实基础，消除隐患，不断提高资金管控能力。加大资产管理力度，推进加油站资产月盘点工作，规范资产动态管理流程，资产管理提升到新的水平。贯彻落实集团公司“开源节流，降本增效”要求，2014年费用总额比预算降低1.94亿元，其中“五项”费用同比减少1013万元。

加快信息化建设进程，完成集团公司网管项目试点工作。做好销售企业应用信息系统集成准备工作，大力推动信息系统深化应用，实现“业务全覆盖，数据全包括，应用常态化”，促进信息化建设与业务发展深度融合。加强软硬件配备、监控、巡检和运维，保证信息系统平稳运行和网络信息安全。辽宁销售连续三年获得集团公司“信息管理先进单位”称号。

接受集团公司离任审计，非油品、外采油专项审计，工程项目监察，集团公司党组党内巡视。完成经济责任审计、业务专项审计16项，对加油站资金管理情况进行效能监察，建立问题整改的长效机制。

【人事管理】 2014年，建立和修订用工管理、薪酬管理、绩效考核、干部管理等组织人事管理制度13项。规范机关机构设置，油库划归地市公司实施属地管理，保证油库安全运行。推进“升级版”地市公司建设、加油站业务外包、油库大班制运行3项改革，本溪、营口、锦州、阜新4家地市公司完成“升级版”调整，优化机关员工133人，用工结构更加合理，年度控员任务基本完成。实行动态绩效考核办法，突出薪酬的激励和导向作用。规范薪酬分配秩序，形成机关与基层薪酬分配联动机制。员工薪酬同比人均增长8.7%以上，其中一线员工增长更大。重视员工培训，依托培训中心举办各类培训班24期，培训学员2972人次，完成技能鉴定1907人次，提高员工队伍素质。

【党建群团工作】 持续深入开展党的十八大，十八届三中、四中全会精神和习近平总书记系列重要讲话精神学习活动，举办12次党委中心组学习、两期专题讲座。发展新党员131名。健全领导干部调研管理办法、服务基层联系点制度、首问负责制、限期答复制。持续抓好党的群众路线教育实践活动问题整改，制订整改措施51项，整改各类问题46项，修订制度7项，新建制度8项，领导班子“四风”突出问题全部完成整改。

制修订《辽宁销售公司党风廉政建设责任制实施细则》等4项制度。与辽宁省人民检察院辽河分院开展检企共建活动，参观辽宁省反腐倡廉展览馆。

全心全意依靠职工群众办企业，弘扬“我为祖国献石油”主旋律，王萍加油站、昆山加油站成为辽宁省国资委系统企业文化建设基地。修订完善《辽宁销售企业文化辞典》，在石油媒体发表稿件242篇。发放帮扶资金187万元，帮扶各类困难人员647人次。积极履行社会责任，向辽宁省委省政府确定的扶贫帮困联系点派驻工作人员，第一笔20万元帮扶资金下拨到位。辽宁销售团委组织“为中国梦加油”主题活动，沈阳昆山加油站被命名为“中央企业青年文明号”。

做好维稳信访工作，化解矛盾纠纷，加强网络舆情监测，有效应对负面舆情信息。落实离退休职工政治、生活待遇，定期走访慰问，组织健康疗养，丰富文体活动。

（马　丽　杨晓佳）

中国石油天然气股份有限公司四川销售分公司

【概述】 中国石油天然气股份有限公司四川销售分公司（简称四川销售）前身是四川省石油总公司，成立于1952年9月，1998年成建制上划中国石油天然气集团公司。四川销售主要从事成品油批发和零售业务，以及便利店、润滑油、天然气、广告和化工产品等非油品销售业务，是四川地区成品油市场的主渠道供应服务商。截至2014年底，四川销售设13个机关处室，下辖28个二级分公司、2个直属单位，员工14932人，资产总额129.79亿元，拥有在用油库23座，库容82.57万立方米，资产型加油站1510座，经营机构和营销网络遍布四川城乡。

2014年，面对经济增速放缓、油价急剧下跌、竞争全面升级、自然灾害频发等不利局面，四川销售坚持"扩销、降库、控本、增效"，完成年初既定的目标任务。销售各类油品851.84万吨，其中汽柴油销量833.24万吨，同比增长7.6%；自营纯枪销量623.32万吨，同比增长7.1%。实现营业收入652.82亿元，同比增长2.9%，其中非油品收入7.75亿元。实现利润15.05亿元，同比增长14.9%，其中非油品利润8298万元。实现经济增加值7.09亿元，同比增长8.6%。四川销售跨入"四川省大企业大集团前八强"，综合业绩指标排名继续保持销售企业首位。

【市场营销】 以市场为导向，策划贺岁季、踏青季等六大主题促销活动，配套完善市场份额问责、直销与批发按市场价调整考核利润、超销奖励等激励政策，畅通零售、直销、批发三条增量通道，雅安、宜宾、岷江等5家公司汽柴油销量增长10%以上；德阳、泸州、乐山等7家公司销量超过40万吨，其中成都公司突破120万吨。突出高标号汽油销售，2014年新增97号、98号站点121座，销售高标号汽油69万吨，同比增长30.6%，其中98号汽油销量0.98万吨，增长287.4%。2014年销售记名卡84.71万张。不断扩大非油品统采统配范围，百万元以上便利店156座，单店日均非油收入2902元。

【资源运行】 四川销售用好用活两种资源，既多接直炼资源、畅通炼油厂后路，又择机实施外采、优化成本结构、赢得创效机遇，2014年调入直炼资源791.75万吨，外采油品53.3万吨，降低采购成本2.5亿元。深入开展一、二次物流整体优化，油库平均周转次数提高1.6次。承办销售分公司物流工作座谈会，率先在德阳、雅安、成都等8家公司开展"主动配送、卸油不停枪"试点工作，车辆周转率达到3.02次/日，提高30%，公路配送加权运距同比缩短2.3千米，吨油运费比预算节约14.7元。

【网络建设】 突出规划引领，完成两级公司三年网络发展规划，全面启动"十三五"规划编制。把握发展机遇，重点面向成都地区、高速公路、城市新区等战略市场，2014年争取投资计划6.22亿元，新开发加油站54座，新增年可研零售能力34万吨，平均吨油投资、平均单站投资成本同比分别减少10万元、350万元；新投运加油站48座，新增纯枪量6.2万吨。资阳公司弥补网络短板，2014年新开发加油站7座；绵阳公司加强与绵投集团合作，取得主城区8座高效网点及LNG、充电等新能源项目布点规划；中油交投、中油铁投利用合资平台，发挥股东优势，加大网络开发力度，中油交投新开发高速公路加油站19座，中油铁投取得3条高速公路沿线14座加油站建设经营权。突出存量挖潜，择优立项改扩建项目20座，改造后新增年可研零售能力5.5万吨。实施达标改造、局部改造、油气回收等专项工程项目265个。

【安全环保】 推进HSE体系和质量管理体系提升工作，完成新版体系文件修订，组织1次全要素、1次专项内审，顺利通过销售分公司体系审核。依托安监总站和4个分站，开展综合检查、专项检查、节日检查19次，及时整改发现的问题。加大安全环保投入，完善三级四类隐患治理模式，落实库站油气回收改造资金1.3亿元，下达安全隐患项目批复1.1亿元。组织开展水环境风险、油气输送管线等隐患专项排查，对泸州公司、宜宾公司5艘加油船下达关停令，对8座油库、46座加油站的排污达标隐患进行整改。开展三级油品质量计量抽检，杜绝不合格油品入库入站。综合利用车载视频、双向铅封、地罐交接等技术手段，狠抓运输过程路检路查，铁路运输、公路运输损耗同比分别下降0.1‰、0.4‰。发布新版应急预案，修订应急物资配备标准，定期开展实战演练，成功应对2014年9月川东北片区特大洪灾、“11·22”康定重大地震等自然灾害。组织开展安全总监、质安科长专业管理知识考试49人次，作业许可审批资格考试238人次。

【企业管理】 推进15项增效攻关，实现降本增效4.2亿元。为基层单位发展减负，核减长短期负息资金13.3亿元，年减少二级公司财务费用7000万元。深入推进小站承包、业务外包、油库人员分流等六大攻关，2014年净减员905人，节约人工成本7000余万元。规范工程项目审计，审结项目406项，审减金额3654万元。加强股权管理，2014年实现股权收益7521.4万元。吨油费用控制在401.2元，较预算节约19元。加快信息系统集成应用，完成管理层工作平台、HSE2.0版系统上线。开展管理创新，4项成果、18篇论文获得行业部级奖项，四川销售获“石油企协三十年先进集体”荣誉称号。制订四川销售“全面深化改革任务推进表”，推进各项改革任务，在德阳公司试点机关机构改革，完成汉源、石棉片区及乌斯河油库属地化管理。

【队伍建设】 落实工效挂钩政策，实现员工收入稳定增长，人均收入增长10.1%。加大分配向基层一线和市场化员工倾斜力度，2014年市场化员工人均收入增长15.3%，增幅高于合同化9.5个百分点，增资绝对额首次超过合同化员工。加快住房改善工程步伐，成都地区中丝园项目主体工程全面完成，广元、岷江、凉山等5家公司改善性住房项目稳步推进。全面启动员工素质提升工程，编制完成库站基层岗位培训矩阵，定稿培训课件65个；构建选送培训、自主轮训、网络培训等多位一体的培训体系，组织开展各级培训3.16万人次，356人晋升技术职称，667人取得操作技能职业资格等级。注重后备干部培养，首次引入项目课题制，第六期中青年干部培训班结业。坚持以赛促学、以会代训，举办首届基层经理人大会、第五届操作人员技能竞赛，推进队伍专业化、职业化建设。

【党建工作】 宣传贯彻党的十八届三中、四中全会精神，开展“形势、目标、任务、责任”主题教育，举办领导干部专题读书班两期。推进党的群众路线教育实践活动整改落实，“两方案一计划”提出的35项问题，整改完成33项，整改率为94%。全面落实党风廉政建设责任制，严肃查处违反“八项规定”行为。专项整治“庸懒散浮拖”问题，推动“挂包帮”活动开展，机关和干部作风明显转变。坚持党管干部原则，完成机关部门和二级公司班子换届调整。完善干部测评指标体系和反馈机制，二级公司“四好”领导班子创建达标率超过98%。策划劳动竞赛、专项竞赛，四川销售7个项目进入销售分公司劳动竞赛先进行列。组织第二届“金花加油站经理”评选表彰、“石油魂·中国梦”事迹报告等一系列主题活动，举办基层慰问演出、健身操比赛等文体活动。深入开展扶贫帮困，2014年走访慰问困难员工5025人次，发放帮扶资金928.3万元；利用员工同心互助基金，为36名特困员工发放帮扶款71.4万元。

【公司荣誉】 2014年，四川销售荣获“全国五一劳动奖状”，这是继2004年4月以来，四川销售第二次获此荣誉。雅安公司沫东加油站被授予“全国工人先锋号”称号；仓储公司获“四川省五一劳动奖状”；成品油公司高新天山加油站被授予“四川省工人先锋号”称号。

（陈　晶）

中国石油天然气股份有限公司
广东销售分公司

【概述】 中国石油天然气股份有限公司广东销售分公司（简称广东销售）主要负责中国石油在广东地区油气销售、网络开发建设工作。截至2014年底，广东销售投运加油站1073座，运行资产型油库11座，总库容达87万立方米，资产总额161亿元；设有13个机关处室，4个附属机构，23个二级机构，有员工13141人。

2014年，广东销售购进成品油资源701万吨，其中配置计划资源546.57万吨，资源兑现率99.32%；外采资源154.62万吨。销售成品油704.7万吨，其中汽油366万吨，柴油338万吨；小产品实现销量8.4万吨。零售实现纯枪销量500.83万吨，超量17.43万吨；累计销售昆仑加油卡246.78万张。实现销售收入548亿元，上缴税费1亿元，实现利润0.52亿元。实现非油品收入7.5亿元，利润0.95亿元。HSE体系及质量体系有效运行，全年未发生安全事故、污染事故和质量事故。

【资源调运】 坚持营销主导，关注市场变化，以销定进，以进促销，把握资源组织节奏，关注市场需求，积极采购98号国Ⅴ车用汽油、0号普通柴油、0号国Ⅲ车用柴油、船用燃料油等品种，丰富销售种类。坚持资源区域化管理，持续优化物流，下海油直入二级库比例达到21.7%，节省费用1848万元；提高南沙油库资源兑现比例和出库油品一次到站量，节省费用3194万元。持续优化供应链，外采从单一配送转变为配送自提相结合，自2014年6月起，将泉州石化外采资源调整为自提，节约综合成本797万元。物流优化向外延展，与中国石化、中国海油和广西销售异地互换资源，弥补广东销售在粤东、粤西、粤北地区的油库短板，进一步降低二次周转费用。持续加强数量质量管理，利用先验后采、搭配采购等方式，控制控股企业外采油品质量。利用标准罐车重新标定罐容，资产型油库发油精准度从业内规定的0.2%提高到0.15%。

【市场营销】 紧盯供需变化，科学研判市场，努力扩销降库，销量超销售板块销售计划36.1万吨，实现降库3.7万吨。打造全员营销体系，上下联动，全方位争取各类客户，广州、河源（区域）、韶关、茂名、中山等分公司客户持续增加，新增客户603家，成功开发湛江双泰集团、惠州太东集团等重点客户。开展差异营销，做好各层面客户维护，再次获得深圳盐田港、深圳西部三港等重点客户的供油权；加强直销客户库存管理，实时锁定客户需求；加强与大客户合作深度，统筹资源，合作共赢，直达配送和一级库船单客户销量达到47.5万吨。研究同行业销售动向，准确把握销售时机，灵活使用销售策略。精细价格管理，下放部分价格权限，价格建议由审批制改为备案制，2014年累计调整批零价格162次。

【零售管理】 不断深化“一站一策”，零售网络运行质量持续提高，零售量突破500万吨，纯枪销量连续5年递增20万吨以上。144座“双低站”治理见到成效，同比增量3.62万吨，增效6122万元。16座油站开展全流程诊断与优化，日销量同比增长17%。54座油站开展旗舰站培育工作，日销量同比增长7.56%。整合网络资源，昆仑加油卡在中油碧辟油站实现同等优惠，发行“中油—中油碧辟”联名卡1.4万张，整体网络优势持续增强。坚持实施正向激励举措，2014年推出纯枪同比增量奖、发卡奖、优质服务奖、“双低站”治理奖等11项激励措施，充分调动广大员工的工作热情。承办销售分公司首届加油站经理论坛，推广论坛经验转化，全力打造强大现场，推行开口营销，提升油站管理水平，神秘客户访问平均得分87.23分，同比提高0.52分。

【非油品业务】 非油品业务在销售板块保持领先地位，非油品利润连续5年平均递增993万元。顶层设计管理标准和行动方案，持续开展“便利店行动小组”活动，推进品类管理和陈列优化，增强店铺商品氛围，39个便利店等级得到晋升，单店销售能力提高7.5万元。推进“油卡非润”一体化营销，团购业务突破2000万元，同比增长20%。推进多种经营模式，东莞大岭山服务区、厚街北服务区通过场地招商，丰富了服务区功能，增加租金收入780万元。持续提高中央仓利用率，物流成本连续3年下降3.5%以上。强化采购管理，增强议价能力，核心产品的进货价格平均比商超零售价下浮15%。

【网络建设】 完成网络建设投资2.25亿元，累计签约加油（气）站项目8座，开发10座，投运29座；2座油库开工建设，在建库容44万立方米。加强合资合作，实现集约发展，与深圳燃气合作，投运加气站6座，开发新项目8个，在深圳初步建成清洁能源网络。加强集团开发，实现高效项目批量开发，与广东通驿公司合作，取得8座高速公路加油（加气）站项目；推动广州交投集团公开挂牌招标9对服务区加油站项目。加快存量项目开发进度，投运13座，清退立项未开发项目34座，清理开发未投运项目20座。解决6个历史遗留项目，清理16个激活无望项目，预计盘活投资2.5亿元。东莞油库加快罐体及综合楼等主体工程建设，同舟码头完成项目上报，江门油库成立专项小组，推进码头环评工作，茂名油库改造正式开工。加强工程建设全过程规范管理，坚持方案设计、施工交底、竣工验收到现场；完成131个项目的方案评审，优化减少投资680万元；完成预结算审核132项，审减金额1089万元；完成概算审核128项，审减金额952万元。

【财务管理】 预算管理充分发挥引领约束职能，压缩一般性支出和非生产性支出，可控费用同比下降20%，非生产性费用同比下降9%；“五项”费用同比下降15%。建立综合指标评价机制，加强经营管理引导，对分公司54类经营指标、经营业绩进行月度评价。优化资金使用，推进往来账目清欠工作，减少资金占用2.9亿元。开展商信通业务，开具商业承兑汇票4.4亿元，节约财务费用183万元。为经营业务延伸提供财务支持，制订加油卡充值优惠、网上充值、售后返利和跨省物流等新业务的账务处理和税务筹划方案。日常稽核与专项稽核相结合，开展资金专项督查、发票专项稽核、控股公司资金检查、表外资金检查等，切实保障资金安全。

【质量安全环保】 全力推进“责任落实、员工培训、风险管控”等基础建设，完善全员QHSE岗位职责，层层签订安全环保责任书，全员、全方位、全过程的安全环保责任得到落实。修订作业许可管理制度，对所有作业许可审批人进行作业许可培训，提高作业许可执行及审批的有效性、符合性。培训加油站计量员902人次、油库计量员68人次、化验员15人次，12家地市（区域）公司加油站计量员持证率达到100%，油库化验员、计量员持证率达到100%。完善应急预案体系，2014年开展应急演练440余次，提高企业应急反应水平与应急处置能力。持续完善质量管理体系建设，通过第三方年度监督审核，连续两年评审结果为集团公司A级。开展质量监督抽查工作，重点抽检控股站、投诉站和边远站349批次，接受国家、政府抽查404批次，合格率均达100%。质检中心参加集团公司企业标准制定工作，1项成果填补空白并通过集团专标委评审。

【企业管理】 强化审计监督，组织实施经济责任、建设工程、管理效益等各类审计项目6个，提出审计建议29条；对重点项目实施过程跟踪审计，完成工程审计结算项目137个，综合审减率8%。探索建立“油品串换”及“市场购买成品油”的油品报备机制，协调广东省安监部门明确“加油站承租方无须将危化证办至名下”的政策规定，改善公司经营的法律环境。建立股权企业管理制度体系，完善股权企业内控流程，制定四套适用于不同类型股权企业的内控手册，进一步规范股权企业运营行为，实现股权投资收益3.44亿元，同比提高26.17%。开展损耗管理专题调研，摸清公司损耗管理现状。

【队伍建设】 持续推进“四好”班子建设，加强领导干部政治素质及领导能力建设，对135名副处级以上党员领导干部进行集中培训。持续开展领导干部网络培训工作，推广领导干部学习积分计划。有序开展加油站职业经理人建设，开展3期职业经理人俱乐部活动。推进培训师认证和职业技能鉴定工作，认证培训师161人，完成职业技能鉴定1177人。强化廉洁从业教育，组织160名干部参加警示教育活动，启动党风廉政建设宣传教育月活动，强化各级干部遵纪守法意识。开展“调结构、提质量、增效益”劳动竞赛，表彰红旗单位54个，先进个人97人，夺得销售分公司劳动竞赛红旗7面。江门分公司新会党总支获集团公司优秀基层党组织荣誉。

（孟祥光）

中国石油天然气股份有限公司
内蒙古销售分公司

【概述】 中国石油天然气股份有限公司内蒙古销售分公司（简称内蒙古销售）成立于1951年，1998年上划中国石油天然气集团公司，主要负责内蒙古自治区成品油销售业务和非油品销售业务。内蒙古销售下辖12个盟市分公司、3个成品油销售控股公司、108个旗县经营部和零售片区；有党委15个，党总支6个，党支部175个。截至2014年底，资产总额91亿元，在用油库29座，库容100万立方米，资产型加油站1487座，员工总量15077人。

2014年，成品油销售量完成592万吨，同比减少45万吨，下降7%，其中，汽油销售226万吨，同比增长5.5%，柴油销售366万吨，同比下降13.5%；纯枪量482万吨，同比减少19万吨，下降3.8%。实现利润1.8亿元，同比增加1.1亿元。

【市场营销】 紧紧围绕“扩销、降库、增效”这条主线，坚持低库存运作，以销定进，库存从2014年5月的46万吨降到33万吨。以集团公司大局为重，努力疏通炼油厂后路，超需求购进资源60万吨，2014年购进直炼资源514万吨，配置计划兑现率达98%。购进地炼资源61万吨，减弱地炼资源的冲击。创新营销策略，推行超销成本激励和地炼价格补贴，将销售价格、收取承兑汇票、免费配送政策三项权力下放盟市公司，充分利用销售分公司的汽油让利政策，在加油站实行价格跟进，对直销用户实行阶梯价格政策，2014年最后五个月同比多销18万吨。加强与中国石化合作，2014年供给其油品1.73万吨。深化与呼和浩特铁路局等单位的合作，年增销量1.4万吨。落实市场份额责任制，发挥全系统140名客户经理人的直销力量，加大客户开发与维系，市场份额达到76.6%，同比提高0.3个百分点。对133家重点客户实施“一客一策”的持卡优惠政策，锁定11.7万吨销量；在92座加油站实施“一站一策、一线一策、一片一策”的策略，纯枪量同比提升3%。开展“优质优惠、加油有礼”主题促销活动，与交通银行、中国电信、内蒙古电台等单位开展“最红星期五”、手机“翼支付”、交通广播等活动。建立1420座系统外加油站的信息数据库，实施“点对点”竞争。2014年纯枪量完成482万吨，高标号汽油纯枪量完成40万吨，同比增长9%。全力推进“一站一策”“双低站”治理方案，2014年低销站纯枪量完成55万吨，同比增长1.03%。

【非油品业务】 进一步规范供应商管理，举办“昆仑好客”商洽会，实行商品试销和库存定额管理，降低采购成本和资金占压。以店销为核心，建立促销常态机制，加大挂钩激励，包装饮料、香烟等销售利润同比增长20%以上，2014年400座便利店促销实现利润223万元。在呼和浩特地区启动中央仓建设和物流优化试点工作。2014年非油品全口径实现销售收入4.5亿元，同比增长1.5%，非油品利润4751万元，同比增长38.3%，30万元以上店达到297座。

【网络建设】 2014年完成投资2.5亿元，改扩建加油站9座，新建油气合建站1座，投运加油站30座，平均投资资本回报率2.5%。八拜油库、乌海油库等6座油库完工投运。按照内蒙古自治区政府的要求，积极稳妥推进油气回收改造，实施改造加油站317座、油库8座。制定承包商管理、物资采购管理和工程建设项目管理考核奖惩细则，进一步规范投资管理，集团公司重大项目稽查发现问题整改率达82%。

【安全环保稳定】 认真落实“一岗双责”，累计签订责任书15448份，层层传递安全环保责任，全年未发生较大以上安全生产责任事故、较大以上环境污染责任事故和油品质量责任事故。全面修订安全环保岗位职责，作为销售分公司“一岗双责”样本在销售系统推广。组织开展HSE和质量管理体系内审，整改率分别达到100%、96%。先后投入496万元治理库站安全隐患和库外管线隐患。配合乙醇汽油封闭推广工作，完成178座加油站、342个油罐的改造清洗。完成应急管理系统推广实施工作并上线运行，进一步修订完善26个专项应急预案，组织开展各类演练9213次，参加人员45726人次。做好重点时段安保防恐维稳工作，圆满完成党的十八届四中全会、全国“两会”、APEC会议等特殊重点时段维稳任务，未发生恐怖袭击和进京访事件。

通过质量管理体系再认证审核。接受国家、集团公司、销售分公司油品质量抽检4次，合格率达100%。率先在销售系统探索建立计量管理体系。采取明察与暗访相结合的方式，对207座加油站、12座油库和第三方承运进行质量计量服务工作专项检查，发现问题逐项整改。

【体制机制创新】 制订“升级版”盟市公司建设方案，明确组织框架和岗位定编，完成70个岗位职责描述，制订降低库站外人员比重等7个配套方案，在巴彦淖尔分公司试点实行，加快推动盟市公司管理运作转型升级。坚持效益效率导向，突出“销量、利润、减员”综合贡献，实行“量效取酬、奖超罚欠”，开展专项超销奖励，人均工资增长10%。实行“库站外人员占比”与单位工资总额和领导班子绩效奖金双挂钩，有保有压、平衡结构，2014年减员1278人。

【企业管理】 作为集团公司基础管理体系建设试点单位，完成以《管理手册》《程序文件》和《作业文件》为“三级架构”的基础管理体系文件，2014年10月1日基础管理体系正式试运行。全面推进“开源节流、降本增效”工作，实行两级公司专业线双重控制的全面预算管理模式。持续推进控本降费，2014年“五项”管理费用及自用产品消耗同比减少3588万元，下降30%。推进节能技术应用，实现节能197吨标准煤，节水0.46万立方米。持续优化配送线路，平均运距同比减少2千米，吨油运费同比减少0.66元。通过减少银行承兑汇票收取、向外采油品供应商转付承兑汇票等办法，2014年减少财务费用2791万元。加强税收协调，节约水利建设基金3217万元，节约库站消防用地土地税442万元。清理低效无效资产，2014年清退低效在建加油站项目13座，闲置固定资产处置收益240万元，闲置土地盘活处置收益2000万元。深化ERP系统等六大信息系统的应用，推进信息系统对经营决策的支持。开展工程项目、非油品与外采业务、加油站达销、资金管理、预算管理、经济责任等9个审计监察项目，整改率达79%。

【党建和队伍建设】 通过多种平台组织学习和宣传贯彻党的十八届四中全会和习近平总书记系列重要讲话精神，为公司全面深化改革统一思想认识。持续开展党的群众路线教育实践活动，狠抓整改落实和建章立制工作，整改完成41项，“四风”突出问题专项整治全部整改完毕；修订完善《公务接待管理办法》等9项制度，制定《所属企业党委进一步发挥政治核心作用的实施意见》等20项制度，有效推进践行群众路线制度化、常态化。深入开展“爱岗敬业·实干圆梦”主题实践活动，激发干部员工的主人翁责任感。以

“五型”班组建设、基层建设“千队示范”工程及文明加油站创建活动等为载体，深入推进工人先锋号创建活动，4个先进集体获得省部级及以上工人先锋号称号，呼和浩特分公司八拜油库被授予“全国工人先锋号”称号。

进一步强化领导班子和干部队伍建设，考核提拔正处级干部10人，交流正处级干部22人。深入落实中央惩治和预防腐败体系建设总体部署，制定《内蒙古销售公司惩治和预防腐败体系2014—2017年实施意见》，积极推进反腐败体制机制建设。落实党风廉政建设主体责任，将党风廉政建设进一步细化与量化，加大责任制落实情况的考核力度。推进员工培训工作，有效发挥远程教育平台，培训员工2614人次，1165人通过职业技能鉴定。组织开展岗位练兵比武活动，参加内蒙古自治区石油石化销售企业职工技术大比武，4个项目获第一名。

持续开展扶贫帮困和定点帮扶活动，发放帮扶资金606万元，帮扶在职、离退休、内退职工、职工家属、遗属等困难人员5364人次。按照内蒙古自治区要求，继续定点帮扶兴安盟扎赉特旗音德尔镇查干嘎查，2014年投资31.3万元。

（郑　涛）

中国石油天然气股份有限公司
北京销售分公司

【概述】 中国石油天然气股份有限公司北京销售分公司（简称北京销售）主要负责中国石油在北京地区的成品油批发和零售、市场开发等业务。截至2014年底，资产总额45亿元，在用油库5座，库容17.33万立方米，累计投运加油站211座，投运橇装站189座，便利店166座，拥有员工2994人。2014年成品油总销量225.67万吨；纯枪销售109.68万吨，完成销售分公司预算的103.5%；LNG销售3.22万吨，同比增加2.78万吨；非油品业务收入1.61亿元，便利店销售收入1.12亿元，同比增长18.6%；售卡73万张，其中记名卡26.3万张；税前利润-1.28亿元，与预算比实现减亏4202万元，费用总额（不含盘盈）10.17亿元，比预算节约342万元。新投运加油站10座，其中新租3座、续租7座，退租和销项2座，新投运橇装供油（气）设施20座。

【企业管理】 推进依法依规管理，完善制度管理体系，2014年制修订制度51项。加强纠纷案件处理，2014年结案21起，挽回经济损失3000多万元。加强集中采购管理，谈判降价率6%，加大内控管理力度，内控工作外审取得无例外、零缺陷成绩，实现降本200多万元。股权企业管理、股权制度建设不断加强，完善绩效考核体系，强化考核激励作用，激发股权企业活力。2014年股权企业整体销售129.13万吨，实现利润2.6亿元，同比增长15%，投资收益率达20.7%。人事基础管理持续提高，按照“三控制一规范”要求，严控用工总量，同比减少用工140人，完成集团公司减员任务；严格落实选人用人监督制度，按照人员管理权限，2014年共批复任职22人，备案6人。财务管理得到加强，坚持预算管理的引导作用，夯实财务管理基础，提高资金管控能力，全年实现资金安全无事故，应收账款比年初下降2846万元，下降13.8%；加强费用控制，严控非生产性费用支出，全年同比减少2424万元，下降16.3%，其中“五项”费用同比减少641万元，下降21.9%；顺利通过北京市国税局和国家税务总局检查。信息管理工作持续加强，稳步推进ERP、油库管理系统、配送调运系统等系统的融合衔接，加强各系统的运行监测和故障排除，2014年共完成系统运维6012次，现场运维240次。

【库站管理】 加强油库管理，准确把握“形象、窗口”定位，完善服务措施，提高付油精度。在减少2座租赁库的前提下，2014年周转量155.26万吨，周转次数10.28次，客户满意率升至99.7%。加强纯枪销售，优化促销管理模式，提高价格到位率，加大汽油尤其是高标号汽油销售，零售质量显著提升。纯枪价格到位率同比提高0.92个百分点，汽油销量同比增长5.4%，高标号汽油销量同比增长28%。开展服务提升工作，综合运用全流程诊断与优化、神秘顾客访问、客户投诉管理平台等措施，提高服务效率，实现服务创效。2014年客户投诉同比下降21.2%，投诉回访满意率90.3%。深化“油卡非润”一体化运作，整合客户资源，与银行、供应商等合作，提高加油卡销售和卡销比，发放记名卡26.3万张，卡消费比例52.9%，消费额增加2.1%。推进“双低站”治理，逐站把脉分析，因站制宜创新治理模式。2014年摘帽“双低站”3座、负效站扭亏8座，试点站人均纯枪销售同比增长8.4%。延伸纯枪销售，引导站经理大力开发团体、车队和小微客户，挖掘商圈购油潜力，发展小额配送业务，2014年新增机构用户136家。

【非油品业务】 推进便利店业绩提升，逐店诊断优化，制订提升方案，优化商品品类，调整陈列布局，挖掘销售潜力，单店创效能力显著提升。店内商品动销率提高26.5%，新增百万元店12座，50万元以上店16座，单店日销售同比提高17.2%。加大商品促销力度，与工商银行、交通银行等战略伙伴合作，精心制订方案，统一促销培训，打造便利店商业氛围，共开展主题促销7次，非油品销售同比增加1750万元，增长18.6%。

【营销管理】 坚持以市场为导向开展营销，加强市场研判，创新营销策略，抢抓市场先机，全力扩销增量。北京销售自营销量216.53万吨，完成销售分公司计划的103.1%。通过构建多层级、全方位的客户开发维护体系，推动客户动态、分级管理，大力开发终端客户，客户管理水平显著提升。2014年界定客户764家，评定尊级客户24个，新开发购油客户110家。实施全员全方位营销模式，创新激励机制，发挥专兼职客户经理人的作用，实现增量增效。用活用好销售分公司政策，加大直炼资源和汽油销售，直炼资源销售181.51万吨，超销汽油5.35万吨，获得奖励毛利额4747.9万元；拓展总部经济合作方市场，实现销售44.13万吨，同比增长66.3%。强化特许经营管理，建立刚性约束激励机制，新增特许站6座，实现京标购油8.18万吨，同比增长10%。发挥外采市场调剂作用，在完成直炼资源销售的前提下，2014年外采成品油20.19万吨，实现降本1.2亿元。

【投资建设】 推进网络建设，坚持推行互动式开发，优选有实力、有信誉的开发商，精选合作项目，整合优势资源，全力进行攻坚，2014年新开加油站10座、新投运加油站10座；推进续建站建设，北七家、大狼垡和平蓟路南北站取得实质性进展。提升加油站运行质量，加强加油站纠纷处理，深化存量站效能挖潜，稳步推进续租、续建项目，合理清退低效、无效加油站，加油站运行质量显著提升。2014年解决9座加油站纠纷，续租加油站7座，清退加油站1座。加强施工管理，推进贯标改造，已完工加油站8座；稳步实施系统改造工程，完成油气回收系统改造27个、视频监控及车牌识别系统改造171个。加强基础管理，2014年处置报废资产314项，变现收入17万元。

【资源运行】 抓住“调运储配”关键环节，加强调运组织，控制节奏，深化低库存运作，2014年直炼资源调运完成率100.1%，期末账面库存6.5万吨，较年初减少0.8万吨。持续推进物流优化工作，努力提高配送效率，零售单车日配送达3.53次，高出销售分公司平均水平47%；精简配送车辆30%，单车月均运行提高4天，单次运行时间由6小时缩短到5.5小时。抓住降本增效关键环节不放松，通过加大一次入站比例、强化配送组织、深化资源运作、推进“双复核一抽查”等措施，实现降本6000多万元。

【LNG销售】 开发清洁能源市场，抓住北京市发展加气业务的有利时机，科学谋划，审慎立项，积极与公交、长途客运等单位合作，加强橇装站建设，2014年新建橇装设施22座、投运20座；累计销售LNG 3.2万吨，一批LNG橇装站成为北京市的示范样板。

【质量计量安全环保】 加强基础管理，推进HSE制度和应急预案体系建设，修订完善HSE管理制度14项、应急预案3个，稳固安全基础。加强内部审核检查，采用滚动审核方式，实现内部审核全覆盖；严格落实“一岗双责”管理要求，建立责任体系，组织宣贯培训，实现安全责任落实全覆盖。严抓油品数量质量管理，加强质量全过程管理，强化质量监控，严格质量抽检，2014年政府机构、集团公司和自检共计220库站次，抽样524个，合格率100%。加强计量业务培训，严格计量交接仲裁，加大损耗控制力度，加油站综合损耗率同比下降0.3个千分点。加强安全环保工作，以承包商百日安全竞赛活动为契机，强化承包商安全监管，推进施工现场量化评分，严格检查，从严考核，2014年共发现施工安全问题100余项，均得到彻底整改。加大环保节能工作力度，从加强油气回收装置维护保养入手，提高设备运行效率，减少油气排放；完成5座加油站取暖系统改造，彻底淘汰燃煤取暖的方式；合理分解耗能用水指标，顺利通过北京市节能环保中心检查，完成集团公司节能节水考核目标。

【人才队伍建设】 构建以客户经理人为主、以骨干站经理为辅的专兼职客户经理人队伍，严格落实奖惩机制，拥有专职客户经理18名，兼职客户经理20名，实现批发油品销售同比增长14%。深化站经理负责制，落实“五项权力”，严格站经理等级评定，站经理队伍建设进一步加强，公司高级站经理16名，中级站经理52名。加强培训工作，推动三级联动培训，打造精品培训班，高质量开展技能鉴定，2014年发布培训项目49个，培训员工2723人次，131名员工通过技能鉴定，一线人才培养工作得到加强。基层关爱工程扎实推进，始终坚持薪酬向一线倾斜，调整分配结构，突出贡献导向，一线福利待遇大幅提升。投入700万元建立上岗补贴，伙食补贴由每月280元提高到320元，基层操作员工收入同比提高10.3%；投入289万元改善库站工作生活条件，关注员工健康，为全体员工进行职业病与健康体检；关爱困难员工，建立帮扶长效机制，慰问困难员工650人次，增强员工归属感。

【爱岗敬业、优质服务活动】 启动“爱岗敬业、优质服务”组织先进事迹报告会，发挥先进典型引领作用，营造良好发展氛围。评选出“爱岗敬业、优质服务”明星40名；评选出30个优秀服务案例，组织有劳动模范、标杆集体代表和优秀案例讲述人参加的“爱岗敬业、优质服务”先进事迹报告团，巡回演讲9场，听众达1600多人，营造崇尚先进、学习先进、争当先进的良好氛围。

（乔　旭）

中国石油天然气股份有限公司
上海销售分公司

【概述】 中国石油天然气股份有限公司上海销售分公司（简称上海销售）前身系中国石油华东销售公司，成立于1998年5月，是中国石油在区外成立的第一家销售企业。2008年底，股份公司销售管理体制调整后，上海销售主要负责中国石油在上海市的油气销售、市场开发和终端网络建设。截至2014年底，上海销售设置13个机关处室，下辖1个独立核算的销售中心和6个全资分公司，直接管理9家股权销售企业，在职员工2150人；拥有加油站180座，资产型油库3座，总库容32万立方米。

2014年，销售成油品182.8万吨（含燃料油6.54万吨）；零售量108.23万吨（含燃气销量），零售比例60.06%；纯枪量92.01万吨，销售95号高标号汽油11.8万吨；售卡24万张，卡销比35%，新增沉淀资金9300万元；实现非油品收入1.2亿元；开发加油站4座，投运加油站6座；实现账面利润超2亿元。

【市场营销】 上海销售坚持以效益为中心，调整结构，科学营销。根据市场预期和调价节点，统筹统配和外采两种资源，优化兑现资源节奏，统配资源比例同比下降，外采入库油品20.31万吨，降低成本1.94亿元。坚持月预测、周分析、日算账，围绕月度经营目标，实施梯度价格、大单优惠、主动配送、安装橇装设施等灵活营销手段，贴近市场，多采多销，快采快销，合理控制销售节奏，促进直销量提升。保持超低库存运作，减少跌价损失和资金占用，实现利润1.2亿元。加强客户经理建设，主动出击占领宝钢、上港集团、巴士集团等大客户，确保市场份额不丢失，2014年注册客户数量同比增加253家，机构用户销量同比增长8%，有效增强公司市场竞争力和抗风险能力。

坚持以零售为核心，做精零售，做大非油品，实现量效并举。积极应对市场变化，零售业务通过“一站一策”占领市场，通过区域高端站集群稳定市场，通过油卡非互动扩大市场。在销售系统率先完成桌面式加油卡自助服务批量试点，率先启动微信、支付宝充值加油卡试点，展示上海特色和效率。“双低站”治理突出人均劳效提升和损耗管控，尝试小站承包、并站管理等多种管理模式。低销站从51座减少为44座，7座负效站实现扭亏。落实“四声服务”标准，促进员工开口推销能力的提升，营造商业氛围和便民项目，提高客户感知度和满意度。通过“油惠生活”促销、自贸区商品直供、百店竞赛增效活动以及营造便利店商业氛围，非油品收入和利润再创历史新高。百万元便利店41座，增长64%。

【网络建设】 上海销售成立12个重点项目专项领导小组，加大与地方政府的沟通和协调，克服不利影响因素，按时完成工程施工。泗砖路、叶新加油站开始施工。2014年有6座历史遗留问题加油站重新投运。实现水上加油站建设突破，首座水上加油站在急水港建成投运；实现天然气加气站建设突破，奉杰CNG加气站已投入运营；取得自贸区加油站（外高桥物流园区站）经营新突破，拥有自贸区第一座对外加油站。组织完善华东路、大川公路等4个加油站项目申报材料，加快协调当地政府土地储备。加强前期协调，推进浦东和嘉定地区土地落实。完成加油机更换、形象包装改造加油站15座，完成12座加油站卡机连接加油机更换和信息系统上线。完成加油站及土地续租项目4个，确保市场份额不丢。

【安全质量计量】 落实安全环保责任制，层层签订安全环保责任书，缴纳安全风险抵押金，建立安全环保联系点，推进HSE管理体系建设，发现问题107项，整改100项。治理公司级安全环保隐患12项，组织应急预案演练600余次。开展资金安全督查，抽查70个单位，发现并整改101项问题，实时监控加油站资金缴存到账情况，组织油卡充值与消费资金大盘点，开展工会经费、党费、小金库等账外资金自查，资金管控水平提高。新增汽油标准以外13项指标检测，从源头上把好油品质量关。坚持诚信经营，保证质量合格，计量准确。重视便利店食品安全，及时清退过期商品。2014年，未发生实现伤亡事故、质量计量事故、环境污染事故。

【创新经营】 上海销售坚持发展创新与经营创新齐头并进，成立专项工作领导小组，深入研究自贸区政策，立足洋山港，探索海上外轮加注保税油业务，保税油资质申报取得重大进展。通过推进真正意义的地罐交接，破解困扰销售企业多年的计量纠纷顽疾，所属全资分公司加油站全部实现地罐交接，地罐交接取得实质性成效。加强加油站数字化功能建设，拥有自助加油站72座，提升客户服务体验，增设122个自助售卡充值网点，整合升级大数据信息，促进互联网及移动终端营销，自助加油开创新局面。

【企业管理】 落实合规管理，规范供应商管理和合同管理，加强法律风险防控，2014年新建21项制度，废除15项制度。持续修订公司内控手册，新增财务报销付款等3个业务流程，修订156个流程图和127个关键控制，加油站内控手册执行力持续提升。规范股权管理，推进股权单位全口径成本核算，2014年分配股利1.06亿元。漕河泾加油站股权对外转让按时完成，实现股权投资收益8800万元。解决中油上海产权登记历史遗留问题，完成6家参股项目内部股权转让，股权结构进一步优化。提升损耗管控，坚持“降低损耗就是增加效益”的理念，分环节管理，全流程控制。聚焦源头抓购进损耗和超耗赔付，聚焦仓储抓日常监管，聚焦配送抓现场监管，聚焦零售抓终端运营，2014年总体损耗比预算减少2428吨，减少效益损失1700万元。加强财务资产管理，开展“开源节流，降本增效”活动，成功转让中央仓资产，资产负债率降至29%。通过优化财务管理，实现财务费用利息净收入1425万元，“五项”费用降低25%。强化审计监督，实施投资管理、加油站达销率、表外公司及外采油4个专项审计，完成集团公司审计发现问题专项整治工作和漕河泾加油站股权处置审计评估任务，合计发现整改问题50余项，减少企业损失600余万元。

【党建工作和企业文化】 深入开展教育实践活动，跟踪整改问题113个。落实从严治党、从严治企要求，持之以恒抓好“四风”建设，刹住公款送礼、大吃大喝、安排私人宴请等群众反映强烈的问题，党风政风有了明显改善。及时与主流媒体沟通，防范新闻危机发生。2014年新闻危机事件为零，无重大违规违纪事件。强化思想政治建设，制订学习计划，57名管理干部参加浦东管理干部学院的集中轮训。加强领导班子建设，调整交流中层以上干部9人次，基层支部书记配备到位且逐步实现专职化。基层组织建设不断夯实，发展预备党员19名，培养入党积极分子36名。发挥人才支撑作用，“百名大学生站经理培养计划”持续推进，12名大学生成功竞聘站经理。“刘国超革新和管理效率创新工作室”获上海市经济和信息化委员会命名。员工关切有效落实，走访慰问困难员工180人次，看望因病住院员工59人次，发放帮扶资金59.2万元，募集“同心互助金”5.53万元。编撰《企业文化手册》，摄制《最美石油一线工人》庞爱宁宣传片，刘国超、张猛参加销售企业首届加油站经理人论坛并获奖，上海销售在系统内外的知名度和影响力大幅提升。

（谢小鹏 夏飒飒）

中国石油天然气股份有限公司黑龙江销售分公司

【概述】 中国石油天然气股份有限公司黑龙江销售分公司（简称黑龙江销售）主要承担黑龙江省行政区域范围内汽油、柴油、煤油、化工产品、润滑油、日用百货、食品、农用物资等销售业务。黑龙江销售机关设有13个处室、6个附属机构；下辖19个二级单位、77个片区；运营加油站1047座；在用油库23座，库容量46.97万立方米；资产总值64.74亿元；有员工13986人，其中合同化员工6898人，市场化员工 7088 人。

【成品油业务】 2014 年，黑龙江销售积极应对市场竞争，主营业务保持平稳发展，销售成品油 438.44 万吨，其中汽油销量 192.67 万吨，柴油销量 243.16 万吨，润滑油销量 2.61 万吨；实现销售收入 336.66 亿元；实现利润总额 3.43 亿元；实现吨油利润 78.31 元。累计发售记名卡 54.7 万张，卡销比 29.2%，沉淀资金 14.6 亿元。2014 年扣除油田自用油部分，直销同比增长 17%。

【投资管理与网络建设】 2014 年，围绕“有质量有效益可持续”发展的方针，突出投资效益与投资质量，不断优化网络布局，提升零售网点盈利能力和市场竞争能力。

2014 年投资 28379 万元，其中油库项目 9 座，加油站新建、改扩建、续建项目 54 座，加油站油气回收改造项目 324 座，完成香坊油库库外管线占压隐患治理项目，实现全线输油；加大长期在建项目清理推进力度。制订在建项目清理推进运行大表，明确责任单位、责任人、时间进度，每周跟踪完成情况，确保推进落实到位，取得阶段性成果。历年来长期在建需清理的 88 座加油站，2014 年完成清理 46 座，占比 52%。哈尔滨友谊站投运后销量稳步增长，日销量已达 60 吨。建立网络开发考核奖惩制度。开发万吨及 5000 吨级加油站，分投运和达销两个阶段给予奖励，没有达销相应扣罚。改扩建项目按新增销量 2000 吨及 4000 吨两个等级，分投运和达销两阶段奖励。历史遗留及在建项目清理按时间节点考核奖励。

【非油品业务】 2014 年，非油品业务以深化精细化管理为抓手，明确以店销为主的发展定位，全力做大做强店销，提高非油品利润率，走质量效益发展的道路。非油品业务收入 2.85 亿元，利润 2350 万元，同比增加 149 万元。

开展重要节日以及夏季“后备箱计划”等大型促销活动，取得良好效果，2014 年非油品利润率达到 8.2%，同比提高 2.9 个百分点，店销占比 32%，同比提高 7 个百分点；调整非油品采购模式，实行供应商统一管理。将省公司统采和分公司自采两级采购模式，调整为省公司一级统采管理和二级统采管理两种模式，有效降低采购成本，发挥规模效益优势；强化激励措施，调动非油品销售积极性。

【深化企业改革】 2014 年，黑龙江销售加大深化改革力度，着力破解多年来制约企业发展的障碍，进一步理顺管理体制机制，进一步增强创效能力。

撤销物流配送中心，实现油库集中统一管理。2014 年 7 月启动撤销划转工作，科学制订实施方案，稳步推进，实现资产、人员、库存平稳有序划转，职工队伍保持稳定。重新组建仓储分公司，全系统油库实行集中统一管理，完成整合、磨合、理顺等各阶段工作，油库业务总体规范有序运行，“三条红线”平稳受控。

建设调运指挥中心，提高二次物流配送效率。按照物流管理垂直化、扁平化、信息化的目标，充分学习借鉴兄弟公司先进经验，认真制订建设方案，稳步推进方案实施。2014 年 8 月完成组建并启动运行，实施全系统二次配送集中统一调度，搭建主动配送模拟测试平台，选取试点测试，并逐步向主动配送过渡，整体运行平稳。

成立审计监察中心及质量计量监测中心。“两个中心”的成立强化审计监察及油品数量质量监管工作，提高公司合规运营的能力，有效规避经营风险。

调整部分管理职能，逐步理顺管理体制。纯枪管理职能划归加油站管理处，哈同公司业务划归实华公司管理，维护稳定办公室与行政事务中心合署办公，新闻管理划归党群部门。

初步进行薪酬分配制度改革，适当提高一线市场化员工收入。2014 年初，出台绩效工资管理办法，实行综合吨油绩效工资，工资按销量和利润考核兑现。2014 年 9 月，出台增发一线市场化员工浮动工资制度，对一线站库加油员等 13 个操作岗市场化员工，设定每月 300 元浮动工资，与本人绩效考核挂钩，上下浮动。

探索加油站经理选聘方式改革，实行全系统公开竞聘。打破地域和身份限制，向全省系统发布公告，符合基本条件的员工都可以参加竞聘。明确加油站主要指标任务，加油站经理实行年薪制，按业绩考核兑现。2014 年 8 月，组织哈尔滨南直路加油站经理“面向全省聘一人”竞聘，在广大员工中引起良好反响。

【专业管理】 HSE 建设与管理。完成销售分公司及外部认证机构体系审核。开展全覆盖内部审核，从管理层到执行层，全方位查找问题，并落实整改措施。开展风险辨识管理工作，针对突出问题，制订风险识别评价方案，完善分级防控，提高风险管控水平；加大监督检查和责任追究力度。2014 年 9 月，开展全系统安全环保大检查活动，发现并整改问题 510 项。建立质量计量纠纷快速应对处置制度，明确处置程序及主体责任。升级问责质量计量违规违纪人员，2014

年处理5起加油站质量计量安全责任事件，对25名违规人员进行处分。实施损溢油流程调整工作，选取牡丹江分公司等4家单位进行试点，实现损溢油价值管理，采取有力措施堵塞高发易发风险点。

加油站管理。加大亏损站及“双低站”治理力度，重点突出亏损站治理，截至2014年底，285座亏损站同比减亏2285万元，483座低销站中34座摆脱低销，46座低效站中24座利润同比增加。不断强化加油站现场管理，开展加油站基础工作大检查，覆盖率达到100%。开展最差加油站评比活动，进行17期评比，共通报57座最差加油站，并进行有效整改。

信息化管理。继续推进信息化建设工作。ERP、加油站管理、油库、二次配送等四个系统应用良好。配送一卡通使用率实现提升，一卡通使用率达到85%。

财务管理。加大费用控制力度，重点抓可控费用支出，通过一系列厉行节俭、反对浪费的措施，2014年，会议费、差旅费、办公费、招待费等四项费用支出2663万元，同比减少768万元，下降23%；坚持低库存运行，大幅降低库存资金占用，2014年财务费用支出1553万元，同比减少2000万元，下降56%。

【队伍建设】 巩固党的群众路线教育实践活动成果。贯彻落实中央“八项规定”及集团公司党组“二十条要求”，转变机关作风，增强服务基层能力。严肃劳动纪律，出台机关考勤制度，机关员工每天四次指纹签到签退；严肃会议纪律，对违反会议纪律情况进行通报，扣罚业绩工资；规范公务用车，取消领导干部专车，所有车辆集中统一管理，清退超标准车辆22台，清退租赁车辆44台，年减少费用支出265万元；清理两级公司机关干部超标办公用房面积2563平方米，对其重新分配，部分改为档案室、会议室及图书阅览室。

有序推进集团公司巡视、销售分公司调研反馈问题整改工作。将群众路线教育实践活动问题整改与反馈问题整改相结合，成立工作机构，制订整改方案，抓好整改落实工作，做到真查真改，立整立改。

强化党建工作。坚持民主公正，通过公推公选的方式，逐步配备7个所属单位党委书记。强化党风廉政建设，坚决正风肃纪，对违规违纪行为严肃问责。坚持关心关爱员工，下拨扶贫帮困资金，对困难职工送温暖献爱心。

（于　泳）

中国石油天然气股份有限公司
河北销售分公司

【概述】 中国石油天然气股份有限公司河北销售分公司（简称河北销售）主要负责中国石油在河北省行政区域的成品油、非油品销售业务以及市场网络开发工作。河北销售成立于2000年5月，2009年12月上划股份公司直接管辖；机关设13个处室，下辖12个地市分公司和2个专业分公司（非油品经营公司和仓储分公司）、20家股权企业；资产总额59.34亿元，资产型加油站1177座，油库23座，库容59.84万立方米；员工8591人（合同化352人，市场化8149人，劳务用工90人），大专以上学历人数占员工总数40.78%。

2014年，销售成品油396.73万吨，其中零售量250.31万吨（纯枪量234.99万吨）；实现营业收入288.85亿元，吨油营销成本420.32元，税前利润总额-1.03亿元，同比减亏2.6亿元；商流费总额17.31亿元，较预算节约1.06亿元，同比节约6701万元；实现非油品收入3.29亿元、利润2900万元；整体经营运行平稳有序。

【市场营销】 坚定市场导向，突出建设专兼职客户经理人队伍，实现直销量161.78万吨，同比增加14.57万吨，17名客户经理年销量超过1万吨。开展“市场大排查、客户抢开发”、“客户开发攻坚90天”活动，新开发客户1568家，实现销量27.2万吨；直批客户数量达到2625家，终端客户比例达到91.2%。突出纯枪和汽油销售，实现纯枪汽油销量106.8万吨，同比增长7.7%，其中97号汽油销量16.9万吨，同比增加3.4万吨，增长25%。推行“优享周末、快乐出行”汽油错峰促销，与中国电信“翼支付”、河北“一卡通”合作促销，开展节日专题促销、“金秋送爽”互动促销、“加油送健康、冬日送温暖”淡季促销，实现站点纯枪汽油同比增长9%。突出卡营销质量，新售卡记名卡比例达到84%，卡销比35%，同比提升7个百分点，沉淀资金5.49亿元，较2014年初增加1.2亿元。

【库站管理】 优化现场管理，开展“两服务、两清洁”、全流程诊断与优化、“打造强大现场、服务创造价值”等专项活动，实施95504客户投诉、神秘顾客访问升级管理，提升现场管理和客户服务水平。深化“双低站”治理，日销量3吨以下加油站同比减少18座；加大高效站培育，双万吨加油站数量达到8座，同比增加3座。开展油品损耗专项治理，强化分环节损耗控制，组织超耗加油站现场专项诊断，加大硬件设施投入，完成5座油库自动付油升级改造、114座加油站液位仪新装和更换、1434具油罐复标工作，一次运输损耗、二次配送损耗、零售保管损耗同比分别下降0.53‰、0.56‰、0.24‰，损耗治理取得进展。

【非油品业务】 统筹店内外业务，开展“后备箱计划”“加满赠”、“油卡非润”互动促销、消费积分换购等促销，吸引顾客、促进消费；优化非油品结构，建立核心商品指导清单，香烟、包装饮料等商品销量同比分别增长64%和61%，非油品业务实现收入3.29亿元、利润2900万元，同比分别增长2.8%、3.5%。

【资源运行】 把握市场节奏，针对库存偏高、油价连降实际情况，抢抓销售机遇，坚定扩销降库，库存同比降低7.7万吨，有效防范跌价风险。通过外采低价资源置换高价库存，实物外采油品20.27万吨，创造较好经济效益。着眼全省物流优化，退租张家口机务段、66455、石家庄常青油库，清理汉沽、辛集等油库库存，开通山东地炼直配入站业务，优化任丘、大港地付入站辐射半径，配送格局更趋合理，增强资源保障能力。调度指挥中心24小时运行，2014年累计配送入站油品235.06万吨，确保经营有序运转。

【网络建设】 遵循投资回报，形成未来3年华北石化产能升级配套网络建设发展实施方案；河北销售与高速禄发公司合资合作取得成效，京石高速6对加油站改造项目按期投运；取得西柏坡、邯大高速、京沈高速加油站、停车区等经营权；积极协调华北油田，划转6座加油站经营权；2014年新投运加油站31座，新增零售能力25万吨。完成杏园油库油气回收及检修，顺利实现复业收付油；完成张家口联合石化油库汽油储罐改造，增强汽油保障能力。建立折旧返还、安保基金、安全生产费、技改资金、检维修费用等五种资金一本账管理机制，提升综合解决能力；统筹开展加油站油气回收改造，完成935个批复项目；按进度推进委托代建项目清理，累计清理项目39个，投资工程管理更趋规范。

【安全环保】 严守“红线”，健全安全环保责任制，建立季度安全生产形势分析会制度，明确各单位行政一把手兼任安全总监，落实安全生产责任；开展专项检查、日常稽查和体系审核，整改隐患问题1560项，整改率94%；健全应急预案体系，制定加油站“一案一卡”模板，开展预案演练1.1万余次；开展“7·26”事故警示教育，落实有感领导、直线责任、属地管理责任，确保整体工作安全平稳运行。完善中心化验室功能，强化自主检验管理，累计抽检油品907批次；强化过程风险管控，落实汽油、柴油“专罐专储”“专车专用”“先入先出”、二次配送“双铅封”要求；加强外采资源、租赁油库、代储油库、串换油品质量监管，国家和股份公司质量抽检合格率达到100%。深化安全环保数量质量专项稽查，2014年累计稽查油库、加油站188座次，油罐车39辆，发现并监督整改各类问题712项，提高安全环保管理水平。

【管理提升】 规范内部管控，组建非油品经营管理公司，成立客户服务中心、加油卡管理中心、纪检监察中心、资金集中支付中心；完善低油价条件下的价格管理体系，有效应对市场变化；建立集中统一的油品、非油品库存盘点工作机制，提高库存管理水平。开展费用全口径对标分析，商流费总额较预算节约1.06亿元，同比压缩6701万元，租赁费、运输费、财务费等大额费用同比分别减少5502万元、5396万元、4015万元、2234万元。组织开展小金库专项检查、资金专项检查等，突出专项效能监察，大力加强合规建设，有效防范各类经营管控风险。调整专项绩效考核指标，完善中级管理人员业绩考核机制，严格落实约谈机制，激发干部员工内驱力。开展ERP应用集成项目建设，促进河北销售全领域信息资源共享；建成涵盖22个功能模块的协同办公系统，初步搭建起一体化、自动化办公平台；系统运行维护持续强化、集成应用不断深化。成立商标维权领导小组和专项工作小组，协调政府部门打击侵权站及“三黑”窝点，累计排查核实并清理侵权站248座，配合职能部门打掉窝点600多个。

【基层建设】 深化队伍建设，开展中层干部述职述廉，组织参观党风廉政建设教育基地，持续增强廉洁从业意识；落实三级培训机制，开展“先进经验到河北”专题培训，组织首轮加油站经理中级资格认证，坚持员工技能鉴定，708名站经理取得初、中级认证资格，库站操作人员取得初、中、高级资格人数达到4588人，占操作人员总数的62.36%，队伍素质得到整体提升。开展“夏送清凉”“冬送温暖”活动，为一线员工配备防暑降温、防寒保暖物品；组织6000余名员工开展职业健康体检，建立子女参加中高考员工调休制度；拨出专项资金，集中改善一线员工工作生活条件；开展节日走访、扶贫帮困活动，累计发放慰问金130万元，员工归属感和凝聚力得到提升。推进党的群众路线教育实践活动发现问题整改，建立作风建设长效机制；严格落实用餐不饮酒、往来不打牌、住宿不超标、交往不送礼、出差不游玩“五不”要求；大力倡导开短会、讲短话、发短文、简办事“三短一简”，贴近基层抓服务；开展机关干部“一挂两包”下基层、中秋国庆驻站帮扶等活动，共793名机关干部深入基层，与库站员工同吃、同住、同劳动，良好工作作风不断加强。

（薛志佳）

中石油新疆销售有限公司

【概述】 中石油新疆销售有限公司（简称新疆销售）成立于1954年7月，主要承担新疆维吾尔自治区成品油（气）与非油品销售，保障区域遍及新疆166万平方千米。截至2014年底，新疆销售下设13个职能处室，3个直属单位，14个销售分公司和3个专业公司。职工总数11012人，资产总额72.92亿元。加油站总数1050座，运营加油站833座，其中全资加油站805座、租赁加油站28座。运营分销油库7座，库容44.78万立方米，铁路专用线4条，铁路接卸鹤位87个。

2014年，成品油销售总量546.6万吨，同比下降5.02%；其中纯枪销量393.5万吨，同比下降4.84%。配送成品油469万吨，同比减少29万吨；吨油运费93.6元，同比增加7.5元。非油品业务销售收入6.05亿元，同比下降9.4%；实现利润7031万元，同比下降3.7%；实现百万元店179座，同比增加13座。车用润滑油业务实现销量1.69万吨。销售天然气3870万立方米，同比增长54%。2014年，新疆销售荣获集团公司2014年度信息化、远程培训、安全生产、审计工作等先进单位荣誉称号。

【企业管理】（1）2014年12月26日新公司在乌鲁木齐工商登记注册，中国石油天然气股份有限公司新疆销售分公司改制为中石油新疆销售有限公司，同时按新体制运行。改制前资产总额69.39亿元，负债28亿元，净资产41.39亿元；改制后资产总额107.79亿元，负债35.95亿元，净资产71.83亿元。净资产评估增值30.44亿元，增值率73.54%，其中固定资产增值11.46亿元、无形资产增值21.15亿元。注册资本金为42亿元人民币。（2）新疆销售机关设立商品物资服务采购部和审计监察中心，实现采购集约化，降低采购成本1366万元；实现审计监察专业化，强化各业务环节管控能力。17家地市公司全面完成“三部一室”改制，整体工作效率得到提高。（3）薪酬分配方式采取“以销量定编制、按编制核工资、凭业绩和贡献拿奖金”，量效与薪酬直接挂钩，薪酬分配向一线倾斜，库站员工收入增幅高于两级机关。人工成本预算分析和决算审核，实行新的吨油含量奖金标准。（4）干部选拔采取公开竞聘与组织考察相结合的方式，提拔处级干部10人、调整27人。不断控制用工总量，库站外人员比例下降4%，劳动效率明显提升。（5）开展信息系统升级调研，完善使用功能，取消部分手工表单；推进信息化与自动化融合，开展移动办公系统和加油卡自助服务试点，完成液位仪自动校罐、客户管理等系统建设。组建科技工作小组，实施科技及管理创新研究。（6）压缩非生产性支出，油品综合损耗率同比下降，“三公”经费、“五项”费用同比分别下降21.4%、25.7%。清理低效无效资产，调剂使用在用资产，盘活非在用土地，规范资产租赁业务，严控资产报废审批，提高资产使用效率。清理不良股权，维护公司权益。（7）开展干部、工程及经济责任审计，审计结果与业绩考核挂钩。严控违规赊销，规范承兑汇票。加强招投标、合同履行、案件诉讼等管理，开展商标侵权清理，有效防范经营风险。

【成品油市场监测】 成立市场分析小组，每周收集分析市场动态，充分利用分析成果，科学编制营销策略。建立油价跟踪分析机制，每天收集油价变动信息，提前5天向公司领导、基层单位发布涨跌价动态信息，指导基层及时调整销售政策。完善全疆721个监测点构成的三级信息监测平台，每天报送辖区经济、投资、地炼、竞争对手销售价格、营销策略等影响成品油销售的相关信息，各监测点和公司监测信息审核上报率达到98%以上，价格信息工作考核得分位列销售分公司第二名。2014年3—4月开展为期2个月的全疆“市场大调查、客户大普查”活动，制订调查方案，建立调查样表体系，每周通报直属企业开展情况，组织开展“两查”活动总结大会，补充完善客户档案，将调查成果转化为销量。及时收集全区经济信息、固定资产投资和重点工程规划、启动信息，及时向直属企业发布，指导客户开发，每周监测通报全疆重点工程开工和供油情况。

【资源管理】 科学编制月度分品号资源计划，统筹平衡直炼、串换、外采三种资源，加强资源预测与衔接；组织开展流向效益分析，分区域明确市场定位，实施差异化的资源投放和销售策略；紧盯国际油价走势变化，超前预判，合理控制库存水平，库存规模由22万吨逐步降至12万吨，规避库存跌价损失；坚持外采业务纳入“三重一大”决策程序，有序开展资源外采业务，扩大外采价差，在巩固市场份额的同时，实现量效齐增的目标。

【加油站管理】 制订《加油站服务监管方案》，向社会公布28个旅游景区、3个高速服务区的加油服务指南，强化油品保障供应责任。修订《顾客满意度管理规定》，开展满意度调查2次，综合满意度95.8分，同比提升0.14%。针对14家分公司92座三至五星级培育站进行考评，对已有的229座三至五星级加油站进行星级评估，授予81座新培育加油站三至五星称号，对18座星级到期加油站进行摘星、对10座加油站进行降星，树立星级油站形象。制定《标杆加油站管理与复制推广办法》及《标杆加油站综合考核细则》，填补标杆加油站管理空白。选定培育51座加油站，树立标杆加油站14座，发挥示范带动作用。对星级、标杆加油站进行交互检查，挖掘亮点95条，发现问题1343条，提出整改建议1367条。修订《神秘顾客访问实施细则》，依据《神秘顾客访问问卷》，以现场服务、发票管理为重点监测内容暗访1654座加油站，并启用复议平台，总体成绩91.21分。不定时巡查加油站917座，发现问题416条。修订95504客服投诉考核标准，95504客服热线每月平均接听3136通，处理投诉350起，表扬386起。对18座加油站开展现场诊断与帮扶工作，共发现亮点43条、诊断问题52条、提出整改建议77条，落实率86%，形成长效帮扶机制。

【双低加油站治理】 制订227座“双低站”治理方案，从征文组织、媒体宣传、调研督导等方面保障成果。走访调研加油站69座，完成271座“双低站”治理，达标率119%，实现销量增加2.6万吨，税前利润增加9654万元。针对全疆817座加油站开展诊断与优化工作，共培训人员1357人次，诊断问题2484条，落实优化建议2392条。以“提升开口营销水平、用心打造强大现场、体现服务创造价值”为主题，制订第一届加油站经理论坛成果转化方案，召开视频宣贯会，督导二次宣贯。督促正星等加油机厂家巡检635座加油站2873台加油机，维修故障加油机146台。形成双低征文47篇，其中10篇被《油商周刊》刊载，4篇获奖，并获得销售分公司优秀组织奖。

【非油品业务】 开展便利店团购礼册推广活动，精选名优、畅销和特色产品入册，团购增收效果显著。积极应对安保不利因素，统一制定店外售货车标准，推行店外推车式主动销售模式，扩大站前销售。昌吉、阿克苏、伊犁和和田公司积极推广进出站口“小货车”“专柜式”销售模式，包装饮料销售同比增长16.01%。制订商品采购目录和《便利店商品新品试销管理指导意见》，按照五种站型制订6000种商品销售目录，同时，加大清理低效滞销商品力度，进一步优化商品结构。推行商超供应商管理模式，尝试品类目标承包制，鼓励供应商派驻促销员、巡店员，协助便利店的销售、陈列等工作。推行供应商配送整合模式试点，实现吐鲁番、昌吉、石河子、哈密、伊犁等单位的便利店商品统配，有效解决商品配送瓶颈。开展“金秋送爽”促销活动，推行包装饮料“后备箱计划”，实现包装饮料销售额7995万元，在销售分公司排名第一。

【投资建设】 2014年新开发加油（气）站17座，新增可研销售能力9万吨/年。续建、新建加油（气）站并完工36座，新增零售能力20万吨/年。阿克苏加气母站完成土建主体工程，两座子站同时在建。投资1.09亿元，改造油库2座，扩建加油站23座，改造加油站17座，新增零售能力6万吨/年。严控立项审批，深化谈判、靠实可研、规范合同，严控法律及经营风险，伊犁公司收购的G30高速公路果子沟加油对站投运半年，平均日销量30吨，综合达销率达到166%。北屯油库实现主体完工，喀什油库已开工建设，伊犁油库项目2014年7月实现一次投运成功。

【工程项目管理】 规范设计委托、设计成果文件验收等程序，细化图纸审查标准，规范设计文件编制深度。2014年共组织181个建设项目施工图审查和4个项目初步设计审查。控制建设成本、调整建设标准，对加油岛、罩棚等28项设计内容进行补充和优化，统一征地规模、平面布局、功能设置等24项设计内容，编制下发《加油站投资建设轻量化管理方案》，通过优化设计方案，单站投资降低约80万元；推进估算、概算及结算管理提升和增效攻关活动，建立全口径审查模式。2014年开展项目立项审查210项，审核金额94383万元；开展工程结算审查156项，审核金额49943.33万元，核减5405.39万元。在新建油库工程中全面推行PC总承包管理模式，有效提高项目管理的质量和效率。加强承包商日常履职的检查和年度考评，建立承包商沟通协调机制。2014年共开展工程安全及质量管理方面的专项检查31次、视频监控巡查1次、明察暗访4次，共查处安全、质量类违章行为31项，发现各类管理问题125个，提炼总结亮点8个。

【安全管理】 制订《安全生产和环境保护责任制建设工作方案》，完善“党政同责、一岗双责，管生产必须管安全、管工作必须管安全”的安全环保责任体系，完成7个公司领导、118个处级领导、16个机关管理部门、10325个岗位员工安全生产责任制的制定发布工作。根据职能处室分管业务范围，实施差异化管理，明确各职能处室的安全环保责任，同时将直属企业的安全保卫责任纳入事故控制指标，一并列入责任追究范围。直属企业与经营片区、油库、加油站及库站班组签订《安全环保责任书》，将公司的安全环保管理目标分解至班组，纳入年度业绩考核体系。每月召开HSE委员会会议，分析公司安全生产形势、学习有关安全生产工作文件精神、研究解决安全生产问题。对各直属企业运营库站数量、成品油销量和运行车辆数量等风险因素进行评价，设定5个风险等级，制定2014年安全风险抵押、安全生产先进单位与不合格单位奖罚标准。

【质量管理】 2014年，新疆销售根据管理制度实施情况，修订《成品油质量监测管理规定》，并依据2014版销售分公司《质量业务手册》修订并下发新疆销售《成品油质量管理手册》；5月组织所属企业相关管理人员及各油库油品检验人员共计27人进行新标准和相关管理制度的学习和宣贯；11月联合新疆维吾尔自治区质检院、西北销售质检中心、乌鲁木齐石化总厂质检部门开展实验室比对；开展QC小组试点工作，组织培训72人次，着重从QC小组的概念、分类、统计方法及主要特点等进行强化提高，为公司下一步QC小组具体活动的开展创造条件。

【节能环保管理】 开展油气污染治理工作，截至2014年底，已完成油气回收改造加油站262座。编制年度温室气体工作报告与环境统计分析报告，分析能源消耗情况，细化分解节能指标，按季度考核通报，减少能源消耗和污染源排放。新疆销售4名员工荣获集团公司节能环保先进个人，2座加油站获得集团公司绿色基层站队称号。

【企业文化建设】 开展新疆销售成立60周年十二个系列活动，举办首届职工运动会，集中展示职工精神风采。《甲子礼赞》征文集和《为新疆加油》宣传片从不同角度反映新疆销售60年的发展变化。动态开展文明加油站争创工作，243座加油站被评选为文明加油站。紧紧围绕中心，相继开展“大干90天、献礼60年”“我为营销做点啥”“新丝路能源之路万里行”等重大主题宣传报道工作，做到重大活动率先报道。2014年，在中国石油系统相关媒体发表稿件150余篇，地方媒体发表稿件27篇，树立企业良好形象。修订评先选优管理办法，规范评选先进标准；广泛开展大庆精神铁人精神再学习再教育活动，组织劳动模范先进人物考察交流，“全国工人先锋号”乌鲁木齐公司北京路加油站、“全国五一劳动奖章”获得者西力甫江·阿吾提等先进典型，示范引领作用充分发挥。

【新疆销售成立60周年庆典活动】 2014年7月21日，新疆销售召开成立60周年庆祝大会。新疆销售历任老领导、60年来省部级劳动模范及先进工作者代表、机关副处级以上领导、直属企业党政主要领导等200余人参加会议。21日上午，代表们首先参观新疆销售展厅、书画摄影展，观看宣传片《为新疆加油》。新疆销售总经理刘守德主持会议，党委书记悦仲林做新疆销售成立60周年致辞，回顾新疆销售60年的发展历程，总结60年取得的历史经验。会议表彰在60年发展历程中做出突出贡献的省部级及以上劳动模范和先进个人，授予224名同志为新疆销售发展60年“突出贡献者”荣誉称号，新疆销售领导为离退休及各岗位先进个人、劳动模范代表颁发奖状。与会代表观看了由各直属企业参演的职工文艺会演。

（罗丽戈）

中国石油天然气股份有限公司
山东销售分公司

【概述】 中国石油天然气股份有限公司山东销售分公司（简称山东销售）是中国石油天然气股份有限公司在山东省设立的全资分公司，主要从事成品油（气）与非油品销售业务，于2000年成立，本部设在济南。截至2014年底，山东销售机关本部设职能处室11个，全省设地市分公司15家、专业分公司2家，在营油库10座、库容21.1万立方米，运营加油站919座，在册员工7167人，资产总额67.99亿元。

2014年，实现油品销量424.63万吨，其中成品油销量413.17万吨；纯枪销量287.89万吨，同比增长2.3%；售卡91.3万张、新增沉淀资金3.75亿元，卡销比达50.4%；非油品收入5.34亿元，同比增长6%；非油品利润4902万元，同比增长21.8%；利润总额8.65亿元，同比增长167.6%；EVA（经济增加值）4.87亿元，投资回报率达到36.9%，同比提高11.4个百分点；质量安全环保平稳受控，获得“全国文明单位”等荣誉称号。

【油品及非油品业务】 2014年，山东销售紧紧围绕效益中心，立足区域资源、经济、地理三大优势，注重外采及管理增效，着力打造特色营销优势，盈利能力大幅提升，质量效益取得历史性跨越。（1）做优资源运作创效。科学统筹直炼、外采，强化“购销存调”一体化运作，坚决实施扩大外采的资源转型战略，外采成品油165.56万吨。坚持库存、成本双低运行策略，有效应对油价“十一连降”，月均账面库存同比大幅降低。坚持油价、运费、运距、损耗、密度“五统筹”，持续优化物流，直接入站比例达到54%，同比提高10个百分点，同比节省运费2000万元；充分借力地炼仓储，推进资产轻量化，有序关停、退租油库，年减少运管费用约2000万元；实施远程地罐交接、限时限路配送、严格损耗标准、合署办公等措施，公路运输损耗控制在0.5‰以内；铁路、海运、管输损耗率均同比大幅下降。（2）做大终端销售增效。以市场为导向、以放权搞活为手段，在849座加油站实行经营目标责任制，下放价格和促销权限，实施量利联动、量薪联动、专项奖励、全员营销；以规范现场为基础，加强全流程诊断，推行6S管理；以优质服务为保障，统一开发省级客户，建立微信营销平台，实施“开口、微笑、跑动”服务，强化神秘顾客访问、现场服务稽查和95504考核通报，终端运营质量显著提升。2014年实现汽油纯枪销量129.65万吨，增长11.23%，其中高标号汽油销量21.87万吨，增长36.65%；单站日销量8.96吨，自助零售比例达37%，治理“双低站”32座。积极发展零售网络，合资租赁济乐高速加油站项目获重大进展，新投运加油站30座。（3）做强非油品业务提效。通过持续优化品类、提升现场商业氛围、开发高毛利自主品牌、加大销售奖励等措施扩毛利，坚持统采统配、采价对标、强化库存管控等手段降成本，非油品毛利同比提高25.75%，库存资金占用天数同比减少8.5天。

【改革创新】 2014年，山东销售认真落实集团公司深化改革部署和销售分公司昆明会议精神，体制机制改革实现关键性突破。（1）重组职能完善机制。围绕“集约、扁平、直线、专业、市场化”要求，持续深化体制建设，全面构建一体化管控平台，省公司业务运作中心、非油品公司、仓储公司职能更加科学，运行更加顺畅；地市公司组建集油卡非、信息、网建、维修于一体的业务运作部，奠定对加油站一站式服务管理和片区直线式派出管理的体制基础；泰安与莱芜、烟台与威海管理整合运转平稳。加强顶层设计，落实项目投资与工程设计双评审、资源外采集体决策以及招标采购、资金支付、财务核算、工程建设、薪酬发放、信息运维、审计监察等业务的集中共享管理。（2）精简机构优化用工。按照“控进口、疏出口、优职能和建立利益导向机制”的原则，落实“三控制一规范”，省公司内设机构由17个减至11个，地市公司机关整合为三部或四部一室，精简机构71个；站库层面通过“减员不减薪、增站不增人”、自然减员内部调整等措施，用工总量有效受控，库站外用工占比10%，人均纯枪销量352吨，同比增长21%，劳动效率快速提升。（3）面向市场推进外包。以市场化、专业化为导向，加快推进业务、服务外包。站库推行日常维修、信息运维、保安保洁、油品接卸、视频监控、员工食堂等辅助业务外包和加油高峰小时工服务，探索实施加油站整体外包，加油站员工不登罐车、不卸油品、不做保洁、不做餐饭、不卸商品、不值夜班的“六不”目标逐步推进。机关推行或试点会务、车辆、物业及财务凭证装订等服务外包，引入资金稽查、基础管理检查、神秘顾客访问等异体监督机制，实施工程建设PMC管理，试行库站改扩建E+PC总包模式，进一步提升专业化管理水平。

【精细管理】 2014年，山东销售坚持问题导向，持续深入推进精细化管理，强化内部控制，管理提升迈出实质性步伐。（1）管理体系不断完善。推进全面计划管理，有力促进年度经营目标、重点工作和基层检查调研反映问题的解决落实。推进全面预算、全员成本控制，优化资产管理，积极清理在建工程、长期挂账工程尾款，全面调拨处置闲置资产。关停、退租负效加油站，停用小型油罐车，争取税费减免政策，规范招投标工作，降本增效工作取得实效。推进全员绩效管理，考核导向激励作用明显，以吨油纯枪为单位的薪酬总额核定制度终结传统的要人机制。（2）6S管理体系初步构建。在两级机关、所有站库推行6S管理，形成《6S管理手册》等标准化文本，统一规范标识标牌，建立常态化检查机制，6S管理理念逐步被员工接受，机关、站库面貌焕然一新，受到客户及各界的广泛好评。（3）制度流程建设持续加强。以制度、流程、KPI为基础的管理平台有序推进，以《作业指导书》《岗位操作手册》为主要内容的“一书一册”管控模式初见成效。（4）信息化建设加速推进。深化系统集成应用，推进两级业务运作信息平台建设，自主开发加油站经营评价、外采管理系统，上线运行基础数据管理系统，升级完成便利店货品管理系统，强化协同管理系统应用，开展施工现场远程监督，大力推广移动办公，全面启动档案数字化，基本实现无纸化办公，完成665座站库高清视频监控改造和574座加油站零管设备更新，自助半自助加油站达724座，为加油站配备163台自助售卡机、200套防爆对讲机，管控效率持续提升。

【风险防控】 2014年，山东销售坚持从严管理，强化隐患治理，筑牢风险防控基础。（1）QHSE体系建设持续深化。编制QHSE管理手册及体系文件，启动QHSE全员认证和库站经营许可，强化安全生产责任制落实，设立专职安全督察，严格事故事件责任追究。（2）“三条红线”牢固坚守。实行油品质量升级管理，强化监督稽查、应急处置，按期完成油品升级置换，建成投用济南质量计量检验检定中心，协调外采油品专罐专储。开展“隐患治理年”活动，全力治理隐患。严格工程质量、安全、工期管控，推行《加油站细部设计手册》，2014年投入站库维修改造资金4.3亿元，基础设施得到极大改善。（3）风险管理全面加强。加快实施QHSE、内控、法律风险防控体系融合，措施到岗、责任到人，按岗考核的全面风险管控体系初步建立。开展全省资金和小金库专项检查，规范第三方支付业务。坚持突出重点、扩大范围，实施17家公司经理离任或任期经济责任审计、520座站库经营管理以及各类专项审计和效能监察，开展审计及监察问题专项整治，有效管控经营管理风险。

【作风建设】 2014年，山东销售全面落实党的十八大和十八届三中、四中全会精神，持续加强作风建设、队伍建设和企业文化建设，改革发展的良好局面持续巩固。（1）作风建设务实推进。严格落实中央八项规定，制定改进作风实施细则，认真开展党的群众路线教育实践活动和有关问题专项治理工作，加大信访核查和案件查办力度，查处各类举报26起，责任追究67人，其中处级干部20人。全面开展党内巡视，巡视所属单位16家。持续开展“作风建设年”活动，推进机关人员下站蹲点倒班，两级机关累计下站服务13183天678人次；退租、外租办公面积5700余平方米，年减少支出300余万元；报废、停用、退租公务车辆62台，减少运行相关费用800余万元；“五项”费用同比下降32.56%。（2）队伍建设持续加强。实行关键岗位定期交流、领导干部任期任届管理，累计交流调整副处级以上干部90人次。加大专业培训、技能鉴定力度，举办职业技能竞赛、现场服务挑战赛，开展送教到站。召开加油站经理、客户经理大会，落实经理人队伍权责。实施员工薪酬倍增计划，坚持收入向基层倾斜，员工人均收入较2010年增长115%，其中加油站员工收入增长128%；落实“工效挂钩”原则，公司员工人均收入同比增长27%，其中加油站员工收入增长30%。全力改善基层员工工作、生活环境，调增伙食补助和医疗报销标准，有效落实疗养和带薪休假制度，员工福利待遇进一步提高。（3）企业文化建设不断深入。组织文艺下基层慰问演出，实施站库员工免费无线上网工程，建设员工才艺作品展厅，制作企业文化手册、公司发展纪实片，推广沂蒙姐妹、刘学霞等先进典型，新闻宣传工作全面加强，公司内外部发展环境更加有利。

（刘学磊）

中国石油天然气股份有限公司
陕西销售分公司

【概述】 中国石油天然气股份有限公司陕西销售分公司（简称陕西销售）是中国石油天然气股份有限公司所属地区公司，截至2014年底，陕西销售本部机关设有13个职能处（室），下辖12个分公司、102个片区经营部、1个润滑油公司、1个油品质量监督检验中心、5个驻省内炼油厂采供站，共有员工1.02万人，资产46.27亿元。拥有营运加油站952座，资产型油库9座，总库容31.38万立方米。

2014年完成成品油销量526.73万吨，同比增长0.79%；完成成品油零售量425.26万吨；实现非油品利润4029.87万元，同比增长27.33%；实现营业收入386.54亿元；实现利润6.92亿元，同比增长27.68%；上缴各类税费6.10亿元；未发生重大安全事故，稳定形势得到巩固。陕西销售被评选为“2014年陕西百强企业”，荣获“全国实施用户满意工程先进单位”称号，被国家工商行政管理总局授予“守合同 重信用”企业称号。

【企业管理】 推行合规管理，编制实施细则，修订完成内部控制管理手册并通过集团公司审核，规范合同文本及合同管理信息系统使用。提高工作效能，开展服务效率考核，选取4个分公司为试点单位，开展组织机构调整和人员选配工作；对省公司部分处室主要职能进行调整，提高机构运行效率。强化财务管理，建立“年度预算控制季度预算、季度预算控制月度预算”的分期预算控制模式，严格节税控费，盘活闲置资产。推进信息化建设，2014年完成46座新建（购）加油站的加油站管理系统上线，实现省公司、分公司及片区三级视频扫站远程监控功能。加强党风建设，推进基层党支部“六个一”创建，截至2014年底，共建立党委13个，党支部161个。

【库站管理】 2014年实际开发立项32座加油站，其中，租赁18座，新建、收购14座。完成改扩建加油站16座。制订《陕西销售公司2014年标准示范站、万吨站培育计划》，对352座加油站开展全流程诊断与优化，完成优化576项，加油站单站日均销量提升至31.82吨。制订低销、低效站“一站一策”治理方案，34座低销站达到治理目标，11座低效站达到治理目标。

【非油品业务】 实现非油品业务专业化管理，启动非油品中央仓建设，加大商品集采，突出店内销售，优化品类结构，强化现场管理，确立“立足站内，走出站外”的理念和“油非”互动策略，针对四季特点，开展“元旦、春节双节促销”“夏季包装饮料促销”“喜迎金秋促销”等各类促销活动，带动油品增量、促进非油品增收。截至2014年底，陕西销售共有百万元便利店85座。

【资源运行】 2014年购进直炼资源347.81万吨，外采资源167.73万吨，抓住代储购进低价油品机会，降低购进成本。陕西省要求从2014年10月1日起，全省加油站供应的车用汽油、柴油达到国Ⅴ标准，陕西销售按照先升级置换汽油，后升级置换柴油；先关中，后陕南，再陕北地区；先大中城市、后中心城市、再偏远地区城市的原则，稳步推进置换工作，截至2014年11月底，陕西销售运营加油站已全部完成国Ⅴ汽油的升级置换。

【市场拓展】 不断调整营销策略，建立快速反应机制，实现量效并举。提升现场服务，2014年共计检查加油站3216站次。与中国电信、中国联通、昆仑银行等单位联合开展加油优惠活动，开展找客户活动，2014年新增单位卡7899户，个人卡152847张。实现采供站业务转型，开展服务声明和服务承诺，采供站2014年批发62.04万吨。宣传庆阳石化97号汽油，组织“客户体验日”“网友加油体验日”等活动，宣传中国石油油品质量。持续开展劳动竞赛，评选“金花”加油员，激发员工活力。

【安全环保】 构建安全环保监管体系，按照“一岗双责”要求，修订完善安全环保责任制，层层签订安全环保责任书。以HSE体系内审、单位月度综合检查考评和HSE分委会专项检查为主要方式，以作业许可、运行控制、风险辨识等为重点进行检查，迎接销售分公司两次HSE体系审核，对发现问题及时整改。开展两次安全环保隐患排查，对隐患问题及时整改完成销项。积极配合陕西省“治污降霾 保卫蓝天”行动计划，完成加油站油气回收改造445座。加强数量质量管理体系建设，截至2014年底，实行地罐交接加油站达到933座，对计量器具周期检定，定期开展季度油品质量监督抽查、月度炼油厂油品质量抽查、油品专项抽查工作。

（马　甜）

中国石油天然气股份有限公司
吉林销售分公司

【概述】 中国石油天然气股份有限公司吉林销售分公司（简称吉林销售）主要承担吉林省行政区域内的成品油批发、零售业务以及“昆仑好客”便利店、汽车服务等非油品业务。截至2014年底，吉林销售下辖9个市（州）分公司、2个直属公司，有员工9636人，运营加油站982座，在用油库19座，资产总额66.23亿元。2014年，销售成品油413.50万吨，零售318.28万吨，同比分别增长5.11%和6.20%；实现销售收入312.51亿元，利润1.25亿元，同比分别增加5.24亿元和1.75亿元。

【市场营销】 密切产运销衔接，强化资源保障，优化运输组织，配置计划完成率100.30%，保持经济库存下的平稳供应。围绕提升市场份额，完善市场监测分析机制，加强客户开发与维护，综合运用营销策略组合，直批销量同比增长2%。突出零售核心地位，深入开展劳动竞赛活动，提服务、强现场、抓促销，纯枪销量同比增长4%，单站日销量同比增加2吨。推进“油卡非润”一体化营销，发挥加油卡媒介作用，探索多方合作模式，2014年售卡54万张，沉淀资金16亿元，卡销比40.70%；营造非油品业务商业氛围，非油品利润同比增长7.51%，利润率同比提高4个百分点；试点组建润滑油分公司，摸清市场，拓宽经营思路，润滑油销量1万吨。车用燃气抓好资源组织与终端拓展，确定三家气源供应商，天然气销量同比增长8%。

【库站管理】 不断改善库、站“窗口”形象，充分发挥三级检查、稽查暗访、交叉检查、视频巡视的作用，提升规范化服务水平。结合加油站全流程诊断与优化，实施抓“双低站”治理、抓万吨站培育、带动千吨站升级措施，新培育万吨站13座，优化加油站264座，减少“双低站”233座。持续优化油库布局，完善油库安全管理、数量质量管理及规范化管理流程，加强油库库存商品集中管理，动态监控自动化付油系统及流量计精准度，提高油库安全系数、管理效率和反应能力。

【非油品业务】 突出特色经营与差异化服务，拓展销售渠道，营造商业氛围，提升客户体验，打造“油非”互动商圈，共有524座加油站设立便利店，其中百万元店、50万元店分别达到43座和64座。遵循效益优先原则，优化商品结构，改进营销手段，建立专题分析、定期分析与单品分析机制，不断提高非油品销售能力和库存资金使用效率。树立全员非油品营销意识，开展“便利店现场操作规范369”培训，强化系统应用、口头促销、商品陈列等内容，提升非油品业务水平。

【网络建设】 持续改善营销网络质量，向新增网点和整体改扩建要效益，新建加油站1座，整体改扩建加油站26座，技改加油站299座，新增零售能力5.9万吨/年。经过改造的长春普庆加油站，是集加油、汽车服务、购物、餐饮、休闲于一体的综合性服务场所，已经成为企业的一张“名片”。优化储运设施，凯旋、梅河油库投运，长春北、山城镇、敦化油库关停，搭建起阿什油库、凯旋油库、吉林石化地付、哈尔滨石化地付组成的地付网络，油库周转能力和使用效率得到提升。

【安全环保】 牢固树立安全环保的法制及红线意识，以风险防控管理为核心，以深化HSE体系建设为主线，持续推进“安全生产月活动”“安全稽查”等系列专项整治行动，安全环保管控水平不断提升。坚守底线思维，狠抓安全生产责任制落实及HSE体系审核、现场监督稽查、事故事件管理、承包商管理、应急体系建设等基础工作，2014年应急演练650次、6521人次，新《安全生产法》《环境保护法》培训考试全员覆盖，实现“零事故、零伤害、零污染”目标。

【企业管理】 强化多部门联合监管，完善法律风险防控，推进内部测试、财务监督与各类审计，提升“制度、流程、关键绩效指标”三位一体管控水平。实施全员、全过程、全方位成本管理，增强预算控制，强化损耗治理，优化流程设置，加油站全部集中配送，运费、租赁费、财务费用和“五项”费用等持续下降。落实项目全生命周期管理和项目长负责制，加大在建项目投运力度，严把投资项目审核关、施工监理关和验收决算关，投资管理进一步增强。深化信息系统应用、运维与安全管理，依托长春运维中心实现对长春、辽源、通化、延边等分公司的“一拖多”统一运维，信息化管理水平得到提升。

实施全员素质提升工程，推进“三支人才”队伍、加油站经理人队伍与客户经理队伍建设，组织和参加各类培训541期、7320人次，487人取得职业资格证书。

【改革创新】 围绕扩大资本外延效应，有效利用社会资源，搭建6个合资合作平台，推动网络开发、批量销售、“双低站”治理、非主营业务托管、免费换油中心搭建、天然气气源供应等工作开展。打造地市公司“升级版”，确定地市公司“三部两室”机构设置，减少管理人员、部门设置及附属机构，274人充实到一线库站。强化薪酬激励引导，实施“工效、工费、工事”三挂钩，出台10多项专项奖励，有效调动干部员工扩销增效积极性。推进资产轻量化，建立低效无效资产数据库，盘活闲置资产14项。

（杨冠宇）

中国石油天然气股份有限公司江苏销售分公司

【概述】 中国石油天然气股份有限公司江苏销售分公司（简称江苏销售）主要负责中国石油在江苏地区的成品油资源仓储与配送、直销与零售、网点开发与建设等业务。江苏销售下设12个处室、13个地市公司、1个专业管理公司（仓储），员工7142人。截至2014年底，加油站总数754座，其中运营站619座；在用油库16座，其中资产型油库8座，总库容68.23万立方米，总资产76.31亿元。2014年销售成品油443.14万吨，其中，纯枪销量268.57万吨，直批销量174.57万吨，市场份额23.8%。

【资源调配】 根据需要做好直炼资源接卸和地炼资源收储，把握供需平衡。2014年购进油品441.12万吨（汽油165.32万吨，柴油275.80万吨）。其中，直炼380.26万吨（汽油126.70万吨，柴油253.56万吨），外采60.86万吨（汽油38.62万吨，柴油22.24万吨），外采量占总购进比重为13.7%，吨油降本420元，累计降本2.48亿元。江苏销售在资源调运过程中，严格管理，强化损耗控制，减少损耗3101吨，实现直接经济效益2100万元。2014年8月南京青奥会期间，南京地区公路和水路危险品车辆通行受到严格限制。为最大限度减少对资源保障和销售工作的影响，7月下旬提前储备国Ⅴ标准油品4.47万吨，协调37辆油罐车保障油品配送。但由于对油罐车通行限制时间每天长达20小时，南京段长江码头8月严禁油船停靠和接卸作业，南京市区部分加油站仍然面临断供危险。经向南京市政府多次请示沟通，中国石油油罐车被特许在青奥会期间油品配送限制时间缩短到17小时，南京金翔油库8月中旬被允许使用长江码头1次进行油品接卸作业，及时缓解青奥期间南京市的油品保供矛盾。

【油品营销】 坚持"日算账、周分析、月对标、季总结"，及时分析形势，查找不足，改进销售策略。2014年，销售汽油171.57万吨，柴油270.79万吨，直批销量完成率104%。通过每日发布《日行参考》，及时向省市两级销售管理人员提供市场信息及经营动态，为后期销售策略应变调整提供参考依据。2014年成品油价格14次大幅下滑，迅速对分公司结算方式进行调整，保留分公司直批的毛利空间，提升分公司销售积极性。客户开发方面，年初对全省直批客户以及竞争对手进行梳理，针对26个空白市场（占有率低于5%），梳理潜在客户1135家，制订空白市场的挖潜计划，新增空白地区潜在客户89家，稳定交叉客户302家。2014年签约客户数量共计297家，同比增加34家；签约客户采购量合计3.3万吨，同比增加0.5万吨。

【非油品业务】 坚持优化商品和销售结构，提高毛利水平。对于大单销售，实行每单审批，对毛利严格控制。2014年，毛利率低于3%的大单销售同比减少2317万元，引进"新奇特"等高毛利新品150个，淘汰各品类综合贡献度及销售排名末位的滞销品78个。日用品收入同比增长41%，糖果、薯片小吃收入同比增长均达25%以上。突破发展瓶颈，探索合作经营新模式。通过公开招标，合作方承诺按不少于非油品收入3%的比例发放员工销售奖励，年减少激励支出325.9万元。对于非油品任务超额完成的分公司，将超额利润的50%用于员工激励。优化门店运营，按照门店分类，通过投资回报率测算，选择市场潜力大，消费能力强的门店，逐站分析，确定分区隔断、形象包装、设备配备等，视情况开展门店简易包装，提升门店硬件形象。制订《便利店商品管理标准化实施方案》，指导门店如何选择商品、管理商品，实现门店商品定制化管理。

【加油站管理】 大力推广自助加油，综合运用自助车位色块、视频推广、广告宣传等手段，推进自助加油业务。截至2014年底，已开展自助加油业务的加油站有214座，减员167人，卡销比由自助加油前的28.3%提升至36%，单站日销量由13.2吨增加至14.4吨。强化加油站经理人管理团队建设，使加油站管理向"专业化、高效化、精细化、科学化"转变。截至2014年底，8家地市公司创建20个加油站经理人团队，管理90座加油站。累计销售成品油40.4万吨，非油品5663.21万元；增加固定客户270家。南京分公司3个团队管理18座加油站，2014年油品销量实现16.42吨，以占34%的站数实现54.34%的销售占比。发售加油卡 35.26 万张，卡销比 28.5%；加油卡累计充值 255.73 亿元，累计消费 247.99 亿元，沉淀资金达 5.77 亿元。10 月起，开展“决战四季度”劳动竞赛活动。10—12 月共完成销量 116.35 万吨，同比增长 9.74%。盐城、南通、宿迁等地出现油品、非油品量效齐增的好势头，徐州北三环团队在竞赛中共销售成品油 5326.8 吨，增长 62.9%，日均增加 18.37 吨；销售加油卡 989 张，增长 7.8%。在江苏省 111 座加油站推行全流程诊断工作，收集相关数据形成诊断意见书，重点关注枪量匹配、枪位匹配、人枪匹配。优化工作中，用量化的评价指标指导改进、优化方向，明确责任人，落实整改措施。已完成诊断项目 341 个，完成优化项 306 个，非油品收入增加 1268 万元，日进站车辆增加 7000 辆，卡销比由 26% 增长至 29%，固定客户比例由 29% 增长至 37%。

【网络建设】 2014 年，在投资紧缩的情况下，突出位置、销量和效益，确保投资回报。截至 2014 年底，新开发加油站 10 座，平均单站可研日销量 23.75 吨，新增年可研零售能力 8.7 万吨。同时，强化对即将租赁到期加油站的清理工作。2014 年完成清退加油站 28 座，续租加油站 3 座，销售网络效率效益进一步提高。在优化网络结构方面，按照资金集中使用、项目统一安排、计划统一下达、改造完善到位的思路，结合低销低效站治理、全流程诊断治理、安全隐患治理等工作，2014 年统筹安排资金 10778 万元，扩建加油站 12 座，改造加油站 57 座。

【安全环保】 2014 年初，江苏销售对 HSE 委员会和各专项分委会重新调整，积极践行直线责任和属地责任，一岗双责、党政同责、管工作管安全、管业务管安全、谁检查谁负责等安全基本要求在江苏销售上下得到有效落实。2014 年 9 月，成立由江苏销售党政领导为组长的安全生产大检查领导小组，开展自检自查活动。在分公司自查的基础上，省公司组织 8 个检查小组，对 14 家分公司、42 个机关科室、52 个运营加油站、6 个运营油库以及 8 个施工作业现场进行抽查，共查出各类问题 417 项，已经整改 385 项。2014 年，国家颁布新的《安全生产法》和《环境保护法》，江苏销售切实抓好宣传贯彻培训工作，编制下发“两法”宣传贯彻讲义，并购置下发宣传贯彻读本，利用《江苏销售报》、内部网站、宣传挂图等多种形式，广泛宣传“两法”的内容和实质内涵，普及安全环保知识。在学习中，各单位还将《集团公司安全生产事故瞒报谎报行为举报查处办法》和《江苏省油气污染监督管理办法（试行）》一并进行学习宣传贯彻。

【精细化管理】 完善修订《中国石油江苏销售公司非经营性租赁资产管理暂行办法》，明确租赁年限、面积标准、报批程序、维修装修等内容。办公楼租赁费支出同比减少 50 万元。优化公务车辆租赁，2014 年清退外租公务用车 30 辆，其中到期退租 29 辆，提前退租 1 辆，节约租赁成本 87.21 万元。“五项”费用同比下降 19.09%，特别是会议费、招待费同比分别下降 52.44%、35.67%。为强化合规管理，江苏销售把具体事项分为普通管理事项和重大管理事项，普通管理事项按照公司制度实行分级、授权管理；重大管理事项全部纳入“三重一大”决策范围。总经理办公会审议决策事项时，法律管理人员列席会议并发表法律论证意见。

【队伍建设】 江苏销售坚持把抓好反“四风”和开展好教育实践活动与建立以零售为核心、以效益为中心的营销体系结合起来。截至 2014 年底，落实整改“四风”突出问题 14 大项、46 个分项，整改率达到 100%；落实整改“四风”突出问题专项整治 5 大项、18 个分项，整改完成率为 100%。为了形成长效机制，江苏销售按照《贯彻党的群众路线制度建设计划》，对相关的 73 个制度进行逐条梳理，及时废止不适用制度 26 个，修订和完善制度 28 个，新建制度 17 个。加强重点领域监督，深入开展投资管理专项审计，对 2014 年度退项加油站管理情况开展专项审计，涉及审计资金 13.39 亿元，发现问题资金 259.62 万元，提出管理建议 2 条。对工会经费、职工教育经费列支情况实施审计，发现问题 7 个，提出管理建议 7 条。强化权力运行监督，持续加大对领导干部履职情况的监督，突出对“三重一大”决策情况、任期指标完成情况、资产保值增值情况进行审计，审计中发现问题 23 个，提出审计意见 16 条。

（刘棣秋）

中国石油天然气股份有限公司
甘肃销售分公司

【概述】 中国石油天然气股份有限公司甘肃销售分公司（简称甘肃销售）前身为甘肃省石油总公司，成立于1953年，1998年划入中国石油天然气集团公司,1999年8月集团公司实施内部重组改制时划入股份公司。甘肃销售主要从事汽油、煤油、柴油、润滑油及特种油品的批发、零售业务，是甘肃省成品油主要供应商，承担着主渠道作用。下辖17个分公司，1个控股公司，固定资产34.28亿元，总资产37.74亿元，员工8675人，成品油市场占有率93%。

拥有油库13座，总设计库容量为46.65万立方米，9.7千米铁路专用线，22.6千米输油管线；油库成品油吞吐量为504万吨，油品周转量253万吨，同比增加9万吨，增长3.7%；油库人均吞吐量10327吨，同比增长779吨，增长8%。拥有加油（气）站1070座（运营站670座、关停站303座、特许联营站101座），加气母站1座，子站16座（油气混合站12座）。开展便利店服务项目的加油站达到639座，其中50万元店122座、100万元店83座、200万元店9座。

2014年，实现销售总量456.58万吨，同比增加2.39万吨；人均销量529.5吨，同比增加5.25吨；零售395.46万吨，同比增加3.17万吨，零售率87%，单站日销量16.2吨；人均零售量458.6吨，同比增加5.8吨；实现销售收入333.12亿元，利润10.01亿元，同比增长94.14%；人均创利11.61万元，同比增加5.66万元，增长95.13%。非油品业务实现销售收入3.15亿元，同比减少8010.2万元，下降20.3%；实现净利润3224.6万元，同比减少47万元，下降1.4%。

【网络建设】 2014年，甘肃销售完成固定资产投资2.65亿元，其中网络项目1.38亿元、技术改进项目1.3亿元、公用工程项目620万元。落实申报“十二五”重点区域加油（气）站建设规划272座，占同类规划总数的82%。向甘肃省发改委申报新建、改扩建加油站项目19座，其中地市级城区、高速公路及国道、省道16座，占申报项目的84%。新开发12座加油站，平均单站可研能力21吨，单站开发成本844万元，吨油投资40万元。通过长租、短租方式进一步控制市场，新租加油站1座、续租加油站13座，租赁加油站年销售成品油10.35万吨，平均单站年销量7962吨。

【企业管理】 对机关、17个二级公司、1个控股公司开展内控体系运行有效性自我测试，测试覆盖率达100%，重要业务流程测试171个，覆盖率91.94%；关键控制点测试330个，覆盖率93.22%。测试发现6个例外事项（关键控制点5个例外事项，信息系统总体控制1个例外事项），对例外事项进行整改，整改率100%。

对175项现行规章制度进行清理评审，保留129项、拟修订19项、补充13项、废止14项。完善优化《法律风险岗位防控指引》,《指引》突出重点岗位风险防范，共涉及风险124个、岗位46个和制度52项。对176份对外签订合同进行集中审查审批和管理，涉及金额2.3亿元。基于“制度、流程、KPI”管控模式为理念，建立对管理过程进行评价的信息平台。

【加油（气）站管理】 开展全流程诊断，通过对城市中心、重点国道、省道加油（气）站优化交接班、安装油枪挂钩、推进地画线、优化加油车道和油枪等措施，有效提升现场服务效率；对48座加油站进行形象提升和服务功能完善；对15个分公司656座加油站进行6期暗访，顾客平均满意率提高4.2%。在472座高速公路、重要国道（省道）、旅游景区、城市中心加油站，利用灯箱广告位，向自驾游客户提供景点、里程、住宿、特产及地方小吃等信息服务，有效提升进站率。节假日期间，汽油纯枪量同比增加5967吨，增长12.73%。

【非油品业务】 制订《甘肃销售公司核心商品目录》《加油站便利店商品品类管理指导意见》，根据《目录》《意见》开展滞销商品淘汰和主数据清理工作，共清理数据4330条，确定核心商品508种，占商品种类总数的65%。提高香烟、包装饮料、家庭食品等重点商品的关注度，加强分析通报，重点商品销售占比平均提升2%。定期开展市场调查和商品巡价，依据差异化的定价策略，提出价格调整建议，提高商品销售毛利率。通过市场调查做好新品发现及引进工作，加快、加大新品引进和试销力度，增加商品的新鲜度和时尚性。将“春节年货街商品促销”“五一后备箱计划大型节日促销”“金秋送爽特惠季昆仑会员享惊喜”三大主题促销活动与“春暖花开季 昆仑好客礼”等月度常规促销活动相结合，以“2+3+2”方案（便利店内时刻保证2个品类、3个单品、2个堆头进行促销）促进便利店销售。在“年货街”促销期间，实现非油品业务销售收入4477.7万元，其中促销商品实现销售收入376.6万元，占活动当月总销售的8.4%。

【市场营销】 油品价格到位率99.84%，同比下降0.07%。建立“甘肃销售公司客户档案信息系统”，对全省1200余家大中型客户信息实施动态掌握，提升客户档案管理工作的科学性和主动性。制定《国Ⅳ汽、柴油置换实施细则》，按时完成国Ⅳ汽油、柴油全面置换并推价到位，保证市场平稳运行。

开展“136”油、卡、非联动营销工作（即每季节1次主题促销，省、市、片区3个层级同时启动，充值优惠、加油赠礼、多倍积分等6种方式优化组合开展营销），提高日常服务质量抢占客户资源，重大节假日抢抓机遇提高销量，纯枪量同比增加4.96万吨。与交通银行在兰州13座站点合作开展“最红星期五”5%优惠活动，参加客户30875人次，消费金额1137万元，站均消费87万元。

【安全质量环保】 全面启动HSE体系推进工作，规范运行HSE管理体系，签订《安全环保责任书》7764份，共开展各类安全检查10余次，检查库站314座次；整改问题2089条，整改率达到95%以上；修订完善预案1.02万个，实战演练8612次，配备物资1500余件。对13座油库、231座加油（气）站、33处施工现场、69个两级机关部门及26处办公、住宅场所进行体系内部审核；接受销售分公司审核2次，不合格项同比下降20%；接受三星九千认证中心审核1次，对23项不合格项进行整改。集团公司应急管理系统顺利上线运行；开展“安全生产专项活动”“千日安全无事故竞赛”“安全生产月”等专项活动；认真落实施工、检维修等环节安全责任，严格执行准入制度和作业审批，2014年安全合同签订率达到100%。库站自检样品3621个，甘肃销售抽查168个，销售分公司抽查12个，集团公司抽查12个，政府质检部门抽检314个，合格率100%。

【信息化建设】 完成涉密专网设备更新工作、专网电子文件系统版本升级工作；更换中心机房和各分公司及油库机房的网络设备；优化生产指挥调度系统，满足基层加油站召开视频会议需求；建立“中国石油甘肃销售公司移动短信平台”，通过短信平台提高办公效率；启用加管系统自助加油模式，减轻加油站员工现场劳动强度；新增售卡网点，扩大加油卡业务覆盖面，加油站发卡站点数量占运营加油站数量的90%。

【精细化管理】 针对107座亏损加油站，通过“一站一策”整治措施，采取目标责任制承包经营、减员增效、加强内部管理、提升服务效率、灵活促销、提升形象等有效措施对亏损加油站进行治理；同时，通过调研选取2座亏损加油站进行全支付方式自助加油试点。通过治理，77座亏损加油站扭亏为盈，30座亏损加油站各项效益指标均有提升，双低站全年合计销售油品33.05万吨，同比增加7.5万吨，实现税前利润5408万元。

开展非在用存量土地的盘活利用工作，盘活非在用土地23宗，309亩，价值合计3709万元；其中置换土地12宗，172亩，节约建设项目征地资金1032万元；盘活处置11宗，137亩，收回土地补偿金2677万元。

积极与政府协调，将全省冬夏季密度统一为单一计价密度，解决部分油品价格倒挂和零售价格利润空间过低的问题。在全省范围内单轨运行地罐交接（不含一次性买断承包加油站），综合差率下降至1.16‰。

【队伍建设】 持续开展“四好班子”建设，完成对机关干部、二级公司领导班子年度考评工作。围绕打造地市公司发展“升级版”，在张掖、庆阳、嘉峪关分公司开展试点。通过远程视频培训、现场理论培训平台，加大员工培训力度，2014年累计参培10895人次。组织411名员工进行初、中、高三个级别四个工种的职业技能鉴定工作，鉴定通过265人，通过率为64%。委托兰州石化技能鉴定站对符合鉴定条件的电工、电焊工、驾驶员进行技能鉴定，通过报名审核鉴定92人，通过鉴定12人，通过率为13%。修订完善绩效考核制度，建立定性测评的绩效考核体系，坚持“增人不增资、减人不减资、增效必增资”的原则，突出效益在工资分配中的主导地位，加大有效销售、利润与工资总额计划的挂钩力度，实行严考核、硬兑现，鼓励所属分公司内部挖潜增效，员工收入同比平均增长10%。全员依法依规参加“五险一金”，并按规定参加补充医疗保险，对有偿解除劳动关系人员的月生活补贴标准进行调整，调至858元。

【党建群团工作】 继续深化党的群众路线教育实践活动，先后开展整改落实工作“回头看”和继续深化整改落实两项专题性工作，对整改落实的进展、效果和存在的问题进行全面深入的“回头看”；甘肃销售14支青年志愿者代表队共708人，先后开展活动78次，累计时长844小时，受益人数累计达2503人次；举办加油员、计量员和化验员技能比武13场，团员青年参赛人数占参赛总人数的98%以上；开展大、中、小、微及青年岗位讲堂共计156次，累计参加人数2000余人；开展“双十”读书活动海选和初赛，640人参加海选，48人参加甘肃销售分公司初赛，3人参加西北协作区复赛，取得西北协作区第七名；在《中国石油报》、新华网等各类媒体刊发报道80余篇，甘肃销售分公司记者站被中国石油报社授予四星级记者站。

【社会责任】 在乡镇集市、春耕、“三夏”、秋收等用油高峰，及时将支农油品和优质服务送到田间地头，先后派出送油车队1300多台次，为256个乡镇、农村配送油品2.3万吨。利用重大传统节日和特殊节点，深入开展送温暖走访慰问和“金秋助学”活动，发放慰问金523万元，发放助残扶困基金64.2万元，慰问帮扶困难人员5241人，资助应届大学生120人。

进一步深化“双联”行动，行动涉及全省24个县（市、区）、26个乡（镇）共30个贫困村，联系帮扶贫困户650家。2014年，共计投入资金62万元，组织干部98人次，16次深入双联行动联系村，慰问贫困户160多家，组织实施办好事实事和项目建设16项（件），开展捐赠春耕化肥、电脑、衣物、图书、面粉、大米、课桌、水泥等多种形式慰问活动，在平凉、张掖等地4个联系村，组织实施村社道路改造、整修村委会、扶持农户发展种植养殖业等为民富民帮扶项目。

（白生虎　张岩峰）

中国石油天然气股份有限公司
河南销售分公司

【概述】 中国石油天然气股份有限公司河南销售分公司（简称河南销售）成立于1999年2月，主要承担中国石油进入河南的成品油资源配置、批发、零售以及销售网络开发、建设、管理等职责。下设12个职能部门，下辖18家分公司和6家控参股公司，拥有员工7300余人。截至2014年底，累计完成投资52亿元，投运加油站812座；开发建设油库11座，库容22万立方米；兰郑长成品油管线贯穿全境，库站管道并进的储运销网络基本成型。

2014年，面对国家经济下行、市场需求不旺、油价持续下跌等不利形势，河南销售上下深入贯彻集团公司、销售分公司的决策部署，坚定“有质量有效益可持续”发展方针，主要经营指标实现新突破、新提升。2014年销售成品油432.6万吨，纯枪销量249.1万吨，非油品收入3.26亿元，实现税前利润3.05亿元。

【业务运行】 河南销售整合省市两级部门职能，大力推进专业线管理，业务统一指挥、一体化运作，体制机制进一步理顺，库站外人员占比进一步下降，管理效率明显提高。强化“大物流”意识，在保证直炼资源接卸的前提下，坚持低库存运作，清退低效租赁油库，全面实施主动配送，二次配送实现“提量、提距、提效、降费”。运费较预算节约2664万元，仓储费节约467万元；资产库周转同比提高2.4次，人均吞吐量提高45%。坚持“贴近市场、均衡销售、快进快出”的营销思路，完善营销考核机制，直销结算贴近市场，预留毛利空间，下放定价权、二次分配权、促销权，权责一致，责任倒逼，有效调动地市公司主动算账、灵活促销、增量创效积极性。直销量同比增长84%。

【零售业务】 坚持“油卡非润”一体化运作，开展多样化促销，组织专项客户开发，全面推行全流程诊断，积极实施“双低站”治理，扩大非油品自采权和自主定价权，着力提升现场管理和服务水平，市场竞争能力和盈利能力不断增强。纯枪销量同比增加8.7万吨，中联、濮阳、开封纯枪销量同比增长12%以上。非油品利润率超过10%，围绕“春、夏、秋、冬”主题打造的示范便利店得到销售分公司肯定。

【网络建设】 研究管控式投资向开放式投资转变，加大网络建设力度，优化投资结构，强化达销考核，确保投资回报收益。落实投资计划5.1亿元，投运加油站28座。转变开发方式，大力推进合资合作，新增合作项目20座，投运7座。高速公路加油站项目取得突破，开发6座、投运6座。安排隐患治理资金1.4亿元，油气回收改造加油站296座、油库5座，隐患治理加油站57座、油库1座。

【降本增效】 强化以价值链管理为中心的全面预算管理，坚持日算账、周通报、月考核、季分析，计划、控制、引导、评价联动的运行机制逐步完善。推动财务管理集中化，全面实现预算、资金、费用、结算一体化运行。预算覆盖率100%、偏差率控制在4%，资金计划准确率提高到99%。坚持公司上下“一本账”，紧盯影响成本的重点部位和关键环节，先算账后花钱，窄打宽用，分专业线靠前控制。严格执行中央八项规定，办公、招待、物料等费用归口标准管理，点滴处讲节约，细微处挖潜力。商流费控制在预算范围内，“五项”费用降191万元，物资采购节约资金4%。

【企业管理】 把基础管理工作作为经营发展的根基，持续夯实企业管理、绩效管理、安全管理、信息管理等工作。优化考核结构，突出效益导向，用制度细化风险控制和责任追究，用考核引导经营重心和制度执行，变绩效考核为绩效管理，坚持以绩效定薪酬，一线员工贡献收入持续增加。强化安全责任制落实和专业线责任界定，开展风险识别与控制等活动，强化隐患排查，重大隐患挂牌督办，隐患整改率97%。推进“无误差”付油，严格计量标准管理和过程管控，柴汽油运输损耗标准下调到1‰。持续推进系统集成应用，增强对业务运行的支撑力度，有效减少未经系统控制业务。实施加油站运营监控及综合分析系统，实现视频会议到加油站的无障碍转发。推进合同管理信息化，合同系统上线率100%。开展经济责任、工程结算、仓储管理等专项审计，强化审计问题整改，有效提升合规管理水平。

【党建工作】 深入学习习近平总书记系列讲话，持续开展弘扬焦裕禄精神、厉行节约反对浪费等系列活动，讲政治、讲大局、促发展的理念深入人心。坚持正确舆论导向，深入报道基层，加强示范引导，弘扬“奋斗的青春最美丽”，广大干部员工转变思想观念，扎根一线、奉献基层、岗位建功的氛围更加浓厚。坚决贯彻落实中央和集团公司有关要求，明确“十不准”，坚决反“四风”，党群干群关系更加密切。细化党风廉政建设责任制，开展“读书促廉”、“清风廉韵”等特色主题活动，强化责任导向、教育警示、制度约束，引导广大干部员工坚守清廉本色。

【队伍建设】 加强干部队伍管理，更加注重基层干部培养，更加注重一线人员选用，大力加强两支经理人队伍建设，为机制改革提供配套人才支持。创新劳动用工模式，积极开展业务外包。加强全员能力培养，两级机关组织培训员工16000人次。

（刘要辉）

中国石油天然气股份有限公司湖北销售分公司

【概述】 中国石油天然气股份有限公司湖北销售分公司（简称湖北销售）主要承担中国石油在湖北地区的成品油销售及网络开发业务。截至2014年底，湖北销售机关设14个处室，下辖13个地市公司和仓储分公司、武汉物资公司共15个二级单位及武汉中油昌佶公司1个控股公司。累计投运加油（气）站786座，其中资产站631座，租赁站151座，控股站4座。有运营油库13座、库容58.1万立方米，资产型油库6座、库容44.05万立方米，其中武汉油库总库容29.5万立方米，2010年划转西北销售公司管理运营；租赁油库7座、库容14.05万立方米。在职员工6697人，其中大学本科及以上学历1001人，占员工总数的15.0%；中高级职称134名，占管理人员总数的20.4%；员工平均年龄32岁，26岁至40岁的中青年员工占员工总数的64.4%。

2014年，销售成品油351.17万吨，同比增加8.36万吨；实现纯枪销量210.29万吨，同比增加0.18万吨。实现非油品销售收入3.19亿元、非油品利润3775万元，同比分别增长2%、17%。实现利润5105万元，完成率在区外销售企业排名第三。劳动效率指标在32家销售企业排名第五。完成投资2.49亿元，新增投运加油站15座。未发生安全环保、法律纠纷、资金风险及重大新闻危机事件。

【零售管理】 突出零售核心定位，丰富营销手段，灵活营销策略，打赢零售攻坚战。坚持常态化促销，注重隐形政策使用，强化系统运用及渠道合作，保持汽油竞争优势，2014年汽油纯枪销售92.35万吨，增长11.57%。销售97号汽油13.81万吨，增长31.92%。统筹油站布局，共性政策与个性营销组合运用，以高速、国省道线路需求，农业用油季节需求为切入点，扭转柴油颓势，三季度止跌，四季度增长，总体保持市场份额不降。强化客户开发，推行“网格化”开发模式，常态化开展“五进”活动，累计开发优质客户4840家，月均贡献柴油5.26万吨，占柴油销售的55.84%。加强“双低站”治理，创新群团管理方式，加大激励政策投入，70座“双低站”整体利润同比增加1060万元。不断提升现场服务，开展“我是卖王”开口营销竞赛活动，深化神秘顾客访问，打造强大现场，践行服务创造价值。深化零售轮训，采取“互动式”授课、“体验式”交流，培训站经理、机关人员13期、1040人次，站经理履职能力持续提升，市场前沿竞争力进一步提高。

【批发销售】 面对油价持续下跌的不利局面，强化市场研判，紧盯油价走势，高效有序组织市场营销。采取“预降先销”、“降中促销”、“快进快销”的营销策略，下半年年库批销量逆势增长，同比增长17.6%，环比增长11.1%。抢抓销售时机，在稳价中抢销降库，强化谈价议价，量效兼顾，吨油毛利水平稳步提升。以客户经理网络日志为着眼点，强化市场拓展，重点开发和维护基建、厂矿、物流等终端机构客户，2014年稳定客户销量占比达到83%，同比提高11.6%。实施差异化营销策略，因地定价、因客定价，实现综合效益最大化。2014年自营库批销量65.17万吨，同比增长6.69万吨。

【非油品业务】 高度重视非油品业务的发展，加强统采统配，强化客户开发，核心商品创收创效能力持续提升，2014年香烟、润滑油、饮料、汽车用品四大类核心商品实现收入2.16亿元，利润2550万元，贡献占比同比提高5%。强化店内自营，规范季节性陈列，店面自营能力稳步提升，2014年实现店面自营销售2.63亿元，培育500万元便利店1座，200万元便利店8座，百万元便利店39座。2014面推广开口营销、实施现销现返，员工积极性、服务水平以及客户体验同步提升。灵活市场促销，全面实施“油卡非润”一体化营销，方法实用，组织高效，效果明显。开展年货展销、夏季饮料促销、节日促销等各类主题促销13次，创收3460万元。

【物流组织】 牢固树立上下游“一盘棋”思想，加强与东北销售分公司、西北销售分公司、管道公司等单位的协作，主动延伸管道油库配送半径，提升资源输散能力，公路配送量同比增幅16%。加快水路二次中转，疏散管道资源50.39万吨，协调处理管道混油3.25万吨，全力疏通管道后路。管道资源总体兑现130.86万吨，同比增加58.17万吨，增长80%，保障兰郑长管道的平稳运行。同时快接、多接、接好配置资源，2014年配置资源兑现241万吨，超额完成年度计划。优化物流运行，完善管理模式，科学统筹两种资源，形成“97号外采为主，93号内外互补，0号配置为主”的资源结构，使有限的外采资源效益最大化。预判市场走势，创新外采模式，通过滚动代储油品、随行定价等方式，有效掌握市场主动权，既保障资源供应，又对冲市场价格波动，减少跌价损失。加大购销存研究，细谋划、精算账、严管理，坚持低库存、紧平衡运行，月均库存15.6万吨，同比减少8.47万吨，减少跌价损失1.45亿元，节约财务费用2965万元，为全年盈利奠定坚实基础。

【网络建设】 深入贯彻集团公司发展战略，坚持高效开发和存量挖潜相结合，加快推进网络建设步伐，不断优化布局，努力提高投资质量。2014年，新开发加油（气）站项目22座，一、二类站点占比72.7%，同比提高7%；单站可研日销量25.34吨，同比增长6%；吨油投资83.84万元，同比下降8.6%。2014年实施拆迁还建项目13座，签订拆迁协议9座，收回补偿款3660万元，确保公司权益不受损失。完善油库布局，十堰油库项目取得立项和铁路专用线可研批复，黄冈油库码头项目25项产权经营手续办理完毕，为后期资源摆布提供有力支撑。加快推进加气站建设，宜昌城东新区和黄冈武穴城东加气站投入运营，累计销售天然气119.7万立方米，黄石牛角山LNG加气站顺利推进，加气站业务稳步推进。加快合资合作工作步伐，尝试开展股权合作，与湖北两家信誉好、实力强的民营企业签订战略合作协议，借力社会资源加快网络建设。

【控本降耗】 调整资源流向，大幅削减下海资源，增加管道、铁路、外采资源及炼油厂地付量，节省二次中转运费2900万元。协调重庆正阳、西沱和万州三座油库配送恩施地区，陕西咸阳地付配送十堰地区，开辟枝城油库中转宜昌和荆州油库，延伸武汉油库辐射半径。围绕管道运行，优化油库布局，退租江岸、应城和宏港油库，节约租赁费540万元。持续优化运距复测，二次配送及中转运费节约2887万元。2014年节约运费6791万元，公路配送吨油运费同比减少4.34元。大力推进加油站信息设备优化整合，采取机柜、主机“二合一”等方式，促使加油站信息设备大幅瘦身、综合利用率有效提升，有效节约资金。对全省5205台加油机资产进行专项清查，内部组织调拨3批次59台，拆解利用废旧加油机550台，实现资产再创效。有序清退低效无效租赁资产，清退租赁项目111项，实现清退效益864万元。开展高耗站专项治理工作，130座高耗站损耗率较治理前下降0.26%。组织开展百日打击盗窃油品专项活动，查运输，盯保管，加强各环节的损耗管控，加油站油品综合损耗率0.04%，同比下降0.02个百分点。

【合规管理】 集中ERP等七大总部信息系统，推行全省资金集中支付和集中核算，建立“以单站预算为龙头、集中支付为手段、集中核算为支撑”的一体化财务管控体系，从根本上杜绝预算与资金计划“两张皮”的问题，进一步强化资金风险控制，提高财务工作效率和质量。高度重视风险防控，把风险防控要求转化为管理制度，从重大决策、业务管理、检查考核、责任追究到风险识别和防范应对，全部建立较为完善的制度规范和工作流程。结合区外消费群体广、风险点多等实际，推行“五纵四横”管控模式，健全完善各业务领域、经营环节风险防控措施，管理经验在集团公司法律风险防控现场会、销售企业专题培训班上进行交流，获得集团公司和兄弟单位的认可和推广。加强内部计量质量抽检，决不让一滴不合格油品流向市场，2014 年共完成内部抽检 661 批次，有效掌控油品质量，确保 592 批次的外部抽检全部合格。

【安全环保】 建立安全环保责任体系，两级领导干部带头践行有感领导，对 192 座库站进行定点承包。两级机关编制个人安全行动计划，全员签订安全环保责任书，库站签订率 100%，实现安全环保责任的层层落实。建立涵盖安全、工程、计量等 7 个领域的 71 名安全环保专家库，采取暗查暗访、突击检查、随机抽查等多种形式开展安全检查，发现问题 426 项，现场整改问题 416 项。组织召开 4 次 HSE 委员会会议，对 175 项安全隐患进行审核、评估、立项，累计投入隐患整改资金 1800 万余元，确保隐患及时治理。重点对 7 座水上加油站、51 座沿江沿河加油站、4 座油库、3 座濒临水源保护地加油站、2 座自然保护区的加油站开展现场查勘，建立环境风险动态评价数据库，针对库站重大环境危害因素，制订削减措施，完善应急预案，切实提高库站环境风险的防范能力。为落实湖北省政府和集团公司大气污染防治的相关规定，共投入 3480 万元，对 59 座加油站、5 座油库实施油气回收改造。深入推进避免事故奖励机制，各单位共上报事件 58 条，奖励先进集体 34 个，先进个人 138 名，上报事件数量和奖励先进个人同比分别增长 66% 和 57%，员工主动参与安全管理和隐患排查的积极性逐年提高。

【改革提效】 认真落实集团公司“三控制一规范”和销售分公司打造“升级版”、充满活力和竞争力的地市销售企业的要求，对地市分公司进行机构改革，将 13 个二级单位机关由“七部一室”整合为“三部一室一中心”，精简组织机构 52 个，减少机关人员 97 人，机关管理效率有效提升。经请示集团公司同意，将咸宁等 4 个分公司升格为副处级单位，撤销武汉、黄冈等 5 个油库项目部。推进仓储专业化管理，对宜昌、襄阳、黄冈 3 座油库实行自主管理，并对相应机构规格和人员编制进行优化规范，油库用工大幅下降，劳动效率显著提高。

【队伍建设】 落实“两委两责”，重点加大对落实党风廉政建设责任制、“三重一大”民主决策制度、反腐倡廉宣传教育、领导班子“四风”等进行监督考核。先后完成咸宁、荆门等 7 家单位领导班子的党内监督巡视工作，实现湖北销售党委确定的“两年两步走、巡视全覆盖”工作目标。加强队伍建设，不断优化和完善人才选拔机制，在领导干部选拔和任用上，坚持“靠德才选人、凭业绩用人”原则，强化干部业绩考核，加强机关与基层的干部交流，地市分公司领导班子结构持续优化、战斗力持续增强。完善《加油站员工薪酬分配管理办法》《加油站经理管理办法》，在强化薪酬分配激励作用的同时，进一步畅通加油站经理人职业发展通道。深入开展群众路线教育实践活动，建立贯彻党的群众路线、切实转变工作作风、密切联系群众的长效机制，加大领导调研基层库站的频次和解决问题的力度，深入开展挂点联系帮扶工作，及时快捷协调解决基层经营管理和员工生产生活中存在的各种矛盾和问题。首次组织开展“老黄牛”员工评比活动，表彰在基层库站连续工作超过 10 年的 117 名员工。湖北销售获得“工人先锋号”等国家级荣誉 6 项，获得“先进基层党组织”“优秀党务工作者”等省级荣誉 14 项，获得“信息工作先进单位”“优秀共产党员”等集团公司级荣誉 33 项，获得“质量计量先进个人”等销售分公司级荣誉 5 项。

（胡明广）

中国石油天然气股份有限公司
浙江销售分公司

【概述】 中国石油天然气股份有限公司浙江销售分公司（简称浙江销售）成立于 1999 年 1 月，2008 年 12 月上划集团公司管理，主要承担中国石油在浙江地区的成品油批发和零售业务，同时负责浙江地区销售网络的开发建设和管理工作。下设12个机关处室，2个直属机构，12家全资分公司，4家控股公司，1家参股公司。

截至2014年底，共有员工5200人；总资产55.6亿元；资产型油库10座，总库容22.02万立方米；资产型加油站总数484座，运营加油站446座。2014年，销售油品316.24万吨，其中成品油295.64万吨，纯枪销量215.02万吨，纯枪比例68%；实现营业收入236.2亿元。

【零售业务】 完善"油卡非"一体化运行机制，2014年纯枪价格到位率同比增长0.3个百分点，纯枪毛利比年度预算增加2.5亿元。完成247座加油站的全流程诊断与优化，建立省市两级示范站33座。加强高效站培育和"双低站"治理，42座万吨站实现纯枪销量53万吨，同比增加1万吨，以9%的加油站完成25%的纯枪销量。通过小站承包、并站管理、大站带小站、业务外包等方式对95座"双低站"进行治理。

【非油品业务】 2014年，运营便利店444座，非油品收入20175万元，利润2832万元。优化商品结构，商品种类由7000多个优化为3051个；加大与供应商合作，先后组织农夫山泉等50家合作供应商的商品促销活动，收入同比增长149%，毛利同比增长246%，毛利率25.3%。实现团购收入450万元。完成12座便利店全流程诊断，销量同比增两成。

【资源运行】 2014年，调拨购进成品油270.02万吨，外采成品油23万吨，外采燃料油20.9万吨。（1）牢牢把控库存、保供、销售、效益四个关键点，库存始终保持在13万—14万吨的合理水平，同比月均库存减少4.2万吨，减少资金占用2亿元以上。（2）预判市场走势，把握销售节奏。在油价稳定或反弹期间，采取小步快跑、边推边销、以推促销、以销推涨策略。在油价"十一连降"期间，采取超前半步、批发团购、汽柴搭配、"一户一价"策略，锁定客户需求。（3）强化市场开发，直批销售稳定性进一步增强。（4）捕捉市场机遇，外采创效成效明显。2014年外采创效2.52亿元。（5）优化销售结构，提升销售质量。巩固社会加油站客户，大力开拓终端机构用户，柴汽比由2013年的2.4∶1优化为2.1∶1；社会加油站销量占比49%，同比提高5.7个百分点，机构用户销量占比30.7%，同比提高3.4个百分点，批发终端销售比例达到80%，同比提高9.4个百分点。

【投资建设】 2014年下达投资计划13392万元，完成2882万元。以城市站、汽油站开发和到期站续租为主攻方向，新开发加油站10座，投运15座，新增可研年零售能力9.1万吨、纯枪量4.3万吨，新投运加油站平均达销率62.8%，超出达销标准32.8个百分点。成功续租15座加油站，确保9万吨纯枪量不丢。宁波中油兴光车用气合资公司正式运作，燃气业务发展迈出可喜一步。2014年完成工程建设投资9297万元，完成加油站新建项目8座、改造项目170站次。

【质量计量安全环保】 注重提高员工安全素养，组织油库主任、加油站经理和基层安全员集中轮训4期，累计培训230人。组织编制《防台手册》，指导两级公司早部署、早预警、早落实，经受住台风"凤凰"的考验，将损失降到最低。严格执行作业许可制度，加强对动火、动土、清罐等危险作业的书面审查和现场审批，确保危险作业受控。投入7852万元，治理安全距离不足、管线渗漏、操作井渗水等安全隐患共327项。严格监管外采油品质量，坚持每月油品质量抽检，保证不合格油品不入库、不出库，油品质量合格率达到100%。

【党建群团工作】 继续抓好教育实践活动的整改工作，浙江销售领导班子"四风"突出问题整改整治19项，新建制度10项，修订制度18项，废止制度18项。在"强核心、固堡垒、当先锋"主题实践活动中，14个先进党组织、26名优秀共产党员和12名优秀党务工作者受到表彰。2014年发展党员11名，党员总数920名。集中学习习近平总书记系列重要讲话精神21次，其中专题讲座5次。2014年浙江销售获得"全国企业文化顶层设计与基层践行优秀单位"荣誉称号。编印《平凡与坚守》和《浙越油歌》两本书籍。举办"全国青年岗位能手"徐桂芳和"集团公司优秀共产党员"曹慧先进事迹视频报告会，广泛开展学习讨论活动。2014年开展反腐倡廉专题学习69次，共计2365人次。编发《库站党风廉政教育每月一课》10期，拍摄以嘉兴油库真实案例为题材的反腐倡廉教育宣传片《甲板上的较量》。连续六年坚持在周末和重要节假日发送"廉政警句"短信，2014年共摘编49条，累计发送短信6370条。开展以"开源节流、效益导向、优销优得"为主题的劳动竞赛和柴油专项竞赛，激发广大员工提量创效的工作热情。2014年下拨专项款69.5万元，慰问困难职工约260人次。

（杜京京）

中国石油天然气股份有限公司云南销售分公司

【概述】　中国石油天然气股份有限公司云南销售分公司（简称云南销售）于1999年进入云南市场，主要负责中国石油在云南省的市场开发、成品油销售、非油品销售和网络建设等业务。有12个职能处室、2个专业机构、14个州市分公司、7个控参股公司；有19个基层党委、13个党总支和194个党支部。截至2014年底，员工总数6681人，其中大专以上学历1959人，占员工总数28.3%；党员1522人，占员工总数23%；员工平均年龄28岁；省内在营油库10座，控制库容30.12万立方米；运营加油站589座，以占云南省总数18%的加油站数量保障37.8%的市场供应。

2014年，销售油品368万吨，总体市场份额37.8%，其中零售量242.6万吨、纯枪量229.6万吨；直销量84万吨，同比增长15.1%，直销市场份额51%。实现销售收入279亿元，其中成品油销售收入273.42亿元、非油品销售收入5.58亿元；累计发售记名IC卡41.7万张，卡销比33.6%，沉淀资金5.7亿元。开发加油站20座，投运15座。

【零售创效】　精准发力，突出纯枪，零售创效能力持续增强。优化客户开发流程，健全零售客户档案，定人定责开发，新增零售客户517家，实现销量14.85万吨。深化“四连五省”（加油站连站、连线、连片、连客，为客户省油、省力、省时、省事、省心）服务营销，组合实施平滑价区、周末错峰优惠、车队卡积分等措施，开发月用油量10吨以上客户478家。深化“油卡非润”一体化促销，促销增量同比增长5.5%。精心开展“卓越服务·超越期望”服务升级活动，强化动态稽查检查，推行“大班组小班结”、分时段自助等措施，服务水平与效率大幅提升。深化全流程诊断与优化，增加97号汽油销售站点60座，日均增量15.69吨；40座站实施“小改大”后日均增量83吨。

【市场拓展】　以客为本，科学营销，市场掌控能力稳步提高。合理下放价格权限，快速应对市场变化，构建“短流程、少环节、高效率、可控制”销售决策体系，服务效率明显提高，2014年助推省内自营量同比增加4.91万吨。紧盯重点客户及煤矿复产等新增市场，新增直销客户231家，贡献销量6.95万吨。深化与集团客户战略合作，依托“群狼”战术，“跨区域、网格化”开发客户1175家，直销量同比增加10万吨。鼓励跨区域开发客户，推行客户经理目标市场责任制，完善量效互动激励机制，125名客户经理实现销量57.24万吨，同比增长27.62%。2014年实现直销量84万吨，同比增长15.1%；直销市场份额达到51%，同比提高4个百分点。

【非油品业务】　注重质量，优化结构，非油品业务水平全面提升。持续优化品类，引进畅销商品131个、淘汰滞销商品146个，主要商品控制在3000个以内，核心品类收入和利润占比分别达到42%、55%。坚持“油卡非润”一体联动，实现促销收入9726万元，占店销比例23%。拓展增值项目，改善高速公路服务区项目经营质量，2014年创效830万元，占总体毛利12%。以“三送一提升”（送培训、送服务、送帮扶到一线便利店，提升便利店效益）为抓手，挖掘非油品潜力，优质店达到57%。上调高速公路重点商品价格，收入和毛利同比分别增长14%、26%。全面推广“日销日兑”激励政策，店面收入、利润同比分别增长39%、27%。2014年实现非油品收入5.58亿元、非油品利润4507万元。

【投资建设】　坚定信心，破解瓶颈，网络工程建设取得突破。面对投资政策全面收紧、集团项目落地难、关键区域布点难、项目开发成本高等困难，积极争取上级公司政策倾斜，促成省市两级政府大力支持网建项目整体推进。实地踏勘全省129个县（区）产业布局、县域经济、加油站网络，为优化网络布局、抢占高效市场奠定基础。全面排查在建项目，有效解决相关历史遗留问题，强化“四项资金一本账”管理，推进项目规范建设，2014年建成加油站20座、投运15座。优化油库规划设计，配齐项目经理部人员，完善专项奖惩方案，1座改扩建油库、3座管道配套新建油库建设稳步推进。

【资源运行】　强化调储，合理周转，资源运作保障科学有序。优化资源计划和流向，调入油品375万吨，确保足额供应，有效杜绝油品脱销、断档；减少二次中转23.73万吨，资源运行效率显著提高。坚持低库存运行，月均库存14.74万吨，同比下降35.9%。稳步推进远程地罐交接及主动配送，全力提高配送效率，单车卸油时间缩短10分钟，单车日配送次数同比提高0.1次；公路、铁路运输损耗同比分别下降0.26‰、0.57‰。坚持均衡调运，最大限度降低跌价损失，资源创效能力有效提升。

【油库管理】 优化油库运行，调整油库工艺设施，优化排班，推行“一卡通”，推进油库转型升级，拓展服务范围、改进服务手段、提升服务水平，不断提高客户服务能力。探索承运车辆“多仓化、轻量化、大型化、下装化”，着力解决小罐大销量与运输车型不匹配的矛盾，实现多品种同时装卸，进一步提高配送效率。退租四瑞、民航等油库，租赁费大幅下降。严控租赁油库周转量，提升自有油库运行效率，资产型油库周转量同比增加36.64万吨。2014年人均周转量1.75万吨。

【安全环保】 始终坚持如履薄冰、如临深渊理念，扎实落实有感领导、直线责任、属地管理，强化全员安全意识，提升安全素养。持续开展季度安全形势分析，深化“查隐患请您参与，反违章向您问计”活动，强化隐患排查整改，严查、严处、严惩、严控习惯性违章，按“未遂事故”通报惩处违规违章事件11起，日常运行监管不断强化。突出安全运行风险、隐患排查及专项治理，投入2786万元专项资金，挂牌治理156项重点隐患项目。加化质量管控模式，油品抽检质量合格率100%。深化损耗分环节专项治理，油品综合损耗盈余率1.76‰，同比增长0.87‰。

【财务管控】 坚持全面预算管理，强化费用发生和资金收支控制，不含盈余商流费、“五项”费用同比降幅明显。严格落实资金管理“约法三章”，强化问题整改，资金安全管理平稳受控。持续落实“九项创效”（网建挖潜创效、纯枪挖潜创效、价格挖潜创效、费用挖潜创效、管理挖潜创效、损耗挖潜创效、政策挖潜创效、考核挖潜创效、体制挖潜创效）措施，挖潜增效2亿元。科学制订节税实施计划，累计节税3500万元，非生产性费用同比下降11.6%。制订存量资产提率提效方案，实现资产提效1.3亿元。

【基础管理】 深化体制改革创新，全面推行“四部一中心”（把地市分公司层级原来七个部门整合成为业务运作部、质量安全工程部、财务部、综合管理部及客户服务中心）模式，地市分公司部室精简率38%，机关精减人员114名；对部分机构及处室职能进行调整优化，业务运行更加顺畅。全面梳理业务流程，完成93项制度制修订，规范业务运行，内部控制获评集团公司“优秀”。依法规范日常行权管理，研究支持股权企业发展，实现股权项目投资收益1765万元。突出业务运行关键环节、关键领域监察监督，审减工程项目费用1600万元，审减率7.74%。强化信息系统开发与运维，加油站管理系统、二次配送系统应用考核评价稳定在销售分公司前五名，系统问题解决率、运维保障率100%。保密、后勤管理等持续规范，档案管理工作获评集团公司A级。

【队伍建设】 始终坚持“以人为本”，全力推进人才队伍建设。强化“学习型”班子建设，选派28名中层干部参加研究生学历教育，组织51名中层干部、基层骨干送外培训，调整优化所属10个基层单位领导班子，两级机关领导班子成员整体素质、履职能力显著提升。有序推进“三支经理人”〔加油站经理人、客户经理人及油库经理人（主任）队伍〕队伍建设，中级以上客户经理达到23人，534名加油站经理通过资格认证，培养后备油库主任25名。

（刘承栋）

中国石油天然气股份有限公司
重庆销售分公司

【概述】 中国石油天然气股份有限公司重庆销售分公司（简称重庆销售）的前身是重庆市石油总公司，1998年重组上划至中国石油后，主要负责重庆地区的成品油批发和零售业务，同时配套开展非油品销售及服务，承担重庆市主要的成品油供应任务。重庆销售机关设15个处室，下辖10个分公司、28个区县经营部和4个直属股权企业。截至2014年底，共有在册员工6256人；拥有运营加油站504座，在用油库9座，库容48.81万立方米；资产总额62.43亿元，净资产34.55亿元，资产负债率44.66%。

2014年完成销量345万吨，同比增长8.24%；完成纯枪量267万吨，同比增长7.85%；实现非油品收入2.36亿元，同比增长3.79%；实现利润5.52亿元，同比增加5.5亿元；安全环保平稳受控，企业大局和谐稳定。

【资源运行】　加强资源筹措，2014 年调进 342 万吨，同比增长 9.28%，保证销售需要，库存结构和水平有所改善。加大资源外采力度，2014 年外采 11.32 万吨，增利 2700 多万元。积极协调资源运作，通过争取储备油补贴、国储置换及轮出、管道损耗补偿、代储代发收益等，增加收入 5000 多万元。优化一次入库，减少二次中转，通过增加水路配置、小道站直发、异地置换等方式节约运费 1000 多万元。加强油库布局和管理现状研究，关停青杠碥油库，年节约运行费用 700 万元。加强中转运行组织，改进公路配送工作，完成省一级公路集中配送。柴油顺利从国Ⅲ升级至国Ⅳ标准。

【油气业务】　2014 年石油石化市场持续低迷，成品油需求整体放缓。重庆销售按照“促销、上量、控费、保效”的方针，加强市场动态分析，坚持贴近市场营销，用好用活销售分公司政策，有效开展各类促销，实施积极主动的营销策略，激发基层增量创效活力，在成品油价格“十一连降”和需求不旺的情况下，实现销量效益的同步增长。强化加油站销售和创效能力，单站日纯枪量从年初的 14.70 吨增加到 15.23 吨，纯枪万吨站从年初的 67 座增加到 74 座。2014 年售卡 28.84 万张，储值 133 亿元，沉淀资金 14.44 亿元，卡销比 50.97%，卡折扣率从年初的 1.17% 降至年底的 0.78%，直接创利 3500 万元以上，卡销比、活卡率等指标居销售分公司前列。

【非油品业务】　坚持油卡非一体化营销，加快发展非油品业务，2014 年新开便利店 37 座，运营便利店总数达 240 座，其中百万元级便利店 75 座。香烟、包装饮料、便利店商品销售同比分别增长 8.42%、11.63% 和 3.09%。强化非油品商品管理，2014 年淘汰低毛利、动销差的商品 703 个，商品到货率比 2014 年初增长 11 个百分点，商品退货率控制在 1.25% 左右，商品毛利率保持在 15% 以上。狠抓非油品促销，2014 年开展 5 次综合性促销活动，辅之节假日短期促销 50 余次，促销商品销售收入达到 1200 多万元，活动期间拉动店销增长 10%。拓展非油品业务范围，开展汽车服务、广告业务招租合作，2014 年收益达到 260 万元。利用厂商直配，降低配送成本，节约配送成本 42 万元。

【投资建设】　2014 年新开发加油站 20 座，建成投运 24 座，年增可研零售能力 15 万吨。争取到系列优惠政策，成功保留已被否决多年的微电子园和鸿恩寺 2 座高效站点，4 个拆迁还建项目的补偿金额较原定金额增加 2300 余万元。与重庆市高速集团、城投集团、两江集团等单位深度接洽，提出建立与深化合作的基本方案。启动 5 座加油站扩能改造和正阳油库迁建工作。强化工程建设项目管理，推行“一站一方案”，首次引入承包商奖励机制，设立“宝石杯”优质工程奖，工程建设“四个控制”明显加强，新站投运周期同比缩短 1 个月。

【加油站管理】　深入宣贯销售分公司首届加油站经理论坛精神，明确“一切工作围绕加油站、全体人员服务加油站”的理念。组织 3 个小组分赴山东销售、广东销售和中油碧辟学习，优选 21 名加油站经理与山西销售互派挂职 3 个月，开阔视野，锻炼能力。各加油站结合实际，设计“强大现场”打造方案，在规范服务、开口营销、氛围营造、效率提升等方面不断创新。坚持把服务质量作为稽查工作重点，启动神秘顾客访问和社会监督员，全面加强夜间服务监管，95504 有效投诉同比下降 33.33%，现场服务水平进一步巩固。

【管理创效】　开源节流、降本增效工作显著，“五项”费用同比下降 12%，财务费用同比下降 97%，吨油营销成本控制在预算范围内。争取税费减免、返还和计征优惠政策，2014 年节约税费 3000 万元以上。提升资金风险防控能力，加油站上门收款率首次达到 100%。各环节损耗均实现同比降低，降耗增效 3000 万元。持续推进“三控制一规范”，2014 年底用工总量同比减少 265 人，日均 10 吨纯枪用工 5.9 人，居销售分公司第 3 位。成立信息化管理处，建立 24 小时运维服务体系，设备故障平均修复时间由 42 小时缩短为 7 小时，ERP、二次配送等系统的应用水平显著提升。强化全面风险管理，建立重大决策风险论证制度。认真开展各类检查和专项清理、专项整改活动，堵塞管理漏洞，规范经营管理行为。

【质量计量安全环保】　强化油品质量管控，开展加油站油品质量内部抽检，油品质量外部抽检合格率 100%，通过质量管理体系外部审核认证，全年未发生质量计量事故。强化全面风险管理，建立重大决策风险论证制度，持续推进安全环保责任落实和 HSE 体系有效运行。定期开展安全环保监督检查，完成库外管线隐患排查与治理，规范工程承包商 HSE 管理。2014 年投入安全生产费用 4563 万元和专项治理资金 1.64 亿，用于油库趸船、三级防控、油气回收改造及加油站泄漏隐患治理。开展油品泄漏火灾事故综合应急救援演练，及时处置 10 起油品泄漏事件，成功应对多次特大暴雨自然灾害。成功协助处置红石路社会油气站油品泄漏事故，得到重庆市政府的充分肯定。全年未发生一般B级及以上安全环保事故。

【反腐倡廉】 2014年重庆销售先后发生原总会计师李建华、原副总经理彭小虎等干部腐败案件，同时涉及其他重要管理岗位人员。案件发生后，重庆销售积极协助地方司法部门办案，努力将案件的各种影响降低到最低程度。同时，狠抓正风肃纪和反腐倡廉建设。组织各级领导干部、管理人员全面学习廉洁从业规定和法律法规，同重庆市渝中区检察院建立预防职务犯罪联席会议制度，开展多种形式的警示教育活动。着力强化源头治理，强化制度完善和执行，切实加强招投标、工程建设、集中采购、费用报销等重点领域制度建设，突出“三重一大”制度落实。开展业务往来单位专项清理和公示，接受全体员工监督，杜绝暗箱操作。加强信访核查工作，坚持有案必查，严查严办。严格落实党委主体责任和纪委监督责任，落实领导“一岗双责”，制定完善党风廉政建设例会、约谈、考核等制度，加强对各级干部和重点岗位的约束和考核。

【党建群团工作】 落实“三会一课”制度，开展“六个一”党支部创建活动，命名74个“党员服务示范岗”。召开重庆销售首次团代会，命名表彰9座“青年文明号”加油站，海峡路加油站被集团公司命名为“青年文明号”。加强教育培训，2014年培训1985人次。组织4期处级干部和青年干部培训班，提升干部政治素质和业务能力。持续开展主题实践和劳动竞赛活动，累计颁发流动红旗85面，发放竞赛奖金231万元。创刊《重庆石油》，宣扬主旋律、树立新形象、凝聚正能量。持续开展心系一线、夏季送清凉和困难帮扶工作，积极搭建三级信访沟通平台，努力化解矛盾纠纷，保持员工队伍及相关群体的总体稳定。全面落实离退休人员“两项待遇”，着力加强离退休活动中心和老年大学建设，老同志晚年生活更加精彩。组织石油文联慰问演出，开展摄影、登山等活动，丰富员工文化生活。

（赵丽丽）

中国石油天然气股份有限公司
湖南销售分公司

【概述】 中国石油天然气股份有限公司湖南销售分公司（简称湖南销售）2000年6月进入湖南市场，2002年10月正式注册成立中国石油天然气股份有限公司湖南销售分公司。2014年，兑现配置资源158.7万吨，销售总量193.7万吨，纯枪销量137.3万吨，汽油纯枪销量71.5万吨，实现销售收入170.4亿元，减亏5202万元。

【市场营销】 强化科学营销，突出结构优化，积极扩销、降库、增效，配置计划、销售总量、汽油销量均超计划完成。突出销售质量，自营比例达到99%，同比提高11个百分点。增加外采资源，总量达到33.8万吨，同比提高8.6个百分点。优化配置流向，下海资源同比下降69.7万吨。掌控发运节奏，利用18次调价契机打好控发、超发组合拳。推进购销存一体化运行，月均库存保持在11.3万吨以下，同比降库8.1万吨。零售质量稳步提升，纯枪销量同比增长4个百分点，汽油纯枪销量同比增长12个百分点，97号汽油销量同比增长31个百分点。修订完善《加油站现场稽查管理办法》，强化综合检查与日常稽查，现场管理得到加强。新增一批优质集团客户，公务车刷卡消费达到1.38亿元。启动面值卡业务，发售IC卡59万张，沉淀资金1.8亿元。电子券消费达到1.13亿元。持续治理“双低站”，负效站减少108座，低销站减少28座。橇装站完成转型44座。

【投资建设】 2014年投运加油站9座，开工在建16座，清退取消40座，提质改造完工128座。政府合作项目取得新进展，长沙大河西先导区A02、A30项目取得立项批复，常德经建投三闾路加油站投运，海德路项目完成立项。加气站合作开发取得进展。长沙油库码头、铁路建设完成行政审批，永州油库超投资协调取得进展，湘潭油库、常德油库改造基本完工。长沙洞井和宁大加油站油气回收、提质改造模块化建设得到全面应用。

【质量计量安全环保】 推进HSE一岗双责，强化体系内部审核，销售分公司两次审核无重大不符合项。坚持每月开展安全主题活动和专项整治，强化风险识别和治理。对重要节假日、敏感时段、高危作业实行升级管理，及时预警雨雪冰冻、大风雾霾及强降雨恶劣天气。强化应急预案演练，有效应对突发情况。油品抽检合格率100%，加油站综合损耗率2.5‰，一次物流损耗率2‰。湖南销售荣获“湖南省安全生产先进单位”称号。

【双增双节】 大力控亏解困，超额完成减亏降费任务，获得工资总额6%的奖励。外采降低购进成本3亿元。降库减少利息支出3100万元，消化跌价损失近1.8亿元。集中疏散管道资源，获得西北公司运费补贴2000万元。抓住调价节点，掌控节奏，降低购进成本2820万元。铁路、水路串换资源，节省运费、仓储成本362.4万元。一、二次运输整体优化节省运费3269万元。“五项”费用同比减少666万元。

【精细化管理】 完成组织机构优化调整，减少附属机构4个，取消所有临时机构，公司机关编制减少8人，处室领导职数减少4个；地市分公司减少2个，部门减少43个，领导职数减少4个，机关编制减少27人。严格三控制一规范，同比减员340人，人均纯枪销量同比提高10.6%。制定完善两级机关综合考评、加油站绩效、柴油促销、非油品销售、加油卡等配套考核政策，薪酬与业绩挂钩力度加大。扩大微信服务，客户关注达到2万人。推广应用移动办公平台，提升远程高清监控覆盖率，上线运行督查督办等协同办公模块。

【风险防控】 突出合规管理，严把政策关、纪律关，规范“三重一大”决策，集中议定重大事项181项。深化内控体系建设，完善风险管理机制，机关部门每月开展一次风险排查活动。强化合同“三项审查”，定时预警风险，2014年签约572份，未发生履约争议。加强案件纠纷协调，处置案件14宗，避免经济损失1800万元，追究对方违约责任382万元。开展印章、财务、审计、效能等专项检查，强化整改落实。

【党建群团工作】 加强党建与思想政治工作，党委中心组定期学习中央和集团公司党组的重要精神。实施《公司基层党建工作量化考评办法》，基层党建水平得到提升。严格落实党风廉政建设责任制，强化反腐倡廉教育，执行中央八项规定，党委主体责任、纪委监督责任有效落实。开展“忠诚度、责任心、执行力”主题教育活动和“机关作风建设年”活动，领导带队下基层调研，两级机关帮扶基层，作风实现好转。举办两期中层干部培训班，完成正副职培训。两级机关27人双向挂职锻炼。深入贯彻落实干部管理三项制度，进一步规范干部选拔任用、考核评价工作。

（罗平川）

中国石油天然气股份有限公司安徽销售分公司

【概述】 中国石油天然气股份有限公司安徽销售分公司（简称安徽销售）负责中国石油在安徽省的成品油销售业务。设有12个职能处室和6个直（附）属机构，下辖13个地市分公司，13家控参股公司。资产总额59.75亿元，加油站536座，其中全资加油站408座，租赁加油站101座，控股加油站27座，运营加油站491座。在用油库14座，总库容25.57万立方米。其中，资产型油库8座，库容22.99万立方米；租赁油库3座，库容2.58万立方米，代储库3座（海螺、二环、休宁359）。截至2014年底，员工总数4907人（合同化员工38人、市场化员工4869人），其中管理人员521人，操作服务人员4386人。2014年安徽销售实施战略转移，打赢扭亏攻坚战和效益保卫战，企业由“小而弱”迈向“精而强”。

2014年，销售成品油227万吨，其中，汽油销售量75.15万吨，柴油销售量151.36万吨；纯枪销量166万吨，纯枪销售利润达到1.04亿元。非油品收入2.42亿元，同比增加2.45万元；加油卡累计发售95万张，累计充值246亿元，消费金额245亿元，沉淀资金2.56亿元。

【零售管理】 制订零售工作路线图，实现立体化、系统化、差异化营销，推进异业联盟和线上营销，零售质量显著增强，形成立体三级营销体系。（1）加油站创效能力不断增强。深入开展全流程诊断与优化，发现问题457条，整改问题305条，提升员工提量增效意识和能力。通过进口商品换购等举措，增加客户黏性，97号汽油销量同比增长1.5%，增加毛利3517万元，再次成为政府公务车定点加油供应商，卡折扣下降0.5%。（2）开展异业联盟创新营销方式。与银行、保险、通信等行业实施战略合作，强强联合，与电信合作，实现线上电子加油卡销售，拓展客户开发新渠道。电子加油卡销售2.98万张，销售额度529万元；（3）以网络营销为载体。以网络营销大赛为先导，在同行业率先建立微官网，通过微信平台、e支付等营销手段创新商业模式，策划“5元电子券”“雨季加油优惠”等网络营销活动，提升客户消费体验。“中国石油安徽销售”微信官网关注粉丝量突破15万人，带动加油卡销售53万张。（4）全面推进“双低站”治理。通过三种管控模式实现121座小加油站由费用包干转变为利润承包，45座负效加油站全部实现扭亏减亏，5座加油站实现关停；全面推行全员全口径单站模拟核算管控方式，以利润为核心，全员参与加油站经营，员工由“要我干”转变为“我要干”，人人算账，事事降费，效益意识、成本意识、营销意识明显增强。（5）建立以零售为核心的体制机制，大力推进一站式管理、保姆式服务平台。全面简化管理流程，实现机关由管理向服务职能转变。对加油站事务性、辅助性业务实行外包，让员工有更多精力聚焦营销工作，实现管理简洁，工作高效。

【非油品业务】 加大便利店培育力度，百万元店、50万元店同比分别增加6座、40座，分别达到35座和103座。协调烟草部门，合肥和滁州率先升级烟草证等级，增加高毛利香烟配比。提升促销手段。注重营销策划，开展“商品特价季”主题促销，通过微信平台加大活动推送力度，开展促销活动的200座站点，进店率增长17%，汽油总销量同比增长12%。店商一体化进程稳步推进。强化供应商管理和考核力度，将供应商、加油站利益捆绑，实现利益取向一致。“黟山好客”非油品自主品牌取得重大进展。在销售分公司的支持下，入围销售系统全国合作伙伴，省内外实现收入366.24万元，毛利60.25万元。

【市场营销】 按照采、调、储、销业务链，推进专业化、集约化、一体化进程，不断提高市场应变能力，2014年直销完成60.2万吨，保持低库存运行，库存同比下降53.5%，物流费用同比下降12%。主要建立日营销例会制度，开展商情分析，超前研判市场，完善市场分析机制，安徽市场逐步由“追随者”转为“领跑者”。推进直销体系建设，整合重组机构，下放价格权限，“一区一策、一区一价”，营销措施贴近市场。直配资源考核兑现率100%，2014年外采油品49万吨，增效2.01亿元。物流运作持续优化，强化外埠协调，调整铁路、公路和水路进货渠道，保障物流优化。

【网络建设】 以突出效益导向，推动由“规模扩张”向“质量效益”转变，2014年新开发加油站20座，其中油气站2座；新开工加油站62座，完工73座，油气回收改造175座。持续优化网络结构，城市新区、主干道路站，3座加油站当年投运，当年达销；网络建设取得突破进展。积极探索推进与地方政府、社会资本开展合资合作，低成本开发网络。与黄山、宣城、亳州、歙县等4个县市成立合资公司，黄山公司通过合资合作，达成开发意向16座站点。合肥油库取得股份公司可研批复和土地手续。工程建设管控水平显著提高，按期完成阜阳、宁国油库主体工程，开工项目、施工作业量均达到历史新高，工程建设平稳有序。

【安全环保】 开展油品损耗专项治理，加强对铁路、公路、水路各环节的管控，油品综合损耗率 –0.14%，同比下降0.07个百分点；公路运输损耗0.15%，下降25%；下海油损耗标准由0.35%降至0.2%，铁路运输损耗完成率销售企业排名第一。（1）对标系统内外先进企业，查短板、补不足，通过精细管理推动企业内涵发展，严守“三条红线”，持续推进HSE体系建设，落实有感领导、直线责任与属地管理，实施“红、黄、绿”三色管理，对工作不到位的合肥、铜陵2家公司进行黄牌警告和处罚，抓好全员培训和预案演练，杜绝重大及以上安全环保事故。同时狠抓入库和进站油品数量质量全过程监管，规范留样与检验，配合上级部门开展油品数量质量抽检，加大盘库力度，确保数量质量合格。安全环保及数量质量管控水平不断提高，2014年内外部抽检1435批次，合格率100%，按期完成国Ⅳ柴油升级置换，得到社会好评。（2）强化预算管控，紧抓重点环节和关键部位，严控非生产性支出，制定专业线目标，落实16项实施要点和28条具体措施，盘活闲置资产1228万元，减免税收837万元。2014年节约商流费用9930万元，其中财务费用7674万元、物流费用1642万元、采购成本604万元，成本费用节约率8.95%。（3）持续推进管理创新，简政放权45项，开展专项奖励活动15项，薪酬向一线倾斜，调动工作主观能动性。实施信息运维业务外包，深化无纸化办公，加油站手工表单由18张减少到6张。（4）修订完善内控管理手册，推进风险评估和内控测试，确保流程全覆盖、风险全控制，保障合规合法经营。财务分析能力提升，进一步支撑经营决策，同时加大审计监督力度，2014年开展审计活动16次，整改问题31项，推动督察督办制度化、常态化，公司各项决策部署得到全面落实，基础管理水平持续提升。（5）开展质量、计量提升活动，严把质量关，2014年退回不合格油品7500吨，加油机计量误差由国家规定的 ±0.3% 调整为正偏差，品牌营销初见成效。

【企业管理】 通过机制改革，扎实推进队伍建设，有效激发创业活力。2014年对12家地市公司机关瘦身，机关部门减少22个，精简31%；机关编制由359人减到319人，精简11%，完成地市公司“升级版”改造。认真落实“四文件一条例”学习，狠抓“三超”干部配备自查，引入第三方公众平台开展网上民主测评，完善班子与干部配备，推进岗位公开选聘机制，试行加油站经理积分制分级管理，充分释放干部员工活力。针对干部队伍营销知识、领导力等方面短板，开展中层干部培训4期，培训275人次。两级机关与基层49人完成挂职锻炼，提升理论水平和专业知识，推动科学管理，提高驾驭复杂局面能力。紧跟公司经营发展，突出工作重点，强化考核导向和驱动作用，分类制定薪酬标准，根据业绩调整主要领导岗位，使业绩导向更趋完善。

【企业文化】 安徽销售上下深化改革，强化干部作风建设、精神文明建设和群团建设，发展凝聚力持续提升，作风建设务实有效；同时完善挂点联系基层制度，两级机关节日下基层制度化后先后有2900余人次下站帮扶，机关处室挂点的30座双低站，销量同比增长7.5%，公司领导到基层慰问60余次，2014年集体研究重大事项120项，基层员工收入同比增长16%。大力弘扬勤奋敬业、无私奉献、埋头苦干的大庆精神铁人精神，开展“我的励志故事”演讲比赛、最美加油员评选等活动；六安公司员工自拍自演的“小苹果”在网络转载31.5万次，成为中国石油一道亮丽的风景线，以时尚前沿的方式，向社会展示员工良好风貌，有力提振安徽销售对外形象。

（金　一）

中国石油天然气股份有限公司
广西销售分公司

【概述】 中国石油天然气股份有限公司广西销售分公司（简称广西销售）成立于2000年10月，2008年12月上划股份公司直接管理，主要负责中国石油在广西地区的成品油市场开发和销售工作。广西销售机关设有12个职能处室和6个直附属机构，下辖13个地市分公司，1个专业分公司，另有8个控参股公司。截至2014年底，员工总数4642人，总资产规模82.73亿元，资产负债率31.06%。

2014年，广西销售销售成品油305万吨，同比增长12.3%；其中纯枪销量183万吨，增长10.2%，直批量91.96万吨，增长57.5%；实现销售收入272.5亿元，增长25.48%，考核利润3.8亿元，增长304%；其中非油品销售收入9.08亿元，增长35.7%，利润3990万元，增长10.68%。

【业务运作】 抓住“扩销、降库、增效”的营销工作主线，超前研判市场下行态势，采取积极、主动、灵活的营销策略，统筹直炼、外采两种资源，把握节奏、精准调运、精准营销，灵活运用双向平衡、双低运行等措施，在油品需求低迷的情况下，销量、效益实现逆势增长。突出市场研判，突出库存运作，突出调拨价政策的灵活运用，深入分析结转资源、资源购进及销售节奏，确保赢得主动。深化客户多维度管理，以8个客户服务中心为依托，搭建贴近市场、快速反应的两级直销体系，推行外销一卡通提油流程，创新以站代库运行模式，直销整体运作水平不断提升。

【加油站管理】 坚持“打造强大现场、服务创造价值”的零售理念，以提升效率、效益和品牌为抓手，积极推动“升级版”建设向深度拓展。下放定价权、促销权，强化零售核心指标考核权重，将单站销量、吨油利润、柴汽比等关键要素与工资总额量化结合，引导地市公司由“争工资”向“创绩效”转变。将每一座加油站都视为可挖掘的金矿，以营造热烈的现场促销氛围为主线，以提升站容站貌和员工素质、提高员工技能和服务效率、开展规范服务和业务培训为抓手，加强加油站定置化管理，持续深化全流程诊断与优化，努力将零售这个效益之源不断做大做强。围绕提升客户体验、超越客户预期价值，将不同促销内容分站、分时执行，做到节日有集中、节后有过渡。继续推广“翼支付”、微营销、移动app等整合营销手段，发挥卡营销功能，2014年累计发售记名卡283417张，沉淀资金3.55亿元，卡销比38.18%。

【非油品业务】 将非油品作为核心业务纳入公司整体发展战略，充分发挥专业化运作和品牌优势，统筹便利店百货、小产品、润滑油等业务，在积极推进业务领域向新兴市场延伸的同时，进一步发挥便利店业务的中心支撑作用。以提升盈利能力为突破口，强化油非客户联动分析，深化促销策略应用，努力提升核心商品品效。认真开展商品结构分析，制定完善不同店型核心商品目录。突出差异化促销，百万元便利店达到28座。

【网络建设】 将提升资产运营质量、推进轻量化作为谋发展的根本之策，调整资产结构，提升网络质量。紧盯中心城市、新兴城区、高速公路等区域的高效站点，成功开发和解决历史遗留站27座，在高效市场投用加油站24座，15座低销站成功摘帽，24座负效站实现扭亏，万吨站总数达到25座。狠抓“双低站”治理，盘活存量资产，清理无效和低效资产，以小投入换得大效益。做优新能源业务，2014年筛选出适合增设加气业务站点369个，首批50座加油站增设加气业务规划获得广西壮族自治区发改委批准。积极推进混合所有制改革，坚持“不求所有、但求所用、竞合共赢”的合作理念，深入推进与南宁、桂林、钦州、贺州等地方政府战略合作，推进项目落地，广西销售资产运作开创新局面。

【安全环保】 强化安全环保党政同责、一岗双责，加强施工及非常规作业动态风险监控，深入开展卸油环节专项整治，HSE体系内审发现问题整改率100%。始终把安全管控的重心落到一线库站、作业现场，严格执行作业许可，把好关键环节关。对于要害部位，增加检查频率，强化隐患整改，确保安全受控。加强各类预案演练，完善现场应急处置程序，规范应急抢险物资和设备管理，有效抵御台风“威马逊”等特大自然灾害的冲击。深入推进库站现场治安秩序专项治理，突出工程施工、非常规作业、操作规程执行的安全监管，强化源头防范，加强企地、警企联防联控，有效杜绝重大事故发生。

【企业管理】 深入推进90项精细化管理重点工作，特别是以“增量增效、扩销创效、降本增效、管理提效”为目标推进10项挖潜增效工作，通过开源节流创效1.4亿元，广西销售仓储损耗管理作为典型经验在集团公司推广；创新劳动组织管理，大力实施“中心站”“子母站”“两级机关大部制”管理，建立库站用工总量动态调控机制，持续简化业务流程、完善合规管控措施，全面精简两级机关机构27个，优化劳动用工915人，单站用工由年初9.4人降至7.8人，控员减负工作成效显著；大力推行双积分制管理，以积分的方式固化“岗位靠竞争、收入凭贡献”的理念和员工对未来的预期，把员工的愿望和企业的愿景高度统一。广西销售两级机关18名管理人员通过竞聘走上加油站经理岗位，13名高销加油站经理主动要求到低销加油站创业，积分制直接或间接带动老加油站纯枪和直批增量超过20万吨，职业经理人平均收入增幅超过20%；积极实施全员培训工作，举办中层干部、青年干部、优秀职业经理人等6个精品班，2014年培训5000余人次，“三支人才”队伍综合素质有效提高。

【党建思想政治工作】 坚持铸魂育人，突出政治保障优势，坚持文化引领，将大庆精神铁人精神与八桂大地优良传统紧密相融，凝聚形成攻坚克难、奋发向上的强大精神支柱。全面加强服务型党组织建设，扎实推进“四好”班子建设，严格落实“三重一大”决策制度，不断深化“六个一”党支部建设，各级领导班子引领科学发展的能力不断提高，基层党组织的战斗堡垒作用和党员的先锋模范作用充分发挥；制定下发《关于落实党风廉政建设主体责任和监督责任的实施意见》，对所属各单位全面开展专项巡视工作，以零容忍的态度坚决反对腐败。强化审计和效能监察工作，对南宁、钦州等9个单位原经理开展离任经济责任审计，开展报废资产处置效能监察，充分发挥监督保障作用；开展“忠诚企业、爱岗敬业、艰苦奋斗、奉献石油”员工职业道德建设主题实践活动，举办“宝石花杯”乒乓球、羽毛球等群众性文体活动，开展先进典型宣传等系列活动；新闻危机预防应对机制日益完善，政治文化保障支撑作用有效发挥；不断巩固群众路线教育实践活动成果，深入开展调查研究，及时解决基层实际困难，坚持工资待遇向一线倾斜，落实扶贫帮困资金50余万元。

（江南萍　韦丹萍）

中国石油天然气股份有限公司福建销售分公司

【概述】 中国石油天然气股份有限公司福建销售分公司（简称福建销售）主要负责中国石油在福建的成品油销售与网络建设工作。2008年12月5日，按照集团公司党组部署，福建销售从原华南销售公司独立，恢复省公司建制，上划股份公司直接管理，规格调整为副局级。福建销售设置12个职能处室，3个机关附属机构，下辖 9 个地市分公司和仓储分公司。截至 2014 年底，共有员工 2988 人，加油站 488 座，油库 8 座（总库容 36.5 万立方米）。

2014 年销售成品油 258.4 万吨，同比增长 5.08%；纯枪销量 149.5 万吨，同比增长 4.57%；非油品销售收入 1.43 亿元，同比增长 21.5%，非油品利润 2163 万元，同比增长 32.6%。实现利润 1.15 亿元，同比增长 341%。2014 年新投运加油站 36 座，建成加气站 15 座、运营 12 座，销售车用天然气 3557 万立方米，实现毛利 1737 万元。

【零售经营】（1）建立"油卡非"一体化零售营销模式，促销期间累计售卡 17 万张，增加非油品收入 3236 万元，其中商品换购收入 850 万元。2014 年增销汽油 12.4 万吨，其中高标号汽油 4.2 万吨。（2）以卫生间整治为突破口，实施卫生间升级工程，持续打造强大现场，神秘顾客访问连续三个月检测得分提高 4 分以上。全面开展现场管理与服务大整治，完成卫生间整改 41 个，细化现场定置化和视觉形象维护标准，规范操作与检查流程。（3）深化"双低站"治理，推行厦门西柯站合伙承包方式，65 座"双低站"销量提升。规范加油站间歇性营业方式，实施间歇性营业加油站 90 座、并站管理 42 座；高速公路服务区实施外包 5 对，低销高速加油站实施委托经营管理 10 座。（4）稳步提升非油品业务，清理非油品主数据 1845 条，商品品效同比增长 10%。加强核心商品培育，销量前 100 名商品的收入占总收入的 56.8%，增长 24%。梳理配送制度与流程，实行一月三配，提高仓储、配送效率，百万元店增加 6 座，达到 33 座。

【市场营销】　强化资源掌控能力。以降低库存成本为宗旨，紧盯调价窗口，适时调整运行节奏与品种结构，积极平抑库存成本，向库存成本要效益。坚持终端为王，推进直销体系建设，简政放权激发活力，提升直销量。将价格权限下放地市公司及控股单位，提高市场反应速度，合力深挖终端。出台《促销费管理办法》，根据市场动态适时调整吨油提成，下放促销费使用权限，强化"一对一"客户促销。积极推动政府实现国Ⅳ柴油价格政策提前到位。完善营销管理模式，采用实时销量及毛利联动监测手段，动态掌握盈利水平。2014 年直销 44 万吨，增幅 18.7%。

【网络建设】　以两岸能源合作为平台，精细谋划，持续推动重点城市项目开发，获得政府新增规划油气网点 18 座。多管齐下，投运部队项目 13 座，年新增零售能力 9.3 万吨。紧盯新建高速公路项目建设和 BT、BOT 项目，积极尝试合资合作及吨油租赁开发新模式，获得厦成高速海沧、漳永高速华丰及厦漳高速海门岛等 5 个项目，中油路通 4 个高速进出口项目进展顺利。积极倡导在福州开展绿岛加油站建设新模式，精心设计取得宁德汽运集团货运加油加气站经营权，拓宽路子，填补城市空白。认真部署项目实施方案，加快重点项目推进，严格项目清理审批，以投运促投资，以清理减包袱。实施工程专业线管理，整章建制，理顺流程，强化基础管理。围绕投运，把好计划、设计、资金、现场、流程五道关，抓好投资、安全、质量、进度控制，2014 年建成项目 170 个。

【天然气业务】　获批为集团公司天然气销售体制改革试点单位，全面接收西气东输、昆仑燃气前期在闽开展的工作，主动解决油气大销售推进过程中的难题。2014 年 12 月 27 日与福能集团签署《福建天然气管网项目合资合作框架协议》。开展西三线干线福建沿线六个地市的市场调研，摸清下游城市燃气经营商及直供用户的供气需求，洽谈签订天然气销售协议或供气意向，为一体化销售做准备。借助专业技术力量，研究分析中国海油及其他省级管网公司运营模式，初步形成福建天然气业务的运营模式，并提前启动天然气支线管网规划。坚持效益优先、适度开发，积极向地方政府争取依托加油站开展加气业务，谋划与燃气经营商开展加油加气业务合作，与华润公司签署合作框架协议，有序推进加气站开发。

【综合管理】　狠抓安全环保管理，开展 HSE 体系审核和检查，共发现问题 673 项，狠抓整改，处罚 282 人次。开展油罐、管线隐患排查，共查出隐患 13 项，及时进行治理。严抓数量质量管理，完善中心化验室，开展化验员培训，技能比武活动，提升化验操作水平。严格执行外采油品新增的 9 项标准，实行全分析，确保质量可控。综合运用液位仪、数字库站等技术手段，持续强化地罐交接，实现闭环运行、闭环管理。2014 年配送损耗下降 0.45 个千分点，年降耗近 600 吨。强化经营指标"日预测、周总结、月分析"，制定增量、降费、控耗三项预算激励政策，促进由"要费用"向"挣费用"转变。开发综合稽查系统、网络版发票管理系统，优化定额管理系统，资金管理和风险管控不断加强。加强 POS 机、保险柜、发票打印机精细管理，年节约财务费用 840 万元。积极开展纳税筹划，年节约税费 960 万元。实施"四类开源、三类节流"共 121 条具体措施，增收 6418 万元，节约成本 5620 万元，支持服务型财务管理体系日趋完善。实施全员绩效考核，紧盯计划，适时调整，完善油库操作工岗位技能工资制度，收入分配向一线倾斜，库站员工人均收入同比增长7.8%。建立督办考核评价机制，实行机关管理人员月度比例分级考核。严格执行“三控制一规范”，扎实推进值班经理制、业务外包模式，多措并举优化劳动用工。完善加油站岗位培训体系，制作可视化远程培训课程，制定新员工岗前培训标准，举办25期“三技能一素养”培训班，90%加油站经理参加了职业资格认证。深化以ERP为核心的集成应用，强化过程控制，规范销售行为。完善数字库站监控系统，加强操作管控。完成网络链路租用协议签订，骨干网络成本同比下降10%以上。完成449座加油站视频监控系统安装。实行重大项目法律论证，法律风险防控能力增强，内控和风险管理体系运行有效，股权管理受控，股权收益同比增长60%。发挥中国石油驻闽企业协调组组长单位职能作用，推动战略协议落实，南平矿泉水项目获批，长汀水保项目提前完成造林任务。为西气东输三线建设、福清LNG接收站、昆仑能源龙岩城市燃气、连江钢管、长汀催化剂等项目解决一系列困难，推动中国石油在闽事业整体发展。

【党建和企业文化】 巩固群众路线教育实践活动成果，落实整改措施，形成长效机制。严格执行中央八项规定和集团公司20条要求，开展反“四风”专项治理，强化党风廉政建设。扎实开展“下转做”，挂钩帮扶双低站，促进干部队伍作风转变。加强两级班子建设，以基层建设为核心，深化党务绩效合同，落实“三重一大”制度，推进“四好”班子、“六个一”党支部、“五型”班组建设，充分发挥党组织的政治核心作用。深化大庆精神铁人精神再学习再教育，开展“青年文明号”创建、劳动竞赛、“双十读书知识竞赛”“最美员工评选”等活动，创建省级青年文明号34支。福州华侨加油站获国家级青年安全生产示范岗。厦门忠仑加油站获中央企业青年文明号。密切关注员工冷暖，2014年慰问困难员工438人，发放慰问金60多万元。实行补充医疗保险，减轻员工负担。为基层住宿员工配备空调、厨房电器及防寒用品，改善员工生活条件。开展加油体验日、扶贫、助学、铁骑返乡等公益活动，树立负责任的企业形象。

（朱　婧）

中国石油天然气股份有限公司
大连销售分公司

【概述】 中国石油天然气股份有限公司大连销售分公司（简称大连销售）主要从事汽油、柴油、船用燃料油、润滑油、车用液化气等石油产品的销售业务，是大连地区成品油主供应商。有在营油库5座，库容11.65万立方米；加油站316座，油轮、油驳5艘，油码头2座；员工总数3588人，所有库站均实现业务的信息化管理，库存和销售数据的实时采集、二次配送计划的自动优化、油库付油的自动化管理、配送全过程的定位监控、加油站主要销售环节的受控及可视化管理等。

大连销售下设11个二级单位；授权管理大连中油船用燃料运销有限责任公司、大连石油杨树沟联营公司2个股权单位。

在逆势条件下创出较好经营业绩，效益类指标超额完成上级下达任务。

完成销售总量177万吨，其中成品油销售量162万吨，成品油零售量131万吨；实现销售收入133.4亿元，其中非油品业务收入1.8亿元；实现利润2.97亿元。

【业务管理】 突出质量，优化结构，全员营销提质增效。在市场不利形势下，更加注重提高销售质量，力保经营效益，坚持“市场份额与效益并重”，明确“零售保效、批发保量”的经营思路，大力加强批零一体化运作和“油卡非润”一体化促销。按照市场“网格化”、客户分级管理要求，全面落实销售责任，开展全员促销。坚持市场导向，严守价格底线，采取梯次作价，灵活快速有效应对市场竞争。进一步深化与烟草、邮政等大集团客户的战略互惠合作，推进资源互惠、客户共享与联动促销。销售结构显著优化，纯枪销量、汽油销量等逆势增长，同比分别增长1%和5%，零售比、纯枪比同比分别提升2.8个百分点和2.6个百分点。积极发展非油品业务，认真做好“假日经济”文章，大力拓展团购业务，开展常态化主题促销，实现非油品业务收入和非油品利润同比分别增长8%和32%。

【安全环保】 强化责任，升级措施，安全环保平稳受控。坚持以开展“无事故单位”创建活动为载体，以学习宣传贯彻国家“新两法”为契机，严抓严管保安全。逐级、分岗位细化安全环保职责规定，切实将“党政同责、一岗双责、管业务必须管安全”落到实处。突出危害因素识别与控制，认真组织开展体系审核，促进 HSE 和质量管理体系有效运行。集中开展“安全隐患排查，管理隐患整治”活动，完成台山油库等 17 项升级改造、85 座库站油气回收改造、28 座加油站罩棚隐患整改以及 58 项低洼浸水、挡土墙、防雷防静电等隐患问题的整改，完成 326 台超期服役加油机的更换，设备设施本质安全水平显著提升。突出加大安全奖惩力度，制定实施《安全专项基金管理办法》和《承包商安全风险抵押金管理办法》，实行捆绑考核。认真贯彻落实销售分公司精细化管理会议精神，狠抓油品数量质量管理，抽检合格率始终保持 100%。持续强化应急体系建设，开展各层级预案演练，完善应急联动机制，提升实战能力。

【精细化管理】 深入挖潜，精细管理，控费降本成效显著。在经营环境总体不利形势下，坚持重开源，更重节流。着力加强人工成本管控，突出劳动效率提升优化用工，在确保人均收入稳定增长的前提下，较好实现人工总成本可控。突出降低运输费用，优化调整 47 座加油站路径和小配送运费结算；经过协调推进，开通汽油地付，有效控制运费支出。突出收益回报优化投资，充分修旧利废，大力实施“小投入、巧改造”项目，投资回报不断提高；本着实用原则，优化便利店改造等方案 125 项，严控造价成本，有效节省投资。从节约“一滴水、一度电、一升油”入手，严控费用支出，2014 年实现水电暖等生产费用同比下降 7%，“五项”费用同比下降 19%。大力发展加油卡业务，2014 年新增售卡、卡沉淀资金、持卡消费率同比分别提高 64%、10% 和 23%。认真开展资金及发票专项检查，有效规避经营风险。着力提升资产增值创效能力，清理长海石油运输船队，推进 24 项闲置资产有偿租赁，实现增收创效。

【队伍管理】 简化组织，优化运行，改革创新稳步推进。按照销售分公司打造地市公司发展“升级版”要求，推进各基层单位“三部一室”机构优化整合，减少二级组织机构 19 个，机关对加油站“一站式”服务支撑平台，“单线式”业务运行流程以及“贴近式”服务工作机制进一步建立。结合业务实际，归并、调整机关部门职能，成立审计监察中心，在仓储调运处增设视频监控职能，将计量管理职责划归质安处，机关业务运行更加顺畅、保障更加有力。大力优化库站运行，深入推进双低站治理，探索实施区域管理、承包经营、新引入实习生等，人均劳动效率显著提升；全面开展加油站全流程诊断与优化，单站日销量不断提高。开通加油站远程视频监控，持续加大“三违”行为及客户服务投诉处罚力度，创新开展“客户体验季”活动，认真开展加油站“达标创星”验收，有效提升加油站现场管理及服务水平。

【作风建设】 改进作风，强化执行，全员素质不断提高。围绕“反四风、转作风”，推进落实领导干部挂点承包、值班带班、走动式管理、驻点调研、绩效挂钩考核等一系列有效制度和办法。强力推进督办工作，推动落实 64 件 2014 年重点督办事项，对 186 件月度重点工作进行跟进，定期通报进展情况，实行“闭环管理”。大力实施专项审计和效能监察，2014 年共开展各种审计监督项目 51 个，发现整改问题 210 项。深入推进人事制度改革，通过组织选拔、竞争性选拔、机关基层交流等方式，对部分处级干部进行调整，干部队伍结构进一步优化。开展 223 名加油站经理聘期内考核，按照公开竞聘和定标择聘制度要求，203 人通过重新竞聘走上经理岗位。突出“工效挂钩、按劳计酬”，实施直销经理人吨油含量工资制度，注重将薪酬分配向基层一线、创效群体和高效市场倾斜，全员工作热情进一步激发。建立面向全员职业化的开放式培训、考核、取证、鉴定模式，推行持证上岗制度，累计培训、鉴定、认证近 2 万人次。

【基层服务】 增进服务，密切关系，发展环境持续改善。突出基层重心，推行机关基层管理人员交叉任职、跟班劳动、顶岗作业等办法，落实机关首问负责、限时办结、责任追究等一系列制度，切实增进“机关服务基层、干部服务员工、全员服务客户”的意识。结合中央“八项规定”和集团公司党组“二十条要求”，落实党风廉政建设主体责任，围绕“纠四风、促廉洁、强干劲”主题开展反腐倡廉宣教活动，干事创业的清风正气进一步树立。认真开展“形势、目标、任务、责任”主题教育活动，积极弘扬社会主义核心价值观，凝聚起推动公司发展的强大合力。加强典型选树和示范引领，编发《劳模风采》，70 个集体、240 名个人受到不同层次的表彰，营造“比学赶超”良好氛围。注重将公司发展改革成果惠及广大员工，全员人均收入稳定增长，“五小工程”建设持续加强，文体协会活动不断丰富，为一线经理人增配职业装，为一线员工增配夏季劳保凉鞋、冬季劳保服等。注重关注困难群体，持续增进与地方政府和驻大连系统内单位的沟通与交流，各方面关系进一步和谐融洽，开创良好的外部发展环境。

（陈大丽）

中国石油天然气股份有限公司山西销售分公司

【概述】 中国石油天然气股份有限公司山西销售分公司（简称山西销售）负责中国石油在山西省的市场开发、成品油销售、非油品销售和网络建设工作。截至2014年底，山西销售机关设15个处室，2个附属机构；下辖11个地市分公司，1个控股公司，1个仓储分公司；在册员工4600名；运营油库12座，总库容38万立方米；投运加油站479座。

2014年，实现油品销售184.3万吨；实现纯枪销售量102.5万吨；实现非油品业务收入1.1亿元，非油品利润712万元；实现税前利润-49783万元；加油站新立项26座，新投运14座。

【零售管理】 持续深化“线圈”建设，“圈内划格子，线上梳辫子”，每季度开展市场大调查、需求大普查、客户大开发，建立健全客户普查档案；坚持营销促销手段相结合，争取新客户第一箱油加在中国石油；组织召开“线圈”建设经验交流会，搭建交流平台，共享开发经验。开展整体零售策略研究，针对晋北地区线上站因价格因素销量大幅下滑的现象，在神保线、洗朔线、大运线、108国道采取跨区域联动营销方式，对118座加油站实施点对点竞争措施，月销量由1.4万吨增长到2.6万吨，单站日销量增长80%，有效稳定晋北地区市场份额。积极实施汽油战略，将促销重点转向私家车客户群，开展“浓情中秋，欢乐国庆”“我要加满油”“周日到中国石油去加油”“最红星期五”等主题促销活动，增加97号汽油销售点，加大政府采购开发力度，2014年实现汽油纯枪销售51.1万吨，同比增长7.8%；其中97号汽油10.2万吨，同比增长34%。积极拓展小额销售业务，实施多重复合销售，提高小额销售奖励，鼓励站外销售，实现小额销量8.5万吨，同比增长25%。加大加油卡发行力度，借助微信平台、移动终端应用平台、加油卡网站，2014年售卡25.2万张，卡销比53.4%，累计售卡145.5万张，沉淀资金2.96亿元。狠抓基础管理，开展“强化加油站现场管理”大检查两次，共检查问题1936条，整改1877条，整改率97%；55座加油站开展全流程诊断，诊断出车辆进站、客户沟通等8个关键环节的问题275条，整改221条，整改率80%。加强站经理队伍建设，选拔21名加油站经理到重庆交流学习，召开首届“加油站经理讲坛”，提升能力，激发干劲。

【直销业务】 强化市场信息监控，建立18个重点企业监测点和759个市场信息监测点，及时掌握市场变化情况，抢抓销售主动权。进一步健全完善直销业务体系，专职客户经理达到37名，基本覆盖各个地市；客户经理薪酬与业绩挂钩，充分调动积极性。对所属区域97家机构客户进行重点开发，年新增需求约70万吨，直销客户累计达到3800多个。修订完善客户管理办法，细化客户分级分类、调查开发等10项内容；强化客户维系，终端用户占比达42.7%，同比提高10个百分点。灵活运用营销策略，汽油批发实现销售4.4万吨，同比增长8.8%，累计获得销售分公司汽油超量奖励749万元。

【非油品业务】 开展“油卡非”一体化促销活动、重大节日促销和季节性促销，以非促油，以油带非，取得很好成效，2014年实现非油品利润712万元；百万元店达到17座，50万元店23座，30万元店38座。实现润滑油销售收入3300万元，销售占比30%，占比增长2.3%；烟草销售网点增至183个，烟草销售收入2681万元，销售占比24%，占比增长8.2%；大宗商品销售对非油品销售收入贡献率显著提高。提升非油品业务专业化运作水平，对晋中、长治、晋城三个地市公司进行托管经营试点，非油品利润增长显著，晋中分公司非油品利润同比增长94.7%。组织便利店现场操作规范培训，开展库存商品盘点检查，提高基础管理水平。

【资源运行】 2014年共购进资源176万吨，其中直炼资源155万吨，完成率90%；外采资源22万吨，降低购进成本1.1亿元，累计实现毛利近亿元。提高全资和整体租赁油库使用效率，有效降低仓储费用。准确把握市场态势，截至2014年底，账面库存较期初下降8万吨。2014年下半年坚持低库存运行，油库账面库存平均13.6万吨，同比减少1.8万吨，减少库存跌价损失。充分发挥信息系统作用，开展主动配送，配送总量113万吨，吨油运费62.7元，同比减少0.25元。

【投资建设】 坚持质量和效益并重的原则，持续优化投资结构，择优开发高效地区城市站、汽油站。2014年新立项26座，投运14座。全面清理委托代建工作，51个委托代建项目全部清理完成。太原燃料石化实业有限公司11座加油站整体收购项目完成专业第三方公司的评审，并取得销售分公司立项批复。顿村服务区项目进行后续建设方案的专家评审，已进场施工。工程建设有序推进，2014年安排工程项目474项，完工468项，完工率98%；忻州油库已完成投运手续，具备运营条件；长治油库施工和手续办理按进度开展；侯马油库扩建新增土地手续办理完毕，已取得规划局的立项批复及发改委批复。全省444座加油站、6座油库油气回收改造工作按计划完成，进入环保验收程序。开展在建工程清理工作，2014年共审核工程结算99项，审减金额3650万元，审减率24%。

【安全计量质量管理】 深化一岗双责，修订完善191个岗位的安全职责，并将“党政同责”纳入一岗双责体系。落实安全环保责任，组织签订《安全生产责任书》及《安全生产承诺书》。推进HSE体系建设，对两级机关及所属库站开展内部审核工作，共发现问题658项，其中已整改645项，整改率98%；接受销售分公司两次HSE审核，覆盖两级机关、油库、加油站和施工现场，发现问题37项，整改率100%。持续开展周安全检查，检查20次，发现问题1335项，问题已基本整改完毕；抽检加油枪288把，抽检合格率94.1%，同比提高8.6%。加大油品进销存数量管控，对公路配送、铁路运输、加油站超耗严格执行追赔制度，追回损失55万元。加强油品质量监控，对11座油库、428座加油站的3681个油样进行检验，合格率100%；迎接集团公司油品质量抽检2次，抽检全部合格。开展新《安全生产法》和《环境保护法》的学习宣传贯彻，两级机关及库站员工1100余人参加学习考试。

【企业管理】 深化预算管理，统筹安排年度预算，2014年累计发生商流费8.6亿元，较年度预算节约1.1亿元，同比减少4700万元；“五项”费用发生1440万元，较年度预算节约460万元，同比减少220万元。加速资金回笼，有效降低资金成本，2014年财务费用较年度预算节约300万元，同比减少330万元。规范资金计划使用，资金计划执行率95.6%，同比提高9.7%。加强往来管理，应收款项同比减少1.5亿元。规范资产管理，清理低效无效资产1900万元。加强纳税政策研究，太原地区停止缴纳价格调节基金，节约税费成本102万元。推进内控与风险管理，完成公司内控手册业务流程及风险控制点的修订工作。在加油站推行《加油站升油工资实施方案》，“按销取酬，多劳多得”激励作用凸现；按照偏远与艰苦程度调整加油站上岗津贴，薪酬发放向一线倾斜，加油站员工平均收入提高4.6%。持续深化“三控制一规范”，减少各类用工492人。成立营销处，合并重组调度指挥中心与数量质量管理中心，优化组织机构，完善管理职能。持续推进信息系统部署工作，完成调度中心、综合信息展示平台、ERP小额配送业务的上线运行，完成加油站管理系统和销售ERP系统的升级工作，保障信息网络正常运行。加强员工素质培养，两级机关举办各类培训班370期；持续开展职业技能鉴定工作，281名员工通过职业技能鉴定。修订完善《物资采购管理办法》，完成铅封、劳保用品、办公设备、生活物资及实验室物资等10大类物资采购工作。开展加油站达销率、非油品业务、外采业务、账外公司专项审计和工程建设项目结算审计，提出审计意见29条，促进生产经营规范运行。制定修订规章制度35条；法律风险防控贯穿重大项目决策和实施的各个环节，确保项目实施合法合规；打击商标侵权单位40余家，维护了中国石油品牌形象。

【党建群团工作】 认真落实党员干部理论学习制度，组织学习十八大及历次全会和习近平总书记系列重要讲话精神，两级中心组学习全年达168次。持续强化党支部“六个一”创建和“三联”党建责任示范点工作，丰富活动内容，不断夯实党建基础。按照优化结构、提高质量、发挥作用的要求，共发展党员38名，党员总数达到718人。深化教育实践活动整改落实，对存在的“四风”问题，及时制订整改方案和专项整治方案，明确责任人和完成时限，收到明显效果。签订《党风廉政建设责任书》592份、《廉洁自律承诺书》670份，严格落实党风廉政建设责任制。先后开展贯彻落实中央八项规定和集团公司若干规定自查、责任追究制度落实情况督查、“三重一大”决策制度执行情况检查，开展年度巡视工作，加强重点领域和关键环节的监督。持续开展大庆精神铁人精神再教育再学习，深入推进向“金花”学习活动；持续培育倡导“四永四一”精神，开展“我爱我家，我建我家，美丽我家，和谐大家”活动，不断促进“家”文化建设；积极开展“双十”全员读书活动，组织“书香宝石花”青年“双十”读书知识竞赛，参加集团公司华北协作区复赛并获得团体二等奖；持续加强并充分发挥内刊、内网宣传主阵地作用，编排《山西石油销售》12期，登载基层通讯员稿件353篇，在系统内媒体发表文章32篇；进一步提升舆情监测能力，有效维护企业形象。完成二届一次职代会、工会委员会换届改选，制定《职代会代表团组长联席会议制度》，畅通员工参与企业民主管理的渠道；组织 3375 名员工参加职业健康体检；持续开展扶贫帮困送温暖活动，共帮扶 462 人次，帮扶资金 92 万元；创建省级青年文明号 2 个，不断加强“青字号”工程建设。

（常化平）

中国石油天然气股份有限公司
天津销售分公司

【概述】 中国石油天然气股份有限公司天津销售分公司（简称天津销售）主要负责中国石油在天津市的成品油仓储与销售、油库和加油站管理、库站网络建设，同时兼营燃料油、天然气、润滑油及其他非油品销售业务。天津销售采用两级管理体制，设 14 个职能处室、8 个分公司、8 个股权企业（不含控、参股加油站）。有员工 2701 人，总资产 30.47 亿元，拥有油库 5 座，总库容 22.94 万立方米，投运加油站 218 座。

2014 年，销售油品 180.33 万吨，其中纯枪 65.43 万吨、其他油品 7.83 万吨；实现非油品收入 13285.03 万元、利润 1058.91 万元；利润总额 –5838.26 万元，吨油营销成本 327.87 元；固定站新增立项 5 座、新开 3 座、新投 7 座，橇装加油设施新投 1 座，质量、计量和安全环保事故为零。

【市场营销】 面对成品油价格“十一连降”的巨变狂潮，天津销售灵活营销策略，强化资源运作。（1）坚持低库存运行，减少跌价损失，降低财务费用。2014 年上半年抢抓炼油厂检修契机，一方面协调销售分公司调整直炼计划、管住进口，另一方面加大销售力度、敞开出口，库存由最高 13 万吨降至 7 万吨以内。7 月油价进入下行通道，天津销售统筹利用自存、客存两种资源，对库存进行实时监测，将账面库存一度降至 2.72 万吨，有效减少跌价损失 1 亿多元，财务费用同比降低 2006 万元。（2）营销策略贴近市场、抢抓机遇。上半年销售进度完成 110%，实现利润过千万元，为全年销售工作赢得主动。利用铁路、海运等物流优势，拓展销售空间，组织直发销售 21 万吨。充分利用政策杠杆，努力扩大汽油销售，获得超量奖励 879 万元。全面推广网格化客户开发模式，制定兼职客户经理奖励政策，2014 年新增终端客户 266 家，贡献销量 4 万多吨。建立客户流失预警机制，二次开发老客户 30 多家。（3）加强资源运作，销售运行更加高效。严格外采油品质量检验，优化外采运作流程，2014 年实现外采 26 万吨，创效 1.29 亿元。根据市场动态和调价节点，合理把控资源调入节奏，降低购进成本 3800 多万元。利用柴油品号切换和油品升级置换契机，争取优惠政策，增效 842 万元。实行一次、二次物流整体优化，合理安排资源流向，节约运费 1690 万元。实行梯次配送，平均运距控制在 70 千米以内，同比减少 22.5 千米。重点加强法定假日、大型活动期间资源保供，全年未发生脱销断档事件。科学组织油品置换，分库、分站、分车细化方案，提前调入低硫油品，试点摸索自然置换方法，先后两次压缩置换周期，减少效益损失 1500 多万元。加强全过程质量管控，确保全部加油站按期完成国Ⅴ油品置换。

【零售管理】 坚持以增销创效为目标，打造强大加油现场，提升终端服务品质。（1）纯枪创效的核心作用更加突出。按照“统分结合”的原则，统筹平衡区域市场、灵活下放价格权限，各单位快速有效应对竞争，在零售市场萎缩、柴油需求锐减的情况下，取得了“份额不丢、毛利提升”的经营效果。加油站综合价格到位率（升）达到 98.7%，同比提高 0.2 个百分点。（2）促销方式更加灵活多样。持续与各大银行开展联合促销，实现客户共享、互利共赢，各单位结合实际开展丰富多彩的促销活动，纯枪销量、持卡消费和非油品收入同步提升。（3）加油站基础管理再上新台阶。开展加油站综合检查讲评活动，每月选定一座加油站解剖麻雀、会诊把脉，促进管理水平进一步提升。准确把握加油站经理“领头羊”作用，轮流开展集中培训，强化绩效考核和客户开发奖励，2014 年新增固定大客户 41 家，进一步提高加油站经理的管理责任心和客户开发积极性。（4）持之以恒狠抓“双低站”治理。各单位“一站一策”，分类制订治理方案，全力推进团队承包、夫妻承包、并站管理等多元化治理模式，取得阶段性效果。（5）非油品业务实现快速发展。成立专门机构，加强非油业务管理，非油品收入和利润同比提升。优化订货程序，提高商品周转率，商品库存金额同比下降 22%。做实店内销售，引入星巴克咖啡等高毛利畅销商品，店销毛利率达

21%。探索推行“以销定结”业务模式，组织22家代销商品供应商统一铺货，193座便利店全面覆盖，代销商品毛利率达25%。

【投资建设】 坚持效益原则，突出内涵发展，网络布局进一步优化。（1）多路并进，着力开发高效站点。牛道口加油站顺利建成开业；东生、殿祥项目完成立项并签订合同；滨保、塘承高速，滨海新区等项目积极推进。深化合资合作，分别与滨海高速、道路管网公司达成合作开发协议，初步落实开发方案。（2）重点攻坚，破解一批疑难问题。经过多方协调，银海加气站完成建设，中生、霍各庄等加气项目均取得新进展；老弯道加油站续租顺利获得批复，高峰路、畅通等7座加油（气）站顺利投运。经过16轮谈判协商，华辰站达成拆迁赔偿协议；津团、泰达等拆迁还建项目有序推进。（3）严控程序，投资管理更加规范。强化项目审查，审减项目71个，投资计划完成率98%。加大在建项目和委托代建项目清理力度，2014年共清理在建项目10个、委托代建项目3个。加快结账转资步伐，90%以上的在建工程完成转资。加强综合统计管理，被集团公司评为“统计先进单位”。（4）工程管理基础和项目建设质量明显提升。以“四控两管”为核心，召开工程质量现场会，加强施工现场管理和施工安全管控。顺利完成武清油库升级改造工程，使用了新材料、新工艺，在原设计标准基础上实现了新的提升。规范项目管理，清理历年挂账项目27项，资金515万元。推行清单计价方式，更新库站估算指标568条，结算审核129项，平均审减率19%，造价管理水平明显提高。编制油气回收设备操作规程，开展设备复检维修，全部通过环保验收，系统运行正常。整理历年建设项目档案2247卷，全部验收归档。

【精细化管理】 坚持突出重点，协调推进，经营管理工作更加科学。（1）安全、数量、质量管理全面受控。深入推进“一岗双责”，强化安全责任落实。突出安全防控和隐患督查，发现问题1193项，整改1120项，其余均已落实责任、限期整改。开展分公司二级联动演练22次，有效提升应急处置能力。建立安全预警机制，发布重大事件、恶劣天气预警30期。完善损耗管理考核机制，对异常情况进行全程跟踪，成功索赔一次调运损耗16.62吨，处理承运车辆15台，索赔、罚款23.56万元。严密监控油品质量，内外部抽检合格率100%，被集团公司评为“质量计量管理先进单位”。（2）财务管理再上新台阶。大力开展“开源节流、降本增效”活动，严控非生产性费用支出，“五项”费用同比减少461万元，下降33%，员工成本、财务费用等大幅下降，商流费同比减少14%。推广发票直联系统，有效规避涉税风险。注重经营活动分析成果转化，为经营决策提供支持。（3）用工管理进一步优化。加大工资管控力度，杜绝预算外发放，人工成本同比减少1847万元。严控用工总量，同比减少用工154人。（4）示范库建设取得新进展。深入开展油库“6S”定置化管理，统一规范标识编号，库容库貌明显改观。加强油库设备管理，定期组织维护保养，提高设备运行效率。（5）信息系统应用持续深化。编发《业务系统操作指南》，有效促进系统应用，油库管理、加油站管理系统考核分别居销售分公司第一、第三名。加强系统运维管理，问题自行解决率达到95%以上。获得销售分公司信息类流动红旗。（6）经营风险全面受控。严格合同审查，坚持重大项目会商，有效规避经营风险。加强过程控制，内控体系有效运行，顺利通过集团公司管理层测试。强化股权行权管理，规范运作，2014年完成股权投资收益2913.2万元，完成预算的356.75%。（7）审计监察功能进一步发挥。开展加油站达销率审计等专项活动，实施领导干部离任审计、工程结算审计，高标准完成工作任务。加大稽查力度，处罚违规人员22名，起到了很好的督促和震慑作用。

【精神文明建设】 持续强化思想和队伍建设，公司和谐健康发展的基础更加牢固。（1）理论学习氛围日益浓厚。严格落实中心组学习制度，深入学习贯彻习近平总书记系列重要讲话精神。举办4期党员干部学习班，重点学习党的十八届三中、四中全会精神，引导党员干部不断坚定理想信念。（2）党建、作风和廉政建设进一步加强。创新党建“三联”责任示范点工作方法，与安全环保、维护稳定联系点有机结合，将党建责任落实到库站、班组和岗位。严格党员发展，2014年共发展党员64名。巩固深化群众路线教育实践活动成果，扎实开展“回头看”，持之以恒纠“四风”。组织党员干部学习警示案例，聘请检察院专家开展预防职务犯罪教育讲座，签订“两书”900多份，实现关键岗位全覆盖。（3）队伍素质持续提升。举办处级干部培训班，选派分公司经理参加销售分公司经理人培训，对基层领导班子和机关中层进行多维度综合考核测评，优秀率95.3%。完善干部选拔任用程序，实行任职试用制度。大力开展员工岗位技能培训，2014年举办培训班193次，累计培训5864人次。扎实开展职业技能鉴定，160人通过考核，通过率同比提高13.4个百分点。（4）主题活动蓬勃开展。扎实开展青年工作，创建集团公司级“青年文明号”3个、天津市级2个；积极参加集团公司“双十”读书竞赛，取得团体第三名的优异成绩，为公司赢得荣誉。着力抓好宣传工作，2014年在《中国石油报》、集团公司网站等主流媒体发表稿件176篇，多次在集团公司网站发稿排名前八。（5）基层文化建设更加完善。持续推进基层“五小文化”工程建设，建立机关员工活动室，丰富员工业余生活。认真搞好员工疗养、健康体检和医疗费二次报销，定期开展节日慰问和扶贫帮困活动，为130名困难员工和退休老同志发放节日慰问金。

（银世民）

中国石油天然气股份有限公司宁夏销售分公司

【概述】 中国石油天然气股份有限公司宁夏销售分公司（简称宁夏销售）主要承担中国石油在宁夏地区的成品油销售、市场开发等业务。截至2014年底，设12个机关处室，下辖7个地市分公司，4个直属单位，员工总数3262人（其中在岗合同化员工1378人，市场化用工1884人）；油库5座，总库容17.2万立方米；运营加油站300座。资产总额25.94亿元，资产负债率44.79%。

2014年，销售成品油181.2万吨，同比下降6.7%；零售量162.4万吨，同比下降8.9%；纯枪销量150.2万吨，同比下降2.1%，其中汽油纯枪量44.6万吨，同比增长14.4%；非油品业务收入3.57亿元，同比增长13.57%；利润3.5亿元，吨油利润184元，分别同比增长12%和19%；市场份额85.5%。

【油气业务】 建立以销售效益和市场份额为目标的考核体系。销售利润完成率、市场份额与各地市公司月度绩效奖金以及领导班子年度业绩考核100%挂钩，严格落实创造效益和抢占市场的主体责任。建立“一客一策、一单一策、一日一策”差异化营销机制，根据不同市场区域、不同竞争态势、不同客户价值贡献度，科学测算量价效额，研究确定既有助于抢占市场留住客户、又必须保证效益的差异化营销策略，有效实现量效并举。2014年直销量达到30.99万吨，零售比率达到89.7%，价格到位率达到100.23%。建立“油卡非”一体化运作机制。科学算账、整体策划开展“昆仑好客，乐享换购季”等专题促销活动12次，有效地将油、卡和非油品销售紧密结合起来，既满足客户需求，又提升整体效益。积极推进以地市公司为主、根据市场情况灵活实行“一客一策”的加油卡销售策略，紧抓“营改增”机遇加大物流客户开发力度，有效锁定终端客户。2014年发售加油卡62.14万张，卡销比达到51.1%，沉淀资金4.07亿元。建立领导班子成员挂点地市公司和主要大客户、管理干部挂点“双低站”、两级机关员工驻站跟班三项制度，上下联动、同心协力扩销上量。

【非油品业务】 不断完善经营网点。开展非油品业务的加油站达到300座，其中便利店293座，化肥销售网点229个，餐厅32座，其他业务80处。形成“月月有主题、天天有促销、店面全覆盖”常态化促销模式。注重突出不同季节和节假日特点、不同市场环境和客户群体差异、借助供应商的力量开展商品促销，2014年促销收入占商品销售总收入的13.5%。着力打造品牌店、培育高效店。通过持续引进适销对路和高毛利产品、提高便利店空间利用率、增加积分兑换商品等措施，提升便利店管理水平和商品创效水平。2014年培育百万元以上便利店65座，同比增加10座；商品销售收入达到1.92亿元，同比增长4.74%。高速公路非油品业务收入9430.5万元、利润1720.2万元。继续拓展非油品新业务。2014年化肥、餐饮、住宿、汽车服务、租赁等业务实现销售收入1.65亿元，同比增长25.95%。继续扩大对外合作。截至2014年底，有7座服务区便利店、1座加油站便利店、7座餐厅委托专业公司经营，合作经营效果总体良好。

【库站管理】 突出运营效率的提升。组织对16座高效加油站逐站开展全流程诊断，根据市场和客户情况制订“一站一策”提量方案，通过调整现场布局、开设自助加油、增加服务力量等措施，全力提升运营效率；组织对18座“双低站”逐站进行治理，通过“家庭”承包、员工自由组合承包、合理安排间歇营业等方式，全力提升治理效果。注重发挥小油罐车延伸加油站增量半径，58辆小油罐车累计配送油品8.24万吨，成为流动的加油站和效益的增长点。突出基层员工作用的发挥。持续推进以增量和创效能力为根本的加油站类别评定制度和加油站经理分级管理制度，有效调动加油站经理的积极性和主动性。奖金分配更加突出地向加油站倾斜，加大对超目标任务销量的奖励力度，纯枪超销奖金直接兑现到加油站，2014年为加油站员工兑现超销奖500万元，有效调动基层员工促销增效的积极性和主动性。

【投资建设】 2014年完成投资计划2.45亿元，在高效市场和潜力市场新建、续建加油站15座、加气站5座，合资建设站1座，改扩建站4座，投运加油（气）站19座，截至2014年底，运营加油站达到300座。

【质量计量安全环保】 进一步完善HSE体系持续改进机制，积极开展内部体系审核，认真接受集团公司定期审核，对审核组提出的57条不符合项全部整改到位。分时期、分重点制订安全生产运行方案，根据特殊时期、关键环节、重点领域风险特点，进一步明确风险管控要求，强化风险防控措施，同时，开展4次安全环保大检查，组织工程领域安全专项检查，消除一批安全隐患，确保安全平稳运行。扎实开展“安全生产月”活动，重点突出事故警示教育、理念宣传、应急演练和风险排查，营造良好的安全生产氛围。严格质量化验分析，严把油品进销存各环节质量关，坚决杜绝不合格油品流入市场。强化过程监督，每季度开展一次油品质量自检，全面掌握油品质量管理情况。2014年接受集团公司油品质量抽查4次，合格率100%。定期开展计量器具周期检定、加油机强制检定和计量准确度检查，强化员工职业道德教育，确保销售油品质量合格、计量准确。

【精细化管理】 精心研判市场，合理控制库存水平，库存由最高时的12万吨下降到2014年底的7.16万吨，有效规避跌价损失，减少财务费用710万元。突出抓好油品体积交接管理和损溢管理，全面推行地罐交接，建立“单站单品号单系数”管理制度，强化关键环节管控力度，有效降低油品综合损耗率，铁路运输损耗率降至0.029%，公路运输损耗率降至0.096%，2014年通过降耗增加效益500万元。优化用工管理，紧密结合自动化和信息化的应用，结合地市公司机构调整和流程再造，结合全流程诊断和“双低站”治理，建立并不断完善控员提效长效机制。2014年人均零售量和纯枪量分别达到498吨和460吨，日均10吨纯枪量用工5.9人。紧抓重点环节和关键部位，对费用预算大幅压缩，对可控费用采取吨油与定额标准相结合的方式控制，费用管控结果与相关部门月度薪酬紧密挂钩，特别是严控非生产性费用支出，2014年“五项”费用同比下降20%，其中会议费、接待费同比分别下降80%和40%。持续优化一二次油品配送组合式运作，提高炼油厂地付直达加油站的配置量，2014年吨油运费21.3元。

【党建群团工作】 着力推进党的群众路线教育实践活动。围绕解决“四风”方面的突出问题，新建和完善工作制度22项，以长效机制促进领导干部和两级机关作风转变。认真落实中央八项规定，转变作风、文风、会风，减少迎来送往，严控职务消费，精简会议文件，强化基层服务，取得明显成效。宁夏销售获得集团公司公文处理先进单位。着力推进基层服务型党组织建设。进一步强化基层党组织的服务功能，改进服务作风、提高服务能力、完善服务保障，在完成全年目标任务、推进重点工作、服务基层一线等方面，较好地发挥基层党组织的战斗堡垒和党员的先锋模范作用。着力推进“三支队伍”建设。2014年选拔提任10名助理级以上干部，进一步优化基层领导班子和干部队伍结构。成功举办第一届加油站经理人论坛、加油站经理模板汇报竞赛以及员工服务技能竞赛，分享收获，交流经验，有效提升一线队伍整体素质。坚持把培训作为提高队伍素质的重要方式，2014年组织各类培训133期，培训员工6030人次，员工队伍整体素质和执行力持续提升。着力推进党风廉政建设。加大廉洁从业教育力度，加强重点领域和关键环节的监督，通过内控测试、专项审计和效能监察，有力推动企业健康发展；加大案件查办力度，2014年受理信访案件8件，办结5件，移交司法处理1件。着力推进和谐企业建设。全面落实关系企业发展和职工福利方面的职工提案8项，解决和答复八届一次职代会期间职工代表提出的意见和建议105条。在全年整体费用压缩的情况下，用于改进员工工作生活条件的投入稳步提升，2014年支付冬季取暖、夏季防暑、日常防护、伙食补贴、职工体检、健康疗养等劳动保护费用和福利费用2850万元，发放困难帮扶金168.6万元、帮扶困难职工1209人次。特别是通过降本增效、提高利润指标，稳步增加职工收入。

（仇建雄）

中国石油天然气股份有限公司
贵州销售分公司

【概述】 中国石油天然气股份有限公司贵州销售分公司（简称贵州销售）2001年成立，负责中国石油在贵州省的成品油销售、市场开发工作。截至2014年底，贵州销售设12个处室、3个直属单位、3个附属单位、10个分公司；有员工2700人；在营油库2座、在建油库1座；在营加油站278座，加油站服务网点遍及贵州省高速公路、国道、省道和中心城市、重点集镇。

2014年，销售油品174.9万吨，其中纯枪量123万吨，同比分别增加14万吨和7万吨，同比分别增长8.5%和6.2%。营业总收入132亿元，利润2.88亿元，同比分别增加7亿元和2.15亿元，其中非油品收入1.32亿元，利润1390万元，同比分别增长7%和10%。开发加油站8座，投运12座。

【市场营销】 2014年库存水平合理，无限销情况。衔接资源计划180万吨，超计划16万吨；完成实物外采12万吨，降低成本1778万元；打通云南曲靖油库供应渠道，解决六盘水地区8座边远加油站资源配送问题；通过外采及串换优化物流，节省运费1097万元。针对油品价格持续连降，贵州销售积极扩销、稳价、降库，比计划多销5万吨，比销售分公司计划少涨库7万吨，比国家计划每吨少降825元，一体化运作降本增效3100万元。销售计划进度实行日管理，批发直销同比增长43%，提前77天完成年度直销任务。实施“底线定价、梯级作价”的价格策略，实现直销创效9756万元，同比增长62%。通过全过程服务提升，实现大客户销售12万吨。调整绩效考核方式，加大终端客户开发及维护力度，实现新增客户418家，客户经理人均销量同比增长56%，产生万吨级客户经理11名。

【加油站管理】 坚持以零售为核心，突出“油卡非润”管理一体化。开展“贺岁迎春”“红五月”“金秋送爽”主题促销活动，推进以卡为媒、油非互动，纯枪销量同比增加6.3万吨，增长6%。优化汽油销售结构，汽油同比增长21.4%，其中97号汽油同比增长46.2%。12座新投站增量1.42吨；42座潜力站销量日均提升125吨；新增万吨站7座，观山单站年销量突破3万吨；78座加油站实现自助加油业务。“双低站”治理，对74座加油站采取个人承包、夫妻承包、团队承包、区域承包等创新模式，开展小加油站目标责任管理，“双低站”同比减少46座，销量增加3.6万吨，利润增加2263万元。全方位搭建平台，95504新版网站、中油好客E站微信公众号和加油卡APP平台实现同步上线。2014年发售记名卡9万张，沉淀资金较2014年初增加2765万元，卡销比同比增长9.4%。

【储运与油库】 2014年调入配置资源155万吨，同比增加22万吨。合理控制资源调运节奏，加大自有油库周转，同比提高11万吨，增长16%，超预算进度11万吨。扩大资源互供，同比增加0.32万吨，降费539万元。创新降费模式，开展移库串换，协调中国航油贵州公司在怀化地区以库存转移的方式配送0.27万吨，弥补铜仁互供库存不足缺口。专题研究物流优化，吨油运费持续降低，灵活组织配送，小额配送应急137车次，有效降低断油风险。坚持每日通报机制，强化需求计划执行，加油站需求满足率保持在99.23%以上。

【非油品业务】 强化中央仓管理，商品库存周转率提升36%。开展库房整顿工作，规范库房管理。规范采购源头管理，采取价格对标、批量采购等模式，店销毛利率22%，同比增长16%。抓好大宗商品业务，润滑油业务稳步增长，销售收入同比分别增长20%和228%。开展“后备箱”活动和单品类销售竞赛，7座加油站在“后备箱”竞赛活动中获得销售系统最强门店奖。总结推广湘江加油站提篮销售，其他加油站的推车销售、挎包销售等基层首创的好经验、好做法，以点带面，促进非油品业务的整体发展。2014年非油品收入和利润较预算分别增加726万元和190万元，同比分别增加888万元和132万元，利润率10.51%，同比增长10个百分点。

【网络建设】 持续推进重点项目建设，成立委托代建清理工作领导小组，清理代建项目102个。有序推进合资合作，签订协议2家。持续跟进存量项目，实现专人负责，挂牌督办，遵义分公司3个加油站项目得到解决。加大批量项目建设力度，落实规划 21 个，建成完工 4 个。有计划推进安全环保整改项目，安排资金 4789 万元，重点实施加油站隐患整改 98 座，完成油库油气回收改造 1 座。加大加油站投运推进力度，2014 年贡献销量 4 万吨。新建站 8 座，达标改造 1 座，安全隐患整改及检维修 72 座，加油站油气回收改造 87 座。久长油库全速推进，主体工程全面完工，硬件设施达到进油条件，外部手续齐备。

【精细化管理】 强化关键岗位人员的法律及合规意识。采取上下互动、一对一的预算对接形式，调动基层单位积极性。严格预算执行控制，加强对财务预算执行的监督、考核和检查，及时通报各单位预算指标执行情况。在销售系统率先推行加油站资金管理“三定”工作法，全天跟踪监督资金运行情况，2014 年资金管理监控考核名列区外销售前列。开展费率对比分析，在贵阳、铜仁等地区批发业务中引入银联 POS 机，2014 年降低刷卡佣金费用 10 万元。开展商信通金融工具业务，2014 年减少财务费用 23 万元。加强非生产性费用管控，全年“五项”费用同比减少 700 万元。消化部分不良资产，退租加油站 3 座，关停 8 座，报废资产 1021 项，累计处置资产 1299 万元，实现资产轻量化。通过落实相关政策，财务费用同比减少 967 万元。开展单站核算，实行“一站一策”策略，在 83 座目标责任管理站中实现扭亏 11 座、减亏 6 座，平均吨油费用降低 78 元。持续优化二次配送，自有油库周转完成 86 万吨，减少代储费 180 万元，减少运输费 455 万元。加强车辆管理，减少油料消耗 40 万元。修订 102 个业务流程图及风险控制文档，替换、新增实施证据表单 6 个，修订关键控制点 12 个；更新规章制度 10 项，完成公司 2014 年内控自测工作。开展招标或竞争性谈判 56 次，涉及项目 68 个，节约资金 169 万元。

【数量质量管理】 强化油品质量监控，严格落实油品抽送检制度和外采油品“双检”制度，切实把好油品质量关，发现和解决在油品接卸、液位仪管理以及系统规范操作等方面存在的 4 大类 17 个方面 725 项问题，落实超耗赔付 210 多万元。检测外采油品 73 批次，配置资源 1088 批次，库站送检 1196 批次。深化损耗专项治理，2014 年投入检测资金 151 万元，引入第三方检定机构检测地罐 546 具，购买激光地罐容积检测仪检测 16 座新开业加油站 64 具地罐，投入 81 万元维修 308 站次液位仪，公路运输损耗下降 2.51‰，降幅 52.73%，减少损失 600 余万元。

【信息化建设】 2014 年新增上线加油站 14 座，系统上线率 99%，液位仪正常使用率保持在 97% 以上，脱机加油占比控制在 0.15% 以下，36 座万吨加油站及样板加油站实现扩容，视频监控远程接入率近 90%。

【安全环保】 安全环保始终处于受控状态，实现零伤亡、零污染的工作目标，没有发生数量质量及安全责任事故。按照“党政同责、一岗双责、齐抓共管”的总体要求，扎实推进 HSE 体系建设，整合体系审核，强化宣传教育和应急演练，突出过程考核，消灭“低、老、坏”现象，持续开展安全经验分享，有感领导、直线责任和属地管理进一步落实。2014 年开展全覆盖审核 2 次，专项检查 5 次，累计发现各类问题和隐患 726 项，利用 HSE 信息系统实行销项闭环管理，整改率达到 93%。

【队伍建设】 完善干部选拔任用机制。公开竞聘分公司班子、处室副职岗位和油库班子，18 名同志走上中层领导岗位。机关 8 人由主办晋升为主管，2 名中层干部晋升为总经理助理。4 名加油站经理步入专家型加油站经理人队伍行列。完善全员绩效考核制度，利润考核权重调增至 45%。畅通员工发展通道，188 名加油站经理取得资格认证，28 人职称得到晋升；2014 年培训 2800 人次，技能鉴定 489 人次，合格率 80%，同比提高 10 个百分点。积极推进机构改革，9 个分公司机构调整到位，初步实现分公司的“升级版”。推行库站辅助性业务外包，实现主营业务少人高效；持续开展小站目标责任管理，全员人均纯枪零售量、库站定员控制指标位居销售分公司前列，综合劳动效率指标位居销售分公司第一名。2014 年全员工资总额同比增长 15%，人均工资同比增长 15%。

【党群工作】 持续加强思想政治引领，扎实推进党工团工作。明确地市公司党委（总支）委员，改选机关党委，组建加油站联合党支部 38 个。坚持党委书记季度和党委部门月度例会制度，部署重点工作，执行班子民主集中制和“三重一大”议事决策制度，深化教育实践活动整改工作，班子成员“四风”问题得到改进，服务基层、服务一线能力不断增强。开展纪念建党 93 周年系列活动，持续推进加油站联合党支部建设、党建“三联”责任点、党员责任区、党员先锋岗活动，党支部战斗堡垒作用和党员先锋模范作用得到有效发挥。深入开展“青字号”工程创建，忠庄、观山和小围寨加油站分别荣获“集团公司青年文明号”“贵州省青年安全生产示范岗”荣誉称号。2014 年发放扶贫帮困送温暖资金 89 万余元，受惠员工 704 人；落实疗养制度，惠及员工 212 人。加强对外宣传，在相关媒体发表 200 余篇，公司的影响力和美誉度显著提升。典型示范带头作用得到充分发挥。挖掘培育观山、南湖等一批先进集体，召开观山、南湖加油站联合党支部建设和6S管理现场会。贵阳油库荣获全国“安康杯”竞赛优胜班组；观山加油站荣获省直属企业工会“工人先锋号”“星级班组”荣誉。在股份公司首届加油站经理论坛上，湘江站“八平米三百万”案例在销售系统获好评。开展两级机关服务基层“驻站蹲点”活动，160名机关干部到库站、接地气、解难题，与一线员工同吃、同住、同劳动。

（张　羽）

中国石油天然气股份有限公司
青海销售分公司

【概述】 中国石油天然气股份有限公司青海销售分公司（简称青海销售）是青海省内成品油流通领域的主要渠道，担负着保障全省汽油、柴油、煤油、润滑油等成品油稳定供应的责任。2014年，青海销售扎实履行“经济、政治、社会”三大责任，为满足青海省成品油需求和促进地方经济建设提供有力的能源支撑，被授予“2014年青海省商贸流通工作先进单位”称号。

截至2014年底，青海销售拥有资产28亿元，运营资产型加油站219座，油库4座，总库容21.6万立方米。设有12个职能处室，9个二级销售分公司，员工总数2919人。

2014年完成成品油销售总量161.08万吨，其中汽油、柴油销售153.22万吨；汽油销售42.81万吨，柴油销售110.41万吨；纯枪销售103.3万吨。实现销售收入117亿元，实现利润6630万元。非油品收入8687.86万元，同比增长6.7%。

【企业管理】 坚持自查与外审相结合，有效防范和规避经营风险。壮大审计队伍，拓展审计范围，组织开展加油站达销率、非油品销售、在建工程审核清理、工程竣工项目结算等专项审计，对干部任中、调整、调离过程进行审计。围绕资金、资产、税收，严格资金管理，强化预算执行，加大费用管控，规避税收风险。推行专业化管理，理顺投资、费用、隐患治理的审批权限，2014年财务费用支出同比降低1268万元，费用总额比销售分公司年度预算节约6457万元。深化系统集成应用，推进两级业务运作信息平台建设，强化协同管理系统应用，管控效率得到提升。

坚持推进内部改革。按照“库司合一”、属地化管理的原则，将格尔木、德令哈油库分别划归格尔木公司和海西公司管理；按照机构扁平、运行高效的原则，将质量安全环保处与仓储公司进行整合，成立仓储安全环保处；将非油管理中心与润滑油公司及中央仓进行整合，成立非油品经营公司，减少内部协调、无效劳动和内部消耗。狠抓干部队伍作风建设，组织“转作风、强素质、求实效”活动，举办三期处级干部培训班，完善两级机关学习制度，建立转变作风的常态化机制。制定干部转岗和员工退出机制，8名副处级以上干部顾全大局顺利转岗，20余名辅助岗位劳务用工妥善清退。畅通晋升渠道，实施星级站动态管理。推行“机关基层双向交流”和“机关管理人员补课锻炼”等制度，两级机关1133人次到基层交流。

【库站管理】 丰富营销手段，围绕市场、客户、竞争对手，充分利用加油卡折扣、积分及非油品供应商促销品资源，打造微信平台、移动4G、翼支付、银联金融卡、太平洋保险、平安保险相融合的“六位一体”营销模式，适时开展金秋送爽、贺岁迎春、“最红星期五”等系列活动，引领客户消费。突出高效站培育，选定20座加油站作为全流程诊断站点，采取道口拓宽、场地画线、悬挂LED油品指示牌、增加现场引导员及优化品号结构、压缩结账时间、延长加油胶管、推广卸油不停枪等措施，加油站运行效率明显提高。加大“双低站”治理，确定亏损治理站39座，采取承包经营、重点帮扶、专项培训、经验交流等措施，部分加油站实现扭亏为赢。强化加油站管理，通过持续推进“两服务一清洁”、卫生间专项治理、“打造强大现场”、星级加油员评定等措施，加油站整体形象明显改观。提升加油卡售卡质量，制订实施加油卡客户分级管理和激励方案，借助“青洽会”“环湖赛”“车展会”等活动大力推卡，精心打造加油卡客户服务中心，拓展与银行、保险、移动、电信等的跨行业互为客户营销模式，2014年发行记名卡25.7万张。

加强油库油品出入库检验工作，做到及时计量化验，及时卸车，保证油品合格销售。加大国Ⅳ车用柴油的置换抽查力度，质检机构对4座油库国Ⅳ车用柴油的置换情况进行油品质量抽查，满足国Ⅳ车用柴油指标。

【非油品业务】 以精简环节、优化流程、提高效率为管理目标，全面梳理购销调存关键环节制度流程，争取营销资源，实施新品动态管理。便利店业务采取店面常态促销，扎实开展店级分类、品类调整、现场氛围营造优化工作，店内销售实现增长13.1%，一体化营销增长56.7%。加大二级经销商培育，新发展经销商3家。尝试销售换油一体化服务，润滑油销售同比增加501吨。严密监视中央仓、便利店库存动态和周转天数，中央仓库存周转天数由同期的40天缩短为12.3天，月平均周转近两次。

积极探索对外合作运营模式，开发昂思多定制水项目，依托销售分公司的支持在郑州非油品商洽会成功推广宣传，并取得全国昆仑好客渠道销售代理权；加强与高速公路管理局合作，制定下发高速公路服务区管理运营规范，落实投运进度，提升服务区品质；积极开发土特产、租赁、广告业务，加强和天翼、交通银行的合作项目，业务空间得以拓展。四是立足青海省外拓展化工业务市场，开展重油、燃料油等新业务销售，实现毛利262万元，成为利润增补点。

开展"点对点、一对一"便利店现场实景教学，宣贯便利店操作规范。2014年，开展省公司层级培训17场，涵盖全省8个分公司22座加油站便利店现场，受训人数超过556人次。

加大与烟草专卖局、文化局、旅游局、工商部门和销售分公司项目组的联系与沟通，使非油品系统单轨率由年初的62%增长到92%，香烟店由年初的156座增加169座。通过一年多的持续跟踪，一次性取得194座便利店的出版物连锁经营许可权。

【投资建设】 2014年新开发加油站20座，新增年可研销售能力11万吨。对正在运营尚未发挥最大效用的资产进行优化，对以前关停的加油站进行梳理，将能投用的投用，不能投用的搬迁，不能搬迁的置换，落实改扩建加油站项目6座；按照"土地资源优先配合网络开发"的原则，实现土地置换建站9座，外租短期无法利用土地2宗，政府规划占用6宗，取得收益791万元。2014年完成新建及改扩建加油站22座，安全隐患改造加油站112座，油气回收改造加油站85座，橇装加油设施1套，油库安全隐患改造项目4个。

【资源运行】 充分利用直炼、外采"两种资源"，着力抓好批发直销、零售纯枪"两个市场"，统筹谋划保供、创效、确保炼油厂后路畅通与降库、扩销、提升市场份额的平衡关系，有效降低跌价损失。优化调运组织，合理库存控制，规避跌价损失。争取外采计划，扩大利润空间，累计外采资源1.8万吨，在保障资源供应的同时，增强市场控制力。优化物流配送，合理安排到站计划，避免市场脱销断档；争取公路地付，2014年执行地付资源13.7万吨。复测32座加油站运距，节约运费378万元。

【市场拓展】 全面实施"全覆盖、网格化、责任制"的市场份额问责制，通过四级开发、维护和考核，市场份额由年初的72%提高到74%。采取"零售价格的稳定性、直销价格的灵活性、批发价格的竞争性、内部结算价格的市场化"等营销策略，确保零售纯枪创利润、批发直销争份额。树立市场意识，推行"四个转变"：从市场需求要增量转为向竞争对手要增量，实行客户"一对一"管理，从同行业手中夺回客户20家；从传统的经验销售转为精准的预判分析营销，实施"预降抢销、贴近市场"策略，把跌价损失降至最低；从松散盲抓客户转为盯政府建设项目和新兴经济体抓订单，新开发客户215家；从单一固化复杂的销售模式逐步转变为简捷灵活、责任明确的促销流程，用"一户一策""一单一议"强化市场控制，进一步巩固市场主导地位。

【质量计量安全环保】 保持安全环保高压态势，严守质量、计量、安全"三条红线"，持续完善HSE管理体系，严格落实直线责任、属地管理和"一岗双责、党政同责"等安全责任，安全环保、数量、质量工作进一步加强。加大安全、施工现场等专项检查力度，开展风险辨识、隐患治理，2014年共投入隐患整改资金2937万元，有效消除一批重大隐患。严把油品进销存各环节质量关，严格事故事件责任追溯，重视质量管理成为共识。扎实推进油品计量管理，盯住损耗产生的每一个环节，有效降低库站损耗。

【党建群团工作】 狠抓领导班子和各级领导干部的政治理论学习，青海销售党委组织中心组组织学习16次、专题辅导4次，组织处级干部培训班3批，共培训人员145人次。下力气抓"四风"问题的整改落实，共制订整改任务26项，专项整治任务5项，制度建设计划17项。与2013年同期相比，各类评比、达标、表彰活动下降30%以上；业务接待费较年初下降43.3%。发展党员18名，转正预备党员39名，举办入党积极分子培训班两批，共计110人。2014年举办各类培训班51期，培训员工2271人。加强典型选树，2014年获得省部级以上先进集体荣誉30个，先进个人34名。其中，海东公司获得青海省“劳动模范集体”荣誉称号，公司团委获得集团公司“先进团委”荣誉称号；杜晓琴、赵俊冰获得青海省劳动模范荣誉称号。配合集团公司思想政治工作部，对青海销售雪域高原坚守的10座夫妻站进行采访报道；配合石油商报采访报道青海境内的天路加油站的先进事迹。大力实施住房建设、社保医疗、养老康复、健康体检等民生工程，2014年发放慰问救助金189.59万元，帮扶慰问困难员工667人次；出资15万元，金秋助学71人；帮扶26名公司子女实现就业。

（刘文艺）

中国石油天然气股份有限公司江西销售分公司

【概述】 中国石油天然气股份有限公司江西销售分公司（简称江西销售）于2002年3月成立，并于2002年10月正式开始营运。主营成品油批发和零售业务。江西销售本部设12处1办1中心，在南昌、九江、新余、鹰潭、抚州、宜春、吉安、萍乡、上饶、景德镇、赣州11个地市设置二级分销公司，并设置仓储分公司。截至2014年底，江西销售有员工1761人，共有油库8座（全资油库3座，租赁油库5座），加油站310座，资产总额34.45亿元。

2014年，销售成品油130.1万吨，同比增长16%，其中纯枪销量63万吨，直批销量67.1万吨。实现销售收入91.23亿元，其中成品油销售收入90.22亿元，非油品业务收入7387万元。销售加油卡7.63万张，沉淀资金7419万元。新投运加油站12座。

【市场营销】 丰富营销策略。逐站分析车流量大而进站率低的问题，加大促销激励，通过“加满送”“充值送”“每日一策”“一户一策”“吨油提成奖励”等策略，提高营销策略的针对性和精准性。强化客户开发和管理。形成省公司、分公司、加油站、油罐车四级联动客户开发保障体系，通过“点对点”“中间人”等手段，成功开发中铁、公交、长运等110个集团大客户，与26个社会加油站、搅拌站等开展业务合作；将客户划分成四个等级，实行差异化服务，提高客户忠诚度和满意度。加强市场和资源运作。外采资源24.3万吨，同比增长40%；持续优化铁路、公路配送路线，运输成本每吨同比减少5元；主动落实下海资源计划，提高下海船只运行效率；开拓长沙油库公路直达省内加油站渠道，打通武汉油库水路到达九江、南昌的资源渠道，节约一次、二次物流运输费382万元。提高保供能力。新增租赁樟树油库，打破97号汽油仓储瓶颈，保证97号汽油的市场供应；积极推进资源串换工作，累计节省仓储运输费421万元。提升油卡非业务。新增培育万吨站2座、5000吨级站5座，截至2014年底，江西销售万吨站达到6座，7000吨级站达到7座，5000吨级站达到14座；累计销售加油卡7.63万张，加油卡充值21.9亿元，同比增加1亿元。非油品业务规模不断扩大，非油品激励机制不断健全，通过销售额返点、加油卡返现等奖励方式提高员工积极性，全年新增5座50万元以上规模的便利店。

【网络建设】 坚持“稳健开发、强化投运、向清理遗留项目要销量要效益”的工作思路，2014年投资计划1.33亿元，实际完成1.34亿元，完成率100%；开发加油站5座，完成率100%；投运加油站12座，清理25个委托代建项目；工程建设方面，签订工程施工合同56个，新开工建设项目20个，续建项目18个，油气回收项目84个，4座高速站落实规划并开工建设；完成42座加气站选址，其中有26座完成可行性研究并向当地发改委申请立项；宜春油库取得股份公司批复，并取得安全评价、环境影响评价、消防、铁路等15项批复；宜春整体开发项目取得实质性进展，已完成7座加油站土地竞拍和工程建设。

【安全环保和计量质量】 发挥领导干部“有感领导”，严格落实“一岗双责”“安全联系点”制度，全年班子成员到联系点开展安全检查40余次。安全经验分享常态化，2014年警示教育70余次，提升员工安全防范意识；开展“全覆盖”式安全大检查，确定整改库站74座、130项，全面排查安全风险；积极开展应急方案演练，消防、防恐、防盗演练160余次。修订完成公司B版HSE体系文件，HSE体系建设通过上级年审。加强油品质量检测能力建设，与上海销售质检中心、湖北销售质检中心、江西省石油产品检验站建立送检渠道，累计向三家单位送检样品60余批次，保证外采油品质量，上级油品抽检合格率100%；健全计量监督管理，油品损耗平稳受控，综合盘盈油品2934吨。安全及环保事故为零，重大计量、质量事故为零。

【党群工作】 认真开展党的群众路线教育实践活动。认真贯彻落实中央部署和集团公司要求，坚持边学边改、边查边改，先后组织党委中心组学习17次、专题讨论4次，累计发放调查问卷480份，回收480份，回收率100%，共查找出“四风”方面问题58个。研究制定领导班子整改落实方案和“四风”突出问题专项整治方案，逐项抓好落实。已完成50个，中长期完成8个。全面加强服务型机关建设，精简文件，压缩会议，组织机关员工下站顶岗帮扶。严格落实党风廉政建设责任制。两级机关签订《党风廉政建设责任书》63份；廉政教育进入常态化，组织召开反腐倡廉建设工作视频会，并通过专题报告、组织党员干部观看警示教育片、组织中层以上领导干部参观豫章监狱、开展知识问答等形式拓展宣教载体。关爱员工，积极履行社会责任。以“连心”工程为落脚点，广泛开展春节慰问、夏日“送清凉”、金秋助学、“情系库站关爱员工”双节慰问等关爱活动，落实扶贫帮困资金40余万元，慰问子女上学困难员工120余名；关注员工健康，为工作满一年的1464名员工投保补充医疗保险；深入南昌蒋巷太阳村、宜春袁州区下埔敬老院及吉安低保户献爱心，130余名员工走近孤寡老人、留守儿童、特殊群体，送去关爱和温暖。

【财务管理】 全面建立大预算制度，充分发挥集中报销系统作用，节约维修费和“五项”费用等975万元；有效盘活闲置资产，调剂使用资产57项，节约采购成本26.4万元。“五项”费用严格把关，省公司办公费、会议费同比分别下降10.4%和56%，招待费、差旅费和车辆用油费同比分别下降43%、6%和9%。银行上门收款覆盖面进一步扩大，新增9座上门收款站，上门收款率90%；安排专人监控油款，及时跟踪反馈资金异常情况；涉税工作不断推进。地税按县合并申报纳税工作，41个县（区）实现地税按县集中申报，其中2014年新增13个县；加强发票管理，在184个站实行联动开票，有效规避涉税风险。

【人事薪酬管理】 减员增效扎实推进，2014年用工总量由1926人压缩至1761人，减少用工165人，下降8.5%，分公司扁平化管理取得实效，管理层级人员进一步减少。以销量、利润为核心的绩效考核机制全面建立，一线薪酬增长明显，基层员工工资总额增加762万元，站经理和加油员收入分别增长36.4%和33.4%。劳动效率显著提升，日均10吨单站用人由8.6人减至7.7人，下降11%，获得销售分公司一、二季度劳动效率项目先进集体称号。开展送教到站活动，开展“走动式”培训，对236座加油站1133名加油站员工进行轮训，加油站培训覆盖率100%，鉴定人数同比增加167人，鉴定合格率同比提高6.7个百分点。

【内控工作】 编制风险管理报告，开展风险防控，评估确定重大风险5个。开展内控测试与整改工作。三季度，组织5个测试小组对江西销售本部及12个分公司开展内控测试工作，发现并整改例外事项201项。强化业务培训，提高履职能力，派出2批人员参加集团公司内测及业务流程建模认证培训，全部取得资格证书。完善内控体系，开展公司2014版手册修订工作，修订业务流程44个。

【物资采购】 完善物资采购招标制度体系，制定《物资供应商管理办法》；2014年完成油库加油站工程项目招标20个，合同金额3101.4万元，完成物资、服务招标项目5个，中标金额282万元。

（孙光国）

中国石油天然气股份有限公司
西藏销售分公司

【概述】 中国石油天然气股份有限公司西藏销售分公司（简称西藏销售）总部设在西藏自治区拉萨市，主要从事西藏地区成品油及石油液化气、润滑油的批发、零售、运输、储存等业务。截至2014年底，西藏销售下辖7个地区公司（拉萨、日喀则、山南、昌都、那曲、阿里、林芝）、1个专业经销公司（液化气经销公司）、1个直属油库（七二五油库）和2个驻外机构（成都彩调处、格尔木公司）。拥有成品油储存库 8 座，液化气储存库 1 座，加油站 117 座（万吨级加油站 5 座）。现有员工总数 1557 人，其中合同化用工 1146 人，市场化用工 411 人，藏族和其他少数民族 875 人。

2014 年，西藏销售紧紧围绕“十二五”中长期规划目标，狠抓信息化、规范化工作重点，大力实施“五项”工程，上下团结，砥砺奋进，主要工作实现新突破。成品油购进 80 万吨，同比增加 6.3 万吨，增长 8.5%。销售总量预计 81.09 万吨，其中，航空煤油销售 1.79 万吨，成品油销售 79.3 万吨，同比增长 8.3%。纯枪销售 46 万吨，同比增长 11.6%。液化气销售 0.35 万吨，同比增长 1.3%。便利店非油品收入 1550 万元，同比增长 35%。

【库站管理】 持续规范现场管理，累计 96 座加油站完成藏文包装，7 座改造加油站配备定置化物品。实施差异化策略，利用生日祝福、登门回访、赠送礼品等方式，主动开发客户意识不断增强。开展“贺岁迎春”“金秋送爽”促销活动，增加销量 0.5 万吨。推行超销、促销、售卡、沉淀资金等组合奖励，员工多卖多得的意识逐步增强。通过小站承包、配置大流量加油机等手段，有 10 座加油站摘掉低销低效的“帽子”，2014 年新增万吨站 1 座、5000 吨站 7 座。依托进站帮扶及网上充值等措施，办理实名卡 18 万张，同比增长 38%；沉淀资金达 7200 万元，同比增长 27%；12 月卡销比达 55%，同比增长 18 个百分点；阿里公司卡销比最高，达到 73%。西藏销售纯枪增长位居板块前列，林芝公司纯枪增长最高，超过 27%。2014 年单站日销量达 10.8 吨，同比增长 3.4%。

【资源运行】 2014 年，西藏销售铁路进藏成品油 27.6 万吨，完成年度目标 24 万吨的 115%，同比增加 8.86 万吨，增长 47.5%；格拉管线管输成品油 15.4 万吨，完成年度目标 15 万吨的 105.3%；公路进藏成品油 16 万吨，同比减少 6.5 万吨，下降 28.9%。

【非油品卡业务】 2014 年，西藏销售非油品销售收入 1550 万元，实现销售利润 295 万元。其中，300 万元店 1 座，100 万元店 1 座，50 万元店 6 座。售卡 19 万张，完成销售分公司任务计划 4.1 万张的 463%，沉淀资金 7200 万元，同比增加 3000 万元，卡销比 55%，同比增长 18 个百分点，2014 年前三季度连续获得销售分公司卡业务劳动竞赛第一名流动红旗。

【网络建设】 2014 年，西藏销售落实投资 1.2 亿元，新开发林芝墨脱等 5 座加油站，扩建日喀则南郊等 5 座加油站，6 座加油站竣工投产，8 台橇装加油设施完成安装，新增销售能力 1.42 万吨。阿里、林芝等合资项目进入实质性阶段，民旺、普兰、多玛、当热东路等 4 个合作项目投产，新增销量 0.74 万吨。落实“攻坚年”重点部署，投入资金 3768 万元，建成 7 家地市公司营销指挥大厅，开发库站基础管理等辅助信息系统，完成 44 座加油站高清视频升级改造，信息化基础条件迈上新的台阶。大力实施民生工程，争取矿区服务资金 1050 万元，挤出专项费用 3756 万元，一批饮水、住房、供暖、富氧、食堂等项目及时投用，一线生产生活条件进一步改善。严把项目设计关口，强化施工现场标准化管理，加油站形象和功能持续发生变化。

【安全维稳工作】 西藏销售狠抓安全维稳工作，细化落实有感领导、属地管理和直线责任，整改销售分公司两次体系内审问题 67 项，识别上报安全事件 136 项，1200 人次接受安全宣传、教育和培训，全员持证上岗率达 98%。西藏销售连续 2 年派驻维稳专员深化思想政治工作。以库站标准化建设为契机，严格检查、巡查和抽查，重点整治七二五油库等安全隐患，完成 20 座加油站油气回收治理，国务院安委会第 16 督察组、西藏自治区安全监督检查第六组抽查出的 61 项问题已列入计划，逐步整改。化应急管理，实行一、二级戒备期间领导带班和全员值班，坚持重要信息的第一时间报告、流转和协调处置，经常性组织应急演练，应对风险和危机处置的能力进一步增强，西藏销售连续 7 年获得“自治区安全生产先进单位”荣誉。狠抓数量质量管理，严格加油机和计量化验器具检定，集中化验油品 3850 批（车）次，实施油罐车铅封 30 余万枚，严肃查处私自改装车辆等 6 起违规行为，无重大数量质量负面事件发生。高度重视保密和网络安全，及时应对投诉和舆情等事件，切实维护品牌良好形象。

【队伍建设】 2014 年，大力引进人才，创新用工方式，录用石油和地方院校 62 名毕业生，接收 193 名见习和实习生，队伍文化结构进一步优化。优化用工存量，集中组织考试，与低于分数线的 172 名市场化用工有偿解除劳动关系，用工总量较年初下降 13%。强化技能培训和业务交流，2014 年举办培训项目 14 个，培训管理人员和业务骨干 822 人次，1033 人参与“冬季大练兵”活动；邀请专家进藏指导，统一组织出去交流 49 人次，员工业务技能进一步提升。强化人员流动，通过政策、交流、竞聘、调整等渠道，6 名干部提前退职、退休，机关与基层、高海拔与低海拔、大公司与小公司间共交流 14 人，34 名员工走上二级单位部室和库站经理岗位，重业绩、重实干、重人本的导向进一步强化。

【党政群团工作】 深化思想政治工作，打造七二五油库安全文化教育基地和铁路接卸库示范化油库，开展“送欢乐下基层”、主题巡回演讲、“加油站好声音”才艺比赛及读书笔记征文等活动，领会新精神，落实新部署，谋划新举措，进一步形成党政工团齐抓发展、共保稳定的合力。狠抓领导班子建设，首次召开组织人事会议，认真开展“一报告两评议”，补充完善议事规则和决策程序，严肃党内政治生活，2014年提拔、交流和调整处级干部20人，两级班子引领发展、维护团结和抵御风险的能力进一步增强。落实党建目标责任，建立季度推进工作机制，组织党支部书记培训，新增党支部3个，发展党员26名；首次全覆盖开展“联述联评联考”，党组织的政治核心和战斗堡垒作用不断增强，机关党委荣获“集团公司优秀党组织”称号，公司党委也在12家中直企业区直机关党建考核和“联述联评联考”中分别获得第一、二名的好成绩。加强党风廉政建设，落实党委主体责任和纪委监督责任，制订中长期惩防体系规划和推进计划，首次在那曲、格尔木公司开展党内巡视，严肃查处润滑油短少和个别加油站违规事件。强化教育实践活动整改落实，开展“说真话、办实事、践行‘三严三实’”主题教育，整改完成西藏销售班子19项“四风”突出问题，新建、修订和废止61项制度。

按照创建自治区级职工书屋的要求，二级单位共购买价值28万元图书，创建全国职工书屋2个，自治区级职工书屋3个，确定山南、林芝、昌都、那曲公司为2015年自治区级职工书屋创建单位。集团公司向西藏销售136个基层库站、班组配发2720本图书。西藏销售工会、拉萨公司工会还向当地中小学生分别捐赠《美丽西藏·低碳行动》《大爱无疆》2000册和800册，进一步加强公司工会与西藏自治区相关人民团体的联系。

【企业文化】 2014年，阿里、日喀则、昌都等公司严格落实重要阶段属地维稳责任，广大干部员工识大体、顾大局、讲团结，2014年未发生参与“塔尔钦”“法会”事件，西藏销售首次荣获“自治区民族团结进步模范集体”称号。扎实开展驻村与扶贫工作，西藏销售连续3年荣获“自治区强基惠民优秀组织单位”称号。强化宣传报道，精心组织活动，弘扬主旋律，传播正能量，组织《最美一线石油工人》电视片展播，获得3个奖项；开展“最美加油员”摄影比赛，征集作品上万幅；2014年出版杂志4期、报纸11期、工作动态50期，网页发表新闻266篇，32篇被《中国石油报》、中国石油新闻网转载，44篇被西藏电视台、西藏日报引用，墨脱加油站投运等报道在区内外引起广泛影响。积极选树典型，深化劳动竞赛，向榜样看齐，比学赶帮超，2014年2个项目夺得先进单位奖旗，21个集体、8名员工荣获集团公司、自治区及地市层面先进荣誉，西藏销售实现物质文明与精神文明建设“双丰收”。

【强基惠民活动】 2014年，西藏销售各驻村工作队面对高寒缺氧的恶劣环境，克服高原反应带来的身体不适，严守工作纪律，弘扬大庆精神铁人精神和“老西藏精神”，扎根基层展风采，艰苦奋斗惠民生，充分结合企业特点和个人优势，既按照活动要求做好“规定动作”，又结合各村情况创造性地开展“自选动作”，工作有思路，形式多样，驻村工作取得重要的阶段性成果。西藏销售15个驻村工作队共成立村级维稳、综合治理、安全生产等77个领导小组，组建人民调解委员会等综治网络16个，制定维稳等工作机制、工作制度共69项；西藏销售机关四个驻村工作队培养和发展党员（预备党员）12名，入党积极分子14名，成立15人的女子服务队，定期开展村居卫生大扫除、看望帮助孤寡老人等活动。驻村党组织得到完善，党团员队伍得到壮大，党组织的创造力、凝聚力、战斗力明显增强。

驻村工作队坚持把推动科学发展作为第一要务，在寻找致富门路上，开展创业意识教育，组织技能培训，积极谋划“短、平、快”产业发展项目，确保项目的“造血”功能。驻保吉乡热她村工作队争取到专项推进项目，用于摩托车维修厂、茶馆、大件商品经营等，2014年商店利润从月均2000元上升到3000元，茶馆利润从3500元上升到6500元；驻保吉乡地如村工作队争取到50万元以下“短、平、快”项目，修建简易桥和与主路的连接公路，解决群众出行不方便问题；驻保吉乡热她村工作队选派青年牧民学习大棚蔬菜种植技术，2013年建成的两个蔬菜大棚成功种出萝卜、白菜、菜瓜等6种蔬菜，2014年增收蔬菜500斤。驻保吉乡扎嘎村工作队积极行动，多方筹措资金，争取到短、平、快项目资金20.2万，扶贫款30万，强基惠民项目资金10万，西藏销售慰问资金5万，牧民自筹25万，合计90.2万元资金，在班戈县城建立沿街商品房，将为四村合作经济社每年带来18万元的现金收入。各驻村工作队通过一系列富民举措，不但帮助驻村理清发展思路，找准发展方向，拓宽发展途径，更重要的是让广大牧民群众解放思想、开阔视野、拓宽路子，加快全村脱贫致富奔小康的步伐。

2014年，西藏销售员工同心互助捐款21.51万元，“三大节日”和“中秋国庆”慰问困难员工、基层库站发放慰问金172万元。慰问日喀则公司受灾家庭3.15万元，慰问驻村干部20万元，“金秋助学”3万余元，看望生病住院员工16人共送去慰问金4.4万元。西藏销售70多名副处级以上干部与78名困难家庭结成帮扶对子，自筹帮扶款近10万元。积极研究解决基层食堂补助不足问题，由原来补助8万元提高到10万元。工会女职工委员会启动“巾帼关爱”活动，关爱困难女职工。日喀则公司工会组织为员工遗属爱心捐款3次，募集捐款1.5万余元。

（杨藏英）

中国石油天然气股份有限公司
海南销售分公司

【概述】 中国石油天然气股份有限公司海南销售分公司（简称海南销售）主要承担中国石油在海南行政区域内的成品油销售及市场开发业务。设12个职能处室、1个附属机构，辖属海口、三亚、琼海、儋州4个分公司及1家参股公司，拥有员工993人，运营加油站97座，自营及租赁油库各1座，总库容6万立方米。截至2014年底，资产总额9.4亿元，负债3.4亿元，资产负债率35.9 %。2014年，销售油品45.5万吨，纯枪销量31.1万吨；汽油销售19.4万吨，增长20.7%。营业收入35.2亿元，账面利润1.05亿元。

【市场营销】 坚持“效益优先”原则，积极应对油价大幅震荡走低、油品需求不振、经营竞争压力增大等影响，以市场为导向，以效益为中心，加强市场研判，积极促销降库，优化资源运作，扩大外采比例，提高创效能力。积极发挥营销决策和价格领导小组作用，统筹调运、零售、批发一体化运作，优化销售结构和资源配置。强化客户经理队伍作用，完善优惠政策，开发优质客户，巩固市场份额。

【资源调运】 充分用好资源放开搞活政策，按照“以效定销、以销定采、外采为主、低库运行”原则，调节奏、降成本、增毛利、控风险，走出一条区外远离资源地企业提质增效的新路。严格遵守资源外采“六项原则”，坚持多渠道外采，增强议价能力；坚持货比三家，物美价廉者得；坚持先货后款，防范资金风险；坚持先化验后入库，防范质量风险；坚持送货上门，入罐计量零损耗；坚持低库运行，防范跌价风险。2014年调运成品油45.4万吨；外采油品26.4万吨，占比58.1%，贡献毛利2.3亿元，减少损耗199万元；直炼资源19万吨，2014年平均库存控制在2.1万吨以下，下降39.3%；加强损耗管理，下海油综合差量率同比下降1.23‰，公路运输损耗率降至1.06%，平均单车效率提高3.2%，吨油运费下降1.6%。

【库站管理】 开展单站核算分析，实施全流程诊断和“双低站”治理，推进测时写实和小站承包，平均单站日销量同比提高1吨，增长16.3%。推行加油站经理年薪、升油含量工资和非油品销售提成为内容的一线分配制度改革，实现集体与个人利益同频共振，调动基层一线加油站员工提量增效、减员增收的积极性。树立“打造强大现场，服务创造价值”理念，以卫生间为突破口，集中整治现场环境，常态化开展管理提升，加油站面貌焕然一新，服务质量明显提高，95504投诉下降35.9%。

【非油品业务】 强化中央仓枢纽作用，完善配送体系，加强供应商监管，保障商品到货率。开展便利店实操规范培训，优化重点商品陈列，提升店面销售能力。搭建信息反馈平台，开展品类研究和市场研判，及时调整销售策略，适时组织“油卡非”一体化促销活动，实现非油品收入3022.74万元，同比增长3%；毛利635.65万，同比增长5.4%；利润422.34万元，同比增长51.8%，利润率14%。2014年打造双百万元站2座，百万元站8座，50万元站7座。

【网络建设】 坚持“有质量有效益可持续”发展方针，立足海南实际，突出投资回报，论证修订“十三五”规划，由注重规模发展转向更加注重质量效益发展，集中精力、资金抓好在建加油站投运，确保成为精品工程、效益工程。2014年新增开发加油站3座，新建4座，建成2座，改造10座，94座加油站完成油气回收环保项目，完成投资 8489 万元，计划完成率 97%，投资回报率 31.8%，同比提高 30.1%。

【安全环保】 认真组织学习贯彻新《安全生产法》和《环境保护法》，增强全员安全生产意识，落实有感领导、直线管理和属地管理责任，加强施工环节、危险操作及特殊时期监管，组织开展隐患查改和应急演练，确保库站安全平稳绿色运行。加强数量质量管理，持续推进质量、计量体系建设，加强进、销、存全过程监管，重点把好外采油品数量质量关，确保油品可靠、计量精准。成功抵御"威马逊"等历史罕见超强台风袭扰，实现"六个零"目标，连续三年荣获"海南省安全生产责任考核先进单位"称号。

【精细化管理】 实施财务集中管理和预算控制，商流费下降 5.8%，"五项"费用下降 53%，各项指标严格控制在预算范围内。优化调运节奏，压低库存运行，财务费用下降 75.2%。清理处置资产 192 项，调剂闲置资产 341 项，清退租赁资产 17 项，资产质量得到提升。落实"三控制一规范"，推进小站承包，拓展服务外包，试点并站管理，严格控制用工人数。持续加强企业管理，完善制度和内控体系，强化法律监督和约束作用，规范合同运行，严格采购程序，增强依法合规经营意识和能力。推进信息化建设，升级机关核心网络及油站光纤系统，投用中心机房及调度指挥中心，上线加油站监控系统集成平台，跟踪整改运行维护和未经系统控制业务问题，荣获销售分公司"劳动竞赛红旗"等表彰。

【作风建设】 常态化开展群众路线教育实践活动，严格落实中央八项规定和集团公司有关要求，认真查改"四风"问题，严格执行"民主集中"和"三重一大"制度，科学民主决策，精简文件，压缩会议，减少报表，规范职务消费、公务配车及公务接待等问题，大幅削减"五项"费用。加强干部队伍建设和作风建设，发挥领导干部表率作用，带头深入基层，关心一线员工，改善基层员工生产生活条件，队伍士气旺盛、安定团结。

（徐　玮）

中国石油天然气股份有限公司
大连海运分公司

【概述】 中国石油天然气股份有限公司大连海运分公司（简称大连海运）成立于 1999 年 5 月，是中国石油所属从事海上运输业务的专业化公司，主要负责中国石油成品油资源的水上运输组织工作。多年来，在集团公司、销售分公司的正确领导下，大连海运坚持走集约化管理、专业化经营之路，优化运输组织，深化安全环保，细化经营管理，强化队伍建设，保障能力持续提升，运输网络逐步拓展，管理水平不断提高，综合实力显著增强，逐步由单一代理型公司，发展成为集租船运输服务和自有船舶管理功能为一体的现代航运物流企业。

截至 2014 年底，大连海运本部设置 7 个职能部门，下辖 3 个办事处，管理全资子公司 2 个、参股合资公司 1 个，员工总量 416 人（含劳务用工 315 人），资产总额 12.07 亿元；拥有自有成品油轮 14 艘、合资运力 1 艘，共 29 万载重吨，日常在线运行的租用船舶 90 余艘、70 多万载重吨，运输网络覆盖 16 个省（区、市），航线遍布我国沿海等区域，接卸港口超过 100 个（常用 40 余个），最远航线达 2000 余海里，确保东北、华北、西南地区 14 个直属炼化企业生产后路畅通，通过优质、安全、快捷、高效的船舶运输服务，成功架起连接中国石油资源与市场的水上桥梁，保炼油厂后路畅通、保市场资源供应、降水上运输成本"两保一降"作用有效发挥，为销售业务持续快速健康发展提供强有力的水上物流保障。

2014 年，大连海运完成运量 1885 万吨，同比下降 23.22%；实现利润总额 1.22 亿元，同比增长 17%；吨油运输成本 100.32 元，同比减少 4.6 元；计划兑现率 100.95%；实现运输收入 20.65 亿元，高于预算 1.43 亿元；营销成本 5530 万元，低于预算 444 万元；实现股权投资收益 616 万元，超预算 16 万元；未发生较大及以上生产安全和环境污染责任事故。

【安全生产】 建立完善覆盖四个层级、所有岗位的全员安全环保责任制，切实狠抓 HSE 和 SMS 体系建设，严格落实船舶安全监督管理各项措施，持续加大隐患排查和整改力度，2014 年访船检查 280 余艘次，排查整改问题 600 余个、设备隐患 113 项；加强应急管理和安全教育培训，深入学习宣传贯彻新《安全生产法》和《环境保护法》，全员安全环保意识和技能水平不断提升。实现全年零事故、零污染、零伤害目标，台州公司获评交通运输部海事局“安全诚信公司”。

【运行组织】 细化做好资源计划衔接、船舶运行监控、装卸货协调等全过程物流优化，深化实施船舶等级管理考核和降本增效工程，积极推进与东北销售下海联动机制建设，下海油运输实现科学组织、整体优化、高效运转。自有船舶在资源量明显减少、部分目的港接卸不畅的情况下，运输周转量同比仍提高19万吨千海里；5艘2.8万吨船舶全年累计执行经济航速7.8万海里，节约燃油成本500多万元。利润和吨油成本指标均创2008年以来最好水平。

【规范管理】 接受审计全面检查和资金安全专项督查，及时完成问题整改。开展规章制度梳理、修订工作，规范化管理要求进一步落实。完成油品水运业务代理公开招标，应用排船软件实现调运业务阳光运作，业务管理更加公正透明。严格落实中央八项规定和集团公司20条要求，“五项”费用得到合理有效控制。开展效能监察、决算审计等工作，内部管控能力进一步提升。

【结构优化】 切实严把租用船舶准入关口，细化做好证书审核与船舶勘验工作，租船运力队伍船龄和船体结构持续优化。稳步推进自有运力优化调整，经过前期技术鉴定和系统论证，严格履行审批手续，顺利完成老旧船“昆仑油001”轮资产处置，资产轻量化工作取得阶段性成果。加强综合型、专业型两支人才队伍建设，进一步充实船舶管理专业人才配备，人才队伍结构更加科学合理。

【业务拓展】 按计划完成台州公司国际船舶运输资质和大连公司国际货运代理资质申办工作，为开展外贸运输业务做好积极准备。执行中化集团泉州石化油品运输任务，自有运力首次承揽计划外货源，开辟“两种资源、两个市场”运输业务新格局。积极与大连远洋运输公司研究推进华洋公司向原油和外贸运输的转型工作，主动与中俄项目部、东南亚管道公司分别就亚马尔LNG运输项目、码头及船舶管理业务合作进行沟通研讨，探索培育新的业务增长点。

【计量管理】 将控损降耗作为提升运输服务满意度的重要抓手，进一步加强下海油损耗管理的上下游协调联动，积极推进船舶、炼油厂、油库三方诚信交接体系建设，切实狠抓船舶装、运、卸三个环节过程监控，2014年下海油综合损耗率降至2‰，同比下降0.42‰，损耗水平降至历史最低，通过降低油品损耗为中国石油创造经济效益6000多万元。

【企业改革】 顺利完成大连海运组织机构改革调整工作，充实一线生产单元力量配备，增强自有船舶管控力度，实现管理重心前移，组织架构更加科学，职责分工更加明确，管理界面更加清晰，机构改革工作成果逐步显现。全面改革工资管理制度，专业技术人员全部纳入岗位等级工资管理体系，彻底消除用工方式和身份差异，薪酬机制的激励作用进一步发挥。系统开展船员职务晋升考评工作，成为吸引优秀船员长期、稳定在公司船舶工作的有效机制，船员工作的积极性、主动性进一步提升。

【党的建设】 加强党风廉政建设，推进党委主体责任、纪委监督责任落实，做到廉政建设与业务工作同部署、同落实、同检查。抓好党的群众路线教育实践活动整改落实工作，以完善制度、严抓落实为切入点，培育作风建设长效机制，作风建设有了明显改观。坚决贯彻集团公司关于干部管理的新要求，开展新版《党政领导干部选拔任用工作条例》宣贯工作，构建导向正确、有效管用、简便易行的选人用人机制，营造风清气正的用人环境；切实加强领导人员日常教育和管理，强化干部选拔任用监督，狠抓“三重一大”决策机制的贯彻落实，建立完善领导人员报告个人事项、领导人员问责制等制度，综合运用多种监督手段，形成监督合力，提高监督效果，把监督结果作为领导干部选任的重要依据。强化岗位职业道德教育，开展“做一名合格分子，构建优秀团队，促进企业健康发展”专题学习讨论，员工责任意识、担当意识明显提升；开展“十五载，我与海运”公司成立十五周年、“海上模范职工小家”创建、“中国梦 海运情　青年行”等系列活动，队伍凝聚力、战斗力进一步加强。

（杨星明）

天然气与管道储运企业

中国石油天然气股份有限公司北京油气调控中心

【概述】 2014 年，中国石油天然气股份有限公司北京油气调控中心（简称调控中心）调控或监视管理的油气管道共计 78 条，管道总里程 5.81 万千米。其中，天然气管网超过 4 万千米，年输气能力 1200 余亿立方米；原油管网超过 1 万千米，年输油能力约 1.3 亿吨；成品油管网约 7700 余千米，年输油能力近 4200 万吨。

2014 年调控中心主要生产运营指标见表 13–1。

表 13–1　调控中心 2014 年主要生产运营指标

序号	项目	年度计划指标	实际完成值	完成率（%）
1	原油管网输油量	7445 万吨	8136 万吨	109.28
2	天然气管网输气量	866.2 亿立方米	819.6 亿立方米	94.62
3	成品油管网输油量	1750 万吨	2245 万吨	128.29
4	节能	2.45 万吨标准煤	3.3 万吨标准煤	134.69
5	安全生产	零事故	全年无事故	100.00

【油气业务】 2014 年，调控中心统筹国内国外两种资源，全年累计输气 819.6 亿立方米，同比增长 9%。全年管输原油 8136 万吨，成品油管输 2245 万吨，超额完成年度生产任务，特别是成品油管输量同比增长 41%，并如期完成国Ⅳ标准车用柴油置换工作，管输费增收 10.6 亿元，实现增输增效。实施长庆油掺混输送、宁夏惠安堡—银川原油管道间歇输送、长庆气田—呼和浩特输气管线超低量输送方案，保证西部管网输转平衡，化解区域资源不均衡、炼油厂检修周期长导致的油品堵库问题。组织新管道建设过程的对接联调，确保西气东输三线连木沁至中卫段、四川石化成品油管道等近 3700 千米新建管道安全投运。

【节能降耗】 2014 年，调控中心与各管道地区公司协作，优化运行方案，实现天然气管网能耗同比下降 12.9%。西部原油管道首次实现冬季常温输送，有效提高管道运行的经济性。在天然气、原油、成品油输送周转量同比分别增长 4.8%、15.8%、41% 的情况下，全年能源实物总消耗量首次实现不升反降，降幅达 9%，生产单耗同比下降近 10%。

【优化自控通信系统资源】 2014 年，调控中心实施 SCADA 软件系统整合优化，避免调控中心和管道地区公司的重复建设，解决机房空间和用电负荷不足、系统间数据不兼容、各调度台工作强度不均衡等现实问题。优化利用通信资源，实现境外企业生产运营数据跨国传输，同时完成 33 条公网电路退租，为集团公司节约信息化通信电路年租用费 3000 万余元。调控中心指导配合现场实施 SCADA 和通信系统检维修作业，整改监视阀室数据不完整等突出问题 112 项，实施廊坊—采育段和薛店—郑州段光缆隐患整改，完成 33 项站场扩容改造，完善管道系统和设备的自动调节与自动保护功能，提升系统安全性。

【推进天然气站场远程监控操作】 2014 年，调控中心组织编制《油气管道远程监控及调度管理手册》，补充修订《油气管道调控管理程序文件汇编》，明晰调控业务工作程序、权限和责任，规范油气管道运行调度与监控操作。推进输气站场远控联调与控制程序升级改造，天然气管网远程监控操作的站场数量从

2014年初的23座上升到105座，超过输气站场总数的三分之一。

【科技项目取得进展】 2014年，SCADA系统国产化研发取得进展，容量可达100万个监控点的PCS1.0软件如期研发成功。调控中心参与完成的“油气战略通道建设与运行关键技术”研究成果获得国家科技进步奖一等奖。

（管志伟）

中国石油天然气股份有限公司
管道建设项目经理部

【概述】 中国石油天然气股份有限公司管道建设项目经理部（简称项目经理部）于2007年2月15日由股份公司批准成立，总部设在北京市。按照中国石油“建管分离”和统一组织领导、统一工作方法、统一工作标准、统一工作程序的要求，项目经理部代表中国石油对新建长输管道项目实施专业化集中统一运作与组织管理。

2014年，项目经理部承担着西气东输三线（简称西三线）等12个在建项目和西气东输二线（简称西二线）等33个项目验收收尾工作。有人员337人，其中合同化员工95人、借聘员工167人、市场化员工73人。有教授级高级工程师7名、高级工程师91名、工程师132名；本科及以上学历202人，其中博士生4人、硕士研究生39人、本科学历159人。

【重点项目建设】 项目经理部承担着中国四大能源战略通道中的3个通道和国家骨干管网的建设任务。2014年，共完成管道建设总里程3.02万千米，覆盖全国30个省、自治区、直辖市、特别行政区，四大能源通道均已打通，连通海外、覆盖全国、横跨东西、纵贯南北的油气骨干管网格局基本形成，中国油气管道总里程超过12万千米，近10亿人口从中受益（表13-2）。

表13-2　中国石油管道建设项目经理部承担主要建设项目实施一览表

序号	项目名称	线路（千米）	管径（毫米）	材质	钢管（万吨）	站场（座）	阀室（个）
一、天然气管道		25580					
1	西二线干线	4978	1219	X80	271.5	47	154
2	西二线支线（8条）	3726	1016/914/660	X70	155.63	39	155
3	西二线香港支线	21	813	X65	0.962	2	
4	陕京三线	992	1016	X70	46.46	9	50
5	中贵联络线	1886	1016/219	X80	64.23	17	84
6	中缅天然气	2582.4	1016	X80	73.9	32	88
7	山东管网	954	1016/406/273	X70	30.35	16	35
8	秦沈线	518	1016/610/324	X70	20.1	9	20
9	大沈线	565	711	L360—L485	9.3	5	30
10	涩复线	921	660	X60/X65	11.5	11	35
11	甘西南线	63.6	219	PSL2 B级		1	3
12	甘南线	149	219/114	HFW	0.4	4	4
13	河西五市支线	106	168	X52/B级	0.24	1	1
14	湘娄邵段	230	508	X65	1.92	5	7
15	独山子石化、乌鲁木齐石化及北疆管网	80	219/406/610	X42/X70	0.68	4	3

续表

序号	项目名称	线路（千米）	管径（毫米）	材质	钢管（万吨）	站场（座）	阀室（个）
16	西三线西段	2445	1219	X80	136.7	17	69
17	西三线东段	817	1219	X80/X70	42.44	11	45
18	西三线中段	1958	1219	X80	114.9	21	107
19	陕京四线	1468	1219/1016	X80/X70	78.48	14	55
二、原油管道		4230					
1	漠大线	927	813	X65	23.3	5	36
2	石兰线	355	457	X60	2.62	6	9
3	惠银线	141	457	X60	0.96	4	4
4	日东线	462	711/610	X65	7	4	21
5	兰成线	878	610	X65	13.3	8	38
6	独乌鄯	231	610	L485	3.12	6	15
7	长呼线	578	457	L415	4.31	11	14
8	中缅原油	658	813/610	X70	18.3	12	78
三、成品油管道		6593					
1	兰郑长	3083	660/610/508/406/273/219	L245—L450	32.8	29	88
2	锦郑线	1634	660/610/559/406/457/273	L450	17.73	31	71
3	宁夏外输	380	273/219/168	L360—L245	1.36	4	12
4	云南成品油	1179	406/324/219	X52—X60	5.15	15	37
5	呼包鄂	317	356	L245—L415	1.69	4	10

2014年，项目经理部同步组织建设项目13个，累计完成焊接里程906千米，回填1234千米；组织建设46座站场、8条隧道和113座阀室。中缅天然气管道等15条管道实现投产，投产里程2712千米。西三线西段连木沁站等7座压气站建成。2014年完成西二线酒泉供气支线等6个项目竣工验收；完成西二线西段、秦沈线等10个项目结算工作；完成中俄油气管道漠大线、西二线香港支线等10个项目决算转资；完成中俄原油管道漠大线安全设施国家竣工验收等85项专项验收，中缅油气管道（国内段）通过国家水土保持生态文明工程评审验收。

西三线是继西二线后又一条具有战略意义的能源新丝路，西三线西段经过22个月建设，于2014年8月25日全线贯通，11月20日天然气抵达中卫站，对保障国家能源安全、提高民生质量具有重要意义。陕京三线良西段担负首都冬季供气安全重任，2014年12月8日进气投产，对实现天然气骨干管网间输气调配平衡，促进北京地区“煤改气”具有重要意义。呼包鄂成品油管道是国家“十二五”规划油气管网重点工程之一，事关呼和浩特石化年产500万吨炼油扩能改造项目，6月12日“零整改”一次投产成功，中国石油对呼包鄂“金三角”地区的油品供应保障能力揭升，促进地区经济社会发展。

西三线东段克服穿跨越工程多、沿线植被茂密、地质条件复杂等困难，至2014年底完成线路焊接760千米，占总里程的93%；九龙江钻爆隧道贯通，标志着西三线东段54条隧道全部完成，全过程未发生一起质量安全环保事故。站场工程全面启动，向2015年6月线路工程完工、10月具备投产条件目标推进。锦郑线成品油管道工程建设加大征地外协和现场组织力度，已完成线路焊接1095千米、回填960千米，完成铁路、公路、河流穿越127处，工程整体建设进度超过50%。云南成品油管道克服地方规划调整等不利因素，完成焊接224千米、回填377千米，踏上全年计划步伐。

以“投产零整改、合同零滞后，同步交工、同步结算”为目标，狠抓竣工资料、工程结算和遗留问题整改工作。累计完成专项验收85项，其中中俄原油管道漠大线环保和安全设施顺利通过国家竣工验收，秦沈线通过国家档案专项验收；西二线酒泉供气支线等6个项目通过竣工验收。全年完成西二线西段、秦沈线等10个项目结算，结算完成率80.4%。严格合同签约管理，2014年事后合同发生率降低至1%，同比下降4%。加大遗留问题整改力度。项目群18个已投产项目完成遗留问题整改2071项，完成率98.8%；新增问题1086项，完成率93%。同时，汲取收尾工作经验教训，严格过程控制，逐步实现在建项目向“零整改”和按期移交目标。

【企业管理】 2014年，项目经理部遵循“有质量有效益可持续”发展方针，以开展“基础管理年”和“质量提升年”为契机，持续开展专项管理提升，着力夯实管理基础、补齐管理短板、提升管理内涵上下功夫，管控能力和水平不断提升。

持续推进招标管理工作提升。针对审计提出累查累犯问题，以合规管理为抓手，开展招标管理与依法合规排查专项提升活动，全面梳理存在问题，规范招标和谈判工作决策和组织程序。严把招标项目启动条件审核关，把初设批复后21天开标作为控制招标进程的重要节点，具备招标条件方可启动招标，做到事前公开、过程公平、结果公正、依法合规。以陕京四线、西三线中段EPC招标为契机，进一步优化招标文件，强化初步设计基准作用，突出EPC承包商整体责任意识，细化管理要素，强化过程管理，对索赔、变更及分包价差等进行明确，从源头实现对设计管理、施工组织、物资设备、质量安全的有效控制。

开展结算工作“回头看”。针对项目结算超概算、分包价差大等问题，组织对西二线西段、漠大线等已完成结算的16个项目开展结算复审“回头看”，对合同文件、竣工资料、结算资料逐项进行排查，检查发现合同签署不规范、现场确认与竣工资料不符等问题40余项，研究制订整改计划，明确时间节点及责任人，认真整改。总结提炼复审成果，对规避工程量偏差等问题提出管理措施，并在陕京四线、西三线中段招标中明确，为后续工作提供可借鉴经验。

充分利用项目群集中建设优势，推进库存物资利用。至2014年底，77%的库存物资在后续项目可调剂利用。此外，同步开展设计质量与采办合同管理、质量管控与体系流程完善、施工过程管控等专项提升工作，梳理解决油气储运项目设计规范文件与国家及行业标准规范相悖、全自动焊标准不统一、监理和EPC过程监管不严等问题，优化管控手段，建立健全规范标准的项目管理体系。

强化体系运行实效性。按照统一、规范、可操作、可执行的原则，针对体系文件存在的交叉、重复、缺失问题，以项目群业务管理为主线，进一步梳理优化体系流程。共组织文件审查会18次，完成2个手册、10个程序文件和46个支持性文件的制修订和审查工作，补充修改1136项条款内容，涵盖业务全面、流程较为清晰，具有项目群管理特色的管理体系基本形成，“内部管理靠体系、外部管理靠合同”的意识不断增强，推动各项管理工作协同高效。

持续推进基础数据库建设，深化基础数据归纳、分析和应用工作。2014年，质量安全数据库完成42个项目284万条无损检测数据入库；完成16.63万条管材理化监造数据入库；40个项目6.55万条管材防腐监造质量数据入库。通过对焊接质量数据进行分析，统计归纳缺陷出现的原因和频次，制订不同季节焊口质量保证措施，焊接一次合格率由2013年97.88%提高到98.27%。造价基础数据库建设已完成3.56万条估概算数据和4.61万条工程费用分解数据入库，建立6508个合同台账数据，实现估概算、合同金额和结算数据综合对比分析。以结算指标指导概算编制，用概算历史数据核对可研偏差，保证各阶段数据准确性，有效预测后续工程投资趋势，为投资控制精细化管理打下基础。推进地理信息推送平台建设。通过对陕京四线和西三线中段等新建项目开展地理信息推送平台应用，利用初步设计和航空影像集成对比，有效降低设计过程错漏短缺，设计成果准确性提高，仅西三线中段土石方预计可节约投资数千万元。集成后平台可实时监控现场方案变更情况，建设方现场管控能力提高。基于完整性管理需要，组织对所有承建项目近3万千米管线影像数据、基础信息进行集成，通过焊口坐标与中线坐标对比、竣工中线复测核实数据的准确性，为在役管道提供完整准确的工程建设期数据，确保管道运行和维护的便捷和可靠。

【项目群管理】 2014年，项目经理部创新管理理念、管理方法和管理手段，发挥专业化、集约化管理优势，实施全面风险防控，项目管控能力进一步提升。

持续推进科技创新。组织开展“第三代大输量天然气管道关键技术研究”，完成X90管道止裂方案确定、钢管技术条件制修订和第二轮单炉试制工作，“提高输气管道强度设计系数工业性应用研究”顺利通过集团公司鉴定。直径1219毫米、厚22毫米螺旋埋弧焊钢管试制通过鉴定，国产直径1219毫米、厚33毫米直缝埋弧焊钢管试制已完成一家组合鉴定。“我国油气战略通道建设与运行关键技术”获国家科技进步奖一等奖，为保障国家能源安全、提升国家工业体系水平做出重要贡献。

持续推进项目集约化管理。严格项目群用地管理，消减“未批先用”违规风险。2014年完成土地、规划“三证”办理1069个，累计完成2345个，完成总量的49%；项目群管道建设所需1592宗永久用地已完成1065宗，完成总量的67%。加快外协费用结算工作，2014年项目群累计签署外协合同985份，完成结算外协合同722份，外协合同完成率达73%。深化物资集中采购管理，严格物资监造流程、中转站验收和乙供物资过程管理，保证物资质量控制和及时到场。

持续推进风险防控管理。坚持项目群投资集中决策机制，实施月度投资管控跟踪，探索概算工程量清单模式，西三线中段、陕京四线概算已采用清单编制。严格工程变更，全年审定变更36.83亿元，审减率48%。着力法律风险防控，修订岗位风险防控指引，涉及229个法律风险源，实现重要涉法岗位法律风险防控全覆盖。深化预算管理，完善预算考核和评价机制，规范房屋租赁、车辆管理及会议费用等支出标准，严控办公费、会议费、差旅费、业务招待费、出国考察费用，发挥预算刚性约束作用，管理成本同比下降12.1%。加大与地区公司沟通协调力度，统筹资金计划安排，提高资金保障能力，2014年资金保障率（超概算除外）达96%以上。严格往来账款管理，建立与承包商、供应商对账制度，全面清理往来账款。至2014年底，中国石油内部单位已提交审批的资金基本全部支付。

开展设计质量整顿和竣工中线复测工作。针对设计深度不够、要求不细等造成设计方案调整、现场返工等设计质量问题，开展设计质量整顿工作。通过梳理存在问题，细化技术文件管理要求，规范管理程序，从源头上控制质量、成本、工期和安全环保。累计查摆设计质量问题259项，通报设计质量问题14项，索赔9项，索赔金额374.5万元，对设计质量起到管控作用。为确保管道竣工中线准确性，对已建管道中线、三桩偏移和管道埋深等问题开展竣工中线复测抽检工作，涉及项目26个，管道里程约1900千米。至2014年底，已完成22个项目约1000千米复测工作，第三方累计抽测点数约21500个，对复测发现问题限期整改。通过对竣工中线成果再确认，并在地理信息平台等基础数据库进行完善，为管道完整性管理及后续运行分析、预测提供可借鉴依据。

【安全环保】 2014年，项目经理部扎实开展质量管理提升活动，工程质量稳步提升，全年焊接一次合格率98.27%，防腐补口一次合格率99.59%，未发生安全及环保污染事故，质量安全管理形势继续保持平稳态势。加大环水保工作力度，严格源头控制和预控管理，聘请专家对水保专项图纸进行抽查，加大对环境敏感点保护及环水保措施专项检查力度，发现问题及时整改。借鉴中缅油气管道生态文明工程创建成果，从严水土保持临时措施管理，在建项目全面推广农田段“一次性通过”施工，同时选取“隧道渣场治理”“大中型河流穿越”等重点区域进行示范性恢复治理，着力打造中国长输管道绿色生态文明工程建设标杆。

【质量“飞检”】 自2011年起，项目经理部通过聘请中国船级社认证公司第三方力量，在不事先通知的情况下，采取不定期方式，对各施工参建单位和施工现场展开突击检查（简称“飞检”）。检查内容包括质量安全环保和各种管理制度的建立与执行情况等，并通过分析“飞检”发现的问题，由点及面，顺藤摸瓜，查明原因，对症下药，推动问题的解决和防范。2014年，项目经理部加大“飞检”和专项检查力度，按照“全覆盖、不间断”原则，对西三线东段、锦郑线等6个项目67家参建单位开展“飞检”，发现管理及实体质量问题304项，对19家责任单位进行追责，处罚金额81.8万元，有效消除焊接、回填等关键工序隐患，焊接工艺纪律执行率明显提升，“飞检”发现问题同比下降46.7%，现场管控更具实效。组织环焊缝质量专项抽检，先后抽取西三线东段、锦郑线等73道环焊缝，进行力学性能试验和焊接工艺层数执行情况验证，及时发现问题并解决，确保质量。

【监理和无损检测大整顿】 2014年，项目经理部持续推进监理和无损检测大整顿，对中缅原油管道、锦郑线、西三线东段1399个管控点进行全覆盖多方位检查，在勒令停工并限期整改的基础上，对13个监理责任单位及管理人员做出通报批评、罚款、记入不良记录等处罚，在参建单位中引起震动。严格对焊缝外观质量、检测人员、设备材料、工艺执行等日常管理，定期对无损检测底片评定质量进行抽查，切实提升无损检测工作质量。通过开展监理和无损检测大整顿，强化监理与承包商管理目标和管理手段一致性，以及过程监督与成果确认、个体责任与单位整体责任的关联性，逐步实现从过去发现问题整改问题“就事论事”的管理，向科学、系统、严谨及过程强化、责任明晰的管理模式转变。

（蒋万全）

中国石油天然气股份有限公司 管道分公司 （管道销售分公司）

【概况】 中国石油天然气股份有限公司管道分公司（管道销售分公司）（简称管道公司），是集团公司驻河北省下属公司（正厅级）。总部位于河北省廊坊市，管道公司主营业务涉及原油、天然气、成品油管道运输，管道运输的原油和天然气销售，高压力、长距离、大口径油气管道运营核心业务服务、科研服务等。管辖业务单位分布在14个省（自治区、直辖市）。下辖输油输气、管道项目建设管理、管道科技研究中心、大功率压缩机组维检修、油气储运技术服务、矿区后勤服务等30多个处级生产经营单位。2014年，有职工11890人，被集团公司授予"质量计量标准化先进企业""优秀标准化技术机构""信息化工作先进单位"，获"全国安康杯竞赛"优胜单位和优胜班组和中华全国总工会"全国模范职工小家"称号。

【油气调运】 2014年，管道公司管理运营在役油气管道12420千米。其中，原油管道5496千米，主要包括东北和华北地区的漠河—大庆、大庆—铁岭—大连、铁岭—抚顺、丹东—朝鲜、大连新港—大连石化、铁岭—秦皇岛—北京、任丘—北京、定边—呼和浩特、日照—东明等管道，以及西北地区的马岭—惠安堡—中宁—银川、石空—兰州等管道。成品油管道3729千米，主要包括东北和华北地区的吉林—长春、大港—济南—枣庄、宝鸡—郑州—长沙等管道，以及西北地区的呼和浩特—包头—鄂尔多斯管道。天然气管道3195千米，主要包括山东地区的濮阳—沧州、沧州—淄博、泰安—青岛、安平—枣庄、菏泽—泰安等管道以及东北地区的大连—沈阳、秦皇岛—沈阳、长岭—长春—吉化等管道。年输送原油能力8800万吨，年输送成品油能力1830万吨，年输送天然气能力369亿立方米。有输油气站场160座，其中原油站场76座、天然气站场60座、成品油站场24座。

【天然气销售与利用】 加强天然气市场开发，全年新增管道气用户35家、液化天然气（LNG）直销9家，实现投产新增用户32家。制订冬季销售应急预案，加强对下游用户用气预测预警，积极协调LNG现货资源，全面完成天然气保供任务。完成山东省、辽宁省、吉林省等省天然气推价工作。编制管道公司2015—2020年天然气销售业务滚动规划，形成分用户分年天然气销售方案。持续更新管道辐射区域的市场调研报告数据，提供更为准确的管道设计预测数据。完成《中俄天然气东线输送技术协议》签订。

【储运设施建设】 投产运行管道950千米，组织开展项目前期工作17项，完成可行性研究报告批复5项，7个项目获得核准。按计划完成中俄原油二线预可行性研究报告，取得中俄东线天然气工程预可行性研究报告批复。为提高东北管网本质安全水平，成功投产铁岭—大连原油管道安全改造工程铁岭—鞍山段和大庆—铁岭原油管道扩能改造工程林源—垂杨段。建成投产漠河—大庆原油管道增输工程，提升了国家能源战略通道的输送能力。按期投产营口—盘锦输气管道、呼和浩特—包头—鄂尔多斯成品油管道、吉林—长春成品油管道、成都—乐山成品油管道彭州分输支线，试运投产压缩机维检修中心。按计划推进天津港—华北石化原油管道、铁岭—锦西原油管道复线、铁岭—抚顺管道扩能改造工程、哈尔滨—沈阳输气管道、四平—白山输气管道。

【储运设施管理】 实施管道完整性管理，识别高后果区在役管道和风险评价，完成管道检测2680千米。构建管道立体保护体系，不间断巡检和实时监护重点管段和高风险区域，有效监护第三方施工1200多处。组织开展人口稠密区油品泄漏应急演练。建设和运行QHSE体系，根据新《安全生产法》和《环境保护法》，修订完成强化环境风险控制体系文件。投入使用5座油库事故应急池，改造6座重点油库防火堤，沈阳等7家单位通过一级企业达标审核。完成重点油库危险源评估报告和地区环境专项应急预案地方报告备案。组织安全一级动火76次。

【专业管理】 自主研发管道惯性测绘单元（IMU）达到国际先进水平，建立环焊缝缺陷类型判定、尺寸量化模型和环焊缝缺陷评价方法，完成漠大线（漠河—

大庆）管体缺陷修复配套技术研究应用，开展大型管网可靠性与优化运行等7个专项技术对标。油气管道关键设备国产化取得进展，完成输油泵机组等五大类16种设备国产化研制、可靠性评价和现场应用。深化国际技术交流合作，举办油气管道工艺系统关键技术国际研习会和2014中国油气论坛——油气管道技术专题研讨会获得成功，“管道环焊缝缺陷内检测与评价技术研究”被国际管道研究协会（PRCI）列为立项研究项目。申请专利83项，其中发明专利49项，实用新型专利34项，申报登记14项国家版权中心软件著作权。44个项目完成行业标准编写，其中5项国际标准、1项国家标准、9项行业标准，《油气管道地质灾害风险管理技术规范》等7个标准获得集团公司2014年优秀标准一等奖。

（滕　飞）

中国石油天然气股份有限公司
西气东输管道分公司
（西气东输销售分公司）

【概述】 中国石油天然气股份有限公司西气东输管道分公司（简称西气东输公司）是股份公司直属的地区公司，负责所辖区域内西气东输管道工程建设、生产运营管理和天然气市场开发与销售等业务。

西气东输公司运营管理2条干线管道（西气东输一线59号阀室—上海段、西气东输二线68号阀室—广州段）、9条支干线、7条联络线、16条支线、长宁兰银线（甘宁交界至银川段）和香港支线，管道总长11017千米；2座地下储气库（金坛、刘庄）、1个计量测试中心、152座站场。管线途经14个省（直辖市、自治区）和香港特别行政区，下游销售及分输用户达271家，供气范围覆盖西北东部、中原、华东、华中、华南地区，并向华北、西南地区转供天然气，形成塔里木、柴达木、长庆、川渝四大气区以及中亚、中缅、进口LNG联网供气格局。

西气东输公司和西气东输销售分公司实行合署办公，注册地在上海。西气东输公司在上海机关设14个职能处室和市场开发与销售部，3个机关附属单位，下设17个所属单位，3个工程项目部，3个股权管理单位；管理2个国家石油天然气大流量计量站天然气流量分站（南京、广州）和国家能源天然气长输管道技术装备研发（试验）中心，共有员工3600余人。

2014年，累计输送天然气480.4亿立方米，实现管输商品量386.1亿立方米，目标市场销售量369亿立方米；实现管输收入185.8亿元，天然气销售收入779.8亿元；完成固定资产投资112.5亿元，各项生产经营业绩指标完成情况好于预期。

【安全环保】 新《安全生产法》和《环境保护法》颁布实施后，国家对安全环保工作的重视程度空前提高，舆论环境和监管环境发生深刻变化，生产单位及监管部门的职能定位更加明确，主体责任更加突出。西气东输公司积极落实新《安全生产法》和《环境保护法》，组织开展宣传贯彻培训及制度修订。逐步建立分层管理、逐级负责、覆盖全员的安全环保责任制，签订安全环保责任书4273份。加大隐患排查治理力度，全年组织3次拉网式排查，各类隐患整改完成率达95.5%。严格实行危险作业升级管理，顺利完成一级动火等高风险作业。加快实施站场在线排污改造、阀室供电改造等节能项目，全年节能2.24万吨标准煤，节能价值量4408万元。未发生工程质量事故，百万工时死亡率和万台车道路交通事故死亡人数均为零。

【生产运行】 西气东输公司所辖管网覆盖区域城镇化推进速度快，城市规模不断扩大，先有管线、后有城镇的现象逐渐增多，管道穿越人口稠密区、重点环境敏感区多，对设备设施的安全性、可靠性、可控性、适应性也提出了更高要求。2014年，有序组织压缩机组保养、设备设施春秋检等维检修作业，压缩机组可靠性达99.98%，每千小时故障停机0.31次，同比降低39.2%，其他设备完好率保持在98%以上。推行“以干代练”等维抢修能力提升模式，成功开展西气东输二线求大段高后果区管道泄漏突发事件联合实战演练。深化管道完整性管理，完成管道内、外检测5082千米。加大光缆保护力度，全年断缆率同比下降37.5%。积极应对严峻汛情，成功处置多起阀室浸水事件。加强安保防恐工作，圆满完成上海亚信峰会、党的十八届四中全会、APEC 峰会等特殊敏感时期安保防恐任务。

【工程建设】 集团公司“十二五”时期加快发展天然气管道业务的战略部署对天然气管网储运设施的建设质量和进度提出了更高要求。2014 年，西气东输公司深入推行项目全生命周期管理，进一步强化工程监管，全年开展工程建设项目 77 个，收尾项目 111 个，各项目进度、投资总体受控。西气东输三线东段站场初设获批，中段控制性工程完成初设预审。如东—海门—崇明岛管道工程、金坛—溧阳管道工程如期开工。抚州分输压气站、泰兴—芙蓉管道、广州计量检定分站建成投产。南宁—百色支线南宁—吴圩段、苍梧—贺州支线、南宁—柳州成品油管道顺利移交。金坛储气库年累计造腔 120 万立方米，形成库容 4.27 亿立方米、工作气量 2.45 亿立方米；刘庄储气库形成库容 4.55 亿立方米、工作气量 2.45 亿立方米；淮安、云应、平顶山、楚州储气库前期工作取得阶段性进展。全年新建续建站场改扩建工程 29 个，完工 20 个。西气东输一线 170 亿米^3/年增输工程、安全改造工程顺利通过国家竣工验收。

【市场开发与销售】 2014 年，西气东输公司落实天然气价改政策，用户价格全部调整到位。细致核查用户用气结构，增加销售收入 1.3 亿元。坚持效益导向，向高端用户倾斜分配资源；协调用气下载路径，增加管输收入约 8500 万元。探索 LNG 顺价销售机制，利用 LNG 补充资源，缓解部分用户用气需求。有序组织 18 家新增用户投产，全年增加销量 17.3 亿立方米。加快拟建管道市场开发，细化编制 2015—2020 年分省分管线销售滚动规划。全年签订供气合同 52 份，新增合同气量 19.6 亿立方米，签订供气意向书 12 份，出具供气承诺函 27 份。

【经营管理】 2014 年，根据集团公司践行“依法治企、从严治企”理念，推进治理体系和管控能力现代化、国际化的要求，西气东输公司着手建立完善全面覆盖、系统完备、运转有序的合规管理体系，确保各项生产经营工作合法合规，员工行为规范受控。强化资产价值管理和资金安全高效管理，完成工程项目正式转资 249 个。深化预算管理，有效控制全年成本费用。运用财税优惠政策，落实全年增值税返还 11.2 亿元，收到财政扶持退税 1.7 亿元。完善内控管理体系，推进地区单位流程标准化建设，规范业务和权力运行。推进合资合作项目，深港天然气投资有限公司正式运营，福建管网项目完成交接。加强物资采办计划管理，实现两级集中采购率 98.1%。加快法律事务管理向法律合规管理转变，规范处理法律纠纷案件。

【全面推进改革创新】 根据集团公司 2014 年工作会议关于“扎实推进改革创新，切实增强发展动力活力”的部署要求，西气东输公司通过积极优化生产组织模式，推进销售体制改革，改革薪酬分配机制，着力营造公平公正内部环境，使创造更多价值的员工得到应有回报，形成企业用人导向“正循环”，从而达到释放体制机制活力，增强员工干事创业动力。

西气东输公司加快推行集中巡检、集中监视和运、检、维一体化等科学高效的生产组织模式，在全线 94 座站场实行集中巡检，实行大专业综合岗位管理。认真落实股份公司天然气销售与管输“业务、资产、核算、人员”分开的要求，设置市场开发与销售事业部，依托地区管理处设立销售分部，提升对市场的快速反应和灵活应变能力；加快建设精干高效的市场开发与销售人才队伍，为市场研判、用户开发、客户服务、LNG 销售等各项业务提供人力资源保障；完善以公司整体价值为导向的销售考核奖惩机制，科学合理设置绩效指标，有效激发销售队伍的积极性和创造性。公司按照责、权、利一致的原则，理顺机关和地区单位的功能定位和职责界面，增大地区单位自主管理权限。推行“根据地区单位实际用工量核定基本工资总额，根据管控规模和工作总量核定奖金总额”的薪酬分配机制，逐步放大地区单位奖金二次分配自主权；完善岗位管理体系，建立胜任力评价模型，组织开展岗位价值评估，根据工作量、工作难度、承受风险、对能力素质的要求和创造价值确定岗位薪酬标准。着力推动关键设备国产化，目前 20 兆瓦电驱压缩机组、30 兆瓦级燃驱压缩机组和高压大口径全焊接球阀已先后在西气东输二线成功应用或联调。与进口产品相比，国产机组平均采购单价下降 10% 以上，阀门价格下降近 30%，平均供货周期缩短 3 个月以上，技术服务响应时间缩短至 24 小时以内。参与的“我国油气战略通道建设与运行关键技术”项目获 2014 年度国家科技进步奖一等奖，高陵分输压气站 20 兆瓦级国产电驱压缩机组通过国家鉴定。

【取得良好的经济和社会效益】 西气东输公司坚持以人为本核心立场，在努力为国家创造财富的同时，增进沿线广大人民群众及公司员工福祉。持续促进能源结构调整，改善大气环境，全年销售 369 亿立方米天然气，相当于减少使用约 4800 万吨标准煤，减少二氧化硫、二氧化氮及粉尘等有害物质排放约 225 万吨，减少二氧化碳酸性气体排放约1.62亿吨，140多座城市、3000多家大中型企业、近4亿人口从中受益。开展创新创效、员工运动会、“青春建功中国梦”主题演讲赛和辩论赛等活动，为员工展示才华、丰富生活搭建舞台；下拨工会经费183.4万元，持续推进职工之家建设；广泛开展困难员工、高考家庭慰问等活动。

【党建和精神文明建设】 2014年，持续加强基层党组织建设，新设立4个党委、3个党总支部、26个党支部。两级中心组系统学习习近平总书记系列重要讲话精神，全年集中学习达210次。落实党风廉政建设党委主体责任和纪委监督责任，公司党委班子成员与分管部门班子集体廉洁谈话36次，各级管理人员自上而下签订党风廉政建设责任书988份。巩固和扩大党的群众路线教育实践活动成果，积极推行首问首办负责制和限时办结制。加强典型选树和宣传工作，激励广大员工学习先进，成功组织“西气东输二线广深行”媒体活动。扎实开展“安康杯”竞赛，公司首获“全国‘安康杯’竞赛优胜单位”称号。

（李 伟）

中国石油天然气股份有限公司西部管道分公司（西部管道销售分公司）

【概述】 中国石油天然气股份有限公司西部管道分公司（简称西部管道）目前共有中国石油西部管道分公司、西部管道销售分公司、西部管道有限责任公司、中石油西北联合管道有限责任公司和石油管道联合有限公司西部分公司“五块牌子”，实行一个机构、分账核算。公司负责甘肃、宁夏两省交界以西的天然气管道和甘肃省兰州市以西的原油、成品油管道运营管理；负责新疆、甘肃、青海等省（自治区）的天然气市场开发与销售业务；负责所辖管道输送原油的购销工作；负责区域内的油气储运项目建设；受托管理鄯善和兰州原油商业储备库。截至2014年底，运营管理油气管道干（支）线62条，总库容727万立方米，管道总里程1.66万千米，用工总量3269人。全年输送原油1886万吨、成品油898万吨、天然气546亿立方米；销售原油1720万吨、天然气94亿立方米；实现管输营业收入192.6亿元、天然气销售收入138亿元，缴纳税费49.7亿元。

【油气业务】 针对天然气输量快速提升的实际，通过优化生产运行，西气东输一线、二线、三线和涩宁兰双线保持低能耗联合安全运行。原油管网实现掺混常温顺序输送，大型油库实现常温冷储。为服务新疆内炼油厂扩能上产，乌鲁木齐—兰州管道输油量提升至773万吨，同比增长49%。优化运行方案，实施主要耗能设备改造和压缩机余热利用，节约燃气1.48亿立方米，节能1.78万吨标准煤。通过优化路由、完善工艺方案等措施，节约工程投资4.5亿元；强化集中采购、平库降库和无动态物资处置，节约采购资金4650万元，降低库存3344万元；研究申请西部大开发税收优惠政策，减税5.54亿元。

【工程建设】 西气东输三线西段霍尔果斯到中卫段线路工程全线贯通投产；西气东输四线新疆段项目核准附件完成办理，委托建设协议完成签订；西气东输五线乌恰—鄯善段获得国家路条；中俄西线管道预可行性研究完成编制。自建项目乌鲁木齐石化—王家沟成品油复线工程3座5万立方米罐、西气东输二线昌吉分输站适应性改造工程、火车装车栈桥改造工程、新建事故缓冲池工程、消防系统改造工程、供配电系统改造工程、酒泉基地办公楼、轮南—吐鲁番支干线增输工程、王家沟油库公路发油设施改造工程、王家沟油库北库区安全隐患治理工程、王家沟油库污水处理和收集系统改造工程等工程按计划建成。

【科技创新】 1219毫米管道两轴三维高清漏磁内检测系统、西部原油成品油管道工程技术集成等5项研究成果获省部级科技进步奖；完成1422毫米X80管线钢管应用技术研究，为国家超大输量天然气管道建设提供技术和决策支持。推广应用新技术、新产品，加热炉油改气、干气密封国内修复、锅炉常压改造等技术革新，既节约成本，也促进安全；基层员工开展小改小革、修旧利废，“自行式全液压收发球专用车”等 24 项技术革新成果应用效果显著。

【市场开发与销售】 针对天然气供需严峻形势，及时调整供配方案，合理压减工业用气，协调落实新增资源，保证乌鲁木齐、兰州等重点城市民生用气安全。严格细致地落实今冬明春供气应急预案和高峰期保供措施，有序开发高端市场，加强推价和清欠工作，天然气推价到位率保持 100%，综合门站销售价格同比增长 25%，增加销售收入 5.5 亿元。围绕培育高端用户、民生用气以自然增长的原则开展市场开发工作。把锐奇微晶蜡、大唐热电项目、乌苏工业园区作为高端用户进行培育，开发天源、泰全、北辰等 7 个以民生为主的潜在客户。与北控、凯利、京能等 3 家煤制气项目单位签订购销合作意向。与新疆油田、吐哈油田及时签订相关协议，为畅通资源后路奠定基础。

【安全环保】 突出安全生产核心，健全落实安全环保责任体系，推进质量标准化基础管理，强化危险作业和承包商管控，安全环保工作稳定受控。坚持把基层作为安全生产的基石，围绕风险识别、风险削减和应急处置“三种能力”的提升，深入开展安全案例分享活动，领导班子成员、两级机关处级干部带头深入一线，共同分享案例，帮促基层举一反三识别风险，对风险识别表现突出的员工进行奖励，形成全员“查风险、控隐患、保安全”的良好氛围。依法依规、对照标准、组织专家深入开展安全生产大检查和专项隐患排查整治活动，“11 · 22”专项排查发现问题整改率达到 97%，修复管道本体缺陷 310 处，管道占压、最小间距不足等问题逐步解决，王家沟消防系统改造等 5 项重点隐患治理工程按计划完工。突出以人口稠密区、环境敏感区为重点，常态化开展“不打招呼”式的三级实战性应急演练，验证完善应急预案，检验队伍素质能力，促进企地联合、内外联动，推动应急保驾能力的提升。强化措施，开展治安整治“百日会战”专项活动，完成 APEC 峰会等多个特殊时段安保防恐任务。

【基础管理】 站场区域化运维全面推行，作业区布局进一步优化，两级调控模式逐步健全理顺，24 个作业区和西靖、新堡“无人站”试运行安全平稳，在提升管控效率、共享区域资源、保障安全生产、提高队伍素质能力等方面取得成效。提高分公司关键设备检修维护能力，压缩机组的日常故障实现自主解决。王家沟作业区实施优化改革，实现库区管理的提质增效升级。推广应用维检修作业卡、应急处置卡，提升岗位作业标准化水平。推进机关简政放权，调整招标管控模式，下放合同审签权限，合同流转效率提高。加大经营风险防控力度，实施审计问题专项整治。建设员工进步成才“双通道”，加强员工技术技能培训，健全完善技术技能专家选拔培养机制，提升基层基础管理和技术支撑能力。优化落实薪酬分配向生产一线、艰苦地区、基层岗位倾斜的改革措施，实现工资总额与定员、效益的双挂钩、硬兑现。

【管理体系融合】 针对多套管理体系并存、职责界面交叉、流程表单繁多等问题，坚持“一个平台、一套体系”的原则，在公司 QHSE 一体化文件基础上，系统融合质量管理体系、HSE 管理体系、测量管理体系、能源管理体系、内控体系、法律风险防控体系、制度体系以及其他管理要求，合并同类要素、保留个性要素，查缺补漏、整合优化，解决多体系并存带来的管理重复、冲突等问题，融合后的管理体系既要满足外部认证评级要求，也要满足原有管理体系的要求，更要满足公司的管控需要。按照“公司决策、分公司管理、作业区（站队）执行”的三级管控模式要求，建设完成的基础管理体系框架，即管理手册、程序文件和作业文件。进一步优化体系内容，明晰管理职责，精简记录表单，理顺业务流程，补充完善管理内容，努力减轻基层负担，构建一套运转有效、格式统一、涵盖所有业务、易于理解和执行的科学管控体系。截至 2014 年底，管理类文件已从 4074 个减少至 2951 个，文件数量降低 27.6%。

【党建群团工作】 推行中层领导干部“四联点”驻站带班，实施机关年轻员工一线补课锻炼制度，机关基层、党群干群关系更加紧密。不断深化“四好”班子创建，强化干部监管考评，提升干部队伍素质能力。党风廉政建设责任制细化明确，执纪监督力度进一步加大。维护稳定工作有效深化，员工队伍保持和谐稳定。16 个基层党组织、37 名优秀党员获得集团公司和西部管道公司“一先两优”称号。西部管道公司成立 10 周年活动按期开展。

（王洪虎）

中国石油天然气股份有限公司
西南管道分公司
（西南管道销售分公司）

【概述】 中国石油天然气股份有限公司西南管道分公司（简称西部管道公司）是股份公司直属管道地区公司，下设10个机关处室、2个直属单位和10个基层单位，用工总量2300多名，按照“三块牌子、一套人马”的组织架构和“运销一体化”的运作模式，担负着川、渝、滇、黔、桂和管道沿线地区的油气骨干管网运营及天然气销售业务，主要运营中缅天然气管道（国内段）、中贵天然气管道、兰成原油管道、西气东输二线广南支干线（广西段）及兰成渝、兰郑长（甘肃段）成品油管道等油气管道7318千米，其中原油管道880千米，成品油管道1845千米，天然气管道4593千米。

2014年，累计输送原油617.5万吨、成品油994.19万吨、天然气90.07亿立方米；完成收入479.93亿元，实现利润21.49亿元，全面完成集团公司下达的各项生产经营指标。西南管道公司销售天然气6.52亿立方米，转供西南油气田54.17亿立方米天然气，储气库注气16.7亿立方米。全年投资计划完成率指标全面完成（表13–3至表13–5）。

【生产运行】 2014年，西南管道公司坚持“打基础、练内功、利长远”，聚焦安全，聚焦基层，以问题为导向，老线抓整治，新线抓整改，深入开展科学管理站队创建活动，全面加强应急能力建设，积极推进管道隐患整治，加大管道保护力度。截至2014年底，西南管道公司管理运营的主要油气长输管道约7318千米，其中原油管道880千米，成品油管道1845千米，天然气管道4593千米。

【管道完整性】 持续建立健全管道完整性管理体系。

表13–3　2014年主要输气管线运行情况　　　　亿标准立方米

管线名称	年输气计划	实际输气量	比计划增减
中贵线		54.93	
中缅线	100.96	32.26	–10.89
广南支干线		2.88	

表13–4　2014年各成品油管道管输完成情况

管道名称	年计划（万吨）	2014年完成量（万吨）	比计划增加（万吨）	完成率（%）	2013年完成量（万吨）	同比（万吨）
兰成渝	580	671.29	91.29	116%	685.98	–14.69
成乐注入	30	67.52	37.52	225%	—	—
兰郑长（甘肃段）	80	255.38	175.38	319%	56.42	198.96

表13–5　2014年原油管道管输完成情况

管道名称	年计划（万吨）	2014年完成量（万吨）	比计划增加（万吨）	完成率（%）	2013年完成量（万吨）	同比（万吨）
兰成线	617	617.53	0.53	100%	60.60	556.93

2014年，西部管道公司在役管线高后果区风险响应率达100%，在有效管控高后果区高风险点以及管体与防腐层缺陷的前提下，实现各类管线安全平稳运行。全年完成兰州—成都原油管道、兰州—成都—重庆成品油管道（临洮—成县、江油—成都段）、兰郑长成品油管道（兰州—定西段）共计1293千米管线的内检测工作。完成中卫—贵州天然气管道外检测948千米，河流穿越处埋深检测3543米，修复防腐层破损点44处。管道完整性管理系统PIS的应用继续扩展和深化，2014年底，PIS系统已经覆盖西南管道公司7个分公司，2个管网公司，71个基层站队，347名用户，涵盖管道管理9个业务领域，41个业务流程。

【管道保护】 结合管道沿线各省（自治区、直辖市）实际，因地制宜，积极协调地方政府、公安机关等部门齐抓共管，共建管道安保联防机制。

建立管道GPS巡检监控管理系统，有效提高管道巡护效率；有序开展管道线路阀室、隧道及跨越等关键部位的视频安防监控系统建设工作，强化输油管道泄漏监测系统建设工作，提升应急能力。

按照“一盘棋”思想，大力推进维抢修体系布局。开展“以干代练”活动，按照“简洁、管用”的原则细化三级应急预案，有针对性地开展防汛、防泄漏、防第三方破坏专项应急演练，定期考核评比，优化劣汰维抢修专业人员，切实提高维抢修队伍在山区管道条件下的应急处置水平，进一步增强“能打仗、打胜仗”的能力。

【安全环保】 常态化安全教育培训，安全第一要务的理念逐步深入人心，安全的责任意识持续强化，“基层安则西南管道安”的认识进一步提高，安全管理的能力进一步提升。开展培训活动，提高员工对责任履行、合规作业的认识。积极落实国家各项合规性要求，修订完善《安全环保责任制》，明确了公司、分公司、站队安全环保职责，做到全员覆盖，增强员工安全从业的自觉性和责任感。

突出简洁实用，对QHSE管理体系进行结构优化和改进修订。协同各部门、各单位，对职责分配、业务衔接、现场实施等多环节进行论证，对法律法规、上级制度进行梳理对照，确保文件责任明确、程序合理、内容规范、便于操作，全年累计完成255个文件的修订。完成集团公司体系审核和公司内部审核工作，依据审核意见，借鉴兄弟公司体系建设的经验，验证体系文件的科学性和有效性。

开展全方位的风险排查隐患治理工作，落实整改管道隐患问题165项；完成整改并销项较大及以上的隐患9项。

【天然气市场开发与销售】 加强市场开发管理，开发储备大用户，建立销售考核机制，推动母站建设，加强需求侧管理，推动同步投产，完善应急保供方案，开展用气特性研究，完成辖区用户的用气比例核定工作，辖区市场天然气价格全部推价到位。

2014年，新增投产下游用户15家。全年共销售天然气6.52亿立方米，其中广西4.05亿立方米，贵州1.6亿立方米，四川7183万立方米，甘肃751万立方米，云南748万立方米。

【工程建设】 中缅天然气管道工程（国内段）包含1条干线和丽江、玉溪、都匀、河池、桂林、钦州、北海、防城港8条支线。中缅天然气管道干线起自云南省瑞丽市，经云南省、贵州省、广西壮族自治区，止于广西壮族自治区贵港市，管道干线全程1726.8千米，其中与中缅原油管道并行1101千米。

2014年底，中缅天然气管道干线及玉溪、桂林、河池、都匀、钦州支线已投产，丽江、防城港支线已建成。

【合作与股权管理】 按照股份公司部署，西南管道公司积极推动广西中石油天然气管网有限公司股权转让工作，委托对广西管网公司的资产进行审计、评估并出具了审计报告、评估报告，委托对股权转让进行法律论证并出具了法律意见书。

【资产管理】 2014年，西南管道公司固定资产原值2992966万元，净值2492470万元。当年增加固定资产原值95924万元，净值95393万元；当年减少固定资产原值449754万元，净值439210万元；当年计提折旧112453万元。

西南管道公司因跨地区公司间资产划拨，增加固定资产原值1949万元。其中，兰成渝成品油管道增输工程江油站8套公寓由管道公司划转至西南管道公司，增加固定资产原值217万元；广南支干线南宁维抢修中心由西气东输管道公司划转至西南管道公司，增加固定资产原值1732万元。因自行购建，增加固定资产原值93975万元。将中贵线中卫首站资产划转至西气东输管道公司，减少固定资产原值6611万元；因业务重组，将中缅油气管道（国内段）资产转让给西南管道有限公司，减少固定资产原值435612万元；因固定资产报废，减少固定资产原值7531万元。

（刘贵文）

中石油昆仑燃气有限公司

【概述】 中石油昆仑燃气有限公司（简称昆仑燃气）是经中国石油天然气集团公司批准、国家工商管理总局核准，于2008年8月6日，由中石油天然气管道燃气投资有限公司、中国华油集团公司燃气事业部、中油燃气有限责任公司重组整合成立，是中国石油全面从事城市燃气业务和液化石油气销售的专业化公司。2008年底接收吉林石化、大庆油田的城市燃气业务。根据集团公司部署，先后接收35家炼化、油田等生产企业液化石油气销售业务，基本实现中国石油全部液化气商品资源的统一销售。2012年4月，按照集团公司安排部署，昆仑燃气公司与中石油昆仑天然气利用有限公司实施重组整合，接收中石油昆仑天然气利用有限公司除省级支线管网、深圳液化天然气接收站等业务以外全部项目和业务管理权。

昆仑燃气主要业务范围包括城市燃气管网建设、城市燃气输配、天然气与液化石油气销售以及售后服务、压缩天然气等。依托中国石油在天然气、液化石油气资源、资金、技术、人才和品牌等方面的多种优势，昆仑燃气公司实施专业化管理、集约化经营，全力打造昆仑燃气品牌，燃气业务已遍布全国近30个省（自治区、直辖市），覆盖北京、哈尔滨、昆明、武汉、合肥、兰州等100多座城市。

2014年，销售天然气和人工煤气96.5亿立方米，同比增长12.6%；销售液化石油气591万吨，同比下降7.5%；实现营业收入541.5亿元，同比增长1.4%；实现利润总额14.3亿元，同比增长13.5%。

【天然气营销】 密切上下游衔接，强化内外部协调，天然气销量再创新高。甘肃公司突破15亿立方米，河北分公司14.1亿立方米、华东分公司10.5亿立方米，分列昆仑燃气前三位；山东分公司、湖北分公司和湖南公司都在6亿立方米以上，哈尔滨中庆公司利润突破2.5亿元。新增用户73.7万户，广饶、咸宁、大连天诚、荆门和邹城等5个项目销量首破1亿立方米，亿立方米以上城市燃气项目增至27个。抚顺项目投产并实现盈利，揭阳、潮州和长兴岛等项目完成股权投资可行性研究。积极应对天然气调价，上游门站价格全部承接到位，涉及调价气量的96.1%完成顺价，兰州、黄石、昆山等40个项目实现推价。支线管道业务有序推进，长常管道、临沂输配、石家庄环网、湘娄邵管输量快速增加，高保徐、抚顺支线投产，云南管网、长沙—浏阳、涟源—新化等支线加快推进。压缩天然气业务稳步拓展，长沙、十堰、唐河3座母站投产，新建母站、子站和标准站7座，压缩天然气销量达到16.6亿立方米。

【液化石油气营销】 昆仑燃气迎难而上，以市场为导向深化资源经营，以效益为导向细化营销工作，实现液化石油气LG终端销售277万吨，占资源量的47.2%。华北分公司、辽宁分公司协调资源，开拓山东市场，华北分公司销量再次突破150万吨。黑龙江分公司、西南分公司推进产品细分，实施分储分销，实现区域资源循环利用。新疆分公司整合乌鲁木齐零售市场，获得80%的零售份额，实现量效齐增。广东液化气公司突破资源瓶颈，海上进口LPG 6万吨，积累运作经验，提升经营效益。进一步优化用户结构和网络布局，调整完善与资源量相匹配的仓储设施和分销渠道，终端客户比例达到92%，减少库站租赁费用1030万元。以成本为导向优化物流调运，提高自备车周转率，节约物流费用1596万元。

【安全生产】 推进三级调度管理模式，通过数据采集与监视控制系统（SCADA）对重点场站运行情况实时监控。推行客户规范化服务，居民入户安检率达到72%，商业服务和工业用户安检率100%，用户满意度95.7%。投入1.28亿元对255项安全隐患进行治理。深入开展燃气设施风险排查，对245项风险逐项落实控制措施。修订完善8项作业许可制度，安全实施9项危险作业。有效应对37起突发事件，修订发布22项应急预案，82家运行公司预案在地方政府备案，开展管网检测9672千米，及时处理734处漏点，在河北省涿州市开展管道不明泄漏应急处置演练，应急管理和应急处置能力持续提升。聘请哈莫尼公司开展安全诊断，接受挪威船级社安全评级，借助第三方查找安全短板，完成QHSE体系升级换版。组织两次公司级检查，安全监督站对辖区内单位进行全覆盖检查，对下属178家运行公司开展解剖式安全评价，促进安全管理能力的提升。

【改革创新】（1）管控模式优化。成立广西分公司，区域化管理架构进一步完善。推进简政放权，优化项目审查流程和立项评估程序，授权区域公司审批一定额度内的项目立项和初步设计，下放5000万元以下项目结算审核审批权限；湖南分公司、云南公司等限上项目工程可行性研究报告实行天然气与管道分公司和昆仑燃气联合审查模式，大幅提高评审效率。适度下放资金计划审批权限，提高资金运行效率。融资渠道取得新突破，云南公司获11亿元商业银行贷款额度。完善西北分公司、新疆分公司外调液化石油气资源结算流程，优化内部结算定价机制，实行工业回吐液化石油气效益分摊，促进液化石油气销售经营效益提升。

（2）战略合作。完善与各大燃气企业沟通协调机制，与同行企业开展LPG资源与市场合作，推动实施山西、内蒙古等重大项目资本运营。加强LPG进口合作，扩大哈萨克斯坦液化石油气进口规模，加快俄罗斯液化石油气进口前期工作，积极探索海上进口运作模式。推进实施云南分公司增加注册资本金6亿元，为云南省内支线项目投资建设提供资金支持。

（3）重组整合与项目优化。加快中石油昆仑天然气利用有限公司重组收尾，努力解决复杂的历史遗留问题。昆仑燃气注册资本金增至85.6亿元，中石油昆仑天然气利用有限公司注册资本金减至20亿元。完成辽宁省抚顺地区两家合资公司整合，河北省霸州地区3个公司整合进入审计评估实质阶段。大力推进亏损企业扭亏增效，天水、常熟等22个项目公司扭亏为盈，实现利润6626万元，同比增加1.4亿元。加快风险项目处置，河南商丘、山西忻州等21个项目完成处置。

（4）干部人事和劳动分配改革。出台领导人员交流、提前退出现职岗位、加强考核管理等办法，提出选人用人工作6个导向，疏通“下”的渠道，开展超职数、超职级和超权限配备干部专项治理。制定职业生涯规划等4个文件，从制度层面打通各类人才成长通道，引进骨干人员14人，交流人才62人次，89人获得中级以上技术职称。举办第三届职业技能竞赛，对部分工种开展首次职业技能鉴定，295人取得职业资格。优化调整23家单位机构编制和岗位设置，压减运行单位机关编制，减少劳务用工442人。强化工效挂钩，调整二级单位企业类别，适度缩小年薪标准差距，提高了中石油昆仑天然气利用有限公司重组划转一线员工收入水平。建立207人组成的内训师队伍，培训员工2.3万人次。

（5）科技创新和信息化建设。燃气技术研究院正式成立，科技创新平台初步建立。开展8项科技项目研究，推进4项科技成果在22家单位的推广应用。开展22次技术交流，编制应用《安全生产检查规范》等12项标准，补充、更新和完善城镇燃气相关标准119项，《城镇燃气交接计量管理规范》获集团公司优秀标准三等奖。深入推进信息化建设，企业资源计划系统（ERP）试点上线，管道生产管理系统（A3）在145家项目公司推广实施，天然气销售系统（A10）通过试点改进。目前累计推广应用24项集团公司统建系统，建成460个内网节点、145个视频会议终端，“数字昆仑”初具规模。

（6）决策和监督制约机制。修订昆仑燃气工作规则、领导班子议事规则和党委工作制度，“三重一大”事项均通过党委会、党政联席会或总经理办公会集体研究决策。对4家单位进行党内巡视。首次开展任中经济责任审计，实施各类审计项目66项，取得直接审计成果521万元。加强效能监察和专项检查，对4个工程项目进行效能监察，开展液化气代储代销、公款消费等专项检查，开展资金安全和税收大检查。

【经营管理】（1）规划计划与投资管理。启动“十三五”规划编制，配合天然气与管道分公司和上游企业完成18项天然气业务相关规划。优化投资结构，保障重点建设和主营业务投资，评审批复25个项目工程可行性研究报告、23个初步设计，开展4个项目后评价，获得天然气与管道分公司15.1亿元固定资产投资计划支持。完成城镇燃气估价表编制，通过工程可行性研究、初步设计和工程结算等环节的审核，核减节约投资2.55亿元。

（2）财务资产管理。全面推进开源节流降本增效，“五项”费用同比下降31.8%，国际准则销售管理费下降13.6%。深入推进资金债务集中，资金集中余额达到18亿元，为所属单位提供内部委托贷款5.8亿元，降低融资成本8900万元。清理低效无效资产1.1亿元，调剂盘活资产0.67亿元，财务共享服务中心上线单位达到199家。

（3）资本运营与股权管理。滚动编制股权投资中长期发展规划，建立股权投资项目储备库，取得股份公司股权投资可行性研究批复12项。与合作股东一起向9家合资公司增资8.6亿元。严格执行股利分配政策，分配股利3.6亿元，超额完成集团公司下达的股利分配任务。完善合资企业法人治理结构，调整董事监事200余人次，143家合资公司规范召开年度股东会、董事会和监事会会议，实现有效管控。

（4）内控与合同法律管理。基础管理平台全面上线运行，梳理各类规章制度8621项、工作流程8699项、管理标准1630项，机构及岗位职责530项，开展“学制度、用制度，学流程、用流程”和合规管理等活动，实现制度、流程和标准的规范统一。开展业务层面风险评估，对 63 项例外事项挂牌监督整改。全面启动三级单位法律风险防控体系建设，组织处理 4 起法律纠纷，完成招标 159 项，节约资金 3800 余万元。

（5）工程建设与物资采购管理。开展管道工程建设质量提升活动，实现石家庄环网等 7 个项目竣工投运，昆明东支线天然气管道等 11 个项目基本建成，完成 32 个项目竣工验收。强化价值采购理念，规范物资采购管理程序，调整采购审批权限，对 131 家供应商进行考核，全年完成采购金额 4.1 亿元，集中采购比例达到 87.4%。

【党建和企业文化建设】 党的群众路线教育实践活动问题整改持续推进。制订“四风”问题整改方案、突出问题专项整治方案、制度建设计划和个性化问题整改任务书，对整改任务实行台账管理，及时公示整改情况，接受群众监督。昆仑燃气领导班子问题整改 33 项措施基本落实，27 项专项整治任务深入推进，14 项个性化问题整改基本完成，制度建设任务完成 72.7%；2014 年下行文件同比下降 14%，处室发文下降 30%，清退超标车辆 14 台，清理办公用房 2461 平方米，群众路线教育实践活动取得明显成效。党组织和干部队伍建设不断加强。新设单位同步设立党的组织，党组织覆盖率保持 100%。推行党费收支公开，创先争优活动成效明显，河北、吉林等 5 个基层党委和 12 名党员分别受到集团公司党组和直属党委表彰。强化领导班子建设，交流调整领导干部 26 人次，优化了部分班子结构。党风廉政建设深入推进。组织各种形式廉洁教育活动 168 场，2.5 万人次接受教育。开展有关问题专项治理，严肃查处违规违纪行为，查办 6 起案件，对 10 人进行了处分，对 23 人进行了诫勉谈话。和谐企业建设取得新成果。加强宣传和思想政治工作，编发 4 期《昆仑燃气》杂志，举办 3 期昆仑讲坛，出版《员工文集》，为 784 个基层单位配发图书，刊发各类宣传稿件 1500 多篇。开展困难员工帮扶，发放慰问金 74.7 万元，对 6 名大病和家庭受灾员工进行救助，组织系列文体活动。顺义气库获中央企业“青年文明号”，重庆气库、霸州康仙庄 CNG 母站等 7 个单位获集团公司和直属团委“青年文明号”称号。

（邓　科）

中石油香港有限公司

【概述】 中石油香港有限公司在中国石油内部统一称为“昆仑能源有限公司”，与股份公司及有关部门、专业公司之间的正式公文等往来事项以“中石油香港有限公司”名义规范运行。按照股份公司管理要求，昆仑能源有限公司与中石油香港有限公司、中国石油天然气香港有限公司实行“一套人马、三块牌子”。昆仑能源有限公司是在（英属）百慕达注册成立，在香港联交所主板上市，由股份公司控股的红筹股公司（股票代码为 00135.HK）。2011 年 8 月，集团公司进一步充实加强了昆仑能源有限公司领导班子，将其列为股份公司直属企业序列管理，其中天然气业务由天然气与管道分公司归口管理。

根据集团公司党组历次研究决策精神，昆仑能源公司的企业发展定位是作为集团公司天然气业务发展的融资平台和投资主体，全面发挥公司在香港资本市场的筹融资功能，大力实施“以气代油”战略，努力把昆仑能源公司打造成为体制机制创新、产业布局合理、管理科学规范、经济效益显著，集上下游、内外贸、产运销一体化的、国内一流的能源投资公司。业务涵盖油气田勘探与生产、天然气管道与 LNG 接收站、天然气销售 3 个业务板块。其中，上游勘探与生产业务 8 个项目，分布在中国、哈萨克斯坦、阿曼、秘鲁、泰国及阿塞拜疆等 6 个国家。天然气业务通过全资、控股或参股天然气业务平台企业 20 家，已遍布全国除港澳台外 31 个省（自治区、直辖市）。

公司的组织架构由董事会、董事会下设的专门委员会及管理层、总部机关（7 个部门）组成。运营管理模式为直接管理、委托管理和股权管理 3 种。对华油天然气股份有限公司、新疆新捷股份有限公司、海南中油深南石油技术开发有限公司 3 家企业实施直接管理〔昆仑能源投资（山东）有限公司参照直接管理模式进行管理〕。对 8 家上游勘探开发企业和北京管道公司、江苏和大连液化天然气公司、中油中泰公司 4 家天然气企业实施股权管理，对其余 12 家天然气企业分别委托油田企业实施委托管理。

【经营业绩】 2014 年，面对国内经济持续走低、原油价格急剧下跌、天然气进销价差不断压缩、LNG 行业产能过剩的不利影响，公司认真贯彻落实集团公司党组有质量、有效益、可持续发展的总体要求，优化资源配置，加强生产组织，提高发展质量，强化成本控制，各项工作取得了显著成绩。2014年销售收入480.44亿港元，同比增长10.62%，利润总额119.56亿港元。上游勘探开发销售原油1688万桶，实现销售收入53.36亿港元，利润总额23.02亿港元；销售天然气77.57亿立方米，同比增长8.5%，实现销售收入297.37亿港元，同比增长16.29%，利润总额10.82亿港元；管输天然气（含气化）306.93亿立方米，同比增长21.14%，实现销售收入126.91亿港元，利润总额81.41亿港元。

【融资平台】 以打造昆仑能源品牌、实现可持续筹融资功能为使命，获得了资本市场的高度认同。2014年在新加坡获“普氏250强”亚洲地区最快进步奖第一名。

【LNG“以气代油”业务】（1）液化天然气（LNG）工厂建设布局基本完成。截至2014年底，共建成投运LNG工厂12座，设计日产能700万立方米；试运行LNG工厂5座，设计日产能920万立方米，为“以气代油”战略的实施奠定坚实的资源基础。（2）开展LNG运输新技术试验。与铁道部西安车辆厂开展LNG集装箱铁路运输先导试验，确定双层绝热罐体及钢结构补强技术并取得试验成功，极大降低未来LNG运输费用、配送周期及运营成本。同时配合海事部门开展LNG小型运输船舶前期研究，为内河运输方式的突破提供支持。（3）LNG船舶改造项目顺利推进。根据《能源发展战略行动计划（2014—2020年）》将LNG推广应用作为节能减排推广应用方向；国家财政部、交通部《内河船型标准化补贴资金管理办法》明确规定新建LNG船舶将获得补贴80万—130万元；中国海事局、国家能源局《LNG燃料动力船舶应用推进工作方案》明确LNG船舶推广应用的几项国家政策，公司抓住交通部打造LNG船舶应用全国示范区和示范项目的历史机遇，获得试点项目2个，独立承担示范项目1个，参与示范区项目1个。（4）推进LNG行业标准化建设。与国家标准研究院合作联合开展了LNG清洁能源标准化体系建设，首批启动LNG加气站4项标准和LNG工厂4项标准。

【示范工程建设】 LNG工厂项目完成湖北黄冈、山东泰安两个集团公司示范工程项目和四川广元LNG工厂重点建设项目，取得试投产成功，完善华中、华东、川南地区天然气资源布局。海南LNG储备库项目完成了一期2×2万立方米储罐、1×4万立方米卸货码头建设任务与试投产。海南LNG储备库年满负荷中转量27万吨，对于海南地区天然气资源保障及获取国际LNG资源具有重大意义。乌海煤制合成气项目编制完成《乌海煤制合成气项目方案汇报》。投资陕京四线干线、支线工程，管线全长1120千米，一期年输气量170亿立方米，二期年输气量250亿立方米，对于北京地区天然气保供及大幅提升投资收益，将发挥重大作用。

（魏　嘉）

【控股子公司——中石油北京天然气管道有限公司】 中石油北京天然气管道有限公司（简称北京管道公司）成立于1991年7月，主要负责陕京管道输配气系统的运营管理，北京市95%的天然气由陕京管道输送。注册资本117亿元，其中昆仑能源公司占60%，北京燃气集团占40%。法人治理结构包括股东会、董事会、监事会、总经理工作班子；机关设有16个职能处室，所属9个单位，共有员工2869人。陕京管道系统总里程3927千米，管道干线包括陕京一线、陕京二线、陕京三线、永唐秦、唐山LNG外输管线、大唐煤制气北京段，设计年管输能力497亿立方米，最大日输气能力1.2亿立方米。气源为长庆天然气、塔里木天然气、中亚天然气、大唐煤制气、唐山液化天然气（LNG）。在天津大港、河北永清分别建有大港储气库、华北储气库两个储气库群，现有9座季节性调峰地下天然气储气库，工作气量为23亿立方米，最大日调峰供气能力3400万立方米。

1. 主要生产经营指标

2014年，北京管道公司输送商品天然气299.62亿立方米（其中北京市113.13亿立方米），同比增长47.54亿立方米，增长18.8%（其中北京市增加14亿立方米，增幅为14%）；储气库注气18.78亿立方米，完成注气计划的105.5%；管输单位现金成本、利润和投资资本回报率均超额完成，各项管理费用控制在预算范围内；全年实现安全运行无事故，百万工时零伤亡；实现节能3197吨标准煤，完成全年计划的106%。

2. 输气生产

陕京管道系统商品气量创历史新高，超1亿立方米的天数达到93天，高月高日最高气量达到1.37亿立方米。北京管道公司按计划完成28座站场的远控功能改造，推进站场运行维护区域化管理。落实各类工艺设备维护保养、检验测试，开展194个站场失电紧急关断功能（ESD功能）测试。完成陕京三线临县至永清段管道内检测，修复缺陷点15处，开展直升机巡检4次，完成春季水工、汛期水毁修复工程335处，全年交叉及周边工程405处、高后果区管段589处，均落实防控措施。完成5项压缩机组操作规程，机组可用率可靠率均超过 98%。

3. 工程建设

陕京三线良乡至西沙屯段投产，陕京三线全线投运；陕京四线取得国家环保部环境评价批复，获得国家发改委核准批复；控制性工程杨树沟隧道贯通，军都山工程完成 84.7%、大杨山工程完成 44.7%。唐山 LNG 增输工程两台压缩机组从吊装到点火试机成功，历时 87 天，创国内压缩机组施工新纪录。港清三线霸州至大港段具备投产条件，霸州至永清段、永清联络线焊接完成 50%。储气库加快推进扩容工程，工作气量增加 4000 万立方米。完成了陕京二线及增输、采育至通州段、板中北高点地下储气库工程 4 个项目竣工验收。

4. 科技创新

北京管道公司科技创新获省部级、集团公司奖励 9 项，获得国家专利 3 项。北京管道公司牵头编制的《管道系统完整性管理实施指南》成为石油工业行业标准，由国家能源局发布实施。已编制形成石油工业行业标准 4 项、集团公司企业标准 4 项，获专利 21 项。阀门内漏定量化检测系统、水淹区管道抢维修技术、地区等级升级风险评价指标体系、储气库注采井风险控制及应急对策研究等多项技术成果在生产运行中得到广泛应用。在地质灾害高风险点监测方面，初步建立陕京管道应变监测网，对管道应变实时监控和分析，形成管道地质灾害监测维护机制。

5. 安全环保

4 处管道高风险段改线工程中大龙华小学段已完工，其余 3 处也取得进展；全线 56 处违章占压清理 51 处；完成陕京一线阀室安全改造、站场法兰防腐、全线锅炉房加装可燃气监测改造等隐患治理改造项目；对全线站场、阀室火气系统进行综合升级，151 座阀室加装可燃气探头，实现可燃气泄漏干线自动关断保护功能。实施各类作业 1978 项，其中二级以上热工作业 63 项。推进国际安全评级和体系建设，巩固 6 级水平，体系文件升级至 G 版。推进安全生产标准化建设，完成分输站、压气站、储气库、维护站的标准化示范站建设指导手册。公司 7 个基层单位开展安全生产标准化一级企业达标工作，6 个达标。全年组织应急演练 471 次，参与人数 5993 人次。持续加强维抢修队伍建设，维抢修队焊接一次合格率始终保持 100%，创造了 5.5 小时完成 660 毫米管径一级动火作业的纪录。认真落实新《环境保护法》要求，严密监管污染物排放，工业废水、废气污染物排放达标率 100%。

6. 经营管理

北京管道公司按照“有质量有效益可持续”发展方针，利用陕京管道系统优势，通过对电驱、燃驱压缩机单机运行能耗建模分析，优化输气运行，全年天然气管道周转量综合单耗同比降低 1.45 千克。在输气量增长 18.8% 的情况下，总能耗仅增长 8%。充分利用集中报销平台、ERP 等系统，强化预算指标的刚性控制，“五项”费用同比下降 17%。物资采购坚持集中采购、制造商直接采购，降低采购成本，采购资金节约率 10%。坚持先平库、后采购，采取以高代低、内部调剂等措施，对 5 年以上无动态物资进行报废和减值处理，实现库存降低 34.9%。优化投资项目，全年投资完成率 99% 以上。全年完成审计项目 11 个。

（郭　川）

【控股子公司——中石油江苏液化天然气有限公司】 中石油江苏液化天然气有限公司（简称江苏公司）由中国石油、香港太平洋油气公司、江苏国信集团投资组建。截至 2014 年底，公司共有员工 188 人，总资产 51.57 亿元。

主要负责江苏液化天然气（LNG）项目一期生产运营、二期工程建设和深圳液化天然气应急调峰站项目的建设与管理，为长三角地区、粤港地区调峰供气。江苏 LNG 项目一期工程建设规模 350 万吨 / 年，年均供气 48 亿立方米，具备天然气管道外输和 200 万吨 / 年 LNG 槽车充装功能，2011 年 5 月投产；二期规模增至 650 万吨 / 年，年均供气 87 亿立方米，计划 2016 年建成投产。深圳 LNG 项目一期工程建设规模规划 300 万吨 / 年。

认真贯彻落实集团公司的工作部署，严格落实安全环保“一岗双责”，科学优化生产运营，精心组织江苏 LNG 二期工程建设，加快推进深圳 LNG 项目核准，大力实施技术创新，积极探索接收站向第三方公平开放，大力推行低成本发展，开源节流降本增效。全年接卸 23 船、217.7 万吨 LNG，外输天然气 30.44 亿立方米，超额完成股份公司下达的生产任务和考核指标，各项费用均控制在预算范围内。

自投产截至 2014 年底，江苏公司累计安全接卸 94 船、881 万吨 LNG，外输天然气 121 亿立方米。

1. 生产运行

江苏公司精心优化生产，加强能耗管理，大力实施技改技措，全年节约燃料气消耗 500 多万立方米，在气化外输负荷较低的情况下，实现每万立方米气单耗同比减少 17.6 千克标准油。科学调整生产计划，努力提高装车外运量，高峰时段单日装车 120 辆，创国内LNG接收站装车最高纪录，也为向第三方公平开放创造了有利条件。全力支持冷能项目开车，实现一次投产成功，冷能资源得到利用。

2. 工程建设

建立加快推进江苏LNG二期工程建设，4月顺利通过国家能源局核准，国内首座20万立方米储罐建设按计划推进，工艺接入条件审查及投产试运程序文件编制工作全部完成；深圳LNG项目核准要件办理完毕，上报国家能源局申请核准。

3. 科技创新

彻底突破20万立方米储罐建造、浸没燃烧式（SCV）和海水开架式（ORV）气化器制造关键技术，成功国产化应用；接收站运行管理技术研究获石油和化工自动化应用科技进步奖二等奖；为天津浮式LNG接收站提供全过程开车服务，实现一次成功投产，成为国内唯一能够承担新建各类LNG接收站全过程投产服务的LNG公司；参与完成“我国大型液化天然气关键技术开发及应用”，获集团公司科技进步奖特等奖。

4. 接收站设施公平开放

在国内率先实施向第三方开放使用接收站设施，灵活利用富余罐容空间和卸船窗口期，通过“液来液走”代储转运模式，先后接卸两家企业共4船、23.5万吨LNG现货，实现装车外运2.15亿立方米，增加营业收入6000多万元，提高接收站资产利用率和投资回报，得到国家能源局和业界高度评价，被中国能源研究会能源政策研究中心评价为“2014年我国天然气行业的10个重大事件”之一，树立了中国石油的良好形象。

5. 安全环保

严格落实安全环保“一岗双责”，牢牢抓住生产运行和工程建设两个现场，坚持“安全、卓越、绿色、和谐”HSE管理方针，强化港口石化码头企业安全生产标准化管理，始终保持项目与海洋生态环境和谐发展，得到地方政府和环保部门高度评价。

（边海军）

【控股子公司——中石油大连液化天然气有限公司】 中石油大连液化天然气有限公司（简称大连公司）是由中国石油、大连港股份有限公司和大连建设投资有限公司共同出资组建的有限责任公司，属天然气与管道储运企业，负责开发、建设、经营大连LNG项目。大连LNG项目是中国石油首批建设投产的LNG项目，该项目位于大连市保税区大孤山半岛鲇鱼湾海域，占地面积21.6公顷，接收站建设规模为年接收能力600万吨，年供气能力为84亿立方米，最大年供气能力可达150亿立方米，是目前国内唯一具有装船转运功能的LNG接收站，码头可以装卸1万—35万立方米LNG船舶。大连LNG资源主要来自卡塔尔、澳大利亚、伊朗等国家，通过大连至沈阳主干线与东北输气管网相连，为东北地区用户供气，同时兼顾北京、天津、河北等省（直辖市），形成多气源、多用户供气格局。

1. 主要指标

2014年，大连公司接卸LNG 143.71万吨，气化外输天然气20.87亿立方米，LNG装车、装船0.53亿立方米，完成年度考核指标的106%；实现营业收入6.4亿元，利润总额、上缴税费等均超额完成集团公司下达的各项绩效考核指标。

2. 生产运行

“运维一体化、管理扁平化、服务社会化”的生产运行管理模式，自主开发了三维数字化生产管理系统，建立数字化的LNG接收站，生产管理实现数字化和网络化，达到世界领先水平。坚持以安全生产为核心，强化生产运行管理，实现安全生产和平稳保供，生产计划执行率、设备维修率、主要设备完好率均达到100%。生产作业管理规范受控，推行五步安全工作法，严格执行有声巡检规定动作和“作业单位、主管部门、区域负责”三方监护，员工安全理念、责任意识、素质能力的显著增强。优化生产运行，节能降耗取得显著成果，全年节能7585吨标准煤，节约生产成本1268万元。

3. 安全环保

坚持“围绕一个目标、建立三大体系、守住五道防线”的安全管理思路，以建立三大体系为主线，以守住五道防线为抓手，安全管控能力持续提升。修订25个程序文件、46个作业文件和69个管理制度，管理体系实现不断完善和持续改进。强化安全风险管控，识别各类风险283个，制订风险消减控制措施171项，风险管理能力全面增强。完成1项总体预案、10项专项预案、9项处置预案修订和13项应急处置卡，开展预案演练18次，应急能力显著提升。开展安全大检查12次，专项检查3次，巡检抽查48次，查改问题118项，监督检查成效显著。加强环保技术研究、化学需氧量（COD）排放指标分析和噪声监测，实现清洁生产。职业健康管理规范到位，员工体检率达到100%。

4. 项目建设

实现项目一期工程圆满收官，先后完成了档案验收、竣工验收、项目核查和项目后评价，成为集团公司第一个通过国家竣工验收的LNG项目，获国内LNG行业第一个国家优质工程金奖。工程实际完成投资与集团公司批复概算相比节省22.5%，与国内同等规模LNG接收站相比，工程投资降低20%—30%，是国内投资最低的LNG项目。项目二期工程顺利通过国家发改委核准，完成工程详细设计和长周期设备采购，总体工程建设按照2015年9月建成投产的目标稳步推进。

5. 科技创新

科研取得新突破，完成"LNG接收站工程设计技术研究"，形成自主知识产权，获集团公司科技进步特等奖，"液化天然气装卸船一体化研究及应用"获国家科技创新成果奖二等奖，"大连LNG项目管理实践"获国家优秀项目管理成果奖一等奖，完成1项发明专利申报，取得1项软件著作权。标准化管理取得新成果，完成2项国家标准立项，开展2项行业标准编制，完成3项企业标准发布和2项企业标准报批。完成生产运行管理和承包商管理子系统开发建设，实现生产运行管理信息化、设备运行监控自动化。集团公司信息化系统推广应用实现优化集成和深度融合，打造了高效适用的信息化工作平台。

6. 企业管理

坚持依法治企，推进合规经营，实现公司管理水平持续提升。深化预算管理，有效控制生产运行成本，压缩费用开支，成本费用比预算指标降低21%。加强财务费用管理，严格控制费用支出，有效使用资金，利息支出比预算指标降低35%。积极开拓外部市场，充分发挥装船业务优势，积极开拓装船业务，完成装船作业2艘。规范物资采购管理，严把物资价格和质量关，推行网上采购，两级集中采购率达到100%，节约采购资金104万元。内控体系运行有效，完成十项重大风险评估和自我测试，实现风险管控落地。

7. 市场开发

积极开展LNG代储转运相关业务研究和市场调研，开拓外部市场，充分发挥装船业务优势，积极开拓装船业务，完成装船作业2艘，创收336万元。从强化内部管理，制定接收站设施公平开放使用内部管理程序，提升精细化管理水平，围绕接收站设施公平开放先后编制了1个管理办法和5个管理程序，完善码头紧急离泊现场处置预案、恶劣天气现场处置预案和船舶监护管理规定，使装船作业得到科学优化，有据可依。

（陈殿卫）

中国石油天然气股份有限公司
华北天然气销售分公司

【概述】 中国石油天然气股份有限公司华北天然气销售分公司（简称华北销售）于2004年2月注册成立，2004年12月正式揭牌，是股份公司按照国际惯例组建的首家分立于油气田生产、管道运输的天然气销售专业化地区公司，主要承担通过陕京一线、陕京二线、陕京三线、永唐秦线、港清线、港清复线、唐山LNG线等长输管道进入北京、天津、河北、山西、内蒙古、陕西等省（自治区、直辖市）的天然气销售和市场开发工作，负责在建陕京四线、港清三线的市场培育开发和同步接气投运协调工作，主要气源来自长庆、塔里木等油气田的国产天然气，以及中亚管道进口气和唐山进口LNG。

公司位于北京市朝阳区慧忠里甲118号，下设办公室（党委办公室）、人事处（党委组织部）、财务处、市场开发处、营销处、计量调运处等6个机关处室，机关附属资金结算中心，设有北京市、天津市、山西省、河北省销售代表处，2009年12月起受托管理股份公司天然气销售结算中心日常行政工作。

2005—2014年期间，累计销售天然气1291.43亿立方米、实现销售收入1718.05亿元、完成税前利润145.92亿元，年均增幅分别达20.5%、34.3%和47.9%，实现供气用户76家，公司企业类别由四类企业进入一类企业标准。

【业绩指标】 2014年，实现天然气销量216亿立方米、销售收入426.38亿元、税前利润9.28亿元，分别完成年业绩考核目标的101%、103.53%和429.63%，业绩合同规定的各项经营指标和控制指标全部达标。

【运行调控】 2014年，在天然气需求增速趋缓，夏季滞销情况下，着力加强销售过程的需求侧管理，每月逐家核实用户新增量和新项目投产进度，每周依照居民、公服、采暖、工业和电厂等用气类型进行需求侧动态分析。强化用气计划监控考核，重点督促落实京、津、冀、晋四省市燃气公司按计划用气，扎实做好 38 次场站运行改造、管道突发事件和用户检维修等停输施工期间的气量运行管理，协调陈塘庄电厂等 4 家新建电厂提前联网调试，4—10 月实现销量 87.7 亿立方米，超夏季方案量 2.9 亿立方米。

针对北京用气量同比增长 51%、冬季沿线控销保北京的严峻形势，公司积极组织采购中国石化 LNG100 万米^3/日应对供气高峰，协调超冬季方案量的用户委托中国石油购买 LNG 或自行采购 LNG，推行 LNG 冬季调峰气价，促成北京燃气公司等 11 家用户委托中国石油采购 LNG4.1 亿立方米，有效弥补供需缺口，确保冬季销量低于运行方案量。

【市场开发】 依照以资源量、规划量确定合同量的总体要求，按期完成《2019—2025 年各省市用户规划销售方案》，对尚未签订长期合同、实际用气量与合同量偏差较大、合同过期的 41 家用户，全部开展了合同补签工作。重点跟踪落实港清三线 5 个分输站建设情况，及时把握直供用户接气工程进展动态，有效落实 20 家用户协议签约。坚持以开发高端用户为主，加大陕京四线沿线市场开发力度。积极推动新用户、高端用户储备，全年初步落实 25 家新用户和 11 家电厂用户。开展中俄东线前期可行性研究工作，对中俄东线沿线的重点企业和天然气增幅较大地区，精心收集目标市场相关资料，如期编制完成了中俄东线北京、天津、河北分省市的市场调研报告。

【企业管理】 持续推进 QHSE 体系建设，重新识别与评价危害因素和风险，对已投产用户和新投产用户全面进行资质复查检查，组织实施内控体系流程自测，按时完成体系内部审核。健全完善归档范围确认制度和电子文件同步归档机制，档案管理由 B 级企业迈入 A 级企业行列。开展管道生产系统 2.0 升级后在 ERP 系统内的接口配置、测试、切换，实现 LNG 销售数据填报、天然气周结算单优化、管道一口多输等功能的上线使用。“气候因素对华北地区天然气销售的影响”“华北天然气用户信誉等级评价”等 5 个科研课题研究取得阶段性成果。突出季度预算与经营活动分析，全面加强资金计划管理，严格费用支出管控，科学确定预收款额度，实施回款情况检查、重点催收、余额监测等方面动态管理，有效保证预收款与销售同步，年底实现预收账款余额 23.78 亿元。按照公司专业化销售人才队伍建设规划，强化“天然气销售企业管理岗位员工专业知识素质测评研究”和测试软件设计，组织编写 2 万字的《天然气知识复习大纲》及涵盖 14 章内容的 980 道试题，建立天然气知识试题库，明确持证上岗工作原则及各岗位持证要求。开展全员履职能力、岗位技能培训，组织高、中、初 3 个级别天然气知识考试，以及天然气知识竞赛初赛、复赛和决赛，员工履职履岗技能和队伍凝聚力明显增强。推进人事制度建设，合理设置绩效管理的权重、评价维度，细化量化评价内容，利用信息化手段实现 360 度综合测评，公司组织史企业卷初稿编纂工作顺利通过集团公司审核。

（马迎祥）

中石油京唐液化天然气有限公司

【概述】 中石油京唐液化天然气有限公司（简称京唐公司）于 2012 年 9 月成立，注册地为河北省唐山市曹妃甸区，注册资本 26 亿元。京唐公司属于合资企业，股东方分别为中国石油天然气股份有限公司（股权 51%）、北京控股集团有限公司（股权 29%）、河北省天然气有限责任公司（股权 20%）。合资公司经营范围包括进口液化天然气（LNG）的接卸、储存、气化、外输、装车及港口经营等业务，京唐公司营业收入主要来源气化费、装车费及港口服务费。

下设 8 个处室、2 个中心，分别是办公室（党委办公室）、经营计划处、生产处、科技信息处、安全环保处、机动设备处、财务处、人事处（党委组织部），下设生产运营中心和运行保障中心，定员 130 人。

主要负责唐山 LNG 接收站的建设和生产运营管理工作。唐山 LNG 接收站主要功能为保障京津冀地区特别是北京市的天然气调峰和供应安全。进口 LNG 经过唐山 LNG 接收站气化后，经外输管道向京津冀地区供气。唐山 LNG 接收站项目由接收站工程和码头工程组成。一期工程规模为 350 万吨/年，主要建设 3 座 16 万立方米的 LNG 储罐、1 座可靠泊容量 8 万—27 万立方米 LNG 船舶的 10 万吨级码头及相关配套设施。增建 4 号储罐工程规模为 650 万吨/年，主要建设 1 座 16 万立方米的 LNG 储罐及相关配套设施。

唐山 LNG 接收站项目从 2005 年开始前期论证

和研究工作，2010年10月项目通过国家发改委核准，2011年3月开工建设，一期工程于2013年11月建成投产，增建4号储罐工程于2014年11月建成投产。

【经营业绩】 2014年，京唐公司安全接卸LNG船19艘，卸载LNG166.7万吨，气化外输天然气22.66亿立方米，槽车外运LNG1.46万吨，实现营业收入6.74亿元，实现利润1.67亿元，上缴税费5245万元。

【安全生产】 京唐公司以安全生产为首要任务，持续狠抓安全环保，生产运行安全和工程建设安全保持受控，接收站实现安全平稳运行，京唐公司被集团公司评为“2014年度安全生产先进企业”。

把企业管理体系与质量管理体系要素、HSE管理体系要素、专业公司管理体系和国际安全评级标准进行对标，实现管理体系的持续改进。建立覆盖全员和全部工作流程的安全环保责任体系，层层签订《安全环保责任书》，落实安全环保属地责任。实施领导带班和值班责任制、安全监管责任制、运行操作岗位责任制、日常巡检责任制、交接班责任制等8项制度，并对HSE业绩进行绩效考核。

积极宣传贯彻新《安全生产法》和《环境保护法》，组织开展“安全生产月暨百日安全生产活动”和安全职责、作业许可、典型案例分析等60余次安全培训以及天然气泄漏、火灾消防、港口保安等14次应急演练，提高全员安全意识和安全技能。

认真履行生产安全岗位责任制，坚持“班前安全讲话”和“班后安全点评”，强化冬季保供期和夏季接船期等关键时段的操作管理，开展每月、每周和每天安全检查工作，确保接收站安全平稳运行。

深入落实HSE五级监管、安全联检、非常规作业许可等行之有效的管控措施，加强工程建设中动火作业、吊装作业等关键工序的安全监管，工程建设累计实现安全工时2465万小时，实现工程建设“零伤害、零污染、零事故”HSE目标。

【技术创新】 京唐公司通过实施技术创新，推动接收站关键设备国产化和LNG标准、LNG接收站“三化设计”等研究取得重大突破。本着“自主研发、管理创新、项目引领、政策引导”原则，以研发双方共克难关、共担风险、共享成果的方式，分别组织国内厂家联合开展大型LNG接收站以立式长轴海水泵和开架式海水气化器（ORV）为主的关键工艺流程、DCS/SIS系统集成以及低温高压铸造球阀等设备国产化研发工作。采用“政产学研用”相结合的国产化研发体系，实施全过程产品质量管控，组织工业化现场试验和生产应用，国产化“首台套”研发成果已在唐山LNG接收站成功应用，实际运行数据显示，国产化设备的各项关键技术指标均可与进口产品比肩。自成立以来，先后独立完成编制行业标准1项，参与编制集团公司企业标准14项，翻译国外LNG标准25项。完成LNG接收站“三化设计”CDP文件48项。京唐公司获得“中国石油天然气集团公司科学技术进步奖特等奖”。

【企业管理】 强化生产运行管理，加强组织建设、队伍建设和企业文化建设，积极开展工会和共青团工作，为京唐公司可持续发展提供强有力的组织保证、智力支持和精神动力。

加强生产运营管理，圆满完成生产指标。积极做好与专业公司和北京油气调控中心的沟通协调，科学安排船期，准确把握生产节奏，增创经济效益。积极强化海事港务作业研究，加强与“一关三检”等政府部门沟通协调，确保特殊天气海况下的接卸安全，保证靠泊接卸“零失误”。优化分析化验与计量交接管理，深入研究国际国内计量化验的方法标准，提高计量化验精度，维护公司合理利益。严格执行操作规程，认真履行班组交接班、内操DCS监盘、外操巡检等岗位职责，严格按照操作程序和操作规程进行操作，确保接卸船、存储、气化、外输、装车等操作到位。认真做好设备维检修工作，及时完成仪表、电气、设备的预防性和故障性检修，实现主要设备完好率100%，保障安全平稳生产运行。

加强组织建设和队伍建设，认真落实党委中心组学习计划，开展以“练内功、强素质、转作风”为主题的群众路线教育实践活动。大力加强党风廉政建设，各级干部逐级签订《党风廉政建设责任书》，落实党委主体责任和纪委监督责任。积极推进企业文化建设，编辑发布公司《企业文化手册》等企业文化建设成果。积极开展工会和共青团工作，持续开展扶贫帮困送温暖活动，组织开展形式多样的员工文体活动和劳动竞赛活动，京唐公司工会被集团公司直属工会评为“先进职工之家”，公司团委被集团公司直属团委评为“先进团委”。

（李诗韵）

海外业务企业

中国石油天然气集团公司
哈萨克斯坦公司

【概述】 中国石油天然气集团公司哈萨克斯坦公司（简称哈萨克斯坦公司）主要负责对集团公司在哈萨克斯坦的油气业务进行统一管理。2008 年 11 月，中国石油天然气集团公司在中油国际（哈萨克斯坦）公司的基础上组建成立中国石油天然气集团公司哈萨克斯坦公司。哈萨克斯坦公司行政上由集团公司管理，业务上归口海外勘探开发分公司管理，是集团公司内部海外业务区域性管理机构。 自 1997 年集团公司进入哈萨克斯坦油气市场以来，经过艰苦创业，哈萨克斯坦公司业务从无到有、从小到大，实现跨越式的发展。2014 年底哈萨克斯坦公司管理和运作着 7 个上游项目、2 个管道项目和 1 座炼油厂，即 PK 项目、阿克纠宾项目、曼格什套项目、卡沙甘项目、北布扎奇项目、ADM 项目、KAM 项目、中哈管道项目、西北管道项目和奇姆肯特炼油厂；业务涵盖勘探开发、管道运输、炼油和油品贸易等领域，形成上中下游完整的业务链。截至 2014 年底，原油剩余可采储量 22.3 亿吨，油气生产能力 3000 万吨油气当量，向国内原油输送能力达到 2000 万吨 / 年；中外方员工总数 20542 人，其中中方员工 393 人。

2014 年，哈萨克斯坦公司面对原油产量刚性递减、坚戈大幅贬值、原油内销比例提高、出口关税上涨、管输费与原油加工费上升、政府监管持续收紧、油价急剧下跌等一系列困难和挑战，全体干部员工贯彻落实集团公司和海外勘探开发分公司的统一部署，完成全年各项生产经营任务。2014 年新增原油可采储量 864 万吨、天然气可采储量 67.9 亿立方米；生产原油 2252.7 万吨、天然气 89.5 亿立方米；中哈管道向中国输送原油 1184 万吨；奇姆肯特炼油厂加工原油 506.8 万吨；实现利润总额 20.4 亿美元、权益现金贡献 12.1 亿美元。

【勘探】 2014 年，通过突出抓好风险勘探、持续深化滚动勘探、全力推进探区延期和扩边，哈萨克斯坦公司超额完成年度新增油气可采储量指标。阿克纠宾项目中区块南部构造带 T-5 井在 KT-I 层 B3 小层获得高产油气流，开辟勘探新领域。PK 项目西 Tuzkol 油田 11 口探井、试采井获商业油气流，在平面上基本控制该区域油藏范围；1057 区块西部走滑断裂带含油范围不断扩大，初步计算新增石油地质储量 282 万吨；Karavanchy-25 井在 260D 区侏罗系中下统获突破；库姆克尔南 2 口探井在中下侏罗统获日产百吨以上的高产油气流；951D 区块扎曼苏 -6 井于中下侏罗统首次获得突破。ADM 项目 UC70 和 UC71 井在上、下侏罗统均发现油气层。阿克纠宾项目滨里海盆地东缘中区块第四次勘探延期及南部 310 平方千米扩边成功，里海探区延期于 2014 年底获哈萨克斯坦政府批准，为下一阶段勘探创造有利条件。

【开发生产】 2014 年，面对主力油田开发进入中后期、含水上升、递减超预期等矛盾和困难，哈萨克斯坦公司不断优化工作部署、强化生产组织运行管理，完成年度油气生产任务。PK 项目持续推进勘探开发一体化工作，生产原油 750 万吨。阿克纠宾项目通过加强老油田管理、加快推进重点工程建设、大力开展精细注水、持续引进先进适用技术，各项工作有序开展，生产原油 568 万吨、油气当量 1064 万吨。曼格什套项目大力实施“三大工程”，实现少井多产，生产原油 627 万吨，同比增产 19 万吨。北布扎奇项目采取有效措施，油田含水上升趋势和产量递减趋势得以遏制，基本实现动态注采平衡，生产原油 203.7 万吨。ADM 项目通过深挖滚动扩边潜力，优化措施方案、加快开发井钻井进度、完善注采井网等措施，生产原油 36 万吨。KAM 项目狠抓生组织与油藏管理，生产原油 66.5 万吨。卡沙甘项目通过密切与伙伴协调沟通，加快推进复产进程；联合作业公司就增值税返还等问题与哈萨克斯坦政府达成协议。

【管道运营】 中哈管道千方百计组织油源，2014 年向国内输油 1184 万吨；签署一票制管输收入分配等 3 个协议，完成二期二阶段扩建初步设计编制，为吸引哈萨克斯坦西部油源及全线 2000 万吨扩建奠定坚实基础。西北管道正输与反输兼顾，2014 年实现反输 45 万吨，累计输油 303 万吨。

【炼化业务】 奇姆肯特炼油厂精心组织，在有序推进改造的同时，实现老旧炼油厂的安全平稳运行，2014 年加工原油 506.8 万吨，创哈萨克斯坦独立以来的新高。

【降本增效】 哈萨克斯坦公司以控投资、降成本、增效益为主线，开源节流、降本增效，通过优化销售方向，增效约 1 亿美元；通过优化控减低效及无效投入、调整工作部署，2014 年控减投资 3.7 亿美元，控减操作费 8400 万美元以上，实现考核口径利润总额 20.5 亿美元，中方权益分红 12.1 亿美元。

【应对法律纠纷】 哈萨克斯坦公司积极组织协调国家、集团公司及地区公司各方资源，周密组织，全力以赴加以应对。通过大量艰苦的工作，阿克纠宾项目天然气燃放和奇姆肯特炼油厂增值税等纠纷胜诉，胜诉金额 8420 万美元；哈萨克斯坦税务部门撤销对阿克纠宾项目 2006—2008 年税务案的起诉，金额达到 8635 万美元；PKKR 钻井废屑纠纷部分胜诉。

【安全环保】 2014 年，哈萨克斯坦公司突出对重点领域、要害部位、关键环节和敏感时段的风险防控和监督管理，全年未发生 A 级及以上事故，实现油气生产的安全平稳受控运行。哈萨克斯坦公司连续 6 年被评为集团公司“安全生产先进单位”。

【党建和思想政治工作】 2014 年，哈萨克斯坦公司党委坚持“围绕发展抓党建、抓好党建促发展”，建立非兼职班子成员“四位一体”联系点制度，“一岗双责”全面落实；以“四个一”学习教育活动为载体，大力加强廉洁自律从业教育；扎实开展群众路线教育实践活动；对 6 个上游项目的班子成员进行调整，2014 年共轮换交流正处级干部 14 名，干部队伍建设持续加强；一次性申请解决 55 个合同化员工编制和近三年工作关系调入遗留问题，最大限度地解决员工的后顾之忧。

（狄长波）

中国石油天然气股份有限公司
伊拉克公司

【概述】 中国石油天然气股份有限公司伊拉克公司（简称伊拉克公司）成立于 2009 年 12 月 23 日，是中国石油为加强伊拉克地区油气业务的组织管理，发挥整体优势，促进海外油气业务发展而成立的海外地区公司，下设哈法亚、鲁迈拉、艾哈代布、西古尔纳等四个项目部和公司机关 8 个部门，以及北京、巴格达、迪拜、伦敦四个办事处。截至 2014 年底，伊拉克公司现有中方员工 343 人（不包括整建制对口支持人员），伊拉克当地员工 15160 人（包括参建单位当地雇员），国际雇员 1199 人。

2014 年是伊拉克公司在逆境中前行，并取得辉煌成绩的关键一年。面对极其复杂的政治、安全环境，在集团公司、海外勘探开发分公司的正确领导和支持下，伊拉克公司上下团结一致，处变不惊，全面完成集团公司和海外勘探开发分公司下达的各项生产经营任务。原油作业产量突破 5000 万吨，达到 5188 万吨，同比增加 1099 万吨；实现份额提油 2813 万桶，销售收入 25.2 亿美元，生产、经营指标均创伊拉克公司成立以来新高；工程建设稳步推进，哈法亚二期 1000 万吨 / 年产能建设比合同要求提前 2 年投产，艾哈代布项目 700 万吨 / 年产能扩建按期竣工投运，鲁迈拉项目地面工程建设加快实施；HSSE 工作连续 6 年保持“零伤亡、零事故、零污染”的良好记录；成功签署鲁迈拉、哈法亚补充协议，伊拉克项目朝着“既大又好”的战略目标迈出坚实的步伐。

【油气项目】

1. 艾哈代布项目

2014 年，艾哈代布项目在伊拉克严峻的政治安全危机下，坚持与参建单位同舟共济、众志成城，超前谋划安保应急策略、科学调整生产作业部署，努力克服油田递减幅度大、新井工作量滞后等诸多不利条件，通过落实电泵井、转注井和老井优化等措施，弥补因新井投产滞后造成的产量缺失，原油产量逆势而上；实现完钻井 41 口，CPF 提瓶颈工程和扩建工程全部竣工投产；生产原油700万吨、外输原油693万吨；处理天然气7亿立方米、LPG 14.5万立方米；完成提油555.8万桶（中国石油份额）。

2. 哈法亚项目

2014年，哈法亚项目面临伊拉克极端复杂严峻的政治安全危机，坚决贯彻落实集团公司的指示精神，处变不惊，沉着应对，确保项目平稳有序推进；生产原油745万吨；2014年8月18日，米桑42英寸战略性外输管线和哈法亚二期CPF正式建成投产，比合同要求提前2年，受到伊拉克政府的高度赞誉；成功完成技术服务合同（DPSC）的重大修改；实现提油750.3万桶。

3. 鲁迈拉项目

2014年，鲁迈拉项目经历伊拉克严峻的政治、安全危机的考验，尤其是在50%的外籍雇员撤离油田现场以及近期油价下跌、政府提油推迟的不利形势下，中方人员与BP加强合作，优化生产组织，加强经营策划，实现中方原油作业产量2866万吨，圆满完成生产经营任务，安全环保依然保持良好记录。同时，与BP通力合作，实现合同重大修改，标志着鲁迈拉项目即将在经营效益方面迈上一个新台阶，进入规模滚动快速发展的良性阶段；提油1295.5万桶。

4. 西古尔纳-1项目

西古尔纳项目是中国石油与埃克森美孚合作的项目，未来发展潜力大、政治影响大，在伊拉克乃至中东地区占有举足轻重的地位。受伊拉克严峻安保形势的影响，2014年油田原油产量一度下滑至30万桶以下，但随着部分处理大修工作完成后，原油产量水平有所恢复；2014年生产原油877万吨（中方份额），实现提油211.4万桶。

【主要生产经营工作】 2014年，伊拉克公司紧紧围绕建设“国际水平海外最大油气合作区”的总体目标，以提升质量效益为中心，努力克服伊拉克国内突发的政治、安全危机以及2014年下半年国际油价急剧下跌等一系列困难和挑战，团结一致，攻坚克难，优化上产措施，加强施工组织，注重经营策划，主要生产经营指标均创5年来的新高。

1. 实现HSE良好记录

2014年，伊拉克整个国家曾一度陷入严重的政治、安全危机。4月，政府换届大选，马利基高票当选，后又被迫放弃新政府组阁，8月11日几乎发生兵变。6—8月，ISIS在伊拉克北部相继占领一些重要城市、油田和炼油厂，并曾一度直接威胁首都巴格达。非常时期，伊拉克公司坚决贯彻落实集团公司的指示精神，迅速成立临时应急工作领导小组，制订安全应急预案，短时间内将人员精简压缩约50%。由于对形势判断准确，措施得当，安全地渡过这场危机，使造成的生产影响和损失降到最低。在此期间，还成功处置“6·12”人质绑架事件。

在日常工作中，伊拉克公司注重HSE制度的宣贯落实，强化安全生产管理，推进对参建单位的HSE管理，重视油田环境保护和紧急医疗救助。持续保持良好的HSE和社会安全业绩，全员安全环保理念进一步增强，安全水平进一步提高，连续五年实现“零事故、零伤害、零污染”目标。

2. 原油生产迈上5000万吨台阶

2014年，伊拉克公司认真贯彻集团公司工作部署，坚持自我加压、勇于担当，加强合作，沉着应对，经受住资源国政治动荡、安全形势恶化等一系列重大考验，取得不平凡的业绩，全面完成年度各项生产经营目标，原油作业产量突破5000万吨，达到5188万吨，同比增加1099万吨；份额提油2813万桶，实现销售收入25.2亿美元，生产、经营指标均创伊拉克公司成立以来的新高。

3. 产能建设取得突出成效

2014年8月18日，哈法亚二期1000万吨/年产能建设比合同要求提前2年投产，成为伊拉克第二轮国际石油合作项目中唯一启动并实现二期投产的项目，这也是哈法亚继第一个实现初始商业产量后，再度领跑伊拉克高端国际油气市场。同时，艾哈代布项目700万吨/年CPF产能扩建工程按时竣工投运；鲁迈拉项目45万桶/日综合处理站有序推进，年底注水量达到76万桶/日；西古尔纳项目10万桶/日新增原油处理项目稳步实施，年底注水量达到52万桶/日。

4. 完成合同重大修改

2014年9月4日，在伊拉克新政府正式成立前2天，鲁迈拉和哈法亚合同修改补充协议正式签署。当时，部分西方石油公司就合同修改与伊拉克政府谈2年。如果哈法亚不能在伊拉克新政府成立之前最终签署修改协议，将很可能被无限期搁置。哈法亚紧盯政府换届的关键时刻，即使8月伊拉克首都巴格达被ISIS三面包围，外国人大部分撤离，安全形势十分严峻的时刻，中方谈判组依然连续与伊拉克石油部进行艰苦的谈判，最终仅用3个月的时间就成功完成对服务合同的重大修改，伊拉克项目朝着“既大又好”的战略目标迈出坚实的步伐。

5. 实现中国石油在伊拉克效益最大化

按照集团公司提出的“力争三年时间把中东建

成海外重点油气合作区和工程技术服务的主阵地”要求，中国石油在伊拉克四大项目积极与中东工程技术服务协调小组沟通，充分发挥作业者的主导作用以及合同者的引领作用，精心谋划、缜密运作，努力为中国石油工程技术服务队伍参与项目招标，合规进入伊拉克市场创造条件。通过努力，截至2014年底，中国石油参建单位在伊拉克四大项目及非中国石油项目累计获得合同额相当于中方滚动投资的90%；中方队伍在伊拉克的出色表现，为项目快速发展提供坚实保障，赢得各方认可。在与威德福、斯伦贝谢和哈里伯顿等国际大公司合作与竞争中，国际化水平得到质的提升，成功跻身于伊拉克国际一流石油技术服务市场。

【党建和班子建设】

1. 加强领导班子建设

日常工作中，伊拉克公司坚持把“政治素质好、经营业绩好、团结协作好、作风形象好”作为班子建设的目标和标准，加强和改进党的组织建设，充分发挥政治核心作用，以着力解决政治理论学习、执行力建设、工作作风、沟通能力等方面存在的突出问题为重点，增强领导班子的战斗力、凝聚力和创造力；坚持议大事、把方向、谋全局，强调领导力和执行力，统一领导班子的认识，把思想认识进一步统一到集团公司党组的战略部署上来，稳步推进勘探开发、钻井作业、地面工程建设等重点工作，为伊拉克四大项目科学发展注入强劲的动力。

2. 构建有效的选人用人机制，干部队伍建设不断加强

根据伊拉克公司业务发展需要，及时向集团公司推荐，新提拔两名班子新成员，选拔充实地区公司和各项目部副总师、总经理助理人员，优化管理层的年龄、专业和知识结构；按照“三重一大”决策程序和干部选拔任用四项监督机制要求，2014年选拔任用副处级以上中层领导干部32人，加快干部成长成才；按照“请进来、送出去”、岗位培训、轮换培训相结合的方式，2014年培训中层以上管理人员40多人，完成人员轮换30多人，加快人才培养步伐；全方位开展副处级以上干部述职述廉和年度考评工作，为加强干部培养使用创造条件。

3. 扎实开展群众路线教育实践活动整改落实工作

按照集团公司教育实践活动的部署要求，伊拉克公司突出重点，建立长效机制，落实梯次推进，狠抓整改举措，稳步推进整改落实工作，制约伊拉克地区改革发展的瓶颈问题初步得到解决，教育实践活动整改落实工作取得积极成效。

在党的群众路线教育实践活动中，伊拉克公司党工委坚决反对形式主义、官僚主义、享乐主义和奢靡之风，认真开展整改落实、建章立制工作，共制订整改项目15大项，明确58个分项整改措施，已经完成整改落实14大项、56个分项；教育实践活动整改落实工作取得积极成效。伊拉克公司按照既定的整改措施，狠抓各项落实工作，促进和扩大教育实践活动的效果。主要做法包括：（1）公司领导班子成员率先垂范，令行禁止，积极参与活动，明确活动的指导思想、整改目标、完成要求、完成时限、责任人等，体现扎实的作风；（2）机关各部门和各项目负责人对这项工作高度重视，推动本单位逐项落实整改工作任务，取得积极成效。（3）进一步完善领导班子思想理论、组织建设、干部管理、廉政建设等各项制度，为开展教育实践活动奠定良好的基础。（4）坚持不跑偏、不懈怠，切实把集团公司的安排部署同伊拉克地区的工作实际紧密结合起来，注重实际效果，有效推进伊拉克四大项目的上产开发工作。（5）针对进一步贯彻执行中央八项规定和集团公司的工作要求，深入开展监督检查，纠正执行不到位、坚决防止“反弹”的问题。通过内部监督检查，没有发现违反规定的问题。伊拉克公司的教育实践活动整改落实工作取得积极成效，没有出现逾期未完成工作任务的情况。

4. 加强党风廉政建设

伊拉克公司认真学习贯彻集团公司2014年反腐倡廉工作会议精神，及时明确反腐倡廉工作重点，逐级签订《党风廉政建设责任书》，明确2014年度党风廉政建设的责任范围、责任内容、考核与责任追究等事宜。在日常工作中，伊拉克公司要求各级领导干部从严约束自己，树立正确的政绩观、价值观、利益观和权力观，不断提高党性修养，坚持原则，秉公办事，时时处处以身作则，做出榜样；要自觉严格遵守党的组织纪律和民主集中制，认真执行集团公司“三重一大”有关规定和制度，注重班子团结和密切配合，用自己实际行动维护班子的整体形象；要求广大党员干部深刻认识形势的严峻性和任务的艰巨性，坚持警钟长鸣，进一步增强反腐倡廉建设的紧迫性和责任感，不断提高管控能力和管理水平，规范伊拉克油气合作项目运营，突出对工程招标、物资采购、原油销售、资金支付等领域的监控，高度重视海外廉洁风险防范，努力堵塞管理漏洞，以反腐倡廉建设为盾牌，杜绝违法违纪行为的发生，保障伊拉克四大项目

各项经营目标的顺利实现。

在生产经营过程中，伊拉克四大项目认真执行物资采办制度、合同招标制度、财务管理制度和内部审计制度等，从制度上堵塞漏洞，规范管理行为；认真接受来自资源国、伙伴和集团公司等各方的审计，认真进行整改完善；定期组织观看警示教育宣传片，下发加强反腐倡廉教育的实施意见，增强防腐意识，规范权力运行，有效防止违法违规违纪问题发生；同时，严格遵守"三重一大"有关规定和制度的执行，确保重大决策、重要干部任免、重大项目安排和大额度资金的使用合规。通过有效开展党风廉政建设活动，提升广大党员干部的廉洁自律意识，保持干部队伍的纯洁性，推动伊拉克四大项目的健康和谐发展。

5. 认真贯彻落实中央八项规定

伊拉克公司领导班子认真学习贯彻中央八项规定精神，深刻领会和全面贯彻集团公司党组 20 条精神和有关文件要求，修订完善《伊拉克公司党工委工作制度》《党政联席会议事规则》《党委中心组学习制度》等一套决策运行、管理监督制度，形成敬畏法律、敬畏制度、反腐防腐惩腐的新机制、新氛围；紧密联系实际，制定出台落实《关于改进工作作风、密切联系群众的实施办法》；通过严格落实《公务接待管理制度》和《公务用车管理制度》，公务接待活动得到有效控制，公务用车、公款消费、公务接待进一步规范。

为进一步增强广大干部职工贯彻落实厉行节约八项规定的责任感、紧迫感，要求大家牢固树立艰苦奋斗、勤俭节约的优良作风，从每一项工作做起，从每一个细节入手，坚持少花钱、多办事，切实把厉行节约反对铺张浪费工作落到实处。（1）严控会议活动。本着务实高效节俭的原则，2014 年通过合并会议和以视频、电话的方式召开会议，大幅减少会议次数。2014 年公司各类会议同比减少 6 个，会议经费同比减少 2 万多元。（2）精简文件简报。严格执行行文规则和信息报送程序，进一步提高公文及信息简报的质量，控制文件及简报数量，2014 年 1—12 月，发文数量同比减少 24 个，下降 26%，上报的简报、快讯数量同比下降 19.5%。（3）改进调查研究。要求基层单位汇报工作突出重点、简明扼要、立足实际，讲真话、报实情。领导干部调研切实深入现场，与员工交谈，掌握生产最新动态，收集生产第一手数据，为油田上产提供指导。（4）改进新闻报道。2014 年，在《中国石油报》发表的 50 多篇稿件中，大多是以反映生产建设、安全、员工风采和社会贡献为主，减少领导调研、领导讲话、会议召开等内容的报道，使新闻报道工作更贴合群众、贴近实际。（5）严格执行廉洁自律各项规定。2014 年以来，没有发现相互吃请、超标接待、餐饮浪费的现象，特别是重大节日期间没有发现赠送礼品和乱发奖励的现象。（6）规范外事和出访活动。按照必要、节约、注重实效的原则，合理制定公司领导年度出访和到第三国调研的方案，统筹安排出访，控制随行人员，进一步规范外事和出访活动。（7）严格职务消费管理。严格按照"保障公务、厉行节约、廉洁自律"的原则，从严控制职务消费预算水平，杜绝铺张浪费现象。

6. 创先争优，获得多项省部级以上荣誉

伊拉克公司广大党员干部立足中东这片热土，时刻牢记集团公司党组和百万石油职工的重托，肩负保障国家能源安全的使命，在各自的岗位上，在艰苦的环境下，用青春和汗水谱写一曲荡气回肠的海外大庆精神铁人精神之歌，他们在最艰苦的地方，创造骄人的业绩；同时，也涌现一批先进集体和先进个人：伊拉克公司获得"全国五一劳动奖状"，哈法亚项目被评为"中央企业先进集体"；艾哈代布项目被评为"全国工人先锋号"；共青团中央授予鲁迈拉项目"全国青年文明号"荣誉称号；中油国际（绿洲）公司被评为"集团公司先进集体"；伊拉克公司团委获得"集团公司五四红旗团委"荣誉称号；王莎莉、祝俊峰、王贵海获得"全国五一劳动奖章"；伊拉克总理马利基授予祝俊峰"哈法亚油田发展特殊贡献奖"；张德亮获得"中央企业劳动模范"；王贵海被评为"中国石油海外油气合作十大杰出员工"；田平被评为"全国三八红旗手"；张斌、王小勇被评为"集团公司劳动模范"；张斌、张军、张永胜被评为"集团公司优秀共产党员"。

【企业文化】

1. 认真抓好宣传工作

结合生产经营工作实际，伊拉克公司认真研究宣传报道工作的新思路、新举措，及时对伊拉克四大项目和参建单位取得的可喜成果，积累的好经验、好做法和各岗位涌现出来的典型事迹进行宣传报道。2014 年先后出版 3 期《伊拉克油气合作》杂志，编发 24 期《伊拉克简讯》、16 期《伊拉克快讯》，内部编辑出版《伊拉克创业故事》一书；举办伊拉克油气合作摄影展览活动，多角度展示中国石油推进伊拉克油气项目建设、开展社会公益教育事业等方面的业绩，受到伊拉克南方石油公司（SOC）以及 BP、埃克森美孚等合作方的欢迎和赞誉；先后在《中国石油报》上刊登《哈法亚二期 1000 万吨投产》《艾哈代布家庭井场承包看护制开创海外油田社区建设新模式》《西古尔纳 1 项目实现中方首次提油》等 70 多篇稿件；同时，加强与伊拉克当地新闻媒体的合作，中国石油多次成为当地新闻媒体的正面报道对象，收到良好的宣传效果。

2. 积极开展文化娱乐活动

为引领广大员工积极投身到伊拉克地区油气开发事业，推进公司生产经营工作健康协调发展，党群工作部积极开展文体活动，以庆祝传统节日、重大活动为契机，与参建单位一道，共同组织元旦茶话会、春节联欢晚会、五一运动会、七一座谈会、国庆联谊会，通过健康有益、形式多样的文体活动，不仅活跃海外一线员工的业余文化生活、减轻严峻安保形势带来的压力，而且促进企业文化建设，增强队伍的凝聚力和向心力。

【环境保护和社会公益】

1. 履行承诺，注重加强环境保护工作

中国石油在伊拉克项目注重绿色环保，推动民生工程，造福伊拉克当地民众。艾哈代布项目从 2009 年项目启动开始，坚持实施世界领先的“废泥浆无害化处理”专利技术处理油田全部钻修井泥浆，废泥浆处理量从 2009 年的 5 千米^3/ 年增加到 2014 年的 12 万米^3/ 年，年资金投入千万美元。4 年多来，艾哈代布项目累计处理废泥浆近 50 万立方米，开创伊拉克钻井史和环保史的先河，成为伊拉克石油部推广学习的典范。与此同时，艾哈代布项目提前投用液化石油气（LPG）装置，成为伊拉克第一个生产 LPG 的上游油气田开发项目；LPG 项目安全运行 2 年多时间，已经惠及伊拉克当地 140 多万民众，对油区大环境建设产生重大而深远的意义。哈法亚油田生产的伴生天然气，及时输送到当地卡哈拉电厂，使这家电厂成为伊拉克第一个利用伴生天然气发电的电厂；哈法亚气体接收站总处理能力将达到 400 万米^3/ 日，截至 2014 年底，哈法亚油田已累计向当地电站输送天然气 3 亿立方米，有效缓解当地柴油短缺而引起的供电紧张局面，惠及伊拉克千家万户；同时，标志着哈法亚项目对促进当地绿色环保，造福民生的社会贡献进一步提升。

2. 积极扩大当地人就业，培训提高业务技能

在积极推进伊拉克四大项目产能建设的过程中，伊拉克公司努力创造就业机会，扩大当地人就业。

截至 2014 年底，中国石油为伊拉克当地社会创造 15160 个就业机会。其中，在艾哈代布、哈法亚、鲁迈拉、西古尔纳项目工作的当地雇员（含乙方单位雇员）分别为 1949 人、3293 人、6278 和 1845 人，在库尔德、巴德拉等其他石油项目工作的当地雇员 1795 人。中国石油在伊拉克的本土化率总体上达到 85% 左右，员工本土化是中国石油践行回报伊拉克当地人民的承诺，是推进国际化、本土化进程中的一项重要举措。

中国石油已启动巴士拉大学与中国石油大学（北京）在教育、科研、培训等方面的合作，旨在进一步提高伊拉克当地员工的业务技能，为当地石油工业培养更多优秀人才。

3. 构建和谐社区，积极贡献当地社会

近年来，中国石油积极参与伊拉克当地基础设施、文教卫生等社会公益项目建设，为油区村镇修路架桥，向油区小学捐赠文教物资，与国际石油和天然气行业标准和培训供应商签署培训协议等，为促进当地经济发展和社会进步、提高油区民众生活质量做出贡献。

艾哈代布项目在油田开发建设的同时，每年从油田运营经费中拨付 100 万美元作为社会公益项目建设资金，积极带动当地经济发展，帮助提高当地百姓的生活水平，受到当地百姓和政府的广泛好评。2014 年，当地议会对新援建项目争论不休的时候，艾哈代布项目自行开展的公益项目较好地满足当地政府和百姓的急需，赢得广泛赞誉：（1）向油区 3 所小学捐助一大批学习用品和教具，包括打印机、课桌椅等一批学校急需的物资，约 15960 美元；（2）向油区附近的难民捐助人道主义物资。由于受到 ISIS 扩张的影响，伊拉克北部的许多难民进入艾哈代布油田所在的瓦西特省库特市和油区所在的 Ahrar 县避难。项目先后支出 11938 美元，为解决难民的人道主义危机，在最短的时间内调集油、米、面、矿泉水、饼干等物资捐助给难民，受到当地百姓的广泛好评；（3）援助当地洪涝灾害。2014 年 4 月，因为连续大雨的影响，油区所在的 Ahrar 县部分城区严重积水；艾哈代布项目及时调配工程机械，组织设备承包商向当地政府提供真空罐车、水泵、挖掘机、装载机等设备，有效支援当地政府的抗洪抢险工作。

哈法亚项目每年为当地各提供 500 万美元员工培训费，为伊拉克培养一大批熟练掌握石油勘探、开发、生产和石油管道施工、地面工程建设的管理和技术人才。项目自 2010 年启动以来，已经为米桑省提供近 3000 多人的就业机会（包括雇用的当地员工和项目分包创造的工作岗位），很多生活在国外或者在巴格达工作的米桑人，纷纷回到自己的家乡，服务于

哈法亚油田；为促进当地经济发展，油田开发建设也给当地承包商带来约1亿美元的商机。2014年，为方便社区居民就医，哈法亚项目捐赠油区当地医院医疗设备，价值2万美元；投资100万美元，为当地人建设饮用水处理厂。

鲁迈拉项目积极参与当地公益事业，履行企业的社会责任，尽最大可能为社会、学术界和企业提供服务。按照技术服务合同，BP和中国石油每年投入500万美元，用于当地员工的培训。2014年先后组织开展17个培训项目。除了1个在英国组织以外，其余16个项目全部在中国进行。2014年共举办12期，每期18人次的培训，累计完成培训220人次。“授人以鱼，不如授人以渔”。为帮助伊拉克学生和弱势群体获取公平受教育的机会，鲁迈拉项目2012年以来，先后资助巴士拉和美国俄勒冈大学共同创建奖学金计划。2013年已经有首批15名伊拉克学生完成在美国尤金市俄勒冈大学语言系的学业。2014年又有来自伊拉克巴士拉大学的13名大学生完成一年的海外学业。该项目包含每名学生300—576小时的指导学习以及430小时以上的文化活动。每名学生都需与来自全球各地的其他学生一同参与集中的英语语言项目，并且每名学生每周都将与一名该校美国学生通过日常交流的方式进行2小时的练习。基于对之前来自鲁迈拉留学生培训的经验，俄勒冈大学委派达斯汀·克劳福特（Dustin Crawford）作为专门的学术顾问被指派负责鲁迈拉留学培训项目，负责跟进学生在整个学期的学习。教学人员总结教育基金项目的成功之处，认为“鲁迈拉教育项目使我们满怀热情。项目负责人、美国英语学会工作人员以及全体教职人员都见证了这些学生是如何获取了更强的语言能力，更好的文化适应力以及更多作为学生的自信和自给自足。”

2014年，鲁迈拉项目为巴士拉儿童医院捐赠并安装一台新的星载视频会议设备；联合公司还提供第一年运行维护的资金以及所需技术支持，努力提升巴士拉的儿童保健品质。通过公益捐赠活动，中国石油赢得伊拉克当地政府的肯定，受到当地人的尊重，增进中伊友谊，提升企业形象。

（尚松峰　王正安）

中国石油天然气集团公司伊朗公司

【概述】 中国石油天然气集团公司伊朗公司（简称伊朗公司）成立于2009年12月23日。伊朗公司行政上由集团公司直接管理，业务上归口海外勘探开发分公司管理，作为集团公司内部海外业务区域性管理机构。伊朗公司下设10个职能部门，分别是综合办公室、人力资源部、财务部、法律内控部、计划部、合同采办部、开发生产部、HSE部、钻井作业部、工程建设部等。伊朗公司在伊朗执行四个油气合作项目，分别是北阿扎德甘项目（简称北阿项目）、南阿扎德甘项目（简称南阿项目）、MIS项目、南帕斯11区项目（简称南帕斯项目）。截至2014年底，伊朗公司员工总数364人，其中中方员工106人，当地员工258人。

2014年，北阿项目全年完成进度31%，累计进度达到90.8%。其中，钻井工程完成10开12完，累计完成58开56完；试油完成10口井，酸化完成30口井；地面工程总承包进度完成43.9%，累计完成88.96%；长线设备中的电站、压缩机、外输泵、8英寸以上阀门和中低压开关柜等设备全部到场。MIS项目完成产量预测报告、维修复产技术和商务方案，中伊双方已就维修复产技术方案达成初步共识。南阿项目和南帕斯项目积极与伊方进行沟通，积极推动成本回收工作。

【北阿项目】 北阿项目钻井周期进一步下降，实际成本比计划控制目标下降20.6%，酸化试油顶替液由柴油改为活性水，大大降低作业成本。

2014年，北阿项目围绕地面建设打好攻坚战，地面工程全年完成进度47%。地面工程主体设计全部完成，解决电脱盐两级改三级、井口放空管道布置、外输油气管线路由修改及延长等多项重点难点问题，为顺利开展详细设计扫清障碍；乙供设备订单全部完成，累计到场设备98项；充分发挥集团公司一体化优势，投入施工人员2000余人，施工机械600多台，施工进度从2014年初的26.43%推进至12月底的73%；关键长线设备进展顺利，电站提前3个月到场，高压压缩机、气举压缩机、稳定气和低压压缩机均运抵施工现场。

投产试运方案、人员、备品备件等各项生产准备工作全面展开；回收模型、提油准备、项目保险等工作全部启动；完成北阿项目二期技术方案、商务建议和合同商务条款修改建议，为有效推动在伊项目持续发展提供新思路。

北阿项目积极稳步推进项目结算付款工作，面对西方对伊朗金融制裁，仍连续五年保持资金安全。

【企业管理】 2014 年，在地区公司和项目层面上进一步理清工作界面、明确责任；完成伊朗公司各项管理制度更新；建立健全地面工程施工管理和进度、质量控制体系，进一步完善财务、合同、采办、清关、运输和库房管理体系，实现管理制度化、程序化、流程化；围绕地面工程关键路径和瓶颈问题实行严考核硬兑现，有力促进工作落实；进一步加强财税风险管理，持续更新税务信息，强化税务分析、管理和筹划功能，建立税收筹划和协调机制。

按照海外勘探开发分公司要求，建立人员轮换机制。2014 年为集团公司和海外勘探开发分公司输送具有丰富管理经验的优秀骨干 36 人，充实到各级单位关键部门中的关键岗位，来自集团公司和海外勘探开发分公司各级单位的优秀管理人才 8 人充实到关键岗位。完成人力资源信息管理系统扩充升级，管理水平、管理效率大幅提升；完善并制定一系列人事政策，对强化管理、激励员工起到积极作用；着力当地员工属地化管理，建立所属项目间当地人才交流机制，为培养国际雇员队伍储备人才。

【党建和思想政治工作】 结合党的群众路线教育实践活动的开展，伊朗公司党工委着力加强干部员工责任意识教育；认真贯彻、正确执行“集体领导、民主集中、个别酝酿、会议决定”的民主集中制，充分发挥领导班子和各级领导干部的作用，集中集体智慧，保证决策的正确、实施有效；引导各级领导干部增强政治意识和全局观念，强化履职能力；从班子成员自身做起，促进广大干部员工转变工作作风，爱岗敬业，有力推动伊朗公司各项工作的顺利进行；严格执行联合公司招标管理委员会、管理委员会等例会制度，有力保证项目管理运行的规范、透明。

制定《伊朗公司党风廉政建设责任制实施细则》和《伊朗公司落实党风廉政主体责任和监督责任的实施方案》，在“明确责任内容，细化具体措施”和“健全工作机制，强化执纪问责”方面提出切实可行的措施；适时调整反腐倡廉建设领导小组，健全反腐倡廉建设领导责任机制；层层签订《海外勘探开发公司反腐倡廉建设责任书》，形成科学的责任机制；制度完善是反腐倡廉建设的基本要求，为此，伊朗公司加强制度建设，制修订《伊朗公司会议制度》《伊朗公司党工委工作制度》《伊朗公司落实“三重一大”制度实施办法》等一系列规章制度；聚焦“四风”，不折不扣地坚决执行“八项规定”与“若干规定”。

【安全环保】 针对重大安全隐患和质量隐患，加大安全监督、工程监理力度，确保责任认领、执行有效；截至 2014 年底，伊朗公司累计安全人工时达到 3996 万小时。针对北阿地处沼泽区，从设计、施工作业和监督上进行全方位控制，确保达到环保要求；针对伊拉克国内局势恶化的情况，迅速启动应急响应，在中国驻伊大使馆和伊朗外交部等政府部门的大力支持帮助下，圆满完成 2 批共 34 名伊拉克中方人员取道伊朗的应急撤离任务。

【油气项目大事记】

1. 北阿项目

（1）2014 年 2 月 1 日，78 千米原油外输管线开始焊接。

（2）2014 年 3 月 26 日，在北京与现场项目管理咨询商、德国劳氏技术监理团队召开监造、催交动员会，动迁监造催交人员驻厂，加强质量控制，提高生产进度控制。

（3）2014 年 3 月 31 日，三项长线合同及电脱盐合同签订，至此北阿项目所有长线设备合同签订完成。

（4）2014 年 6 月 25—26 日，完成接应伊拉克中方员工取道伊朗转移回国应急演练工作。

（5）2014 年 6 月 30 日，地面工程详细设计全部完成。

（6）2014 年 8 月 10—12 日，安全接应 27 名中方员工从伊拉克撤离取道伊朗。

（7）2014 年 9 月 26 日，参加股份公司副总裁吕功训在京主持的北阿项目协调会，与各长线设备厂商及总部相关部门进行有效沟通，对于长线产品的及时交付、地面工程下一步安排、北阿项目的整体进度均有里程碑式意义。

（8）2014 年 10 月 20 日，北阿项目第十届联管会在德黑兰顺利召开。

（9）2014 年 11 月 18—29 日，集团公司及海外勘探开发分公司顺利完成对北阿项目安全环保审计工作。

（10）2014 年 12 月 28 日，向伊方提交北阿二期开发方案。

（11）2014 年 12 月，荣获“集团公司 2014 年度统计报表优胜单位”。

2. 南阿项目

（1）2014 年 4 月 29 日，伊朗国家石油公司致函项目公司，单方面终止南阿项目合同。

（2）2014 年 9 月 8—10 日，股份公司副总裁吕功训访问伊朗，双方就南阿项目问题进行协商。

3. MIS 项目

（1）2014 年 8 月 20 日，MIS 油田服务主合同到期，伊朗公司就 MIS 油田服务主合同延期及其他相关事宜的 3 号补充协议与伊方积极展开协商。

（2）2014 年 10 月 3 日，伊朗公司组织海外天然气技术中心、中国石油工程建设公司北京分公司、川庆钻探、大港中成、管道研究院和规划总院等数家单位成立技术团队，开展油田产量及维修复产研究工作。

（王艺潼）

中国石油天然气集团公司
拉美公司

【概述】 中国石油天然气集团公司拉美公司（简称拉美公司）是集团公司海外地区公司之一，主要负责中国石油在拉美地区的油气投资业务以及所属其他企业的统一管理与协调。拉美公司行政上由集团公司管理，业务上由海外勘探开发分公司归口管理。总部位于委内瑞拉首都加拉加斯。拉美公司中方员工 223 人，外籍员工 2800 余人。截至 2014 年底，拉美公司在委内瑞拉、秘鲁、厄瓜多尔、哥伦比亚、哥斯达黎加和巴西 6 个国家，经营管理着 10 个油气合作项目，是中国石油海外油气合作区中开展油气合作历史最长、分布国家最多、跨度最大、合同模式最多、管理幅度最大的地区公司。

2014 年，拉美公司实现油气作业产量当量 1528 万吨，提前 30 天完成全年生产任务，同比增产 208 万吨。其中，原有项目产油 1374 万吨，超产 118 万吨，新交割的秘鲁 10/57/58 区项目生产油气当量 138 万吨。持续深化“金融与能源一体化”战略，加大投资回收和分红力度，上交集团公司现金贡献完成年度考核指标的 241%，利润总额完成考核指标的 130.1%，人均利润为考核指标的 125%，桶油现金贡献完成考核指标的 214%。拉美公司综合业绩再创历史新高。

【勘探开发】

1. 委内瑞拉 MPE3 项目

2014 年，MPE3 项目针对油田设施集输系统的关键瓶颈问题，采取有效措施提高外输液量，加强钻井组织，完钻 58 口井，实现新井简易投产 65 口，实施油井优化措施 600 井次，全面加强油田地面设施维护保养，优化集输系统及管道降黏，原油日产量从年初的 13.7 万桶提高到年底的 16.4 万桶。提前 36 天完成 805 万吨年度生产任务，生产原油 901 万吨，超产 96 万吨。

2. 委内瑞拉陆湖项目

陆湖项目包括湖上英特甘博油田和陆上卡拉高莱斯油田，均属于已开发 50 多年的边际油田。2014 年，项目通过加大湖上油田电泵井管理、加大气举优化力度等一系列措施，生产原油 34.5 万吨。

3. 委内瑞拉苏马诺项目

苏马诺油田是开发 50 多年的边际油田，已经进入开发中后期。2014 年，项目积极落实油田上产措施，生产原油 27.3 万吨。

4. 厄瓜多尔安第斯项目

2014 年，提前 12 天完成 240 万吨生产任务（未包括天然气发电折合的产量当量），生产原油 248.7 万吨，超产 8.7 万吨。勘探取得重要突破，T 区块 Mariann 南圈闭 2013 年以来钻探的 3 口探井全部成功，有望获得亿吨级发现，14 区块勘探钻遇较厚油层，突破南区 M1 层长期以薄储层为研究目标的局面，17 区块 Tapir 北滚动开发获得重要发现，完钻的 Tapir-N6、N7 井在 M1/LU/LT 层发现多套储层，油层总厚度近百英尺，扩大 Tapir 北地区的含油面积。新增石油可采地质储量完成考核指标的 140%。

5. 秘鲁 6/7 区项目

2014 年，秘鲁 6/7 区项目狠抓油田现场精细化管理，加大油井措施和停产井恢复力度，科学转换油井生产方式，原油日产量再次突破 4000 桶，提前 74 天完成年度生产任务，生产原油 18.7 万吨，超产 3.7 万吨。

6. 秘鲁 1AB/8 区项目

2014 年，秘鲁 1AB/8 区项目积极应对油田设施 2 次被土著居民占据、被迫停产等严峻局面，通过提高开井率、优化措施等手段，提前 37 天完成年度生产任务，生产原油 143.8 万吨，超产 13.8 万吨。

7. 巴西 LIBRA 深海项目

2013 年 12 月 2 日，中国石油与各合作方正式签署巴西 LIBRA 深海项目产品分成合同。2014 年 7 月，海外勘探开发分公司将该项目划归拉美公司管理。中方有 3 人进入联合项目部工作。项目运行好于预期，确定 4 年勘探计划和油田整体开发概念方案。第一口探井 L1-NW1 井于 8 月 7 日开钻，11 月 8 日顺利完钻，比原计划提前 78 天，测井解释油层 227.3 米。该井测试获得高产，试油两个层，用不同油嘴折算日产油都在 3731—6628 桶。第二口井 L2-C1 井于 9 月 23 日开钻，见到非常好的油气显示。

【企业管理】 2014 年，拉美公司不断强化风险管控工作，国际化管理水平进一步提升。积极开展经营策略研究，探索不同国家、不同操作环境、不同合作模式下的经营管理。针对委内瑞拉复杂恶劣的政治经济环境及低油价带来的投资和经营风险，重点研究委内瑞拉重油项目的投资运营策略，包括 MPE3 项目 DCO 混合油的销售问题、胡宁 4 项目评价井产能大幅低于预期所进行的投资策略和最终决策研究等。不断加强风险防控和制度完善工作，通过梳理公司业务管理流程、风险和有效控制措施，编制完成《中国石油拉美公司内部控制管理手册》。结合集团公司、海外勘探开发分公司加强海外业务管理制度建设的要求，系统分析梳理管理制度，制订补充完善方案，完成并正式印发 3 项管理制度，组织 7 项管理制度的起草讨论。加强对所属项目所在国家货币政策、汇率变化、利率走势、外汇管制等的监测和分析，加强研判和预警。针对委内瑞拉三种官方汇率并存及不同汇率适用范围，对财会记账汇率进行调整，通过合法手段，降低以美元计价的账面成本，有效控制预算内支出规模。积极协调、监督 MPE3 项目融资协议执行和资金使用，构建合资公司融资贷款管理流程，推动双签等相关制度补充完善，保障资金的合理投放和有效掌控。积极推动 MPE3 项目对冲解决方案和 DCO 混合油收入问题，经与委内瑞拉国家石油公司艰苦谈判，暂定对中方有利的混合油价格，确保中方利益最大化。

【工程建设】 2014 年，重点加快 MPE3 项目产能扩建工程，放缓胡宁 4 项目工程进度、控减投资。

1. MPE3 项目

4 万桶 / 日快速上产工程主体项目基本完成，达到系统试运条件；16.5 万桶 / 日产能扩建工程，完成总进度的 20%，其中详细设计进度 66%、采购进度 38%，主要设备已下订单、施工方面开始 MORICHAL 土建施工的现场动员，预计 2016 年 3 月投产；33 万桶 / 日产能扩建工程，概念设计和基础设计合同已经签署，正在开展概念设计。

2. 胡宁 4 项目

3 万桶 / 日早期生产工程，按照海外勘探开发分公司要求，放缓 Mini CPF 设计、井场设施准备、稀释重油外输及稀释剂管线现场施工及改质厂基础设计。正在组织早期生产方案修改和商业方案修改准备工作。

3. 苏马诺项目

1.5 万桶 / 日快速增产项目，合资公司按照中方意见修改方案，双方股东审批后，启动融资谈判和后续工作。

【新项目开发】 2014 年，拉美公司按照“积极拓展上游业务，稳妥发展下游业务”的策略，积极做好新签署项目的交割和新项目开发工作，取得重要成果。秘鲁 10/57/58 区项目，是中国石油在秘鲁成功合作 20 年之后获得的规模性项目。经过多方共同努力，项目顺利完成交割，中方管理系统正式上线，新公司运行平稳。秘鲁 6/7 区项目，合同延期（10 年）获得秘鲁政府批准，正在履行相关后续手续。厄瓜多尔千万吨上下游一体化项目，在集团公司和海外勘探开发分公司的支持下，项目团队多次与厄瓜多尔方进行谈判，取得重要进展，为正式签署合同打下良好基础。成功签署厄瓜多尔 79、83 区勘探项目，实现安第斯公司 17 区合同延期。委内瑞拉胡宁 10 项目，中委双方正在进行全区联合研究，收集整理 Petrocedeño 资料，进行全面评价，四方合作框架协议文本达成一致，待适当时机签署。委西太平洋管道项目，完成规划文件编制和概念设计以及重油带线路方案调研和现场踏勘，正组织对线路走向、过境点选择、中间分输量等进一步研究，同时进一步研究对比其他方案。古巴老油田项目，推进签署赛博鲁克油田增产油分成 PSC 合作框架协议，并开展两轮的合同谈判。

【安全环保】 2014 年 2 月，委内瑞拉持续爆发大规模的学生和反对派游行集会并发生多起暴力冲突事件，安全形势持续恶化。拉美公司和地区协调组准确研判形势，密切跟踪事态发展，完善甲乙方整体应急预案及联动机制，严格员工的安全纪律要求，加强中方员工办公场所及驻地、工地的安保管理，确保中方人员人身及财产安全和工业生产安全。2014 年 4 月和 5 月，秘鲁 1AB 区发生两次土著居民抗议、占据油田设施活动，迫使油田停产。中方人员积极督促合资公司、政府与示威部落谈判，采取有效措施，和平解决抗议活动，并积极参与油田复产，把损失和影响降到最低限度。密切关注哥斯达黎加总统大选及新总统上任后的形势变化，加强与各方联系，推动并配合哥斯达黎加国家石油公司采取有效措施进行法律维权。落实HSE责任制，加强HSE体系建设，继续推行HSSE差异化管理，扎实开展安全生产大检查及安全隐患整改工作，实现安全生产和环保无事故。拉美公司再次荣获集团公司安全生产先进企业，安第斯项目、秘鲁6/7区项目、MPE3项目、陆湖项目荣获海外勘探开发分公司2014年度HSE先进集体。

【精神文明建设】 拉美公司党委结合实际，采取多种形式组织广大党员和干部员工认真学习贯彻党的十八大和十八届三中、四中全会精神以及习近平总书记系列重要讲话精神，深入贯彻落实集团公司重要会议精神和领导讲话精神，把握精神实质，指导和推进拉美公司改革发展实践。狠抓反腐倡廉工作，拉美公司党委、纪委认真落实党风廉政建设责任制，加强反腐倡廉制度建设，加强党员干部的反腐倡廉教育，提高反腐倡廉意识，逐级签署党风廉政建设责任书，拉美公司党员干部认真汲取集团公司个别人的教训，自觉遵守党风廉政建设的相关规定，确保拉美公司未发生各类违规违纪事件。拉美公司党委进一步研究群众路线教育实践活动整改方案的落实，细化任务分解和建章立制工作，形成长效机制，查找的10个方面问题均取得显著改进，反“四风”取得显著成效。2014年，拉美公司会议数量和费用同比分别下降18%和57%，各类公文下降31%，业务招待费、差旅费、办公费等各项费用累计同比下降19%。拉美公司和各项目切实抓好涉及安全及改善中方员工生活的工程建设，积极开展“职工之家”建设，持续开展各种有益的文体活动，营造温馨和谐的大家庭氛围。

（宋少宁）

中国石油天然气集团公司
尼罗河公司

【概述】 中国石油天然气集团公司尼罗河公司（以下简称尼罗河公司）成立于2008年7月，其前身为中油国际（尼罗）公司，主要负责集团公司在南苏丹、苏丹海外油气投资业务的统一管理。自1995年与苏丹开展石油合作以来，与资源国政府和合作伙伴一道在苏丹建立起了上下游一体化的石油工业产业链，参与油田勘探开发、长输管道、炼油化工、油品销售等多个业务领域的合作。2011年7月，苏丹南北分离，南苏丹共和国宣布建国。截至2014年底，尼罗河公司代表集团公司运营和管理着苏丹、南苏丹共8个项目，包括5个上游项目，分别是苏丹124区项目（中方权益比例40%）、苏丹6区项目（中方权益比例95%）、苏丹37区项目（中方权益比例41%）、南苏丹124区项目（中方权益比例40%）和南苏丹37区项目（中方权益比例41%），共有合同区总面积10.26万平方千米，原油生产能力2100万吨；3个下游项目，分别是苏丹炼油项目（中方权益比例50%）、苏丹化工项目（中方权益比例95%）、石化贸易公司（中方独资），年炼油能力500万吨，聚丙烯年生产能力18000吨，编织袋年产2000万条；共有输油管道3697千米，长距离管输能力3300万吨/年。

尼罗河公司机关设有20个部室，分别为综合办公室、党群工作部、人力资源部、经营计划部、财务资产部、勘探部、开发生产部、作业部、工程部、管道部、炼化部、采办部、销售部、法律事务部、健康安全环保部、公共关系部、股东事务部、信息技术部、协调组办公室和北京办公室。截至2014年底，共有中方干部员工448人(含成建制借聘135人)，其中党员201名，占员工总数的45%。

2014年，尼罗河公司生产原油1397万吨，超产27万吨；加工原油381万吨，生产聚丙烯1.77万吨、编织袋784万条；销售成品油9.5万立方米。

【安全环保】 尼罗河公司始终坚持安全环保的“天字号工程”地位，不断健全完善生产安全与防恐安全管理机制和制度，密切跟踪安全形势发展，加强安保信息收集、评估和预警工作，动态完善应急预案，不断提高应急协调反应能力；狠抓HSSE管理体系运行和改进，坚持安全第一、预防为主，认真开展安全生产大检查，加强隐患治理，开展一系列扎实的人防、技防、物防工作；在南苏丹、苏丹政府对环保标准要求不断提高的情况下，切实加强油田生产和管道运行环境保护，特别是沉着应对南苏丹内乱期间部分油田反复紧急关停和重大安保危机，HSSE管理实现“三零”目标，即无人身伤亡事故、无环境污染事故、无生产安全事故，杜绝较大生产、交通安全事故和环保事件，实现员工“零”伤亡目标；杜绝因社会安全原因造成员工死亡事件。

2014 年，南苏丹 37 区项目发生武装冲突 10 余次，现场员工 5 次大规模紧急撤离，南部油田 4 次紧急关停；苏丹 6 区项目配合政府成功解救中原油田劫持人质事件，较好应对油区部落冲突、政府军与反政府军多次军事冲突等恶性及突发事件；在苏丹 124 区项目发生的“4 · 18”人质绑架事件中，成功帮助解救包括 2 名中国人在内的多名被绑架者。

各项目大力加强管道设施的维修维护，实现管道、CPF 和海事终端的安全平稳运行；针对 2014 年气候异常，雨季长、雨量大的特点，各项目加强巡检力度和频次，未雨绸缪，做好防洪、防汛准备，科学高效组织应急抢修，成功应对洪水和季节河对管道的冲刷，有效防范断管或长距离悬空事故的发生。

喀土穆炼油厂努力克服苏丹石油部资金严重缺乏的困难，圆满完成新厂检修工作。截至 2014 年底，喀土穆炼油厂已连续安全平稳运行 5343 天。苏丹化工项目和石化贸易公司也实现安全平稳运行。

【油气勘探】 2014 年，尼罗河公司勘探工作以滚动勘探为主，强化精细化部署，加强技术交流，扎实开展各项基础工作，确保勘探成功率；加强新发现和新突破的勘探评价，力争发现规模储量；坚持勘探开发一体化，凡是能快速建成产能的勘探都尽快部署，优化长周期的勘探投入，提高快速建产储量在总储量发现中的比重。

苏丹 124 区项目按照“加强滚动、适度甩开”的勘探思路，在 4 区 Hilba、Neem TW 和 Azraq 等地区相继获得重要发现。在原稠油区块部署的 Hilba C-1 和 C-2 井测试获得高产原油，发现 Hilba Cluster 油田。Neem TW-1 井在白垩系 Aradeiba 组测试获得高产油流，发现一个新的含油区带；Azraq 油田周边又发现 3 个含油构造，储量规模进一步扩大。

苏丹 6 区项目深化地质研究，合理组织勘探作业，按照勘探开发一体化的工作思路，积极落实 Sufyan 凹陷储量规模，获得 3 个勘探新发现，为西部油田稳产奠定资源基础；东部 Fula 凹陷探索深层构造—岩性复合油气藏获得重要进展，FN ED-1 井在白垩系 Abu Gabra 组测试获高产油流。

【开发生产】 2014 年，尼罗河公司加强油藏管理，以大力推进“三大工程”为重点，继续充分发掘老油田生产潜力，利用多种成熟技术加快未动用储量开发和提高已动用储量采收率，增加单井产量，提高采油速度，最大限度提高产量；加强生产运行组织，努力解决开发生产过程中所暴露出的“瓶颈”问题，释放油田产能。在南苏丹油田安全形势不稳、钻新井作业停滞、物资供应困难、苏丹地区各油田产量递减加快、含水快速上升等重重困难面前，尼罗河公司各项目科学组织，攻坚克难，原油作业产量超额完成 27 万吨。

南苏丹 37 区项目顶住油田附近 10 余次武装冲突的巨大压力，成功组织油田现场 2 次紧急撤离和 4 次非主力油田紧急关停；在保障人员安全的情况下，高效组织实施多项现实可行的稳产措施，成功抢投 7 口新井，及时修复电力系统、蒸发池、泵站等关键生产设施，抢运北方滞留物资，并及时动迁 6 部修井机至油田现场，千方百计挖潜增产。

苏丹 124 区项目克服现场安全形势恶化、当地居民绑架抢劫盗窃破坏行为猖獗等重重困难，加快推动开发调整方案的实施和井位的批复；积极开展设备设施的维护和升级改造，加强生产组织管理，及时推进稳产和增产措施，实现产量超计划运行。

苏丹 6 区项目强化科技支撑、狠抓工作落实，针对 Fula 油田、Jake 油田、FNE 油田不同油品性质和油藏特点，通过加强注水、优化注气、落实蒸汽吞吐等一系列具有针对性的稳产措施，并与炼油厂密切配合，合理优化炼油厂检修期间生产运行，超额完成全年原油生产任务。

南苏丹 124 区项目积极做好资产保全工作和与苏丹 124 区项目的复产对接工作，准备多套复产方案，细化具体复产措施，为在安全条件允许的情况下，实现简约、高效、快速安全复产做好充分准备。

【商务问题】 2014 年，南苏丹、苏丹经济形势的持续恶化导致社会矛盾日益凸显，政府寻找各种借口攫取伙伴利益。日益突出的各类商务问题，成为制约尼罗河公司高效发展的瓶颈。尼罗河公司以“中苏友好合作”“南苏丹、苏丹上下游中方利益最大化”作为商务问题的指导原则，在集团公司和海外勘探开发分公司的大力支持和指导下，主导多次伙伴立场的协调以及与苏丹政府的谈判，取得重大进展。

2014 年 6 月 24 日，苏丹石油部与 37 区联合作业公司伙伴签署《苏丹 37 区“三费”标准及管道所有权谅解备忘录》，妥善解决南苏丹 37 区份额原油过境苏丹“三费”及苏丹 37 区管道所有权及清欠等问题，为保障南苏丹 37 区原油稳定外输出口扫清障碍，标志着困扰苏丹石油部和投资伙伴两年多的 37 区重大商务问题取得突破性进展，为推动其他商务问题的全面解决，打下良好基础。

为保证苏丹124区管道2014年9月1日移交给苏丹政府后中方利益不受损失，中方联合其他伙伴妥善应对苏丹石油部提出的巨额维修义务，从技术和商务角度论证、阐述伙伴立场，有力地维护中方利益，保证管道移交工作顺利进行。

在区块延期方面，为合理安排后续投资，充分发挥1B和3D开发区块潜力，尼罗河公司充分把握南苏丹政府要求支付COSPA协议下剩余原油销售预付款的有利时机，多方努力、积极协调，让南苏丹石油部认识到提前延期对政府和伙伴的积极意义，最终促成政府认可并提前授予1B和3D开发区块5年延期的批准。1B和3D区块以最低的延期费用成功获得提前延期，并争取到最大利益，奠定尼罗河公司可持续发展的资源基础；保障尼罗河公司效益主要贡献者的地位。同时借助苏丹石油部推动上产清欠工作契机，尼罗河公司积极推进2B区块的延期谈判工作；2A(E)新产品分成协议谈判也取得实质进展，合同文本基本达成一致。

【管理创新】 2014年，尼罗河公司继续以短板消缺和瓶颈突破为重点，持续开展以“对标”和“双控”为重点的管理提升活动，特别是针对下半年国际油价快速下跌，大力推动降本增效措施，增强尼罗河公司的国际化管理和竞争能力。以苏丹124区项目为代表，通过对标活动发掘钻修井降本增效潜力，创新钻、修井作业管理办法，实行钻、修井机队伍在钻井周期、钻头效果等方面的月度考核、评比，调动队伍的积极性，提高队伍作业效率，降低成本；以苏丹37区项目为代表，通过优化管道生产运行，降低管输成本；以苏丹6区项目为代表，通过优化工程设计，从源头加强投资控制；以南苏丹37区项目为代表，通过加强招投标管理，控制采办价格。

2014年，尼罗河公司高度重视管理创新和科技创新的驱动工作，积极开展经营策略和科技课题研究工作，取得丰硕成果。获得海外勘探开发公司管理创新成果奖5项，海外勘探开发分公司科技进步奖5项。其中，南苏丹37区项目的“多重瓶颈制约因素下的油田生产管理模式探索”荣获海外勘探开发分公司2014年度管理创新成果奖一等奖；“Muglad盆地Fula凹陷AG组成藏条件研究、目标优选及勘探突破”获得2014年度海外勘探开发分公司科技进步奖一等奖。

【党建思想政治工作】 2014年，尼罗河公司深化党的群众路线教育实践活动，加强干部队伍建设，为二次创业提供政治保障。（1）加强班子建设，切实发挥好班子整体功能。严格落实民主集中制原则，健全党委（扩大）会议制度等议事规则，认真组织开展2014年度党员领导干部民主生活会议，推动班子团结和作风改进；（2）加强基层建设，进一步打造铁人式员工队伍。注重发挥基层党组织政治核心作用和党员先锋模范作用，配齐配强3个党总支13个支部班子，继续强化党员发展与教育管理。利用多种方式广泛开展形势、目标、任务教育。认真做好典型选树与宣传，不断激发员工创业奉献的激情。加大员工内外部培训力度，队伍整体素质和战斗力不断增强；（3）认真落实“两个责任”，扎实开展党风廉政建设。增设纪检监察办公室，建立领导干部廉洁从业谈话等基础制度，逐级签订党风廉政建设责任书和全员签订廉洁自律承诺书。以中心组学习为主要平台强化廉政教育，开展反腐倡廉专题讲座，开展信访初核与查处，党员干部政治意识、责任意识、纪律意识不断增强；（4）强化群众观念，真心实意依靠群众、关心群众。充分尊重职工群众民主权利和自身权益，在教育实践活动和领导干部民主生活会过程中，党政班子和班子成员多次集中或分批深入基层和现场征求意见，狠抓整改；同时认真解决群众关心的热点难点问题，持续完善喀土穆和朱巴生活基地基础设施，改善员工工作生活条件，特别是花大气力加强南苏丹驻地安防建设，切实保障员工人身安全，使员工真切感受到组织的关爱。

（唐振华）

中石油阿姆河天然气勘探开发（北京）有限公司

【概述】 2014年，中石油阿姆河天然气勘探开发（北京）有限公司（简称阿姆河公司）紧紧围绕公司发展战略，全面超额完成集团公司、海外勘探开发分公司下达的各项指标。其中，天然气探明可采地质储量、作业产量、商品气量、凝析油产量分别达到361亿立方米、98.51亿立方米、91.05亿立方米和14.89

万吨，同比增加六成以上。阿姆河公司强化生产运行管理，科学组织天然气生产。根据国内用气需求，适时调整供气策略，做到淡季减供、旺季增供。在中亚天然气管道沿线乌哈国家下气，其他气源断气、短气的情况下，始终保持平稳供气。

【勘探开发】 坚持勘探开发一体化，资源储备和生产能力同步增长，A 区采气井 36 口，产能达到 2180 万米^3/日，井口产能达到 74.2 亿米^3/年。B 区投产 4 个气田，采气井 30 口，最大日产能达到 1800 万立方米，井口产能达到 61 亿米^3/年。勘探按照"抓大放小，突出重点，加强预探西部，强化东部预探区域，坚持中部滚动勘探开发"的思路，合同区勘探开发工作高效有序，储量、产能持续快速增长。地震采集顺利推进，2014 年完成三维地震采集 787.62 平方千米。

2014 年，中部布什鲁克构造"小而肥"礁滩体勘探获得新发现，布什鲁克 -21 井钻遇厚气层，14 毫米油嘴测试，日产天然气 120.6 万立方米，日产凝析油 49.5 立方米，井口压力达 45.6 兆帕，生产压差小、压力平稳，为第二天然气处理厂提供气源。东部新区勘探，霍贾古尔卢克、东霍贾古尔卢克、召拉麦尔跟、戈克米亚尔构造均获得突破和重大发现，打开东部勘探新局面，形成新增储量千亿立方米勘探战场，从而奠定东部 2000 亿立方米后备储量规模，为第二天然气处理厂"东气中输"和阿姆河公司发展奠定资源基础。西部勘探取得新进展，东伊利吉克、加迪恩、伊利吉克钻遇较厚气层，西部近千亿立方米含气规模得到进一步证实。

【钻井完井】 紧紧围绕"打好气源井，增储上产量"总体思路，加强承包商合同管理；督促推行单井考核制度；优化设计，优选钻具，强化现场实施，科学合理提高钻井速度。

2014 年实现 22 开 23 完，进尺 78216 米，累计进尺 78216 米，同比增长 55.27%，钻井成功率 100%。A 区定向井稳中有降，B 区定向井、探井直井呈逐年递减态势。B 区定向开发井和东部山前带探井直井同比分别节约完钻时间 20 天和 34 天，钻井周期下降 13.8% 和 11.4%；钻井质量、井身质量合格率 100%。

【工程建设】 第二天然气处理厂提前投产。克服工程建设面临的一系列困难与挑战，在 3 个月时间内完成第二天然气处理厂 500 多套大型设备安装，2 个集气站、11 口单井 1.5 万多达因的管线焊接，提前半年完成第二天然气处理厂建设。2014 年 5 月 7 日，土库曼斯坦总统库尔班古力·别尔德穆哈梅多夫和中国政府特别代表时任中国发改委副主任、国家能源局局长吴新雄，共同出席土库曼斯坦巴格德雷合同区第二天然气处理厂投产庆典仪式。

截至 2014 年底，建成天然气处理厂 2 座（年处理能力 155 亿立方米）、集气站 6 座、水源站 2 座、自备电站 1 座以及通信道路、营地等其他配套工程。

【安全环保】 牢固树立"环保优先，安全第一，质量至上，以人为本"的方针，认真落实"零事故、零伤害、零污染、零缺陷"的 HSSE 目标。认真迎接当地政府检查团的各项安全环保检查，实行"迎检流程化、汇报书面化、整改连续化"。

截至 2014 年底，阿姆河公司累计实现 15205 万人工时生产安全无事故。

【生产运行管理】 2014 年生产系统稳定。井口产能稳，生产装置稳，供水供电稳。加强动态监测和分析，合理配置产量，充分发挥井口能力，确保生产平稳；精细化生产运行管理，精心组织临停消缺，解决装置重大技术问题，确保高负荷安全生产。加强上下游协调、沟通，避免系统波动影响产量；加强装置日常巡检、操作、检维修和保养，及时组织解决设备故障 130 多项，完成日常检修 519 项；狠抓隐患治理和问题整改，消项隐患 24 项，解决突出问题 35 项；加强设备维修保养，水电保障能力不断提升，供电可靠率 99.99%。

【本土化与公益事业】 本土化稳步推进。阿姆河公司制定《土方员工晋升管理办法》及《土方员工培训管理办法》，规范土库曼斯坦员工晋升、培养，着手当地员工职业规划，启动土库曼斯坦员工"管理及专业人才百人培训计划""操作技能人才百人培养计划"，重点建设管理人才、专家队伍和技能人才等三支队伍；与 2010 年投产初期相比，每 10 亿立方米天然产能所需中方员工数量从 58 人减少到 29 人，生产部门中方岗位下降 50%。

持续关注公益事业，加大在残疾人救助及资源国文化、教育、医疗、留学生资助等方面的社会投入；2014 年 5 月，中国石油出资 359 万美元建设列巴普州米干村水厂投入使用，水厂日供水量达到 1500 立方米，可满足村庄近 6000 居民的生活用水；组织编写《钻修井工》《焊工》《化验工》《HSE》等俄罗斯（土库曼斯坦）文字培训教材，实现由培训课件向规范教材的转变；2014 年 5 月 11 日，在土库曼斯坦总统访华之际，赞助出版的总统专著——《幸福鸟》中文译本在北京举办首发式，获得良好效果；编译出版《土库曼斯坦税法典》，每周编译内阁会议及视频会议纪要，认真研究和分析资源国法律和政府动态；树立中国石油负责任大公司形象，真正把企业形象和社会责任落实到位，努力创造新时代“丝绸之路经济带”新亮点。

（李　震）

中石油中亚天然气管道有限公司

【概述】 中石油中亚天然气管道有限公司（简称中亚管道）是集团公司直属企业，2007年9月在北京成立，主要负责中亚天然气管道的建设和运营管理。中亚管道与所在国股东合资成立中乌合资公司ATG、中哈合资公司AGP、哈国南线天然气管道合资公司BSGP、中塔天然气管道合资公司TKGP，独资成立中吉天然气管道公司TTGP，分别运营所属的中乌天然气管道项目、中哈天然气管道项目、哈国南线天然气管道项目、中塔天然气管道项目和中吉天然气管道项目五个项目。截至2014年底，共有中方员工456人。

2014年是中亚管道突出质量效益发展、深化企业改革的关键一年。中亚管道全体干部员工牢记责任使命，勇于开拓进取，立足战略通道建设和安全运行，狠抓效益提升，C线投产，D线开工，输气311亿立方米，管输收入19.8亿美元，利润3.2亿美元，HSE业绩优良，连续七年安全生产无事故。

【工程建设】 中亚C线建成投产。面对劳务许可受限、施工条件恶劣、工期紧迫等情况，强化全过程管理，加强与承包商协调，积极应对乌兹别克斯坦政府税法调整，针对关键环节及时升级管理，靠前指挥，有效解决建设物资清关不畅问题，确保关键物资及时到场，对建设需要的人力资源按日倒排投入，逐项解决工期滞后问题，实现全线机械完工和四座压气站场点火投运，按期建成C线140亿立方米管输能力。2014年5月31日11时，中亚天然气管道C线进气投产成功。

D线工作取得实质性进展。充分借鉴A/B、C线运作经验，创新商务模式，在中国香港设立投资公司，在过境国设立运行公司，实现投资主体与运行主体分离，有效规避资产、税收和法律风险。2014年2月6日，中亚管道（香港）公司注册成立，3月10日和17日，中吉和中塔天然气管道公司分别在中国香港和杜尚别注册成立，5月20日和6月6日，塔国分公司和吉国分公司分别在杜尚别和比什凯克注册成立；在政府间协议基础上，积极与过境国政府开展协议谈判，推动中乌企业间协议于8月20日签署，中塔企业间协议于9月13日签署，并就中吉投资保护协议主要条款达成一致，全力构建法律架构。D线国内段可研获得集团公司批复，境外段投资申请报告获得国家发改委核准，中吉和中塔段可研均获得过境国政府批准，D线可研批复基本完成。组织专家对塔国段隧道设计方案的重点难点反复论证，着力解决瓶颈问题；克服中吉项目改线100多千米的困难，确保该段初步设计按时完成；中乌项目克服合资公司尚未成立、启动条件不足的困难，基本完成乌国段线路详勘。9月13日，国家主席习近平和塔吉克斯坦总统拉赫蒙共同出席塔吉克斯坦段隧道开工仪式，习主席指出，D线项目是多方参与、共同受益的战略性合作项目，对推动地区经济发展意义重大。周吉平董事长在中塔项目调研时明确指出，要把D线建设成为具有国际先进水平的优质、绿色、友谊工程。

哈南线建设有序推进。强力协调推进巴佐依压气站建设，2014年7月18日完成EPC合同签署，12月30日完成压缩机采购合同签署；按计划推动二阶段工程建设，线路主体焊接134千米。

【管道运行】 针对土库曼斯坦天然气价格复议、下游市场接气补偿、乌兹别克斯坦天然气资源不足等影响，中亚管道密切跟踪气源，强化协调，最终实现A/B、C线输气310.7亿立方米，哈南线输气13.9亿立方米。开展SCADA界面标准化梳理，处理自控系统故障，组织定期检修，固化优化调控模式，应用仿真模拟软件分析优化运行，降低自耗气单耗3%，土乌哈中（土库曼斯坦、乌兹别克斯坦、哈萨克斯坦、中国）跨国光缆和自控设备的运行稳定率达到99%。加强专业管理，全线压缩机组千小时故障次数和故障排除平均时间大幅降低，累计停运时间下降78%；2014年共排查运行隐患287项，整治258项，控制措施到位，建立起以HSE运行管理体系为核心的生产运行基础体系。完成532项抢修设备和工器具采购，组织外方18人次到中国开展在线焊接和快速抢修培训，自主开展大口径管道动火连头作业，在实战中提升抢修保障能力。进一步完善管道完整性技术标准，完成AB线、哈南线、哈国C线内检测2599千米。利用C线哈萨克斯坦段内检测作业，提前实现C线商业输气，积极协调哈萨克斯坦供气，使哈萨克斯坦冬下载气量同比下降28%。截至2014年底，中亚天然气管道实现累计输送天然气1050亿立方米，安全运行1857天。

【质量安全环保】 各项目深入推进全员分配监管属地、签订责任书、制订个人《HSE行动计划》的“全员管理”，完善监管责任体系。整合发布中亚管道质量和HSE管理体系，中乌、中哈项目相继通过QHSE管理体系认证，2014年开展10次全要素体系运行审核，体系管理意识不断加强。针对C线线路、场站试运投产和哈南线计量末站关键作业，开展作业安全分析（JSA）和试运投产前检查（PSSR）；普遍应用员工行为安全管理工具（STOP），对255项中高风险项目提出防控意见，规范HSE风险管控。加强股东间联合工作机制，开展定期会晤交流，研究联合工作计划，对CS6和CS7站、BSGP计量末站等关键生产场所进行联合检查。就中乌、中哈和哈南线项目45人次报告的252项安全隐患进行专项奖励，授予23名中方员工、37名外方员工年度HSE先进个人荣誉，正向激励务实开展。修订总体应急预案，各项目修订完善17个专项预案、36个现场处置预案，III级以上预案演练18次，两次与总部实施联动，应急预案体系进一步完善。开展HSE管理对标工作，从资源投入、过程管理、绩效保证等方面找差距，明确方向。2014年公司HSE管理绩效优良，百万工时损工率（LTIF）0.116、总可记录伤害率（TRIR）0.347、车辆交通事故率（VIR）0.198。

【经济效益】 结合输气计划，优化建设节点，调整投产及转资时间，提高资产使用效率，控减投资8000万美元，节约营业税金2412万美元。通过实施压缩机等关键设备精细化管理、降低外委及备品备件消耗、严控服务商涨价诉求，降低合资公司现金生产成本5497万美元。面对货币贬值影响，采取多种措施积极对冲，ATG首次运用国际财务报告准则，推行美元并行账。C线继续使用AB线富余现金流，降低利息支出5191万美元；突破融资协议限制性条款，为AGP量身定做短期存款产品，增加利息收入422万美元。推进落实AGP增值税返还，锁定三年全额返还计划，2014年实现现金返还1.58亿美元。力促哈萨克斯坦下载气由“借气”改为“代输”模式，规避税收损失4000万美元。优化D线借款及股东注资安排，大幅降低利息支出。总部与项目优化工作安排，优化人员派遣，清收历史费用，累计降低总部及中方账费用1.97亿元人民币。

【管理提升】 以总部调控中心为核心、以各合资公司调控中心为支撑的跨多国调控体系基本形成，系统优势持续发挥。完成《建设管理手册》编制，项目建设管理体系实现有形化。发布《建设项目设计管理办法》，技术管理体系进一步完善。中亚管道总部部门开展绩效考核，合资公司绩效考核结果与管理层薪酬挂钩，采用经营难度系数合理调整中方项目考核结果，整体绩效管理体系更趋科学。建立D线市场化薪酬福利制度，确定薪酬结构差异和基薪调整机制，员工工资晋升与公司绩效、个人绩效及劳动力市场价格变化联动。现金输气成本定额编制有序推进，逐步落实D线协议免税条款，超前谋划D线前期融资策略，财务管理体系更加规范稳健。

按照“离岸子公司＋项目合资公司＋运行公司”模式，完成D线组织机构搭建；建成会计共享服务中心，提升会计信息质量和效率；增设股东事务管理部，加强股东层面沟通协调，涉股东事务管理效率得到提升；增设运行调控中心，充实调度力量，实现A/B、C线、哈南线及D线统一调控。

编制D线运行人员定员标准，实现中方标准在初步设计中的首次应用；继续引入第三方进行C线站场运行总承包服务，解决人才缺口和轮换问题。修订完成2015版《内控手册》，修改294项，调增流程数量至254个；总部合同管理系统、D线项目ERP系统全面上线，中乌合资公司OA与电子化文控系统建成投用，率先启动海外决策支持系统建设，统一信息平台和移动办公的应用范围持续扩大，工作效率得到提升，管道生产管理系统（PPS2.0）在海外3个合资公司全面落地，D线数字化管道建设方案基本落实。

2014年中亚管道取得三项省部级以上科技及管理成果，中亚天然气管道项目获得中国施工企业管理协会国家优质工程金奖，合作完成的“复杂环境下大型天然气管道工程管理体系研究及应用”获得教育部科技进步奖一等奖，独立完成的“复杂环境下大型跨多国管道项目筹融资管理”获得国家级企业管理创新成果奖二等奖。

【党建及干部队伍建设】 深入贯彻落实中央八项规定和集团公司有关规定，对领导干部职务消费问题开展自检排查，“五项”费用同比下降32%；制订《党委关于落实党风廉政建设主体责任实施方案》，明确班子成员“一岗双责”等10项责任；采取正面教育和反面警示相结合的方式搞好教育，《党风廉政建设责任书》和《廉洁从业承诺书》签约率100%，深入抓好党风廉政建设。进一步加强干部考评与交流轮换力度，持续加强干部队伍建设，2014年共轮换交流处级干部19名，新提拔1名。深化教育实践活动整改，解决一些职工群众关心的问题，建立家属应急事件的响应机制，关心员工子女入托入学和家属随调问题，为19名员工重大疾病提供绿色就医通道。进行健康与心理巡讲和巡诊，先后举办讲座7场，涉及员工110多人次。

（杨　帆）

中国石油天然气集团公司 俄罗斯公司（中俄合作项目部）

【概述】 2014年4月，根据集团公司专业化分工的要求和安排，为适应管理内容和管理重心的变化，集团公司对中俄合作项目部的组织形式和职能做出调整，批准项目部加挂“中国石油天然气集团公司俄罗斯公司”牌子。中国石油天然气集团公司俄罗斯公司不进行工商注册，暂保留“中俄合作项目部”。中国石油天然气集团公司俄罗斯公司（中俄合作项目部）（简称俄罗斯公司）作为海外地区公司，列集团公司直属企事业单位序列，行政上由集团公司直接管理，业务上归口海外勘探开发分公司管理。

俄罗斯公司（中俄合作项目部）主要职责：根据集团公司国际化发展战略和总体规划，组织编制中俄油气合作发展建议规划和年度生产、投资建议计划，经批准后组织实施；组织开展中俄油气合作项目前期的调研、评价、投标、谈判和签约等工作；组织实施中俄油气合作勘探开发项目、原油和天然气管道合作建设项目、天然气下游市场合作开发项目等；参与组织协调中俄石油上下游合作、长期贸易以及国内队伍参与俄罗斯油气技术和工程技术服务等项目。

【业务发展】 2014年，中俄油气合作取得重大突破和进展，中俄签署为期30年的天然气购销合同；收购亚马尔LNG公司20%股权的交易顺利交割，实质性合作稳步推进；签署入股万科尔油田的框架协议，实现上游领域合作的突破；中俄原油管道顺利完成环境保护、竣工资料等专项验收。

1. 应对复杂形势，努力推进亚马尔项目

2014年1月14日，集团公司与诺瓦泰克公司在莫斯科顺利完成中方收购亚马尔LNG公司20%股权交易的交割，中国石油正式加入亚马尔LNG公司，标志着中国石油在俄罗斯新项目实现实质性突破。

（1）认真履行股东职责，维护中方权益。

完善资金申请、审批和支付程序，中方股东如期履行贷款义务。中方股东积极完善资金申请、审批和支付程序，要求亚马尔LNG公司在提交正式的资金申请（cash call）以前，提前通报预测的该月用款额，使中方有更充足的时间审查所申请的金额是否符合已批准的预算，使中方内部审批和筹款工作能够顺利完成。在俄乌（俄罗斯、乌克兰）冲突引发美国对俄罗斯部分个人和公司进行制裁之后，为确保中方付款路径的安全性，各方股东积极沟通协调，在必要时执行付款预案，待确认最终付款日期和付款路径没有问题后再通知海外勘探开发分公司发出付款指令，并于2014年9月签署以欧元形式支付股东贷款的协议，开通新的付款渠道，确保中方股东如期履行向亚马尔LNG公司提供股东贷款义务。

推进股东间相关协议谈判，保护中方股东利益。为防止股东融资违约导致中方股东承担额外的担保赔付责任，中方积极与其他股东协商，努力推动有关股东间交叉赔偿协议、船运信息通报契约及相关股东协议的修改协议谈判，并要求在达成和签署这些协议之前不再提供新的股东担保。经过三方股东的反复协商，最终签署船运信息通报契约、LNG厂EPSCC合同股东担保的交叉担保协议、船运担保的交叉担保协议和相关股东协议的修改协议。

推动开展股东审计和HSE审核。亚马尔LNG公司大股东诺瓦泰克对开展股东审计一直持抵触态度，尽管股东协议明确赋予股东开展股东审计的权利，但道达尔自2011年加入项目后一直未能说服诺瓦泰克同意开展股东审计。中方加入项目后，俄罗斯公司与道达尔公司共同努力，反复做诺瓦泰克的工作并征得其同意，于2014年10月开展首次针对亚马尔项目的股东HSE审核和股东联合审计。三方股东总共获得28个审计发现，其中中方团队的审计发现18个，审计团队向亚马尔LNG公司管理层通报审计发现和建议改进措施。

（2）优化气田开发方案，控制工程投资。

亚马尔项目气田开发及地面配套设施建设占项目总投资不大，但是生产组织是否合理，储量动用及井场投产顺序是否科学对整个项目能否按计划投产非常关键，也直接影响项目的整体收益。

中方股东在亚马尔项目评价初期即将重点放到研

究项目开发方案上，多次组织专家对开发方案进行补充尽职调查，核实储量和地质模型、已钻井参数。基于这些扎实的工作，项目开发方案在2014年5月6日获得国家能源局专家组核准通过。通过研究开发方案，在5月14日召开的开发委员会会议上，中方对合资公司提出的延长水平井水平段（将增加钻井总投资约3亿美元）、提前动迁第四台钻机、提前修建通往25号井场17.4千米道路及修建三座桥梁、将原设计方案中的两套地面集输管网变更为一套集输管网等议题提出有理有据的中方意见，包括有限同意2015年新钻井可以考虑延长水平段，同意改为一套集输系统的方案，此项变更节省项目投资1.66亿美元。取消提前修建25号井场道路和桥梁的议题，避免合资公司提前投资5155万美元。

（3）强化引进中国元素，协助中国公司参与项目。

俄罗斯公司在推动亚马尔项目之初就明确项目要引进中国元素，把推动包括船运、模块建造和材料设备等中国厂商参与到项目中作为参与亚马尔项目的重要工作任务之一。

造船与船运方面，促成合资公司和总包商将模块运输船的建造合同授标给广船国际，将模块运输船的租船协议授标给振华重工，中国液化天然气运输（控股）有限公司等多家中方公司成功入选Arc7级LNG船和Arc7模块运输船的船东公司。模块建造分包资源方面，重点推动项目的模块分包策略向中国市场倾斜，截至2014年底，LNG厂全部7个模块分包场地中，有5个中国模块厂成功获得该项目的主要模块预制工作。中国材料供货商方面，项目长周期设备中的空冷器、不锈钢焊接钢管由中国厂商供货，宝钢、南钢、马钢、莱钢等中国的主要钢材类供应商已经为本项目的模块制造进行材料供货，对项目的质量控制以及进度控制，特别是带动中国资源出口起到积极的作用。

2. 签署万科尔项目框架协议，上游合作取得突破

2014年8月30日，集团公司收到俄罗斯石油公司向中国石油出售10%“万科尔石油”公司股份的建议，9月12日俄罗斯石油公司向中方专家开通项目电子资料室，9月22—25日中方团队到莫斯科参加管理层介绍，9月23—25日现场考察团队完成对项目的首次现场考察。2014年11月9日，中国石油和俄罗斯石油公司签署《关于万科尔项目合作的框架协议》，明确包括价格、适用法律、下步工作节点和内容等关键条件。

俄方邀请中方入股的企业是俄罗斯石油公司旗下第三大陆上产油子公司“万科尔石油”，该公司成立于2004年，主要开发位于俄罗斯东西伯利亚北部的大型油田万科尔油气田，万科尔油气田正式投产始于2009年8月21日，每天原油产量达51万桶，占俄罗斯原油产量的三分之一左右，是过去25年中俄罗斯发现并投入生产的最大油田。其原油是东西伯利亚—太平洋石油管道输油的主要来源，并有相当一部分供应中俄原油管道。万科尔项目合作是中俄油气合作的一次突破，也是一次历史机遇，入股的模式有助于中俄加深油气上下游一体化合作，建立能源经济共同体。

3. 通过系列专项验收，中俄原油管道工程基本收尾

按照中俄原油管道各项验收工作安排，2014年2月中旬，国家安全生产监督总局对黑龙江穿越及穿越出土点—漠河首站段管道工程安全预评价验收进行现场检查，根据对《黑龙江穿越及穿越出土点—漠河首站段管道工程安全预评价验收报告》专家审查意见及整改结果，验收组同意该工程通过安全预评价专项验收。

2014年5月中旬，国家环境保护部及环境评价验收单位对漠河—大庆输油管道工程(包括黑龙江穿越及穿越出土点—漠河首站段)环境评价验收进行现场检查，根据该工程环境评价验收报告的结果，同意该工程通过环境保护专项验收。5月下旬，集团公司审计部门对黑龙江穿越及穿越出土点—漠河首站段管道工程进行了工程审计。另外根据工程竣工资料专项验收的要求，集团公司档案处组织专家对中俄原油管道黑龙江穿越及穿越出土点—漠河首站段输油管道工程竣工资料举行专项审查，并于4月15日批复同意竣工资料预验收意见。

【企业管理】 及时组织人力资源，保障亚马尔LNG项目顺利推进。作为20%股权的小股东，中方争取到亚马尔合资公司15个关键管理岗位，为中方加强对合资公司的控制和管理、加速投资回收、创造员工条件等方面打下较好的基础。根据协议中的岗位要求，中方物色相关专业的合适人选。筛选简历90多份，组织候选人中方面试18次、俄方面试6次，正式录用13人。经过半年的努力，15人已全部顺利赴俄罗斯工作，并陆续持工作签证入合资公司岗位工作。

做好项目公司预算编制和中方账建立工作，保障项目公司稳定运转。自亚马尔LNG项目完成交割后，为保证中方派出人员在俄罗斯顺利开展工作，解决好生活住行等问题。启动亚马尔项目中方账预算编制工作，并对该项目提出中方账核算管理建议、工作生活方案策划、完成费用预算优化、现金流测算等工作。最终完成上报该项目2014年中方账预算，获得批准。

（王占东　吴　淼）

中国石油集团东南亚管道有限公司

【概述】 中国石油集团东南亚管道有限公司（简称东南亚管道）是集团公司所属企业，主要承担中国四大能源通道之一的中缅油气管道项目建设任务。

2014年，东南亚管道机关设置职能处室15个；直附属单位6个：事业发展部、技术中心（信息中心）、管道建设项目管理部、安保中心（安全保卫处）、调控中心、内比都办公室；下属二级单位5个：云南分公司、金洋分公司（公共关系处）、马德岛（皎漂）管理处、曼德勒管理处、木姐管理处。在册员工338人。

中缅油气管道工程天然气管道起点位于缅甸西海岸兰里岛，经若开邦、马圭省、曼德勒省和掸邦，从云南瑞丽进入中国。天然气管道长793千米，设计年输量120亿立方米，管径1016毫米，设计压力为10兆帕，钢管材质X70。中缅油气管道工程原油管道起点位于缅甸西海岸马德岛，经若开邦、马圭省、曼德勒省和掸邦，从云南瑞丽进入中国。原油管道长771千米（全线与天然气管道并行或同沟敷设），设计年输量一期1300万吨（二期2300万吨），管径813毫米，设计压力6—13.5兆帕，钢管材质X70。与原油管道配套的30万吨级原油码头，位于缅甸西海岸皎漂湾内的马德岛北岸线的东端，占用马德岛岸线长度为800米。中缅天然气管道项目，由4国6方即中国石油、大宇国际集团、印度石油海外公司、缅甸油气公司、韩国燃气公司、印度燃气公司共同合资建设。中缅原油管道项目，由中国石油和缅甸油气公司合资建设。截至2014年底，天然气管道安全平稳运行535天，累计实现首站进气43.40亿立方米，向中国输气41.36亿立方米，缅甸境内下载1.58亿立方米；原油管道全面建成，实现试投产暨马德岛港成功开港投运，完成接卸第一船原油。

【工程建设】 2014年5月30日原油管道按计划实现机械完工；针对沿海滩涂、若开山区和缅北山区等重点区域，完成二次水保和巡检道路施工；有序推进曼德勒运营物资中心库、彬乌伦培训中心、曼德勒总部活动中心等基建项目的设计、招标工作；完成皎漂正式分输项目建设，替代临时分输系统；8月底完成全线注氮保护，9月底完成全线5座站场真空干燥；2015年1月30日马德岛港正式开港，30万吨级码头成功投产。

【安全环保】 2014年，共组织Ⅰ级演练1次、Ⅱ级演练29次、Ⅲ级演练68次，提高实战能力；狠抓隐患排查治理，全年共组织开展4次公司级安全生产综合大检查和4次专项检查，发现各类问题隐患484项，较大级隐患14项，及时消除一般及以下级隐患392项、较大级隐患13项，对未完成的整治隐患严格执行限时销项管理。

推进安保力量建设，全线共有193名保安负责营地、站场及阀室安全守卫，共有52名缅甸警察及112名军人保卫管道重点目标。形成“重点地段重点防护，武装警察驻站警戒，全线警企联合巡线”的安保格局。

共组织参加15期反恐培训，举办1期海外专场防恐培训，累计参训人数376人次，提高员工安全意识和防恐技能。

【信息化建设】 2014年，完成东南亚海外云数据中心，形成三位一体的信息高速网络格局；完成16个子系统建设，实现无纸化办公；完成管道光纤跨境互联，节省通信租赁费300万元；推进公司视频会议系统建设，基本实现公司、管理处到站场的视频会议全覆盖。

（蔡丽君）

工程技术服务企业

中国石油集团西部钻探工程有限公司

【概述】 2014年，中国石油集团西部钻探工程有限公司（简称西部钻探）以钻井、测井、录井、井下作业、压裂、试油、特殊井钻井工艺、钻井液、固井等石油工程技术服务以及装备研发、制造与销售为主要业务，主要服务于新疆、甘肃、青海、内蒙古等四省（自治区）七大油田。拥有各类工程技术服务设备和仪器1万台（套），其中钻机207台，年钻井能力500万米；修井机45部，年修井能力1220井次；压裂机组7套，14.2万水马力，年压裂酸化能力2500井次；测井及射孔成套装备84套，年测井能力10000井次、射孔能力4000井次；综合录井仪137台，年录井能力5000口；固井水泥车124台，年固井能力3000口；试油修井机21台、通井机17台，年试油能力400层。下设机关处室15个，有直附属单位10个、二级单位17个，员工总数2.14万人，其中高级技术职务753人、高级技师136人。资产总额185亿元。

2014年，完成钻井进尺417.9万米；固井2135口、综合测井10078井次、录井3226口、井下作业2259井次，试油259层，均完成计划目标；苏里格项目外输天然气商品量6.8亿立方米、生产凝析油4238吨，分别增长3%和82%；三塘湖项目生产商品原油2.4万吨，增长3.8%。实现总收入139.94亿元，利润2.11亿元。

【传统市场巩固】 2014年，在三大关联交易市场完成钻井总进尺占有率54.1%，同比提高9.7个百分点，其他各专业市场份额均有提升。其中，克拉玛依市场钻井进尺占有率63.7%，提高20.5%；青海市场自有队伍年钻井进尺首破60万米，创高原盆地60年最好水平；吐哈市场运行顺畅，收入持续增长。南疆市场在大力拓展钻井总包的同时，测井、录井、固井、试油压裂等业务规模不断扩大，一体化发展能力得到增强。玉门市场完成鸭儿峡10万吨和酒东4万吨产能建设总包项目。长庆市场有效应对全面竞争挑战，业务空间进一步拓展。

【海外市场拓展】 2014年，按照业绩对哈萨克斯坦3个项目部机构级别进行调整，组建中亚地区协调部，成立沙特项目部。全年新签合同额4.5亿美元，收入27.87亿元；完成钻井进尺62.6万米，提前24天实现全年目标。中标KBM浅钻、中科大包、埃利亚日费等一批新项目，其中阿克套项目年进尺突破20万米，收入12.9亿元；埃及项目生产经营稳中提质；俄罗斯、阿联酋市场开发全力推进。

【总包昌吉致密油项目压裂施工】 2014年，总包昌吉致密油田先导试验井JHW018、JHW19、JHW20的压裂施工并获成功。全部自主完成的这3口丛式水平井压裂层级55级，总加液量66859立方米，总加沙量4152立方米，实现连续混配加沙每分钟10吨以上，创新疆油田史上压裂之最，创国内多项压裂纪录。2012年，昌吉吉木萨尔凹陷致密油勘探获得重大发现和技术突破，但其作为一种非常规资源，品位低，难以开采。2013年实施的先导试验井均由国外公司承担。

【结构调整】 2014年，以扩大总包合作，拓展高端高效业务、优化人力资源为着力点，加快结构调整步伐。

总包、合作拓展。抓住各油田建立总包示范工程的契机，形成全方位、宽领域、多形式的服务格局。钻井区块总包实现国内主体市场全覆盖；对外合作完成钻井进尺65.8万米；固井总包在国内外市场全面开展；压裂设计施工一体化总包开局良好；测录井等业务合作方式更加多样。

高端高效业务创效能力增强。各海外项目、专业化单位和油气风险作业项目创效能力增强，海外业务实现利润2.3亿元、增长15%，技术服务业务突出深化发展，高端测井、油藏评价等高附加值工作量明显增长；固井公司外部创收超过50%；试油公司超额利润跃居公司首位；钻井工程技术研究院一批科技利器进入创效阶段，年产值实现四连翻番；苏里格项目管网建设和新井投产数均居合作单位之首，在消化耕地占用税0.72亿元的情况下，实现利润2.1亿元；三塘湖项目以提高单井产量、降低开发成本为中心，14口新钻井初期日产油均在5吨以上，实现利润243万元。

人力资源结构调整。整合本部机关科室17个，撤销4家单位“小机关”，压缩三级机构7个；严控用工总量，推进业务外包，减少劳务用工1330人。

【钻井提速】 2014年，以10个重点区块和5个总包区块提速为引领，从源头上加强技术优选，在运行中强化技术支撑，钻机月速、机械钻速同比分别增长3.9%和3.4%。新疆石204、吐哈胜北、青海昆北、玉门鸭K、酒东5个总包区块钻井速度大幅提高，哈萨克斯坦3个重点区块提速效果明显。

【科技创新】 2014年，以实现重大技术突破为目标，提升核心竞争力，套管井成像测井系统等3项新产品通过集团公司技术鉴定；承担的“新疆大庆”科技专项任务顺利实施，一批技术瓶颈得到突破；致密油工厂化压裂打破多项行业纪录；磁源发生器、伸缩液压缸两项科技成果获第八届国际发明展览会金奖。

【安全环保】 2014年，实现“五个杜绝”（杜绝工业生产亡人事故、杜绝井喷失控事故、杜绝责任交通亡人事故、杜绝海外中方员工被绑架或致死事件、杜绝较大环境污染和生态破坏事故）和“一个控制”（严格控制其他事故）目标，安全、环保、节能均获得集团公司、新疆维吾尔自治区先进单位称号；在新疆维吾尔自治区安全生产目标管理考核中，创西部钻探成立以来最高分值。全年修订5170个岗位的HSE职责和13项制度。持续推进HSE体系建设，开展安全标准化建设，加大隐患治理力度，14个二级单位被国家安监总局命名为安全生产标准化一级企业。狠抓工程技术管控，事故复杂时率实现“六连降”，其中事故时率控制在0.38%，同比下降0.25%；各项质量控制目标全面完成。以风险管控为核心，推进升级管理，改进安全检查方式，突出预防，狠抓落实，全年发生的10起溢流险情均得到有效处置。“电代油”“气代油”、无功补偿等节能减排项目应用成效显著，替代柴油2.7万吨，二氧化硫、氮氧化物排放分别下降60.2%和48.3%。

【企业管理】 2014年，突出效益导向，优化投资结构，保障一批优势业务加快发展和竞争力提升。加大工效挂钩力度，将效益指标权重提高到50%，钻井单位和其他单位超额分成比例分别增至50%和45%。深化“四单井”（单井预算、单井核算、单井考核、单井兑现）管理，国内钻井队、项目部实现全覆盖，部分单位实现单井全成本预算。落实以收定支，非生产性“五项”费用下降0.24亿元、降幅31%。加强资金管理，获得集团公司注资17.1亿元，收回工程款74亿元，节约利息支出0.59亿元。“出四进一”用工政策全面实施，“增人不增资，减人不减资”工资总额管控机制持续完善。开展“百支设备管理标杆队”创建活动，机修时率下降0.24%，设备修理费下降5%。物资管理和招标采购更加规范，两级物资集中采购度95%，采购资金节约率4.9%，完成出口退税4346万元。加强经营过程分析、预警和指导，开展“小金库”、事后合同等专项治理，强化法律风险防控和内控体系建设，完善承包商管理，风险管控能力进一步增强。推进集团公司统建信息系统建设，信息化应用水平持续提高。深化档案管理系统应用，继续保持集团公司档案管理A级水平。净资产收益率2.4%，主营业务利润率4.9%。获得国家级“守合同重信用企业”称号。

【作风建设】 2014年，认真落实中央“八项规定”和集团公司“二十条规定”，与“四风”相关的6个专项整治、19项突出问题得到集中整改；开展“三超”问题专项治理，清查超标公务车35辆，腾退超标办公用房1340平方米。完善作风建设相关制度36项，文件、会议数量分别下降28%和26.3%，视频会议比例提高14.6%，接待费用下降44%。实施领导深入基层一线活动计划，固化“四不两直”（不发通知、不打招呼、不听汇报、不用陪同接待，直奔基层、直插现场）调研方式，帮助基层解决难点问题60多项。加大领导人员选拔和交流力度，改进党委中心组学习模式，加大科级以上干部培训力度，完善党建责任示范点工作。

【和谐企业建设】 2014年，坚持各项政策向一线倾斜，597名优秀一线关键岗位员工和骨干员工实现用工形式转换。推进扶贫帮困工程，发放大病救助、金秋助学、节日慰问资金500余万元。组织5200名员工健康疗养。推动企业文化建设试点，启动10项重点工作，开展“家文化”典型案例、企业文化“小故事”征集活动，开通公众微信平台。制订《钻井队遭遇暴恐袭击应对预案》和《安保防恐工作指导意见》，加强实战演练，落实防范措施。

【两项发明获国际金奖】 2014年，磁源发生器和伸缩液压缸两项发明在2014年第八届国际发明展览会上获金奖。展览会由中国发明协会、发明者协会国际联合会主办。

（许　均）

中国石油集团长城钻探工程有限公司

【概述】 中国石油集团长城钻探工程有限公司（英文缩写 GWDC，简称长城钻探）成立于 2008 年 2 月，是集团公司的直属专业化石油工程技术服务公司。主营业务包括钻完井、测录井、井下作业、油气合作开发、以高端装备制造为主的综合业务 5 个板块，业务领域涵盖石油工程技术全产业链，并向油气田前期地质研究、勘探开发方案设计、稠油热采、天然气（煤层气、页岩气）开发、地热开发、油田生产管理等领域延伸，具备较强的钻完井工程技术总承包能力，拥有国际知名的中国石油 GWDC 和 CNLC 工程技术服务品牌。国内业务主要为辽河、长庆、大庆等油气田提供支持与服务，海外业务共有 30 个项目部（作业区）分布在非洲、中亚、中东、美洲 4 个大区的 32 个国家，累计为 160 多个客户提供服务。

2014 年，完成钻井进尺 413.4 万米，同比下降 20.2%；实现收入 239 亿元，同比下降 3%；利润高于集团公司下达业绩指标 3.5 亿元；实现经济增加值 5.03 亿元，同比增长 19%。在工作量和收入双双下降的情况下，实现经济效益的硬增长。

【主营业务】 2014 年，长城钻探面临的市场冲击不亚于 2009 年金融危机。国内市场甲方开工较晚，到 5 月底钻机动用率仅有 57.4%；辽河、吉林两个市场实施扩大自主经营权试点，部分招标项目价格大幅下降；长庆市场工作量下降近 2/3。国际市场乍得、伊朗等项目出现大面积等停，哈萨克斯坦项目因货币贬值遭受巨额汇兑损失。针对这种情况，公司制定“做强国际业务，优化国内业务，加快合作开发”的应对策略，及时扭转生产经营的被动局面。

国际业务。全年签约和中标待签合同额达到 30 亿美元以上，创历史新高。进入国际主流市场，拓展总包一体化服务。与阿尔及利亚 SONATRACH 公司签订 5.67 亿美元钻修井机服务合同，同时中标钻井液一体化服务项目。与 NDC 公司签订战略合作协议，技术服务首次进入阿联酋主流市场。中标伊拉克 PETRONAS 20 口井 2.04 亿美元总包项目，带动多项业务整体进入。努力稳定、延续集团公司内部市场，伊朗北阿扎德甘项目钻机、钻井液等 5 个合同顺利延期；伊拉克鲁迈拉项目中标 1.26 亿美元修井机服务合同；乍得环保事件得到妥善处理，生产运行有序恢复。集团公司以外市场实现持续扩容，委内瑞拉项目新增 2.98 亿美元钻井液和固控服务合同；古巴项目续签 3 台 70D 钻机，并首次将 90D 钻机引入南美；乍得和伊朗项目分别获得 1.47 亿美元和 1.3 亿美元合同，有效弥补内部市场损失。全年海外业务集团公司以外市场合同额占比达到 60%。

国内业务。辽河油田市场通过提高施工质量和效率，减少价格下降造成的损失，全年完成进尺 99.7 万米，井下事故率下降 28.6%。在锦 16 区块开展总承包试点，59 口井提前一个月交井，事故复杂损失率为零，得到甲方认可。东部市场实施战略收缩，主动缩减吉林、浙江、西气东输等低效市场规模，加大资源调剂力度，两部钻机成功进入塔里木市场，吐哈市场钻修井机增至 12 部。各专业加强技术推介，主动寻找市场，尝试管理输出等新的商业模式，促进经济效益的提升。

油气合作开发有 3 个区块。威远页岩气项目在相对陌生的领域与兄弟单位同台竞技，9 部钻机在 5 个平台同时作业，当年完井 8 口，中完 25 口，钻井周期、完井周期、储层静态评价结果均优于兄弟单位指标。2014 年底，供水工程、集气管线、井站建设全面完成，压裂求产进入实施阶段。苏里格合作开发项目精细精益管理，“布局稳气、技术找气、措施增气、安全保气”，日产气始终保持在 950 万立方米以上。大港板南深层合作开发项目集成应用薄层单砂体刻画和体积压裂等先进技术，投产 4 口新井全部实现自喷生产，单井初期日产原油最高达到 36 吨。全年生产原油 1.3 万吨、天然气 1100 万立方米，新建产能 9600 吨。油气合作开发已经成为公司的主要利润源和拉动工程技术、工程建设工作量提升的重要引擎。

【企业管理】 2014 年，在市场不利的情况下，注重降本增效，大力实施基础工作“再总结、再梳理、再提升”抓好规模控制，向资产、人员、队伍“三大”结构性问题持续发力，工程技术投资下降 7.4%，减少用工 2058 人，清理不达标钻井队 24 支。抓好增收节支，资金回笼同比增加 10.55 亿元，获得集团公司拨款 22.7 亿元，节约税费支出 1.3 亿元，减少贷款规模 22.8 亿元，节约利息支出 8600 万元；节约人工成本 1.5 亿元；期末物资库存下降 5.59%，全年节约物资采购资金 2.2 亿元；非生产性支出下降 5.4%，“五项”费用下降18.86%。强化生产保障，设备综合完好率达到96.1%，出国设备配套验收合格率100%；两级物资集中采购度95.3%，物资抽检质量合格率达到96%；生产现场网络基础设施进一步完善，信息化平台应用时效持续提升。加强人才队伍建设，引进5名博士学历高端人才进入博士后工作站，引进关键岗位技能人才35人、高校毕业生300人，组织各类培训7.3万人次，海外员工当地化率升至81%；大力推广员工职业化晋级体系，5785名基层队员工实现岗位晋级，机关管理人员和专业技术人员晋级体系稳步推进。加强内部管控，制定、修订规章制度和专项业务流程126个，关键环节和重要流程内控测试覆盖率达100%。

【质量安全环保】 2014年，坚持从“自省”的角度科学整改，从“固本”的角度狠抓落实。强化HSE区域巡视监督，全方位、常规性、高频次的现场巡视监督实现全覆盖，监督检查更加务实有效。切实做好隐患整改，全年投入专项资金1.71亿元，公司领导及专业部门按照隐患级别挂牌督办，实现全程跟踪、闭环管理。加强事件管理，每月对各单位可记录事件率进行公示，实行正激励；与国际油气生产者协会（IOGP）年度数据相比，损工事件率（LTIF）、可记录事件率（TRCF）分别达到IOGP的0.86倍和1.82倍。加强社会安全管控，建立社会安全形势分析机制，明确职责分工，标定撤离路线，保证应急措施的有效性，境外员工防恐持证率100%。深化质量管理体系运行，完善质量责任指标落实机制，国际化适应能力进一步增强，通过集团公司质量管理体系审核，保持A类企业资格。加强环保、节能等专项管理，强化钻井液废弃物管理，牵头编制集团公司工程技术板块钻井液、压裂液处置方案；钻机节能减排技术替代柴油1.23万吨，减少二氧化碳排放1.02万吨。长城钻探被评为集团公司“环境保护先进单位”和“节能节水型先进企业”。

【科技进步】 2014年，申请专利146项，其中发明专利64项；获得省部级企业科技进步奖8项，国家科技进步奖二等奖1项，随钻方位电磁波电阻率测井仪、远程录井系统2项成果和GW－LWD（BWR）系列产品通过集团公司鉴定，实现科技创收6.5亿元。重点科技攻关项目取得突破性进展，随钻方位电磁波电阻率测井仪申请国内发明专利7件、美国专利3件，编制企业标准2项，为长城钻探进入薄层、超薄层钻井高端市场奠定基础；近钻头地质导向系统现场试验获得成功，首创电磁波电阻率用于近钻头测量，探测距离和精度达到国外同类产品水平，为有效开发薄层油气藏再添利器；阵列感应、阵列侧向测井仪突破3项关键技术，较国外引进同类产品节省成本50%以上；指向式旋转导向仪器完成系统导向工具和定向测量仪的研制。科技产业化推广效果显著，电磁波电阻率随钻测井仪在国内外市场实施120口井效果良好，PDC钻头产业化规模进一步扩大，GW-RSL远程录井系统、GW-MLE综合录井仪创产值9500万元，CIFLog-GeoMatrix处理解释系统实现海外全覆盖，保压密闭取心技术首次在国内页岩气井成功应用，轴向和径向减扭阻工具在水平井施工中得到推广，摩阻同比下降15%，提速效果显著。工程技术服务水平进一步提升，应用成熟模板，集合PDC钻头优选、“一井一策”等措施，国内平均机械钻速同比提高3.59%，国内9个重点提速区块可比机械钻速平均提高4%以上，最高达到28.9%；全年工厂化作业钻井进尺47.9万米，施工质量合格率、资料一次录取成功率均达100%；水平井、欠平衡井、带压作业、压裂服务分别实施204口、54口、530井次和605井次，全面完成工作目标。

【党建和思想政治工作】 将服务企业发展作为党员领导干部作风建设的出发点和落脚点，注重制度体系建设，严肃反腐红线。进一步巩固党的群众路线教育实践活动成果，领导班子“四风”突出问题、专项整治问题基本整改完毕，各级干部廉洁自律意识不断增强，有效推动作风建设常态化和长效化。持续推进党风廉政建设，按照依法治企的要求，形成以反腐倡廉建设为总纲，以主体责任落实、惩防体系建设、重点问题治理、纪检干部队伍建设为配套的6个方面23项制度；建立反腐倡廉“大宣教”工作格局，充分利用效能监察的评价和监控作用，努力打造风清气正的企业环境。将现代企业管理手段与党建实际相结合，持续推进党建思想政治工作科学化发展。建设长城钻探特色的党建思想政治工作体系，构建评价考核体系，制定17项工作指导意见和6个SOP标准化操作程序，形成以“安心工程”“员工创造工程”为代表的长城特色品牌工程，将党的建设、思想政治工作、企业文化建设、纪检监察、基层建设、群团工作有机统筹，为基层单位开展党群工作提供遵循，总结提炼出10个新时期创新实践成果和29个特色工作案例。长城钻探获2014年度“全国企业文化顶层设计与基层践行优秀单位”称号。

（杨　全）

中国石油集团渤海钻探工程有限公司

【概述】 中国石油集团渤海钻探工程有限公司（简称“渤海钻探”）用工总量 26620 人，其中合同化员工 21694 人，管理和技术人员 11684 人；研究生以上学历 387 人，大学学历 7337 人，大专学历 7631 人。

2014 年，渤海钻探上下扎实推进“16246”发展战略，坚定不移地走“管理技术型”发展道路，外拓市场增收入，内抓管理挖潜力，全力打好“三保”攻坚战，实现质量效益发展。

2014 年，在工作量大幅缩减的情况下，完成营业收入 230.87 亿元；实现利润 10.84 亿元，超额完成集团公司下达的考核指标；主要财务指标均好于 2013 年。完成钻井进尺 545.66 万米；技术服务工作量 2.36 万井次。实现天然气商品量 15.66 亿立方米，生产原油 1.07 万吨。完成井平均井深比集团公司平均井深超出 1034 米，其中完成 6000 米以上深井 55 口，打造科技利器 3 项，均达到国际先进水平；新增创业奖 4 项；获授权专利 169 项、省部级科技进步奖 18 项，独立获得集团公司科技进步奖一等奖 1 项；实现科技创收 43.6 亿元、增效 8.4 亿元。

【市场开发】 面对量价齐跌等严峻态势，加大市场开发力度，开辟页岩气等一批新市场，扩大吐哈、青海等一批传统市场，国内市场创收 185.2 亿元。其中，渤海湾市场创收 87.4 亿元，长庆市场创收 31.1 亿元，塔里木市场创收 27.7 亿元，新疆、青海、玉门市场创收 9.3 亿元。18 家所属单位进入国际市场，2014 年创收 45.5 亿元，增长 38.4%。其中，伊拉克市场中标鲁克、米桑等总包项目，创收 19.2 亿元；委内瑞拉市场续签钻机合同 9 个、中标技术服务项目 18 个，创收 19.6 亿元；印度尼西亚市场中标多个钻修井和技术服务项目，创收 2.6 亿元；伊朗市场有效扩大服务规模，创收 2.75 亿元。“走出去”效果明显，国际市场创收、创效比例进一步提升。业务结构更加优化，钻井业务保持稳定，技术服务逆势上扬，创收同比增长 9%。总包规模有效扩大，总包塔里木哈拉哈塘、华北低效合作开发、大港全生命周期等项目，在青海、玉门、海南等市场实施与产量挂钩的单井总包。全年总包创收 168 亿元。

【生产组织】 推广高效工法，优化资源部署，强化内部协作，钻机利用率达到 84%，生产时效达到 97.5%。根据施工井难度与风险合理匹配技术资源，开展事故复杂案例分享，开展钻具失效等专项治理，事故复杂时率 1.18%，同比下降 39%，创历史最好水平。开展劳动竞赛，强化技术集成应用，创新指标 137 项，其中在塔里木热普 3012-1 井，创集团公司 7000 米以上深井最短钻井周期 76.3 天纪录；在伊拉克鲁克、米桑分别创区块最短建井周期 25.9 天和 45.9 天纪录。开展工程技术管理提升活动，改进工艺技术，严把入井工具、仪器和材料质量关，加强质量监测，优质高效完成青海油田第一口双分支水平井坪 1H-2-7 井。

【安全环保】 强化新颁布的《安全生产法》和《环境保护法》宣传贯彻，印发读本 3 万册，集中宣讲 60 余次，基层巡回宣讲 200 余次；落实“一岗双责”要求，修订全员岗位 HSE 职责；新制定制度 18 项、作业规程 91 项；对各单位、基层队站实施体系审核定级排名和奖惩，在板块两次体系审核中得分均排名第一。制定并实施《跨市场、跨区域作业队伍井控管理办法》等 3 项制度，推广 A7 井控管理子系统，建立井控培训教育网络平台；投资 2000 余万元，购置井控装置 89 台（套）；在 249 口一级风险井落实处级责任人和盯井工程师，及时发现处置溢流 38 井次。出台《安全井控暗查抽查规定》，暗查抽查基层 311 队次，整改问题 3632 个；落实每查必考制度，奖励 90 分以上人员 1000 余人次，对 53 名违章人员实施离岗培训。出台钻机检测、低残值钻机管理等制度办法，将危险作业保命条款、安全防护设施使用方法制作成视频供员工学习观看；投入 2.5 亿元，治理隐患项目 234 个；强化环保、交通、消防、防恐、放射源等重点环节监管，杜绝各类事故。

【科技进步】 重大技术研发项目进展顺利，其中旋转导向钻井工具现场试验 5 口井，在大港歧 139X1 井，单趟钻进尺 739 米，动态下传指令成功率 100%；研发出抗温 250 摄氏度、密度 2.4 克 / 厘米 ^{3} 高温高密度油基钻井液体系；连续油管带底封喷砂射孔及无限级滑套分段压裂技术，具备 10 段以内分段压裂能力。在技术应用方面，塔里木安全优快钻井技术应用 72 口井，创 1 项集团公司纪录和 16 项区块纪录；冀东深井复杂结构井钻完井技术应用 21 口井，创 7 项区块纪录；大港固井质量综合配套技术应用 273 井次，层位优质率 61.9%，同比提高 22.1 个百分点。

研发应用十大化学助剂，其中BH-OBM钻井液性能达到国际同类产品水平，抗高温油基钻井液核心处理剂实现完全自主产权，节约成本30%以上；抗盐高密度水泥浆体系，应用32井次，解决伊拉克哈法亚、米桑区块固井难题；BH-WEI钻井液已推广到多个油田，创收4.2亿元，同比增长18%。A12试点建设取得阶段性成果，自主产品集成应用、软件功能融合取得重要进展。完成工程设计审批等自建系统建设，达到预期效果。ERP、A7等骨干系统应用处于板块领先水平，连续第六次获集团公司“先进单位”称号。

【队伍建设】 开展集中达标培训、国际人才一体化培训、非主体专业技术员培训和基层自我培训，共计6.9万人次。获省部级竞赛一等奖1项，举办竞赛6项，4500人晋升职业技能等级。增补选聘公司级技术专家10人。推行各单位总工程师或技术专家带领博士成长，38名博士担任项目经理或负责人，3名博士被选聘为公司级技术专家。成立中东事业部，调整优化新疆、青海、玉门市场和长庆市场管理架构，规范机关机构设置，二级单位调整内部机构16个、压缩部门8个。研究编制钻井队人员配置指导意见。修订企业领导人员绩效考核办法、经营责任制实施办法，加大利润、净资产收益率、应收账款回收等指标的考核力度。从二季度起，将经营指标完成情况与领导人员月度奖金兑现挂钩，调动创收创效积极性。

【管理提升】 开展“节支降耗、控本增效”活动，制订节支措施，加强过程推动，严格考核评比，2014年节支12.95亿元。其中，压缩用工1007人，节约人工成本4000万元；加大物资集中采购力度，节约成本1.56亿元；推广“电代油”“气代油”等措施，节约成本6773万元；严格审计和效能监察，节支3939万元；严控非生产性支出，“五项”费用降低18%。强化管理现代化创新，获省部级以上奖励24项，获石油企协“先进集体”称号。持续推进管理提升，获集团公司“管理提升活动先进单位”称号。超前谋划部署，启动“十三五”规划编制。重点项目建设投资21.1亿元，提高装备工效水平。加强质量计量标准化管理，制修订标准59项，获集团公司质量体系推进评审A级。开展内控测试，内控体系运行管理工作被集团公司评价为杰出。开展合同大检查，依法追讨外部欠款，提高合规经营水平。信访、外事、档案等工作取得较好成绩。

（刘荣军　马　强）

中国石油集团川庆钻探工程有限公司

【概述】 中国石油集团川庆钻探工程有限公司（简称川庆钻探）是集团公司全资拥有的工程技术服务企业，享有独立对外经济贸易和经济技术合作业务权。主营地震勘探、钻井工程、井下作业、测井射孔、录井、油气田地面建设、油气合作开发等业务，是国内业务链最完整、产值规模最大的油气工程技术总承包商。在国内主要服务于西南油气田、长庆油田、塔里木油田，分布于四川、重庆、陕西、甘肃、宁夏、内蒙古、新疆7个省（自治区、直辖市）。海外市场主要集中在土库曼斯坦、巴基斯坦、厄瓜多尔等国家。截至2014年底，川庆钻探机关处室17个，二级单位25个，施工服务队伍740个，从业人员40678人，主要设备16660台（套），资产总额437.98亿元。

2014年，面对市场工作量大幅下降的严峻形势，坚持稳中求进、改革创新、提质增效，全力保障重点工程，开源节流，扎实抓好安全环保，持续推进作风建设，各项工作稳中有进，整体实现效益发展。全年实现营业收入352.67亿元；实现利润13.6亿元，超额完成集团公司下达指标，超盈3.9亿元；实现经济增加值5.66亿元，比集团公司下达指标多3.07亿元。

【主业生产】 有效应对市场变化，在国内市场分区域采取针对性措施，保障四大区域平稳生产。2014年完成钻井进尺581.48万米；平均机械钻速提高14.4%，震旦系、龙王庙组深井平均机械钻速分别提高13.5%、14.2%，长庆地区水平井整体提速7.3%；长宁H3-5井以33.68天、威202H1-5井以35.45天创区块最快纪录，塔中862H井创国内陆上最深水平井纪录。川渝地区立足常规工作量减少的实际，精心组织运行，高石梯—磨溪勘探钻井15开21完，龙王庙组1200万立方米净化厂地面工程实现“8·30”目标、四列装置全面投产；川东北雪佛龙项目净化厂第一列装置机械完工；威远页岩气风险作业和长宁页岩气工程总包加快推进，2014年在13个平台开钻52口井、完井15口，技术体系、提速模式、工厂化作业、清洁生产整体突破，产建工程配套实施，风险作业率先首气并正式外输商品气，实现当年规划、当年投产。长庆地区克服部署变化大、生产启动晚、阻挡等停多等困难，调整钻机、优选区块、持续提速，全力支撑陇东陕北等重点区块稳产上产。2014 年完成钻井进尺 428.79 万米、试油（气）压裂 6085 层次、固井 2460 口，生产目标全面实现、超过预期。塔里木地区针对产建放缓实际，稳定主体市场，拓展周边市场，钻井进尺再上 40 万米台阶；塔中 400 万吨总包项目钻井累计 39 开 32 完，高标准高质量完成地面工程，产能建设效果优于设计；塔中第三联合站如期竣工投产；吐孜洛克反承包项目顺利投运。在国外市场化解市场风险，优化市场布局，稳步推进重点项目，土库曼斯坦阿姆河第四轮钻井 21 开 20 完，阿姆河 A 区第一处理厂 80 亿立方米改扩建工程有序实施，南约洛坦 100 亿立方米产能建设项目操作权全面移交，增供 300 亿立方米项目前期工作加快推进，巴基斯坦和厄瓜多尔项目高效运行。

【业务转型】 2014 年，川庆钻探钻完井业务瞄准高端服务，重点区块深井、水平井明显增加，气体欠平衡、测试、带压作业等高附加值服务稳定增长，海外高难复杂区域钻井项目安全高效推进。钻井液业务高端产品和服务比例不断提高。井下业务发挥技术装备优势，收入规模突破 70 亿元。物探业务突出市场拓展、管理升级和技术创新，实现增收增效。测井业务非常规领域特色技术服务快速发展。地质研究业务强化与工程结合，地质导向和科研服务收入不断增长。油气合作业务拓展新领域，组建页岩气项目部，集成一体化服务优势，带动相关专业共同发展，成为工作量新的增长点；苏里格项目加强资源挖潜，科学稳产增效。地面建设业务应对市场滑坡，力保重点工程，强化项目管控，抓质量控成本，实现平稳运行。运输业务加强钻机搬安和重点工程保障，钻前工程业务坚持不让钻机等井场，检测业务严把质量关，安全监督业务严查严纠，培训、酒店业务做好优质服务，共同为安全稳定、效益提升做出贡献。

【科技发展】 2014 年，安排科技攻关项目 349 项，19 项成果获省部级以上科技奖，2 项成果分获国家科技进步奖二等奖、集团公司技术发明奖一等奖。专利申请同比增长 26%，获授权专利 252 件，其中发明专利 49 件。物探山地复杂构造精确地震成像与气层识别关键技术研究与应用获集团公司技术发明奖一等奖。GeoMonitor 成为集团公司首套微地震监测软件，速度建模技术获国家及美国专利授权。精细控压钻井技术达到国际先进水平，水力三维振动器打破国外垄断，旋转导向钻井完成功能性试验。自主研发的油基钻井液核心处理剂成功应用。过钻具存储式测井技术实现工业化推广，分簇射孔技术进入国际先进行列。固完井一体化工具填补国内空白，高压尾管悬挂器实现国产化替代，TDY 水力喷射压裂工具达到国内领先水平，PSK 压裂工具成为国家重点新产品。初步建成精细控压钻井仿真实验室，井下作业工具与装备实验室通过国家认可，射孔技术、页岩气地球物理研究室成为集团公司重点实验室。持续抓好 A7、ERP 等系统集成应用，发挥远程监控系统作用，促进生产管理效率进一步提高。

【油气合作开发】 2014 年，在苏里格油气合作区块，开钻井 49 口，完钻井 52 口（其中直丛井 38 口、水平井 14 口），完成进尺 19.6 万米，Ⅰ＋Ⅱ类井比例 89.5%，平均单井测试产量 3.41 万米^3/日，平均无阻流量 15.94 万米^3/日。完成新井投产 88 口，其中苏 5 区块 26 口，桃 7 区块 51 口，苏 59 区块 11 口；3 个区块累计投产井 816 口，配套产能 575.9 万米^3/天。新建产能 4.56 亿立方米，生产天然气 19.65 亿立方米，外输气量 18.81 亿立方米。累计生产天然气 120.49 亿立方米。

在威远页岩气风险作业区块，动用钻机 11 台，开钻井 30 口，完钻井 8 口，完成钻井进尺 10.31 万米。完成试采井 2 口，体积压裂施工 2 口井 34 段。完成新井投产 2 口，12 月 5 日实现首气，2014 年外输页岩气 137 万立方米，实现“当年规划、当年投产”的目标。

【企业管理】 2014 年，推动改革调整提效，理顺国际业务管理，强化地面建设设计业务，成立招标管理中心，整合井控培训业务；完善合同审批、物资采购、业务外包等运行机制，修订完善工效挂钩办法。创新生产组织增效，钻井实施“双钻机、批量化、工厂化”作业，储层改造实现从单井压裂、拉链式压裂到同步拉链式压裂的跨越。突出降本节支增效，精细资金、成本、资产和财税管理，严控非生产性支出、采购成本、应收账款、存货、投资和用工，投资同比下降 25%，全年节支降耗 15.06 亿元。推广“电代油”“气代油”，节约资金 7789 万元。强化规范管理保效，持续完善内控与风险管理，推进合规体系建设，严格合同和法律事务管理；狠抓财务稽核和审计问题整改、“小金库”治理；突出抓好财务核算、资金管理等方面审计监督，开展各类审计项目 43 项；加强重点领域监督检查，促进节约资金 2485 万元，挽回直接经济损失539万元，避免经济损失619万元。

【安全环保与节能管理】 2014年，大力宣传贯彻新颁布的《安全生产法》和《环境保护法》，开展安全环保生产合规性对标检查，进一步调整和明确各级HSE责任。狠抓HSE体系建设，强化体系审核，推广“三标一规范”；完善安全监督体系，进一步规范安全监督5个关键旁站内容。突出井筒作业、地面建设和承包商监管，落实“三高”重点井油气层作业预警、监控、驻井把关。深入开展安全生产大检查，投入5.39亿元治理安全隐患129项，实行重大施工动态跟踪和视频监控，强化事故事件管理，扭转安全生产不利态势。开展危险化学品泄漏等多项应急演练，加强HSE培训和资质取证培训，培训员工3.75万人次，有效提升全员安全履职能力。严格抓好质量管理，质量形势总体平稳。强化环保节能工作，扎实推进清洁生产，实施井场清污分流改造和岩屑不落地管理，杜绝污染事故。2014年HSE各项指标均优于集团公司和地方政府下达指标，杜绝一般A类及以上生产安全事故。

【党建设工作】 2014年，严格落实党建工作主体责任和党风廉政建设两个责任，以创建“三型”党组织为载体，推进基层党支部标准化建设，基层党组织健全率100%。组织开展党建工作专项述职和民主测评工作，受到四川省国资委通报表扬。抓好基层党委建设，2个单位完成换届改选。开展争创“四强”党组织、“六个一”党支部、“五心”党支部书记活动，涌现出中央企业优秀共产党员1名，集团公司先进基层党组织4个、优秀共产党员5名、优秀党务工作者4名。发展新党员274人，培训党委组织员、党支部书记157人。抓好“三基”工作，推进基层管理标准化，发布《基层管理标准化手册编写指南》《钻井队管理标准化手册》，制定《综合检查考核办法》，“五型”班组达标率89.1%。加强人才队伍建设，入选国家“百千万人才工程”1人，评审通过中高级职称541人，引进紧缺急需人才3人、出站博士后7人，签约石油主体专业学生378人，培训员工8.65万人次。围绕落实党委的十个主体责任、纪委的五个监督责任，进一步细化党组织主体责任、纪检监察监督责任、班子成员一岗双责和业务部门监管责任，抓好责任分解、督促指导和责任考核，对履责不力的单位进行通报，对履责不力的领导干部诫勉谈话、调整岗位或扣减绩效薪酬。

【精神文明建设】 2014年，将思想政治工作的重心放在践行社会主义核心价值观、弘扬石油工业优秀传统文化上，组织广大员工开展大讨论、大实践活动，不断提升员工职业精神和思想道德素质。针对全面深化改革、全员绩效考核和生产组织方式创新带来的员工思想变化，做好一人一事的思想工作，重点加强海外员工、困难员工等群体的人文关怀。开展“形势目标任务责任”主题教育活动，宣传改革发展、开源节流、降本增效等重点部署和要求，引导广大干部员工认清严峻形势，在“爬坡上坎”中坚定信心，凝聚发展正能量。开展向身边典型学习活动，组织员工参观企业精神教育基地，用石油英模和先进典型的事迹教育员工。抓好先进选树，获“全国五一劳动奖状”1个、“全国五一劳动奖章”2名、“全国工人先锋号”2个，四川省“五一劳动奖状”1个、“五一劳动奖章”4名、“工人先锋号”5个。抓好企业文化建设，制定企业文化建设实施意见，颁布安全文化建设实施意见，开展海外项目企业文化建设试点，13项企业文化成果受到四川省和集团公司奖励，2部作品入围“首届全国职工微电影大赛”，1部音乐作品获全国“五个一工程”大奖。坚持职代会制度，加强厂务公开和民主管理。为员工群众办实事，坚持收入向一线艰苦岗位倾斜，保障员工正常休假、轮休，安排疗养13295人，建设职工书屋32个，发放慰问、帮扶及助学金1431.9万元。履行企业责任，上缴税费37.29亿元，对口援助石渠、南充等县市的贫困地区。落实维护稳定责任，突出做好特殊时段和敏感地区维护稳定、安保防恐工作，大局保持平稳。

【深化教育实践活动】 2014年，各级党组织按照中共中央和集团公司党组、中共四川省委、四川省国资委部署，开展教育实践活动“回头看”，持续反“四风”、转作风。对照“两方案一计划”，抓好整改落实、建章立制，公司两级党委班子的“四风”突出问题全部整改完毕，专项整治方案明确的42项任务全部整改到位，废止、新建和修订制度119项。开展“庸懒散浮拖”专项整治，查找出的问题全部整改完成。开展“三超”问题专项清理，严格领导干部办公用房、接待、公车制度，进一步规范职务消费行为。开展公款为领导人员办理各种消费卡、为领导人员购买图书等专项治理工作，自查面达到100%，所有处级干部均做出“零持有”的书面承诺。加强“五型”机关和“五好”处室建设，为基层办实事、办好事，机关作风明显改善。

（杨运杰）

中国石油集团
东方地球物理勘探有限责任公司

【概述】 中国石油集团东方地球物理勘探有限责任公司（英文缩写 BGP，简称东方物探）成立于 2002 年 12 月 6 日，是集团公司独资的地球物理专业化技术服务公司，本部位于河北涿州。主要从事国内外陆地、海上地震勘探及综合物化探采集、处理、解释，以及有关勘探技术、软件开发、技术引进和装备研发、产品销售、信息技术等业务。

截至 2014 年底，机关职能处室 14 个、机关附属机构 5 个、直属机构 5 个、二级单位 23 个、合资公司 1 个。有合同化员工 19921 人，其中在岗 19139 人。中专及以上学历人员 14675 人，占合同化员工总数的 73.7%；在岗管理、专业技术人员中，具有中级及以上职称人员 6522 人，占在岗管理、专业技术人员总数的 53.5%。设备资产原值 169.25 亿元，净值 75.67 亿元，新度系数 0.45。

2014 年，实现收入 176 亿元、考核利润 6.87 亿元、企业增加值 88.9 亿元，上缴税费 6.6 亿元，完成集团公司下达利润指标 145%。

2014 年落实市场 293.8 亿元，其中新签合同 215 亿元，同比分别增长 7.7% 和 10.2%。国内落实市场 69.8 亿元，其中新签合同 58.4 亿元，完成年度预算的 104%；国际落实市场 188.5 亿元，其中新签合同 128 亿元，双双创历史新高；中东高端市场开发取得重大突破，先后中标科威特、沙特等国家特大型项目，超亿元项目价值工作量同比增长 54%。

处理解释业务收入与 2013 年基本持平；信息服务业务收入突破 20 亿元，连续 5 年成为东方物探发展最快的业务；过渡带、油藏、井中地震、综合物化探业务稳步发展；物探技术研发科研成果丰硕，采集技术支持服务能力显著提升；装备、物资专业化服务和物探培训业务发挥服务保障作用，支持主营业务的发展。

【油气勘探成果】 围绕集团公司资源战略部署，增强靠前一体化技术服务能力，配合国内油田和海外合作区加强技术攻关，提升野外采集和处理解释成果质量，2014 年发现圈闭 2147 个，复查落实圈闭 4066 个，提交建议井位 3898 口。国内参与集团公司勘探成果超过 92%，为集团公司国内新增探明油气地质储量连续 8 年超 10 亿吨当量做出重要贡献。在“西部大庆”建设上，配合油田取得 5 项重要成果，苏里格形成万亿立方米大气区，陇东、陕北、姬塬新增石油地质储量规模 5.6 亿吨，新增油气储量当量占到股份公司“半壁江山”。在“新疆大庆”建设上，配合西南油气田等获得 11 项重要成果，塔里木盆地克深形成万亿立方米大气区，塔东古城 9 井获高产工业气流，准噶尔盆地玛湖凹陷百口泉组展现出 3 亿至 5 亿吨勘探大场面，吐哈盆地马 56 区块致密油勘探取得重要突破。在“西南天然气工业基地建设”上，配合塔里木油田等在高石梯—磨溪地区形成万亿立方米大气区，在龙门山冲断带自筹资金处理资料提供的双探 1 井获得超百万立方米高产气流，展示川西北海相多目的层良好勘探前景。在“千万吨级高原油气田”建设上，配合青海油田在英西、阿尔金山前带、扎哈泉等地区取得重要突破和进展。东部地区配合辽河等油田在辽河雷家、华北束鹿、大港孔南、冀东辽中等区域获得 12 项重要发现和进展。新区新领域综合研究完成课题 15 项，获得 10 项重要发现和突破，有效拉动勘探市场。国际业务配合海外合作区在乍得邦戈尔盆地沙里河东地区、北部陡坡带和印度尼西亚勘探中取得重大突破，在尼日尔、土库曼斯坦、哈萨克斯坦等项目勘探中取得重要进展，重大发现参与率保持 100%，为海外新增可采油气地质储量规模连续 6 年超亿吨提供重要支撑。

【科技创新】 2014 年，投入科研经费 5.27 亿元，实施国家级项目 3 项、集团公司及东方物探公司项目 121 项，申请专利 197 项，发表国际论文 115 篇，获省部级以上奖励 11 项，6 项成果通过集团公司鉴定，5 项成果通过集团公司技术利器有形化验收。

GeoEast 功能性能大幅提升，OVT 处理、五维解释、叠前偏移成像等技术取得重要进展，处理解释应用率双双突破 80%，成为进军海外处理高端市场的利器；KLSeis Ⅱ功能持续优化完善，国内外使用率分别达到 91.2% 和 75.5%；油藏地球物理软件开始生产应用。低频可控震源技术在海外高端市场试验及应用工作顺利推进；HAWK 节点仪器规模化应用降本提速效果显著，创造黄土塬山地勘探最高生产纪录。

全部由自主知识产权核心软件、装备支撑的陆上“两宽一高”地震勘探配套技术，被推荐为国家重大专项标志性成果，在复杂山地、富油气区、致密油气、碳酸盐岩等勘探领域实现全面应用；页岩气“甜点”区预测、评价技术和井中压裂微地震监测技术在非常规油气勘探中发挥重要作用，地面微地震监测技术进入生产性试验阶段；时频电磁和三维重磁电配套技术实现转型升级。

数字化地震队系统推进生产组织模式创新、提高施工效率；KLSeis QC 软件实现高效采集实时质量监控。东方物探信息集成应用平台架构初步搭建，移动办公系统建设初见成效，物探科技园信息化基础设施建设进展顺利，物探生产管理平台集成完善，项目管理系统在国内全面推广，设备、物资、安全管理信息化建设稳步推进。

【人力资源管理】 推进机构撤并整合，将《石油仪器》编辑部移交石油管工程技术研究院，将 KLSeis 研发业务划转采集技术支持部，对英洛瓦公司实施“瘦身”计划，对深海、多用户业务、培训、医疗资源重组整合，减少处级单位 6 个、科级机构 20 个。强化用工管理，将岗位目录名称规范为 434 个，盘活人力资源存量，推进低端业务外包，清理清退外雇工和长期在册不在岗员工，减少各类直接用工 1831 人。重视人才队伍建设，2014 年培训费用 6809 万元，培训员工 3.54 万人次，其中举办高层次技术培训班、国际化人才高级培训班 71 期，培训 2362 人次；人才引进、使用管理持续加强，技术骨干、国际化管理和关键操作技能人才培养取得新成效，“千人专家”考核、选聘管理更加规范。

【经营管理】 实施资产轻量化经营战略，压缩资产规模，减少折旧 1.5 亿元；完善投资管理模式，2014 年固定资产投资 11.43 亿元，在投资规模下降 37%、实物工作量基本稳定的情况下，保证勘探生产和物探科技园等重点项目的顺利进行。规范设备物资采购管理，推进自主创新软件、装备使用，节约采购资金 8260 万元、软件购置费 5540 万元。加强预算管理，推进工效挂钩机制，2014 年节支 1.5 亿元，其中“五项”费用同比下降 27.26%；抓好资金回收、有偿使用和汇率风险管控工作，收回历史遗留长期欠款 7580 万元，降低资金成本 1038 万元，实现汇兑收益 4555 万元；加强税收筹划和商业保险集中管理工作，减免、返还税费 6.472 亿元，节约陆地设备保费 30%，海上设备赔付率超过 214%。

【生产运营管理】 2014 年，投入地震队 119 支，运作 246 个项目，完成地震采集二维 9.74 万千米、三维 6.02 万平方千米。运作非地震项目 37 个，完成电法采集 6197 千米、重磁采集各 9.2 万千米。完成井中地震 VSP 项目 153 个。资料处理二维 8.19 万千米、三维 6.02 万平方千米，质量合格率 100%。陆上采集二维、三维项目平均日效分别提高 12% 和 15.6%。

在固定资产投资紧张的情况下，加大资源协调力度，保障公司勘探生产。完成车辆跨区转户 315 辆，常规震源低频改造 22 台。国内动用地震仪器 127 台次、地面设备 92.6 万道次，测量仪器 1369 台次，可控震源 239 台次；国际业务动用地震仪器 89 台（套）、地面设备 63.7 万道次，测量仪器 1601 台，可控震源 487 台；跨单位调配技术支持人员 273 人次。国内调剂地震仪器 78 台次，地面设备 58.5 万道次，测量仪器 629 台次，可控震源 191 台次，有效缓解投资压力。推进数字化库房建设，精细物资使用过程管理，库存同比下降 10%，勘探项目单位产值物耗下降 2.08%。

【企业内部管控】 重视发展战略研究，完善总体发展战略思路，突出从注重规模发展向注重质量效益发展的战略转型。深化基础管理，重视风险防控，优化业务流程，推进内控体系建设，提高体系内控与风险管理运行质量水平；加强财务监督，完善生产经营运行监测管理，提高风险防控能力；规范完善股权管理，强化合资公司管控，做好股权投资和处置工作；加强审计监督，抓好重点领域、重大投资项目、国际业务和领导干部离任经济责任审计，推进审计方式方法创新、质量提升和成果转化，2014 年公司两级审计部门完成审计项目 64 个，提出审计建议 413 条，发挥审计监督和服务职能；坚持依法治企，推进合规管理，加强法律工作体系建设，突出重点领域、关键岗位法律风险防控和法律审查，依法处理法律纠纷，维护公司利益；加强保密监督检查，增强全员保密意识，失密泄密风险得到有效防控。

【HSE 管理】 全面完成各项安全环保指标，百万工时可记录事件率 0.51，海外 40 队次实现百万工时无 LTI，保持行业先进水平，获集团公司“安全生产先进企业”“环境保护先进企业”称号。落实安全环保“党政同责”和“一岗双责”，加强 HSE 体系审核、安全生产大检查，推进 HSE 管理体系有效运行。加强重点领域关键环节和要害部位安全管理，强化作业现场风险防控和安全监督。开展隐患治理工作，2014 年识别隐患 14 万条，投入安全技术措施费用 1495 万元用于 82 个较大隐患的专项整治。推进安全文化建设，抓好新《安全生产法》《环境保护法》学习宣传贯彻，发布《东方物探安全文化手册》，开展文明物探队、自主管理班组创建活动，加强两级安全文化建设工作站进站培训和管理人员、HSE 兼职培训师培训，提升全员安全自主管理能力。强化国际安保管理，提高应急管理水平，完成利比亚、伊拉克项目中外员工安全撤离。加强职业健康管理，有效应对埃博拉疫情。推行绿色勘探技术和节能减排措施，全年节能 1925 吨标准煤，节水 1.23 万立方米。

【党建思想政治工作】 实施党建工作质量管理体系，落实《基层党支部工作条例》，完善海外党建“点线面”工作法，强化基层党建工作。巩固教育实践活动成果，抓好问题整改落实，修订完善相关制度，规范会议文件、调研接待、公务用车的管理，整改“三超”问题，查处顶风违纪行为，反“四风”、转作风初见成效。开展“四好”领导班子创建工作，贯彻民主集中制，落实“三重一大”决策制度，加强领导干部政治思想、业务素质和作风建设，二级单位“四好”班子达标率 90%。加大干部公开、择优选拔和交流力度，2014 年选拔任用干部 16 人、调整交流干部 89 人次。“双惠”主题教育取得良好效果，《风沙来袭》专题片在中央电视台播出后引起很大反响，20 多家中央主流媒体深入东方物探采访，播发一系列有影响的新闻报道，展示国企新形象，弘扬物探正能量。落实党风廉政建设主体责任和监督责任，开展反腐倡廉教育，突出重点和关键节点作风建设专项监督检查，强化党内巡视和效能监察，加大信访举报和案件查处力度，党员干部廉洁自律意识显著增强。

【和谐企业建设】 开展职工代表巡视工作，推进创新创效促发展、提升素质强技能、扶贫帮困送温暖、文化育人铸品牌“四项工程”，开展“青字号”系列活动，服务公司改革发展稳定。落实利民惠民实事，改善野外生产生活条件，矿区“231”服务质量提升专项治理突出问题；建设居家养老平台，离退休工作满意度稳步提升；加强矿区社会治理、推进政府惠民政策落地；开展扶贫帮困送温暖活动，2014 年投入 1799 万元，慰问救助 2.44 万次。落实维稳工作责任制，强化源头治理，抓好重点时段维稳工作，发挥“护城河”企业作用。履行社会责任，做好贫困村对口帮扶工作，外部发展环境更趋和谐。

（刘进军）

中国石油集团测井有限公司

【概述】 中国石油集团测井有限公司（简称测井公司）是集测井技术研发、测井仪器制造、测井资料处理解释和技术服务、新技术推广应用为主的专业化测井技术公司。有员工 5328 人，其中大学以上学历人才 2455 名，博士研究生 14 人，硕士研究生 369 人；教授级高级工程师 21 人，高级工程师 570 人，工程师 1616 人；6 人享受政府特殊津贴，集团公司技术专家 13 人、高级技能专家 2 人，公司技术专家 83 人，技能专家 15 人，技术带头人 92 人。有 13 个二级单位，分别是长庆、华北、吐哈、青海、塔里木、国际等 6 个事业部，技术中心、装备与销售分公司、油气评价中心、随钻测井中心、生产测井中心、培训中心和基地服务部。有各类作业队伍 339 支，其中裸眼测井 53 支、生产测井 13 支、射孔 20 支、综合测井队伍 145 支、录井 48 支、随钻测井队 26 支、测试 34 支。

研发制造的快速与成像测井成套装备 EILog，已生产 215 套，在国内外实现装备销售和技术服务。累计获得专利 217 项（其中授权发明专利 32 项，实用新型专利 184 项，外观设计专利 1 项），新增授权 26 项（其中发明专利 3 项，实用新型专利 23 项），商标注册 8 个、国家重点新产品 9 项、省部级科技进步奖 21 项、中国石油十大科技进展 10 项，其中成功研制的多频核磁共振测井仪器，被评为中国石油 2014 年十大科技进展之一。

国内服务市场覆盖到集团公司 16 个油气田，公司服务于长庆、华北、吐哈、青海、塔里木、玉门、冀东、海南、浙江、吉林、延长、江苏以及煤层气等 13 个油气田；海外服务市场延伸到乌兹别克斯坦、伊朗、蒙古、孟加拉、缅甸、加拿大、中非、泰国、乍得、伊拉克；装备销售市场覆盖全国测井公司，并远销俄罗斯、伊朗、阿塞拜疆、伊拉克等。

2014 年，全面完成生产经营任务和目标。实现总产值 42.18 亿元，同比增长 4.05%，实现收入 33.32 亿元，同比增长 4.65%，完成预定利润指标。

完成各类作业 42294 井次。其中，完井测井 9740 井次，工程测井 8998 井次，生产井测井 12940 井次，射孔 10173 井次（65764 米），录井 443 口；完成水平井作业 932 口。

缴纳税费 3.83 亿元，获得西安高新区工业发展十强企业、战略性新兴产业明星企业、保增长突出贡献企业，集团公司管理提升先进单位等荣誉。

【"一串测"和成像测井】 应用15米"一串测"测井622口，单井作业时间平均缩短30%；应用无缆式"一串测"测井试验7口井，重复性、一致性良好；高温高压小井眼"一串测"应用于海外市场。国产成像测井仪全面推广应用，完成测井5118井次，同比增长3.1%。改进阵列感应仪器刻度方法，测量范围由0.1—100欧姆米扩大到0.1—200欧姆米，累计测井4236井次，提升测井质量；4支核磁共振测井仪投入现场应用，完成测井20口，被集团公司评为2014年十大科技进展；地层元素测井现场应用4井次，通过集团公司成果鉴定。完成钻井测控483口、压裂测控549井次、注采测控9941井次，分别实现产值8763万元、7518万元和18605万元。

【测井工艺技术】 过钻杆测井技术完成各类溢流、井漏、垮塌等复杂井施工210井次，作业效率提高39.8%。硬电缆测井工艺完成20口完井、141口固井质量测井作业，单井平均作业时间分别由57.5小时缩短到28.5小时、由31小时缩短到9.1小时。双爬行器工艺完成17口水平井固井质量施工，最长爬行1750米，单井平均作业时间14小时，比湿接头工艺减少64.1%。存储式水平井固井质量作业331井次，单井作业时间平均节约8.1小时。桥塞射孔联作实施70口，满足油田"立体射、分段压"工艺要求。

【成套装备开发】 以核磁共振测井投产应用为标志，公司成立之初所确定的综合化地面、集成式常规、国产化成像的成套装备开发任务基本完成，生产地面系统215套，下井仪器74种8423支。15米"一串测"、无缆式"一串测"、高温高压小井眼"一串测"先后投入现场应用，解决开发井单井产能预测、水平井测井提速提效问题，逐步形成快速测井技术系列。多频核磁共振测井、化学源地层元素测井、模块式地层测试器先后推广应用；三维声波、三维感应开始现场试验，方位阵列侧向研制进展顺利。改进常规随钻测井技术，提高稳定性可靠性；随钻成像测井5口，解决薄层、非均质、低孔渗等复杂储层水平井地质导向和地层评价问题；随钻测录一体化技术，实现钻井过程中测录数据解释评价和井眼轨迹控制；研发高速泥浆脉冲器、方位电磁波电阻率成像、随钻密度测井仪、随钻声波及超声井径测井仪，逐步解决水平井、大斜度井、复杂工程井地层评价问题。随钻成像与旋转地质导向系统融合项目进展顺利。开发生产井测井综合系统，取得重要进展。发展生产井测井组合仪，推广应用过套管地层电阻率测井、脉冲中子伽马全谱测井，形成生产测井与过套管测井系列。高温高压、大直径钻进式井壁取心、钻具传输撞击式井壁取心投入应用。

【数据资源解释评价】 集团公司11个油气田共7483口井中，应用LEAD测井解释软件进行测井解释和产能预测，识别油气层75421层，试油11028层，符合10386层，综合解释符合率94.2%。在6281口井中进行产能预测，划分I类储层13185层，II类储层21875层，III类储层30313层，试产8006层，符合5929层，预测准确率74.1%。长庆事业部通过精细解释116井，在侏罗系新层位发现高产油藏。华北事业部以井眼轨迹与地层关系对比分析为依据，在吉林油田庙平6井提出压裂层段优选建议，压裂后获得日产50多立方米高产油流。吐哈事业部对柯191井老井复查后在八道湾组提出试油建议，日产气4万立方米。青海事业部在扎哈泉地区开展致密油藏评价，对扎208井提出改造建议，获日产39.8立方米高产工业油流。塔里木事业部解释的HD11-5-3H井，经MDT测试证实在含油范围外发现油层，扩大哈德逊油田CⅠ-Ⅱ油组的含油范围。油气评价中心形成"富集+高渗+高效"有利区预测技术，有效指导新井和开发区加密井部署。生产测井中心与油气评价中心通过动态分析与区域评价相结合，对摆宴井油田开展老井精细解释和剩余油评价，在27口井中提出41个潜力层，其中摆10-032井延安组一个层位经射孔改造，获得日产6吨的高产油流，为油田挖潜增产提供强力技术支撑。

面向测井采集传输处理解释应用全过程的数据资源LEAD4.0软件系统，实现测井资料快速采集、实时传输和产能预测，实现岩心数据和测井采集数据的有机整合。测井数据库正式上线应用，录入国内50000多口井（90000井次）的测井数据、80000多块岩样数据，以及国外近2000井次的测井数据。产能预测软件LogProp在长庆、华北、吐哈等油田应用，预测产能1000多井次，符合率达到75%。水平井一体化软件系统，包括工程管理、数据处理、资料解释、地层分析、轨迹与油藏关系分析等五大类20多个功能模块，在现场开展应用。

【市场开发】 与国内外13个关联企业开展22次互访和技术交流，与8家企业签订战略合作协议。国内市场，在油田投资普遍减少的情况下，以"一串测"、成像测井为抓手，规模应用新技术新工艺，提升市场价值；在长庆油田吸水剖面等业务上实施测井总包，在吐哈油田三塘湖合作开发区等区块上实施与钻井联合大包，在吉林油田乾安采油厂等区块上实施项目承包，推进测井技术服务总承包。国际市场，与CNODC签订战略合作协议；与捷克钻修井公司合作，在卢克石油公司总包项目中取得持续工作量；与俄罗斯TNG公司、俄气地质资源公司合作，在俄罗斯市场上实现仪器销售和工程技术服务转型升级；与中石化国际工程公司合作，巩固孟加拉测井市场；与中曼公司合作，在伊拉克项目上实现当年投产、当年创效的佳绩。油气评价方面，深化与浙江油田在页岩气测井领域合作，在非常规油气勘探方面积累宝贵经验；加强与海南油田的油藏评价和储层研究合作，建立测井服务油田新模式；探索与吉林油田注采测控合作方式，承包油田开发区块，通过老井复查、油藏预测，帮助油田提高采收率，依托油气评价开拓服务市场。与海洋工程公司、钻探工程公司建立合作关系，明确内部优势产品采购的市场份额。

【投资管理】 坚持“调整结构、补齐短板、加快发展”原则，规模服从质量和效益，及时调整风险大、预期效益不明确的项目，投资总额同比压缩1.84亿元。测井测控主营业务发展突出特色化、差异化、高端化、一体化，创效能力明显提高。把装备制造投资建设当作生产任务，投资计划和制造任务同步下达，仪器设备补充更新以内部制造为主，引进设备补充采取合作方式解决，满足生产需求。财务管理，将新投产经营性项目的预计利润纳入各单位利润考核总额，将仪器研发与升级改造、软件开发、油气评价、安全环保、市场开发、基建维修等全部纳入预算，将科研成本、装备成本、材料成本、人工成本、基建维修成本与收入（产值）、利润挂钩。强化预算执行和刚性约束，把年度预算分解为季度控制预算和月度实施预算，强化过程控制，季度考核结果与各单位领导班子薪酬挂钩，确保预算执行到位。围绕效益目标提升管理，建立成本倒逼机制，完善以效益为中心的激励约束机制，强化关键成本费用控制，有效降低各环节成本费用。同比总成本增长0.4%，“五项”费用下降47.6%，其他可控成本下降7.7%。规范集中采购程序，集中采购度达到98.4%，资金节约率6.4%。深入清理库存，取消成品库和半成品库，原材料库存下降11.5%。审计生产经营资金29.5亿元、工程建设资金2.4亿元，审计覆盖率64.5%，纠正问题金额1753万元，取得直接经济成果1092万元。内控体系完成流程建设任务，通过集团公司评价测试，例外事项同比下降33.3%，执行力不断提升，风险评估与管控机制有效建立。

【企业管理】 规范组织机构和人员编制，控制队伍规模，用工总量控制在集团公司下达指标以内。突出三支人才队伍建设，及时调整补充技术专家，围绕中心工作举办钻井测控、压裂测控、注采测控、项目管理等业务培训班，对从事EILog成套装备研发、使用人员开展针对性培训，2014年培训2258人次。推动低端业务外包，研究制定有关制度，从运行方式上对劳动用工行为进行调整和优化。突出效益在收入分配中的主导地位，各单位奖金与收入（产值）、利润直接挂钩，个人奖金与工作量挂钩兑现，出台一线作业人员差旅费管理办法，对艰苦地区给予适当倾斜。开展体制机制创新，成立福山油田油藏评价、感应测井刻度、非常规岩石物理实验室、吉林注采测控技术支持、塔里木旋转地质导向应用、5700仪器补充配套等6个协同工作组，为公司层面集中人才、技术和装备资源推动工作、解决问题搭建协作平台。2014年，人工成本增长7.6%，人均产值增长5.9%、达到80.1万元，人均营业收入增长6.5%、达到63.3万元，人均利润增长60.7%、达到5.4万元。

安全环保，依据健康、安全与环境管理体系新标准和施工作业管理规范要求，修订发布2014版体系文件，实现HSE责任与岗位职责、管理与业务工作、标准与工作制度、记录与工作台账“四统一”。推行个人安全行动计划，践行有感领导、以身示范。针对测井作业内容的变化，第八次修订测井生产流程，进一步细化各环节的目的任务、工作职责、操作标准和监督要点，确保关键环节的本质安全。制定放射源、火工品、交通安全等十个方面的安全生产红线，整合CPS、FRID及实时剂量监测功能，加强对危险品出库、途中运输、井场存放、装卸、离开井场、入库等环节的在线监控，突出关键点辐射检测和检查拍照，实施“双保险”措施，确保要害部位的本质安全。建立应急管理“一案一卡”，明确处置程序，提升岗位人员三种能力和作业队（班组）管理水平。制定安全生产费用分级使用管理办法，持续开展隐患分级治理，安排资金1928万元对涉及放射源、火工品、特种车辆等45项隐患进行治理。修订安全环保业绩考核细则，突出直线业务管理的过程考核，将HSE业绩分值与单位领导班子业绩和全员工资总额挂钩，初步建立责任、流程、审核、监督、考核一体化的安全工作机制。测井公司获集团公司2014年度安全环保先进单位。

按照集团公司批复变更公司经营范围，将钻井测控、压裂测控、注采测控、测井数据、油藏评价等列入公司主营业务范围，并依法登记。健全完善公司内部管理制度，修订经营制度、人事制度、财务制度和审计制度。清查清理小金库、主营业务外包等不规范行为。在两级机关开展规范化管理活动，在规范经营、财务、人事、程序等方面取得成效。

（罗连涛）

中国石油集团海洋工程有限公司

【概述】 中国石油集团海洋工程有限公司（简称海洋工程）业务范围涉及海洋石油钻完井、井下作业、试油试采工程；海上运输、基地码头保障服务；海洋工程设计、建造、安装、维护以及海洋石油相关业务研究、设计；油井水泥外加剂和防腐保温产品与技术服务、质量检验、油气工程质量监督、石油工程建设标准化管理等领域。拥有海洋石油工程承包一级、海洋石油工程设计甲级等资质，具备港口经营许可证、压力管道和压力容器等特种设备许可证，是国家高新技术企业。

截至 2014 年底，用工总量 3499 人，其中合同化员工 2372 人；硕士以上学历 222 人，大学本科 1069 人；副高级以上职称 317 人，中级职称 774 人；集团公司级技术专家 3 人，公司级技术专家 10 人。有所属单位 7 家，职能处室 12 个。拥有钻井平台 10 座，海上模块钻机 1 套；试采作业平台 5 座；各类船舶 25 艘。拥有大型海洋工程设计、建造、施工安装一体化综合配套技术，具备 120 米水深以内的海上业务综合技术服务保障能力。拥有中国石油海洋工程重点实验室，钻井工程重点实验室—固井技术研究室，石油管工程重点实验室—涂层材料与保温结构研究室，其中固井技术研究室升级为国家科技平台。

2014 年，实现营业收入 30 亿元，完成集团公司下达考核指标的 156%；其中外部市场收入 24 亿元，占总收入的 80%。收入利润率、人均净利润、海外及外部收入占比等 6 项指标位居工程技术板块前列。2014 年开钻 98 口，钻井进尺 26.8 万米；井下作业 54 井次，酸化压裂及防砂 66 层次；加工钢材 1513 吨，敷设海管 3.5 千米；动用自有船舶 21 艘，4625 航天，拖航 65 次；生产销售固井、防腐产品 1.2 万吨；完成各类工程设计与技术服务项目 23 项；承担科研项目 62 项。

【市场开发】 5 座钻井平台、2 座作业平台、9 艘工作船、1 艘铺管船进入中国海油市场，2014 年收入 8.79 亿元，同比增长 114%。深化与洛克、康菲、威德福等公司业务合作，1 座钻井平台、1 部模块钻机、7 艘船舶进入反承包市场，中标赵东港池航道疏浚和海管治理总包项目，全年收入 2.15 亿元。中油海 9、10 两座平台在波斯湾作业，初步形成一定规模优势，日费收获率保持 100%，全年收入 6.52 亿元，同比增长 73%。成功取得亚马尔项目，首次进入国际高端 LNG 模块建造市场，成为海工业务进入国际市场的重要里程碑，为海工业务规模化、国际化发展奠定基础。发挥固井行业优势，与塔里木油田联合成立固井技术研究室，确定实施 3 口试验井，开辟一条以科技研发带动技术服务、以技术服务带动产品销售的市场开发新模式。

【服务能力】 主营业务协调发展，一体化优势逐步显现。中油海 16 平台建成交付投产，进一步提升海上装备实力和钻井作业能力，标志着测井公司具备 120 米水深的一体化服务保障能力。青岛海工基地功能进一步完善，完成主要设备引进和工艺管线厂房建设，具备承揽大型海工项目的总包能力。从生产计划、过程管控、项目衔接等环节入手，统筹协调资源，优化生产组织，运行效率不断提高，2014 年钻井平台动用率 73%，作业平台动用率 85%，7 座平台钻井进尺过万米，其中中油海 7 平台钻井进尺超过 6 万米，创单平台钻井进尺最高纪录。3 个集团公司重点实验室和研究室承担 20 多个海上科研项目。唐山生产支持基地靠泊平台 6 座次，靠泊船舶 480 艘次，装卸物资 2.2 万吨，对外营运创收 800 万元。

【科技创新】 围绕生产急需和重点项目，打造致密砂岩油气藏水平井固井技术、渤海湾浅海油田复杂井修井技术、移动式平台作业风险控制技术等 3 项技术利器，成功应用于长庆固井、渤海湾修井、采油平台坐底就位等施工作业。严密施工设计，抓好过程控制，采用海上批钻井、海水基钻井液等技术，2014 年钻机月速 3420 米/(台·月)，机械钻速 18.7 米/时，同比分别提高 5% 和 3.2%。34 项新技术新产品在重点项目中成功应用，为市场开发提供重要技术支撑，直接创效 6800 万元，降本增效 4700 万元。全年获得授权专利 11 项，发表论文 67 篇，其中国际论文 13 篇。

【安全环保】 狠抓安全环保与井控工作，强化 HSE 业绩考核和责任追究，针对集团公司上半年 HSE 体系审核中发现的问题，深挖不足，排查原因，逐一落实整改措施。加强处级干部HSE知识培训，分两批对全体处级干部进行考试，网上公布考试成绩，督促领导干部抓好HSE学习和责任落实。结合生产实际，修订完善体系文件，开展危害因素、环境因素辨识与风险评价，编制完成风险管理手册，推广7项安全管理工具，有效防范生产作业风险。针对现场生产实际，组织全方位安全检查，2014年集团公司和公司组织安全检查20次，累计发现问题630项，检查后组织讲评视频会，曝光问题，责令整改，保证安全检查的严肃性。加强现场安全监督管理，应用HSE监督网络办公软件，严格执行问题和隐患查报制度。完善管理模式，强化上下联动、驻井指导，加强施工环节动态跟踪，重点落实高温、高含硫井的井控和防硫措施，确保高风险井安全无事故。加强井控技能培训，组织公司成立以来规模最大的井控技能竞赛，参赛队伍全部为整建制班组，提升平台班组和岗位员工的井控应急处置能力。

【企业管理】 围绕重点工作，持续完善内控和风险管理体系，财务、投资、装备、合同管理等基础工作进一步加强。圆满完成管理提升活动，落实改进措施105项，提炼典型经验和做法50项，受到集团公司表彰。扎实开展“强‘三基’，保安全，促发展”主题活动，有效提升基层管理水平。严格投资管控，提高资金使用效率，投资计划完成率96%。加强物资装备管理，设备完好率98%，物资采购招标率72%。推行船舶经济航速，燃油消耗同比下降8%，节约成本近1000万元。厉行勤俭节约，精简各类会议，严控公务接待，“五项”费用同比下降15%。信息化建设顺利推进，D17试点推广，A7、A12运行良好，在规范管理、提高效率等方面发挥重要作用。

【党群工作】 党的群众路线教育实践活动取得阶段性成果，制修订制度18项，落实整改措施58项。加强领导班子和干部队伍建设，开展处级干部轮训和管理骨干培训。推进基层党组织标准化建设，创新基层骨干选树方式，选树24名星级平台经理、星级船长和优秀班队长。进一步加强作风建设，分5批开展机关干部下基层活动，跟踪督办重点工作、合同审批、公文请示等重要事项，机关工作效率明显提高。深化惩防体系建设，落实党风廉政建设责任制，增强党员领导干部和关键岗位人员的廉洁自律意识。组织波斯湾钻井项目、海工基地建设等专项审计，开展设备改造、科研经费管理等效能监察。以简朴的方式开展纪念公司成立十周年系列活动，进一步激发全体干部员工的自豪感和工作热情。加强党建思想政治工作课题研究，“安全文化建设的探索与实践”获得集团公司二等奖。扎实推进民主管理，组织职工代表巡视，开展群众性经济活动59次，征集合理化建议350项。围绕一体化业务开展青年大讲堂活动，推进青年人才库建设，46名优秀青年入选公司人才库。实施“温馨工程”，做好扶贫帮困工作，投入700万元改善矿区条件，关心离退休老同志，促进和谐发展。

（李历欣）

工程建设企业

中国石油天然气管道局

【概述】 中国石油天然气管道局（简称管道局，英文简称CPP），是集团公司的管道工程专业化公司。主要业务涉及陆上管道建设、海洋管道建设、油气储库（罐）建设、油田地面建设、LNG处理与接收装置安装、炼化装置安装、通信电力安装、管道技术服务等八大领域，形成从科研、咨询、融资、设计、采办、施工、产品制造到投产保驾、运行维护的完整产业链。管道局具有化工石油工程施工总承包特级资质，工程设计综合甲级资质。2014年，有员工29740名，其中职业项目经理和管理骨干6321名，集团公司和管道局技术专家56名，集团公司和管道局技能专家50名，技师和高级技师966名，以及建造师、造价师、监理工程师等高级技术人才2609名。有14个机关职能部室，7个直属机构，33个二级单位。

2014年，中标市场合同额341亿元，实现收入311亿元。国际业务、新兴业务、技术服务业务利润贡献率分别达到59%、12%、10%，同比2013年分别增长8.5%、7.3%、1.5%。设计、采办、施工全过程融合紧密，前端咨询设计到后期运行维护的全生命周期服务能力得到加强。设计引领带动全产业链发展，海洋管道业务进入国际和系统外市场，检测、维抢修、投产运行、储罐机械清洗等业务发展势头良好。

【工程建设】 2014年，推进重点工程建设，呼包鄂、陕京三线良西段、西三线西段3标段、中亚管道C线哈萨克斯坦/乌兹别克斯坦段、缅泰输气管道、伊拉克哈法亚/巴德拉/格拉夫管道等16个项目建成投产。锦州国储项目地下主体工程完工。西三线东段2标段、锦郑线、津华线、马季努恩FCP天然气管道、坦桑尼亚天然气管道、泰国那空沙旺天然气管道等项目有序推进。

【市场开发】 2014年，把市场开发作为第一要务，在国内和系统内市场总量减少的情况下，开拓国际市场和系统外市场，国际市场合同额占比54%，系统外市场合同额占比63%，分别超过国内和系统内市场。市场开发管理职能由事业部上移至局机关。成立东南亚项目经理部，东非、西非、南非地区公司以及国内9个固定项目部，设立南美地区市场开发组。进入除中国台湾、澳门外，国内所有的省级区域市场，在中东、中亚、非洲、东南亚4个国际区域建立稳固的发展平台，并向北美、南欧等地区延伸。在国内，与15家中国石油系统内单位、8家省级燃气管网公司和17家工程建设企业建立战略合作关系；在国际上，与BP、壳牌、彪马能源、俄罗斯天然气工业股份公司等国际油公司建立合作关系。以“融资+EPC”方式中标彪马能源莫桑比克马托拉成品油库、安哥拉渔港成品油库扩建工程。中标惠州海管项目；中标伊拉克巴士拉天然气公司管道完整性管理项目，并进入欧美公司垄断的国际高端咨询市场。坦桑尼亚两个海洋管道项目完成。

【企业管理】 设立管道局招标中心，对专业公司自行招标进行资格认证。优化供应链管理，与25家国际装备制造商和产品供应商建立战略合作关系，推行投标保证金和履约保证金制度，剔除不合格分包商98家。清理完工项目416个。制定征地外协管理办法和指导手册，规范征地外协工作。编制质量管理手册，建立质量管理成熟度模型，出台质量监督、责任追究和优质工程奖励管理办法，质量管理体系完备。中亚天然气管道工程、中缅天然气管道工程等6个项目获得国家优质工程奖。颁布新版HSE管理体系文件，出台分包商安全监督管理实施细则，安全经验分享、目视化管理等方法得到践行。发布由“一个办法、一本手册、两个风险库”组成的风险管理体系文件，开展年度重大风险评估。设备全生命周期管理、物资供应链管理、项目经营结果分析等ERP应用集成项目，数据中心云平台、工程项目管理平台国内版四期和国际版上线运行，数据标准体系建设启动实施。2014年，评聘首席技术专家6人、技术专家24人、二级项目经理130人，晋升职称584人，完成职业技能鉴定3280人。

【科技创新】 2014年，开展科研课题154项，获得专利认定72项、国家级工法认定5项，修订国际标准4项、行业标准13项、企业标准33项，推广应用新技术新装备59项。第三代大输量天然气管道建设技术形成系统的设计标准、施工规范和工艺工法。组建数字化管道技术研究中心，数字化设计由信息平台建设向体系化建设迈进。国产全自动焊接设备打破国外技术垄断，突破电弧跟踪技术。掌握300米以内水深海洋管道建设技术，解决多表层地质、多斜坡及多硬质障碍物等复杂海况下的海底铺管难题。打破国外对跨平台SCADA系统软件市场的垄断，实现工业应用。管道光纤安全预警系统升级后实现规模应用。48英寸三轴高清漏磁检测器在西二线实现应用，56英寸大口径清管器和验收检测器研制成功。

【党建工作】 按照集团公司党组总体部署和要求，2013年8月管道局成立党建群众路线教育实践活动领导小组，并召开活动部署视频会，制订实施活动方案，确定21项重点工作，成立5个教育实践活动督导组。2014年1月26日召开活动总结会，提出坚持党要管党，从严治党，形成长效机制，加强整改落实工作。以活动成果推动企业各项生产经营工作。

【第八届科技大会】 2014年11月11日，管道局第八届科技大会在廊坊召开。集团公司和地方燃气公司等26家单位参加会议。会议提出要掌握管道建设前沿技术，注重成果转化应用，推动管道建设的数字化、信息化、智能化和效能化。会议期间举办技成果推介会，推介管道施工配套装备、管道施工机具、技术服务产品三大类科技成果37项，局内13家单位签订科技成果购置意向368台(套)，总金额超4.2亿元。科技成果在各单位之间实现共享和供需双方对接，科技成果应用内部市场化机制初步形成，并向生产力转化。会议期间举办管道局2012—2014年度科技成果展，展出实物216台（套）、展板200余块，参观人数1.5万人次。

（杨　勇）

中国石油工程建设公司

【概述】 中国石油工程建设公司（英文缩写 CPECC，简称工程建设公司）是集团公司专门从事石油工程设计、制造、施工和工程总承包的专业公司。2014 年，中标合同额 440.2 亿元，实现营业收入 200.3 亿元。伊拉克艾哈代布项目获中国建设工程鲁班奖（境外），广西石化 1000 万吨 / 年炼油等 7 项工程获国家和石油优质工程奖。ENR 国际承包商 250 强排名第 76 位、国际工程设计公司 225 强排名第 49 位，同比分别提前 8 位和 46 位。连续三次获得“对外承包工程 AAA 级信用企业”。

【工程项目】 海外执行项目 106 项。伊拉克哈法亚二期、艾哈代布扩建项目提前投产，哈萨克斯坦扎纳若尔第三油气处理厂Ⅱ期、乍得油田 2.1 期、土库曼斯坦 B 区和巴格德雷 A2/B 标段、乌兹别克斯坦 UCS1&UCS3、加拿大麦肯河一期等 47 项工程成功投产，中亚管道 CCS2&CCS6 顺利竣工。伊拉克 150 兆瓦电站、SOC 管线、哈萨克斯坦 PK 炼油厂改造一期、中亚管道 CCS4&CCS8、阿布扎比阿萨布和伊朗北阿扎德甘油田等重大工程稳步推进。

国内执行大中型设计和 EPC 项目 141 项，环境岩土工程 333 项，PMC 项目 3 项，施工制造 322 项。广东石化“桩基工程年”节点目标按期实现，克拉玛依石化 40 万吨 / 年催化等 5 个 EPC 项目实现中交，吉林石化柴油升级等 94 个核心装置设计项目顺利完工。广西石化、锦州石化、大庆石化、玉门石化等 97 项重点工程成功中交和投产。环境岩土公司圆满完成广东石化、云南石化、中缅油气管道及中国石化东黄输油管道等一批高难度项目。黄冈 LNG PMC 项目成功投产，西气东输二线基本收尾，云南石化 PMC 项目顺利推进。

【市场开发】 海外中标 362.3 亿元。（1）高端市场开发实现突破。成功进入埃克森 · 美孚、BP、壳牌、雪佛龙、阿布扎比国家石油公司等世界前 20 强油公司市场，成为中国首家进入埃克森 · 美孚市场的工程承包商。（2）与国际知名公司合作持续深化。与 Petrofac 联合竞标伊拉克鲁迈拉 IPC/CPS 项目，与福陆公司协力追踪新加坡和俄气炼油厂项目，与 TR 公司就秘鲁炼油厂项目达成合作意向，与 Saipem 携手挺进东非 LNG 市场，与韩国现代建设公司合作开发中东市场。（3）承揽一批标志性工程，有效提升公司品牌形象。经过不懈努力和艰苦谈判，获得土库曼斯坦 300 亿立方米商品气产能建设、伊拉克西古尔纳 -1 勘察测量和澳大利亚煤层气等一批标志性工程。中亚管道 D 线、乍得油田 2.2 期、莫桑比克 LNG、埃塞俄比亚气田等项目开发取得积极进展。

国内中标 77.9 亿元。获得四川石化汽油加氢等 18 个单体 EPC 项目，230 个大中型设计、咨询、可行性研究项目，4 个 PC 项目。承担大港石化、大庆石化加氢反应器和振津肇庆 LNG 橇块制造任务，新的优势业务逐渐形成。中标中海油惠州炼化二期和宁波大榭石化、神华鄂尔多斯煤制油、内蒙古中煤聚乙烯等外部高效项目，外部市场份额和项目质量不断提高。环境岩土业务向外部、新兴和高端领域快速拓展，系统外新签合同额占比 55%。PMC 和监理业务巩固扩大市场。

【管理提升】 主营业务。设计业务，千万吨级炼油设计加快国际化进程，承接柬埔寨炼油厂前期服务、哈萨克斯坦 PK 炼油厂改造等设计任务。海外上游完成乌兹别克斯坦 UCS1、伊拉克 SOC 管线等设计任务。施工制造业务，外部和新兴市场收入同比提高 4 个百分点。加氢反应器、高压螺纹锁紧环换热器、5000 吨级吊装、模块化橇装等核心优势不断提升。环境岩土业务承接土库曼斯坦 300 亿立方米商品气产能建设项目安全性评估、抚顺石化安全验收、伊拉克西古尔纳 -1 勘察测量等项目，拓展地基、桩基、HAZOP 分析（危险与可操作性分析）、安全生产标准化审核业务链。PMC 和监理业务，具备执行压气站、炼油、LNG、煤化工等上下游和新兴业务能力，开辟物资采购监造、长输管道监理新领域。

管理绩效提升。修订绩效考核办法，把企业效益与干部员工收入联动考核，推进专业技术职务序列试点，推动低端业务外包、矿区“三供一业”移交。开展“提质增效年”活动，修订“十二五”规划，谋划“十三五”工作，修订 90 项规章制度。推行海外区域化管理，厘清公司本部与海外单位权责界面，出台《海外业务管理优化方案》。组建开工管理部，形成 EPCC 全业务链执行能力。开展开源节流降本增效活动，制订方案，量化目标，通过资金运作创效增收。完善两级集中采购，带动出口 3.55 亿美元。加强中层管理和专业人才培训，培训 1589 人次，向海外选送人才240人，海外培训和使用当地员工1570人。推进外语达标，达标率90.3%。先进集体和个人不断涌现，一建公司321工程队获“全国工人先锋号”，七建公司魏春涛获“全国五一劳动奖章”和“全国技术能手”，七建公司陈兆飞被授予“中央企业技术能手”。

教育实践活动整改。严格落实《公司领导班子“四风”问题整改方案》等4个文件，逐一整改问题。完善“三重一大”决策制度，梳理决策权限、内容、数额等事项，做到“三重一大”权力归“三会”。提升机关服务质量，制定《机关首问首办负责及限时办结管理规定》等5项制度。关注员工生活质量，建立长效帮扶机制。严格执行中央“八项规定”和集团公司“二十条要求”，制定并严格执行《公务接待管理规定》和《业务招待管理办法》。

党建和企业文化建设。发挥党委政治核心作用，完善“党管干部、党管人才”的制度建设，对海内外7家单位进行领导班子考核和“健康体检”。组织党的十八大、中共十八届三中、四中全会和习近平总书记系列讲话精神学习，举办基层党支部书记培训、“双十”读书学习交流会、优秀政研成果评选表彰等活动，强化学习型组织建设。《中油工程》创新改版，更加注重报道的深度和实用性，在《中国石油报》《石油商报》等发稿120余篇。落实党风廉政建设主体责任，开展联合监督和效能监察，加大信访举报调查处理和违纪违规惩处力度。组织处级以上干部及关键岗位人员70多人进行反腐倡廉警示教育活动。推进文化融合和创新，编撰完成《企业文化辞典》总册，发布工程建设公司形象电视宣传片。推进“民心工程”，推进“职工之家”建设。

【科技创新】 2014年，科技投入1.3亿元，执行科技项目128项，通过验收26项，申请专利86项，获得授权73项，技术秘密认定68项，主编、参编国家标准12项、行业和集团公司标准32项，编制公司标准127项，共拥有国家和省部级工法61项。“加氢反应器制造成套技术研发”获集团公司科技进步奖三等奖，“焊接操作计算机模拟系统开发与应用”获中国施工企业科学技术奖二等奖。集团公司重大科技专项“劣质重油轻质化关键技术研究”二期全面启动。催化汽油加氢DSO和GARDES技术工艺包、催化再生烟气脱硫JWGS系列工艺包全面替代引进技术，成功应用于集团公司汽油质量升级和催化烟气改造工程。以科研助力高端设备制造，开展LNG工厂橇装、天然气处理大型化和煤制油管式换热器等技术研究。召开工程建设公司第二届科技大会，强化科技工作顶层设计。鼓励基层首创精神，大力推动“四新”“五小”等活动，评出29个项目在工程建设公司推广。

【质量安全环保】 质量体系持续整合。编制“项目质量计划”模板，加强现场质量控制，实体质量进一步提升。苏丹、土库曼斯坦、大连等12个国内外项目质量受到业主来信表扬。

HSE总体形势保持平稳。累计实现109个百万安全工时，3700万千米安全行车里程。强化“一岗双责”和直线责任，完成公司本部所有岗位HSE职责归位，实现安全责任目标考核全员覆盖。深化体系推进，开展制度应用评估，发布制度和操作规程156项，构建测井公司HSE制度框架。开展安全检查、审计45次，发现问题782项，全部整改完毕。创新现场监管模式，完成大连石化工厂化检修任务。优化应急预案体系，发布B版应急预案，妥善应对伊拉克内战、南苏丹动乱和非洲埃博拉疫情。组织各类安全培训1668人次，开展“安全生产标准化达标”“安全生产月”、基层班组安全管理经验交流等活动。

（严　峰　陈　璐）

中国石油集团工程设计有限责任公司

【概述】 中国石油集团工程设计有限责任公司（简称工程设计公司，英文简称CPE）是集团公司直属的，具有自主研发能力的，以上游业务为主的工程总承包商、项目管理咨询商和技术装备供应商。截至2014年底，资产总额174.3亿元，用工总量6596人。2014年，实现经营收入152.1亿元、利润总额4.8亿元、税费5.6亿元，超额完成集团公司下达的各项指标。

【生产经营】 加快市场结构调整，市场开发取得不俗业绩。面对空前严峻的市场形势，工程设计公司坚持把市场开发作为生产经营头等重要的工作摆在首位，切实加强市场分析，着力调整市场策略，发挥整体优势，加快市场结构调整，加大市场开发力度。2014年新签合同额194.5亿元。其中，系统外新签合同额占42.6%，EPC新签合同额占72.1%。

加快走出去步伐，海外业务实现新突破。坚持把“二次跨越”作为工程设计公司通向未来的根本途径，加快走出去步伐，实施一系列向海外业务倾斜的政策，着力夯实海外业务基础，积极推进海外布点和市场网络建设，强力开发海外市场，海外 EPC 市场和系统外市场均实现突破，海外业务新签合同额 77.8 亿元，海外收入 43.9 亿元，分别占合同总额和总收入的 40% 和 28.8%。

大力推动科技创新，工程设计技术优势持续提升。投入科研经费 1.6 亿元，开展科研项目 32 项、技术基础工作 21 项，完成股份公司重大专项“350 万吨 / 年天然气液化关键设备国产化研究”，形成具有自主知识产权的工艺包，实现大型设备国产化。2014 年获省部级以上科技进步奖 7 项，专利授权 53 项，其中，发明专利 13 项；有 9 项科技成果被认定为集团公司技术秘密。全面完成 195 项工程标准化成果，部分成果成功应用于国内外工程项目。

全面推行“监管分离”，安全执行力稳步提升。修订完善“HSE 管理职责规定”，全面推行“监管分离”，广泛开展专项治理活动，2014 年累计组织 180 人次，对 26 个国内外项目开展巡回监督检查 10 次，提出 HSE 不符合项 2738 项，质量不符合项 1169 项，整改完成率达 99.5%，QHSE 隐患及习惯性违章数量均呈下降趋势。加大安全培训力度，2014 年共组织专题培训班 5 期，培训项目经理及 QHSE 监督人员 347 人次；组织事故案例宣传贯彻等培训 8 期，累计培训 3220 人次。持续规范 QHSE 管理体系运行，扎实推进“国际业务社会安全管理体系”、QHSE 信息平台和安全文化建设；全员安全执行力稳步提升，全年未发生较大人身伤害及环境污染事故，连续两年被评为集团公司“安全生产模范企业”。

稳步推进重点工程建设，持续规范物资采购工作。召开工程设计公司首次“重大项目推进会”，推进伊拉克哈法亚油田原油 3000 万吨 / 年产能建设工程和土库曼斯坦复兴气田天然气 300 亿米 ^{3}/ 年产能建设工程；全面推广应用 EPC 项目管理体系，切实加强重点项目监督协调与现场服务，着力规范分包商管理，湖北 500 万米 ^{3}/ 天 LNG 工厂国产化示范工程等重点项目按期实现成功投产。

持续提升集中采购度，切实加强招标过程管理和催交检验工作，加快推进物资及供应商管理目录、物资采购数据库和国际采购中心建设，采购和招标工作运作更加规范，两级集中采购度达 98%；实施催交检验 11644 个人工日，物资到货合格率 99.6%、及时率 91.6%。

【企业管理】 低成本战略见到实效。召开工程设计公司低成本战略研讨会，编发“2014 年低成本战略实施要点”和“低成本战略三年实施计划”，构建高端化与低成本“两条腿走路”的战略架构，并将低成本战略实施情况纳入年度考核，实行目标管理。各单位牢固树立“过紧日子”思想，实施全员、全过程、全方位低成本战略，开源节流，降本增效，2014 年累计节约成本 1.7 亿元。

项目管理团队建设稳步推进。坚持把项目管理团队建设作为工程设计公司高端化的重要举措，有针对性地加强 EPC 项目管理培训，举办一期“EPC 项目策划”专项培训和项目经理培训班。加大内部人员转岗培训力度，推动人力资源向高端业务集聚，2014 年共有 230 多人从低端业务转向高端业务。

信息化建设取得阶段性成果。持续优化完善信息系统架构，全面推进以两级数据中心为支撑、分布与集成相结合的信息系统建设，完成 Power ON 系统和生产经营管理信息系统、物资采购信息系统整合与集成，初步建成基础数据管理平台。举办 13 期三维协同设计、数字化工厂等大型软件深化应用培训班，大型软件应用水平进一步提升。

工程设计公司品牌建设持续深化。持续深化品牌工程创建工作，2014 年获省部级以上奖励 56 项，其中国家级奖励 3 项；编制完成 18 个专业 95 项集团公司油气田地面工程建设企业标准。理顺质量管理职责，编发“质量管理三年计划”和“质量管理提升方案”，加强设计质量监督检查，严格质量问责，全年累计问责 615 人次，其中处级干部 22 人次；客户满意度 96 分。

管理创新成绩斐然。持续优化组织机构设置，倡导事业部等组织模式，实施扁平化管理。实行差异化用工政策，对初级操作工实行“退三进一”、中高级工实行“退二进一”，同时，拓宽低端业务（岗位）外包渠道，2014 年压减低端用工 90 余人，岗位外包人员达 1600 余人。推行“三工并存，动态转换”，全年晋升员工 362 人，淘汰 37 人。

管理提升活动圆满收官。切实加强制度建设，2014 年制修订规章制度 366 项、管理模板 268 项，顺利完成管理提升活动各项任务。编发“CPE 三年发展计划纲要（2014—2016）”，积极推进“十三五发展规划”编制工作，不断完善公司战略管理体系。发布实施“法律风险防控体系”，切实加强财务管理、投资管理、内控管理、保密管理、档案管理、统计及协会管理。

【班子与队伍建设】 持续推进干部队伍建设。完善领导人员选拔任用集体决策机制，落实“票决制”“实名提名推荐”“推荐责任追究”等制度，2014 年新提任处级干部 6 人。选派人员参加集团公司干部调训和轮训，严格执行领导人员个人事项报告制度。

切实加强国际化人才培养。印发《“CPE”领导干部英语达标规定》和《“CPE”员工外语达标规定》，大力推进全员外语达标，2014 年举办各类英语培训班 84 期，培训 7330 人次。与国内外高端培训机构合作，加强国际化人才培养，全年外派培训 3 个月以上人员 26 人；持续提高新分大学生招聘标准，研究生录用比例达 67%。

积极推行海外机构用工本土化。加大外籍国际化人才招聘力度，整合国际人力资源，弥补工程设计公司自有资源的不足，土库曼斯坦分公司本土化员工达到 170 余人，占员工总量的 90%；中东分公司外籍员工达到 140 余人，占员工总量的 75%。

【企业文化】 教育实践活动成果有效巩固。坚持以问题为导向，落实领导班子“四风”突出问题整改方案、“四风”突出问题专项整治方案，着力构建作风建设长效机制。扎实开展“三超”问题专项治理，共清退超标办公用房 1213.84 平方米、车辆 28 台，“五项”费用支出同比下降 20%，其中招待费同比下降 57%。积极推动海外机构和工程项目临时党组织建设，基层党组织实现全覆盖。

企业文化建设不断深入。编发并大力宣贯新版《员工手册》，切实规范海外机构视觉文化建设，持续深化“四讲”主题教育和“文化宣传贯彻进基层”活动，2014 年组织“四讲”主题教育和典型事迹宣讲 75 场次、文化宣传贯车 47 场次。突出宣传工作针对性，全年在集团公司及社会媒体刊发稿件 300 多篇，制作专题展览 9 期。

和谐企业建设持续推进。广泛开展以“夯实基础、降本增效、发展高端”为主题的合理化建议活动，共征集合理化建议 145 条。扎实推进送温暖工程进现场、进项目、进家庭，2014 年组织项目现场慰问 52 场次，发放慰问金 150.9 万元，开展扶贫助困送温暖活动 16 次，慰问困难家庭 303 户，拨付扶贫帮困金 102 万元。做好离退休管理、民族团结、维护稳定、计划生育等工作。

（曹海文）

中国寰球工程公司

【概述】 中国寰球工程公司（简称寰球公司）隶属于集团公司，是以技术为先导，以设计为龙头，集咨询、研发、设计、采购、施工管理、设备制造、开车指导等多功能于一体的，具有项目管理承包和工程总承包综合能力的国际工程公司，是智力密集、技术密集的科技型国有骨干企业。

60 多年来，先后完成 2000 多项跨行业的国内外大中型项目的咨询、设计、施工和总承包建设任务，在国际规模的大型乙烯、大型炼油、大型聚丙烯、大型 LNG 和大型化肥等十五大类装置上具备总承包能力并拥有丰富业绩。业务遍及全国 30 个省（自治区、直辖市）以及东南亚、西欧、美洲、中东近 20 个国家和地区，是国内同行中国际化程度较高、项目运营国家较多的企业，也是独立率先进入沙特、新加坡、加拿大、意大利等炼化工程建设高端市场的公司。

寰球公司以北京本部为核心，构建完整的 EPC 业务链，形成覆盖华北、华东、华南、西北、东北五大区域运营中心以及建安业务中心；在海外，初步形成中东、亚太、美洲三大海外运营中心。

现有员工 9875 人，高层次技术人才阵容强大，高级技术专家、专业带头人 225 人，高级技能专家 9 人，高级别国家注册执业资格人员 1471 人，98% 的专业技术人员具备用英文按美、欧、日本标准和中国国标进行设计和建设的工作能力，教授级高级工程师 165 名，高级工程师 1103 名，在欧、美、日等国工程公司工作和培养 2 年以上的人员 120 多名，具有硕士（含双学士）和博士学位的人员 652 名，有丰富经验的高级项目管理人员 236 名，国际化人才 960 人。

凭借先进的技术、丰富的工程业绩和良好的企业资信，寰球公司被评为国庆 60 周年全国勘察设计行业“十佳工程承包企业”，获首批“AAA 级信用企业”和北京市“高新技术企业”称号，并连续 17 年被评为 ENR 全球最大的 225 家国际工程承包商和全球最大的 200 家国际设计公司。

2014 年，面对经济发展新常态，牢牢把握“突破”主旋律，全面落实集团公司各项工作部署，不断加快改革创新步伐，呈现出质量效益逐步提升、生产经营稳中有进、科技创新成果凸显、和谐发展持续向好的良好态势。2014 年，新签合同额 334 亿元，实现营业收入 162.6 亿元，利润总额 6.1 亿元，净资产收益率 10.05%。

【深化改革】 科学统筹改革与生产的关系，着力加强生产管理，夯实基本功，努力提高项目执行的质量和效益水平，进一步激发出生产管理系统的创新动力和发展活力。持续优化生产资源调配，强化项目过程管控，调整项目执行模式、人力调配、预算开支、费用结算等操作流程，明确责任、提高效率。积极探索建立生产管理系统公司内部模拟市场机制，落实专业公司的主体责任，初步形成以 15 亿元合同额为限的上下联动、分级管理的项目执行新模式。

【降本增效】 紧密围绕质量效益发展主题，以降本增效为目标，大力实施开源节流降本增效措施。出台工效挂钩机制实施方案，调整部室和项目两级绩效考核和奖励分配办法，充分调动广大干部员工的工作积极性；明确寰球公司 10 个方面 31 条主要措施、104 项工作任务，整体推进降本增效工作，2014 年实现回收应收账款 70.7 亿元，“五项”费用总开支同比下降 12.3%。

【工程建设】 精心策划、严格管理各个重大项目。云南炼油这一国内最大的单系列炼油项目，建设进度超过 75%；顺利完成全球单套装置规模最大的神华宁煤煤制油项目阶段性工作目标；神华宁煤煤制油和副产品加工项目稳步推进；委内瑞拉 MPE3 项目群有效推进；神华新疆 PP 和烯烃分离等一批在建项目进展顺利；唐山 LNG 二期、山东昊达 / 神达、泰安 LNG、中化泉州等多个项目成功开车或投产。以项目管理公司承担 PMC 任务的土库曼斯坦二期为代表的一批二级公司项目高标准建成投产。

【市场开发】 积极推动市场开发工作的转型升级。实施市场开发分级管理，发挥业务公司经营主体作用，授权各业务公司负责寰球公司本部 15 亿元以下项目的市场开发工作。设立宁夏分公司、俄罗斯和厄瓜多尔子公司，不断完善市场战略布局。2014 年，新签合同额中，系统外份额达 61%，海外份额达 42%。国外与 CNODC 联合组建中国石油海外炼化与 LNG 技术中心，提升服务集团公司海外投资业务的保障能力。在北美，签署美国玉皇甲醇项目和德州清洁能源项目，实现美国高端市场的突破。在中东，签订 West Corner-2 油田注水站项目，实现中东市场 EPC 总承包合同超过 10 亿美元的重大突破。伊拉克 KAR 炼油厂的融资生效并成功实施，再次展示融资助力市场开发的有效途径。在拉美，签署厄瓜多尔太平洋炼油厂设计合同，推动美洲市场多元化发展。国内承接云南炼油、广东炼油、大庆炼化、乌鲁木齐石化、大连石化和玉门炼油厂柴油质量升级等一批集团公司重点项目；以技术创新成果赢得市场，签约神华宁煤煤制油副产品加工项目等一批系统外项目；获得华电集团 LNG、潞安煤制油、神华包头煤制烯烃二期等多个战略性前期合同；2014 年采购业务签订外贸合同 194 个，累计完成外贸合同额 1.34 亿美元，EPC 独立采购业务完成合同额 89.05 亿元。特别是成功签署神华宁煤煤制油项目现场材料管理合同，开辟管理服务输出的新市场；与中国石油海洋工程公司联合中标俄罗斯亚马尔 LNG 项目模块建造合同，为发展离岸工程和模块业务奠定基础。

【管理提升】 创建质量驻场监督管控模式，加大承包商质量安全监督检查力度，严把项目建设质量关；重点强化海外风险管理，出色应对越南、沙特、西非等地的安全敏感问题；推出多个业务环节文件的标准模板，出台各专业的设计标准图集，持续强化标准化管理，促进公司本部与二级公司协同发展；定期发布经济运行状况报告，为寰球公司决策提供有力支撑；圆满完成澳大利亚 LNGL 公司投资的保值增值任务，通过减持部分股份，获得可观的收益；建立并发布寰球工程公司合规工作手册，纪检监察、审计监督、财务检查、内控测试联动推进，打造以合规为基础，内控为抓手，审计促提高的阳光运营新格局。

【科技创新】 以提高核心竞争力为目标，大力实施“技术领先”战略，2014 年新受理和授权专利共计 30 项，认定技术秘密 39 项，实现科技成果转让收入 8177 万元，仅乙烯技术一项实现近 3000 万元成果转让。大连 LNG、广西炼油、辽阳石化、大庆炼化、独山子国家石油储备基地工程、越南化肥 6 个项目获得国家优质工程奖。“中国大型液化天然气关键技术开发及应用”成果获集团公司科技进步奖特等奖。科技创新 4 个层级共 95 项技术开发项目进展顺利，“大型乙烯成套技术开发”和“天然气关键技术开发”2 个集团公司重大科技专项通过集团公司验收；多个科技专项取得重要阶段性成果。先后与中科院大连化物所、上海碧科等科研院所签订技术开发战略合作协议，共同加快实施超前技术的研发和工程化。成功召开第三届科技创新大会，进一步明确寰球公司优势技术、急需技术、前沿技术、新兴技术及特色技术，为创新驱动发展注入不竭动力。出台《科学技术奖励暂行办法》、举办“创新引领未来”科技成果展，营造良好的科技创新氛围。评选出百项“四小创新”成果，丰富科研创新的内涵，推动寰球公司上下技术创新工作的新高潮。全面启动“数字化设计集成系统的开发与应用”工作，完成“云计算”平台基础建设，信息化水平持续提升。

【安全环保】 坚持安全工作与生产任务一同布置、一同执行、一同考核，严格承包商安全监管，出台《设计质量事故责任追究管理规定》，开展“质量样板工程创建”等活动；明确公司521个岗位的安全职责，加大对新颁布的《安全生产法》《环境保护法》等国家新颁布法规的学习宣传贯彻力度；积极开展“安全月”“质量月”专项活动，各项目现场违规违章行为得到有效遏制。2014年公司实现安全工时7413万个，质量安全环保形势持续稳定。

（王一龙　刘　佳　洪可可）

中国昆仑工程公司

【概述】 中国昆仑工程公司（简称昆仑工程公司）是集团公司的全资子公司，是集咨询、研发、设计、采购、施工管理、开车指导和工程监理、工程总承包、项目管理承包、技术服务等多功能于一体的国际工程公司和国有科技型骨干企业，拥有4家二级单位，2家控股公司。

昆仑工程公司已走过62年的发展历程，持有国家颁发众多甲级资质证书；通过ISO 9001质量体系、ISO14001环境管理体系、OHSAS 18001职业健康安全管理体系和中国石油HSE管理体系认证；拥有国际先进的工程设计、项目管理及办公自动化等应用软件和数据库，建有先进的计算机网络平台和应用体系；享有国家授予的对外经营权。

昆仑工程公司长期致力于石油化工、纺织化纤、煤化工、环境工程、建筑工程等领域的建设、创新与发展。先后承担设计和建设完成各类大中型石油化工、化纤及其原料和民用建筑等工程数千项，国外经援、经贸工程百多项，遍布全国及26个国家、地区。获国家科技进步奖一等奖、二等奖，全国、省部级优秀勘察设计特等奖、金质奖、优秀奖、管理奖数百项。拥有雄厚的科研和技术实力，承担多项国家重大科技攻关任务，在大型连续缩聚聚酯（PET）、精对苯二甲酸（PTA）、顺丁橡胶、ABS、己烯-1、工业废水处理等领域拥有专有技术，获国家授权专利107项，其中PCT专利10项。主编参编国家和行业标准63项，其中国家标准24项。

有在职职工1952人，其中工程技术人员1440人，教授级高级工程师32人，高级工程师435人，享受政府津贴专家2人，特殊贡献的中青年专家1人，具有各种国家执业注册资格人员590人次。

2014年，实现营业收入35.2亿元；利润总额7939万元，完成预算的132%；经济增加值2800万元，完成预算的103%；净资产收益率5.5%，成本费用利润率2.3%，均好于预算0.8个百分点，圆满完成集团公司下达的年度考核指标。

【工程建设】 2014年，面对外部严峻形势挑战，广大干部员工顽强拼搏，实现生产经营业绩总体向好，工程建设平稳有序推进。全年承担各类工程项目266个，其中集团公司内部项目77个，集团公司外部项目189个。

主要承担的工程项目有：（1）石油化工领域。炼化工程方面，主要承担广东石化、大庆石化等集团公司炼化工程项目。化工工程方面，主要承担江苏虹港等芳香烃工程。煤基化工方面，主要承担河南煤化、内蒙古丰汇等项目。（2）合成材料工程领域。合成纤维方面，主要承担江苏兴业、浙江华祥、福建百宏、土耳其等10余套聚酯工程，以及河南凯赛聚酰胺等工程项目。合成树脂方面，主要承担中煤蒙大、山东昊达、神华新疆、山西焦化、陕西蒲城、江苏斯尔邦等工程项目。（3）环保工程领域。污水处理方面，主要承担广东石化、辽阳石化、江苏虹港、中煤平朔等炼化和煤化工污水处理工程。废气治理方面，主要承担辽阳石化、抚顺石化、锦西石化烟气脱硫脱硝工程以及辽阳石化恶臭气体治理和吉林石化异味治理等工程。（4）其他工程领域。主要承担江苏海欣等化纤工程项目，广东石化厂前区、江苏斯尔邦、中煤蒙大等公用工程项目，恒逸文莱及广东石化PMC项目等。

【市场开发】 坚持市场导向，加快优化市场布局，大力拓展海外市场。2014年新签约合同额47.3亿元，其中海外4.57亿元，完成年初目标。

石油化工工程领域，集团内部市场持续跟踪广东石化、大庆石化、辽阳石化、广西石化等拟建炼化工程，集团外部市场重点跟踪河北玖瑞、恒逸文莱、嘉兴石化、新疆中泰以及印度等国外芳烃工程项目。合成材料工程领域，继续保持国内聚酯工程市场领先优势，国内市场签订多项聚酯工程总承包合同，国外市场签约阿联酋等国家聚酯工程项目，还与独联体、中东、东南亚、中国台湾等地区相关企业集团，达成多项合作意向。在合成树脂工程领域上加大资源投入，持续跟踪国外多个聚烯烃工程项目。环保工程领域，重点跟踪辽阳石化、抚顺石化、惠州炼化以及马来西亚、印度尼西亚等污水工程项目，拓展废气、废固治理等业务市场，签约多个烟气脱硫、脱硝改造总承包项目。

【科技创新】 2014年，以创新驱动引领，持续推进科技创新。在科研开发方面，承担集团公司科技开发项目10项，工程建设分公司科技统筹项目13项、核准项目11项。申报专利25项，新增授权专利28项，其中发明专利4项，PCT专利3项。2014年获省部级以上奖励12项，其中国家科技进步奖二等奖1项。在标准化建设方面，主编、参编国家标准9项，行业标准4项。在信息化建设方面，稳步推广实施多种管理应用系统，建成生产运行与工时管理平台。

【基础建设】 2014年，以巩固管理提升活动成果为抓手，持续推进管理体系融合和规范运行，大力强化安全环保工作，不断提高企业管理水平和绩效。

加强预算监督控制，强化费用实质性审核和精细化管控，健全财务稽查长效机制，全面开展税收风险自查整改与税收筹划工作。扎实开展内控风险相关工作，修订发布公司内控手册，强化风险评估控制与内部审计监督，确保风险管控稳健有效。

加强各级领导班子和干部队伍建设，组织中层干部、项目管理人才、外语人才轮训，深化各专业间互动学习，不断促进员工队伍素质及能力提高。持续推进全员绩效考核，有效调动人才积极性、主动性和创造性。以强化班组执行力为重点，开展创建“五型”班组活动，营造“讲学习、求创新，重质量、保安全，守纪律、比贡献”良好氛围。

强化质量安全环保工作。落实质量管理提升实施方案，开展项目、专业设计专项检查，加大项目工程质量检查监督力度，确保质量全过程管理。深化HSE管理体系建设和规范运行，通过培训、应急演练强化员工安全教育，扎实开展安全生产大检查，强化重点领域、关键设施和要害部位的安全管理。推广实施集团公司应急管理系统，加快应急管理体系和海外社会安全管理体系建设，持续强化海外项目安保防恐管理，所承担国外工程均无安全、环境、健康责任事故，获集团公司国际业务安全管理先进集体称号。

（鲍世庆　肖春宏）

中国石油集团东北炼化工程有限公司

【概述】 中国石油集团东北炼化工程有限公司(简称东北炼化)于2007年11月在辽宁省沈阳市注册成立，注册资本金15.9亿元。有员工9910人，资产总额60.7亿元。拥有教授级高级工程师45人，高级工程师690人，工程师2020人，高级技师47人，技师171人。省部级设计大师11人，取得国家注册建筑师、结构师、建造师等职业资格证书人员1414人次。历年来，涌现出刘维彬、何天伦、郑秋林、徐龙杰等全国劳动模范10人。2014年，东北炼化坚持特色发展，进军高端领域，拓展海外市场，提高服务保障水平，实现营业收入56.2亿元，利润5948万元，超出集团公司下达的利润指标12个百分点。

【工程建设】 2014年，东北炼化取得工程设计综合甲级资质，成为辽宁省第一家、东北地区第三家设计综合甲级企业，体现在信誉、技术、业绩和管理方面的综合实力。具有施工总承包特级资质、工程监理综合资质、工程咨询甲级资质、环境影响评价甲级资质、压力容器制造许可证等68项资质。参建的3项工程获国家优质工程奖，12项工程获省部级优质工程奖。完成四川石化10万吨/年MTBE装置、江苏斯尔邦环氧乙烷项目、山东垦利丁二烯项目等设计项目，云南石化4个总承包项目处于采购到货、施工的高峰期，承建的中化泉州连续重整装置一次投料试车成功；华北石化60万吨/年柴油加氢改质等3套装置中交；新疆天利实业碳五综合利用及苯乙烯项目投料试车一次成功，生产出合格产品，创全国同类装置开工最好水平。机械清洗，全年共清洗储罐553座，回收油品2.1万吨，实现收入5000万元。马来西亚LNG模块群预制项目钢结构制作和安装接近尾声。监理的神华宁煤甲醇制烯烃等65个项目顺利中交，78套装置一次开车成功。壳牌四川页岩气项目、中化长山吉林尿素生产装置无损检测处于收尾阶段。承担的集团公司装备制造MES系统上线运行，工程项目管理系统扩展实施稳步推进。

【市场开发】 2014年，新签合同额77.2亿元，其中集团公司外部市场新签合同额38%，同比增长20%；海外市场新签合同额占新签合同额的13%，同比增长5%。海外市场和集团公司外部市场新签合同额占到半壁江山。EPC总承包项目合同额占新签合同额的42%。原有市场进一步巩固，承揽山东胜通20万吨/年异丁烷脱氢制MMA联产项目、吉林众鑫1.5万吨/年异戊烯醇项目、江苏斯尔邦醇基多联产项目等设计任务，抚顺石化洗化厂燃煤锅炉烟气脱硝EPC总承包项目，签订云南石化1000万吨/年炼油项目压力罐区、重油催化裂化装置等4个合同。制造的烟气脱硫项目冷却吸收塔应用于四川、辽河石化等10套催化装置，实现收入1.8亿元。中标中国海油惠州二期40万吨/年HDPE、30万吨/年LLDPE、260万吨/年蜡油加氢装置、340万吨/年柴油加氢装置等项目的施工总承包。新签云南项目管理服务合同，中标神华宁煤集团煤化工副产品深加工综合利用项目管理咨询服务，PMC和项目管理咨询服务业务合同额超过1.5亿元。无损检测业务挺进长输管道市场，第三方监检业务稳步提升，热处理市场得到拓展。海外业务取得重要进展，吉林化建在沙特拉比格二期、马来西亚LNG模块预制安装、阿尔及利亚炼油厂改扩建等项目新增工作量2亿元。中标科威特清洁燃油项目，合同额1.1亿美元。完善“一个主体两个层次”市场开发体系，市场开发能力进一步提高。

【企业管理】 树立“过紧日子”思想，开源节流、降本增效活动深入开展。2014年，销售管理费用同比下降12%；“五项”费用同比减少3000万元，其中办公费、差旅费、会议费、业务招待费同比分别减少19%、15%、67%和63%。加强内控流程的有效性设计，通过测试、评价、考核、改进等方式构建监督体系，推动内控体系的有效运行。加大工效挂钩考核力度。根据效益进行考核的工资由原来占总额的20%提高到25%，基础工资由80%降低到75%，按照“收入凭贡献，效益增、收入升，效益减、收入降”的原则，根据各单位利润完成情况同2013年度对比，效益好的最大增幅达到16%，效益不好的最大减幅达到15%，提高增收创效积极性。清理、分流劳务用工669人。狠抓合同管理，事后合同同比下降22%。加强承包商的各项管理工作，对分包中的“三违”及承包商管理情况进行自查整改，排查承包商57家。充分发挥审计监管职能，工程分包、劳务费、维修费结算审计3113份，审减273万元。加大纠纷案件处理力度，避免和挽回经济损失2626万元。规范物资采购的业务流程，认真履行采购程序，2014年采购金额11.7亿元，节约采购额6851万元，物资采购检验合格率100%。网络基础设施进一步完善，工程项目管理系统在吉林设计院、吉林化建等单位推广应用，ERP1.2系统顺利上线双轨运行，承担的集团公司信息化内部支持项目进展顺利，东北炼化被评为集团公司信息化工作先进单位。落实高素质人才培养方案，多途径、多形式提升一线员工素质。举办各类业务培训班605期，培训各类人员1.2万人次，实现全员培训率100%。在“海油杯”首届全国石油石化系统焊工职业技能大赛中，东北炼化代表队取得团体第二名的好成绩。

【科技创新】 东北炼化首届科技创新暨成果展示大会胜利召开。2014年，获得专利授权37项，认定集团公司技术秘密4项，主编和参编行业技术标准4项。“超厚超大容器卧式内燃法整体热处理技术”获集团公司科技进步奖三等奖。以优势技术拓展市场，采用第三代技术设计的烟台万华丙烯酸及酯项目建成投产后，将成为世界规模最大的丙烯酸及酯装置，该技术占有国内新增产能80%的市场份额。合作开发的乙丙橡胶成套技术成功应用于吉林石化新建装置，填补国内空白。自主研发的MTBE成套工艺包技术应用于锦州石化新建装置，能耗指标国内领先。

【质量安全环保】 全面落实安全环保责任，严守安全质量两条“生命线”，对822个岗位的安全生产责任制进行修订。扎实推进HSE管理体系建设，发布新版HSE管理手册和程序文件；探索HSE培训新路，送教上门的方式受到项目部员工的欢迎。强化风险管控和应急演练，编制594个处置预案，实施各类应急预案演练430次。安全隐患整改投入9200万元，完成吉林机械容器厂房及变电所项目、吉林化建东部营地变配电设施等5个安全隐患治理项目。东北炼化获集团公司“环境保护先进企业”和“国际业务社会安全管理先进集体”称号。加大安全事故处理力度，对16名安全事故责任人给予撤职、警告、记过等处分，起到警醒作用。通过狠抓质量管理体系运行，项目质量全面受控。“推行现场管理星级评价的实践经验”获工业和信息化部“工业企业质量标杆”，22项成果获省部级以上QC成果奖，吉林机械罐车车间获评全国现场管理“四星级”现场。东北炼化获全国工程建设质量管理小组活动优秀企业、石油工业用户满意企业。

【党建和思想政治工作】 东北炼化领导班子按照“四好”标准，坚持党的基本理论和基本路线，认真学习习近平总书记系列重要讲话精神，遵守政治纪律和政治规矩。落实反腐倡廉责任，自上而下签订2215份《党风廉政建设责任书》。积极开展“送温暖”活动，发放扶贫帮困资金269万元。开展“千万图书下基层”活动，配发图书5320册。举办“东北工程杯”

首届职工篮球赛。“五一”节期间，徐龙杰作为中国石油推荐的唯一人选，被中宣部确定为全国重点宣传人物。新华社、人民日报社等十余家中央媒体进行现场采访并做了专题报道。公司工会获得“全国模范职工之家”称号，李斌获“中央企业青年岗位能手”称号，徐龙杰当选第二届“加油中国·传承铁人”年度人物。

（王多伟）

装备制造企业

中国石油技术开发公司

【概述】 中国石油技术开发公司（英文缩写 CPTDC，简称中油技开）是集团公司的全资子公司，是集团公司海外项目物资装备供应主体，是集团公司从事石油装备出口业务的专业化公司，服务保障集团公司海外油气业务发展和带动装备制造产品出口。自 1992 年从事石油装备产品出口业务以来，累计将产品出口到 80 个国家和地区，出口业绩连年在央企名列前茅，是中国最大的石油石化物资装备专业化国际贸易公司。

截至 2014 年底，有员工 1364 人，中方员工 629 人，占比 46%，平均年龄 35 岁。中方员工中级以上职称人员占比 50% 以上，其中正、副高级职称 94 人；94% 的业务人员具有大学本科以上学历；硕士、博士学历 285 人，占比 45.3%。石油专业人员 299 人，占比 48%；贸易及经济类专业人员 222 人，占比 35%；各类语言专业人员 108 人，占比 17%。外籍员工共 735 人，员工当地化率达到 83%。中方业务岗位员工集团公司外语考试通过率 95%，打造了一支精通英、俄、法、西、葡、阿语等多语系的国际商务人才队伍。

本部机关设有 12 个职能处室。根据地区和专业，设有独联体分公司、亚非分公司、美欧分公司、中东分公司、石化分公司、管道分公司、中亚管道项目部、坦桑尼亚项目部、海洋工程分公司、物流分公司、钻探装备部、开发装备部和综合装备部等 13 个直属经营机构。

2014 年，实现签约额 40 亿美元，营业收入 266 亿元，圆满完成集团公司下达的各项考核指标和主要经营任务。

【国际市场开发稳步推进】 以中资市场为基本盘，大力开发国际市场，并取得一定成效。（1）扎实做好集团公司各海外项目的物资装备供应，积极参与集团公司海外项目投标，优选产品供应商，严控出口产品的质量和进度，努力提供优质产品和服务，2014 年为集团公司在哈萨克斯坦、苏丹、南苏丹、土库曼斯坦、伊朗、伊拉克、尼日尔、乍得和厄瓜多尔等 17 个国家的油气生产、长输管道和炼油厂建设提供物资装备 8.8 亿美元。（2）充分挖掘市场潜力，注重市场开发的战略接替，大力加强传统市场、新兴市场和潜在市场的开发，保持主要市场的稳定发展。有 13 个国家签约额超过 5000 万美元，其中阿布扎比、哈萨克斯坦、尼日尔、苏丹和南苏丹等市场保持上亿美元规模。古巴市场在巩固石油装备市场的基础上，拓展化肥、轮胎等产品的市场规模，签约额首次突破 1 亿美元。俄罗斯实现钻机等产品签约近 5000 万美元，达到历史最高水平。阿根廷、哥伦比亚和塞尔维亚等市场实现新突破。（3）不断拓展新产品、新客户和新的业务领域并取得成效，2014 年共与 63 个新客户实现签约 2.1 亿美元。新加坡 Sinaco 首次为缅甸海上油田项目提供保障服务。合理利用第三国资源，确保土库曼斯坦铁轨项目的顺利实施。拓展产品范围，委内瑞拉签约定向井维修车间设备和工程车辆项目。努力开拓外资长输管线市场，中标巴基斯坦管道项目。

【资源体系建设持续深化】 不断完善产品资源体系建设，进一步增强产品资源与市场开发需求的适用性。（1）深化与制造企业的合作，充分发挥中油技开在市场、客户、网络方面的优势和制造企业在产品、技术、人才方面的优势，大力推介系统内优势产品。出口的钻机、电潜泵、抽油机和发动机 100% 来源于系统内企业，2014 年这几类产品实现签约额 7.3 亿美元。（2）努力发挥技术支持在国际市场开发中的保障和支撑作用，加强海内外的沟通协作，向中亚—俄罗斯、南美、中东和亚非等地区增派常驻技术人员，加强对重点地区、重点项目的技术支持。以提高中标率为出发点，加强投标报价前的交流会商，投标报价的有效性大幅提升。（3）进一步加强出口产品质量控制，突出做好重要项目、重点产品的质量监造，不断规范监造范围，优化监造方式。全面跟踪生产质量，与监造机构定期开展交流和质量沟通，定期发布质量问题分析报告。针对个别项目监理不到位的情况，对监理公司进行严格追责。推进技术工作有形化，编制油套管、钢管和防腐管等产品的检验、包装、运输和储存规范，促进产品质量的持续改进。

【综合服务能力进一步强化】 为培育新的业务增长点，中油技开进一步加强国际营销网络功能建设，大力推进产品综合服务业务发展，2014 年实现签约额近 10 亿美元。（1）突出重点市场综合服务能力的培育，在哈萨克斯坦应对传统贸易壁垒，通过开展仓储寄售、产品租赁、集成组装、机修加工、压缩机维护保养等业务，连续 3 年签约额超过 3 亿美元，实现业务持续稳定规模发展，其中哈萨克斯坦机修厂 2014 年签约额近 1 亿美元，实现历史性的突破。加大美国仓储维修服务设施建设，形成抽油机成撬和钻井泵组装能力，由原来的代理模式转变为面向最终用户的直销模式，实现服务增值。（2）突出重点产品综合服务能力的提升，密切与制造企业的合作，在南苏丹、乍得、尼日尔、厄瓜多尔和伊拉克等地区开展电潜泵租赁，做好柴油机、发电机组、电站保运行等服务，签约规模稳定增长，2014 年签约额达到 1.7 亿美元。在苏丹、乍得等国家开展油化品业务，认真做好产品试制和现场服务，保障集团公司海外油田生产。（3）突出仓储物流服务能力建设，在北美、哈萨克斯坦等国家和地区开展仓储业务，实现销售 1.2 亿美元。继续做好尼日尔沙漠运输等项目，打造海陆空多式联运的“门到门”服务能力，进一步提升中油技开的国际市场竞争优势。

【国际项目运作水平不断提升】 加强项目的组织领导和管控，严控质量、进度和成本等关键要素，加强项目预算管理，在项目采购、监造及运输等环节寻找增效点，不断提升项目运作的质量和效益。做好项目管理基础工作，专门召开项目管理经验交流会，并开展不同层级的内部交流与经验分享，促进项目管理水平提升。部分重点项目通过开工会，提前明确项目相关方职责，确认技术、质量和交货期等要求，保障项目有效执行。加强项目进度控制，阿布扎比钻机项目强化与客户、厂家的沟通协调，各级领导多次带队到工厂协调生产进度，推进项目实施。协调多家资源厂家安排生产计划，科学组织物流运输，圆满完成中亚 C 线、哈萨克斯坦南线二期等重点项目。在苏丹动乱、乌克兰局势紧张期间，完成苏丹防腐保温管线紧急采购和伊朗北阿扎德甘电站项目物资从乌克兰发运任务。加强与制造企业的合作，派出 50 多名售后服务人员开展现场安装、联调等工作，完成委内瑞拉、阿布扎比等国家 24 台（套）钻修井机的售后服务。做好已交付海洋钻井平台的保运行服务和备件供应，现场作业运行顺利，不断刷新钻井纪录，售后服务深得客户好评。坦桑尼亚项目有效应对当地错综复杂的政治形势和社会安全风险，加强与政府部门、业主、PMC 和承包商等各相关方的沟通协调，大力开展公共外交，严控项目节点，加强商务运作，截至 2014 年底，项目整体形象进度完成 96%，项目管理得到业主和 PMC 的高度肯定，树立中油技开在东非市场的良好形象。

【基础管理工作进一步夯实】 为防范经营风险，着力推进基础管理工作并取得成效。（1）加强两级管理体系建设，推进二级领导班子建设，建立二级班子议事规则和工作制度，提升分公司二级班子整体合力和科学决策水平。各分公司逐步发挥综合管理办公室的组织协调作用，梳理和制定内部工作流程和工作细则。各境外机构结合公司开展的内控管理评审、专项审计和安全检查等工作，加强整改落实，不断完善内部管理制度和工作流程，基础工作得到加强。（2）管理效率和效益进一步提升，梳理和优化业务流程，组织制修订制度近 20 项，调整经营业务的审批权限，简化工作程序，提高决策效率。以信息化为载体，推进 OA 全面上线运行，实现无纸化办公。利用电话会、视频会等多种方式，搭建海内外沟通交流平台。完成中国石油装备产品在 28 个国家的竞争力分析报告，为国际市场开发提供有力指导。严格投资项目的研究论证和风险评估，加强股权管理和运营管理，2014 年共收回股利 5060 万元，累计收回股利初始投资的 4 倍。加强外事管理，落实因公出国（境）团组公示制度，海外人员管理系统上线运行，外事工作效率和质量进一步提升。（3）强化风险防控，定期开展经营、财务、市场开发和资源分析，及时发布汇率风险提示，梳理各类项目法律风险，强化风险应对措施的落实。发挥内控、法律、审计和监察等监督管理作用，促进依法经营合规管理。加强应收账款清欠，多次召开各地区分公司应收账款清欠专题会议，明确清欠目标，落实清欠责任，收回历史欠款 1.3 亿美元。加强仓储、库存及在制品管理，全年共销售历史库存4400万美元。（4）大力实施挖潜增效，加强全面预算管理，预算管理领导小组专门审议各单位预算情况，提升预算的科学性和准确性。把降本增效贯穿于全年工作始终，将费用控制指标分解落实到各处室、直属机构和境外机构，多措并举强化关键成本费用控制，“五项”费用和管理费用在2013年整体下降的基础上，又分别降低33%和30%，其中会议、接待和展览等费用大幅降低，全员勤俭节约意识进一步提升。

【员工队伍建设得到加强】 认真贯彻集团公司人事工作会议精神，全面加强员工队伍建设，三支队伍建设有序推进。（1）加强干部队伍建设，组织开展中层干部党的十八大精神、第二期注册职业销售和市场总监等专题培训班，干部队伍整体素质进一步提升。修订完善干部管理办法，严格履行干部选拔任用程序，积极开展干部岗位公开竞聘，2014年共交流任免调整干部65人次，干部队伍建设得到进一步增强。认真落实集团公司加强干部监督管理的各项要求，严格执行领导干部个人事项报告制度，从严管理干部的各项措施得到落实。加强后备干部管理，在公司首次组织开展后备干部推荐工作，为公司选准用好干部奠定基础。（2）着力提升队伍整体素质，编制印发《员工教育培训管理办法》，组建公司内部培训师队伍，搭建网络培训平台，通过创新多渠道、多形式的培训方式，2014年共开展各类培训209个，人均培训学时达102小时。（3）建立健全人才管理机制，组织搭建岗位能力素质模型，编制印发全员岗位说明书，进一步明确各岗位职责划分和能力素质要求，为各部门加强员工培养锻炼、考核激励和岗位优化配置奠定基础。加强公司工效挂钩机制研究，开展绩效考核管理优化调整。

【安全环保管理工作进一步强化】 按照集团公司的总体部署，中油技开不断强化安全环保理念和红线意识，持续推进管理体系建设，提升风险防控能力，完善应急保障工作，2014年未发生任何安全责任事故，继续保持安全平稳发展的良好局面。（1）持续推进安全环保体系建设，大力推进有感领导、直线责任和属地管理责任落实，安全环保责任书和承诺书签订率100%。深入开展体系对标，修订完善管理制度，公司第四版管理体系文件正式发布实施，为持续规范开展安全工作夯实基础。（2）提升风险管控能力，强化突发事件预警和应急处置工作，成功应对西非埃博拉疫情、南苏丹武装冲突、委内瑞拉骚乱、乌克兰和伊拉克内乱期间的不稳定局势，确保公司境外中方人员的安全。（3）强化重点项目的安全管理，坦桑尼亚项目部持续完善管理体系，加大现场检查力度，实现300万工时无伤害事故的良好业绩。中亚项目部在参与中亚管道工程建设物资供应过程中，为业主实现亿万工时安全生产做出突出贡献，受到业主充分肯定。（4）加强新《安全生产法》和《环境保护法》的专题培训和学习宣传贯彻，组织开展全员参与的新两法答题活动。扎实开展安全大检查，宣传安全理念，普及安全知识，开展事故警示教育，组织应急演练，加大监督检查力度，增强全员安全生产意识和能力，确保活动取得实效。

【党建和作风建设持续深化】 认真贯彻落实中央“八项规定”精神和集团公司“党组二十条要求”，巩固扩大教育实践活动成果，多次召开推进会，专门研究部署各项整改任务落实工作，干部作风持续转变，文风会风明显改善，员工关切逐步落实。

严格执行民主集中制，认真落实“三严三实”要求，凡是“三重一大”事项均提交会议讨论集体决策，2014年共召开总经理办公会、党政联席会和党委会60多次，依法决策、科学决策、民主决策水平进一步提升。

改进和加强党建思想政治工作，充分发挥党组织政治核心作用，更加注重理论学习的系统性和实效性，更加注重基层党组织建设和党员队伍建设，党建工作制度不断完善，党建工作水平持续提升，创先争优、员工关怀等为思想政治工作注入新活力。

大力开展反腐倡廉教育，在公司领导班子中开展廉洁从业“六个一”教育活动，组织公司领导、处级干部及关键岗位人员到反腐倡廉教育基地参观，组织中层以上干部开展廉洁从业知识学习和答题，增强各级干部廉洁从业和遵纪守法意识，廉洁文化建设进一步推进。

不断完善企业文化建设体系，坚持用大庆精神铁人精神铸魂育人、凝聚力量，大力弘扬“三老四严”“钉子精神”等优良传统和作风，广泛开展形势任务教育、先进典型宣传等系列活动，突出重大项目和优秀员工“两个宣传”，在内网“模范风采”专栏与中央电视台、《中国石油报》等主流媒体持续报道。举办工会业务培训班，开展员工系列文体活动，深化青年文明号创建及志愿服务活动，企业凝聚力进一步增强。中油技开团委继续保持集团公司直属“五四红旗团委”，技术开发工会获集团公司直属工会“模范职工之家”称号。

（马　骁）

中国石油集团
渤海石油装备制造有限公司

【概述】 中国石油集团渤海石油装备制造有限公司（简称渤海装备）是集团公司所属全资子公司，2008年4月重组成立，注册在天津滨海新区。所属11家企业，厂区主要分布于天津市滨海新区，河北省沧州市、承德市，辽宁省盘锦市，江苏省南京市、扬州市，甘肃省兰州市，新疆乌鲁木齐市等地。占地总面积932.8万平方米，用工总量11312人，其中合同化员工8679人、市场化用工2356人、劳务用工277人。

以油气输送装备、钻采装备、海工装备、炼化装备四大系列产品为主营业务。有渤海华宇、渤海巨龙、渤海能克、渤海中成、渤海卡瑞特、渤海司达、渤海飞雁七大知名品牌。有36种产品取得API认证，20种产品获“中国石油装备”背书品牌授权，19种产品获国家和行业名牌。

2014年，获集团公司“管理提升先进单位”称号，被推荐为集团公司“安全生产先进单位”；晋升为“中国石油化工行业品牌示范企业家”；蝉联中国机械500强，排名升至57位；参研的“我国油气战略通道建设与运行关键技术”项目，获2014年国家科技进步奖一等奖。

2014年，为渤海装备“市场开拓年”，在面临国内外市场持续萎缩，中国石油投资大幅压减，大项目启动长期停缓等严峻形势下，保证生产经营平稳运行。全年实现订单签约额156.05亿元，其中新签订单突破百亿元，营业收入73.85亿元，货款回收94.87亿元，当年账面利润-3.46亿元，考核利润-4221万元，实现经营活动现金净流入7.54亿元。

【市场营销】 落实“市场开拓年”工作部署，出台市场营销网络建设意见，实施市场开发激励政策，调整营销网点布局，建立国内外9个区域市场代表处；强化两级“一把手”工程，成立7个重大项目推进组，强化高层营销与技术营销和服务营销的组合，完善本部搭台、基层唱戏的营销模式；突出“一基两重”，即以集团公司内部市场为基础市场，重点开发国内市场与国际市场，保内抢外，抓大不放小，增加集团优势产品5种，落实好优势产品协议采购政策，首次进入国际7个新市场，首次拿到国内外21个重大新订单，市场开发取得10个重大突破，累计实现签约额156亿元，其中新签约额101亿元，外部市场签约28.36亿元，占比28.1%。多措并举，多维攻坚，加大回款清欠力度，清回货款94.87亿元。

【科技创新】 出台装备利器打造指导意见，着力抓好10个重大科技专项，加强科技交流和攻关，在双金属复合管、5000米自动化钻机、双动力节能环保修井机、燃煤环保注汽锅炉等研发上取得阶段成果，新增6种省部级名牌产品，获6项国家和省部级大奖，其中国家科技进步奖一等奖1项、集团公司和天津市科技进步奖三等奖5项；以稳定性和可靠性为重点，深入实施“双十”质量工程，推行质量追溯五项管理，集团公司28批次实物质量抽查合格率100%，获得集团公司“质量计量管理先进单位”称号；加强信息化建设和系统应用，被评为集团公司“信息化建设先进单位”；整合公司钻采装备各单位资源，利用已有厂房设备，高水准、高效率地建成国家级企业技术中心钻采研发试验检测平台，使1个技术培训厅、5个重点实验室、8个试验检测车间，充分发挥研发、试验、检测、培训一体化服务功能，达到国内先进水平。

【生产运行】 通过狠抓精益生产，聚焦不产生价值的资产、组织、岗位、环节和工序，反复优化流程和资源配置，消减浪费；对油套管、出口抽油机、修井机和特车等重点产品开展生产大会战，保质保量保工期完成交货任务；强化现场管理和存货处置，截至2014年底库存净值72.06亿元，比2014年初下降3.38%；搞好安全环保隐患治理，抓实风险管控、现场监督检查，持续夯实HSE基础，各项过程指标全面达标，安全生产平稳运行。狠抓节能和节水，分别完成集团公司指标的411%和242%。

【降本工作】 自下而上反复开展科学降本大讨论，有11488人提出建议，被采纳建议3958条，其中40条在渤海装备获奖。通过全员、分专业和分产品大讨论，形成12个专业路的降本实施方案，在所属单位形成40种产品与社会对标的降本实施计划。在此基础上抓好整改，通过细抠显性成本、深挖隐性成本、查找间接成本，推进源头降本、系统降本、重点降本，实现综合降本5.36亿元，其中节约采购成本1.22亿元、资金成本1958万元、管理成本4427万元。用工总量净减少989人。降低人工成本1.48亿元，科学降本工作得到集团公司的高度评价。

【资源优化】 对厂房、库房、办公用房及土地展开全面翔实的大普查，建立"三房一地"资源信息数据库，逐一单位制订精整利用实施方案，采取合并、关闭、转用、出租、出售等方式，大刀阔斧地优化精整利用。2014年，共优化土地233.2万平方米、占总面积的25%，优化房屋26.9万平方米、占总面积的23%，节省直接费用1577.9万元，实现资源优化收益1.77亿元。在此基础上，制订设备、人力、厂点等资源轻量优质化规划并推进实施。对企业重组形成的历史不良存货，成立专门小组，落实两级责任，通过利用、改装、出售、内部调剂等方式强力处置，全年共处置净值1.24亿元，实现收益0.33亿元。"三房一地"精整利用工作经验被集团公司多次肯定并推广。

【结构调整】 出台并实施输送装备改革与发展指导意见，完成对华油钢管公司、巨龙钢管公司、第一机械厂等机构调整、职能划分、干部选聘、员工组合，构建输送装备板块新营销体系，强化海外营销和技术营销，形成"固定＋机动"劳动组织，实现劳务工依法转换，共精简机构12个、机关人员30名，生产线固定员工减少三分之一；出台并实施钻采装备改革试点指导意见，选择油套管、工业泵、钻修机、锅炉等四家一线制造厂进行改革试点，用产品对标社会均价确定目标成本，用目标成本倒逼一线资源，进行聘员工、精资产、活机制，在后线建立托一线的转岗培训"蓄水池"。试点单位不同程度地取得经验，打造竞争优势，新世纪机械制造公司油套管制造厂扭转颓势，利润突破4000万元。

【转型升级】 强力推进炼化钻采装备"产品＋服务"转型升级。炼化装备建立客户服务中心、配件储备库、烟机远程监测中心，与中国石油26家炼化企业签订协议，开展配件保供、远程诊断、运行维护、行业标准制定等服务，打出系列"组合拳"。兰州石油化工机械厂服务收入占比达到42%，配件订货增长53%，在整机订货锐减的形势下，保证工作量，实现持续盈利；钻采装备总结推广多年一体化服务经验，取得多项进展。中成机械制造分公司在中国石化塔河油田、尼日尔区块、厄瓜多尔区块电泵一体化服务上均取得新业绩。渤海装备的"产品＋服务"转型升级受到集团装备板块、炼化板块的充分肯定。

【党群工作】 深化"四好"班子创建活动，严格干部培养选拔，注重考核结果运用，加大交流调整力度，2014年选拔调整干部91人次；开展"六个一党支部"和"党员先锋工程"等活动，涌现出19个先进党组织、63名优秀党员和19名优秀党务工作者，加强基层党组织和党员队伍建设；巩固发展教育实践活动成果，完成问题整改与专项整治。落实完善党风廉政建设责任制，开展"为民、务实、清廉"主题教育，推进审计和效能监察，加大监督力度；深入开展形势任务教育，加强宣传和企业文化落地工作，推进现场文化规范和统一，摸清职工思想动态，做好预判和舆情监测，队伍整体稳定；开展群众性实践活动，获天津市"劳动竞赛十大示范企业"称号、天津市和集团公司"五四红旗团委"称号；落实带薪休假和健康体检制度，改善一线员工工作生活条件。开展送温暖和助学系列活动，慰问9850人次，发放慰问金（品）260万元。对患有16种重大疾病的308名职工及家属进行援助。帮扶各类困难群体，发放慰问金540万元。实施6项矿区民生项目，争取投资320万元完成生活区污水管线改造。

（王迪娜）

宝鸡石油机械有限责任公司

【概述】 宝鸡石油机械有限责任公司（简称宝石机械）本部位于陕西省宝鸡市，是集团公司的全资子公司，是以陆地及海洋石油钻采装备、特殊场合用钢管钢丝绳、牙轮及PDC复合钻头、井口井控设备、油田特种车辆、压裂设备、电气控制设备等为主导产品，集研发、制造、集成、销售、服务为一体的综合性油气装备研发制造企业。

宝石机械的前身宝鸡石油机械厂，创建于1937年，1953年划转石油系统，2002年改制成立有限责任公司，2008年成为集团公司独资设立的一人有限责任公司。宝石机械拥有咸阳宝石钢管钢绳有限公司、宝石机械成都装备制造分公司、宝鸡宝石特种车辆有限责任公司、西安宝美电气工业有限公司、北京宝石电气设备有限责任公司、巴西宝石石油设备有限责任公司、海洋石油装备分公司、热工分公司等分（子）公司。有员工 7600 余人，其中高级以上职称 311 人，博士、硕士 233 人，享受国务院政府特殊津贴专家 3 人，陕西省突出贡献专家 1 人，集团公司高级技术专家 5 人、技能专家 3 人。有主要生产设备 2400 余台(套)，总占地面积 250 万平方米，建筑面积 78.89 万平方米，总资产 134.86 亿元，年销售收入 60 亿元以上。

产品覆盖 50 多个类别、1000 多个品种规格，其中十二大类 51 项产品获得美国石油学会 API 会标使用权，产品远销中东、美洲、非洲、欧洲、澳洲、中亚、东南亚等 60 多个国家和地区。

具有引领中国油气钻井装备行业研发制造方向的技术实力，是国家油气钻井装备工程技术研究中心承建单位，是承担国家钻机标准化工作部、国家海洋钻采设备标准化工作部秘书处工作的企业。截至 2014 年底，获国家级和省部级科技奖项 98 项，其中 12000 米钻机获国家科技进步奖二等奖，四单根立柱 9000 米钻机被列入集团公司 2014 年度十大科技进展；拥有授权专利 750 件，其中发明专利 81 件，美国发明专利 1 件，专利技术稳居中国石油装备制造系统榜首。

2014 年，为用户生产钻机 52 台（套），钻井泵及泵组 456 台（套），钢管钢绳 68187 吨，钻头 7376 只。实现营业收入 54.83 元，实现考核利润 1.30 亿元。

【市场开拓】 2014 年，应对国内用户大幅压缩设备投资、国际市场需求疲软、国内过剩产能“外溢”、国内外市场均供大于求的不利局面，牢固树立“订单为王”理念，顺应用户需求个性化发展趋势，巩固传统市场，关注新兴市场，拓展国际市场。钻井泵出口总量同比增长 100%；向巴基斯坦出口 8000 米钻机，开启宝石机械全配套深井陆地钻机出口国际市场的先河；首次将钻井泵、顶驱及钻杆等部件配件出口巴西。加大新产品推介力度，“走出去”参加国内外产品展会，“请进来”举办新产品推介会，2014 年新产品新增订货 3.5 亿元。顺应配件需求增长趋势，广开配件销售渠道，销售配件 3.03 亿元。积极发展钻机大修、检测等技术服务，创收 2200 多万元。构建良好竞合关系，向业内同行企业提供钻采设备 200 余台（套）。宝石机械发挥营销整体优势，带动分（子）公司销售配件 300 余万元，持续提升营销服务水平，打造“金牌服务”，全年收到用户发来的表扬信 37 封。

【技术创新】 加快新产品研制步伐，2014 年推出新产品 18 项，其中钻机管柱自动化处理系统具备机械化程度高、自动化程度高、安全性高、劳动力低等优势，智能化司钻控制系统打破国外技术垄断，成套压裂车组完成现场工业性试验。加大高端技术储备力度，多项高端产品研制按要求顺利推进。加大保护知识产权，申报专利 135 件（发明专利 47 件），获授权专利 117 件（发明专利 29 件）。努力提高行业话语权，制修订国（行）标 6 项、集团企标 5 项，发布企业内部标准 27 项，首次参与 ISO 标准制定。加快打造科研平台优势，承建的国家油气钻井装备工程技术研究中心三年建设期各项建设任务基本完成。

【生产组织】 优化“以销定产、先内后外”组织模式，完善生产运行及外包管理办法，抓好生产运行统筹协调，充分挖掘内外部生产潜力，强化生产过程控制与监督，深入推进精益生产管理和“6S”现场管理，持续提高生产运行效率。对重大、急需合同项目，启动快速响应机制，开辟绿色通道，优化资源配置，及时解决各种影响产品履约率的问题，2014 年为 NDC 用户发运钻机 2 套。

【质量管理】 实施 API Q1 第九版换版程序文件，质量管理进入 API Q1 和 IS09001 两个体系按最新版本并轨运行的新阶段。实施“无证转序”一票否决制及三级质量监督检查，质量管理体系运行水平不断提升。下移质量管理重心，强化质量分级考核，新增“出厂产品合格率”等 3 个考核指标，将考核的重点落在产品实物质量和体系运行的符合性上。加强质检部门、技术部门与生产单位的沟通协调，一些重复性的技术质量缺陷得到有效解决。前移质控触角，注重提前介入，生产过程中的质量缺陷明显减少。适应阿拉伯联合酋长国国家钻井公司（NDC）的高标准严要求，加强 NDC 项目产品质量控制，并以此推动公司产品质量上台阶，部分产品质量达到国际领先企业水准。

【精益管理】 转变以速度和规模论英雄的观念，突出效益导向，扩大效益指标考核权重，强化工资总额控制，赋予二级单位薪酬分配自主权，有效引导二级单位将“精益管理，降本增效”的理念渗透到生产和管理的每个角落，咸阳宝石、热工分公司、钻采设备厂等单位下大力气盘活低效无效和闲置资产，创收与节支并重，取得显著成效。2014 年，在全产业链上降本增效，优化设计工艺方案，节约资金 1290 万元；加强定额价格管理，理顺内外价格体系，节约成本 3458 万元；加强采购全生命周期成本控制，节约资金 1.49 亿元；科学节能降耗，节省水、电、气费用 450 万元；严格执行降本增效“八不准”要求，

"五项"费用同比减少 917 万元，降幅 17.33%；通过票据融资、争取优惠贷款，节约期间费用 8357 万元；加强税务统筹，节约税费支出 7386 万元；盘活闲置低效资产 3045 万元；严格执行集团公司要求，"三控制一规范"工作取得新进展，全年减少用工 262 人，人工成本得到有效控制。

【工程建设】 落实安全生产"一岗双责、党政同责"和"管工作必须管安全"要求，对事故和违章"零容忍""一票否决"，推进属地管理，组织开展"安全经验分享"活动，加大安全隐患源头治理。查处的"三违"现象同比下降 33%，轻伤事故同比下降 71%。着力推动清洁发展，通过厂区、家属区供暖管网并入市政供热管网，拆除燃煤锅炉等措施，2014 年减少 189 吨二氧化硫、134 吨氮氧化物排放，提前完成"十二五"节能目标。

加强廉洁从业教育，认真落实党委主体责任和纪委监督责任，成立机构，健全制度，加强领导。建立监督检查常态化机制，做到节假日必查、工作日抽查、重点问题专查。开展"小金库"专项治理、内部产品价格管理、表外公司专项审计、"五项"费用管理效能监察工作，持续规范权力运行。

加大信访督办力度，解决群众反映问题。落实惠民为民政策，解决有偿解除劳动合同退休人员补充医疗保险问题，2014 年，帮扶困难人员 684 名发放慰问金慰问品等共计 133 万元。继续开展"倾心支持宝石发展的好工嫂（好丈夫）""和谐家庭"评选活动，积极组织文艺表演、老年志愿者活动、"和谐示范小区"和"服务示范窗口"创建活动，公司本部东山社区被集团公司命名为"和谐示范小区"。

【矿区建设】 着眼于为企业发展提供强有力的后勤保障，努力建设生活便利、环境优美、团结和谐的矿区。创办北厂区职工食堂和新区第二职工食堂，有效解决员工用餐问题。加强对石油社区卫生服务站的监管，加大医疗设备设施投入力度，持续提升医疗服务水平。新增社区停车位 140 个，有效缓解员工停车难问题。大力支持各分（子）公司矿区建设，加强与所在地矿区事业部协调，提高各企业矿区后勤保障能力。公司本部社区被评为"陕西省安全社区"。

【党建工作】 树立正确政绩观，坚持抓党建促发展。巩固扩大党的群众路线教育实践活动成果，完成对 12 个问题的整改和对 14 个制度的制修订，保持反"四风"高压态势。各级党组织充分发挥政治核心作用，有效参与并监督"三重一大"决策执行，保证企业决策民主、科学。充分发挥党组织战斗堡垒作用，开展形式多样的党内主题活动，助力生产经营。全体党员充分发挥先锋模范作用，以"全国五一劳动奖章"获得者、"最美宝鸡人"马新平为代表的一大批优秀党员，将先进性体现在敬业爱岗、吃苦奉献上，体现在影响和带动周围员工攻坚克难、完成任务上，全力推动各项工作开展。

（卫建武）

宝鸡石油钢管有限责任公司

【概述】 宝鸡石油钢管有限责任公司（简称宝鸡钢管），始建于 1958 年，是中国"一五"期间 156 个重点建设项目之一，也是中国第一个大口径螺旋埋弧焊管生产厂家。建厂 57 年来，尤其是 2002 年成功改制以来，发展成为中国规模最大、品种最全、市场占有率最高的专业化焊管生产企业。

本部位于陕西省宝鸡市，企业总资产 93.65 亿元，员工总数 7260 人；拥有宝鸡输送管公司、辽阳钢管公司、资阳钢管公司、克拉玛依公司、宝鸡专用管公司、西安专用管公司等六个全资直属企业；控股秦皇岛宝世顺公司、宝鸡住金公司、上海宝世威公司等三个合资企业；设有国家石油天然气管材工程技术研究中心。经过"十一五"以来的快速发展，宝鸡钢管完成国内产业布局，形成"六大发展区域、四个出海通道、九个生产基地和一个国家工程中心"。

产品覆盖油气输送管、油套管、连续管、管材防腐、焊接材料和钢管辅料等多个领域。产品类型主要有钢管、管件、辅料和钢管防腐四大类，主要用于石油天然气长输管道工程建设和油气勘探开发。其中，输送管主要包括螺旋缝埋弧焊管、JCOE 直缝埋弧焊管和 ERW 直缝焊管，最大管径 1420 毫米、钢级 X42–X100。油套管主要包括 API 标准的 ERW 套管、SEW 套管和油管、无缝套管和油管，钢级 H40–Q125；非 API 标准的超高强度油套管、耐腐蚀油套管、高抗挤套管、特殊螺纹油套管及膨胀套管等。连续管主要包括作业管柱、速度管柱、连续管线管、变壁厚连续管，外径 25.4—88.9 毫米，钢级 CT70—CT100。管件产品主要有大口径大壁厚高钢级弯管。辅料产品主要有焊丝、焊剂、钢管防腐涂料、管端保护器、螺纹保护器。钢管防腐主要有3PE、3PP外防腐及双组分减阻型内涂层。钢管综合产能180万吨，最大产能260万吨（其中油管60万吨、连续管2万吨）。

建厂至2014年底，累计生产各类钢管超过1600万吨/40万千米，敷设管线200余条。在国内市场上，产品市场占有率始终保持第一；在国际市场上，产品出口到印度、荷兰、俄罗斯、土库曼斯坦、哥伦比亚、委内瑞拉等近30个国家和地区。

先后三次获“全国五一劳动奖状”，是首批“全国文明单位”“全国绿化模范单位”和“全国模范职工之家”“全国五四红旗团委”荣誉单位。

2014年，实现钢管订货量85.68万吨，同比下降48.16%；实现钢管产量77.86万吨，同比下降52.19%；实现钢管销量82.21万吨，同比下降53.56%；实现营业收入43.41亿元，同比下降62.42%，未完成集团公司下达的考核指标。

【产品生产】 为满足西气东输三线设计需求，成功试制X80钢级、ϕ1219毫米×22毫米螺旋焊管，通过集团公司新产品鉴定。同时，发挥集团整体优势，推行“集中生产、集中休息”生产运行机制，试行“人随订单走”的分流调剂机制。以产量指标、消耗指标和质量指标为重点，搭建生产信息数据库，开展生产数据分析。2014年同比节能608吨标准煤、节水5014立方米，完成集团公司考核指标。

【技术创新】 国家石油天然气管材工程技术研究中心圆满建成，通过国家科技部验收，并被评为年度五个优秀中心项目之一。2014年承担或参与科研项目17项，其中国家项目7项、集团公司项目4项；获省部级重大科技奖励4项，申请专利20项。开展双金属复合管材技术、超高强度油气输送管材技术、耐腐蚀管线钢生产技术等关键技术研究；开发BJC-I型特殊螺纹油套管、SEW膨胀管和Q125 SEW套管，成功试制CT100连续管。

【安全生产】 认真落实“党政同责、一岗双责”，深入推进危害再辨识、员工再培训，在89个岗位试点HSE培训矩阵。开展安全大检查，重点实施管道、消防、交通安全专项检查。2014年投入资金1233万元，治理安全隐患12项，完成近三年重大隐患治理项目检查验收。完成中国石油装备安全体验中心建设。连续安全生产突破1000天，被评为“集团公司安全生产先进单位”。

【市场开发】 社会市场，中标沈阳、贵州、陕西、苏州等燃气项目，郑州、太原、张掖、宝鸡等热电项目以及简阳、武义、宽沟至乌南等供水项目，共承揽订单31.5万吨。专用管市场，承揽油套管订单32.95万吨；SEW油套管在新疆、冀东和延长等油田顺利完成下井试验；连续管承揽订单4023吨，同比增长28%。国际市场，中标马来西亚天然气管道、墨西哥天然气管道等10余个项目，承揽订单10.92万吨，同比增长80.2%；外部市场订货占比52%。

【质量管理】 推行质量目标管理，出台“质量禁令”，全员签订《质量责任书》。各所属企业均顺利通过API、ISO 9001或国家特种设备的监督审核或换证审核，编制完成《工艺规程标准化手册》。2014年实施质量提升项目25项，产品合格率保持100%，主导产品连续第七年被评为“全国用户满意产品”。

【党建工作】 贯彻落实国有企业党委发挥政治核心作用的要求，开展党委书记履职到位培训；完善党建制度体系，围绕“三重一大”、干部管理、责任追究等内容，制修订《公司党委工作制度》《公司中层干部管理办法》《纪律检查委员会议事规则》等制度18个。开展首次党群工作检查调研，收集员工意见建议130余条，梳理采纳82条。落实党务公开，完成党的群众路线教育实践活动各项规定动作。加强思想政治工作，开展“居危思危”大讨论，首次选树“职业道德标兵”10名，选树“好媳妇”15名。加强青年工作，推广《共青团工作手册》，举办第四届“宝管情缘，钟爱一生”集体婚礼。

【企业管理】 成立深化改革领导小组及办公室，按照“市场倒逼”的思路，制订《关于全面深化改革的意见（草案）》；推进专项改革，完成工厂与公司资产划转和股权整合，完成辽阳钢管厂、资阳钢管厂公司化改制。与UMW公司联合，构建新的国际贸易机制，国际贸易公司搬迁北京。原宝鸡输送管公司质检中心划入钢管研究院，实现国家工程中心、钢管研究院、质量检测中心“三位一体”运行。全面推进档案数字化转化和ERP集成应用等信息化建设。获集团公司“管理提升活动先进单位”“信息化工作先进单位”“统计工作先进单位”和陕西省“和谐示范社区”“内保先进单位”等称号。

（康　莹）

中国石油集团济柴动力总厂

【概述】 中国石油集团济柴动力总厂（简称济柴）始建于1920年，是集团公司下属唯一的动力装备研发制造企业，是中国内燃机行业中唯一涉足石油钻采领域的企业，也是中国内燃机行业中唯一获得大功率内燃机金牌产品的企业。

经过近百年发展，济柴已打造形成以内燃机、压缩机为主导，延伸燃气动力集成、动力电气控制等多板块的动力装备产品家族。其中内燃机开发出涵盖140、175、190、260、320等五大缸径系列，适用于柴油、重油、天然气、煤层气等多种燃料介质的产品集群，产品功率范围覆盖200千瓦至9000千瓦，可广泛应用于油气产业上中下游、社会、船舶、军用等多个领域；压缩机形成整体式、分体式两个种类，适用于天然气、煤层气、页岩气、LNG等多种工作介质的产品集群，产品功率范围涵盖10千瓦至7500千瓦，可广泛应用于油田集气、加气、气举、钻井、储气库等多个领域。

济柴拥有控股公司1个（济南柴油机股份有限公司，控股60%），参股公司1个（聊城新泺机械有限公司，参股49%）。拥有山东济南、四川成都、河北青县、湖北武汉4个生产基地。拥有各类主要生产检测设备1758余台（套），其中“精、大、稀”设备167台（套），总资产57.75亿元。截至2014年底，济柴用工总量3557人。

2014年，济柴累计生产内燃机1779台（套），天然气压缩机28台，实现营业收入12.9亿元，合同签约额19.8亿元。

【市场开发】 2014年，济柴围绕“稳固石油、扩大社会、拓展海外、推进新产品产业化”的工作主线，采取产品销售、整体承包与全过程服务相结合的服务模式，为用户提供从方案设计、现场施工到维修保运的一体化增值服务，通过自主开发市场，实现市场领域的新成绩。石油市场形成新的增长点。高可靠发动机首次进入大庆钻探和长城钻探，全年订货40多台（套）；在西北钻井市场，以TO750天然气耦合器机组为切入点，形成钻机气化改造的配套解决方案，全年销售近百台（套）；ZTY630压缩机首次打入冀东油田市场，并拓展到塔里木油田高压注气采油市场和哈萨克斯坦市场。燃气发电市场取得新进展，7月签订104台机组、1.32亿元的瓦斯机项目合同；签订轻烃回收一体化项目天然气发电机组供货合同；与国内最大的垃圾填埋沼气发电承包商签订大功率沼气发电机组供货合同。船机市场获得逐步恢复，新型船机4008、4006在沿海渔船和远洋捕捞市场形成批量销售；在“气代油”领域，取得京杭大运河首批双燃料动力船主机合同；抓住国家开发南海渔业的契机，L8190柴油机首次打入海南船机市场，船机市场收入同比增长31%。新产品市场取得一定突破。实现首批9台32/40发动机的销售；在广东首次实现社会发电用140柴油机的配套销售；与川庆钻探签订140发电机组用于井场辅助发电的合同。海外市场稳中有升。跟进集团公司海外项目，中东和南美市场取得突破，连续中标中亚管道电站、伊朗天然气机、哥伦比亚井场发电等项目。海外市场签约额2.5亿元，同比增长一倍。再制造产品市场初见成效。通过动力装备再制造研讨会，全面推介发动机再制造业务，取得五大钻探公司和社会用户的订单。

【技术创新】 2014年，济柴共承担24项重点科技项目，其中国家级项目1项、集团公司级项目6项、装备制造分公司级项目6项。“高可靠性钻井用柴油机”项目获集团公司科技进步奖三等奖。坚持面向市场，全年共成立10个研发项目组，加快新产品研制进程，缩短技术优势向效益优势转化的时效。电动钻机用12V 175柴油发电机组陆续攻克一系列技术难关，完成超负荷可靠性验证试验和单机1000小时台架耐久试验。12V32/40天然气机完成发电和压缩机驱动两种用途的台架试验；9L32/40柴油机通过多部门配合，6台发动机全部完成发运工作。JC15FD型柴油机经过耐久试验和拆检复装验证，具备工业性试验条件；JC15T气体发动机完成单机350千瓦的开发目标。自主研制成功国内首台DTY355型50兆帕高速高压大排量压缩机组，并实现小批量销售；6000千瓦储气库用压缩机完成配套设计，投入生产制造；中国首台拥有自主知识产权的3500千瓦大功率压缩机在现场运行时间超过1.8万小时，机组运转状况平稳。信息化建设工作取得新成效，全年正式启动本部MES系统综合展示平台、科研项目执行管理系统和主产品销售报价系统，新协同办公系统正式建成并试运行。

【生产运营】 2014年，济柴统筹协调各种资源条件，进一步提升产品制造能力。通过建立最优工序、工位和工艺路线，加强集中管控，优化生产管理流程，促使生产效率得到大幅提高。9月按期出产190型3000、4000及6000系列大功率商品机共41台，创单月大功率商品机出产数量新纪录。全年坚持以订单为导向，组织实施“订单公示”制度，强化规章制度的导向机制，从人员、设备、出产结构等多方面对计划运行方式与产能进行调整，科学组织生产，进一步提高产品交付能力，确保全年合同履约率保持在95%以上。同时，济柴坚持对标国外先进企业，完善工艺路线与制造流程，提升新产品的制造能力。8月实现首台12V32/40商品机下线，生产用时创MAN公司所有授权生产商最短纪录。

【质量管理】 2014年，济柴以现场质量问题、产品实物质量控制、质量追溯为工作着眼点，持续提升质量控制能力。梳理修订质量管理体系文件4项，完成质量改进专题计划40余项，并采取对自制件关键项点设置“质量门”，对外协件进行质量管控前移，执行100%首件检验和100%完工检验制度，开展“质量曝光台”活动等多种方式，增强质量问题追踪考核力度，提升质量管理体系运行效率，达到降低内外部质量损失的管控目的，各项质量指标逐渐向好，用户满意度稳步提升，济柴也以此获2014年“全国用户满意标杆企业”称号。

【费用控制】 2014年，济柴从优化设计降配、改进工艺降耗、替代材料降本、零部件国产化等方面入手，简化结构，降低消耗；初步建立以成本控制为中心的价格体系，加强产品制造过程中的成本控制。坚持集中采购、竞价采购，初步建立代储代销等采购方式，降低外购件的成品库存和原材料库存；坚持优先利用库存机、呆滞件发货或整修整改，增强问题存货的清理效果，避免形成新的呆滞件。加强预算刚性控制，严控计划外支出，增强费用支出的监管考核力度，“五项”费用同比减少607万元；执行应收账款管理办法、合同管理办法和销售定金制度，并采取专职清欠、法律清欠等措施大力催收老欠款，应收账款余额降至近年来最低水平。

【安全环保】 2014年，济柴以新《安全生产法》和《环境保护法》为准绳，将推进HSE管理体系作为工作主线，在整体推进方案指导下，把“一岗双责”落实、体系审核、制度梳理、风险管控、人员培训等方面作为切入点，共开具整改不符合项8项，优化整合HSE制度40余项；修订9类设备设施共450项安全技术操作规程；组织开展各项安全大检查9次，查摆各类问题隐患232个，落实整改通知单90份；形成新增危害因素清单1份、《总厂岗位安全环保职责汇编》1份；组织开课各类HSE培训班4个，开展丙酮泄漏应急演练、防汛、灭火实战演练等专项应急演练培训活动55次，参演参训人员达1200余名；通过HSE/OHS/E体系年度现场外部监督审核。总体保持稳定的安全环保形势，没有发生上报工业生产死亡事故、火灾、环境污染和职业病事故。

【基础管理】 2014年，济柴突出重点，夯实企业发展基础。以培训、竞赛活动为载体，确保广大干部员工的思想素质与工作能力得到再提升。共组织开展中层干部培训班、班组长培训班、加工中心操作技能竞赛等各类培训、竞赛活动42项，实现参训人数3000人次，做到干部员工全覆盖。此外，济柴加强文化宣传，通过完成17家中央媒体记者来厂开展专题报道活动，实现企业知名度和影响力的再提升；获“中国企业文化建设优秀单位”称号，实现企业文化建设工作的新突破。

（李文博）

科研及事业单位

中国石油天然气股份有限公司
勘探开发研究院

【概述】 中国石油天然气股份有限公司勘探开发研究院（英文缩写RIPED，简称勘探院）是面向中国石油全球油气勘探开发业务的综合性研究机构，是中国石油国内外油气业务发展的战略决策参谋部、重大理论与高新技术研发中心、技术支持与服务中心和高层次科技人才培养中心（简称一部三中心）。

勘探院成立于1958年。50多年来，勘探院直接参与了中国陆上大多数大、中型油气田以及中国石油海外油气勘探的研究与发现，为中国石油工业发展发挥了重要作用；推动建立中国陆相油气地质与油气田开发理论技术体系，为中国油气科技进步做出重大贡献；培养造就以16名院士、400余名教授为代表的一大批国内外知名专家，为中国石油人才事业发展做出突出贡献；传承石油工业优良传统，形成以“儒雅、厚重、勤勉、求实、创新、包容”为内核的特色文化，增强了支撑持续发展的软实力和不竭动力。

勘探院包括北京院区、廊坊分院、西北分院和杭州地质研究院，业务领域涉及油气勘探、油气田开发、油气井工程、信息化与标准化、新能源勘探开发、技术培训与研究生教育等方面。截至2014年底，有员工3201人，其中两院院士6人、集团公司高级技术专家80人、教授级高级工程师140人、高级工程师1037人，具有硕士研究生以上学历1715人；建有提高石油采收率国家重点实验室、国家能源页岩气研发（实验）中心、国家二氧化碳驱油与埋存技术研发中心和国家能源致密油气研发中心，以及16个集团公司重点实验室，拥有众多国内外高精尖仪器设备，科研条件优越；作为中国石油信息中心和勘探开发资料中心，勘探院信息化环境良好，信息化水平在集团公司名列前茅；与国内外知名油公司、研究机构和高等院校建立了广泛的交流与合作关系，出版《石油勘探与开发》等一批优秀刊物，在国内外石油界和科技界具有良好影响力。

【科研生产】 2014年，勘探院瞄准集团公司重大需求，围绕战略决策支持、理论技术创新与生产服务，全力以赴抓好科研生产工作，做出了6个方面突出贡献。

抓好战略研究、决策参考与规划部署三项任务，为中国石油科学发展提供决策依据。以构建高层次决策参谋部为己任，加强战略规划、勘探部署、开发对策、经营策略等重大问题研究，及时编写决策建议与咨询报告，为国家和中国石油油气发展建言献策，话语权和影响力不断增强。开展全球常规与非常规油气资源潜力及未来供需格局研究，预测全球超长期油气储量产量发展趋势，提出中国油气发展战略、发展路线图及战略举措，为国家能源战略与政策制定提供决策依据。围绕新领域拓展、新项目获取、新业务开拓以及老油田和低品位储量有效开发等重大问题，报送20余期《决策参考》。积极参与集团公司“十三五”上游业务和科技发展规划编制，认真分析发展潜力、挑战、目标与对策，积极为中国石油科学发展提供决策依据。协助集团公司总部完成各季度及全年勘探成效与开发动态分析、年度部署方案优化调整，支撑国内外上游业务与科技的发展。

抓好战略选区、战略发现与基础理论三项研究，为中国石油上游勘探领域准备和储量增长提供强技术支撑。以油气资源评价、风险目标评价和关键基础理论技术研发为抓手，立足富油气凹陷，取得一批重要成果，推动中国石油油气勘探持续稳定发展。研发资源评价新技术，形成集常规、非常规于一体的资源评价软件系统，落实常规与非常规油气资源总量与剩余油气资源分布，进一步明确公司未来勘探重点领域与方向。加强油气战略选区评价研究，组织开展四川栖霞—茅口组、华北中新元古界等13个重大领域或区带评价研究，自主或合作研究推举5个风险勘探目标，获得2项战略突破。加强基础石油地质研究，开展元古—下古生界成藏条件与潜力评价，初步明确古老含油气系统地质特征与勘探潜力；研发的碳酸盐岩CT—核磁同比转换产气量预测新技术，在龙王庙大气田开发方案研究中发挥重要作用。

抓好老油田稳产、低渗透上产与稠油等复杂储量有效动用三大领域，为中国石油原油生产健康发展提供技术方案。以中国石油原油产量稳定增长为目标，立足提高采收率核心技术攻关，在老油田二次开发、低渗油田精细水驱、稠油火驱开发等方面取得重要成果，有效支撑油田稳定上产。开展大幅度提高高含水油田采收率技术研究，提高储层表征精度，提出喇萨杏油田井网重构对策，研制出流度控制与耐温耐盐改性甜菜碱表面活性剂室内样品，建立大港油田复杂断块油藏潜力评价方法。开展特低、超低渗透油藏水驱提高采收率技术研究，深化动态裂缝成因机理研究，揭示油藏水淹规律及剩余油分布主控因素，提出菱形井网加密调整思路和注水技术政策界限，有效应用于安塞和王窑等油田开发调整。开展稠油火驱技术攻关，加强新疆红浅1区火驱试验开发效果评价，推动风城超稠油水平井火驱辅助重力泄油试验成功实施；创新提出超深层稠油“火烧吞吐+火驱”技术路线，现场实施初见成效。

抓好致密气效益开发、采油采气最佳工艺与生产管理优化三大环节，为做大资源发展提供工程技术服务。以提高低品位资源有效动用和降本增效为目标，突出致密气开发基础研究，加强新工具、新产品、新软件研发，助推低效资源有效动用。开展苏里格致密气产能评价与提高采收率技术攻关，建立“阻流带”地质模型、多层体积压裂合采泄气潜力评价等新方法，形成三角形加密井网方案。研发新型偏心阀桥式同心分注技术，现场试验11口井均获成功；研发新型泡排剂体系，各项性能指标优于现场用剂，在苏里格气田试验119井次，有效率明显提高。研发出国内首套手机版油井生产管理系统，网络版管理系统推广应用6800口井，平均提高系统效率2.87%，折合年节约用电近8000万千瓦时，节能降耗效果明显。

抓好勘探部署、开发方案编制与新项目评价三项重点，为海外业务健康发展提供技术保障。以规模增储和领域接替、油田开发高效上产建产和新项目超前评价为抓手，推动海外业务持续健康发展。将重点探区目标精细评价和接替领域优选相结合，推动在苏丹、厄瓜多尔等老油区挖潜，新发现亿吨级规模储量区；推动在中西非裂谷系深层、苏夫焉凹陷和阿姆河东部山前等新领域获得3个规模发现。围绕老油田稳产和新油田上产，实施注水、水平井、提高采收率三大工程，形成气顶油环协同开发和差异注水新技术，完成开发与调整方案36个，为海外油气生产提供有效技术支撑。紧盯重点资源国和“一路一带”发展潜力，优化五大合作区战略布局，超前筛选12个重点领域，系统开展30余个新项目研究，为顺利签署一系列新项目提供重要决策支持。

抓好发展定位、特色技术与优势互补三大原则贯彻落实，京外分院在支撑中国石油主业健康发展中取得新业绩。京外分院根据地域、分工和业务特点，找准与总院发展部署的结合点，抓住优势和专长，把长板做得更长、把短板补长，实现特色技术创新、重点探区技术支持和核心人才培养多重并举发展的好势头。廊坊分院强化气田开发动态跟踪、储层改造技术攻关和天然气基础理论研究，有力支持油气业务的新发展。西北分院加强物探技术攻关与应用，有效支撑西部各油气区勘探取得新突破。杭州地质研究院加强海相与海洋基础研究，积极推动勘探拓展新领域。

【成果专利】 勘探院全年获国家科技进步二等奖3项，集团公司技术发明奖、科技进步奖17项，其他省部级奖励25项。发表论文1131篇，其中SCI收录170篇；出版专著37部。获得专利授权122项，软件著作权登记38项，制定技术标准10项。

【企业管理】 2014年，围绕科研生产中心工作，勘探院在人才培养、党建、管理优化与后勤保障等方面坚持抓建设、促发展，取得重要成效。

积极推进人才队伍建设，团队精神展现新面貌。加快人才成长节奏，在集团公司支持下，充实院、处两级管理力量，拓展优秀干部事业成长的渠道。加强人才引进和培养力度，引进80名优秀毕业生，组织员工培训1500余人次，持续加强研究生教育与考核；加速人才国际化，积极支持科研人员在国际学术组织中任职，在合作研究中发挥作用，在技术交流中展示风采；举办了第三届中国石油勘探开发青年学术交流会、开发专业青年技能竞赛、年终技术交流会等多项活动，评选“十大科技之星”和“十大青年科技进展”，为青年提供展示机会和成长舞台，一批青年才俊正在实践中脱颖而出。2人分获第四届光华工程科技奖工程奖和青年奖，1人获黄汲清青年地质科学技术奖，2人获孙越崎优秀学生奖，2人分获中央企业青年岗位能手和优秀共青团干部称号，2人获SPE国际奖，6人在WPC、SPE等国际学术组织中担任主席和会议主持或召集人，超过15名青年学者在国际会议上发言，展示了能力和水平，创造了良好影响。

积极加强基础建设，科研条件平台获得新发展。提高石油采收率国家重点实验室、国家能源页岩气研发（实验）中心和16个集团公司重点实验室运行良好，为基础研究取得创新进展发挥重要支撑作用。与中国工程院、石油大学（北京）共同组建国家能源致密油气研发中心，成为勘探院第三个国家级研发中心和创新平台。加大信息化建设和支持力度，完成中国石油电子邮件系统国产化、油气水井生产数据管理系统2.0建设推广以及院科研管理公共信息平台2.0研发应用等工作，实现中国石油数据中心的安全稳定运行。完成系列标准制修订工作，发挥集团公司勘探开发资料中心和数据总库作用，提升支持与服务水平。《石油勘探与开发》影响因子在全国科技核心期刊中排名第一，权威性和影响力进一步提升。

积极抓好履职能力建设，管理水平和服务能力实现新跃升。强化组织协调，充分发挥管理创效的推动作用。科研组织加强过程管理、实物工作量组织和成果亮点的培植，推动科研取得创新进展。人事管理组织开展“双序列”试点方案编制，完善全员过程考核体系。财务管理加大预算管控、内控稽查和资产管理力度，有效防范风险。企业管理制修订规章制度，加强内控和合同管理，规范集中采购和招标工作。对外合作完善涉外业务流程，规范出国管理，加强国际交流与合作。HSE 管理加强勘探院及各分院的安全环保工作，强化重点部位、要害岗位和关键环节检查整改。

积极深化思想作风建设，党建与反腐倡廉工作迈出新步伐。深入学习贯彻党的十八大以来一系列重要会议精神，持续推进思想、组织、作风、反腐倡廉和制度建设。狠抓反腐倡廉建设，加强示范教育、警示教育、廉洁从业教育，健全廉洁体系，开展三公经费、小金库等专项审计和检查，对违纪违规形成震慑。深化群众路线教育实践活动，坚持抓整改方案落实，将活动与为民服务结合起来，举办专题健康讲座，优选体检机构，推动疗养和带薪休假，开展丰富的文体活动，完善帮扶救助机制，落实老同志政治和生活待遇，让群众见到行动、看到变化、得到实惠。

积极推进勘探院环境建设，工作区、生活区面貌发生新变化。完成科技楼、通信楼、南教楼、研究生楼、主楼南北附楼装修改造等多项基建工程，扩大办公面积，改善科研办公条件。完成菜市场改造、院区环境治理以及大院景观美化绿化，改善社区生活环境。推进矿区规范化管理和服务，完善硬件设施，开通新发地蔬菜直通车，开办平价超市，改造消防设备，治理道路交通，创新医疗合作方式，推进“全国文明城区”创建。石油大院被评为“2012—2014 年度首都文明社区”和集团公司“和谐示范小区”“矿区服务示范窗口”。

（刘志舟　张红超）

中国石油天然气股份有限公司
规划总院

【概述】 中国石油天然气股份有限公司规划总院（英文缩写 CPPEI，简称规划总院）成立于 1978 年，是中国石油直属的重要决策支持机构，是石油石化工程总体规划及建设项目前期研究中心、油气田开发地面建设技术支持服务中心和石油技术经济发展研究中心。在战略研究、规划可行性研究、咨询评估、技术经济研究、科技开发与设计论证等领域中，具有较强的技术实力。

根据决策支持需要，规划总院现有油气集输、油气储运、炼油、石油化工、技术经济、市场研究、环境工程、信息工程等 20 多个主体专业和辅助专业，员工 600 余人。大学本科以上学历人员占 90% 以上，硕士以上近 45%，已形成一支层次高、结构合理、专业齐全配套的员工队伍。为开展工作需要，规划总院与很多研究机构建立了较为稳固的合作关系，在规划总院长期工作的合作方员工 300 余人。

【生产业务工作】 2014 年，规划总院运行项目 1017 项，取得了一批新成果，各项工作圆满完成。

（1）海外业务稳健发展。2014 年共承担各项海外技术支持任务 251 项，同比增长 11%。工作区域涵盖 5 大合作区。业务范围在项目规划、前期研究、项目建设等基础上，扩展至管理、培训等方面，为中国石油海外业务上、中、下游业务一体化发展提供了全面支撑。

（2）战略规划研究水平进一步增强。国家能源战略研究方面，开展工程院委托的“一带一路油气通道战略研究”“中国油气供给与管道发展战略研究”。开展发改委委托的“中巴石化产业战略合作规划研究”“大然气需求管理与有序用气机制研究”。完成国家能源局委托的“‘十三五’大幅提高天然气比重的途径及对策措施研究”“世界炼化工业现状及发展趋势研究”。完成工信部委托的“中国炼油产能过剩相关问题研究”“PX 行业准入条件”。开展国土资源部委托的“海外油气资源（含非常规）国内可供性分析”。开展国务院国资委委托的“中央企业 2014—2016 滚动规划（中国石油）”“中央石油石化企业‘十三五’规划研究”。这些项目成果为国家产业结构调整及制定相关政策提供了依据，受到国家有关部委的重视。

集团公司战略规划研究方面，共承担研究课题 109 项，完成进口俄油运输方式优化研究及成本测算等重点战略研究项目。承担集团公司“十三五”规划研究和专题研究 29 项，涉及天然气与管道、炼油与化工、成品油销售、区域规划、节能规划、装备制造、矿区服务、工程建设、信息化建设规划等。承担完成天然气与管道业务总体规划、销售、天然气储运设施、调峰、原油管输、计量、维抢修、建设保障等11项规划编制工作。开展16个省2015—2020年天然气业务滚动规划，以及集团公司2015—2020年三大管网、天然气调峰、天然气销售、天然气利用等专项滚动规划。

技术经济研究方面，完成建设项目经济评价参数(2014)、集团公司重点项目经济效益复算。完成天然气管道项目投资决策方法研究和天然气上、中、下游价值链经济评价定价方法研究。组织开展国家能源体制革命对石油企业的影响与对策研究、中国石油发展混合所有制经济总体思路与实现途径研究。组织开展天然气价格市场化研究、居民用气价格研究、储气调峰定价研究。完成后评价项目数量22项，涉及管道、炼化、销售、装备制造、节能等多个方面工作。完成《集团公司投资项目后评价管理办法》，为集团公司强化后评价工作提供制度保证。

成品油市场营销研究方面，已有成果的应用更加深入，开创性研究的成果倍受关注。成品油市场需求预测、库存规模水平测算等成果，已经成为集团公司生产经营决策的重要依据。成品油销售设施优化、低效库（站）治理优化等方案得以实施，目前已取得1亿元以上的直接效益。国内经济季度走势研判、替代能源发展趋势研究、客户消费规律分析、电动车发展趋势研究、国际油价预测模型等一系列开创性研究，正在成为规划总院油品市场营销研究的新亮点。

天然气市场研究方面，进一步完善天然气市场需求预测方法体系，初步形成长、中、短期各阶段的天然气市场预测技术与模型体系，进一步强化和提升市场研究的核心技术。

造价管理、咨询评估、设计审查继续发挥投资把关作用，有效地控制了工程投资。

（3）国内重大项目前期研究继续发挥重大决策支持作用。配合集团公司完成中俄东线技术及商务谈判。该项目自2013年9月正式启动以来，规划总院围绕技术方案制订、目标市场研究、管网系统分析、不同情景下边境可承受价格测算等，做了大量卓有成效的工作，牵头完成俄罗斯技术标准翻译和对比分析，以及贸易计量站方案建议等支持工作，并派出多人次参加具体技术谈判工作，为中俄东线天然气购销合同的签署提供重要支持。

开展西气东输三线、西气东输四线、西气东输五线、中亚D线、中俄气东线、中俄气西线等多条大型管道项目的预可行性研究及可行性研究工作。西气东输三线干线、中亚D线可行性研究报告获得国家核准批复，东南沿海地区的支干线可行性研究报告按计划推进。西气东输四线提交V4版可行性研究报告，西气东输五线积极推进。中俄东线组织大规模线路踏勘5次，市场调研6次。中俄西线完成管道工程预可行性研究报告。

完成了云南1300万吨/年炼油项目可行性研究报告、云南石化1000万吨/年调整方案可行性研究报告、辽阳石化加工俄油炼油及芳烃增效项目预可行性研究和可行性研究报告、独山子加工哈萨克斯坦100万吨/年轻烃炼油及乙烯调整项目预可行性研究报告。

（4）科技创新能力稳步提升。“我国油气管道发展战略研究”圆满完成攻关，得到工程院充分肯定，为国家油气“十三五”规划及发展战略制定提供有力支持。“炼化能量系统优化技术升级与推广应用”专项在宁夏石化公司等炼化企业已实施部分优化方案，取得较好的节能增效效果。“油气田加热炉及热力系统提效技术研究与应用”专项成果已被勘探与生产分公司采纳和发布。规划总院参加的煤层气、海外油气、低碳、劣质重油、炼油催化剂、聚烯烃等重大科技专项均按计划运行，取得较好的阶段成果。“油气地面工程技术研究与应用（一期）”实现了理论技术、应用实效和创新能力三大提升，被评价为上游重大科技项目的典范。“节能节水关键技术研究与推广（一期）”研究成果在中国石油节能节水技术应用、标准制修订及矿区供热系统改造等工作中得到应用。“储气库地面工艺配套技术研究”“页岩气地面工艺技术研究”“天然气与管道业务规划数据库方案研究”“天然气产运销平衡分析及风险控制研究”等13项专业分公司科技项目通过验收。

（5）信息业务稳步发展。重点围绕总部机关以及炼化、销售、天然气与管道等业务领域，客户关系管理系统、炼化物联网系统、加油站管理系统2.0、管道光纤综合利用等项目成功立项并启动实施，管道生产管理系统2.0、炼化物料优化与排产系统2.0、节能节水、生产经营综合展示平台等项目完成主体实施，应用集成、总部ERP及投资项目评价管理系统等项目进展顺利。积极推进地区公司及海外信息化业务，中亚管道ERP系统、东南亚管道公司办公系统、西南管道信息化、山东销售公司业务运作中心、黑龙江农垦石油信息化等项目顺利推进。持续加强信息化研究，在信息化价值评价方法、信息化运行机制完善和能力建设研究、财务共享中心建设、电子销售平台等领域有较大进展。信息化年报编制、重点会议支持等工作，有力支持信息管理部及各专业公司的日常信息化工作。

（6）基础工作支撑主营业务能力进一步提升。完成“中国乙烯和丙烯市场需求预测模型”“国内成品油需求预测系列模型深化”等项目，开展“石化产品市场”“股份公司对标分析”和“城中炼油厂发展对策”等项目。坚持编制《规划研究动态》等简报，及时反映规划总院重大研究成果、热点问题分析及建议。完成“多厂协同先进计划模型软件”“加油站前庭设备信息采集系统”等创新基金成果，促进规划总院信息化自主创新能力提升。开展规划总院无纸化会议系统建设，已得到广泛应用。完成非金属管材检测实验室一期建设，促进规划总院科技研发硬实力提升。完善信息技术应用创新实验室体系，已发布实施并提交国家认可委文审。

（7）继续为国家、总部、地区公司和地方政府提供满意的技术支持服务。为总部机关提供技术服务。2014 年共完成总部交办的临时任务 100 余项。以国内成品油市场需求预测为主要内容的信息报送工作，行文简洁，呈报及时，均被办公厅采纳并上报国家有关部委办。

为公司生产运行提供支持。从生产规律和矛盾分析入手，开展产、运、销整体优化研究，提出了破解产、运、销储贸周期性矛盾的优化措施。多项研究成果向集团公司党组汇报并成为政策制定的重要依据。加强加油站管理、天然气销售、ERP、MES 等系统运行维护管理，确保各系统安全运行平稳，2014 年未发生重大事件。全年组织制卡 1452.67 万张，保障集团公司加油卡的发卡供应。

贯彻集团公司发展意图和理念，为地区公司提供服务。开展塔里木油田、锦西石化、独山子石化、辽河石化、玉门油田炼化总厂、技术开发公司、贵州销售、西气东输、西部管道、中亚管道等地区公司“十三五”规划和业务规划的编制。高质量完成塔里木和西部管道现场服务和技术支持工作。

为了寻找更多发展机会，坚持为地方政府提供服务。开展新疆天然气开发利用“十三五”规划、西藏天然气利用规划研究、重庆涪陵石化产业园规划、克拉玛依市丝绸之路经济带战略研究、河南省“十三五”及中长期提高天然气消费比重的途径和对策措施研究、郑州市天然气发展和利用规划、呼和浩特炼油产业发展规划研究。

节能研究与标准管理进一步深入和细化。完成“十二五”万家企业节能低碳行动、电机能效提升计划和中央企业节能减排月报、季报和年报以及相关节能报告研究和编制工作。开展集团公司万元产值综合能耗指标研究、能源消费总量预测方法与对策研究、集团公司“十二五”节能示范研究、集团公司“十二五”节能专项投资项目实施效果评价等一系列的项目研究。充分发挥石油工程建设、NACE 等标准化机构和协会、学会的作用，加大标准的研究编制及管理力度，全年运行管理各类标准制修订项目 309 项，完成报批 21 项。

【改革管理】 强化管理提升，坚持科学发展，促进质量效率，管理水平不断提高。

技术质量管理持续增强。制订规划总院管理体系运行计划，组织 ISO 9000、HSE、ISO 20000、CMMI 等管理体系的持续改进、宣贯培训、内外审，完成 ISO 27001 体系建设，组织开展设计评审、“质量月”、质量信息分析、应急演练等质量活动，确保各管理体系的适宜有效和协调运行。圆满完成 2014 年国家及省部级奖励推荐工作，共有 9 项成果获得奖励，其中规划总院参加的“我国油气战略通道建设与运行关键技术”荣获国家科技进步奖一等奖，规划总院主持的“炼化能量系统优化技术研究与应用”荣获集团公司科技进步奖一等奖。继续做好知识产权保护工作，共获得知识产权 7 项，其中发明专利 2 项。全年共派出出国团组 48 个、113 人次，保证规划总院海外业务和重点项目开展。完成工程咨询资质重新认定工作，顺利换发资质证书。继续为全院业务和管理提供档案图书接收、借阅等服务。

计划经营财务管理水平得到提升。发挥生产业务管理归口职能，生产运行管理井然有序。规范招标流程，有效控制采购风险。发布《关于明确规划总院物资采购中若干问题的通知》，对规划总院自 2011 年以来的招标工作进行自查及整改，组织开展 11 批次 16 个项目的招标和竞争性谈判。关注成果交付环节，重视顾客满意度调查，有力推进规划总院研究成果质量和服务意识的提升。有重点、分步骤地落实经营工作，保持与重点单位的稳定合作关系。会计核算流程进一步规范，预算管理体现综合全面，成本费用控制取得一定成效，封闭结算及资金往来管理工作进一步加强，资金管理、内控管理、法律事务、合同管理、企业管理及综合统计全面提高。

人力资源管理的工作水平再上台阶。人才队伍建设取得新成效，有效缓解人力资源紧张的矛盾。推荐 12 人参加高级技术专家增补评选，1 人参加政府特殊津贴评选，6 人参评教授级高级职称。突出抓好信息化科室经理、模拟托福考前培训、IT专项业务等重点培训项目，修订培训指标考核细则，引导各部门大力开展内部培训，各部门全年开展内部培训100余项（2000余人次），研究出台《外语自助式学习方案》，得到员工的积极响应。制定并落实职业资格奖励政策，激励员工通过考试取得与院资质和本岗位工作相关的各类职业资格。配合新的住房补贴政策的执行，研究并实施相应的配套方案。研究建立个人所得税优化模型，将实现个税的全面、系统优化，保障员工利益最大化。

综合管理进一步规范。完成了二里庄办公楼采暖管道改造工程、停车场地面维修等基建工程。调研并且实际踏勘线路后，优化新的班车线路和停靠点，增开二里庄到东直门通勤车。完善食堂硬件设施、加强食品卫生管理，不断增加食品花样。资产管理规范运作，完成装备资产和办公家具配置与调配。深入推进管理提升活动，整体管控能力进一步增强。继续完善HSE管理，为职工配备保健用品，组织职工健康体检，完成日常医保报销，保密、审计、文秘、物业、通信、单身公寓、绿化、计划生育、公务用车等管理进一步细化。重大活动组织及接待工作规范有序。狠抓安全工作制度落实，车队安全行车30万千米。达到了全年安全无事故。

关心爱护离退休人员，全面及时落实各项生活福利待遇；重视活动中心建设，为老同志开展丰富多彩的文体活动；积极开展慰问走访，帮扶生病或困难的老职工；始终坚持提供亲情化、人性化的服务，让老同志感受到规划总院这个大家庭的温暖，感受到院党委的关怀。

（吴小卫）

中国石油天然气股份有限公司石油化工研究院

【概述】 中国石油天然气股份有限公司石油化工研究院（简称石化院）是根据集团公司党组和股份公司管理层的决定，于2006年6月在原股份公司炼油化工技术研究中心基础上组建的直属炼化科研机构。石化院下设兰州化工研究中心、大庆化工研究中心以及北京院部13个研究室，并对吉林、辽阳2个化工研究中心实行业务领导。

2014年，共有员工1182人，国家“千人计划”专家2人，集团公司高级技术专家31人，中级职称及以上人员约占员工总数的70%；博士140人，硕士313人，大学本科及以上学历人员占员工总数的74.4%。设有博士点1个，博士后科研工作站2个，硕士点5个。院内设有国家合成橡胶质量检验中心、中国石油化工专利信息平台、集团公司炼化专业标准委员会秘书处、股份公司化工清洁生产中心等多个国家和集团公司、股份公司技术机构，编辑出版《合成橡胶工业》和《石化技术与应用》两种国家核心期刊。全院固定资产原值达到13.2亿元。已建成重质油加工、清洁燃料、合成树脂、原油评价4个重点实验室以及催化裂化、加氢、聚乙烯、聚丙烯、合成橡胶等5个试验基地。

石化院主要从事炼油、石油化工工艺和催化剂研发，合成树脂和合成橡胶等新产品开发，炼化节能环保技术开发、炼化产品标准化和质量检测、炼化知识产权研究、炼化科技信息研究、炼化科技人才培训等。目前，石化院催化裂化催化剂等多项技术研发达到国内先进水平。

【发展规划】 发展目标：一流石化院、和谐石化院；发展定位：一部三中心，即炼化战略决策参谋部、高新技术研发中心、业务决策支持和生产技术服务中心、高层次人才培养中心；发展方向：四个紧密结合，即紧密结合集团公司炼化业务发展需要开展科研工作、紧密结合炼化企业生产经营实际开发新产品、紧密结合炼化企业生产经营需要做好技术服务、紧密结合集团公司和部门需求做好决策支持工作；安全环保理念：安全环保是研发首要条件、安全环保是石化院核心利益、安全环保工作具有最高优先权。

【成果专利】 2014年，研发方面已形成催化汽油选择性脱硫/改性（DSO、GARDES）成套技术、加氢裂化成套技术、高效聚丙烯催化剂（PSP-01）技术等一系列重大成果，在催化裂化催化剂、汽柴油加氢催化剂、加氢裂化催化剂、高档润滑油基础油加氢异构催化剂、石蜡加氢催化剂、乙烯裂解产物催化剂、丁苯橡胶和丁腈橡胶等技术研发方面达到国内先进水平。获得省部级以上科技奖励29项。其中，获全国企业管理现代化创新成果奖二等奖1项，集团公司技术发明奖二等奖 1 项和科技进步奖一等奖 3 项、二等奖 5 项、三等奖 4 项，其他省部级奖 15 项；申报专利 286 件，牵头制修订国家、行业、集团公司标准等 40 项。

【技术研发】 紧密结合集团公司炼化业务发展需要，集中力量，突出炼油系列催化剂和化工重点催化剂研发，为炼化企业调结构、提效益做贡献。（1）圆满完成柴油质量升级任务。作为石化院 2014 年“一号工程”，自主研发的 PHF 超低硫柴油加氢精制技术，2014 年已在大港石化公司、大庆石化公司等 7 家企业推广，实现 5 家企业 5 套装置一次开车成功，产品全部达到国Ⅴ指标要求。（2）汽油质量升级成套技术研发及应用取得新进展。国Ⅴ汽油工业试验正式立项；积极推广自主研发的低成本、高效益催化轻汽油醚化技术，为 12 家企业提供技术方案，装置总规模达到 360 万吨 / 年；完成已投产 11 套催化汽油加氢装置的国Ⅳ标定，脱硫率、辛烷值损失和能耗等指标达到国际先进水平，可以通过工艺调整，实现国Ⅳ、国Ⅴ汽油生产的灵活切换。（3）渣油加氢系列催化剂研发取得重大进展。重大工业试验已正式立项、启动；自主研发的四大类 12 个牌号渣油加氢系列催化剂，经过小试、中试、挂篮试验、工业放大与生产、工业剂模拟开工及 6000 小时长周期稳定性评价试验，催化剂脱硫率、脱金属率和脱残炭率等性能达到国际先进水平，得到企业的充分认可；已按期高质量完成 328 吨催化剂的生产，将在大连西太平洋公司进行工业应用试验。（4）催化裂化催化剂研发应用取得新突破并实现高效益。全年共生产 8 个牌号特色催化剂新产品近 2 万吨，成功应用于国内外 10 家炼油厂。在巩固新加坡、美国等市场基础上，首次进入南亚市场，获得印度炼油厂 300 吨订单。石化院技术产品占中国石油催化剂总产量的 80% 以上。适用于高残炭原料的重油催化剂（LZR-20）在广西石化应用，主要技术指标超越进口剂；多产 C4—C6 异构烯烃催化剂（LDC-200NH）在宁夏石化应用，干气和焦炭产率降低，总液收增加 0.5 个百分点；MIP-CGP 工艺专用 LDR 系列催化剂，在中国石油、中国石化及中国海油多家炼油厂成功应用，辛烷值提高 0.5 个百分点，总液收增加 1 个百分点。通过降低成本、优化配方，为兰州石化催化剂厂增效 3000 多万元；通过提高辛烷值、增加总液收、优化产品分布，为炼化企业增效 2 亿元以上。（5）加氢裂化催化剂工业应用试验圆满成功。加氢裂化催化剂（PHC-03）在大庆石化 120 万吨 / 年装置连续平稳运行 30 多个月，顺利通过鉴定验收，与同类催化剂相比，总收率提高 3—4 个百分点，柴油凝点降低 4℃以上，加氢裂化尾油 BMCI 值降低 2 个单位，达到国际先进水平。（6）延迟焦化新技术推广应用取得明显实效。完成 7 套装置推广应用，累计创效 3 亿元以上。其中，辽河石化 100 万吨 / 年装置实现 3 年平稳运行，液收提高 2.98 个百分点，加热炉热效率提高 2 个单位；独山子石化 120 万吨 / 年装置焦化液收提高 2.96 个百分点，能耗降低 5 千克标准油 / 吨；乌鲁木齐石化 120 万吨 / 年装置焦化液收提高 2.18 个百分点，能耗降低 2.95 千克标准油 / 吨。（7）液化气深度脱硫技术在庆阳石化开展工业试验。实现液化气总硫不大于 10 毫克 / 升，MTBE 总硫满足国Ⅴ汽油调和要求；再生碱液质量满足液化气脱硫醇工艺要求，实现了再生碱液的循环利用，大幅度降低废碱液的排放量。（8）2 万吨 / 年己烯 -1 成套技术工业应用开车成功。在 5000 吨 / 年工业试验成功基础上，创新设计催化剂进料新工艺，自主完成了 2 万吨 / 年己烯 -1 成套技术工艺包开发，并用于独山子石化，开车一次成功，催化剂活性、选择性和产品纯度等指标居国内先进水平。（9）聚烯烃催化剂研发应用取得新进展。应用自主研发的聚丙烯催化剂（PSP-01）在抚顺石化完成高刚性薄壁注塑专用料 HPP1850 工业试验开发，产品熔指 50 克 /10 分钟以上，弯曲模量大于 1800 兆帕，完全满足客户需求；气相聚乙烯浆液催化剂（PGE-101）在吉林石化 27.4 万吨 / 年 LLDPE 装置上完成工业应用试验，生产 1.34 万吨产品，催化剂性能达到指标要求，产品性能达到优级品，实现聚乙烯催化剂的新突破。（10）乙烯裂解馏分加氢催化剂研发取得新成果。碳二前脱丙烷前加氢催化剂，完成 2000 小时对比评价试验，具备工业试验条件；乙烯裂解馏分加氢催化剂，在四川石化新建 80 万吨 / 年乙烯装置上应用，开车一次成功；高选择性乙烯装置碳二馏分后加氢催化剂，实现 27 个月以上连续平稳运行，获得企业高度认可。（11）碳一化工和生物能源技术研发进展顺利。完成碳一化工项目“合成气转化制钻井液等高附加值化工产品”的立项，正开展催化剂制备及性能评价研究；航空生物燃料生产技术研发取得可喜进展，加氢脱氧技术基本成功，选择性加氢裂化 / 异构化催化剂及工艺技术开发取得新进展。（12）重整和芳烃催化剂研发应用有序推进。完成连续重整催化剂千克级放大；重整预加氢催化剂在哈尔滨石化 60 万吨 / 年装置实现应用；与辽阳石化签订 25 万吨 / 年对二甲苯装置换剂（二次应用）的协议。另外，完成了低成本 β 沸石制备技术中试放大试验，产品质量达到合同指标要求；高水热稳定低成本介孔 Y 型分子筛材料，在国内外首次实现10立方米反应釜工业放大试验；攻克高活性的SAPO-34分子筛合成技术，进行20升釜规模的放大研究，制备出低成本、高选择性MTO专用催化剂；启动“乙烯齐聚高选择性合成癸烯动力学研究”等14项院级探索性项目，首次开发出高选择性混合癸烯合成PAO技术，主要指标达到国外同类产品水平；自主开发“催化氧化—混凝沉淀”工艺丁苯橡胶废水处理技术，分别在吉林石化、抚顺石化应用，解决企业燃眉之急；桥塞研发取得新进展，具备工业试验条件。

石化院承担的6个国家项目进展顺利。其中，国家科技支撑计划“劣质、重质原油高效转化”项目具备验收条件。按计划全力推进7项重大科技专项的攻关。其中，炼油催化剂、大乙烯两个专项超额完成任务，顺利通过验收；劣质重油（二期）、聚烯烃新产品开发与工业应用两个专项进展顺利。特别是炼油催化剂专项，开发的31个品种催化剂全部实现工业应用，其中13个达到国际先进水平，形成中国石油主要炼油催化剂品种系列，已在111套工业装置上推广应用，累计创效20亿元以上。

【新产品开发】 紧密结合炼化企业生产经营实际开发新产品。在集团公司统一部署下，加强与炼化、销售企业合作，以聚烯烃重大科技专项为抓手，集中力量，突出抓好技术含量高、销量规模大、经济效益好的化工新产品的开发。利用中试装置、自有催化剂，自主开发PERT地暖管专用料DQDN3711、薄壁注塑专用料HPP1850等5个合成树脂新产品和3个合成橡胶新产品；合作开发9个新产品，其中5个产品实现工业生产，完成了石化院全年工作目标。配合企业开发新产品31个，其中聚丙烯11个、聚乙烯12个、合成橡胶8个，占炼化分公司新产品开发总数的58%，为炼化企业化工产品调结构、转方式、提质增效做出了贡献，得到炼化、销售企业的赞扬。

【技术服务】 紧密结合炼化企业生产经营需要做好技术服务。全力为四川石化开工提供技术支持。组织专家技术服务队伍，驻守现场，承担原油评价、乙烯裂解气分析、聚烯烃催化剂和产品性能评价等工作，配合做好裂解汽油加氢装置的开工等，为四川石化开车一次成功做出贡献。结合四川石化生产经营需要，提供原油钙含量分析、渣油加氢装置运行、合成树脂产品配方、合成橡胶产品质量分析等技术服务。发挥人才和技术优势，为企业解决技术难题。为抚顺石化、锦西石化等6家企业提供新产品开发生产方案和工作计划。与化工销售企业一起，走访山东金宇、广东德冠、金发科技公司等多家重点用户，解决抚顺石化丁苯橡胶质量等问题。强化与典型用户的交流合作、联合攻关，解决橡胶硫化等技术难题。开发出高性能“绿色”轮胎，为独山子石化溶聚丁苯橡胶实现年销量近4万吨（同比增长80%）、抚顺石化PERT管材专用料年销量从300多吨增加到3000多吨，提供了有力的技术支持。强化乙烯原料评价、优化裂解炉运行，实现系统内乙烯装置全覆盖。积极为炼化企业项目建设、可行性研究优化提供技术支持。为大连长兴岛项目、中俄东方石化项目等提供汽柴油加氢技术方案；为福建长汀催化剂厂的建设提供可行方案。

【科研基建】 石化院新院区主体工程建设通过验收，多项配套工程完工，建成8万平方米的现代化实验大楼，已具备投用条件。石化院大庆中心加氢催化剂与工艺工程试验基地评价装置达到70多台（套），成为目前国际上最大的加氢技术研究评价基地；具有国内领先水平的兰州中心500吨化工催化剂研发基地建成投用；一大批具有代表性的实验设备、检测仪器采购配备到位。兰州中心科技综合楼I部改造，主体工程已经封顶；大庆中心外排污水管线隐患治理，已顺利完工并投入运行。深化设备管理、计量管理，设备完好率达到98%，为科研开发、技术服务提供坚实保障。

【管理提升】 着力构建管理提升的长效机制。全年制修订《科研开发工作手册》《突发事件应急预案》等19项制度，有力促进各项管理工作的高效合规运行；深入分析方法对标和质量监控，积极开展科研原始记录竞赛活动等，不断夯实科研基础，科研、成果转化及技术服务水平明显提高；档案管理成效突出，获得集团公司A级评价；明确合同审查主体，细化审核内容，合同管理水平进一步提升；QHSE体系顺利通过外部审核，安全环保继续保持良好态势；严控费用支出，全院“五项”费用同比均有大幅下降，其中会议费、业务招待费同比分别下降45%和68%；全体员工养成良好习惯，物品定置摆放和卫生管理水平持续提升；为员工办实事、办好事，发挥“员工同心互助金”作用，及时慰问患病员工及家属、困难员工、离退休老同志，和谐石化院理念深入人心。

【党的建设】 大力加强党的建设、班子建设和队伍建设，初步建立转变作风的常态化机制；落实党委主体责任和纪委监督责任，党风廉政建设和反腐败工作得到加强；以物资采购、外委加工、科研外协等为重点，突出“三重一大”事项，加强专项监督检查，全年没有发生一起违规违纪事件；认真落实石化院党委中心组学习制度，积极开展处级干部专项培训和党支部书记培训，持续巩固党的群众路线教育实践活动成果，落实中央“八项规定”精神及集团公司“二十条要求”，深入查找并整改“四风”问题，各级领导班子自身建设和作风建设不断强化；严格按照程序、标准，选配中层领导干部，群众满意度位居集团公司前列；以集团公司高级技术专家、教授级高级工程师为标志，石化院核心人才数量再创新高，一大批硕士、博士成长为科研骨干，人才队伍素质稳步提升；积极开展“形势、目标、任务、责任”主题教育活动，深入践行《企业文化手册》，员工凝聚力、向心力、战斗力进一步增强。

（姚士文）

中国石油集团经济技术研究院

【概述】 2014年，中国石油集团经济技术研究院（简称经济技术研究院）下设19个二级单位，合同化员工225人。在岗局级领导5人，处级干部45人；集团公司专家2人，院专家16人；合同化员工中硕士、博士132人，占在岗人数60%；教授级高级职称10人，副高级职称84人，共占43%；中级职称77人，占35%。

【重点工作进展】 2014年是经济技术研究院加快改革创新，增强内生动力，全面建设世界水平综合性国际能源公司智库的重要一年。一年来，广大员工团结一致、埋头苦干、勇攀高峰，各项工作成果丰硕、成绩斐然，主要在以下八个方面实现了持续提升。

业务总量继续增长，科研层次持续提升。在紧缩科研投入的大背景下，积极拓展业务领域，改进运作方式，科研总量仍达到2.29亿元，同比增长13%。共承担科研项目136项，包括国家级项目17项，集团公司重大科技专项7项和集团公司级项目80项。参与和组织国家“十三五”行业规划前期重大问题及规划编制、中国油气行业发展战略及政策、丝绸之路经济带战略、中央企业科技创新体系等研究任务。组织开展直接报送中央领导和国安委的中国进口原油与成品油优劣势对比、石油消费与宏观经济关系、天然气市场供求矛盾、乌克兰问题、西方对俄制裁、海外油气资源开发战略等咨询任务，并成为能源局首批16家研究咨询基地之一。参与和组织集团公司“十三五”规划前期、科技规划、南海问题、东方炼油厂、大物流战略、对外合作合同模式等研究工作。受集团公司主要领导安排，代表集团公司参加全国政协人口资源环境分析会、北极前沿会议、中美油气工业论坛等多个重要会议并发言，完成多项领导重要讲话起草和党组中心组学习任务，科研工作层次明显提升。

决策支持能力不断增强，成果质量持续提升。针对国内外重大事件和热点、难点问题及时开展研究，提交的全球能源格局变化、低油价影响、气价调整、财税政策动向、“一带一路”规划、大石油公司海洋油气战略等研究报告获得集团公司领导批示34份，在集团公司周、月、季度会议上提出的俄气进口、LNG产业链优化等多项建议获得领导重视并被采纳应用。四个共建中心紧贴板块，深度融入日常生产经营各个环节，直接参加各类工作会议，深入一线调研，对实际问题及时提供对策建议，工作更具针对性和实用性，为集团公司科学组织生产经营、提高质量效益做出重要贡献。增设天然气市场研究所，首次参与和承担资金部、法律事务部、人事部、企业管理部的研究课题，实现与总部机关部门和板块的全面对接，使经济技术研究院支撑集团公司主营业务发展的科研体系更加完备，集成优质资源的能力更加突出。成果品牌建设取得实质性进展。“中国石油海外油气投资环境与决策支持研究”等分获集团公司科技进步奖一等奖2项、三等奖1项，《国内外油气行业发展报告》等分获能源局二等奖、行业重要奖项4项，22项成果获院级科技奖励，数量和质量明显超过往年。《一周要情》《呈阅件》《专题报告》《石油情报》《能源数据统计》等产品的质量水平进一步提高，收获良好口碑。

积极打造网上研究院，信息化程度持续提升。按照院信息化顶层设计方案安排，油气市场营销实验室如期建成，得到能源局和集团公司好评，海外油气投资环境、发展战略与政策、石油科技研究3个专业实验室建设扎实推进，创新性地开展中国石油经济技术研究实验室建设。世界能源、油气市场等10个数据库和油价、国内油气需求等8个预测模型建成，实现各类数据的统一存储与管理，显著提高定量分析水平和科研工作效率。云计算平台、移动办公系统基本建成，OA系统二期、科研管理系统和人事管理系统投入使用，一体化平台门户、大屏展示系统建设进展顺利，承担集团公司首个大数据项目“基于大数据的全球能源信息系统”，连续第二年获评集团公司信息化优秀团队，可持续发展的基础进一步巩固。

大力推进开门办院，话语权和影响力持续提升。积极举办国内国际高端会议和专业研讨会，国际油气发展论坛、亚洲天然气市场论坛等高端会议的成功召开，得到集团公司领导和业界的高度认可与广泛好评，行业报告发布、全国石油经济学术年会、科技报告发布、十大科技进展评选、技术创新管理、物探、测井、钻井等专业会议已成为品牌，行业报告正式中英文出版。广泛加强与国内外知名机构的交流合作力度，联合中国石化、中国海油共建亚太天然气市场研究中心，与外交学院共建石油地缘政治研究中心，与IHS、工程技术分公司、中国石油报社、石油工业出版社签订战略合作协议，与西气东输公司、运输公司、北京交通大学等开展联合研究。积极走出去、引进来，在外交部、国务院发展研究中心、北京大学等举办的各类高端论坛上发言发声，到BP、壳牌、道达尔、沙特阿美、瑞典国际和平研究所、中国国际问题研究院、中国现代国际关系研究院等知名公司和智库学习交流，深入西南油气田、玉门油田、渤海钻探等生产一线调研，接待美国能源部、雪佛龙、BG、费氏、麦肯锡、汤森路透、哈佛大学等机构61个团组、300多人次的来访交流，行业影响力明显增强，对外交流合作中心地位进一步确立。

着力夯实发展基础，管控水平持续提升。深入贯彻集团公司加强合规管理的工作要求，坚持民主集中制原则，严格执行“三重一大”决策制度和“三控制一规范”要求，制定和修订完善了招标、信息化、外协、公文、内审、规章、预算、绩效考核、专家管理、科技奖励以及资金支出、发票管理、合同收付款等20余项管理制度与流程，加强制度流程的执行和宣贯，加强外协项目、选商、信息资料采购等招标、论证流程的规范运作，依法合规、稳妥处理专利代理历史遗留问题并超额完成工作任务，有效规避潜在风险，维护经济技术研究院合法权益。项目预算符合率、资金计划使用率和税收管理水平显著提高，通过自查自纠和专项稽核加大财务监督力度，内控测试例外事项不断下降，事后合同大幅减少86%，档案评级跃升至B级。认真加强安全维稳保密工作，全年未发生一起事故。

高度重视人才发展，全员素质持续提升。大力培养科研领军人才，向集团公司推荐1名享受政府特殊津贴专家、3名高级技术专家、7名正高职称和8名副高职称专家，向中国石化联合会推荐52名专家，评选出第四届院专家12名，并有多名专家应邀到行业内外授课。推进人才梯队建设，进一步优化调整重点学科为32个，为科学配置资源、强化优势业务设立了基本框架。加大院所两级培训力度，培训数量和质量进一步提高。举办英语口语培训班和青年英语演讲比赛，科技所等业务部门结合工作实际，开展的英语角、模拟国际会议等活动富有成效。组织青年员工防恐培训，完善新员工入职教育和基层锻炼方式。

狠抓创新服务，经营业绩持续提升。各经营公司在严峻的外部市场形势下，进一步转变发展思路，抓机遇、抓质量、抓效益，依法依规清理四级法人等历史遗留问题，经营收入和利润水平均超额完成考核指标。中油联公司紧密结合各用户部门工作需求，全力开展工具模型、管理平台开发工作，已成为经济技术研究院信息化建设主要支持力量。太科公司巩固传统市场，更加融入和服务于经济技术研究院发展，多次圆满承担大型会议会务工作，成为新的业务增长点。评估中心全面完成集团公司重点实验室第一轮次的运行评估，科研成果质量不断提升。物业公司通过法律手段妥善解决各类历史遗留问题，加强内部队伍建设，筑牢发展根基。

继承发扬半个世纪优良传统，广大员工的凝聚力、战斗力持续提升。深入学习党的十八届三中、四中全会和习近平总书记系列重要讲话精神，全年党委中心组共开展专题学习、专家讲座18次。认真落实党的群众路线教育实践活动整改方案，狠抓作风转变，“四风”问题和群众关心的突出问题得到有效解决，“三公”经费大幅下降50%，发文减少12%，行政会议减少10%以上。加强领导班子和干部队伍建设，严格执行选人用人、干部考核制度，任免调整干部13人次，充实了部分单位领导班子，逐级签订党风廉政建设责任书，严格执行“个人事项报告”等相关规定，干部队伍未发生一起违纪违法、违反中央“八项规定”的行为。围绕建院50周年，召开先进事迹报告会，采访老领导，组织离退休老同志和在职干部员工撰写自己的工作生活经历，回顾过去、讲述历史，编辑出版纪念文集《油情往事》、建院50周年纪录片《追梦》和老同志回忆录，策划编印经济技术研究院中英文宣传册、宣传片和大事记等，并首次与石油工业出版社共同举办自编自导自演的联欢会，重温勇于拼搏、无私奉献的历史足迹。整个系列活动既注重节约开支、节俭办事，又形式创新、效果显著，队伍的凝聚力和向心力明显增强。切实加大“三关心”活动和扶贫帮困送温暖力度，院领导多次带头走访慰问，积极落实离退休老同志各项待遇，解决离退休统筹外费用。注重员工身心健康，组织篮球、乒乓球、植树造林、健步走、工间操、瑜伽班等形式多样的比赛和活动，首次在“科研杯”比赛中获得冠军，6家单位被评选为先进基层党组织、28人被评为优秀共产党员和党务工作者，多家单位和个人获集团公司荣誉称号，全院上下爱岗敬业、团结拼搏的文化氛围更加浓厚。

（李　佳）

中国石油集团钻井工程技术研究院

【概述】 中国石油集团钻井工程技术研究院（简称钻井院）于2006年3月组建，2006年9月揭牌，是集团公司直属科研机构，也是人力资源和社会保障部批准的“博士后科研工作站”，国家发改委授予的“油气钻井技术国家工程实验室”。2010年4月，股份公司设立中国石油天然气股份有限公司钻井工程技术研究院，与钻井院合署办公。

钻井院下设6个职能部门、9个研究机构、1个机械制造厂、1个公司。截至2014年底，有员工1143人，从事专业技术工作人员357人。其中，中国工程院院士1人，10名集团公司高级技术专家，32名教授级高级工程师。本科以上学历人员占63%，中级职称以上人员占45%。

【发展定位及特色技术】 钻井院发展定位是集团公司钻井技术参谋部，钻井高新技术研发中心，国内和海外钻井生产技术支持与服务中心，钻井高新技术产业化基地。

主要从事钻井共性、特色、关键、储备技术和钻井新装备、新工具、新仪器和软件的研发；开展钻井技术的集成、配套；为集团公司提供钻井工程技术决策和国内及海外钻井业务技术支持与服务；负责对地区公司钻井研究院所的业务指导和协助特色技术的研究。已经掌握和正在研发精细控压钻井技术、煤层气远距离穿针技术、连续管技术与装备、新型钻机研制、大温差水泥浆体系、钻井液新技术与新产品、近钻头地质导向钻井系统、电磁波随钻测量系统（EM-MWD）、膨胀管定位分支井技术、储气（油）库建设工程技术、PE筛管完井技术、钻井工程设计和工艺软件、膨胀式尾管悬挂技术、固井自膨胀封隔器、钻井装备与工具等15项特色技术。在钻井技术研究和服务方面具有雄厚的实力和丰富的经验。先后承担国家科技攻关项目29项，省部级科技攻关项目260余项，获国家科技攻关成果奖7项，省、部级科技奖励42项，获得授权发明专利共425项，其中国家发明专利170余项，实用新型专利255项。

【科技攻关】 2014年，钻井院承担纵向科研课题85项，其中国家级课题22项。获得省部级以上科技奖励13项，其中国家科技进步奖二等奖1项，集团公司科技进步奖一等奖1项；获得国家专利授权33件，其中发明专利13件；完成标准的制修订23项；申报自主创新产品4项，出版技术专著2部，发表各类科技论文149篇，其中在国际上发表10篇。以国家和集团公司项目为重点，9项技术研究取得科研成果。

在控压钻井装置的完善与推广应用方面。PCDS-Ⅰ在塔中地区现场应用中，创造了垂深超6000米、完钻井深8008米的世界最深水平井纪录；新研制的双通道PCDS-Ⅱ完成1口井的现场试验和1口井技术服务，具备开拓更广泛市场的能力；完成单通道控压钻井装备PCDS-S的设计与硬件加工组装；形成海洋控压钻井框架设计方案。

四单根立柱钻机研制与试验。针对塔里木山前地区钻井施工事故多发、周期长等难题，创新研制了4单根立柱钻机，配备66米的超高井架，首次实现“4单根立柱钻井施工”，并已应用于塔里木库车山前大北305井，施工进度快于邻井。初步试验表明，7500米左右深井可节省起下钻时间约25天，经济效益显著。

连续管钻井技术与装备的研制。解决连续管钻机与修井机协同完成开窗侧钻的施工工艺、电缆注入装置的电缆动密封及螺旋排列送入机构等5项关键技术。完成2口井的现场试验，为连续管钻井技术的发展打下良好基础。

油基钻井液研究与试验。成功研制并工业化生产全套油基钻井液处理剂，包括有机土、主辅乳化剂、润湿剂、提切剂、降滤失剂和纳米封堵剂等。形成密度范围0.9—2.5克/厘米^{3}的柴油基和白油基钻井液体系配方，在复杂深井和页岩气井推广应用14口井，井壁稳定，钻井复杂与事故时率减少 80% 以上，平均钻井月速度提高 30% 以上。气制油合成基钻井液首次在海外项目进行技术服务，配合控压钻井技术成功实现勘探重大发现。

高温大温差固井与储气库固井技术推广应用。解决低密度水泥浆温差超过 80 摄氏度下超缓凝、储气库固井质量难以保证、盐穴储气库固井质量差和复杂井眼条件下固井冲洗、顶替效率低等难题，形成高温大温差水泥浆体系、盐穴储气库固井工艺技术、与大温差水泥浆及韧性膨胀水泥浆配套的高效冲洗隔离液体系等 4 套技术，累计应用 60 余井次。

高速大容量井下信息传输技术研究。解决包括滑环式旋转接头设计、同轴电缆传输的磁耦合技术、磁耦合旋转短节设计等 23 项关键技术；完成双绞线通信技术的室内功能试验和同轴电缆传输的现场试验；形成高速大容量井下信息传输技术与部分样机，开创我国在井下高速信息传输通道上的先河。

在基于顶驱的扭摆减阻技术研发方面。突破 1 项机理研究、形成 1 项新技术，研制出基于顶驱的扭摆滑动钻进控制系统，在四川地区现场成功应用 8 井次，平均机械钻速提高 30% 以上。

在钻井工程软件完善升级与推广应用方面。进行大量的单元测试和周期性系统功能测试，发现并解决软件存在的缺陷 400 多个，形成稳定版本；在辽河、新疆、大港、大庆、西南等油气田以及昭通页岩气、来凤—咸丰页岩气等区块推广应用。

在页岩气钻完井技术支持方面。成立专家组提供页岩气现场技术支持，针对页岩气钻井瓶颈技术开展攻关研究，解决多项生产技术难题，使长宁、威远地区页岩气钻完井周期大幅度缩短，井下复杂事故大幅度减少，试气产量好于预期。与西南油气田签订战略合作协议，为加快科技创新合作和科研成果转化提供重要保障。

【参谋支持】 围绕总部机关和专业公司需求，做好参谋支持服务，在战略规划、决策参谋、现场科研攻关和技术支持等方面扎实开展工作。完成各类规划和战略性研究项目 36 项；围绕集团公司致密油、页岩气等重点工程，开展提速提效对标与潜力分析。

在资质和队伍管理方面，配合相关部门完成 375 家企业、2730 支队伍资质审核，发放资质证书 2491 套，建立起工程技术装备管理标准体系。

在海外钻完井技术支持方面，中国石油勘探公司不断加强新技术、新产品在海外勘探开发中的推广应用；协助建立海外油气工程技术服务队伍和设备资质库，编制海外钻井图册和钻井设计手册。协助完成阿布扎比区块投标技术支持文件，为中国石油海外项目成功中标发挥重要作用。

【成果转化】 积极发挥全院产研一体化优势，加快成熟产品更新换代、新技术推广应用和新成果产业转化，实现产业工作良性发展。

立足科研优势，积极培育新的产业项目。连续管技术，开发形成系列作业工具和工艺，广泛推广应用并取得良好经济效益，也为进一步深化现场技术合作奠定了基础。顶驱下套管装置，完成 4 项技术及质量改进，成功销售 6 套，完成现场作业 1 井次。CGDS 近钻头地质导向钻井系统，全年施工 5 口井。膨胀管技术，新增 24 套尾管悬挂器销往哈萨克斯坦，完成 2 口井的侧钻井膨胀管完井技术服务。在经营形势总体趋紧的情况下，全院技术支持服务和新技术产品推广收入达到 4.3 亿元，“技术服务 + 产品销售”的产业化推广模式得到进一步发展，科技创新创效能力不断增强。

持续创新改进，保持传统产品持续发展。继续加强顶驱装置、螺杆钻具等传统产品的研发改进和推广应用。通过持续加强技术革新和管理提升，在顶驱智能钻井技术、海洋顶驱专用技术、大庆致密油项目 DQ40BSG 新型顶驱等方面实现新的突破；采用为壳牌反承包项目开发使用的新技术，实现顶驱智能化改造；针对非常规油气市场以及小型、老旧钻机配套顶驱的市场需求，研制出适用于大庆致密气开发的个性化顶驱产品；DQ70BSD 顶驱装置还首次成功在南海区域海洋 935 平台使用，标志着钻井院顶驱产品在海洋领域的进一步拓展。坚持“控制装备质量，保障装备安全”的服务宗旨，完成钻修井设备及配件的评估检测 900 台（套），检测市场基本覆盖中国石油国内 15 个油气田，单项创收达 1950 万元，创历史新高；完成钻机、修井机第三方检查验收 20 台（套），服务市场逐步向海外拓展；完成各类委托监理业务 130 余项。

加强市场推广，积极拓展国内国外市场。积极调整发展思路，大力拓展海外市场。不断加强与阿联酋 Well Drill Energy 公司、伊拉克 Shammery 公司、苏丹 Great Sea 公司、中国石油勘探开发公司哈法亚项目、中国石化国际石油工程有限公司、长城格兰特公司等单位的沟通与协作，为钻井院快速进入国际市场打下良好基础。积极宣传推广各类新技术、新产品，不断拓展尼日利亚、克罗地亚、俄罗斯和土库曼斯坦等外部市场，实现产业工作的健康持续发展。

【科技保障】 继续加强试验条件和人才队伍建设，积极开展内外部合作交流，为科研发展提供良好的条件保障。

加强人才队伍建设，不断提升人力资源保障。坚持人才强院战略，积极争取有利于发展的政策支持。加强专家队伍建设，协助集团公司做好高级技术专家的年度考核和增补岗位设置及选聘工作，新增补聘任 6 名高级技术专家，钻井院在聘的集团公司级高级技术专家达到 14 名。与中国石油大学（北京）联合创办“北京工程师学院”，成为全国 28 个首批示范性工程专业学位研究生联合培养基地，为进一步加强“产学研”合作，促进人才培养发挥积极作用。钻井院成为集团公司首批开展专业技术岗位序列试点的三家单位之一，务实高效地完成了专业技术岗位序列首次聘任工作。

加强实验平台建设，不断增强科学研究能力。完成实验室搬迁并及时投入正常研究工作。组织开展油气钻井技术国家实验室建设与运行情况检查。组织召开国家工程实验室、集团公司钻井工程重点实验室、试验基地学术（技术）委员会年度会议，开展“非常规油气钻井基础理论研究与前沿技术开发新进展”研讨。修改完善《钻井工程重点实验室运行管理办法》等 8 项制度规范。

加强信息系统建设，不断优化科研决策手段。加强管理创新，持续提升信息安全保障能力，努力构建决策科学高效的信息系统，围绕信息规划、科技园区信息化建设、门户网站完善和信息安全保障等做好信息化工作，实现信息的统一发布和综合查询，全天候地保证全院信息安全及设备的正常运行维护，保障各项科研工作的有序开展。

集团公司工程技术远程作业支持中心在钻井院顺利建成并成功上线，实现工程技术井筒业务和信息化的融合，更好地发挥钻井院及相关单位专家资源与技术人员靠前支持，提升集团公司工程技术服务与保障能力。启动科研与事业单位 ERP 应用集成项目，推动 ERP 与 FMIS 的深度融合，业务与财务的一体化程度显著提高。

加强内外合作交流，不断活跃科研创新氛围。加强战略合作，先后与浙江油田和西南油气田建立战略合作关系，与长城钻探公司、川庆钻探公司、渤海钻探公司、中原钻井公司以及斯伦贝谢公司建立合作关系。加强学术交流，组织各类大型技术研讨与交流活动 12 次，包括原“863”近海油气勘探开发“十三五”规划研讨会、深井超深井钻完井技术研讨会、连续管作业技术与装备交流会和连续管钻井技术研讨会等，组织参加第十四届石油钻井院所长会议。举办各种学术交流和报告会 11 场，邀请院内外多名集团公司高级技术专家做了 9 个专题的科技讲座。先后接待 110 余人次来院参观交流，包括挪威獾式钻探器公司等国外代表团、国家科技部“863”领域专家和科研人员等。

【合规管理】 严格落实“三控制一规范”制度，在人事任免及领导班子、领导人员考核和用工审批等重大事项上，严格执行相关制度；建立院领导安全联系点制度，实施领导个人行为计划；推进全面预算管理，优化管理机制，管理会计职能初步显现；组织开展质量体系内审、顾客满意度调查和外部管理评审；严格执行保密工作程序，开展宣传教育，不断增强全员保密意识。

【党建工作】 以党的群众路线教育实践活动和集团公司巡视检查整改落实为重点，围绕全院中心工作，不断加强党的建设、班子建设、队伍建设和作风建设，为科研生产提供重要保障。围绕科研生产重点工作，加强内外部宣传，在院网主页上刊载信息 1100 余篇，向集团公司报送信息 12 篇，在集团公司内参上发布信息 4 条，在《中国石油报》《石油政工研究》和《石油机械》杂志上发表专题报道 9 篇，发挥积极的宣传推介作用。

（王盼盼）

中国石油集团安全环保技术研究院

【概述】 中国石油集团安全环保技术研究院（简称安全环保院）是集团公司直属科研机构，是中国石油安全环保战略决策的参谋部，是集团公司、股份公司安全环保技术研究中心、HSE 信息中心、安全环保技术服务中心。

安全环保院共设 5 个机关职能部门、10 个研究所（中心）和 1 个分院。主要承担安全环保政策法规、战略规划和标准规范研究，HSE 管理体系研究，专项治理工程技术论证和重大项目安全环保技术评估，重大新建和并购项目 HSE 体系技术支持，应急技术研究，为应急管理和事故调查分析提供技术支持，基础、超前、共性和重大安全环保技术攻关、应用技术研究和新技术推广，HSE信息管理、对外交流与服务，HSE评价、审核、认证、咨询等技术服务。

2014年，共有员工377人，其中集团公司高级技术专家14人，博士、硕士研究生130人，大学本科213人，本科以上学历占90%；教授级高级工程师10人，高级职称人员124人，高级以上人员占33%，中级职称人员120人，占32%。

安全环保院全面完成考核指标。全年共承担技术研究、技术支持和技术服务项目203项。完成A类成果23项，获得国家部委、行业协会和集团公司科技成果奖励8项，获得发明专利授权5项、软件著作权登记3件，制定行业标准3项，制定企业标准13项，撰写发表学术论文110篇。实现“零事故、零伤害、零污染”的管理目标，被评为集团公司安全生产先进单位和环境保护先进单位。

【技术研究】 加强科研攻关力度，科技创新能力进一步增强。

1. 安全环保技术发展蓝图基本成型

初步编制完成《中国石油安全环保技术发展战略研究报告》；初步完成安全环保院HSE技术树建设，包括3大技术领域、9项主体技术、27个技术系列。

2. 低碳重大科技专项研究稳步推进

围绕“节能与提效、减排与废物资源化、低碳战略与标准”三大领域开展攻关研究，取得理论技术突破，攻克30项关键技术，创新集成10项成套技术体系，研制新产品、新装备48项，提出中国石油低碳发展战略和三大配套标准规范系列框架，取得6个方面创新成果。

3. 安全环保关键技术研究与推广项目顺利实施

该项目通过“十二五”前三年运行验收和后两年立项审批，实现滚动研究目标。项目上游部分在6项技术方面取得进展和突破，编制标准规范21项、申请专利28项、研制样机10套、开发软件8套、发表论文52篇；下游部分取得5个方面主要成果，形成专利12项，开发软件3套。

4. 钻井废弃物无害化处理及资源化示范工程项目已获批复

5个示范工程正在按计划推进实施，配套的专项研究课题已获勘探板块、工程技术板块和科技管理部同意，通过科研途径立项。

5. 国家科技支撑项目、国家安全生产监督管理总局研究课题完成阶段研究任务

“千万吨级大型炼化工业园区污水与污泥高效利用技术及集成示范”项目通过国家科技部组织的阶段检查；“重点行业温室气体减排的综合评价体系及共性评价方法研究”项目已基本完成，等待验收；国家安全生产监督管理总局“井喷（失控）有毒气体扩散情景构建”课题通过验收；“石油天然气管道重大事故机理研究”“石油天然气管道安全普查及规划技术研究”项目进展顺利。

6. 其他研究项目

“社会安全脆弱性评估技术规范研究”项目已通过验收，将发布实施；污染土壤原位修复技术成功在吉林油田“松原采气厂污染土壤修复项目”应用；“水域溢油应急处置关键技术研究”等课题也取得阶段成果。

【技术支持】

1. 充分发挥直属科研院所顶层设计主导作用

牵头组织编制集团公司“十三五”安全环保与节能专项科技发展规划和业务规划；积极发挥集团公司污染减排核查核算中心作用，全面完成污染减排核算数据有效率90%的目标；编制《中国石油安全环保技术发展战略研究报告》；完成国家应急指挥中心《生产经营单位安全生产事故应急预案评审规范》行业标准；组织编写《安全评价报告编写规范》《安全评价过程控制规范》等两项国家安全生产标准；参加第三届CCS国际标准技术委员会（ISO/TC265）年会，以中国专家身份起草《CO_2地质封存量化核查标准》，实现国际标准编制零的突破。

2. 持续为集团公司HSE管理制度的完善提供有力支持

完成集团公司《安全环保事故隐患管理办法》《应急管理办法》《员工安全环保履职考评管理办法》等一批制度的编制工作；完成新“两书一表”推广应用模板和编制指南。

3. 集团公司环境监测总站、环境应急监测中心和污染源在线监控中心顺利建成并发挥作用

完成《集团公司2014年度环保重点技术支持工作实施方案》的制订；数采仪安装率达100%，污染源自动监控数据有效传输率为85%；组织8个区域环境应急监测中心开展应急演练，为集团公司做好环境统计，参与集团公司污染事故的现场调查、监测，以及“四不两直”环保现场检查工作；APEC会议期间，对京津冀地区加油站、储油库油气回收设施现场

认真开展检查。

4. 完成集团公司 HSE 信息系统（2.0）和应急管理系统（2.0）年度建设任务

完成 HSE 信息系统（2.0）建设的项目系统构建和软件开发任务，对 9 家企业进行试点，对 107 家企业进行关键用户培训，完成 32 家企业现场支持和新系统切换上线。应急管理系统建设项目完成系统推广实施，已覆盖 109 家企业及其二级单位，整合企业应急指挥场所 79 个，接入工业视频 4800 多路。

5. 全力为业务板块提供支持，成效显著

高度重视对勘探与生产分公司技术支持工作，以北京工作站为突破口，加大沟通协调力度，新增专项 35 个；为天然气与管道分公司应急演练、溢油应急处置关键技术研习会等提供支持；完成炼油与化工分公司“一岗双责”编制和事故事件的收集整理、统计分类等工作。

6. 切实履行集团公司生产安全事故调查中心职能

参加集团公司所属企业事故现场调查工作 19 次；参加集团公司事故调查分析会 13 次；协助安全环保与节能部完成 2014 年度生产安全事故和交通事故案例片的制作；做好事故统计分析工作。

7. 认真做好防雷防静电检查检测和评估

完成油气田企业 544 座大型油罐检查检测，共发现 2322 点（处）不合格。完成炼化企业 13 套生产装置、90 座油罐、18 座液化气球罐、10 座泵房、5 座栈台防雷防静电现场检查检测评估工作，发现 27 种类型问题，查找存在原因，提出整改建议。

8. 海外业务支持工作不断拓展和深入

举办海外防恐培训 230 期，15000 多人次；完成伊拉克、苏丹等多国安全预警与安全提示；完成海外防恐信息专题分析，提供海外社会安全形势周报 40 期；“中国石油 HSSE 管理与技术中心”业务顺利启动；完成中油国际乍得公司环保事件现场技术支持工作。

【技术服务】

1. 精心组织国家重大建设项目 HSE 评价工作，保证项目顺利进行

先后完成中俄原油管道二线、西气东输三线中段、中亚天然气管道 D 线（境内段）、陕京四线输气管道工程环境影响评价、安全评价和职业病危害评价等 15 项评价项目。其中，西气东输三线中段管道工程全长 2732 千米，项目组人员现场踏勘 11 次，累计行程 3 万多千米，筛查环境敏感点 110 个，公共参与人数达 2600 人次，最终顺利通过专家审查，获得国家环境保护部批复。

2. 严密组织 HSE 认证审核业务，市场不断扩大

在认证评定管理方面，严把审核项目验收、认证决定、制证颁证等关口，完成 386 家企业认证；在审核调度和运行控制方面，全年组织完成审核项目 517 家（次），完成 HSE 体系和能源管理体系转换文审 355 家（次）；积极开拓市场，认证审核业务开发新企业 55 家。认证中心连续 5 年获得“国家认证认可监督管理委员会 A 类认证机构”称号。

3.HSE 咨询项目有序推进

大庆石化项目以转变安全管理理念、推广风险管理工具方法应用为重点，以落实直线责任、提升安全能力、强化“三基”工作为切入点，重点加强 HSE 培训宣贯，强化现场风险防控，指导完善 HSE 管理制度；云南石化项目重点规范承包商管理和运行准备，控制施工风险并提高安全运营能力，指导完善岗位安全责任制，开发各层级的 HSE 培训矩阵，将体系审核与日常管理有机融合。

4. HAZOP 分析和 SIL 分析工作呈现亮点

完成抚顺石化、西南油气田等 6 家单位 18 套装置的危险性和可操作性（HAZOP）分析。首次将安全完整性等级（SIL）分析技术应用于西南油气田的两个技术服务项目中，为今后在炼化企业推行安全联锁仪表（SIS）系统的 SIL 分析奠定良好基础。

5. 认真推进企业安全生产标准化一级达标评审工作

完成大庆油田、辽河油田、新疆油田、渤海钻探等单位下属 65 家企业的安全生产标准化的评审工作，其中 60 家企业的评审材料顺利通过中国职业安全健康协会审查。

6. 成果转化和产业化推广初见成效

含油污泥处理工程在冀东油田和华北油田顺利投产，取得较好效果。在此基础上进行优化和升级，改进后的工艺设备具有系统运行更稳定、处理成本更低等特点，新工程即将在吐哈油田投产运行。

【党建工作】

1. 落实“两个责任”，党风廉政建设得到加强

邀请集团公司党组纪检组专家开展党风廉政建设专题讲座；落实好“一岗双责”，逐级签订《党风廉政建设责任书》224 份次；对违反财经纪律人员及时处理，对提拔任用干部进行廉政谈话；组织 30 名处级干部到反腐倡廉教育基地接受警示教育，让党员干部受警醒、明底线、知敬畏。

2. 巩固教育实践活动成果，培育良好作风

深入贯彻落实中央“八项规定”和集团公司“二十条要求”。对副总工程师办公室超标面积进行整

改，全部达到要求；会议费、办公经费同比分别下降60%和56%；机关各部门积极转变作风，自觉公布服务承诺，主动接受大家监督。

3. 加强领导班子和干部队伍建设，营造风清气正氛围

组织15次党委中心组（扩大）学习，深入学习习近平总书记系列重要讲话精神以及法律法规、管理体系；认真组织召开领导班子民主生活会，发扬民主、开门纳谏，严肃开展批评与自我批评，剖析根源，抓好整改；坚持正确用人导向，加大干部交流力度，先后两次对处级干部队伍进行充实调整，逐步调优配强处级领导班子，提拔使用处级干部4人，平级使用21人。

4. 围绕中心工作，思想政治工作全面加强

充分发挥党政工团组织作用，开展“石油魂·中国梦”学习活动；加强民主管理，全面落实职工提案，审议6项涉及职工利益的重大制度；慰问帮扶困难职工68名，组织各类文体活动23项；安全环保技术研究所“低碳技术攻关团队”被评为“集团公司青年文明号”；进一步加强退休职工管理中心建设。

5. 加强党员党性修养教育，党组织建设和党员队伍管理取得新成效

健全基层党组织建设，调整设立13个党支部和1个党总支；健全安全环保院纪律检查委员会，落实明确各单位的兼职纪检干部，强化纪委监督责任；组织开展庆祝建党93周年答题活动和迎“七一”党建知识专题讲座，邀请专家讲党课；针对中央新修订的党员发展条例组织开展党员发展工作知识讲座；有2个基层党支部获得集团公司党组和直属党委先进基层党组织荣誉称号；3人被评为集团公司党组和直属党委优秀共产党员和优秀党务工作者。

【管理提升】 全年修订完善管理制度136项，制度建设取得较大进步；加强科研管理，突出副总工程师技术把关作用，突出技术质量提升和全过程控制；实现财务集中管理，积极开展挖潜增效活动，成本费用得到有效控制；优化考核与薪酬分配机制，改进绩效考核方式；加大培训力度，强化培训效果，举办或参加各类培训共1100多人次，人才队伍建设取得新成效；加强审计工作力度，积极开展离任审计和科研项目审计，为安全环保院健康发展提供保障；集中物资采购和招标管理，降低项目成本，有效节省费用支出；狠抓安全管理，切实明确责任主体，组织全院上下层层签订责任书和承诺书；总结梳理“S+I”（“S”指实验室安全、办公楼消防安全、交通安全、现场踏勘安全、社会安全、“I”指员工的个人安全）院级风险，并积极采取控制、防范措施，及时部署安全工作，扎实开展“安全生产月”“打非治违”等专项活动；组织开展Q/HSE体系内审和管理评审，认真修订体系文件，整改不合格项，确保体系运行有效。

（郑良杰　张译之）

中国石油集团石油管工程技术研究院

【概述】 中国石油集团石油管工程技术研究院（简称管研院，英文缩写TGRI）成立于1981年，是中国石油直属科研机构，也是国内石油行业在石油管工程技术领域唯一集科学研究、质量监督、技术服务为一体的综合性技术中心与核心科研机构。管研院承担着国家及中国石油重大专项、应用基础研究和技术开发项目等科研任务。研究方向包括输送管与高性能管线钢、油井管与管柱力学、管道安全评价与风险评估、石油管腐蚀与防护、非金属及复合材料等，还承担着石油管工程标准化、石油管材的质量检验和评价、石油管及装备的失效分析、石油管材的研究开发及驻厂监造、石油管道及压力容器的检测与安全评价、石油工业防腐设计和防腐工程、石油管工程技术咨询等质量技术监督和工程技术服务工作。

管研院下设6个职能部门，9个直属机构（包括6个研究所，测试及试验中心，秦皇岛实验室，矿区事业管理部）以及2个子公司。有中国工程院院士1人，国家及省部级专家22人，副高级及以上职称88人，博士41人，硕士以上学历人员占全院职工总数的73%，拥有国内外先进的试验仪器设备500多台(套)。管研院还是国家石油管材质量监督检验中心挂靠单位，拥有国际、国家、石油行业授予的质量、计量、安全、标准等方面的权威资质和授权22项。

2014年，管研院科研成果丰硕，综合实力显著增强，管理水平不断提升，人才队伍优势凸显，科研实验装备更加配套，核心技术体系日趋完善，经济指标良性增长，特别是在整体市场环境不利的情况下，全年实现收入2.73亿元，同比增长11%。

【科技成果】 2014年，管研院获得授权专利32项（其中发明专利21项），省部级科技奖励14项，其中

"我国油气战略通道建设与运行关键技术"获得国家科技进步奖一等奖；在核心刊物和国内外重要学术会议上发表论文219篇；制定修订国家、行业和企业标准34项（其中国家标准4项）。

1. 输送管与管线领域

建立高强度管线钢工程安全临界壁厚确定方法、土壤应力腐蚀开裂的半定量风险评估方法和完整性评价方法以及高强度管道应变极限预测方法；高强度管道应变预测技术成功应用于西气东输三线、中亚天然气管道D线等管道工程的大变形钢管应变能力评价和技术条件的制订；开发出抗硫非金属复合管新产品，在塔里木油田试用，填补了国内空白；结合抗硫非金属管现场应用情况，编制产品设计、质量评定等相关标准，进而形成系列化产品，为油田地面的应用提供技术支持。"第三代大输量天然气管道工程关键技术研究"重大专项方面，建立X100钢管全尺寸气体爆破试验数据库；改进高压输气管道止裂预测模型；制订X90/X100管道全尺寸气体爆破试验方案并成功实施X90钢管单管止裂器爆破试验；完成X90/X100管材的应力应变行为、屈强比、应变时效、微观组织等研究工作；完成8项X90/X100管材技术标准的制定；建立X90/X100管材综合质量评价方法；完成不同厂家试制的、不同规格的23种X90/X100管材综合质量评价工作。

2. 油井管与管柱领域

研究揭示"三超"气井、页岩气井、稠油热采井、储气库井油套管柱的失效机理，建立热采井基于应变的套管柱设计方法、管材性能指标体系、螺纹连接及适用性评价方法；形成"三超"气井油套管柱可靠性设计与完整性评价技术；制定"油气井管柱完整性管理"石油天然气行业标准，开发"油套管柱可靠性设计和完整性评价系统软件"和"'三高'气井套管柱强度设计软件"和"酸性气井套管柱强度设计软件"；完善高温、高压气井管柱腐蚀行为及完整性评价技术；完善深井、超深井钻具疲劳性能及寿命评估技术，形成深井、超深井钻具疲劳寿命试验评估方法；针对超深、高温、高压、严酷腐蚀气井管柱完整性世界级难题，提出"三超"气井油管材料、结构选用及适用性评价方法，研究开发专用缓蚀剂，制定4项技术标准，为国家重点油气田油井管使用安全提供技术支持。

3. 炼化石油管领域

针对炼化企业面临的换热器管束腐蚀及其他损伤失效问题展开研究，确立典型炼油装置换热器管束腐蚀失效类型和典型换热管束腐蚀主控因素；建立典型换热管束腐蚀速率预测模型、典型换热器管束无损检测技术和换热管损伤型缺陷剩余强度评价方法；开发换热器管束剩余强度评价、剩余寿命预测软件；应用数据库及网络开发技术，设计开发出基于三维视图的腐蚀数据分析系统，实现基于三维结构的设备信息管理、腐蚀数据管理以及基于网络共享的腐蚀案例检索、腐蚀分析和标准检索功能，为换热器腐蚀管理与防护提供数据信息、腐蚀相关分析提供支持；完成加氢装置部分换热器的完整性评价，并进行腐蚀速率预测模型的应用。

4. 海洋管领域

承担两项国家"863"课题，即"深海高压油气输送用高强厚壁管材关键技术研究"及"海洋深水非金属材料复合管研制"，编制《海底输送管道用焊管通用技术条件》，设计海洋深水非金属管结构，完成内衬材料的基本性能试验，并通过国家科技部组织的阶段检查；申报国家科技支撑计划"海底油气开采用特殊钢材料产业化技术开发"项目并成功立项。

【质量监督】 国家石油管材质量监督检验中心全面开展质量监督抽查和压力管道制造许可型式试验及评审工作，全年完成集团公司57个批次的质量监督抽检任务，40家生产企业的型式试验和制造许可评审；完成35家生产企业、8个类别、61个批次的产品监督抽查任务，确保石油管质量和使用的安全可靠；完成塔里木油田、长城钻探、山西风雷钻具有限公司等产品委托检验任务，抽检套管、油管、钻铤、加重钻杆、摩擦焊钻杆、输送管、钢丝绳及螺纹脂等30余批次；全年组织35人次参加涉及技术检测能力、试验标准、特种设备制造许可、质量体系等多层次培训。国家石油管材质量监督检验中心不断健全管理体系，建立完整的收样、立项、机加、试验、报告闭环式管理机制；坚持"独立性、公正性、科学性"，客户满意度达到95%。

【实验室建设】 持续完善基础条件平台体系建设，实施并完成新院区3号、4号实验室布局调整及环境整治，完成实验室防暑降温项目，改善实验条件；螺纹检测与校准实验室顺利搬迁；完成2500吨复合加载试验系统、300吨钢丝绳拉伸试验机、IAC螺纹综合测量仪等重点设备的安装调试并顺利投入使用，尤其是引进的国内首台可以进行高温外压试验的2500吨复合加载试验系统，标志着管研院大吨位复合载荷试验能力跃升至国际先进水平。

持续提升实验能力，全年申报参加15项能力验证活动并全部通过；"聚乙烯（PE）管材与管件、金属增强型PE复合管材、PE原料”压力管道型式试验项目增项认证获得国家质量监督检验检疫总局批准发证；集团公司石油管工程重点实验室有序运行，石油管材及装备材料服役行为与结构安全国家重点实验室的申请工作正式启动，陕西省石油管材及装备材料服役行为与结构安全重点实验室成立理事会、学术委员会，并成功召开第一届联席会议；非金属管材型式试验机构获国家质量监督检验检疫总局授权。

秦皇岛实验室运行良好，通过中国合格评定国家认可委员会（CNAS）8项实验能力验证，承担的评价试验、抽检及型式试验检测工作均顺利完成，试验能力进一步提升。

【标准化工作】 着力开展国际标准化工作。组织ISO/API标准投票，完成投票项目27项，投票率100%，提交投票意见34条；积极开展国际标准科研项目申报工作，编制完成国家质检领域公益性科研专项建议书，并上报国家科技部；组建油井管国际标准化工作组，起草并落实筹备方案；创新标准咨询与服务模式，申报5L、5CT和5B三个石油管核心标准项目培训机构，并获API授权。

全力组织标准制定、修订工作。完成34项标准（其中国际标准4项）的制定、修订工作和16项标准的复审工作。开展标准体系优化研究，编制完成体系优化研究报告；举办输送管、油井管标准宣贯会，宣贯行业标准14项。

《石油管材与仪器》期刊已获得集团公司批复，通过陕西省期刊主管部门的审查，并已上报国家新闻出版总署审批。

【技术服务】 调整机构设置及人员编制，西部研究所独立运行，进一步提升西部技术服务能力；油井管监造业务由三环公司转入隆盛公司，推进两个公司的科学化、专业化运作；强化内部管理，实施项目制运作模式，完善项目管理框架和配套制度体系；坚持提供系统配套的技术咨询及支持，实现监理业务向技术咨询和支持服务两端延伸，初步构建完整的业务链条。

认真研判市场形势、制定发展策略，油气储运及管道设备监理甲级资格顺利换证，成功获得国家质量监督检验检疫总局颁发的油气井管柱设备监理甲级资格；成功中标集团公司油井管集中监造等项目；加大市场开拓力度，全年签订监造和技术服务合同232项，隆盛公司收入首次突破亿元大关。

技术咨询及服务工作不断加强，收入达到工程技术板块总体收入的10%；化工产品销售发展加快，缓蚀剂年销量达到150吨，同比增长31.6%；螺纹脂成功入围中国石化全球供应商；新产品转化取得显著成效，合作企业数量增加，成果转化与技术服务已成为新的业务增长点。

【对外合作与交流】 国际合作方面，与加拿大CFER公司签订技术合作备忘录；创建国际会议网站并发布会议信息，加强会议宣传，提升国际知名度；与美国石油学会（API）联合举办“油气井管柱与管材国际会议（2014）”，这是美国石油学会与中国地区公司首次联合举办的高水平学术交流会议。2014年，国外专家来管研院进行技术交流达20余人次，管研院技术人员到国外参加学术会议、技术交流及合作研究达30余人次。

国内合作方面，不断加强与国内油气田生产及装备制造企业的科技合作，与塔里木油田、西南油气田、管道局、西气东输管道公司、西部管道、川庆钻探、渤海装备等企业进行交流，并与多家单位签订战略联盟合作协议。

【管理提升】 邀请英国焊接研究所（TWI）专家到管研院，围绕绩效管理、财务管理、项目管理、实验室管理等课题进行交流培训，通过引进、消化、吸收国际先进科研机构的管理经验，丰富和完善管理实践；实施院级软科学项目，研究解决管理实际问题，取得阶段性成果；全面修订和完善规章制度，形成包含178项制度的管理体系，并汇编印刷，组织员工学习；优化管控模式，研究建立科研项目全过程动态管理模式及基于全成本核算的绩效评价指标体系，开发“科技项目动态管理”“全成本核算”等管理软件；财务信息系统统一界面搭建成功，正式上线，实现财务管理相关系统用户的集中管理与唯一性管理；加强合同管理，推行合同文本标准化，强化合同审查力度和广度，降低经营风险；逐步完善质量管理体系文件，工作质量稳步提高；进一步完善动态考核机制，细化动态考核指标，推进考核工作科学化；实施周检查管理制度，工作、生活环境明显改善；加大督办工作力度，强化对重点工作的跟踪、检查。

【班子与队伍建设】 深化“四好”领导班子建设，提升引领发展能力。结合领导班子的补充、调整，进一步明确班子的分工、责任落实；制定党委中心组学习制度，下发《2014年度党委中心组学习计划》并如期完成，提升班子的引领科学发展能力；进一步完善议事规则，贯彻执行民主集中制，落实“三重一大”决策制度，重大问题集体研究、会议决定；明确领导班子成员工作联系点，领导带头深入一线开展调研；定期不定期召开班子民主生活会、务虚会，及时查找自身不足并相互开展批评和自我批评，班子团结、协作、相互了解和支持的氛围进一步增强。

注重人才队伍建设，不断提升综合素质和能力。全年新增享受国务院特殊津贴专家2名、“国家百千万人才”1名、集团公司高级技术专家6名；认真开展培训工作，配合集团公司组织开展国际化人才培训工程，通过考试选拔4名员工参与外语培训项目，并选拔推荐3名技术骨干参加集团公司组织的进修班。全年组织开展中层干部培训、管理人员培训、专业技术人员培训以及重大资质培训等58项，近300人次参加，干部员工队伍素质明显提升。

【公司荣誉】 2014年，管研院党委获得“国资委先进基层党组织”荣誉称号，隆盛公司等部门及个人先后获得全国总工会“工人先锋号”等省部级以上集体和个人奖励共20余项。

（崔 巍）

中国石油天然气集团公司咨询中心（中国石油集团工程咨询有限责任公司）

【概述】 中国石油天然气集团公司咨询中心（简称咨询中心）成立于1993年12月，是全国第一批取得甲级工程咨询证书的单位，是国际咨询工程师联合会（FIDIC）会员、国家发展和改革委员会委托投资咨询单位和中国工程咨询协会（CNAEC）常务理事单位。为适应国家工程咨询业发展改革需要，依据国家发展和改革委员会2005第29号令《工程咨询单位资格认定办法》要求，经集团公司同意，咨询中心于2006年10月完成独立法人注册，成立中国石油集团工程咨询有限责任公司（简称工程咨询公司）。目前，咨询中心为“一家单位、两块牌子”，对内称咨询中心，对外称工程咨询有限责任公司。

咨询中心是集团公司发展规划、重大投资项目的智库参谋和决策服务机构，业务涵盖项目评估评价、专题研究和专项调研三大类。咨询中心对集团公司油气勘探开发发展规划、重大勘探部署和油气田开发方案进行调研、论证，提出咨询意见；对油气田地面工程和炼油化工工程的大中型项目进行评估论证；对石油天然气上、下游重大发展战略、技术经济、工程技术等问题进行专题研究；受国家发展和改革委员会和国内外其他石油石化企业委托，开展项目评估评价、专题研究和专项调研等工作。

咨询中心共有院士和老中青专家100余名，内设综合技术部、勘探部、开发部、炼化部、工程经济部、专家委员会和石油天然气专业委员会。其中，石油天然气专业委员会是中国工程咨询协会授权设立的全国性行业协会，对全国36家石油石化咨询机构进行业务指导。

2014年，咨询中心围绕集团公司的战略部署和实施“有质量有效益可持续”发展方针，进一步深化战略研究和评估论证工作。全年共运行项目224项、完成183项，两项指标同比基本持平。此外，咨询中心继续推进“学习型咨询中心建设”活动，成功举办2014年度咨询中心专家论坛会。通过管理创新，进一步强化专家智库作用。全年共聘用专家360人、2613人次。

【专题研究】 2014年，咨询中心开展专题研究项目48项，特别是对事关集团公司发展的重大课题和领导关心的重大问题进行深入的研究，提出建设性的意见和建议，得到委托部门、单位的好评和集团公司领导的高度重视。

向集团公司党组呈报的《关于当前国内页岩气发展的认识与有关建议》获集团公司高度评价，为集团公司的页岩气业务稳中求进发展提供重要决策参考。完成的《股份公司油气勘探战略研究（四期）》，提出能源陆桥战略和“机型战略”，为集团公司海外业务布局指出方向。提交的《“十一五”以来规划评估》报告，获集团公司领导和业务主管部门的一致好评，认为历史总结真实、启示令人思索、问题分析深刻、建议值得引用，纷纷表示在各业务“十三五”规划编制中认真落实。完成的“长庆油田技术管理与创新研究”课题有重要的理论创新，并形成了1部专著初稿。

相继完成的“中国东部老油区勘探战略研究”“四川川中石油储量评估方法研究”“中国工程院油气资源安全供给保障战略研究”“油田开发战略研究”“致密油资源勘探开发潜力专题调研”“煤层气和页岩气勘探开发示范基地专题调研”“集团公司工程技术管控模式研究”“集团公司测井业务发展重大问题研究”等多项课题研究，都提交出高质量的研究成果，为集团公司领导决策提供科学的咨询意见。

【项目评估评价】 2014年，咨询中心开展项目评估评价176项，完成149项。其中，前评估项目157项，完成131项；后评价项目19项，完成18项。

完成的“中国石油大连石化公司长兴岛炼化炼油工程（配套码头）可行性研究报告”项目，经过建设单位和大连长兴岛管委会深入的工作，最终总图布置按照评估会专家意见进行认真修改，确保总图布置的合理性。提交的《集团公司收购陕西延长中立新能源公司股权项目》评估意见，为集团公司在合作谈判中争取到有利条款。完成的《宁201、威远、昭通区块页岩气开发方案的评估》意见得到规划计划部采纳。

完成《集团公司大连石化柴油质量升级可研报告》《集团公司广西石化汽油质量升级项目可研报告》《集团公司锦州石化国Ⅴ汽油质量升级项目MTBE、催化汽油加氢脱硫改造可研报告》《中俄东线天然气管道工程》《新加坡石油有限公司裕廊岛成品油库项目可行性研究》《委内瑞拉MPE3区块开发项目可行性研究报告评估》《吉林新236合作区块开发方案评估》《川庆钻探工程公司购置2000型压裂机组项目可行性研究报告》《大庆石油管理局2014年更新购置钻机的可行性研究报告》等多个项目的评估报告。

【专家论坛】 2014年12月11—12日，咨询中心专家论坛年会（简称论坛会）在北京召开。论坛会围绕集团公司“有质量有效益可持续”发展方针，突出“改革、创新、发展”三大主题。3位中国工程院资深院士，19位业界知名专家就集团公司勘探战略与重点领域、油气田开发可持续发展、提升集团公司下游发展潜力和竞争力等议题进行专题发言。专家的发言用全球的视野和战略的眼光，从不同角度、不同侧面，以创新的思维、创新的方法，做出高层次、高水平的报告，提出更加符合集团公司需求的具有全局性、战略性和可操作性的意见建议。论坛会专家意见和建议以专题报告形式上报集团公司，得到主要领导的高度评价。2014年12月底，《咨询中心2014年专家论坛年会专家发言汇编》编辑出版。

【学习型咨询中心建设】 2014年，咨询中心继续推进学习型咨询中心建设。中心层面和各部门及每名员工都制订学习计划和安排并采取多种形式组织学习、交流。

咨询中心每周编发1期《国际动态信息》，供专家和员工学习参考。勘探部、开发部、炼化部、工程经济部和综合技术部，积极组织并聘请院士、专家进行专题讲座和辅导，炼化部收集整理编印14期《学习材料》，为专家和员工学习新政策、新技术、新标准发挥重要作用。

2014年10月，咨询中心召开全体干部员工和有关专家参加的学习交流会。5个部门共13名同志的发言，紧密结合工作实际，从不同的角度和侧面，充分交流学习的收获和体会，既展示学习成果，又把学习型咨询中心建设进一步引向深入。

2014年11月，国际咨询工程师联合会认证工程师培训和认证试点项目首期培训班在北京开班。咨询中心派出11人参加，均通过课程考评取得结业证书。

【管理创新】 2014年，咨询中心高度重视管理创新，不断完善各项基础管理工作，有效促进管理的规范化、制度化和科学化。

（1）思想政治工作。咨询中心党支部按照直属机关党委关于教育实践活动的总体要求，认真落实领导班子“四风”突出问题整改方案的时间表和路线图。2014年4月咨询中心结合工作实际制定党风廉政建设责任书，全体党员领导干部分别进行签订。2014年咨询中心干部员工没有违纪违法事件的发生。

（2）制度建设。在项目管理、专家管理、员工管理、财务管理、资质管理和安全管理等方面，修改制定14项规章制度，其中修改9项、新建5项、完成2项。制度的修改与建立，不断促进咨询工作的管理创新，确保咨询中心在科学管理、合规管理、合法管理的轨道上良好运行。

（3）综合管理。编辑印发专家论坛发言汇编、咨询评估项目概览、年鉴、咨询简报等材料。公文处理工作做到准确、及时、安全、保密。不断加强财务决算和预算管理，严格执行国家及集团公司有关财务法规制度，保证国有资产的完整和安全。全年接受集团公司委派审计检查2次、北京税务局检查2次、其他审计1次、自查2次，没有违纪违规现象。

（4）石油天然气专业委员会工作。协助国家发展和改革文员会、中国工程咨询协会完成石油天然气专业委员会所属10家单位的2014年工程咨询单位资格认定初审工作。组织完成2014年度石油天然气行业优秀咨询成果奖评审工作，评出一等奖10项、二等奖19项、三等奖27项，并推荐5个项目报送中国工程咨询协会评奖。咨询中心申报参评的“西气东输管道一线工程”、“大庆油田可持续发展战略工程”、“西气东输管道工程”项目获得菲迪克（FIDIC）百年工程项目奖。

（丛　强）

中国石油天然气集团公司休斯敦技术研究中心

【概述】 中国石油天然气集团公司休斯敦技术研究中心（简称休斯敦中心）是中国石油在海外建立的第一个研究中心，是按照国际化标准运作的、符合美国法律法规的石油天然气技术发展公司。休斯敦中心的定位是，前沿技术、超前储备技术的引进创新基地，重点领域应用基础研究和关键技术的引进开发平台，研究模式、研究体系的引进创新平台，国际高端科技人才的引进培养平台，国际技术交流与合作的窗口与桥梁，国际一流的石油技术研究中心。

休斯敦中心正式运作三年多来，充分借鉴跨国企业成功做法，积极开展研究模式与管理制度创新，创建了国际化高技术研究型企业管理及运营模式，建立高效内控管理体系，实现快速、稳步、健康发展。

【科研工作】 截至2014年底共承担了集团公司、股份公司重点研究项目17项，取得一系列阶段研究成果，其中2项达到国际领先水平，6项达到国际先进水平，3项达到国内领先水平，累计申请美国专利13项、国际专利3项。高效PDC钻头、电阻率成像随钻测量仪、速钻复合桥塞、超深层致密气储层评价等一批技术和产品投入应用，取得明显效果；耐高温油基钻井液、耐高温高矿化度水基钻井液、水平井高效压裂管柱、耐超高温高压桥塞等一批成果正在组织现场试验或评价。

形成了4个系列具有自主知识产权的高新技术产品，均采取API及ISO等国际标准进行生产，部分产品达到国际先进水平，具备批量生产制造的能力。这四个系列产品是：（1）高温高压超深井压裂管柱，获得3项美国专利，通过了美国休斯敦应力实验室检测；（2）高温高压系列速钻复合桥塞，获得3项国际专利，通过了一系列的实验室检测和长庆油田、塔里木油田、川庆钻探公司现场测试及验收；（3）适应特殊地层的高效PDC钻头，通过美国NOV钻井实验室、美国VAREL实验室检测和塔里木油田现场测试；（4）多次或无限次可重复开关滑套，通过美国休斯敦应力实验室检测和长庆油田现场测试及验收。

休斯敦中心在非常规油气的诸多领域取得系列研发能力。在压裂完井领域，掌握分段压裂工具及完井管柱设计、压裂软件设计等技术；在钻井测井领域，掌握高效钻头及钻具组合、随钻成像仪器、井下数据测量及传输等技术；在入井流体领域，掌握高温油基钻井液、饱和盐水水基钻井液添加剂及体系、高温压裂液添加剂及体系、返排水处理等技术；在油气藏评价领域，掌握非常规油气藏评价、高温高压油气藏开发实验研究等技术；在技术发展战略研究领域，搭建起学科树软件平台，及时掌握上游技术最新研发进展，提交8份技术专报。

【人才引进】 2014年，拥有中美员工60人，专业技术人员中50%以上拥有博士学位，美国专业技术人员，多名来自美国著名院校，80%以上来自著名跨国公司。国家“千人计划”外聘专家2人，集团公司首批授课技术专家6人。

形成了具有国际水平的管理和专业研究团队：管理运作团队具备跨国企业运作能力，拥有1名国际高端企业运作领军人才，2名高级企业核心管理人才；压裂/完井技术团队拥有高级技术研究人员15人，具有国际先进的研发能力；钻井/测量技术团队拥有高级技术研究人员6人，具备较强的技术研发能力；入井流体技术团队拥有高级技术研究人员9人，在钻井液和压裂液领域具有国际一流的技术研发实力；非常规油气藏评价技术团队现有国际技术研究人员3人，掌握非常规油藏油气开发领域一些关键技术；产品制造及供应链管理团队拥有专业人员3人，具有丰富的物流管理、产品制造及管理经验。

【管理提升】 创建新型企业管理模式。按照国际通行做法，从专业、职能两个维度实施“矩阵式管理”，专业技术部门与市场经营及管理部门从两个维度上各司其职，相互配合，促进休斯敦中心高效平稳运行。推进中美员工一体化管理，中美使用统一的绩效考核办法与薪酬激励体系。中方员工实施“去行政化”管理，打破行政级别，组织开展全员岗位竞聘，统一按“市场化”模式管理，确保公平公正，有效激发企业管理活力。

进一步完善新型技术研发模式。一切研发工作服务于集团公司勘探开发与生产实际需要，坚持把为企业创造价值作为科研工作的出发点与落脚点，注重技术有形化、产品化、实用化，不唯成果论。形成一套与国际接轨的从研发、试验到应用的全流程技术研发模式。

建立高效内控管理体系。严格遵守中美两国法律，严格在法律框架下开展经营活动，确保休斯敦中心内部管理规范可控，采用信息化手段，弥补地域限制，确保内控的时效性。

（马文东）

北京石油管理干部学院

【概述】 北京石油管理干部学院（简称学院）是集团公司高级培训中心，同时也是集团公司党校、中国石油远程培训学院，主要职能是为集团公司及其下属企事业单位提供中高层管理干部培训服务。学院成立于1984年，占地92亩，建筑面积8.5万平方米。学员宿舍1083间，床位1623个，教室50个，座位2743个，具有1200人/日培训能力。

截至2014年，学院资产总额为7.75亿元，其中固定资产为5.04亿元；合同化员工152人，非合同化员工257人，具有高级专业技术职务任职资格的有62人，其中教授级14人。

学院按照"开源与节流并重、稳量与提质并重、效率与效益并重"原则，以开展"质量效益年"活动为契机，以落实管理提升方案、教育实践活动整改方案和职代会提案为抓手，以改革创新为动力，努力实施由外延规模型向内涵质量型转变，圆满完成各项工作任务，实现年初提出的"培训工作有新突破、教研质量有新提升、服务水平有新提高、作风建设有新面貌、整体收益有新增长"的工作目标。

【培训工作】 累计举办各类培训班342个，培训学员16644标准人次（1标准人次为1人15天或1天15人），完成年计划的101.2%。按照"稳量提质"要求，合理规划培训规模，适度调整培训结构，在同比少办7个班的情况下，培训工作量不降反增200多标准人次。长班由2013年的29个上升到40个，增长37.9%，中长班标准人次占比由2013年的74%提高到80%。党校圆满完成第61期、第62期党校班和14个国务院国资委党校培训项目，充分体现"精品班""示范班"作用，连续九次被中央党校评为"教学管理先进单位"。远程培训向深度、广度拓展，为海外员工开辟学习平台，先后为集团公司国际化人才培训班组织23场英语选拔考试和2期中期测试；为中青班、党校班开辟网上同步课堂，2014年共完成23个在线培训项目，在线学习105万人次，学习时长116.98万小时；组织在线考试31场，新增课件168门（表13–6）。

表13–6　2014年培训项目数据汇总表

序号	项目类别	培训班次	培训人数	标准人次	标准人次比例（%）
1	集团公司计划内A类项目	7	672	1719.7	10
2	集团公司计划内B类项目	38	3494	4341.9	26
3	集团公司计划外项目	32	2397	1412.9	9
4	集团公司企业委托项目	166	6794	4139.3	25
5	国务院国资委委托项目	14	1988	1893.8	11
6	其他企事业委培项目	70	4405	2971.5	18
7	会议	15	638	164.8	1
总计		342	20388	16643.9	100

【教学科研工作】 2014年，累计完成71个培训设计，同比增长40.5%，优秀率为97%，优良率为100%。新开发"党的十八届三中全会精神与国企改革辅导"等10个授课专题，全年授课优秀率达93%，优良率达100%。班主任工作保持高位运行，部分教师获得满分。坚持送教上门，为青海省委省政府进行"三基"专题辅导讲座；首次派教师前往海外项目授课。成功开辟焦裕禄干部学院、三一重工等现场教学点，组织现场教学23次，取得了良好的教学效果。出台《科研工作管理办法》，人才所被中央人才工作协调小组确定为"人才理论研究基地"。2项集团公司软科学课题通过验收，其中"中

国石油企业文化传播与践行研究”被集团公司评为优秀并获中国石油党建思想政治研究会优秀研究成果奖二等奖。共发表论文43篇，有6人出版了5本著作。《学报》比2014年多发行2000册，《石油教育》在中国期刊网排名前进了62位，期刊订阅量达4300份，比2013年增长5%。

【内部管理工作】 持续推进“三控制一规范”工作，先后出台《教师岗位聘任实施办法》等一系列规章制度。持续优化人力资源配置，依法规范用工，积极稳妥地完成学院劳动用工方式的转变。落实用工总量调控计划，全面控制人工成本。安排新分配学生到生产一线见习锻炼，先后选派53人次参加43个培训班。顺利完成约4万名考生参加的职称考试任务。牢固树立过紧日子思想，全面加强开源节流降本增效，强化预算管理、突出成本控制，首次下发维修改造项目计划。重点加强培训项目核算管理，完善收费管理办法，做到“应收尽收、颗粒归仓”。全年实现收支平衡略有结余，严格控制“五项”费用支出，公务接待费用大幅下降，经费自给率和计划投资完成率均达到目标值。

【基础设施建设】 按照信息化建设总体部署，完成综合楼501虚拟化计算机教室改造，投用教学异地同步系统并进行10次同步高清授课直播。加快无线网络建设，实现办公与公共区域信号全覆盖。一卡通系统运行顺畅，信息发布系统实现扩容升级，培训管理信息系统进入需求调研和分析阶段。落实维修改造项目计划，如期投用公寓C座两部外挂电梯，完成东大门改造、东围墙外停车场建设、人行道铺设和绿化工作，改造公寓B座中心花园，重新整修公寓A座东侧大道。更换西报告厅空调，清理、维修雨水排放通道和屋顶防水层，完成采暖管线清洗更换和水平衡测试等工作。组织消防喷淋系统改造，已进入施工阶段。

【党建和思想政治工作】 在召开高质量专题民主生活会的基础上，制订《教育实践活动整改落实方案》和《“四风”问题整改推进计划表》，按期整改完成领导班子16个“四风”突出问题、4项专项整治任务和10项制度建设任务。制订并严格落实党委中心组学习计划，制定《干部选拔任用实施办法（试行）》，修订完善《“三重一大”决策制度实施细则》。开展纪念建党93周年系列活动，按计划发展3名党员。落实党委主体责任和纪委监督责任，积极开展党风廉政建设宣传教育，继续保持4个100%。落实民主办院方针，恢复职代会和职工提案制度。持续开展“扶贫帮困送温暖”活动，全年帮扶慰问职工49人次，走访慰问离退休员工、生病住院职工61人次。

【建院30周年活动】 按照“节俭务实、激励鼓劲”的原则举办庆祝教师节暨建院30周年纪念活动，集中表彰一批先进集体和先进个人，总结回顾30年发展历程，分享辉煌成就，凝聚发展共识。集团公司董事长、党组书记周吉平专门发来贺信，总经理助理李万余和人事部领导到院看望教职员工，祝贺学院30周年华诞。梳理提炼30年来形成的优良传统和学院文化，建设院史展览室，组织多次参观讲解活动。

（褚林涛 崔艳梅）

中国石油报社

【概述】《中国石油报》是集团公司主管、中国石油报社（简称报社）承办的集团公司党组机关报，国内外公开发行，报道石油天然气勘探开发、炼油化工、管道运输、油气销售，并涵盖相关产业。报纸现为对开八版、周五刊彩色印刷。报社承办《石油商报》《汽车生活报》《石油画报》《石油政工研究》《地火》《新闻之友》等刊物和中国石油新闻中心网站，形成了《中国石油报》“四报十五刊两网”的全媒体发展格局。报社负责中国石油新闻工作者协会和中国石油作家协会的日常性工作。中国石油报社现有机构17个。报社在全国设立了67个企业记者站和区域记者站，198名驻站记者，7个海外记者站。全社现有员工近400人，采编人员中博士1人、硕士47人、本科123人。

2014年，围绕构建“主流、全媒体、国际化”石油新闻信息传播体系，报社持续推进新闻宣传转型升级提升影响力；开展“新丝路·能源之路万里行”新闻行动；推进“三抓一树”，建设全员量化规范管理体系。共出版中国石油报（包括金秋周刊）295期1663个版，发稿15360篇（幅）、网站64900条（幅）。中国石油新闻中心网站日访问量保持在70万人次。报社获“行业报品牌10强”，并连续第3年获得“金长城传媒奖”。

【报纸工作】

1. 把握正确舆论导向，围绕中心服务大局

坚持《把握舆论导向十二条》《新闻导向四问》和“时政报道三原则”，准确传递集团公司党组声音。完成习近平主席出席中亚 D 线开工、中俄签署天然气大单、应对低油价等 40 多项重大时政新闻、重要活动和主题宣传。

针对每次重大新闻、重要活动，一方面精采精编，回应热点和公众关切，释疑解惑，讲好石油故事，传播石油好声音；另一方面，加强舆论风险管控，防止一些社会媒体从报纸上“找热点”炒作。借助新闻传播规律，适应舆论生态环境，与国内主流网媒战略合作，建立沟通和应急机制。

2014 年国务院国资委召开首次报纸工作会议，《中国石油报》是唯一应邀在会上作专题报告交流经验的媒体。在 2014 年国务院国资委组织的首届“国企好新闻奖”评选中，报社获得一等奖 2 个，二等奖、三等奖 8 个，优秀奖 4 个。

连续 4 年邀请中国传媒大学跟踪研究报纸，并形成定量诊断分析报告。着力建设决策支撑“新智库”，2014 年与中国石油集团经济技术研究院签订战略合作协议；借助央企媒体联盟平台对外发布信息和召开研讨会，传播石油好声音，树立石油良好形象，增强服务集团公司改革发展能力。

2. 策划开展品牌行动，新闻宣传转型升级

2014 年 9 月 22 日启动“新丝路 · 能源之路万里行”全媒体新闻行动，将石油、丝路、社会三个元素相结合，走访国内沿线 9 省、区、市 172 个城镇，与政府官员、专家学者、企业家、地方群众和石油一线员工面对面，用行业视角透视石油步伐，用社会语系解读石油脉动，进行全景式、立体化报道。

2014 年，国内段报道已完成，国外中亚段报道以及亚太、中东、北非等其他段的采访报道计划于 2015 年上半年全面启动。国内段，报纸累计发稿 357 篇，石油新闻中心网站、石油数字传媒开设专题，外媒转载率达到 80%，微信总点击率中有 23.6 万次来自“朋友圈”外。

由集团公司主办、报社承办的“全国见义勇为英雄司机”评选已开展 11 年。2013 年组织英雄司机走进长庆油田，2014 年在人民大会堂小礼堂颁奖，向社会传递石油正能量。

3. 发挥石油报系集群作用

《金秋周刊》期发行量突破 50 万份，起到维护稳定、共创和谐的作用；《石油商报》数字化，新媒体作品被“今日头条”等转载；《汽车生活报》持续改进报道方式，实现新闻二次开发；《中国石油画报》创新表现形式，办刊质量和效益稳步提升。《石油政工研究》发挥自身特色，突出理论性和实践性，搭建了石油大政工研究平台。《新闻之友》《地火》提升品位和价值，推出电子期刊，扩大刊物影响力。

【媒体融合】 注重服务性和影响力，推进媒体融合发展。2014 年，涵盖石油手机报、手机网、官方微博、官方微信、数字传媒终端、APP、石油报（印刷版）和石油新闻中心网站“八位一体”的全媒体格局初步建成，并在报纸工作会上重装上线。在重大报道行动中，主报与新媒体有序衔接，即时互动，图文直播，抢占新闻宣传先机，全年完成 64 个网络专题，石油手机网编发稿件 1.3 万篇，微信公众号用户一年增长 3 倍。

【经营工作】 规范财务管理和经营激励，7 个独立财务并入一个大财务，对全社所有财务人员实行集中管理，统一调配。

发行部通过优化发行结构、精准发行等方式推进管理创效，降低发行成本。金秋周刊采取精干高效的办刊方式，为报社创造了良好的社会效益和经济效益。配合地方产业园区建设，适时关停印刷厂。

【企业管理】 “三抓一树”（抓干部、抓管理、抓作风，树形象）四年不换频道，逐步形成以新闻业务为核心，以制度规范为重点，以科学高效为目标，以“一干六支”为主体的持续改善型全员量化规范管理动态体系。持续推进“三控制一规范”，精简机构人员，组织机构精简为 17 个。

队伍建设方面，全员签订廉洁自律和保密责任书和承诺书，加强干部队伍管理和廉洁自律，营造风清气正的环境。

坚持从严治社，并开展诚信体系建设，提升员工道德修养。报社在研究借鉴知名公司的基础上，结合报社实际，历时一年制定了《报社员工道德行为准则》。2014 年初职代会上无记名投票表决，获全票通过并印发实施，引导员工以合规行为履行职责。

聚焦作风建设，落实教育实践活动整改。继续开展“走转改”；在全社推行“三个不容许”：不容许事后解释能力超过工作能力，不容许工作失误概率超过规定标准，不容许人为制造无效工作的能力超过沟通协调的能力。

基层骨干培训工作。2014 年先后举办基层骨干培训班，企业报社社长、总编辑培训班，以及记者站站长新闻宣传培训班，4 期学员 614 人。

【业务研究】 每周进行好新闻评选和公示。采编部门每周召开一次新闻选题会，交流业务，了解时政信息，策划重大新闻报道。坚持每周标题会制度，对第二天见报的报纸标题进行凝练提升。值班主任每月主持一次研讨会，对当月的报纸进行采编业务交流。全年不定期请专家来讲评报纸标题。

承担的“中国石油企业文化软实力建设”和“中国石油企业品牌形象建设及声誉管理研究”已完成课题研究，成果通过专家验收。

（梁晓蓉）

石油工业出版社有限公司

【概述】 石油工业出版社有限公司（简称出版社）是集团公司主管的中央级专业出版社，由原石油工业出版社于2011年3月转企改制建立，为集团公司全资子公司。出版社下设5个机关职能部门和13个业务部门，人员编制240人。坚持“姓油、为油”发展定位和要求，着眼开源节流，注重质量效益，持续稳中求进，深入开展“质量效益年”活动，确保图书出版和生产经营任务顺利完成。2014年完成出版物品种1330种，出版码洋1.96亿元。实现总收入2.36亿元，其中主营业务收入1.61亿元，实现利润554万元。资产总额达到8.51亿元，同比增长10%。

【出版工作】 2014年，面对新形势新常态，出版社坚持把发展作为第一要务，加强顶层设计，综合布局施策，注重打造图书出版品牌，着力增强核心竞争力，重点出版项目精彩纷呈，高质量完成土库曼斯坦总统长篇小说《幸福鸟》译本出版工作，《石油建设安装工程预算定额》出版码洋达到853.2万元。《中国气田开发丛书》增补进入“十二五”国家重点出版规划，7种本科教材、15种高职教材入选“十二五”国家级规划教材。一批图书获重要奖项，《中国石油勘探开发百科全书(精要版)》等34种图书获中国石油石化联合会优秀出版物奖（图书类、教材类）一等奖，19种图书获二等奖；2种图书分获第二十四届全国石油石化企业管理现代化创新优秀著作奖特别奖、一等奖，2种图书获二等奖；《财富轮转：俄罗斯石油、经济和国家的重塑》入选中国出版传媒商报和腾讯网主办的“腾讯·商报华文好书”商业类优秀图书。2种图书分获第十三届全国输出版、引进版优秀图书奖。《钻井手册》等20多种图书荣获出版社优秀图书奖。

以石油科技图书为主导，着力加强品牌建设，取得良好社会效益和经济效益。出版《中国石油勘探开发百科全书（精要版）》《西部大庆—文化同行》《中国石油组织史资料·总部卷》等品牌图书；精心组织编辑加工国家重点出版规划图书《中国气田开发丛书》和《天然气工程手册》；平稳推进大庆图书出版中心建设，完成“西部大庆出版项目”一期图书项目出版；加强版权交流抓选题，引进版图书《国际天然气价格机制》等10种图书出版发行，成功举办《国际天然气定价机制》首发式，受到广泛关注。

以成立石油教材出版分社为契机，积极开拓新领域，争取新市场，取得显著成果，出版品种、出版码洋、销售码洋和经营利润同比有较大幅度增长。以召开一系列高教规划教材和培训教材研讨会为平台，推出教材精品；统筹做好集团公司和企事业单位两个层面培训教材工作，增加有效品种50多个；在集团公司人事部支持下，新一轮鉴定教材工作全面启动；《石油技师》期刊内容扩版，影响不断扩大，实现社会效益、经济效益双丰收；稳步推进《中国石油企业文化辞典》项目，召开编撰工作交流研讨会，组织专家组完成14本企业分册审稿工作，部分分册进入出版阶段。

大众图书坚持拓展优势板块，优选合作伙伴，规范合作出版，保持适度规模，较好地完成系列丛书等重点项目出版工作。精心组织翻译出版周吉平董事长作序的《财富轮转》。

贯彻集团公司领导批示精神，加大数字出版工作力度，广泛开展市场调研，成立数字出版工作组和数字出版中心，形成出版社数字化转型发展初步思路。数字出版中心积极开展工作，完成石油标准元数据信息加工标引，推出《石油安全大全》数字产品，出版社门户网站、数字出版平台项目基本完成并正式上线运营，自主开发出版社手机端平台并上线使用。

加强标准出版运行管理，进一步缩短标准出版周期；积极探索标准数字出版模式，开发数字化产品、推出定制服务，增加经营收入；开发标准类图书选题，拓宽服务领域，增加收入来源。

年鉴出版工作坚持以质量为中心，着力打造《中国石油天然气集团公司年鉴》精品图书。期刊出版工作稳步推进，《中国石油勘探》《石油科技论坛》影响因子进一步提升；《中国油气》积极为改版升级做准备。

加强图书版权贸易工作，2014 年引进国外版权图书 48 种，签署版权输出合同和协议图书 3 种。派团参加第 43 届英国伦敦书展和第 66 届德国法兰克福书展，与世界第二大出版公司爱思唯尔签订战略合作协议，邀请国际著名能源专家丹尼尔·耶金第三次来出版社访问，知名出版商、作者多次来社交流合作。新建英文网站 10 月正式上线，成为对外宣传出版社的有效平台。

【经营工作】 2014 年，出版社坚持多措并举，拓展市场，做好图书营销工作，推进创意经济发展。

图书营销工作面对图书市场低迷形势，攻坚克难，稳中求进，实现图书销售码洋 1.02 亿元。石油科技图书依托上游资源，积极拓展销售网络，新增塔里木油田、青海油田发行站并取得营销成果；以六大渠道为抓手，着力加强各类网点营销能力建设；以重点图书和教育培训图书为突破口，加强市场开拓和渠道管理；以编发捆绑和社店互动为内生动力，不断创新管理手段和营销方式，努力实现发行回款稳中有升工作目标。大众图书加强图书销售管理，注重细节营销、立体营销，努力提升图书单品种销量，加强新媒体宣传及渠道建设，强化线下营销推广，开展系列营销活动；网店销售额稳步增长，全年当当网销售回款同比增长 10%，京东网同比增长 83%。

展览展示工作主动应对不利环境，积极拓展市场空间，强化内部管理，高质量完成北京中国石油大厦“双厅”专项维护项目，圆满完成第十七届渝洽会中国石油展台、第十三届中国国际化工展览会、第十届中国台州塑料交易会等布展任务，中亚天然气管道 C 线模型为新丝绸之路添彩，广告业务持续稳定发展。积极推进业务转型，长庆展馆建设项目顺利交付使用，成功中标中国石化普光气田科技展馆建设项目。

彩色图文印刷工作强化生产管理，加强安全生产和基础建设，不断提升印刷质量，缩短生产周期，全力保障社内图书出版任务。依托出版社整体优势，积极与石油企事业单位联系承接业务，努力稳固并开拓石油印刷市场，积极开拓外部市场空间。通过印刷企业“绿色认证”审核，高速喷墨数码印刷机完成安装调试并开始运行。

【组织建设】 2014 年，为落实数字化发展战略，加快实现数字出版转型，出版社撤销了电子音像出版部（信息管理部），成立了数字出版中心，负责统筹出版社数字出版工作；原信息管理部主要工作职责调整为统筹出版社信息化管理相关工作。为适应业务发展需要，方便工作，先后对计划财务处、彩色图文中心、总编室和后勤服务中心等部门或单位的内设机构进行调整。

【企业管理】 2014 年，出版社成立全面深化改革领导小组及 4 个专业工作组，从“固本强基，提升基础管理工作”入手，制订出版社全面深化改革工作方案，平稳有序开展工作，基础管理持续加强。加强出版管理，优化编辑出版流程，努力提高图书选题质量和编校质量。加强图书储运管理，重新修订图书报废管理办法，优化图书库存。加强财务预算管理和生产经营分析，强化会计核算与财务监督，切实增强决策支持和管控能力。加强税收筹划，努力使所有优惠政策“应享尽享”，推进子公司治理增资工作和相关资质申办工作。加强资产管理、合同管理、招标管理和内控内审管理，组织实施图书用纸、办公楼和综合楼电梯改造、送书工程物流等招标项目，完成房产清查、内控手册修订及自测整改，确保法律经营风险可控、集中采购成本节约、合规管理执行到位。

【送书工程】 2014 年，“千万图书送基层、百万员工品书香”送书工程持续推进，全年为集团公司 105 家企业 42773 个队（站）、车间配发 42954 套图书，送书码洋 3608 万元。

（李银涛）

中国石油审计服务中心

【概述】 中国石油审计服务中心（简称审计中心）组建于 1990 年，是集团公司从事企业内部审计工作的专业机构，业务上接受集团公司审计部领导。依照法律法规及集团公司有关制度规定，行使内部审计监督职能，向集团公司党组领导、管理层及有关部门通报审计情况，提出制定和完善相关政策的意见建议。办公地点在北京市朝阳区太阳宫南街 23 号（丰和大厦）。

截至 2014 年末，在册员工 164 人，其中审计业务人员 111 人，占比 67.7%。具有高级技术职称 47 人，占比 28.7%；中级技术职称 70 人，占比 42.7%；具有国际注册内部审计师、注册会计师、注册税务师、注册造价师等执业资格的 50 人；博士研究生 2 人，硕士研究生 20 人，本科学历 114 人，本科学历以上人员占员工总数 82.9%。形成了专业结构基本合理，具有一定规模的内部审计专业队伍。

【审计工作】 2014 年，审计中心全年共完成各类审计项目 79 个，取得审计成果 319 亿元；发现各类管理问题 254 项；移交案件 2 起，集团公司党组领导对审计要情、专题报告、审计报告做出重要批示 18 项。审计成果显著，揭示问题深入透彻，全员素质和工作水平有所提升，获得集团公司党组领导的关注和好评。注重在审计实践中总结经验、摸索规律，11 篇论文获评中国内审协会石油分会优秀审计论文，专题研究报告《审计质量控制体系的建立与实施》获 2014 年度全国石油石化企业管理现代化创新优秀成果奖一等奖。

认真履行审计职责，努力做好审计服务。以“消除隐患、防范风险、服务发展”为宗旨，针对常规和专项审计中发现的典型问题，提出具体处理意见和建议，有效发挥审计服务和监督职能。

抓好审前调研和审计质量考核，促进审计质量提升。做深做细审前调查、审计方案编制和审计质量考核，尤其注重审计报告和审计底稿质量考核，强化审计底稿三级审核，推行组长、主审、审计人员三级质量控制，强化关键控制点质量管控。按照集团公司审计部《关于开展审计项目质量检查的通知》要求，在各审计处对审计质量自查的基础上审理部门进行抽查，同时在每季度召开的业务分析会上公布考核情况，并将考核结果纳入年度绩效考核，有效地推进了审计质量的提升。

强化现场管理，增强管控能力。严格执行审计在线作业流程，所有审计业务在审计管理系统中操作，规范审计行为，确保“阳光审计”；抓住现场实施组织环节，严格落实审计组长负责制，保证审计方案中审计重点的落实，提高现场交换审计意见的层次，A 类、B 类项目由审计中心分管领导带队到现场组织交换意见，及时交流工作进度和发现的问题，适时调整审计重点和内容，确保审计效率、效果和效益最大化。

强化技能培训，提升审计能力。将公开招聘人才列入常态化管理，新员工全部进入审计一线锻炼，实施干部流动、岗位交换，持续优化年龄、专业、知识结构；全年组织选派 30 人次参加各类重点项目培训，根据各审计处业务定位举办 6 期专项培训，开展审计案例展览交流，对 45 岁以下的审计人员开展信息化培训。

加强综合分析，拓展审计深度。根据集团公司业务发展状况，加强对重大风险隐患的识别，确定审计项目关注重点，加大重点领域风险隐患的揭示力度。每季度汇总确认重大审计问题和成果，撰写业务分析报告，建立审出问题数据库和工日定额；从如何加强管理的高度，对普遍性或趋势性问题，有针对性地提出管理建议，受到集团公司管理层的高度重视。

强化信息化审计，持续提高工作效率。审计部、审计中心信息化工作界面确定后，审计中心制定了审计信息化建设的工作思路、工作目标和具体措施。通过强化信息化审计，审计效率和效益得到大幅度提升，实现直接经济成果 1.13 亿元，并向炼化板块上报了《管理建议书》。

【管理与改革】 2014 年，审计中心勇于创新，深入改革，全面提升履职能力和管理水平，管理提升工作取得了显著成绩。

优化审计业务流程，理顺审计运行机制。实施审计部、审计中心项目一体化运作机制，两级审理变为一级审理，减少中间环节，提高项目运行效率；领导集体研究问题的成因和解决办法，确保问题定性准确，处理意见客观公正；严格执行审计实施方案未经批准，审计组不进点的规定，实施审计项目错茬运行机制，促进审计项目的衔接，改善审计工作节奏，最大限度地利用审计资源；强化审计报告完善和审计资料归档工作，从源头和报告两个层面保障审计项目运行效率和质量。

实施项目分类管理，突出重点项目管控。实行 ABC 分类法管理审计项目，将审计项目按照重要性分为 A、B、C 三类，对 A 类和 B 类重点项目配备优势审计资源，不仅在人员和时间上予以充分保障，而且在审前调查、现场实施、审计意见交换和审计结果汇报等方面提高管控层级，强化对重点项目审计实施方案的审查，突出重点审计项目的管理、查证和沟通，增强了审计工作的针对性。查出了违规套取资金用于职工住房建设、违规设立账外公司、违规借款和向多种经营企业销售让利等违纪问题。

结合审计项目特点，统筹调配审计资源。改变过去单一审计处室组建审计组的模式，对重大特大审计项目，打破处室界限，实施处室联合作战的模式，统筹调配人员。联合审计组在审计中对涉及集团公司重大决策及长远发展的五类问题，及时向集团公司上报专题材料，并利用信息化审计方法，通过数据分析，查出账外井、成本中列支设备等手工审计难以完成的多个审计问题。

不断提高各项管理水平。优化制度管理体系，对现有82个制度和体系文件进行全面再梳理，从保持、修订、废止、下发正式文件和精简合并等五个方面采取有力措施，初步形成管理制度、管理体系文件和操作规程等三部分组成的制度体系框架。严格人事、财务管理，根据机构和人员变动情况，持续开展“定岗、定编、定员”工作，机关后勤人数严格控制在定员范围内，最大限度地保证一线审计力量。业务接待费、办公费同比下降60%以上。完善绩效考核，优化考核指标体系，采取公开透明、阶段公示、分级考核和指导调控的方式，推动绩效考核工作上台阶。

【党建与思想政治工作】 加强思想政治建设。审计中心领导班子始终把队伍建设作为重点工作常抓不懈，制订群众路线教育实践活动领导班子“四风”突出问题整改方案、“四风”突出问题专项治理方案、贯彻党的群众路线制度建设计划，落实5个个性问题的整改；开展“学条例、提素质、树形象”答题活动，员工参与率100%；选树全国内部审计先进个人1名，集团公司优秀共产党员1名，集团公司直属机关先进基层党组织1个、优秀共产党员2名、优秀党务工作者1名；以建党93周年为契机，各党支部组织观看《全党的榜样——焦裕禄》，开展纪念活动，激发党员群众自我教育、自我完善和自我提高的动力与热情。

抓好领导班子建设。班子成员带头深入审计一线，带头做出廉洁承诺，带头注重自身形象，带头谢绝超标准接待，带头抵制各种不洁行为。

抓好队伍作风建设。狠抓机关工作作风，确保政令畅通，认真落实“首问负责制”“限时办结制”，各级干部的事业心、责任心有所增强，员工的精神面貌良好，各项工作水平不断提升。

打造廉洁审计队伍。严肃审计工作纪律，开展审计现场督查和审计回访等工作，确保各项审计纪律得到贯彻落实。选取8个项目，组织2轮审计回访，通过到被审计单位实地回访，了解实情、发现问题、及时反馈，促进廉政建设，树立廉洁从审形象。

开展审计文化建设，创建“和谐”审计中心。大力倡导“责任、忠诚、清廉、依法、独立、奉献”的审计人员核心价值观，倡导“中心发展我发展、我为中心做贡献”“人人为我、我为人人”的团结和谐理念，2014年审计中心职工捐赠“扶贫帮困”资金9.4万元，慰问退休员工、困难员工、亲人病故员工近40人次，认真落实退休人员政治待遇，强化退休党支部日常管理。

（吴　涛）

中国石油天然气集团公司
广州培训中心

【概述】 中国石油天然气集团公司广州培训中心（简称广州培训中心）是集团公司直属重点培训基地，成立于1981年，原为石油工业部广州外语培训中心，1992年更名为石油大学（广州），2000年教育体制改革后改名为广州石油培训中心。主要负责中国石油中高层经营管理人员和专业技术人员培训，拥有教育培训、科学研究、国际交流、综合服务和形象窗口五大功能，具备年培训10000人次，可同期承办600人培训的规模和能力。2014年，设机构12个。合同化员工114人，中级、高级职称人数占84%；市场化及劳务员工109人。占地面积4.53万平方米，建筑面积4.53万平方米，藏书10万余册，中外期刊30多种；拥有个性化语言实验室5个、计算机网络实验室3个、学术报告厅5个、多媒体教室22个、核心机房1个。截至2014年底，固定资产1.77亿元。累计培训各类专业人员8.67万人。

广州培训中心全面完成集团公司经营业绩考核目标，全年完成培训项目138个，培训人数8738人。2014年培训班次及人数情况分类统计见表13–7。

表 13-7　广州培训中心 2014 年培训情况及同比增长统计

时间	类别	班次	人数	人天数
2014 年	A 类项目	1	65	7800
	B 类项目	33	3412	28269
	C 类项目	17	629	7089
	D 类项目	73	3228	56322
	其他	14	1404	2567
	合计	138	8738	102047
2013 年	合计	126	8316	90638
同比增长		9.52%	5.07%	12.59%

【发展战略】 2014 年，基于宏观形势变化、集团公司“人才强企”发展战略和自身发展需要，广州培训中心明确了今后一个时期发展定位和总体思路，确立“质量、创新、品牌、市场”发展战略，提出“强强联合、人才培养、内部模拟市场化运作”的工作目标，培育践行“团队、专业、价值”培训文化。

【培训研究】 开展教研科研活动，组织老教师说课、新教师试讲、教师集体备课、听课交流、课程打磨、跨专业听课，探讨课程体系、培训教材和教学方法。持续打造系列精品项目，合理设计项目运作，精选课程与研讨，提升培训价值。开展需求调研，让培训“接地气”；实行建构学习模式，让培训“出实效”；精选名师名嘴，让培训“享盛宴”；沿用项目管理，让培训“有生态”，提高培训实效性。第六期集团公司人事处长培训班，集中 7 个研讨方向，组织 4 期专题论坛和 3 次小组讨论，研究成果多，为组织人事系统建设提供参考和借鉴。集团公司规划处长班 10 天课程、15 个专题、1 个企业考察，总部领导与学员面对面交流，提高实训质量。举办 3 期项目管理（PMP）培训班，研究讲课、解题、辅导及试题库建设，234 人参加考试，通过率为 95%。

外语培训长班坚持阶段教学、转段测试、动态调整的教学思路和管理办法，针对学员岗位业务特点和培养方向设计“业务会议”“工作汇报演讲”“商务访谈”等模块化教学与测试，增强培训效果。集团公司财务管理英语班结业英语水平获集团公司财务部认可，全体学员顺利到美国继续专业学习；华北油田、大港油田 3 个英语班参加集团公司考试中心水平测试平均通过率为 92.7%；渤海钻探零基础西班牙语班学员培训后参加本公司内部培训效果评估测试平均得分 94 分，为公司优秀级。

广州培训中心发布《2014 年度广州石油培训中心科研项目申报指南》。承担集团公司“‘十三五’科技创新领军人才队伍建设机制研究”“国际化人才培养模式研究”及“编写《人力资源管理骨干培训大纲》”3 个课题项目，“劳动用工法律风险及对策研究”课题通过集团公司软科学研究课题评审。科研课题立项 6 项，结题验收 1 项。

【培训市场】 开发新市场，争取西部管道、四川销售、西南管道、燃料油公司、华北化工销售、西南化工销售、中油中泰燃气投资集团有限公司等石油企业首次在广州培训中心举办处级干部、中青班等重点培训项目。开发新项目，首次举办华北油田和渤海钻探外语类班、大庆油田领导干部党校及工商管理班。开展多种形式办班，服务油田企业，送教上门，解决工学矛盾，在广西石化举办两期外埠处级干部培训班；“拼单”培训，实现“双赢”，新疆炼化企业、宁夏石化、西南化工销售和华北化工销售选送学员参加“拼单”培训项目，既实现培训资源效用最大化，又为企业节约培训成本；化解广州登革热疫情影响，选派教学骨干异地开班，在北戴河培训中心举办管道局第 19 期处级干部班。

制定《社会市场开发管理办法》，规范社会市场开发原则和奖励方式。拓展培训业务，在集团公司纪检监察部和广东省纪委支持下，将广东省反腐倡廉教育基地作为广州培训中心员工和学员接受廉政教育的考察基地。

【质量管理】 围绕“上接战略下接绩效”工作目标，开展“三纵四横”（培训内容、培训方法、培训项目管理，集团公司人才需求、员工培训矩阵编制、课程体系设计、课程内容教材）质量提升活动，研究和实行新教师试讲、听课交流、优质课程评审、教研室工作等系列制度，从课程设计源头到培训运作全过程实施质量监控，落实培训测评与问题反馈整改，对102个班进行培训质量评估，测评人数6404人，项目平均得分97.68。

【企业管理】 加强配套制度体系建设，促进合规精细管理。完善培训、财务、HSE、信息、薪酬分配等28项制度的制修订和实施。研究培训管理流程，实行精细化管理，整合培训资源，改进项目运行图表，提高效率。

持续推进管理提升和节支降耗，开展财务收支月度分析，细化成本核算，加强成本事前预算、事中控制、事后考核。推行全员降本增效，纳入年度考核，严控培训费用、公务用车、采购，推行水电单表计量、交通单车费用核算，统一订购机票，部分费用同比有所下降。全年压缩费用166万元。

完成《中国石油组织史总部卷》广州培训中心部分的修改上报，《广州培训中心组织史资料》已编纂初稿。

【信息化工作】 完成华南区域数据中心备用机房设备部署、调试、升级，安装内网客户端桌面安全系统。完成无线WiFi建设方案、校园一卡通系统建设方案。门户网站改版上线测试。

【安全生产】 落实安全生产责任制，发布实施HSE管理手册、安全生产与环境保护管理职责规定、现场应急处置预案。组织开展HSE内部审核、现场应急处置预案演练、安全大检查及整改。开展“安全生产月”宣传教育活动，组织员工观看安全生产月警示片，派发道路交通、消防安全等宣传资料，开展事故教训大讨论，提高全员安全意识与应急处置能力。全年没有发生C级（一般事故）及以上安全事故。

【国家安全生产应急救援培训演练基地】 根据广州培训中心国家安全生产应急救援培训演练基地总体建设方案实施进度计划，集团公司配套资金全部到位，广州培训中心编制国家安全生产应急救援培训演练基地建设设计环节招标工作方案，基地建设进入项目招标准备阶段。

【队伍建设】 启动人才培养和行动学习计划，开展全员读书活动、《培训就该这样搞》读书分享会。2014年，员工外学内训404人次，培训费用44.5万元。选拔聘任2名中层管理人员。

【基础建设】 2014年，完成投资249万元，主要有1号培训公寓楼总配电系统安全整改、空调和计算机设备采购、培训食堂天然气管道改造、课室教学多媒体设备配置等工程。在建工程造价1500万元，主要有3号学员宿舍加固改造、教学楼配电系统安全整改、校园消防和视频监控设施整改等7个项目。

【社会责任】 按照广东省委扶贫工作统一要求，广州培训中心对口帮扶梅州市大埔县茶阳镇左弼村，2014年，投资30多万元改善左弼村村道和饮用水，为贫困户购买医保，支援种植、养殖业发展，扶贫工作通过地方政府年度考核验收。

（田　园）

其 他 单 位

中油财务有限责任公司

【概述】 中油财务有限责任公司（简称中油财务），由中国石油天然气集团公司和中国石油天然气股份有限公司共同持股，经中国人民银行批准，在国家工商行政管理总局注册的非银行金融机构。中油财务是全国银行间债券市场和中国外汇交易中心市场成员，中国证监会认可的首批IPO询价对象。

成立于1995年12月，19年来始终坚持“依托集团，服务集团，奉献集团”的宗旨，充分发挥集团公司结算平台、筹融资平台、资金管理平台功能，降低筹融资成本，提高资金运作效率和效益，为中国石油产业的发展提供金融服务与支持。为配合集团公司“走出去”战略，于2008年3月在香港设立中国石油财务（香港）有限公司，并先后由中国石油财务（香港）有限公司在迪拜、新加坡分别设立境外子公司，为集团公司境外成员企业提供跨境金融服务。在集团公司和成员企业的支持帮助下，保持健康平稳的发展态势，结算量、资产、收入和利润连续多年位居国内同行业前列，是全国资产规模最大、业务品种最多、效益最好的财务公司之一。

有股东2家，注册资本金54.41亿元人民币（含1.2亿美元）。最高权力机构是股东会，实行董事会领导下的总经理负责制。本部设有财务部、营业部、信贷部、证券部、国际业务部、管理稽核部、信息发展部、人事劳资部、金融与会计研究所、总经理办公室（党群工作部）10个部门，在集团公司成员单位所在地分别设立大庆、沈阳、吉林、西安4家分公司和65家业务受理处。服务网络覆盖集团公司石油天然气勘探开发、炼油化工、管道运输、油气炼化产品销售、石油工程建设及技术服务等各个领域。

2014年，应对复杂多变的内外部形势，扎实工作、稳步推进各项业务。特别是针对银根收紧、资金紧张等现实情况，不等不靠，强化以融促产、价值创造和风险管控，深入落实集团公司开源节流降本增效工作目标及要求，外拓市场，内挖潜力，不断提高服务能力，质量效益明显提升和增强，圆满完成各项经营目标和工作任务。

截至2014年12月底，总资产6405亿元，比2014年初减少87亿元，下降1.3%。其中，自营资产3803亿元，比2014年初减少148亿元，下降3.7%；受托资产2602亿元，比2014年初增加60亿元，增长2.4%。全年实现营业收入161.3亿元，同比增加7.2亿元，增长4.7%。实现利润总额66.5亿元，同比增加1.8亿元，增长2.7%。公司资产质量进一步提升，年末贷款损失准备充足率和不良贷款率等指标均优于监管标准。此外，通过为成员企业降息、免收结算手续费、免收委贷手续费等方式提供金融服务，创造账外价值共48.5亿元，占账面效益的72.9%，服务主业、强化产融结合的功能进一步增强，支持集团国际化发展能力充分显现。

【结算业务】 全面配合推进集团公司司库工作，保障司库结算系统平稳运行，结算业务安全高效。2014年，累计签约银行总分联动账户上线830家，限额账户上线532家，财企直连企业45家。与近千家客户逐一联系获取信息，为建设客户资源信息库奠定基础。推进企业资金管理等业务，进一步拓宽业务范围，丰富结算品种，满足企业不同需求，提升结算服务能力。截至2014年12月底，共管理结算账户2226个。全年累计办理本外币结算427.8万笔，同比增长17.3%。结算金额24.6万亿元，同比下降6.19%。

【信贷业务】 开拓市场，挖潜增效，加大客户沟通拜访力度，努力消化国储油、商储油等重点企业大额还款影响，争取股份公司等新增客户贷款102亿元，稳定信贷规模，支持集团主业发展。强化贷款定价机制，改善贷款结构，落实贷款担保制度和贷后检查，加强信贷资金监管，确保信贷资产安全。截至2014年12月底，自营贷款余额1110亿元，比2014年初增加157亿元，增长15.6%。委托贷款余额2493亿元，比2014年初增加210亿元，增长10.5%。

【国际业务】 充分发挥集团境外司库职能，进一步开拓业务范围，拓宽融资渠道，降低融资成本。获得银监会关于境内开办衍生产品交易资格，成功首发15亿美元欧洲中期票据并续发15亿美元债券，将美国商业票据发行额度由40亿美元增至60亿美元，设立20亿美元欧洲商业票据额度。2014年底外部融资余额达196.3亿美元，融资成本同比下降23个基点，新增银行授信额度186.9亿美元。紧跟集团海外项目，全年完成16个贷款项目，新签自营贷款合同102.6亿美元，自营贷款平均规模达到230.4亿美元。全年累计办理外汇交易779.4亿美元，为集团节约汇兑成本12.87亿元人民币。截至2014年底，外汇资产余额295.3亿美元，其中自营资产280.4亿美元，全年实现经营利润2.8亿美元，增长7.5%。

【证券业务】 挖潜增效，抢抓市场机遇，提高资产收益率，通过结构调整，增加分级基金、可转债等高收益率资产配置。同时把握股市机会进行申购新股，较好对冲规模持续下滑的不利因素。紧跟市场变化，把握市场机会，合理配置货币市场基金。借助股票二级市场好转，结束多年股票平均浮亏局面，实现账面浮动收益率超过70%。为成员企业做好债券托管、本息兑付、市场走势分析等服务工作。截至2014年12月底，人民币自营证券资产规模562亿元，实现经营利润31.2亿元，增长42.9%。

【资金管理】 加强头寸计划性管理，确保资金周转。抓住市场波动，加强回购操作，2014年证券回购交易累计1.8万亿元，增加边际贡献1.46亿元。全年短期资金运作实现收益9.03亿元，同比增加5.88亿元，增长186.8%，相当于降低人民币资金成本34个基点。

【分支机构管理】 各分公司、子公司加大结算、吸存服务力度，优化资产结构，降低资金成本。四家分公司结算量达213.3万笔，同比增长15.2%，结算金额5.7万亿元，同比下降5%，分别占公司业务总量的49.8%和23.2%。香港子公司金融服务能力进一步提升，海外平台功能得到强化。截至2014年底，资产总额286.5亿美元，实现经营利润3.74亿美元，为国际业务实现效益大幅增长提供强有力支持。新加坡子公司进一步拓宽服务覆盖面，年末资产余额23.4亿美元，发放贷款余额22.4亿美元。迪拜子公司发挥税收政策优势，统筹贷款安排，全年新发放贷款65.9亿美元。

【信息化建设】 顺利完成电子商务系统整体升级，对业务信息支持能力有较大提升，新版网银系统上线运行，系统功能进一步丰富。配合集团完成内部交易平台建设，推进综合报表业务管理系统前期调研及分析设计，完成综合业务报表管理系统建设方案规划，信息安全和信息化内控管理得到强化。

【综合管理工作】 加强风控部门制度建设，强化职责分工和岗位培训，规范业务审查流程，依规严格执行业务审查，风控管理更加合理、科学。强化依法依规意识，推进制度汇编修订工作，按计划完成内控自测及风险管理年度报告，风险管控能力进一步提升。报表统计、财务分析、费用报销和税收管理进一步规范化、科学化。战略研究、对标分析和市场跟踪的及时性、针对性有效增强。收发文、外事、档案和固定资产管理更加规范，督办工作效果明显提高，宣传教育得到加强，综合协调和服务保障职能有效提升。

（董　浩）

昆仑银行股份有限公司

【概述】 2014年，昆仑银行股份有限公司（简称昆仑银行）按“总—分—支”三级稳步推进机构建设，设立13个职能部门，增设理财事业部与金融市场部合署办公。下设克拉玛依分行、乌鲁木齐分行、吐哈分行、库尔勒分行、大庆分行、西安分行、昆仑银行营业部、国际业务结算中心、运营服务中心9个分行级直属机构，同时控股乐山昆仑村镇银行和塔城昆仑村镇银行。截至2014年底，昆仑银行共有分支机构62个，同比增加14个。有员工2615人，其中总行384人、运营服务中心133人、分行及总行营业部2022人，村镇银行76人，平均年龄32岁。员工总量同比增加418人，增长19%。员工队伍结构持续优化，其中具有硕士及以上学历的员工275人，占比11%；本科学历的员工1890人，占比72%。资产总额2,782.99亿元，各项存款余额1,131.03亿元，各项贷款余额730.63亿元，资产规模稳步增长。全年实现营业收入73.84亿元，同比增加17.26亿元，同比增长30.50%；营业支出39.10亿元，同比增加13.06亿元，同比增长50.15%；实现净利润29.37亿元，同比增加3.45亿元，同比增长13.30%。

【主要业务】

1. 公司金融业务

2014年，初步搭建产融业务管理体系和业务平台，形成涵盖客户管理、产品创新、审查审批等方面的产融业务规则，服务能力稳步提升。通过为核心企业提供优质综合金融方案，批量开发物资供应商600余户，并与18家规模较大的供应商签订战略合作协议。通过商信通金融服务方案，服务核心企业现金管理新需求，批量营销上千户供应商，开户558户。针对油气产业链客户，推出物采通、商信通，升级油企通、法人账户透支等特色产品，初步搭建上通下贷的产融产品谱系。“昆仑快车”产融品牌正式推广发布，产融结合信息平台、产业地图（一期）顺利投产，特色业务规模不断扩大，市场知名度得到提升。推动以石油产业链客户为核心的小微金融业务，开展小微金融事业部试点。截至2014年底，昆仑银行客户1.63万户、增长35.83%，其中产融客户占比37.53%；贷款余额692.73亿元，比2014年初增加87.24亿元，其中产融贷款占比提高8个百分点。

2. 个人金融业务

2014年，昆仑银行着力强化渠道、产品、服务与品牌建设，拓展个人高端客户市场，提升中高端客户服务水平，完善个人金融业务风险管理体系，持续开展进企业、进社区、进校园、进市场、进商户的营销活动，推出个人理财产品质押贷款、农户经营贷款等个贷新品，新开办基金代销业务、银证转账业务，完成银保通系统升级改造，进一步丰富个人金融业务和产品种类，更好地满足个人客户多元化的投资理财需求。截至2014年底，昆仑银行个人储蓄存款余额225.78亿元，同比增长27.68%；个人贷款余额29.99亿元，同比增长60.55%；代理类中间业务收入3483.34万元，同比增长132.57%；增发银行卡35.29万张，累计发卡129.62万张；银行卡类手续费收入2,110.49万元，同比增长23.91%。

3. 金融市场业务

2014年，昆仑银行金融市场业务市场活跃度和影响力持续提升，在全国银行间同业拆借中心评选的“2014年度本币交易100强”中位列第54名，在中央国债登记结算有限责任公司公布的2014年“债券交割量总排行榜”中位列第46名。截至2014年底，昆仑银行金融市场业务表内资产规模1461.75亿元，同比增长31.05%；表外资产规模84.41亿元，同比增长55.43%；负债规模756.92亿元，同比增长77.48%；全年实现利息收入74.76亿元，发生利息支出31.49亿元，实现净利息收入43.27亿元；全年累计发售理财产品140期，规模241亿元。

2014年，昆仑银行获取非金融企业债务融资工具承销业务资质，为2015年提供一揽子综合性金融服务奠定基础。

4. 国际业务

2014年，改进国际结算系统，实现客户网上银行系统的成功开发和上线。推出国际业务产品品牌“伊路通”，扩大昆仑银行国际业务产品的知名度。国际业务本外币总资产、净利润、结售汇、信用证、保函、跨境人民币结算量等均大幅增加，产品优势逐步形成。

10月30日，国际业务结算中心在北京挂牌开业，标志着昆仑银行跨区营业机构建设取得重大突破。

【资本管理】 昆仑银行资本管理以保障持续经营、满足监管要求、不断提高资本的风险抵御能力以及提升资本回报为目标，定期审查昆仑银行资本状况以及相关资本管理策略的执行情况，并通过积极的资本管理保障昆仑银行经营目标的实现，不断提升资本的使用效率，保证银行的持续发展。截至2014年底，昆仑银行合并口径核心一级资本充足率、一级资本充足率和资本充足率分别为11.06%、11.06%和12.21%，均满足监管要求。

【风险管理】 昆仑银行初步形成覆盖信用、市场、操作等风险类型的全面风险管理组织架构。2014年，持续完善风险管理组织框架，不断梳理明确风险管理各项职责，为风险管理文化的培育建立良好机制，有效支持业务健康发展。风险管控能力持续增强，风险合规监督管控有效，2014年未出现重大不良贷款，信用风险可控；未出现重大操作风险、案件事件。

【人力资源管理】 2014年，昆仑银行紧紧围绕发展战略和经营目标，以创新管理机制、提高队伍能力为核心，继续深化和完善人力资源管理，优化组织架构。持续实施英才聚集计划，引进优秀人才，强化营销队伍建设，提高营销岗位占比。开展岗位交流、岗位竞聘，持续优化干部队伍结构，全方位多方式培养打造核心骨干人才队伍。完善激励约束机制，开展岗位及薪酬评估。完善工效挂钩薪酬管理机制，突出战略绩效导向。继续推进落实员工培育工程，分层分级共举办各类培训班612期次，参训总人次18581人次。

【信息科技管理】 2014年，昆仑银行信息科技工作以IT规划为指导，以融合为主题，建立并完善安全运行奖惩、生产事件分析、系统投产规范、IT应急管理、生产安全检查、晨会、日报及值班巡查等安全生产管理机制，实施运维监控、网络准入、桌面管控、IT服务工作信息化及平台化等多项主动防御措施，全年信息系统安全稳定运行，关键系统可用率保持在99.99%以上。2014年，完成11次信息系统的集中投产，新增二代支付、数据仓库、产融结合信息平台、外贸金融平台、客户预填单、基金代销等7个新系统，实现核心、信贷、国结等生产系统版本升级，有力保证各项业务健康发展。

【社会责任】 2014年，昆仑银行积极贯彻国家经济结构调整和转变发展方式战略，致力于服务地方经济发展，认真履行企业社会责任，促进区域经济社会协调发展。在优化信贷结构的同时，服务石油石化产业链上的“小微”企业客户群，支持“三农”建设，投身民生工程，减少服务收费，热心公益事业，不断提升综合服务水平。

（张建斌）

中油资产管理有限公司

【概述】 中油资产管理有限公司（简称中油资产）是集团公司直属全资子公司，专业从事投资和资产管理，是集团公司重要资本运营平台。2009年5月，重组并控股金港信托有限责任公司，金港信托名称变更为“昆仑信托有限责任公司”，注册资本30亿元人民币，成为集团公司金融板块重要组成部分。重组后，昆仑信托与中油资产实行合署办公。2014年，设办公室、党群工作部、人力资源部、财务托管部、发展研究部、信托业务部等16个部门；共有员工279人，其中硕士以上学历137人、本科学历129人、其他学历13人。

截至2014年底，资产总额167.5亿元，较2014年初增加10.6亿元；负债总额70.2亿元，较2014年初增加1.1亿元；所有者权益97.3亿元，较2014年初增加 9.5 亿元。实现营业收入 19.1 亿元，同比增长 6%；利润总额 12.1 亿元，完成集团公司预算指标 8.5 亿元的 142%；信托规模达到 1403 亿元。

【业务发展】 2014 年，转变思路、转变方式，稳健经营、稳健发展，妥善应对各种挑战，有序推进各项工作，经营业绩稳步提升，工作作风更加务实，综合实力明显提高。

效益实现新提升。以效益为中心，积极推进业务发展，不断发挥自身优势，持续扩大与央企、地方大型国企、实力较强的民营企业、各类金融机构等优质交易对手的合作，进一步提升股权投资业务水平。同时，拓宽固有资金运用渠道，坚持稳健策略，提高投资收益。投资 4.9 亿元，入股中国信托业保障基金管理公司，优化投资布局，彰显行业地位。固有业务与信托业务协同发展，优势互补，2014 年实现收入 4.9 亿元，占中油资产收入的 35%，资金收益率达 11.1%。

产融结合取得新进步。持续完善“信托 + 基金”模式，做强国联能源产业基金，调整股权结构，规范运作机制，以市场化方式平稳推进西气东输一、二、三线管道建设，未动用储量开发，四川页岩气等项目，投融资规模累计达 365 亿元。积极协调、精心谋划、严控风险，2014 年新增矿区住宅项目融资 3 亿元，累计为 14 家矿区企业融资 186.6 亿元，建设住宅面积 1278 万平方米，确保中国石油“民生工程”的平稳运行。为储备油项目累计提供资金 110 亿元。发挥资产管理与处置平台作用，完成 254 笔不良债权的清收处置，实现收入 615 万元；受托完成 10 项实物资产处置，实现收入 917 万元；启动炼化企业 69 套化工装置资产包项目和集团公司低效存量土地处置工作，为集团公司资产轻量化做出贡献。公司产融结合、助力主业的层次和水平进一步提高，中国石油特色的发展模式已经形成。

业务转型迈出新步伐。发行公司首个资产证券化产品——“浦发银行工程机械贷款资产证券化”项目，规模 20 亿元，丰富产品类型，提高核心竞争力，对业务转型创新具有重要的战略意义。投资山东信托获得银监会正式批复，与山东信托签订业务合作框架协议，双方将实现客户市场、营销渠道、阳光私募等全方位金融合作。创新慈善信托产品模式，通过结构化设计和现金管理，将产生的信托收益捐献给慈善机构，其中 50 万元用于四川省甘孜州藏区教育扶贫项目。加强内部资金管理，提高资金的运作效率，为业务发展提供了资金保障。

营销业绩实现新突破。继续优化营销网络布局，加强直销团队建设，深挖集团内部市场，巩固原有忠诚客户。大力开发高净值客户和机构客户，不断加强与各类金融机构的联系，拓宽客户和资金渠道。加强与媒体的合作，通过《中国石油石化》《国企》等杂志，宣传公司品牌形象。开通微信营销平台，发布信托知识，公布产品信息，增强与客户的沟通互动，提升客户服务能力。重视投资者教育，举办客户风险教育大会，引导客户增强风险意识。规范销售行为，做好产品的风险揭示和投资者权益保护工作。累计发行“昆仑财富”系列产品 68 个，规模 260 亿元；合格投资者达到 8620 人，其中 1000 万以上的高净值客户 1260 人；2014 年自主销售达到 127 亿元，其中面向合格投资者销售 75 亿元。

【内部控制与合规管理】 始终坚持将风险控制放在工作首位，坚守合规经营“红线”，风险管理再上新台阶。组织内控体系全面测试，开展风险事件收集工作，全面风险管理体系日趋完善；完善项目的全过程管理体系，加强中后期管理考核，提高风险管理的精细化程度；制定《公司重大事项报告处置管理办法》，声誉风险管理更加主动，反应更加及时；严格项目合规审查，提升法律支持服务力度；持续完善公司的制度体系，制度体系更加精细完善，开展两期制度培训，提高制度执行效果；有效发挥稽核审计职能，2014 年实施 2 次操作风险评估、3 项专项检查、5 项专项审计、3 项离任审计、50 个到期项目审计，涉及资金 1300 多亿元；进一步完善反洗钱和反恐怖融资的顶层制度设计，实现反洗钱风险控制与业务流程的有机融合。

【基础管理】 在发展研究方面，进一步加强行业调研，完善对标分析；积极参与信托业协会组织的公益信托、养老信托等课题研究和信托业社会责任报告的编制，体现中油资产的研发能力。在财务管理方面，加强财务信息综合应用和监控分析，不断增强决策支持和价值创造能力；统筹各类资金管理，提高资金的使用效率；信托财务工作发挥运营管理和财务核算职能，为项目的顺利运行提供有力保障。在队伍建设方面，继续优化人力资源结构，加大优秀人才引进力度；优化分层培训体系，培训更加贴近员工需求，2014 年完成培训项目 50 余个，开展专题培训 11 次，累计培训 1180 余人次；完善绩效考核与薪酬管理体系，制订项目风险预警分类考核办法，形成一套简便、实用、有效的薪酬激励机制。在信息化建设方面，持续优化升级昆仑瑞飞管理信息系统，启动信息系统安全保障和运维管理体系建设，组建多地视频会议系统，信息管理的自主性、安全性和运行效率大幅提升。在综合管理方面，启动档案数字化和规范化建设，持续提高档案信息化管理水平；认真完成中油资产组织史资料编纂，得到集团公司的充分肯定。

【党群工会工作】 以作风建设为主线，党组织凝聚力进一步增强。深入开展“争做金融街上的石油人”之“四严”主题教育活动，党员干部思想觉悟进一步提高；各级领导通过面对面、心交心的谈心征求意见活动，进一步密切党群干群关系；领导带头开短会、讲短话、压费用，2014 年会议费、招待费、差旅费、办公费等同比减少 52%；获集团公司优秀共产党员、直属机关先进基层党组织等多项荣誉。以凝心聚力为重点，群团组织建设进一步完善。持续开展“职工之家”建设活动，推进厂务公开民主管理，2014 年征求员工意见建议 170 条；进一步完善帮扶慰问工作制度，全年慰问员工 30 多人次；组织开展各类文体活动，积极参与多项社会公益活动，持续做好员工福利工作，连续获集团公司直属工会“优秀职工之家”称号。强化执纪监督问责，党风廉政建设进一步加强。研究制订《建立健全惩治和预防腐败体系 2013—2017 年实施计划》工作方案，细化惩防体系的责任分工和工作重点，印发《关于落实党风廉政建设主体责任和监督责任的实施意见》。深入转职能、转方式、转作风，强化警示教育，认真整风肃纪，签订 101 份廉洁从业承诺书、29 份党风廉政建设责任书，先后开展公款消费、小金库等 5 次专项检查。

（卫荣华）

昆仑金融租赁有限责任公司

【概述】 2014 年，昆仑金融租赁有限责任公司（简称昆仑金融租赁）按照集团公司党组和公司董事会决策部署，实施“能源、市场、特色化”战略，突出质量效益，开发国内国际“两个市场”，坚持科学稳健发展，取得良好经营业绩。截至 2014 年底，租赁资产规模 494.19 亿元，同比增长 7%；实现营业收入 36.99 亿元，同比提高 6.35 亿元；实现利润总额 7.02 亿元，同比提高 1.14 亿元；实现税费 2.72 亿元，同比增加 0.16 亿元。2014 年直租投放比例达到 41%，继续保持行业领先；实现放款本币 104.11 亿元，外币 1000 万美元，其中重庆放款 13.75 亿元；缴纳税费 2.36 亿元，计提风险拨备 5.92 亿元；服务油气主业业务占比达到 14%。

在银监会监管 25 家金融租赁公司中，资产总额排名第九，营业净收入排名第八，净利润指标排名第九。各项监管指标均优于监管要求。

截至 2014 年底，设部门 14 个；员工 90 人，其中高级职称 17 人，研究生学历以上 39 人。

【租赁业务】 租赁项目按行业划分主要集中在 9 个领域，其中仓储、运输和邮政业，制造业，电力、热力和水供应业，水利、环境以及公共设施管理业等 4 个行业占比近 90%。按租赁物划分主要集中在 6 个领域，其中专用设备，土地、房屋和构筑物，交通运输设备等 3 个领域占比达 93.6%。2014 年共签订合同 24 份，合同金额本币 101.23 亿元，外币 2000 万美元；新增项目综合收益率 9.04%，同比平均水平增长 1.12 个百分点，ROE(净资产收益率)为 8.43%，同比提高 1 个百分点；利润总额 7.02 亿元，同比增长 1.14 亿元。业务规模增速放缓，但项目综合收益持续提升，实现突出质量效益工作目标。

【市场开发】 围绕公司战略，结合区域定位，华北市场重点针对天然气、电力领域开发项目，跟进长城钻探、渤海钻探的设备采购需求，探索特色化租赁业务模式；西南市场加大能源重点企业的营销，实现能源项目的突破；继续围绕股东产业链开展融资服务，还针对性开展保税租赁业务的研究；珠三角、环渤海是公司新的市场区域，2014 年市场营销客户近百家，分析所属区域的融资需求和经济特点，勾勒出珠三角和环渤海两个区域的市场轮廓，蓄势待发；“长三角”区域开发以宣传和产品推介为着力点，侧重水务、热力、能源和先进制造业项目，创新开展联合租赁业务尝试，项目投放快，收益高；国际业务在集团公司装备制造板块开展首笔 1000 万美元的国际租赁业务；在装备制造领域，实现昆仑金融租赁第一笔由厂商提供回购担保的类厂商租赁业务，并且首次采用承兑汇票的支付方式。推进 SPV 项目，搭建境外业务平台。2014 年 12 月，获得银监会关于在境内保税区设立项目开展融资租赁业务资格的批复。

【服务油气主业】 落实集团公司“产融结合”发展思路，围绕油气主业需求，通过提供金融与产业专业技术相结合的差异化、特色化服务，服务油气主业的业务占比达到14%。加强与集团公司主管部门和内部其他金融企业合作，创新多元化金融租赁产品，操作海上钻井平台设备、石油化工、LNG和石油装备等租赁项目，签约合同5份金额13.42亿元，实现放款16.24亿元；注重内外部市场的协同发展和联动效应，积极探索与集团公司油气业务上下游产业链的合作模式，在风险可控的前提下实现对产业链客户的支持和对油气主业的间接助力，操作油气主业上下游产业链的天然气管道和石油装备等领域的项目，签约合同5份金额近7亿元，实现放款7.6亿元。

【发展战略研究】 战略规划紧紧围绕"能源、市场、特色化"为主线，以战略研用、专题研究、同业对比和信息整合为手段，推进战略研究和实际业务工作的有效结合。2014年共编制完成《上海自贸区与前海对比分析报告》《水务行业分析报告》《同业战略工作调研专题报告》等13份专题报告，2期《要闻概览》、6期《业务创新动态分析报告》和《金融租赁行业分析报告》。通过这些专题研究和信息分析报告，首次实现将战略规划实施评价与年度经营计划及绩效指标有效结合起来，为产品设计、专业投放和业务发展方向提供规划指引。

【风险管控】 以"控风险、保质量、抓效益"为总体工作思路，以年度重大风险管控为核心，以项目风险管控、评价、预警为重点，努力实现公司风险全面受控管理。组织开展年度企业风险管理报告，对风险管理工作、措施的系统梳理和查漏补缺，识别、评估下一年度重大风险，制订整改方案并督促落实；建立风险预警指标体系，实现系统模块化管理。搭建风险预警指标监控体系研究平台，针对租金逾期、资产质量分类、租赁物保险、租赁物权重等重点环节选择关键指标、风险提醒和预警指标，进行重点监控，并与信息系统建设相结合，将预警模块内置系统中，实现由人为、分散地控制风险转变为系统自动监控，预警的主动性大大提升；项目风险管控精细化、体系化进一步完善。以设立项目操作标准、完善评审会议事规程、建立主体信用评级模型和加强前提条件落实审核为抓手，强化风险底线意识，提高风险量化评估能力，增强评审的独立客观性，推进风险管理精细化。

【资产管理】 通过现场考察，深入分析项目租赁物的具体情况，强化租赁物权及价值、保险风险审查，针对审查情况提出风险管控建议，有效防控项目操作中涉及租赁物的各种风险。2014年共进行35项租前尽职调查。多方式加强对项目运行过程的监控管理和租后资产现场检查，重点关注承租人的持续经营状况、获利能力及偿债能力的变化，查找可能存在的风险隐患，及时揭示项目运行风险。初步建立"按季实施、部门联动、多维监控、风险披露、落实整改"的风险排查机制，对于项目风险预警、风险防控发挥积极的效果。2014年进行27次租后现场检查。细化资产质量分类，增强资产质量分类结果对项目租后运行管理的指向性作用。资产质量分类的细化对资产管理形成统一稳定的评价体系，降低分类标准分歧，减少人为干预对分类结果的影响，提高公司租后管理的针对性。2014年，对440项次资产进行质量分类复核。

【合规管理】 以体系设计有效、执行有力为重点，完善制度建设和内控流程，实施审计监督和法律审查，运营合规工作进一步深化。修订内控流程，强化内控执行力。依照法律规范、公司制度变化情况对租赁业务、财务管理等55项内控流程进行修订，编制风险控制文档46个，删除流程12个，新增2个，建立起符合公司运行实际的（2015版）《内部控制管理手册》，并开展覆盖公司层面、业务层面、信息系统层面的全范围、全流程测试，从根本上保证内控手册流程和风险管控与实际工作一致。加强审计监督和法律审查，保障公司合法运营。通过开展案防排查、法律审查和内部审计等方式，一方面提高公司员工的合规运营意识，另一方面以专业的手段保障公司合法、合规经营。

【信息化建设】 核心业务系统完成上线投用，使得风险管控手段显著增强，管理效率得到提高，员工的流程与合规意识得到提升，风险管理体系建设得到实质性推进。完成核心业务系统阶段上线优化，实现系统上线运行和业务在线处理；完成新的生产中心建设，实现各项数据由从前24小时一备份到30分钟一备份的过渡；完成核心业务系统二阶段建设开发，准备上线前的各项工作；移动办公和短信平台建设有序推进，完成需求分析和功能规格编写，确定中标单位。

【财务资金管理】 以资金筹集为中心，拓宽融资渠道。2014年共筹集资金本币238亿元，外币1250万美元，新增授信额度326亿元，累计授信额度达到1621亿元。积极开展创新业务研究。成功操作第一笔租赁项目收益权转让回购，为业务出表回购积累实践经验。推进资产证券化、金融债券、租赁资产转让等专题研究工作，为进一步拓宽昆仑金融租赁融资渠道奠定基础。加强流动性管理，确保风险可控。通过加强项目资金预算落实，提升资金放款有效衔接，不断完善价格模型体系，实现资金管理水平的提升和流动性风险的防范。

【党建工作】 党的群众路线教育实践活动成效显著。按照集团公司党组的统一部署，昆仑金融租赁党委扎实开展教育实践活动，深化整改“四风”问题方面，立项问题9个，整改完成9项；专项整治方面，立项2个，整改完成2项；制度建设计划方面，计划制定17项，制定完成17项。党组织的凝聚力和战斗力得到不断提升。推行《公司党务公开工作的实施细则》，提升党务工作科学化、制度化、规范化水平；引导和激励党员领导干部做到思想觉悟高于群众、业务技能高于群众、工作业绩高于群众，发展成果惠及群众，在员工群众中树立良好形象，有效增强党组织凝聚力。党风廉政建设工作取得成效。严格落实中央“八项规定”和党组“二十条要求”，作风建设得到加强；坚持“一岗双责”，层层签订党风廉政建设责任书，形成一级抓一级、层层抓落实的党风廉政建设责任体系，党风廉政建设责任制落实有效；制订《公司建立健全惩防体系2013—2017年工作规划》和《2014年推进计划》，将责任分解落实到领导班子成员和各职能部门，扎实推进惩治与预防腐败体系建设。

【群团工作】 着力推进职代会和职工之家建设，开展“五型”班组评选活动，创建率90%。继续在前台业务部门开展“最佳效益、最大项目、最多项目、最佳业绩”等优胜奖项评比劳动竞赛活动，22个项目17人次受到表彰。组织开展形式多样文体活动，提高团队凝聚力。帮助员工解决子女入学、就医住院等实际问题。帮扶困难员工14人，发放帮扶资金3.5万元。做好重庆地区10名失学贫困学生的助学活动，累计资助学费4万元。昆仑金融租赁工会获直属工会“模范职工之家”称号。团总支创新工作思路，积极组织开展活动。参加直属团委青年英语演讲比赛获得三等奖；获得宝石花杯足球比赛“精神文明奖”；团总支和业务一部分别获得集团公司青工委和直属团委“五四红旗团支部”和“青年文明号”表彰，多名青年员工获得“青年岗位能手”“优秀共青团干部”等称号。

（尹江虹）

中国石油天然气运输公司

【概述】 中国石油天然气运输公司（简称运输公司）成立于1953年，是集团公司直属的大型专业化运输物流企业。主要为集团公司所属110多家油田、炼化、销售、管道、燃气等企业提供专业化运输、石油石化产品配送及其他综合配套服务。拥有国家一级道路货运企业、涉外运输、危险品运输、国际国内海陆空货运代理、进出口贸易、建筑安装、路桥施工和对外承包工程等经营资质，通过国家质量管理与质量保证体系认证，是全国公路货运行业规模最大的AAAAA级运输物流企业。公司本部设在新疆维吾尔自治区乌鲁木齐市，在全国31个省（自治区、直辖市）设有分公司，在全国地（市、县）级城市设立704个运输大队、配送中心（车队）、修理厂和后勤服务等生产生活场点，在哈萨克斯坦、土库曼斯坦、尼日尔3个国家设有分公司和项目部。截至2014年底，机关设16个职能处室，下属55个生产经营和后勤服务单位。共有员工38355人、各种车辆设备23097台，资产总额141.59亿元。

2014年，完成货运量1.17亿吨、货物周转量150.86亿吨·千米，同比分别提高6.1%和3.7%；实现收入234.68亿元；超额完成集团公司利润指标5728万元；EVA增加值完成预算指标的115%。

主营业务包括油田运输（沙漠运输）、成品油配送（非油配送）、化工与燃气运输、普通货物运输、特种大件运输、国外与涉外运输、修理业务、物资贸易（国际货代、国际物流、进出口贸易）等；兼营业务包括放空天然气回收、油田环保作业、路桥施工，钢结构和压力管道制作安装，机械加工制造，复合型材生产，节水灌溉、驾驶培训等涉及基建工程、多种经营和油田服务的业务。

围绕集团公司油气主营业务，加强生产组织协调，提高车辆运行效率，做好服务保障工作。油田运输应对市场环境新变化，贴近甲方主动服务，保障塔里木、新疆、吐哈、长庆、华北、冀东等油田的勘探生产，开展大庆油田压裂液运输市场，承接中国石化沧州炼油厂的原油运输业务。2014年，拉运原油923万吨、物资779万吨，完成井迁1506口。在巩固现有市场的基础上，成品油配送跟进机构用户、小额配送、航油等增量市场，共配送成品油7948万吨、航油192万吨，同比分别提高1%和23%，全年配送计划完成率为99.54%、配送及时率为98.33%。化工与燃气运输着力提高自有车辆的利用率，保障炼化企业的互供料和化工产品后路畅通以及昆仑燃气、昆仑能源、中联油等企业的LPG、LNG、CNG运输，共运输化工产品和燃气615万吨。特种运输与物流立足国际国内两个市场，承担中亚C线、坦桑尼亚项目的钢管和物资运输，进入中国五矿、中国有色的工程物流市场，共运输钢管590千米、特种大件设备274台（套），完成国际货代业务386笔。国外业务开展阿克纠宾油田乙方和社会运输市场；承担土库曼斯坦巴格德雷合同区铁路桥、铁路正线铺轨工程，介入电气设备安装、气田管道抢维修市场；拓展尼日尔项目钻前施工、完井环保业务。油田服务坚持“安全受控、效益优先”的原则，持续抓好塔中试采项目和哈拉哈塘试采总承包，运行试采单井479口，回收放空天然气2.58亿立方米，所管理的3413千米输油气管道安全平稳运行。基建工程着力打造精品工程，承揽外部工程501项、内部工程109项。加工制造取得国家和省部级专利3项，生产管材4.58万吨，制作压力容器和车载罐651个。

【企业管理】 持续扩大成长性好、附加值高、风险可控的运输业务比重，实现主营业务收入114.5亿元，占总收入的比重同比提高19.5%；大力压缩资金占用量大、履约风险高的贸易业务，收入同比下降36.9%；控制用工量大、效益不佳的宾馆餐饮等业务。落实“三控制一规范”要求，进一步规范两级机关科室设置、定员标准及配送中心（车队）管理岗位配备标准，撤并机关部门2个，整合二级单位8个，优化归并科级单位149个。通过推行“管理公司”模式、提高运行效率、严把员工“入口关”、开展业务外包等方式，将用工总量从40750人减少到38355人，减少直接用工2395人。积极探索对外合作方式，与金杯汽车股份有限公司等3家单位达成初步合作意向，以解决制约发展的体制机制问题。

【基础管理】 制修订管理制度60项，梳理业务流程461项，完成中国石油公路运输物流标准体系表的编制和发布。强化投资项目前期分析论证，把有限的资金投向创效业务和改善一线员工的生产办公条件上，主营业务投资占比达98.6%。上线运行“财企直连”模块、财务信息系统统一界面和单车核算系统，提升财务管理信息化水平。加大债权债务清理力度，历年应收账款和预付账款清理率分别达到93%、73%。稳步推进车辆管理系统建设，ERP应用集成项目主体功能上线运行。严格承运商、承包商和供应商准入管理，审核通过社会承运商447家、车辆及罐体维修承包商131家、基建工程承包商316家、物资供应商131家。加强费用支出管控，“五项”费用同比下降45.9%。积极争取税收优惠政策，减负增效9100万元。推进资产轻量化，调剂、处置、报废低效无效车辆设备1761台（套）。加大物资集中采购力度，节约采购资金5800万元。加强外协车辆审批管理，清理外协车辆1814台，提高自有车辆的利用率。强化内部审计监督，完成审计项目118个，审减费用1.4亿元。

【数质量管理】 与销售板块建立高层工作组，定期研究解决数质量管理方面存在的突出问题。争取销售板块和省公司的支持，重新检测和标定46个油库的发油设施和3376座加油站的地罐，并在广东、新疆等17个省、自治区开展主动配送、远程交接和加油站卸油加油同步试点。利用信息手段强化油品装、运、卸全过程管控，安装车载视频监控1780台。全面实施科学管理，完善数质量事件考核计分标准，建立运输损耗排名通报制度，严格考核奖惩和责任追究。推行数质量“领导包片、干部包车”管理，开展领导干部深入基层“三个一”活动，组织两级机关人员考取押运员证，累计跟车押运63436人次，回访客户45953人次，整改落实反馈意见4308条。联合甲方、公安机关加大整治力度，严厉打击盗卖置换油品等违法行为。2014年，油品配送综合损耗率从年初的1.93‰下降到8月底的1.31‰，9月以后平均损耗率下降到1.25‰，提前实现销售板块确定的1.3‰的损耗管控要求，全年累计降幅达33.5%，减少损耗4.02万吨。

【安全生产】 制修订《安全生产事故隐患管理办法》等制度11项、重大安全环保风险管理方案8项、突发事件应急预案17项。严格事故责任追究，强化落实直线、属地和岗位责任，35人受到行政处分。通过集团公司HSE体系专项审核，组织两次公司体系内审。开展安全设备大检查和油气装卸专项检查，整改隐患3472项。继续开展全员风险写实活动，制订风险预防消减措施1891项。上线运行应急管理系统，组织油品泄漏等应急演练2006场次。开展新《安全生产法》和《环境保护法》的宣传贯彻及安全经验分享、事故案例警示教育等活动。推广应用新技术、新产品，节约912吨标准煤。

【员工队伍管理】 出台领导人员、科级及以下干部管理暂行办法，规范干部的选拔任用、管理考核和培养交流。通过挂职锻炼、定岗定编、岗位交流等方式，引导管理人员向艰苦地区、生产一线和创效岗位流动，两级机关管理人员同比减少7.7%。改进培训方式，突出现场实操，着力提高干部员工的动手能力和操作水平。鼓励员工考取技术职称，628人取得专业任职资格，35 人获得技师和高级技师职业资格。

【党建和廉政建设】 组织学习党的十八届三中、四中全会和习近平总书记系列讲话及新疆维吾尔自治区党委八届八次全委扩大会议精神。继续开展创建“六个一”党支部和党建“三联”责任示范点挂牌明示活动。成立基层党组织 50 个，发展党员 258 人。落实党风廉政建设党委主体责任和纪委监督责任，对党委班子的 8 项主体责任和纪委的 6 项监督责任进行细化分解。开展“三超”问题专项整治工作，跟踪整改局处两级班子“四风”问题 655 个。从严查处信访举报案件，通报违反廉洁自律规定的典型案件 2 起，12 名干部受到党纪政纪处分。对 10 个单位进行党内巡视和外协车、物资采购效能监察，通报存在的问题 93 个。

【和谐企业建设】 投入 3156 万元，完成维修改造项目 43 个，绿化美化场地 1.59 万平方米。修订补充医疗保险制度并覆盖全员。启动“金秋助学”活动。建立对口帮扶特困户、困难户工作机制，开展节日慰问 21297 人次。全面排查不稳定因素，做好维稳信访和重大节日、敏感时期的安保防恐工作，确保前线稳定、后方和谐。

【精神文明建设】 开展“提质量、创效益、保安全、冲刺全年奋斗目标”劳动竞赛。举办职工运动会和书法美术摄影作品展。争创各类先进，涌现出全国“工人先锋号”、集团公司“优秀共产党员”等省部级以上集体和个人荣誉 59 个。

【社会责任】 按照新疆维吾尔自治区党委部署，开展“访民情、惠民生、聚民心”工作，为乌恰县阿热布拉克村援建饮食服务中心。

（王军强　贺　璐）

中国华油集团公司

【概述】 中国华油集团公司（简称华油）组建于 1998 年 12 月，是集团公司直属的综合性后勤服务和保障企业。经过多年发展，形成酒店旅游、物业管理、海外服务、商贸物流、房地产和边际油田开发 6 项业务相互支撑、协调发展的产业格局。业务范围覆盖国内 27 个省市、海外 40 多个国家和地区。

针对宏观政策变化、市场剧烈波动、成本刚性上升等形势，及时出台《开源节流降本增效确保实现 2014 年预算目标的实施方案》及工效挂钩、领导班子季度考核等配套文件，提出理顺营销体制机制、构建集团化营销体系等 17 项措施；启动酒店信息系统升级改造和品牌细分研究论证；围绕 2014 年目标统筹抓好生产经营管控，细化成本费用指标控制，强化预算刚性约束，压缩各类开支；在酒店、物业领域推进非核心业务外包，严控用工总量；依照“七三挂钩”“三七分成”原则，严格执行工效挂钩和季度绩效考核机制；按照“轻资产、重价值、创效益”原则，对酒店资产全面梳理分析，提出酒店资产整合处置方案；严控投资规模，优化投资结构，不再新增带资装修、租赁经营等低效亏损酒店项目，对扭亏无望、非自有资产和近 5 年已大规模装修改造过的单位停止投资改造，全年投资规模同比压减 40%。

阳光酒店集团组建集团营销团队，集中对华北、西南、西北等地区的石油企业开展区域一体化营销。所属各酒店加强本地市场和客源结构分析，创新营销思路，实现市场结构的调整转型。九寨阳光酒店在市场竞争不断加剧的情况下，建立激励机制，推行全员营销，同比增收 26%、增盈 136%；北京石油阳光会议中心加大网络预订和散客销售力度，推出“食、宿、娱”打包服务，接待人次同比增长 19%；深圳中油阳光酒店坚持装修改造不停业，不但保住传统客户资源，还维持 74% 的客房平均出租率。阳光酒店集团 2014 年整体客房成本、餐饮直接成本分别降低 3.5%、1%；通过合并岗位、业务外包、自然减员等方式，全年用工总量同比减少 307 人，人工成本减少 336 万元。

阳光物业公司以“创新增效、提升管理”百日劳动竞赛活动为主线，狠抓节能降耗、降本增效和服务创新。组织基层单位开展岗位练兵和技能竞赛活动，形成“五小”创新成果 33 项；通过技术革新、优化管理流程，全年共节电 280 万千瓦时、节水 4 万吨、节气 35 万立方米。北京分公司通过修旧利废节约费用 225 万元；安宁分公司深入开展市场调研，就服务细节与甲方多次沟通，成功中标云南炼化草铺物业服务项目；乌鲁木齐分公司通过与海南航空和中铁建等公司建立长期合作关系，客房年入住率达到 85%。

上海浦东华油实业公司针对市场消费结构转变，及时调整促销策略，推进精细化管理取得实效。拓展物业增值服务范围，与 8 家单位签订 11 份延展合同，标的额超过 1200 万元。酒店 2014 年新开发企业客户

402家，平均出租率达到67%，同比增长4%；通过合并机构，优化流程，人房比系数下降到1：0.98。

阳光国际公司面对海外部分地区局势动荡、埃博拉疫情蔓延、外汇贬值等不利因素，强化主营业务协调运行，在巩固中国石油甲方市场的基础上，向长城钻探等乙方市场和社会市场延伸。建成投运尼日尔中石油基地，新增哈萨克斯坦中油新公寓、巴格达新营地等后勤服务项目12个。苏丹分公司克服南苏丹地区战乱影响，通过加强商务谈判、增加服务范围等途径，实现利润4758万元，同比增长10%。迪拜分公司加强节能改造，落实服务外包，推动公寓整体管理“本土化”。乍得分公司建立完善内部绩效考核机制，加强酒店营销团队建设，试点开展炼油厂项目对标管理。

华油实业公司根据市场形势变化，调整先购后销的贸易模式，退出钢材业务，加大食糖和煤化工业务比重。以定向购销的方式，向上游供应进口原糖，对下游销售制成品，2014年食糖销量40万吨；与大型煤化工企业建立战略合作关系，全年销售煤化工基础产品222万吨。阳光商贸公司较好完成尼日尔基地、大连和怡阳光酒店开办物资的供应以及天坛饭店等6家酒店电梯更新的集中采购。

油气业务加强综合地质研究和实施效果分析，不断调整产建方向，优先在地质情况落实、单井产量高、经济效益好的区块实施建产，全年累计钻井114口，投产75口，新建产能5万吨；抓好油藏精细管理，努力控制递减，开展老井复查摸底工作，按照“一井一法一工艺”的要求，加大措施增油力度；根据平均油价持续走低的现状，先后关停低效无效油井203口。

【管理提升】 深刻分析内外部环境变化和行业发展趋势，丰富完善发展思路，实施“有质量有效益可持续”发展方针，突出从注重规模发展向更加注重质量效益发展转变，推进以市场为导向、效益为中心的集约化经营，以制度管人、流程管事的规范化管理，调整完善公司本部管理架构，理顺管理界面和职能，夯实管理基础，提升管理的规范化、标准化、精细化水平，增强集团化运营能力。

公司本部管控职能进一步加强。针对“集而不团、定位不清、集分失衡”的现状，对机关组织机构进行调整完善，增设经营管理部，突出抓好生产经营运行管理、市场营销、品牌、质量、标准化建设等工作。加强财务预算管理、资金计划和日常管控，统一各专业的基础预算报表，优化经营业绩考核指标，将境外银行账户纳入大司库系统统一管理，保障生产经营正常运行。开展税收筹划、投资回报、财务共享中心建设等专题研究，提高财务工作对决策的支持水平。在各二级单位和42家三级单位实现内网接入，基本完成中国石油内网建设全覆盖；视频会议系统实现公司本部和13个分会场同传直播；初步建成决策支持信息系统，为经营决策提供实时、有效的数据支撑。

基础管理工作明显改善。2014年，修订完善《中国华油集团公司会议制度》等规章制度18项，废止24项；强化内控检测，优化业务流程，规范决策审批程序；加大法人实体清理处置力度，完成股权转让和核销股权项目6个，实现投资收益1317万元；对8个招标项目进行检查，促进规范运作；加强经济合同管理，审查各类合同2429份；配合集团公司完成华油集团管理效益审计，专项整治21类220个突出问题；重点开展经济责任、财务收支和工程建设审计，促进管理水平的提升。

安全环保责任有效落实。有针对性地开展安全检查、设备物资检查20次，消除各类现场安全隐患、设备管理问题379项。进行安全环保隐患专项治理，开展“打非治违”专项行动，举办安全培训63期，安全防恐等各类应急演练82次。贯彻执行新《安全生产法》，关停部分安全隐患较大的酒店和度假村，停止依奇克里克油田区块项目的合作，切实把安全生产责任落到实处。

完善干部选拔任用、考核评价和管理监督机制，落实“五个重用，五个不用”的工作要求，制定《关于进一步加强企业领导班子建设的若干意见》《直属单位领导班子和领导人员综合考核评价暂行办法》等制度规定并严格执行；认真落实干部群众在选人用人过程中的知情权、参与权、选择权和监督权；制定公司本部机关处级干部、各直属单位领导班子及领导人员考核评价办法，实施360度绩效考评，提高对领导干部业绩和能力考察的科学化水平；加大干部交流力度，调整交流各级领导班子成员和处级干部103人次，优化领导干部队伍结构；完善从严管理监督干部的配套制度体系，坚持行政主要领导离任必审制度，对发现的问题及时进行调查处理。严格执行领导人员个人事项报告制度，报告率达100%；强化领导干部出国出境监督审查工作，重点抓好“裸官”“兼职”等问题的整改。通过以上措施，引导党员干部忠诚事业、务实清廉、改进作风，努力成为信念坚定、勤政务实、敢于担当、清正廉洁的好干部。

【服务石油】 阳光酒店集团举办总经理、职业经理人和内训师等各类培训30余期，坚持推进持证上岗，695名员工取得初中级资质、39人通过高级工鉴定，提高服务队伍的素质和能力；阳光物业公司坚持“客户满意是我职责”的服务理念，编制完成综合管理、客户服务和工程设备管理等专业标准78项；以精细化管理和专业化服务，入选“中国物业管理2014年度企业”。阳光国际公司努力为中国石油海外员工做好后勤服务保障。苏丹、伊拉克、乍得等海外分公司延伸服务内容，提供理发、中医按摩、心理咨询等服务10400人次，组织开展观影、联欢、美食节等活动近百次，11个农业生产基地累计向各配餐项目供应瓜果蔬菜和家禽等70多个品种约290吨，2014年共收到各类感谢信、表扬信37封。在华油集团统一协调下，发挥团队优势，圆满完成李克强总理出访哈萨克斯坦的接待服务工作，得到高访团的一致好评。华铭公司积极推进莫斯科中国贸易中心项目，完成前期审批工作，进入建设阶段；为中国石油俄罗斯公司提供后勤基地服务；深入培育商旅市场，接待第21届世界石油大会等中方代表团组200余个，在中国驻俄使馆推荐的十家旅游企业中名列第一。

【基础建设】 丰富和完善党委中心组学习制度，围绕全面深化改革、依法合规、党风廉政建设等专题，组织集中学习12次，举办党委书记培训班1次，各级领导干部运用科学理论指导实践的本领不断提高。加强民主集中制建设，认真落实“三重一大”决策制度。紧扣“严格党内生活、严守党的纪律、深化作风建设”的主题，组织召开各级领导班子民主生活会，其间开展谈心谈话36人次，发放调查问卷156份，征求意见108人次，营造批评与自我批评的良好氛围。深入贯彻落实中央“八项规定”和集团公司“二十条要求”，以反“四风”、转作风为突破口，开展教育实践活动“回头看”，有序推进教育实践活动整改落实，干部队伍作风明显好转。党风廉政建设和反腐败工作持续加强，惩防体系建设扎实推进，反腐倡廉教育广泛开展。启动首轮党内巡视，开展突出问题专项治理，加大信访和案件查办力度。形势任务教育不断深化，企业文化培育和先进示范引领工作持续开展，有效激发员工群众的工作热情。

（刘　苗）

华油北京服务总公司

【概述】 2014年，华油北京服务总公司（简称华服总）服务规模和品质实现新突破。新增物业面积10.4万平方米，达到130万平方米，物业服务取得企业二级资质。初步形成“华服建设”“华服物业”“华服餐饮”“华服幼教”“华服交通安全”品牌。综合服务满意率达到99.58%。下设7个机关处室、12个下属单位、1个托管单位，有员工1914人。

【重点工程】 中国石油科技园建设成果丰硕。A29地块数据中心建成投用；A42地块石油化工研究院和A45地块北京石油机械厂、物业服务基地按计划竣工移交；A15地块档案馆开工建设。科技园竣工面积达到44.47万平方米，在建面积19.66万平方米，9家科研单位2000余人入驻。“四院一中心”（规划总院、安全环保院、钻井研究院、石油化工研究院、昌平数据中心）格局已经形成。A12、A34、A29、A42、A45等地块已建成项目分别获得国家优质工程奖、北京市建筑长城杯金奖、结构长城杯金奖等多个奖项。六铺炕危旧房改造项目取得重要进展。推进危旧房改造进度，全面摸底17家产权单位情况，完成初步规划设计方案，向北京市规划委员会报送调整规划申请，为项目立项奠定基础。小型工程改造项目有序推进。开展六铺炕办公楼及西配楼装修改造、金亚光大厦维修、交道口北二条22号院房屋安全改造等14项工程。严格施工现场管理，确保施工质量和进度，改善用户办公和居住条件。

【服务保障】 精心打造华服总品牌，持续提升服务水平。华服总物业公司接管科技园A34、A29、A45、A42等4个地块，金亚光大厦被评为北京市物业管理示范（五星级）大厦项目。生活公司每日就餐人次过万，2014年实现216万人次安全用餐，累计1036万人次用餐无事故、零投诉。幼儿园加强基础教育研究，突出艺术特色，开办教学班26个，在园幼儿707名。机关车队全年执行任务近3万台次，行驶近200万千米，连续六年安全平稳运行突破1200万千米，第六年获北京市交通安全先进单位称号。中油宾馆减少管理层次，推行员工服务授权，强化经营管理，全年住宿及餐饮服务接待超过20万人次。行政处耐心细致做好老领导日常服务、医保报销、计划生育和集体户籍管理等工作，代表集团公司获“无偿献血先进单位”“人口与计划生育先进单位”等多项荣誉称号。通信处出色完成中东地区、北京昌平科技园区通信系统建设，保障"三厦两地一网"系统安全平稳运行。房产处克服时间紧、任务重等困难，精心组织，周密安排，审核1300多名职工材料，查验上万条职工信息无差错，圆满完成科技园商品房认购组织工作。门诊部以打造"小而优、小而精、小而特"诊疗机构为方向，合理设置诊疗项目，为患者提供安全优质服务，全年无医疗事故。文印处强化"文印工作无小事"理念，严格执行成品质量检验制度，形成三级检验模式，全年印制文件零失误。退管中心认真开展离退休职工关爱工程，组织丰富多彩的文体活动，开设特色兴趣班，真心实意为老同志办实事、解难事、做好事，成为离退休老同志的温馨家园。华服总机关把为基层服好务作为工作的立足点，加强工作督促指导，减少各类评比检查和会议文件，减轻基层负担，工作作风明显改进。

【经营成果】 着力提高经济效益，经营形势稳中向好。2014年，实现主营业务收入50233万元，其他收入3849万元，合计63621万元。成本费用支出58736万元，其中"五项"费用支出127.62万元，同比减少72%。华服总物业公司加大费用收缴力度，大力实施降本增效，全年实现营业收入18578万元，办公物业供暖费收缴率97.82%，住宅物业供暖费收缴率91.61%。生活公司统一管理模式，压缩管理层级，精干管理人员，规范采购管理，降低采购成本，实现收入10660万元，同比增长2685万元。房产处充分利用现有资源，提高收入水平，实现收入280万元。门诊部增设诊疗项目，努力挖潜增效，全年完成门诊量6.67万人次，实现收入1936万元，同比增加122万元。幼儿园加强与教委沟通合作，争取补贴322万元。通信处利用技术和资源优势，拓展通信服务范围，扩大通信增值服务，实现经费结余近300万元。机关车队实施全面预算管理，严控"五项"费用，实现经费结余200万元，同比增加70万元。中油宾馆应对低迷市场行情，不断优化销售方案，大力增收节支，实现营业收入3962万元。科隆公司开拓外部市场，努力提高市场收益，实现营业收入4869万元。

【管理提升】 大力加强科学管理，管理水平显著提高。

构建科学规范的管理体系。新修订《规章制度管理办法》和《合同管理办法》，制定《工程建设及检维修承包商管理暂行办法》，开展规章制度汇编工作，提高制度化管理水平。开展重大风险评估，制订管理策略及监督检查计划，完成2014年重大风险评估及风险管理报告，提高风险防控能力。加强服务标准监督考核，正式发布11项服务标准。形成以规章制度体系为基础，各体系相互融合的管理体系。不断提高精细化管理水平。加强税收管理，完成2013年度企业所得税汇算清缴。强化经济责任和管理效益审计，开展经济责任、财务收支等管理类审计8项；完成工程结算审计24项，送审金额1583万元，审减178万元。严格规范招标、合同、采购和投资管理，2014年公开招标12个项目，完成11项，涉及金额5480万元，节省资金202万元；完善物资采购信息系统，一级物资全面实现线上采购；加强投资专业审核，提高投资效率，全年申请投资3965万元，完成3362万元。制订"十三五"发展规划编制方案，形成发展规划提纲。档案评定等级从B级晋升为A级，达到集团公司最高等级。持续夯实安全基础，安全管控能力明显增强，实现安全"三零"目标。HSE管理体系有效运行。出台《HSE责任制管理办法》，编制下发《HSE责任制编制工作方案》。开展HSE职责建设，实现699名员工全岗位覆盖。组织安全骨干及内审员培训班，参训人员95人次。开展危害因素辨识与评价，确定危险源1096项、环境因素392项，制订措施加强风险防范。扎实开展内部审核、集团公司推动审核和第三方审核，顺利取得质量和HSE认证。重点领域、关键环节安全可控。对重点区域、重点部位和重要环节开展燃气、消防安全、设备设施、承包商管理等安全检查。全年累计开展现场监督检查190余场次，跟踪督促整改问题146项，下达隐患整改通知单35份。注重隐患治理投入，争取安全专项资金200万元，更新改造老旧管线。全年交通违章率低于15%，未发生重大交通安全责任事故。完善更新《设备设施台账》《特种设备台账》《特种设备人员统计表》等基础资料，不断夯实设备管理基础。开展"达标设备机房"评比活动，对53个机房进行评比，6个机房获"标杆机房"称号，43个机房获"达标设备机房"称号，达标率92%。以"安全生产月""质量月"等活动为载体，组织开展消防、汛情、医疗救援、食品中毒等专项应急演练62次、应急培训55次，参培人员2086人次，大幅提高突发事件应急和处置能力。

【队伍建设】 加大培训力度，培训工作纳入业绩考核指标，2014年培训计划落实率达到95%。分专业、多层次举办培训班331个，参训人员10107人次。强化持证上岗，特种作业、档案管理、医护人员以及教师等岗位持证率达到94%，持有物业管理师资格证书人员达到16人。加强绩效管理，推进工效挂钩，推行全员绩效考核。严格选拔考评人才，开辟人才成长渠道。管理人员注重工作业绩和群众公论，强化民主推荐和组织考察；专业技术职务任职资格评审面向全体员工，中级职称实行差额评审，鼓励员工学习专业知识，提升技术水平；技能人才选拔向一线操作岗位倾斜，全年考评选拔4名技能专家，公司级技能专家达到10人。

【党建与企业文化】 扎实推进群众路线教育实践活动问题整改。领导班子10项突出问题整改完毕，5项专项问题整改基本到位，8项个性化问题整改全面覆盖。新建规章制度15项，修订26项，废止7项。改变调研形式，转变文风会风，同比会议减少6个，文件减少47份，评比表彰减少2项。不断健全完善基层党组织设置，新成立1个党总支部，所属党支部总数达到17个。加强党员队伍自身建设，新发展党员11名，转正11名。落实对社会化员工"政治上一视同仁"的要求，发展社会化员工入党。继续开展创先争优活动，评选"十佳员工"、优秀"五型"班组和"服务亮点工程"。6个先进基层党组织、17名优秀党员、6名优秀党务工作者分别受到集团公司党组、直属党委和华服总党委表彰。严格落实党风廉政建设责任制。逐级签订《党风廉政建设责任书》179份，《廉洁从业承诺书》70份，覆盖率100%。抓好廉洁教育，组织处级干部参观廉政教育基地；对新提任的科级干部进行集体廉政谈话，做到廉政教育关口前移。强化监督约束机制，开展中央"八项规定"、公款消费、责任追究落实情况等专项检查，对违纪违规干部及时处理，坚决维护党纪政纪的严肃性。开展"双十"读书活动，对基层党支部进行现场调研，召开"双十"全员读书活动交流会，开展青年知识竞赛，表彰优秀读书党支部、优秀读书领先员工。建设企业文化展室，制作品牌宣传片，展示发展历程和品牌影响力。强化和谐企业建设。举办"三八妇女节"系列活动，组织职工体检、健步走，开展暑期送清凉和扶贫帮困活动。全年慰问困难职工95人，发放慰问金24万元；救助大病职工子女，帮扶资金5万元。文体活动取得优异成绩，青年足球队获得在京单位足球比赛第一名，篮球比赛获得第五名。华服总在全国后勤工作委员会组织的"最美后勤人"演讲比赛中获得一等奖。

（韩淑静）

中国石油物资采购中心
（中国石油物资公司）

【概述】 中国石油物资采购中心（简称物资中心）于2007年底以中国石油物资装备（集团）总公司（装备制造业务除外）为基础组建而成，是集团公司直属的专业化物资采购企业和在国家工商总局登记注册的独立法人经济实体。2012年6月，集团公司招标中心成立，与物资中心一套人马、两块牌子。物资中心作为集团公司直属的专业化公司，主要承担中国石油物资集中采购任务，包括大宗物资、重要物资、长周期物资、安全物资、成套设备、大型工程项目所需物资的采购业务，急需物资的供应保障和战略储备物资的仓储管理；集团公司、股份公司一类、二类物资的采购和工程、服务采购招标的组织实施工作。

物资中心拥有国内外贸易、国际国内招标、电子商务、运输保障、商品检验、仓储物流等一体化物资采购服务功能，拥有工程项目招标甲级资质、机电产品国际招标甲级资质、中央投资项目招标甲级资质、进口付汇核销A类资质、海关AA类企业资质、危险化学品经营许可、辐射产品经营许可、电信与信息服务业务经营许可、石油专用管材检测实验室等专业资质和经营许可证书。物资中心本部共设立8个管理处室、11个业务处室和1个副处级附属机构。下设中国石油物资沧州公司、郑州公司、沈阳公司、天津公司、上海公司和中油物采信息技术有限公司等6家直属单位。现有在职员工近600人。

2014年，实现物资采购额481亿元，采购成本降低率4.81%，完成集团公司考核指标的120%；国际国内招标额547亿元，节资率7.23%。

【采购业务】 授权组织采购不断深化。在新发布的《集团公司一级采购目录》中，公司的集采管理小组增加至25个，授权物资新增16个小类，进一步扩大组采业务的规模与范围，累计实现境内组织采购额311亿元，降采率5.26%。成功实施上中下游通用阀门集中采购的整合，形成通用技术规格书，统一技术标准。为西气东输三线中段、陕京四线等重点管道项目建设采购板材钢管183万吨、116亿元，物资保障有力高效。

直接采购扎实推进。坚持以超值服务带动业务发展，以专业服务赢得用户认可，全年签订直采合同4065份、115亿元，降采率3.98%，其中国内合同63亿元，进口合同8.57亿美元。加大技术类、服务类引进项目工作力度，完成与斯伦贝谢公司第四个三年期钻井与测量服务协议签署，首次实施测井软件集中采购。在油田炼化企业中积极推广管道压缩机直采模式，圆满完成大庆油田、辽河油田和大庆石化等单位压缩机采购任务。加强资源控制，组织供应瓜尔胶1.7万吨、4.9亿元，并根据市场变化，三次调整瓜尔胶价格，保障供需协调与质量稳定。各地区公司凭借灵活、快速的供货机制，多次协调解决油气田企业石油专用管材、甲醇等物资急需。赢得用户肯定。

境外项目物资采购业务取得进展。组建钻具、油套管、固井压裂设备、压缩机、阀门等13个集团公司总部管理物资工作小组，实现组织采购额9亿美元，降采率4%。推进集团公司境外项目物资采购管理，承担配套制度制定等相关任务，完成总部管理第一批149家供应商入库。推进框架协议的谈判签约，中国石油与通用电气、西门子、索拉公司的框架合作协议已正式签署，与塞舍尔公司的框架协议已完成全部谈判工作。

集中储备统筹规划稳步实施。先后启动新疆、中西部地区一般无缝钢管、中厚钢板集中储备，东北地区镀锌板集中储备进入实施阶段。将物采系统中集中储备物资目录价格调整为阶梯价格，满足大庆油田等单位批量配送和网上点击的需求。实施供应商资源整合及价格谈判，确定集中储备战略供应商、主力供应商以及价格调整机制，进一步优化资源、降低成本。全年销售集储物资15.8万吨、金额7.4亿元，同比分别增长188%和165%。集中储备已经成为区域内生产建设企业零星需求和紧急需求的主渠道，在降低集团公司总体库存规模、保障生产建设方面发挥积极的作用。

配套服务业务稳定发展。物流运输业务以西气东输三线西段、西南油气田龙王庙项目等工程建设项目为重点，全年承运货物总额29亿元，运输设备4336台（套）、材料1.5万吨，港口通关664批次。改善仓储硬件环境，沧州7400平方米库房新建项目和沈阳龙门吊更新改造项目顺利完成，郑州分公司库房扩建项目已进入开工准备阶段。承揽仓储与管道中转站业务，实现仓储吞吐60万吨。发挥商检服务优势，为企业承担9万吨石油专用管检验。加强物采系统应用技术支持与培训，积极参与系统建设与运维工作，强化集采业务支持与交易管理，全年实现网上交易额1300亿元，维护更新目录价格934余万条。

【招标业务】 货物、工程与服务招标业务同步发展。坚持依法合规、规范操作，全年实现招标金额547亿元，有效质疑为零。货物招标积极创新招标方式方法，完成油田、管道和炼化等一批重点招标项目，实现招标额240亿元；工程招标立足广东石化、云南石化以及重点管道建设项目，在优质高效完成一类、二类招标项目的同时，积极开拓三类招标项目，实现招标额297亿元；服务招标克服采购标的种类繁多、金额偏小的劣势，采取保障重点、同类批量实施等方式，取得较好效果，实现招标额10亿元。发挥一体化优势，与云南石化、广东石化签订招标、采购、物流一体化框架服务协议，与大连石化、华北油田签订招标框架协议。

“三集中”招标成效突出。首次在招标平台上实施全部项目的电子开标和部分品种的全流程电子招标，首次实现评审细则的全部公开，首次独立承担所有招标评审任务，涉及16个大类、29个品种，累计招标额148亿元，充分展现过硬的专业能力和工作作风，提升集团公司招标中心形象。

资质能力不断增强。取得住房和城乡建设部颁发的工程招标代理甲级资质，成为集团公司唯一拥有工程招标、机电产品国际招标和中央投资项目招标“三甲”资质的综合性招标机构。加强诚信建设，获得中国招标投标协会授予的2011—2013年度招标代理机构诚信创优5A等级和中国国际招标网授予的2013年度“十大诚信招标代理机构”荣誉称号。

【企业管理】 适应业务发展需要，调整机构设置和部门工作职责。强化业务归口管理，优化采购业务部门分工，确保工作界面清晰，业务有序衔接。落实全年培训计划，参加集团公司培训35期，组织培训26期、839人次。强化资金集中管理，运用承兑汇票等资金运作形式，支持业务发展，节约财务支出。加强资金安全监管，严格执行系统外业务不预付和不垫付资金的制度，资金风险得到有效控制。深化成本费用控制，完善清欠降库指标分解和传导机制，清理待结算进口款21亿元，清回系统外欠款7.4亿元。持续改进Q/HSE管理体系，完成体系文件换版，并通过集团公司的推进审核。层层分解安全环保责任，组织学习新安全法，开展安全生产月活动和事故案例分享，强化隐患排查，推进受控管理，实行危险化学品和辐射品归口管理，安全基础更加牢固。完善采购质量风险防控机制，落实供应商考核机制。深化内控体系运行，加强风险管理，评估发布重大风险并制定管控措施。升级改造电子招投标会议室，实现高清视频监控和音视频互联互通。搭建本部无线网络应用环境，推进移动办公系统应用。自行开发会议管理系统，会议室利用效率得到提升。ERP 集成应用项目如期上线运行。集团公司采购标准库建设进展顺利，标准梳理、初选、分专业优选、总部集中评审、系统开发与内部测试等主要工作已完成。

（邱苏果）

中国石油学会

【概述】 中国石油学会（简称石油学会）创立于 1978 年，是学术性法人社团组织。有个人会员约 64000 人，团体会员 4 个。石油学会第八届理事会理事 199 名，其中常务理事 65 人。办事机构秘书处设在中国石油天然气集团公司。秘书处人员编制 21 人，设办公室、学术交流部、科普咨询部、《石油学报》编辑部和石油知识杂志社 5 个部门。分支机构有 2 个分会、15 个专业委员会、3 个工作委员会，另有 3 个分支机构正在筹备中。在全国 28 个省（自治区、直辖市）建有地方石油学会。2014 年，石油学会以创建全国示范性学会为目标，重点围绕中国石油石化工业发展战略和“打造一个舞台、实现两个突破、达到三个高水平”工作任务。

【服务创新型国家和社会建设】 2014 年，组织召开“承接政府、企业转移职能工作研讨会”，明确承接工作目标，制订工作措施和计划。与石油管工程技术研究院联合举办两期全国螺纹检测人员资格鉴定与认证培训，获准颁发“国家专业技术人才知识更新工程”培训证书。石油炼制分会组织院士专家为国家环境保护部制定国家环境保护标准《石油炼制废水治理工程技术规范》提出 3 点修改建议。石油储量工作委员会为国土资源部《页岩气资源 / 储量计算与评价技术规范》的制定提出意见建议。石油腐蚀与防护专业委员会参与编制完成《火筒炉防腐保温通用技术要求》及标准化图纸“标腐 –1213”。完成冀东油田“南堡油田古生界潜山沉积环境研究与有利储层分布预测”和塔里木油田“东河油田隔夹层成因和空间展布及其对注气渗流机理的影响研究项目”等研究工作，为油田勘探生产提供技术支持。石油腐蚀与防护专业委员会参与“新型聚乙烯改性沥青管道外防腐层”等 4 种新产品的合作研发，并与大庆油田联合建立“材料环境腐蚀数据库”。推荐国家技术发明奖项目 1 项、国家科技进步奖科普类项目 1 项、北京市科学技术委员会重大科技成果转化落地培育专项项目 1 项。石油科技装备专业委员会与山东省东营市政府等联合举办“中国石油石化科技成果展示暨转化对接大会”，集中展示 18 项新成果新技术，涉及油气开采、炼化、产品深加工以及高端石油装备制造等领域，达成合作意向 10 个，签订合作协议 4 个。

【学会建设】 制订实施会员发展工作方案，发展 233 名个人会员，吸收陕西延长石油（集团）有限责任公司作为团体会员。成立非常规油气、石油通信专业委员会和石油储量工作委员会 3 个分支机构。研究制定《分支机构管理暂行办法》等工作制度和管理办法 8 个，建立健全规章制度和管理措施。评选表彰年度优秀秘书长 15 名、优秀学会领导 18 名、先进集体 18 个。

【学术期刊】《石油学报》首次申报并获国家新闻出版广电总局“第三届中国出版政府奖期刊奖”，连续获 TOP5%“中国最具国际影响力学术期刊”“中国精品科技期刊”“百种中国杰出学术期刊”称号，继续成为“中国精品科技期刊顶尖学术论文（F5000）”项目来源期刊，有 21 篇论文入选 F5000。发表的《鄂尔多斯盆地致密油、页岩油特征及资源潜力》论文入选“中国百篇最具影响优秀国内学术论文”。根据《2014 年版中国科技期刊引证报告》（核心版）统计，在 1989 种中国科技核心期刊中，《石油学报》核心影响因子排名第七位，核心总被引频次排名第六十七位（在石油天然气工程类期刊中继续排第一名）。

《石油学报（石油加工）》复合影响因子提高到 0.912，复合总被引频次提高到 2014 次，在石油天然气工业上下游领域共 85 种期刊中排名第二十七名，在石油下游（石油加工和石油化工）领域期刊中排名继续保持第三名。

【学科发展研究】 学会组织院士赵文智、胡见义、戴金星、金之钧等 22 名专家，承担中国科协“2014—2015 年深层油气地质学发展研究”项目，对中国深层油气地质学学科的发展进行总结、分析和研究，比较国内外学科发展状况，预测学科未来发展趋势，指明学科发展方向，提出学科发展对策，特别是提出中国深层油气地质学核心理论与技术体系。2014 年完成初稿编写。

【国际学术会议】 2014 年 4 月 21—24 日，石油学会与国际勘探地球物理学家学会 (SEG) 在北京联合举办主题为“推动地球物理创新”的第八次北京国际地球物理会议暨展览。内容涉及石油天然气勘探与开发地球物理资料采集处理及综合解释、地震模拟和反演、4D/ 时移地震、微地震和无源地震、电磁勘探技术、多波多分量地震勘探等 29 个专题。来自美、加、英、法、俄等 14 个国家的约 1200 位专家学者参加会议。会议共收到中方投稿 341 篇、外方投稿 89 篇，评选宣讲张贴中方论文 264 篇、外方论文 73 篇，并收录出版论文集。

2014 年 11 月 9—11 日，石油测井专业委员会与俄罗斯欧亚地球物理学会在北京联合举办第八届中俄测井国际学术交流会。120 位中方代表和来自俄罗斯、哈萨克斯坦、白俄罗斯、乌克兰等 4 国的 54 名专家学者参加会议。会议交流论文 38 篇（中方 21 篇、外方 17 篇），内容涉及核磁共振测井、智能井与储气库监测、随钻测井、复杂储层和非常规资源测井评价、测井仪器刻度装置与标准化体系建设等方面，展示中国、俄罗斯等国近 2 年来在测井技术研发领域取得的最新进展。会议期间，中国石油集团测井有限公司和俄罗斯天然气地质资源有限责任公司就双方发挥各自技术优势、在多领域开展深层次交流合作签订战略合作框架协议。

【国内主要学术会议】 2014 年，石油学会及分支机构共组织召开各类学术会议 92 次，参加人数 33064 人次，交流学术论文 3782 篇，出版论文集 27 部，评选表彰 2012—2013 年度优秀会议论文 100 篇。

7 月 29 日—8 月 1 日，在烟台召开中国石油石化安全生产与应急管理技术交流会。国家安全生产应急救援指挥中心等单位有关领导和专家 400 多人参加会议。会议共征集论文 695 篇，314 篇论文收录论文集，优选 36 篇进行报告交流。会议围绕贯彻落实国家安全生产工作部署，强化“红线”意识、树立底线思维，切实提高全员、全过程的安全风险管控能力与应对突发事件的处置能力，在应急预案、组织机构、制度标准、救援保障和技术支持等 5 个方面进行交流研讨。

9 月 27—29 日，在贵阳举办以“持续科技创新、助推天然气产业发展”为主题的全国天然气学术年会，来自三大石油公司、中国科学院、中国地质科学院等 61 个单位的 260 余名代表出席会议。年会共征集论文 276 篇，110 篇论文收录论文集。年会交流中国超高压、低渗透、火山岩、高含硫等常规气藏和页岩气、煤层气等非常规气藏的地质勘探、钻完井工程、储气层改造、开采技术、地面集输工艺、安全环保等领域研究成果，展示天然气工作者取得的新成绩、新业绩。

【国际交往】 2014 年 10 月 27—31 日，以中国工程院院士、副理事长曹湘洪为团长的学会代表团 11 人到日本东京参加主题为“改善油品质量，应对治理大气污染的挑战”的第七届中日韩炼油技术研讨会。三方参会代表共 69 名，交流技术报告 19 篇（中方 7 篇、日方 7 篇、韩方 5 篇）。中方主要介绍中国清洁汽油的生产及市场情况、中国石油主要炼油及清洁生产技术进展、清洁汽油生产技术 RSDS、S-Zorb、M-DOS 的研发及工业应用、炼油厂恶臭气体处理以及离子液烷基化技术；日方主要介绍日本能源和环保政策、污染物排放对环境影响的研究与措施以及燃料电池汽车发展计划等内容；韩方主要介绍韩国石油工业政策、汽车对空气质量的影响、润滑油对发动机性能和经济性的影响等内容。通过学习交流认识到，中国炼油企业在生产国 IV 标准汽油特别是今后生产国 V 标准汽油时，采用现有技术，辛烷值损失较大。烷基化技术应该是今后生产高辛烷值组分的有效技术。离子液烷基化技术避免硫酸法烷基化的废酸处理难题，产品辛烷值高，馏程分布好。国家应从法律层面严格控制乘用车尺寸及发动机排量，减少油品和其他材料的消耗；应大力发展公共交通和新能源汽车，降低对能源的需求，可减少排放、保护环境。

【科普活动】 2014 年，石油学会制定《中国石油学会科普教育基地管理办法》，建立首批 6 个具有学会特色的科普教育基地，推行基层科普设施共建共享模式。发挥 13 个科学传播专家团队作用，以全国“科技周”“科普日”为工作载体，深入学校、社区和企业开展科普活动。分别在中海石油天津分公司、陕西延长石油（集团）公司和中国石油大学（北京）举办大型院士专家科普报告会，在湖南中国石化长岭炼化公司科技馆举行以“创新发展，全民行动”为主题的全国科普活动日启动仪式。石油学会及分支机构共组织院士专家科普报告会 5 次，专题讲座 30 次，大型科普展览 9 次，科普活动受众人数 48793 人次。组建第二批科学传播专家团队 7 个，专家人数 65 名，推选首席专家 7 名被中国科学技术协会聘任。石油学会首次获中国科学技术协会“全国学会科普工作优秀单位”；“科技创新小制作”被评为“2014年全国科普日活动优秀特色活动”。

【表彰举荐优秀科技工作者】 组织开展“首届全国石油石化优秀科技工作者”活动，评选表彰优秀科技人才20名。评选推荐“中青年科技创新领军人才”“重点领域创新团队”和中国青年女科学家候选人各1人（个）。推荐的聂红、刘玉章、罗东红被评为“第六届全国优秀科技工作者”。

【学会创新发展】 研发自有邮件系统、办公系统和会员管理服务系统，加强学会网络化信息化建设。评选树立“中国石油地质年会”等首批12个品牌学术活动。研究提出“一大会、两大奖、三双活动”工作规划和实施方案，“全国石油石化优秀科技工作者”“双年度百篇优秀会议论文”的评选表彰如期完成，“中国石油石化十大科技创新进展”评选活动进入筹备阶段。

【会员服务】 组织会员专业培训和继续教育33场次，培训会员2943人。开发建设会员管理服务系统，重新采集录入会员个人信息37733条，利用网站、电子邮件、短信等手段，发布通知公告、工作动态等综合信息，提升服务会员能力和水平。

【中国油气论坛——油气管道技术专题研讨会】 2014年9月16—17日，石油学会和世界石油理事会中国国家委员会、科学技术部社会发展司在廊坊联合主办中国油气论坛——油气管道技术专题研讨会。世界石油理事会中国国家委员会主任、原石油工业部部长王涛致开幕词。院士侯宝荣、闻雪友、高金吉、黄维和等23位国内油气管道行业权威和15位国外油气管道专家，围绕管道完整性挑战、深水海底油气管线建设的安全保障对策、管道关键设备国产化技术、高强度钢制造技术、超声波内检测技术、阴极保护相关技术、管道技术与施工装备研制等内容进行学术报告。来自国内外相关领域的500多位专家学者就油气管道关键设备材料可靠性和使用性能、油气管道安全优化运行及节能减排技术和管网规划建设与运行中的技术瓶颈等3个方面进行深入研讨。大会征集论文521篇，精选205篇出版了论文集。

【“石油院士走基层，科技传播进厂矿”院士专家科普报告会】 2014年5月20日，在天津举行院士专家科普报告会，院士曹湘洪、周守为、高德利与中国石油大学教授李相方、国家环境保护部环境评估中心石化部主任周学双分别做了报告。200余位企业主管和科技工作者参加活动。

2014年10月20日，第二次大型院士专家科普报告会在陕西延长石油（集团）有限责任公司（简称延长石油）举行。除主会场400余名科技工作者外，延长石油还在省内外的榆林、延安、北京等地43个所属单位设立分会场，同时进行视频直播，共约3000人参加活动。活动包括专家技术报告会、院士专家与科技工作者座谈会和院士专家科普报告会等内容。院士曹耀峰、周守为、高德利，中国石油大学教授李相方，中国石油勘探开发研究院地质所副所长陶士振等分别出席各项活动。高德利、周守为为延长石油今后的科研重点与发展方向提出建议。

开展的“石油院士走基层、科技传播进厂矿”院士专家科普报告会受到中国科学技术协会的表彰，获得“党建强会”特色活动组织奖。

（邹　刚）

中国石油企业协会

【概述】 2014年，中国石油企业协会（简称石油企协）以党的十八大和十八届三中、四中全会精神为指导，认真贯彻落实石油企协2014年度工作会议和六届六次理事（常务理事）会议精神，在各位理事和常务理事以及会员企业的共同努力下，紧密围绕加快把石油企协建成“行业响名、国内知名、国际有名”的优秀全国性社团组织的目标，各项工作都取得优异的成绩。

【组织建设及管理工作】 2014年是石油企协成立30周年，石油企协编辑出版了纪念册，并先后在北京、西安两地召开石油企协成立30周年座谈会和纪念大会。原石油工业部、原中国石油天然气总公司和中国石油、中国石化、中国海油等石油石化行业企业的领导参加了座谈会和纪念大会。

2014年，石油企协完成历史档案的归纳整理，移交集团公司办公厅统一管理，并将所有电子档案挂接到E6档案系统中，实现石油企协自1984年以来的档案全部电子化；在开展党的群众路线教育实践活动中，共查找出石油企协支部成员在“四风”上存在的8个方面的突出问题，并逐一制订整改措施；在制度体系建设方面，制定《中国石油企业协会关于加强和完善人事及财务管理的补充办法》《中国石油企业协会落实“三重一大”决策实施细则》和《中国石油企业协会领导班子（支部成员）工作规则》等制度，梳理已建立的制度36项，修订完善12项，新建5项，形成石油企协完整的制度管理体系。同时，还建成石油企协由400名专家组成的专家库，形成石油企协软实力建设的专家集合群。

2014年5月，石油企协被国家民政部正式授予4A级优秀协会，步入国家级优秀行业协会方阵。

2014年，石油企协财务管理规范，其石油企协和中国石油企业杂志社两级法人，都顺利通过民政部指定的审计部门的财务审计；分支机构管理制度化、规范化；对会员企业的会费使用和管理规范。

【企业管理交流评价工作】 石油企协组织开展的具有行业部级资质的年度全国石油石化企业管理现代化创新优秀成果、优秀论文、优秀著作的“三评”评审工作，在优化完善专家评审队伍成立石油企协第七届“三评”专家评审委员会的基础上，认真而扎实地开展活动。

2014年，“三评”评审工作于2014年6—8月间分三个阶段进行，由评委投票表决并签字确认，最终得出评审结果。2014年，共收到全国石油石化会员企业申报优秀成果261项，评出获奖优秀成果159项，占申报总数60.91%。收到申报优秀论文702篇，获奖论文423篇，占申报总数60.25%。收到申报优秀著作42部，获奖著作21部，占申报总数50%。继续重视后效应的发挥。组织专家先后对财务资产部、华北油田、广东销售、长城钻探、中油国际（曼格什套）有限公司等单位申报的管理创新成果进行咨询指导。在第20届全国企业管理现代化创新成果大会上，由石油企协组织推荐的8项管理创新成果获国家级奖项，其中一等奖1项、二等奖7项。在获得第27届全国石油化工企业管理现代化创新优秀成果行业部级一等奖的优秀成果中推荐10项参加第21届全国企业管理现代化创新成果评审。

【期刊编辑】 石油企协所属的中国石油企业杂志社在报刊业经济形势持续低迷、市场需求不断萎缩的严峻形势下，其会刊《中国石油企业》杂志，经营保持稳健发展态势。尤其是能够抓住石油石化全行业企业在改革、发展和管理提升活动中的一系列成功经验和案例，透视和挖掘出焦点、重点话题，有很多文章被社会媒体和中国石油、中国石化、中国海油三大公司网站转载。

为石油石化企业高层领导和石油企协常务理事以上的局级领导专门编辑提供内参《决策信息报告》，2014年出版12期。

2014年3月，《中国油气产业发展分析与展望报告蓝皮书（2013—2014）》连续第四年在北京向社会发布，对2013年和2014年中国油气产业发展进行分析与预测，扩大石油石化企业和石油企协在社会上的影响。

【咨询与培训】（1）在管理课题研究和咨询方面。2014年，石油企协开展的软科学课题《海外复杂环境下以创建和谐油区为核心的公司社会责任管理》〔拉美（厄瓜多尔）公司〕，被评为石油企协2014年度管理现代化创新优秀成果奖一等奖，并获国家级创新成果奖二等奖；《复杂环境下大型跨多国管道项目筹融资管理》（中亚天然气管道有限公司），被评为石油企协2014年度管理现代化创新优秀成果奖二等奖，并获国家级创新成果奖二等奖；《大型石油企业国际化经营人力资源管理体系的创新与实践》（海外勘探开发公司），被评为石油企协2014年度管理现代化创新优秀成果奖一等奖，并获国家级创新成果奖二等奖；《海外油气业务基于平衡积分卡的战略与绩效管理体系构建及实施》（海外勘探开发公司），获石油企协2014年度管理现代化创新优秀成果奖一等奖；《油气资源开采生态环境税费的相关法律问题研究》（集团公司）、《集团公司治理体系和管控能力现代化国际化研究》（集团公司）和《协同治理视角下我国行业协会支持和服务企业“走出去”路径选择研究》（国家民政部）等一批集团公司、国家级的大型软科学课题研究，也都基本完成撰写任务。

（2）在管理培训方面。2014年3月，在浙江杭州举办全国石油石化企业管理创新成果报告及论文撰写提高培训班。

【政府服务与行业服务】 按照水利部办公厅文件要求，听取中国石油科技管理部等相关部门的意见，在石油石化行业内向水利部推荐水资源管理与保护相关专业领域专家。

配合中国企业联合会开展2013年全国优秀企业家评选活动，经中国石油人事部等有关部门和领导的考核确认，由全国优秀企业家评选委员会评选并网上公示，中国石油拉美公司总经理、中国石油驻拉美地区企业协调组组长叶先灯当选2013年度全国优秀企业家。

组织并向中国企业联合会推荐2014年度全国高级职业经理（特殊贡献人才），相关企业家并获得资质。

对在2009年12月31日以前获得高级管理咨询

顾问资格证书的企业家进行登记审核，并统一报送中国企业联合会管理咨询委员会办理资格年检和延续手续，共15人全部通过获得高级管理咨询顾问资格证书。

应德国化工协会邀请，石油企协组团于2014年7月6—12日到德国和波兰对德国化工协会、波兰滨海省进行访问交流，现场参观考察相关化工企业。并针对德国化工企业的经验和结合中国石油炼化企业存在的问题，提出4个方面的建议。

应中国工业经济联合会邀请，2014年10月9—15日，石油企协专职副会长兼秘书长彭元正随团出访德国和意大利，出席“第六届汉堡峰会”和“第10届环球中国商务会议”，并应邀在会上做了题为《中国石油企业联手携手打造文明生态体系谋求绿色发展》的主旨演讲，深受国外专家人士好评。

2014年，石油企协与国土资源部储量司和地质调查局正式签订《油气资源“三率”综合调查与评价》项目合同书，成立项目专家组。先后组织中国石油、中国石化、中国海油等主管部门专家召开4次研讨会，对调查与评价报告编写提纲进行6次修改，并按时间进度要求向国土资源部提交中国石油、中国石化、中国海油、中联煤、陕西延长集团的油气资源“三率”（采收率、综合利用率、商品率）调查与评价报告，并于2014年11月5日顺利通过国土资源部组织的专家组验收，圆满完成国土资源部委托的行业服务任务。

履行协调职能，2014年4月，组织来自全国石油石化有关企业的管理工作者以及新闻媒体记者到南阳二机石油装备（集团）有限公司专题现场考察学习。

注重利用《人民日报》《环球时报》《经济日报》《中国经济时报》等主流媒体为行业为企业发声，在社会产生较大影响。

（张慧芳）

第十四篇

中国石油天然气集团公司大事纪要

中国石油天然气集团公司大事纪要

一　月

2日　集团公司维护稳定工作领导小组会议在北京召开。会议强调，维稳信访、安保防恐工作要始终坚持服务于世界水平综合性国际能源公司建设的大局，服务于转方式、调结构、促转型、增效益的大局，服务于深化改革的大局，努力构建大稳定、大安保格局，为集团公司改革发展创造和谐稳定的环境。

10日　2013年度国家科学技术奖公布。中国石油天然气集团公司完成的中国石油科技创新体系建设工程、中国石油集团东方地球物理勘探有限责任公司完成的超大型地震数据处理解释一体化系统GeoEast研发及应用两项成果获国家科技进步奖二等奖，中国石油勘探开发研究院、中国石油大学（华东）、中国石油塔里木油田公司和西南石油大学完成的碳酸盐岩油气藏转向酸压技术与工业化应用获国家技术发明奖二等奖。

14日　2013年中国石油与国际石油科技十大进展公布。“深层天然气理论与技术创新支撑克拉苏大气区的高效勘探开发”和“海域深水沉积体系识别描述及有利储层预测技术有效规避勘探风险”分列中国石油与国际石油科技十大进展第一位。

15日　中国石油天然气集团公司与鞍山钢铁集团公司在北京签署战略采购协议。根据协议，双方将在约定的战略采购合作领域，充分发挥各自优势，为对方的发展提供优先支持，推动双方共赢发展。集团公司副总经理喻宝才与鞍山钢铁集团公司党委常委、党委书记杨华就进一步深化合作举行会谈，并共同出席签约仪式。

16—18日　中国石油天然气集团公司2014年工作会议在河北廊坊召开（详见专稿）。

19日　集团公司干部工作会议在河北廊坊召开。会议强调，以改革创新精神进一步完善选人用人制度，健全干部管理监督机制，坚持正确用人导向，营造风清气正用人环境。集团公司董事长周吉平出席会议并讲话。

21日　集团公司董事长周吉平在中国石油总部会见厄瓜多尔共和国副总统格拉斯一行。此前，集团公司副总经理、股份公司总裁汪东进与格拉斯一行就扩大上游领域合作，尽快审批太平洋炼厂可行性研究报告，组建合资公司，解决融资、税收、项目管理等重要问题进行充分协商，达成多项共识。

22日　集团公司董事长周吉平在北京会见俄罗斯天然气工业股份公司总裁米勒。双方就中俄东线天然气管道项目深入交换意见，达成多项共识。

22—23日　集团公司海外油气业务2014年工作会议在北京召开。会议强调，用改革的思路和办法破解发展难题，提升管控能力和水平，促进提质增效升级，牢牢把握各项工作主动权，努力实现海外油气业务优质高效可持续发展。集团公司副总经理、股份公司总裁汪东进出席会议并讲话。

23日　中国石油集团川庆钻探测井公司运用分段多级分簇射孔技术，在2099米水平井段内，进行25层电缆作业，完成“69簇射孔+25个桥塞”施工，完成JY12-4HF井射孔作业，创下分簇射孔水平井段最长、射孔层数和单井簇数最多3项国内纪录。

24日　集团公司党的群众路线教育实践活动总结（视频）大会在中国石油总部召开。会议强调，在以习近平同志为总书记的党中央坚强领导下，不断巩固扩大党的群众路线教育实践活动成果，以作风建设的新成效汇聚起推动集团公司改革发展的正能量，为实现中华民族伟大复兴的中国梦做出新贡献。集团公司党组书记、董事长、党的群众路线教育实践活动领导小组组长周吉平出席会议并讲话。

同日　集团公司党组决定，任命杨华同志为长庆油田分公司党委书记，免去曲广学同志的长庆油田分公司党委书记职务；钱新华同志为抚顺石化分公司党委书记，免去白连刚同志的抚顺石化分公司党委书记职务。

同日　集团公司决定，任命曲广学为思想政治工作部（企业文化部、新闻办公室）总经理（主任），免去关晓红的集团公司副总经济师、思想政治工作部（企业文化部）总经理职务；曲广学、白智勇兼任集团公司新闻发言人，王同良兼任集团公司信息技术服务中心主任。

同日　股份公司决定，任命曲广学为企业文化部总经理，免去关晓红的企业文化部总经理职务；王同良兼任股份公司信息技术服务中心主任。陈坚为宁夏石化分公司总经理。

同日　集团公司决定，将设在办公厅的集团公司新闻办公室整体并入思想政治工作部（企业文化部），整合后的部门名称为思想政治工作部（企业文化部、新闻办公室），列集团公司职能部门序列。

26 日　集团公司召开工程建设承包商管理领导小组会议。会议强调，强化责任，狠抓落实，全力做好承包商管理。

26—28 日　集团公司董事长周吉平到新疆调研。强调要加快改革创新步伐，突出质量效益发展。在新疆期间，周吉平拜会中共中央政治局委员、新疆维吾尔自治区党委书记张春贤，就企地携手促进共同发展等深入交换意见。

二　　月

3 日　缅甸副总统吴年吞考察中缅天然气管道境外段皎漂首站。强调要确保管道安全平稳运营，进一步推动员工本土化进程，更多造福当地民众。

9 日　中国石油发现国内最大单体海相整装气藏（详见专稿）。

10—11 日　集团公司董事长周吉平到长庆油田调研。强调要在 5000 万吨油气当量的新起点上提质增效，继续开拓长庆油田健康发展新局面，努力建成世界水平的现代化油气田。

12 日　集团公司 2014 年审计工作会暨审计计划对接会在北京召开。会议强调，进一步提高对加强审计工作重要性紧迫性的认识，以改革创新精神推进内部审计工作，着力解决审计发展的突出问题，不断强化审计工作的组织保障，努力开创审计工作新局面。集团公司董事长周吉平出席会议并讲话。

14 日　集团公司党组书记、董事长周吉平主持召开党组扩大会议，专题研究天然气与管道业务发展。会议强调，立足资源和市场变化，优化完善适应天然气业务快速发展的体制机制，全力推动质量效益发展。

15 日　西南地区最大的成品油油库——彭州油库正式投运。彭州油库位于四川省彭州市，库容 52 万立方米，总储量 34.62 万吨，2012 年 6 月 10 日动工，2013 年 6 月 28 日中交。彭州油库成为中国石油在西南地区成品油资源的重要集散地，承担着保障四川石化后路畅通和西南地区成品油市场稳定供应的重任。

18 日　集团公司工程建设业务 2014 年工作会议在北京召开。会议强调，加大改革创新力度，加快转型升级步伐，努力推动工程建设业务实现差异化、特色化、高端化发展。

19 日　集团公司董事长、科技委员会主任周吉平主持召开中国石油科技委员会会议。会议强调，加快推动创新驱动发展，释放科技创新红利，推动质量效益发展，为建成世界水平综合性国际能源公司的战略目标提供科技支撑和保障。

20 日　集团公司 2014 年反腐倡廉建设工作会议在北京召开。会议强调，紧紧围绕改革发展稳定的中心任务，以前所未有的力度推进实施反腐倡廉基础性工程，坚决打赢攻坚战和持久战。集团公司党组书记、董事长周吉平出席会议并讲话。

20—21 日　集团公司工程技术 2014 年工作会议在北京召开。会议强调，持续深化改革创新，全面提升业务价值创造力。集团公司副总经理、股份公司总裁汪东进出席会议并讲话。

21 日　集团公司 2014 年信息化工作会议在北京召开。会议强调，大力推进信息化建设，努力做好信息化深度融合、紧密结合、广泛联合、有机契合工作，持续提升信息化水平。

22 日　国家 973 计划“中国陆相致密油（页岩油）形成机理与富集规律”项目在北京启动。该项目依托中国石油勘探开发研究院，立足鄂尔多斯和准噶尔等 5 大盆地开展基础研究，对提高我国石油供给能力和保障国家能源安全具有战略意义。

24 日　集团公司第二期所属单位主要领导培训班在北京石油管理干部学院开班。集团公司党组书记、董事长周吉平讲授第一课，强调要充分认清集团公司发展面临的形势，着力改革创新、提质增效、夯实基础，为集团公司实现奋斗目标多做贡献。

同日　中国石油天然气集团公司与中国航空油料集团公司 2014 年度航油供应框架协议签字仪式在北京举行。

25 日　集团公司标准化委员会第七次会议在北京召开。会议强调，夯实标准化工作基础，加强标准化方法创新，提升标准化服务发展、支撑发展的能力，为集团公司有质量、有效益、可持续发展打牢基础。集团公司副总经理、标准化委员会主任委员喻宝才主持会议并讲话。

同日　中国石油天然气股份有限公司委任吴恩来为公司联席公司秘书及授权代表，委任毛泽锋为公司联席公司秘书。

26日　集团公司2014年科技工作视频会议在北京召开。会议强调，以创新驱动发展为核心，深化科技体制机制改革，营造创新环境，发展创新文化，培养创新精神，释放创新活力，加强创新能力建设，用创新红利、改革红利、人才红利支撑主营业务发展。集团公司副总经理喻宝才出席会议并讲话。

同日　集团公司矿区服务系统2014年工作会议在北京召开。会议强调，查找不足，持续创新，以改革精神推动矿区服务业务科学发展，不断开拓矿区服务工作新局面。

27日　集团公司副总经理、股份公司总裁汪东进在北京会见壳牌集团董事会执行董事、首席财务官、亚太地区执行董事西蒙·亨利。双方就合作广泛交换意见。

同日　集团公司2014年装备制造工作会议在北京召开。会议强调，加快转型升级、推进改革创新，全面推进装备制造业务有质量、有效益、可持续发展。

28日　集团公司董事长周吉平在北京会见委内瑞拉部长委员会副主席兼石油和矿业部部长拉斐尔·拉米雷斯。双方将进一步探索新的合作机遇，继续深化务实合作。

同日　集团公司决定，推荐王彬为四川石化有限责任公司董事长人选，沈殿成不再担任四川石化有限责任公司董事长职务；王立华为中国联合石油有限责任公司董事长人选，汪东进不再担任中国联合石油有限责任公司董事长职务。

三　　月

3日　集团公司2014年生产经营计划会议在北京召开。会议强调，充分发挥一体化优势，用改革的思路破解发展难题，优化生产运营，提升管控能力，努力开创生产经营管理工作新局面。

7日　集团公司副总经理、股份公司总裁汪东进在北京会见洛克石油公司董事长哈丁和首席执行官林恩一行。双方就加强赵东项目合作和商讨海外上游合作机会等事宜进行会谈。

同日　集团公司2014年定点扶贫与对口支援工作领导小组会议在北京召开。会议强调，切实履行企业政治责任和社会责任，创新思路，注重实际效果，实施精准扶贫，着力推进“民生、产业、智力”三个品牌建设，通过扶贫把企业发展成果惠及更多受援地贫困群众。集团公司副总经理、定点扶贫与对口支援工作领导小组组长喻宝才主持会议并讲话。

11日　集团公司决定，任命张志东为辽河石油勘探局局长，免去谢文彦的辽河石油勘探局局长职务；谢文彦为塔里木石油勘探开发指挥部指挥，免去周新源的塔里木石油勘探开发指挥部指挥职务；徐可强为吐哈石油勘探开发指挥部指挥，免去张志东的吐哈石油勘探开发指挥部指挥职务。

同日　股份公司决定，任命张志东为辽河油田分公司总经理，免去谢文彦的辽河油田分公司总经理职务；谢文彦为塔里木油田分公司总经理，免去周新源的塔里木油田分公司总经理职务；徐可强为吐哈油田分公司总经理，免去张志东的吐哈油田分公司总经理职务。

12—13日　集团公司副总经理沈殿成到大庆地区石油企业调研安全生产工作。强调安全环保工作是集团公司“三大基础性工程”之一，要切实增强责任心和使命感，党政同责，齐抓共管，扎实做好。

13日　四川长宁天然气开发有限责任公司第一口页岩气开发井——长宁H3-6井在四川省宜宾市珙县上罗镇开钻。该井设计水平段长1500米、深4448米，是我国首口企地合作页岩气开发井。

14日　集团公司宣布成立全面深化改革领导小组。组长由党组书记、董事长周吉平担任，党组成员汪东进、喻宝才、沈殿成、刘跃珍、刘宏斌等为领导小组成员。领导小组负责落实中央全面深化改革领导小组、国务院国资委全面深化改革领导小组及专项小组的决策部署，承担研究上级交办的改革任务；研究制定集团公司改革任务的实施方案和政策措施，统筹协调改革过程中的重大问题；统一部署和组织推动集团公司改革工作等。

17日　集团公司董事长周吉平在北京会见土库曼斯坦康采恩公司总裁霍玛多夫一行。双方就推进天然气战略合作举行会谈。

同日　集团公司董事长周吉平在北京会见俄罗斯石油公司总裁谢钦。双方就推进中俄油气战略合作举行会谈。

同日　集团公司副总经理沈殿成在北京分别会见卡塔尔石油国际下游执行董事希提米、贝克休斯公司HSE副总裁库索文科夫。沈殿成与希提米就炼化领域合作机会交换意见，与库索文科夫探讨在HSE、化工和钻井废水处理等领域的合作机会。

18日　集团公司董事长周吉平在北京会见苏丹石油部长马卡维、财政部长巴德尔。双方表示要执行现有协议，解决彼此关切，巩固互信友好合作关系，在此基础上进一步扩大合作，保持长期友好发展。

20日　集团公司直属机关2014年党的工作（视频）会议在北京举行。会议强调，围绕集团公司中心任务，扎实做好党的各项工作，为集团公司实现改革发展目标和任务提供坚强保障。

同日　集团公司召开领导干部集体廉洁谈话会，对2012年以来党组提任的企事业单位及总部机关部门领导班子副职人员进行集体廉洁谈话。会议强调，提高拒腐防变警惕性，始终坚守廉洁从业意识，以良好作风形象胜任领导职务德才要求，为集团公司改革发展做出更大贡献。

20—21日　中国石油天然气股份有限公司在香港召开2013年度业绩发布会，并进行业绩路演。股份公司董事长周吉平、副总裁孙龙德、财务总监于毅波、董事会秘书吴恩来等出席相关活动。

同日　集团公司2014年管道建设工作会议在北京召开。会议强调，强化油气管道基础工作，着力提升建设质量，加快转型升级步伐，努力实现天然气与管道业务有质量、有效益、可持续发展。

同日　集团公司副总经理喻宝才到陕西销售调研成品油市场和营销工作。强调要变市场压力为改革动力，推动企业创新发展，把质量效益放在第一位，牢牢把握市场主动权。

21日　集团公司党组书记、董事长周吉平在北京会见中信集团董事长、党委书记常振明一行。双方就月东油田有关原油销售方面合作取得共识，并在海外油气开发、金融、通信服务等方面达成合作意向。

24日　集团公司董事长周吉平在北京会见道达尔集团董事长兼首席执行官马哲睿一行。双方表示要进一步加强全球视野下的战略沟通与合作，共同迎接能源发展的挑战，实现共赢。

同日　集团公司董事长周吉平在北京会见沙特阿美石油公司总裁兼首席执行官哈立德·法利赫一行。双方就相互关心的问题坦诚交换意见，商定云南炼油厂项目合作下一步工作计划。

同日　集团公司副总经理、股份公司总裁汪东进在北京会见康菲石油公司董事长蓝睿谙。双方就国内和海外项目合作广泛交换意见。

同日　集团公司副总经理、股份公司总裁汪东进在北京会见雪佛龙亚太勘探与生产总裁梅乐迪。双方就国内合作项目的最新进展交换意见。

同日　集团公司总会计师刘跃珍在北京会见法国外贸银行首席执行官米格农。双方就债务市场、授信额度及外汇风险管理等方面合作交换意见。

同日　输气管道提高强度设计系数工业性应用研究成果通过集团公司鉴定。此项成果总体达到国际先进水平，标志着我国又一项管道建设技术实现历史性跨越，走在世界管道建设技术的前列。

25—26日　集团公司董事长周吉平到辽河油田现场办公。强调要以改革创新精神推进辽河油田有质量、有效益、可持续发展。调研期间，周吉平与辽宁省省长陈政高、副省长谭作钧会晤，就企地携手促进共同发展等深入交换意见。

26日　集团公司总会计师刘跃珍听取工程建设业务工作汇报。强调要加快推进结构调整，进一步夯实基础管理和创新，开源节流、挖潜增效，确保完成全年经营指标。

26—27日　集团公司2014年安全环保节能工作会议在北京召开。会议强调，进一步增强“红线”意识，树立底线思维，在提高思想认识、狠抓责任落实和提升执行力上下功夫，为集团公司全面深化改革，推进有质量、有效益、可持续发展提供坚实的安全保障。

27日　集团公司总会计师刘跃珍在北京会见渣打银行石油天然气及化工部全球总裁彼得·高。双方就债务市场、现金管理等方面问题交换意见。

28日　集团公司副总经理、品牌管理委员会主任喻宝才主持召开品牌管理委员会和社会责任管理工作委员会会议。会议强调，高度重视品牌文化建设，积极履行社会责任，不断提升中国石油品牌形象，把品牌建设作为集团公司有质量、有效益、可持续发展，建成世界水平综合性国际能源公司的战略举措。

四　月

1日　集团公司2014年巡视工作启动会在北京召开。会议强调，围绕党风廉政建设和反腐败工作这一中心，牢牢抓住领导班子及其成员，特别是主要负责人，着力发现在执行党的纪律、落实中央精神、选人用人、廉洁从业方面存在的突出问题，忠诚履职，敢于担当，确保巡视工作取得实效。

2—4 日　集团公司副总经理喻宝才到湖北销售和湖南销售调研。强调要紧紧围绕资源、市场与创新，强化管理，深化改革，持续提升形象、扩大影响力和实现企业价值。

3 日　集团公司副总经理、股份公司总裁汪东进在北京会见赫世公司总裁兼首席运营官格雷格·希尔。双方就国内项目进展和海外合作机会交换意见。

4 日　集团公司副总经理、股份公司总裁汪东进在北京会见哈萨克斯坦副总理伊谢克舍夫一行。双方就加强上游投资业务、装备制造和中哈原油管道等领域合作深入交换意见。

8 日　集团公司董事长周吉平在北京会见壳牌集团首席执行官范伯登一行。双方签署《中国石油和壳牌集团全球合作协议》，约定在全球范围内，加强在非常规、深海、液化天然气、上下游等油气领域长期互利合作，并把软实力作为双方各领域合作的重要组成部分，推动战略合作伙伴关系迈上新台阶。

同日　集团公司董事长周吉平在北京会见俄罗斯诺瓦泰克公司董事季姆琴科。双方就亚马尔项目 EPC 工程建设、项目管理、液化天然气购销和融资等方面的问题坦诚交换意见，商定共同努力推进项目按期建成投产。

同日　集团公司副总经理沈殿成在北京会见沙特基础工业公司执行副总裁扎米勒。双方就炼化资产合资、化工品贸易等方面合作进行深入交流。

9 日　集团公司董事长周吉平在北京会见俄罗斯天然气工业股份公司总裁米勒。双方表示，中俄东线天然气管道项目十分重要，期望尽快签订东线进口俄罗斯天然气购销合同。

同日　集团公司副总经理、股份公司总裁汪东进在北京会见沙特达巴格集团董事长阿莫尔·达巴格一行。双方就开展润滑油业务、油品储库和在沙特油气田技术服务合作深入交换意见。

11 日　集团公司决定，中俄合作项目部加挂中国石油天然气集团公司俄罗斯公司牌子。

15 日　集团公司副总经理、股份公司总裁汪东进在北京会见俄罗斯鲁克石油公司副总裁德米特里·季莫申科。双方就加强海外上游项目、海洋和国内非常规油气开发合作等广泛交换意见。

同日　集团公司总会计师刘跃珍在北京会见摩根大通大中华区首席执行官盖戈睿。双方就外汇风险管理、海外项目财务服务等合作交换意见。

15—24 日　湘潭—娄底—邵阳供气管道工程全面投入商业运行。该管道全长 230 千米，设计年输气量 4.83 亿立方米，是“气化湖南”的重要工程，对于优化湖南能源结构，促进湘西经济发展，建设美丽湖南和提高湖南人民的生活质量具有重要作用。

16 日　集团公司副总经理、股份公司总裁汪东进在北京会见英国天然气集团首席执行官芬雷森一行。双方就加强国内外油气合作及扩大液化天然气和原油贸易等广泛交换意见。

17 日　集团公司董事长、全面深化改革领导小组组长周吉平主持召开全面深化改革领导小组第一次会议。会议审议通过集团公司全面深化改革领导小组工作规则、专项小组工作规则及组成人员名单、领导小组办公室工作细则，审议批准扩大辽河油田、吉林油田经营自主权试点建议方案和部分管道资产整合方案。会议强调，真抓实干，确保 2014 年重点改革任务落实到位，努力实现全年生产经营奋斗目标。

17—18 日　陕甘宁内蒙古地区二氧化碳捕集驱油及埋存工作研讨会在北京召开。中国石油、神华集团、中国石油和化学工业联合会共同探讨并推动在鄂尔多斯盆地 10 万吨级先导性试验及百万吨示范工程加快实施。此次合作被业界称为国内首次“跨地区、跨行业、跨企业”的二氧化碳捕集利用及埋存（CCUS）全产业链合作。

18 日　集团公司国际业务社会安全和 HSE 工作会议在北京举行。会议强调，强化安全管控，保障海外业务优质高效发展。

21 日　CPS/SEG 北京 2014 国际地球物理会议暨展览开幕。此次展会由中国石油学会（CPS）与美国勘探地球物理学家学会（SEG）联合主办，旨在推动地球物理创新，破解勘探难题。集团公司副总经理、股份公司总裁汪东进出席开幕式并致辞。

21—22 日　集团公司总会计师刘跃珍到长庆油田调研，并出席在西安召开的勘探与生产板块财务管理经验交流座谈会。强调要深入扎实开展开源节流、降本增效工作，努力推进有质量、有效益、可持续发展。

22 日　集团公司发布《2013 企业社会责任报告》和《西气东输（2002—2013）企业社会责任专题报告》，并同期发布《中国石油天然气集团公司履行社会责任指引》。这是中国石油 2006 年建立社会责任报告发布制度以来，连续第八年发布社会责任报告。

23 日　中国石油在国务院国资委组织召开的中

央企业管理提升活动总结视频会上，被评为“管理信息化专项提升先进单位”。集团公司副总经理喻宝才出席会议。

同日 四川长宁页岩气正式向西南油气田纳安大管线输气。标志着我国首条页岩气试采干线投运，长宁区块已钻探页岩气井投入商业开采。

25日 集团公司党组决定，设立中共中国石油天然气集团公司工程建设分公司委员会，胡兢克同志任书记。

同日 集团公司党组决定，任命王仲才同志为海外勘探开发分公司党委书记，免去王莎莉同志的海外勘探开发分公司党委书记职务；卞德智同志为哈萨克斯坦公司党委书记，免去曹亚明同志的哈萨克斯坦公司党委书记职务；祝俊峰同志为伊拉克公司党工委书记，免去王莎莉同志的伊拉克公司党工委书记职务；黄永章同志为伊朗公司党工委书记，免去张本全同志的伊朗公司党工委书记职务；卞德智同志为中石油中亚天然气管道有限公司党委书记，免去曹亚明同志的中石油中亚天然气管道有限公司党委书记职务；党玉琪同志为青海油田分公司党委书记，免去宗贻平同志的青海油田分公司党委书记职务；于明祥同志为中石油云南石化有限公司党委书记；刘德佳同志为辽河石化分公司党委书记，免去李京辉同志的辽河石化分公司党委书记职务；李汝新同志为长庆石化分公司党委书记，免去高静乐同志的长庆石化分公司党委书记职务；赵剑春同志为云南销售分公司党委书记，免去兰建彬同志的云南销售分公司党委书记职务；朱喜龙同志为天津销售分公司党委书记，免去刘战明同志的天津销售分公司党委书记职务；周华堂同志为中国昆仑工程公司党委书记，免去玄昌伟同志的中国昆仑工程公司党委书记职务；石清俊同志为中国华油集团公司党委书记，免去朱龙同志的中国华油集团公司党委书记职务。

同日 集团公司决定，任命郭进平、汪世宏、李鹭光、王铁军、周新源为总经理助理；李正光、施哲彦为副总经济师，免去王立华的副总经济师职务；孙龙德为咨询中心主任，免去王福成的咨询中心主任职务；姜力孚为企业管理部（内控与风险管理部）总经理，免去孙金瑜的企业管理部（内控与风险管理部）总经理职务；吕功训为中国石油天然气勘探开发公司总经理，免去薄启亮的中国石油天然气勘探开发公司总经理职务；曹亚明为哈萨克斯坦公司总经理，中石油中亚天然气管道有限公司执行董事、总经理，免去吕功训的哈萨克斯坦公司总经理，中石油中亚天然气管道有限公司执行董事、总经理职务；黄永章为伊朗公司总经理，免去张本全的伊朗公司总经理职务；马新华为四川石油管理局局长，免去李鹭光的四川石油管理局局长职务；付锁堂为青海石油管理局局长，免去宗贻平的青海石油管理局局长职务；李天书为抚顺石油化工公司经理，免去裴宏斌的抚顺石油化工公司经理职务；苟量为东方地球物理勘探有限责任公司执行董事、总经理，免去王铁军的东方地球物理勘探有限责任公司执行董事、总经理职务；王新革为中国寰球工程公司总经理，免去汪世宏的中国寰球工程公司总经理职务；宗贻平为北京石油管理干部学院院长，免去周永强的北京石油管理干部学院院长职务；周永强为中国华油集团公司总经理，免去王文沧的中国华油集团公司总经理职务。

同日 股份公司决定，任命李庆平为对外合作部总经理，免去阎存章的对外合作部总经理职务；姜力孚为企业管理部（内控与风险管理部）总经理，免去孙金瑜的企业管理部（内控与风险管理部）总经理职务；吕功训为海外勘探开发分公司（中石油国际投资有限公司、中油勘探开发有限公司）总经理，免去薄启亮的海外勘探开发分公司（中石油国际投资有限公司、中油勘探开发有限公司）总经理职务；祝俊峰为伊拉克公司总经理，免去王莎莉的伊拉克公司总经理职务；马新华为西南油气田分公司总经理，免去李鹭光的西南油气田分公司总经理职务；付锁堂为青海油田分公司总经理，免去宗贻平的青海油田分公司总经理职务；李天书为抚顺石化分公司总经理，免去裴宏斌的抚顺石化分公司总经理职务；李京辉为辽河石化分公司总经理，免去李天书的辽河石化分公司总经理职务；张有林为中石油云南石化有限公司总经理，免去胡兢克的中石油云南石化有限公司总经理职务；免去张有林的克拉玛依石化分公司总经理职务，由副总经理许立甲主持克拉玛依石化分公司行政全面工作；裴宏斌为东北化工销售分公司总经理，免去李殿敏的东北化工销售分公司总经理职务；杜丽学为河北销售分公司总经理，免去杨宁海的河北销售分公司总经理职务；兰建彬为云南销售分公司总经理，免去杜丽学的云南销售分公司总经理职务；刘刚为黑龙江销售分公司总经理，免去朱喜龙的黑龙江销售分公司总经理职务；李宁宝为宁夏销售分公司总经理，免去刘刚的宁夏销售分公司总经理职务；明确杨子清职级为正局级。

同日 股份公司决定，中石油云南石化有限公司列入公司直属企事业单位序列，炼化工程建设项目部不再列入公司直属企事业单位序列。

4月28日—5月6日　集团公司总会计师刘跃珍到中国石油驻哈萨克斯坦企业调研。强调要加强项目所在国汇率、经营策略、税收等筹划与研究，积极制定有效措施，努力提升海外业务风险管控能力和盈利水平。

30日　国务院国资委任命赵政璋为中国石油天然气集团公司副总经理，试用期一年（自2014年4月至2015年3月）。

同日　国务院国资委党委任命赵政璋同志为中国石油天然气集团公司党组成员。

本月　在2014年度全国五一劳动节奖项评选中，中国石油44名员工被授予全国五一劳动奖章，19个单位被授予全国五一劳动奖状，52个集体获得全国工人先锋号称号。西部大庆建设劳动竞赛和漠大线建设劳动竞赛中的61个先进集体和个人一并获得表彰。

五　　月

7日　中国石油土库曼斯坦巴格德雷合同区第二天然气处理厂竣工投产。土库曼斯坦总统别尔德穆哈梅多夫为工程竣工剪彩。第二天然气处理厂是完全由中国石油自主勘探、开发、建设、运营的一体化建设项目，2011年12月13日动工，天然气年处理能力90亿立方米。别尔德穆哈梅多夫总统还通过视频为中国石油捐资400万美元援建的米干村净化供水项目投用剪彩，这是中国石油在中亚地区最大的单项民生公益项目。

8日　集团公司副总经理、股份公司总裁汪东进在北京与马来西亚国家石油公司执行副总裁黄耀兴，共同主持召开第五届联合指导委员会会议。双方就第四届会议以来上游项目合作、合资公司组建、科技合作及联合研究等方面进展进行重点交流，签署《中石油向马石油供应新型聚合物产品协议》。

同日　中国石油复兴气田年产300亿立方米增供天然气EPC总承包项目奠基。这是近年来全球最大的EPC总承包项目之一。

同日　塔里木油田塔中862H井顺利完成1502米的一开钻探任务。成为我国陆上设计最深的水平井。

11日　中国石油集团钻井工程技术研究院机械所自主研发的侧钻水平井膨胀套管完井技术，在塔河油田刷新入井深度6065米、井斜65.8度和连续膨胀长度526.88米3项全国纪录，标志着中国石油膨胀套管技术达到国内领先和世界先进水平。

12—13日　集团公司副总经理沈殿成在北京会见沙特阿美营销、供应与合资企业协调部执行董事苏伯彦。双方就云南石化和广西石化项目合作进行探讨。

13日　集团公司党组书记、董事长周吉平与部分新提职调整干部集体谈话。强调要切实增强忧患意识、机遇意识、进取意识和担当意识，以更高标准严格要求自己，提高科学民主决策能力。

15日　集团公司董事长周吉平在北京会见俄罗斯石油公司总裁谢钦。双方就推进中俄油气战略合作举行会谈，对加快推进天津炼油厂项目合作做出进度安排。

16日　中国石油发布2013年度报告。报告分中、英、俄、西、法文五种语言，从生产经营、技术研发、安全环保、人力资源等方面系统介绍2013年中国石油取得的进展。

17日　集团公司副总经理、股份公司总裁汪东进在北京会见哈萨克斯坦国家石油公司副总裁别尔利巴耶夫一行。双方就长输管道合作中有关问题等事宜坦诚交换意见。

18日　集团公司董事长周吉平在北京会见俄罗斯天然气工业股份公司总裁米勒一行。双方就中俄天然气管道项目有关事宜深入交换意见。

19—20日　在中国国家主席习近平和俄罗斯总统普京见证下，中国石油天然气集团公司副总经理、股份公司总裁汪东进代表中国石油分别与俄罗斯诺瓦泰克公司签署《亚马尔LNG项目购销合同》、与俄罗斯石油公司签署《天津炼油厂投产及向该厂供应原油的工作进度表》。在中国国家主席习近平和哈萨克斯坦总统纳扎尔巴耶夫见证下，汪东进代表中国石油与哈萨克斯坦国家石油天然气公司签署《中哈管道出口原油统一管输费计算方法及各段所有者管输费收入分配方法协议》和《在哈萨克斯坦建设大口径钢管厂项目框架协议》。在塔吉克斯坦总统拉赫蒙见证下，汪东进与塔吉克斯坦外长阿斯洛夫共同签署《关于成立实施中塔天然气管道项目管理委员会协议》。汪东进还与哈萨克斯坦文化部长穆哈穆季乌雷签署《关于设计和建设哈萨克斯坦国立舞蹈学校综合楼备忘录》，与吉尔吉斯斯坦能源与工业部部长阿尔德克巴耶夫签署成立落实中吉两国政府间关于中吉天然气管道建设运营合作协议的协调委员会《谅解备忘录》。

20日　集团公司安全环保事故通报视频会召开。

会议强调，深刻汲取事故教训，深入查找思想麻痹、作风懈怠和管理滑坡等问题，真正树立“红线”意识，坚决扭转安全工作被动局面，以安全环保良好业绩为集团公司深化改革奠定坚实基础。集团公司副总经理沈殿成出席会议并讲话。

21 日　在中国国家主席习近平和俄罗斯总统普京见证下，国家发改委副主任、能源局局长吴新雄与俄罗斯联邦能矿部部长诺瓦克代表中俄两国政府签署《中俄东线管道天然气合作项目备忘录》，中国石油天然气集团公司董事长周吉平和俄罗斯天然气工业股份公司总裁米勒签署《中俄东线管道供气购销合同》。根据合同，从 2018 年起，俄罗斯开始通过中俄天然气管道东线向中国供气，输气量逐年增长，最终达到每年 380 亿立方米，累计合同期 30 年。合同约定，主供气源地为俄罗斯东西伯利亚的伊尔库茨克州科维克金气田和萨哈共和国恰扬金气田，俄罗斯天然气工业股份公司负责气田开发、天然气处理厂和俄罗斯境内管道建设，中国石油负责中国境内输气管道和储气库等配套设施建设。

22 日　中国石油天然气股份有限公司 2013 年度股东大会在北京召开。股东以投票方式表决，以同意票数超过 1/2 通过并批准股份公司 2013 年度董事会报告、股份公司 2013 年度监事会报告、股份公司 2013 年度财务报告、2013 年度利润分配方案、关于授权董事会决定公司 2014 年中期利润分配方案的议案、关于聘用公司 2014 年度境内外会计师事务所并授权董事会决定其酬金的议案、关于股份公司董事会换届选举的议案、关于股份公司监事会换届选举的议案 8 项普通决议案，以同意票数超过 2/3 通过并批准关于给予董事会发行股份公司股票一般授权事宜议案 1 项特别决议案。

同日　中国石油天然气股份有限公司股东大会决议，批准第六届董事会由 11 名董事组成。批准选举周吉平、廖永远、汪东进、喻宝才、沈殿成、刘跃珍、刘宏斌、陈志武、理查德 · 马茨基和林伯强等 10 人为股份公司第六届董事会成员，其中陈志武、理查德 · 马茨基和林伯强等 3 人为独立非执行董事；任期自 2014 年 5 月 22 日起，至第六届董事会任期届满为止。

同日　中国石油天然气股份有限公司股东大会决议，批准第六届监事会由 9 名监事组成。批准选举王立新、郭进平、李庆毅、贾忆民和张凤山等 5 人为股东代表监事，将与其他 4 名职工监事共同组成股份公司第六届监事会；任期自 2014 年 5 月 22 日起，至第六届监事会任期届满为止。

同日　中国石油天然气股份有限公司公告，经股份公司职工代表选举，选举同意李鹭光、姚伟、李家民、刘合合担任公司第六届监事会职工代表监事。

同日　中国石油天然气股份有限公司董事会决议，第六届董事会一次会议审议通过《选举股份公司董事长、副董事长的议案》，一致同意选举周吉平任股份公司董事长，廖永远、汪东进任股份公司副董事长。

同日　中国石油天然气股份有限公司公告，第六届监事会第一次会议审议通过《关于选举中国股份公司第六届监事会主席的议案》，一致同意选举郭进平为股份公司第六届监事会主席。

23 日　集团公司总会计师刘跃珍在北京分别会见西班牙桑坦德银行副行长坎特拉和摩根士丹利全球副主席托马斯 · 奈兹。双方就进一步加强在并购、融资、结算以及资产轻量化等方面合作深入交换意见。

27 日　集团公司副总经理沈殿成在北京会见美国普莱克斯实用气体有限公司亚洲总裁潘克强。双方就广东石化公司空分装置合作进展交换意见。

28—29 日　中国石油油品销售精细化管理会议在辽宁沈阳召开。会议强调，深入推进精细化管理，全面提升油品质量计量管理水平，精心打造质优量足、诚实守信的企业品牌形象。集团公司副总经理喻宝才出席会议并讲话。

29 日　集团公司副总经理、股份公司总裁汪东进在北京会见斯伦贝谢公司执行副总裁博方索。双方就推动下一步在国内外勘探开发、工程技术、装备制造及非常规等领域的合作进行探讨。

30 日　国内首座深水天然气陆上处理终端——珠海高栏终端全面投产。该项目由管道局天津设计院设计完成，处理气源来自 1500 米以下水深的南海，丙烷收率等 8 指标创国内第一，对我国海洋油气开发具有里程碑意义。

31 日　中国—中亚天然气管道 C 线进气投产（详见专稿）。

六　月

1 日　国家 973 项目“火山岩油气藏的形成机制与分布规律”获得重大理论技术进展。该项目 2009 年启动，依托中国石油，由大庆油田牵头，经过 5 年研究攻关，基本建立火山岩油气藏理论体系，形成一套较为完整的火山岩油气藏识别评价技术方法，初步查明我国东西部火山岩油气藏分布规律，对支撑我国火山岩勘探开发实践具有重要意义。

4日　集团公司总会计师刘跃珍在北京会见德意志银行资本市场及资金服务部全球主管米拉德。双方就进一步加强在授信、并购、债券发行以及外汇管理等方面的合作进行交流。

5日　集团公司副总经理赵政璋在北京会见道达尔公司勘探与生产总裁博雅克。双方就扩大在国内外上游业务领域的合作进行探讨。

同日　中国石油发布《中国石油2013年度环境保护公报》。公报从环境管理、污染减排、清洁生产、应对气候变化4个方面，介绍中国石油2013年度在环境保护中采取的措施及取得的成绩。2013年，中国石油未发生重大及以上环境污染和生态破坏事故，化学需氧量、氨氮、二氧化硫、氮氧化物排放量比2012年分别下降3.68%、2%、7.52%和3.15%，超额完成2013年度考核任务。

6日　国务院国资委、黑龙江省委省政府和中国石油在大庆召开大庆可持续发展座谈会。共同研究进一步推动大庆可持续发展的对策措施。中国石油与黑龙江省签署《深化战略合作框架协议》，双方将在油气勘探开发、油气供应、装备制造等上下游领域开展合作，实现互利共赢共同发展。集团公司董事长周吉平出席会议并讲话。

9日　国务院国资委决定，免去王立新的中国石油天然气集团公司董事职务。

11日　2014年第十届光华工程科技奖公布。中国石油李鹤林院士、刘合教授获得光华工程科技奖“工程奖”，朱光有博士获得光华工程科技奖“青年奖”。国务院副总理刘延东为获奖专家颁奖。

同日　集团公司副总经理沈殿成在北京会见委内瑞拉国家石油公司副总裁查韦斯。双方就上游资源和下游广东炼油厂合作的最新进展情况交换意见。

同日　集团公司召开境外项目物资采购工作推进会。会议强调，坚定不移地推进境外项目物资集中采购与战略采购，加快境外采购信息平台建设，努力实现全球供应链管理与全球采购。集团公司副总经理喻宝才出席会议并讲话。

同日　集团公司召开新提任党组管理领导干部集体廉洁谈话会。会议强调，新提任领导干部必须始终保持清醒头脑，始终对自己从严要求，始终坚守廉洁从业意识，不辜负党组和职工群众的信任与重托，为集团公司改革发展做出更大贡献。

12日　中国石油天然气集团公司与中国远洋运输（集团）总公司在北京签署战略合作协议。协议的签署将为双方更好地开拓国际市场奠定基础，进一步密切在油品海洋运输、装备物流等领域长远合作关系，实现共赢发展。

15—19日　第21届世界石油大会在俄罗斯莫斯科举行。本届大会围绕“负责任地提供能源、强力支持发展中的世界”主题，组织全体大会、专题会议、部长论坛和技术分会会议等百场研讨活动。来自70多个国家的政府官员、公司高管和能源专家学者等5000多名代表参会。集团公司董事长周吉平率中国石油代表团参会，并再次当选世界石油理事会副主席。大会期间，周吉平会见多位大石油公司高管，与埃克森美孚公司董事长、首席执行官雷克斯·蒂勒森就石油工业发展和公司间开展合作等问题进行广泛深入交流。中国石油代表共主持5场技术分会会议，宣读5篇论文，张贴11篇论文，是历届大会最多。

16日　集团公司副总经理、股份公司总裁汪东进在北京会见苏丹石油部长马卡维及财政部长巴德尔。双方就进一步推动在苏丹项目合作事宜进行广泛交流。

18日　集团公司副总经理喻宝才在北京会见艾斯本公司全球执行副总裁曼诺里斯。双方就进一步在炼化、销售、工程建设等领域流程优化方面的合作交换意见。

同日　集团公司副总经理赵政璋在北京会见埃克森美孚勘探公司常务副总裁贺强恩。双方就推动在中国国内上游业务领域的合作深入交换意见。

同日　中国石油天然气股份有限公司董事会决议，第四次临时董事会审议通过《关于聘任由总裁提名的副总裁的议案》，一致同意聘任王立华女士和吕功训先生为股份公司副总裁。中国石油天然气股份有限公司总裁班子组成：汪东进为股份公司总裁，刘宏斌、赵政璋、孙龙德、黄维和、徐福贵、王立华、吕功训为股份公司副总裁，于毅波为股份公司财务总监，蔺爱国为股份公司总工程师。

同日　中国石油天然气股份有限公司董事会决议，第四次临时董事会审议通过《关于变更公司授权代表的议案》，一致同意股份公司指派刘跃珍接替王国樑，担任股份公司授权代表。

同日　呼和浩特—包头—鄂尔多斯成品油管道投产。该管道全长306.5千米，设计年输量300万吨，2012年6月10日开工建设。管道的投产，结束鄂尔多斯成品油供应依靠火车和汽车拉运的历史，为内蒙古呼和浩特—包头—鄂尔多斯“金三角”经济区的建设创造重要条件，对构建和完善内蒙古地区能源走廊、优化沿线产业布局具有重要意义。

19日 以2500千瓦级为标志的大型输油泵机组在辽宁沈阳通过验收。各项指标均达到或超过设计指标，标志着大型输油泵机组研制成功，成为压缩机组（电驱和燃驱）、大口径球阀国产化后获得的又一个重大突破。该项目是集团公司2013年设立的重大科技专项“油气管道关键设备国产化”研究课题之一，由管道公司、沈阳鼓风机集团等联合开发研制。

20日 国务院国资委聘任路耀华、李庆言、李毓华、金克宁、黄龙为中国石油天然气集团公司外部董事，聘期一年（自2014年6月至2015年5月）。

同日 国务院国资委在北京中国石油总部召开中国石油天然气集团公司建设规范董事会工作会议，宣布聘任集团公司外部董事，集团公司董事会正式成立。董事会由8名董事组成，分别是内部董事周吉平、廖永远，外部董事路耀华、李庆言、李毓华、金克宁、黄龙，职工董事汪世宏。董事会的成立标志着集团公司向健全现代企业制度、完善法人治理结构迈出实质性步伐。

23日 第二届中坦投资论坛开幕式在坦桑尼亚中央银行会议中心举行。中国国家副主席李源潮出席并致辞，特别提到中国石油等在当地从事投资建设的企业，努力回馈坦桑尼亚经济社会发展，勇于承担社会责任，收到广泛好评，树立了良好企业形象。

24日 集团公司总会计师刘跃珍在北京会见毕马威全球能源行业主管合伙人米克尔·索庭。双方就未来在咨询和风险监控等方面的合作进行交流。

25日 集团公司副总经理、股份公司总裁汪东进在北京会见苏丹石油部秘书长阿瓦德及苏丹驻华大使奥马尔一行。双方就进一步推动在苏丹项目合作事宜进行广泛交流。

同日 潍东管道一期工程试运投产。该管道属于山东天然气管网支线工程，起于泰青威管道临朐站，途径东营、潍坊两市10多个县（区），全长近400千米。管道的投产是建设社会主义新农村、实施新型城镇化战略的重要举措，将惠及沿线600万人口，对提高沿线居民生活质量、加快建设黄河三角洲高效生态经济区和山东蓝色半岛经济区具有重要意义。

26日 我国规模最大、大型液化天然气（LNG）装备国产化率超过99%的LNG工厂——湖北黄冈LNG工厂全面投入运行。这标志着我国已拥有自主建设大型LNG工厂的技术、装备和能力，在打破国外大型LNG技术与装备长期垄断、确保国家能源安全、巩固中国石油在天然气综合利用领域地位等方面意义重大。

同日 阿姆河项目B区第二天然气处理厂第一列装置一次性成功投产。标志着第二天然气处理厂实现投运，创造了土库曼斯坦以最少投运人员、最短投运时间实现大型天然气处理厂安全平稳投运新纪录。

同日 第五届“低碳发展·绿色生活”公益展暨“2014中国低碳榜样”发布会在北京举行。中国石油连续第四次当选“中国低碳榜样”企业。

27日 集团公司董事长周吉平在北京会见新疆维吾尔自治区党委常委、常务副主席黄卫一行。双方就深入贯彻落实第二次中央新疆工作座谈会精神，推进与自治区议定的合资合作框架协议落实等有关事项进行深入会谈。

本月 国务院国资委做出决定，对中央企业近年来做出突出贡献的先进基层党组织、优秀共产党员与优秀党务工作者予以表彰。塔里木油田公司党工委等4个基层党组织被授予“中央企业先进基层党组织”称号，新疆油田公司重油开发公司采油作业五区采油六班班长肉孜麦麦提·巴克等4名共产党员被授予“中央企业优秀共产党员”称号，吐哈油田公司党委书记、副总经理娄铁强等4名党务工作者被授予“中央企业优秀党务工作者”称号。

七 月

1日 集团公司董事长周吉平在北京会见南苏丹副总统詹姆斯·瓦尼·伊加。双方就确保中方人员安全，加强深化合作等进行会谈。

同日 集团公司副总经理、股份公司总裁汪东进在北京会见道达尔集团副总裁兼全球上游业务总裁戴可瑞。双方就国内外上游项目和西太平洋炼油厂股权转让等方面交换意见。

4日 集团公司副总经理赵政璋在北京会见埃尼公司勘探开发业务高级副总裁法兰科·波罗。双方就国内外油气领域合作等事宜深入交换意见。

6日 中缅天然气管道（国内段）钦州支线投产送气。该管线起自西气东输二线南宁支干线南宁末站，至钦州港广西石化末站，全线长143千米，年供气量25.84亿立方米，可满足钦州387万市民的天然气供应需求，对改善我国西南地区能源结构、缓解当地天然气用气紧张局面、促进能源进口多元化等具有重要作用。

7 日　2014 年《财富》世界 500 强排行榜发布，中国石油以年营业收入 4320.077 亿美元位居第四，比 2013 年排名再升一位，创历史最好成绩。

7—9 日　集团公司总会计师刘跃珍到中国石油驻天津和唐山企业调研。强调要以改革的思想、创新的精神不断破解发展难题，完善生产经营机制，不断提高企业运行质量和效益。

9 日　集团公司副总经理喻宝才在北京会见西门子股份公司管理委员会成员、能源业务首席执行官黛俪思。双方就在科技创新、管道建设、物资采购、装备制造等方面的进一步合作交换意见。

同日　集团公司召开销售企业法律风险防控现场会。会议强调，充分认识防控法律风险的极端重要性，学习推广湖北销售公司的经验和做法，有效推进销售企业依法经营管理和法律风险防控，确保企业健康发展。

10 日　国务委员王勇考察吉林石化公司，强调石油战线的广大职工要大力传承弘扬大庆精神铁人精神，始终保持“有条件要上，没有条件创造条件也要上”的干劲，坚持“三老四严”，自觉加压，控本增效、深挖内部潜力，在引领地方经济发展，稳增长、提质增效、调结构、惠民生方面发挥中央企业的表率作用。

同日　集团公司党组召开落实党风廉政建设主体责任推进会。会议强调，强力推进党委主体责任、纪委监督责任落实，各级党委要做党风廉政建设的领导者、执行者、推动者，全力领导支持纪委发挥监督执纪问责作用，全面提升反腐倡廉建设水平。集团公司党组书记、董事长周吉平出席会议并讲话。

11 日　集团公司党组决定，任命吴奇同志为勘探与生产分公司党委书记，免去赵文智同志的勘探与生产分公司党委书记职务；冯尚存同志为长庆油田分公司党委书记，免去杨华同志的长庆油田分公司党委书记职务；贾勇同志为尼罗河公司党委书记，免去赵东同志的尼罗河公司党委书记职务；张兴同志为拉美公司党委书记，免去叶先灯同志的拉美公司党委书记职务；蒋奇同志为俄罗斯公司党委书记；任军革同志为独山子石化分公司党委书记，免去付德新同志的独山子石化分公司党委书记职务；张豫锋同志为庆阳石化分公司党委书记，免去刘至祥同志的庆阳石化分公司党委书记职务；郑明禹同志为中石油燃料油有限责任公司党委书记，免去廖国勤同志的中石油燃料油有限责任公司党委书记职务；王立华同志为国际事业有限公司（中国联合石油有限责任公司）党委书记，免去沈定成同志的国际事业有限公司（中国联合石油有限责任公司）党委书记职务；王亮同志为中油资产管理有限公司党委书记，免去李晶同志的中油资产管理有限公司党委书记职务。

同日　集团公司决定，任命张凤山为安全副总监；胡宝顺不再兼任集团公司商业储备油分公司总经理职务；杨华为长庆石油勘探局局长，免去赵政璋的长庆石油勘探局局长职务；蒋奇为俄罗斯公司总经理；赵勇为中国联合石油有限责任公司总经理，免去王立华的中国联合石油有限责任公司总经理职务；张卫国为石油工业出版社有限公司执行董事、总经理，免去郑玉宝的石油工业出版社有限公司执行董事、总经理职务；吴妍为中油资产管理有限公司总经理，免去王亮的中油资产管理有限公司总经理职务。

同日　股份公司决定，任命张凤山为安全总监；杨华为长庆油田分公司总经理，免去赵政璋的长庆油田分公司总经理职务；肖华为华东化工销售分公司总经理，免去丛瑜滋的华东化工销售分公司总经理职务；悦仲林为新疆销售分公司总经理，免去刘守德的新疆销售分公司总经理职务；刘守德为陕西销售分公司总经理，免去刘德祥的陕西销售分公司总经理职务；朱明玉为重庆销售分公司总经理，免去李宝军的重庆销售分公司总经理职务；刘星国为青海销售分公司总经理，免去朱明玉的青海销售分公司总经理职务；免去王珺的吉林销售分公司总经理职务，由党委书记赵尔全主持行政全面工作；赵勇为国际事业有限公司总经理，免去王立华的国际事业有限公司总经理职务；明确刘守德、悦仲林职级为正局级。

同日　集团公司第三届企业年金理事会第一次会议在北京召开。会上宣布成立集团公司第三届企业年金理事会，集团公司总会计师刘跃珍任理事会主席。会议强调，进一步加强风险防控，持续提高监管能力，深入研究运营模式，保障企业年金稳健增值。刘跃珍总会计师出席会议并讲话。

15 日　集团公司副总经理沈殿成在大连市主持召开中国石油驻大连企业和部分管道企业管网隐患治理及安全生产会议。强调要时刻保持安全警觉，进一步强化“红线”意识和“底线”思维，全力打好油气管道隐患治理攻坚战。

同日　西气东输二线高陵分输压气站 4 套 20 兆瓦国产压缩机组全部通过 4000 小时测试。各项技术指标达到国际先进水平，使我国成为继美国、英国、德国之后能够设计制造和总成大功率压缩机组的国家。

17 日　集团公司总会计师刘跃珍到中意人寿保险有限公司和中意财产保险有限公司调研。强调要制定科学准确的战略定位，建立完善的内部制度体系，进一步规范管理，切实防范经营风险，确保企业平稳健康发展。

18 日　中国石油天然气集团公司与太原钢铁（集团）有限公司在中国石油总部举行战略协议签字仪式。根据协议，双方将在约定的战略采购合作领域，充分发挥各自优势，为对方的发展提供优先支持，实现共赢发展。集团公司副总经理喻宝才与太原钢铁（集团）有限公司总经理张志方就进一步深化合作举行会谈，并共同出席签约仪式。

同日　集团公司委派王亮为中油资产管理有限公司执行董事。

19—25 日　集团公司副总经理、股份公司总裁汪东进到拉美公司等石油企业调研。强调要进一步认清拉美油气合作的重要意义，积极探索技术、人才、管理创新，深化扩大油气合作。调研期间，汪东进先后与委内瑞拉部长委员会副主席、石油和矿业部部长兼国家石油公司总裁拉斐尔·拉米雷斯，古巴能矿部部长阿尔弗雷多·洛佩斯等进行会谈，就双方油气合作中的重点问题及深化双方未来合作交换意见。

21 日　在中国国家主席习近平和委内瑞拉总统尼古拉斯·马杜罗见证下，中国石油天然气集团公司副总经理、股份公司总裁汪东进与委内瑞拉石油和矿业部副部长兼国家石油公司副总裁阿斯德鲁瓦尔·查韦斯共同签署《中委联合融资基金一期二次滚动油贸合同》。根据合同，中国联合石油有限责任公司自合同签订之日起三年内，每天将从委内瑞拉购买 10 万桶燃料油。至此，中国石油 2014 年对委内瑞拉油品贸易量将达到 79 万桶 / 日，成为委内瑞拉最大的油品贸易商之一。合同的签订，将更加充分地发挥中国石油在美洲的贸易优势，进一步增强保障国家能源安全的能力。

22 日　在中国国家主席习近平和古巴国务委员会主席兼部长会议主席劳尔·卡斯特罗见证下，中国石油天然气集团公司副总经理、股份公司总裁汪东进与古巴国家石油公司总裁胡安·托雷斯·纳兰霍，在古巴首都哈瓦那签署《赛博鲁克油田原油增产分成合作框架协议》和《9000 米钻机钻井服务项目合作协议》。根据协议，中国石油将发挥在油气勘探开发、工程技术服务、工程建设和物资装备等方面的优势，为古巴加快勘探开发近海油田，增强能源自给能力，提供大型钻井机具和综合配套服务。

22—26 日　集团公司总会计师刘跃珍到驻辽宁石油企业调研，并出席在沈阳召开的销售企业财务管理经验交流座谈会。强调要深入开展“开源节流、降本增效”活动，提升企业综合竞争力，推动可持续发展。

28 日　集团公司副总经理喻宝才在北京会见卡特彼勒公司集团总裁爱德华·莱普。双方就物资采购战略合作、装备制造、技术研发等方面合作交换意见。

同日　集团公司总会计师刘跃珍在北京会见瑞穗金融集团执行专务菅野晓。双方就授信、发债、咨询服务等领域合作交换意见。

29 日　中共中央决定，鉴于周永康涉嫌严重违纪，依据《中国共产党章程》《中国共产党纪律检查机关案件检查工作条例》的有关规定，由中共中央纪律检查委员会对其立案审查。集团公司党组召开会议，传达学习中央决定精神。会议强调，坚决拥护中央决定，更加坚定地紧密团结在以习近平同志为总书记的党中央周围，旗帜鲜明地反对腐败，深入推进反腐倡廉建设，为保障国家能源安全、促进经济社会发展做出积极贡献。

同日　国家发改委副主任、国家能源局局长吴新雄到北京中国石油总部调研。强调要积极推进与俄罗斯、中亚国家能源合作，为保障国家能源安全和造福有关国家人民做出应有贡献。

30 日　中国石油天然气集团公司 2014 年领导干部会议（视频）召开（详见专稿）。

同日　中国石油天然气集团公司与华为技术有限公司在北京中国石油大厦签署战略采购协议。协议的签署将进一步扩大双方在 IT、IP 产品等方面合作，充分发挥各自优势，实现共赢发展。集团公司副总经理喻宝才与华为技术有限公司常务董事、战略营销总裁徐文伟就深化合作举行会谈，并共同出席签约仪式。

31 日　集团公司副总经理、股份公司总裁汪东进在北京会见乌兹别克斯坦国家油气公司副主席阿里莫夫。双方就天然气管道、天然气贸易、天然气化工等项目深入交换意见。

同日　集团公司副总经理、股份公司总裁汪东进在北京会见哈萨克斯坦国家油气公司副总裁别尔利巴耶夫。双方就原油管道等问题深入交换意见。

八　月

2日　由川西钻探公司川庆70601队承钻的塔中超深水平井ZG13-3H井，历经7个月施工，安全钻至井深7849米顺利完钻，创我国陆上最深水平井完钻新纪录。

5日　中国石油精细注水工作第三次推进会在北京召开。会议强调，持之以恒抓好精细注水工作，科学构建长效机制，夯实油田稳产基础。集团公司副总经理赵政璋出席会议并讲话。

同日　西部钻探公司总承包的新疆昌吉油田致密油先导开发试验井——JHW018井压裂成功。钻井深5325米，裸眼段长度2063米，采用"裸眼封隔器+级差式投球滑套"分段压裂技术，压裂级数23级，创国内水平井裸眼封隔器分段压裂级数最多、分段工具级差最小和单级加砂量最大等3项新纪录。

6日　集团公司召开审计问题专项整治工作会议。会议强调，切实抓好审计问题专项整治各项措施的落实，切实构建审计工作和问题整改的长效机制，促进企业建立完善运转协调、有效制衡的治理体系。集团公司董事长周吉平出席会议并讲话。

同日　集团公司2014年工程技术业务生产经营及市场工作视频会召开。会议强调，充分发挥集团公司整体优势，用改革激发工程技术企业内在活力，破解发展难题，不断提升市场竞争力。集团公司副总经理、股份公司总裁汪东进出席会议并讲话。

同日　集团公司召开廉洁谈话会，对2014年7月以来党组提任的领导干部进行集体廉洁谈话。会议强调，保持反腐倡廉高度自觉，以实际行动廉洁从业。

同日　股份公司委派张有林为中石油云南石化有限公司执行董事，胡兢克不再担任中石油云南石化有限公司执行董事职务。

7日　集团公司安全环保视频会议召开。会议强调，认真吸取事故教训，以更加警醒的意识审视安全生产现状，从严开展安全生产大检查，从严落实责任，从严监督管理，从严考核，从严责任追究，以最严肃的态度和最严厉的措施强化安全监管，不断促进集团公司安全环保形势总体稳定和持续好转。集团公司董事长周吉平出席会议并讲话。

同日　中国石油与古巴国家石油公司在北京中国石油大厦举行培训协议签字仪式。根据协议，自2014年起，集团公司每年为古巴国家石油公司举办两期高层次管理与技术人员培训，为期3年，为古巴国家石油公司培养高端人才。

10日　国家发改委印发《关于调整非居民用存量天然气价格的通知》。自2014年9月1日起，将非居民用存量气最高门站价格每立方米提高0.40元，广东、广西存量气最高门站价格按与全国水平衔接的原则适当提高；放开进口液化天然气（LNG）气源价格和页岩气、煤层气、煤制气出厂价格；居民用气和化肥用气门站价格不做调整。

11—13日　集团公司副总经理沈殿成到锦州、葫芦岛地区石油石化企业调研油气管道隐患治理工作。强调要加强对安全生产工作重要性的认识，进一步明确目标，落实责任，全力打好油气管道隐患治理攻坚战。

11—15日　集团公司副总经理赵政璋到西南油气田公司考察调研。强调要精细管理挖潜增效，强化工程质量管理，夯实安全环保根基，为集团公司有质量、有效益、可持续发展做出贡献。

15日　集团公司2014年下半年巡视工作启动会在北京召开。会议强调，扎实有效地落实好巡视工作任务，推动党风廉政建设和反腐败工作深入开展。集团公司党组书记、董事长、巡视工作领导小组组长周吉平出席会议并讲话。

17—18日　集团公司副总经理刘宏斌到蒙古国塔木察格项目调研。强调要按照国际惯例和水准运作塔木察格油田，高标准高水平开展油田开发建设和经营管理工作，推动大庆油田可持续发展。

18日　中国石油哈法亚二期项目投产。哈法亚油田原油日产量突破20万桶，年产能提升至1000万吨，成为伊拉克第二轮国际石油合作项目中唯一启动并实现二期投产的项目，是中国石油与合作伙伴道达尔、马来西亚石油公司取得的又一项重要成果，标志着中伊能源合作向前迈出坚实步伐。

19日　在中国国家主席习近平和乌兹别克斯坦总统卡里莫夫见证下，中国石油天然气集团公司董事长周吉平与乌兹别克斯坦国家石油公司主席费依祖拉耶夫签署《中国—乌兹别克斯坦天然气管道D线企业间协议》和《穆巴列克天然气化工厂合作备忘录》。根据协议，中国石油和乌石油将成立合资公司，共同建设和运营中国—中亚天然气管道D线在乌国境内管道，全力保障项目按期投产。中乌双方还有意向在乌兹别克斯坦穆巴列克天然气处理厂基础上建设天然气化工厂，主要面向中亚市场生产聚乙烯和液化气等产品。

同日　集团公司总会计师刘跃珍在北京会见忠利集团首席执行官格列柯。双方就推动合资公司发展、扩大合作范围等深入交换意见。

20 日　集团公司董事长周吉平在北京会见南苏丹外交部部长巴拿马·马瑞尔·本杰明一行。双方就确保油田人员与设备安全，深化油气合作等交换意见。

21 日　在中国国家主席习近平和蒙古国总统查希亚·额勒贝格道尔吉见证下，中国石油天然气集团公司副总经理刘宏斌与蒙古国石油局局长格·乌力吉布任在乌兰巴托签署《中国石油天然气集团公司和蒙古国石油局关于在石油领域加强合作的谅解备忘录》。备忘录的签署是中蒙双方深化油气领域合作的重要举措。双方将进一步扩大石油勘探开发领域，携手共同探索油气合作互利共赢之路，更好地造福两国和两国人民。

同日　国家能源局发文《国家能源局关于设立第五批国家能源研发中心(重点实验室)的通知》，批准中国石油集团科学技术研究院、中国工程院能源与矿业工程学部和中国石油大学(北京)共同组建国家能源致密油气研发中心；批准中国石油辽河油田公司组建“国家能源稠(重)油开采研发中心”。

22 日　集团公司董事长周吉平在北京会见伊拉克共和国石油部部长阿卜杜克里木·卢艾比·巴赫德·阿尔马利基一行。双方就保障中方人员和投资安全、原油提油及销售、相关合作项目服务合同修订等事宜深入交换意见。

同日　中国石油山东泰安 60 万吨/年 LNG 装备国产化项目投产。标志着中国石油在天然气液化技术和装备国产化方面实现重大突破，对打破西方国家在天然气液化技术及关键设备上的垄断具有重大意义，使我国跻身世界液化天然气工业发展先进国家行业。

25 日　集团公司副总经理、股份公司总裁汪东进在北京会见哈萨克斯坦阿克纠宾州州长阿里罕米特一行。双方就进一步深化油气合作等事宜进行商谈。

同日　西气东输三线工程西段霍尔果斯—中卫管道全线贯通。管线全长 2445 千米。

26 日　中国石油天然气股份有限公司公告，王立新因国家相关部门出台纪委书记不得兼职的规定，辞去股份公司股东代表监事一职；李鹭光因调至中国石油天然气集团公司工作，辞去股份公司职工代表监事一职。

28 日　集团公司董事长周吉平在北京会见苏丹共和国外交部部长阿里·艾哈迈德·库尔提一行。双方就加强油区治安管理，切实保护中方员工安全，加强和南苏丹政府沟通，确保油田生产所需物资顺利通关等彼此关切的问题充分交换意见。

同日　国务院国资委同意中国石油天然气集团公司副总经理刘宏斌试用期满转正，任职时间自 2013 年 7 月 19 日起计算。

28—29 日　中国石油天然气股份有限公司在香港召开 2014 年中期业绩新闻发布会和分析师大会，并进行业绩路演。股份公司副董事长、总裁汪东进，副总裁孙龙德，财务总监于毅波，董事会秘书吴恩来等出席相关活动。

29 日　集团公司召开总部机关加强作风建设工作协调领导小组会议。会议强调，加强“学习型、创新型、服务型、和谐型、廉洁型”机关建设，努力提高素质能力，服务推进有质量、有效益、可持续发展和建设世界水平综合性国际能源公司的中心和大局。

8 月 31 日—9 月 3 日　集团公司总会计师刘跃珍到中国石油驻新疆部分石油石化企业调研。强调要以市场为导向，以效益为中心，以改革创新精神推动企业转型升级，努力提高经济运行质量和经济效益。

本月　“2014 年中国地球物理科学技术奖”评选公布。中国石油申报的“英雄岭复杂山地极低信噪比区高密度宽方位三维地震勘探技术研究及应用”和“塔里木盆地碳酸盐岩缝洞型油气藏描述技术”分别获得一等奖和三等奖，这是中国石油首次获得这一中国地球物理界最高奖项。

九　　月

1 日　中俄东线天然气管道俄罗斯境内段开工(详见专稿)。

3 日　集团公司副总经理、股份公司总裁汪东进到大庆地区石油石化企业调研。强调要传承大庆精神铁人精神，深化体制改革，注重机制创新，推进有质量、有效益、可持续发展。

4 日　中国石油在河南社旗县大冯营中心小学举行石油助学活动捐赠仪式。此次捐赠对社旗县大冯营中心小学等 20 所中小学的基本设施进行改善，近万名师生从中受益。

5 日　具有自主知识产权的天然气转化合成气制

油技术工艺包通过行业专家评审，具备工业化应用条件。此项技术为集团公司开拓天然气资源综合利用业务奠定了基础，标志着中国石油成功跻身壳牌等少数几家掌握这项技术的国际石油公司行列。

10日　集团公司副总经理、股份公司总裁汪东进在北京会见古巴外贸外资部部长马尔米耶卡一行。双方就深化上游领域合作等事宜进行广泛交流。

同日　集团公司副总经理、股份公司总裁汪东进在北京会见雪佛龙公司上游业务高级副总裁翟昌盛一行。双方就川东北项目合作的最新进展情况交换意见。

11日　集团公司副总经理、股份公司总裁汪东进在北京会见壳牌集团执行董事西蒙·亨利一行。双方就国内国际合作项目、工程技术等合作事宜进行广泛交流。

同日　中国共产党优秀党员，忠诚的共产主义战士，新中国石油工业建设战线的优秀领导干部，原国家经济委员会副主任、原石油工业部企业整顿领导小组组长薛仁宗同志（部长级医疗待遇），因病医治无效，于2014年9月11日15时10分在北京逝世，享年92岁。

12—13日　中国石油首届加油站经理论坛在广州举行。论坛以学习借鉴中油碧辟经验为重要内容，32家销售企业150多名站经理参加论坛，围绕开口营销、客户开发与维护、“双低站”治理等问题，开展深入交流和探讨。集团公司副总经理喻宝才出席论坛并讲话，强调要深入研究客户需求，把握客户需求，持续提升现场服务能力，提升中国石油价值和形象，扩大中国石油影响力。

13日　中国—中亚天然气管道D线塔吉克斯坦段开工（详见专稿）。

14日　集团公司董事长周吉平到位于塔吉克斯坦首都杜尚别的中塔天然气管道项目公司调研。强调要认真贯彻习近平主席在开工仪式上的讲话要求，充分认识中国—中亚天然气管道D线的重要意义，高度重视安全环保工作，努力提升管理水平，处理好与周边国家关系，把中国—中亚天然气管道D线建设成为具有国际先进水平的优质、绿色、友谊工程。

16—17日　集团公司副总经理喻宝才到广西石油石化企业调研。强调要发挥中国石油驻广西企业的良好区位优势，创新体制机制，增强市场竞争力，牢牢把握生产经营主动权。

同日　2014中国油气论坛——油气管道技术专题研讨会在河北廊坊举行。来自全球500余名专家学者，共同研讨推动管道高效建设与安全运行的新理论、新技术，国内外专家做了近40个高水平的学术报告。

16—19日　集团公司副总经理、股份公司总裁汪东进到驻哈萨克斯坦地区石油企业调研。研究解决在哈萨克斯坦油气业务发展问题，强调要加强自身管理和经营策略研究，发扬大庆精神铁人精神，实现有质量、有效益、可持续发展。

19日　集团公司董事长周吉平在北京会见台湾中油公司董事长林圣忠先生。双方就在海外联合勘探、科技交流、油品及石化产品贸易等领域的合作深入交换意见。

同日　集团公司董事长周吉平主持召开集团公司第一届董事会第一次会议。会议决议，同意聘任廖永远为公司总经理，汪东进、喻宝才、沈殿成、刘宏斌、赵政璋为公司副总经理，刘跃珍为公司总会计师；同意聘任李华民为公司董事会秘书。

20日　石油化工研究院组织开发的PHF柴油加氢精制技术，在大港石化应用成功。柴油硫含量降至1毫克/千克，达到国Ⅴ标准，标志着中国石油柴油质量升级工作全面展开。

23日　集团公司“大型乙烯装置工业化成套技术开发”重大科技专项验收评估会在北京召开。中国石油开发成功具有自主知识产权的大型乙烯成套工艺技术，在大庆石化120万吨/年乙烯改扩建工程成功应用，结束国内乙烯技术长期依靠引进的历史。集团公司副总经理沈殿成出席会议，强调要以此次乙烯技术国产化成功为契机，加快自主技术研发及推广应用步伐，为中国石油炼化业务打赢翻身仗做出更大贡献。

24日　集团公司副总经理、股份公司总裁汪东进在北京会见厄瓜多尔不可再生资源部部长佩德罗·梅里萨尔德·帕文一行。双方就厄瓜多尔太平洋炼油厂一体化项目合作及保持厄瓜多尔国内投资环境稳定等事宜深入交换意见。

同日　集团公司副总经理沈殿成在北京会见杜邦可持续解决方案业务部全球总裁魏杰铭。双方重点就炼化领域技术合作、HSE管理咨询及节能减排等方面交换意见。

同日　集团公司召开ERP应用集成推进会议。会议强调，全面推进ERP应用集成项目建设，努力实现集团公司信息化从集中建设向集成应用新跨越。

同日　华北石化公司千万吨炼油升级改造工程正式启动。项目规划占地面积1498亩，计划2017年投产。项目投产后，华北石化公司炼油加工能力将提高到1000万吨/年，可向京津冀地区供应900多万吨国Ⅴ标准成品油及石化产品。作为国家战略重点支持项目，该工程是中国石油和河北省转型升级、促进京津冀协同发展的重要战略举措。

25—26日　集团公司副总经理赵政璋到吉林油田调研。深入了解扩大生产经营自主权改革试点情况，强调要立足实际，结合试点中出现的新情况新问题，不断优化完善方案，加快试点工作整体推进，努力打造深化改革样板，依靠改革创新，激发活力动力。

26日　中国石油—GE油气大学人才培训项目开班仪式在北京石油管理干部学院举行。集团公司副总经理喻宝才出席开班仪式，强调要通过人才培养合作，共同构筑中国石油和通用电器公司（GE）发展交流的桥梁。开班仪式前，喻宝才与GE公司高级副总裁罗澜索举行会谈，双方就进一步加强人才合作培养，深化全面战略合作关系深入交换意见。

同日　集团公司副总经理沈殿成在北京会见卡塔尔石油国际公司北京首席代表阿鲁卜·达哈。双方重点就未来炼化项目合作等事宜深入交换意见。

29日　集团公司召开专项治理、合规管理工作会议。会议强调，按照统一领导、分级负责、全面清理、严格整治的原则扎实推进专项治理工作，建立长效机制，完善监管制度，着力构建规范有效的合规管理体系。集团公司董事长周吉平出席会议并讲话。

同日　集团公司副总经理、股份公司总裁汪东进到中国石油勘探开发研究院调研。强调要加大改革力度，加快科研人才培养速度，提高创新驱动和科技创效能力，为有质量、有效益、可持续发展提供技术支撑和保障。

十　　月

8日　安岳气田磨溪区块龙王庙组气藏年产天然气40亿立方米的开发一期工程投运。标志着国内最大单体海相整装气藏开始大规模开发。

9日　集团公司副总经理、股份公司总裁汪东进在北京会见俄罗斯诺瓦泰克公司总裁赫尔松一行。双方就亚马尔LNG项目有关合作事宜深入交换意见。

同日　国家财政部、国税总局发布《关于调整原油、天然气资源税有关政策的通知》。通知规定，自2014年12月1日起，原油、天然气、煤矿产资源补偿费费率将降为0；煤炭、原油、天然气价格调节基金将停止征收；油气资源税适用税率由5%提高至6%。对油田范围内运输稠油过程中用于加热的原油、天然气免征资源税；对稠油、高凝油和高含硫天然气资源税减征40%；对三次采油资源税减征30%；对低丰度油气田资源税暂减征20%；对深水油气田资源税减征30%。《通知》还详细规定油气资源税综合减征率、实际征收率和应纳税额计算公式。根据这一调整，国内主要油气田企业将依据自身资源禀赋、开采技术水平等计算综合减征率。

9—11日　集团公司副总经理沈殿成到渤海钻探和大港石化调研。强调要针对HSE体系审核发现的问题，深刻分析原因，制定整改措施，自上而下深入推进HSE体系建设，最大限度降低企业风险，确保安全生产。

10日　集团公司董事长周吉平在北京会见俄罗斯天然气工业股份公司总裁米勒一行。双方就中俄天然气合作深入交换意见并达成广泛共识。

13日　在中国国务院总理李克强和俄罗斯联邦政府总理梅德韦杰夫共同见证下，中国石油天然气集团公司副总经理、股份公司总裁汪东进代表中国石油，分别与俄罗斯天然气工业股份公司总裁米勒、俄罗斯国家石油公司总裁谢钦，签署《关于中俄东线天然气管道建设和运营的技术协议》和《关于进一步深化战略合作的协议》。

14—15日　集团公司总会计师刘跃珍到驻河北廊坊的管道公司和管道局调研，并参加天然气与管道企业财务管理经验交流座谈会。强调要依靠科技创新提升开源节流、降本增效的水平，充分发挥财务管理的决策支撑作用，推动企业有质量、有效益、可持续发展。

15日　第35届国际能源署提高石油采收率技术研讨会在北京召开。来自13个国家的160余名专家代表参会。会议主题为“油田非常规开发时代提高采收率技术的新挑战”。会议倡议突破传统理念，加快技术升级换代，共同推动全球油气采收率的提高。本届研讨会是中国正式加入IEA-EOR合作项目后的第一届会议，由IEA-EOR项目与中国石油共同举办。

15—16日　集团公司副总经理沈殿成到安徽销售调研，并出席安徽省与中央企业深化合作工作座谈会。强调要坚持不懈抓好安全管理，加大网络建设和开发力度，增强盈利能力，实现有质量、有效益、可持续发展。

16日　2014年中国石油—西门子战略合作高层论坛在德国慕尼黑举行。论坛主题为“供应链管理”。集团公司副总经理喻宝才出席论坛，发表题为《深化战略合作，实现共赢发展》的演讲。论坛期间，中国石油与西门子签署国际货物与服务采购、法律与合规、技术与研发3项合作协议。

同日　集团公司召开贯彻重点油区治安整治“百日会战”动员部署视频会议。会议强调，加强组织领导，落实责任，突出工作重点，全力支持配合公安机关，坚决确保重要油气设施安全平稳运行。

同日　第23届孙越崎科技教育奖颁奖大会在北京举行。中国石油8人获奖，中国石油集团钻井工程技术研究院孙金声获孙越崎科技教育基金会最高奖项——“能源大奖”。

17日　集团公司党组书记、董事长周吉平主持召开党组扩大会议，专题听取大庆油田“十三五”及可持续发展规划汇报。会议强调，高举大庆红旗，严肃负责地抓好大庆油田可持续发展，承担起建设“百年油田”的历史责任。

18日　集团公司副总经理、股份公司总裁汪东进在北京会见南苏丹石油矿产和工业部部长斯蒂芬·德修·道一行。双方就进一步加强和深化合作广泛交换意见。

20日　国务院国资委党委决定，免去王立新同志的中国石油天然气集团公司党组成员、党组纪检组组长职务。

同日　集团公司副总经理沈殿成在北京会见UOP公司总裁兼首席执行官高腾。双方就加强原油炼化领域技术交流、业务拓展等合作深入交换意见。

22日　集团公司召开新安全环保法学习宣传贯彻视频会议。集团公司副总经理沈殿成做新《安全生产法》和新《环境保护法》辅导报告，强调要深入学习贯彻新的“两法”，知法、用法、守法，切实提高依法治企、从严治企能力，以持续平稳安全形势保障集团公司有质量、有效益、可持续发展。

23日　集团公司总会计师刘跃珍在北京会见韦莱集团全球自保管理首席执行官保罗·欧文斯。双方就加强在自保业务、保险经纪和人员培训等方面的合作进行探讨。

24日　国务院国有资产监督管理委员会副主任、党委委员徐福顺到中国石油总部调研。强调要主动适应经济发展新常态，准确研判形势，勇担经济、政治、社会“三大责任”，毫不松懈地抓好国有经济保增长工作，为国家经济社会发展做出更大贡献。

27日　集团公司副总经理、股份公司总裁汪东进在北京会见苏丹石油部部长马卡维一行。双方表示继续支持中苏石油合作向前健康发展。

28日　集团公司副总经理、股份公司总裁汪东进在北京会见蒙古国国家大呼拉尔主席恩赫包勒德一行。双方就蒙古国投资环境、基础设施建设以及油品贸易等问题深入交换意见。

同日　2014年度普氏能源全球能源企业250强颁奖典礼在新加坡举行。中国石油天然气股份有限公司连续13年获得亚洲能源公司整体表现第一名，连续4年获得亚洲一体化油气公司第一名。中国石油上市子公司昆仑能源有限公司获得亚洲能源行业成长最快公司第一名。

同日　新疆油田公司员工肉孜麦麦提·巴克在国务院第六次全国民族团结进步表彰大会上，获得“全国民族团结进步模范个人”，新疆油田公司采油一厂获得“全国民族团结进步模范集体”称号。

同日　独山子石化公司2万吨/年己烯-1装置投料开工。生产出纯度达99.2%以上的己烯-1合格产品，实现装置一次开车成功。这标志着中国石油具有自主产权的己烯-1成套技术工业应用取得重大突破，装置规模由年产5000吨扩大到2万吨。

29日　集团公司副总经理、股份公司总裁汪东进在北京会见乌兹别克斯坦经济部部长萨伊多娃、乌兹别克斯坦石油主席费依祖拉耶夫一行。双方就天然气业务合作等事宜深入交换意见。

同日　中国石油天然气股份有限公司2014年第一次临时股东大会在北京召开。会议采取现场投票和网络投票相结合的方式表决，以1/2以上赞成批准《关于申请更新公司与中国石油集团及共同持股公司持续性关联交易上限相关事项的议案》、选举张必贻为公司独立非执行董事、选举姜力孚为公司监事3项普通决议。

同日　中国石油天然气股份有限公司公告，临时股东大会审议并批准选举张必贻为公司独立非执行董事，姜力孚为公司股东代表监事，任期自2014年10月29日起，于2017年召开的2016年度股东大会之日届满；经公司职工代表选举，同意杨华担任第六届监事会职工代表监事，任期至第六届监事会届满。

30日　集团公司副总经理、股份公司总裁汪东进在北京会见厄瓜多尔战略协调部部长拉斐尔、厄瓜多尔驻华大使博尔哈一行。双方就扩大中厄在油气领域的一体化合作等事宜深入交换意见。

同日　集团公司党组决定，任命任芳祥同志为辽河油田分公司党委书记，免去周灏同志的辽河油田分公司党委书记职务；姚伟同志为中石油中亚天然气管道有限公司党委书记，免去卞德智同志的中石油中亚天然气管道有限公司党委书记职务；陈志同志为锦西石化分公司党委书记，免去王洪斌同志的锦西石化分公司党委书记职务；高贤才同志为浙江销售分公司党委书记，免去李多同志的浙江销售分公司党委书记职务；巴恒越同志为大连销售分公司党委书记，免去高凤翔同志的大连销售分公司党委书记职务；蒋杨贵同志为宁夏销售分公司党委书记，免去李宁宝同志的宁夏销售分公司党委书记职务；孙全军同志为管道局党委书记，免去丁建林同志的管道局党委书记职务；王功礼同志为规划总院党委书记，免去吴东山同志的规划总院党委书记职务；谷伟同志为华油北京服务总公司党委书记，免去刘玉喜同志的华油北京服务总公司党委书记职务；桂王来同志为昆仑金融租赁有限责任公司党委书记，免去杨信同志的昆仑金融租赁有限责任公司党委书记职务。

同日　集团公司决定，任命隋军为质量与标准管理部总经理，免去于洪金的质量与标准管理部总经理职务；于洪金为物资采购管理部总经理，免去李遵义的物资采购管理部总经理职务；吴根柱为济柴动力总厂厂长，免去杨元建的济柴动力总厂厂长职务。推荐桂王来为昆仑金融租赁有限责任公司董事长人选，杨信不再担任昆仑金融租赁有限责任公司董事长职务。

同日　股份公司决定，任命隋军为质量与标准管理部总经理，免去于洪金的质量与标准管理部总经理职务；于洪金为物资采购管理部总经理，免去李遵义的物资采购管理部总经理职务；付斌为四川销售分公司总经理，免去姚志强的四川销售分公司总经理职务；李多为浙江销售分公司总经理，免去赵永河的浙江销售分公司总经理职务；丁建林为管道分公司总经理，免去姚伟的管道分公司总经理职务。

31 日　集团公司董事长周吉平在北京会见俄罗斯石油公司总裁谢钦一行。双方就中俄在原油业务领域的合作等相关事项深入交换意见。

十一月

2—3 日　集团公司副总经理沈殿成到宁夏石化公司调研。强调要突出质量效益发展，继续抓好生产经营平稳运行，始终坚守“红线”和“底线”思维，自上而下深入推进 HSE 体系建设，夯实安全生产基础。

3 日　集团公司副总经理、股份公司总裁汪东进在北京会见土库曼斯坦国家油气署署长卡卡耶夫、天然气康采恩总裁霍马多夫及驻华大使鲁斯塔莫娃一行。双方就天然气业务合作等事宜深入交换意见。

同日　集团公司总会计师刘跃珍在北京会见汇丰环球银行全球总裁兼集团总经理施礼贤。双方就现金管理、债券发行、外汇交易等领域合作深入交换意见。

同日　集团公司撤销中俄合作项目部，中国石油天然气集团公司俄罗斯公司列入集团公司直属企事业单位序列。

6 日　集团公司董事长周吉平在北京会见壳牌集团首席执行官范伯登一行。双方就推动项目进展深入交换意见。

9 日　在中国国家主席习近平和俄罗斯总统普京见证下，中国石油天然气集团公司董事长周吉平代表中国石油分别与俄罗斯天然气工业股份公司和俄罗斯国家石油公司签署《关于沿西线管道从俄罗斯向中国供应天然气的框架协议》和《关于万科油田项目合作的框架协议》。供气协议规定未来俄罗斯通过中俄西线天然气管道向中国供气的基本技术经济条款，确定年供气规模 300 亿立方米、供气量渐增期为 4—6 年、供气期限 30 年的合作框架以及下步工作计划等。该供气项目对于优化我国能源消费结构、转变经济发展方式、促进中西部地区经济发展具有重要意义。

12 日　在中国国家主席习近平和秘鲁总统乌马拉见证下，中国石油天然气集团公司副总经理、股份公司总裁汪东进与秘鲁外交部部长古铁雷斯签署《中国石油和秘鲁能矿部关于石油天然气领域合作的谅解备忘录》。根据备忘录，双方将在勘探开发、天然气加工与化工等领域进一步扩大合作。

13 日　集团公司副总经理喻宝才在北京会见 ABB 集团执行委员会成员、执行副总裁佛兰克·杜甘一行。双方就扩大人才培训、技术研发等方面合作深入交换意见。

同日　集团公司副总经理沈殿成在北京会见壳牌集团全球执行委员会成员、下游业务总裁约翰·阿伯特。双方就国内下游炼化业务合作前景广泛交换意见。

同日　集团公司副总经理沈殿成在北京会见道达尔炼油与化工总裁苏可。双方就推进国内下游炼化业务进一步合作交换意见。

14日　在中国国务院总理李克强与缅甸总统吴登盛见证下，中国石油与缅甸能源部在缅甸首都内比都签署《关于扩展中缅油气领域合作的谅解备忘录》。《备忘录》规定，双方将寻求和增加合作机会，促进缅甸油气行业发展。进一步加强在缅甸上、中、下游业务合作，加大缅甸当地员工的技能培训力度，逐步提高油气领域的本地化员工比例，为缅甸当地创造更多的就业机会。

同日　纪念余秋里同志100周年诞辰座谈会在北京举行。中共中央政治局常委、国务院副总理张高丽出席座谈会，并在会前会见余秋里同志亲属。中共中央政治局委员、国务院副总理刘延东在座谈会上回顾了余秋里同志的光辉业绩和卓越贡献。集团公司副总经理、股份公司总裁汪东进代表中国石油参加座谈会。

16日　集团公司董事长周吉平到管道局、管道公司调研。强调要适应我国经济发展新常态、抓住新机遇，努力推动油气管道事业实现新发展。

17—18日　2014石油石化采购与供应链论坛在广州召开。此次论坛以“交流、合作、共赢”为主题，400多名专家、代表参会，就全球化采购、绿色采购、供应链风险防范、采购招标模式及物流仓储管理等内容发表主题演讲。集团公司副总经理喻宝才出席论坛并讲话。

18日　中国石油天然气集团公司第一届董事会第二次会议决议，同意聘任李庆毅为公司审计部总经理。

19日　集团公司董事长周吉平在北京会见伊朗伊斯兰共和国驻华大使阿里·艾斯卡·哈吉。双方表示要共同努力，推动在油气领域合作取得新进展。

20日　集团公司党组召开集体廉洁谈话会，对近期新提任的党组管理干部进行集体廉洁谈话。党组书记、董事长周吉平出席会议，强调要始终保持清醒头脑，从严要求自己，增强廉洁从业自觉性，持续推进反腐倡廉建设，营造风清气正、干事创业的良好环境。

同日　集团公司首届工程建设业务科技创新暨成果展示大会在北京举行。会议总结专业化重组6年来工程建设业务科技创新工作情况，展示成果，交流经验。会议强调，坚持创新驱动，实现转型升级。

同日　集团公司副总经理、股份公司总裁汪东进在北京会见哥斯达黎加能源和环境部部长埃德加·古铁雷斯·埃斯普莱特及驻华大使李卡德·莱昂一行。双方就共同推进莫因炼油厂项目合作等事宜深入交换意见。

21日　集团公司副总经理、股份公司总裁汪东进在北京会见厄瓜多尔战略协调部部长拉斐尔·波韦达一行。双方就加快太平洋炼油厂一体化项目深入交换意见。

同日　“加氢裂化催化剂（PHC-03）工业应用试验”项目通过集团公司验收评估。该项目开发出加氢裂化催化剂成套技术，在大庆石化120万吨/年加氢裂化装置成功开展工业应用试验，标志着中国石油拥有自主的加氢裂化催化剂成套技术，在加氢裂化技术领域实现零的突破。

21—22日　集团公司在北京召开办公室主任会议。会议强调，办公室系统要牢牢把握职责定位，坚决承担起集团公司赋予的责任使命，切实当好“五个表率”。集团公司董事长周吉平出席会议并讲话。

24日　集团公司总会计师培训班开班仪式在北京国家会议学院举行。集团公司总会计师刘跃珍出席开班仪式并讲授第一课，强调要加强财务队伍建设，充分发挥总会计师的职能作用，推动财务改革创新，保障集团公司健康持续发展。

25日　2014年集团公司科技奖励委员会评审会在北京召开。会议共评选出科学技术进步奖120项，其中特等奖3项、一等奖17项、二等奖40项、三等奖60项；技术发明奖20项，其中一等奖2项、二等奖6项、三等奖12项。会议强调，必须充分依靠科技创新，在支撑传统油气业务和产业持续有效较快发展的同时，努力培育发展新优势，抢占未来发展制高点，进一步激发创造活力，加快实现创新驱动发展。集团公司副总经理喻宝才主持会议并讲话。

同日　集团公司总会计师刘跃珍在北京会见德意志银行副主席凯欧·克哈维萨一行。双方就全面加强战略合作进行商谈。

25—27日　中国石油2014年度油气勘探年会在北京召开。会议强调，油气勘探业务要突出资源战略，立足大盆地和资源现状，解放思想，攻坚克难，大打勘探进攻仗，走技术发展低成本勘探开发一体化之路，努力寻找新发现，为集团公司有质量、有效益、可持续发展夯实基础。集团公司副总经理刘宏斌、副总经理赵政璋出席会议。

26日　中国石油天然气集团公司与中国林业集团在北京签署合作框架协议。根据协议，双方将共同出资组建具有独立法人地位、完备成品油经营资质的有限责任公司，目标市场为全国林业系统成品油、润滑油等石化产品市场，并逐步拓展相关业务，充分发挥双方在成品油、润滑油等方面的资源和市场优势，实现互利共赢发展。集团公司副总经理喻宝才与国家林业局副局长张永利、中国林业集团总经理宋权礼等举行会谈并出席签字仪式。

同日　中国石油4部作品获第二届中央企业精神文明建设“五个一工程”优秀作品奖。其中歌曲《土豆花儿开》获得全国“五个一工程”奖。

同日　全国离退休干部先进集体和先进个人表彰大会在北京人民大会堂举行。西南油气田滨河离退休职工党支部获得“先进集体”称号，长庆油田泾河园物业服务处第二离退休职工党总支第三党支部书记李长全获得“先进个人”称号。

27日　集团公司总会计师刘跃珍在北京会见三菱东京日联银行常务执行董事吉川英一。双方就进一步加强在授信和融资领域合作交换意见。

十二月

2日　集团公司召开巡视情况汇报会。会议强调，深入贯彻党的十八大以来中央关于从严治党的系列决策部署，认真总结今年四轮巡视工作经验，与时俱进加强和改进巡视工作，全面推进反腐倡廉基础性工程建设。集团公司董事长周吉平出席会议并讲话。

同日　集团公司副总经理、股份公司总裁汪东进与俄罗斯天然气工业股份公司副总裁马尔科洛夫在上海共同主持召开双方联合协调委员会第十次会议。双方草签《中国石油天然气集团公司与俄罗斯天然气工业股份公司战略合作协议》。汪东进与马尔科洛夫就进一步深化中俄天然气领域合作、开展科技合作以及中方参与俄罗斯西伯利亚力量天然气管道建设等议题进行深入交谈。

同日　集团公司副总经理、股份公司总裁汪东进听取上海销售、西气东输等驻上海企业工作汇报。强调要深化改革，依法治企，牢固树立过紧日子的思想，强化“底线”思维，落实改革措施，努力完成2014年各项生产经营指标。

同日　中国石油与索拉透平国际公司在北京签署售后产品和服务框架采购协议。这是中国石油与国外公司签署的首个关于售后产品和服务的采购合作协议，对于推进全生命周期采购、实现双方互利共赢具有重要意义。集团公司副总经理喻宝才与卡特彼勒全球副总裁、索拉公司总裁彭唐谋就深化双方合作举行会谈，并共同出席签约仪式。

同日　由中国石油、国家开发投资公司、中国中化集团公司、重庆地质矿产研究院合资合作组建的重庆页岩气勘探开发有限责任公司在重庆揭牌。公司目标是整体推进忠县—丰都等5个页岩气矿权区的页岩气资源勘探开发、生产和销售等工作，努力打造页岩气勘探开发、综合利用、装备制造“高地”，加快建成全国页岩气开发利用示范区和新能源开发利用重要基地。集团公司副总经理赵政璋出席揭牌仪式并讲话。

2—3日　中国石油重大科技专项“炼油催化剂研制开发与工业应用”通过专家组验收。集团公司副总经理喻宝才出席验收评估会并讲话，强调必须增强创新驱动发展的紧迫感，努力营造支持科技创新、鼓励科技创新的良好氛围，加强科研合作攻关，推进自主创新科技成果的转化应用，以科技创新为支撑，提高产品附加值，提升中国石油的品牌价值和核心竞争力。

3日　集团公司董事长周吉平在北京会见委内瑞拉部长会议副主席兼经济、财政和公有银行部部长鲁道夫·马尔科·托雷斯，石油和矿产部部长阿斯德鲁瓦尔·查韦斯。双方就进一步推进长期战略合作有关问题进行交流。

同日　集团公司全面深化改革领导小组第三次会议召开。会议讨论集团公司全面深化改革有关重点问题，原则通过《集团公司第一批管理及审批权限调整事项》方案。会议强调，总体目标要立足长远，改革举措要务实开拓，操作步骤要平稳有序。集团公司董事长、全面深化改革领导小组组长周吉平主持会议并讲话。

同日　集团公司副总经理喻宝才在北京会见IBM公司高级副总裁约翰·布兰特里。双方就开展信息化建设方面的进一步合作以及云计算、大数据、移动应用、认知计算等新技术的潜在合作机会交换意见。

5日　集团公司召开党组（扩大）会议，传达贯彻中央关于周永康严重违纪案审查情况和处理决定的通报。会议强调，坚决拥护中央决定。全体干部员工要一如既往、更加坚定地紧密团结在以习近平同志为总书记的党中央周围，坚决抓好反腐倡廉建设，坚定不移推进集团公司有质量、有效益、可持续发展，全力以赴做好各项工作。集团公司党组书记、董事长周吉平主持会议。

同日　集团公司董事长周吉平在北京会见雪佛龙公司董事长兼首席执行官华森。双方就川东北项目深入交换意见。

8—11 日　集团公司副总经理喻宝才到华东地区石油石化企业调研。强调要进一步落实集团公司党组部署，积极转变发展方式，全力以赴做好各项工作，持续推进有质量、有效益、可持续发展。

10—12 日　中国石油 2014 年度油气开发年会在北京召开。会议强调，坚持上游业务的利润主体地位不动摇，坚持油气生产持续稳定增长的信心不动摇，坚持油气开发提质增效的工作理念不动摇，坚持油气开发创新驱动的发展道路不动摇，不断深化开发精细化管理、强化投资成本控制、夯实油气田开发基础，努力提高油气开发整体效益，实现油气开发业务有质量、有效益、可持续发展。集团公司副总经理赵政璋主持会议。

11 日　股份公司决定，中国石油天然气股份有限公司新疆销售分公司改制为中石油新疆销售有限公司。

12 日　集团公司董事长周吉平到海外勘探开发公司调研。强调要抓住"一带一路"战略实施等重要机遇，大力提升国际化水平，实现海外业务规模优质发展。

14 日　在中国国务院总理李克强和哈萨克斯坦总理马西莫夫见证下，中国石油天然气集团公司副总经理、股份公司总裁汪东进代表中国石油与哈萨克斯坦国家石油天然气公司总裁门巴耶夫在阿斯塔纳签署《关于双方扩大油气领域科技合作协议》。根据《协议》，双方将利用中国石油聚合物驱提高采收率和精细注水提高采收率的技术提高在哈萨克斯坦合作油田的采收率，并研究天然气化工合作的可能性。《协议》的签署，对深化中哈油气全产业链业务合作、增强丝绸之路经济带建设中的油气动力具有重要意义。

16 日　集团公司总会计师刘跃珍在北京会见渣打银行企业及金融机构客户部集团总裁华洛燊。双方就进一步加强在现金管理、债务资本市场以及海外并购等方面的合作进行交流。

同日　集团公司副总经理赵政璋在北京会见 D & M 公司高级副总裁王鹏。双方就进一步推动储量评估等领域合作深入交换意见。

同日　股份公司决定，任命悦仲林为中石油新疆销售有限公司执行董事、总经理。

17 日　中央政治局委员、国家副主席李源潮到位于内比都的东南亚管道公司调研。强调要确保项目安全运营、可持续发展，为深化中缅能源合做出新贡献。

同日　由中国石油、中国石化、中国海油联合举办的第三届亚洲天然气市场论坛在北京召开。本届论坛以"亚洲天然气市场的变革和活力"为主题，来自国内外政府机构、中外油气公司、研究机构等单位的 150 余位专家学者和业界人士参会。会上宣布，中国石油、中国石化、中国海油联合成立"亚太天然气市场研究中心"，以加强国内外天然气市场与环境研究，提高对天然气市场的认识和驾驭能力。集团公司副总经理、股份公司总裁汪东进出席会议并致辞。

同日　集团公司副总经理沈殿成在北京会见沙特阿美公司亚洲总裁易卜拉欣·布彦。双方就云南炼油厂合作的最新进展情况及进一步扩大下游业务合作交换意见。

同日　中国石油与南苏丹石油部在朱巴签署《提高采收率（EOR）合作备忘录》。《备忘录》约定，在南苏丹石油矿产部主导下，中国石油工程技术服务单位利用自身成熟先进的提高采收率技术，与南苏丹联合作业公司开展提高采收率技术合作，提高南苏丹原油产量。同时对该部技术人员进行有关提高采收率技术的培训等。

17—18 日　集团公司 2015 年生产经营计划会议在北京举行。会议强调，把握新常态，积极主动作为，不断优化生产运营，提升管控能力，努力实现公司生产经营平稳、有序、有效发展。

18 日　集团公司总会计师刘跃珍在北京会见苏丹财政和国民经济部国务部长迪拉尔。双方就加快推进合作项目后续商务协议的谈判及签署等事宜进行商谈。

19 日　集团公司董事长周吉平在北京会见阿布扎比国家石油公司总裁苏威迪一行。双方表示将进一步扩大合作。

同日　集团公司召开下半年 HSE 管理体系审核总结视频会。会议强调，扎实抓好安全环保重点措施的落实，做好预防和治本工作，不断促进集团公司安全环保形势总体稳定和持续好转。集团公司董事长周吉平出席会议并讲话。

22 日　集团公司副总经理、股份公司总裁汪东进在北京会见哥斯达黎加新任驻华大使李卡德·莱昂·佩雷斯。双方就推进莫因炼油厂项目合作等事宜深入交换意见。

同日　中国石油乍得项目格兰特宝巴柏油田原油顺利外输。乍得总统代比出席在乍得首都恩贾梅纳以南 300 千米的 Ronier 管道首站举行的庆祝仪式，赞扬中国石油帮助乍得实现能源独立，为乍得政治社会稳定起到不可或缺的作用。

23 日　集团公司副总经理喻宝才调研集团公司电子监察中心联合监督信息系统运行情况。强调要推广联合监督信息系统，提升合规管理水平。

同日　依托宝鸡石油钢管有限责任公司组建的国家石油天然气管材工程技术研究中心通过国家科技部验收，予以正式命名，并被评为 2014 年度优秀国家工程技术研究中心。

24 日　集团公司召开信息化工作领导小组会议。会议强调，在破解改革创新发展难题中发挥信息化的龙头引领作用，通过进一步增强信息化应用能力，不断提高集团公司管理的现代化、科学化水平，实现可持续发展。

同日　“10 万吨 / 年 PETG 共聚酯工业化试验”通过集团公司验收。该项目开发出 10 万吨 / 年 PETG 共聚酯成套技术工艺包和 1 万吨 / 年 1,4– 环己烷二甲醇成套技术工艺包，形成具有中国石油自主知识产权的两段加氢工艺生产 1,4– 环己烷二甲醇、连续聚合工艺生产 PETG 共聚酯的独有技术，打破国外公司技术垄断，使中国石油成为全球第三家实现 PETG 共聚酯工业生产的企业。

25 日　由中国石油举办的第十一届“昆仑奖”全国十大见义勇为英雄司机表彰大会在北京人民大会堂举行。高山等 67 人获“全国见义勇为英雄司机”称号。“昆仑奖”已成为弘扬正气、惩恶扬善的广阔平台，彰显了石油人积极参与社会公益事业的责任感，凝聚着石油人投身精神文明建设，积极推进法治中国建设的奉献精神。

26 日　集团公司副总经理、股份公司总裁汪东进在北京会见苏丹共和国石油部秘书长阿瓦德・艾尔卡里姆一行。双方就促进原油上产、降低运营成本、扩大相关区块合作、协调炼油厂加工等合作事宜广泛交换意见。

同日　集团公司第 20 期中青班学习汇报会暨结业典礼在北京石油管理干部学院举行。集团公司副总经理、股份公司总裁汪东进出席典礼，强调中青年干部要坚持思想理论武装，加强实践磨炼，增强改革发展的责任感和使命感，为集团公司建设世界水平综合性国际能源公司奉献智慧力量。

同日　中国石油所属单位参与建设的 10 项工程获 2013—2014 年度“国家优质工程奖”。其中大连液化天然气 (LNG) 工程、中亚天然气管道工程被授予“国家优质工程金质奖”称号。“国家优质工程奖”是工程建设领域设立最早，规格最高，跨行业、跨专业的国家级荣誉奖励，是我国工程建设质量方面的最高荣誉奖励，对获奖项目中特别优秀的授予“国家优质工程金质奖”荣誉。

同日　经国务院批准，国家财政部印发《关于提高石油特别收益金起征点的通知》，决定从 2015 年 1 月 1 日起，将石油特别收益金起征点从 55 美元 / 桶提高至 65 美元 / 桶。

26—28 日　中国石油天然气股份有限公司与福建省能源集团签署《福建天然气管网项目合资合作框架协议》。

29 日　集团公司董事长周吉平主持召开集团公司 HSE 委员会会议。会议强调，充分把握并清醒认识当前的安全生产形势，主动适应严格监管环境，进一步加强基础工作，持续改进并提升集团公司 HSE 业绩。

同日　国务院国资委党委任命徐吉明同志为中国石油天然气集团公司党组成员、党组纪检组组长，试用期一年（自 2014 年 12 月至 2015 年 11 月）。

31 日　集团公司决定，宝鸡石油钢管有限责任公司纳入集团公司直属企业序列，宝鸡钢管厂不再作为直属企业管理。

同日　集团公司国Ⅳ车用柴油质量升级置换工作全部完成。此次升级置换涉及管网里程近 6800 千米，管存油品逾 130 万立方米，沿线油库总库容超过 200 万立方米。管网上连 9 家炼化企业，下接西北、西南、华北、华中 9 个省区消费市场。自 2015 年 1 月 1 日起，中国石油将正式供应符合标准的国Ⅳ车用柴油，进一步为中国经济发展提供清洁动力，为大气污染防治贡献绿色力量。

本月　国务院国资委公布 2013 年石油石化行业中央企业能效对标结果，中国石油宁夏石化公司、独山子石化公司和兰州石化公司 3 家企业成为炼油、乙烯业务最佳实践标杆。

本年　大庆油田生产原油 4000.0415 万吨、天然气 35.1 亿立方米，连续 12 年实现原油 4000 万吨以上持续稳产。

本年　长庆油田生产原油 2505 万吨，生产天然气 381.5 亿立方米，折合油气当量 5545 万吨，比 2013 年净增 350 万吨油气当量，实现 5000 万吨持续稳产。

本年　塔里木油田油气产量当量达到 2467 万吨，与 2013 年同比净增 101 万吨，连续 3 年增量超百万吨。

本年　辽河油田原油产量 1021.9 万吨，连续 29

年实现千万吨有效稳产。

本年　中国石油海外油气作业当量超过1.2亿吨，继续保持海外油气业务安全平稳、可持续发展的良好势头。

本年　中国石油天然气股份有限公司采取体系评估、风险评估和调整测试方案等措施，使公司内控有效性连续九年通过外部审计，维护了公司在资本市场的良好声誉。

〔办公厅档案处（史志办公室）〕

第十五篇

统计数据

表 15–1　中国石油天然气集团公司主要指标完成情况

指标名称	计量单位	2007 年	2008 年	2009 年	2010 年	2011 年	2012 年	2013 年	2014 年
一、主营业务收入	亿元								
工业总产值（现价）	亿元	10915	12908	10089	12766	16533	17146	16956	16612
工业销售产值	亿元	10863	12788	10085	12737	16443	17080	16727	16516
企业增加值	亿元	5720	5342	5622	7206	7560	8167	8141	8394
二、油气产量									
原油	万吨	13762	13875	13745	14144	14927	15188	15981	16417
其中，海外权益产量	万吨	2998	3050	3432	3603	4173	4155	4721	5050
天然气	亿立方米	577.6	664.1	738.4	829.1	881.9	935.2	1038.9	1139.1
其中，海外权益产量	亿立方米	35.1	46.6	55.1	103.8	125.7	136.6	150.5	184.5
三、主要炼油化工产品产量									
汽油、煤油、柴油、润滑油合计	万吨	7902	8098	8185	8793	9457	9822	9979	10342
汽油	万吨	2484	2546	2582	2676	2889	3099	3297	3410
煤油	万吨	322	360	364	366	368	478	606	714
柴油	万吨	4920	5016	5099	5591	6043	6061	5887	6060
润滑油	万吨	176	177	140	161	157	184	189	158
乙烯	万吨	258.1	267.6	298.9	361.5	346.7	369.0	398.2	497.6
合成树脂及共聚物	万吨	425.4	439.6	475.7	565.2	581.2	621.7	666.1	806.7
合成橡胶	万吨	38.1	40.7	48.0	61.9	60.6	63.3	66.5	74.5
合成纤维	万吨	17.0	14.1	14.2	12.0	8.6	8.5	7.0	6.6
尿素	万吨	363.4	383.4	397.3	376.4	448.4	440.8	377.1	266.3
四、主要冶金产品产量									
石油焊接钢管	万吨	112.1	171.5	223.2	180.8	251.1	269.5	204.4	63.4
石油套管	万吨	11.1	8.6	13.4	15.7	40.9	54.5	70.1	44.0
钻井钢丝绳	万吨	4.6	4.8	4.8	5.1	5.7	5.9	6.5	5.1
五、主要机械产品产量									
钻机	套	116	141	86	99	108	110	108	59
抽油机	台	10303	13414	11702	13931	14981	14373	11527	8648
抽油杆	万米	603.5	564.4	530.8	514.5	572.7	581.2	764.2	727.2
抽油泵	台	29840	23568	26234	33238	35753	35087	42038	46406

表 15–2 中国石油天然气集团公司合并资产负债表 万元人民币

项目	2014 年	2013 年
流动资产		
货币资金	31207987	32237535
以公允价值计量且其变动计入当期损益的金融资产	1588906	842341
应收票据和应收账款	13513671	15326031
预付款项	15580300	7840551
其他应收款	5542863	4853746
存货	27802006	36022084
其他流动资产	8656957	7053129
流动资产合计	103892690	104175417
非流动资产		
可供出售金融资产	11221648	9777444
持有至到期投资	10542455	12881140
长期股权投资	13643273	13160126
固定资产净额	83275054	76665583
在建工程	36762820	39538597
油气资产	96297105	86969734
无形资产	8261770	7692394
其他非流动资产（其他长期资产）	29940256	25070403
非流动资产合计	289944381	271755421
资产总计	393837071	375930838
流动负债		
短期借款	10980413	10361304
应付票据和应付账款	37441984	41501681
预收款项	8349486	8604312
应付职工薪酬	2130606	2004547
应交税费	6283770	8580427
其他应付款	11192905	9315182
其他流动负债	35015619	32792792
流动负债合计	111394783	113160245
非流动负债		
长期借款	1332357	1373029
预计负债	11424095	9953329
递延所得税负债	2400767	2067260
其他非流动负债	41744183	43674465
非流动负债合计	56901402	57068083
负债合计	168296185	170228328

续表

项目	2014 年	2013 年
所有者权益		
实收资本	46814452	43151404
其他权益工具	10954088	3048450
资本公积	26435713	26422124
其他综合收益	-3363766	-2830276
专项储备	2989405	2955930
盈余公积	111484997	103560297
一般风险准备	707237	545265
未分配利润	1814369	2047840
归属于母公司所有者权益合计	197836495	178901034
少数股东权益	27704391	26801476
所有者权益合计	225540886	205702510
负债和所有者权益总计	393837071	375930838

表 15-3　中国石油天然气集团公司合并利润表　　万元人民币

项目	2014	2013
营业收入	272995616	275930341
主营业务收入	272533068	275372956
其他业务收入	462548	557385
减：营业成本	208569882	210125446
主营业务成本	208155494	209626876
其他业务成本	414388	498570
营业税金及附加	23775567	24972307
销售费用	7336180	7235051
管理费用	11458563	12255066
财务费用	2298411	2348444
资产减值损失	1945429	1886633
其他	2389680	2718482
加：公允价值变动收益（损失以“-”号填列）	5008	-4474
投资收益（损失以“-”号填列）	1852242	1744633
营业利润（损失以“-”号填列）	17079154	16129071
加：营业外收入	1798314	4542292
减：营业外支出	1536471	1868614
利润总额（亏损总额以“-”号填列）	17340997	18802749
减：所得税费用	4956529	4721942
净利润	12384468	14080807
归属于母公司所有者的净利润	10079825	11377507
少数股东损益	2304643	2703300

表 15–4　中国石油天然气股份有限公司及其附属公司勘探与生产运营情况

项目	单位	2014 年	2013 年	同比增减（%）
原油产量	百万桶	945.5	932.9	1.4
可销售天然气产量	十亿立方英尺	3028.8	2801.9	8.1
油气当量产量	百万桶	1450.4	1400.0	3.6
原油探明储量	百万桶	10593	10820	(2.1)
天然气探明储量	十亿立方英尺	71098	69323	2.6
探明已开发原油储量	百万桶	7254	7220	0.5
探明已开发天然气储量	十亿立方英尺	35824	32813	9.2

注：原油按 1 吨 =7.389 桶，天然气按 1 立方米 =35.315 立方英尺换算。

表 15–5　中国石油天然气股份有限公司及其附属公司炼油与化工生产情况

项目	单位	2014 年	2013 年	同比增减 (%)
原油加工	百万桶	1010.6	992.3	1.8
汽油、煤油、柴油	千吨	92671	90282	2.6
其中，汽油	千吨	30688	29294	4.8
煤油	千吨	4356	4112	5.9
柴油	千吨	57627	56876	1.3
原油加工负荷率	%	86.1	87.3	(1.2 个百分点)
轻油收率	%	78.6	77.6	1 个百分点
石油产品综合商品收率	%	93.8	93.4	0.4 个百分点
乙烯	千吨	4976	3982	25.0
合成树脂	千吨	7951	6537	21.6
合成纤维原料及聚合物	千吨	1293	1218	6.2
合成橡胶	千吨	745	665	12.0
尿素	千吨	2663	3771	(29.4)

注：原油按 1 吨 =7.389 桶换算。

表 15–6　中国石油天然气股份有限公司及其附属公司销售业务情况

项目	单位	2014 年	2013 年	同比增减（%）
汽油、煤油、柴油销量	千吨	160878	159133	1.1
其中，汽油	千吨	59821	52350	14.3
煤油	千吨	14016	13482	4.0
柴油	千吨	87041	93301	(6.7)
零售市场份额	%	39.6	39.4	0.2 个百分点
加油站数量	座	20422	20272	0.7
其中，资产型加油站	座	19806	19710	0.5
单站加油量	吨 / 日	10.78	10.96	(1.6)

表 15–7　中国石油天然气股份有限公司主要子公司、参股公司情况

公司名称	注册资本（百万元人民币）	持股比例(%)	资产总额（百万元人民币）	负债总额（百万元人民币）	净资产总额（百万元人民币）	净利润（百万元人民币）
大庆油田有限责任公司*	47500	100.00	286313	69666	216647	50554
中油勘探开发有限公司	16100	50.00	150314	38406	111908	12483
中石油香港有限公司	75.92 亿港币	100.00	93121	32111	61010	6842
中石油国际投资有限公司	31314	100.00	112610	96557	16053	(3341)
中国石油国际事业有限公司	14000	100.00	141399	104253	37146	3703
中石油西北联合管道有限责任公司	62500	52.00	68803	5808	62995	408
中石油东部管道有限公司	10000	100.00	87963	38807	49156	4896
大连西太平洋石油化工有限公司	2.58 亿美元	28.44	9036	14841	(5805)	(1465)
中国船舶燃料有限责任公司	1000	50.00	8026	5513	2513	101
中油财务有限责任公司	5441	49.00	640467	601742	38725	5432
Arrow Energy Holdings Pty Ltd.	2 澳元	50.00	43072	20210	22862	(4439)
中石油管道联合有限公司	40000	50.00	87761	2034	85727	8919
中石油专属财产保险股份有限公司	5000	49.00	8699	3527	5172	173

注：* 大庆油田有限责任公司 2014 年营业收入人民币 183203 百万元，营业利润人民币 67560 百万元。

表 15–8　中国石油天然气股份有限公司已评估探明储量和探明开发储量

项目	原油（百万桶）	天然气（十亿立方英尺）	合计（油当量百万桶）
探明开发和未开发储量			
基准日 2012 年 12 月 31 日的储量	11018.0	67581.2	22281.5
对以前估计值的修正	(124.0)	(6415.4)	(1193.1)
扩边和新发现	774.8	10958.7	2601.3
提高采收率	84.4	—	84.4
当年产量	(932.9)	(2801.9)	(1400.0)
基准日 2013 年 12 月 31 日的储量	10820.3	69322.6	22374.1
对以前估计值的修正	(16.1)	(2707.4)	(467.2)
扩边和新发现	645.6	7511.1	1897.4
提高采收率	94.0	—	94.0
出售	(4.9)	—	(4.9)
当年产量	(945.5)	(3028.8)	(1450.4)
基准日 2014 年 12 月 31 日的储量	10593.4	71097.5	22443.0
探明开发储量			
基准日为 2012 年 12 月 31 日	7395.7	31606.5	12663.4
其中，国内	7016.4	31244.1	12223.7
海外	379.3	362.4	439.7
基准日为 2013 年 12 月 31 日	7219.6	32813.1	12688.5
其中，国内	6801.3	32123.2	12155.2
海外	418.3	689.9	533.3

续表

项目	原油（百万桶）	天然气（十亿立方英尺）	合计（油当量百万桶）
基准日为 2014 年 12 月 31 日	7253.5	35823.9	13224.2
其中，国内	6816.2	35061.1	12659.8
海外	437.3	762.8	564.4
探明未开发储量			
基准日为 2012 年 12 月 31 日	3622.3	35974.8	9618.1
其中，国内	3202.6	35202.0	9069.6
海外	419.7	772.8	548.5
基准日为 2013 年 12 月 31 日	3600.7	36509.5	9685.6
其中，国内	3175.8	35961.3	9169.4
海外	424.9	548.2	516.2
基准日为 2014 年 12 月 31 日	3339.9	35273.6	9218.8
其中，国内	2919.3	34774.4	8715.0
海外	420.6	499.2	503.8

表 15–9　中国石油天然气股份有限公司 2014 年 12 月 31 日合并及公司资产负债表（一）

（除特别注明外，金额单位为百万元人民币）

资产	2014 年 12 月 31 日	2013 年 12 月 31 日	2014 年 12 月 31 日	2013 年 12 月 31 日
	合并	合并	公司	公司
流动资产				
货币资金	76021	57250	38507	27484
应收票据	12827	14360	9743	10973
应收账款	53104	64027	6405	4694
预付款项	22959	11445	4979	4397
其他应收款	17094	17802	98644	55676
存货	165977	227017	124046	173290
其他流动资产	43326	39052	30244	27724
流动资产合计	391308	430953	312568	304238
非流动资产				
可供出售金融资产	2133	1603	1449	1271
长期股权投资	116570	116289	365681	320849
固定资产	621264	559346	365366	422676
油气资产	880482	801083	586889	535733
在建工程	240340	282325	123608	154378
工程物资	5200	5762	3070	4218
无形资产	67489	62592	52186	49131
商誉	7233	7225	—	119
长期待摊费用	28727	26424	23131	22966
递延所得税资产	14995	11226	10331	9163
其他非流动资产	29635	37176	14286	18908
非流动资产合计	2014068	1911051	1545997	1539412
资产总计	2405376	2342004	1858565	1843650

表 15-10　中国石油天然气股份有限公司 2014 年 12 月 31 日合并及公司资产负债表（二）

（除特别注明外，金额单位为百万元人民币）

负债及股东权益	2014 年 12 月 31 日	2013 年 12 月 31 日	2014 年 12 月 31 日	2013 年 12 月 31 日
	合并	合并	公司	公司
流动负债				
短期借款	115333	110894	107541	126463
应付票据	5769	832	5348	8
应付账款	240253	298075	142903	170431
预收款项	54007	46804	38306	29748
应付职工薪酬	5903	4836	3980	3403
应交税费	46641	69718	31036	46311
其他应付款	54476	27025	24532	20793
一年内到期的非流动负债	53795	81873	40048	55089
其他流动负债	3652	5432	2406	2628
流动负债合计	579829	645489	396100	454874
非流动负债				
长期借款	298803	211708	212830	169775
应付债券	71498	91154	71000	91000
预计负债	109154	94531	72999	61291
递延所得税负债	15824	15087	—	—
其他非流动负债	12508	14127	5230	4773
非流动负债合计	507787	426607	362059	326839
负债合计	1087616	1072096	758159	781713
股东权益				
股本	183021	183021	183021	183021
资本公积	115492	115552	127830	127888
专项储备	10345	8922	7027	6398
其他综合收益	(19725)	(13832)	460	(49)
盈余公积	184737	175051	173645	163959
未分配利润	702140	664136	608423	580720
归属于母公司股东权益合计	1176010	1132850	1100406	1061937
少数股东权益	141750	137058	—	—
股东权益合计	1317760	1269908	1100406	1061937
负债及股东权益总计	2405376	2342004	1858565	1843650

表 15-11　中国石油天然气股份有限公司 2014 年度合并及公司利润表

（除特别注明外，金额单位为百万元人民币）

项目	2014 年度	2013 年度	2014 年度	2013 年度
	合并	合并	公司	公司
营业收入	2282962	2258124	1409862	1362289
减：营业成本	（1735354）	（1701840）	（1073099）	（1004735）
营业税金及附加	（227774）	（238663）	（173590）	（177578）

续表

项目	2014 年度	2013 年度	2014 年度	2013 年度
	合并	合并	公司	公司
销售费用	（63207）	（60036）	（46984）	（44581）
管理费用	（84595）	（90564）	（60674）	（64887）
财务费用	（24877）	（21897）	（21694）	（22169）
资产减值损失	（5575）	（4182）	（2361）	（4036）
加：投资收益	12297	10769	60061	62672
营业利润	153877	151711	91521	106975
加：营业外收入	13274	38735	20820	42054
减：营业外支出	（10383）	（12430）	（8370）	（9443）
利润总额	156768	178016	103971	139586
减：所得税费用	（37734）	（35787）	（7107）	（5230）
净利润	119034	142229	96864	134356
归属于：母公司股东	107173	129577	96864	134356
少数股东	11861	12652	—	—
每股收益				
基本每股收益（人民币元）	0.59	0.71	0.53	0.73
稀释每股收益（人民币元）	0.59	0.71	0.53	0.73
其他综合（损失）/ 收益	（7307）	（11605）	509	（308）
归属于母公司股东的其他综合（损失）/ 收益的税后净额	（5893）	（9022）	509	（308）
以后将重分类进损益的其他综合（损失）/ 收益				
其中，权益法下在被投资单位以后将重分类进损益的其他综合收益 /（损失）中享有的份额	159	（218）	369	（288）
可供出售金融资产公允价值变动损益	106	37	140	（20）
外币财务报表折算差额	（6158）	（8841）	—	—
归属于少数股东的其他综合损失的税后净额	（1414）	（2583）	—	—
综合收益总额	111727	130624	97373	134048
归属于：母公司股东	101280	120555	97373	134048
少数股东	10447	10069	—	—

表 15–12　中国石油天然气股份有限公司 2014 年度合并及公司现金流量表

（除特别注明外，金额单位为百万元人民币）

项目	2014 年度	2013 年度	2014 年度	2013 年度
	合并	合并	公司	公司
经营活动产生的现金流量				
销售商品、提供劳务收到的现金	2678332	2634463	1648475	1583349
收到的税费返还	10017	9019	9117	8521
收到其他与经营活动有关的现金	9839	5720	25000	16088
经营活动现金流入小计	2698188	2649202	1682592	1607958

续表

项目	2014 年度 合并	2013 年度 合并	2014 年度 公司	2013 年度 公司
购买商品、接受劳务支付的现金	(1732049)	(1764275)	(1009324)	(993503)
支付给职工以及为职工支付的现金	(119762)	(115772)	(87705)	(85073)
支付的各项税费	(408015)	(400757)	(280728)	(272377)
支付其他与经营活动有关的现金	(81885)	(79869)	(70524)	(73142)
经营活动现金流出小计	(2341711)	(2360673)	(1448281)	(1424095)
经营活动产生的现金流量净额	356477	288529	234311	183863
投资活动产生的现金流量				
收回投资收到的现金	6499	1294	249	25
取得投资收益所收到的现金	13096	11702	58509	63720
处置固定资产、油气资产、无形资产和其他长期资产收回的现金净额	7351	38828	7230	38868
投资活动现金流入小计	26946	51824	65988	102613
购建固定资产、油气资产、无形资产和其他长期资产支付的现金	(312357)	(310223)	(191135)	(174030)
投资支付的现金	(5427)	(8111)	(4742)	(17418)
投资活动现金流出小计	(317784)	(318334)	(195877)	(191448)
投资活动产生的现金流量净额	(290838)	(266510)	(129889)	(88835)
筹资活动产生的现金流量				
吸收投资收到的现金	1587	14415	—	—
其中，子公司吸收少数股东投资收到的现金	1587	14415	—	—
取得借款收到的现金	743602	601218	348613	339937
收到其他与筹资活动有关的现金	403	263	72	155
筹资活动现金流入小计	745592	615896	348685	340092
偿还债务支付的现金	(699434)	(546936)	(359436)	(341496)
分配股利、利润或偿付利息支付的现金	(88686)	(80263)	(82555)	(77472)
其中，子公司支付给少数股东的股利、利润	(8172)	(5404)	—	—
子公司资本减少	(17)	(10)	—	—
支付其他与筹资活动有关的现金	(1767)	(926)	(93)	(242)
筹资活动现金流出小计	(789904)	(628135)	(442084)	(419210)
筹资活动产生的现金流量净额	(44312)	(12239)	(93399)	(79118)
汇率变动对现金及现金等价物的影响	1044	(1768)	—	—
现金及现金等价物净增加额	22371	8012	11023	15910
加：期初现金及现金等价物余额	51407	43395	27484	11574
期末现金及现金等价物余额	73778	51407	38507	27484

表 15–13　中国石油天然气股份有限公司 2014 年度合并股东权益变动表

（除特别注明外，金额单位为百万元人民币）

项目	归属于母公司股东权益						少数股东权益	股东权益合计
	股本	资本公积	专项储备	其他综合收益	盈余公积	未分配利润		
2013 年 1 月 1 日余额	183021	115573	10054	(4810)	161623	598686	116619	1180766
2013 年度增减变动额								
综合收益总额	—	—	—	(9022)	—	129577	10069	130624

续表

项目	归属于母公司股东权益						少数股东权益	股东权益合计
	股本	资本公积	专项储备	其他综合收益	盈余公积	未分配利润		
专项储备—安全生产费								
本期提取	—	—	6809	—	—	—	100	6909
本期使用	—	—	(7941)	—	—	2779	(57)	(5219)
利润分配								
提取盈余公积	—	—	—	—	13436	(13436)	—	—
对股东的分配	—	—	—	—	—	(53470)	(4147)	(57617)
其他权益变动								
收购子公司	—	—	—	—	—	—	117	117
与少数股东的权益性交易	—	—	—	—	—	—	(99)	(99)
少数股东资本投入	—	(20)	—	—	—	—	14435	14415
子公司资本减少	—	—	—	—	—	—	(10)	(10)
处置子公司	—	1	—	—	—	—	(117)	(116)
其他	—	(2)	—	—	(8)	—	148	138
2013 年 12 月 31 日余额	183021	115552	8922	(13832)	175051	664136	137058	1269908
2014 年 1 月 1 日余额	183021	115552	8922	(13832)	175051	664136	137058	1269908
2014 年度增减变动额								
综合收益总额	—	—	—	(5893)	—	107173	10447	111727
专项储备—安全生产费								
本期提取	—	—	7536	—	—	—	192	7728
本期使用	—	—	(6251)	—	—	—	(164)	(6415)
利润分配								
提取盈余公积	—	—	—	—	9686	(9686)	—	—
对股东的分配	—	—	—	—	—	(59475)	(7429)	(66904)
其他权益变动								
收购子公司	—	(48)	—	—	—	—	53	5
与少数股东的权益性交易	—	—	—	—	—	—	(13)	(13)
少数股东资本投入	—	(9)	—	—	—	—	1695	1686
子公司资本减少	—	—	—	—	—	—	(28)	(28)
处置子公司	—	—	—	—	—	—	(67)	(67)
其他	—	(3)	138	—	—	(8)	6	133
2014 年 12 月 31 日余额	183021	115492	10345	(19725)	184737	702140	141750	1317760

表 15-14 中国石油天然气股份有限公司 2014 年度公司股东权益变动表

（除特别注明外，金额单位为百万元人民币）

项目	股本	资本公积	专项储备	其他综合收益	盈余公积	未分配利润	股东权益合计
2013 年 1 月 1 日余额	183021	127877	7080	259	150523	511270	980030
2013 年度增减变动额							
综合收益总额	—	—	—	(308)	—	134356	134048
专项储备—安全生产费							
本期提取	—	—	5825	—	—	—	5825
本期使用	—	—	(6507)	—	—	1986	(4521)

续表

项目	股本	资本公积	专项储备	其他综合收益	盈余公积	未分配利润	股东权益合计
利润分配							
提取盈余公积	—	—	—	—	13436	(13436)	—
对股东的分配	—	—	—	—	—	(53470)	(53470)
其他	—	11	—	—	—	14	25
2013年12月31日余额	183021	127888	6398	(49)	163959	580720	1061937
2014年1月1日余额	183021	127888	6398	(49)	163959	580720	1061937
2014年度增减变动额							
综合收益总额	—	—	—	509	—	96864	97373
专项储备—安全生产费							
本期提取	—	—	6160	—	—	—	6160
本期使用	—	—	(5669)	—	—	—	(5669)
利润分配							
提取盈余公积	—	—	—	—	9686	(9686)	—
对股东的分配	—	—	—	—	—	(59475)	(59475)
其他	—	(58)	138	—	—	—	80
2014年12月31日余额	183021	127830	7027	460	173645	608423	1100406

第十六篇

附　　录

说　　明

一、地理区域

北美：除特别说明以外，指美国、加拿大、墨西哥。

中南美：除北美洲以外的美洲其他国家和地区，也称拉丁美洲。

欧洲：除前苏联地区以外的所有欧洲国家。

前苏联地区：亚美尼亚、阿塞拜疆、白俄罗斯、爱沙尼亚、格鲁吉亚、哈萨克斯坦、吉尔吉斯斯坦、拉脱维亚、立陶宛、摩尔多瓦、俄罗斯、塔吉克斯坦、土库曼斯坦、乌克兰、乌兹别克斯坦，也称独联体。

欧洲和欧亚：欧洲和前苏联地区国家。

中东：阿拉伯半岛国家、伊朗、伊拉克、以色列、约旦、黎巴嫩和叙利亚。

非洲：所有非洲国家。

亚太地区：中东以外亚洲国家和地区，大洋洲国家和地区。

二、组织

经合组织 (OECD)：美洲的加拿大、智利、墨西哥、美国；欧洲的奥地利、比利时、捷克、丹麦、爱沙尼亚、芬兰、法国、德国、希腊、匈牙利、冰岛、爱尔兰、意大利、卢森堡、荷兰、挪威、波兰、葡萄牙、斯洛伐克、斯洛文尼亚、西班牙、瑞典、瑞士、土耳其、英国；亚洲和大洋洲的澳大利亚、以色列、日本、韩国、新西兰。

欧盟：奥地利、比利时、保加利亚、克罗地亚、塞浦路斯、捷克、爱沙尼亚、丹麦、芬兰、法国、德国、希腊、匈牙利、爱尔兰、意大利、拉脱维亚、立陶宛、卢森堡、马耳他、荷兰、波兰、罗马尼亚、斯洛文尼亚、葡萄牙、斯洛伐克、西班牙、瑞典、英国。

欧佩克 (OPEC)：中东的伊朗、伊拉克、科威特、卡塔尔、沙特阿拉伯、阿联酋；非洲的阿尔及利亚、安哥拉、利比亚、尼日利亚；中南美的厄瓜多尔、委内瑞拉。

附　表

附表 1　2014 年世界各地区一次能源消费构成　　%

地区和组织	石油	天然气	煤炭	核能	水电	可再生能源	总计
北美	36.3	30.7	17.3	7.7	5.4	2.6	100.0
中南美	47.1	22.1	4.6	0.7	22.4	3.1	100.0
欧洲（不含前苏联）	35.6	21.7	17.1	11.2	7.7	6.7	100.0
前苏联	20.7	51.2	16.3	6.2	5.5	0.1	100.0
中东	47.5	50.6	1.2	0.1	0.6	0.0	100.0
非洲	42.7	25.7	23.4	0.9	6.6	0.7	100.0
亚太地区	26.8	11.5	52.0	1.5	6.4	1.8	100.0
世界	32.6	23.7	30.0	4.4	6.8	2.5	100.0
经合组织	37.0	26.1	19.1	8.2	5.7	3.9	100.0

资料来源：《BP 世界能源统计年鉴 2015》。

附表 2　2014 年世界主要国家、地区和组织一次能源分类消费量　　亿吨油当量

国家、地区和组织	石油	天然气	煤炭	核能	水电	可再生能源	总计
中国	5.20	1.67	19.62	0.29	2.41	0.53	29.72
美国	8.36	6.95	4.53	1.90	0.59	0.65	22.98
俄罗斯	1.48	3.68	0.85	0.41	0.39	0.00	6.81
印度	1.81	0.46	3.60	0.08	0.30	0.14	6.39
日本	1.97	1.01	1.27	—	0.20	0.12	4.57
加拿大	1.03	0.94	0.21	0.24	0.86	0.05	3.33
德国	1.12	0.64	0.77	0.22	0.05	0.32	3.12
巴西	1.43	0.36	0.15	0.03	0.84	0.15	2.96
韩国	1.08	0.43	0.85	0.35	0.01	0.01	2.73
伊朗	0.93	1.53	0.01	0.01	0.03	0.00	2.51
1—10 位合计	24.41	17.67	31.86	3.53	5.68	1.97	85.12
沙特阿拉伯	1.42	0.97	0.00	—	—	0.00	2.39
法国	0.77	0.32	0.09	0.99	0.14	0.10	2.41
墨西哥	0.85	0.77	0.10	0.00	0.10	0.00	1.82
英国	0.69	0.60	0.30	0.14	0.01	0.13	1.87
印度尼西亚	0.74	0.35	0.61	—	0.03	0.02	1.75
意大利	0.57	0.51	0.13	—	0.13	0.15	1.49
西班牙	0.60	0.24	0.12	0.10	0.09	0.16	1.31
南非	0.29	0.04	0.89	0.04	0.00	0.01	1.27
土耳其	0.34	0.44	0.36	—	0.09	0.03	1.26
澳大利亚	0.46	0.26	0.44	0.00	—	0.00	1.16
11—20 位合计	6.73	4.50	3.04	1.27	0.59	0.60	16.73

续表

国家、地区和组织	石油	天然气	煤炭	核能	水电	可再生能源	总计
泰国	0.53	0.47	0.18	0.00	0.01	—	1.19
中国台湾	0.44	0.15	0.41	0.10	0.01	0.01	1.12
阿联酋	0.39	0.62	0.01	—	—	0.00	1.02
乌克兰	0.10	0.35	0.33	0.20	0.02	0.00	1.00
波兰	0.24	0.15	0.53	—	0.00	0.04	0.96
马来西亚	0.35	0.37	0.20	—	0.00	0.00	0.92
埃及	0.39	0.43	0.01	—	0.03	0.00	0.86
阿根廷	0.31	0.42	0.01	0.00	0.09	0.00	0.83
委内瑞拉	0.39	0.27	0.00	—	0.19	0.00	0.85
荷兰	0.40	0.29	0.10	0.00	0.00	0.00	0.79
21—30 位合计	3.54	3.52	1.78	0.30	0.35	0.05	9.54
北美	10.24	8.66	4.89	2.16	1.54	0.74	28.23
中南美	3.27	1.53	0.32	0.05	1.55	0.22	6.93
欧洲（不含前苏联）	6.52	3.97	3.14	2.05	1.40	1.23	18.31
前苏联	2.07	5.12	1.63	0.61	0.55	0.01	9.99
中东	3.93	4.19	0.10	0.01	0.05	0.00	8.28
非洲	1.79	1.08	0.99	0.04	0.28	0.03	4.20
亚太地区	14.29	6.11	27.77	0.83	3.42	0.94	53.35
世界	42.11	30.66	38.82	5.74	8.79	3.17	129.28
经合组织	20.32	14.33	10.53	4.50	3.16	2.16	54.99

资料来源：《BP 世界能源统计年鉴 2015》。

附表 3　2014 年世界主要国家、地区和组织石油剩余探明可采储量　　亿吨

国家、地区和组织	2014年	2013年	2014年/2013年变化	2014年占世界	储采比
委内瑞拉	465.8	465.8	0.0%	17.5%	>100.0
沙特阿拉伯	366.8	365.2	0.4%	15.7%	63.6
加拿大	278.8	278.8	0.0%	10.2%	>100.0
伊朗	216.8	216.8	0.0%	9.3%	>100.0
伊拉克	202.4	202.4	0.0%	8.8%	>100.0
俄罗斯	141.3	143.9	-1.8%	6.1%	26.1
科威特	139.8	139.8	0.0%	6.0%	89.0
阿联酋	129.8	129.8	0.0%	5.8%	72.2
利比亚	63.0	63.0	0.0%	2.8%	>100.0
美国	58.9	58.9	0.0%	2.9%	11.4
1—10位合计	2063.2	2064.2	-0.1%	86.0%	—
尼日利亚	50.0	50.0	0.0%	2.2%	43.0
哈萨克斯坦	39.3	39.3	0.0%	1.8%	48.3
卡塔尔	26.9	26.3	2.6%	1.5%	35.5
中国	25.2	25.2	0.0%	1.1%	11.9
巴西	23.5	22.7	3.6%	1.0%	18.9
安哥拉	17.1	17.1	0.0%	0.7%	20.3
阿尔及利亚	15.4	15.4	0.0%	0.7%	21.9

续表

国家、地区和组织	2014年	2013年	2014年/2013年变化	2014年占世界	储采比
墨西哥	15.2	15.2	0.0%	0.7%	10.9
厄瓜多尔	11.7	12.0	-2.3%	0.5%	39.4
阿塞拜疆	9.6	9.6	0.0%	0.4%	22.6
11—20位合计	234.0	232.7	0.6%	9.8%	—
挪威	8.0	8.6	-7.2%	0.4%	9.5
印度	7.6	7.6	0.6%	0.3%	17.6
阿曼	7.0	6.7	3.6%	0.3%	15.0
越南	5.9	5.9	0.0%	0.3%	33.0
印度尼西亚	5.1	5.1	0.0%	0.2%	11.9
马来西亚	4.9	4.9	0.0%	0.2%	15.4
埃及	4.8	5.2	-7.7%	0.2%	13.8
南苏丹	4.7	4.7	0.0%	0.2%	60.3
澳大利亚	4.4	4.4	0.6%	0.2%	24.3
英国	4.0	4.0	0.0%	0.2%	9.8
21—30位合计	56.5	57.2	-1.2%	2.4%	—
北美	352.8	352.8	0.0%	13.7%	34.0
中南美	511.5	510.9	0.1%	19.4%	>100
欧洲	16.5	17.2	-4.1%	0.7%	—
前苏联	192.6	195.1	-1.3%	8.3%	28.2
中东	1097.1	1094.5	0.2%	47.7%	77.8
非洲	171.2	172.4	-0.7%	7.6%	42.8
亚太地区	56.7	56.7	0.0%	2.5%	14.1
世界	2398.4	2399.7	-0.1%	100.0%	52.5
欧佩克	1705.4	1703.2	0.1%	71.6%	91.1
加拿大油砂	271.6	271.6	—	—	—
委内瑞拉重油	353.5	353.5	—	—	—

资料来源:《BP 世界能源统计年鉴 2015》。

附表 4 2014 年世界主要国家、地区和组织石油产量 万吨

国家、地区和组织	2014年	2013年	2014年/2013年变化	2014年占世界
沙特阿拉伯	54344.1	53842.6	0.9%	12.9%
俄罗斯	53407.3	53101.9	0.6%	12.7%
美国	51994.4	44849.5	15.9%	12.3%
中国	21142.9	20995.9	0.7%	5.0%
加拿大	20980.1	19438.0	7.9%	5.0%
伊朗	16919.0	16584.4	2.0%	4.0%
阿联酋	16726.5	16569.8	0.9%	4.0%
伊拉克	16027.8	15324.2	4.6%	3.8%
科威特	15084.6	15154.0	-0.5%	3.6%
委内瑞拉	13945.1	13787.7	1.1%	3.3%
1—10位合计	280571.6	269648.0	4.1%	66.5%

续表

国家、地区和组织	2014年	2013年	2014年/2013年变化	2014年占世界
墨西哥	13709.8	14184.6	–3.3%	3.2%
巴西	12210.9	10981.1	11.2%	2.9%
尼日利亚	11347.8	11067.0	2.5%	2.7%
挪威	8561.7	8320.0	2.9%	2.0%
卡塔尔	8351.9	8429.6	–0.9%	2.0%
安哥拉	8303.2	8731.5	–4.9%	2.0%
哈萨克斯坦	8084.5	8178.7	–1.2%	1.9%
阿尔及利亚	6595.6	6478.4	1.8%	1.6%
哥伦比亚	5215.5	5288.0	–1.4%	1.2%
阿曼	4621.9	4608.2	0.3%	1.1%
11—20位合计	87002.8	86267.0	0.9%	20.6%
阿塞拜疆	4204.2	4345.7	–3.3%	1.0%
印度	4193.4	4247.0	–1.3%	1.0%
印度尼西亚	4121.2	4270.0	–3.5%	1.0%
英国	3969.8	4064.6	–2.3%	0.9%
埃及	3470.0	3454.4	0.5%	0.8%
马来西亚	3033.8	2928.7	3.6%	0.7%
厄瓜多尔	2981.9	2824.3	5.6%	0.7%
阿根廷	2952.4	2988.7	–1.2%	0.7%
利比亚	2333.2	4644.5	–49.8%	0.6%
澳大利亚	1940.8	1822.4	6.5%	0.5%
21—30位合计	33200.7	35590.4	–6.7%	7.9%
北美	86684.3	78472.0	10.5%	20.5%
中南美	39098.0	37645.0	3.9%	9.3%
欧洲	15737.8	15632.9	0.7%	3.7%
前苏联	67695.4	67629.9	0.1%	16.0%
中东	133947.5	132516.1	1.1%	31.7%
非洲	39220.3	41277.0	–5.0%	9.3%
亚太地区	39672.8	39486.7	0.5%	9.4%
世界	422056.1	412659.7	2.3%	100.0%
经合组织	103966.1	95498.9	8.9%	24.6%

资料来源:《BP 世界能源统计年鉴 2015》。

附表 5　2014 年世界主要国家、地区和组织石油消费量　　万吨

国家、地区和组织	2014年	2013年	2014年/2013年变化	2014占世界
美国	83607.0	83209.6	0.5%	19.9%
中国	52026.1	50352.8	3.3%	12.4%
日本	19685.0	20754.4	–5.2%	4.7%
印度	18068.4	17534.5	3.0%	4.3%
俄罗斯	14812.0	14680.0	0.9%	3.5%

续表

国家、地区和组织	2014年	2013年	2014年/2013年变化	2014占世界
巴西	14254.4	13521.7	5.4%	3.4%
沙特阿拉伯	14201.3	13238.7	7.3%	3.4%
德国	11151.2	11338.4	–1.7%	2.6%
韩国	10801.8	10829.4	–0.3%	2.6%
加拿大	10304.0	10352.6	–0.5%	2.4%
1—10位合计	248911.2	245812.1	1.3%	59.1%
伊朗	9319.1	9510.2	–2.0%	2.2%
墨西哥	8524.2	8969.7	–5.0%	2.0%
法国	7689.2	7925.3	–3.0%	1.8%
印度尼西亚	7387.8	7315.0	1.0%	1.8%
英国	6934.1	6932.1	0.0%	1.6%
新加坡	6620.8	6470.0	2.3%	1.6%
西班牙	5951.5	5903.5	0.8%	1.4%
意大利	5662.2	6079.0	–6.9%	1.3%
泰国	5302.9	5217.6	1.6%	1.3%
澳大利亚	4554.6	4689.9	–2.9%	1.1%
11—20位合计	67946.6	69012.2	–1.5%	16.1%
中国台湾	4389.9	4344.9	1.0%	1.0%
荷兰	3962.1	4143.7	–4.4%	0.9%
阿联酋	3934.3	3622.9	8.6%	0.9%
埃及	3869.9	3570.8	8.4%	0.9%
委内瑞拉	3854.1	3864.3	–0.3%	0.9%
马来西亚	3519.2	3452.5	1.9%	0.8%
土耳其	3380.2	3363.7	0.5%	0.8%
阿根廷	3086.1	3123.0	–1.2%	0.7%
比利时	2995.4	3012.1	–0.6%	0.7%
南非	2910.4	2779.8	4.7%	0.7%
21—30位合计	35901.8	35277.7	1.8%	8.5%
北美	102435.2	102531.9	–0.1%	24.3%
中南美	32650.7	31779.9	2.7%	7.8%
欧洲	65196.2	66286.0	–1.6%	15.5%
前苏联	20697.1	20642.7	0.3%	4.9%
中东	39298.9	38246.5	2.8%	9.3%
非洲	17939.4	17219.2	4.2%	4.3%
亚太地区	142894.0	141208.6	1.2%	33.9%
世界	421111.6	417914.6	0.8%	100.0%
经合组织	203226.4	205705.0	–1.2%	48.3%

资料来源：《BP 世界能源统计年鉴 2015》。

附表 6　2014 年世界各地区主要油品消费量　　千桶 / 日

地区	油品	2014年	2013年	2014年/2013年变化	占总量百分比
北美	轻质馏分油	10837	10772	0.6%	46.4%
	中间馏分油	6773	6518	3.9%	29.0%
	燃料油	447	576	-22.4%	1.9%
	其他	5289	5498	-3.8%	22.7%
	合计	23347	23364	-0.1%	100.0%
中南美	轻质馏分油	2232	2110	5.8%	31.3%
	中间馏分油	2748	2716	1.2%	38.6%
	燃料油	750	719	4.2%	10.5%
	其他	1395	1368	2.0%	19.6%
	合计	7125	6913	3.1%	100.0%
欧洲	轻质馏分油	2850	2925	-2.5%	20.6%
	中间馏分油	7372	7409	-0.5%	53.4%
	燃料油	898	964	-6.9%	6.5%
	其他	2689	2711	-0.8%	19.5%
	合计	13809	14009	-1.4%	100.0%
前苏联	轻质馏分油	1367	1366	0.1%	30.8%
	中间馏分油	1476	1511	-2.3%	33.2%
	燃料油	472	391	20.6%	10.6%
	其他	1128	1173	-3.8%	25.4%
	合计	4443	4441	0.0%	100.0%
中东	轻质馏分油	1953	1895	3.0%	22.4%
	中间馏分油	2709	2724	-0.6%	31.1%
	燃料油	2175	2083	4.4%	25.0%
	其他	1870	1749	6.9%	21.5%
	合计	8706	8450	3.0%	100.0%
非洲	轻质馏分油	916	887	3.2%	24.1%
	中间馏分油	1827	1736	5.2%	48.1%
	燃料油	461	442	4.2%	12.1%
	其他	597	584	2.2%	15.7%
	合计	3800	3650	4.1%	100.0%
亚太地区	轻质馏分油	9976	9639	3.5%	32.3%
	中间馏分油	10998	10856	1.3%	35.6%
	燃料油	2775	2984	-7.0%	9.0%
	其他	7108	6935	2.5%	23.0%
	合计	30856	30415	1.5%	100.0%
世界	轻质馏分油	30131	29595	1.8%	32.7%
	中间馏分油	33903	33471	1.3%	36.8%
	燃料油	7976	8160	-2.3%	8.7%
	其他	20076	20018	0.3%	21.8%
	合计	92086	91243	0.9%	100.0%

资料来源：《BP 世界能源统计年鉴 2015》。

附表7 2014年世界主要国家、地区和组织炼油能力 千桶/日

国家、地区和组织	2014年	2013年	2014年/2013年变化	2014年占世界
美国	17791	17925	-0.7%	18.4%
中国	14098	13304	6.0%	14.6%
俄罗斯	6338	6027	5.2%	6.6%
印度	4319	4319	—	4.5%
日本	3749	4123	-9.1%	3.9%
韩国	2887	2887	—	3.0%
沙特阿拉伯	2822	2522	11.9%	2.9%
巴西	2235	2093	6.8%	2.3%
德国	2060	2061	0.0%	2.1%
伊朗	1985	1970	0.8%	2.1%
1—10位合计	58284.4	57231.1	1.8%	60.4%
意大利	1984	2062	-3.8%	2.1%
加拿大	1965	1965	0.0%	2.0%
西班牙	1546	1537	0.6%	1.6%
墨西哥	1522	1606	-5.2%	1.6%
新加坡	1514	1414	7.1%	1.6%
法国	1375	1375	—	1.4%
英国	1368	1498	-8.7%	1.4%
委内瑞拉	1303	1303	—	1.4%
荷兰	1274	1274	—	1.3%
泰国	1242	1237	0.4%	1.3%
11—20位合计	15093.1	15269.8	-1.2%	15.6%
中国台湾	1197	1197	—	1.2%
阿联酋	1143	710	61.0%	1.2%
印度尼西亚	1095	1072	2.1%	1.1%
伊拉克	1094	994	10.1%	1.1%
科威特	936	936	—	1.0%
比利时	776	776		0.8%
阿根廷	622	609	2.1%	0.6%
土耳其	613	613	—	0.6%
澳大利亚	536	662	-19.1%	0.6%
希腊	498	498	—	0.5%
21—30位合计	8510.2	8067.4	5.5%	8.8%
北美	21278	21495	-1.0%	22.0%
中南美	6069	5895	2.9%	6.3%
欧洲	15301	15501	-1.3%	15.9%
前苏联	8423	8068	4.4%	8.7%
中东	9428	8687	8.5%	9.8%
非洲	3553	3509	1.3%	3.7%
亚太地区	32461	32042	1.3%	33.6%
世界	96514	95197	1.4%	100.0%
经合组织	43583	44492	-2.0%	45.2%

资料来源：《BP世界能源统计年鉴2015》。

附表 8　2014 年世界主要国家和地区天然气剩余探明可采储量　　万亿立方米

国家和地区	2014年	2013年	2014年/2013年变化	2014年占世界	储采比
伊朗	34.02	34.02	—	18.2%	>100.0
俄罗斯	32.64	32.26	1.2%	17.4%	56.4
卡塔尔	24.53	24.68	-0.6%	13.1%	>100.0
土库曼斯坦	17.48	17.48	—	9.3%	>100.0
美国	9.77	9.58	2.0%	5.2%	13.4
沙特阿拉伯	8.17	8.17	—	4.4%	75.4
阿联酋	6.09	6.09	—	3.3%	>100.0
委内瑞拉	5.58	5.58	—	3.0%	>100.0
尼日利亚	5.10	5.11	-0.2%	2.7%	>100.0
阿尔及利亚	4.50	4.50	0.0%	2.4%	54.1
1—10位合计	147.88	147.47	0.3%	79.1%	—
澳大利亚	3.74	3.74	—	2.0%	67.6
伊拉克	3.59	3.59	—	1.9%	>100.0
中国	3.46	3.46	—	1.8%	25.7
印度尼西亚	2.88	2.88	—	1.5%	39.2
加拿大	2.03	2.03	—	1.1%	12.5
挪威	1.92	2.05	-6.2%	1.0%	17.7
埃及	1.85	1.85	—	1.0%	37.9
科威特	1.78	1.78	—	1.0%	>100.0
哈萨克斯坦	1.51	1.51	—	0.8%	78.2
利比亚	1.51	1.51	—	0.8%	>100.0
11—20位合计	24.25	24.38	-0.5%	13.0%	—
印度	1.43	1.35	5.3%	0.8%	45.0
阿塞拜疆	1.17	0.88	32.8%	0.6%	68.8
乌兹别克斯坦	1.09	1.09	—	0.6%	19.0
马来西亚	1.08	1.08	—	0.6%	16.2
荷兰	0.80	0.80	—	0.4%	14.3
阿曼	0.71	0.71	—	0.4%	24.3
乌克兰	0.64	0.64	-0.8%	0.3%	34.3
越南	0.62	0.62	—	0.3%	60.4
巴基斯坦	0.58	0.58	—	0.3%	13.8
巴西	0.46	0.45	2.8%	0.2%	23.1
21—30位合计	8.56	8.19	4.5%	4.6%	—
北美	12.15	11.96	1.6%	6.5%	12.81
中南美	7.66	7.65	0.2%	4.1%	43.80
欧洲	3.47	3.61	-3.8%	1.9%	—
前苏联	54.56	53.90	1.2%	29.2%	71.77
中东	79.81	79.99	-0.2%	42.7%	>100.0
非洲	14.15	14.19	-0.3%	7.6%	69.84
亚太地区	15.26	15.20	0.4%	8.2%	28.73
世界	187.07	186.49	0.3%	100.0%	54.06

资料来源：《BP 世界能源统计年鉴 2015》。

附表 9　2014 年世界主要国家和地区天然气产量

亿立方米

国家和地区	2014年	2013年	2014年/2013年变化	2014年占世界
美国	7282.7	6890.5	6.1%	21.4%
俄罗斯	5787.3	6047.1	–4.3%	16.7%
卡塔尔	1772.3	1764.9	0.4%	5.1%
伊朗	1725.9	1640.3	5.2%	5.0%
加拿大	1620.4	1560.8	3.8%	4.7%
中国	1344.8	1248.7	7.7%	3.9%
挪威	1088.2	1087.5	0.1%	3.1%
沙特阿拉伯	1082.4	1000.3	8.2%	3.1%
阿尔及利亚	833.0	815.0	2.2%	2.4%
印度尼西亚	733.9	721.4	1.7%	2.1%
1—10位合计	23270.9	22776.5	2.2%	67.2%
土库曼斯坦	692.7	623.5	11.1%	2.0%
马来西亚	664.3	672.4	–1.2%	1.9%
墨西哥	580.9	581.9	–0.2%	1.7%
阿联酋	577.6	546.0	5.8%	1.7%
乌兹别克斯坦	572.9	568.8	0.7%	1.6%
荷兰	557.8	686.5	–18.7%	1.6%
澳大利亚	553.0	533.8	3.6%	1.6%
埃及	487.0	560.7	–13.1%	1.4%
泰国	421.2	418.0	0.8%	1.2%
特立尼达和多巴哥	420.6	428.4	–1.8%	1.2%
11—20位合计	5528.0	5620.1	–1.6%	16.0%
巴基斯坦	420.2	427.0	–1.6%	1.2%
尼日利亚	385.8	361.9	6.6%	1.1%
英国	365.8	364.8	0.3%	1.1%
阿根廷	354.4	355.3	–0.3%	1.0%
印度	316.8	336.8	5.9%	0.9%
阿曼	290.0	305.1	–4.9%	0.8%
委内瑞拉	285.9	284.5	0.5%	0.8%
孟加拉	236.0	226.7	4.1%	0.7%
玻利维亚	214.3	202.9	5.6%	0.6%
巴西	200.5	187.4	7.0%	0.6%
21—30位合计	3069.7	3052.3	0.6%	8.9%
北美	9484.0	9033.2	5.3%	27.7%
中南美	1749.8	1733.3	1.0%	5.0%
欧洲	2420.9	2564.2	–5.6%	7.0%
前苏联	7603.0	7782.7	–2.3%	21.9%
中东	6010.1	5804.5	3.5%	17.3%
非洲	2026.4	2047.0	–1.0%	5.8%
亚太地区	5311.9	5123.4	3.7%	15.3%
世界	34606.0	34088.4	1.6%	100.0%

资料来源：《BP 世界能源统计年鉴 2015》。

附表 10　2014 年世界主要国家、地区和组织天然气消费量　　　　亿立方米

国家、地区和组织	2014年	2013年	2014年/2013年变化	2014年占世界
美国	7594.1	7399.4	2.9%	22.7%
俄罗斯	4092.3	4134.6	−1.0%	12.0%
中国	1854.9	1708.0	8.6%	5.4%
伊朗	1702.3	1593.7	6.8%	5.0%
日本	1125.0	1135.1	−0.9%	3.3%
沙特阿拉伯	1082.4	1000.3	8.2%	3.2%
加拿大	1042.2	1039.0	0.3%	3.1%
墨西哥	858.1	846.5	1.4%	2.5%
德国	709.4	824.5	−14.0%	2.1%
阿联酋	693.3	667.7	3.8%	2.0%
1—10位合计	20754.0	20348.8	2.0%	61.2%
英国	666.7	734.2	−9.2%	2.0%
意大利	567.5	642.3	−11.6%	1.7%
泰国	527.1	522.7	0.9%	1.5%
印度	506.2	513.9	−1.5%	1.5%
乌兹别克斯坦	487.7	468.4	4.1%	1.4%
土耳其	486.1	456.4	6.5%	1.4%
埃及	480.2	514.3	−6.6%	1.4%
韩国	477.7	525.2	−9.0%	1.4%
阿根廷	471.5	476.8	−1.1%	1.4%
卡塔尔	448.0	409.9	9.3%	1.3%
11—20位合计	5118.8	5264.1	−2.8%	15.1%
巴基斯坦	420.2	427.0	−1.6%	1.2%
马来西亚	410.1	402.9	1.8%	1.2%
巴西	396.5	372.8	6.3%	1.2%
乌克兰	384.3	456.1	−15.7%	1.1%
印度尼西亚	383.7	364.9	5.1%	1.1%
阿尔及利亚	375.0	333.7	12.4%	1.1%
法国	358.5	428.3	−16.3%	1.1%
荷兰	321.1	370.5	−13.3%	0.9%
委内瑞拉	297.9	310.3	−4.0%	0.9%
澳大利亚	291.7	292.0	−0.1%	0.9%
21—30位合计	3638.9	3758.7	−3.2%	10.7%
北美	9494.4	9284.8	2.5%	28.3%
中南美	1700.7	1684.2	1.0%	5.0%
欧洲	4411.3	4894.3	−9.9%	13.0%
前苏联	5684.9	5713.8	−0.5%	16.7%
中东	4651.6	4377.0	6.3%	13.7%
非洲	1201.0	1202.6	−0.1%	3.5%
亚太地区	6786.0	6653.2	2.0%	19.9%
世界	33929.9	33809.9	0.4%	100.0%
经合组织	15786.5	16097.3	−1.8%	46.7%

资料来源：《BP 世界能源统计年鉴 2015》。

附表 11　2014 年世界主要国家和地区石油进出口量　　万吨

国家和地区	原油进口量	油品进口量	总进口量	原油出口量	油品出口量	总出口量
美国	36538	9008	45546	1686	17989	19675
加拿大	2990	2690	5680	14863	2631	17494
墨西哥	—	3064	3064	5651	743	6394
中南美	2218	8547	10765	16403	3038	19441
欧洲	44688	17349	62037	1156	9859	11015
前苏联	8	643	651	29482	14407	43889
中东	1144	4323	5467	85014	12859	97873
北非	966	2491	3457	6214	2460	8674
西非	21	1864	1885	21391	649	22040
东非和南非	1100	1812	2912	929	73	1002
澳大拉西亚	2641	2355	4996	1200	330	1530
中国	30918	6365	37283	41	2579	2620
印度	18969	1986	20955	—	6128	6128
日本	16846	4546	21392	—	1332	1332
新加坡	4563	10238	14801	28	7125	7153
亚太其他	24030	13868	37898	3574	8950	12524
世界合计	187638	91152	278790	187638	91152	278790

资料来源:《BP 世界能源统计年鉴 2015》。

附表 12　2014 年世界主要国家和地区天然气进出口量　　亿立方米

国家和地区	管道气进口量	液化气进口量	总进口量	管道气出口量	液化气出口量	总出口量
美国	746.4	16.8	763.2	422.6	4.3	426.9
加拿大	217.8	5.8	223.6	746.0	—	746.0
墨西哥	204.8	93.2	298.0	0.4	—	0.4
北美	1169.0	115.7	1284.7	1169.0	4.3	1173.3
特立尼达和多巴哥	—	—	—	—	192.6	192.6
中南美其他	177.8	213.6	391.4	177.8	58.1	235.9
中南美	177.8	213.6	391.4	177.8	250.7	428.5
法国	274.1	71.3	345.4	11.0	5.6	16.6
德国	850.0	—	850.0	101.2	—	101.2
意大利	469.3	45.4	514.7	2.2	—	2.2
荷兰	231.9	10.9	242.8	440.7	5.6	446.3
挪威	—	—	—	1010.7	52.9	1063.6
西班牙	154.0	154.7	308.7	5.8	50.8	56.6
土耳其	410.9	72.7	483.6	5.8	—	5.8
英国	328.6	113.1	441.7	105.8	—	105.8
欧洲其他	900.3	53.3	953.6	108.1	19.8	127.9
欧洲	3619.2	521.5	4140.7	1791.3	134.6	1925.9

续表

国家和地区	管道气进口量	液化气进口量	总进口量	管道气出口量	液化气出口量	总出口量
俄罗斯	241.7	—	241.7	1874.1	144.8	2018.9
乌克兰	174.9	—	174.9	—	—	—
前苏联其他	321.0	—	321.0	692.6	—	692.6
前苏联	737.6	—	737.6	2566.8	144.8	2711.6
卡塔尔	—	—	—	200.6	1033.8	1234.4
中东其他	272.4	54.4	326.8	95.8	275.1	370.9
中东	272.4	54.4	326.8	296.5	1308.9	1605.4
阿尔及利亚	—	—	—	234.9	172.8	407.7
非洲其他	85.0	—	85.0	107.8	312.3	420.1
非洲	85.0	—	85.0	342.7	485.1	827.8
中国	313.0	271.4	584.4	—	—	—
日本	—	1206.0	1206.0	—	—	—
印度尼西亚	—	—	—	95.2	217.0	312.1
韩国	—	511.3	511.3	—	1.6	1.6
亚太地区其他	265.2	438.5	703.7	199.9	785.5	985.4
亚太	578.2	2427.3	3005.5	295.1	1004.1	1299.2
世界合计	6639.2	3332.5	9971.7	6639.2	3332.5	9971.7

资料来源：《BP 世界能源统计年鉴 2015》。

附表 13　2010—2014 年世界主要国家地热发电装机容量　　兆瓦

国家	2010年	2011年	2012年	2013年	2014年	2014年占世界
世界	11152	11071	11397	11917	12594	100%
美国	3308	3318	3450	3524	3525	28.0%
菲律宾	1966	1783	1848	1868	1917	15.2%
印度尼西亚	1193	1209	1339	1339	1401	11.1%
意大利	883	883	875	876	916	7.3%
墨西哥	965	887	812	834	834	6.6%
新西兰	723	723	723	971	971	7.7%
冰岛	575	665	665	665	665	5.3%
日本	502	502	502	503	539	4.3%
哥斯达黎加	166	208	208	208	208	1.7%
萨尔瓦多	204	204	204	204	204	1.6%
肯尼亚	209	212	217	253	590	4.7%
尼加拉瓜	88	88	160	160	160	1.3%

资料来源：《BP 世界能源统计年鉴 2015》。

附表 14　2010—2014 年世界主要国家太阳能发电装机容量　　兆瓦

国家	2010年	2011年	2012年	2013年	2014年	2014年占世界
世界	41345	71304	101560	140150	180396	100.0%
德国	17900	25400	33000	36300	38200	21.2%
意大利	3502	12807	16454	18074	18460	10.2%
中国	800	3300	6800	17639	28199	15.6%
美国	2040	3959	7328	12079	18280	10.1%
日本	3618	4914	6632	13599	23300	12.9%
西班牙	4350	4897	5216	5333	5358	3.0%
法国	1204	2974	4090	4733	5660	3.1%
比利时	1067	2088	2772	3009	3074	1.7%
澳大利亚	571	1377	2415	3226	4136	2.3%
捷克	1953	1971	2087	2132	2134	1.2%
英国	95	994	1747	2780	5228	2.9%
希腊	206	624	1536	2579	2595	1.4%

资料来源:《BP 世界能源统计年鉴 2015》。

附表 15　2010—2014 年世界主要国家风能发电装机容量　　兆瓦

国家	2010年	2011年	2012年	2013年	2014年	2014年占世界
世界	197736	238997	284646	320944	372961	100.0%
中国	44781	62412	75324	91413	114609	30.7%
美国	40274	47084	60208	61292	66146	17.7%
德国	27191	29071	31315	34700	40500	10.9%
西班牙	19715	21160	22722	22898	22987	6.2%
印度	13065	16179	18420	20150	22465	6.0%
英国	5397	6458	8894	11209	12809	3.4%
意大利	5793	6733	7998	8448	8556	2.3%
法国	5940	6811	7626	8207	9143	2.5%
加拿大	4011	5278	6214	7813	9684	2.6%
葡萄牙	3837	4214	4363	4557	4683	1.3%
丹麦	3805	3927	4137	4747	4778	1.3%
瑞典	2141	2904	3750	4474	5524	1.5%

资料来源:《BP 世界能源统计年鉴 2015》。

附表 16　2010—2014 年世界主要国家生物燃料产量　　万吨油当量

国家	2010年	2011年	2012年	2013年	2014年	2014年占世界
世界	5975	6089	6166	6593	7079	100.0%
美国	2557	2852	2727	2846	3006	42.5%
巴西	1557	1320	1355	1578	1666	23.5%
德国	289	283	289	263	268	3.8%
阿根廷	179	240	247	197	258	3.6%
法国	227	186	207	222	227	3.2%

续表

国家	2010年	2011年	2012年	2013年	2014年	2014年占世界
中国	148	167	193	202	208	2.9%
印度尼西亚	72	110	139	174	244	3.5%
泰国	66	72	99	125	140	2.0%
加拿大	74	85	100	104	114	1.6%
波兰	42	40	63	67	70	1.0%
西班牙	127	81	59	71	94	1.3%
比利时	28	29	34	21	25	0.3%

资料来源：《BP 世界能源统计年鉴 2015》。

附表 17　2014 年世界主要国家和地区二氧化碳排放量　　亿吨

国家和地区	2014年	2013年	2014年/2013年变化	2014年占世界
中国	97.6	96.7	0.9%	27.5%
美国	59.9	59.4	0.9%	16.9%
印度	20.9	19.3	8.1%	5.9%
俄罗斯	16.6	16.8	–1.5%	4.7%
日本	13.4	13.9	–3.1%	3.8%
德国	8.0	8.5	–5.6%	2.2%
韩国	7.7	7.7	0.1%	2.2%
沙特阿拉伯	6.7	6.2	7.6%	1.9%
伊朗	6.5	6.3	2.7%	1.8%
加拿大	6.2	6.2	0.1%	1.7%
1—10位合计	243.5	241.0	1.0%	68.6%
巴西	5.8	5.6	4.1%	1.6%
印度尼西亚	5.5	5.3	3.6%	1.5%
墨西哥	5.0	5.1	–1.5%	1.4%
英国	4.7	5.1	–8.5%	1.3%
南非	4.5	4.4	1.7%	1.3%
澳大利亚	3.7	3.8	–2.3%	1.1%
土耳其	3.5	3.2	7.3%	1.0%
法国	3.5	3.8	–8.7%	1.0%
意大利	3.5	3.8	–8.1%	1.0%
泰国	3.5	3.3	3.6%	1.0%
11—20位合计	43.2	43.4	–0.9%	12.2%
中国台湾	3.3	3.3	0.8%	0.9%
波兰	3.2	3.3	–3.7%	0.9%
西班牙	2.9	2.9	–0.7%	0.8%
阿联酋	2.7	2.6	5.7%	0.8%
马来西亚	2.6	2.6	–0.2%	0.7%
乌克兰	2.4	3.0	–18.0%	0.7%
新加坡	2.3	2.2	2.4%	0.6%
荷兰	2.3	2.4	–5.3%	0.6%
埃及	2.2	2.2	1.9%	0.6%
阿根廷	2.0	2.0	–1.1%	0.6%
21—30位合计	25.9	26.5	–2.1%	7.3%

资料来源：《BP 世界能源统计年鉴 2015》。

附表 18 2014 年《财富》世界 500 强排名前 30 位的石油石化公司 亿美元

排名		公司名称	营业收入	利润	所属国家
2014年	2013年				
2	3	中国石油化工集团公司	4468.11	51.77	中国
3	2	荷兰皇家壳牌石油公司	4313.44	148.74	荷兰
4	4	中国石油天然气集团公司	4286.20	163.60	中国
5	5	埃克森美孚	3825.97	325.20	美国
6	6	英国石油公司	3586.78	37.80	英国
11	11	道达尔公司	2120.18	42.44	法国
12	12	雪佛龙	2037.84	192.41	美国
22	18	意昂集团	1514.61	−41.92	德国
23	19	菲利普斯66公司	1494.34	47.62	美国
25	22	埃尼石油公司	1471.76	17.13	意大利
26	17	俄罗斯天然气工业股份公司	1444.08	41.24	俄罗斯
28	28	巴西国家石油公司	1436.57	−73.67	巴西
34	30	瓦莱罗能源公司	1308.44	36.30	美国
39	41	委内瑞拉国家石油公司	1284.39	73.86	委内瑞拉
43	43	鲁克石油公司	1228.03	47.46	俄罗斯
47	36	墨西哥石油公司	1192.39	−199.29	墨西哥
51	46	俄罗斯石油公司	1136.63	90.27	俄罗斯
57	64	SK集团	1062.48	−5.07	韩国
68	69	马来西亚国国家石油公司	1006.19	13.22	马来西亚
72	79	中国海洋石油总公司	992.62	85.93	中国
75	54	挪威国家石油公司	988.01	34.75	挪威
83	81	马拉松石油公司	914.17	25.24	美国
93	84	泰国国家石油有限公司	872.99	17.18	泰国
105	107	中国中化集团公司	806.35	5.63	中国
119	96	印度石油公司	741.96	8.03	印度
130	123	印尼国家石油公司	706.48	15.04	印度尼西亚
158	114	信实工业公司	628.04	38.53	印度
180	167	康菲石油公司	559.97	68.69	美国
188	126	雷普索尔公司	546.73	21.38	西班牙
223	179	奥地利石油天然气集团	476.40	5.24	奥地利

注：本排行榜按截止日不晚于 2015 年 3 月 31 日财务年度的营业收入对公司进行排名。

资料来源：《财富》杂志 2015 年 7 月。

附表 19　2014 年《福布斯》全球企业 2000 强综合排名前 30 位的石油天然气公司　　亿美元

序号	2014年排名	公司名称	所在国	销售额	利润	资产	市值
1	7	埃克森美孚/Exxon Mobil	美国	3762	325	3495	3571
2	8	中国石油/PetroChina	中国	3334	174	3877	3346
3	13	荷兰皇家壳牌集团/Royal Dutch Shell	荷兰	4204	149	3531	1954
4	16	雪佛龙/Chevron	美国	1918	192	2660	2010
5	24	中国石化/Sinopec	中国	4276	77	2339	1210
6	27	俄罗斯天然气公司/Gazprom	俄罗斯	1580	241	3560	625
7	35	道达尔/Total	法国	2114	42	2298	1202
8	41	英国石油/BP	英国	3528	35	2843	1208
9	50	必和必拓/BHP Billiton	澳大利亚	631	100	1461	1195
10	59	俄罗斯石油公司/Rosneft	俄罗斯	1290	90	1500	511
11	89	康菲石油公司/ConocoPhillips	美国	520	69	1165	805
12	98	法国燃气苏伊士集团/GDF SUEZ	法国	991	32	2000	495
13	103	中海油/CNOOC	中国	446	98	1068	644
14	103	挪威国家石油公司/Statoil	挪威	951	35	1316	580
15	109	鲁克石油/LukOil	俄罗斯	1214	47	1118	435
16	121	埃尼集团/Eni	意大利	1459	18	1769	642
17	123	斯伦贝谢/Schlumberger	美国	486	54	669	1098
18	142	信实工业/Reliance Industries	印度	717	37	766	429
19	147	菲利普斯66/Phillips 66	美国	1498	48	487	426
20	182	瓦莱罗能源公司/Valero Energy	美国	1308	36	456	306
21	183	印度油气/Oil & Natural Gas	印度	287	44	593	437
22	188	森科能源公司/Suncor Energy	加拿大	361	24	688	449
23	191	杜克能源/Duke Energy	美国	251	19	1207	554
24	198	哥伦比亚国家石油公司/Ecopetrol	哥伦比亚	344	38	598	336
25	209	苏尔古特石油天然气公司/Surgutneftegas	俄罗斯	266	88	746	242
26	218	雷普索尔公司/Repsol YPF	西班牙	608	21	628	265
27	225	泰国国家石油/PTT PCL	泰国	873	17	547	291
28	226	新世代能源/NextEra Energy	美国	181	25	749	469
29	245	恩桥天然气/Enbridge	加拿大	340	13	629	420
30	254	哈里伯顿/Halliburton	美国	329	35	322	390

资料来源：《福布斯》杂志 2015 年 5 月。

附表 20　2014 年世界最大 50 家石油公司综合排名（6 项指标）

综合排名	公司名称	石油储量		天然气储量		石油产量		天然气产量		炼油能力		油品销售	
		位次	亿吨	位次	亿立方米	位次	万吨	位次	亿立方米	位次	万吨	位次	万吨
1	沙特阿拉伯国家石油公司	2	356.4	5	81666	1	47000	4	1138	7	13205	6	14887
2	伊朗国家石油公司	3	215.1	1	337793	2	17790	2	1664	15	8575	13	9901
3	中国石油天然气集团公司	8	38.0	10	29288	4	16045	5	1039	3	22225	7	12761
4	埃克森美孚	12	18.1	12	20349	9	11010	3	1223	1	26455	2	26859
5	委内瑞拉国家石油公司	1	408.7	6	55810	6	15075	15	477	6	14110	11	11333
6	皇家荷兰壳牌公司	21	9.1	17	12027	16	7705	7	994	4	16275	1	28123
7	英国石油公司	18	13.8	16	13019	12	10065	8	730	12	9775	3	25409
8	俄罗斯天然气公司	16	14.8	2	189315	17	7140	1	5024	24	5110	22	4864
9	俄罗斯石油公司	9	33.8	14	14983	3	16835	23	306	14	9215	19	6447
10	雪佛龙公司	22	8.7	23	8253	15	8655	13	537	11	9800	8	12369
11	道达尔公司	26	7.4	21	9352	20	5835	11	639	10	10210	5	15595
12	巴西国家石油公司	15	15.1	33	3556	11	10295	24	299	8	11705	10	11721
13	科威特国家石油公司	5	139.1	13	18310	5	15710	37	193	21	5680	21	5420
14	墨西哥石油公司	14	15.2	34	3475	8	14205	17	436	13	9300	16	7601
15	阿尔及利亚国家石油公司	13	15.5	7	45052	18	6885	9	727	31	2575	27	3755
16	鲁克石油公司	11	18.4	24	6695	13	9120	35	204	17	6660	12	10996
17	阿布扎比国家石油公司	6	75.5	9	34337	10	10835	25	290	32	2425	32	2455
18	卡塔尔石油总公司	17	14.4	3	180151	14	8970	6	1010	53	1055	30	3002
19	中国石化股份公司	34	4.3	50	1846	24	4555	38	187	2	26195	4	16872
20	马来西亚国家石油公司	33	4.4	19	10931	31	2755	10	651	36	2240	28	3741
21	伊拉克国家石油公司	4	205.5	8	35878	7	14895	91	8	26	4150	25	4106
22	意大利埃尼集团	32	4.4	27	5145	26	4165	16	447	27	3935	34	2131
23	尼日利亚国家石油公司	10	23.9	11	27427	21	5480	36	195	37	2225	49	995
24	埃及石油公司	41	2.7	22	9231	43	1520	21	312	28	3630	29	3641
25	俄罗斯苏尔古特油气公司	19	13.5	29	4904	19	6175	46	121	41	1680	39	1770
26	挪威国家石油公司	38	3.2	26	5215	22	4820	14	491	44	1610	—	—
27	印度尼西亚国家石油公司	44	2.3	37	3162	52	1010	41	158	23	5195	18	6853
28	康菲公司	25	7.6	25	5773	25	4335	19	420	—	—	—	—
29	印度石油天然气总公司	29	5.1	31	4482	29	3160	27	277	52	1075	51	894

续表

综合排名	公司名称	石油储量		天然气储量		石油产量		天然气产量		炼油能力		油品销售	
		位次	亿吨	位次	亿立方米	位次	万吨	位次	亿立方米	位次	万吨	位次	万吨
30	利比亚国家石油公司	7	45.2	18	11362	27	3410	82	31	47	1340	42	1487
31	中国海洋石油总公司	31	4.5	47	1938	23	4565	44	129	48	1200	50	949
32	哈萨克斯坦国家石油公司	24	7.8	30	4755	36	2275	65	69	45	1595	44	1214
33	阿曼石油开发公司	35	3.8	32	4224	37	2165	32	245	—	—	—	—
34	雷普索尔	71	0.6	52	1738	60	700	47	120	25	4990	24	4407
35	哥伦比亚国家石油公司	46	2.0	66	869	28	3255	61	81	42	1675	40	1706
36	乌兹别克斯坦国家石油公司	64	0.8	20	9455	77	300	12	552	51	1100	59	365
37	俄罗斯诺瓦泰克公司	55	1.3	15	14480	72	410	18	433	—	—	—	—
38	美国安纳达克石油公司	51	1.7	41	2607	41	1695	28	274	—	—	—	—
39	美国戴文能源公司	48	1.9	40	2636	44	1470	31	247	—	—	—	—
40	美国阿帕奇公司	47	1.9	45	2078	39	2055	33	217	—	—	—	—
41	英国天然气公司	45	2.1	38	3057	53	955	28	274	—	—	—	—
42	阿塞拜疆国家石油公司	43	2.3	28	5097	57	835	64	71	39	1995	58	475
43	美国西方石油公司	36	3.5	55	1576	30	2790	45	128	—	—	—	—
44	切萨皮克公司	59	1.0	35	3323	56	850	22	310	—	—	—	—
45	澳大利亚必和必拓公司	57	1.2	39	2708	49	1150	30	253	—	—	—	—
46	加拿大自然资源公司	30	5.0	65	952	38	2070	49	114	—	—	—	—
47	加拿大森科能源公司	27	6.6	95	15	33	2650	87	20	35	2305	33	2423
48	EOG资源公司	50	1.8	57	1429	45	1430	43	139	—	—	—	—
49	YPF公司	63	0.9	73	724	46	1405	51	107	43	1665	46	1109
50	奥地利OMV集团	62	0.9	70	786	58	750	62	79	40	1800	31	2952

资料来源：美国《石油情报周刊》2014 年 11 月 24 日。

附表 21　2008—2014 年主要石油公司经营指标

油：千桶 / 日
气：百万立方英尺 / 日

公司名称及经营指标	2008年	2009年	2010年	2011年	2012年	2013年	2014年
埃克森美孚							
原油产量	2405	2387	2422	2312	2185	2202	2111
天然气产量	9095	9273	12148	13162	12322	11836	11145
一次加工能力	6233	6231	6253	6226	5777	5341	5144
成品油销售量	6761	6428	6414	6413	6174	5887	8575
加油站数量(座)	28674	27720	26278	25020	19382	19554	20217
BP							
原油产量	2401	2535	2374	2157	2056	2013	1927
天然气产量	8334	8485	8401	7518	7393	7060	7100
一次加工能力	2678	2666	2667	2679	2681	1955	1957
成品油销售量	5698	5887	5927	5776	5657	5569	5320
加油站数量(座)	22600	22400	22100	21800	20700	17800	17200
壳牌							
原油产量	1693	1581	1619	1536	1488	1396	1339
天然气产量	8569	8483	9305	8986	9449	9616	9259
一次加工能力	3678	3639	3594	3251	3201	3255	3217
成品油销售量	6568	6165	6460	6196	6235	6164	6365
加油站数量(座)	44605	43901	42903	44266	43774	43306	42861
雪佛龙							
原油产量	1649	1846	1923	1849	1764	1731	1709
天然气产量	5125	4989	5040	4941	5074	5192	5167
一次加工能力	2139	2158	2160	1967	1953	1960	1900
成品油销售量	3429	3254	3113	2949	2765	2711	2711
加油站数量(座)	25017	21993	19547	17831	16769	16634	16377
道达尔							
原油产量	1456	1381	1340	1226	1220	1167	1034
天然气产量	4837	4923	5648	6098	5880	6184	6063
一次加工能力	2604	2594	2363	2088	2048	2042	2187
成品油销售量	3658	3616	3776	3616	3561	3521	3769
加油站数量(座)	16938	16843	18089	15434	15425	15551	15569
中国石油股份							
原油产量	2385	2311	2350	2428	2511	2556	2590
天然气产量	5107	5787	6085	6565	7010	7676	8298
一次加工能力	2580	2671	2967	3093	3180	3217	3419
成品油销售量	1993	2219	2648	3190	3360	3488	3526
加油站数量(座)	17456	17262	17996	19362	19840	20272	20422

资料来源：各公司年报和财务经营报告。

附表 22　2008—2014 年主要石油公司财务指标　　百万美元

公司名称及经营指标	2008年	2009年	2010年	2011年	2012年	2013年	2014年
埃克森美孚							
销售收入	459579	301500	370125	467029	451509	420836	394105
净利润	45220	19280	30460	41060	44880	32580	32520
总资产	228052	233323	302510	331052	333795	346808	349493
职工人数(人)	79900	80700	83600	82100	76900	75000	75300
BP							
销售收入	361143	239272	297107	375517	375765	379136	353568
净利润	21666	16759	-3324	25609	11251	23758	4003
总资产	228238	235968	272262	293068	300466	305690	284305
职工人数(人)	92000	80300	79700	84100	86400	83900	84500
壳牌							
销售收入	458361	278188	368056	470171	467153	451235	421105
净利润	26476	12718	20474	31093	26960	16526	14730
总资产	282401	292181	322560	337474	350294	357512	353116
职工人数(人)	102000	101000	97000	90000	87000	92000	94000
雪佛龙							
销售收入	264958	167402	198198	244371	230590	220156	200494
净利润	23931	10483	19024	26895	26179	21423	19241
总资产	161165	164621	184769	209474	232982	253753	266026
职工人数(人)	66645	64132	62196	61189	61942	64550	64715
道达尔							
销售收入	264709	183175	211143	257093	257038	251731	236122
净利润	16101	11994	14327	17513	13929	11503	4250
总资产	174010	178190	190527	228356	220766	230413	229798
职工人数(人)	96959	96383	92855	96104	97126	98799	100307
中国石油股份							
销售收入	155016	149231	216473	310794	348515	367701	370004
净利润	18326	15600	22275	22638	20737	23167	19291
总资产	172884	212319	244699	297415	344324	381377	389860
职工人数(人)	477780	539168	552698	552810	548335	544083	534652

资料来源：各公司年报和财务经营报告。

附　图

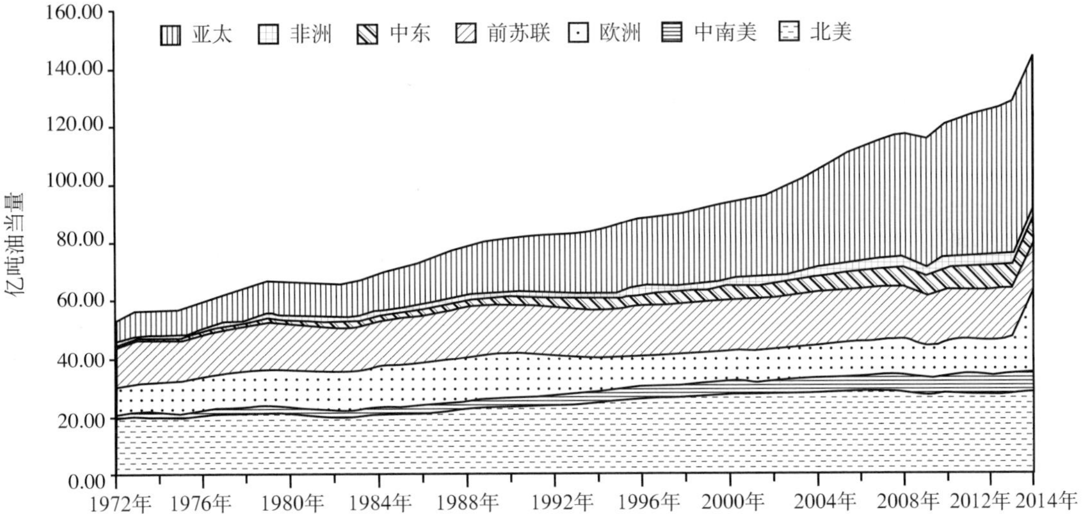

附图 1　1972—2014 年世界各地区一次能源消费量

（资料来源：《BP 世界能源统计年鉴 2015》）

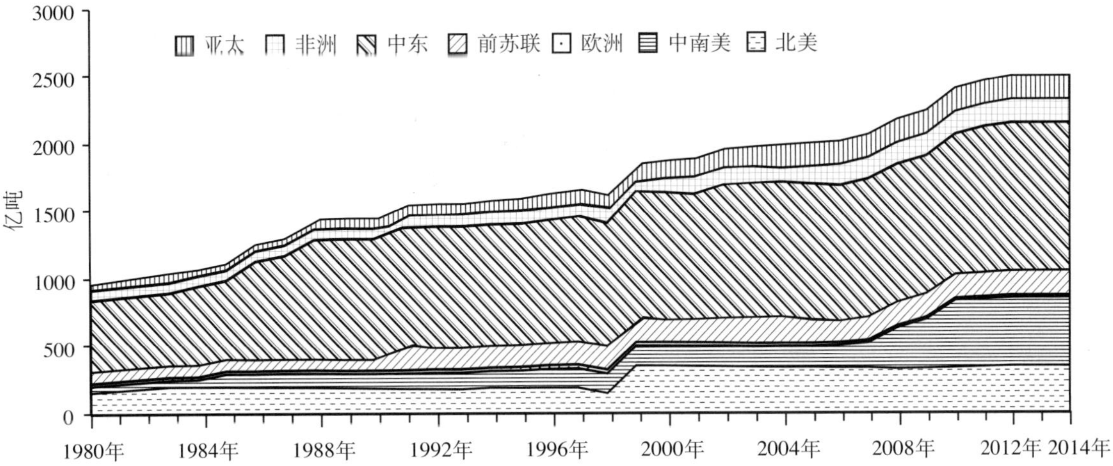

附图 2　1980—2014 年世界各地区石油剩余探明可采储量

（资料来源：《BP 世界能源统计年鉴 2015》）

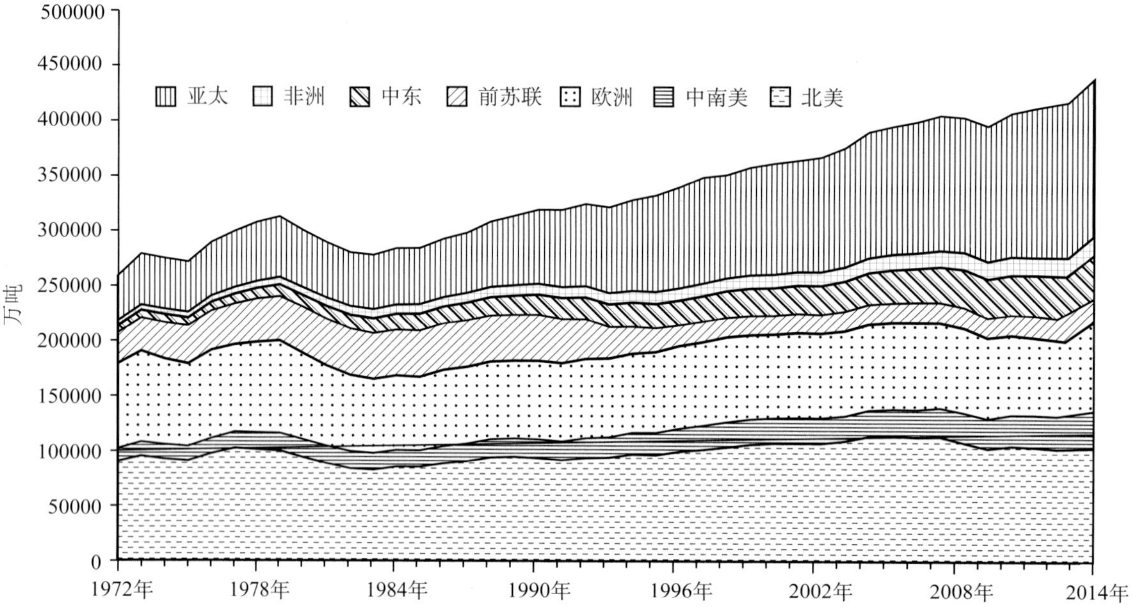

附图 3　1972—2014 年世界各地区石油消费量

（资料来源：《BP 世界能源统计年鉴 2015》）

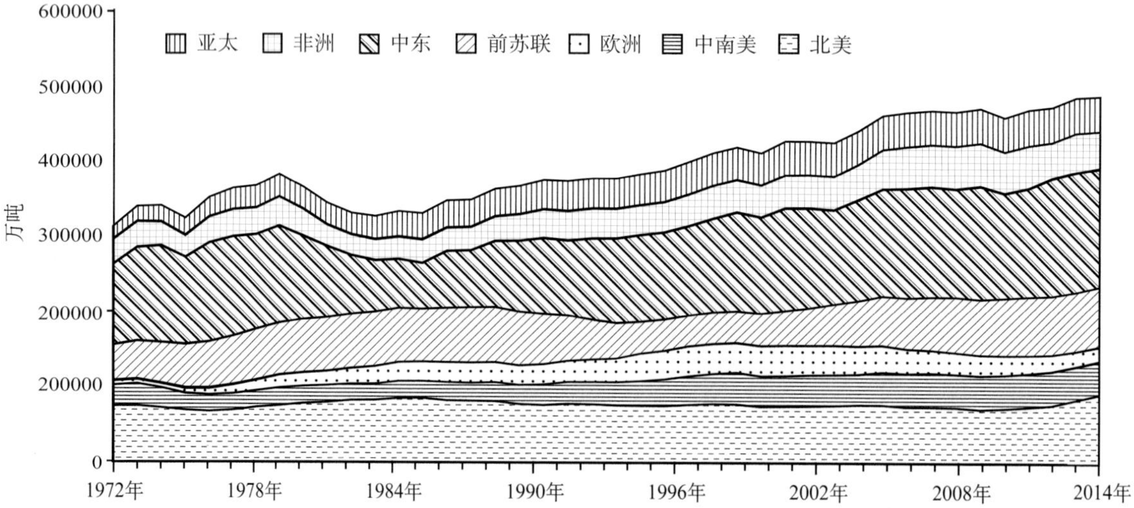

附图 4　1972—2014 年世界各地区石油产量

（资料来源：《BP 世界能源统计年鉴 2015》）

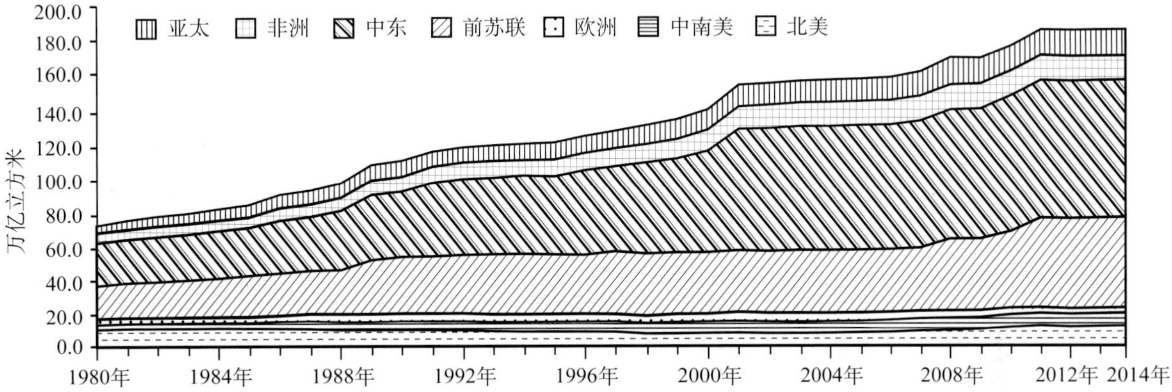

附图 5　1980—2014 年世界各地区天然气剩余探明可采储量

（资料来源:《BP 世界能源统计年鉴 2015》）

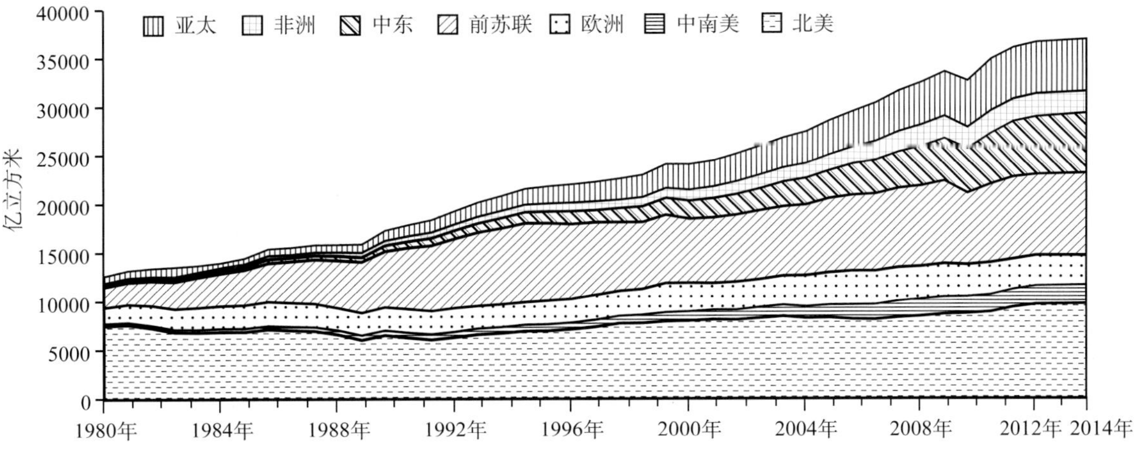

附图 6　1980—2014 年世界各地区天然气产量

（资料来源:《BP 世界能源统计年鉴 2015》）

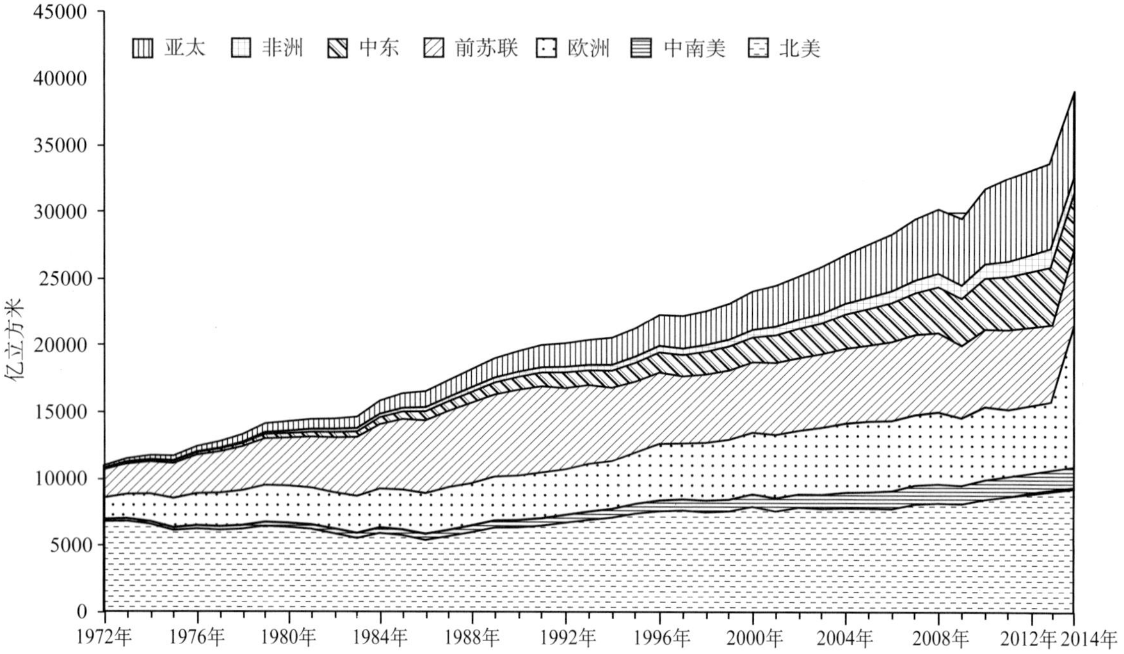

附图 7　1972—2014 年世界各地区天然气消费量

（资料来源：《BP 世界能源统计年鉴 2015》）

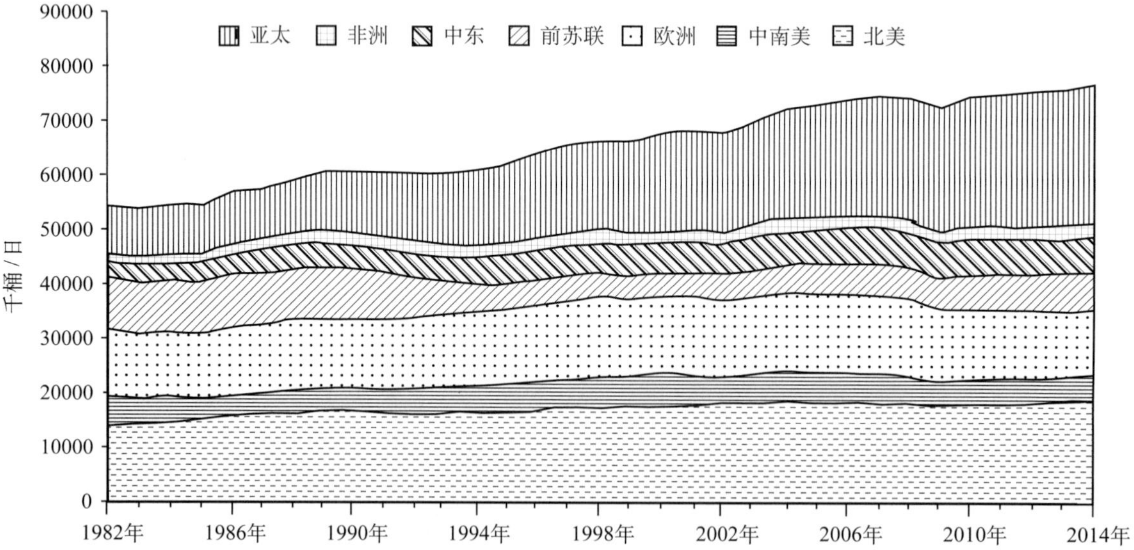

附图 8　1982—2014 年世界各地区炼油加工量

（资料来源：《BP 世界能源统计年鉴 2015》）

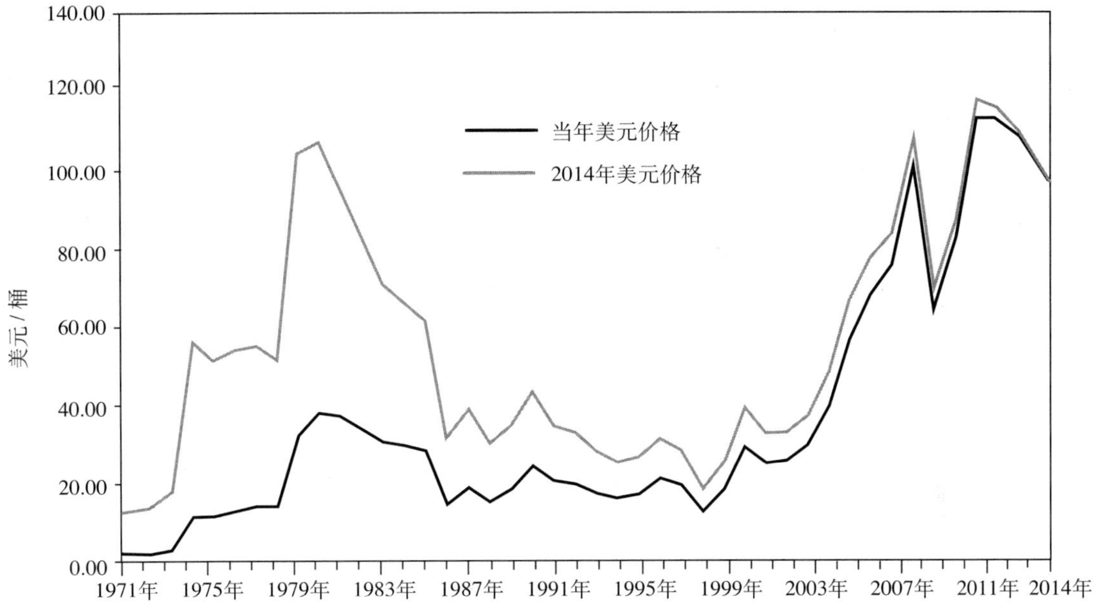

附图 9　1971—2014 年国际原油市场价格

（资料来源：《BP 世界能源统计年鉴 2015》）

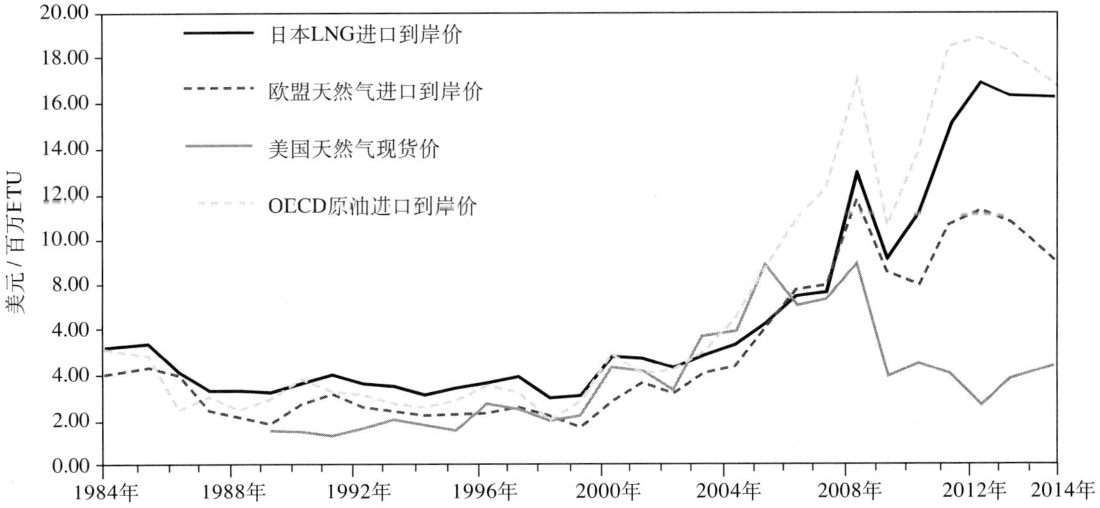

附图 10　1984—2014 年国际市场天然气价格

（资料来源：《BP 世界能源统计年鉴 2015》）

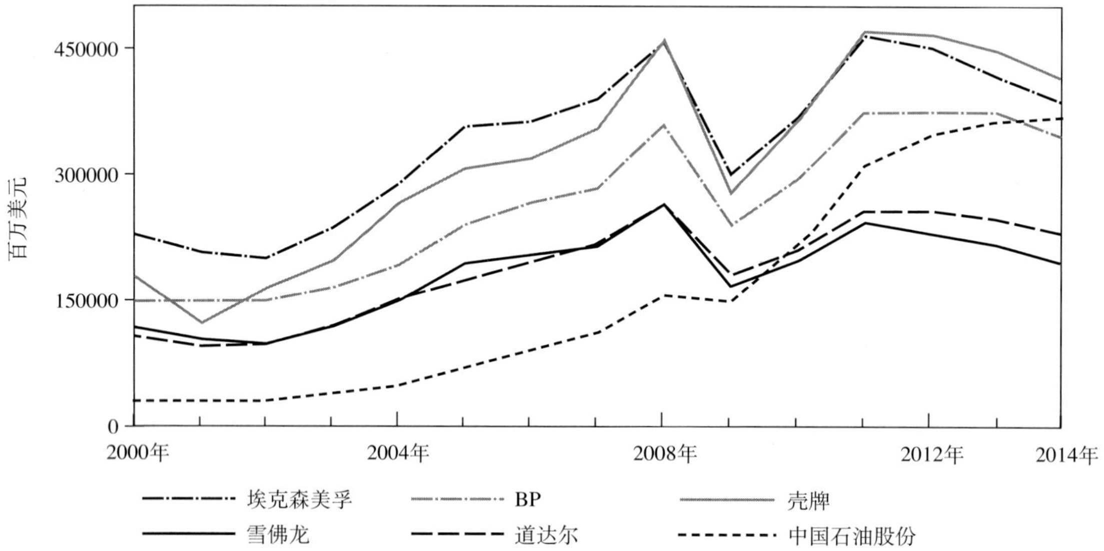

附图 11　2000—2014 年主要石油公司销售收入

（资料来源：各公司年报和财务经营报告）

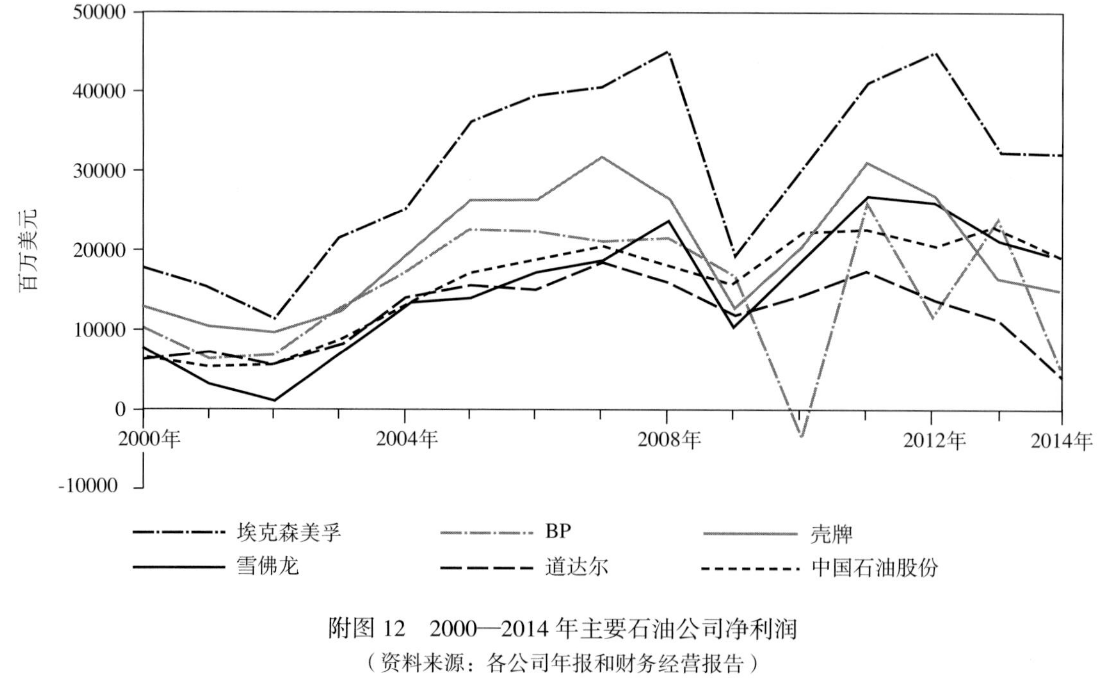

附图 12　2000—2014 年主要石油公司净利润

（资料来源：各公司年报和财务经营报告）

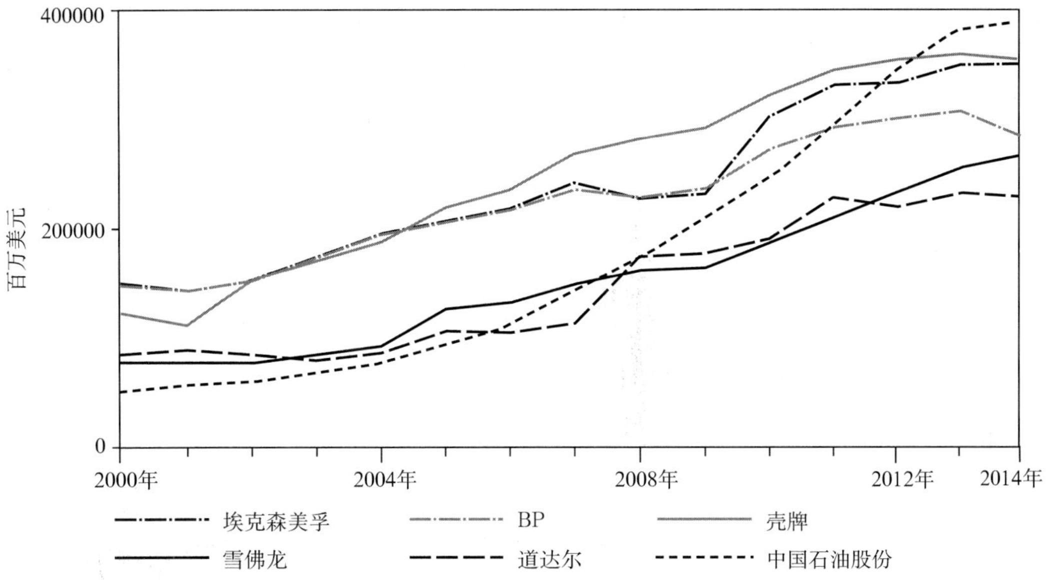

附图 13 2000—2014 年主要石油公司总资产

（资料来源：各公司年报和财务经营报告）

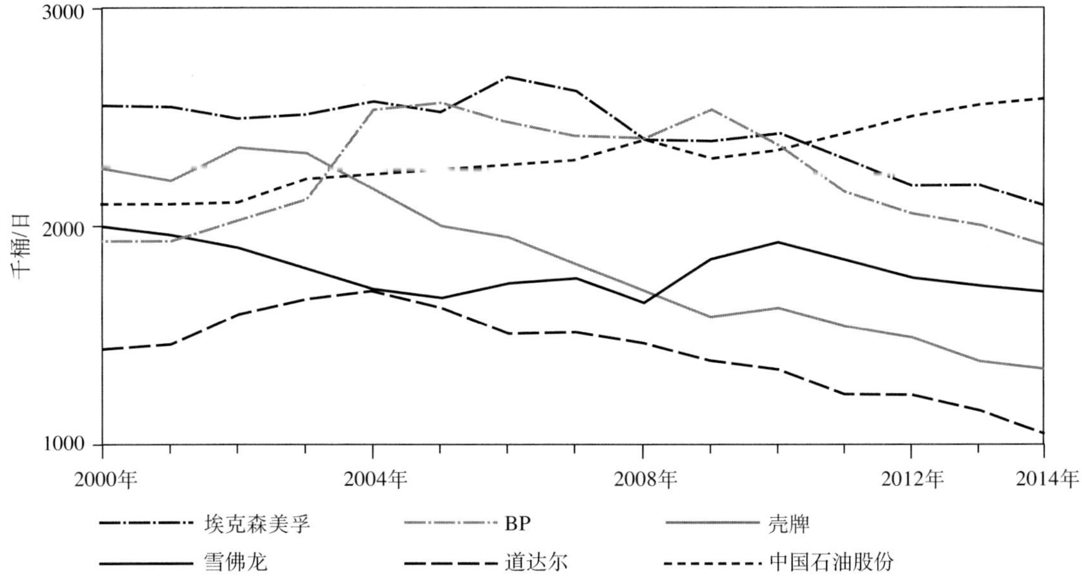

附图 14 2000—2014 年主要石油公司原油产量

（资料来源：各公司年报和财务经营报告）

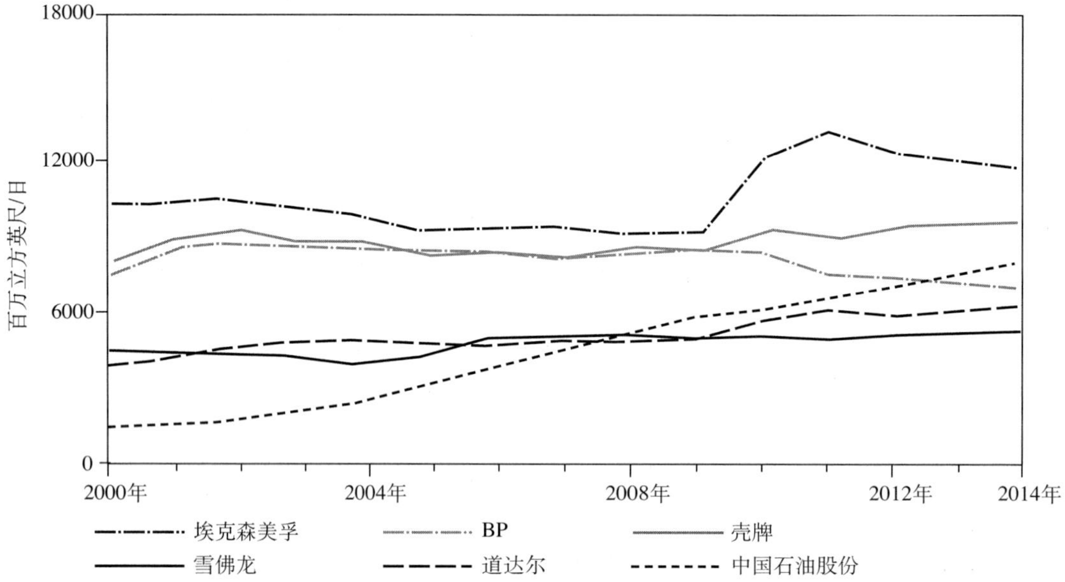

附图 15　2000—2014 年主要石油公司天然气产量

（资料来源：各公司年报和财务经营报告）

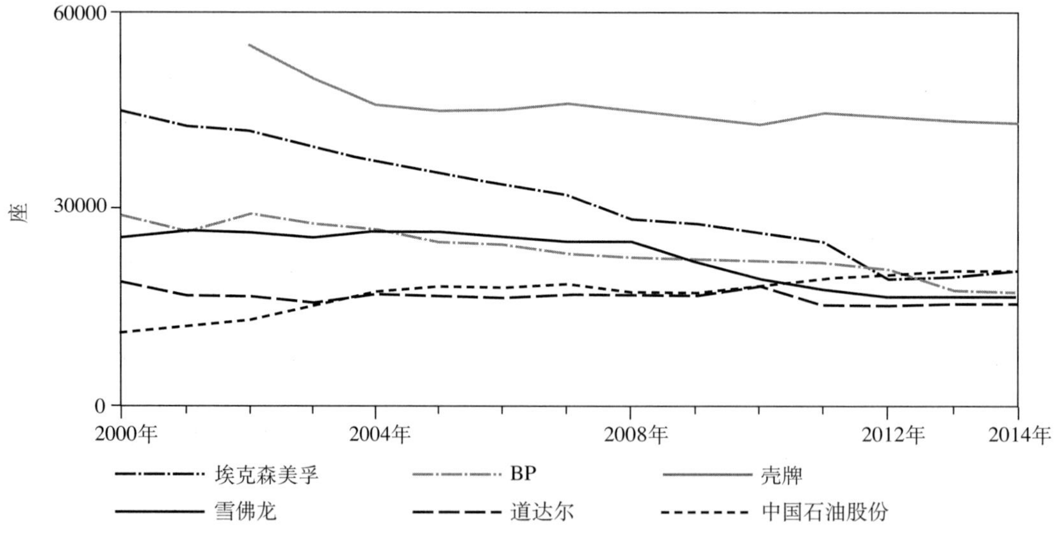

附图 16　2000—2014 年主要石油公司加油站数量

（资料来源：各公司年报和财务经营报告）

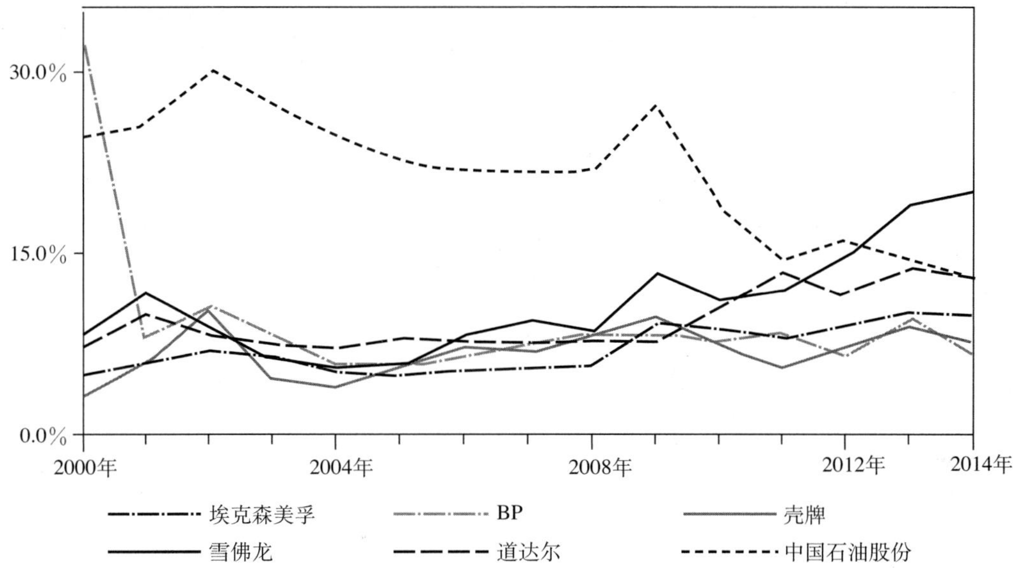

附图 17 2000—2014 年主要石油公司资本支出占销售收入比例

注：2000 年 BP 收购 ARCO, 故资本支出 / 销售收入比例较高

（资料来源：各公司年报和财务经营报告）

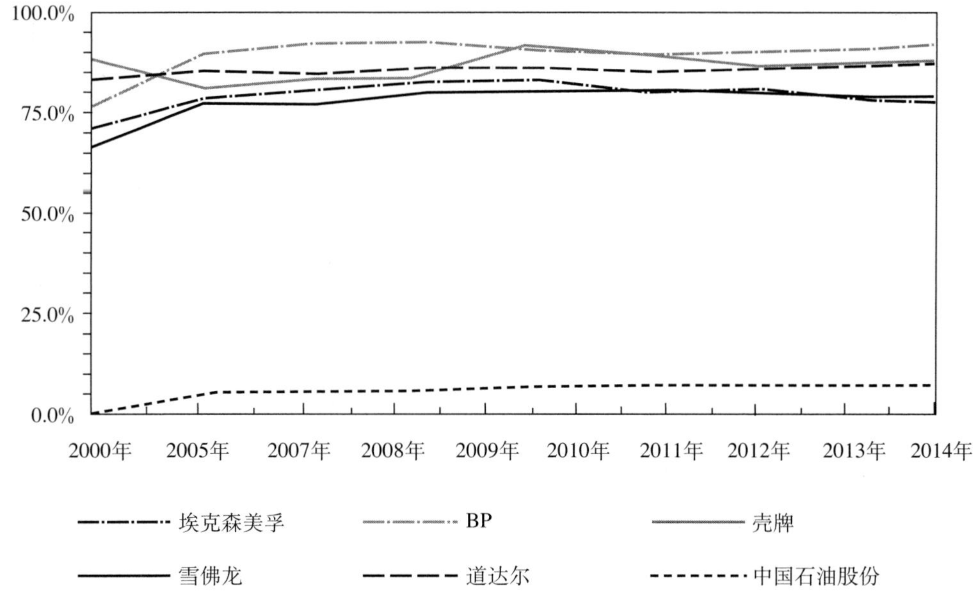

附图 18 2000—2014 年主要石油公司石油储量海外比例

（资料来源：各公司年报和财务经营报告）

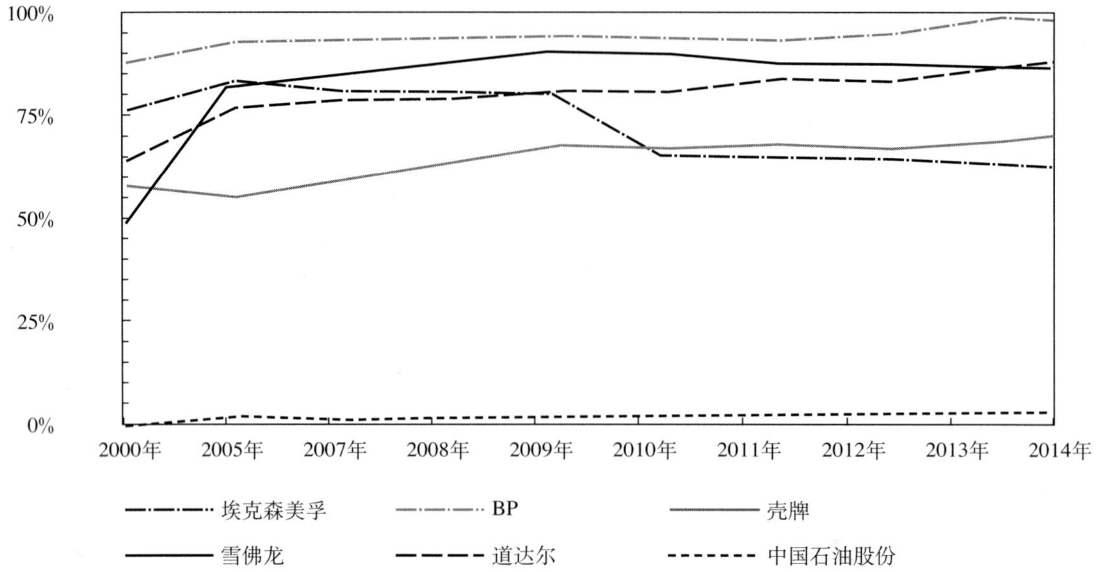

附图 19　2000—2014 年主要石油公司天然气储量海外比例
（资料来源：各公司年报和财务经营报告）

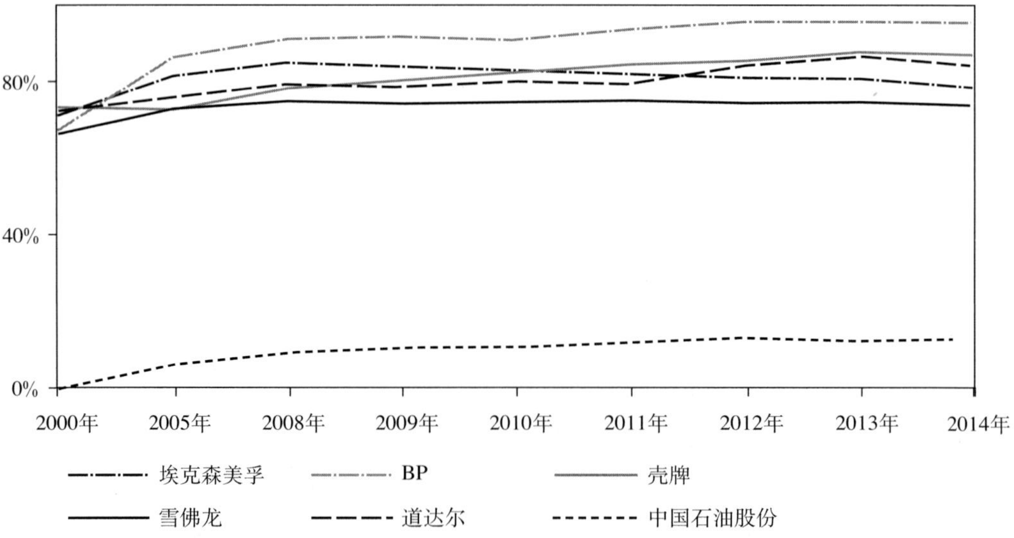

附图 20　2000—2014 年主要石油公司原油产量海外比例
（资料来源：各公司年报和财务经营报告）

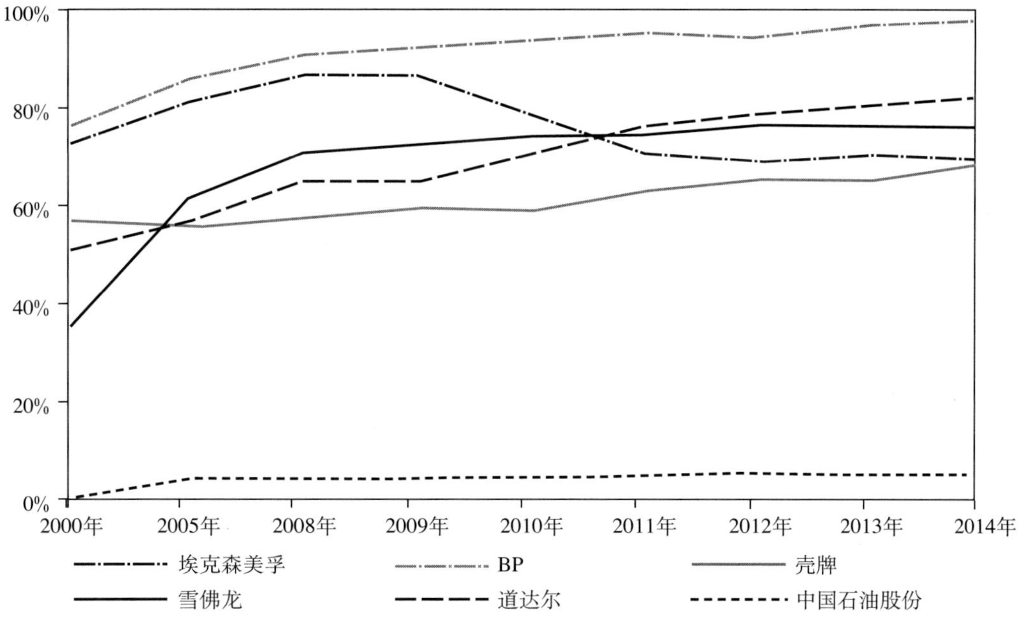

附图 21　2000—2014 年主要石油公司天然气产量海外比例

（资料来源：各公司年报和财务经营报告）

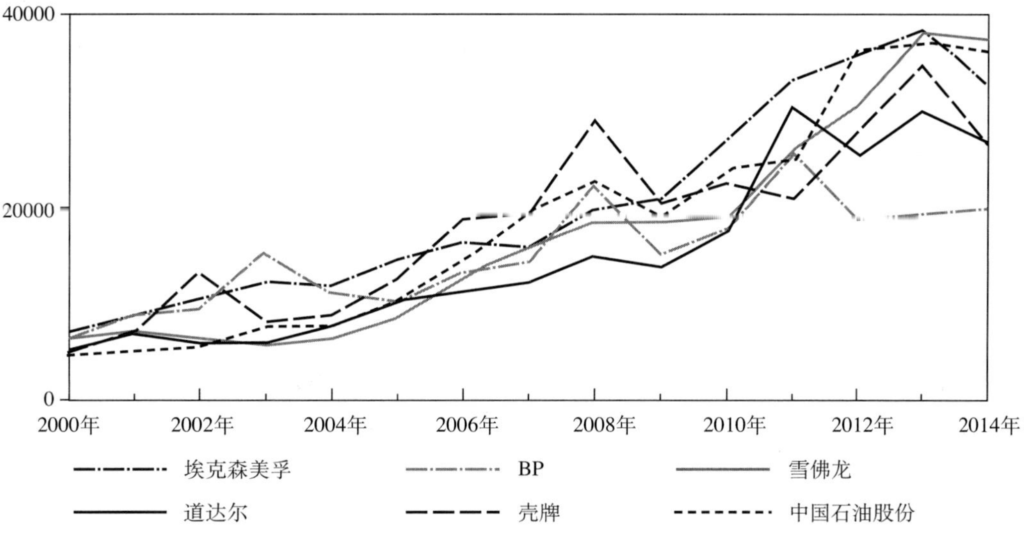

附图 22　2000—2014 年主要石油公司勘探开发支出

（资料来源：各公司年报和财务经营报告）

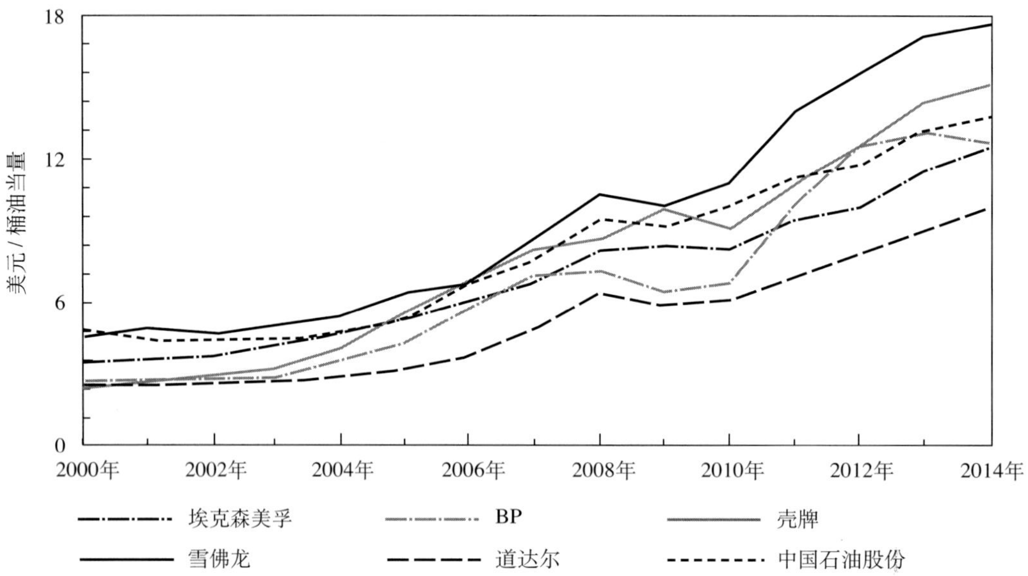

附图 23　2000—2014 年主要石油公司油气操作成本
（资料来源：各公司年报和财务经营报告）

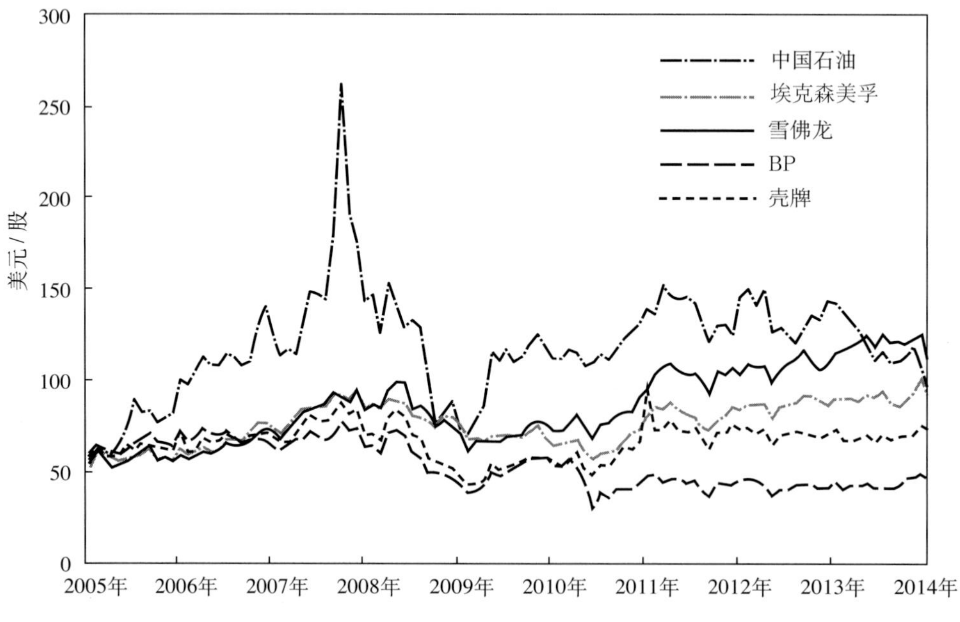

附图 24　2005—2014 年纽约证交所主要石油公司股价走势
（资料来源：路透电讯）

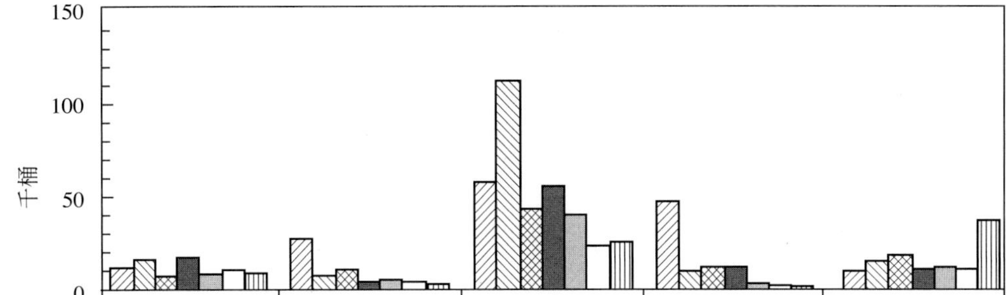

石油泄漏量(千桶)	埃克森美孚	BP	壳牌	雪佛龙	道达尔
2005年	12.2	27.7	56.9	47.9	10.3
2009年	17.0	7.6	111.0	9.4	14.9
2010年	7.7	10.7	43.1	12.1	19.1
2011年	17.8	3.8	55.5	12.4	11.0
2012年	8.7	5.0	39.4	3.1	12.6
2013年	11.1	4.6	22.6	2.1	11.3
2014年	9.1	2.5	24.8	0.8	36.5

附图 25　2005 年及 2009—2014 年主要石油公司石油泄漏量
（资料来源：各公司企业社会责任报告）

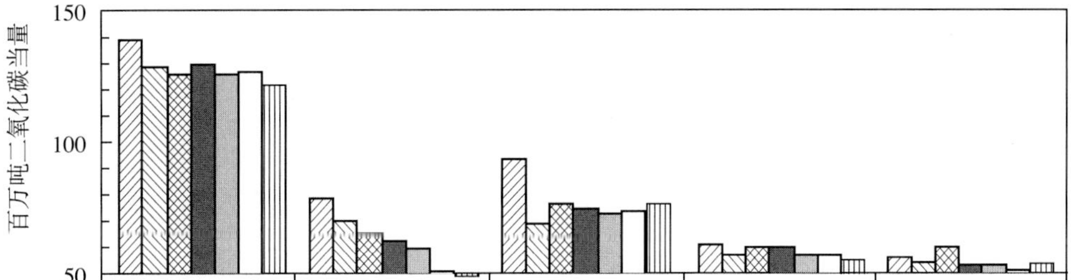

温室气体排放量（百万吨二氧化碳当量）	埃克森美孚	BP	壳牌	雪佛龙	道达尔
2005年	138.0	78.0	93.0	60.0	56.0
2009年	128.0	70.0	69.0	57.0	54.0
2010年	125.0	64.9	76.0	59.0	59.0
2011年	129.0	61.8	74.0	59.8	53.0
2012年	125.0	59.8	72.0	56.3	53.0
2013年	126.0	50.3	73.0	57.0	51.0
2014年	122.0	48.6	76.0	56.0	54.0

附图 26　2005 年及 2009—2014 年主要石油公司温室气体排放量
（资料来源：各公司企业社会责任报告）

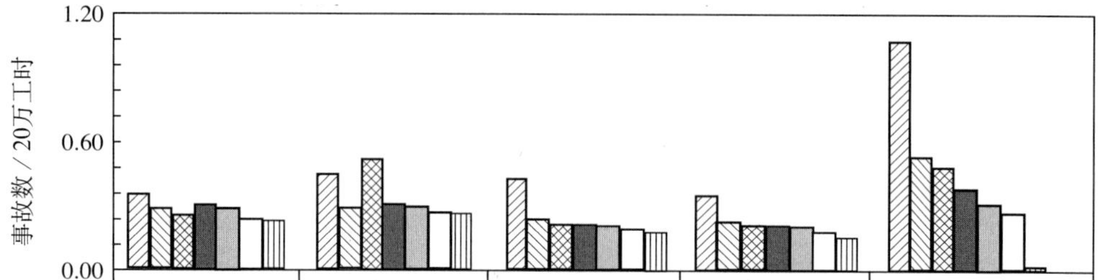

	埃克森美孚	BP	壳牌	雪佛龙	道达尔
	百万美元				
2005年	0.42	0.53	0.50	0.41	1.26
2009年	0.35	0.34	0.28	0.27	0.62
2010年	0.30	0.61	0.25	0.24	0.52
2011年	0.37	0.36	0.25	0.24	0.44
2012年	0.33	0.35	0.25	0.24	0.36
2013年	0.28	0.31	0.23	0.21	0.32
2014年	0.26	0.31	0.20	0.18	

附图 27　2005 年及 2009—2014 年主要石油公司事故率

（资料来源：各公司企业社会责任报告）

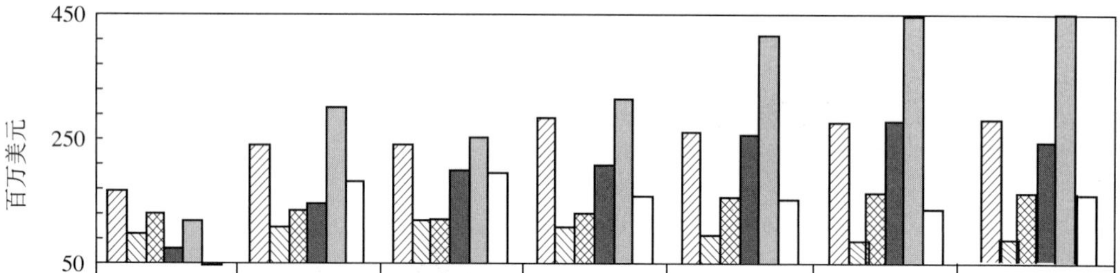

	2005年	2009年	2010年	2011年	2012年	2013年	2014年
	百万美元						
埃克森美孚	168.0	235.0	237.1	278.4	255.6	269.5	279.5
BP	95.5	106.8	115.2	103.7	90.6	78.8	85.0
壳牌	127.0	132.0	121.0	125.0	149.0	159.0	160.0
雪佛龙	73.1	144.0	197.0	209.0	250.0	275.0	240.0
道达尔	114.5	291.9	247.0	305.0	406.0	474.1	461.0
中国石油	0.0	175.3	191.3	156.0	148.7	138.4	162.1

附图 28　2005 年及 2009—2014 年主要石油公司公益性社会投入

注：公益性社会投入主要指慈善捐助，对非盈利性教育、健康和环境项目的资助，以及对作业社区发展的援助；道达尔数据指对非经合组织国家的投入；中国石油数据中含扶贫

（资料来源：各公司企业社会责任报告）

索　引

使用说明

一、本索引采用内容分析索引法编制。除大事记外，年鉴中有实质检索意义的内容均予以标引，以便检索使用。

二、索引基本上按汉语拼音音序排列，具体排列方法如下：以数字开头的，排在最前面；以英文字母打头的，列于其次；汉字标目则按首字的音序、音调依次排列，首字相同时，则以第二个字排序，并依此类推。

三、索引标目后的数字，表示检索内容所在的年鉴正文页码；数字后面的英文字母 a、b，表示年鉴正文中的栏别，合在一起即指该页码及左右两个版面区域。年鉴中用表格、图片反映的内容，则在索引标目后面用括号注明（表）、（图）字，以区别于文字标目。

四、为反映索引款目间的隶属关系，对于二级标目，采取在上一级标目下缩二格的形式编排，之下再按汉语拼音音序、音调排列。

0—9

A—Z

A

B

C

D

E

F

G

H

J

K

L

M

N

O

P

Q

R

S

T

W

X

Z

编 后 记

本卷《年鉴》是《中国石油天然气工业年鉴》自1996年正式出版以来连续出版的第20卷，是更名为《中国石油天然气集团公司年鉴》后的第17卷。

本卷《年鉴》沿用历年来形成的框架结构和装帧风格。在编纂过程中，重点追踪集团公司2014年所发生的重大事件，体现年度历史进展特色；坚持规范与创新相结合，充分反映集团公司年度工作特点。在保持整体篇目大体不变的情况下，将篇目“成品油销售”改为“销售”；在篇目“企事业单位概览”下增设栏目“油气田企业、炼油化工企业、销售企业、天然气与管道储运企业、海外业务企业、工程技术服务企业、工程建设企业、装备制造企业、科研及事业单位、其他单位”。对部分栏目和条目进行了调整；为增强《年鉴》资料性及便于横向对比，继续收录世界主要国家和各大石油公司有关石油石化相关数据图表，对《年鉴》内容的信息含量进行扩充。注重《年鉴》的工具性和实用性，版式设计力求规范严整，文字叙述力求简洁流畅。

本卷《年鉴》的编纂出版工作始终得到集团公司党组和各级领导的高度重视，集团公司董事长、党组书记王宜林作序；集团公司机关和股份公司机关各部门、各专业分公司及各企事业单位的领导提供各种形式的支持和帮助；各单位负责《年鉴》工作的联系人和撰稿人付出了艰辛的劳动；集团公司办公厅（股份公司总裁办公室）领导除了直接参与《年鉴》内容的审订和编纂外，还做了大量的组织协调工作。此外，中国石油报社等单位提供辅助资料和照片；中国石油集团经济技术研究院提供《中国石油天然气集团公司2014年度报告》和《中国石油天然气集团公司2014年企业社会责任报告》资料以及世界主要国家和各大石油公司相关数据图表；还有企业和个人提供了照片、参与了审稿工作。在此，对这些单位和个人、对所有支持《年鉴》工作和为《年鉴》出版提供帮助者致以诚挚的谢意。

在编辑过程中尽管我们做出很大的努力，但限于工作经验和编辑水平等方面的原因，本卷《年鉴》难免存在疏漏和不足，恳请读者提出批评意见和建议，以利于我们把这项工作做得更好。

《中国石油天然气集团公司年鉴》编辑部

2015年12月

名品名店
鲸挑细选

工银融e行
工银e生活
e-ICBC
工银融e购
工银融e联
工银e投资

贝克休斯

贝克休斯是一家全球化的技术服务公司，由两家历史悠久的石油设备公司(Baker 和 Hughes)合并组成，拥有超过百年的历史，向全球石油与天然气工业提供一流的储层评价、钻井、钻头、钻井液、地层评价、完井、压力泵送和采油产品与服务的超大型国际油田服务公司。贝克休斯为美国纽约证券交易所上市公司，世界 500 强企业之一，总部设于美国得克萨斯州的休斯敦。贝克休斯以对人类与环境无害的方式从事服务，并通过一套健康、安全与环保（HS&E）管理系统来履行此承诺。

贝克休斯是全球油田服务行业的领先者，拥有以下大型综合油田服务产品线：油藏开发服务、钻井与评价、完井与生产、钻井液与油田化学产品、压力泵注。

贝克休斯具备全球服务的能力。每天在世界各地，贝克休斯的科学家、工程师和油田服务人员应用丰富的专业知识、经验和先进技术，协助全球的油公司以更高的效率来寻找、开发和生产油气。目前全公司有员工 58000 余人，在全球超过 80 个国家和地区作业，并在 72 个国家和地区建有作业基地。

贝克休斯从 20 世纪 80 年代起就进入中国石油行业，开展油田服务业务，在北京、蛇口、成都、大庆、上海、湛江、塘沽及库尔勒等地均设有办公室，在蛇口、塘沽、东营、重庆和库尔勒设有服务基地，且在中国境内建立了两个制造中心（天津和东莞），为中国三大国有石油公司以及 12 家在中国作业的跨国石油公司和独立石油公司提供全系列专业油田技术服务。

贝克休斯期望能够与中国的油气企业展开更为广泛而深入的合作，将我们在全球的项目管理和产品的技术优势以及在北美非常规油气资源勘探开发过程中所积累的经验，与国内用户对各自油气田的深入认识和在中国的作业与服务经验结合起来，在技能、技术、经验和管理上实现良性互补，开展长期合作，实现推广资源开发的一体化模式。加强与中国企业的沟通联系，及时调整战略模式，帮助合作伙伴提升在国内及国际市场上的核心竞争力，真正做到技术为先，致力于降低综合开发成本，提供符合中国国情的非常规资源开发解决方案。

KYMERA 复合钻头

屡获殊荣的革命性复合钻头，PDC 钻头和牙轮钻头技术结合，以达到更加流畅地钻进，更加卓越的扭矩管理和更加精确的导向性

- **夹层地层**
  减轻切削齿崩齿现象
  延长钻头使用时间
  大幅提高进尺
- **塑性泥岩地层**
  提高机械钻速
- **定向钻井**
  提高工具面控制能力
  同牙轮钻头相似的造斜率
- 黏滑振动问题
  降低振动程度
  更佳的井眼质量
  保护井下工具等

裂缝参数优化

以 Jewel-Suite 作为软件平台，利用 Meyer 进行压裂设计，利用 CMG-IMEX 油藏建模对改造裂缝体积与产量关系进行敏感性分析的方法，确定压裂级数及裂缝长度等施工规模参数，优化裂缝网络体积实现措施改造效果最大化。

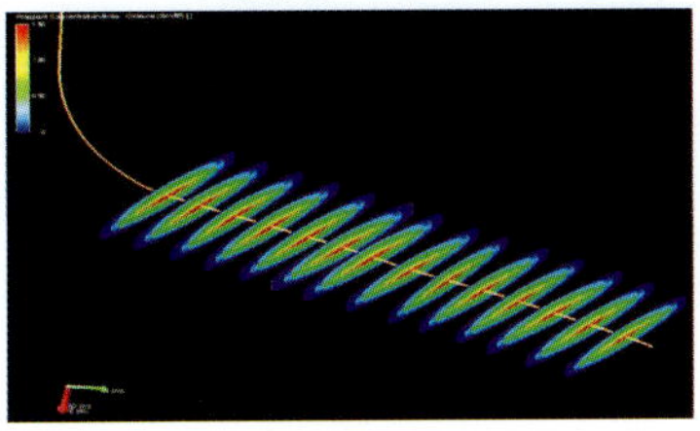

水平段裂缝形态

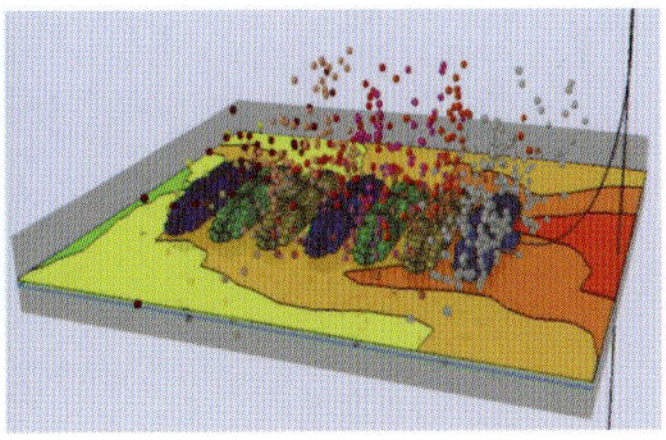

压裂裂缝体积

AutoTrak Curve + Talon 3D

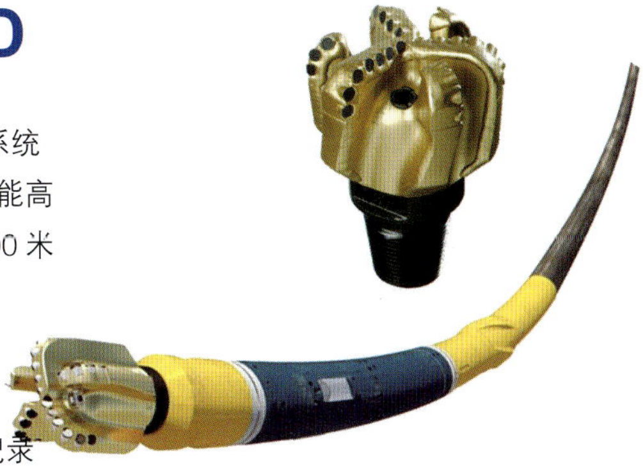

- 整体集成的高造斜率（15 度 /30 米）闭合控制旋转导向钻井系统
- 配合使用贝克休斯专为该系统开发的 Talon 3D 钻头，该系统能高效地完成一趟钻平滑地从造斜到钻完整个水平段（3000—4000 米或更长）的任务
- 尤其适用于非常规油气开发水平井
- 至 2013 年 9 月底全球进尺超过 213 万米
- 在国内外多个油气田的应用过程中，表现卓越，创造了多个纪录

北京中企华资产评估有限责任公司

孙月焕董事长与德勤中国 CEO 谢其龙签订合作协议

北京中企华资产评估有限责任公司（简称中企华公司）成立于 1996 年 12 月，在全国各地设有 17 家分公司及浙江业务部，形成了布局合理的客户服务网络，现为中国资产评估协会、北京注册资产评估师协会、中国矿业权评估师协会、中国总会计师协会、全国工商联并购公会、中国国际投资促进会常务理事单位。

孙月焕董事长参加 2013 年优秀女企业家高峰论坛

孙月焕董事长参加两岸三地杰出女企业家联谊会

中企华公司以承办国有大型、中型企业的改制、上市、兼并、重组等业务为主，客户群体 80% 为国有大型、中型企业，为进入全球财富 500 强的内地企业均提供过资产评估及相关服务。截至 2014 年底，中企华公司评估过的企业近万家，被评估资产超过一百万亿元，经营业绩连续 16 年位居行业榜首。评估项目涉及国民经济各行各业，评估目的多种多样，评估资产所处地域除国内，还有境外几十个国家。在石油及相关行业评估领域也处于业内领先地位，自 1999 年独家承办被称为“巨无霸”的中国石油及中国海油海外上市项目后，接连承办了中国石油海外收购、西气东输相关资产出资、收购加油站、低效资产处置、价值重估、整合等重大项目评估，2014 年还承办了国内首例混合所有制项目——中国石化销售有限公司混合所有制改革项目评估。

中国石油销售项目资产评估汇总现场

连云港上市项目

阮咏华副总裁参加
国际企业价值评估论坛

权忠光总裁参加2013年中国并购年会

中企华公司分公司负责人会议

中企华公司群贤毕至、实力雄厚、专业技术力量强。以博士、硕士为主力的团队承办了业内许多创新性项目，承担了众多课题研究及授课任务。多年来靠实力打造市场，为客户提供一流服务，受到社会各界广泛称赞，并获得多项荣誉。

中企华公司目前业务以资产评估为主，同时开展了审计、会计、咨询、房地产评估及工程造价等相关业务，在承办特大型企业海外上市项目的基础上，又富有成效地开展了境外资产质量巡查、企业资产质量分析、现金流预测及管理咨询等众多创新型业务，在服务质量、市场开拓、改革创新等方面遥遥领先于同行。

为满足中国企业利用海外市场及中央企业海外并购的需求，中企华公司与德勤咨询公司在北京签订了战略合作框架协议。双方本着优势互补、合作共赢，在管理咨询、税务咨询、股权激励、资产评估、价值分析、估值服务及中外合资合作等众多领域开展全方位合作。

武钢澳大利亚艾尔铁矿探矿权项目现场

攀钢钒钛有限公司合并报表项目所涉及的卡拉拉矿业有限公司项目现场

邮箱：tbz@chinacea.com
电话：13901223661或（010）65881887
传真：（010）65882651
地址：北京市朝阳门外大街22号泛利大厦9层
邮编：100020

中国石油海外收购项目（委内瑞拉马拉开波项目现场）

申万上市项目

95589 客服热线
SERVICE HOTLINE
保险就是保太平
吉象
太平
吉象

280 毫米 ×4 米卷板机

1000 吨压鼓机（封头设备）

公司主要产品及生产规模：

（1）年产金属复合材料 9 万吨。公司是行业标准 NB/T 47002—2009《压力容器用爆炸焊接复合板》的主要起草单位之一，金属复合材料长度达到 13 米，宽度达到 4 米，厚度可以达到 200 毫米，可用于石油、石油化工、煤化工、造船、盐化工等。产品畅销全国各省（自治区、直辖市），并出口欧洲、美洲及亚洲多个国家和地区。

（2）年产双金属冶金复合直缝钢管及管件 6 万吨。公司是我国第一家取得双金属冶金复合管生产许可的厂家，生产的双金属冶金复合管最小直径为 168 毫米，最大直径可达 1420 毫米，主要适用于天然气集输管道、石油输送管道以及煤化工管道等。目前，正在研制用于海洋石油、天然气输送的双金属和多金属冶金复合管道。

（3）公司每年制造和安装压力容器 3 万吨以上。具有生产一、二、三类压力容器的制造资质和一类、二类压力容器的设计资质，还拥有生产直径可达 10 米的容器封头生产线 2 条。生产的各类压力容器和封头遍及全国各地，并出口老挝、土库曼斯坦等国家。

（4）年产三维肋管 50 万米。三维肋管是公司拥有发明专利且获得第三十六届布鲁塞尔发明金奖的产品，主要适用于各类高效换热器制作，其换热效率是光管的 5—6 倍，是一种极具节能效果的换热元件。

公司将始终遵循“诚信天下，做好、做快、做强、做大”的发展方针，和新老客户共谋发展，为实现民族复兴的中国梦再创辉煌。

三维内肋管

洁净车间

复合管生产车间

公司办公室：0831–7823949 自贡办事处：0813–2408213 重庆办事处：023–68410698
北京办事处：010–64944711 上海办事处：021–65876401 西北办事处：0991–6621583

国家开发银行
CHINA DEVELOPMENT BANK
以国际一流市场业绩为目标
为实施国家发展战略服务
以富国富民为己任
支持经济社会发展

四川宏远石油建筑安装工程有限责任公司

以质优拓展市场　以信誉取信用户

四川宏远石油建筑安装工程有限责任公司成立于1994年，是经四川省住房和城乡建设厅审核批准的工业与民用建筑安装施工二级企业。拥有房屋建筑工程施工总承包二级、市政公用工程施工总承包二级、化工石油工程施工总承包二级、土石方工程专业承包二级、管道工程专业承包二级、起重设备安装工程专业承包二级及建筑装修装饰工程专业承包二级七大类资质。

经过20余年的发展，凭借丰富的人力资源和自身优势，根据建立专业化大公司的标准和要求，公司已拥有工程技术和经济管理及施工各类人员170余人。公司有专业职称的工程技术人员44名，其中高级职称人员13名，各种持证人员94名；公司有国家认证一级建造师2名，二级建造师27名，形成了一支专业齐备、优势突出、结构合理、综合性强的工民建人才队伍。

公司自成立以来，始终坚持“质量第一”的方针，严格按照国家法律、法规和有关的标准，先后完成建设项目2360余个，建筑面积近200万平方米，完成投资25亿余元，施工工程合格率达到100%。

公司把“质量求生存,信誉求发展,效益为目的”作为最高宗旨，长期的艰苦创业，形成宝贵的企业精神，即“爱岗敬业、艰苦奋斗、优质高效、争创一流”；塑造了企业人形象，即“一高两实三在先”（高质量的责任心，诚实待人、扎实肯干，文明在先、事业在先、奉献在先）。

近年来，公司着力打造特色技术优势，全面提升差异化服务能力，对公司在房建施工、市政工程施工、化工石油设备管道安装施工、土石方工程施工、管道工程施工中形成的特色技术、特色服务进行全面总结和系统推广，走上了系统化、规范化、科学化的施工之路，不断提高施工技术的科技含量。

公司奉行“以质优拓展市场,以信誉取信用户”，愿与各界朋友精诚合作，共谋发展，共同取得更好的效益。

法人代表：许开政　联系电话：(028) 85622632　通讯地址：四川省成都市高新区天府三街19号新希望国际

中国油气石油化工集团有限公司

China Oil & Gas Petrochemical Group Co.,Ltd.

中国油气石油化工集团有限公司由中勘石油天然气化工集团有限公司和中炼联合石油化工集团有限公司联合构建的油气产业链系统，是始建于2002年的大型综合能源企业，包括勘探、开发、炼化、贸易、工程、进出口、清洁能源、高科技及金融等多元化板块。

中国油气石油化工集团有限公司秉承“走出去、走上去，再走进来”使命，先后获得燃料油进口许可、加入俄罗斯联邦莫斯科国际商会，与俄罗斯国家石油公司等开展M100重油、D2柴油、JP54航空煤油等国际业务，并分别签署了外贸合同。

与委内瑞拉、伊朗等国签署油气、电力、管道等项目合同；在俄组建合资企业执行【2因子】模式加工俄罗斯轻质原油项目。

中国油气石油化工集团有限公司与中国石油渤海装备辽河重工于2012—2015年共签署12台CP-300/400大型海上钻井平台生产贸易合同，并出口墨西哥、委内瑞拉等国家。

引进全球领先的美国“马孚多路清洁燃烧技术”，并生产推广汽车可乐系列高效节能减排产品，为终端用户提供清洁油品。

中国油气石油化工集团有限公司为国家能源安全、经济建设和环境保护贡献正能量，共筑中国梦！

集团领导班子

中联石化公司

与美国马孚公司会晤

合资合作伙伴——白俄罗斯苏尔古特石油公司

与俄罗斯 Golden Ratio 投资公司签约仪式

海上钻井平台出口业务

地址：中国·北京通州区宋庄镇疃里三区丛林庄39号　　邮编：101118

电话：(86)010-89585832/89585607　　传真：(86)010-89585607

邮箱：bjzlsh@163.com　　网址：www.china-oilgas.com

国内业务部负责人：李岳锋　手机号：18511196263　　国际业务部负责人：田佳林　手机号：15110583046

上海浦东华油实业有限责任公司

上海浦东华油实业有限责任公司（简称上海华油公司）于1992年在上海注册成立，公司注册资本86336万元，主业为旅游酒店和物业管理，下设上海中油阳光大酒店和上海阳光物业管理分公司两家单位，员工近600名。近年来，上海华油公司充分利用上海商务及旅游的市场优势和中国石油行业优势，坚持实施发展创新和机制创新，经济效益稳定增长，营业收入、上缴利润和安全生产、廉政建设等连年达到中国石油天然气集团公司的要求。

上海中油阳光大酒店

上海中油阳光大酒店位于浦东陆家嘴金融贸易区，距浦东国际机场、虹桥机场均仅30分钟车程。酒店拥有各式客房318间，各种规模的会议、宴会场所能充分满足举办大型会议及展览要求，还配有西餐厅、酒吧、中餐厅以及日本、韩国料理餐厅，提供正宗的特色风味佳肴。

上海阳光物业管理分公司

上海阳光物业管理分公司负责物业服务与管理的中国石油上海大厦是中国石油天然气集团公司在上海的标志性建筑，为超5A级智能化办公楼，总面积约11万平方米。上海阳光物业管理分公司通过专业化、标准化、规范化、精细化的服务管理，努力打造“阳光”品牌，彰显企业良好形象。

中国石油集团东北炼化工程有限公司

—— 锦州设计院 ——

中国石油集团东北炼化工程有限公司锦州设计院（以下简称锦州设计院）坐落在美丽的滨海城市——锦州。2007 年，并入东北炼化工程有限公司，成为以炼油、化工和石油天然气油气库工程设计为主，具有工程设计综合资质的甲级设计公司。

锦州设计院拥有多项核心技术，10 万吨 / 年流化床丁烯氧化脱氢制丁二烯技术为世界领先。2012 年，以中国石油天然气集团公司科研立项为契机，锦州设计院全方位改进催化剂、反应器及工艺流程，形成了国家专利技术 11 项，集团公司技术秘密 3 项，相关技术获得多项国家、公司级奖励。MTBE 成套技术是炼厂关键配套技术之一，锦州设计院研发了新型盘式蒸馏组件等 6 项新技术，包括 2 项专利技术和 2 项集团公司技术秘密，并在国内首次开发了包含产品脱硫在内的 20 万吨 / 年 MTBE 成套装置工艺技术，装置能耗 3641.3 兆焦 / 吨，处于国内先进水平。MTBE 产品硫含量小于 10 毫克 / 升，满足京 V 汽油添加剂要求，处于国内领先水平。催化外甩油浆过滤技术可以有效脱除外甩油浆中催化剂粉末，大大提高催化外甩油浆的综合利用。2010 年，锦州设计院为锦州石化公司设计了催化油浆过滤装置，滤后油浆固含量小于 100 毫克 / 升，滤液质量高，滤清液收率高，滤后油浆用于生产针状焦。设计的燕山石化 20 万吨 / 年催化外甩油浆过滤装置于 2014 年 3 月成功开车。10 万吨 / 年异丙醇技术已经达到国内领先水平；10 万吨 / 年油系针状焦技术在国内独一无二；稀土顺丁橡胶工业化生产技术先进、成熟、完整，生产的稀土顺丁橡胶性能优于国外同类产品。具有大型原油、成品油储集库，大型轻烃球罐储集库，原油及成品油码头装卸设施，原油及成品油陆地装卸设施，汽车加油加气站，长输油、气管道等工程的成熟经验。常减压原油蒸馏、环丁砜工业生产、3 号航空煤油精制、100 万吨 / 年延迟焦化等技术均为国内首家技术或已成为锦州设计院专有技术。

近年来，锦州设计院已成功完成各种工程设计千余项，数十项设计成果荣获省部级科技成果奖和优秀工程勘察设计奖。

地址：锦州市古塔区重庆路二段七号　　电话：0416-4266136

锦州石化公司针状焦及焦化装置

哈尔滨石化公司常减压装置

丁二烯装置

公司承建的四川石化千万吨炼油百万吨乙烯项目

中国石油天然气第六建设公司

服务理念：

对业主负责 让客户满意

中国石油天然气第六建设公司是国家大型骨干施工企业，总部位于“山水甲天下”的桂林市，年施工能力近百亿元，拥有专利和专有技术、国家级工法50多项、科技成果200多项。是国内承建LNG储罐数量多、单台库容大、具有成套施工技术的施工企业和裂解炉安装数量多、规模大的施工企业。作为专业从事石油化工、炼油、油气储运设施、海洋石油平台工程建设和技术服务的企业，公司具备同时承接多套完整大型化工、炼油、LNG项目、特大型设备吊装、海上平台模块制作安装的能力，可为客户提供工程项目的采购、设备制造、施工管理和工程总承包、无损检测、开车、吊装、运行维护、检维修等全过程服务的综合能力。

公司先后获得“全国文明单位”“全国五一劳动奖状”“全国优秀施工企业”“全国用户满意施工企业”“全国科技创新先进企业”“全国模范职工之家”“全国厂务公开民主管理先进集体”等荣誉称号，100多项工程获国家优质工程奖、全国优秀焊接工程、全国用户满意工程、中国企业新纪录。

伴随石油工业的发展，公司将以“甲天下”的一流服务和孜孜不倦的卓越追求，诚信打造精品工程，为国家和石油工业发展做出更大的贡献！

承建的江苏LNG接收站项目

承建的西气东输蒲县压气站

承建的独山子石化120万吨/年乙烯项目中的8台15万吨/年乙烯裂解炉装置

承建的中国海油深水天然气高栏终端生产区建造工程

青海钻井公司

经理　穆辉亮

党委书记　吴永哲

青海钻井公司是中国石油西部钻探有限工程公司所属的二级单位，成立于 1955 年 7 月 1 日，现有员工 2200 人，拥有 37 支井队，设备 1000 余台（套），具有年钻井 60 万米、固井 1500 井次以上的生产能力。

青海钻井公司常年战斗在青藏高原东北部的柴达木盆地。经过 60 年艰苦卓绝的积淀，练就了以“钻井、钻井液、固井”为主的三大高原特色核心技术，先后通过北京中油认证中心石油与天然气工业 QHSE 管理体系和 ISO 9000 质量体系认证，取得中国石油天然气股份有限公司勘探与生产分公司钻井、固井、钻井液技术服务市场准入；锤炼了“钻探生命禁区、缺氧不缺精神”的企业文化核心理念。

近 5 年，青海钻井公司生产经营业绩连续攀升。2014 年，钻井进尺首破 60 万米，创柴达木盆地 60 年纪录；经营业绩创专业化重组以来的新水平，首次实现历史性盈利。科学发展观武装下的青海钻井队伍，将继续深入贯彻落实中国石油天然气集团公司以及西部钻探公司决策部署，以精益服务青海油田勘探开发为己任，以持续推动公司扭亏增盈为目标，努力迈出质量效益内涵发展的新步伐。

和谐生产

钻井施工

固井现场

中央电视台新台址建设项目

陕西公路项目

西安—合肥铁路项目

北京环保二期吴家村污水处理厂项目

四川攀枝花二滩水电站

东海千吨级海上新型巡视船项目

泰山抽水蓄能电站项目

地址：北京市西三环中路90号通用技术大厦　邮编：100055　电话：010-63373598

催化剂及吸附剂
100周年
百年创新
引领潮流
1914
为全球炼油石化和
研发创新技术并
解决方案
天然气处理
绿色能源
UOP先进技术开启
现代化生活方式
85%
70%
60%
今天，全球超过
85%的生物降解洗涤剂
70%的聚酯材料和
60%的汽油
是采用UOP技术制成的
更多信息，请访问 www.honeywell-uop.cn
© 2015 霍尼韦尔公司版权所有
uop
A Honeywell Company

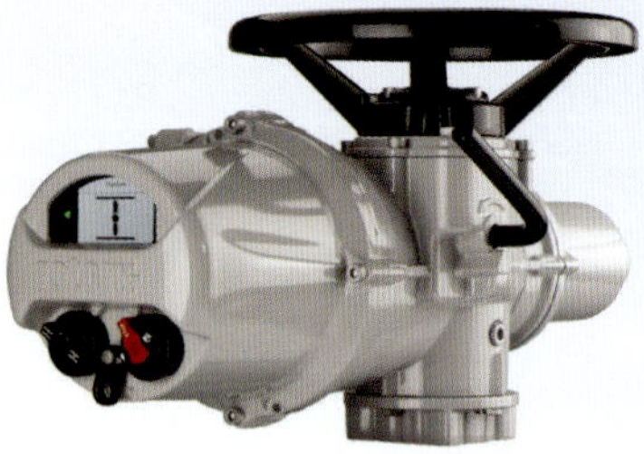

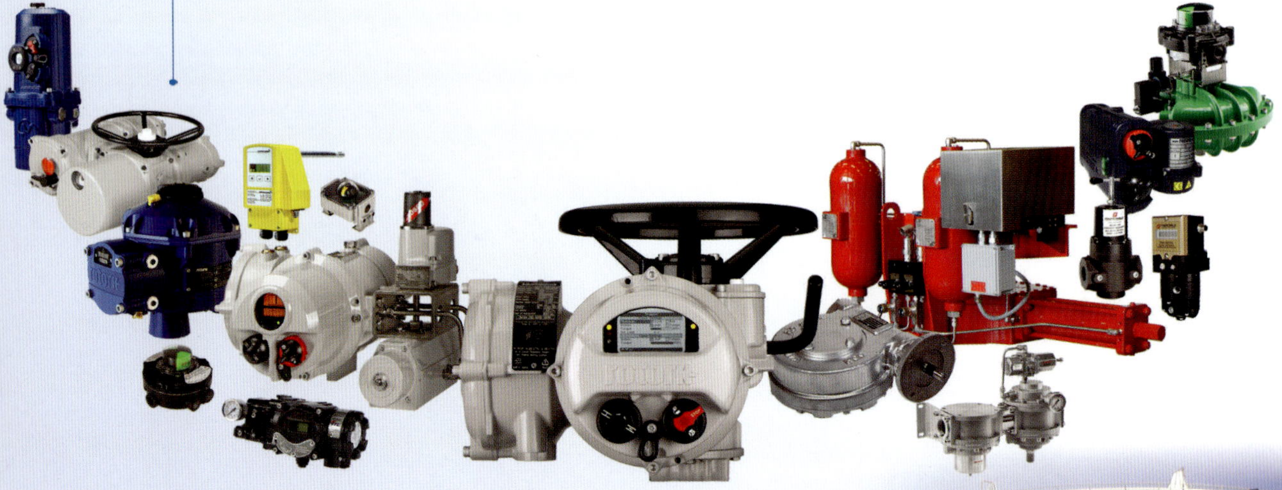

WEICHAI 潍柴
POWER 潍柴智慧动力平台
省油好手
潍柴WP3发动机
让每一滴油发挥更大的功效
WEICHAI POWER
降本增效 舍我其谁
绿色动力 驱动梦想
weichai.com
WEICHAI

上汽依维柯红岩商用车有限公司

SAIC-IVECO HONGYAN COMMERCIAL VEHICLE CO.,LTD.

上汽依维柯红岩商用车有限公司是由上汽依维柯商用车投资有限公司与重庆机电控股（集团）公司共同投资成立的重型汽车生产企业。

公司注册于重庆市北部新区，注册资本 19 亿元人民币。现已投资 20 多亿元在重庆北部新区新建年产 8 万辆整车生产基地，并继续着力打造拥有特色红岩桥、ZF 转向器等关键零部件的双桥生产基地，成为我国举足轻重的重型汽车制造基地之一。

2006 年 9 月 18 日，在中意两国总理的共同见证下，股东方正式签署《上汽依维柯商用车投资有限公司与重庆重型汽车集团有限责任公司重型汽车战略合作协议》；2007 年 6 月 15 日，上汽依维柯红岩商用车有限公司正式挂牌成立，揭开合资公司新的发展篇章。

合资公司新成立后研发的新一代
高端重卡——红岩杰狮

合资公司引进具有国际先进水平和竞争力的依维柯品牌原型车技术，按照国家的产业政策，生产依维柯品牌的高端车，满足高端市场需求；采用依维柯公司的许可技术，利用现有的平台，开发多款技术先进、实用、安全和具有成本优势的“红岩”品牌重型车，满足终端市场需求；在现有的平台上，结合依维柯公司的先进技术，继续提升自主“红岩”产品，排放达到国Ⅳ及以上标准，领先国内其他重型卡车，使整个产品体系达到国内一流、国际领先水平。

公司现有员工 4000 余人，有 19 个部门、2 个制造基地、1 个研发中心；有专业技术人员 1300 多人，其中高级工程师 180 多人，国家级汽车专家 6 人。

公司现有 24 个销售服务中心、300 多家签约经销商、700 多家服务站和 20 余个中心库，销售网络覆盖全国各地以及中东、非洲、中美洲、东南亚等 40 多个国家和地区，在很多国家和地区都有较高的市场知名度。

公司坚持“坚韧、人本、卓越、奉献”的价值观，争取通过 3—5 年的努力，实现整车和整车关键零部件的主营业务收入超过 250 亿元人民币的经营目标，把公司建成一个国内领先、国际一流，具有良好社会形象、实现企业员工和谐共赢的重型汽车样板企业，最终实现“铸就商用车领域成功企业的典范”的企业愿景。

厂房鸟瞰图

第一辆杰狮下线仪式

“红岩”杰狮精良品质换来用户良好口碑

公司主要产品包括牵引车、自卸车、载货车及各类油田专用车底盘。针对油田系统（如采油车、地锚车、洗井车、修井车）开发的特种车底盘，具有通过性好、转向灵活、高效、节能、环保等优点；针对危化品运输车，整车引进依维柯技术，采用德国博世高压共轨系统，满足国Ⅳ排放标准，满足国家危化品运输要求，油耗低，动力强，驾乘舒适，底盘坚固、可靠性高，通过了欧洲ECE R29碰撞试验，CURSOR发动机先进的缸内制动和独有的驾驶室后移技术充分保障驾乘人员安全

产品创新奖

2014年12月，荣获2013—2014中国冷链“金链奖”十佳运输技术装备服务商

在用油田专用车底盘

6×6特种作业车底盘

在用危化品牵引车